Corrections *in* America
AN INTRODUCTION

교정학 개론

박철현·박성민·곽대훈·장현석 공역

Harry E. Allen · Edward J. Latessa · Bruce S. Ponder 공저

박영사

역자 서문

이 책은 *Corrections in America* 14판을 완역한 것이다. 우리가 이 책을 번역하기로 마음먹은 것은 4~5년 전으로 기억한다. 그 때 나는 한 공무원 시험 출제에서 이 책의 공동번역자인 곽대훈 교수님과 만나, 국내의 교정학 교과서들이 한두 권을 제외하면 너무나 천편일률적인 내용이라서 출제가 어려울 뿐만 아니라 국내 교정학의 발전에도 심각한 장애요인이 된다는 점에 서로 공감했었다. 그래서 우리는 국내에 새로운 내용들을 풍부하게 소개해줄 수 있는 교재로서, 미국에서 교정학 분야의 석학인 신시네티대학의 라테사 교수님이 공동저술한 책을 번역하기로 약속하였다. 그 후 번역진에 장현석 교수님이 보강되었고, 번역을 지연시켰던 우리 셋의 게으름을 틈타 다시 신시네티대학 출신인 박성민 교수님이 보강되었다.

우리는 21개 장이나 되는 이 책을 나누어서 내가 1~5장을, 박성민 교수님이 6~10장을, 곽대훈 교수님이 11~16장을, 장현석 교수님이 17~21장을 각각 맡아 번역을 하였다. 여러 사람이 번역을 하다 보니 각기 용어번역과 문체가 달라서, 두 사람씩 교차검토 후, 최종적으로 내가 원고를 다듬고 용어를 통일하였다. 나는 2003년부터 18년간 교정학을 강의해 왔고, 최근에는 지역사회교정론을 함께 강의하고 있다. 처음에 다소 생소했던 이 분야가 이제는 국내에서 일반적으로 통용되는 용어 정도는 쉽게 알 수 있는 수준은 되었기에, 이 책에 등장하는 다양한 프로그램의 국내용어는 비교적 무난히 번역되었을 것이라고 생각한다. 특히 지역사회교정론을 미국원서로 강의하면서 얻은 미국 교정제도에 대한 약간의 지식이 이 책을 번역하는 데 많이 도움이 되었다.

이 책이 주로 미국의 교정제도를 다루는 책인 관계로, 우리의 교정현실에 잘 어울리지 않는 부분도 충분히 있을 것이다. 그러나 미국의 교정제도와 국내의 교정제도를 비교하면서 강의를 하면, 더욱 강의의 깊이를 더할 수 있을 것이다. 더구나 이 책이 21개 장이나 되니 뺄 부분은 빼더라도 한 학기 강의분량을 충분히 채울 수 있을 것으로 믿는다. 이 책에는 또한 국내에 아직 소개되지 않은 많은 새로운 제도와 프로그램들이 소개되어 있다. 예를 들어, 역사적으로 두 가지의 대표적인 교정시스템인 펜실베니아 제도와 오번 제

역자 서문

도의 기본 개념들이 국내에도 소개되어 있지만, 이것의 거실 형태가 어떻게 설계되어 있으며, 재소자들의 하루 일과가 어떤 것인지에 대해서는 잘 알려져 있지 않다. 이 책은 이러한 제도들의 역사적 배경부터 시작하여, 이 초기 제도들의 구체적인 세부사항에 대해 매우 상세한 정보를 제공한다.

이 책은 현재 미국에서 시행되고 있는 다양한 시설 내 또는 지역사회 프로그램에 대해 포괄적인 정보를 제공한다. 여기에는 한국에도 시행되고 있는 다이버전, 보호관찰, 집중감시보호관찰, 사회봉사, 중간처우소, 충격구금은 물론, 한국에 도입되지 않은 배상프로그램, 약물법원, 정신건강법원, 또래법원 등의 문제지향적 법원, 가택구금, 주간보고센터, 병영캠프, 재진입법원 등이 포함된다. 또한 이 책은 국내에서는 생소한 블록단위 팀관리, 보안위협집단 관리 등의 새로운 교정기법들을 풍부하게 소개한다. 여기에 소개된 많은 새로운 제도들은 미래의 한국교정의 모습일 수 있으며, 그렇게 되어야 한다고 나는 믿는다. 이 점에서 이 책은 한국의 교정발전을 위해서도 큰 도움이 될 것으로 기대한다.

마지막으로 이 책을 내기까지 여러 분들의 도움이 있었다. 모든 분들을 미처 기억하지는 못하지만, 동의대 류성진 교수님은 헌법전공을 살려서 이 책의 많은 부분에 산재한 미국연방대법원 판례 및 헌법표현에 대한 꼼꼼한 조언을 해주셨다. 만약 이 책이 법학자들이 읽기에 많이 거북하지 않다면 이것은 류교수님의 공헌 덕분이라고 할 것이다. 또한 원광대의 이순래 교수님은 각종 용어표현에 대한 잦은 질문에 항상 친절히 조언을 해주셨다. 그리고 박영사의 안상준 대표님은, 번역서를 내기 힘든 국내 출판현실에도 불구하고 나의 번역제안에 흔쾌히 동의하고, 그 후 이영조 차장님과 함께 여러 사정을 봐주셨다. 또한 편집부의 배근하 선생은 복잡한 원서의 편집과 교정을 꼼꼼하게 챙겨주셨다. 이 책이 약간의 긍정적인 평가를 받는다면, 나머지 세 분의 공동역자들과 이런 분들의 기여 덕분이라고 말할 수 있다.

책을 번역하는 과정에서 가급적 오역이 없도록 최대한의 노력은 기울였지만, 독자 여러분들께서는 얼마든지 오역이나 잘못된 용어번역을 찾을 수 있을 것으로 생각한다. 만약 이런 것들이 있다면 나를 포함한 우리 역자들 모두의 책임이며, 언제든지 다음의 메일주소로 질책해 주시기를 기대한다.

2020년 8월

역자들을 대표하여

박 철 현

stallman@deu.ac.kr

한국어판 서문

*Corrections in America*는 교정학 분야의 가장 오래된 교재이다. 박성민 박사와 그의 동료들이 이 책을 한국어로 번역하게 된 것을 나와 우리 공동저자들은 무한한 영광으로 생각한다. 이 책이 처음 출간된 이후 교정에서 많은 변화가 일어났다. 기술의 발전이, 우리가 교정적 통제 하에 있는 사람들을 수용하고, 모니터링하며, 그리고 감시하는 방식을 변화시켰을 뿐만 아니라, 우리는 또한 연구결과로부터 많은 것을 배워왔는데, 특히 이것은 우리가 증거기반 실천과 프로그램들을 사용하게 되면서 더욱 강화되었다.

30여 년이 넘는 세월 동안 미국에서는 교정인구가 지속적으로 증가했다. 교도소 인구는 폭증했지만, 우리사회가 구금한 대다수의 사람들이 언젠가 우리에게로 되돌아올 것이며, 그들이 직면하게 되는 어려움으로 인해, 그들이 성공적으로 사회에 재진입하는 것을 극도로 어렵게 만들 것이라는 점을 우리는 생각하지 못한 것 같다. 구금률이 서서히 낮아진 것은 극히 최근에 들어서야 나타난 현상이다. 우리는 또한 지역사회에서 재진입프로그램을 고안하여 교도소 출소자들을 도와주려는 새로운 노력을 보아왔다.

나 자신과 다른 사람들이 정책입안가들과 실무자들에게 가혹하고 처벌적인 접근이 효과가 없을 것이며, 재범을 감소시키는 것에 대해 실제로 우리가 어떤 것을 안다는 것을 확신시키려는 노력을 처음 시작했을 때, 우리는 종종 수많은 회의주의와 방해를 경험했다. 물론 병영캠프나 청소년 위협프로그램(scared straight program)*들과 같은 많은 이른바 "강경대응" 프로그램들은 재범을 줄이는 데 효과가 없었고, 교정의 역사에서 결국 급속히 유물이 되었다. 오늘날의 과제는 과거와 다르며, 어떤 점에서 훨씬 더 어렵다. 그것은 재범을 감소시키는 데 효과가 있다고 생각되는 것을 취하고, 그것을 시행하는 일이다.

* 역주: 성인교도소 방문 등을 통해 청소년들의 행동결과의 심각성에 대해 느끼게 하는 억제에 기반한 프로그램

변화를 만들어내는 것은 결코 쉽지 않지만, 그것은 오늘날 미국 전역의 교도소, 구치소, 지역사회감시기관, 중간처우소, 주간보고센터, 그리고 다른 교정프로그램에서 매일 행해지는 것이다. 오늘날, 보수주의와 자유주의자들은 유사하게 범죄에 대해 "스마트"하게 대처할 것을 요구하며 증거기반의 프로그램과 제도들을 옹호하고 있다.

나는 한국에 한 번도 가보지 않았지만, 오랫동안 많은 한국의 학생 및 학자들과 일해왔고, 그들의 정의에 대한 헌신과 한국에서 교정시스템을 개선하려는 노력에 깊은 감명을 받아왔다. 나는 한국이 우리의 실수를 반복하지 않고, 범죄자가 범죄를 멀리하며 보다 안전한 사회를 만들 교정프로그램을 만들고 시행하기를 기원한다.

2020년 7월

Edward J. Latessa, Ph.D.
Professor and Director
School of Criminal Justice
University of Cincinnati

요약 목차

PART 01 역사적 시각

CHAPTER 01 교정의 초기역사(기원 전 2000년부터 1800년까지) 2
CHAPTER 02 교도소(1800년에서 현재까지) 42
CHAPTER 03 교정의 이념: 시계추의 흔들림 78
CHAPTER 04 양형과 상소절차 112

PART 02 구금의 대안들

CHAPTER 05 보호관찰 156
CHAPTER 06 전환처우와 중간처벌 194

PART 03 시설 내 교정

CHAPTER 07 구금 기능 248
CHAPTER 08 보안위협단체와 교도소 조직폭력배 284
CHAPTER 09 관리 및 치료기능 302
CHAPTER 10 구치소와 구금시설 340
CHAPTER 11 주와 지역 교정시설 376
CHAPTER 12 연방 교도소 제도 404
CHAPTER 13 민영시스템 434
CHAPTER 14 사형제도 460
CHAPTER 15 가석방과 재진입 502

PART 04 교정의 대상자

CHAPTER 16 재소자와 전과자의 권리 546
CHAPTER 17 남성 재소자 588
CHAPTER 18 여성 재소자 616
CHAPTER 19 소년범 652
CHAPTER 20 청소년 교정시설 686
CHAPTER 21 특수한 범주의 범죄자들 714

목차

PART 01 역사적 시각

CHAPTER 01 교정의 초기역사(기원 전 2000년부터 1800년까지) ······ 2

개관 ······ 3

죄의 구제 ······ 5

복수 ······ 5

벌금과 처벌 ······ 6

초기 법전들 ······ 7

바빌론과 수메르 법전 ······ 7

범죄와 죄악 ······ 8

로마와 그리스 법전 ······ 9

중세 ······ 9

처벌 ······ 11

사형과 신체형 ······ 11

억제 ······ 13

세속법의 등장 ······ 13

초기 교도소들 ······ 15

노역장 ······ 17

계몽과 개혁의 시대 ······ 18

몽테스키외와 볼테르: 프랑스 휴머니스트들 ······ 19

벤담과 쾌락주의적 계산 ······ 21

존 하워드 ······ 22

감화원, 노역장 그리고 구치소 ······ 25

죄수 이송시스템 ······ 26

식민지 미국과 호주로의 강제추방 ······ 26

감옥선: 한 추악한 일화 ······ 28

목차

초기의 독거구금 교도소 ········ 29
겐트의 메종 드 포스와 산 미켈레의 빈민수용소 ········ 29
윌리암 펜과 "위대한 법" ········ 30
월넛가 구치소 ········ 32

요약 ········ 36
주요용어 ········ 37
복습질문 ········ 38
적용사례연구 ········ 38
미주 ········ 39

CHAPTER 02 교도소(1800년에서 현재까지) ········ 42

개관 ········ 43
펜실베니아제도 ········ 44
오번제도 ········ 45
오번에서의 규율 ········ 46
교도소 간의 경쟁 ········ 48
교도소 규칙들 ········ 49
분위기의 변화 ········ 52
마코노키와 크로프턴: 새로운 접근 ········ 52
마코노키와 부정기형 ········ 52
크로프턴과 아일랜드제도 ········ 55
소년원 시기(1870~1910년) ········ 56
남북전쟁 후 교도소들 ········ 59
20세기와 산업교도소 ········ 60

변화의 시기(1935~1960년) ········· 63

현대시기 ········· 67

내부적으로 추구한 개혁 ········· 68

교도소 인구 붐 ········· 70

요약 ········· 72

주요용어 ········· 73

복습질문 ········· 73

적용사례연구 ········· 74

미주 ········· 74

CHAPTER 03 교정의 이념: 시계추의 흔들림 ········· 78

개관 ········· 79

갈등하는 교정이념들 ········· 80

처벌이념 ········· 81

응보 ········· 81

억제 ········· 85

무력화 ········· 86

처벌의 효과 ········· 87

사회복귀 이념 ········· 90

예방이념 ········· 94

시계추 흔들림 ········· 96

회복적 사법 ········· 98

균형적-회복적 사법 철학 ········· 99

균형적 접근과 그것의 적용 ········· 101

목차

현대의 교정 ········· 101

요약 ········· 105

주요용어 ········· 106

복습질문 ········· 107

적용사례연구 ········· 107

미주 ········· 107

CHAPTER 04 양형과 상소절차 ········· 112

개관 ········· 113

교정필터 ········· 114

양형결정 ········· 116

양형절차에서의 급속한 변화 ········· 118

새로운 목표 ········· 119

개혁 옵션들 ········· 122

개혁 효과 ········· 122

행동의 예측 ········· 123

판결전조사 ········· 123

사법적 양형 대 행정적 양형 ········· 125

양형에서의 현실적 문제들 ········· 126

교도소 구금기간을 정하는 문제 ········· 127

연방법원에서의 중범죄에 대한 판결 ········· 132

양형에 의한 범죄율의 억제 ········· 134

상소 심리 ········· 134

적법절차의 쟁점 ········· 135

상소과정 ········· 137

상소법원 ········· 139

교도소로부터의 상소 ······ 140

사법적 명령에 의한 개혁 ······ 141

법원을 삼킨 상소의 홍수 ······ 143
재소자 소송의 유형 ······ 143
교도소 소송을 감소시키기 위한 입법적 노력 ······ 144

요약 ······ 146
주요용어 ······ 147
복습질문 ······ 148
적용사례연구 ······ 148
미주 ······ 149
추천 읽을거리: 1부 ······ 153

PART 02 구금의 대안들

CHAPTER 05 보호관찰 ······ 156

개관 ······ 157

집행유예와 성역 ······ 158

보호관찰의 역사 ······ 159

보호관찰의 확산 ······ 160

보호관찰의 조직과 행정 ······ 164
보호관찰기관의 역할 ······ 165
보호관찰을 부과하는 결정 ······ 166
판결전조사보고서 ······ 167
양형심리 ······ 168

목차

위험성 평가 ··· 170

위험요인을 겨냥하기: 보호관찰에 대한 도전 ··· 170

보호관찰감독의 개선 ··· 171

보호관찰의 준수사항들 ··· 174

보호관찰의 취소 ··· 176

중범죄자 보호관찰 ··· 180

깨진창 접근 ··· 181

보호관찰과 교정에서의 보호관찰의 역할 ··· 182

요약 ··· 186

주요용어 ··· 188

복습질문 ··· 188

적용사례연구 ··· 189

미주 ··· 190

CHAPTER 06 전환처우와 중간처벌 ··· 194

개관 ··· 195

전환처우: 범죄자를 시스템의 밖에서 유지 ··· 196

경찰기반 전환처우 프로그램 ··· 197

지역기반 전환처우 프로그램 ··· 198

법원기반 전환처우 프로그램 ··· 198

보호관찰과 교도소 사이 ··· 200

과밀수용 ··· 201

중간처벌 ··· 203

배상명령 프로그램 ··· 205

집중감시 보호관찰 206
약물, 정신건강 그리고 여타 문제해결형 법원 208
사회봉사명령 프로그램 216
가택구금 216
전자감시 218
지역거주 치료센터(중간처우소) 221
주간보고센터 224
충격구금 227
충격보호관찰 227
병영캠프 프로그램 229

요약 235
주요용어 238
복습질문 238
적용사례연구 239
미주 239
추천 읽을거리: 2부 246

PART 03 시설 내 교정

CHAPTER 07 구금 기능 248

개관 249

시설: 관료적 통제 250

행정적 문제: 처벌, 통제 또는 교화? 251

구금: 24시간의 효과 251

교도소장과 지도 감독자 254

목차

일선 현장의 교정공무원과 구치소 교도관 ······ 258
교정공무원의 태도 ······ 258
감소된 통제 ······ 259
노조화와 교정공무원 ······ 260
재소자 조직: 사회적 시스템 ······ 261
삶의 방법으로의 구금 ······ 263
규율과 재소자 통행통제 ······ 264
금지물품과 철저한 수색 ······ 267
도주의 예방 ······ 270
도주를 예방하는 기술: 전기방벽 ······ 271
계획비용과 운용 절약 ······ 271
군대식 모델 ······ 272
구획별 팀과 분리를 방지하는 기타 방법 ······ 273
교정직 직원의 향상 ······ 275
요약 ······ 276
주요용어 ······ 278
복습질문 ······ 279
적용사례연구 ······ 279
미주 ······ 280

CHAPTER 08 보안위협단체와 교도소 조직폭력배 ······ 284
개관 ······ 285
보안위협단체 ······ 286
조직폭력배 발전의 역사와 조직폭력배 차이점들 ······ 288
교도소 조직폭력배 구성원의 식별 ······ 289

보안위협단체의 범죄 행위 ··· 292
교정 시설의 보안위협단체의 관리 ··· 292
요약 ··· 298
주요용어 ··· 300
복습질문 ··· 300
적용사례연구 ··· 300
미주 ··· 301

CHAPTER 09 관리 및 치료기능 ··· 302
개관 ··· 303
치료 모델 ··· 304
인식과 교정관리 ··· 308
보안과 치료를 위한 분류 ··· 310
교도소 내의 치료 ··· 311
건강과 의료 서비스 ··· 312
흡연 ··· 318
종교적 지원 및 서비스 ··· 319
재소자를 위한 교육 및 훈련 프로그램 ··· 321
직업적 사회복귀 모델 ··· 325
재통합 모델 ··· 328
교도소와 재범 ··· 331
요약 ··· 332
주요용어 ··· 333
복습질문 ··· 334

목차

적용사례연구 ······ 334
미주 ······ 335

CHAPTER 10 구치소와 구금시설 ······ 340

개관 ······ 341
구치소: 잔인한 역사 ······ 342
오늘날의 구치소 ······ 345
구치소의 재소자와 특성들 ······ 345
신세대 구치소 ······ 350
구치소의 배경 ······ 352
과밀수용의 문제점 ······ 352
직원 관련 문제점 ······ 356
구치소의 근무기준 ······ 357
구치소의 건강관리 ······ 358
구치소의 대안 ······ 359
벌금형 ······ 360
주말구금 ······ 361
사회봉사명령 ······ 362
판결전 단계에서의 구치소의 대안 ······ 363
판결전 석방 ······ 363

요약 ······ 368
주요용어 ······ 370
복습질문 ······ 370
적용사례연구 ······ 371
미주 ······ 371

CHAPTER 11 주와 지역 교정시설 ········· 376

개관 ········· 377

주정부 교정시설: 제도의 주요 쟁점 ········· 378

주 제도 조직 ········· 381

주정부 제도의 발전 ········· 382

주정부 교도소에서의 분류와 배정절차 ········· 384

주정부 교도소의 수형자 ········· 385

지역 시영 성인교도소 ········· 391

교도소는 "잔혹하고 비정상적인"가? ········· 393

요약 ········· 398

주요용어 ········· 401

복습질문 ········· 401

적용사례연구 ········· 401

미주 ········· 402

CHAPTER 12 연방 교도소 제도 ········· 404

개관 ········· 405

주 시설의 이용 ········· 406

초기 연방 교도소 시설 ········· 407

교정국(Bureau of Prisons)의 탄생 ········· 408

연방교정국의 초기 성장 ········· 409

최근 발달사 ········· 410

조직과 행정 ········· 412

수형인구 폭증 ········· 413

목차

지역사회기반 프로그램 및 계약시설 415

재소자 분류체계 모델 416

유니코어(UNICOR): 연방교도소산업 419

교육 및 훈련: 재소자와 직원 420

연방 여성범죄자 422

연방제도 내의 지역사회교정 423

연방시설들의 인구 변화 424

군인범죄자 425

요약 428

주요용어 430

복습질문 430

적용사례연구 430

미주 431

CHAPTER 13 민영시스템 434

개관 435

지역사회교정 내의 민간 부문 436

역사적 고려사항 439

초기 역사 439

최근 발달사 440

민간 처우 프로그램 441

하급 보안 구금 프로그램 442

감시 및 통제기술 443

교정 민영화: 쟁점 및 증거 444

주요 쟁점 447

주장 448

공공의 이익 448

불법이민 문제 449

비용절감 문제 449

폭력 문제 450

직원 고용 및 이직 450

사회복귀 451

비용 절감 및 상품 452

부패 문제 454

요약 455

주요용어 456

복습질문 456

적용사례연구 457

미주 457

CHAPTER 14 사형제도 460

개관 461

사형제도의 기원 462

더 나은 죽는 방법? 463

임의적이고 간헐적 처벌 465

수정헌법 제8조와 사형제도 469

검사의 재량권 472

사형제도의 범죄 억제효과 474

여론과 사형제도 475

목차

계속되는 논쟁 ······ 476

형평성의 문제 ······ 477

여성과 사형제도 ······ 479

청소년과 사형제도 ······ 482

정당성 ······ 484

테러리즘과 사형제도 ······ 485

사형제도의 비용 ······ 486

사형집행에 대한 계속된 노력 ······ 488

요약 ······ 489

주요용어 ······ 492

복습질문 ······ 492

적용사례연구 ······ 492

미주 ······ 493

추천 읽을거리: 3부 ······ 497

CHAPTER 15 가석방과 재진입 ······ 502

개관 ······ 503

가석방의 발전 ······ 504

미국 가석방의 기원 ······ 504

초기 해외사례 ······ 505

미국에서 가석방의 도입 ······ 506

사면과 가석방: 교도소에서 출소할 수 있는 두 가지 방법 ······ 507

가석방이란 무엇인가? ······ 510

가석방 행정 ······ 512

가석방위원회 ·· 513

가석방을 통한 석방 ·· 513

가석방 가이드라인 ·· 515

가석방 준수사항 ·· 516

가석방 담당관의 역할 ·· 516

가석방 취소 ·· 518

가석방은 교정의 주요 부분이다 ·· 521

사면 ·· 521

재진입: 새로운 도전 ·· 523

외부통근 프로그램 ·· 524

귀휴제도 ·· 526

중간처우소 ·· 526

재진입법원 ·· 531

가석방은 효과적인가? ·· 533

요약 ·· 537

주요용어 ·· 539

복습질문 ·· 539

적용사례연구 ·· 540

미주 ·· 541

목차

PART 04 교정의 대상자

CHAPTER 16 재소자와 전과자의 권리 ········· 546

개관 ········· 547

유죄 판결된 범죄자의 지위 ········· 548

재소자 기본권리 ········· 550

접견 및 지역사회유대 ········· 550
우편물 이용 ········· 551
금지물품 및 우편물 ········· 553
교도소에서의 종교적 권리 ········· 555
법원 및 변호사 접견권 ········· 556
의료 치료 및 진료 권한 ········· 557
1983년 민권법 소송 ········· 560

권리침해의 구제 ········· 562

전과자의 전설 ········· 562

유죄 판결의 결과 ········· 563

오명 ········· 564
시민권 상실 ········· 565
중범죄 유죄 판결의 법적 결과 ········· 566

일할 권리 대 일할 필요성 ········· 568

제한된 일자리: 고용장벽 ········· 571

전과의 문제 ········· 572

범죄자 신상등록 ········· 573
전과자 등록 ········· 574
대응으로서의 말소 ········· 575

범죄자의 권리 회복 ········· 576

요약 578
주요용어 580
복습질문 580
적용사례연구 581
미주 581

CHAPTER 17 남성 재소자 588

개관 589

교도소 인구 추세 590

교도소 인구 591
범죄 경력 591
위험성 594
마약과 음주 595
교육과 작업 597
교도소 수용 인구 급증의 원인들 598

교도소화의 역할 601
남자 교정시설 내 강간과 성폭력 604

미국 남자 교도소 수용자의 고령화 607

요약 609
주요용어 611
복습질문 611
적용사례연구 611
미주 612

목차

CHAPTER 18 여성 재소자 ······ 616

개관 ······ 617

여성 범죄자와 교정시설 구금비율 ······ 618

여성에게 차별적인 사법 제도? ······ 620

마약 남용 여성 범죄자들의 특징 ······ 624

구치소에 있는 여성들 ······ 626

교도소에 있는 여성들 ······ 628

여성 시설들 ······ 632

교도소 수용 여성들의 특별한 문제점들 ······ 633

동성 성행위와 유사가족(Pseudo family) ······ 637

남녀공용 교정시설 ······ 640

지역사회 교정과 여성 범죄자들 ······ 642

요약 ······ 643

주요용어 ······ 644

복습질문 ······ 644

적용사례연구 ······ 645

미주 ······ 645

CHAPTER 19 소년범 ······ 652

개관 ······ 653

청소년은 어디에 속하나? ······ 654

범죄 행위는 나이가 들면서 감소한다 ······ 655

소년범들의 구분 ······ 658

소년의 권리: 역사적인 대법원 판례들 659
오늘날의 소년은 누구인가? 664
청소년 범죄 문제 667
청소년 폭력범죄와 여타 범죄의 감소 668
폭력의 피해자인 청소년 668
심각한 소년범들의 재범률 낮추기 669
청소년 갱 673
새로운 종: 초약탈자 미신 깨기 674
회복적 사법 675
요약 679
주요용어 681
복습질문 681
적용사례연구 682
미주 682
CHAPTER 20 청소년 교정시설 686
개관 687
수용된 청소년과 청소년 교정시설의 종류 688
청소년 집단가정(GROUP HOMES) 690
표준화된 정의의 부재 690
집단가정의 특징 691
집단가정의 효과성 691

청소년 구류센터 ········· 692
청소년 구금 줄이기 ········· 692
주거형 처우센터 ········· 694
청소년 훈련학교 ········· 696
시설처우와 사회복귀 ········· 698
구금된 청소년들의 성적 피해(Sexual Victimization) ········· 702
청소년 구금의 감소 ········· 705
요약 ········· 708
주요용어 ········· 709
복습질문 ········· 709
적용사례연구 ········· 710
미주 ········· 710

CHAPTER 21 특수한 범주의 범죄자들 ········· 714
개관 ········· 715
정신장애 범죄자 ········· 716
정신질환 수용자 ········· 718
형사책임을 피하는 두 가지 방법 ········· 720
형사적 정신이상자 ········· 721
예측의 문제 ········· 723
발달장애 범죄자 ········· 724
역사적 시각 ········· 725
성범죄자 ········· 727
일반적인 성범죄 ········· 727
성범죄자와 보호관찰 ········· 730
교도소내 성범죄자 ········· 732

성범죄자들에 대한 비자발적인 정신병원 입원 ······ 733

교도소내 에이즈(AIDS) ······ 734

에이즈와 교정직원 ······ 736

에이즈와 수용자 ······ 738

성전환 수용자 ······ 740

고령의 노인 수용자: 미국 교도소의 노화 ······ 741

요약 ······ 746

주요용어 ······ 747

복습질문 ······ 747

적용사례연구 ······ 748

미주 ······ 749

추천 읽을거리: 4부 ······ 754

색인 ······ 756

PART 1

역사적 시각

CHAPTER 01
교정의 초기역사
(기원 전 2000년부터
1800년까지)

CHAPTER 02
교도소
(1800년에서 현재까지)

CHAPTER 03
교정의 이념:
시계추의 흔들림

CHAPTER 04
양형과 상소절차

개관

교정에서의 중요한 문제는 “누가 범죄자이고 우리가 그들에게 무엇을 해야 하는가?” 하는 것이다. 1부는 처벌이 가해자 편과 피해자 편 사이에서 어떤 사적인 문제로서 시작됐지만, 후에 하나의 공식적인 국가기능이 되는 과정을 다룬다. 여기에서는 B.C. 2000년 전부터 시작하여 지금까지 지속되어 온 처벌과 그 개혁 과정에 대하여 살펴본다. 이 중요한 문제에 대한 네 장에서의 설명의 이면에는, 범죄자의 속성이 무엇이며, 그들에게 무엇을 해야 하는지에 대한 가정들이 있다. 1부는 이러한 견해, 가정 그리고 응답과 그리고 지난 4천 년 동안 나타나고 사라졌던 이에 상응하는 교정제도들과 일시적으로 존재했던 제도들을 상세히 설명한다.

CHAPTER 1

교정의 초기역사 (기원 전 2000년부터 1800년까지)

학습목표

- 교정의 정의, 임무, 역할을 요약하시오.
- 교도소가 생겨나기 전에 행해졌던 범죄에 대한 초기의 대응 방법을 요약하시오.
- 세속법이 어떻게 나타났는지에 대해 설명하시오.
- 양형목적과 주요 처벌철학들을 요약하시오.
- 교도소의 발전에 대해 약술하시오.

개요

죄의 구제
- 복수
- 벌금과 처벌

초기 법전들
- 바빌론과 수메르 법전
- 범죄와 죄악
- 로마와 그리스 법전
- 중세

처벌
- 사형과 신체형
- 억제
- 세속법의 등장
- 초기 교도소들
- 노역소장

계몽과 개혁의 시대
- 몽테스키외와 볼테르: 프랑스 휴머니스트들
- 벤담과 쾌락주의적 계산법
- 존 하워드

감화원, 노역장 그리고 구치소

죄수 이송시스템
- 식민지 미국과 호주로의 강제추방
- 감옥선: 한 추악한 일화

초기 독거구금 교도소
- 겐트의 메종 드 포스와 산 미켈레의 빈민수용소
- 윌리엄 펜과 "위대한 법"
- 월넛가 구치소

"지옥으로 내려가는 것은 쉽다. 그 문은 밤낮으로 열려있다. 그러나 비탈길을 다시 올라가서 상층의 대기로 탈출하는 것은 고역이다."

– 베르길리우스의 서사시 〈이니드〉 6편

개관

이 책은 교정의 자세한 역사나 그것의 법적 측면에 대한 학위논문을 쓰려고 의도한 것이 아니다. 그러나 적어도 그것의 매력적인 역사적 (법적, 사회적) 배경을 알게 됨으로써 우리가 후에 논의할 개념, 제도 그리고 운영에 대해 이해를 증가시키고, 또 우리가 21세기로 나아갈 때, 오늘날의 교정의 형태로 어떻게 발전했는지에 대해 이해할 수 있다. 이 배경을 설명할 때, 우리는 오해를 줄이기 위해 기술적인 전문용어 사용을 자제한다. 그리고 적당한 부분에서, 교정의 역사에 영향을 미친 특정 인물이나 사건들을 이 장에서 상술한다.

교정분야는 다양한 이유로 인해 커지고 있고, 따라서 이 분야를 연구하는 것은 중요하다. 이 역동적인 분야는 빠르고도 놀라운 변화를 경험하고 있다. 범죄를 감소시키고, 어린이를 보호하고, 구제할만한 범죄자를 구원하고 그리고 시민과 사회안전을 증가시키려는 관심에서, 미국은 사상 유례없는 시간과 돈을 교정제도에 투자해왔다. 1972년과 2008년 사이에, 주 재소자수는 2009년에 처음으로 줄어들기 전에 705% 증가했다.[1] 교정의 성장은 교도소에 한정되지 않았는데, 구치소와 보호관찰 인구뿐만 아니라 사회로 재진입하는 범죄자의 수가 일찍이 이보다 더 많은 적이 없었다. 교정은 주요 산업이 되었는데, 최근에는 매년 750억 달러 이상을 지출하고 있고, 이에 따라 자격 있고, 학력을 갖춘 열정적인 인력을 찾고 고용할 수 있게 되었다.

이토록 많은 미국인들이 법집행의 영역이나 교정적 통제를 받고 있었던 적은 없었다. 또한 (미국 대법원 결정이 최근에 몇몇 주에 교도소 인구를 감소시키도록 지시했음에도 불구하고) 오늘날만큼 많은 시민들이 구금되어 있던 적도 없었다. 교정의 규모는 급속히 증가하고 있고, 직원, 수감자, 예산을 기준으로 할 때, 아직 상당한 성장을 거듭하고 있다.

교정은 평범한 사람들의 삶에 거의 매일 영향을 준다. 교도소의 직원(또한 보호관찰관과 가석방 담당관)들은 거의 매일 폭력적이고 공격적인 범죄자들과 직접적인 접촉을 하는데, 이것은 일반적으로 바쁘게 일하고 있는 도시 경찰관보다 훨씬 더 잦은 일이다. 일반적으로 주민들 그리고 특별히 교정연구자들은 다양한 형태의 교정업무에 영향을 주는 역동적인 일들을 이해해야 한다. 그들은 또한 범죄행동을 이해함으로써, 다양한 범죄자들에 대해 더 잘 대응할 수 있고 문제 있는 대상자들을 효과적으로 다룰 수 있다. 이 책의 곳곳에서 이 요인들을 살펴본다. 그리고 여러분의 선생님들은 당신이 이 매력적인 분야로 여행을 시작하는 데 필요한 지식들을 습득하도록 도움을 줄 것이다. 우리는 이제 교정의 뿌리를 찾아서 우리가 알고 있는 바와 같은 문명의 초기시절로 거슬러 올라간다.

죄의 구제

복수

어떤 개인이나 재산에 대해 행해진 범죄에 대한 가장 초기의 구제방법은 단지 나쁜 행동을 한 사람에 대해 **복수**(retaliation) 하는 것이었다. 초기 원시사회에서는 개인적 복수가 인정되었고, 심지어 씨족 집단 구성원들에 의해 장려되었다. 이 고대의 개인적 보복 개념은 "법"으로 간주되지는 않는다. 그러나 이것은 대부분 국가의 법체계의 발전에 영향을 주었는데, 특히 영국 형법에 영향을 주었고, 또한 대부분의 미국 형법은 여기서 기원한다.

주요용어

복수
보복을 위해 같은 행동 또는 유사한 행동으로 되갚아주는 행동

개인적 복수의 관습은 후에 **씨족간 복수**(blood feud)로 발전되었는데, 피해자의 가족이나 씨족은 가해자의 가족이나 씨족에 보복을 가하였다. 이 형태의 복수가 쉽게 폭력의 증가를 낳을 수 있고 상해를 입은 편들 사이에 끊임없는 싸움이나 씨족간 복수(vendetta)를 가져올 수 있기 때문에, 어떤 통제방법이 고안되어야 했고, 이것은 결국 씨족간 복수를 완화시켰다.

주요용어

씨족간 복수
종종 계속되는 일련의 보복적 또는 적대적 행동 또는 그러한 행동의 교환

복수의 관습은 보통 형법 체계로 발전되기 시작했는데, 이것은 범죄의 피해자가 씨족간 복수를 대신하여 금전이나 재산을 받는 관습이 되었다. 이 관습이 확립되었을 때, 이것을 지시하는 사람은 보통 씨족 전통과 피해자와 가해자 사이의 관련 있는 권력자였다. 관습은 항상 원시사회에서 큰 힘으로 작용했다.(가축, 음식 또는 개인적 봉사와 같은) 지불의 형태로 보복을 승인할지는 보통 강제적이지 않았지만, 여전히 피해자들은 그들이 원하는 보복이 어떤 것이든 취할 자유를 가졌다. 법역사학자 앨버트 코초렉(Albert Kocourek)과 존 위그모어(John Wigmore)는 복수에 대한 이러한 압력을 다음과 같이 설명했다.

> 개인적 보복의 권리는 또한 많은 경우에 하나의 의무였다는 것은 기억해야 한다. 어떤 남자는 그의 친척의 죽음에 대해 복수하라는 종교의 힘에 의해 완전히 속박되어 있었다. 이 의무는 보편적인 관행으로 가장 가까운 남성친척(씨족간 복수자, 그는 성서에 근거하여 보복이 요

구된다)에 부과되었다.[2]

주요용어

렉스 살리카
피해자의 가족을 달래기 위해 지불을 함으로써 피해자에 대한 죗값을 하는 관습

주요용어

베르겔드
렉스 살리카를 지칭하는 유럽권 용어

주요용어

프리덴스겔드
피해자와 왕 둘 다에게 범죄에 대한 배상을 하는 관습

피해자의 가족이나 씨족을 진정시키기 위해 지불을 함으로써 죗값을 치르는 관습은 **렉스 살리카**(lex salica 또는 유럽에서 **베르겔드**(wergeld))로 알려지게 되었다. 이것은 아직 많은 중동 및 극동 국가들에서 시행되고 있는데, 여기에서는 상해를 입은 사람의 신분과 사회적 지위에 따라 지불의 양이 정해진다. 피해자 외에도 왕에게 범죄의 배상금을 지불하는 관행은 **프리덴스겔드**(friedensgeld)로 알려져 있다. 벌금이 시행되자 피해자는 형사사법제도에서 사라졌고, 범죄 사건에서 무시되는 구성요소가 되었다. 이 피해자는 회복적 사법운동에서 다시 등장하는데, 이것은 5장에서 설명한다.

벌금과 처벌

어떻게 이런 단순하고 자발적인 프로그램들이 벌금과 처벌의 공식적인 제도의 한 부분이 되었을까? 족장, 노인 그리고 (후에) 왕들은 권력을 갖게 되자,[3] 협상에서 그들의 권위를 행사하기 시작했다. 범죄자들은 재판절차에서 벗어나는 것을 선택할 수 있었고 이것은 그들의 권리였다. 그러나 만약 그들이 부과된 형을 받아들이기를 거부한다면, 그들은 씨족(민족, 가족)의 법 밖에 있어야 할 것이 선언되었고, **추방자**(outlaw, 역주: 법적 보호를 받을 수 없는 사람)가 되었다. 사회적 추방(outlawry or exile)이 사회에 의해 부과된 첫 번째 처벌이었다는 것은 확실하며,[4] 그것은 우리가 지금 알고 있는 것과 같은 형법의 시작을 예고했다.

주요용어

추방자
씨족(민족, 가족) 법 밖에 머무를 것으로 선언된 사람

형법, 심지어 원시적인 형법도 죄인에 대한 (추방의 선언에서와 같은) 공적인 조치를 필요로 한다. 이러한 공적 조치 이전에, 형법과 법적 제재의 배경은 대부분의 법제도들에서 동일한 것으로 보인다. 연이어 나타난 법의 제정과 상이한 범죄에 대한 제재가 만들어진 것은 특정의 사회가치에 따라서 보복 요소를 강조하거나 조정하여 만든 것이다.

초기 법전들

바빌론과 수메르 법전

심지어 원시적인 윤리에서도, 사회는 규제와 규칙의 범위 안에서 복수를 제도화했다. 모세가 출애굽기 21:24에서 "눈에는 눈, 이에는 이"라는 교의를 따를 것을 권고했지만, 이 **탈리오의 법칙**(Lex talionis) 개념은 성경보다 훨씬 더 오래되었고, 이것은 기원전 1860년 수메르 법전과 기원전 1750년 바빌론의 함무라비법전에 나타났고, 이것은 성약(the book of the Covenant, 기원전 1250년)*이 나타나기 500년 이상 전에 출간된 것들이다.

주요용어

탈리오의 법칙
"눈에는 눈, 이에는 이"와 같이 같은 것으로 갚는 행동

초기 사회들이 언어와 문자를 개발함에 따라, 그들은 그들 민족의 법을 문서화하기 시작하였다. 대부분의 역사가들이 함무라비 법전을 사회적 상호작용을 법제화한 첫 번째 포괄적인 시도로 보지만, 수메르 법전은 그것을 약 한 세기 앞섰고, 탈리오의 법칙은 양쪽 모두에서 분명히 나타난다. 이 법전들에 전해지는 처벌들은 가혹했고, 복수에 기초했으며, 많은 경우에 상해를 입은 자가 상해로 보복하였다. 바빌론 법전에서, 24개 이상의 범죄는 사형의 대상이 되었다. 두 법전 모두 또한 다양한 범죄에 대해 신체절단, 채찍질 또는 강제노동의 처벌을 규정했다.

많은 학자들[5]은 그러한 종류의 처벌들은 노예나 하인들에게 적용되었지만, 후에 모든 범죄자들에게 적용된 처벌의 기원이 되었다고 주장했다. 역사학자 구스타브 라드브룩(Gustav Radbruch)은 다음과 같이 진술했다.

> 신체절단 형벌은 초기에는 거의 배타적으로 노예에만 적용되었지만, 카롤링거 왕조 시대(A.D. 640－1012) 동안 점점 더 자유인에게 사용되게 되었고, 특히 저열하거나 비굴한 정신 상태를 나타내는 범죄에 사용되었다. 카롤링거 왕조 말까지 처벌은 "완전히" 압도적으로 노예만을 위한 것이었다. 심지어 사형은 노예처벌을 위해 나타났고, 카롤링거

* 역주: 출애굽기 20장 22절부터 23장 19절까지의 율법집.

왕조 시기에 이 처벌의 인기가 증가한 원인이 되었다. 가중사형은 신체형과 사형을 결합한 것인데, 이것은 노예에게 적용되는 형법에 그 뿌리를 두고 있다.[6]

초기의 처벌은 노예제와 동의어로 여겨졌는데, 심지어 처벌되는 사람은 머리를 깎았고, 이것은 "노예라는 표시"였다.[7] 로마 시대에, 징역형은 광범위하게 사용되었는데, 그것은 큰 공공 공사에서 고된 노동을 노동자들이 수행하게 할 필요성 때문이었다. 징역형은 일반적으로 하층계급을 위한 것이었는데, 그것은 보통 광산에서 일을 하거나, 갤리선에서 노를 젓거나, 아니면 정부에 의해 계획된 공공건물을 건축하면서, 쇠사슬을 차고 사는 삶을 의미했다. 형벌은 그들이 죽을 때까지 시민권과 자유를 박탈했고, 추방으로 인한 사망과 함께 사형으로 생각되었다. 징역형 또는 **민사적 사망**(civil death)은 범죄자의 재산이 국가의 이름으로 몰수되며, 그의 부인은 과부로 공표되어 재혼 자격을 얻는 것을 의미했다. 사회에서 징역형으로 형사 처벌을 받는다는 것은 결과적으로 "사망"을 의미했다.

주요용어

민사적 사망
자연적 죽음과 같은 법적 결과를 야기하는 살아있는 사람의 지위; 죽는 것처럼 모든 권리와 권력이 상실됨

범죄와 죄악

국가의 이름으로 개인을 처벌하는 것은 또한 미신적인 보복의 개념을 포함했다. 여기에 범죄가 종교적 죄악과 얽혀있고, 베르겔드(피해자에 대한 지불)나 프리덴스겔드(국가에 대한 지불)의 형태에서 처벌이 충분하지 않았다. 만약 범죄가 신성을 모독했을 수 있다면, 그 피고는 신을 달래기 위해 오랜 기간의 보다 가혹한 처벌을 견뎌야 했다. 시간이 지나자, 교회법과 국가법 사이의 영역이 보다 모호해지게 되었고, 어떤 사람의 행동에 대한 개인적 책임이라는 그 개념은 "**하나님과의 바른 관계**(get right with God)"[8]에 대한 필요성과 결합되었다. 초기 법전들, 심지어 십계명도 사회와 신 모두에게 받아들여질 만한 처벌을 하도록 설계되었다.

주요용어

하나님과의 바른 관계
범죄자가 회개와 속죄를 통해 신과 화해해야 한다는 지시

로마와 그리스 법전

A.D. 6세기에, 로마의 유스티아누스 황제가 법전을 만들었는데, 이것은 모든 범죄와 바람직한 양의 처벌을 조합하려는 가장 야심적인 초기 노력이었다. 그 시대의 로마의 예술작품들은 "정의의 저울(scales of justice)"을 묘사하였는데, 이것은 처벌이 범죄에 상응해야 한다는 은유적 표현이었다. 유스티아누스의 노력은, 예상할 수 있는 것처럼, 그것을 시행하는데 필요한 행정적인 세밀함이 없었기 때문에 좌절되었다. 유스티아누스 법전은 로마제국의 몰락으로 인해 계승되지 못했지만, 그것은 결국 대부분의 서구세계의 법전이 만들어지는데 기초가 되었다.

그리스에서, 가혹한 드라콘 법전은 시민과 노예에게 동일한 벌칙을 규정했는데, 이것은 원시사회에서 사용되던 많은 개념들(예를 들면, 보복, 추방, 씨족간 복수)을 수용했다. 그리스는 시민 중의 한 명이 범죄자를 상대로 피해자를 위해서 기소할 수 있도록 허용한 첫 사회이다. 이것은, 그리스 시기 동안 사회질서에 대한 대중적 관심과 보호가 개인의 상해나 복수보다 더 중요하게 되었다는 것을 명백히 보여준다.

중세

중세는 일반적인 사회무질서가 오래 계속된 시기였다. 사회구조의 광범위한 변화와 일상생활에 대한 교회의 큰 영향력은 사법체계를 양분하는 결과를 낳았다. 개혁은 세속적이 아닌 종교적인 구제의 한 과정으로 여겨졌다. 초기 문명화에서와 같이, 범죄자는 두 가지 빚에 대해 갚아야 했는데, 하나는 사회에 진 빚이며 다른 하나는 신에게 진 빚을 의미했다. 시련(ordeal)을 경험하게 하는 것은 세속 집단의 리더십에 의해서 행해지던 재판에 대한 교회의 대안이었고, 이것은 A.D. 1215년 이 제도가 폐지되기 전까지 행해졌다. 시련에 의한 재판에서, 피고인은 불가능하거나, 위험하거나, 고통스러운 테스트에 참가해야 했는데, 이것은 결백한 사람은 상처를 입지 않지만, 죄인은 죽음의 고통을 겪거나 죽을 것이고, 결과적으로 이 과정은 무죄와 유죄를 나타내줄 것이라는 믿음 때문이었다. 대부분의 시련에 의한 재판은 매우 가혹했고, 따라서 당연히 높은 유죄 판결율을 나타냈다.

교회는 범죄의 개념을 확장하여 몇몇 새로운 분야를 포함했는데, 현대 법전에도 이것은 반영되었다. 중세시대 동안, 생식의 목적이 아닌 성행동은 특히 죄악으로 여겨졌다. 성범죄는 보통 공개적이거나 잔혹한 대응을 유발했고, 그들은 이교도들이나 마녀재판에서와 같은 끔찍한 처벌을 받았다. 교회는 사탄의 손아귀에서 불행한 범죄자를 구원하는 하나의 수단으로서 잔인한 보복을 정당화했다. 열광적인 이교도 탄압운동은 종교재판을 만들어냈고, 이교도로부터 참회와 회개를 얻기 위해 상상 가능한 가장 악랄한 고문을 사용하게 했다. 스페인과 네덜란드에서 **종교재판**(inquisition)의 손에 수천수만 명이 죽었는데, 때로는 비인간적인 방법이 매우 광범위하게 사용되었다. 처벌은 그 자체로 하나의 끝이라기보다는, 오히려 단지 노한 신을 진정시키려는 범죄자의 희망으로 보였다.

> **주요용어**
>
> **종교재판**
> 이교도의 색출과 처벌을 위한 이전의 한 로마 카톨릭의 재판; 개인의 권리에는 거의 관심이 주어지지 않은 채로 엄중한 심문을 통해 수사가 행해졌다.

종교재판은 중세 카톨릭교회에 의해서 만들어진 하나의 재판이었는데, 이교도의 억압을 위해 매우 광범위한 권한을 갖고 있었다. 종교재판은 이교도나 범죄자들이 기소되어 재판에 회부되기를 기다리기보다 오히려 그들을 적극적으로 찾아다녔다. 프레더릭 2세 황제는 1224년에 종교재판을 하나의 공식제도로 만들었고, 이것은 1834년까지 지속되었다. 교정에 대한 중세교회의 주요 공헌은 자유의지라는 개념이다. 이 아이디어는 개인이 그들의, 나쁘거나 좋은, 행동을 선택하고 따라서 그들은 자신의 행동에 대해서 완전한 책임이 있다는 것을 가정한다. 영원한 처벌, 죗값 그리고 정신적 개종이라는 종교적 교의는 죄를 범하는 사람들이 만약 다른 식으로 행동하기를 선택한다면 그렇게 할 수 있다는 가정에 근거한다.

초기 법전들과 그 집행은 보통, 처벌이 피해자를 위해 복수를 해주거나 신을 만족시키는 데 필수적이라는 믿음에 기초한다. 초기의 작은 씨족집단과 덜 복잡한 사회에서, 피해자에 대한 직접적인 보상은 광범위한 피의 보복을 통한 사회구조의 분열을 방지하기 위해 보복을 대신하여 사용되었다. 이 집단들에서 왕이나 다른 통치자들로의 권력 집중현상이 발생했을 때, 피해자에 대한 위반으로서의 범죄의 개념은 국가와 일반적인 사회에 대한 위반이라는 생각으로 바뀌게 된다. 그 과정에서 베르겔드(wergeld)는 프리덴스겔드(friedensgeld)로 바뀌게 되었고, 처벌의 집행은 왕의 책임이 되었다. 이러한 왕에게로의 권한의 집중은 또한 피해자와 그의 손해를 무시하는 경향을 초래했고, 반면에 범죄와 범죄자에 관심을 집중시키는 결과를 낳았다.

처벌

사형과 신체형

수 세기 동안 국가에 의한 처벌의 가장 일반적인 형태는 사형, 고문, 신체절단, 낙인, 공개적 모욕, 벌금, 몰수, 추방, 구금 그리고 신대륙으로의 이송이었다.[9] 이런 처벌과 이들의 다양한 변종들은 항상 범죄에 대한 응보를 상징했다.(구금과 신대륙 이송은 상대적으로 현대의 형벌제도였고, 앞으로 나올 장에서 논의할 것이다.)

(범죄자를 죽이는) 사형은 초기에 가장 보편적인 형태의 처벌이었다. 폭력적인 사람을 통제하기 위한 행동수정이나 다른 현대적 기법들에 대한 지식은 거의 없었고, 종종 겁에 질린 범죄자들은 교수형, 십자가형, 화형, 익사형, 신체절단형 그리고 다른 잔인하고 인간이 상상해낼 수 있는 기괴한 방법으로 사형이 선고되었다. 기술이 발전되자, 범죄자를 죽이는 방법은 보다 세련되어졌다. 처벌, 특히 사형이 다른 사람들이 범죄를 하지 못하게 만들 것이라는 믿음에서, 사회는 공공장소에서 사형과 보다 약한 처벌을 시행했다.

고문, 신체절단 그리고 낙인은 일반적으로 **신체형**(corporal punishment)에 속한다. 다양한 고문들은 "자백"을 이끌어내기 위해 사용되었고, 종종 결과적으로 무고한 사람에게 사형이 주어졌다. 신체절단은 범죄와 "적당한" 처벌을 연계시키기 위해 종종 사용되었다(거짓

주요용어

신체형
사형에 못 미치는 정도로 신체적 고통을 주는 형벌; 보통 십자가형, 채찍형, 고문, 신체절단, 낙인, 매질과 같은 방법을 사용함

말쟁이의 혀를 자르거나, 강간범의 성기를 자르거나 또는 도둑의 손을 자르는 것). 낙인은 미국을 포함한 많은 나라에서 19세기 후반에서야 시행되었다. 신체형은 하나의 본보기이자, 잠재적 범죄자로부터 범죄를 억제하는 수단으로 여겨졌다.

주요용어

재갈
수다쟁이들의 혀와 입에 상처를 낼 수 있는 날카로운 금속판이 붙은 새장모양의 도구. 범죄자의 머리에 씌움

공공장소에서 범죄자에게 모욕을 주는 것은 초기 미국에서 인기 있는 제도였는데, 이것은 차꼬가 달린 대(the stocks), 칼(the pillory), 무자맥질 의자(ducking stool)*, **재갈**(brank)**, 낙인과 같은 도구들이 사용되었다. 이러한 처벌의 가장 중요한 측면은 그들의 공개적 성격이었다. 범죄자는 차꼬가 달린 대나 칼에 고정된 후, 매질을 당하고, 손바닥으로 맞고, 쓰레기와 함께 쌓이고 그리고 행인에 의해 욕설을 들었다.

무자맥질 의자와 재갈은 수다쟁이들에 대한 가장 대중적인 처벌로 사용되었다. 무자맥질의자는 긴 지렛대의 끝에 고정된 의자 또는 판자인데, 이를 조종하는 사람은 개천의 둑위에서 그 대상자를 물에 빠뜨릴 수가 있었다. 재갈은 범죄자의 머리에 씌우는 새장같이 생긴 도구인데, 이것은 날카로운 못이 박힌 판이 있고, 이것은 대상자의 입에 갖다 댈 수가 있었다. 입이나 혀의 어떠한 움직임도 고통스러운 상해를 초래했을 것이다.

주요용어

아홉 가닥 채찍
채찍질이나 매질을 위한 고문도구

매질(또는 채찍질)은 거의 모든 서구문명에서 일반적인 처벌이 되었다. 그 방법은 특히 가정, 군대, 학교에서의 규율을 유지하기 위해 사용되었다. 그것은 보통 약 3피트 길이의 단단한 손잡이의 끝에 달린 짧은 챗열이나, 아홉 가닥의 마디가 있는 전선이나, 밧줄, 로프가 손잡이에 달린 (**아홉 가닥 채찍**(Cat-o'-nine-tails)으로 유명한) 채찍에 의해 집행되었고, 때때로 매듭에 못이 고정된 채찍도 사용되었다. 채찍질은 이교도재판에서 자백을 받아내는 데 자주 사용되는 방법이었는데, 왜냐하면 거의 대부분은 피해자들이 채찍에 오래 버티지 못하기 때문이었다. 매질은 말레이시아, 사우디아라비아, 싱가포르 그리

* 역주: 행실이 좋지 않은 여자, 거짓말쟁이 상인들을 앉혀 물에 넣었다 뺐다 하여 창피를 주는 형구

** 역주: 영국에서 말이 많은 여자들의 입에 물리는 형구

고 남아프리카[10]와 같은 나라에서 현대사회에서도 법적인 처벌로 남아있다.

억제

중세시기 동안 사형과 신체형의 광범위한 사용은 부분적으로 공개적인 처벌이 잠재적인 범죄자를 억제할 것이라는 믿음을 반영했다. 그것은 오랫동안 논란이 되어온 믿음인데, 처벌이 비록 효과가 없더라도, 사회적 보복은 범죄자를 처벌하기 위해 유일하게 정당하고, 정직하며, 논리적으로 정당화할 수 있는 것이라는 점은 분명하다는 것이다. 억제에 대한 주장은 역사학자와 논리 모두에 의해 지지된다. 사회가 범죄자로부터 악마를 쫓으려고 어떤 식으로 노력하든, 억제되는 것으로 보였던 범죄자들은 고문당해 죽은 범죄자들뿐이었다. 후에, 선각자들은 범죄의 원인을 밝혀냄으로써 보다 합리적으로 범죄를 억제할 수 있는 수단을 찾기 시작했다.

세속법의 등장

기독교철학자들은 세속사회에서 남성과 여성의 행동에 적용될 일련의 법을 만드는 데 영향을 주었는데, 이들은 법이 하늘에서 만들어졌다고 주장했다. A.D. 14세기에, 성 어거스틴은 정의를 세울 필요성을 주장했지만, 단지 신에 의해 공포되는 것으로서의 정의를 주장했다. 이 문제는 13세기에 토마스 아퀴나스에 의해 다소 명확해졌고, 그는 세 가지 법을 구별했는데, **영원법**(lex eterna), **자연법**(lex naturalis), 그리고 **인간법**(lex humana)이 그것이다. 이 모든 것들은 공익을 위한 것들이었다. 인간법은 그것이 다른 두 가지의 법과 상충되지 않을 때만, 타당한 것으로 여겨졌다.

시간이 지나고 세속 지도자들(왕과 다른 형태의 군주들)이 보다 큰 권력을 갖게 되자, 그들은 신의 법적 질서와 권력제한으로부터 자유롭기를 원했다. 14세기 초에, 많은 학자들은 교황으로부터 군주의 독

주요용어

영원법
영원법을 묘사하는 주요 용어 중의 하나, 공익을 위해 만들어진 것이며, 인간에 의해 바뀔 수 없다.

주요용어

자연법
자연스럽게 생겨나고 모든 문화를 통해 타당한 법이 있다는 법이론

주요용어

인간법
인간존재에 의해 만들어지는 법

립을 옹호했다. 영국의 대법관 토마스 무어경은 교회와 국가의 통합을 옹호하는 세력들에 반대했고, 결과적으로 형장의 이슬로 사라졌다. 그는 변덕스러운 왕이었던 헨리 8세의 이혼과 재혼 사건에 교회법을 적용하는 것에 반대했다. 토마스 무어경은 또 다른 의미에서 그의 시대에서 벗어난 것이었다. 그는 겉보기에, 처벌이 범죄를 억제하지 않는다는 급진적 이론의 옹호자로서, 범죄예방을 위해서는, 범죄를 포기하게 만드는 사회적 조건에 주목해야 한다는 것을 처음으로 안 사람 중에 하나였다. 16세기에, 불행히도, 이러한 생각은 그 시대를 너무나 앞선 것이었지만, 토마스 무어경의 생각은 지속되었고, 결국 현대 **범죄학**(Criminology)과 행형학의 출현에 많은 기여를 하였다.

주요용어

범죄학
범죄의 원인과 결과를 연구하는 학문분야

법과 처벌의 초기 역사에서는, 어떤 범죄자에 대한 개인적 또는 사회적인 처벌을 정당화할 수 있는 근거로 사회적 보복의 중요성을 강조한다. 이러한 설명은 왕에 대해 나쁜 행동을 한 것에 대한 보복으로서 노예형과 민사적 사망의 발전을 가능케 했다. 범죄자를 교정하려는 생각은 처벌에 비하면 완전히 우연적인 것이었다. 갤리선이나 유황광산으로 보내진 범죄자들은 종종 채찍과 다른 신체적 학대와 같은 형태의 사회적 보복을 경험했는데, 이것은 자유를 상실하는 것을 넘어선 훨씬 큰 고통이었다. 범죄자는 처벌을 받기 위해 지하감옥, 갤리선 또는 광산으로 보내졌는데, 이것은 그 자체로는 처벌이 아니었다.

사회에 보답하고 신의 가르침에 반한 행동을 속죄하기 위한 처벌이라는 아이디어는 부분적으로 왜 대부분의 처벌이 잔인하고 야만적이었는지를 설명한다. 아마도, 신체적 고문, 사회적 지위상실, 추방 또는 금전적 상실(네 가지의 기본적인 처벌유형)[11]의 고난은 하늘에서의 영원한 즐거움으로 보상받을 것이라고 생각한 듯하다. 우습게도 이러한 처벌들은 범죄의 확산을 거의 막지 못했다. "심지어 극단적으로 중한 처벌이 사소한 범죄에 부과되었던 시기조차, 처벌이 범죄를 크게 감소시켰다는 증거는 거의 발견되지 않았다."[12]

교정 실제 1.1

현대사회에서의 매질

범죄자에 대한 처벌을 위한 형법의 발전 초기에, 대부분의 나라들은 처벌로서 매질(caning)을 사용했다. 그것은 학교, 군대 및 종교기관, 교도소 그리고 법원에서도 광범위하게 사용되었다.(때로는 "채찍질"로도 알려진) 매질은 4피트 크기의(두께는 다양함) 나무막대기를 사용하여 등나무회초리로 재소자의 살을 찢고 의도적으로 심각한 통증과 신체적 고통을 준다. 매를 휘두르면 범죄자의 벗겨진 엉덩이 살을 찢고 피하지방을 액화시킨다. 피와 지방이 모두 범죄자의 몸에서 솟아오르고, 즉시 똥과 오줌이 배출된다. 어떤 범죄자들은, 그들의 범죄에 따라서 다르지만, 어떤 국가에서는 21대를 맞을 수 있다.

20세기 말까지 매질은 북아일랜드, 아일랜드 공화국, 스코틀랜드, 웨일스, 영국과 오스트레일리아와 같은 영어권 국가들에서 보편적으로 사용되었다. 이 대부분의 국가는 1996년 이후에 매질이 없어졌다. 그러나 매질은 아직 많은 다른 나라들에서 시행되고 있고, 매질국가의 많은 시민들은 이것을 용인한다. 매질은 말레이시아, 싱가포르, 짐바브웨, 보츠와나, 탄자니아, 트리니다드토바고 그리고 그 외 다른 나라들에서 자주 쓰이는 신체형이다.

매질은 강간, 준강간, 근친강간, 근친강간치사, 고문, 갱강도, 위험한 약물소지 및 유통 그리고 (말레이시아에서) 무슬림의 음주와 같은 심각한 범죄에 대한 처벌로서 일반적으로 사용된다. 이 범죄유형은 처벌과 억제를 위해 매질을 사용하는 각 나라에 따라 달라진다. 어떤 나라에서 교도관이 매질이 선고된 재소자로부터 뇌물을 요구하고, 그 범죄자의 가족으로부터 다른 뇌물을 요구할 수 있다. 그 뇌물은 매질을 하는 관리가 매질을 실수하게 만들어 처벌을 경감시키려는 것을 목표로 한다. 몇몇 국가는 주된 업무가 매질인 교정직원을 두는데(때로는 하루에 60명까지 매질을 한다), 매질의 횟수뿐만 아니라 매질활동에 대한 보너스도 지급한다.

국제인권법 하에서, 신체형은 어떤 형태라도 고문(또는 다른 잔인하거나, 비열하거나 또는 비인간적인 처벌)에 해당하는데, 이것은 항상 금지된다.

출처: Amnesty International (2010). A Blow to Humanity: Torture by Judicial Caning in Malaysia. Published by The International Secretariat, Amnesty International. London, United Kingdom; USATODAY (August 8, 2009), "Muslim model spared from punishment, but just for now", at malaysia_N.htm?FORM=ZZNB3.

초기 교도소들

초창기에는 어떤 종류의 구금시설이 존재했을까? 후의 교정제도와 관련된 최초 기관들의 몇몇 특징을 알아보는 것은 중요하다. 범죄자에 대한 몇몇 형태의 구금은, 그것이 일시적이든 또는 영구적이든,

초기 시대부터 사회제도로서 존재해 왔다. 물론 범죄자는 항상 그의 의지에 반해 구금되지만, 구금이 어떤 처벌 그 자체의 역할을 한 것은 비교적 최근의 생각이다. 이전에 구금은 주로 피고인에 대한 실질적인 처벌을 결정하기 전에 잡아두는 (막 논의할 다양한 수단들 중에) 한 수단이었다. 로마의 공공사업에서 봉사형에 처해진 사람들조차 밤에는 (그것이 얼마나 원시적인지에 관계없이) 어떤 특별한 장소에 확실히 머물러야 했다. 불행히도, 이러한 구금의 형태에 대해 알려진 것은 거의 없다. 대부분은 구금 장소는 기본적으로 감옥이었다. 후에 채석장과 그리고 다른 목적을 위한 유사장소들은 재소자를 집에 수용했었다. **마메르티노 감옥**(The Mamertine Prison)은 우리가 많이 알고 있는 유일한 초기 로마의 구금 장소인데, 이것은 B.C 64년에 로마의 주 하수도 아래에 건설된 대규모의 초기 감방시스템이다.[13]

주요용어

마메르티노 감옥
로마의 한 초기 구금장소로서, 주 하수도 아래에 건설된 초기의 지하감옥

중세시대에, 로마의 멸망 후, 요새, 성, 다리지지대 그리고 도시 성문은 강하고 안전하게 만들어졌는데, 이것은 유랑하는 침략자 무리를 방어하기 위해서였다. 그러나 화약의 출현과 함께, 이런 요새도시들은 그들의 성벽과 망루의 많은 억지력을 잃게 되었다. 그 육중한 구조물들은 후에 구금 장소로 사용되었다. 많은 시설물들은 정치범들을 수용한 장소로 유명해졌다.[14] 성 설계에 감방을 포함한 것은 12세기가 되어서였다.

기독교교회는 콘스탄티누스대제 시대 이후 **성역**(Sanctury)이나 피난소의 관습을 따랐고,[15] 참회에 도움이 되는 어떤 분위기를 만들기 위한 격리장소에 죄인을 수용했다. 이러한 형태의 구금은 수도원과 대수도원 내에 보다 공식화된 처벌 장소로 변경되었다. 교회법을 위반한 것으로 여겨지는 사람들은 오랫동안의 외로운 구금기간을 보내는 것이 일반적이었다. 종교재판 시기에 건설된 교도소들은 개념상, 그것이 운용에서 차이가 있을 수는 있지만, 후의 미국의 독거교도소와 유사했다.[16] 고립과 기도를 통한 교정이라는 아이디어는 미국의 첫 교도소에 몇몇 영향을 끼쳤지만, 일반적으로 그러한 제도의 영향을 이 측면에서 평가하기는 매우 어렵다.

주요용어

성역
범죄자들을 도시에서 격리 또는 억류하기 위한 도피소

교정 실제 1.2

마메르티노 감옥

마메르티노는 고대 로마의 중심부 부근에 위치한 한 교도소(이탈리아어로 "카르케르(carcer)")였다. 이 교도소는 B.C. 616~640년 사이에 건설되었고 이것은 재판을 받기 전의 피고인과 사형이 예정된 기결수를 구금하는 장소였다. 이것은 장기간의 구금을 의도한 시설이 아니라 단기구금 및 사형수를 위한 현대의 구치소와 보다 유사한 기능을 했다.

정복한 장군들이 집으로 돌아갈 때, 포로가 된 장군들, 왕자 그리고 왕들은 개선행사에서 행진을 해야 할 것이며, 그 후 교도소에서 신속히 사형되었을 것이다.

마메르티노 감옥은 양쪽의 꼭대기에 아치형 천장이 있는 2개의 방을 갖고 있었다. 약간 낮은 방은 원래 저수조로 만들어졌다. 이 감옥이 포로가 된 왕, 반역자, 로마에 반역을 기도한 사람들, 저명한 로마시민들 그리고 비겁자들과 같은 중요한 인물들을 위해 이용되었다는 것을 아는 것은 중요하다. 사형은 갑작스럽고, 공지되지도 않고 그리고 알려지지도 않고 시행되었다. 범죄자는 그 교도소의 가장 낮은 층에 던져질 수 있었고, "그라운드 제로"에서 사형되었고, 빈번히 교살되었다. 그러나 사형을 당하지 않은 다른 사람들은 노예와 같이 학대당할 것이며, 죽을 때까지 비참함과 고통 속에서 살았다.

높은 지위의 범죄자들(외국인과 로마인 모두)은 일반적으로 상급 로마시민들의 관습에 따라 구금되었는데, 가끔은 그들의 국가나 집에서 구금되었다. 몇몇은 로마와의 조약 하에 법적으로 잡혀온 인질이었고, 다른 사람들은 연회에서 식사 손님들에게 과시되는 포로들이었다. 이 점에서 두 가지 층의 범죄자들이 있는데, 하나는 가난하고 지저분한 사람들과 다른 하나는 상급의 시민들이었다.

산 쥬제뻬 델 팔레냐미(san giuseppe dei falegnami)교회는 현재 마메르티노 위에 세워져 있다.

출처: Tour of Rome (2013). Mamertine Prison, *http://www.rome-tour.co.uk/mamertine_prison.htm*, and Richard Bauman (1996), *Crime and Punishment in Ancient Rome* (New York: Routledge, p. 23).

노역장

노역장(workhouse)의 하나였던 **브라이드웰**(Bridewell)은 1557년 런던의 "하층민(riffraff)"에게 거처와 고용을 제공하기 위해 만들어졌고, 이것은 중세사회의 해체와 농촌인구의 도시지역으로의 이주증가에 따라 나타난 노동윤리에 기초하였다(http://www.workhouses.org.uk/*CityOfLondon/corporation.shtml*). 노역장은 너무나 성공적이어서 1576년까지

주요용어

브라이드웰
런던의 실업자나 불완전 고용된 노동계급을 수용하고 고용하는 노역장

의회는 영국의 모든 지역에서 브라이드웰의 건설을 요구했다. 이와 같은 혼란스러운 사회적 상황이 네덜란드에서 생겨났고, 네덜란드는 1596년에 노역장을 설치했고, 이것은 곧 전 유럽으로 퍼져나갔다.

불행히도 노역장은 17세기와 18세기에 경범죄자와 다른 재소자들을 위해 사용된 대표적인 구금 장소는 아니었다. 대부분의 도시들은 어떤 다른 목적을 위해 세워진 빌딩들 중에 하나를 교도소로 만들어야 했다. 성인과 청소년, 병자와 건강한 사람 또는 심지어 여성과 남성을 격리하려는 아무런 노력이 나타나지 않았다. 돈 없이는 아무런 음식이 공급되지 않았고, 위생은 보통 한탄할 만한 수준이었다. 다른 재소자나 교도관에 의한 재소자에 대한 착취는 폭력과 타락이라는 가장 나쁜 행동을 가져왔다. "감옥열(Jail fever, 티푸스의 동의어)"은 그러한 환경에서 쉽게 퍼지고, 곧 인근도시로 옮겨갔고, 영국의 인구가 줄어드는 주요 원인이 되었다. 18세기 초기까지, 영국과 다른 나머지 유럽 국가에서 노역장, 교도소 그리고 감화원(correction house)은 충격적인 상황으로 망가졌다. 범죄자를 그러한 비참한 교도소에서 살도록 하는 것은 아마도 지금까지 언급한 모든 형태의 처벌 중에서 가장 무자비한 사회적 보복이 되었다. "눈에 보이지 않으면, 잊혀진다(Out of sight, out of mind)"는 그 시기의 표어였는데, 대중은 시설의 담 뒤에서 일어난 일에 대해 거의 몰랐다(우습게도 이것은 마지막 세기가 시작되어서야 알려졌다).

주요용어

감옥열
구금장소에 자주 집중되어 나타났던 티푸스. 대규모의 재소자와 지역시민들을 사망시켰음

계몽과 개혁의 시대

논의한 바와 같이, 사적인 죄악을 위해 공적인 복수를 한다는 저변에 깔린 원리는 지속적으로 국가 쪽으로 사법의 저울을 기울게 했다. 16세기와 17세기 유럽에서 사형은 적어도 30가지의 선택가능한 상이한 방식으로 행해졌다. 이것은 교수형과 말뚝에 묶은 채 불태우는 화형에서 시작하여 고문대에서 사지를 죽을 때까지 잡아 늘이는 것과 같은 창의적인 형태에 이르기까지 다양했다. 공공장소에서의 처벌과 모욕은 심지어 경미한 범죄에서도 일상적으로 이용되었다. 구금

은, 단지 정의의 이름으로 시행된, 어떤 잔혹한 처벌을 부과하기 전에 하나의 준비단계로서만 사용되었다. 영국에서는 사형을 선고할 수 있는 범죄가 200가지가 넘었고, 영국인들은 한 해에 약 800건 이상의 공개적인 사형집행을 지켜보았다. 17세기가 끝나갈 무렵, 국가에 의한 복수적 처벌이라는 개념은 영국과 많은 다른 유럽국가들의 법에서 굳건히 확립되었다(이것은 재판에서 동정심은 영원히 작용하지 않게 되었다는 것을 의미한다).[17]

18세기는 교정학을 공부하는 학생에게 특히 중요한 시기이다. 우리 역사상 가장 뛰어난 철학자들 중의 몇몇이 인간성의 본질적인 존엄함과 불완전성을 인식한 것이, 후에 **계몽의 시대(Age of Enlightenment)**라고 불린 이 시기 동안에 일어난 것이었기 때문이다. 찰스 몽테스키외(Charles Montesquieu), 볼테르(Voltaire), 체자레 베까리아(Cesare Beccaria), 제레미 벤담(Jeremy Bentham), 존 하워드(John Howard) 그리고 윌리암 펜(William Penn)은 개혁운동을 이끌었다. 그들의 영향력은, 어느 한 분야에만 한정되는 것은 아니지만, 특히 범죄자의 처우에 관해서는 특히 크다. 이 각각의 공헌에 대해 논의해 보자.

주요용어

계몽의 시대
전통적인 사회/종교/정치 생각들을 거부하고 합리주의를 강조하는 18세기에 두드러진 철학적 운동

몽테스키외와 볼테르: 프랑스 휴머니스트들

프랑스 철학자들인 몽테스키외(1689–1755)와 볼테르(1694–1778), 드니 디드로(Denis Dederot, 1713–1784)는 인권에 대한 계몽시대의 관심을 전형적으로 보여준다. 몽테스키외는, 그의 수필집 페르시안 편지(Persian Letters)[18]에서, 훌륭한 글솜씨로 형사법의 남용문제를 대중에게 어필했다. 볼테르는 많은 재판에 참여하여, 합법화된 고문, 범죄자의 책임 그리고 정의라는 낡은 생각에 도전했다. 이들의 휴머니스트적 노력은 이 시기의 가장 영향력 있는 형법 개혁가인, **고전학파(Classical School)**의 창시자 **체자레 베까리아(Cesare Beccaria)**(1738–1794)의 업적과 쌍벽을 이룬다. 그의 가장 잘 알려진 저작인 「범죄와 처벌에 대한 에세이(An Essay on Crimes and Punishment)」는 처벌에서 교정으로의 변화에 가장 큰 영향을 주었다. 그것은 18세기에 법에 대

주요용어

고전학파
범죄 및 범죄자에 대한 사회정책을 이해하려는 접근

인물

체자레 베까리아
고전학파 범죄학의 창시자

한 가장 흥미로운 수필이었다. 그것은 형법을 휴머니스트적인 목표로 재지향시켰고 다음과 같은 원리를 만들어내었다.

1. 모든 사회적 조치들의 기본은 최대다수의 최대행복이라는 공리주의적 개념이어야 한다.
2. 범죄는 그것이 사회에 끼친 해악으로 고려되어야 하고, 범죄의 유일한 합리적인 척도는 그 해악의 정도이다.
3. 범죄의 예방은 범죄의 처벌보다 더 중요하다. 실제로 처벌은 그것이 범죄행동을 예방하는 데 도움이 된다는 가정 하에서만 정당화될 수 있다. 범죄를 예방할 때, 법을 개정하고 공포하는 것은 필수적이다. 그렇게 함으로써 국민은 법을 이해하고 그것을 따를 수 있다. 이것은 선한 사람들에게 보상을 하고 입법과 생활 모두에 대해 대중의 교육을 개선할 수 있도록 한다.
4. 형사절차에서, 비밀스러운 고발과 고문은 철폐되어야 한다. 재판은 신속해야 한다. 피의자는 재판 전에 인간적으로 처우받아야 하고 그를 위한 향후의 증거이용에 모든 권한과 편의를 제공받아야 한다.
5. 처벌의 목적은 범죄를 억제하는 것이지, 사회적 보복을 하는 것은 아니다. 엄격하진 않지만 확실성과 신속성이 있는 처벌은 이러한 목적을 달성하기에 가장 적합하다. 처벌은 확실하고도 신속해야 하며, 형벌은 그 범죄가 가져온 사회적 해악과 정확히 상응하도록 결정되어야 한다. 재산범죄는 벌금으로만 처벌되어야 하지만, 그 범죄자가 벌금을 낼 능력이 없을 때는 구금으로 처벌되어야 한다. 추방은 국가에 대한 범죄에 훌륭한 처벌이다. 사형은 없어져야 한다. 종신형은 범죄를 더 잘 억제한다. 사형은 돌이킬 수가 없고, 따라서 오판가능성이 있고, 이후의 수정이 불가능하다.
6. 구금형은 더 많이 이용되어야 하지만, 그것의 시행은 크게 개선될 필요가 있는데, 더 나은 거실을 제공하고 재소자들을 연령, 성 그리고 범죄성향에 따라서 분리하고 분류하여 수용할

필요가 있다.[19]

베까리아는 큰 개인적 명성을 추구하거나 받지는 않았지만, 그의 작은 책은 계몽의 시대 동안 출간된 가장 중요한 책 중의 하나로서 평가 받았다.[20] 그의 새로운 아이디어 중의 4개는 1808년에 프랑스 형사절차법에 그리고 1810년의 프랑스 행형법에 다음과 같이 실현되었다.

1. 모든 사람은 유죄로 입증될 때까지 무죄로 추정되어야 한다.
2. 모든 사람은 그 자신에 불리한 증언을 강요받지 말아야 한다.
3. 모든 사람은 변호사를 고용하고 검사의 증인을 역심문할 권리를 가져야 한다.
4. 모든 사람은 신속하고 공개적인 재판을 그리고 대부분의 사건에서, 배심재판을 받을 권리를 가져야 한다.[21]

벤담과 쾌락주의적 계산

제레미 벤담(1748 – 1832)은 18세기 말과 19세기 초에 영국 형법체계에 대한 주도적인 개혁가였다. 그는, 범죄자가 범죄로부터 얻는 즐거움이나 이득이 어떤 것이든, 그것을 무효화하도록 처벌을 설계한다면, 범죄율은 낮아질 것이라고 믿었다. 그는 범죄에 보다 밀접히 상응하도록 처벌하기 위해 등급화된 형벌체계를 강하게 옹호했다. 정치적인 평등이 지배적인 철학이 되었을 때, 이것은 이러한 변화를 수용할 수 있는 새로운 행형정책을 강하게 요구했다. 셀린(Thorsten Sellin)은 다음과 같이 주장했다.

인물

제레미 벤담
처벌의 양이 잠재적인 범죄자들을 억제하도록 정확히 정해져 즐거움을 극대화한다면, 범죄율은 낮아질 것이라고 주장함

> 오래된 행형법은 그 사회들에서의 지배적인 견해를 반영해왔는데, 노예제 또는 농노제가 번성했을 때, 정치적 평등이 지배적이었을 때 그리고 주권이 절대군주에게 있는 것으로 여겨졌을 때 이러한 견해들은 행형법에 반영되었다. 현재 그 법의 가장 반대할 만한 특징은, 상층계급에게 유리하고 하층계급에 대해 종종 전횡적이고, 야만적이며 그리고 혐오스러운 신체형과 사형을 부여하는 것인데, 이것은 철폐되고 법 앞

> 의 평등이 이루어져야 한다. 증거를 짜내기 위한 사법적 고문은 폐지되어야 하고, 고문과 같이 행형 목적 이외에 자행되었던 행위들은 범죄로서 처벌되어야 한다. 그리고 처벌은 범죄자가 범죄로부터 얻을 것으로 기대되는 이득을 상회하기에 충분한 정도의 엄격성만을 유지해야 한다. 이것은 보다 인도적인 법을 의미하며, 새로운 민주주의적 아이디어와 조화를 이루도록 모든 시민들에게 똑같이 차별 없이 적용되어야 하는 것이다.[22]

벤담은 개인의 행동은 어떤 과학적 방식에 따라 영향을 받는다고 믿었다. 그는, 지적인 개인은 최소한의 고통으로 최대의 행복을 얻는 것을 목표로 한다고 단언한다. 그는 이것을 그의 유명한 "**쾌락주의적 계산**(hedonistic calculus)"[23]으로 발전시키고, 이것을 형법의 개혁에 적용하였다. 베까리아와 같이, 벤담은 처벌이 행위를 억제할 수 있지만, 그것은 단지 범죄에 적절히 상응하는 정도로 주어질 때만이 그러하다고 믿었다. 이러한 종류의 사상은, 19세기의 활동적 개혁가인 사무엘 로밀리(Samuel Romilly, 1757－1818)와 로버트 필(Robert Peel, 1788－1850)이 채용했는데, 이것은 현대 교도소의 발전에 도움을 주었다.

주요용어

쾌락주의적 계산
지적인 개인은 최소한의 고통으로 최대한의 즐거움을 추구할 것이라는 제레미 벤담의 주장. 이것은 개인의 행동이 과학적 방식으로 영향을 받을 수 있다고 믿는다.

존 하워드

존 하워드(John Howard, 1726-1790)는 1773년 베드포드셔(Bedfordshire)의 보안관으로 임명되기 전까지 교도소나 교도소 개혁에 대한 생각을 거의 품지 않았다. 그의 임명은 그가 결코 상상하지 못했던 깜짝 놀랄 만한 상황을 목격하게 하였다. 그는 감옥선과 감옥에서 본 상황에 충격을 받고 몇몇 학대를 완화하고 위생상태를 개선하는 법률을 입법하도록 노력했다. 그는 유럽 대륙을 널리 여행하고 다른 나라의 교도소들을 조사했다. 그는 모든 지역에서 유사하게 한탄할 만한 상황들을 목격했지만, 프랑스와 이태리의 몇몇 교도소에 가장 크게 감명을 받았다. 1777년에, 그는 이 상황들을 기술하고 그의 ＜교도소의 상황(State of Prison)＞에서 개혁을 주장했다. 1779년에, 의회는 네 가

인물

존 하워드
감옥 상황에 큰 충격을 받고 교도소를 개선하기 위한 십자군 역할을 수행한 영국의 고위 보안관

교정 인물 1.1

존 하워드

존 하워드(1726-1790)는 재소자의 관리와 보호를 개선하려는 철저한 휴머니스트적인 투사였으며 영국의 부유한 중산층 가정에서 태어났다. 그의 아버지는 엄격한 원칙주의자였으며, 존은 완고하고도 외로운 남자였다. 그는 캘빈주의자였기 때문에, 방탕한 생활을 하지 않았다. 그는 복잡하고, 외롭고, 완고하고, 독선적이고, 마음이 좁은 남자였지만, 교도소 개혁의 아버지라는 칭찬을 들을 만한 사람이다. 한 아버지로서는 실패했는데, 그의 외아들은 일류대학에서 퇴학을 당했고, 정신병판정을 받아 정신병원에서 죽기 전 약 13년 동안 구금되었다. 그의 첫 번째와 두 번째 결혼은 배우자의 죽음으로 끝이 났다. 그러나 그는 그의 일을 위해 아버지의 상속재산을 쓰고 그의 여동생의 간절한 부탁(그녀의 집과 은화 약 15,000파운드)을 들어주는 데 관대하고 동정적인 남자였다.

교도소 개혁에 대한 그의 공헌을 이해하기 위해, 1773년에 베드포드셔의 고위 보안관으로 (원래는 1년 동안) 임명되었다는 것을 알아야 한다. 그 당시에, 그 자리는 대개 형식적인 자리였고, 다른 고위보안관들은 구치소를 시찰하고 관리하는 데 거의 관심을 가지지 않았고, 그 일은 하위보안관이 맡고 있었다. 하워드는 카운티 교도소를 자신이 시찰하고 그의 구치소에서 구치소 관리의 관행과 환경에 충격을 받고 혐오감을 느꼈다. 그는 여성이 남성, 중범죄자와 경범죄자, 성인과 소년 또는 채무자와 살인자가 서로 분리 수용되지 않는 것을 발견했다. 이 시기에 구치소는 하나의 창고시설이었는데, 여기에는 유죄 판결 그리고 (보통) 사형 당할 때까지 기다리는 피고인들을 수용했다. 이 시기 동안, 하위보안관은 재소자들에게 유해한 뇌물, 청탁 그리고 수익을 얻었다. 많은 재소자들은 구금 기간 동안 그들의 식사에 대해 돈을 내도록 강요당했다. 하위보안관은 전형적으로 숙박, 음식 그리고 다른 서비스 명목으로 재소자에게 돈을 받았다. 하워드의 구치소에서 "당시 요금"은 침대를 혼자 쓰는 데 한 주에 2실링 6펜스였다. 재소자는 그 비용 각각에서 반을 부담할 수 있었다. 만약 교도관이 범죄자를 이송해야 한다면, 그 비용은 6파운드였다.

환경은 한탄할 정도로 나빴다. 수돗물은 없었고, 바닥에 있는 밀짚깔개는 먼지가 쌓였으며, 재소자는 마시는 물에 대해 비용을 내야했고 그리고 음식은 다른 방법으로는 구할 수 없었다. 재소자는 심지어 무죄로 판명되었을 때조차 교도관에게 모든 비용을 지불하기 전에는 구금에서 벗어날 수 없었다. 의료적 치료는 이용할 수 없었다. 하워드는 몇몇 시설에서, 티푸스 열(typhus fever)로 모든 범죄자가 죽을 것이라고 느꼈다. 하워드는 공개적으로 부하 교도관을 비판하고 휴머니스트적인 변화를 명령했다.

존 하워드는 다른 잉글랜드와 웨일스의 시설들을 발견하고 그의 구치소가 따를 만한 한 모범으로 삼기를 원했다. 그는 감방, 지하감옥 그리고 고문센터의 국제 투어를 시작했고 재소자, 직원(교도관) 그리고 구치소 재소자를 면접했다. 그의 결론은 잘못된 관행이 모든 지역에 광범위하게 퍼져있다는 것이었다. 그는 프랑스, 네덜란드, 러시아 그리고 우크라이나의 좋은 본보기들을 따르기 시작했다. 그는 교도소 환경을 개선하기 위해 자신의 사재에서 30,000파운드를 사용했다. 1777년에, 그는 〈교도소의 상태〉를 출간했는데, 이것은 교도소의 문제점과 그가 개선할 수 있었던 것들을 자세히 서술한 것인데 큰 호평을 받았다. 우크라이나에 있는 동안, 존 하워드는 구치소를 시찰했고 티푸스 열로 사망했다. 그는 우크라이나의 스테파노프카(Stepanovka)에서 벽으로 둘러싸인 묘지에 묻혔다.

그의 사후 약 80년인 1868년에, 런던에서 하워드 협회가 조직되었다. 그 후 미국, 캐나다 그리고 뉴질랜드 협회가 바로 만들어졌다. 이 교정개혁 조직들은 교도소 환경과 재소자의 가족에 대한 서비스를 개선하기 위해 노력하고 있는데, 여기에는 양육교실, 민간사회재진입프로그램 관리 그리고 재소자의 가족과 자녀가 직면하는 어려움에 대한 일반대중 교육이 포함된다. 하워드 협회는 또한 의회에 제공하는 광범위한 보고서들을 발간하는데, 여기에는 성인과 청소년 재소자들을 사회에 재통합시키기 위한 프로그램들과 교도소에 대한 자금지원과 교도소와 보안에 대한 정보를 담고 있다. 마지막으로, 하워드협회는 범죄자의 원래 형보다 더 오랫동안 구치소에서 구금하는 양형정책을 변화시키기 위해 노력함으로써 장기형 재소자와 관련한 쟁점에 대해 다룬다.

출처: JHA Prison Report, Vandalia Correctional Center, "Prison Monitoring Project," at dhoffman@thejha.org.
John Howard Society of Niagara, "History of John Howard," at *http://www.jhs-niagara.com/history/history-of-jhs/*.

지 개혁원리들을 담고 있는 참회소법(Penitentiary Act)을 통과시켰는데, 이것은 보안 및 위생적 건물, 체계적 시찰, 수수료 폐지 그리고 개혁적 통치이다.[24]

이 교도소법에 따라 첫 번째 교도소가 만들어졌는데, 이것은 영국 노폭(Nofolk)의 윈더넘(Wyndomham)에 위치하며 윈더넘의 보안관이었던 토마스 비버경(Sir Thomas Beever)에 의해 운영되었다. 앞으로 보게 될 것과 같이, 법에 규정된 그 원리들은 개념상 고결하지만, 무관심이 판을 치는 환경에서 실행되기는 어려웠다. 보다 나은 교도소 환경에 대해 옹호했던 자가 1790년 러시아의 우크라이나에서 감옥열로 죽었다는 점은 아이러니하다. 존 하워드의 이름은 교도소 개혁의 상징이 되었고, 존 하워드 협회(John Howard Society)는 그의 생각을 오늘날까지 실현하고 있다.[25]

감화원, 노역장 그리고 구치소

영국에서 브라이드웰(Bridewell) 스타일의 감화원(house of correction)의 증가는 원래 휴머니스트 운동으로서 출발했다. 그 결과 1576년에 의회는 영국의 각 카운티에 이런 유형의 시설을 건설할 것을 요구했다. 그들은 사설노역장(almshouse)이나 구빈원(poorhouse)의 연장이기도 했지만 또한 모든 유형의 경범죄자를 위한 행형시설이기도 했다. 주요 범죄에 대한 가혹한 형벌이 점점 증가하고 있었지만, 심지어 가장 냉혹한 사람들조차 모든 범죄자에 대해 가혹한 신체형을 옹호하는 것은 아니었다. 게으름뱅이부터 창녀까지 모든 종류의 문제인간들은 브라이드웰에 보내졌는데, 그곳에서 그들은 가혹한 작업감독의 지시 속에서 엄격한 규율 하에 노동을 강요당했다. 오늘날, 감화원과 **노역장**(Workhouse)은 동의어로 여겨진다. 그러나 노역장은 실제로 형벌기관이 아니라 빈민들을 훈련하고 돌봐주는 장소로 시작되었다. 그러나 실제에서, 이 둘은 처음에 영국에서 그리고 후에 미국에서 곧 구분이 불가능해졌다. 그러한 시설에서 상황과 관행은 18세기가 끝날 때까지 구치소(gaol)에 비해 별로 나은 것이 없었다.

주요용어

노역장
경미한 법위반을 한 사람들을 위한 감화원. 때때로 구빈원(poorhouse)으로도 불림.

재소자를 구금하기 위해 **구치소**(Gaol=Jail)를 이용하는 것은 냉혹하고도 불미스러운 역사를 가졌다. 18세기가 시작될 때, 구치소 행정은 보통 교도관의 변덕에 맡겨졌는데, 그는 보통 보안관의 통제하에 있었다. 구치소는 종종 구속된 재판 전 구금에서 그들이 돈을 지불할 때까지 무한정으로 사람들을 가두어 둠으로써 재력을 가진 사람들로부터 엄청난 벌금을 부당하게 강탈하곤 했다. 일반적인 많은 "재소자(gaolbird)"들은 불행을 감내해야 했다. 많은 재소자들은 그들의 재판일 전에 죽어나갔다. 더럽고 불결한 환경은 감옥열을 대유행하게 만들었으며, 이것은 모든 계층의 영국인의 삶으로 퍼져나갔다. 존 하워드는 1773~1774년 사이에 이 질병으로 죽은 사람이 국왕에 의해 사형당한 사람보다 많다고 주장했다.[26] 아이러니하게도, (교도소 환경이 아닌) 교도소 재소자들이 이 죽음의 질병이 퍼진 데 대한 비난을 받았고, 심지어 범죄에 대해 보다 피비린내 나는 형벌이 고안되었다.

주요용어

구치소
영국에서 합법적으로 구금에 처해진 사람들을 구금하는 장소. 특히 카운티와 같은 지역정부의 관리하에 재판을 기다리는 미결수나 경범죄 기결수를 수용하는 장소로버트 카드웰(Robert Cardwell)은 전형적인 영국의 구치소를 다음과 같이 묘사했다.

> 프라이버시 박탈과 규제의 부재, 씻지 않은 몸, 인간의 배설물 그리고 역겨운 종기의 고름에서 나는 악취로 음산해진 구치소의 오염된 공기 속에서, 구치소는 가장 비도덕적인 생각과 비열한 행동을 낳았다. 재소자들은 그들 자신의 규칙을 만들고, 약자와 죄 없는 자는 강자와 악당의 횡포에 노출되었다. 매춘부는 거래를 쉽고 부지런히 하고, 종종 수수료 수입을 올리려는 교도관의 후원과 묵인을 받았다. 심지어 멀쩡한 여자들도 음식과 옷을 얻기 위해 그들의 몸을 팔았고 그리고 최악인 것은 그들이 구치소를 창녀집처럼 자주 이용한다는 것이다. 이처럼 게으름, 매춘, 타락, 방탕, 부끄럼 없는 착취 그리고 무자비한 잔혹성이 전염의 온상과 부패의 시궁창에서 뒤엉켜 있었다. 이것은 잉글랜드의 일반적인 구치소의 모습이었다.[27]

이런 인간시궁창 중의 하나에 책임감을 느끼고 휴머니스트적인 개혁의 노력을 시도한 존 하워드가 그러한 시설에 반해 행동에 옮긴 유일한 보안관이었다는 것을 생각하니 절망스럽다.

죄수 이송시스템

식민지 미국과 호주로의 강제추방

주요용어

추방
한 주나 국가에서 당국이 쫓아내는 것. 범죄행동 때문에 어떤 지역 거주지나 나라로부터 쫓아내는 형벌

앞에 언급한 바와 같이 사회적 보복의 가장 초기 형태는 추방(Banishment)이었다. 원시사회에서, 범죄자는 황야로 추방되었는데, 보통 야생의 맹수에게 잡아먹히거나 물려죽었다. 우리가 발견한 바와 같이, 구금과 사형은 후에 추방을 대체했다. 징역형으로의 추방은 사실상 시민으로서는 사망을 의미했다. 그러나 구치소로의 추방은 종종 물리적 사망으로 종료되었다.

봉건제가 해체된 이후의 시기에 떠돌아다니는 무직의 하층계급들은 대부분 주요 도시의 범죄율이 높은 슬럼에 모여들었다. 경제적

상황이 나빠짐에 따라, 구금형을 선고할 수 있는 범죄의 수는 이용가능한 교도소가 가득 찰 때까지 증가되었다. 잉글랜드에서, 1596~1776년 사이에 그 압력은 부분적으로 식민지 미국으로의 강제추방 또는 **죄수의 이송**(transportation)에 의해 완화되었다. 얼마나 많은 초기의 미국정착민들이 쇠사슬을 차고 도착했는지는 정확히 알 수 없다. 마가렛 윌슨(Margaret Wilson)은 연간 300－400명으로 추정하는데,[28] 다른 전문가들은 매년 2,000명 정도로 많았다고 주장한다. 죄수의 노동력을 이용하는 것은 식민지에서 노예제가 채용되기 전에 널리 퍼진 관행이었다. 그리고 위험한 중범죄자들의 유입이 노예제의 도입에 의해 다소 줄어들었지만, 빈민과 경범죄자는 계속 큰 규모로 식민지로 유입되었다.

미국혁명은 1776년에 미국으로의 죄수이송을 갑작스럽게 중지시켰지만, 잉글랜드와 아일랜드[29]는 그들의 과밀 수용된 시설로부터 죄수들을 이송할 필요성이 여전히 있었다. 제임스 쿡 선장은 1770년에 호주를 발견했고, 곧 죄수 이송체계는 호주대륙으로 변경되었다. 죄수들이 새로운 야생의 땅을 길들이는 데 기여하도록 예정이 되었다. 135,000명 이상의 중범죄자들이 1787년에서 이 제도가 폐지된 1875년 사이에 호주로 보내졌다.

이송선은 잉글랜드에서 뉴 사우스 웨일스(New South Wales)로 죄수를 이송하기 위해 계약한 수송선이었다. 개인 사업가들이 범죄자를 다른 나라로 수수료를 받고 이송했는데, 이것은 본질적으로 죄수의 등 뒤에서 돈을 버는 것이었다. 사업가들은 1인당 은화 20－30파운드를 받았다. 죄수를 많이 이송할수록, 그 이익은 커졌을 것이다. 따라서 배에 과밀 수용하는 것은 예외 없이 일상적이었다. 그러한 구금상태의 결과로, 대부분의 역겨운 질병은 일반적이었고, 사망율은 극도로 높았는데, 1790년 넵튠(Neptune)호에 탔던 502명 중에 158명이 호주로의 이송 중에 사망했고, 1799년 힐스보로(Hillsborough)호에 탔던 300명 중에 95명이 항해 중에 죽었다. 도착한 사람들도 거의 죽은 상태여서 그들은 서있을 수 없었다. 그리고 물건같이 그들을 던지거나 배의 바깥에 그들을 매달아 놓는 것이

주요용어

죄수이송
범죄자를 다른 지역으로 추방할 것을 요구하는 합법적 형벌. 범죄자를 다른 나라로 이송하는 조치

필수적이었다. 육지에 상륙했을 때, 그들은 하루에 10－12명이 죽었다. 영국 정부는 이러한 폐단을 고치기 위해 1802년에 죄수들을 이송목적에 맞게 만들어진 배로 1년에 두 번 보냈는데, 이 배는 이송위원회의 지시 하에 해군장교가 운행했다.[30] 그 이송이 정원초과를 계속하였지만, 보건환경은 뚜렷하게 개선되었는데, 이송위원회의 위원장인 마틴경(Sir T. B. Martin)은 1819년에 “지난 3년 동안 6,409명의 죄수들 중에 단지 53명만이 죽었다(112명에 1명). 최근 항해한 10번의 이송 중에서 단지 1－2명이 죽었다.”라고 보고했다.”(http://*scholarlycommons.law.northwestern.edu/cgi/viewcontent.cgi?article = 1864&context=jclc.*).

감옥선: 한 추악한 일화

주요용어

감옥선
범죄자들을 수용하기 위해 강이나 항구에 정박시킨 폐기되거나 사용이 불가한 이송선

1776~1875년 사이에, 호주로의 제한적인 죄수이송에도 불구하고, 재소자의 증가는 잉글랜드의 적은 시설들을 황폐화했다. 이 문제에 대한 즉각적인 해결책은 행형과 교정의 역사에서 가장 가증스러운 일화 중 하나를 만들어내었는데, 그것은 오래된 **감옥선**(Hulks)을 이용하는 것이었다. 이것은 버려지거나 사용이 불가한 이송선을 영국섬 도처에 있는 강이나 항구에 정박시켜 놓고 범죄자를 수용하는 것이었다. 구치소, 감화원 그리고 노역장에서 발견되는 야만적이고 비열한 환경은 이 냄새나고 썩어가는 이 인간쓰레기장에서 발견되는 환경에 비하면 오히려 양호한 것이었다.

그 감옥선의 책임자들은 청소년을 성인과, 범죄성향이 높은 사람들을 경미범죄자들과 그리고 심지어 남성을 여성과 분리하려고 하지도 않았다. 야만적인 매질과 비열한 노동은 곧 재소자와 간수 간에 도덕적 타락을 낳았다. 감옥선들은 원래 단지 일시적인 대책이었지만, 그들은 80년이 지난 후인 1858년이 되어서야 폐지되었다.(감옥선은 19세기에 캘리포니아에서 사용되었고, 1976년에 워싱턴주는 퇴역한 미해군의 전함을 사용할 것을 고려했다. 뉴욕주는 1980년대에 잠시 감옥선을 구치소로 사용했다.) 행형의 역사에서 이것은, 우리의 초중구금 교도소에서의 과밀화문제를 조사할 때, 특히 적절한 사례이다.

초기의 독거구금 교도소

겐트의 메종 드 포스와 산 미켈레의 빈민수용소

존 하워드는 유럽 여행 중에 벨기에의 겐트(Ghent)에 있는 장-자크 빌라(Jean-Jacques Vilian)의 **메종 드 포스**(Maison de Force)와 로마의 산 미켈레(San Michele)에 있는 빈민수용소(Hospice)에 가장 감명을 받았다. 이 시설들은 각각 상이한 방침을 따라서 발전되었지만, 둘 다 하워드에게 지속적인 감명을 주었다. 둘 다 노역장으로 기능을 했지만, 그 외에는 거의 공통점을 가지지 않는다. 그 차이점들은 그들의 유사점보다 더 중요하다.

주요용어

메종 드 포스
거지와 경미범죄자를 위한 벨기에의 노역장으로, 고된 노동과 규율 및 침묵제를 시행하여 수익을 올리도록 만들어짐. 중요한 한 가지 규칙은 "일하지 않는 사람은 먹지도 마라"였음.

벨기에 노역장의 선구자는 1596년에 만들어진 이웃한 암스테르담의 노역장이다. 그들 대부분은, 휴머니스트적인 이상의 좋은 예를 제시하려는 것이 아니라, 수익을 올리기 위해 만들어졌고[31] 부랑자와 노동능력이 있는 거지들을 수용했다. 그 노역장은 잉글랜드의 브라이드웰 노역장을 모델로 삼고, 유사한 고된 노동과 잔혹한 처벌의 패턴을 따랐다. 18세기까지, 벨기에도 역시 많은 거지와 부랑자의 증가에 직면했고, 정부는 행정가이자 규율가였던 장-자크 빌라에게 도움을 청했다. 그의 해결책인 메종 드 포스는 1773년 겐트에서 건설되었고, 네덜란드와 잉글랜드에서 건설된 기본적인 노역장의 패턴을 따랐지만, 많은 점에서 훨씬 더 정의롭고 인간적이었다.

노역장의 행정을 개선하려는 빌라의 노력은 행형의 역사에서 명예로운 자리를 갖게 하였다. 그는 여성과 어린이를 범죄성향이 진전된 범죄자들로부터 그리고 중범죄자를 경미범죄자와 분리수용하는 제도를 처음으로 발전시킨 사람 중의 하나였다. 그가 엄격한 규율가였지만, 그는 종신형과 잔인한 형벌에 반대했다. 오히려 그는 규율을 "일하지 않는 사람은 먹지도 마라"라는 규칙으로서 정의했다. 그의 독방사용과 노동 시의 침묵제도는 로마의 산 미켈레의 빈민수용소에서 발견되는 절차와 유사하다. 공평하고 정의로운 처우라는 빌라의 영향력 있는 개념들은, 당시의 가혹한 시대분위기를 거스르는 것으로 보이지만, 그것은 빌라를 교정분야에서 어떤 진정한 통찰력이 있는 사람으로 만든다.

주요용어

산 미켈레 빈민수용소
선도하기 힘든 소년들과 청소년들을 수용하는 교정시설로서, 침묵, 큰 노동공간 그리고 독거거실로 구성되었다. 속죄와 개혁 모두를 목표로 하였다.

산 미켈레의 빈민수용소는 20세 미만의 선도하기 힘든 소년과 청소년들을 대상으로 했다. 이것은 일반적으로 소년범죄자를 전담하는 첫 교정시설 중의 하나로 여겨진다. 재소자들에게 막대한 양의 성서 읽기와 고된 노동을 지시했는데, 이것을 통해 그들을 개선할 것이라고 생각했기 때문이다. 엄격한 침묵규칙은 위반자에 대한 매질을 통해 시행되었다.(독방에서 잠을 자고, 큰 중앙 홀에서 노동을 하는 것은 19세기에 행형기관의 모델이 되었다.) 교정에 적용된 속죄와 참회라는 이 개념들은 존 하워드에게 새롭고 흥미로운 것이었고, 그의 청교도적 윤리는 산 미켈레의 프로그램에 의해 증명되는 것과 같은 회개와 고된 노동의 가치를 보게 했다. 산 미켈레의 빈민수용소는 현재 비행청소년을 위한 교화소로서 사용되고 있는데, 현재는 다소 다른 정책을 갖는다.

초기 독거시설로부터 나온 주요 개념들은 침묵과 참회라는 수도원적인 처방, 중앙의 공동작업 영역 그리고 수면을 위한 독방이었다. 이 시설에서 지지된 과거의 나쁜 행동에 대한 회개와 수도원적인 명상이라는 철학은 미국에서 퀘이커교도들의 초기 교도소 실험에 반영되었다.

윌리암 펜과 "위대한 법"

영국은 식민지 미국을 1676년에 요크(York)의 공작이 만든 법과, 부분적으로는 1664년에 오래된 햄프셔 법 하에 영국이 통치했다. 이 법은 영국의 법과 유사했고, 사형과 신체형이 당시의 규칙이었다. 낙인, 태형, 차꼬가 달린 대, 목에 씌우는 칼 그리고 재갈은 또한 광범위하게 사용되었다.

인물

윌리암 펜
펜실베니아주를 만들고, 신의 은총에 대해 범죄자들을 회복시키기 위해 회개와 피해자에 대한 배상을 요구한 사법체계를 만든 퀘이커교도의 지도자

펜실베니아주의 창시자이자 퀘이커교도의 지도자였던 **윌리암 펜**(William Penn, 1644-1718)은 범죄자에 대한 보다 휴머니스트적인 처우의 개념을 미국에 가져왔다. 퀘이커교도 운동은 베까리아와 하워드

와 같은 지지자들에게 준 깊은 영향을 통해서, 미국에서는 물론 이탈리아와 잉글랜드에서도 행형개혁의 시금석이었다. 그 당시에 시행되던 다른 가혹한 식민지법과 비교할 때, 이 **위대한 법**(The Great Law)은 꽤 인간적이었다. 이 법의 주요 내용은 중한 범죄에 대해 사형보다 더 효과적인 처벌로서 고된 노동을 규정하고 그리고 사형을 폐지하는 것이었다. 후에 개정을 통해서, 모살(murder)과 치사(manslaughter)가 사회적 범죄(social crimes)*로 포함되었다. 단지 사전에 모의한 모살만이 그런 유사한 상황에 따라서 다루어지는 다른 범죄행동과 함께 사형으로 처벌받았다.

주요용어

위대한 법
퀘이커교도의 법 주요부. 이것은 노동을 사형보다 더 효과적인 처벌로 보며, 피해자에게 배상을 요구한다.

퀘이커교도의 위대한 법이 다른 종교적인 범죄개념을 버리고 엄격하게 세속적인 형사법학을 고집했고, 이것은 다른 식민지와 초기 유럽의 법률로부터의 이탈을 의미한다는 점은 흥미롭다. 위대한 법 하에, "감화원(house of correction)" 시설은 대부분의 처벌이 고된 노동의 형태로 완화되는 형태로 설립되었다. 고된 노동을 시키는 교정 구금시설이 중범죄에 대한 한 처벌로서 사용되었고, 단지 이후에 예정된 처벌을 위한 준비단계로서 사용된 것이 아닌 것은 최초였다.

퀘이커교도의 1682년 법은 1718년까지 시행되고 폐지되었는데, 아이러니하게도 이것은 윌리암 펜이 사망한 후 하루만이었다. 영국 국교의 법은 위대한 법을 대체했고, 온화한 퀘이커교도의 철학은 가혹한 처벌로 바뀌었다. 이 새로운 법은 심지어 이전의 요크의 공작이 만든 법보다도 더 나쁜 것이었다. 13개 범죄유형에 대해 사형이 규정되었고,[32] 신체절단형, 낙인형 그리고 다른 신체형들이 많은 다른 범죄들에 대해 부활되었다.

몽테스키외, 볼테르, 베까리아, 벤담, 하워드 그리고 펜의 영향은 식민지 미국 도처에 남겨졌다. 미합중국 헌법에 체현된 많은 이상주의는 이 진보적인 18세기의 지도자들의 업적을 반영한다. 그들의 철학들을 기억하면서, 우리는 개혁이라는 그 당시의 교정제도들에서 몇몇 주요한 발전들을 논의할 수 있다.

---

* 역주: 사회질서와 사회적 가치에 대한 의도적인 도전으로 여겨지는 범죄 (Encyclopedia.com)

정책적 입지 1.1

재소자에게 마리화나와 휴대폰을 파는 교정직원

당신은 교정시설의 장이다. 그곳에는 이 시설의 친목규칙을 자주 위반하는 높은 보안위협집단(교도소 갱)이 있고, 적어도 10명의 교정직원들이 금지물품과 휴대폰을 시설에 반입하는데 개입한 것으로 의심된다. 4명의 여성교도관들은 임신 중이며, 어떤 재소자가 아버지로 지목된다. 그 재소자는 보안위협집단의 두목이다.

1. 소장으로서, 당신은 무엇을 할 것인가?
2. "임신한 교도관" 문제를 어떻게 다룰 것인가?
3. 보안위협집단의 권력을 어떻게 줄일 것인가?

월넛가 구치소

우리가 보아온 바와 같이, 교도소가 18세기에 생겨났지만, 그들은 일반적으로 경범죄자에 대한 유치와 재판 전 구금을 위한 장소로 이용되었다. 중범죄자를 위한 최초의 주교도소를 위한 시도가 코네티컷주의 심스버리(Simsbury)에 있는 버려진 구리광산에서 이루어졌다.[33] 이 지하교도소는 1773년에 운영을 시작했고, 1774년에 즉시 미국 최초의 교도소 폭동의 장소가 되었다. 몇몇 사람들은 이것이 최초의 주립교도소라고 부르지만, 그것은 고대 로마의 유황 불구덩이로 후퇴한 것에 다름없었고, 미국 교정의 상태를 조금도 진전시키지 못했다. 재소자들은 긴 갱도에서 살았고, 행정건물은 입구 근처에 위치했다. 지하갱도 교도소는 중범죄자를 수용하고 노역을 시키기 위한 어떤 특별한 장소를 선정하려는 몇 가지 미국의 노력 중의 하나였다.

교정 실제 1.3

뉴게이트 교도소

뉴게이트교도소(Newgate Prison, 후에 쿠퍼마인교도소로 개칭됨)는 1773년 한 구리광산에서 설립되어 최초로 중범죄자들을 수용했다. 첫 번째 재소자(존 힌슨)는 1773년에 수용되었다. 혁명기 동안, 토리당원과 왕당원들이 모두 여기에 수용되었다. 이곳은 미국 최초의 주립교도소이자 처음으로 교도소 폭동이 발생한 곳이었다. 뉴게이트 교도소는 1827년에 문을 닫았고 다시 구리광산으로 바뀌었다.

그러한 특별한 시설의 설립은 결국 1790년 펜실베니아에서 이루어졌다.

월넛가 구치소(Walnut Street Jail)는, 중범죄자에 대한 독거구금이 고안되기까지, 전형적인 식민지 구치소였다. 데이비드 로스만은 이것을 <수용소의 발견>(1971: 55)에서 상세히 묘사한다. 실제로 구치소들은 구조와 일상에서 가정과 매우 유사했다. 그들은 어떤 독특한 건축과 특별한 절차를 갖고 있지 않았다. 버지니아주 하원이 구치소가 "유익하고, 튼튼하며 그리고 사회에 기여하는 곳"이 되라는 요구를 하고 명백하게 버지니아의 주택 형태를 따르라고 조언했을 때, 이것은 예고된 결과였다. 대문은 아마도 다소 튼튼했고 잠금장치는 다소 보다 인상적이었지만, 일반적인 구치소의 설계는 일상적인 주거지와 동일했다. 이 가정모델에서 교도관과 그의 가족은 구치소에서 거주했고, 그 방들 중 하나를 썼다. 재소자는 다른 방에서 몇 명이 함께 살았고, 교도관과 재소자의 공간이 거의 구분되지 않았다. 재소자들은 아무런 특별한 복장이나 유니폼이 없었고, 보통 그들의 움직임을 제한하는 수갑이나 쇠사슬은 없었다. 그들은 구치소 주위를 걷기는 했지만, 행진을 하지는 않았다. 노역장모델과는 너무나 달라서 그들이 최소한의 노동을 수행하도록 요구하는 곳은 없었다.

주요용어

월넛가 구치소
퀘이커교도가 필라델피아에 세운 최초의 참회소

중범죄자를 위한 장기구금 **참회소**(penitentiary)가 없었던 적은 상상하기 어렵지만, 1790년 이전에는 그랬다. 아이러니하게, 그 당시, 미국에서 현대 교도소의 원형이 된 첫 번째 참회소가 햇병아리 미국을 한 국가로서 태어나게 한 그 도시에서 설립되었다. 독립선언의 고향, 펜실베니아의 필라델피아는 또한 퀘이커교도 덕분에 미국의 첫 진정한 교정시설인 월넛가 교도소의 고향이다.

주요용어

참회소
원래는 재소자들이 참회하고 회개 또는 범죄로부터 벗어날 수 있도록 하는 구금시설이었음. 현재는 대형 행형시설(교도소)을 의미함.

원래, 참회소는 범죄자가 자신의 죄를 반성하고 회개하는 곳이었다. 오늘날 이 용어는 중범죄자에 대한 처벌을 집행하는 주요 성인 교도소를 지칭한다.

교도소 개혁에 대한 초기의 노력에도 불구하고, 퀘이커교도들은 1718년 펜의 위대한 법의 폐지로 인해 그들의 휴머니스트적인 목표를 실현하는 데 방해를 받아왔다. 1776년에, 첫 미국참회소법이 통과되었지만, 그것의 시행은 독립전쟁으로 인해 지연되었다. 1790년에,

정책적 입지 1.2

주교정청장의 암살

교정청장은 대문 초인종 소리가 들렸을 때 집에서 저녁을 먹고 있었다. 그가 문으로 갔고, 최근에 출소한 가석방자가 쏜 총에 맞아서 죽었다. 살인범은 도망갔고, 그 후 그는 경찰과 총격전을 한 다른 주에서 발견되었다. 킬러는 죽었고, 탄도학적 검사결과는 그가 총격전에서 사용한 총이 교정청장을 죽인 것과 동일하다는 것을 보여준다. 당신은 후임 교정청장으로 임명되었다.

1. 교정청장으로서, 다른 가석방자가 당신을 죽일 위험을 줄이기 위해 어떤 안전전략을 채택하겠는가?
2. 당신은 지역경찰관에게 당신의 안전을 위해 무엇을 요구하겠는가?
3. 당신은 주가석방국에 어떤 변화를 요구할 것인가?

정책적 입지 1.3

법원개입

당신의 교도소는 너무나 과밀화되어 있어서 의료진이 과중한 업무량을 감당할 수 없다. 재소자들에 의한 소송은 주와 연방법원이 당신의 재소자들을 헌법이 허용하는 최소한의 의료적 처우가 가능한 수준으로 감소시킬 것을 명령하였다. 당신은 43,000명의 재소자를 데리고 있다. 이 중 어떤 사람들을 석방할 것인가?

퀘이커교도들은 프랑스혁명의 분위기에 도움을 받아, 범죄자의 치료에 대한 그들의 우려를 다시 주장하였다.[34] 그들은 많은 요청을 한 후 펜실베니아 의회를 설득하여 월넛가 구치소의 건물 한 쪽을 사형이 선고되지 않은 모든 중범죄자를 위한 참회소로 만들게 하였다.[35] 이처럼 교도소, 구치소, 지하감옥 그리고 노역장들이 수년 동안 존재해왔지만, 이 일부 건물은 처음으로 유죄가 인정된 중범죄자들에 대한 교정시설로 배타적으로 사용되었다.

월넛가 구치소에 체현된 몇몇 개념들은 1682년 윌리엄 펜의 강령에서 볼 수 있었던 것이었다. 가혹한 영국국교 법에 의해 폐지된 이 조항들은 다음과 같다.

1. 모든 재소자는 보석이 가능하다.

2. 부정하게 구금된 사람들은 자신의 손해를 두 배로 보상받을 수 있다.
3. 교도소는 수수료, 음식, 숙박이 무료이다.
4. 중범죄자의 부동산과 동산은 몰수가능하고, 피해자에게 2배로 배상할 책임이 있다.
5. 모든 카운티들은 목에 차는 칼, 차꼬달린 대 그리고 그 유사한 것들 대신에 구금을 하여야 한다.[36]

모든 이상주의적 개혁이 채택된 것은 아니지만, 변화의 방향은 만들어졌다. 월넛가 구치소에서 개발된 교도소 규율체계는 **펜실베니아제도**(Pennsylvania system)로 알려졌다. 펜실베니아제도는 하워드, 벤담, 베까리아 그리고 몽테스키외의 휴머니스트적인 이상에 기초하여, 벤자민 프랭클린(Benjamin Franklin, 1706–1790)과 벤자민 러시(Benjamin Rush, 1745–1813)와 같은 개혁가들의 이상과 노력을 통해 발전되었다. 애국자이자 전쟁영웅인 윌리암 브래드포드(William Bradford, 1721–1791)는 이 제도를 시행하기 위한 법의 초안을 만들었고, 주의회에서 유럽의 개혁가들을 찬양했다.

주요용어

펜실베니아제도
독거구금을 하며 노동할당량과 도덕 및 종교교육을 요구하는 교도소 규율제도

원래 구상한 바와 같이, 펜실베니아제도의 기본 요소는 노동이 없는 독거구금을 요했다. 이 방식이 곧 변경될 것은 당연했다. 범죄자들은 매일 그들의 범죄에 대해 반성할 수 있었고, 그들이 인간성으로 다시 돌아온다면 곧 회개할 것이었다. 그러한 (물리적, 심리적) 고립의 끔찍한 효과는 곧 분명해졌다. 따라서 몇 가지의 일이 주어졌는데, 이것은 도덕적·종교적 교육을 통해 재소자의 정신적·신체적 건강을 유지하는 것이었다. 따라서 작업일정은 하루에 8~10시까지 였고, 재소자는 고립 속에서 일했고, 보통 부품을 만들거나 수공예 작업을 했다.

흥미롭게도 보다 많은 범죄자들이 새 주교도소에 보내졌고, 교도소과밀화는 초기의 이 성공에 대한 희망을 박살냈다. 심지어 여성과 어린이를 위한 분리영역을 두는 원래 제도조차 재소자의 홍수로 인해 무너졌다. 그러나 이 월넛가 구치소 프로그램의 궁극적 실패에도 불구하고, 그것은 행형학을 크게 발전시켰다. 새로운 교도소들은

곧 미국 도처에서 생겨났고, 월넛가 구치소는 적어도 10개주와 많은 외국에서 광범위하게 모델이 되었다.[37]

요약

교정은, 검거되고, 유죄 판결 받고, 따라서 형사사법 시스템 내에서 처리되는 범죄자들을 다루는 사회통제기관들을 말한다. 보다 최근에, 구금에 대한 대안의 발전과 신체형의 감소와 함께, 교정의 역할은 비구금적 처벌을 포함하는 것으로 확대되어 왔다. 그러므로 현대의 교정은 다이버전, 중간처벌 그리고 관용적 조치들을 포함하는 것으로 확대되어 왔다.

교정의 정의, 임무 그리고 역할

교정의 역할은 처벌과 사회복귀 둘 다이다. 그 목적은 처벌과 범죄자의 변화를 통해서 사회를 보호하는 것이다. 처벌은 한 기본 목적이지만, 거기에는 사회복귀를 위한 여지가 없다. 따라서 많은 주교정청의 명칭은 사회복귀 및 교정청으로 알려져 있다.

교도소의 발전 이전의 범죄에 대한 초기대응

국가에 의한 원래의 처벌로는 추방형, 신체형, 사형, 고문형 그리고 수치부여형이 있다. 차꼬가 달린 대, 목에 차는 칼, 낙인, 신체절단 그리고 참수는 범죄통제의 주된 수단이었다. 아무런 구치소나 교도소가 없었고 신체형과 사형이 주를 이루었다. 18~21세기에 이르기까지, 교정은 보다 휴머니스트적이고 덜 야만적으로 변화했다. 교정의 리더십이 (구치소와 노역장과 같은) 교정시설의 발전을 가져온 것은 이 후기에서였다. 가장 최근까지, 범죄자들이 참회하고 그들의 삶을 회개를 통해 바꾸는 장소는 거의 없었다. 대부분의 교정적 변화는 매우 종교적이고, 보통 부유한 휴머니스트의 공헌을 통해 이루어졌다.

세속적 법의 출현

교정의 초기형태는 명확히 추방이었다. 이것은 범죄자를 살던 지역이나 국가로부터 쫓아내는 것이었다. 혼자 남은 대부분의 추방된 범죄자들은 맹수의 피해자가 되거나 비명에 죽었다. 더욱이 피의 복수자들은 복수로 알려진 한 형태의 응보를 하기 시작했다. 후에 사회가 보다 복잡해지고 조직화되었을 때, 국가와 정치적 지도자들은 스스로 주요 피해자로서 국가의 이름으로 범죄를 처벌하고 통제했다. 이것은 특히 교회법과 국가 사이에 갈등이 생기고, 궁극적으로 국가가 이기는 경우에 사실이었다. 교회의 처벌은 최소화되었지만, 행동을 규제하는 국가의 권력은 증가했다.

양형목적과 주된 처벌철학들

이 장에서, 여러분은 주된 양형목적들을 학습했는데, 이것은 범죄자를 교정하고, 참회와 회개를 촉진하며, 옳고 그른 것 사이의 차이를 강조함으로써 행동을 통제하고, 공공안전을 증진시키기 위해 범죄를 감소시키며 그리고 위험한 범죄자가 약탈적인 범죄와 교도소 구금을 반복하지 않도록 근절하는 것이다. 이 시대의 논제들은 다음의 세 가지 주장으로 정리되었다. 첫째, 범죄자는 사악하고 근절되어야 한다. 둘째, 범죄자는 신과 조화되지 않고 회개가 필요하다. 셋째, 범죄자는 병든 자이며 치료할 필요가 있다. 앞으로 우리는 추가적인 다음과 같은 주장들을 만나게 될 것이다. 첫째, 범죄자는 건설적이고 우호적인 시민으로서 역할을 하는데 준비가 덜 된 사람이다. 그래서 국가는 범죄자가 다시 재범을 하지 않도록 교육과 훈련을 제공하여야 한다. 둘째, 범죄는 충분한 서비스를 제공하지 못한 사회에 의해 만들어지므로, 국가는 모든 사람들을 돕도록 변해야 한다. 전체적으로 보아, 이 주장들은 범죄자가 사악하다는 것, 종교적 회개가 필요하다는 것, 치료가 필요하다는 것, 교육이 필요하다는 것 그리고 사회개혁이 우선적으로 필요하다는 취지를 갖는다.

교도소의 발전

교도소는 공간혁신을 통해서 발전되었는데, 성에 따른 재소자의 분리, 기결수와 미결수의 분리 그리고 청소년과 성인의 분리가 그것이다. 퀘이커교도들은 미국교정에 큰 영향을 주었는데, 그들은 처음으로 참회소(참회하는 곳)를 만들고 그리고 유죄판결 전후에 한 구금장소를 만들기 위해 충분한 사회적 관심을 보였다. 특히 프랑스와 잉글랜드에서, 위대한 사상가와 계몽의 참가자들은 교도소체계가 성장하는 지적인 배경이 되었다.

주요용어

복수 ······ 5
씨족간 복수 ······ 5
렉스 살리카 ······ 6
베르겔드 ······ 6
프리덴스겔드 ······ 6
추방자 ······ 6
탈리오의 법칙 ······ 7
민사적 사망 ······ 8
하나님과의 바른 관계 ······ 8
종교재판 ······ 10
신체형 ······ 11
재갈 ······ 12
아홉 가닥 채찍 ······ 12
영원법 ······ 13
자연법 ······ 13
인간법 ······ 13
범죄학 ······ 14
마메르티노 감옥 ······ 16
성역 ······ 16
브라이드웰 ······ 17
감옥열 ······ 18
계몽의 시대 ······ 19
고전학파 ······ 19
체자레 베까리아 ······ 19
제레미 벤담 ······ 21
쾌락주의적 계산 ······ 22
존 하워드 ······ 22
노역장 ······ 25
구치소 ······ 25
추방 ······ 26
죄수이송 ······ 27
감옥선 ······ 28
메종 드 포스 ······ 29
산 미켈레 빈민수용소 ······ 30
윌리암 펜 ······ 30
위대한 법 ······ 31
월넛가 구치소 ······ 33
참회소 ······ 33
펜실베니아제도 ······ 35

복습질문

1. 보복이 형법이 되기 시작한 것은 사회발전의 어떤 시기였는가?
2. 처벌에 대해 왕의 증가하는 권력은 어떤 효과를 가져왔는가?
3. 사회에 의해 부과된 첫 처벌은 무엇인가?
4. 민사적 사망은 무엇을 의미하는가?
5. 자유의지는 무엇을 의미하는가?
6. 어떤 형태의 처벌이 가장 널리 사용되었는가?
7. "처벌의 결과로서의 억제"는 무엇을 의미하는가?
8. 초기의 구금 형태들로는 어떤 것들이 있는가?
9. 대부분의 미국법은 어디에서 기원하는가?
10. 교정에 대한 베까리아의 주된 공헌은 무엇인가?
11. 참회소 제도에서 존 하워드의 네 가지 원리는 무엇인가?
12. 많은 개혁가들이 18세기에 교도소의 환경을 개선하기 위해 노력했다. 적어도 세 명의 이름을 적고 그들의 공헌을 설명하시오.
13. 교정을 공부하는 것은 왜 중요한가?

적용사례연구

1. 당신의 여름방학 인턴십은 당신에게 다른 전일제 직원들과 함께 국가의 구치소의 환경을 평가할 것을 요구한다. 당신의 팀은 지역기준에서 받아들일 수 없는 어떤 구치소의 문제들을 우연히 만날 수 있다. 만약 이 조건들이 밝혀진다면, 카운티는 지역의 보건기준을 위반했을지도 모른다. 당신의 동료들은 이 조건을 비밀로 부치기를 원한다. 당신은 어떻게 할 것인가?
2. 한 지역의 남자청소년시설은 1890년에 건설되었고, 현재는 큰 "채무자 묘지"가 있는데, 이것은 구금된 청소년들이 묻히는 곳이었다. 시설의 직원들이 죽였다는 루머는 광범위하게 퍼진다. 전 시설경비원은 당신에게 시설에서 그가 알고 있었던 3명의 특정 청소년이 갑작스럽게 죽었고, 검시도 없이 묻혔다고 알려준다. 당신은 어떻게 할 것인가?
3. 당신의 아버지는 20년 동안 오래된 (10여 년 전에 문을 닫은) 작은 주교도소의 관리인으로 일했다. 그의 특별한 업무는 물리적 설비를 유지하고 침입자들을 막는 것이었다. 12살 이후, 당신은 여름 동안 아버지를 도왔다. 아버지가 은퇴하려고 하고 당신은 성인이기 때문에, 아버지는 당신을 아버지의 자리를 대체할 사람으로 추천했고, 감시위원회는 당신에게 그 일자리를 제안한다. 첫 해에 당신이 해보고 싶은 것 5가지는 무엇인가?

미주

1. American Correctional Association (ACA), *2012 Directory of Adult and Juvenile Correctional Departments. Institutions, Agencies, and Probation and Parole Authorities* (Alexandria, VA: ACA, 2012), pp. 28-35.
2. Albert Kocourek and John Wigmore, *Evolution of Law, Vol. 2, Punitive and Ancient Legal Institutions* (Boston: Little, Brown, 1915), p. 124. See also Jeffrie Murphy, "Two Cheers for Vindictiveness," *Punishment and Society* 2:2 (2000): 134-143.
3. Ronald Akers, "Toward a Comparative Definition of Criminal Law," *Journal of Criminal Law, Criminology and Police Science* (1965): 301-306.
4. Kocourek and Wigmore, *Evolution of Law, Vol. 2,* p. 126. See also John Schmidt, Kris Warner, and Sarika Gupta, "The High Budgetary Cost of Incarceration," at http://www.cepr.net/documents/publications/incarceration-2010-06.pdf.
5. Thorsten Sellin, "A Look at Prison History," *Federal Probation* (September 1967): 18.
6. Gustav Radbruch, *Elegantiae Juris Criminalis,* 2nd ed. (Basel, Switzerland: Verlag fur Recht und Gesellschaft A. G., 1950), p. 5.
7. Slaves were also marked by branding on the forehead or by metal collars that could not be easily removed.
8. This religious requirement brought the two issues of sin and crime into the same arena and broadened the scope of the church courts. The offender was obligated to make retribution to both God and the state.
9. V. A. C. Catrell, *The Hanging Tree: Execution and the English People: 1770-1868* (New York: Oxford University Press, 1994).
10. Editors, "Guards Get Jail and Cane for Prisoner's Death," *The Straits Times* (March 21, 1996), p. 2. See also Roger Mellem, "Government Violence in the War against Drugs," *International Journal of Comparative and Applied Criminal Justice* 18:1 (1994): 39-51.
11. Stephen Schafer, *Theories in Criminology* (New York: Random House, 1969), p. 25.
12. Edwin H. Sutherland, *Criminology* (Philadelphia: Lippincott, 1924), p. 317.
13. Reckless, *The Crime Problem,* p. 504. There is little evidence that increased use of incarceration will lead to lower levels of crime. See Rodney Henningsen, W. Johnson, and T. Wells, "Supermax Prisons: Panacea or Desperation," *Corrections Management Quarterly* 3:2 (1999): 53-59, and Jesenia Pizarro and Vanja Stenius, "Supermax Prisons." *The Prison Journal* 84:2 (2004): 228-247.
14. Norman Johnston, *The Human Cage: A Brief History of Prison Architecture* (Washington, DC: American Foundation, 1973), p. 5. See also John Britton and E. Brayley, *Memoirs of the Tower of London* (Littleton, CO: Fred Rothman, 1994), and Dana Priest, "U.S. Preparing for Lifetime Jailing of Terror Suspects," *Seattle Times* (January 2, 2005), p. 3.
15. Johnston, *The Human Cage,* p. 6.
16. The practice of granting a criminal sanctuary from punishment was generally reserved for holy places. It was abandoned in England in the seventeenth century.
17. For a historical view of the development of Western criminal justice systems up to the

eighteenth century, see Herbert Johnson and Nancy Wolfe, *History of Criminal Justice* (Cincinnati, OH: Anderson, 2003), pp. 24-109.

18. The *Persian Letters* was a satirical essay by Montesquieu on the abuses of current criminal law. The essay greatly influenced Beccaria. This, along with Voltaire's activities, led Beccaria to write his *An Essay on Crimes and Punishment.*
19. Barnes and Teeters, *New Horizons in Crimino-logy,* p. 322.
20. Cesare Beccaria, *An Essay on Crimes and Punishment* (Philadelphia: P. H. Nicklin, 1819).
21. Beccaria's contributions to corrections as the father of modern criminology have been called into question in recent years. See Graeme Newman and Pietro Morongu, "Penological Reform and the Myth of Beccaria," *Criminology* 28 (1990): 325-346. Nonetheless, Beccaria remains the central figure inliberal penology.
22. Thorsten Sellin, "A Look at Prison History," *Federal Probation* 31:3 (1967): 20.
23. *Hedonistic calculus* was a term devised by Jeremy Bentham to describe the idea that "to achieve the most pleasure and the least pain is the main objective of an intelligent man."
24. Barnes and Teeters, *New Horizons in Crimino-logy,* p. 335. See also John Freeman, *Prisons Past and Present* (London: Heinemann, 1978), for an excellent set of papers celebrating Howard's contributions to prison reform, and Jacques Petit et al., "The History of Incarceration in Penal Populations," *Criminologie* 28:1 (1995): 3-147 (in French).
25. The John Howard Society is a nonprofit organization supported by contributions. It provides casework service to inmates and their families, and it also works to promote community understanding of prison problems and offers technical assistance to correctional agencies (608 South Dearborn Street, Chicago, IL 60605). A biography of John Howard can be found at http://www.johnhoward.ca/about/biography/.
26. John Howard, *The State of Prisons* (New York: Dutton, 1929). For more background on Bridewells, see Leonard Roberts, "Bridewell: The World's First Attempt at Prisoner Rehabilitation through Education," *Journal of Correctional Education* 35:3 (1984): 83-85. One example of Howard's influence can be found in the Wakefield Prison History, http://freepages.rootsweb.ancestry.com/~wakefield/prison/histpris.html.
27. Robert G. Caldwell, *Criminology* (New York: Ronald Press, 1965), p. 494.
28. Margaret Wilson, *The Crime of Punishment* (New York: Harcourt, Brace and World, 1931), p. 224.
29. Bob Reece, *The Origins of Irish Convict Transportation to New South Wales* (New York: Palgrave, 2001). A British pound (£) meant 10 ounces of purse silver. The typical farmer in the United States at that time might earn three pounds a year.
30. Alexis Durham, "Origins of Interest in the Privatization of Punishment: The Nineteenth and Twentieth Century American Experience," *Criminology* 27 (1989): 107-139. See also the National Archives of Ireland, *Sources in the National Archives for Research into the*

Transportation of Irish Convicts to Australia (1791-1853): Introduction.

31. For a discussion of contemporary punishment for profit, see David Shichor, *Punishment for Profit: Private Prisons, Public Concerns* (Thousand Oaks, CA: Sage, 1995), and Colorado Criminal Justice Reform Coalition, "For Profit Incarceration," http://www.ccjrc. org/ pdf/ forprofit.pdf.
32. Only larceny was exempt from capital punishment. All other major crimes were punishable by death. For a poignant view on contemporary flogging, see Azam Kamguian, *Why Islamic Law Should Be Opposed, http://www.secularislam.org/articles/opposed. htm.*
33. For a short history of this facility, see Charles W. Dean, "The Story of Newgate," *Federal Probation* (June 1977): 8-14. See also Alexis Durham, "Newgate of Connecticut: Origins and Early Days of an Early American Prison," *Justice Quarterly* 6 (1989): 89-116m and Judith Cook, *To Brave Every Danger* (London: Macmillan, 1993).
34. Barnes and Teeters, *New Horizons in Criminology*, p. 336.
35. Negley K. Teeters, *The Cradle of the Pen-itentiary* (Philadelphia: Pennsylvania Prison Society, 1955).
36. Donald R. Taft, *Criminology,* 3rd ed. (New York: Macmillan, 1956), p. 478.
37. Harry E. Barnes, *The Story of Punishment,* 2nd ed. (Montclair, NJ: Patterson Smith, 1972), p. 136.

CHAPTER 2

교도소
(1800년에서 현재까지)

학습목표

- 교정의 정의, 임무 그리고 역할을 요약한다.
- 개혁의 시대로부터 현대에 이르기까지 교도소의 발전에 대해 설명한다.
- 교정정책과 관련한 쟁점들을 요약한다.
- 양형목적과 주요 처벌철학들을 요약한다.
- 펜실베니아제도와 오번제도를 비교한다.
- 왜 오번제도가 지배적인 교도소 형태가 되었는지를 설명한다.

개요

펜실베니아제도

오번제도
- 오번에서의 규율

교도소 간의 경쟁

교도소 규칙들

분위기의 변화
- 마코노키와 크로프턴: 새로운 접근
- 마코노키와 부정기형
- 크로프턴과 아일랜드제도

소년원 시기(1870~1910년)

남북전쟁 후 교도소들

20세기와 산업교도소

변화의 시기(1935~1960년)

현대시기

내부적으로 추구한 개혁
- 교도소 인구 붐

"이 악몽같은 시설의 설립자에게. 당신이 결코 이 글을 읽지 않겠지만, 나는 당신이 불쌍하다. 왜냐하면 당신 마음속의 잔인함이 이 지옥을 디자인했기 때문이다. 만약 인간의 건축물이 인간이 한 행동을 반영한 것이라면, 이 건물은 온갖 추한 인간성을 보여준다. 당신이 약간의 동정심을 갖고 있었다면 좋으련만"

– 한 교도소 담벼락에서

개관

첫 장은 교정이 어떻게 개인적 처벌에서 집단적 처벌로, 그 후 집단적 처벌에서 법전으로 그리고 국가나 주가 법률에 따라 처벌을 하는 형태로 발전해왔는지를 다루었다. 우리는 월넛가 구치소에서 참회에 의한 개혁의 아이디어가 완전히 새로운 개념인 참회소로 발전했는지를 보았다. 이 장에서, 우리는 이 단순한 개념이 미국 전역의 광범위한 교도소 조직으로 발전해 왔는지를 다루는데, 이를 위해 미국에서 첫 번째로 경쟁하는 두 가지 시스템(또는 교도소설계와 건축제도)을 살펴본다.

학생들은 교정이 항상 "누가 범죄자이며, 그들에 대해 무엇을 할 것인가?"라는 질문에 답해왔다는 것을 기억해야 한다. 가장 일반적인 설명에 따르면, 범죄자들은 (1) 나쁜 사람들이라서 처벌해야 하며, (2) 신으로부터 멀어져서 회개해야 하고, (3) 현대사회에서 어떤 역할을 하기에 교육이나 훈련이 부족하며 그리고 (4) 병들어서 치료할 필요가 있는 사람들이다. 이러한 설명들은 각각 교정의 처벌모델, 개혁모델, 교육모델 그리고 의료모델로 알려져 있다. 이 장의 마지막 부분에서, 우리는 이 모델들이 근거하고 그리고 현재의 교정발전의 저변을 이루는 몇몇 원리들을 설명하는 철학적 기초에 대해 다룬다. 왜 미국에서 범죄 및 범죄자와 교도소 운영에 대한 대중의 여론이 변화하고 있는지, 어떤 목표를 추구해 왔는지 그리고 새로운 프로그램, 운영 그리고 시설들을 채택한 것은 어떤 함의가 있는지에 대해 학생들은 알 필요가 있다.

펜실베니아제도

주요용어

펜실베니아제도
재소자가 침묵하고, 독거하며, 자신의 감방에서 노동을 하는 초기의 교도소 제도

19세기가 도래하고 산업혁명에 의해 사회적 격변이 일어나자, 펜실베니아의 시민들은 주도적으로 참회소제도를 발전시켰다. 월넛가 구치소는 10여 년 동안 꽤 효과적이었고, 초기의 **펜실베니아제도**는 건축설계와 행정 모두 광범위하게 널리 퍼졌다. 그러나 공공교도소의 참상 완화를 위한 필라델피아협회[1]가 월넛가 구치소에서 발생하고 있는 많은 문제들을 알게 되었고, 이 협회는, 급진적으로 새로운 유형의 한 교도소를 주정부에 제안했다. 그들은 노동을 하지 않고 독거구금만을 유일한 교정과정으로 사용할 것을 제안했다.

1826년 피츠버그에 건설된 서부참회소(Western Penitentiary)는 월넛가 구치소의 날개건물에 고립된 독방에 기반하였다. 본질적으로, 서부참회소는 제레미 벤담이 제안한 교도소(원형교도소)를 이설프게 모방한 것인데, 벤담의 교도소는 원래 노동을 하지 않고 외롭게 구금하는 팔각형의 괴물이었다. 1829년 의회는 그 프로그램을 수정하였는데, 이것은 독거구금을 유지하지만 재소자가 그들의 방에서 약간의 노동을 하는 조항을 추가한 것이었다. 1833년에는 작고 어두운 작은 감방은 헐어졌고, 밀폐된 운동마당(외부 감방)[2]을 갖춘 보다 큰 감방이 만들어졌다. 이런 노력은 필라델피아에 위치한 동부참회소의 발전에 영향을 주었다.

주요용어

외부감방
감방 외부로 주위의 벽을 향해 감방 뒤쪽의 복도와 연결된 감방

주요용어

동부참회소
펜실베니아제도로 설계된 교도소시설. 줄지어 있는 개인감방에 복도와 외부감방이 붙어있는 구조였다.

동부참회소(Estern Penitentiary)는 펜실베니아의 또는 "분리수용"의 모델이자 상징이 되었다. 이 교도소는 네모바퀴처럼 지어졌는데, 여

기서 감방은 중앙 또는 중간의 원형공간을 둘러싼 바퀴살같이 배치되었다. 이곳의 일상은 독거구금, 침묵 그리고 감방 바깥에서의 노동이었다. 이런 배치는 명백히 재소자를 모든 다른 사람들로부터 최대한 그리고 지속적으로 분리하기 위한 것이었다.

펜실베니아제도가 큰 국제적 관심을 받았지만, 그것은 단지 두 개의 다른 주에서만 채택되었다. 트렌턴(Trenton)의 뉴저지주 참회소는 1837년에 운영을 시작했는데, 이 분리제도를 따랐다. 그러나 곧 이 제도를 버리고 뉴욕의 오번제도로 변경했다. 로드아일랜드는 뉴저지의 참회소와 같은 제도를 따랐다. 동부참회소를 따라서 1838년에 건설된 그들의 첫 교도소는 1852년이 되어서야 분리제도를 버렸다. 대조적으로 많은 유럽국가들은 펜실베니아모델을 열광적으로 채택했다.[3]

오번제도

1800년대 이전의 구치소와 다른 구금시설들의 주요 문제는 무차별적인 혼거수용과 강요된 나태함이었다. 초기 개혁자들은 더러운 환경에서 무관심하고 야만스러운 통치 속에 남성, 여성 그리고 어린이들을 함께 뒤섞어놓아 재소자들이 급속히 타락하는 것을 보고 경악했다. 18세기가 끝나기 전 10여 년 동안 건설된 장기수용교도소는 단순히 사형과 신체형을 대신하는 것이 아니었다. 그들은 오래된 방식의 나쁜 점을 개선하고자 만들어진 완전한 행정 및 구금체계였다. 19세기의 첫 25년 동안, 관리자들은 새로운 제도들을 실험했다. 세계의 주목을 받은 선두주자는 동부참회소와 1819년에 문을 연 뉴욕주립 오번교도소였다.

오번교도소(Auburn prison) 관리자들은 동부참회소의 제도와 거의 정반대의 제도를 개발했다. 건물은 그 자체로 하나의 새로운 **내부감방**(inside cell) 설계[4]로 만들어졌고, 그 감방들은 동부의 감방과 비교할 때 꽤 작았다. 이 작은 감방들은 단지 수면을 위해 마련되었지, 노동을 위한 장소는 아니었다. 게다가, 새로운 형태의 규율이 오번에서 만들

주요용어

내부감방
감방 밖으로 나갈 수 없는 감방

주요용어

오번제도
작은 개인감방, 큰 집단노동을 위한 공간 그리고 강요된 침묵이 특징인 교도소 모델

어졌는데, 그것은 **오번제도**(Auburn system) 또는 혼거제도(congregate system)라고 알려지게 되었다.

오번교도소의 초기에, 관리자들은 펜실베니아제도의 효율성을 시험해 보았다. 그들은 가장 중한 범죄자 80명을 선정하고, 2년 동안(1821년 성탄절~1823년 성탄절까지) 그들을 독거구금하여 일을 시키지 않았다. 그러자 많은 사람들이 질병이나 정신병에 걸렸고, 이 실험은 2년이 되기 전에 중단되었다. 따라서 오번 행정청은 재소자를 무료하게 만들 때, 독거구금은 실패한다고 주장했다. 만약 오번에서 작은 내부감방만 있었다면, 이 주장은 의심할 것 없이 타당했다. 그러나 오번 실험은 펜실베니아제도와 공정하게 비교했다고 할 수 없다. 왜냐하면 펜실베니아제도는 큰 외부감방이 있었고, 그 감방에서 수공예나 다른 노동을 하게 했기 때문이다.[5]

오번에서의 규율

잘못 계획된 오번실험의 부산물로 독거구금(지금은 행정적 격리로 부름)이 교도소 내에서 처벌의 수단으로서 사용된 것은 불행스럽다. 오번에서의 따라야 할 규율로는 낮 시간 동안 공장에서 혼거작업, 밤에 작은 개인감방으로의 격리, 항상 침묵유지, 밀집행진 그리고 재소자들이 등을 보고 앉아서 함께 하는 식사방식이 있다.[6] 여기에서는 침묵을 크게 강조했다. 재소자들 간에 말을 하는 것이 악풍을 감염시킨다는 생각에서, 대화를 하는 경우 무자비하게 채찍을 휘둘렀다. 초기 단계의 오번제도에 대한 뛰어난 설명은 루이스 드와이트(Louis Dwight, 1793－1854)의 편지에서 읽을 수 있는데, 반즈(Harry Elmer Brenes, 1889－1968)는 다음과 같이 인용했다.

> 오번은 교도소에서 적절한 규율이 잘 확립되어 있는 하나의 좋은 예라고 할 수 있다. 다른 교도소에서의 기만, 비열한 행동 그리고 부도덕을 살펴보고 난 이후, 이 고상한 시설을 접했을 때 느끼는 기쁨은 이루 형용할 수가 없다. 우리는 이것이 세계가 모방할 만한 가치가 있다고 여긴다. 물론 이 시설에서 개선이 필요한 것이 아무것도 없다는 것

은 아니다. 왜냐하면 몇몇 경우에 정당화하기 힘들 정도의 강한 처벌이 있었기 때문이다. 그러나 전반적으로 이 시설은 오래된 참회소를 훨씬 능가하는 그 이상의 것이다. 전체 건물은 정문에서 하수도까지 깔끔함의 표본이다. 꾸준히 돌아가는 공장, 완전한 복종, 압도당하는 느낌은 필시 동일한 규모의 교도소들 사이에 필적할 만한 데가 없다. 그들은 독거실에서 밤을 보내고, 성경 외에는 아무런 다른 책이 없으며, 해가 뜨면 군대식 명령에 따라서 교도관의 감시 하에 엄격히 밀집대형의 종대로 작업장으로 행진한다. 거기서부터 같은 순서로 아침식사시간에 공동홀로 가서 건강에 좋고 소박한 식사를 침묵 속에서 함께 먹는다. 심지어 소곤거리는 소리도 들리지 않는다. 재소자들은 한 줄로 좁은 테이블에 중앙을 등지고 앉기 때문에, 어떠한 신호도 교환할 수 없다. 만약 어떤 재소자가 더 많은 음식을 먹고 싶다면, 그는 왼손을 든다. 그리고 만약 또 모자란다면, 그는 오른손을 들고, 웨이터는 그것을 바꿔준다. 그들이 식사를 끝냈을 때, 부드러운 소리로 작은 종이 울리고, 재소자들은 엄격히 일열 종대로 교도관의 감시 하에 작업장으로 돌아간다. 작업장의 한쪽 끝에서 다른 쪽 끝까지, 300명 이상의 재소자들을 보면서 지나갔지만, 어느 누구도 일을 하지 않거나 우리를 쳐다보는 재소자가 없다. 밥 먹을 때 빼고는, 아침부터 밤까지 재소자들은 완전히 자신의 일에 집중한다. 전체 재소자들은 기꺼이 자신의 임무를 완수한다. 해가 진 직후 그 날을 마감할 때, 일을 모두 내려놓고 재소자들은 군대식 명령에 따라서 자신의 독방으로 돌아가 식당에서 가져오는 것이 허용된 소박한 식사를 한다. 저녁 식사 후 만약 그들이 원한다면 차분히 성서를 읽고, 그 후 자신의 실수에 대해 조용히 반성한다. 그들은 동료재소자들과 수군거리지 않아야 한다.[7]

오번제도는 이후 반세기 동안 30개 주 이상의 교도소에서 대세가 되었다. 뉴욕의 싱싱교도소(Sing Sing prison)는 1825년에 오번제를 따랐다. 코네티컷주의 웨더스포드(Wethersford)교도소는 오번제도를 모방했지만, 약한 형태의 야만적인 처벌을 더 많이 사용했다. 후에 교도소들은 웨더스포드교도소를 따라서 그들의 규율을 만들었다.

오번의 구조적 설계는 2−4층의 감방들(**감방블록**)로 구성된 날개

주요용어

감방블록
외부의 벽과 접하지 않고 속의 빈 공간 안에 만들어진 다층으로 쌓아올린 거실

건물과 내부감방으로 구성되는데, 이것은 이후 150년 동안 대부분의 교도소에서 모델이 되었다. 오번의 개념에서 많은 변종과 새로운 혁신이 개발되었다. 이러한 유형들 중에 가장 인기 있는 것은 1898년 프랑스 프레네(Fresnes)에 처음으로 생겨났는데, 이것은 "전신주형(telephone pole)" 설계로 알려져 있다. 감방블록의 배치가 어떻게 되었든 관계없이, 내부감방 설계는 미국에서 가장 일반적인 모델이 되었다.

초기 교도소 건축에서 보다 중요하지만 덜 알려진 측면 중의 하나는 교도소의 웅장한 규모와 단순한 넓이였다. "클수록 좋다"(그리고 보다 비용 효율적이다)라는 말은 초기 교도소 건축가들의 표어였다. 거대한 고딕양식의 건축물은 중세의 성이나 유럽 성채의 감옥과 유사한 효과를 누렸다. 그들은 내부의 재소자들을 작고 보잘 것 없이 보이게 만들었다. 이런 느낌은 이 절망의 거대 성채에서 채택된 엄격한 규율에 의해 더 강화되었다. 교도소의 크기는 다음 장에서 다시 논의하지만, 초기 교도소의 크기는 사회로부터 버림받은 사람들로 그것을 채우려는 묘한 압력을 불러일으켰다.

교도소 간의 경쟁

펜실베니아제도와 오번제도 사이에 주요 쟁점은 침묵과 참회의 처방이 악풍감염을 방지하고 재소자의 행동을 개선할 수 있는가 하는 것이다. 펜실베니아제도의 지지자들은 재소자들을 통제하고, 그들의 개별 욕구에 대해 보다 많이 헤아리고, 재소자들 간의 상호 완전한 분리를 통해서 악풍감염을 예방하고 그리고 사색과 회개의 기회를 더 많이 제공하는 것이 보다 쉽다고 주장한다. 그들이 주장하는 또 다른 장점은 다른 재소자들과 접촉을 하지 않기 때문에, 단지 소수의 교도관들만 자신의 과거를 아는 상태에서 교도소를 나갈 수 있다는 것이다.

다른 한편으로, 오번제도 또는 혼거제의 지지자들은, 건축비가 싸며, 보다 나은 직업훈련을 제공하고 그리고 비용을 절약할 수 있다는 것이다.[8] 이 경제적인 이점은 마침내 그 전쟁에서 승리하게 만들었고, **혼거제**(congregate system)가 거의 모든 다른 미국의 교도소에 채택되게 만들었으며, 심지어는 펜실베니아주조차 혼거제를 채택했다. 서부참회소는 1869년에 혼거제로 바뀌었고, 마침내 1913년에는 동부참회소 역시 혼거제로 전환하였다. 펜실베니아제도의 항복은 두 제도 간의 매우 오랫동안의 치열한 논쟁의 결과였다. "그 논쟁의 유일한 즐거운 점은, 두 제도들이 그들이 버렸던 이루 말할 수 없는 많은 제도들에 비해 크게 우월해서, 그 경쟁이 필연적으로 행형환경의 개선에 도움을 줄 수 있었다는 것이다."[9]

주요용어

혼거제
재소자가 작업과 식사를 침묵 속에서 같이 하는 오번제도에 기초한 모델

교도소 규칙들

1장에서 언급한 바와 같이, 교도소는 아직 사회에 해악을 끼친 사람들에 대해 사회적으로 보복하는 또 다른 방법이다. 오번제도와 펜실베니아제도를 조사한 유럽 사람들은 미국사회와 미국의 교도소에 대한 예리한 관찰을 했다.

> 미국에서 **참회소 제도**(penitentiary system)는 가혹하다는 점이 인정되어야 한다. 미국사회 자체는 가장 광범위한 자유의 한 본보기이지만, 미국의 교도소들은 가장 완벽한 폭정의 비참함을 보여준다.[10]

주요용어

참회소 제도
재소자들이 참회를 하면서 익명성 속에서 재소자 감방에서 개인노동을 하도록 설계된 교도소

이런 맥락에서, 개별 시민이 또 다른 시민에게 야만스럽거나 잔인한 처벌을 부과할 때, 하나의 집단으로서 범죄자들에 대한 복수를 할 필요성과 사회를 보호할 필요성이 강조되고, 따라서 죄의식은 희석된다. "눈에 보이지 않으면, 마음도 멀어진다"는 원리는 특히 19세기 초의 교도소에서 여실히 드러났다. 대부분의 교도소들은 외딴 곳에 떨어져 있었고, 그곳은 재소자들을 보내는 지역사회가 개입하거나 감시할 수 없는 곳이었다. 왜 규칙과 절차들이 개별 재소자들의 행동수정이 아니라 교도소를 부드럽고 평온하게 운영하는 것을 강조했는지 쉽게 이해가 간다. 교도소의 관리자들은 보통, 성공적으로 사회복귀를 한 사람의 수보다는 교도소의 생산실적과 도주한 사람의 수로

평가되었다. 이 때문에, 완전한 통제 하에 교도소를 유지할 수 있도록 규칙을 만들었다. 좋은 교정프로그램에 대한 새로운 기준에서 가장 극복하기 어려운 것은 이러한 굳게 확립된 초기 교도소 관행들이다.

주요용어

규율주의자
시설의 규칙을 강화하기 위해 가혹한 처벌을 보통 사용하는 교도소 관리자

엘람 린즈(Elam Lynds)는 오번의 소장이었고, 후에 그가 건설한 싱싱교도소의 소장이었는데, 그는 미국에서 초기 교도소 규율의 발전에 가장 크게 영향을 준 사람 중의 하나였다. 그는 극단적으로 엄격한 **규율주의자**였던 것으로 알려져 있는데, 모든 재소자들의 기를 꺾기 전에는, 개선이 불가능하다고 믿었다. 마침내, 그는 야만스러운 처벌과 지위강등 절차를 가진 제도를 고안했고, 이 많은 것들은 가장 최근에까지 관행으로 남았다.

주요용어

침묵
초기 교도소 내에서의 재소자들 간의 대화 금지

침묵의 강요는 그 규율프로그램의 가장 중요한 부분으로 여겨졌다. 완전한 침묵과 의사소통의 금지라는 규칙은 조그만 규칙위반에 대해서도 즉각 채찍을 사용함으로써 유지되고 시행되었다. 린즈는 질서를 유지하는 가장 효과적인 방법으로 채찍질을 옹호했다. 그는 때때로 9가닥의 가시가 달린 채찍을 사용했지만, 보통은 가죽채찍을 사용했다. 죄수가 항상 입 밖으로 말을 지껄인다는 그의 고정관념은 침묵규칙이 지켜지는 "조용한" 교도소를 실제로 만들었다.

주요용어

밀집보행
인솔자 뒤에 붙어서 앞 사람의 어깨에 손을 올리거나 겨드랑이 아래에 손을 올리고 행진하는 재소자 대형. 교도소의 한 장소에서 다른 장소로 행진할 때는 발을 끌고 침묵을 유지해야 했다.

오번에서 개발된 또 다른 이상한 형태의 규율은 **밀집행진법**(lockstep formation)이었다. 재소자들은 앞에 있는 재소자의 어깨에 손을 올리거나 겨드랑이 아래를 잡는 밀집대형으로 서야 했다. 그리고 나서 그 대열은 발을 땅에서 떼지 않고 일제히 질질 끌면서 목적지까지 빨리 움직였다. 이 발을 질질 끄는 멈출 수 없는 행진은 채찍에 의해 "재촉"되었기 때문에, 밀집대형을 이탈하는 재소자는 발목이 부러지거나 다른 심각한 상해를 입을 위험이 있었다. 이 밀집행진을 하는 동안 침묵규칙을 깨는 것은 특히 못마땅하게 여겨졌고 무자비하게 처벌받았다.

지위를 격하시키는 죄수복은 오번교도소와 싱싱교도소에서 처음으로 역시 사용되었다. 초기 재소자들은 사회에서 입는 옷과 같은 옷을 입을 수 있었다. 오번교도소와 싱싱교도소에서는 초범자와 재범자에게 다른 색상의 옷을 입혔다. 이상한 모습은 한 눈에 재소자의 분

류등급을 알 수 있게 했다. 유명한 **줄무늬 죄수복**은 1815년 뉴욕에서 시작되었다. 대부분의 교도소들은 이 줄무늬 죄수복을 폐지했지만, 1994년 미시시피주 의회와 많은 다른 지역의 구치소와 교도소에서 이것이 부활되었다. 몇몇 지역은 검정과 흰색의 줄무늬 또는 도로공사를 하는 남성재소자를 위해 녹색과 흰색 줄무늬 죄수복을 다시 부활시켰다. 다른 지역들은 성범죄자들에게 핑크색 죄수복이나 핑크색 속옷을 입게 한다.

식사를 하는 동안 대화나 의사소통을 금지하는 데 사용된 방법들은 또한 굴욕적이었다. 이미 언급한 바와 같이, 재소자들은 등을 보고 앉아야 했다. 그들은 싱겁고 맛없는 식사를 받고 침묵 속에서 먹었다.(몇몇 주교도소들은 격리된 공간에서 부엌의 음식찌꺼기로 만든 빵 조각을 재소자들에게 먹인다.) 만약 그들이 더 많은 음식을 원하면, 그들은 한 손을 들었을 것이다. 만약 그들이 너무 많으면 다른 손을 들었다. 침묵 규칙을 위반하면 매질과 식사금지가 뒤따랐다. 이런 문제 있는 절차는, 현대의 교정개혁의 방향과 맞지 않았고, 많은 교도소 폭동의 원인이 되었다. 초기교도소에는 또한 **쳇바퀴**(treadmills)가 있었는데, 이것은 재소자들이 자주 신체적 처벌의 한 형태로 밟아야 하는 도구였다.

초기의 가장 잘 알려진 교도소 규율의 한 형태는 "교도소 내의 교도소" 또는 **독방구금**(solitary confinement)이었는데, 이것은 교도소의 규칙을 위반할 때 사용되었다. 오번교도소에서의 완전한 독방구금에 대한 초기 실험을 통해서 그것이 교도소제도의 기본 제도로서 사용할 수 없다는 것을 알게 되었지만, 그 교도소의 관리자들은 교도소 규칙위반에 대한 하나의 처벌로서의 가능성을 알았다. 오번교도소 모델을 따라서 설계된 대부분의 교도소에는 벽 안 쪽에 만들어진 감방 블록이 있었는데, 종종 이것은 "독방"으로 불렸다. 보통 독방구금형은 식사배급량이 함께 줄고, 종종 단지 빵과 물만 주었다. 독방구금은 심지어 오늘날에도 재소자들을 훈육하는데 자주 사용되지만, 훨씬 더 인간적인 조건으로 시행된다. 몇몇 현대의 재소자들은 수십여 년 동안 독방에 고립되어 있다.

주요용어

줄무늬 죄수복
수평의 검정색 줄과 흰색 줄로 만들어진 죄수복. 보통 색깔은 재소자의 분류유형을 나타냈다.

주요용어

쳇바퀴
교도소에서 처벌의 방법으로 사용되는 것으로 재소자가 주변을 밟는 방아

주요용어

독방구금
한 감방에 재소자를 고립시키는 처벌프로그램으로, 또한 "교도소 내의 교도소"이라고 알려져 있다.

동부 참회소와 오번교도소가 만들어진 후에 그 세기에 건설된 많은 새로운 교도소들은 행형과 교정의 발전에 거의 공헌을 하지 않았다. 오늘날까지 지속되는 두 가지의 위대한 혁신은 교도소 산업과 내부의 감방블록 설계에 사용된 육중한 구조들이다. 침묵을 강요하는 것은 마침내 실패로 여겨졌고 폐지되었다. 잔인하고 야만적인 처벌들은 공공연하게 비난을 받지만, 그것은 아직 때때로 사용된다. 이것은 대개 대부분의 교도소가 사회와 그것의 통제로부터 고립되어 있기 때문이다. 1800~1870년 사이에는 정당하지 않은 정책, 절차 그리고 철학이 이용되었지만, 보편적으로 사형과 신체형을 인정했던 앞선 시기보다는 교정의 발전을 위해 더 나은 결과를 만들어 내었다. 그리고 그 다음 시기에는, 보다 현실적이고 인간적인 교정적 접근을 향한 움직임이 시작되었다.

분위기의 변화

마코노키와 크로프턴: 새로운 접근

미국에서의 개혁제도는 잉글랜드 사람 알렉산더 마코노키(Alexander Maconochie) 선장과 아일랜드 사람 월터 크로프턴 경(Sir Walter Crofton)에 크게 영향을 받았다. 그들은 모두 순수하게 처벌적인 범죄자 처우프로그램이 아닌 개혁적인 처우프로그램의 기초를 닦았다.

마코노키와 부정기형

1840년에, 마코노키 선장은 호주 동부해안에서 800마일 떨어진 노폭(Norfolk)섬에서 영국 행형 식민지(penal colony)를 관장하는 자리에 임명되었다. 이 섬으로 보내진 범죄자들은 “두 번 유죄 판결” 받은 사람들이었는데, 한 번은 영국에서 호주로 추방되었고, 그 후 호주에서 노폭으로 다시 추방되었다. 노폭의 환경은 너무나 나빠서 사형의 집행이 정지되어서 온 사람은 비탄에 빠져 있었고, 죽은 사람들은 신에게 감사했다.[11] 그곳은 마코노키가 물려받은 일종의 지옥이었다.

마코노키가 처음으로 한 것은 고정형(flat sentence)[12]을 없애는 것이었는데, 이것은 재소자가 만기로 형을 복역할 때까지 아무런 석방의 희망이 없는 제도였다. 그 후 그는 "점수제(mark system)"를 개발했는데, 이 제도 하에서 재소자는 고된 노동과 좋은 행동에 의해 자유를 얻을 수 있었고, 따라서 이것은 **부정기형**(indeterminate sentence)을 만들게 하였다. 이런 유형의 형은 석방의 책임을 재소자에게 지웠다. 마코노키가 말한 바와 같이, "재소자들이 자신의 감방 열쇠를 갖고 있을 때, 그는 곧 자신의 구금에 순응한다." 이 제도는 다음의 5가지 원리를 갖고 있다.

1. 석방은 일정 시간 동안의 복역을 완료하는 것이 아닌 맡겨진 구체적인 양의 노동의 완수에 달려있다. 요약하면, 형기는 철폐되어야 하고, 대신 과업 형(task sentence)으로 대체된다.
2. 재소자가 수행해야 할 노동의 양은 "점수"의 정도로 표현되어야 하는데, 이 점수는 행동의 개선, 생활의 검소함 그리고 노동습관에 의해 재소자가 출소하기 전에 획득해야 한다.
3. 교도소에 있는 동안 재소자는 그가 받을 수 있는 모든 것을 획득해야 한다. 모든 생활비와 방탕한 행동은 그가 소각해야 할 점수에 추가되어야 한다.
4. 재소자는 규칙상 자격이 될 때, 소규모(6-7명)의 다른 재소자들과 협력하며 일해야 하고, 전체 집단은 각 구성원의 행동과 노동에 대해 책임을 져야 한다.
5. 마지막 단계에서, 재소자는 아직 매일의 점수를 획득해야 하지만, 자신의 노동에서의 수익을 소유할 수 있어야 하고, 그가 사회로 석방될 준비를 하기 위해 덜 엄격한 규율이 적용되어야 한다.[13]

꽉 막힌 마코노키의 상관들이 사회복귀를 위한 마코노키의 좋은 노력들에 대해 높이 평가하지 않고 지지하지 않았다는 점은 슬픈 사

주요용어

부정기형
교화개선이 이루어졌을 때, 가석방위원회가 재소자를 석방할 것을 허용하는 최소형기와 최대형기가 명시된 구금형

교정 인물 2.1

알렉산더 마코노키 대위

알렌산더 마코노키는 1787년 스코틀랜드에서 태어나서 넬슨 제독 하에서 1803년까지 복무를 하였고, 1811~1814년까지 재소자로 구금되었다. 그는 계급이 올랐고, 영국 수송국에서 교도소에서 구금된 경험을 가진 유일한 지휘관이었다. 1836년에 그는 판디멘즈랜드(테즈매니아의 옛 이름)의 부지사의 개인비서로 임명되었다. 그는 돈을 더 벌기 위해, 몇몇의 자선기관들과 계약하였다. 여기에는 〈교도소 규율 개선협회〉도 있었는데, 이것은 영국 정부에 상당한 영향력이 있는 영국의 행형개혁단체였다.

마코노키는 그가 호주에서 접한 야만적이고, 저열하며, 억압적인 행형환경에 대한 신랄한 보고서를 작성했다. 그는 악의적인 매질, 무거운 차꼬와 수갑 그리고 재소자가 금속형틀에 묶여서 채찍 100대를 맞는 것과 같은 규율주의적 처벌에 주목했다. 이 보고서들은 영국 내무성 장관에게 결국 제출되었고, 이것은 큰 정치적 후폭풍을 몰고 와서 마침내 마코노키를 해고하게 만들었다. 그 이유는 당시 재소자들을 싼 값에 고용하던 시민들의 분노 때문이었다. 그가 교도소 개혁을 위한 또 다른 캠페인을 시작했고, 이것은 행형식민지의 개선이라는 개인적인 임무를 갖게 만들었다. 이러한 임무를 갖게 된 데는 독실한 기독교 신자로서의 그의 생각이 한몫을 했다.

자선기관에 대한 그의 보고는 계속되었고, 그 중 하나에서, 그는 교도소 식민지를 운영하는 보다 나은 방법을 요구했다. 이것은 또한 내무성 장관에게 보내졌고, 그는 마코노키에게 (호주로부터 약 1,000마일 떨어져 있는) 노폭 섬의 지사로서 그의 계획을 실현할 기회를 주었다. 마코노키가 섬에 도착했을 때, 그는 모든 재소자들에게 대략 다음과 같이 말했다.

1. 구체적인 기간이 정해진 구금형은 범죄자를 개선할 수 없다.
2. 모든 재소자는 자유를 얻을 수 있고, 그들의 감방을 잠근 자유의 열쇠를 얻을 수 있다. 그것은 재소자들에게 달려있다.
3. 재소자들은 매일 그들의 행동("점수를 획득하라")에 의해 평가되고, 이들은 원하는 것(차, 설탕, 담배 그리고 자유)을 위해 점수를 모을 수 있고, 사용할 수 있다.
4. 만약 재소자가 검소하고 열심히 일한다면, 그들은 점수("포인트")를 매일 얻을 수 있다.
5. 어떤 재소자가 점수를 충분히 획득한다면, 형은 감형될 것이고, 그 재소자는 행형식민지를 떠나 자유로워질 수 있다(그러나 섬을 떠날 수는 없음).
6. 만약 7년 형을 복역한다면, 그 재소자는 그의 자유를 얻기 위해 6,000점이 필요할 것이다. 10년 형이라면, 그 점수는 7,000점 그리고 14년 형 이상이라면, 그 점수는 8,000점일 것이다.
7. 점수는 추가적인 범죄나 낭비행동에 의해 일부만 얻을 수도 있다.
8. 재소자들은 개선을 위해 모두 함께 노동을 해야 한다.

9. 만약 어떤 전 재소자가 출소 후 또 다른 범죄를 저지른다면, 그는 다시 교도소식민지에 돌아와 완전한 형량을 복역해야 한다.

희망이 노폭섬에 막 도착했다. 직원에 대한 재소자 폭행은 급격하게 감소되었다. 재소자 간 폭행은 또한 급격히 감소되었다.

원래 마코노키는 그의 개혁안들을 보다 범죄성향이 높은 재범자들과 어울리지 않는 초범자들에게 적용할 계획이었다. 실제로, 그는 이 두 집단이 혼재하는 상황을 극복하지 못했고, 그는 모든 재소자들에게 그의 계획을 적용했다. 그는 이 결정을 그의 상관들에게 통지하지 못했다. 그의 산하의 소장과 직원들로부터의 저항이 생겨났고, 보고서가 지사에게 제출되었다. 1846년에, 마코노키는 소환되었다. 그는 침묵하지 않고, 일련의 편지와 팸플릿을 통해서 그의 새로운 행형개혁 제도를 계속 주장했다. 노폭섬이 이전의 야수의 본성으로 회귀되었을 때, 마코노키의 계획은 교도소를 걱정하는 시민들과 다른 나라의 교정행정관들에게 알려졌고, 처벌위주의 과거는 서서히 사라져갔다. 그는 실제로 "가석방의 아버지"이다.

실이다. 이처럼 그는 뜻을 이루지 못했고, 이 행형식민지는 그가 떠나자마자 거의 이전의 야만적인 관행으로 돌아갔다.

크로프턴과 아일랜드제도

주요용어

아일랜드제도
재소자가 참회를 하고 석방되기 전까지 더 높은 단계로 진급할 수 있도록 하는 다단계의 통제를 하는 교도소관리제도. 석방은 취소가능한 "석방증"이나 조건부 사면에 의해 이루어진다.

다행히도, 마코노키의 아이디어는 노폭섬의 해안을 넘어 퍼져나갔다. 부정기형의 성공적인 이용[14]은 구금이 재소자가 지역사회로의 최종 복귀를 위한 준비를 위해 이용될 수 있다는 것을 보여주었다. 만약 이것이 사실이었다면, 형기는 임의적인 기간이 아니라 범죄자의 재활에 관련되어야 한다. 아일랜드의 월터 크로프턴경(Sir Walter Crofton)은 그가 "부정기형 제도"라고 부른 것을 발전시키는 데 그 개념을 사용했고, 이것은 후에 아일랜드제도로 알려졌다. 그는 만약 참회소가 범죄자들이 그들의 범죄에 대해 생각하고 그들의 범죄행동을 중단하려고 결심("회개")할 수 있는 곳이라면, 이렇게 회개했다는 것을 판정하는 메커니즘이 사실상 있어야 할 뿐만 아니라 참회를 했을 때 재소자를 밖으로 내보내는 메커니즘이 있어야 한다고 생각했다. 부정기형은 가장 좋은 메커니즘으로 생각되었다.

크로프턴이 고안한 제도는 마코노키의 것과 유사하게 일련의 단

주요용어

석방증
가석방을 의미하지는 않지만 교도소장에 의하여 발급된 재소자가 시설을 떠나는 것을 허용하는 증명서

주요용어

조건부 자유
재소자가 참회할 때 그를 특수한 조건 하에 지역사회로 석방할 수 있도록 하는 취소가 가능한 재소자 석방계획. 일반적으로 "가석방"으로 알려져 있음.

계로 구성되어 있는데, 각 단계는 재소자들을 자유사회에 보다 가깝게 보내는 것이다. 첫 단계는 독거구금과 단조로운 작업이었다. 두 번째 단계는 공공근로와 다양한 등급을 통한 진급으로 이루어져 있는데, 이 각 등급에 머무르는 기간은 점점 줄어든다. 마지막 단계는 중간처우소인데, 여기에서 재소자는 감시 없이 일하고 자유로이 지역사회를 드나들었다. 만약 재소자의 행동이 계속 좋고 일자리를 얻었다면, 그 재소자는 조건부 사면(또는 **석방증**, ticket of leave)을 통해 지역사회로 돌아갈 것이다. 이 티켓은, 만약 그의 행동이 이 조건부 사면을 감독하는 사람들이 설정한 기준에 미치지 못할 때, 원래의 형기 내에 어떤 시점에서도 취소될 수 있다. 크로프턴의 계획은 지역사회에서의 **조건부 자유** 제도를 만들려는 첫 시도였는데, 이 제도는 오늘날 가석방(parole)으로 알려져 있다.

소년원 시기(1870~1910년)

미국의 행형과 교정행정 분야의 지도자들이 1870년에 오하이오주의 신시네티에서 미국 교도소 회의(American Prison Congress)[15]에서 만나, 교정 프로그램이 취해야 할 방향에 대해 논의하였다. 그들은 특히 과밀화에 대해 우려했고, 어떤 새로운 종류의 교도소들이 과밀화를 완화하기 위해 세워져야 하는지에 대해 논의했다. 많은 사람들은 마코노키와 크로프턴의 계획을 미국에서 채택할 것을 주장했다. 그 사람들은 이 아이디어를 지지했고, 미국교정에서 소년원시대가 시작되었다.

미국에서 첫 **소년원**(reformatory)은 1876년에 뉴욕의 엘마이라(Elmira)에서 시작되었고, 그것은 그 후의 모든 다른 소년원의 모델이 되었다. **제브론 브록웨이**(Zebulon Brockway)는 초대 원장이었는데, 그는 디트로이트 감화원(house of correction)에서 몇몇 새로운 교육적 방식들을 도입했고, 그 개념을 엘마이라에서 확대 적용했다. 엘마이라는 원래 성인 중범죄자를 위한 시설이었지만, 대신에 16~30세 사이의 처음 구금형을 받은 사람들을 수용했다. 여기를 살펴 본 어떤 사람은

주요용어

소년원
교육과 훈련, 조건부 석방 그리고 잠재적인 가석방의 취소를 요하는 젊은 범죄자들을 수용하는 시설

인물

제브론 브록웨이
엘마이라 소년원의 초대 원장. 교육프로그램을 통해서 재범을 감소시켰다.

다음과 같은 특징들이 엘마이라의 표준이라고 언급했는데, 이런 많은 특징들은 엘마이라를 모델로 한 다른 시설에서도 발견된다.

1. 건축설계. 일반적 설계와 배치는 오번교도소의 것과 같지만 약간 개선되고 현대화 됨. 10%의 감방은 펜실베니아 교도소의 감방처럼 만들어짐. 교도소 전체에 적당한 위생시설과 자연조명 및 인공조명이 충분함.
2. 복장. 지위를 격하시킬 정도로 두드러지지는 않으나 동일형태로 제작됨. 옷은 재소자 각자의 등급이나 지위를 나타냄. 빈틈없이 청결함이 유지되고 재소자들은 단정하게 차려입음.
3. 풍족한 식단은 힘을 내기 좋도록 마련됨. 일반규칙에 의해 식사를 제공하지 않는 것은 문제시 됨.
4. 과학적 신체 단련을 위한 완전한 현대장비들. 목욕탕과 기구를 잘 갖춘 체육과 야외운동을 위한 시설들.
5. 재소자 인구의 약 1/3이 이용할 수 있는 공예훈련을 위한 시설. 이 특별한 공예훈련들은 기계 및 손으로 그린 그림, 목공예와 금속공예, 점토공예, 캐비넷 제작, 신문기사 스크랩북 그리고 금형들이다.
6. 개별 재소자의 욕구와 능력에 기초한 상업교육.(수천 명의 재소자들이 참여하는데, 36가지 상업을 교육한다)
7. 음악밴드, 장교를 위한 칼 그리고 부사관 및 병 재소자들을 위한 모조 총을 갖춘 연대단위 군대조직.
8. 유치원에서 고등학교까지 그리고 게다가 대학과목을 위한 특별학급에 이르는 커리큘럼을 가진 학과교육.
9. 대출, 참고 그리고 가끔의 사회적 이용을 위해 잘 선택된 장서들.
10. 외부신문 대신에 적절한 검열 하에 교도관에 의해 편집되고 인쇄된 주간 교도소 신문.
11. 대강당에서 제공되는 재소자들을 위한 레크리에이션 및 기분전환의 오락거리. 보드빌*이나 순회극단쇼가 아닌 중산층의

* 역주: 노래, 춤, 만담, 곡예 등을 섞은 쇼.

교양있는 계급의 사람들이 즐길만한 오락.

12. 개별 재소자의 모태 신앙종파에 맞춘 종교적 기회.
13. 명확히 계획되고, 주의 깊게 지시된, 감정적 기회들. 교육을 위해서거나 구체적으로 보통의 종교적 감명을 위해서 기분을 전환시키는 것이 아니라 상징적으로 일종의 상처치유를 위해서 기분을 전환시키는 것.[16]

엘마이라의 프로그램과 성인교도소의 프로그램 사이에 유일한 실제 차이는 청소년에 대한 개선, 증가된 학과교육 그리고 보다 광범위한 상업훈련을 강조하는 것이다. 그래도 두 가지의 중요한 특징이 소년원에 채택되었는데, 그것은 부정기형과 (가석방에 이를 수 있는) 점수에 기초한 등급제도이다.

엘마이라는 1876~1913년 사이에 17개 주에서 한 형태 또는 또 다른 형태로 모방되었다. 브록웨이의 리더십은 성인이나 청소년의 모든 재소자에 대한 교육과 개선프로그램을 제공하려는 첫 번째 노력에 공헌했다. 엘마이라에서 사용된 상업훈련, 학과교육 그리고 군대식의 규율은 의심할 것 없이 또한 많은 나이든 재소자들을 위한 프로그램에 영향을 주었다. 부정기형과 가석방 개념의 몇몇 측면들은 마침내 주교도소로 확대되었다. 공공교육이 외부 세계에서 그토록 많은 문제들에 대한 해답으로 여겨지던 한 시기에, 그것이 범죄에도 역시 해결책으로 여겨졌다는 것은 놀랍지 않다. 그러나 교도소에 있는 물리적 환경과 가난하고 무능력한 사람들이 또한 소년원에서도 있기 때문에, 이 시설들은 곧 판에 박힌 공식대로 소년교도소로 변경되었다. 그 똑같은 오래된 "교도소 규율"은 그 때까지도 어떤 행형프로그램에서도 가장 지배적인 특징이었다.

소년원시기의 두 가지의 주요 공헌이 부정기형과 가석방이라고 할지라도, 교육, 직업훈련 그리고 개별적 교화의 씨앗은 이 때 뿌려졌다. 그러한 급진적인 생각이 그 당시의 메마르고 적대적인 환경에서 번영할 수는 없었지만, 그들은 후에 뿌리를 내리고 과실로 자라났다.

남북전쟁 후 교도소들

1870~1900년 사이에 교도소를 건설한 16개 주들은 거의 모두 미국의 북부나 서부에 위치한 주들이었다. 그들의 유일한 개선요구사항은 하수도와 상수도의 도입이었다. 모두 오번제도를 따랐고, 단지 오래된 교도소 관습에서 유일하게 수정한 것은 침묵제를 폐지하고 부정기형과 가석방을 이용한 것이었다.

남북전쟁에 의해 황폐화된 남부에서, 참회소제도는 사실상 없어졌다. 몇몇 주는 그들의 전체 재소자를 사기업주에게 임대하여 그들의 교도소 문제를 해결하려고 하였는데, 이것은 후에 **임대제도**(lease system)[17]로 알려졌다. 재소자를 임대하는 것은 행형작업의 한 제도였는데, 이것은 1865년에 남북전쟁이 끝나고 노예를 해방하기 시작하면서 1880년경에 정점에 이르고, 1928년에 앨라배마주를 마지막으로 폐지되었다. 임대제도는 임대한 기업주와 주정부에 이익이 되지만, 그것은 노예제를 닮았다. 다른 방식은 계약노동 형태를 취하거나 재소자임대와 계약 두 가지를 조합하는 방식이었다. 그러나 재소자라는 또 다른 노예집단이 이처럼 자유흑인들을 대체했다. 남부의 많은 교도소들이 오번제도와 소년원제도 모두를 무시했다는 점에서 남부는 독특했다. 남부의 농업경제는 싼 노동력의 착취를 불편하지 않고 바람직한 것으로 만들었다. 남부에서 대부분의 재소자 인구는 농장흑인으로 구성되었는데, 그들은 아무런 영향력이나 자원을 갖지 못하고 무자비하게 다루어졌다.[18] 임대는 결국 대부분의 남부 주에서 교도소 농장에 의해 대체되었지만, 그 관행은 1920년대가 되어서야 완전히 폐지되었다. 행형역사에서 이 야비한 시기는, 알칸사스주에서 1960년대에 다시 나타났고,[19] 이른바 문명화된 사람들이 버림받은 사람들의 처우를 결정할 수 있도록 허용한 시기였다. 남부에서의 이 교정경험은 절차와 규율 모두에 대해 단지 부정적인 공헌만을 했다.

주요용어

임대제도
사기업주가 재소자를 임대하여 작업의 세부사항을 관리하는 제도. 이것은 교도소 안팎에서 모두 가능했다.

20세기와 산업교도소

독거를 했던 동부참회소 감방에 수공예작업을 도입한 것은 미국에서 교도소산업의 기원이다. 유럽대륙과 잉글랜드에서, 노역장과 브라이드웰스에서 노동을 시키려는 악명높았던 시도는 쳇바퀴와 같은 무의미한 활동을 만들어냈다. 직업훈련이나 재소자를 위한 수입을 제공하려는 근대적 압력은 초기의 미국 교정행정가들과는 관련이 없다. 오히려 그들은 교도소를 자급하는 곳으로 만들려고 했다. 이 목표를 향해, 교도소작업장은 단지 초기 공장작업장의 연장일 뿐이었다. 공장생산체계가 교도소에 도입되고, 그들이 생산물로부터 실질적인 이익을 얻게 되자, 의원들은 교도소산업이 건전한 운영방식이라고 재빨리 확신했다. 오번제도는 덜 효율적인 펜실베니아제도에 비해 우월했는데, 그것은 납세자들에게 더 나은 혜택을 주기 때문이었다. 1860년까지, 절대적인 침묵제도는 쇠퇴하기 시작했는데, 이것은 작업장에서 의사소통이 필수적이었기 때문이다. 초기의 교도소산업들은 사실상 이용가능한 자유노동력을 착취했는데, 이것의 유일한 목적은 교도소 자체를 영구히 유지하기 위함이었다. 그러나 이 분야의 몇몇 지도자들은, 이러한 변화된 교도소산업을 재소자의 사회복귀를 위해 이용할 수 있다고 보았다.

20세기 초부터 1940년까지, 미국 교도소에서 재소자의 수는 174% 증가하였다.[20] 10개의 새로운 오번-스타일의 교도소가 이 기간 동안 건설되었는데, 이들은 종종 미국 교도소의 산업시대로서 불리며, 1935년에 마침내 정점에 이르렀다. 이 새로운 교도소들은 "그들이 더 나은 사람으로 만들기 위해 설득하고자 했던 재소자들만큼이나 차갑고 구제하기 힘들며 비정상적인 것으로 보였다."[21]

이 **산업교도소**(industrial prison)는 첫 주교도소가 교도소의 이익을 이용하게 된 것에 그 기원을 찾을 수 있다. 그러나 19세기 초에, 기계와 캐비닛 제조사들은 불공정한 경쟁에 대해 불평하기 시작했는데, 이것은 그들이 교도소 내에서 이용가능한 사실상 자유노동력과 경쟁해야 했기 때문이다. 임대제도와 계약제도의 이용은 문제를 악화시켰

주요용어

산업교도소
재소자 노동을 이용하여 교도소 이익을 위해 시장에 팔 수 있는 상품을 생산하는 것을 주목적으로 하는 행형시설

고, 1886년에 전국적으로 유명해진 일련의 경찰수사를 초래했다. 노동조합운동의 출현은, 교도소 노동력의 계약제도와 임대제도의 남용에 힘입어, 19세기 말까지 북부교도소에서 이 제도들을 폐지하게 만들었다. 그들은 단가(piece-price)제도[22]와 관사직영(state account)제도[23]로 대체되었다. 교도소산업에 대한 반대여론은 점점 증가하는 재소자의 게으름을 강요하는 결과를 낳았다. 이것은 성인교도소가 몇몇 측면에서 소년원방식을 채용하도록 만들었지만, 자급시설을 과거의 시설로 바꾸었다.

조직화된 노동자와 교도소산업과의 전투 이야기는 그 자체로 한 역사라고 할 수 있기 때문에, 여기서는 다루지 않는다. 재소자에게 몇 가지 종류의 작업을 하게 하는 대규모의 교도소산업의 종말이 시작된 것은 교도소 생산물의 지위를 통제하는 두 개의 연방법이 만들어지면서이다. 1929년에 통과된 **호이스-쿠퍼법**(Hawes-Cooper Act)은 교도소 생산품을 그 상품이 배송될 주의 법에 의해 규제를 받을 것을 요구한다. 1935년에 통과된 **아슈어스트-섬너스법**(Ashurst- Sumners Act)은 교도소 생산물에 생산한 교도소의 이름을 명시하도록 하여 교도소 생산물의 거래를 금지하는 주로 배송을 할 수 없도록 하였다. 1940년에, 아슈어스트-섬너스법은 교도소 생산물의 주(state)간 배송을 전면 금지하는 개정을 하였다.

대공황기의 경제적 위축은, 1929년 월스트리트 증권시장의 붕괴에서 시작하여 1929~1940년까지의 기간에 걸쳐 영향을 주었는데, 이것은 33개 주가 교도소 생산물을 자유시장에서 판매하는 것을 금지하는 입법을 하게 만들었다. 이 법들은 교도소산업에 대해 조종을 울렸다. 대부분의 교도소들은 몇몇 차량번호판과 주립 가구상점을 제외하고는, 그들의 원래 목적(처벌과 구금)으로 되돌아가는 큰 후퇴를 했다. 다행스럽게도, 같은 시기에 또 다른 모델이 나타나고 있었는데, 그것은 1930년대의 "새로운 행형"과 **스탠포드 베이트스**(Sanford Bates)의 지도 하의 미 연방 교정국이었다.

스탠포드 베이트스는 미국 교정에서 전설적인 인물이다. 그는 미국교정협회의 회장(1925)이었고, 연방교도소의 첫 소장(1929)이 되

주요용어

호이스-쿠퍼법
재소자들이 만든 교도소 생산물의 가공과 운송을 금지한 연방법

주요용어

아슈어스트-섬너스법
교도소에서 만든 상품 가공과 배송, 주들 간의 운송에 대한 진상공개를 요구하는 연방법. 포장은 명백하게 교도소 생산물이라는 것을 표시해야 함.

인물

스탠포드 베이트스
미연방교정국의 초대 국장

었으며 그리고 미연방 교정국의 첫 국장(1930)으로 임명되었다. 후에 그는 뉴욕주 가석방위원회의 위원으로 일했고, 그 후 뉴저지 교정국의 국장으로 일했다.

교정 인물 2.2

스탠포드 베이트스

스탠포드 베이트스(1884-1972)는 주와 연방 교도소 분야에서의 큰 인물이다. 그는 매사추세츠 주의 보스턴에서 태어나서 보스턴영어고등학교를 16세에 졸업하였다. 그는 Y.M.C.A의 야간 로스쿨(현재는 노스이스턴 대학)로 가서 22세에 직업변호사가 되었다. 그는 미 연방법원에 설 수 있는 변호사 자격을 얻었다.

그가 변호사가 되기 전에, 그는 도로국에서 서기로 일한 후 이어서 공화당원이 되었다. 그의 초기 경력으로 보스턴 정치무대의 하원과 상원 의원이 되었다. 그의 교정에서의 경력은 1918년에 시작되었는데, 이 때는 그가 보스턴 행형위원장으로 지명된 때였고, 후에 그는 매사추세츠 교정국의 국장(1919-1929)이 되었다. 1929년에 법무부 차관 윌리브랜트는 그를 연방교도소 소장으로 임명하였다. 그 직책에서, 그는 연방 교정국(1930)을 만드는 법안을 제안했다.

후버대통령은 이어서 스탠포드 베이트스를 첫 연방교정국장(1930)으로 임명했고, 그 자리는 협력적이고 평판이 좋은 교도소제도를 만드는 큰 그림을 그리는 직책이었다. 그는 사회안전을 증가시키는 가장 좋은 길이 범죄자들을 교정교화하는 것이라고 믿었다. 이를 위해서는 범죄자들이 개선되었을 때를 가려내는 어떤 도구가 필요했고, 그 도구는 가석방으로 출소한 범죄자들을 감시하는 것, 즉 가석방위원회였다. 그의 목표는 또한 중앙집중화된 행정, 일관적인 교정국의 폭넓은 범위의 정책, 교도소과밀화를 완화하기 위한 교도소 건축 프로그램, 정치적인 입김의 단절을 못한다면 감소, 직원훈련의 개선 그리고 교도소산업 프로그램 구축이었다. 이 목적들은 12장에서 보다 상세히 논의된다. 그는 그의 목적을 성공적으로 달성했다(1930-1937).

세 가지 추가적으로 알아 둘 것이 있다. 첫째, 1934년에 시작하여 1972년에 그가 죽을 때까지 연방교도소 산업 프로그램의 책임자로 일했다. 둘째, 그는 후에 미국교정협회의 회장 그리고 미국 소년단의 이사로 일했다. 셋째, 그가 교정국을 떠난 후에, 뉴욕주의 가석방위원회 위원장으로 그리고 뉴저지 주립 교도소 및 산업의 책임자로 일했다. 그는 오랫동안 근대적인 교정제도의 발전에 크게 이바지하였다.

출처: Sanford Bates Collection at https://archon.shsu.edu/?p=collections/findingaid&id=2&q=,retrieved August 8, 2013.
See also Federal Bureau of Prisons, "Former Bureau of Prisons Directors: Sanford Bates, 1930-1937," at http://www.bop.gov/about/history/past_directors.jsp, retrieved August 8, 2013.

변화의 시기(1935~1960년)

1935~1960년 사이의 시기는 교도소에서 가장 큰 소란 중의 하나가 발생했던 때이다. 소장들은, 이전 시기의 강력한 반발에 두들겨 맞아서, 이 시기에는 재소자들에게 의미 있는 작업을 제공할 권한을 박탈당했다. 경기침체, 새로운 이민자들의 유입 그리고 1920년대와 1930년대의 범죄의 증가는 재소자의 재활에 대한 대중의 태도를 얼어붙게 만들었는데, 이 때는 행동과학자들이 재소자의 처우에 대한 희망적인 개선책을 제안하기 시작할 무렵이었다. 에드가 후버(J. Edgar Hoover)는 연방수사국(FBI)의 국장이었는데, 그는 "거만한 교수들"과 "시시한 범죄학파"와의 싸움을 이끌었다. 그의 범죄에 대한 전쟁은 그 세계에서 가장 초중구금 교도소인 **앨커트래즈(Alcatraz)**를 만드는 데 일조를 했다. 샌프란시스코만의 섬에 위치한 앨커트래즈는 연방교도소에 수용된 가장 범죄성향이 높았던 재소자들을 수용하기 위해 만들어졌다. 1934년에 이것이 만들어졌을 때, 알카포네*, 로버트 스트라우드**("앨커트래즈의 조류학자") 그리고 보니와 클라이드***와 같은 개선이 불가능한 범죄자들의 포악한 범죄에 대한 대응책으로 여겨졌다. 결국 연방 교정국은 이 교도소가 유지비가 너무 많이 들어 문을 닫았다.

1915년과 1920년 사이의 싱싱교도소의 버나드 글루엑(Bernard Glueck), 1925년 뉴저지의 에드가 돌(Edgar Doll)과 엘리스(W. G. Elilis) 그리고 1930년의 매사추세츠의 스턴스(A. W. Stearns)와 같은 유명 인사들은 분류심사와 케이스워크를 위한 초기의 노력을 선도하였다. 스탠포드 베이트스는 1934년 미 연방교도소로 이 절차들을 도입했다. 때때로 주로부터 빌려온 원리가 전국적으로 퍼졌지만, 미 연

주요용어

앨커트래즈
샌프란시스코만에 위치한 초중구금 섬교도소. 문을 닫을 때까지 연방교도소 중의 하나였음. "바위(the Rock)"로 알려져 있음.

---

* 역주: 시카고 갱단의 두목. 수많은 폭력, 살인을 배후에서 조종.

** 역주: 1909년에 알래스카에서 바텐더와 매춘부를 죽이고 12년 형을 받아 연방교도소에 복역. 복역 중 새를 키워 팔아 유명한 조류학자가 되었지만, 규정위반으로 새를 키우지 못함. 동료재소자들과 잦은 말썽을 일으켰고, 교도관을 죽여서 종신형에 처해짐.

*** 역주: 1930년대의 미국의 유명한 남녀혼성 2인조 은행강도.

방교정국은 점점 교정 분야에서 국가적 지도자가 되었고, 주교도소가 따른 많은 새로운 개념들을 도입했다. 두 가지의 주요 공헌은 재소자가 재활하는 것을 돕기 위해 진단 및 분류를 하고, 정신과의사와 심리학자와 같은 전문가들을 이용했다는 점이다. 연방제도는 또한 보다 인간적인 처우와 보다 나은 주거환경을 만들도록 이끌었다(12장을 볼 것). 그러나 그들이 어떻게든 개혁하려고 했지만, 교도소들은 게으름, 따분함, 좌절 그리고 억압의 상징으로 남았다. 몇몇 교도소를 둘러싼 육중한 담을 무너뜨리려는 시도가 있었지만, 범죄자들을 위험한 정신병자로 보는 분위기(**정신병자 감금**, lock psychosis)는 계속 유지되었다. 사람들은 재소자들을 **악마범죄자**(convict boegy)로 두려워하기 때문에, 잠그고 또 잠그고, 수를 세고 또 세어야 한다고 생각한다. 흥미롭게도 악마범죄자는 교정관리들이 갖고 있는 비합리적인 두려움이고, 이것은 범죄자들을 몇 겹의 잠겨진 문과 차단막 안에 가두도록 만든다. 수를 세는 것은 보통 하루에도 여러 번 행해지는데, 이것은 모든 범죄자가 갇혀 있는지를 확인하기 위해서다.(몇몇 근대의 교정행정가들은 재소자들의 수와 위치를 끊임없이 확인하기 위해 플라스틱 허리띠 인식기를 이용한다.)

주요용어

정신병자 감금
보안과 지역사회의 방어에 과도하게 초점을 맞추는 교정행정가를 지칭하는 용어. 보통 이런 사람이 있는 곳에서 광범위하게 잠금장치, 인원점검 그리고 재소자에 대한 내적 통제가 이용됨.

주요용어

악마범죄자
단지 인원점검, 잠금장치, 재인원점검에 의해서만 관리될 수 있는 재소자에 대한 과도한 두려움

오랜 시간의 무료함, 제약 위주의 건물구조, 재소자 인구증가 그리고 불필요한 억압적 통제가 재소자들 사이에 참기 어려운 긴장을 만들어내었다는 것은 그리 놀랍지 않다. 앞서 논의한 바와 같이, 미국에서 첫 폭동은 커넷티컷주의 심스버리(Simsbury)의 지하감옥에서 발생했다.(폭동은 동일한 한 이유로서 7명 이상의 재소자가 함께 모여서 교도소나 다른 교정시설 내에서 일으키는 어떤 폭력적이고, 떠들썩한 소동이다.) 월넛가 구치소에서의 폭동은 1800년대 초에 역시 보고된 바 있다. 교도소산업이 재소자들을 위해 광범위한 작업을 부여했을 때인 19세기 중반은 거의 폭동이 없었다. 아마도 재소자들이 폭동을 일으키기에 너무나 지쳤거나 아니면 통제가 너무나 엄격했을 것이다. 교도소 산업이 폐지되자, 폭동은 보다 정기적으로 일어났고, 이것은 강요된 게으름이 재소자들 사이에 불안정과 불만을 가져온다는 이론에 대한 증거였다. 1929년과 1932년 사이에는 교도소 폭동의 한 파도가 있었다. 제2차 세계 대전 중에, 문제는 거의 없었지만, 1946년에 초중구금 교도소인 앨커트래즈에서 유일한 폭동이 있었다.

교도소에서의 방치와 의미 있는 활동의 부재가 결국 쓴 결과를 가져왔든 또는 1950년대의 호황이 단지 교도소 내부의 냉혹한 삶과

교정 실제 2.1

교도소에서의 단식시위

재소자들은 교도소환경과 정책에 대한 과도한 불만을 표현하기 위해 다양한 행동들을 한다. 2013년 중순에, 캘리포니아에서 재소자들이 단식시위(hunger strike)를 했다. 7월 8일 30,000명으로 추정되는 재소자들을 옹호하는 사람들은 주정부의 독방구금과 과도한 무제한의 구금기간이 위헌적이며, 신체적·정신적 피해를 가져오고 그리고 재소자들의 헌법적 권리를 침해한다고 주장한다. 이 정책들, 제도들 그리고 환경들은 연방법원에서 소송 중에 있다.

단식시위에 참여한 재소자들은 교도소 갱을 통제하기 위해 사용되는 독방구금기간을 제한하고, 교도소에서 갱-관련 폭력 이후 재소자들이 재분류되는 방식에 대한 제한을 요구한다.

이 소요사태를 조사한 교정관들은, 시위에 참여한 재소자의 수가 1,475명으로 줄어들었고, 이들이 캘리포니아의 15개 교도소 소속이며, 본질적으로 시위는 구금된 교도소 갱멤버에 의해 계획되었다고 주장한다.

재소자를 옹호하는 사람들은, 캘리포니아 교정 및 교화국(California Department of Correct and Rehabilitation, CDCR)이 주장하는 바와 같이, 다른 교도소에 있는 재소자들과 정보를 공유하면서 협력하고 있다. 주요 재소자 옹호자들은 중재팀을 만들었는데, 이 팀은 주교정관들과 시위지도자들과의 중재자로서 일하는 것을 목적으로 한다. 캘리포니아 프리즌 포커스(California Prison Focus)의 이사인 매럴린 맥마혼(Marilyn McMahon)은 캘리포니아 교정 및 교화국으로부터 팩스를 하나 받았는데, 그것은 단식시위에 참여한 재소자에 대한 접근을 금지하는 것이었다. 현재 2달 전에 캘리포니아의 펠리컨베이 교도소를 마지막으로 방문하여 재소자를 만났던 맥마혼의 직원에 대한 은퇴한 변호사보조원이 한 미상의 위협에 대한 수사가 임박해 있다. 맥마혼은 그의 행동이 캘리포니아의 독방구금을 폐지하기 위한 노력이라고 주장하고, 캘리포니아 교정 및 교화성이 시위재소자와 사회 내의 옹호자들 사이에 의사소통 통로를 막으려고 하고 있다고 말했다. 맥마혼과 또 다른 시민권 변호사는 또한 2011년의 유사한 재소자 단식시위 동안 자격이 박탈되었지만, 이후에 부적절한 행동을 했다는 아무런 증거가 없었다.

출처: “California bans inmates’ right lawyer from prisons.” Retrieved from http://www.latimes.com/local/political/la-me-pc-ffcalifornia-bans-inmates-right-lawyer-from-prisons-20130717,0,1057896.story.Retrieved July 22, 2013.

출처: Paige St. Johns, “Four inmates on hunger strike require medical attention.” Retrieved from www.latimes.com/local/political/la-me-ff-4-hunger-strike-inmates-require-medical-attention-20130718,0,3233502.story. Retrieved July 22, 2013.

극단의 대조를 이루어서였든, 50년대 초 동안 교도소의 불만은 폭발했다. 1774년 이후 300번 이상의 교도소 폭동이 발생했고, 이들의 90%는 마지막 40년 동안 발생한 것이었다.[24] 미국교정협회는 1950년대의 폭동을 조사하고 그의 주된 원인을 다음과 같이 보고했다.[25]

1. 불충분한 재정적 지원과 공식적 및 공공의 무관심
2. 자질이 낮은 인력
3. 강요된 무료함
4. 직업적 리더십과 직업훈련프로그램의 부족
5. 과도한 크기의 과밀화된 시설
6. 교도소관리에 대한 과도한 정치적 입김
7. 현명하지 못한 양형과 가석방제도

교도소에서의 소동, 특히 보안위협집단("교도소 갱")에 대한 장기간의 구금과 관련한 소요사태의 보다 최근의 예는 단식시위인데, 수만 명의 재소자들이 교도소에서 제공한 식사를 거부하였다.

과밀화, 무료함 그리고 대중의 무관심에 의해 만들어진 그 환경에서 이미 예고된 폭발은 1971년 가을 애티카(Attica)에서 분출되었다. 현대 시기는 그러한 사건을 예방하는 방법을 찾는 시기가 되었다. 지역사회에 기반한 교정은 교정분야의 개혁에서 슬로건이 되었고, "교정필터"(4장에서 논의됨)는 펄펄 끓는 과밀화된 교도소에서 재소자들을 전환하는 보다 많은 배출구가 만들어 졌다. 대법원 판결은 개혁을 위해 더 큰 압력으로 작용했다. 적어도, 1970년대 말까지의 결과는 불안한 현상유지 상태였다. 이 상태는 1980년대 초의 뉴멕시코 교도소에서 발생한 폭동에 의해 깨어졌는데, 이것은 수많은 야만적인 살인과 공공연한 난폭행위를 낳았다. 교도소폭동은 계속되어, 1996년에 연방교도소에서 3일 동안 4건의 폭동이 일어났다. 2001년에는 캘리포니아교도소에서의 폭동으로 인해 몇몇 재소자들이 상해를 입었다. 2004년에는 켄터키의 민영교도소에서 폭동이 일어났다.[26] 2013년의 첫 9개월 동안, 2개의 청소년교정시설(오리건과 플로리다), 4개의 주립교도소, 미시시피의 한 교도소 그리고 캘리포니아의 4개의 교정시설에서 폭동이 있었다. 추가적인 교정시설 폭동에 대한 보다 많은 정보는 "교도소 폭동(prison riot)"이라는 검색어로 인터넷을 이용하라.

과밀화된 요새교도소에서의 문제를 해결하기 위해 만들어진 몇몇 프로그램들이 사실상 많은 환경에 공헌하고 그들을 폭력에 대해 보다 강하도록 만드는 것으로 보인다. 교도소 갱(시설위협집단)은 긴장, 갈등 그리고 폭동을 증가시킨다(8장을 보라). 요새화된 교도소들은 아직 존재하고, 그 중 많은 교도소들은 심지어 훨씬 과밀화되어 있으며, 그들의 초중구금등급 재소자들은 가장 심각한 행동문제를 갖는 사람들이다. 이것은 의료모델을 버리고, 시설을 평화롭게 유지하고 "사회를 보호"하기 위한 쓸모없는 노력에서, 그 밖에 모든 사람들을 통제하고 구금하는 것을 강조하는 모델로 나아가는 지속적인 추세에서 기인한다. 효과적이고 사회의 분위기를 반영하는 철학이나 이데올로기를 선택하는 문제는 다음 10년 동안 교정관리들이 직면한 문제이다(3장을 보라). 교정에서의 현재 쟁점을 이해하기 위해, 우리는 기소, 재판 그리고 석방기관의 결정과정과 이들에게 이용가능한 선택지를 살펴보아야 한다.

현대시기

교정의 "현대시기"는 일반적으로 약 1960년에 시작된 것으로 여겨지고, 그것은 다음의 10여 년을 주목하게 만드는 변화의 패턴을 나타낸다. 미국에서 1960년대 시기는 인권에 영향을 미치는 거의 모든 수준의 활동들에서의 격동의 폭력적인 대결로 기록되었다. 전체사회에서 노동에서의 변화를 위한 힘은 또한 교정에서의 변화의 큰 압력으로 반영되었다. 형법에 대한 극적인 재해석, 시민권운동, 거리에서의 폭력적 및 비폭력적인 시위, 거리갱, 인기있는 대통령과 두 명의 다른 중요한 전국적 인물들의 암살, 미국 역사에서 3개의 길고 인기 없었던 전쟁의 지속, 이 모든 외부압력들은 또한 미국의 교도소 담장 안에서도 느껴졌다. 반응은 주기적인 교도소 폭동과 소요의 형태를 취했다. 미국 연방대법원은 형사사법시스템에 내동댕이쳐진 재소자들의 기본권에 대한 인식을 위한 1차적인 외부기관으로서 기능했다. 외부의 압력은 오랫동안 진행된 일련의 중요한 사법적 해석에 의해 만들어졌다. 게다가, 연방정부의 리더십과 자금지원은 주와 지역 수준의 교정행정가와 입안자들에게 주어졌고, 이것은 새로운 기준, 정책 그리고 제도들을 창안하고, 시행하고 그리고 평가하게 만들었다. 불행히도, 야심있는 정치인들과 대중매체는 함께 범죄자에 대한 부정확한 고정관념을 만들고 조장했는데, 그들은 교정성과를 흐렸으며 보다 다루기 힘든 문제들을 만들어내었다.[27] 정치 영역에서 보수적인 운동은 교정에서 권리운동을 지속적으로 방해했다. 이것은 사회복귀에 대한 적은 노력을 하게 만들었는데, 사회복귀는 교정성과라는 증거에 기초하여 작동한다. 혼란은 계속되었다.

내부적으로 추구한 개혁

초기 교도소들은 현대의 교도소들에 비해 덜 안전했고, 도주는 훨씬 더 자주 있었다. 초기에는 미국사회로 "사라져서" 새로운 이름으로 새로운 출발을 하는 것이 보다 쉬웠다. 재소자 보안과 통제는 최근에 개선되었는데, 이것은 교도소에서 도주하는 것을 어렵게 만들고, 우리 각자에 대한 전산화된 자료은행을 포함하여 신원확인과 통제 시스템은 사회로 도망가는 것을 거의 불가능하게 만들었다.

교도소 보안이 너무나 철저해서 구제와 도주가 불가능해졌을 때, 재소자들의 좌절과 동요는 내부로 향했다. 이 "완전한 시설"[28]에 있는 재소자들은 규칙과 환경을 개선하고 변화시키기 위해 소동과 폭동을 이용했다. 소동은 또한 교도소 갱들[29]과 재소자 집단들 사이에 권력투쟁을 해결하기 위해 사용되었다. 초기의 소동들은 혼란과 급속한 확산이 특징이었다. 재소자들은 오래된 원한을 풀기 위해 소동을 일으키곤 했는데, 이것은 어떤 특정 리더의 편에 서기를 거부하는 것이었다. 1960년대와 1970년대에, 소동들은 가장 큰 규모의 주립교도소에서 자주 일어났는데, 이것은 일상의 고통을 반영하는데, 과밀화된 주거환경, 가혹한 규칙, 빈약한 식사, 과도한 처벌 그리고 야만적인 교도관이 그것이다.[30] 심지어 높은 평판을 갖고 있었던 연방교도소시스템도 1987년 이송을 두려워한 쿠바 재소자가 일으킨 대규모의 인질사건으로 비틀거렸다. 1960년대에 시작된 외부에서 개인적 권리에 대한 자각이 커지고, 따라서 재소자들도 교도소 안에서 같은 권리를 추구하게 만들었다.

1966년 초에, 요구사항들은 기본적인 환경에 관한 것에서 기본적 권리에 대한 것으로 변화했다. 그 해에, 볼티모어의 메릴랜드교도소는 1,000명 이상의 재소자가 참여한 폭동의 현장이 되었다. 소장이 소동의 원인이 무더위와 과밀화라고 주장했지만, 주하원의원인 조셉 블록(Joseph Bullock)은 "폭동이 사회적으로 함축하는 의미가 있다"고 말했다. "만약 그들이 이 사람들(흑인)에게 그들의 권리에 대해 이야기하지 않는다면, 상황은 더 나빠질 것이다"[31]라고 계속 이야기했다. 폭동과 폭력은 거리에서 미국의 교도소로 넘어간 것이었다. "정치적 재소자" 딱지는 (특히 흑인과 멕시코계 사람들에게는) 소수집단이 그들의 박탈감을 표현하기에 보다 받아들일 만한 방식이다. 그들이 느끼기에 그들의 삶에서 불평등한 출발을 하게 만들고 그리고 나서 그 체제의 규칙을 지키지 못했다고 구금했던 그런 체제에서 실패했다.[32] 분명히, 외부의 사회적 행동과 환경들은 교도소로 계속 이어진다.

변화는, 종종 그것이 일시적일지라도, 교도소 폭동의 결과로서 나타난다. 오늘날 종종, 재소자위원회, 소원수리절차, 갈등해결프로그램,[33] 또는 정규교도소위원회에서 봉사하는 재소자와 같은 제도를 통해서 새로운 목소리들이, 협력모델을 따라서 교도소의 정책을 형성하는 데 도움을 줄 수 있다. 몇몇 교도소들은 또한 재소자와 교도소 간의 연결통로로서 **옴부즈만**(ombudsman)을 이용한다. 옴부즈만은 재소자로부터 불평을 접수하고 조사하며, 시정조치가 취해지는 것을 감시한다. 교정행정가들은, 보다 다양한 교도관들이 있는 곳일수록, 다른 재소자와 교도관에 대한 폭행이 적다는 것을 배웠다.[34]

주요용어

옴부즈만
(재소자, 교도소 인력 그리고 교도관으로부터) 신고된 불평을 조사하고, 보고서를 작성하며, 적당한 해결책을 찾도록 도와주는 교정 감독

교도소 인구 붐

단지 최근에 주립교도소의 재소자 수가 줄어들었는데, 이것은 교정정책의 변화 탓이라기보다는 오히려 경기침체 때문이다. [그림 2.1]은 교도소 인구가 2009년부터 27개 주에서 줄어들었다는 것을 보여준다. 1980~2009년 사이에, 주와 연방 교도소 재소자의 수는 전국적으로 500% 증가했는데, 이것은 320,000명에서 1,611,209명으로 증가한 것을 의미한다. 이 인구 붐은 범죄에 대한 두려움[35]에 기인했는데, 이것은 정치인들, "범죄에 대한 강경대응접근", **마약과의 전쟁**(War on Drugs), 대중매체 그리고 특별한 이익집단들이 불어넣은 것이다. 그러나 범죄는 과거 20년 동안 상당히 감소해 왔고, 현재의 범죄 수준은 1972년과 비슷하다. 폭력의 수준 또한 과거 몇 년 동안 감소했지만, 두려움의 수준은 지속적으로 그대로 남았다. 폭력, 총기난사, 마약거래에 대한 통제에 저항하는 청소년 갱, 마약남용 그리고 인종주의는 모두 "강경대응" 환경을 조장하는 요인들이다.

주요용어

마약에 대한 전쟁
마약의 제조, 남용, 판매 또는 운반을 감소시키는 데 초점을 맞춘 형사사법프로그램

그림 2.1

교도소 인구의 증가: 1980-2016

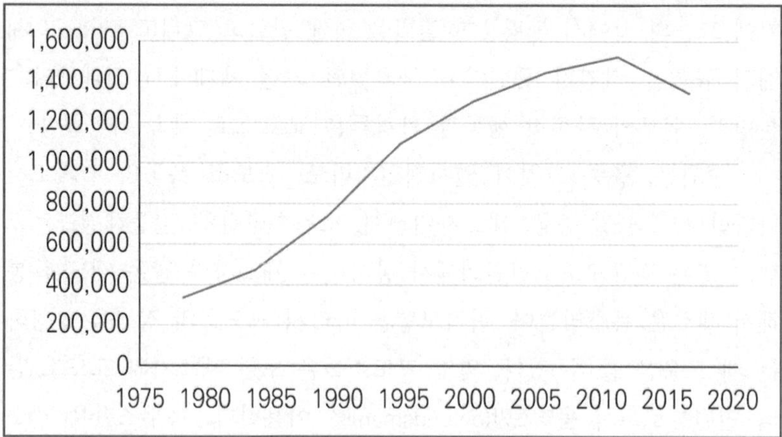

출처: From Bureau of Justice Statistics (2010), Correctional Populations in the United States, 2009 (Washington, DC: BJS), and Bureau of Justice Statistics (2013). Prison Population 2012: Advance Count (Washington, DC: BJS). Data for 2016 are extrapolated.

표 2.1 **범죄유형별 연방과 주교도소 인구**

범죄유형	연방교도소	주교도소
폭력범죄	8	53
마약범죄	48	17
재산범죄	5	18
공공질서범죄	35	10

출처: Carson, A. and Sabol, W. (2013). Prisoners in 2012. Washington, DC: Bureau of Justice Statistics.

그 결과는, 이후의 장에 보다 상세히 논의하는데, 급속한 교도소 인구의 팽창과 유례없는 교도소 신축의 증가, 교도소 과밀화의 심화, 교도소에서 가석방 경로의 감소 그리고 거대한 구치소 인구와 구치소 건축이다. 2008~2013년 사이의 경기후퇴는 또한 주들이 교도소 유지비용뿐만 아니라 건축비용을 삭감하게 만들었다.(모든 표와 수치는 추정된 것이며, 직선궤적은 자료가 이용 가능한 지난 5년간의 평균을 이용하여 만든 것임) 교도소 인구는 2009~2012년 사이에 감소되었는데, 이것은 법원이 캘리포니아에 초헌법적인 구금환경을 완화할 수 있는 정도로 재소자들을 석방하라고 명령함으로써 반 이상이 줄어들었다. 여기에 대한 자세한 내용을 위해서는 11장을 참조하라.

교도소에 대한 대안들(보호관찰, 가석방 그리고 이른바 중간처벌)은 또한 이 시기에 증가했지만, 교정시설을 새로 지으라는 압력을 크게 감소시키지는 못했다. 구치소와 교도소의 건축뿐만 아니라 지역사회에서의 교정을 지지하고 확대하는 정책을 위해서도 대안들이 필요하다. 새로운 아이디어와 프로그램들이 몹시 필요한데, 이것은 현대의 교정분야가 상당한 긴장 하에 있는 것으로 보이기 때문이다.

요약

교정의 정의, 임무 그리고 역할에 대한 요약

1장의 요약에서 언급한 바와 같이, 퀘이커교도들은 교정의 발전에 대해 철학과 제도에서 모두 상당한 영향을 주었다. 1790년에, 그들은 재소자의 개선에 주로 초점을 맞춘 첫 시설인 월넛가 구치소를 개소했다. 조용한 시작 후, 펜실베니아제도가 독거 감방, 침묵 그리고 회개를 특징으로 개소했고, 이 후 얼마 지나지 않아서 오번제도가 그것의 규칙위반에 대한 가혹한 처벌과 함께 시작되었다. 둘 다 결점이 있었지만, 압도적으로 오번제도는 펜실베니아제도에 비해 더 인기가 많았다.

소년원시대에서 현대시대로의 교도소 발전

18세기 초에, 범죄자의 개선에 관심을 가진 휴머니스트들이 구금에 대한 대안적 제도들을 실험하기 시작했다. 이들은 가석방, (제한된 구금에서 지역사회에서 범죄자들을 처우하는) 보호관찰 그리고 부정기형이었다. 이 실험에서 두 명의 주요 지도자들은 알렉산더 마코노키와 월터 크로프턴이었다. 그들의 노력을 통해서 개선은 가장 중요한 것이 되었다. 1870년에, 교도소 소장, 철학자, 우려하는 시민들 그리고 다른 사람들은 소년원제도를 발전시켰는데, 이것은 인간 존재가 고된 노동, 교육 그리고 훈련을 통해서 개선될 수 있다는 가정에 근거했다. 석방경로로서 가석방은 일찍 인기를 얻었다.

교정정책과 관련한 쟁점들

한 제도 또는 다른 주요제도의 옹호자들 사이의 경쟁은 마침내 오번제도에서 만들어지는 이익에 의해 결정되었다. 행동규칙은 재소자들을 위해 발전되었고, 매질, 찬물 빠뜨림, 아홉가닥 채찍, 가죽채찍, 굶기기, 밀집보행, 독방구금 그리고 강요된 침묵과 같은 광범위하고 잦은 처벌에 의해 강화되었다.

교정목표와 주요 처벌철학

양형목적은 급속하게 변했다. 19세기에, 교도소는 새로운 양형목적을 발전시켰다. 여기에는 범죄자의 처벌, 신을 통한 범죄자의 교정, 자유세계에 건전한 시민으로 범죄자들을 돌려보내기 위한 교육과 훈련의 이용, 사회복귀에 대한 주목 그리고 마침내, 재소자가 병자이고 치료를 필요로 한다는 가정이 포함된다. 구금의 주요 목표로서 처벌은 사회복귀 및 개선, 교육적 직업적 훈련, 개별처우 그리고 종교적 개선으로 급속히 변해갔다. 이 혼재된 목표들의 중간에서, 법원은 처벌과 복역의 기간을 정하는 자로부터 개선을 시작하는 자로 변해갔다. 어떤 점에서, 석방에 적격한 사람이 누구인지 정하는 주체는 사법부에서 행정부로 옮겨갔다. 현대의 관행은 변화하고 있고, 범죄자를 교정하는 주요 기관으로 입법부를 만들려는 계속되는 노력에도 불구하고, 입법부는 다시 권한을 사법부로 돌려주기 시작하고 있다. 이것은 보다 명확하게 3장에서 볼 수 있는데, 여기에서는 교정 이데올로기에서의 변화를 다룬다.

펜실베니아제도와 오번제도의 비교

펜실베니아제도는 재소자가 상품을 만들 만한 여유가 있는 큰 감방을 제공하고, 침묵, 고립 그리고 개별 작업을 강조했다. 펜실베니아제도에서 재소자들은 결코 상대방을 알거나 대화해서는 안됐다.

오번제도는 큰 감방블록 속의 작은 감방으로 구성

되었다. 재소자들은 조립라인 기반 하에 침묵을 지키고 협력하며 일했다. 오번제도의 취지는 교도소에서 가능한 한 많은 수입을 올리고, 지정된 작업영역에서 침묵 속에서 일하며 그리고 신체형과 고통을 통해서 재소자들을 통제하는 것이었다. 오번제도는 펜실베니아제도에 비해 선호되었는데 이것은 주로 주정부를 위한 수익에 기인한다.

오번제도가 지배적인 교도소 설계가 된 이유

오번제도는 펜실베니아제도와의 경쟁에서 승리하였는데, 그것은 정신적 질병이 적었고, 수익이 많았으며, 오번의 설계와 운영에서 감방당 건축비가 쌌기 때문이다. 따라서 이 제도는 미국 전역에 널리 채택되었지만, 유럽의 교도소에서는 거의 채택되지 않았다.

주요용어

펜실베니아제도 ········ 44
외부감방 ········ 44
동부참회소 ········ 44
내부감방 ········ 45
오번제도 ········ 46
감방블록 ········ 47
혼거제 ········ 49
참회소 제도 ········ 49
규율주의자 ········ 50
침묵 ········ 50
밀집보행 ········ 50
줄무늬 죄수복 ········ 51
쳇바퀴 ········ 51
독방구금 ········ 51
부정기형 ········ 53
아일랜드제도 ········ 55
석방증 ········ 56
조건부 자유 ········ 56
소년원 ········ 56
제브론 브록웨이 ········ 56
임대제도 ········ 59
산업교도소 ········ 60
호이스-쿠퍼법 ········ 61
아슈어스트-섬너스법 ········ 61
스탠포드 베이트스 ········ 61
앨커트래즈 ········ 63
정신병자 감금 ········ 64
악마범죄자 ········ 64
옴부즈만 ········ 69
마약에 대한 전쟁 ········ 70

복습질문

1. 산업혁명은 교도소와 교도소 규율에 어떤 영향을 끼쳤는가?
2. 두 19세기 초 교도소제도 중 어떤 것이 미국에서 승리했는가? 그 이유는 무엇인가?
3. 교도소와 소년원 사이의 주요 차이점은 무엇인가?
4. 왜 많은 폭동들이 교도소에서 발생했는가?
5. 미국의 교도소산업은 교정적 중요성에서 얼마나 축소되었는가?
6. 왜 많은 교도소 재소자들이 그토록 무모하게 폭동을 일으켰는가?
7. 왜 알렉산더 마코노키와 스탠포드 베이트스는 교정에서 중요한 인물인가?

적용사례연구

1. 당신은 주지사의 교정에 대한 태스크포스의 멤버로 임명되었고, 당신의 임무는 주지사에게 교도소 지출을 감소시키는 계획안을 제출하는 것이다. 당신은 무엇을 할 것인가?
2. 당신은 모든 중요한 자리에 직원을 충분히 배치하지 못한 교도소에서 일하는 교정관이다. 당신은 10시간을 일하고, 부소장은 당신이 "당직" 교도관으로 추가로 10시간을 일할 것을 요구한다. 당신이 추가로 일을 하는 것에 대해 어떻게 생각하는가?
3. 당신은 교정학입문 수업의 수강생이다. 기말시험 문제는 당신이 교도소를 더 안전하게 만들 수 있는 다섯 가지의 계획안을 요구한다. 당신은 어떤 다섯 가지 사항을 선택할 것인가?(주의: 모든 학생들이 같은 문제를 받은 것은 아님)

미주

1. The Philadelphia Society for the Alleviation of the Miseries of Public Prisons was originally formed by a group of concerned citizens in 1787. Because of their continued efforts, the law of 1790 was passed, and the Walnut Street Jail was remodeled to accommodate felons in solitary confinement. The society is now the Pennsylvania Prison Society, 245 N. Broad Street, Suite 300, Philadelphia, PA 19107–1518; 215–564–6005. Retrieved at http://www.prisonsociety.org.
2. Outside cells were each about six feet wide, eight feet deep, and nine feet high, with a central corridor extending the length of the building in between. Some of them had individual yards added on the outside, with high walls between them.
3. That system, in modified form, is used to this day in Belgium, France, and West Germany. Additional international correctional material can be found under "Foreign Coverage" in each issue of *American Jails* and in the *International Journal of Comparative and Applied Criminal Justice.* See also Elmer Johnson, "Rule Violation of Japanese Inmates," *International Journal of Comparative and Applied Criminal Justice* 22:1 (1998): 17–30.
4. Inside cells are built back–to–back in tiers within a hollow building. Doors open onto galleries or runs that are 8 to 10 feet from the outside wall; cells are small and intended only for sleeping. The interior cell block has become characteristic of American prisons.
5. The argument continues. See John Roberts, *Reform and Retribution: An Illustrated History of American Prisons* (Lanham, MD: American Correctional Association, 1997); Norman Johnston, "The World's Most Influential Prison: Success or Failure?," *The Prison Journal* 84:4(S) (2004): 20S–40S; and Deval Patrick (2013).

"Criminal Justice Reform,," http://www.mass.gov/bb/h1/fy13h1/exec_13/hbudbrief8.htm.

6. Walter C. Reckless, *The Crime Problem,* 4th ed. (New York: Appleton–Century–Crofts, 1969), p. 548.
7. Harry Elmer Barnes, *The Story of Punish–ment,* 2nd ed. (Montclair, NJ: Patterson Smith, 1972), p. 136.
8. Robert G. Caldwell, *Criminology,* 2nd ed. (New York: Ronald Press, 1965), p. 506. But see Corrections and Criminal Justice Coalition, "California Prison Industries Worth in Question," http://www.prisontalk.com/forums/archive/index.php/t–96235.html.
9. Barnes, *The Story of Punishment,* p. 140. See also "The Auburn and Pennsylvania Systems of Corrections: A Controversy, " http://2bpositive.experts–column.com/article/auburn–pennsylvania–system–corrections–controversy.
10. G. de Beaumont and A. de Tocqueville, *On the Penitentiary System in the United States and Its Application in France* (Philadelphia: Francis Lieber, 1833). See also Marc Mauer, "The Use of Incarceration as a Crime Control Strategy," http://www.sentencingproject.org/doc/publications/OSF–SA_Annual_Report_2006-7%209.pdf (accessed September 3, 2008). See also Ian Urbina (2013), "Officials to Review Immigrants in Solitary Confinement, " http://www.nytimes.com/2013/03/27/us/immigrants–solitary–confinement–to–be–reviewed.html?_r=0.
11. Robert Waite, "From Penitentiary to Reformatory: The Road to Prison Reform," in Louis Knafler (ed.), *Criminal Justice History: An International Annual,* vol. 12 (Westport, CT: Greenwood Press, 1993), pp. 85-106. See also Bob Reece, *The Origins of Irish Convict Transportation to New South Wales* (New York: Palgrave, 2001). A brief biography can be found at ACT Corrective Services, "Biography of Alexander Macono–chie," http://www.cs.act.gov.au/amc/home/ am–biography.
12. Flat sentence refers to a specific period of time (for example, 5 years or 10 years) in confinement for an offense, with no time off for any reason.
13. Harry Elmer Barnes and Negley K. Teeters, *New Horizons in Criminology,* 3rd ed. (Englewood Cliffs, NJ: Prentice Hall, 1959), p. 419. See also Gilbert Geis, "Negley K. Teeters (1896-1971)," *The Prison Journal* 84:4S (2004): 5S-19S.
14. An indeterminate sentence usually has broad beginning and end figures (three to five years, one to ten years, and so on), instead of a certain fixed period. Prisoners are allowed to earn their freedom by means of good conduct. For the Irish experience, see Burke Carroll, *Colonial Discipline: The Making of the Irish Convict System* (Dublin: Four Courts Press, 2001).
15. Progressive penologists of the era met in Cincinnati, Ohio, on October 12, 1870, to plan the ideal prison system. Two earlier attempts to gather had failed, but this meeting of the American Prison Congress developed into the National Prison Association, later the American Correctional Association, 406 N. Washington Street, Suite 200, Alexandria, VA 22314.
16. Barnes and Teeters, *New Horizons in Criminology,* p. 426.
17. Georgia, Florida, Mississippi, Louisiana, and

Arkansas, in particular, followed this procedure. See Matthew Mancini, *One Dies, Get Another: Convict Leasing in the American South, 1866–1928* (Columbia: University of South Carolina Press, 1996).

18. Harry E. Allen and Julie C. Abril, "The New Chain Gang: Corrections in the Next Century," *American Journal of Criminal Justice* 22:1 (1997): 1–12. See also Timothy Dodge, "State Convict Road Gangs in Alabama," *The Alabama Review* 53:4 (2000): 243–270, and *Encyclopedia of Alabama, Convict-Lease Systems, http://www.encyclopediaofalabama.org/face/Article*.jsp?id=h-1346.
19. Tom Murton and Joe Hyams, *Accomplices to the Crime: The Arkansas Prison Scandal* (New York: Grove Press, 1967).
20. Margaret Calahan, *Historical Corrections Statistics in the United States: 1850–1984* (Washington, DC: U.S. Department of Justice, 1986), p. 36.
21. Wayne Morse, *The Attorney General's Survey of Release Procedures* (Washington, DC: U.S. Government Printing Office, 1940).
22. Under the piece-price system, a variation of the contract system, the contractor supplied the raw material and paid a price for each delivered finished product. Thailand currently uses this system.
23. In the state-account or public-account system, all employment and activity are under the direction of the state, and products are sold on the open market. The prisoner receives a very small wage, and the profit goes to the state. Usually binder twine, rope, and hemp sacks were produced this way; it provided a lot of work for prisoners but little training. See American Correctional Association, *A Study of Prison Industry: History, Components, and Goals* (Washington, DC: U.S. Department of Justice, 1986), and Queensland Criminal Justice Consortium (QCJC), *Queensland Prison Industries 9* (Brisbane: QCJC, 2000).
24. See Mike Rolland, *Descent into Madness: An Inmate's Experience of the New Mexico State Prison Riot* (Cincinnati, OH: Anderson, 1997). See also Alyssa Newcomb (2013), "80 Inmates Moved after Arizona Prison Riot," http://abcnews.go.com/blogs/headlines/2013/03/80-inmates-moved-after-arizona-prison-riot/.
25. As cited in Barnes and Teeters, *New Horizons in Criminology,* p. 385.
26. Jennifer Harry, "Several Injured in California Prison Riot," *Corrections Today* 63:7 (2001): 12; Deborah Yetter and Mark Pitsch, "Prison Riot Followed Increase in Inmates," http://www.prisonpolicy.org/news/courier09172004.html.
27. http://www.nytimes.com/2004/12/27/opinion/27mon3.html (accessed January 12, 2005); James Inciardi, "The Irrational Policy of American Drug Policy," *Ohio State Journal of Criminal Law* 1:1 (2003): 273–288; Joan Petersilia and Jessica Snyder, "Looking Past the Hype: 10 Questions Everyone Should Know about California's Prison Realignment," *California Justice Politics Policy* (2013): 5(2): 266–306.
28. Irving Goffman, "On the Characteristics of Total Institutions: Staff-Inmate Relations," in D. R. Cressey (ed.), *The Prison* (New York: Holt, Rinehart & Winston, 1966), pp. 16–22. This concept refers to the sum of conditions created by a large number of people living around the

clock within a close space, with tightly scheduled sequences of activity coordinated by a central authority.

29. Michael Kelley (2013), "America's 11 Most Powerful Prison Gangs," http://www.business-insider.com/most-dangerous-prison-gangs-in-the-us-2013-4. See also Lauren McGaughy (2013), "Death Row Inmates Sue Angola Prison over 'Extreme Temperatures,'" http://www.nola.com/crime/index.ssf/2013/06/death_row_inmates_sue_angola_p.html.
30. Ibid. See also John Conrad, "From Barbarism toward Decency: Alabama's Long Road to Prison Reform," *Journal of Research in Crime and Delinquency* 26 (1989): 307–328, and Barbara Belot and J. Marquart, "The Political Community Model and Prisoner Litigation," *Prison Journal* 78:3 (1998): 299–329.
31. *New York Times,* July 9, 1966, p. 9. See also John Rudolph (2013), "Georgia Prisons 'Out of Control,' Rights Group Says, as FBI Brutality Probe Deepens," http://www.huffingtonpost.com/2012/08/21/georgia-prisons-guard-brutality-killings_n_1820145.html.
32. Phillip Kassel, "The Gang Crackdown in Massachusetts Prisons," *New England Journal on Criminal and Civil Confinement* 24:1 (1998): 37–63. See also Kalpana Patel and Alex Lord, "Ethnic Minority Sex Offenders' Experiences of Treatment," *Journal of Sexual Aggression* 7:1 (2001): 40–50.
33. Reginald Wilkinson and Tessa Unwin, "Intolerance in Prison," *Corrections Today* 61:3 (1999): 98–100.
34. Ibid.
35. John Hagan and Juleigh Coleman, "Returning Captives of the American War on Drugs," *Crime and Delinquency* 47:3 (2001): 352–367; Ronald Weitzer and Charis Kubrin, "Breaking News," *Justice Quarterly* 21:3 (2004): 497–520.

CHAPTER 3

교정의 이념

: 시계추의 흔들림

학습목표

- 교정의 정의, 임무 그리고 역할을 요약하시오.
- 양형목표와 주요 처벌철학을 요약하시오.
- 범죄에 대한 대중의 의견이 어떻게 범죄통제정책에 영향을 미치는지를 설명하시오.
- 교정정책과 관련된 이슈를 요약하시오.
- 미국의 현대 교정제도들을 설명하시오.

개요

갈등하는 교정이념들

처벌이념
- 응보
- 억제
- 무력화
- 처벌의 효과

사회복귀 이념

예방이념

시계추 흔들림

회복적 사법
- 균형적-회복적 사법 철학
- 균형적 접근과 그것의 적용

현대의 교정

"육중한 교도소 건축은 우리의 국가가 사회적 낙오자를 위해 궁리한 노력을 보여준다. 이 노력은 수십만 명을 구금하기 위해 수십억 달러를 쓰지만, 동시에 젊은 미국인들에게 기회를 제공할 프로그램에 필요한 수십억 달러를 삭감한다."
- 스티븐 돈지어
  범죄에 대한 진정한 전쟁

개관

지금까지 우리는 교정의 역사와 초기발전에 대해 보았는데, 주요 교도소 및 시설의 건축은 그 시대의 생각들을 반영한다는 것을 설명했다. 이 책의 첫 두 장의 저변에 놓인 정책질문은 형법과 범죄자의 역할에 관한 것이었다. 누가 범죄자이며, 우리는 그들을 위해 무엇을 해야 하는가? 지금까지 알아낸 대답들은 다음과 같은 것들이다. 그들은 (1) 악이고 처벌되어야 하고, (2) 신의 손길 밖에 있어서 회개가 필요하며, (3) 현대사회에서 어떤 역할을 수행하기에는 교육과 훈련이 부족하고, (4) 병자이며 치료될 필요가 있다. 이들은 각각 교정의 처벌모델, 감화모델, 교육모델 그리고 의료모델을 지칭한다. 이 장에서, 우리는 이 모델들이 만들어진 철학적 토대를 탐구하고, 현재의 교정 발전들의 이론적 근거에 대해 설명한다. 우리는 왜 미국이 태도와 교도소 건설에 있어서 거대한 변화의 시기로 접어들게 되었는지, 어떤 목표를 추구하는지 그리고 새로운 프로그램과 시설들의 함의는 무엇인지에 대해 이해할 필요가 있다. 이를 위해 이념에 대한 이해로부터 시작한다.

갈등하는 교정이념들

주요용어

이념
생각과 제도의 체계적 조직체

주요용어

교정이념
범죄자의 처리과정에 관여하는 생각과 제도들의 체계적 조직체

교정의 현재 상황, 그것의 문제점 및 쟁점 그리고 가능한 미래를 이해하기 위해서, 우리는 먼저 이념에 대한 논의를 시작한다. 웹스터 사전에 따르면, **이념**은 "특히 인간의 삶이나 문화에 관한 개념들을 체계적으로 조직한 것"이다. 그러면 **교정이념**(correctional ideology)은 법에 의해 결정되는 것으로서 범죄자의 처리과정에 부합하는 생각과 제도의 어떤 조직체를 말한다. 분명히 교정당국들과 부서들의 다양한 활동은 특정 이념에 의해 영향을 받는데, 이 이념은 이 교정당국이나 부서들이 지지하는 것이거나 또는 이들의 봉사나 보호의 대상이 되는 시민의 의지가 표현된 것이다. 범죄자의 처우와 처벌의 역사에서, 상이한 사회의 이념들은 거리에서 범죄자들을 일소하려는 (가혹한 것에서 약간 자비로운 것에 이르기까지의) 광범위한 노력의 기본이자 그 근거를 제공해왔다. 어떤 노력이 실패로 끝났을 때, 이념은 결국 어떤 다른 접근을 정당화하기 위해 변할 것이다.

현대에는, 한 교정 이념이나 또 다른 이념의 효과성에 대한 강한 믿음은 때때로 정책담당자들이 광범위한 공공의 재원을 검증되지 않은 접근이나 이론에 집착하게 만들어, 가치 없는 계획을 어쩌면 오랜 기간 동안 고집하게 만든다. 유사하게, 그 교정관리자가 지지하는 이념이 그가 봉사하는 사회가 선호하는 접근과 갈등할 때, 그는 두 가지 방식 중의 하나를 채택하여 갈등을 풀려고 할 수 있다. 예를 들어, 한 이념이 잘 작동하도록 협상을 통해 해결하거나, 아니면 다른 이념이 실패하도록 방해하는 것이다. 만약 청소년 시설의 책임자가, 사회가 규칙을 너무나 급속하게 자유스럽게 완화하고 있어 그것이 개인의 안전을 위협한다고 믿는다면, 그는 교정 직원들에게 격리나 제한을 더 많이 사용하게 만들 수 있다. 교정에서, 교정직원과 재소자의 배경과 이념들은 종종 크게 상이하고, 따라서 이 두 집단이 서로의 목표를 위해 함께 일할 수 있다는 것을 납득시키기는 어렵다.

주요용어

처벌이념
사회의 적으로 여겨지는 범죄자들에게 적용되는 고통스런 제재

주요용어

사회복귀 이념
범죄자와 재소자를 재활시키는 처우를 통한 범죄예방

그때그때 교정활동에 적용되는 대부분의 이념들은 세 가지 중 하나에 해당하는데, 그것은 **처벌**(punishment), **사회복귀**(rehabilitation) 그리고

예방(prevention)이다. 물론 그들은 종종 중복되지만(물론 처벌과 사회복귀는 보통 그 자체가 목적인 것이 아니라 예방에 대한 수단으로서 정당화된다), 이 구분은 우리의 논의 목적을 위해 유용하다.

주요용어

예방이념
범죄예방에 기여하는 방법과 프로그램을 이용하여 범죄행동을 회피하거나 감소시키는 것

처벌이념

처벌이 범죄에 대해 "보복"을 할 수 있고 그것의 효과가 특정 범죄자에서부터 일반대중에게까지 확대될 수 있다는 생각은 오래 전부터 존재해왔다. 처벌의 기본 이유 중 대부분은 세 가지의 일반적 범주(응보, 억제 그리고 무력화)로 나누어 질 수 있다.

응보

최초의 법체계가 발전한 이후, 처벌은 범죄행동을 규제하는 수단으로서 인정되었다. 처벌이념은, 사회의 규칙을 고의로 어긴 사람은 추방이나 사형을 포함한 엄중한 처벌을 받을 만한 사회의 적이라고 주장한다.[1] 이 철학은 응보에 대한 사회적 욕구에 그 뿌리를 두고 있다. 1장에서 지적한 바와 같이, 처벌은 한때 피해자나 피해자의 가족이 행사하는 즉각적이고 개인적인 응보에 의해 시행되었다. 사회가 처벌의 권한을 갖게 된 것은 보복이나 복수의 개인적 욕구로 거슬러 올라갈 수 있다. 많은 이론들은 복수동기가 개인에서 국가로 옮겨가게 된 원인을 설명하려고 노력한다.

철학적으로 **응보**(retribution)는 보통 가해자에게 복수를 하는 것을 의미한다. 사회적 복수(social revenge)라는 용어는 개인은 복수를 할 수 없지만 국가가 그들의 이름으로 복수를 한다는 것을 나타낸다. 응보는 범죄자가 고의로 사악한 행동을 선택하고, 그들 자신의 행동에 대해 책임이 있으며, 유사한 행동을 할 가능성이 높고 그리고 충분히 처벌을 받을 만하다는 것을 가정한다. 양형에서 "정의모델" 운동은 응보모델을 반영한다. 많은 사람들에게 그것은 사형을 정당화하는 근거를 제공한다.

주요용어

응보
다른 사람의 권리를 침해하고 따라서 처벌받을 만한 범죄자에게 하는 앙갚음

교정 실제 3.1

이념의 대비

이념과 (범죄자 처리, 교도소 건축, 교도관과 재소자의 역할 그리고 재소자 통제에 대한) 그것의 효과를 이해하는 한 주요 방식은 대안교도소 제도 (스웨덴의 교도소 제도)에 잠시 시간을 투자하는 것이다.

스웨덴은 정의모델(just desert model) 하에 형사사법제도를 운영한다. 범죄자는 범죄의 지각된 경중에 의해 평가되고, 그 경중은 당장의 범죄에 부과할 이상적인 제재를 결정하는 데 있어서 중요한 요인이다. 미국에서, 나쁘거나 사악한 범죄자의 중범죄는 (항상은 아니지만) 처벌단위로서 시간을 사용하게 된다(5-10년 형, 고정 20년 형, 종신형 또는 심지어 극악한 범죄에 대해서는 가끔 사형). 이 접근은 교도소 과밀화 및 세계에서 가장 많은 수의 재소자 수를 가져온 원인이다. 이 접근에 대한 간략한 요약은 "범죄자들을 가두고 키를 던져버려라"라는 행형이념이다.

그러나 스웨덴에서는 다르다. 범죄에 대한 한 제재로서 스웨덴은 구금을 크게 신뢰하지 않는다. 과거 20여 년 동안, 스웨덴의 행형법은 수정되어 왔고, 범죄자들의 자유박탈에 의존하지 않는 대안형을 부과해 왔다. 주요 처벌방법은 벌금, 보호관찰, 사회봉사, 민간치료보호관찰(civil commitment, 의무적 치료를 요하는 법원이 명령하는 보호관찰), 집행유예 그리고 우리가 합쳐서 지역사회교정이라고 부르는 다양한 프로그램들이다. 스웨덴은 살인과 반역죄인에 대해서는 초중구금시설을 운영하지만, 대부분의 재소자들은 자신의 집 및 가족과 가까운 개방시설에서 수용된다. 스웨덴 사람들은, 구금형의 주요 목적이 범죄자들이 지역사회에 적응하는 것뿐만 아니라 구금의 부정적 영향에 대처하는 것이라고 주장한다. 1974년의 교도소 처우법(Prison Treatment Act, PTA)은 범죄자를 인간적 존엄성 하에 처우할 것을 요구한다. 만약 서비스와 프로그램들, 보조금과 고용 그리고 개인적 자유가 자유시민들에게 이용 가능하다면, 그들은 똑같이 범죄자에게도 주어져야 한다.

교도소 처우법은 다음 4개의 기본원리를 갖는다. (1) 최후의 수단(last resort)으로, 구금은 이미 알고 있는 것처럼 명백한 부정적 효과를 가지고 있기 때문에 마지막의 수단으로 구금을 사용한다. (2) 정상화(normalization)로서, 이것은 의료 및 사회적 혜택과 모든 형태의 공공서비스를 관장하는 어떤 규칙도 자유시민들에게 적용되는 것과 똑같은 것을 모든 재소자에게 적용하는 것이다. (3) 근접성의 규칙(rule of vicinity)으로, 재소자를 가능한 한 자신의 거주지에 가까운 곳에 수용하는 것이다. (4) 협력(cooperation)으로서, 교정제도의 모든 하위부분들은 개별사례에서 그리고 범죄자 전체 집단 속에서 모두 함께 협력해야 한다. 결국 인간적 태도, 양질의 보호관리 그리고 범죄자들의 긍정적 영향은 그 제도의 운영을 결정한다. 필수적인 수준의 안전은 유지되어야 할 뿐만 아니라 재소자 및 적법절차에 대한 존중이 있어야 한다.

재소자의 권리는 스웨덴과 미국 사이의 교정이념의 차이를 반영한다. 일반적으로, 스웨덴의 교도소 정책은 매우 진보적인 접근을 강조하는데, 특히 면회와 귀휴에 대해서는 그렇다. 외부세계와의 정기적인 접촉은 재소자 권리의 한 중요한 요소로 여겨진다. 면회는 교도소당국이 배석해서는 안 되지만, 방문자가 면회소에 들어갈 때와 재소자가 면회소에서 나올 때는 검색을 해야 한다. 만약 보안을 위협하는 어떤 문제가 있다면, 경찰과 교도관들은 원인조사를 할 것이다. 보안은 모든 교도소에 필수적인 요소이다.

만약 재소자가 배우자가 있고 부부접견을 위한 시설이 있다면, 자녀도 그 접견에 동행이 가능하다. 시민단체 대표자들의 면회가 허용되고, 재소자의 변호사가 방문할 수 있지만, 어떤 교도관도 그들의 대화를 들어서는 안 된다. 재소자는 편지와 다른 우편물을 보내고 받을 권리를 가지며, 재소자는 금지물품, 마약 또는 도주계획이 의심될 때 우편물이 개봉된 상태로 받을 수도 있다. 모든 재소자는 전화통화의 권리가 허용되지만, 보안상의 이유에서 교도관은 미리 재소자에게 알린 후 통화내용을 들을 수도 있다. 귀휴(약 3일 동안의 짧은 휴가)가 가능하고, 이 권리는 거의 남용되지 않는다.

거의 모든 시설은 교육시설을 갖고 있는데, 이것은 사이버학습을 통한 대학공부를 포함한다. 모든 재소자들은 학과교육, 전문화된 처우프로그램, 외부통학이나 외부통근, 전통적인 작업, 인터넷서비스 그리고 직업훈련과 같은 프로그램 활동에 참여하여야 한다. 산업교도소에서의 노동은 어떤 특별부서가 관리한다.

모든 재소자는 다트, 탁구 그리고 당구와 같은 거의 모든 종류에 대한 레저활동을 할 권리를 갖는데, 연습기회와 외부 및 도시 내부에서 열리는 게임에 참여할 권리를 갖는다. 도서관도 이용가능하고 재소자는 잡지, 신문 그리고 라디오와 텔레비전을 볼 수 있다. 의료적 처우는 일상적이지만, 만약 재소자가 병원 입원을 원하면 그는 필요하다고 인정되는 기간 동안 외부병원에 입원할 수 있고, 의료서비스는 무료이다.

둘 이상의 포인트가 있는데, 첫째, 다른 재소자에 의해 선출되는 재소자위원회가 있고, 그 위원회는 필요하다면 재소자불평사항을 대표하여 처리한다. 재소자는 또한 외부의 옴부즈만에게 호소할 수도 있다. 둘째, 많은 단기형(최대 6개월 이하) 재소자들은 (스웨덴에서 “태깅(tagging)”으로 알려진) 전자감시를 통한 가택구금으로 바꿔줄 것을 요구할 수 있다. 이 범죄자들은 따라서 24시간 감시되지만 단지 사전허가만으로 그들의 주거지에 돌아갈 수 있다. 재소자들은 아주 다르게 취급되고, 처우는 자유롭게 개별화된다. 이러한 것이 미국 교도소에서 보편적이라고 보이는가?

출처: Peter Lindstrom and Eric Leijonram, “The Swedish Prison System,” at http://www.internationalpenalandpenitentiaryfoundation.org/Site/documents/Stavern/29_ReportSweden. Accessed July 18, 2013. Or if the link is dead, type into your search box: “The Swedish prison system” with “Since the end of the 1980’s.”
For the Danish prison system, see Dylan Tull, “Danish Prison System Shows Different Understanding of Crime,” at http://whitmanpioneer.com/news/2013/03/07/danish-open-prisonsystem-shows-different-understanding-of-crime/. Accessed July 18, 2013.

The Norwegian prison system can be found at Chih-huei Wendy Wang, "A Liberal Prison System," at http://www.youtube.com/watch?v=Uj3SMiDvjdg. Accessed July 19, 2013.

많은 교정학자와 행형학자들은 응보의 개념과 관련하여 상당한 곤혹감을 느끼는데, 이것은 응보가 범죄자에게 고통을 주기 위해서 국가가 범죄자들을 고통스럽게 만들기를 원하기 때문이다. 많은 학자들은, 그 생각이 잔인하고 비정상적인 처벌에 대한 금지를 담았던 수정헌법 8조와 상충한다고 느낀다. 한 저명한 범죄학자는 징벌로서 구금 장소에서 전기충격을 시행할 것을 제안했는데, 그것은 전기충격의 강도를 정확히 맞출 수 있고, 장기간의 감정적 피해를 덜 남기며, 관리자들에게 보다 저렴하고, 피해자가 응보를 시행하는 것을 볼 기회를 제공하는 장점이 있기 때문이다. 전기쇼크를 시행하는 것을 텔레비전으로 방송하는 것은 다른 잠재적인 범죄자들에게 어떤 억제요인으로 작용할 수 있을까?[2]

철학자들은 가해자에 대한 피해자의 복수심이 정부로 옮겨간 이유에 대해 논쟁해 왔다. 하인리히 오펜하이머(Heinrich Oppenheimer)는 <처벌의 근거(The Rationale of Punishment, 1913)>에서 몇 가지 이론들을 나열했다. 이 중 세 가지는 다음과 같다.

1. 이론적 관점에서, 보복이 범죄자에 대한 종교적 임무를 수행한다.
2. 미학적인 관점에서, 처벌은 범죄가 만들어낸 사회적 부조화를 해결하고 보복을 통해서 조화의 느낌을 다시 구축한다.
3. 속죄의 관점에서, 죄의식은 고통을 통해서 씻겨내야 한다. 레저 우드(Ledger Wood)는 네 번째 설명인 공리주의 이론을 제시한다. 처벌은, 특정 범죄자에 대한 주의 깊은 조사 후 그에게 가장 적당하다고 생각되는 처벌의 특정유형과 수준을 적용함으로써 이익이 되고 사회적인 결과를 획득하는 수단으로서 여겨진다.[3]

억제

그러나 범죄자에 대한 처벌의 또 다른 이유는 그런 조치가 (특별하게 처벌을 받는 범죄자에게 또는 일반적으로 유사한 행동을 고려할지도 모르는 다른 사람들에게) **억제효과**를 갖는다는 믿음이다.[4] **일반억제**(general deterrence)는 처벌이 실제 범죄자에게 고통을 안겨줌으로써 잠재적인 범죄자들을 억제하는 것이다. 예를 들어, 우리는 텔레비전에서 범죄자가 포토라인에 서는 것을 볼 때, 잠재적 범죄자들은 잡혀서 처벌될 두려움으로 유사한 범죄를 저지르지 않으려 할 것이라고 생각한다. **특별억제**(specific deterrence)는 처벌이 실제 범죄자에게 부과될 때, 그 범죄자가 미래에 범죄를 저지르지 않게 할 것이라는 믿음이다. 처벌이 어떤 억제효과를 가지기 위해서는 그것이 신속하고, 다른 사람이 볼 수 있어야 하며, 금지된 행동과 밀접하게 연결되어서 그러한 범죄가 미래에 다시 발생하는 것을 저지하여야 하고 그리고 무조건적(어떤 범죄를 저지르는 모든 사람들은 동일한 처벌을 받을 것이다)이어야 한다.[5] 더욱이, 국가와 대표자들은 상위의 가치와 순응행동을 유지함으로써 좋은 시민의 완벽한 본보기를 보여줘야 한다. 그리고 처벌 후에, 범죄자는 사회 내에서 오명이나 자격제한이 없이 이전의 위치를 다시 떠맡을 수 있어야 한다.

불행히도, 처벌은 우리가 아는 바와 같이, 형기를 다 복역한 이후에도 오랫동안 계속 될지도 모른다. 예를 들어, 심지어 범죄자가 성공적으로 처벌지향적 교정 과정을 완수한 이후에도, 구금과 **범죄자라는 오명**(stigma of conviction)은 종종 출소자의 삶의 나머지 기간 동안에도 종종 붙어 다닌다.[6] 전과자는 전과 때문에 어떤 일자리를 얻는 것이 거의 불가능하다는 것을 깨닫고서, 그는 "만약 범죄자라는 오명을 갖게 되면, 나는 범죄자로서 사는 것이 더 나을지도 모른다"라고 생각할 수 있다. 그 점에서, 처벌이나 오명은 효과적인 억제도구가 되지 못하며, 범죄자에게 다시 재범을 하게 만드는 경향이 있다.[7]

주요용어

억제효과
무력화, 처벌의 위협 또는 예고된 잠재적인 형사처벌에 의한 범죄통제의 정도

주요용어

일반억제
공개적으로 범죄자를 일벌백계함으로써 잠재적인 범죄행동을 예방하는 것. 여기서 메시지는 "만약 너가 범죄를 지른다면, 너에게 일어날 것을 봐라"일 것이다.

주요용어

특별억제
개별범죄자를 처벌하여 그의 미래의 범죄행동을 예방하는 것

주요용어

범죄자라는 오명
낙인을 받고, 정상적인 사회생활에 방해를 받으며 그리고 범죄자의 신용을 떨어뜨리는 효과

무력화

주요용어

무력화
구금을 통해 범죄자가 추가적인 범죄를 저지르는 능력을 박탈하는 것

주요용어

무능화의 이론
고립, 사형, 추방 또는 신체절단을 통해서 범죄자들이 추가적인 범죄를 저지르지 못하도록 막는 것

주요용어

선택적 무력화
위험성이 높은 범죄자를 구금하는 것은 보통 구금을 통해서 추가적인 범죄가 발생할 상당한 가능성을 제거하는 것으로 보인다.

범죄자를 처벌하는 세 번째 이유는 **무력화**(incapacitation)의 개념으로부터 도출된다. 이 이론은 법을 위반하는 범죄자의 능력을 제한하는 가장 좋은 방식이, 보통 그들을 오랜 기간 동안 가두어서 그들을 무력화하는 것이라고 주장한다. 그러므로 이 해결책은 범죄자들을 일시적으로 고립시키거나, 제거하거나, 범죄를 범할 능력이 없게 만드는 것이다. 이 접근은 때때로 **무능화의 이론**(theory of disablement)으로 불리는데, 이것은 사형, 추방 또는 신체절단의 완곡한 표현이다. 이상적인 것은 무능화가 저지른 범죄와 관련되는 것이다(예를 들어, 어떤 국가에서 거세는 성범죄자를 처벌하는 데 이용되어 왔다). 무력화는 보통 구금을 의미하지만, 그것은 또한 가택구금과 전자감시와 같은 기법들을 포함한다. 무력화라는 고립원리의 한 변종은 **선택적 무력화**(selective incapacitation) 운동이다. 그린우드는 교도소 과밀화와 교도소의 침상부족은 단지 반복적이거나 폭력적인 범죄자들만을 교도소에 구금하는 정책으로 해결할 수 있다고 주장했다. 그는 특히 무장강도범들을 교도소에 수용할 것을 주장했다.[8] 그는 선택적 무력화[9]가 이처럼 교정자원을 더 잘 사용하게 할 것이고 보다 효과적인 범죄예방을 가능하게 할 것이라고 믿었다.[10]

선택적 무력화

주요용어

재범
처음의 범죄에 이어서 계속되는 범죄행위

범죄자를 고립시키거나 "사회적 무능화"로 만드는 이 원칙은 그들의 범죄행동이 너무나 해롭고 재범가능성이 높아서 고립 외에는 다른 어떤 것도 그들의 **재범**(recidivism)을 예방하지 못하는 사람들을 구금하는 정책을 제안한다. 이 "그 밖에 어떤 것도 효과 없다"는 접근은 장기간의 구금에 적합한 사람들과 대안교정 프로그램으로 전환시킬 사람들을 정확히 구별할 것을 필요로 한다. 그래서 우리는 교도소 감방이라는 부족한 자원을 최대한 효율적으로 사용하고, 그러한 위험하고 반복적인 범죄자들의 약탈로부터 사회를 보호할 수 있을 것이다.

그러나 현재의 교정기술로는 우리가 무력화를 요하는 사람들을

정확히 가려낼 수가 없다. 오히려 우리가 필시 많은 부적격자들을 구금하고("잘못된 긍정" 문제), 많은 부적격자를 보다 약한 제한형태로 풀어줄 것("잘못된 부정" 문제)이라는 증거가 있다. 따라서 이 양형 원칙에서 얻을 수 있는 이익이 무엇이든 그것은 교정을 멀리 빗나가게 한다. 이 어려움은 다음의 <범죄와 형사사법에 관한 국가보고서>에서 잘 드러났다.

> 경력범죄자들의 수는 적지만 대부분의 범죄를 이들이 저지른다. 만성적인 상습범죄자들(18세까지 5번 이상 입건당하는 사람들)은 전체 범죄자들 중 상대적으로 작은 부분만을 차지하지만, 그들은 매우 높은 비율의 범죄를 저지른다. 그 증거는 청소년과 성인, 남성과 여성 그리고 도시와 농촌지역에 대한 자료들을 모두 포함한 것이다. 울프갱의 필라델피아 연구에서, 만성적 범죄자들은 모든 남성범죄자 중 23%였지만, 그들은 모든 범죄의 61%를 저질렀다. 이 집단의 모든 구성원들이 한 전체 범죄 중 만성적 범죄자는 다음과 같은 비율의 범죄를 저질렀다.
>
> - 전체 살인의 61%
> - 전체 강간의 76%
> - 전체 강도의 73%
> - 전체 중폭행의 65%[11]

처벌의 효과

어떤 처벌은 그것이 적절한 양으로 적절한 시기에 부과될 때 효과적일 수 있고, 처벌은 몇몇 경우에 사회복귀를 위해 필수적으로 선행되어야 한다는 것이 인정된다. 어떤 형태의 강제나 위협이 없이, 심각한 범죄자들이 즉시 사회복귀를 추구하거나 유순해지는 경우는 거의 없다. 그러나 처벌의 이념이 교정시설에서 적용될 때, 그 결과는 종종 재소자와 교도관 모두에게 부정적이다. 교정인력은 사소한 규칙위반이나 불복종(난폭한 놀이, 욕설, 학습시간 빼먹기 등)에 대해 감시하고, 그래서 처벌을 부과하며 그리고 재소자들의 어떤 긍정적 행동들은 간과하는 경향이 있다.[12] 종종 처벌 지향적 환경에서 준비되는 규칙들은 범죄자들을 "하지 마라"의 벽으로 둘러싸고, 어떤 것을 "하라"는 여지를 거의 남기지 않는다.

법에 의한 처벌은, 높은 범죄율로 증명되는 바와 같이, 법에 대해 많은 존중을 하게 만드는 것 같지는 않다. 심지어 이것은 신속하게, 엄격하게 그리고 확실하게 처벌을 하는 지역에서조차 사실이다. 개방되고 자유롭다고 주장하는 어떤 사회에서 처벌을 남용하는 것은, 처벌을 받는 사람들이 처벌을 하는 사람들에 대해 자신들을 가난한 사람과 무기력한 사람들의 박해자로 여기게 만든다. 그러한 비난은 그들을 교도소에 넣게 만든 범죄로부터 주의를 돌리게 하고, "정치적 재소자"라는 개념을 떠올리게 만든다. 따라서 소수집단 구성원들은 그들의 구금을 부자에 의한 억압, 정치적 박해 또는 인종청소미수라고 비난하는 경향이 있다. 그 후 처벌은 그들의 비효율성을 보상하려는 필사적이지만 희망이 없는 노력 속에서 점점 더 엄격해진다. 종종 그러한 처벌은 범죄자들을 보다 세련된 범죄자로 만드는데, 이것은 보다 기술이 뛰어난 사람이 범죄를 하고도 덜 잡히는 경향이 있다는 (의심할 것 없이 타당한) 믿음에 의해 만들어진다. 범죄자들은 처벌에 무뎌지고, 관리자들은 그들의 유일한 통제수단으로서 자동적으로 처벌을 부과하는 것을 배운다.[13] 양측은 그 과정에서 서로를 비난한다. 역사적 증거와 과학적 증거 모두 처벌이 범죄를 중단시킬 수 있다는 주장과 모순된다. 예를 들어, 처벌이 적어도 효과적인 사람들은 다음과 같다.

1. 병적으로 위험을 즐기는 사람들
2. 마약이나 알코올을 남용하는 사람들
3. 처벌받은 적이 있는 사람들

불행히도, 이것은 일반적인 범죄자들이 아니다. 처벌은 종종 우리가 가장 그것을 필요로 하는 사람들, 즉 범죄자에게는 효과가 없다.[14]

교정제도에서 하나의 이념으로서 처벌의 효과는 처벌받는 범죄자들의 시각에 의해 좌우된다는 점을 이해해야 한다. 만약 그들이 처벌을 권력기관의 의지와 권한을 부당하게 부과하는 것으로 보고 그들의 동료 재소자들에 의해 그 믿음이 강화된다면, 그 처벌은 단지 범죄자들에게 부정적인 태도와 행동패턴을 촉진할 것이다. 대조적으로, 만약 범죄자들이 그들에 대한 처벌이 받을 만하며 정당하다고 생각하고 그들의 사회집단이 동의한다면, 처벌은 새롭게 상이하고 보다 긍정적인 결과를 가질 수 있다. 만약 범죄자가 정당하게 다루어진다면, 그 범죄자는 범죄를 그만둘지도 모르지만, 과도한 처벌은 범죄자를 궁지로 몰아넣어 모든 개선의 기회를 날릴 수도 있다. 처벌받고 오명이 부여된 범죄자들은 결국 지지와 평가를 받기 위해 그들과 가장 유사한 사람들로 향한다. 만약 그들이 받은 처벌로 인해 더 악화된다면, 그들은 처벌을 통해 강화하려는 바로 그 가치를 거부하기 쉽다.[15]

제임스 어스틴(James Austin)과 아론 맥베이(Aaron McBey)[16]는 처벌의 증가를 가져온 최근의 정치적으로 만들어진 정책들의 효과를 연구했는데, 이것은 범죄자를 검거하고, 유죄를 받게 하고 그리고 구금 및 장기형을 받는 확률을 높이는 것이었다. 우리는 이들의 논의에 추가하여, 만약 현재의 처벌추세가 계속된다면, 미국은 다음과 같이 될 것이라는 것을 지적한다.

- 2016년까지 교도소 재소자수가 130만 명이 됨
- 2020년까지 교도소에 노인 재소자 수("노인의학과 재소자")가 20만명이 됨.
- 10만 명당 구금율이 세계 1등을 유지
- 교정적 감시를 받는 인구가 거의 1,000만 명이 됨

결국, 태도에서의 변화는 (너무나 처벌이 약하다고 여겨지는) 보호관찰과 (너무나 비싼 처벌이라고 여겨지는) 구금에 대한 대안들을 찾는 고통스런 작업을 초래했다. 새로운 대안들은 중간처벌로서 알려져 있는데, 이들은 교도소 과밀화의 압력을 완화해줄 유망한 제도들이다. 게다가, 이 새로운 처벌의 물결은 선택적 무력화에 공헌해 왔는

주요용어

사회복귀 모델
문자 그대로 사회적 역할을 잘 수행할 수 있는 (아직 달성되지 않은) 수준으로 범죄자를 복귀시키기 위해 치료하는 것. 치료와 서비스를 제공함으로써 행동에서의 변화를 추구하는 것

데, 이것이 개별 범죄자와 개별 상황에 맞도록 설계되기만 한다면 교정관리자들에게 중요하고 효과적인 도구가 된다(6장을 보라). 그러나 일반적이고 획일적인 처벌은 예외라기보다는 오히려 아직 대세이며, **사회복귀 모델**을 향한 움직임은 느리다.

사회복귀 이념

교정에서의 한 주요 추세는 범죄자를 정신적으로 병이 있거나, 방치되거나 또는 가난한 사람과 같은 존재로 보는 접근이다. 이것은 사회복귀모델에 반영되어 있는 보다 인간적인 이념인데, 이것은 치료와 서비스를 제공함으로써 범죄자의 행동에서 변화를 추구한다. 사회복귀 이념으로, 범죄자는 새로운 범죄를 할 능력이 제거되기보다는 그것을 삼가기를 선택한다. 몇몇이 범죄자를 "병든" 사람이라고 말하지만, 사회복귀 이념은 의료적 접근과 유사하지 않다. 신체적인 질병과 가장 가까운 유사점은 범죄자가 그들의 범죄행동의 위험성과 바람직하지 않음을 인식하고 나서 그 행동을 스스로 하지 않으려는 상당한 노력을 하길 요한다는 데 있다. 사회복귀모델은 사람들이 감염된 수족을 자르는 것처럼 범죄행동을 "제거"하지 않는다. 오히려 "환자"(재소자)는 긍정적인 행동에 주어지는 보상을 보고 그리고 용기를 얻고 한 모델로서 그것을 채택할 준비를 갖춘다.

물론 치료는 범죄자의 욕구에 대한 진단, 그 욕구를 다루는 어떤 프로그램 계획에 대한 설계, 주기적인 감시와 함께 의도된 프로그램의 적용 그리고 효과를 극대화하기 위해 그 계획을 업데이트하고 수정하는 것으로 출발한다. 치료는 몇몇 근원적인 결함이나 질병보다는 행동을 수정하는 것을 목표로 한다.

사회복귀 이념은 재소자를 응석받이로 만들거나 시설 내에서 좋아하는 행동을 하도록 내버려두지는 않는다. 형사사법제도의 많은 구성원들 사이에는, 처벌적이거나 제한적이지 않은 어떤 프로그램은 "나약"하거나 "신참에게 관대한 교도소로 운영하는 것"과 비슷하다는 꽤 공통된 믿음이 있다. 실제로, 가장 제한적이고 보안지향적 시설에

서조차, 몇몇 형태의 사회복귀는 적용될 수 있다. 사회복귀 이념과 처벌이념 사이의 주요 차이점은, 사회복귀 이념에서 범죄자들은 교정 프로그램을 위한 시설에 배정되어서 처벌이나 구금을 위한 것이 아니라, 지역사회로의 재적응이나 재통합을 준비하게 된다는 것이다. 사회복귀 접근에서도 처벌과 보안을 위한 여지가 있지만, 처벌적인 접근에서는 사회복귀를 위한 여지가 거의 없다. 보다 인간적인 치료 방법들이 어떤 건설적이고 긍정적인 태도로 교정당국의 작업과 연계하여 사용될 계획이지만, 재소자들이, 만약 실패한다고 하더라도, 경험해볼 기회가 주어져야 한다. 권위적 절차는 단지 범죄자들에게 자기들이 억압되고 무능력한 권력구조의 인질이라는 자기이미지를 강화하는 역할을 할 뿐이다.

특히 미국의 초기 역사에서, 개혁가들이 일찍이 언급했던 그 질문, 즉 "누가 범죄자이며, 우리는 그들에게 무엇을 해야 하는가?"라는 질문에 대한 해답을 다시 추구했을 때 교정분야가 중요한 변화를 경험했다는 것을 학자들은 기억해야 한다. 사회복귀 이념은 그 질문에 대한 네 가지의 별개의 해답들을 내포하고 있는데, 이들은 보통 치료 교의(treatment doctrines)라고 불린다.

1790년에 나타난 퀘이커교도들의 개혁운동은 범죄자들이 신의 품에서 벗어나 있는 사람이라고 주장했다. 여기에 부합하는 치료접근은 고립이었다. 재소자들에게 읽고 회개를 하도록 성경이 공급되었다. 퀘이커교도의 교의는 범죄자들이 신에게 다시 돌아가는 길을 찾는데 도움을 주는 것이었고, 일단 신을 발견하기만 한다면 범죄를 중단할 것이라고 믿었다. 퀘이커교도들은 그들의 신앙의 한 부분으로서 강한 평화주의이자 비폭력적인 이념을 갖고 있는 종교집단이었다. 미국에서 가장 잘 알려진 퀘이커교도는 윌리엄 펜이었는데, 펜실베니아 주는 그의 이름을 딴 것이었다.

많은 사람들이, 범죄자는 자신의 길을 잃은 사람이고 "종교"를 찾을 필요가 있다고 강하게 믿었다. 이 운동은 오늘날까지도 아직 계속되고 있는데, 이것은 교도소 친교 목사회(Prison Fellowship Ministries)와 목사와 재소자를 연결하는 다른 종교적인 제도에 의해 이루어진다.

주요용어

감화원운동
범죄자가 교육훈련과 규율훈련을 적절히 받지 못한 불행한 사람들이며, 따라서 개선을 위해 교육적 행형시설로 보내야 한다는 운동

1890년 이후 소년원 운동(reformatory movement)은 다소 다른 해결책을 제시했다. 범죄자들은 불우한 것으로 여겨졌는데, 그들은 교육, 훈련 그리고 적절한 규율을 접하지 못한 "불행한" 사람들로 여겨졌다. **교육교의**(educational doctrine)의 해답은 어떤 기능적 수준에서 직업을 찾고 직업기술교육을 시키고 그리고 재소자가 출소했을 때 재범을 예방하는 통제력을 내면화하기 위한 규율교육을 시키는 것이었다.

주요용어

교육교의
교육에 의해 범죄를 예방하려는 교정적 접근. 직업 및 학과교육 그리고 규율교육을 강조한다.

의료모델(medical model)은 1920년대 말과 1930년대 초에 스탠포드 베이트스와 미국교정국의 선도하에 발전되었는데, 이것은 범죄에 대한 해결책이 개인에 있는 것으로 본다. 따라서 개인의 문제를 진단하고, 그것을 치료할 수 있는 치료프로그램을 개발하고 그리고 그 치료법을 적용하는 것은 필수적이 되었다. "환자"가 나은 것으로 보였을 때, 그는 치료적인 가석방 담당관*의 감시 하에 지역사회의 사후 프로그램으로 석방되었는데, 가석방 담당관들은 범죄자가 "사회복귀" 할 때까지 케이스워크 요법을 계속했다. 이 의료모델은 사회복귀의 희망을 제공했다. "아픈 사람을 낫게 만드는 것"은 교정의 책임이었다. "아픈 사람"은 따라서 병원에서의 환자와 같이 유익한 치료의 혜택을 수동적으로 받는 사람이었다.

주요용어

의료모델
범죄의 원인이 개인 내부에 있다는 모델. 범죄자가 나을 때까지 치료와 요법을 강조함. 의료모델의 주창자는 스탠포드 베이트스와 연방교육국이었음.

의료모델 하에서는 **부정기형**이 시행되고 그리고 만약 범죄자가 치료되고 개선된다면 조기석방하고 사회복귀를 시킨다는 가정이 있다.(1~5년 형과 같은) 최소와 최대 형기들은 양형을 하는 판사가 그들이 언제 개선될지 정확히 모른다는 사실을 반영한다. 의료모델은 대개 교정에서 버려졌지만, 그것은 마약남용치료에 있어서는 아직 매우 활발하게 쓰인다.

주요용어

부정기형
판사가 최소와 최대의 구금형기를 부과함. 가석방위원회가 구금에서 최대한의 이익을 얻는 시점을 알아내고 이후에 재소자를 석방시킨다는 가정을 가짐.

부정기형은 이처럼 판사가 범죄자의 구금기간을 최소와 최대기간을 정하는 구금형이다(1~5년과 같이). 단기는 가장 이른 출소일(이것은 예를 들어, 구치소에서의 미결구금일수에 의해 조정될 수 있다) 또는 재소자가 석방되어야 하는지를 결정하는 첫 가석방 심사일을 나타낼 것이다. 장기의 기간이 다 되면, 재소자를 출소시켜야 할 것이다.

---

* 역주: 미국에서 가석방자들을 감시 선도하는 사람들. 한국의 보호관찰관과 유사.

1975년 이전에, 연방과 모든 주의 제도는 부정기형을 법에 규정하고 있었고, 형기 및 가석방 위원회(보통 가석방위원회라고 부름)는 재소자가 가석방 감시 하에 출소할 준비가 되는 시기를 결정하는 재량을 갖고 있었다. 1976년 이후, 거의 2/3의 주뿐만 아니라 연방제도도 가석방위원회의 재량을 제한했거나 재량적 가석방을 완전히 폐지했다. 게다가, 가석방위원회의 재량을 통해 출소하는 재소자의 비율은 72%에서 2016년 초에 31% 미만으로 떨어졌다. 현재 23개 주는 그들의 석방결정을 구조화한 지침을 사용한다.

1960년대 말에 네 번째 교의가 나타났다. 그것이 기원한 시기는 1965년 또는 1969년 둘 중 어느 것도 받아들여지는데, 어떤 시기를 채택하든, 그 처우형태는 1980년대에 중요한 대세였다. **재통합모델**(reintegration model)로 알려진 이 처우형태는 범죄와 범죄자에 대한 원인과 해결책에 대한 가정에서 차이가 있다. 지역사회는 기본적인 원인적 요소로 여겨지고, 범죄자를 배제하고, 혜택을 제한하고 또는 차별한 지역사회가 범죄자를 만들어낸 것으로 여겨졌다. 범죄는 기본적으로 지역사회와 관련된 것으로 여겨지기 때문에, 교정기관이 그 문제를 다룰 때 지역사회자원을 사용하는 것이 가장 좋은 방법이라고 생각한다. 여기에는 빈곤감소, 어린이에 대한 투자, 도시재생, 헤드스타트 프로그램 그리고 직업훈련이 포함될 것이다. 범죄자의 역할은 그러한 어려움을 해결하려는 노력에 적극적으로 참여하는 것인데, 교정기관은 따라서 필요한 서비스를 위한 중개인으로서 도움을 준다. 이상적으로, 범죄자에 대한 지역사회관리접근은 몇몇 공무원들이 범죄자에게 기회를 제공하는 것을 최대화하기 위해 전문화하고 그리고 범죄자가 지역사회에 재통합되고 그것의 한 부분이 되기를 갈망하는 경우에 사용된다. 이상의 네 가지의 이념들은 범죄자에 대한 처우를 필요로 했고 처우(treatment)라는 교정 이념과 함께 공존했다. 이에 대해서는 9장에서 논의한다.

주요용어

재통합모델
범죄가 지역사회에 의해 만들어진다고 가정하는 교의. 재범을 예방하기 위해 지역기관들이 지역사회의 자원을 모르고 공급해야 한다는 가정을 가짐.

예방이념

앞서 언급한 바와 같이, 범죄문제는 개별 범죄자와 분리될 수 없다. 어떤 면에서, 교도소에 범죄자를 보낼 때마다 범죄문제가 잠시나마 사회로부터 제거되기도 한다. 그러나 거의 모든 범죄자들은 결국 출소할 것이고, 범죄자가 교도소에 있는 동안 문제를 효과적으로 다루지 않는다면 범죄는 다시 나타나게 된다. 현재 교정 프로그램의 성공이 매우 제한적이기 때문에(재범률이 40~70%에 이름),[17] 많은 지역사회와 정부기관들은 가능한 해결책으로서 범죄예방에 관심을 갖게 되었다. 예방은 두 가지에 초점을 두고 있는데, 하나는 개인이며 다른 하나는 그가 사는 환경에 초점을 맞춘 것이다.[18] 많은 범죄예방활동은 잠재적 비행청소년들을 문제 있는 생활에서 벗어나게 해주는 것을 목표로 한다. 그러한 프로그램들은 일반적으로 학교 수준에서 시작하는데, 무단결석과 중퇴는 종종 범죄행동의 전조이다. 대부분의 경우에, 초기프로그램들은 범죄행동의 첫 징조를 알아내려고 노력한다.

1950년대 만화가 월트 켈리(Walt Kelly)의 만화캐릭터였던 포고 파섬(Pogo Possum)은 “예측은 어렵다, 특히 그것이 미래에 대한 것이라면 더 어렵다”라고 말했다. 예측은 아무리 주의 깊게 통제된다 하더라도 복잡한 과정이다.[19] 오늘날 학교에서의 예방 프로그램들은, 전문학급, 대안학교, 직업교육 그리고 상담을 통해서 문제어린이들을 다루려고 한다.[20] 그들 중에 보다 진보적인 것은 청소년을 학교에서 내쫓음으로써 청소년을 배제하려고 하기보다는, 오히려 청소년의 학교 참여를 유지시키려고 한다. 예방이념은 문제 어린이들이 지지와 도움을 받아야 한다고 인식하고, 이러한 도움 없이는 불만과 불안감의 배출구로 범죄를 이용할 가능성이 있다고 주장한다.

예방이념을 옹호하는 사람들은 완전한 범죄의 예방이 거의 불가능하다는 것을 잘 안다. 초기 사회학의 거장 중의 하나인, **에밀 뒤르켐**(Emile Durkheim, 1853-1917)은 범죄는 몇몇 형태로 인간사회에 필연적으로 동반되는 것이며, 만약 중범죄가 근절되면 정부는 그들의 관심을 경범죄로 돌릴 것이라고 믿었다.[21] 본질적으로, 예방이념은 개인

인물

에밀 뒤르켐
어떤 점에서 범죄는 사회에 필연적으로 동반되어 나타난다고 믿었던 초기 사회학자

의 범죄성향을 촉진하는 사회적 및 감정적 문제들을 공격함으로써 범죄가 감소될 수 있다고 주장한다.

개인의 환경은 범죄예방에 있어서 중요한 요인으로 인식되는데, 예방이념은 그러한 범죄기회가 최소화되도록 환경을 만드는 것을 강조한다. 한 예로서, 이전에 개발된 가장 위대한 범죄예방도구는 가로등이었다. 환경설계를 통해 범죄를 예방하려는 운동은 미래에 대한 큰 희망이다. 그러한 접근의 목적은 단지 (방범창, 잠금장치, 공항전자검색 그리고 보안검색과 같은)[22] 범죄에 대한 방해물을 만드는 것뿐만 아니라, 범죄를 감소시키는 기존의 조치들(예를 들어, 집과 아파트건물 주위의 가로등 개선, 어두운 복도에 더 많은 창문을 다는 것 그리고 주민들을 서로 더 잘 알게 되도록 만드는 지역사회 프로젝트)을 장려하는 것이다. 그러나 해당 지역에 높거나 낮은 범죄율을 만들어내는 환경들은 모두 물리적인 것만은 아니다. 그러한 환경에는 개인이 매일 접하는 사람들, 활동, 압력 그리고 생각들이 포함된다. 최근에, 범죄예방은 특수한 문제들을 목표로 하기 시작했는데, 여기에는 폭력근절프로그램과 총기법원 같은 것들이 있다. 그러한 한 예는 폭력감소를 위한 신시네티 프로그램(Cincinnati Initiative to Reduce Violence)에서 찾을 수 있는데([교정 실제 3.2]를 참조), 이것은 폭력 전과를 가진 위험성이 높은 범죄자를 대상으로 한다. 이 독특한 프로그램은 기소의 위협(억제)과 도움의 제공(사회복귀)을 결합한다. 예방이념은 빈곤과 과밀화와 같은 특별한 문제를 가진 지역에서 자원을 최대한 사용할 것을 주장한다. 여기서 자금은 교도소 건축보다는 범죄예방에 할당되어야 한다.[23]

지역사회교정(community correction)에서 예방이념은 치료와 결합된다. 중요한 것은 다시 범죄가 발생하는 것을 방지하기 위해, 과거 범죄행동을 일으키는 문제를 찾아내고 치료하는 것이다. 결국 그 논리는 현재 범죄예방에 참여하는 기관들과 지역사회 서비스를 제공하는 기관들 사이의 관계를 보다 가깝고도 상호의존적으로 만들 수 있다. 형사사법기관들은, 현재 그들이 하고 있는 것처럼, 실제로 경범죄자들을 곤경에 빠뜨리게 만드는 문제를 해결하기보다는, 그들에게 더

주요용어

지역사회교정
기존 그리고 잠재적인 지역사회 서비스를 통해서 범죄자가 지역사회로 재통합되어야 한다는 가정에 기초하는 교정모델

교정 실제 3.2

신시네티 폭력감소 프로그램

폭력감소를 위한 신시네티 프로그램은 2007년에 시작한 다기관 및 지역사회협력 프로그램인데, 이것은 해당 기간 동안 총기폭력과 관련된 살인을 빠르고도 크게 지속적으로 감소시키기 위해 만들어졌다. 이 프로그램은 집중-억제전략을 사용하는데, 이것은 1990년대 중반의 보스턴 총기프로젝트의 모델을 따른 것이다. 다수의 법집행기관들(지역, 주 그리고 연방), 사회서비스 제공자들 그리고 지역사회 사이의 파트너십이 폭력적인 거리집단들에게 어떤 분명한 메시지(폭력은 중단한다)를 전달하기 위해 만들어졌다. 이 메시지는 다양한 방법을 통해서 실행되었다. 여기에는 보호관찰관과 가석방 담당관 초청 세미나, 거리노동자(거리의 지지자), 경찰, 보호관찰관 그리고 가석방 담당관을 통한 직접 접촉, 지역사회 아웃리치와 지역방송국이 포함된다. 법집행기관들은 폭력적 거리집단 네트워크에 대한 정보를 수집했고, 그 결과는 폭력을 계속하는 거리집단들에게 보내졌다. 보다 생산적인 생활을 추구하는 범죄자들은 합리적인 사회서비스, 훈련, 교육 그리고 고용기회가 주어졌다. 지역사회와 법집행은 파트너로서 작용하고, 결과적으로 그들의 관계를 강화한다.

많은 문제들을 만들어내는 경향이 실제로 있다.[24] 만약 학교, 교회, 서비스 기관 그리고 유사한 조직들이 더 많이 참여할 수 있게 된다면, 사람들이 형사사법기관에서 사건에 연루되기 전에, 많은 범죄경력을 갖기 전에 예방할 수 있다. 범죄자에 대한 **다이버전**(diversion)과 비사법적 접근들은, 범죄문제에 대한 보다 공식적인 처벌지향적 대응에 대한 잠재적으로 가치 있는 대안일 수 있다. 예방과 치료이념의 조합은, 교정신념과 제도의 가장 유망하고도 인간적인 조합이 될 것이다.

주요용어

다이버전
치료, 감시 그리고 형사사법기관 외부의 서비스 제공자들에게 범죄자를 위탁시킴으로써 형사사법제도를 거치는 범죄자들을 최소화하는 것

시계추 흔들림

1970년대 후반에서 1990년까지, 높은 범죄율은 사회 분위기를 다시 처벌이념 쪽으로 바꾸게 만들었다.[25] 미국의 구치소와 교도소 인구가 거의 관리가 불가능할 정도의 비율로 증가하자, 행정관료와 의원들은 과거로 다시 돌아가는 것을 받아들이게 되었는데, 이것은

적어도 몇 가지 방식에서, 점점 증가하는 폭력범죄자 집단과 교도소 갱들에 대처하기 위한 것이었다. 다음 장들은 여러 문제로 공격당하고 만성적으로 부족한 자금에 시달리고 있는 교정관리들이 직면한 문제에 대해 논의하는데, 그들은 너무나 과밀화되어 터질 것 같은 시설을 관리하기 위해 노력하고 있다. 처우와 같이 장식 정도로만 여겨지는 부분에 대한 예산은 삭감되고, 재소자를 수용하고 먹이기 위한 침상, 식사 그리고 교도관을 추가하는 데 예산이 사용되어야만 했다. 정기형과 **"강경대응"법**("get-tough" law)으로의 추세는 모든 수준에서 상황을 악화시킨다. 기껏해야, 보안시설에서도 처우프로그램을 수행하기 어렵다. 최악의 경우, 처우가 아예 제공되지 않기도 하였다. 이 비관적인 상황은 1980년대부터 하나의 추세가 되었다. "허술한 상태"가 새로운 세기의 첫 20여 년 동안 계속되고 있고, 교정의 핵심이념으로서 포함되어야 하는 것이 무엇인지에 대해서 결정하지 않는 우유부단한 상황이 계속되고 있다.[26] 그러나 1960년대와 1970년대를 지배했던 처우에 대한 희망은 범죄자들에게 "힘든 시간"을 줘야 한다는 요구에 패배한 것이 분명하다. 도심의 황폐화된 지역의 가난한 경제상황, 대규모 경기침체, 계속되는 과밀화가 짧은 미국의 교정 역사 속에서 전혀 예상치 못한 수준으로 유지되었다.

처벌에 대한 의존이 증가하고 지난 30여 년 동안 교정에 부정적으로 영향을 끼친 반발이 있음에도 불구하고, 의원들[27]뿐만 아니라 일반 대중들[28] 사이에 사회복귀와 예방에 대한 지지가 커지고 있는 것 같다. 실제로, 시계추가 다시 처벌에서 멀어지는 쪽으로 기울고 있다는 몇몇 증거가 있다. 예를 들어, 몇몇 주는 청소년이 성인시설에 갈 수 있는 연령에 대해 재검토하고 있으며, 가혹한 마약법이 폐지되고 있다. 미국 통계국에서 발표한 최근의 수치들은 또한 교정적 통제 하에 있는 범죄자의 수가 2010~2013년 사이에 감소했다는 것을 보여준다. 만약 이것이 한 추세인지, 아니면 2008년에 시작한 경제위기에 대한 단기적인 대응인지 판단내리는 것은 아직 시기상조이다. 아마도 이것은 시계추가 좌우로 끊임없이 흔들리는 것으로 가장 적절히 비유할 수 있을 것이다. 미래에 형사사법의 시계추는 중간 지

주요용어

"강경대응"법
재범을 예방하기 위해서 범죄자가 처벌되어야 한다는 믿음. 이런 법은 형기를 늘이고 지역사회 자원의 사용을 최소화한다. 두 개의 중요한 법적 제도들은 정기형의 이용과 가석방의 축소이다.

점으로 돌아오기 위해서는 큰 변화가 필요하겠지만, 이것이 현재 일어나고 있을지도 모른다는 징조가 있다. 주와 지역정부는 현재의 교정비용이 불충분한 세수 때문에 삭감되어야 한다는 것을 알고 있다. 오늘날 시계추의 경로를 추적하는 학자들 앞에 놓인 작업은 중요하면서도 어려운 작업일 것이다.

회복적 사법

역사적으로 응보주의, 처벌적 철학의 지지자와 전통적인 개별적 처우 옹호자들 사이에 형사사법제도의 미래에 대한 논쟁이 있었다. 이 모든 접근들은 개별 범죄피해자들, 지역사회 그리고 범죄자들의 기본적 욕구를 충족시키지 못했다. 한 새로운 이념이 주로 소년사법제도에서 지금 시도되고 있는데, 고려해볼 만한 가치가 있는 것 같다. 균형적-회복적인 사법(balanced and restorative justice, BARJ) 모델은 하나의 대안적인 철학인, **회복적 사법**(restorative justice)[29]과 새로운 임무인 "균형적 접근"을 잘 소개한다.

주요용어

회복적 사법
피해자와 지역사회에 대해 가해자의 범죄로 인한 피해를 복구하기 위한 처벌

균형적-회복적인 사법(BARJ) 모델은 형사사법 전문가들이 가해자로 하여금 피해자와 지역사회에 끼친 피해를 회복하도록 요구하고, 그리고 개별 피해자, 지역사회 그리고 가해자가 모두 적극적으로 참여하는 과정들을 통해서 대중을 보호하는 것을 강조한다.

균형적-회복적 사법모델은 피해자운동이 제기한 많은 쟁점들에 대해 답하는데, 이것은 피해자가 자신의 범죄피해사건 결정에 아무런 역할을 할 수 없고, 사건진행에 대해 거의 알지 못하며 그리고 종종 가해자로부터 아무런 배상이나 사과를 받지 못한다는 점이었다. 균형적 접근은 범죄를 피해자와 지역사회에 반한 행동이라고 이해하는데, 이것은 많은 문화에서 부족적, 종교적 전통과 부합하는 고대로부터의 생각이다. 실무자들은 수년 동안 이 접근에 맞는 기법들을 사용해왔다. 그러나 그들은 회복적 사법을 지지하고 소년사법제도의 모든 측면을 선도할 방침을 제공하는 어떤 일관적인 철학적 분석틀을 갖고 있지 않았다. 균형적-회복적인 사법모델은 이러한 시도들에

전반적인 비전과 결정을 내릴 때 필요한 가이드라인을 제공한다.

보호관찰관 및 가석방 담당관, 검사, 판사, 사례관리자 그리고 피해자 지원인력을 포함한 형사사법의 전문가들은 사법제도 개혁의 필요성을 인식하고 있다. 형사사법체계의 일선에서 일하는 실무자들은 매일 점점 더 많은 청소년과 성인들이 범죄에 가담하는 것을 보면서 좌절에 직면하고 있다. 이 범죄자들은 실질적인 변화에 대한 아무런 희망 없이 형사사법체계를 벗어나고 그리고 불행히도 셀 수 없는 범죄피해자와 지역사회 구성원들이 그 과정에서 남겨지게 된다. 이러한 좌절은 많은 형사사법의 전문가들로 하여금 조직문화, 가치 그리고 프로그램을 변화시켜서 소년사법에 보다 균형적이고 회복적인 접근들이 반영되도록 하였다.[30]

균형적-회복적 사법모델은 교정과 형사사법제도의 미래에 대한 한 비전인데, 이것은 현재의 제도적 개선을 통해 만들어지며, 수세기 동안 대부분의 지역사회의 한 부분이었던 핵심 가치에 기초하는 것이다. 그것은 체계적 개혁을 위한 한 뼈대이며 소년사법제도를 보존하고 생기를 불어넣을 희망이다. 시행은 주요 이해관계자들 사이의 합의와, 그 모델을 개발하기 위한 작은 시험프로젝트를 통한 테스트로 시작되어야 한다. 이 진보적인 과정은, 회복적 사법원리를 반영하는 기존의 프로그램과 제도 위에 만들어질 수 있는데,[31] 이러한 프로그램으로는 피해자-가해자 중재, 피해자-가해자 위원회, 가족집단회합, 사회봉사, 배상 그리고 근로체험과 같은 것들이 있다.

균형적-회복적 사법 철학

회복적 사법 제도의 기초는 어떤 일련의 가치 및 원리, 선도비전 그리고 활동지향적 사명이다. 회복적 사법을 이끄는 원리는 범죄는 상처를 준다고 보고 범죄는 개인피해자뿐만 아니라 지역사회와 가해자에게도 상처를 입히고 따라서 그것을 바로잡아야 하는 의무가 따른다는 것이다. 모든 당사자들은 범죄에 대한 대응의 한 참여자로 역할을 해야 하는데, 이것은 피해자(만약 그가 원한다면), 지역사회 그리고 가해자를 포함한다. 그런데 피해자의 관점이 범죄로 인한 피해를 어떻게 복구할지를 결정하는 데 중심이 된다. 가해자에 대한 책임은 피해를 복구해야 하는 그의 책임을 수용하는 것을 의미한다.

지역사회는 궁극적으로 가해자와 피해자를 포함한 모든 구성원의 행복에 대해 책임이 있고, 모든 인간 존재는 존엄성과 가치를 갖는다. 회복은 피해를 복구하고 지역사회와의 관계를 재구축하는 것을 의미한다. 그것은 회복적 사법의 주된 목표이다. 성과는 얼마나 많은 처벌이 부과되는가 보다 얼마나 많은 복구가 이루어 졌는지에 의해 측정된다. 이 이념은 범죄통제가 지역사회의 적극적인 참여 없이는 성취될 수 없다는 것을 인정한다.

사법절차는 연령, 능력, 성적 취향, 가족상태 그리고 다양한 문화 및 배경(예를 들어, 인종적, 민족적, 지역적, 종교적 그리고 경제적 배경)을 존중하고 모두에게 동등한 보호와 합당한 절차가 보장된다. 회복적 사법 비전은 지역사회로부터의 지지, 경험한 피해에 대해 의견을 제시할 기회 그리고 범죄의 상처로부터 피해자의 회복을 촉진하는 복구를 위한 단계에서 의사결정에 대한 참여를 필요로 한다. 그것은 범죄를 예방 및 통제하고, 지역을 개선하며 그리고 지역사회의 구성원들 사이에 유대를 강화하는 데 지역사회가 참여하는 것이 지역사회를 보호할 수 있게 한다는 것을 인정한다.

그들의 행동이 가져온 인간적인 충격을 이해하고, 책임을 받아들이며, 사과를 표하고, 피해를 복구하는 조치를 하며 그리고 그들 자신의 능력을 개발하는 것을 통해서, 가해자들은 지역사회에 완전히 통합되고 존중받는 구성원이 된다. 지역사회 사법조력자와 같은 형사사법 관리들은 개별 범죄피해자, 지역사회 구성원 그리고 청소년 가해자들이 비행에 대한 건설적인 해결책을 발견하는 데 참여하는 과정을 조직하고 지원한다.

균형적 접근과 그것의 적용

현재의 형사사법제도를 보다 회복적 모델로 바꾸는 것은 형사사법 전문가들이 사법제도를 보다 균형적이고 회복적인 제도로 바꾸는 데 힘을 가지는 것을 필요로 한다. 형사사법 전문가들이 새로운 역할을 개발하고, 새로운 우선순위를 정하고 그리고 자원을 재분배함으로써, 그들은 다음과 같은 것을 할 수 있다.

1. 범죄피해자가 필요로 하는 이용 가능한 서비스를 개발
2. 피해자에게 참여와 정보에 대한 기회를 부여
3. 개별 범죄피해자와 가해자를 포함한 지역사회 구성원들을 활발히 참여시켜, 문제를 해결하고 지역사회를 복구시키는 계획을 만들고 수행
4. 지역사회 구성원들 간의 협조관계를 구축
5. 가해자에게 기회를 주고 그들의 행동에 책임을 지도록 함
6. 가해자가 만들어낸 피해를 복구하는 데 그를 활발히 참여시킴

이 접근은 상대적으로 새로운 것이고 따라서 추가적인 연구와 적용을 필요로 한다. 이러한 접근이 지금 정치인과 대중이 많이 선호하는 처벌과 응보 위주의 물결을 돌리는 데 도움을 줄 수 있다.

현대의 교정

교정개혁과 그것을 성취하기 위한 구조화된 계획의 필요성은 1960년대에 린든 존슨 대통령에 의해 임명된 대통령범죄위원회에 의해 문서화 되었다. 이것은 또한 형사사법의 표준과 목표에 대한 대통령위원회와 많은 주에서의 특별위원회에 의해서 행해졌다. 1960년대 초는 대안적인 방법, 프로그램, 처우절차 그리고 시설설계에 대한 연구가 행해졌다. 가장 놀랍고 중요한 발견은 다음과 같다.

1. 장기형은 사회복귀에 관해서는 치명적이고, 청소년에 대한

종신형은 미연방 수정헌법 8조에 위배된다.

2. 대부분의 범죄자들(아마도 85% 정도)은 구금을 필요로 하지 않고 지역사회로 돌아가 감시를 받는 것이 더 나을 수 있다.
3. 대부분의 재소자들은 첫 2년간의 기간 동안 구금에서 최대이익을 얻는다. 그 기간 후에는 그들이 사회로 돌아왔을 때 생산적인 시민으로서 역할을 할 가능성이 점점 더 낮아진다.
4. 지역사회기반의 교정은 보다 현실적이고, 비용이 덜 들며 그리고 적어도 구금만큼은 효과가 있다.
5. 하나의 제도로서, 교정은 사회복귀서비스의 모든 측면을 포괄해야 하는데, 여기에는 정신보건서비스, 고용서비스, 교육 그리고 사회적 서비스가 포함된다.
6. 몇몇 범죄자들은 그들의 위험성 때문에 특별히 디자인되고 운영되는 보안 시설에서 오랜 구금과 처우프로그램을 필요로 하는데, 이 시설의 직원들은 수가 많아야 하고 자질이 우수해야 한다.
7. 대부분의 재소자들은 정신적으로 문제가 없지만 다양한 교육적, 의료적, 심리적, 성숙과정적, 경제적 그리고 대인관계적 장애로 고통받는데, 이런 것들은 현대의 교정제도에서 완화되거나 해결되지 않고 있다.
8. 재소자는 최저임금을 벌 기회와 자격이 주어져서 그들의 피해자에게 배상하고 (공공부조 명단에서 제외하지 않도록 하여) 자신의 가족을 부양할 수 있어야 한다.
9. 현재 구금된 재소자의 임금은 너무나 낮아서 임금으로 여겨질 수 없다. 따라서 임금은 적어도 외부의 유사한 노동 정도의 최저임금 수준으로 인상해야 한다.
10. 사기업 부문을 찾아서 훈련과 노동프로그램을 제공하는데 이용해야 하는데, 이것은 교정의 마지막 단계에 고용될 가능성이 높은 노동자를 만들어 낼 것이다.

이 증거에도 불구하고, 1980년대 이후 교정에서 다섯 가지의 중요한 발전이 있었다. 그것은 (1) 의료모델의 폐기, (2) **정기형**(determinate

주요용어

정기형
재소자가 복역할 것으로 기대되는 판사가 부과한 고정된 구금기간

sentencing)으로의 변화(판사의 권한을 제한하려는 것), (3) 법원에서 명령하는 보호관찰보다 더 효과적이고 장기구금보다 덜 엄격한 처벌(이른바 중간처벌)에 대한 탐색, (4) 범죄자에 대한 사회복귀와 효과적인 프로그램에 대한 재강조 그리고 (5) 회복적 사법(위에 논의한 것)이다.

2013년까지 대다수의 주들은 정기형을 채택했는데, 이것은 적어도 16개 주에서 재량적 가석방제도를 폐지했으며 그리고 범죄에서의 총기사용, 마약판매 그리고 몇몇 특히 야만적인 범죄에 대해 의무적 추가형량을 부과하는 조치와 함께 이루어졌다. 적어도 29개 주와 컬럼비아특별구는 연방의 제대로된 양형(truth-in-sentencing) 기준을 채택했는데, 이것은 파트 I * 폭력범죄자가 가석방 적격자가 되기 전에 적어도 자신의 형기의 85%를 채울 것을 요구한다. 현대교정에서 응보의 재출현은 교도소 과밀화를 초래하였고, 구금된 동안 보다 나은 환경을 추구하는 재소자들의 많은 소송을 야기하였고 그리고 (공공안전을 담보하면서 헌법상으로 문제되지 않는 여건을 제공하는[33]) 구금을 대체하는 새로운 대안에 대한 적극적인 탐색을 초래하였다.[32] 라테사(Latessa)와 앨런(Allen)이 1999년에 지적한 바와 같이, "아이러니컬하게도, 비용을 절약하고자 시작된 움직임에서, 새로운 강경대응(get-tough) 정책은 지금까지 시도된 교정 정책 중에서 가장 비싼 것으로 드러났다."[34] 최근 퓨 자선기금(PEW Charitable Trusts)에 의해 수집된 수치는 주의 총 교정분야 지출이 지난 20년 동안에 315%가 증가했다는 것을 보여준다.[35]

2013년 초까지, 미국인 31명당 1명이 교정 당국의 감시 하에 있다. 연방교도소 재소자의 거의 2/3가 마약 범죄로 구금되었고, 주교도소의 전국평균은 약 20% 재소자가 마약 범죄에 해당한다. 18세 이상의 흑인 15명당 1명이 구금되어 있고, 20~34세의 흑인 9명당 1명이 구금되어 있다. 1850년의 미국 흑인노예 수보다 오늘날 교도소에 있는 흑인의 수가 더 많다. [그림 3.1]은 이 성장곡선을 보여준다. 교정인구가 감소하기 시작했지만, 현재도 성인 100명 중 적어도 한 명

---

* 역주: FBI의 범죄분류에서 살인, 강도, 강간, 중폭행, 침입절도, 절도, 자동차절도, 방화의 여덟 가지 범죄유형을 말함. 지표범죄라고도 함.

이 교도소에 있다. 처벌이념은 이 증가에 크게 기여했고 중간처벌과 보다 효과적인 프로그램을 찾게 만드는 데 기여했다. 이들은 6장과 9장에서 상세히 다룬다.

마약에 대한 전쟁은 마약남용과 사회문제의 원인으로부터 주의를 분산시켰고, 개인의 권리에 비추어 주정부의 권력을 키웠으며, 미국 정치가 라틴아메리카와 남아메리카 정부에 간섭하는 것을 합법화했고 그리고 마약남용의 수준을 감소시키지도 못했다. 총기통제 및 마약에 대한 전문가인 윌리암 위어(William Weir)는 냉소적인 정치인들이 대중을 조종해 자신의 계획과 목표를 달성했고, 그 와중에 표를 얻기 위해 "마약중독자(dope fiend)" 고정관념을 만들어냈다고 주장한다. 그 "전쟁"은 폭력을 증가시켰고 도심의 소수집단청소년들을 더 많이 갱으로 만들었다.[36]

그림 3.1

교정적 통제 하에 있는 성인들의 수: 1980-2015
*** 2015년 자료는 추정치임**

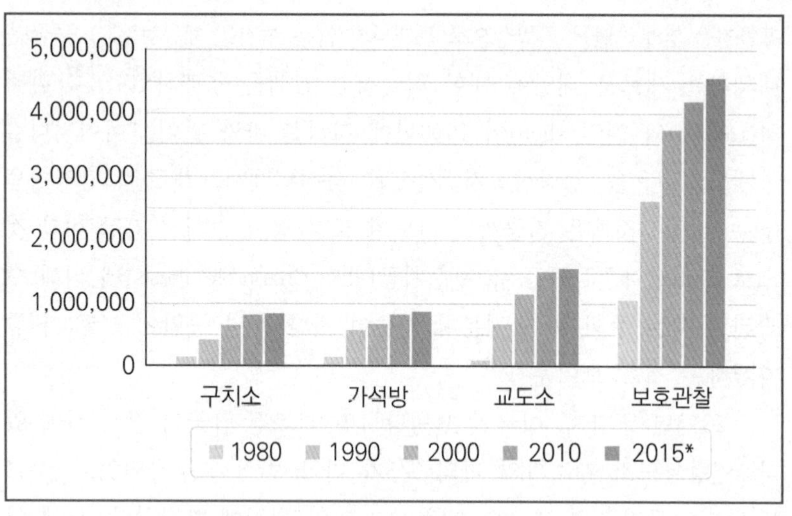

출처: *Bureau of Justice Statistics (2011). Correctional Populations*, 1980-2010. (http://www. bjs.gov/content/pub/pdf/cpus10.pdf)

요약

교정의 정의, 임무, 역할

교정이념은 믿음의 체계 또는 그것의 결과로 도출되는 조치들의 어떤 체계인데, 그것은 인류의 가장 초기시대에서 그 기원을 찾을 수 있다. 원래 처벌과 추방은 교정의 주된 임무였는데, 이것은 범죄자가 범죄를 저지를 것을 합리적으로 선택하고, 손해나 사망을 불러일으킬 의도를 가졌으며 그리고 다른 방법으로는 미래의 범죄행동을 억제할 수 없다는 믿음에 기초한다. 범죄자들은 사악하고 처벌받아 마땅한 사람으로 여겨졌다. 교정시설이 발전되었을 때, 무력화는 처벌이념의 세 번째 요소가 되었다.

양형목적과 주요 처벌철학들

교정은 하나의 또는 또 다른 이념적 입장으로 지난 30여 년 동안 왔다갔다 했는데, 이것은 한 유형의 믿음과 제도에서 또 다른 믿음과 제도로 넘어갔다. 같은 기간 동안, 사회복귀 이념은 보다 처벌적인 이념으로 이동되었다. 과거 10년 동안에, 경제적 재편과 재정부족이 나타났고, 이념은 사회복귀와 개선의 입장을 갖고 있는 처우와 예방 전략으로 다시 돌아가기 시작했다. 만약 이 움직임이 21세기까지 계속된다면, 그것은 살아남게 될 것이다.

범죄에 대한 여론이 범죄통제정책에 영향을 주는 방식

처벌의 의도는 응보, 억제 그리고 무력화를 추구하는 것이지만, 연구와 조사에서 처벌이 범죄를 예방한다는 증거는 별로 없다. 사형당한 사람들이 더 범죄를 못한다는 것은 분명한 사실이며, 대부분의 미국인들은 사형이 가석방 없는 종신형에 비해 좋지 않은 선택이라고 믿는데, 이것은 특히 피해자에 대한 배상과 관련될 때 더욱 그렇다. 이것은 단지 적은 비율의 미국인만이 사형을 열렬히 지지하는 한 이유일 수 있다.

교정정책과 관련된 쟁점

18세기에 계몽시대의 발전과 함께, 두 번째 주요 이념인 사회복귀 이념이 출현했다. 이 이념은 인간이 완벽하지 않고 더 나아질 수 있다는 가정과 그리고 만약 범죄자에게 개입하고 범죄를 그만 두도록 동기화하며, 주류 미국사회로 합류하기를 원하는 개인으로서 자유세계에 다시 참여할 기회가 주어진다면 범죄는 감소할 것이라는 가정에 기초한다. 사회복귀를 달성하기 위해 보호관찰과 교정시설에서 서비스와 처우를 (그러나 부실하게) 계획하고 시행한다.

19세기 말과 20세기에서, 세 번째 이념인 예방이념이 나타났다. 이 이념 하에서, 범죄자는 현재적 삶의 요구에 대처하기에 덜 준비되고, 덜 교육받았으며, 개인적 진보를 위한 기회가 차단되어 있었으며 그리고 야만적인 양육, 마약의 나쁜 영향을 받는 환경, 지역의 청소년 및 성인 갱들, 범죄가 만연하는 환경 등을 포함하는 다양한 적대적인 사회적 요인들로부터 고통을 받는 것으로 여겨진다. 예방에 초점을 맞춘 다양한 프로그램들이 출현했고, 이것은 지역의 변화, 범죄행동에 대한 저항력을 높이기, 법집행 전략을 변화시키기, 사회복지 그리고 이와 관련된 노력들을 포함한다. 범죄를 예방하는 것이 범죄자의 사회복귀보다 범죄를 감소시키는 데 더 중요한 역할을 하는데, 사회복귀는 처벌보다 더 범죄 예방에 효과가 있다.

과거 30여 년 동안, 회복적 사법이라는 한 새로운 이념이 나타났다. 이 이념은 많은 범죄자가 아직 완전히 범죄세계를 따를 것이라고 결심하지는 않았고, "실수는 했지만 훌륭하고 생산적인 시민으로서 비범죄적 삶에 다시 합류할 준비가 되어 있는 사람"이기 때문에 기회를 줘야 한다는 가정에 기초한다. 회복적 사법은 피해자와 가해자 사이의 갈등이 줄어들고 가해자가 행동을 고치고 다른 범죄를 회피할 수 있다는 점에서 그 장점을 잘 찾을 수 있다. 이 이념은 가해자를 수정하고, 범죄가 일어난 지역사회를 치료하며, 가해자를 그들의 범죄의 충격 때문에 처벌하고 그리고 가해자를 지역사회의 구성원으로서 복귀하는 것을 요구한다. 그러한 균형적 접근은 법을 위반한 시민들을 한때 범죄를 범한 심각한 실수를 한 바 있는 법을 지키는 시민으로 복구하는 것을 목표로 한다.

현대의 미국교정에 대한 설명

미국은 다른 어떤 나라보다 교정기관의 통제 하에 있는 인구의 비율이 가장 높으며, 교도소에 있는 시민의 비율이 가장 높다. 이것은 큰 일련의 사회적 문제를 형사사법제도의 절차를 사용하여 해결하려는 시도에 의해 초래된 결과이다. 장기형은 사회적 부적응자를 안정시키고 재통합하여 사회의 생산적인 구성원으로 만들려는 의지를 꺾어 버렸다. 대부분의 재소자들은 그들의 구금기간 중 첫 2년 동안 가장 큰 이득을 얻는다. 현재 재소자의 약 85%는 특별히 위험하지 않고 지역사회 교정프로그램으로도 재활할 수 있는 사람들이다. 지역사회교정은 구금에 비해 보다 현실적이고 효과적이며 그리고 비용이 적게 든다. 그러나 현재 구금된 범죄자의 약 15%는 너무나 위험해서 지역사회에서 통제할 수 없는 사람들이며 교도소에서 감시되어야 한다.

대부분의 현재 재소자들이 정신적으로 문제가 없지만 다양한 문제로부터 (특히 경제적 욕구 부분에서) 고통을 받는다는 점이 강조되어야 한다. 그러한 재소자들은 생계를 벌 수 있는 기회와 자격이 주어져야 하며, 이를 위해서는 사기업 부문과의 조화롭고, 최대한의 협력이 필요하다.

주요용어

이념 80
교정이념 80
처벌이념 80
사회복귀 이념 80
예방이념 81
응보 81
억제효과 85
일반억제 85
특별억제 85
범죄자라는 오명 85
무력화 86
무능화의 이론 86
선택적 무력화 86
재범 86
사회복귀 모델 90
감화원운동 91
교육교의 92
의료모델 92
부정기형 92
재통합모델 93
에밀 뒤르켐 94
지역사회교정 95
다이버전 96
"강경대응"법 97
회복적 사법 98
정기형 102

복습질문

1. 어떤 기본이념들이 그동안 범죄자를 다루는 것에 영향을 주었는가? 어떤 것이 가장 오래 되었는가?
2. 만약 처벌이 행동을 억제하기 위해서는 어떤 기준이 맞춰져야 하는가?
3. 사회복귀 이념은 처벌이념과 어떻게 다른가? 그들은 필연적으로 서로 배타적인가?
4. 교정제도의 고객 측면에서 현재 어떤 변화가 일어나고 있는가?
5. 처벌이념은 최근에 교정에 어떤 영향을 주었는가?
6. 회복적 사법은 무엇인가?
7. 재소자의 인종/민족에 따른 마약의 영향에 대해 설명하라.

적용사례연구

1. 2명의 청소년이 그들의 차 열쇠를 이용해서 당신의 차 옆면을 긁었다. 당신은 이 두 청소년에 대해 어떻게 했으면 좋겠는가?
2. 침입절도로 15년 형을 받은 한 재소자가 "신앙을 통해 개선되었고" 그는 진정으로 믿음과 회개를 하는 것으로 보인다. 교도소 목사는 그 재소자가 보호관찰 하에 석방되어 그가 원하는 일을 할 수 있도록 하라고 요구한다. 만약 당신이 이 교도소의 소장으로서 어떤 조치를 한다면, 무엇을 할 것인가? 만약 그 재소자가 12년 이상을 복역했다면? 만약 그 재소자가 원래 형기 중 18개월을 남겨놓고 있다면?
3. 살인으로 기소된 한 남성이 배심원에 의해 살인이 아닌 치사로 인정되었다. 당신의 주에서, 치사는 6~20년 사이의 구금형으로 처벌이 가능하다. 양형판사로서, 당신은 어떤 형량을 선고할 것인가? 그 이유는 무엇인가?

미주

1. BBC News (2013), "Japan Hangs Three Death Row Inmates," http://www.bbc.co.uk/news/world-asia-21528526. Japan hangs the condemned without telling them their death date, and notifies their families after the fact.
2. Graeme Newman, *Just and Painful: The Case for the Corporal Punishment of Criminals* (New York: Free Press, 1983).
3. As cited by Elmer H. Johnson, *Crime,*

Correction, and Society (Homewood, IL: Dorsey Press, 1974), p. 173. See also Roger Hood, "Capital Punishment: A Global Perspective," *Punishment and Society* 3:3 (2001): 331-334, and Kika Young (2013), "The Difference between Positive/Negative Reinforcement and Positive/Negative Punish-ment," http://bcotb.com/the-difference-between-positivenegative-reinforcement-and-positi venegative-punishment/.

4. Norman Carlson, "A More Balanced Correctional Philosophy," *FBI Law Enforcement Bulletin* 46 (January 1977): 22-25. See also John Cochran and Mitchell Chamblin, "Deterrence and Brutalization," *Justice Quarterly* 17:4 (2000): 685-706.
5. K. Blackman, R. Voas, R. Gullberg, et al., "Enforcement of Zero-Tolerance in the State of Washington," *Forensic Science Review* 13:2 (2001): 77-86.
6. John Irwin and James Austin, *It's About Time* (San Francisco: National Council on Crime and Delinquency, 1987), pp. 12-14. See also and Richard Tewksbury and David Connor, "Incarcerated Sex Offenders' Perceptions of Family Relationships," *Western Criminology Review* 13:2 (2012): 25-35.
7. Bradley Wright, A. Caspi, and T. Moffitt, "Does the Perceived Risk of Punishment Deter Criminally Prone Individuals?," *Journal of Research in Crime and Delinquency* 41:2 (2004): 180-213.
8. Peter B. Greenwood, *Selective Incapacitation* (Santa Monica, CA: Rand Corporation, 1983). But also see Simon Cole, "From the Sexual Psychopath to 'Megan's Law,'" *Journal of the History of Medicine and Allied Science* 55:3 (2000): 292-314.
9. Incapacitation remains a hotly debated topic in corrections. See Daniel Nagin, David Farrington, and Terrie Moffit, "Life Course Trajectories of Different Types of Offenders," *Criminology* 33:1 (1995): 111-139, and Tom O'Connor (2013). "Correctional Ideologies," http://www.drtomoconnor.com/1050/1050lect02.htm.
10. Hennessey Hayes and M. Geerken argue that it is possible to identify low-rate offenders for early release. See H. Hayes and M. Geerken, "The Idea of Selective Release," *Justice Quarterly* 14:2 (1997): 353-370, and Court Services and Offender Rehabilitation Agency for the District of Columbia, "Day Reporting Center," http://www.csosa.gov/super-vision/programs/day_ reporting_center.aspx.
11. Marianne Zowitz, ed., *Report to the Nation on Crime and Justice* (Washington, DC: Bureau of Justice Statistics, 1983). On the Dutch experience, see Ben Vollard (2011), "Preventing Crime through Selective Incapacitation," http://papers.ssrn.com/sol3/papers.cfm?abstract_id=1738900.
12. More than half of prison inmates will be charged with prison rule violations during their current sentences. See James Stephan, *Prison Rule Violations* (Washington, DC: Bureau of Justice Statistics, 1989). See also Stephen Schoenthaler, Stephen Amos, W. Doraz, et al., "The Effect of Randomized Vitamin- Mineral Supplementation on Violent and Non-Violent Antisocial Behavior among Incarcerated Juveniles," *Journal of Nutritional and Enviro-nmental Medicine* 7:1 (1997): 343-352, and National Bureau of Economic Research (2013),

"The Impact of Childhood Lead Exposure on Adult Crime," http://www.nber.org/digest/may08/w13097.html.

13. See the comments on the Alabama "dog house" by John Conrad, "From Barbarism toward Decency: Alabama's Long Road to Prison Reform," *Journal of Research in Crime and Delinquency* 26 (November 1989): 307-328; Human Rights Watch, "No Escape: Male Rape in U.S. Prisons," http://www.hrw.org/reports/2001/prison (accessed November 30, 2008); and Women of the World (2013), "Former Inmates Claim Texas Prison Ran 'Rape Camp," http://www.thedailybeast.com/witw/articles/2013/06/19/former-inmates-claim-texas-prison-ran-rape-camp.html.

14. Johnson, *Crime, Correction and Society,* pp. 361-365. A European view of punishment can be found in Pieter Spirenburg, *Man and Violence: Gender, Honor and Rituals in Modern Europe and America* (Columbus: Ohio State University Press, 1998).

15. There is a current rebirth of the punishment ideology, described in detail by Donald E. J. MacNamara, "The Medical Model in Corrections: *Requiescat in Pace*," *Criminology* 14 (February 1977): 439-448. See also Victor Hassine, *A Life without Parole: Living in Prison Today,* 4th ed. (New York: Oxford University Press, 2008). Victor Hassine committed suicide in 2008.

16. James Austin and Aaron McVey, *The 1989 NCCD Prison Population Forecast: The Impact of the War on Drugs* (San Francisco: National Council on Crime and Delinquency, 1989), p. 13. See also Ann Carson and William Sobel, *Prisoners in 2011* (Washington, DC: Bureau of Justice Statistics, 2012).

17. Patrick Langan and David Levin, *Recidivism of Prisoners Released in 1994* (Washington, DC: Bureau of Justice Statistics, 2002). But see David Hartmann, J. Wolk, J. Johnston, et al., "Recidivism and Substance Abuse Outcomes in a Prison-Based Therapeutic Community," *Federal Probation* 61:4 (1997): 18-25, and Michael Prendergast, Elizabeth Hall, Harry Wexler, et al., "Amity Prison Based Therapeutic Community," *The Prison Journal* 84:1 (2004): 36-60. See also Harry Wexler et al, "The Amity Prison TC Reincarceration Outcomes," http://cjb.sagepub.com/content/26/2/147. abstract.

18. James Unnever, "Two Worlds Far Apart: Black-White Differences in Beliefs about Why African-American Men Are Disproportionately Imprisoned," *Criminology* 46:2 (2008): 301-359. For a list of crime prevention programs, see Bureau of Justice Statistics, *Crime Prevention* (Washington, DC: Bureau of Justice Statistics, 2013).

19. For a discussion of prediction, see Anthony Petrosino and Caroline Petrosino, "The Public Safety Potential of Megan's Law in Massachusetts," *Crime and Delinquency* 45:1 (1999): 140-158; Sonya Goshe (2013), "Malleable Inmates," *Western Criminology Review* 14(1): 38-50; and Richard Tewksbury and David O'Connor, "Inmates Who Receive Visits in Prisons: Exploring Factors That Predict," *Federal Probation Journal* 46:3 (2012), http://www.uscourts.gov/uscourts/FederalCourts/PPS/Fedprob/2012-12/visitation.html.

20. See Linda Dahlberg, "Youth Violence in the United States: Major Trends, Risk Factors and

Prevention Approaches," *American Journal of Preventive Medicine* 14:4 (1998): 259-272. See also American Academy of Child and Adolescent Psychiatry, "Children with Opp-ositional Defiant Disorder," http://www.aacap.org/publications/factsfam/72.htm (accessed January 20, 2005).

21. Emile Durkheim, *Division of Labor in Society*, trans. George Simpson (Glencoe, IL: Free Press, 1947). See also Dario Melossi, *The Sociology of Punishment* (Aldershot: Dartmouth, 1998).
22. Carri Casteel, "Effectiveness of Crime Prevention through Environmental Design in Reducing Robberies," *American Journal of Preventive Medicine* 18:4 (2000): 99-115; City of Mesa, Arizona, "Crime Prevention through Environmental Design," http://www.cityofmesa.org/police/literature/cpted.asp (accessed January 19, 2005); North Carolina Department of Public Safety (2013), "Crime Prevention through Environmental Design," https://www.ncdps.gov/index2.cfm?a=000003,000011,001443,001576.
23. Eric Fritsch, T. Caeti, and R. Taylor, "Gang Suppression through Saturation Patrol, Aggre-ssive Curfew and Truancy Enforcement, " *Crime and Delinquency* 45:1 (1999): 122-139. But see Richard Valdemar (2013), "Failed and Fruitful Tactics for Combatting Gangs," http://www.policemag.com/blog/gangs/story/2009/09/failed-and-fruitful-tactics-for-combating-gangs.aspx.
24. Daniel Nagin and J. Waldfogel, "The Effects of Conviction on Income through Life," *International Review of Law and Economics* 18:1 (1998): 25-40.
25. That trend has stopped. The percentage of U.S. households victimized by violent crime or theft during 2006 remained at the lowest levels since 1994. Since 1994, property crimes have dropped from 320 per 100,000 persons to 150 in 2006. Victimization through violent crime dropped 78 percent in the same time period. Bureau of Justice Statistics, *Criminal Victimization, 2006* (Washington, DC: Bureau of Justice Statistics, 2007). Most likely, property crimes have plateaued and will decrease very slowly in the future.
26. Harry E. Allen, Edward Latessa, and Gennaro Vito, "Corrections in the Year 2000," *Correct-ions Today* 49:2 (1987): 73-78. See also Wendy Ware, James Austin, and Gillian Thomson (2013), "Nevada Department of Correction Ten Year Prison Population Predictions: 2010-2020," http://www.doc.nv.gov/sites/doc/files/pdf/stats/Population_Forecast_and_CIP/FY_2012_2021/Prison_Population_Forecast_Report_2010_2020.PDF.
27. T. Flanagan, E. McGarrell, and A. Lizotte, "Ideology and Crime Control Policy Positions in a State Legislature," *Journal of Criminal Justice* 17 (1989): 87-101; Marla Sandys and Edmund McGarrell, "Attitudes toward Capital Punishment among Indiana Legislators," *Justice Quarterly* 11:4 (1994): 651-677.
28. Francis Cullen, Bonnie Fisher, and Brandon Applegate, "Public Opinion about Punishment and Corrections," in Michael Tonry, ed., *Crime and Justice* (Chicago: University of Chicago Press, 2000), pp. 1-79. See also Jody Sundt et al. (2012), "Support for Prisoner Rehabilitation," www.pdx.edu/cjpri/files/CJPRI_ResBrief_Reentry.pdf.
29. See Prison Fellowship International, "Restorative Justice Online," http://www.restorativejustice.

org/intro(accessed July 15, 2008). See also Editorial opinion (2013), "It's time for Oklahoma Legislature to Do Something about Overcrowded Prisons," http://enidnews.com/opinion/x738617982/It-s-time-for-Oklahoma-Legislature-to-do-something-about-overcrowded-prisons.

30. Prison Fellowship International, "Lesson 4: Programmes-Restorative Justice Processes," http://www.restorativejustice.org/university-classroom/01introduction/tutorial-introduction-to-restorative-justice/processes. (accessed July 15, 2008). See also Paul Tullis, "Can Forgiveness Play a Role in Criminal Justice?," *New York Times Magazine*, January 20, 2013, p. 1. A brief video on restorative justice can be found at http://www.youtube.com/ watch?v=PEO3HeOgQPY.

31. The Restorative-Justice Resource Center, "Victim-Offender Mediation or Dialogues," http://www.cjibc.org/victim_mediation (accessed July 15, 2008). See also David Karp (2013), "Campus Restorative Justice," http://www.skidmore.edu/campusrij.

32. See William Spellman, "What Recent Studies Do (and Don't) Tell Us about Imprisonment and Crime," in Tonry, *Crime and Justice*, pp. 419-494.

33. Craig Hainey, "Mental Health Issues in Long-Term Solitary and 'Supermax' Confinement," *Crime and Delinquency* 49:1 (2003): 124-156; Michael Vaughn Sue Collins, "Medical Malpractice in Correctional Facilities," *The Prison Journal* 84:4 (2004): 505-534; Margaret Severson, "Mental Health Needs and Mental Health Care in Jails," *American Jails* 18:3 (2004): 9-18. But see Susanne Green (2013), "Emergency Transfer for Mentally Ill Colorado Super-Max Concerns Surface," http://www.huffingtonpost.com/2013/10/04/colorado-supermax_n_4045914.html.

34. Edward Latessa and Harry Allen, *Corrections in the Community* (Cincinnati, OH: Anderson Publishing, 2004), p. 43. See also Ryan King, "Disparity by Geography: The War on Drugs in American Cities" (Washington, DC: The Sentencing Project, 2008).

35. PEW Charitable Trusts, "One in 100: Behind Bars in America 2008," http://www.pewtrusts.org/en/research-and-analysis/reports/2008/02/28/one-in-100-behind-bars-in-america-2008. updated.

36. See Daniel Mears et al., "Social Ecology and Recidivism: Implications for Prisoner Reentry," *Criminology* 46:2 (2008): 301-359. See also James Howell and John Moore (2010), "History of Street Gangs in the U.S.," http://www.nationalgangcenter.gov/content/documents/history-of-street-gangs.pdf.

CHAPTER 4

양형과 상소절차

학습목표

- 검사의 유죄답변협상의 역할과 그것이 어떻게 교정필터를 만들었는지를 설명하시오.
- 상이한 유형의 형에 따른 양형결정이 어떻게 이루어지는지를 요약하시오.
- 형사법원과 형사재판절차에 대한 대안을 서술하시오.
- 상소과정을 요약하시오.
- 교정필터가 대부분의 범죄자들을 어떻게 유형별로 나누고, 정렬하며, 구금을 대체하는 처분으로 전환시키는지 설명하시오.

개요

> "내가 조만간 달성하고자 하는 최고의 목표는 처벌을 범죄에 상응하도록 맞추는 것이다."
> – 윌리암 S. 길버트
> 오페라 천황에서

교정필터

양형결정
- 양형절차에서의 급속한 변화
- 새로운 목표
- 개혁 옵션들
- 개혁 효과
- 행동의 예측
- 판결전조사
- 사법적 양형 대 행정적 양형
- 양형에서의 현실적 문제들
- 교도소 구금기간을 정하는 문제

연방법원에서의 중범죄에 대한 판결

양형에 의한 범죄율의 억제
- 상소심리

적법절차의 쟁점

상소과정
- 상소법원

교도소로부터의 상소

사법적 명령에 의한 개혁

법원을 삼킨 상소의 홍수
- 재소자 소송의 유형
- 재소자 소송을 감소시키기 위한 입법적 노력

개관

이 장에서, 우리는 범죄자에 대한 양형과 그 결정에 이의를 제기하는 몇몇 절차들을 다루는 쟁점에 대해 논의한다. 학생들은 또한 범죄자를 교정의 주요 부문에 배치하는 과정들 그리고 양형제도가 어떻게 교정제도, 프로그램 그리고 시설에 영향을 주는지에 대해 알게 될 것이다. 우리는 또한 유죄평결과 양형에 대한 상소과정을 간략히 살펴볼 것이다.

위에 언급한 바와 같이 "처벌이 해당 범죄에 상응"하게 만드는 데 있어서, 형사사법체계 중에서 법원만큼 많은 비판이나 논란을 불러일으키는 곳도 없을 것이다. 이 장은 이와 관련된 중요한 판결에 대해 살펴보고, 이 판결들이 급증하는 교도소 인구에 미치는 영향과 다음에 논의하게 될 "교정필터(correctional filter)"에 대해 미치는 영향을 살펴본다. 많은 사람들은 대중여론, 구치소와 교도소 과밀화, 예산부족 그리고 판사의 재량에 대한 법적 제한에 대해 고려하면서 여전히 "정의"를 실현하려는 법원의 노력을 비판한다. 학생들은 또한 상소과정에 대해서도 이해할 필요가 있는데, 이것은 이 장의 뒷부분에서 논의한다. 학생들은 미국 법원에서 행해지는 양형과정과 판결을 논의할 때, 범죄발생건수와 다루어야 할 사건의 양이 많음을 염두에 두고 있어야 한다. 이 쟁점은 이미 살펴본 내용 및 앞으로 살펴보게 될 장들과 매우 중요한 관련성을 가질 것이다. 그것은 또한 상소과정의 복잡성을 이해하는 데 기초가 될 것이다. 우리는 양형제도와 교정필터에 대한 논의로 시작한다.

교정필터

미국교정의 다양한 측면과 추세에 대한 조사에서, 이제 교정필터(correctional filter)로 불리는 개념을 다루게 되었는데, 이것은 다양한 양형 선택지를 말하며, 이는 간혹 형사사법제도가 실제로 어떻게 굴러가고 있는지에 대해 사람들을 혼란스럽게 만든다. 이 필터의 모든 지점에서, 어떤 유형의 범죄자와 사건들은 대안적 처분들로 전환되는데, 이들은 구치소나 교도소가 아닌 다른 유형의 교정적 감시들이다. 일반적으로, 범죄는 경범죄나 중범죄의 두 유형으로 구분된다. **경범죄(misdemeanor)**는 덜 심각한 범죄이고 보통 지역 구치소나 구류시설에서 1년 이하의 구금에 처해질 수 있다. **중범죄(felony)**는 보다 심각한 범죄이며, 이 혐의를 받는 사람은 구금형이나, 심지어 사형을 받을 수 있는데, 1급살인과 같은 사형선고가 가능한 범죄도 있다. 최종적으로 교도소에서의 구금이나 감시에 처해진 범죄자들은 대부분 심각한 범죄자들이다. 우리는 이제 검사로부터 시작해서 교정필터의 근거, 과정, 흐름에 대해 살펴본다.

주요용어

경범죄
상대적으로 경미한 형법위반. 보통 1년 이하의 구금형으로 처벌됨.

주요용어

중범죄
심각한 형법위반. 적어도 1년 이상의 구금형과 때때로 사형을 받을 수도 있음.

교정필터 과정에서 하나의 중요한 행위자는 검찰이다. 검사가 자신의 넓은 재량권을 행사하여 혐의를 무효로 하거나 또는 유죄답변협상에서 피고인이 유죄를 받아들일 정도로 혐의를 완화시키는 것도 이 단계이다.[1] 최근 연구들에 의하면, 경찰이 넘긴 중범죄사건의 50%−90% 정도는 검사에 의해 유죄답변협상을 통해 처리되는데, 2010년에 이 수치는 대도시 지역에서는 95%였다. 무혐의가 아닌 사건 중 높은 비율이 **유죄답변협상**(plea bargaining)을 통해서 피고인이 유죄답변에 동의할 정도의 덜 심각한 혐의로 낮아진다. 유죄답변협상은, 피고인을 검거하게 했던 혐의보다 더 가벼운 혐의로 인정하는 검사의 관행을 말하는데, 이것은 보통 사건이 보다 중한 혐의를 지우기에 충분하다고 느끼지 않거나 또는 피고인에게 다른 범죄나 범죄자에 대한 정보를 제공하도록 설득하기 위해 행해진다. 유죄답변협상은 검사가 복수의 혐의를 기각하거나, 혐의를 낮추어주거나 또는 약한 형량을 구형하는 데 동의하게 할 수 있다. 교정필터 과정에서 이 조치가 인정될 수 있는 것은 많은 업무량과 제한된 자원 때문이라는 것이 가장 일반적인 설명이다. 이것은 검사가 다 처리하기에 힘들 정도

주요용어

유죄답변협상
피고가 기소상의 이익을 얻기 위해 유죄를 인정하는 과정

교정 실제 4.1

크랙과 코카인남용에 대한 정기형

1986년에, 의회는 두 가지의 가장 인기 있는 유형의 코카인인, 코카인분말과 크랙(크리스탈)에 대해 양형상의 차이를 규정했다. 5그레인(grain, 겨우 1티스푼 정도)의 크랙을 파는 행위는 최소 5년 연방교도소 구금형을 받는다. 이 형량은 동일한 양의 (백인이 선호하는 형태인) 코카인 분말을 100번 판매하는 범죄를 저질렀을 때 받는 형과 같다. 크랙 판매 범죄자의 약 90%는 흑인이고, 코카인 분말을 판매한 범죄자의 단지 30%만이 흑인이다. 연방양형위원회가 양형기준을 형량이 동일하게 만들 것을 권고했을 때, 연방하원과 연방상원은 100:1로 이러한 개정을 반대했다. 2010년에 의회는 공정양형법을 만들고, 이것을 연방교도소의 재소자들에게 소급적용하여 형량을 낮추는 것을 허용했다. 적어도 7,300명의 재소자들이 이 혜택을 받았고, 평균적으로 크랙범죄의 형량에서 약 29개월을 낮추었다. 2013년까지, 이 절차로 인해 16,000년의 연방교도소의 구금을 없앴다.

2013년에, 연방법무장관은 의무적 최소 마약범죄 형기를 완화하기 위한 노력에서, 경미한 비폭력마약범죄자에 대해 더 이상 이것을 요하지 않을 것이라고 발표했다. 연방교도소 재소자의 수는 급격히 감소되었다.

출처: Traci Schlesinger, "Racial and Ethnic Disparity in Pretrial Criminal Processing," *Justice Quarterly* 22:2 (2006): 170-192. U.S. Sentencing Commission (2013), "Preliminary Crack Retroactivity Report: Fair Sentencing Act," http://www.ussc.gov/Research_and_Statistics/Federal_Sentencing_Statistics/FSA_Amendment/013-10_USSC_Prelim_Crack_Retro_Data_Report_FSA.pdf.

로 과도한 업무량이 검사의 사무실, 법원 그리고 이것이 과밀화된 구치소와 교도소를 덮치는 것을 가능한 빨리 피하기 위해 검사가 사건의 양을 줄이게 만든다는 것이다. 그러나 이 시간요소는 왜 어떤 사건들은 기소되고 다른 사건들은 기각되는지를 설명하지 않는다. 여기서 검사에게 주어진 넓은 범위의 재량권이 하나의 중요한 문제가 되고, 검사는 사건의 중요성, 심지어 사건해결의 용이성, 피해자에게 끼친 피해 그리고 변호사의 개인적 속성과 같은 요인들을 고려한다.[2]

여기서 중요한 점은 많은 형사사법의 종사자들이 피고인들을 다루는 과정에서 문지기 역할을 하고, 이들은 덜 심각하고 범죄경력이 적은 범죄자들을 구금형을 받지 않게 선별하는 효과를 만들어낸다는 것이다. 이 결정은 경미한 범죄자들을 구금에 대한 대안적 처분을 받게 하고, 기대하는 바와 같이, 가장 범죄성향이 진전되고 위험한 범죄자들을 구치소나 교도소에 구금시키게 만든다. 전체적으로 보아, 그러한 결정은 교정필터의 기본을 이루는데, 이 필터는 이미 언급한 것과 같은 다양한 교정적 목적을 달성하기 위한 것이며, 그리고 실제 위험하고 잠재적으로도 너무 위험해서 대안적 교정프로그램으로 보내기 어려운 사람들을 위해 교도소에 침상을 확보하기 위한 것이다.

양형결정

앞서 언급한 바와 같이, 형사사법 절차의 양형단계에 이른 피고인들은 아직 완전히 교정필터를 거치지 않은 사람들이다. 그들은 유죄답변협상을 하거나 배심재판이나 판사재판으로 유죄를 받는다.[3] 그리고 나서 법원은 어떤 방식을 그들에게 부과할 것인지를 결정해야 한다. 양형결정을 하는 것은 종종 판사들에게 가장 복잡하고 어려운 작업이다. 높은 거리폭력범죄, 수많은 마약범죄자와 길어진 정기형 등이 이전에 비해 양형결정을 더 복잡하게 만들었다. 물론, 양형을 결정하는 데는 많은 요인들이 영향을 주는데, 그것은 주가 가지고 있는 대안적 처분들, 가해자의 범행의도, 피해자에 대한 피해의 정도, 가해자의 반성 그리고 다른 감경 또는 가중요인들이 있다.[4]

교정 실제 4.2

음주운전범죄자에 대한 주 약물법원 프로그램: 양형

음주운전범죄자들은 점점 약물법원의 관할로 보내지고 있는데, 이것은 보통 "문제해결형 법원"으로 불린다. 그러한 법원은 재범위험이 높은 약물의존 성인운전자의 재범을 감소시키기 위해 만들어졌다. 대상집단은 약물이나 알코올의 영향 하에 운전하는 반복적인 습관을 보여준 자들이다. 그런 운전자는 이런 프로그램이 없다면 고속도로에서 상해와 사망사고를 일으키고 일반적인 음주운전자에 대한 처벌로는 억제하기 어렵다.

몇몇 약물법원들은 단지 초범 음주운전자만을 받지만, 일반적인 약물법원은 세 번 이상의 음주운전을 한 사람들을 대상으로 하는데, 이들은 심리와 양형을 위해 음주운전법원으로 직접 보내진 사람들이다. 이 기본 의도는 그러한 범죄자들에게 도움을 주고, 이들의 재범을 막아 대중을 보호하며, 사법효율성을 높이고 그리고 전과가 많고 위험한 범죄자들을 위해 교도소 침상을 확보하는 것이다. 조지아의 약물법원은 마약검사, 집중감시, 치료서비스 그리고 즉각적인 인센티브와 제재를 통해서 약물을 사용하는 범죄자들을 처리하는 권한이 주어진 책임법원이다. 약물법원은 범죄자들이 그들의 마약과 음주남용문제를 치료와 개인적 책임감뿐만 아니라 전문화된 사례관리를 조합해서 다루도록 강제하는 것을 목표로 한다. 이 약물법원은 특히 전문적으로 훈련된 판사가 검사, 국선변호사, 보호관찰관 및 경찰관, 치료제공자 그리고 다른 이 분야 실무자와 협력하여 관리하는 어떤 전문화된 심리계획서를 이용하는 치료법원인데, 이것은 음주운전범죄자들이 음주의존으로부터 벗어나고 재범을 하지 않게 만든다.

약물법원에서 자주 사용하는 방식으로 초기 및 장기 치료개입, 무작위 약물검사, 사법적 감시, 집중보호관찰(이것이 끝나면 보호관찰이 이어짐), 학교교육 그리고 고용지원, 2주마다의 법원출석, 12단계의 알코올중독자모임 또는 마약중독자 모임에의 빈번한 참석 그리고 준수사항 확인담당관의 가정방문 등이 있다. 요구된 출석을 하지 않는 경우, 약물법원판사가 즉시 제재를 가하는데, 여기에는 사회봉사, 구치소구금 또는 둘 다가 포함된다. 시동잠금장치는 약물법원범죄자의 차에 부착될 수 있다. 준수사항을 빈번하게 위반하게 되면 보호관찰의 취소와 구금형이 부과될 수 있다.

약물법원의 효과는 아직 확실히 연구되지 않았지만, 조지아에서의 예비적인 연구결과는 프로그램이 종료된 후 12개월 동안 음주운전자 법원프로그램 수료자는 거의 3배 정도 음주운전으로 적게 입건되고, 종료 후 24개월 동안 약물법원 수료자들은 새로운 중범죄를 20% 덜 저지른다. 미네소타의 헤너핀카운티(Hennepin county)의 프로그램 참여자의 약 89%는 범죄를 저지르지 않았다. 그러한 범죄자들을 "술병으로부터 떨어뜨려 놓기" 방식을 취하는 것이 그들을 교도소에 보내는 것에 비해 비용이 1/4밖에 소요되지 않는다. 대부분의 약물법원에서 참가비는 치료서비스에 돈을 지불하는 데 이용된다.

출처: Eastern Judicial Circuit of Georgia, State Court DUI Court Program, http://www.chatham-courts.org/StateCourt/DUICourtProgram.aspx (accessed October 26, 2012).

양형절차에서의 급속한 변화

주요용어

부정기형
단기와 장기가 명시된 판사에 의해 부과된 처벌

주요용어

양형불균형
간은 범죄나 같은 범죄의 심각성에 부과된 형의 유형과 형기에서의 차이로서, 이 차이를 설명할 수 있는 아무런 법적 근거를 찾을 수 없는 것

1930년에, 대부분의 주와 연방법원은 **부정기형**(indeterminate sentencing) 구조 하에서 운영되었다. 판사는 최소형기와 최대형기 모두를 부과하는데, 단기 2년, 장기 5년 또는 단기 5년, 장기 20년과 같이 부과할 수 있다. 넓은 범위의 형기는 교정제도의 지배적인 사회복귀 목적과 그리고 일단 범죄자가 교정된다면, 가석방위원회는 그 변화를 포착하고 재소자의 석방을 명할 것이라는 믿음을 반영한다. 가석방위원회는 그들의 석방재량을 사용하여 복역할 형기를 실제로 결정하였다. 미국의 양형법과 제도는, 오랫동안의 상대적 휴지기(1930–1974) 이후, 급속하고도 근본적인 양형절차의 변화를 경험하기 시작했다. 그 원인은 다음과 같다.[5]

교정 실제 4.3

추정양형(presumptive sentencing)

양형불균형을 제한하는 하나의 대안은 추정양형제도인데, 이것은 주의회가 최소형기, 평균형기 그리고 최대형기를 정하고, 판사가 범죄자의 특성과 가중조건에 기초하여 형기를 선택하는 것이 허용되는 제도이다. 범죄자는 어떤 점수(미결구금기간, 교도소에서의 좋은 행동, 프로그램 참여 등에 의해 획득하는 점수)를 획득하여 부과된 형기를 줄일 수 있다. 캘리포니아주는 추정양형구조를 갖고 있는데, 이것은 양형판사에게 세 가지의 선택지를 제공한다. 예를 들어, 침입절도의 경우는 다음과 같다.

1. 가중상황 – 7년
2. 추정 (평균) 양형 – 5년
3. 감경 상황 – 3년

통상적으로, 판사는 범죄자에게 보호관찰을 부과할지 구금형을 부과할지("인-아웃 결정")를 결정할 것이다. 구금형으로 결정하면, 판사는, 범행 당시 감경상황(예를 들어, 만약 범죄자가 금지마약의 영향 하에 있었거나 또는 유약한 성격을 가져 쉽게 또래에게 인정받기 위해 범죄에 가담하는 사람)이 없다면 5년의 평균형량을 부과할 것이다. 만약 감경상황이 입증된다면, 판사는 최소형량(3년)을 선고할 것이다. 그러나 가중상황이 입증된다면, 판사는 가장 높은 형량(7년)을 부과할 것이다. 가중상황의 몇 가지 예는 피해자에 대한 심각한 상해, 이전의 교도소 구금전력 그리고 피해자의 취약성(60세 이상, 맹인, 장애인 등)과 같은 것들이다.

1. (뉴욕주의 애티카와 뉴멕시코주, 오클라호마, 캘리포니아 그리고 플로리다에서의 폭동과 같은) 교도소 폭동들은 재소자들이 사회복귀의 공허한 미사여구와 교도소 환경의 현실에 특별히 불만이 많다는 것을 보여주었다.
2. 재량의 남용은 개인적 권리에 대한 우려를 불러일으켰는데, 그 이유는 검사, 판사 그리고 가석방위원들이 견제를 거의 받지 않았고, 몇몇은 재량권을 임의적으로 남용하였기 때문이다.
3. 법원명령과 판결은 공식적 판결과 그 결과에 대한 책임을 요구하는 운동을 초래했다.
4. 사회복귀 이상은 경험적으로나 이념적으로 의문시되었는데, 이것은 부정기형의 "재활 후 가석방"이라는 주장의 근거를 약화시켰다.
5. 사법부의 양형에 대한 실험적 통계적 연구들은 인종과 계급에 따라 실질적인 편차를 발견했다.[6] 그러한 비일관성과 불균형은 양형제도가 불공평했다는 결론을 낳았다.(양형 불균형(sentencing disparity)은 동일한 상황에서 동일한 범죄를 저지른 범죄자들이 다른 형을 받는다는 것을 의미한다.)
6. 범죄통제와 교정은 하나의 정치적 축구게임이 되었는데,[7] 이런 게임은 공직 자리에 선출되기를 원하는 사람에게 유용한 것이었다.

새로운 목표

1970년대까지 교정은 일반적으로 공리주의적 목표 하에 운영되었는데, 사람들은 이를 통해 사회복귀가 가능하다고 생각했다. 1980년대 들어서 "강경론자"들이 이와는 다른 목표를 주요 목표로 설정하였다. 이들은 미래의 범죄자에 대한 무력화와 선택적 무력화라는 변종을 포함하는데, 이것은 높은 위험을 가진 범죄자들이 훨씬 더 많은 형량을 받게 함으로써 더 많은 범죄를 예방하려는 것이다.[8] 1990년대 중반부터 "세 번 범죄를 저지르면, 당신은 아웃이다"법[9]과 같은 개념들이 대중과 국회의원들에게 인기를 끌게 되었다. 특히 극악한 "신문의 헤드라인을 장식하는 범죄들"[10]의 극적인 증가는 폭력범죄가 증가하고 있다는 느낌과 결합하여, 1970년대 초 이후 그러한 운동을 부추겼다. 형을 받은 범죄자들에 대한 특별억제와 범죄를 저지를 가능성이 있는 사람들에 대한 일반억제는 사회정책적 목표로서 합법화되었다. 게다가, 응보목적은 그것이 마땅한 처벌을 부과한다는 점에서 매력적으로 여겨졌다.(정의모델(just desert))은 범죄자의 개인적인 비난가능성을 중시하고 행위의 속성에 초점을 맞추며, 피해를 고려하는 것을 목표로 한다.)

주요용어

정의모델
적용되어야 할 어떤 처벌이 범죄자의 비난가능성과 범죄의 심각성이어야 한다고 강조하는 양형이념

총 25개주와 연방정부가 삼진아웃법을 만들었고, 기하급수적으로 형기를 올렸거나 최소 형기를 25년, 30년 또는 심지어 40년으로 정했다. 그러한 입법이 억제와 무력화를 위한 필수적인 범죄대응수단이라는 검사와 국회의원들의 주장에도 불구하고, 그것은 광범위하게 적용되지는 않았다. 그러한 법을 만드는 것이 범죄를 감소시킨다는 믿을 만한 연구결과는 거의 없다. 대신에 범죄자가 체포될 것에 대해 거의 걱정하지 않으며, 그 법이 범죄자들이 가장 재범을 많이 하는 연령대를 이미 넘어선 범죄자들을 대상으로 하고, 범죄자들이 많은 범죄를 저지르기 전에 범죄율이 높은 사람을 초기에 가려내는 것이 어렵기 때문에 "잘못된 긍정"의 오류에 의한 심각한 문제가 있으며, 일부 범죄자들을 구금한다고 하더라도 새로운 범죄자가 나타나서 이들을 단지 대체한다는 증거가 있다. 결국 이 법이 목표로 하는 가장 적합한 범죄자들은 그러한 법이 시행되기 전에 제재를 경험하고, 따라서 구금의 증가는 충분히 처벌의 심각성을 증가시키지 않는다. 그러한 비효율적인 범죄통제수단이 교도소에서 노인환자인구를 증가시키는 데 기여하고, 결과적으로 교도소에 요양소 및 다른 값비싼 의료적 치료가 필요하게 되었다는 증거가 있다.[11] [표 4.1]은 55세 이상의 재소자비율이 가장 높은 10개주의 목록을 제시한다. 캘리포니아에서 재소자 한 명당 구금비용은 [표 4.2]에서 볼 수 있다.

표 4.1 **55세 이상의 재소자가 많은 상위 10개 주**

주	55세 이상의 비율
Kentucky	15.20
New Hampshire	14.00
Kansas	12.40
Missouri	12.40
Idaho	12.19
Nebraska	12.00
Utah	10.80
Alabama	10.75
Massachusetts	9.00
Michigan	8.80

출처: American Correctional Association, *American Correctional Directory* (2012), pp. 38, 39.

표 4.2 **연간 교도소에 재소자들을 수용하는 데 드는 평균비용: 캘리포니아**

1. 보안	$19,663
2. 행정비용	3,493
3. 보건의료	12,442
4. 운영비	7,214
5. 사회복귀프로그램	1,612
6. 재소자 부양비	2,562
합계	$46,986

출처: "The Average Cost to House Inmates in Prison" (2012), http://www.ehow.com/about_5409377_averagecost-house-inmates-prison.html (accessed August 18, 2013).

개혁 옵션들

개혁운동의 결과로서, 양형제도는 변화되었는데, 이것은 새로운 제도가 불균형 및 재량을 없애고 보다 상세한 기준을 만들 것이라는 믿음에서 나타났다. 그 결과로 나타난 모순적인 선택사항은 다음과 같다.

1. 유죄답변협상의 철폐
2. 유죄답변협상의 규칙과 지침의 확립
3. 의무적 최소형량 도입
4. 법을 통한 정기형의 확립
5. 임의적 또는 설명적인 양형기준이나 추정적 또는 규정적 양형기준의 도입
6. 양형위원회 창설
7. 판사에게 양형이유를 제시할 것을 요구
8. 가석방위원회의 재량을 제한하기 위해 가석방지침 도입
9. 가석방 폐지[12]
10. 선시제도 절차의 채용이나 수정
11. 양형에 대한 상소재심리의 일상화[13]

이 선택지들은 단지 과도한 재량을 제한하고, 차별을 감소시키며, 양형을 더 공정하게 하고 그리고 사법정의를 증진시키는 중요한 발걸음을 나타낸다.

개혁 효과

단지 몇십 년 만에, 양형구조와 제도에 극적인 변화들이 나타났다. 가석방위원회에 의한 가석방은 많은 주에서 폐지되었고, 의무적 양형지침이 다른 많은 주에서 만들어졌다. 1987년에, 연방양형기준이 만들어졌다. 20개 이상의 주들은 정기형제도를 이용하고, 적어도 48개주는 적어도 한 범죄유형에 대해 의무적인 최소형기를 도입하였다.

몇몇 주는 주 수준의 양형위원회를 만들고, 적어도 50개 주는 지역수준의 양형지침을 입안하였다. 그것은 우리가 양형결정에서 보게 될 우려와 변화의 배경에 역행하는 것이다.

행동의 예측

양형절차가 범죄자의 처벌 외에 아무런 목적을 가지지 않는다면(꽤 최근까지 그랬었다), 판사의 판결은 쉽게 법에 의해 규정될 수 있다. 그러나 현대의 형은 또한 사회복귀 및 재통합 그리고 피해자와 지역사회의 회복과 같은 다른 목적들을 위해 기여하는 것으로 여겨진다. 이러한 매우 다양한 목적들은 하나의 역설을 만들어내었는데, 이것은 판사가 범죄, 범죄자, 피해자 그리고 지역사회를 고려해서 대안들 중에서 선택하도록 하고 있다. 이 선택은 종종 경찰, 검사 그리고 일반대중으로부터 오랜 기간 동안 어떤 범죄자들을 구금하도록 강요하는 미묘한 압력에 의해 더 복잡해진다.[14]

양형결정에서의 한 주요 문제는 판사가 인간의 행동을 예측할 것을 요구한다는 것이다. 판사가 특정 범죄자가 교도소에 긍정적으로 반응할 것인지, 아니면 아마도 보호관찰 중의 도움으로부터 더 많은 이익을 얻을 것인지를 스스로에게 질문할 때, 그들은 그들을 이끌 수 있는 사실에 기초한 어떠한 정보도 갖고 있지 않다. 마지막 분석에서, 대부분의 판사는 최상의 결정을 하기 위해 판결전보고서 및 그들의 직관, 경험 그리고 상상력에 의존해야 한다.

판결전조사

대부분의 주는 1년 이상의 구금형이 가능한 범죄유형에 대해서는 의무적으로 **판결전보고서**를 작성하게 한다. 85% 이상의 주가 중범죄에 대해 어떤 형태의 판결전보고서를 작성하게 하지만, 조사의 유용성과 질에 있어서는 극도의 편차가 있을 수 있다. 판결전보고서는, 만약 이것이 적절히 조사되고 준비된다면, 양형결정을 해야 하는 재

주요용어

판결전보고서
사법적 처벌결정을 위해 법원직원이 하는 범죄자의 배경에 대한 조사문서

판판사에게 매우 유용한 문서일 수 있다.

판결전조사보고서는 보통 법원의 보호관찰관이 작성한다. 변호사는 일반적으로 판결전보고서를 읽고 이의를 제기할 수 있는데, 이것은 판사가 모든 방면으로부터 나온 정보에 기초하여 양형결정을 하도록 돕는다. 월터 레크리스(Walter C. Reckless)는 유용한 판결전조사보고서에 필요한 본질적인 요소들을 제시하였다. 그는 이 보고서가 다음과 같은 요약정보들을 담고 있어야 한다고 말했다.[15]

1. 현재 범죄(이 범죄에 대한 태도와 범죄에서의 역할을 포함)
2. 이전의 범죄경력과 주요용어
3. 이웃환경, 학교 그리고 교육경력
4. 직업경력(특히 기술과 노동자로서의 효율성과 안정성)
5. 친교관계
6. 습관(알코올, 도박, 난잡한 성행위 등등을 포함)
7. 신체 및 정신건강(다양한 정보원과 특별조사에 의해 파악됨)
8. 요약과 양형추천

대부분의 판결전조사는 전과횟수, 고용상태, 연령, 최종학력, 자녀 수 등의 객관적 사실을 강조한다. 조사관이 피고인의 혐의에 대한 태도, 책임의 인정 정도 그리고 행동을 고치려는 의지와 같은 추가적인 정보를 포착하는 것 또한 중요하다.

판결전조사보고서는 판사에게 포괄적이고 사실에 근거한 개략적인 내용을 제공하는데, 여기에는 범죄자, 실제 범죄 그리고 범죄자의 인간성, 과거의 일, 습관, 인성, 문제점, 욕구 그리고 위험성과 같은 것들이 포함된다. 그것은 또한 보통 그 사건에 대해 법원에 추천하는 적절한 처분을 포함한다. 판사는 판결전 추천을 보호관찰에 대해서는 83% 그리고 구금형에 대해서는 87%의 비율로 받아들인다.

판결전보고서는 많은 기능을 한다. 그것은 적당한 형을 결정하는 데 이용될 뿐만 아니라, 교정기관이나 시설에서 재소자 분류와 프로그램을 배정하는 데도 이용된다. 그것은 보호관찰이 부과된 사건을 다룰 때 보호관찰관에게 도움을 줄 것이다. 그것은 또한 가석방 담당관이 그 사건을 계획하고 감시할 때 그것을 사용하는 어떤 시점에서 가석방된 범죄자들을 추적하는 데 이용될 것이다. **상소** 재심리 법원은 형에 대한 상소를 고려할 때 이 보고서를 이용하고 그리고 판결전 보고서는 또한 범죄자, 사건처리 그리고 법원 사건관리에 대한 연구를 수행할 수 있는 자료를 제공한다.[16]

주요용어

상소
적법절차에 근거하여 판결을 뒤집고 범죄자를 보호하기 위해 상급법원에 호소하는 것

사법적 양형 대 행정적 양형

전통적으로, 양형과정은 특정 범죄에 대한 적절한 처벌을 위한 사법적 결정이었다. 그러나 지난 세기에 사법적 권력에서 광범위한 변화가 있어왔고, 이것은 특히 지난 20여 년 동안에 두드러졌다. 초창기에 판사가 어떤 범죄자에게 10년 형을 선고했을 때, 그 범죄자가 10년을 복역하는 것은 거의 확실했다. 행정적 형태의 형량축소(선시, 사면, 가석방 그리고 행정적 관용과 같은 것)가 보다 일상화 되었을 때, 판사의 선고와 범죄자가 복역하는 기간 사이의 상관관계는 대부분 없어졌다. 실제로, 부정기형을 사용하는 법원은 양형 법의 테두리 안에서 최소와 최대 형기를 정할 수 있지만, 실제의 형기는 교정기관의 행정관료에게 주어져 있다. 다시 말해서, 사법부가 아닌 행정부에 이 권한이 주어져 있다. 따라서 **행정적 양형**(administrative sentencing)에 참여하는 사람들이 궁극적으로 범죄자의 운명을 결정한다.

주요용어

행정적 양형
실제 형기가 교정제도의 행정관료에게 남겨지는 과정. 선시점수, 보호관찰, 가석방 그리고 프로그램 참여와 같은 것에 의해 형기가 줄어들고, 실제 복역기간은 사법부라기보다는 행정부에 의해 정해진다. 가족상황(긴장과 불화 그리고 그의 행복에 영향을 주는 요인들을 포함)

양형에서의 의사결정에서 사법적 스타일과 행정적 스타일의 비교는 다음과 같은 몇몇 유사한 기준을 드러낸다.

1. 얼마나 많은 형량이 적절한지를 결정하는 기준은 해당 범죄의 유형인데, 지역환경과 지각된 동료규범의 압력에 의해 (항상은 아니지만) 보통 크게 영향을 받는 결정권자 자신의 가치와 기대도 함께 작용한다.[17]
2. 범죄자의 특정 행동을 범죄범주로 분류하고 이것을 감경하거나 평균형량을 적용하거나 또는 가중한다.
3. 범죄자의 전과(가벼움, 평균 또는 중함)
4. 범죄자의 반성의 정도, 이용 가능한 처우에 대한 태도 그리고

개선가능성에 대한 공식적 판단
5. 제안된 처분에 대한 예상되는 공식적 대응(보통 경찰을 의미).
이 기준 모두가 사용되거나 모든 사건에서 심지어 적절한 것은 아니다. 그리고 많은 다른 변수들이 대두될 수 있는데, 이것은 특별한 사실의 존재(강한 중간계급 배경과 성실함과 같은 것) 또는 개별적 결정권자의 습관이나 컴플렉스와 같은 것 때문이다. 그러나 주어진 기본 목록과 유사한 어떤 것이 대부분의 형의 결정에서 중요한 요인들을 구성하는 것 같다.[18]

양형에서의 현실적 문제들

이미 살펴 본 바와 같이, 형사사법과정의 교정필터는 모든 단계에서 산출에 대한 투입의 불균형(입건 수 대 구금 수)을 보여준다. 많은 사건들은 초기에 걸러져 시스템에서 제외된다. 그리고 애티카, 펠리컨 베이 그리고 샌 퀜틴과 같은 교도소로 보내진 사람들은 재소자들 중 특별히 선별된 집단이다. 통계적 의미에서, (범죄자들을 교도소로 보내는) 부정적인 선택과정은 (아이비리그 대학에 학생을 뽑는) 긍정적 선택과정에 비해 보다 차별적인 것으로 여겨질 수 있다. 그러나 제한된 자원을 압도적인 수의 사건에 대해 배분할 현실적 필요성 때문에, 다수의 다른 범죄자들이 교도소에 보내질 상대적으로 적은 비율의 중대 범죄자들과 함께 지내게 될 것이다. 주와 연방교정시설은 규모에 한계가 있다. 양형결정은 필터의 다른 끝에서 이루어지는가 석방율을 정하는 결정에 의해 영향을 받을 수 있다. 만약 형선고가 교도소 출소 인원과 균형을 이루지 못하면 위험한 수준의 교도소 과밀화를 초래하고 이는 시스템의 정상운영을 불가능하게 할 수도 있다. 최악의 경우에, 교도소 과밀화는 위험성이 매우 높은 범죄자들에게 사법부의 명령에 의해 보호관찰을 과도하게 적용하여 석방하게 만들 수도 있다. 이것은 보호관찰관들에게 과도한 업무 부담을 주고 그로 인하여 용인하기 어려운 수준의 높은 실패율을 가져올 수 있는데, 결국 중범죄를 계속 저지르는 범죄자들에 대한 보호관찰을 취소하고, 주교도소에 구금형의 재선고를 요구하게 된다. 그러므로 양형은 때때로 시설에 있는 재소자의 수와 그들을 다루는데 필요한 자원의 부족을 모두 고려해야 한다.[19] 벌써 과도한 업무 부담이 생긴 교정과 법원에 또 다른 압력으로 작용하는 것이 청소년과 성인법원에서 처리되는 수많은 마약 범죄자들이다.

교도소 구금기간을 정하는 문제

과거에, 구금기간을 결정하는 것은 대개 법원의 일이었다. 법원은 유죄답변협상과 법적 제한의 폭넓은 범위 내에서 기간을 결정했다. 그러나 과거 20여 년 동안 양형과정에 대한 통제가 주 의원들로부터 많은 주목을 받게 되었다. 불균형한 형과 양형제도의 남용 또는 이미 인지된 남용에 대한 우려로 인해, 양형과정은 다음과 같은 여섯 가지 전략을 통해 법적으로 통제되었다.

1. **정기형**(determinate sentencing) 가석방위원회가 재소자의 (선시를 제외한) 형기가 끝나기 전에 그들을 더 이상 석방할 수 없도록 한 양형제도
2. 필요적 교도소 구금기간(mandatory prison terms) 어떤 범죄로 유죄를 받은 사람 또는 어떤 범죄자에게 의무적인 교도소 구금기간을 부과할 것을 요구하는 법
3. **양형지침**(sentencing guidelines) 범죄의 심각성과 전과의 정도에 기초하여 양형결정을 구조화하도록 만들어진 절차
4. 가석방지침(parole guidelines) 객관적인 범죄자 기준에 기초하여 가석방결정을 구조화하도록 만들어진 절차
5. 긴급 과밀화 조항(emergency crowding provisions) 체계적으로 재소자의 석방자격을 보다 빠르게 허용하여 교도소 과밀화를 완화하는 정책

주요용어

정기형
양형법원에 의해 부과되는 고정된 형기의 처벌

주요용어

양형지침
전과와 범죄의 심각성에 기초하여 미리 정해진 형기를 부과하는 양형제도로서, 이것은 판사가 사유를 입증한다면 여기에서 벗어나는 것이 허용된다.

주요용어

수정명령
법원의 유죄 또는 다른 권리에 대한 법적 결정에 대해 상소법원이 수정을 명령하는 것

주요용어

선시정책
좋은 행동, 초과작업 또는 다른 법적 정책으로 점수를 얻은 재소자의 형기를 줄여주는 행정적 과정

주요용어

추정양형
양형위원회나 의회가 최소형량과 최대형량을 정하지만 특정 상황에서 수정을 허용하는 양형 과정

많은 주에서 재소자의 수가 증가하고 있다. 교도소 구금기간을 정하는 정책은 형을 받는 사람들의 수와 그들이 교도소에서 머무르는 시간의 길이 모두가 재소자의 규모에 영향을 준다. 결과적으로, 많은 주들은 교도소 구금기간을 **수정명령**(modify)하여 인구 압력을 감소시키는 방법을 찾기 위해 노력해 왔다. 이 방법들로는 미네소타 양형지침과 같은 것이 있는데, 이것은 형기를 정할 때 이용 가능한 교도소 공간을 고려하도록 한다. 그 외에 **선시제도**를 많이 활용하고, (보통 석방일이 임박한) 어떤 재소자들에 대해 행정적 조항(긴급 과밀화 법, 감형의 사용, 형량 개정 그리고 조기석방 프로그램과 같은 것) 하에 바로 석방을 하는 방법이 또한 있다.

캘리포니아, 콜로라도, 코네티컷, 일리노이, 인디애나, 메인, 미네소타, 뉴멕시코, 노스캐롤라이나 그리고 워싱턴과 같은 정기형 주들은 양형판사들에게 최소한의 재량만을 주는 경향이 있다. 범죄자는 보통 고정된 형을 받고, 그들은 (선시점수를 뺀) 완전한 형기를 복역한다. 일반적으로 이런 주에서, 가석방위원회는 가석방취소와 선시결정을 계속 다룬다.

그러한 양형구조는 양형에서 "사법부 제국주의"를 제한하는데, 왜냐하면 의회가 형기에 큰 영향을 주기 때문이다. **추정양형**(presumptive sentencing)에서 예측하지 못한 문제가 있는지 아닌지는 증명될 필요가 있지만, 캘리포니아의 재소자 수의 문제는 추정양형의 당연한 결과에서 기인하는데, 이것은 과거 교도소 과밀화를 통제하는데 이용되었던 가석방위원회의 조기석방 권한의 폐지 때문이다. 필요적 교도소 구금기간법은 특정 범죄에 대해 48개 주에서 어떤 형태든 존재한다. 이 법들은 어떤 폭력범죄와 상습적인 범죄자들에게 적용되고, 그러한 사건에서 법원의 재량(예를 들어, 보호관찰, 벌금 그리고 집행유예와 같은 것)은 법에 의해 제한된다. 2012년에 159,000명의 종신형 재소자가 있었는데, 이 숫자는 1984년 이후 4배로 증가했다. 약 50,000명의 재소자가 가석방 없는 종신형으로 복역하고 있는데, 이것은 딱 2008년 이후에 22% 증가한 것이다.

교정 실제 4.4

양형지침의 역사

20년 이상 전에, 의회는 극적으로 연방양형제도를 개정했다. 이 변화는 오래된 양형제도에 대해 널리 퍼진 불만에 답한 것이었으며, 궁극적으로 1987년의 연방양형지침의 통과를 낳았다. 구제도에서, 판사는 범죄자의 형벌을 결정했다. 그들은 특정 사건에서 범죄상황과 범죄자의 전과와 같은 사실들을 고려하고, 그들이 공정하다고 생각하는 형을 선택한다. 유일한 요구사항은 형이 법적 범위 내에서 존재해야 한다는 것이었지만, 그 범위는 종종 극도로 넓었다. 법은 전형적으로 "5년 이하"나, "20년 이하" 또는 어떤 경우에는, "어떠한 기간의 구금형이나 종신형"과 같은 판결을 합법화했다. 판사는 법적 범위 안에서 어떤 형이라도 부과할 권한이 있었다.

형의 부과는 단지 시작일 뿐이었다. 어떤 사람이 교도소에 가면, 가석방위원회는 실제의 석방일을 결정했다. 가석방위원회는 교도소에서의 그 사람의 행동과 재활을 위한 노력과 같은 상황을 고려하고, 그가 준비가 되었다고 판단될 때(종종 형기의 반 이상을 복역했을 때) 가석방감시 하에 그 사람을 출소시킨다. 만약 그 사람이 석방 후 잘못된 행동을 했다면, 가석방은 취소될 수 있었고 그리고 그 사람은 그 형의 남은 형기 동안 구금될 수 있었다.

1970년대에, 이 제도는 탐탁지 않게 여겨졌는데, 왜냐하면 그것이 계급 간에 너무나 많은 양형불균형을 허용했기 때문이다. 다른 판사들은 유사한 범죄자들에게 상이하게 판결했고, 가석방위원회는 너무나 과도한 권력을 쥐게 되었다. 만약 두 명의 동일한 범죄자가 "20년 미만"의 구금형을 받았다면, 한 사람은 3년만 복역할 수도 있고, 다른 사람은 15년을 복역할 수도 있었다. 그 제도가 전횡적인 결정권을 갖게 만들었고, 때때로 가난한 사람들과 소수집단에 불리한 차별을 초래했다는 증거들이 쌓였다.

1984년에, 의회는 연방양형위원회를 만들고 연방양형지침을 공표하면서 이러한 우려를 다루었다. 새로운 제도는 가석방을 크게 줄였고, 사법적으로 부과되는 형을 좁은 범위 안으로 제한했다. 의회는 1987년에 그 지침을 법으로 만들었고, 1989년에 연방대법원은 그 법이 헌법에 부합한다고 결정했다(Mistretta v. U.S [1989], 317-320을 참조).

양형지침은 형량을 계산하는 표준화된 작업표를 이용한다. 원칙적으로, 그 과정은 연방 1040양식으로 소득세를 계산하는 것과 같이 복잡하다. 이 작업표는 복잡하고 난해하지만, 그것은 이론상 모든 사람들이 같은 결론을 내도록 만들어졌다. 지침은 모든 범죄에 대해 범죄수준을 할당하는데, 경미범죄에 대해서는 낮은 범죄수준을 주요 범죄에 대해서는 높은 수준을 부여한다. 동시에 지침은 각 피고인의 전과에 대해 계산할 것을 요구한다. 전과가 없는 사람은 0점의 전과점수로 시작하고, 전과가 추가됨에 따라 전과점수가 추가된다.

판사의 임무는 범죄수준과 전과가 교차하는 격자상의 지점을 찾는 것이다. 그 격자는 경미한 범죄를 저지른 전과점수가 낮은 사람들에게 낮은 형량을 부여하고, 중한 범죄를 저지른 많은 전과를 가진 사람에게 무거운 형량을 부여한다. 그 후 판사는 특별한 이탈사유가 없다면, 이 양형지침의 격자와 일치하는 형을 선고한다.

지침의 개념은 잘 받아들여졌는데, 왜냐하면 그것이 판사와 보다 합리적인 제도 사이에 양형불균형을 전반적으로 줄였기 때문이다. 연방양형제도와 약 1/3의 주는 지금 양형지침제도를 이용하고 있다. 지역마다 상이한 지침을 이용하며, 상이한 이용경험을 갖고 있지만, 이것이 과도한 사법적 재량을 개선하기 위해서는 지침이 잘 구조화되고 세심하게 고안되어야 한다는 것이 일반적인 경험이다.

출처: "Part A—Introduction and Authority," http://www.ussc.gov/guidelines-manual/2010/2010-1a1 (retrieved August 17, 2014). See also David Keene (2013), "Prison-Sentence Reform," http://www.nationalreview.com/article/349118/prison-sentence-reform-david-keene.

아마도 양형지침의 가장 좋은 예는 연방제도에서 찾아 볼 수 있을 것이다. 연방양형지침표는 [그림 4.1]에 제시되어 있다. 이 표 시스템은 범죄의 심각성과 범죄자의 전과를 통해 양형범위에 도달할 수 있도록 만들어져 있다. 연방양형지침에 대한 가장 목소리가 큰 비판자들 중의 하나는 연방판사들인데, 그들은 이 제도가 재량을 너무 많이 빼앗는다고 믿는다. 2005년에, 미 연방대법원은 이 연방지침이 미국 수정헌법 제6조의 배심재판에 대한 피고인의 권리를 침해한다고 판결내렸는데, 이것은 지침이, 재판 중에 배심원이 보지 못한 요인을 고려함으로써 판사들이 구금기간에 영향을 주는 결정을 하도록 강요하기 때문이었다. 그 후, 연방대법원은 하급심 법원에 수백 건의 판결을 재심하도록 명령했고, 따라서 그들의 잘못 늘어난 형량에 대하여 상소하게 만들었다.

선시정책은 교정시설에서의 행동뿐만 아니라 인구 압력도 통제하는 또 다른 방법이다. 좋은 행동으로 얻은 그들의 형기에 대한 점수 1/3을 잃을 위험은 몇몇 재소자의 행동을 통제하는 수단으로서 기능한다.[20] 양형제도에서의 변화와 과거 10여 년 동안의 그것의 결과에 대한 우리의 검토결과, 양형제도에서의 변화가 나타났다는 것은 분명하다. 형기를 정하는 재량이 양형판사와 가석방위원회에서 다소 없어졌지만, 그것은 앞서 논의한 이유 때문에, 새로운 양형구조의 입

그림 4.1

양형표(구금개월)

구역	범죄 수준	전과범주(전과점수) I (0 or 1)	II (2 or 3)	III (4, 5, 6)	IV (7, 8, 9)	V (10, 11, 12)	VI (13 이상)
A 구역	1	0-6	0-6	0-6	0-6	0-6	0-6
	2	0-6	0-6	0-6	0-6	0-6	1-7
	3	0-6	0-6	0-6	0-6	2-8	3-9
	4	0-6	0-6	0-6	2-8	4-10	6-12
	5	0-6	0-6	1-7	4-10	6-12	9-15
	6	0-6	1-7	2-8	6-12	9-15	12-18
	7	0-6	2-3	4-10	8-14	12-18	15-21
	8	0-6	4-10	6-12	10-16	15-21	18-24
B 구역	9	4-10	6-12	8-14	12-18	18-24	21-27
	10	6-12	8-14	10-16	15-21	21-27	24-30
	11	8-14	10-16	12-18	18-24	24-30	27-33
C 구역	12	10-16	12-18	15-21	21-27	27-33	30-37
	13	12-18	15-21	18-24	24-30	30-37	33-41
D 구역	14	15-21	18-24	21-27	27-33	33-41	37-46
	15	18-24	21-27	24-30	30-37	37-46	41-51
	16	21-27	24-30	27-33	33-41	41-51	46-57
	17	24-30	27-33	30-37	37-46	46-57	51-63
	18	27-33	30-37	33-41	41-51	51-63	57-71
	19	30-37	33-41	37-46	46-57	57-71	63-78
	20	33-41	37-46	41-51	51-63	63-78	70-87
	21	37-46	41-51	46-57	57-71	70-87	77-96
	22	41-51	46-57	51-63	63-78	77-96	84-105
	23	46-57	51-63	57-71	70-87	78-97	92-115
	24	51-63	57-71	63-78	77-96	92-115	100-125
	25	57-71	63-78	70-87	78-97	100-125	110-137
	26	63-78	70-87	78-97	92-115	110-137	120-150
	27	70-87	78-97	87-108	100-125	120-150	100-125
	28	78-97	87-108	97-121	110-137	130-162	140-175
	29	87-108	97-121	108-135	121-151	150-175	151-188
	30	97-121	108-135	121-151	135-168	151-188	168-210
	31	108-135	121-151	135-168	151-188	168-210	188-235
	32	121-151	135-168	151-188	168-210	188-235	210-262
	33	135-168	151-188	168-210	188-235	210-262	235-293
	34	151-188	168-210	188-235	210-262	235-293	262-327
	35	168-210	188-235	210-262	235-293	262-327	292-356
	36	188-235	210-262	235-293	262-327	292-365	324-405
	37	210-262	235-293	262-327	292-365	324-405	360-life
	38	235-293	262-327	292-365	324-405	360-life	360-life
	39	262-327	292-365	324-405	360-life	360-life	360-life
	40	292-365	324-405	360-life	360-life	360-life	360-life
	41	324-405	360-life	360-life	360-life	360-life	360-life
	42	360-life	360-life	360-life	360-life	360-life	360-life
	43	life	life	life	life	life	life

법을 통해서 의회에 의해 완화되었다. 결국 많은 지역에서, 검사의 재량은 증가했다. 재소자 수는 점점 더 많은 범죄자들이 범죄를 저지르고 이들이 더 긴 형을 받음으로써 계속 증가할 것이다.[21]

연방법원에서의 중범죄에 대한 판결

연방지방법원은 연방제도 하의 사실심 법원이다. 연방지방법원은 거의 모든 종류의 중범죄(형사사건 및 민사사건을 모두)를 다룬다. 94개의 연방지방법원 각각은 적어도 하나의 지방법원 관할권과 법원 청사를 갖는데, 여기서 재판은 연방범죄를 저지른 사람들을 대상으로 열린다. 2006~2012년 사이에 연방지방법원(오하이오의 북부 지방)에 수집된 재소자 소송의 유형은 [표 4.3]에서 볼 수 있다. 여기서 우리는 연방지방법원에 의하여 부과된 판결에 주목한다. 마지막의 전국자료는 우리가 언론보도를 할 때 이용했던 것인데, 2010년도 자료이다.

전체적으로 약 102,430건의 재판에서 판결이 있었다. 대다수의 양형결과는 구금형이었지만, 9건 중에 1건은 보호관찰을 받았다([표 4.4]를 볼 것). 낮은 비율이 벌금형만을 받았고, 183건은 종신형이 선고되었으며 그리고 4건은 사형판결이 내려졌다. [그림 4.2]는 범죄유형들을 상세히 보여준다. 이 그림은 유죄 판결을 받은 범죄자들의 범죄

표 4.3 연방지방법원에서 부과된 판결, 2010 회계연도

	판결	평균형기(월)
벌금형	2,345	N/A
보호관찰	10,157	35
구금형	89,741	54
종신형	183	N/A
사형	4	N/A
합계	102,430	N/A

출처: Sourcebook of Criminal Justice Statistics online, "Criminal Defendants Sentenced in U.S. District Courts," http://www.albany.edu/source- book/pdf/t5222010.pdf.

그림 4.2

2010년 회계연도에 연방지방법원에서 구금형을 받은 형사피고인

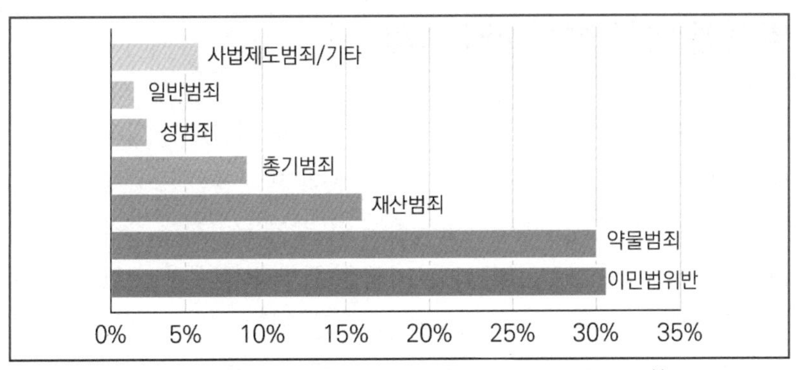

출처: *Sourcebook of Criminal Justice Stats Online (Fiscal 2010)*, http://www.albany.edu/sourcebook/pdf/t5252010.pdf (accessed August 21, 2013).

유형을 보여주는데, 이민법위반이 31%, 약물범죄가 30% 그리고 재산범죄가 17%에 해당한다. 보호관찰을 받은 범죄자들의 평균형량은 35개월이며, 구금형을 받은 사람들의 평균 형량은 54개월이었다. 이후 연방교도소 제도에서 연방지방법원에 대하여 다시 살펴 볼 것이다.[22]

표 4.4 **연방지방법원에서 수집된 재소자 소송, 오하이오 북부지구 소송 유형**

소송유형	2006	2007	2008	2009	2010	2011	2012
외국인 구속적부심	0	0	6	8	5	8	3
퇴거명령	77	75	80	79	64	56	73
사형 구속적부심	7	5	3	5	3	3	6
구속적부심	297	268	367	329	319	283	273
직무집행 등	28	24	24	16	10	15	11
재소자의 시민권	95	103	122	113	167	143	162
교도소 환경	9	6	9	8	9	2	5
합계	513	481	611	556	577	508	533

출처: U.S. District Court-Northern District of Ohio, *Annual Assessment of the Civil and Criminal Dockets* (2012), 6.

양형에 의한 범죄율의 억제

주요용어

양형에 의한 범죄율의 억제
가혹한 처벌을 부과함으로써 개인과 대중의 추가적인 범죄를 저지르려는 성향을 좌절시키는 것. 이것의 목표는 범죄의 감소이다.

범죄율 증가 억제 요구의 정책적 함의를 언급하지 않고서는 양형에 대한 논의는 불완전할 것이다.[23] 몇몇 학자들은 구금형을 선고하는 비율이 더 높아진다면, 범죄들을 더 많이 구금하는 주들이 지역사회 교정을 활용하는 주들보다 범죄율이 낮을 것이라고 한다. **양형에 의한 억제(deterrence by sentencing)**가, 형사사법제도가 범죄율에 영향을 미칠 수 있고, 억제수단으로서 작용한다고 믿는 보수주의자들에게 어필할 수 있지만, 높은 구금율의 효과에 대한 자료는 기대와는 다르다.

미국과 캐나다 모두에서, 범죄율은 낮아지지 않고 구금자 수는 늘고 있다.[24] 대신에 구금형을 받은 사람 10만 명당 범죄자의 비율이 증가할 때, 범죄율은 증가한다. 그러므로 우리는 구금을 계속 사용하는 것이 다른 사람이 범죄를 저지르는 것을 억제할 것이라는 우리의 생각을 바꿀 필요가 있을지 모른다. 오히려 기존 연구들은 정확히 반대의 효과를 가진다는 것을 보여준다.[25]

상소 심리

범죄자와 법위반자에 대한 교정을 둘러싼 양형과 법적 쟁점에 대한 우리의 검토는 유죄 판결, 부과된 제재, 구금의 환경 그리고 시민권 침해에 관한 문제들에 대한 상소 과정에 대한 논의 없이는 완전하지 않을 것이다. 교도소 벽은 기껏해야 교정적 통제 하에 있는 범죄자 및 재소자와 자유사회에서 사는 사람들 사이의 "콘크리트 커튼"일 수 있다. 21세기에, 범죄자들은 아직 미 연방헌법이 보장하는 많은 권리를 보장받지 못한다. 재소자의 권리는 16장에서 상세히 논의된다. 이 장은 판결을 무효화하는 재정신청, 구속적부심 그리고 시민권과 같은 항목들을 살펴본다. 우리는 미국의 형사사법제도에 적용되는 몇 가지 기본 원칙을 먼저 살펴본다. 교정과 관련된 많은 유형의 법적 사건들은 여기서 가장 순수한 형태로 제시된다. 신중하게 교정을 공부하려는 사람들은, 그가 미래의 학자이든 실무가이든, 이 주요 사례들에 익숙해져야 한다.

적법절차의 쟁점

미국에서 형사사법과정의 한 기본적 원칙은 모든 피고인이 유죄가 밝혀지기 전에는 무죄로 추정된다는 것이다. 미국의 제도는 유죄에 대한 증거를 요구할 뿐만 아니라 또한 공정하고도 합법적으로 수집한 증거를 요구한다. 상소 재심의 과정은 이 조건이 부합하는지를 확인하는 데 도움을 준다. 사실상 상소 재심은 형사재판, 구금 또는 지역사회에서의 감시에 처해진 피고인들을 위한 하나의 방패로 기능한다. 주는 범죄자라고 생각하는 사람들을 기소할 수 있는 상당한 자원을 갖고 있고, 이를 통해 우리의 생명, 자유 또는 재산을 적법절차에 의하지 아니하고 박탈할 수도 있기 때문에 헌법은 그러한 정부의 **부당한 절차**(railroading)로부터 우리를 보호한다.

적법절차(due process)는, 1868년 수정헌법 제14조가 통과된 이후 연방법 하에 모든 미국인들이 누리는 헌법적 권리였다. 그러나 수정헌법 제14조의 적법절차 조항이 일련의 연방대법원 판결을 통해서 모든 주들에 적용된 것은 1960년대의 “형법 혁명”이 되어서야 가능했다. 교정분야에서, 많은 다른 분야의 형사사법제도와 같이, 이 판결은 거센 도전과 급속한 변화의 분위기를 만들어내었다. 이 장은 상소 과정과 절차를 살펴보며, 몇몇 중요한 판례에 대해 간략히 살펴보고 그리고 상소에서 나타나고 있는 것으로 보이는 추세들을 분석한다.[26]

“적법절차”와 관련한 문제들 중의 하나는 그것이 적정(다시 말해서, 우리가 명칭을 붙인 어떤 것)하다는 것이 아니라 오히려 어느 정도가 적정한지를 결정하는 과정이라는 것이다. 단지 몇십 년 전에는 상소사건이 거의 없었다. 그러나 미 연방법원의 기드온 대 웨인라이트(Gideon v. Wainwright, 1963)의 판례 이후, 그 모습은 급격히 변했다. 이 획기적인 판결로부터 유래되어, 모든 피고인들에게 변호사에 대한 권리를 보호한 것은 미국 전역에서 상소법원으로 가는 수문을 열

주요용어

부당한 절차
피고인의 권리를 무력화하거나 정당하지 않은 다른 처벌을 받게 만드는 시민권의 공식적 또는 비공식적 침해

주요용어

적법절차
피고인과 재소자의 헌법적 권리가 헌법적인 최소한의 보호수준을 만족할 것에 대한 법적 요구

주요용어

대응공격
사건이 처분되기 전에 다른 법원에서 추가적인 법적 문제를 제기하는 과정

었다. 몇몇 지역에서, 상소율은 모든 유죄 판결의 90%에 이르렀다.[27] 대응공격(collateral attack)[28]은 현재 대부분의 주 법원에서 일상적인 일이 되었는데, 이것은 주 법원의 판례가 아직 없는 동안(적어도 1960년대 이전에는 알려지지 않은 동안) 연방제도에서 상소를 제기하는 것을 말한다. 상소제도에서 이 과도한 업무부하로 인해 주와 연방판사 업무량은 기념비적으로 증가했다. 그것은 또한 소송기간의 연장을 초래했고, 소송은 종종 몇 년을 끌기도 했는데, 이것은 범죄에 대한 유죄 판결은 최종적인 것으로 여겨져야 한다는 오래된 믿음을 약화시켰다. 재심절차는 어떤 주에서는 11단계나 될 만큼 많고, 피고인이 적어도 4-5단계를 계속하는 것은 드문 일이 아니다. 11단계는 다음과 같다.

1. 유죄로 판결한 법원에 새로운 재정심판을 제기하는 것
2. 주 중간상소법원에 상소하는 것(중간상소법원이 없는 주의 경우에는 불가능)
3. 주 대법원에 상소
4. 상소에서 연방대법원에 주법원의 판결을 재심해 달라는 소송
5. 주 사실심 법원에서의 유죄 판결 사후절차
6. 주 중간상소법원에 유죄 판결 사후절차에 대해 상소
7. 주 대법원에 상소
8. 유죄 판결 후 절차에 대한 상소에서 주 법원판결에 대해 연방대법원에 재심을 청원
9. 연방지방법원에 구속적부심 소송
10. 연방 상소법원에 상소
11. 구속적부심 소송에 상소판결의 재심법원에 대해 연방대법원에 소송[29]

왜 재심과정이 그토록 오래 걸리는지를 아는 것은 쉬운데, 이것은 단일의 상소에서 어떤 단계가 몇 번씩 이용될 수 있고, 같은 사건의 재심이 동시에 다른 법원제도에서 열리는 경우에 특히 심하다. 이처럼, 적법절차는 오래 걸리고 복잡한 과정일 수 있으며, 상소가 그

계획의 부분일 때, 그것은 겉보기에 무한히 오래 걸릴 수 있다.

상소과정

법적 절차 도처에는 상소할 만한 정도의 오류가 발생하는 지점들이 있다. 몇몇 주요판례의 결과와 미래의 상소 가능성을 고려해서, 어떻게 유죄 판결 후 상소를 제기하는지를 아는 것은 중요하다. 그 과정은 매우 복잡하게 나뉘어져 있고 성가신 과정이지만, 기본 구조는 대부분의 지역에서 적용된다. 이 기본 모델에 대한 많은 대안들이 있지만, 그것은 상소를 위한 대부분의 수단을 포괄한다.

물론 전체 과정은 시, 카운티, 주 또는 연방수준에서의 어떤 법원제도에 의한 유죄 판결로부터 시작된다. 유죄 판결 후 구제절차로 알려진 이 상소들은 보통 피고인에 의해 제기된다. 주는 그 결과에 관계없이 어떤 판결에 덜 상소하는 경향이 있다. 만약 피고인이 유죄 판결을 받는다면, 그것은 주가 다음 순서에 있게 되고, 만약 피고인이 무죄로 밝혀진다면, 주는 상소할 수 없는데, 이것은 헌법이 무죄로 밝혀진 사람이 **이중의 위험**(double jeopardy)에 처할 수 없도록 보장하기 때문이다.[30] 적당히 제출된 상소의 효과는 그 상소가 결정날 때까지 원래의 형의 집행을 연기시킬 수 있다. 형이 선고된 후 즉시 또는 최대한 빠른 시일 내에 피고의 변호사는 새로운 재판을 시작하거나 아니면 어떤 합리적인 근거 하에 상소를 해야 하는데, 이것은 상소법원이 보통 "경솔한" 상소를 싫어하고 이것을 줄이려고 하기 때문이다. 그러나 1933년 또는 그 이 전에, 상소과정의 중요성은 확고히 확립되었다.

> 상소법원은 단지 그들이 상소에 동의하지 않는다는 이유로 판결을 뒤집어서는 안 된다. 원심의 파기는 문제 있는 법해석에 의해 행해져야 하고 그러한 문제점은 실질적인 것이어야 한다. 그러나 만약 이러한 판단이 진실된 것이라면, 나는 모든 경험 있는 변호사들에게 익숙한 사실에 대해 주의를 기울일 것을 요청해야 하는데, 이것은 아직 고전적인

주요용어

이중의 위험
원래 혐의를 받았던 것과 같은 범죄로 두 번째로 혐의를 받는 것

교정 실제 4.5

1960년대와 1970년대의 "획기적인 판례들"

Mapp v. Ohio

맵 대 오하이오주의 판례(위법수집 증거의 배제, 367 U. S. 643, 1960)는 수정헌법 제14조의 판도라의 상자를 열었다. 그것은 주의 사법절차라는 갑옷에 어떤 균열을 만들어내었고, 이후 10여 년 동안 법원이 다루어야 하는 사건의 홍수로 가는 길을 닦았는데, 이것은 불법적으로 수집한 증거뿐만 아니라 모든 지역에서 개인적 권리의 준거가 되었다.

Robinson v. California

로빈슨 대 캘리포니아주의 판례(잔인하고 비정상적인 처벌, 370 U. S. 660, 1961)에서, 잔인하고 비정상적인 처벌을 금지하는 수정헌법 제8조가 주의 사법절차에 적용되게 되었다.

Gideon v. Wainwright

기드온과 웨인라이트의 중요한 판결(변호사에 대한 권리, 372 U. S. 335, 1963)에서, 법원은 사형에 해당되지 않는 사건일지라도 피고인은 권리의 문제로서 변호인의 조력을 받을 수 있어야 한다고 판결했다. 이 권리는 수정헌법 제14조에 따라 다시 주의 사법절차에 확대 적용되었다.

Miranda v. Arizona

수정헌법 제5조의 형사상 불리한 진술을 거부할 수 있는 권리의 적용은 기드온 대 웨인라이트 판례에 의해 영향을 받았다. 처음에, 1966년의 미란다 대 애리조나주의 판결(384 U. S. 436)에서 체포된 사람에 대해 일련의 구체적이고 상세한 경찰의 고지가, 적법절차 조항을 통해, 형사절차의 구체적이고 명확한 단계에서 요구되었다.

Johnson v. Avery

중요한 1969년 판결은 주 행형시설에 있는 재소자가 구속적부심 절차를 준비할 때 법적 도움을 받을 수 있도록 했다. 존슨 대 에이버리 판례(393 U. S. 483)에서, 법원은 충분한 법적 도움을 제공하지 않은 주는 재소자들이 자신과 다른 사람의 상소에 대해 공부하고 이를 행하기 위해 "구치소 출입변호사"의 도움을 허용해야 한다고 판결했다.

Furman v. Georgia

퍼맨 대 조지아주 판례(408 U. S. 238, 1972)에서, 사형제도에 적용된 잔인하고 비정상적인 처벌금지라는 이 쟁점은 몇몇 주에서 오래된 딜레마였고, 이를 해결하기 위한 소송이 제기되었다. 1972년에, 미연방대법원은 배심원에게 사형을 요구하는 것을 허용하는 어떤 법령도 헌법에 위배된다고 판결했다.

법률 문헌에서 나오지는 않지만 필시 모든 상소판사들이 스스로 무의식적으로 인정하는 것이다. 실제로 모든 하급심 법원의 판결은 파기될 수 있다. 이것으로, 나는 실제로 모든 기록은 몇몇 잘못된 판결을 담고 있고, 그들이 파기의 근거를 찾기 원한다면, 그들은 거의 항상 몇몇 문제점들을 발견할 수 있다는 것을 말하고 싶다.[31]

각각의 주는 어떤 상소 법원을 갖고 있는데, 이것은 **최종심 법원**(court of last resort)이다. 그 명칭은 상이하지만, 어떤 명칭을 갖고 있든, 상소를 위한 경로는 미국의 사법제도에서 모두에게 열려 있다.

주요용어

최종심 법원(대법원)
특정 지역 내에 사법관할구역을 가진 가장 상위의 상소법원

상소법원

사실심 법원 바로 위 수준의 법원은 보통 **상소법원**(court of appeals)으로 불린다. 몇 개 주에서 그리고 연방제도에서, 한 수준 이상의 상소법원이 존재한다. 이 경우에, 가장 높은 수준의 상소법원은 일반적으로 최종 법원 또는 대법원으로 불린다. 연방대법원은 최종법원인데, 여기서 결정된 사건은 최종적인 것이다. 미 연방대법원은 보통 주로부터 온 사건들을 심리하는데, 피고인은 주의 모든 구제방법을 거친 후에만 연방대법원에 상소가 가능하고, 사건은 마지막으로 판결된다.[32]

주요용어

상소법원
유죄 판결 후에 권한을 가진 어떤 상급법원. 하급심법원의 모욕적 판결을 다루는 권한이 주어진 어떤 법원

대부분 주에서, 상소법원은 사실심 법원의 판결에서 사법적 문제점에 대해 재심한다. 그 사건에서의 사실에 대해서는 판단하지 않고, 일반적으로 상소법원에 이의제기를 하게 만든 그 사건의 그 측면에 대한 사실심 법원의 판결에 대해 판단한다. 상소재심의 그러한 측면 때문에, 그 사건의 사실에 대한 증거는 상소법원에 제출되지 않는다. 오히려, 재심은 단지 재판기록을 조사하면서 판단한다. 상소법원은 사실에 근거한 판결이 완전히 오류가 아니라면, 상소법원은 사실심 법원의 판결에 대해 **파기**(reverse)할 수 없다. 두 번째 수준의 상소제도를 가진 주에서는, 사실심 재판기록과 중간법원의 판결이 조사대상이 된다. 보통, 보다 낮은 수준의 상소법원의 판결에 대한 상소심리를 거부하는 것은 하급심의 판결을 지지하는 것과 같고 그리고 만약 연방상소법원에 어떤 헌법적 쟁점에 대해 별개로 제기된 상소가 아니라면, 그 사건은 중단된다.

주요용어

파기
평소와 다른 태도로 판결, 업무 또는 결정을 중단하도록 하는 상소법원의 명령

위에 언급한 바와 같이, 연방법원제도는 현재 94개의 사실심 법

원(연방지방법원)과 (연방사실심법원과 연방대법원 사이에) 13개의 중간 수준의 연방상소법원을 갖고 있다. 연방상소법원은 94개의 사실심법원의 관리를 촉진하기 위해 "순회"의 형태로 전국에 걸쳐 퍼져 있다. 연방법원은 헌법, 연방법 또는 조약 하에서 생겨나는 사건들을 심리하는 것으로 관할권이 제한되어 있는데, 여기에는 대사, 장관 그리고 영사와 관련된 모든 사건, 해군과 해상사건, 미국이 당사자인 분쟁, 주 사이의 분쟁, 주와 또 다른 주의 시민 간의 분쟁 또는 다른 주로부터 양도된 땅에 대해 주장하는 같은 주의 시민들 사이의 분쟁 그리고 주 또는 주의 시민들과 외국의 주, 시민 또는 국민들 사이의 사건이 해당된다.[33]

연방상소법원은 주 상소법원과 유사한데, 이것은 그들이 연방지방법원이 다룬 사건에서 오류를 재심한다는 면에서 그렇다. 몇몇 예에서, 상소법원은 사건을 하급법원으로 **환송**(remand)할 수도 있는데, 이것은 그들이 사건을 원래 법원이 다시 검토하도록 돌려보내는 것이다. 연방대법원은 헌법과 연방법에 대한 최후의 해석자이다. 그것은 항소법원의 판결 그리고 지방법원으로부터의 직접상소에 대해 심리한다. 연방대법원은 또한 주 법원제도에서 마지막으로 판결된 연방헌법적 권리문제들에 관해서 주 법원의 판결을 심리한다. 그것의 상소기능 외에, 연방대법원은 주가 한 당사자인 사건 그리고 대사, 장관 그리고 영사와 관련된 분쟁에서 1차적 관할권을 갖는다.[34]

주요용어

환송
상소법원의 명령에 반하지 않는 고려를 위해 재판관에게 사건을 다시 돌려보내는 것

교도소로부터의 상소

20세기 초에, 대부분의 상소는 재판에서의 특정 쟁점에 기초하였다. 1960년대에, 상소는 연방 헌법에서 선언되고 해석되는 개인적 권리와 관련한 쟁점을 다루기 시작했다. 연방대법원은 수정헌법 제14조를 지렛대로 사용하여, 조금씩 개별 주에서도 이러한 연방헌법상의 개인의 권리가 적용됨을 **확증**(affirm)했다. 연방대법원장 필릭스 프랭크퍼터(Felix Frankfurter)가 만든 초기의 "불간섭주의(hands off)" 하에서는, 연방대법원은 판사의 판결에 대하여만 심리하는 것으로 제

주요용어

확증
정부가 적법절차를 침해하지 않았는지에 대한 상소법원의 판결

한했었다. 후에 프랭크퍼터 정책을 버린 후, 연방대법원은 법집행, 교정 그리고 형사사법제도의 모든 다른 부문에 대한 절차적 지침을 부과하기 시작했다. 재소자의 헌법적 권리(4부에 논의됨)는 상소법원의 판결에 의해 보다 선명하게 정의되었다. 많은 이러한 상소는 교도소 담장 뒤에 있는 절박한 사람들로부터 나온 것이었고,[35] 이 상소는 계속되었다.

사법적 명령에 의한 개혁

사회제도로서의 교정은 무엇보다도 합법화된 명령에 의해 확립되고, 납세자에 의해 지지되며 그리고 정치적 영향력에 종속되는 한 정치적 단위이다. 그것은 형사사법제도와 전체적인 사회문화적 환경을 반영한다. 후자는 외부적으로 개혁을 만들어내는 원천이다. 외부적으로 추진된 개혁에서, 교정 시설 외부의 개인이나 집단은 변화에 영향을 미친다.[36]

주와 지역 수준에서, 교정 개혁은 보통 입법적 또는 행정부의 조치를 통해서 만들어진다. 입법에 의한 개혁의 예들은 주 형법에 대한 완전한 개정에서부터, 교육이나 가정방문을 위한 귀휴와 같은 혜택을 허용하는, 법안의 단순한 개정에 이르기까지 다양하다. 정부의 행정부서는 또한 행정명령을 통해 교정개혁에 직접적인 영향을 행사할 수 있다. 이 명령은 작지만 중요한 변화를 가져올 수 있는데, 서신검열의 폐지, 시민이 교정개혁을 하는 데 관여하는 임시위원회의 임명 그리고 명확히 불합리한 교정 프로그램에 대한 지원을 승인하지 않는 것과 같은 것들이다.[37]

1960년과 1972년 사이에, 미국 형법은 진화(evolution)의 상태에서 혁명(revolution)의 상태로 나아갔다.[38] 주 단위로 개인적 권리에 대해 연방헌법적 보장을 확대하는 것은 법원의 조용하지만 효과적인 혁명의 목표였다는 것은 분명하다. 많은 악의적인 또는 폐기된, 워런법원(Warren Court)*의 판결은 이런 관점에서 보면 보다 쉽게 이해할 수

* 역주: 얼 워런(Earl Warren)이 연방대법원장으로 있던 시기의 연방대법원.

있다. 1960년대 동안, 수정헌법 제4조, 제5조, 제6조 그리고 제8조 모두가 주에 적용되었지만, 렌퀴스트 법원은 이 진전 중 몇 개를 받아들이지 않았다. 이미 언급한 바와 같이, 수정헌법 제14조(적법절차 조항)는 교정에 영향을 미친 획기적인 판결에서 중요한 지렛대로 작용하였다. 주 법원에서 모든 피고인에 대한 헌법적 보장의 확대는 형법과 형사절차에 극적이고 중요한 변화를 만들어내었으며, 주요 획기적인 판결과 관련한 상소를 통해서 교정에 중요한 영향을 주었다.

이러한 판례들 외에도, 1960년대와 1970년대부터 연방대법원은 또한 민권법(Civil Rights Act of 1871)에 대한 해석을 통해서 재소자의 시민권에 관한 사건들을 받아들이고 응했다는 점에 주목해야 한다. 21세기의 첫 20여 년 동안, 많은 교도소들은 법원명령의 통제를 받거나 또는 법(U. S. Code Section 1983) 하의 헌법적 도전에 직면하였다.[39] 많은 주들은 고소당하고, 연방감독관이 주교도소의 환경을 감독하기 위하여 임명되었다.

재소자 소송의 두 가지 주요결과는 교정관리들의 새로운 마음가짐의 발전과 소송에 걸린 교정시설의 관행이 전국적인 표준과 비교했을 때 최고수준이라는 것을 보여주기 위해 전국표준을 개발한 것이다.[40] 소송은 항상 고된 과정이지만, 교정환경을 변화시키는 데 영향을 줄 수 있는 최선의 방식이기도 했다. 연방법원소송의 위협은 프로그램, 정책 그리고 절차에서 큰 변화를 가져왔다.

이 효과의 한 예는 캘리포니아 교정 및 사회복귀국의 과밀화에서 찾아볼 수 있다. 주 양형법령에서의 주요 변화, 길어진 구금형, (삼진아웃법을 통해) 증가된 양형 그리고 마약검사는 캘리포니아 교도소의 범죄자 수를 급격히 증가시켰다. 교정예산과 교도관에 대한 초과근무수당 지급이 의료서비스의 양과 질을 모두 망가뜨리는 결과를 가져왔다. 재소자들은 수정헌법 제8조(잔인하고 비정상적인 처벌금지)에 따라 소송을 했고, 연방지방법원과 상소법원은 교정국이 이러한 조항을 위반했다고 판결했다. 캘리포니아주는 연방대법원에 항소했고,

---

이 자유주의자가 다수를 형성했던 시기에 연방대법원은 시민권, 시민의 자유, 사법권력, 연방권력을 크게 확대하는 판결을 했다.

대법원은 하급심법원의 판결을 지지했다. 법원감시원(court monitor)은 연방재판장에게 재소자를 석방하여 재소자 1인당 의료 및 서비스 양을 증가시킬 수 있다고 조언하였다. 그러자 캘리포니아주는 공공의 안전을 근거로 하여 그 요구에 대해 상소하였다. 이 상소는 다시 연방대법원에서 다루어졌고, 연방대법원은 지방법원의 결정에 부합하는 조치를 취하도록 사건을 환송하였다. 캘리포니아는 세 번이나 미연방법원에 상소하였지만 모두 패하였다. 캘리포니아주는 필시 2015년까지 법원의 명령에 맞추기 위해서 약 10,000명의 재소자를 추가적으로 석방해야 할 것이다.

법원을 삼킨 상소의 홍수

국선변호사와 구치소 출입변호사의 도움에서 기인한 상소의 홍수는 1960년대 시작부터 상소법원의 심리예정표를 꽉 채웠고 2013년까지 증가하고 있다. 모든 권리들이 교도소 담장 밖의 분명한 영역(체포, 압수수색, 사생활 침해, 잔인하고 비정상적인 처벌)에서 확립되자, 그들은 결국 교도소 담장 안의 사건들에 대해서도 판단하게 되었다. 결국 변호사의 조력을 받을 권리가 법정에서 뿐만 아니라 교도소 안에서도 적용되게 되었다. 중요한 판례가 1967－1968년 대법원 회기에서 결정되었는데, 맘파 대 레이(mempa v. rhay) 판결은 변호사의 조력을 받을 권리를 이전에 본질적으로 행정적 조치로 여겨졌던 주의 보호관찰 취소심리로 확대시켰다. 연방대법원은 유예된 형의 적용은 사법절차에서 한 "중요한 단계"라고 판결했다.

재소자 소송의 유형

연방지방법원에서 재소자에 의해 제기되는 세 가지 유형의 소송은 구속적부심(habeas corpus), **시민권** 그리고 **직무집행영장**이다. 요약하면 재소자에 의해 제기되는 구속적부심소송은 그들의 구금에 대해

주요용어

시민권
이 권리는 미국 헌법에 정의되거나 사법적 판결과 조화를 이루어야 한다.

주요용어

직무집행영장
수신자에게 법원의 판결을 따를 것을 요구하는 사법적 명령

헌법적으로 문제를 제기하고, 시민권소송은 정부관리에 의한 시민권 침해의 구제를 추구하며 그리고 직무집행영장 소송은 정부관리가 해야 할 의무를 다하도록 만들려는 것이다.[41]

주요용어

인신보호영장
인신보호영장은 재소자나 다른 피구금자들에 대한 구금이나 수용(예를 들어, 정신병원 수용)이 합법적인지를 결정하기 위해 법정에 그들을 데려오는데 이용된다.

인신보호영장의 기본 원리는 정부가 개인의 구금에 대해 해명할 수 있어야 한다는 것이다. 만약 정부가 개인의 구금이 법의 근본원리를 따랐다는 것을 보여주지 못한다면, 그 사람은 즉시 석방될 자격이 있다. 가장 자주 인용되는 구속적부심 소송에 대한 주교도소 재소자의 사유는 "무능한 변호사의 조력"이다(25%). 그 외 자주 인용되는 이유는 사실심법원의 오류(15%), 적법절차 위반(14%) 그리고 불리한 진술의 강요(12%)이다. 연방재소자의 경우, 구속적부심 소송은 일반적으로 구금의 위헌성에 도전하거나 형을 무효로 하려는 재정신청이다.

교도소 소송을 감소시키기 위한 입법적 노력

1980년에, 의회는 구금된 사람의 시민권법(the Civil Rights of Institutionalized Persons Act)을 만들었는데, 이것은 연방법원에서 다루는 많은 시민권 소송을 감소시키기 위해 만들어졌다. 이 법은 연방법원에 소송을 제기하기 전에 주 수준에서 행정적 구제방법을 반드시 먼저 거치도록 요구한다. 의회는 보다 심각한 시민권 침해나 다른 중요한 헌법적 쟁점을 다루기 위해 연방법원을 아끼려고 한다.

의회의 이 의도에도 불구하고, 연방법원에 제기된 시민권 소송 건수는 1990년대 이후 3배 이상 증가하였다. 이 증가는 주로 주 재소자들이 제기한 건수의 큰 증가에 기인했는데, 재소자 1,000명당 소송의 증가율은 여전히 유지되고 있다.

1996년 동안, 두 개의 추가적인 입법은 재소자들이 연방법원에 소송을 제기하기 더 어렵게 만들었다. 하나는 교도소 소송 개혁법(Prison Litigation Reform Act, PLRA)인데, 이것은 시민권위반을 주장하는 재소자가 제기하는 소송건수를 줄이는 것을 목표로 했다. 세 가지의 주요 변화가 나타났는데, 그것은 재소자가 모든 행정적 구제수단을 거치도록 한 것이며, 심지어 극빈자라도 소송 및 법원비용을 내도록 한 것이고 그리고 만약 이전의 소송이 하찮거나 악의적인 것이라서 기각되었다면 재소자가 빈민으로 소송을 내는 것을 금지하였다.

두 번째 법(반테러 및 효과적 사형법, Antiterrorism and Effective Death Penalty Act, AEDPA)은 연방법원에 소송을 제기하기 전에 주 수준에서 상소과정을 거치도록 요하고, 유죄가 확정된 때로부터 1년 내에만 소송을 제기할 수 있도록 제한규칙을 두었으며 그리고 상소법원의 위원회가 지방법원에서 제기된 소송의 유지를 승인할 것을 요구했다.

교도소 소송 개혁법(PLRA)이 만들어진 이후, 시민권 소송율과 소송건수는 모두 의회의 의도대로 극적으로 감소하였다. 반테러 및 효과적 사형법(AEDPA) 이후, 주 교도소 재소자에 의한 그 소송율과 구속적부심 소송율은 증가하였는데, 이것은 주로 교도소인구가 늘어난 결과이다.

어떤 기준(재소자 1,000명당 비율 또는 소송건수)을 사용하든, 연방지방법원에 제기된 재소자 소송은 법의 개정으로 줄어들었다.

몇몇 상소법원은 다양한 다른 방식으로 업무량 증가에 대응해 왔다. 이 대응전략은 판사를 늘리거나, 상소법원을 새로 개설하거나 증축하거나, 문서화된 의견진술 없이 사건을 판결하거나 또는 일시적으로 퇴임판사나 하급심 판사들을 배정하고 위원회 규모를 줄이는 것이다. 다른 대응책으로는 신속심리, 구두진술의 제한 그리고 진술에 대한 시간제한 그리고 소송사건개요서가 있다. 어떤 위기에 대처

하거나 마약에 대한 전쟁이라는 허울 하에 모호한 정치적 목표를 촉진하기 위한 목적으로 소중한 헌법적 권리의 보호를 약화시키는 것은 모든 시민이나 범죄자 등에게 심각하고 받아들이기 힘든 위협이 되고 있다.

요약

유죄답변협상의 역할과 그것이 교정필터를 만드는 방식

4장은 범죄자의 양형과 상소에 대해 다루었다. 우리는 범죄문제에 있어서 검사의 권력과 권위에 대한 논의로 시작했다. 이 역할을 하는 사람들은 다양한 결정을 할 수 있는 상당한 권력을 갖고 있으며, 이러한 결정은 교정필터에 영향을 미친다. 사건을 취하하고, 사형을 구형하며, 피고인의 죄를 완화하여 기소하고, 형의 유형을 전환하며, 판결 없이 보호관찰을 하고, 판결전보고서에 이의제기를 하며 그리고 윤리와 법 모두의 침해에 대해 결정할 수 있다. 그러한 한 예는 결코 법적으로 증명되거나 증인에 의해 증언되지 않았던 것을 재판에 가져오는 것이다. 검사의 결정은 중요하다.

상이한 유형의 판결과 양형이 결정되는 방식

일반적으로, 판사는 형사재판에서 양형을 하는 사람이다. 양형판사는 범죄자의 위험성, 가능한 처우로부터 범죄자가 이익을 얻을 가능성, 범죄자가 명백히 필요로 하는 서비스, 위험성 그리고, 내용상 우호적, 비우호적인 모든, 가능한 다른 행동들에 대한 판결 전 추정을 할 것이 요구된다. 양형판사는 범죄자에 대해 거의 지식이 없고 따라서 대부분 판결전조사관에 의해 발견된 사실과 조사에 의존한다. 조사관의 추천과 판사의 양형 사이의 일치의 정도는 매우 높은데, 현재 거의 90% 정도이다.

양형판사는 범죄자의 양형에서 다른 문제에 직면한다. 어떤 지역에서, 판사는 특정 기간의 구금을 부과할 것이 강제되는데, 이것은 심지어 그들이 이 구금기간이 너무나 길어서 교정목표를 달성할 수 없다고 생각하는 경우에도 마찬가지이다. 구금의 긍정적인 효과는 2년의 구금 후에는 약화되는 경향이 있다. 다른 경우에, 억제 목적으로 판결을 할 수 있는데, 이런 경우는 해당 범죄자가 너무나 위험해서 중구금 수준의 감시가 부적절하거나 또는 그가 보안위협집단의 주동자로 생각될 때이다. 아마도 범죄유형이 너무나 야만적이고 괴물 같아서, 범죄자가 석방되면 모두가 위험해질 수 있다. 그리고 이런 경우는 사법부의 양형패턴에서 가끔 찾아볼 수 있다. 하나의 예로, 어린 소녀를 납치하여 강간하고, 죽여 신체를 절단하고, 일부 살점을 먹은 극악한 범죄자가 여기에 해당한다. 이 경우, 양형판사는 가석방 없는 종신형이나 징역 68년 구금형을 일관되게 부과할 것이다.

사법부는, 아직 범죄자로서 굳어지지 않은, 대부분의 초범자와 청소년범죄자에 대해서는 지역사회기반의 제재를 부과한다. 이러한 수단들은 공공안전에 최소의 위험으로 범죄자를 개선시키는 합리적 제재들이다. 예를 들어, 보호관찰은 적어도 60%는 효과적이다. 우리는 5장과 6장에서 보호관찰과 중간처벌에 대해 살펴본다.

형사법원과 형사재판절차에 대한 대안들

판결은 유죄를 받은 범죄자에 의해 자주 상급법원으로 상소된다. 단지 적은 비율의 상소만이 성공한다. 그러나 상소는 구금 중에도 계속될 수 있는데, 몇몇은 타당한 법적 근거로 상소를 하지만, 다른 사람들의 주된 목적은 교정관리들을 괴롭히는 것이 주된 목적이다.

상소절차

유죄 판결에 대해 상소하는 것 외에, 재소자는 구금시설의 거의 모든 환경에 대해 상소할 수 있다. 상소를 제기하는 대부분의 사람들은 승소하지 못하지만 주요 쟁점에서 성공적인 상소 판결은 지역사회 감시와 구금시설 모두에서 교정제도를 크게 변화시킬 수 있다. 사법부는 상소 쟁점에 대해 다루고 판결하며, 적법절차가 갖추어졌는지를 결정하고 그리고 때때로, 법정감시원을 임명하여 교정관리들을 조사하고 사법적 감시를 시행하여 법원의 의지를 관철시킨다.

교정필터가 대부분의 범죄자들을 범주화하고, 분류하며, 대안적 구금으로 전환시키는 방식

교정필터는 대부분의 범죄자들을 유형별로 나누고, 분류하며 그리고 구금에 대한 대안프로그램으로 전환시킨다. 만약 검사가 그에게 주어진 사건을 다룰 때 재량을 사용하지 않는다면, 전체 형사사법제도는 붕괴될 것이다. 왜냐하면 형사사법기관이 너무나 많은 사건들로 넘쳐날 것이기 때문이다. 몇몇은 매우 사소한 범죄이며 다른 것들은 분명히 증거, 증언의 질 그리고 피해자조사와 같은 문제 때문에 마땅히 유죄를 받지 않는다. 그러한 복잡함 때문에, 판결은 피고인을 적당한 지역사회교정이나 다른 대체프로그램으로 전환시키고, 부과될 정확한 혐의를 결정해야 하며, 몇몇 범죄자가 가진 위험성을 측정하고 그리고 어떤 사건의 처리가 얼마나 형사사법제도의 목적에 부합할 것인지에 대해 확인해야 한다. 이 기능에서, 검사는 문지기의 역할을 하는데, 만약 업무량이 너무 많으면, 몇몇 사건들은 재판으로 가지 않을 것임에 틀림없다. 다이버전은 "쓸모없는 일(trying a turkey)"에 대한 대안인데, 이것은 진정으로 위험한 범죄자가 구금되는 것인지를 확인할 수 있는 방법이 없는 상태에서, 사건을 줄일 수 있다.

주요용어

경범죄 ······ 114
중범죄 ······ 114
유죄답변협상 ······ 115
부정기형 ······ 118
양형불균형 ······ 118
정의모델 ······ 120
판결전보고서 ······ 123
상소 ······ 125
행정적 양형 ······ 125
정기형 ······ 127
양형지침 ······ 127
수정명령 ······ 128
선시정책 ······ 128
추정양형 ······ 128
양형에 의한 범죄율의 억제 ·· 134
부당한 절차 ······ 135
적법절차 ······ 135
대응공격 ······ 136
이중의 위험 ······ 137
최종심 법원(대법원) ······ 139
상소법원 ······ 139
파기 ······ 139
환송 ······ 140
확증 ······ 140
시민권 ······ 143
직무집행영장 ······ 143
인신보호영장 ······ 144

복습질문

1. 판사의 양형 권력을 줄인 주된 이유는 무엇인가?
2. 어떤 형을 부과할 것인지를 판사가 결정하는 데 도움을 주기 위해 이용가능한 보조수단은 무엇이 있는가?
3. 미국의 양형구조에서 어떤 요인들이 급격한 변화를 가져왔는가?
4. 양형의 기본 정책목적을 나열하고 각각을 정의하시오.
5. 교정에서 판결전보고서는 어떤 역할을 하는가?
6. 양형불균형을 설명하시오.
7. 검사는 어떤 방식으로 형기에 영향을 주는가?
8. 왜 교도소 인구는 증가하는가?
9. 중간처벌의 장점과 단점을 서술하시오. 상소법원과 연방법원 간의 차이점을 설명하시오.
10. 상소법원에서 왜 그러한 정체가 발생했는가?
11. 재소자는 어떤 권리를 가지는가? 재소자가 가지지 않은 권리는 무엇인가?
12. 왜 재소자의 권리가 1960년대에 광범위하게 인정되기 시작했는지를 설명하시오.
13. 상소는 무엇이며, 상소법원은 판결에서 어떤 선택지가 이용가능한가?
14. 하찮은 상소를 줄이기 위해 어떤 조치가 취해졌는가?
15. 상소법원은 어떻게 업무량을 보다 효율적으로 관리할 수 있는가?
16. 의회가 연방법원에 대한 상소건수를 줄이기 위해 취한 조치는 무엇인가?
17. 주가 주법원에 상소건수를 줄이기 위해 취한 개선책은 무엇인가?
18. 주교도소 재소자들이 연방법원에 제기하고 있는 시민권위반의 영역은 무엇인가?

적용사례연구

1. 당신의 주 교도소에 구금된 재소자들은 교도소에 자신들이 구금되어 있음으로 인해 교도소 외부에서 적절한 의료적 치료를 받지 못한다고 믿고 있고, 적어도 당신의 지역에 사는 시민들이 누리는 것과 동등한 의료적 치료를 공급할 수 없다면 재소자들을 석방해야 한다고 주장한다. 당신의 주 교도소 재소자들이 충분한 의료적 치료를 받도록 할 수 있는 방법은 무엇인가?
2. 법적 절차에 대한 약간의 지식을 가진 어떤 재소자가 "교도소 출입변호사"의 역할을 맡았지만, 다른 재소자들은 그의 전문성에 대해 문제를 제기한다. 만약 당신이 소장이고, 어떤 조치를 해야 한다면, 당신

은 무엇을 할 것인가?

3. 연방지방법원은 교도소 출소자로부터 소송을 당했는데, 그것은 교도소가 내부 온도를 섭씨 54도에서 보다 안락한 수준으로 낮추는 에어컨을 설치하지 않으려 했다는 것이었다. 이 소송에서, 사육돈사는 에어컨이 설치되어 있었지만 감방블록에는 설치되어 있지 않았다는 것이 지적되었다. 더 놀라운 것은 교도관 노조가 공동원고로서 이를 지지하는 소송을 제기했다는 것이다. 만약 당신이 교도소장이라면, 당신의 관리자들에게 무엇을 추천할 것인가?

미주

1. Alaska abolished plea bargaining in 1975. In 1986, approximately 56 percent of all felony arrests were not prosecuted, and 7 percent of the felony arrests were reduced to misdemeanors. Alan Barnes, *Disparities between Felony Charges at Time of Arrest and Those at Time of Prosecution* (Anchorage: Alaska Statistical Analysis Unit, 1988). California abolished plea bargaining at the superior (trial) court level in 1988, but numerous strategies were devised to avoid this restriction. See *New York Times* (2013), "Plea Bargaining," ttp://www.nytimes.com/2003/09/24/us/new-plea-bargain-limits-could-swamp-courts-experts-say.html.
2. John Wooldredge, "The Impact of Jurisdiction Size on Guilty Pleas in 569 State Courts," *Sociology and Social Research* 74:1(1989): 26-33. On prosecutorial power, see Sherod Thaxton, "Leveraging Death," *Journal of Criminal Law and Criminology* 103:2 (2013): 475-552. See also David Ball (2013), "Defunding State Prisons," http://www.law.umich.edu/workshopsandsymposia/Documents/defunding%20state%20prisons%20 for%20michigan%20jan%202013.pdf (accessed August 17, 2013), and John Howser (2013), "Bench Trial Ends in Conviction for Sex Offenders," http://www.disclosurenewsonline.com/2013/08/16/bench-trial-ends-in-conviction-for-sex-offender/#sthash.XiQm2XTR.dpbs.
3. Matthew Durose and Patrick Langan, *Felony Sentencing in State Courts, 2004* (Washington, DC: U.S. Department of Justice, 2007), http://www.bjs.gov/content/pub/pdf/fssc04.pdf. See also Tracey Kyckelhahn and Thomas Cohen, *Felony Defendants in Large Urban Courts, 2004* (Washington, DC: Bureau of Justice Statistics, 2008), and Nicole Porter (2013), "The State of Sentencing 2012," http://sentencingproject.org/doc/publications/sen_State%20of%20Sentencing%202012.pdf.
4. Although highly contentious, ethnicity has also been found as a factor in the sentencing of felony defendants. Latinos and African Americans are more likely to receive pretrial detention than are Anglos, and pretrial detention is more likely to lead to harsher sentences. Guilty pleas will lessen sentence severity. Latinos benefit more than Anglos and African Americans by entering a guilty

plea. See John Sutton, "Structural Bias in the Sentencing of Felony Defendants," *Social Science Research* 42:5 (2013): 1207–1221.

5. David Kopel, *Prison Blues: How America's Foolish Sentencing Policies Endanger Public Safety* (Washington, DC: Cato Institute, 1994); Michael Tonry, "Parochialism in United States Sentencing Policy," *Crime and Delinquency* 45:1 (1999): 48–65; The Sentencing Project, "The Sentencing Project Submits Letter to the U.S. Sentencing Commission Recommending Future Priorities," http://www.sentencing-project.org/doc/publications/dp_CommissionLetterFSARetroactivity.pdf (accessed September 12, 2008).
6. Nelson James, *Disparities in Processing Felony Arrests in New York State* (Albany: New York State Division of Criminal Justice, 1995). See also Jean Chung (2013), "Felony Disenfra-nchisement," http://www.sentencingproject.org/doc/publications/fd_Felony%20Disenfranchisement%20Primer.pdf, and *The Economist* (2013), "Prison Reform: An Unlikely Alliance of Left and Right," http://www.economist.com/news/united-states/21583701-america-waking-up-cost-mass-incarceration-unlikely-alliance-left-and.
7. Steven Donziger, *The Real War on Crime* (New York: HarperCollins, 1996). See also Ted Gest, *Crime and Politics* (Oxford: University of Oxford Press, 2001).
8. Franklin Zimring and Gordon Hawkins, *Incapacitation: Penal Confinement and the Restraint of Crime* (Oxford: Oxford University Press, Studies in Crime and Public Policy, 1995).
9. Ben Vollard, "Preventing Crime through Selective Incapacitation," *The Economic Journal* 123:567 (2013): 262–284.
10. The cost of prison health care increased about 52 percent from 2001 through 2008. This increase is attributable to aging inmate populations, prevalence of diseases, substance abuse, and mental illness. See the PEW Charitable Trust report on prison health care spending at http://www.pewstates.org/research/reports/managing-prison-health-care-spending-85899515729.
11. Tomislav Kovandzic, John Sloan, and Lynne Vieraitis, "'Striking Out' as Crime Reduction Policy," *Justice Quarterly* 21:1 (2004): 207–239. See also New York Daily News editorial (2013), "Save Lives—Abolish Parole," http://www.nydailynews.com/opinion/save-lives-abolish-parole-article-1.235481.
12. P. Martinez, B. Bryan, E. Benson, W. L. Cawthon, S. Dhir, and R. Fuessel, *Abolishing Parole for Offenders Sentenced to Prison for Violent Offenses* (Austin: Texas Criminal Justice Policy Council, 1998).
13. Sandra Shane-Dubow, Alice Brown, and Erik Olsen, *Sentencing Reform in the United States: History, Content, and Effect* (Washington, DC: U.S. Department of Justice, 1985). See also Barry Krisberg, A. Breed, M. Wolfgang, et al., "Special Issue: NCCD 90th Anniversary," *Crime and Delinquency* 44:1 (1998): 5–177.
14. The Sentencing Project (2013), "Attorney General Holder Proposes Drug Sentencing," http://www.sentencingproject.org/detail/news.cfm?news_id=1600.
15. Walter C. Reckless, *The Crime Problem*, 4th ed. (New York: Appleton-Century-Crofts, 1967), pp. 673–674. See also Jeanne Stinchcomb and

Daryl Hippensteel, "Presentence Investigation Reports," *Criminal Justice Policy Review* 12:2 (2001): 164-177.

16. Paul Wice, "Leadership," *Justice System Journal* 17:2 (1995): 271-372. See also Michael Cavadino, "Pre-Sentence Reports: The Effects of Legislation and National Standards," *British Journal of Criminology* 37:4 (1997): 529-548, and Lauren Glaze and Thomas Bonczar, *Probation and Parole in the United States, 2006* (Washington, DC: Bureau of Justice Statistics, 2007).
17. Peter Brimelow, "Judicial Imperialism," *Forbes,* June 1, 1987, 109-112. See in particular Gordon Bazemore and L. Feder, "Rehabilitation in the New Juvenile Court," *American Journal of Criminal Justice* 21:2 (1997): 181-212. See also Department of Justice Canada, "The Changing Face of Conditional Sentencing," http://www.justice.gc.ca/eng/rp-pr/csj-sjc/jsp-sjp/op00_3-po00_3/op00_3.pdf (accessed September 12, 2008).
18. Mike McCorville and Chester Mirday, "Guilty Plea Courts: A Social Disciplinary Model of Criminal Justice," *Social Problems* 42:2 (1995): 216-234. But see Jon'a Meyer and Tara Gray, "Drunk Drivers in the Courts: Legal and Extra-Legal Factors Affecting Pleas and Sentences," *Journal of Criminal Justice* 25:2 (1997): 155-163.
19. Lisa Stolzenberg and S. D'Alessio, "The Impact of Prison Crowding on Male and Female Imprisonment Rates in Minnesota," *Justice Quarterly* 14:4 (1997): 793-809. See also Sean Nicholson-Crotty, "The Impact of Sentencing Guidelines on State-Level Sanctions," *Crime and Delinquency* 50:3 (2004): 395-411; The Sentencing Project (2013), "Life Goes On: The Historic Rise in Life Sentences in America, http://sentencing-project.org/doc/publications/inc_Life%20Goes%20On%202013.pdf; and Craig Lerner (2013), "Life without Parole as a Conflicted Punishment," *Wake Forest Law Review* 48: 1011-1171 (September 20, 2013).
20. Controversy concerning whether the Federal Sentencing Guidelines are only guidelines from which sentencing judges might deviate or are mandatory continue. See, for example, the 2013 U.S. Supreme Court decision of *Peugh v. US*, in which the court ruled the Federal Sentencing Guidelines change after the commission of crime to be *ex post facto* violation. The case is SCOTUS 675 F. 3rd 736, 2013.
21. Steve Rempe (2013), "Increasing 'Good Time' for Federal Prisoners," http://www.prison-fellowship.org/2013/02/increasing-good-time-for-federal-prisoners/.
22. National data can be found at the home page of the administrative unit of the federal courts at http://www.uscourts.gov/Federal-Courts/UnderstandingtheFederalCourts/FederalCourtsInAmericanGovernment.aspx.
23. Deterrence is not an adequate objective, as few offenders consider the consequences of their behavior before acting.
24. Conservatives are likely to argue that the decline in crime volume and rates that began in 1990 is a direct result of harsher punishment. Yet crime, as measured by the National Crime Victimization Survey, began to drop in 1971 and dropped about 27 percent since that time. The cause of a

phenomenon has to precede the effect. The crime rates began to drop long before increases in sentence length and harsher laws began.

25. Charles Murray, Malcolm Davies, Andrew Rutherford, et al., *Does Prison Work?* (London: Institute of Economic Affairs, Health and Welfare, 1997).
26. Editors, "Supreme Court Review," *Journal of Criminal Law and Criminology* 83:4 (1993): 693–717. But see John Capone, "Facilitating Fairness: The Judge's Role in the Sixth Amendment Right to Effective Counsel," *Journal of Criminal Law and Criminology* 93:4 (2004): 881–912.
27. Because plea bargaining reduces the offender's ability to appeal, it is not surprising that most appeals arise from trials. Trials typically involve crimes against the person and sentences of five years or less. Defendants are not particularly successful; offenders win about 20 percent of the time and have their convictions overturned in only about 10 percent of their appeals. See Jimmy Williams, "Role of Appellants, Sentencing Guidelines, Decision Making in Criminal Appeals," *Journal of Criminal Justice* 23:1 (1995): 83–91. Some 16 percent of offenders convicted in federal courts appealed in 1999. Bureau of Justice Statistics, *Federal Criminal Case Processing, 2004* (Washington, DC: Bureau of Justice Statistics, 2008).
28. For an excellent review of legal trends and issues in corrections, see Rolando del Carmen, S. Ritter, and B. Witt, *Briefs of Leading Cases in Corrections* (Cincinnati, OH: Anderson Publishing, 2005).
29. National Advisory Commission on Criminal Justice Standards and Goals, *Corrections* (Washington, DC: U.S. Government Printing Office, 1973), p. 113.
30. David Chu, "The Substitution of Words for Analysis and Other Judicial Pitfalls: Why David Sattazahn Should Have Received Double Jeopardy Protection," *Journal of Criminal Law and Criminology* 94:3 (2004): 587–623. See also the Colorado Court of Appeals case of an offender charged with two counts of leaving the scene of an accident based on the fact that two people were killed in the single accident. The court ruled that the second charge was an example of double jeopardy. The case is *People v. Medrano–Bustamante*, decided November 31, 2013.
31. Joseph N. Ulman, *The Judge Takes the Stand* (New York: Knopf, 1933), pp. 265–266.
32. Appeals in federal courts have been reduced in number by congressional initiatives to reduce prisoner litigation.
33. U.S. Constitution, Article III, Section 2. See Singer Hausser, *The State of Corrections: Tennessee's Prisons before and after Court Intervention* (Nashville, TN: The Comptroller of the Treasury, 1998).
34. John Palmer, *Constitutional Rights of Prisoners* (Cincinnati, OH: Anderson, 1999), p. 12.
35. Prison jailhouse lawyers can resist controls and conditions placed on them by correctional institutions by assisting in filing lawsuits and have been described as "primitive rebels." See Hawkeye Gross, *Tales from the Joint* (Boulder, CO: Palladin Press, 1995), and Dragan Milovanovic, "Jailhouse Lawyers and Jailhouse

Lawyering," *International Journal of the Sociology of the Law* 16:4 (1998): 455-475.

36. John Conrad, "The Rights of Wrongdoers," *Criminal Justice Research Bulletin* 3:1 (1987): 18-24. See also Christopher Smith, "The Prison Reform Litigation Era," *The Prison Journal* 83:3 (2003): 337-358, and Roibin O' hEochaidh."Fault Lines: California Prisons in Crisis," *Correctional News* 14:3 (2008): 20-22.
37. Such as prison farming.
38. Editors of *Criminal Law Reporter, The Criminal Law Revolution and Its Aftermath, 1960-71* (Washington, DC: BNA Books, 1972).
39. Richard Ball, "Prison Conditions at the Extreme," *Journal of Contemporary Criminal Justice* 13:1 (1997): 55-72.
40. Malcolm Feeley and E. Rubin, *Judicial Policy Making and the Modern State* (New York: Cambridge University Press, 1998); John Fliter, *Prisoners' Rights: The Supreme Court and Evolving Standards of Decency* (Westport, CT: Greenwood Press, 2001).
41. This section was drawn primarily from the Bureau of Justice Statistics, *Prisoner Petitions Filed in U.S. District Courts, 2000, with Trends 1980-2000* (Washington, DC: Bureau of Justice Statistics, 2002). See also Bureau of Justice Statistics, *Federal Criminal Cases Processing 2004, with Trends 1982-2002* (Washington, DC: Bureau of Justice Statistics, 2005).

추천 읽을거리: 1부

Austin, James. *It's about Time: America's Im-prisonment Binge*. 4th ed. Belmont, CA: Thomson Learning, 2009.

Barnes, Harry Elmer. *The Story of Punishment*. 3rd ed. Independence, KY: Cengage, 2012.

Barnes, Harry Elmer, and Negley K. Teeters. *New Horizons in Criminology*. 2nd ed. Englewood Cliffs, NJ: Prentice Hall, 1959.

Brockway, Zebulon Reed. *Fifty Years of Prison Service*. Montclair, NJ: Patterson Smith, 1969.

Bureau of Justice Statistics. *Felony Sentences in State Courts, 2004*. Washington, DC: Bureau of Justice Statistics, 2005.

Bureau of Justice Statistics. *Prisoners in 2012-Advanced Counts*. Washington, DC: Bureau of Justice Statistics, 2013.

Chung, Jean. *Felony Disenfranchisement: A Primer*. Washington, DC: The Sentencing Project, 2013.

Currie, Elliott. *Crime and Punishment in America; Why the Solutions to America's Most Stubborn Social Crises Have Not Worked—And What Will*. New York: Metropolitan Books, 1998.

Donziger, Steven. *The Real War on Crime*. New York: HarperCollins, 1996.

Edwards, Todd. *The Aging Inmate Population*. Atlanta: Council on State Governments, 1998.

Gest, Ted. *Crime and Politics*. Oxford: Oxford University Press, 2001.

Hassine, Victor. *Life without Parole: Living in Prison Today*. New York: Oxford University Press, 2008.

Irwin, John, and James Austin. *It's about Time*. Independence, KY: Cengage, 2001.

King, Ryan. *Disparity by Geography: The War on Drugs in American Cities.* Washington, DC: The Sentencing Project, 2008.

Latessa, Edward, and Paula Smith. *Corrections in the Community.* 5th ed. Cincinnati, OH: Anderson, 2011.

Mauer, Marc, and Ryan King. *Schools and Prisons: Fifty Years after Brown v. Board of Education.* Washington, DC: The Sentencing Project, 2005.

Nagel, William. *The New Red Barn.* New York: Walker, 1973.

PEW Charitable Trusts. "One in 100: Behind Bars in America 2008." http://www.pewcenteron-thestates.org/ report_detail.aspx?id?35904.

PEW Charitable Trusts. "U.S. Prison Population Drops for Third Year as States Adopt New Policy Strategies." http://www.pewstates.org/news-room/press-releases/us-prison-population-drops-for-third-year-as-states-adopt-new-policy-strategies-85899496150.

Roberts, John. *Reform and Retribution: An Illustrated History of American Prisons.* Lanham, MD: American Correctional Association, 1997.

Ross, Jeffrey. "Supermax Prisons." *Society* 44:3 (2007): 60-64.

Ross, Jeffrey. *The Globalization of Supermax Prisons.* New Brunswick, NJ: Rutgers University Press, 2013.

Rothman, David J. *The Discovery of the Asylum.* Boston: Little, Brown, 1971.

PART 2

구금의 대안들

CHAPTER 05
보호관찰

CHAPTER 06
전환처우와 중간처벌

개관

2부는 범죄자가 구치소나 교도소에 가기 전에, 교정제도의 "앞 단계"에서 대상자들을 다루는 절차와 프로그램들에 관한 것이다. 우리는 구금형을 받은 범죄자들을 통제하기 위한 보호관찰과 법원의 다른 제재들에 대해 살펴본다. 교정은 이 제도의 다른 단계에서 다루는 범죄자의 수보다 앞 단계에서 더 많은 범죄자들을 다루며, 다음 장은 구금에 대한 대안적 제도들의 장점, 문제점 그리고 성과들을 나열한다.

CHAPTER 5
보호관찰

학습목표

- 보호관찰의 역사에 대해 약술하라.
- 현대의 보호관찰 운영에 대해 보호관찰의 조건을 포함하여 요약하라.
- 보호관찰이 어떻게 취소될 수 있는지 설명하라.
- 보호관찰대상자의 특성에 대해 요약하라.
- 위험성 평가과정을 요약하라.
- 보호관찰이 어떻게 범죄를 하게 만드는 위험성 요인들을 다루는지를 이해하라.
- 경제적 제재의 사용을 요약하라.
- 현대의 보호관찰제도가 근거하고 있는 성공적인 접근에 대해 나열하고 설명하라.

개요

집행유예와 성역

보호관찰의 역사

보호관찰의 확산

보호관찰의 조직과 행정
- 보호관찰기관의 역할
- 보호관찰을 부과하는 결정
- 판결전조사보고서
- 양형심리
- 위험성 평가

위험요인을 겨냥하기: 보호관찰에 대한 도전
- 보호관찰감독의 개선

보호관찰의 준수사항들

보호관찰의 취소

중범죄자 보호관찰

깨진창 접근

보호관찰과 교정에서의 보호관찰의 역할

"나는 용서할 수 있지만, 잊을 수는 없다'는 것은 단지 '내가 용서하지 않을 것이다'를 다르게 표현한 것이다. 용서는 찢어서 불태워버린 문서와 같아야 한다. 그래서 결코 내 눈에 보이지 않아야 한다."

- 헨리 워드 비처6편

개관

교정절차에 대한 우리의 논의는 이제 보호관찰과 보호관찰 감시로 향하는데, 이것은 미국 전역에서 양형판사에 의해 사용되는 구금에 대한 주요 대안이다. 보호관찰이 가장 일반적으로 사용되는 교정적 판결이지만, 그것은 또한 교정제도 중에서 가장 저주받고 과소평가된 부분이기도 하다. 종종 범죄자를 "풀어주는 것"으로 보이는 보호관찰은 대중매체, 대중 그리고 아마도 가장 중요한, 예산을 결정하는 관리들의 존중과 지지를 받기 위해 싸워왔다.

보호관찰(probation)은 구금 없이 어떤 부과된 조건과 함께 지역사회에서 좋은 행동을 하라고 석방하는 판결이다. 양형법원은 대상자를 감독하고, 조건을 수정하며 그리고 만약 그가 보호관찰의 조건을 어길 시에 보호관찰을 취소하고 재선고하는 권한을 보유한다. 전국적으로 점점 법원은 보호관찰대상자의 행동을 더 잘 감시하는 최근의 발전된 기술을 이용하고 있다. 이 장은 보호관찰의 짧은 역사와 21세기로의 그것의 발전에 대해 다룬다.

주요용어

보호관찰
범죄자를 감시하에 지역사회에 석방하고, 만약 조건이 무효화되었을 때 이것을 취소하는 법원의 판결

집행유예와 성역

주요용어

집행유예
어떤 범죄자의 몇몇 공식적인 절차를 중단하는 법원의 결정. 주로 기소를 중지하는 것으로 유죄의 확정을 알리거나 또는 법원이 판결을 요구하지 않는 것이 아님.

주요용어

성역불가침권
범죄자를 성스러운 도시나 장소로 보냄으로써 처벌을 회피하는 특권

주요용어

성직자특권
만약 고대 문헌의 특정 문구를 읽을 수 있으면, 범죄자에게 사형을 면제하는 것

보호관찰은 집행유예에서 파생된 것인데, 이것은 과거의 사법절차의 방식에 의해 다소 간접적으로 우리에게 전수된 것이다. **집행유예**(suspended sentence)와 보호관찰은 모두 사법 절차를 통해서 범죄자의 처벌을 완화하는데, 그것의 선례는 성경에서 자주 언급되는 성역불가침권에서 발견된다.[1] 많은 문화에서, 성스러운 장소와 어떤 도시들이 전통적으로 성역의 장소로서 존재했다.

성역불가침권(right of sanctuary)은 모세의 율법에 명시되었다.[2] 피해자 가족의 피의 보복을 피하기 위해, 살인자는 어떤 명시된 도시로 가서 피난처를 찾을 수 있었다. 중세 시대 동안, 많은 교회는 가혹한 세속법으로부터 이 사람들을 숨겨주는 성역을 제공했다. 성역의 관습은 17세기 영국에서 사라졌고 이것은 **성직자특권**(benefit of clergy)으로 대체되었다. 원래 성직자를 보호하려는 이 관습은 마침내 확대되어 시편(Psalm) 51 테스트를 통과할 수 있는 사람들에게 확대되었는데, 이것은 "저에게 자비를 주시옵소서"라고 시작하는 성서구절을 읽는 범죄자의 능력을 테스트하는 것이었다.(성직자와 같이) 읽을 수 있는 어떤 사람도 교회법에 의해 재판을 받을 수 있었고 따라서 사형을 피할 수 있었기 때문에, 이것은 "목 성서구절(neck verse)"로서 알려지게 되었는데, 이것은 그들이 교수형을 피할 수 있다는 것을 의미했다. 그 결과는 일종의 집행유예였는데, 이것은 범죄자가 사회에서 생활하는 것을 허용했다.

집행유예는 보호관찰과는 다르지만, 그 기간은 때때로 번갈아가며 사용된다. 집행유예는 감시를 요하지 않고 보통 범죄자가 향후 일해야 하는 명시된 일련의 목표를 정하지 않는다. 그것은 법원의 구금형 부과지시로 단지 취소될 수 있는 유사 자유의 한 형태이다. 판결은 두 가지 방식에서 유예될 수 있다.

1. 판결이 부과되지만, 집행이 유예됨
2. 판결부과와 집행이 모두 유예됨

둘 중에, 두 번째가 **오명**(stigma)이 적기 때문에 보다 바람직하지만, 성역과 같이 집행유예제도는 일반적으로 미국에서 감시에 의한 보호관찰로 대체되었다. 판결은 양형판사에 의해 취소될 수 있고, 범죄자는 지역사회에서 자유로워질 수 있지만, 이것은 상대적으로 자주 일어나지 않는다.

유럽의 집행유예(또는 **집행중지**, sursis)의 모델 하에, 범죄자는 설정된 기간 동안 새로운 범죄를 범하지 않는다면 그 조건을 충분히 수행한 것으로 보았다. 통제나 감시는 거의 행해지지 않는데, 이것은 집행유예를 받은 대부분의 범죄자가 추가적인 범죄참여를 방지하는데 필요한 전문화되거나 치료적인 서비스를 거부한 결과이다.[3]

주요용어

오명
범죄자의 범죄로 인해 그에게 부여된 수치나 모욕의 어떤 표시

주요용어

집행중지
명시된 기간 동안 범죄를 하지 않고 지내는 범죄자에게 제공되는 것으로서, 아무런 장래의 처벌을 요구하지 않는 유럽국가에서의 유예된 판결

보호관찰의 역사

보호관찰이 19세기에 처음 비공식적으로 시작된 이후, 그것은 수많은 변화를 경험했다. 이 개념이 어떻게 생겨나게 되었는지에 대해 간략하게 살펴보자. **존 오거스터스**(John Augustus, 1785-1859)[4]는 보스턴의 구두 제작자였는데, 그는 "보호관찰의 아버지"라는 명성을 얻었다. 워싱턴금욕협회(Washington Total Abstinence Society)의 회원으로서, 그는 사람들이 술을 멀리 하도록 노력했다. 그는 여가시간을 법원에서 구경하면서 보내는 것을 좋아했고 그리고 그는 경범죄자와 일반적인 주정뱅이들이 벌금을 낼 돈이 없어서 종종 구치소에 수감되는 것을 보고 놀랐다. 그는 법원을 설득하여 그가 그들의 벌금을 내고 그들에게 우호적인 감시를 하는 것이 허용되었다. 1841~1858년 사이에, 오거스터스는 거의 2,000명의 남성, 여성 그리고 어린이들에 대해 보석금을 냈다.

인물

존 오거스터스
보스턴에서 보호관찰제도를 추진하고 만든 "보호관찰의 아버지"로서, 알코올중독자들과 함께 일하고, 법정에 나가 추가적인 처벌을 하지 않거나 최소한의 처벌만을 하도록 요구했다.

그의 방법은 유죄 판결 후 범죄자들을 위해 보석금을 지출하고, 이러한 호의를 범죄자에게 자신감과 우정을 불어넣는 것으로 이용하며 그리고 범죄자가 일자리를 얻는 것을 도와주고 다양한 방식으로 그의 가족을 돕는 것과 같은 우호의 증거를 통해서 그들을 집으로 돌려보내는 것이었다. 피고인이 후에 양형을 위해 법원에 왔을 때, 오

교정 인물 5.1

존 오거스터스

존 오거스터스는 "보호관찰의 아버지"이자, 첫 번째 진정한 보호관찰관으로 여겨진다.

1785년에 태어난 오거스터스는 보스턴의 구두제조업자이자 워싱턴금욕협회의 회원이었는데, 그는 알코올남용이 재활될 수 있다고 믿었다. 1841년에 존 오거스터스는 법정에 출석하여 "술주정뱅이"를 대신하여 보석금을 내었고, 그 사람은 첫 번째 보호관찰대상자가 되었다. 그 후 18년 동안, 오거스터스는 1,946명이 넘는 남녀에 대해 보석금을 제공했다. 그는 또한 알코올검사 및 감시뿐만 아니라 조사과정의 설립자이자, 처음으로 "보호관찰"이라는 용어를 범죄자를 다루는 방법에 적용한 명성을 얻었다.

거스터스는 그의 개선을 향한 진전에 대해 보고했고, 판사는 보통 그 범죄자에게 구금형을 선고하는 대신에 1센트의 벌금과 비용만을 청구했다.[5]

오거스터스의 노력은 그의 고향인 메사추세츠주가 처음으로 보호관찰법을 1878년에 통과시키게 만들었다. 1900년까지 4개 이상의 주가 이를 따랐다.[6] 보호관찰은 이처럼 구금에 대한 합법적인 대안으로 만들어졌고, 보호관찰을 채택하게 한 강한 추진력은 1899년에 일리노이의 쿡(Cook)카운티에서 첫 번째 소년법원의 탄생에 영향을 받았다.[7]

보호관찰의 확산

청소년 보호관찰 서비스는 점점 강해지는 소년법원 설립운동과 함께 발전되었다. 1910년까지 37개 주와 컬럼비아특별구는 어린이법원법을 통과시켰고 40개 주는 청소년을 위한 일종의 보호관찰서비스를 만들었다.(소년보호관찰제도가 완전히 자리잡은) 1927년까지 모든 주는 소년보호관찰서비스를 법적 근거를 갖고 시행했다.

그러나 1956년이 되어서야, 모든 주에서 성인범죄자를 대상으로 보호관찰이 실시되었다. 보호관찰 서비스의 조직과 운영에서 다양한 편차는 그들을 주별로 비교하기 어렵게 만들지만, 보호관찰관 수의 증가는 이 분야의 교정이 급속히 받아들여졌다는 것을 입증한다. 1907년에, 첫 보호관찰관의 주소록에는 795명의 자원봉사자, 사회복지사, 법정인력 그리고 공무원으로서 일하는 파트타임 인력이 확인된다. 그들 대부분은 소년사법제도에서 일했다. 1937년까지, 이 수치는 3,800명 이상으로 증가했는데, 이 중 80%는 전일제 고용이었다. 2010년까지, 보호관찰관은 103,000명이 넘는 것으로 추정되고, 2018년까지 123,000명에 이를 것으로 예상된다.[8]

주와 연방 수준에서 통과된 법은 결국 보호관찰을 허용하는 법령을 만든 것일 뿐만 아니라 보호관찰로 고려될 수 없는 특정 범죄유형을 정의하는 것이기도 하다. 후자에는 폭력범죄, 피해자에게 신체상해를 입히는 폭행, 강간 또는 다른 성범죄, 사형이 가능한 범죄, 열차강도, 가축절도, 어떤 상습범죄자 그리고 관련된 다른 범죄들이 포함된다. 이러한 입법적 제한에도 불구하고, 보호관찰을 부과하는 것은 범죄자에게 초점을 맞출 뿐만 아니라 피해자에게도 초점을 맞추는 고도의 개인화된 과정이다. 회복적 사법은 이 책의 후반부에 보다 상세하게 논의되는데, 이것은 가해자, 피해자 그리고 지역사회에 최대한 초점을 맞추는 어떤 현대적 의도의 한 예이다.[9]

표 5.1 **범죄유형별 보호관찰 부과건수**

범죄유형	보호관찰판결을 받은 중범죄자의 비율
전체 범죄	27
폭력범죄	20
재산범죄	29
마약범죄	30
무기범죄	25
기타범죄	27

출처: Sean Rosenmerkel, Matthew Durose, and Donald Farole, *Felony Sentences in State Courts, 2006* (Washington, DC: Bureau of Justice Statistics, 2009), p. 4.

보호관찰 법령을 만드는 의원들이, 범죄성향이 굳어진 범죄자들이 아니라, 소년범죄자들과 경범죄자들에게 그 혜택을 주는 것을 의도했다는 것은 분명하다. 이것은 아동보호 및 진보적 의제와 그 맥을 같이 하는데, 이들은 범죄자가 범죄경력을 쌓는 반사회적이고 전문적인 범죄자가 되기 전에 그들을 교정하려고 노력한다. [표 5.1]은 범죄유형에 따라서 부과되는 보호관찰의 빈도를 보여준다. 이 수치들이 설명하는 바와 같이, 보호관찰은 다양한 범위의 범죄에 대해 사용되지만, 재산범죄와 마약범죄에 가장 많이 사용된다.

[정책적 입지 5.1]에 제시된 미국 보호관찰 및 가석방 협회(American Probation and Parole Association)의 정책은 보호관찰의 목적과 임무를 나열한다. 판사와 교정 및 형사사법 옹호자들은 보호관찰의 장점에 대해 열거하는데, 이것은 다음과 같이 요약할 수 있다.

- 기존의 지역사회자원을 이용하여 범죄자들이 그들의 개인적이고 개별적인 문제에 대처하는 데 도움을 준다.
- 구금비용에 비해 예산을 절감한다.
- 교도소화를 피할 수 있는데, 교도소화는 교도소의 나쁜 환경 때문에 재소자가 사회로 석방될 때 정상적인 역할을 할 수 있는 능력을 감소시키고 오히려 범죄행위의 잠재적인 원인을 강화시키는 것을 말한다.
- 범죄자의 가족과 부양가족이 지역의 생활보호대상자명단에 들지 않도록 한다.
- 피해자에게 배상하고 화해를 할 수 있게 한다.
- 교도소 공간을 확보하여 공격적인 폭행범죄자들을 통제할 수 있도록 함으로써 선택적 무력화를 가능하게 한다.[10]

따라서 대다수의 범죄자들(미국 성인 60명 중 1명꼴)이 보호관찰 감시하에 있다는 것은 놀랍지 않을 것이다([그림 5.1]을 보라). 보호관찰 감시하에 있는 사람의 수가 2011년에 4백만 명 미만으로 줄어들었다는 것은 좋은 뉴스이다. 이것은 3년 연속으로 그 수가 감소한 것이다. 이 정도 수준의 숫자가 관찰된 것은 2002년이 마지막이었다.[11]

정책적 입지 5.1

보호관찰에 대한 지위 선언

목적 보호관찰의 목적은 지역사회에서 보호관찰 대상자의 범죄를 줄이고, 그 충격을 완화시키는 것을 돕는 것이다. 보호관찰의 핵심 서비스는 법원에 조사보고서를 제출하고, 성인범죄자와 비행소년들에 대한 법원의 적절한 처분부과를 하도록 돕는 것이며 그리고 보호관찰이 부과된 사람들을 감시하는 것이다. 이러한 목적을 수행하는 보호관찰부서는 또한 다양한 범위의 서비스를 제공할 수도 있는데, 여기에는 범죄와 비행예방, 피해자배상프로그램 그리고 인턴/자원봉사자 프로그램과 같은 것이 있으며, 또한 이러한 프로그램에 한정되지 않는다.

지위 보호관찰의 임무는 보호관찰대상자의 범죄와 이로 인한 충격을 감소시킴으로써 공공의 이익과 안전을 보호하는 것이다. 이 역할은 다음을 통해 달성할 수 있다.

- 보호관찰 보고서의 작성과 법원명령의 집행을 통해서 법원의 의사결정을 도움
- 범죄자가 보다 법을 잘 지키게 만들 수 있는 기회를 제공하는 서비스와 프로그램을 제공
- 범죄와 비행의 예방을 위한 프로그램과 활동들을 공급하고 협력. 그리고 공정하고 개별화된 사법관리를 증진시킴

보호관찰은 다음과 같은 신념을 갖는다.

- 사회는 구성원들에게 피해를 주는 사람들로부터, 그 피해의 원인에 관계없이, 보호받을 권리를 가진다.
- 범죄자는 마땅히 보호받을 권리를 가진다.
- 범죄피해자는 마땅히 보호받을 권리를 가진다.
- 인간은 변할 수 있다.
- 모든 범죄자가 법을 지키는 시민을 만들기 위한 수단에서 동일한 능력이나 의지를 보이는 것은 아니다.
- 범죄자의 삶에 대한 개입은 사회를 보호하고 법을 지키는 행동을 촉진하는 데 필요한 최소한의 양이어야 한다.
- 보호관찰은 응보적 사법의 개념을 인정하지 않는다.
- 구금은 파괴적일 수 있고 오직 필요할 때만 부과되어야 한다.
- 공공의 안전이 위태로워지지 않을 때, 사회와 범죄자는 지역사회교정프로그램을 통해서 가장 잘 다루어질 수 있다.

출처: American Probation and Parole Association, "APPA Position Statement on Probation," APPA website, http://www.appa-net.org/ (accessed September 14, 2008).

그림 5.1

성인 교정인구

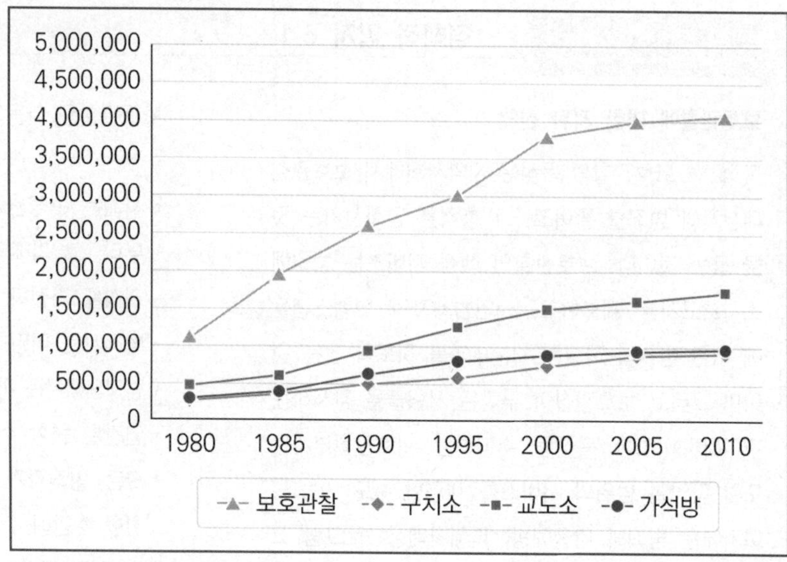

출처: Bureau of Justice Statistics, *Correctional Populations in the United States* (December 2010).

보호관찰의 조직과 행정

형사사법제도에서 조직의 부재와 관련된 문제들은 보호관찰 서비스를 한 예로 들 수 있다. 원래 보호관찰의 개념은, 판사가 스스로 보호관찰 서비스를 관장하는 것이었다. 많은 지역에서, 이러한 방식이 여전히 보호관찰을 운영하는 방식이지만, 다른 대부분의 주에서 보호관찰은 주 또는 지방사무소를 통해 관리된다. 불행히도, 보호관찰에서 발견되는 다양한 조직 및 운영시스템은 종종 서로의 목표나 노력에 부합하지 않는다. 가장 일반적인 형태는 주 수준에서 보호관찰 서비스를 제공하는 것이다. 주가 관리하는 보호관찰제도를 만들기 위해 노력하는 주에서조차, 카운티의 참여는 지역관리들의 재량을 통해 때때로 유지되어 왔다. 이 지역 자율성의 개념은 미국의 한 전통이지만, 주 전체에 걸친 통합된 보호관찰 서비스를 발전시키려는 노력을 방해해 왔다.

보호관찰 프로그램을 관리하는 수단은 또한 다양하다. 플로리다와 같은 주에서, 구세군과 같은 사적 서비스 계약자들이 판결전보고서뿐만 아니라 특정 범죄자에 대한 보호관찰 사례감독을 한다. 경미범죄 보호관찰대상자를 사적으로 계약을 맺은 집단이 감독하는 것이 흔한 것은 아니다.

보호관찰기관의 역할

보호관찰 부서의 역할은 전통적으로 양자택일로 여겨져 왔다. 감독역할은 감시(사회보호)뿐만 아니라 범죄자에게 도움을 주고 치료를 하는 것(상담과 사회복귀)을 포함한다. 감독관은 종종 그들의 역할에 대해 그들에게 맡겨진 대상자들을 감시하는 것에 가장 중점을 둔다. 형사사법제도로부터의 대부분의 요구가 감독관의 역할을 변화시키라고 지적한다고 할지라도, 이러한 딜레마는 여전히 우리에게 계속되는 경향이 있다.[12]

먼저 보호관찰기관의 임무와 책임에 대해 논의하는 것이 필요하다. 첫째 그리고 가장 중요한 것으로, 그들은 지역사회에서 범죄자를 감시한다는 것이다. 기본 의문은 여전히 남는데, 감시의 목적은 무엇인지에 대한 것이다. 어떤 사람에게, 감시의 기능은, 그것이 사회복지분야에 놓일 때, 케이스워크 모델에 기초한다. 감시는 어떤 치료프로그램의 기초이다. 보호관찰관은 범죄자의 욕구를 진단하고 치료계획을 짜기 위해 그에 대한 모든 가능한 정보를 이용한다. 그러나 치료는 단지 감시의 한 측면이다. 게다가, 보호관찰관은 그들의 업무를 구성하는 이 범죄자들을 감시 상태로 유지할 것이 기대된다. 감시는 많은 형태를 취할 수 있는데, 이것은 사무소에서부터 마약검사를 위한 현지면담에서 전자감시에 이르기까지 다양하다. 몇몇 사람들은 보호관찰부서의 치료와 감시책임이 완전히 반대된다고 생각하지만, 실제로 보호관찰은 두 가지의 임무를 모두 갖는다. 이 임무는 법을 위반한 사람들로부터 사회를 보호하는 동시에, 범죄자들이 치료에 따르도록 하여 재활을 시키는 것이다. 이 목적들을 적절히 균형을 맞출 수 있는 기관은 21세기의 보호관찰에 대한 도전에 가장 잘 대처할 수 있다.

보호관찰을 부과하는 결정

보호관찰을 부과하는 결정은 복잡한 과정인데 이것은 유죄답변 협상과정에 의해 영향을 받는다. 유죄답변협상은 보통 검사와 변호사 상담에 의해 이루어지는데, 이것은 혐의의 심각성, 범죄자가 유죄로 인정하는 건수, 보호관찰 대 구금, 부과되는 형기 그리고 형이 동시에 또는 순차적으로 집행될지의 여부에서 범죄자에게 유리한 쪽으로 완화시킬 수 있다. 보다 최근에, 형기 가중법, 상습범죄자법 그리고 삼진법의 통과를 통해, 피고인은 또한 중범죄 혐의를 피하고 경미범죄로 인정되도록 협상을 했을 수 있는데, 이것은 형기가중, 특히 삼진법의 적용에 필수적인 첫 번째 스트라이크를 피하기 위한 것이었다. 캘리포니아에서, 두 개의 중범죄전과를 갖고 세 번째 중범죄로 유죄 판결을 받는 범죄자는 25년에서 종신형까지 받을 수 있고 최소 25년을 복역해야 한다.[13] 2012년 11월에, 캘리포니아 유권자들은 악명높게 가혹한 삼진법을 개정하는 데 압도적으로 찬성했다. 법률개정안 36은 놀라운 69%의 찬성으로 주의 삼진법을 개정하여 심각하고 폭력적인 범죄를 저지르지 않은 범죄자들에게 더 이상 종신형을 선고할 수 없도록 하였다. 종종 판사는 구치소구금과 보호관찰을 결합하기도 하는데, 이것은 분할형(split sentence)으로 불린다. 다른 형태로는 보호관찰과 주말구금, 병영훈련 그리고 주거형 프로그램을 결합하는 것이 있다.

사법부는 유죄답변협상 결과를 대체로 수용하는 경향을 보이지만, 많은 경우에 구금형을 선고하거나 제안된 합의를 거부("합의를 깸")할 수 있다. 이것은 중요한데, 왜냐하면 약 90%의 중범죄로 기소된 자들이 낮은 형량을 받기 위해 유죄를 인정할 수도 있기 때문이다. 그러한 유죄 인정은 보통 범죄자들이 상소할 수 없다는 것을 의미하는데, 이것은 상소법원 재심제도를 만든 법률적 근거를 크게 약화시킨다.

어떤 사람을 유죄로 만든 범죄가 법적으로 보호관찰이 부과될 수 있거나 주법에 의해 필요적으로 부과되는 범죄유형일 때, 판결전

보고서가 작성되지만, 어떤 주들은 이런 범죄자에게 판결전보고서를 면제하는 것을 허용한다. 판결전보고서의 기본 기능은 가장 적당한 형을 부과하기 위한 정보를 제공하는 것이다. 그것은 또한 감시를 하는 보호관찰관과 교도소 분류위원회뿐만 아니라, 어떤 그 후의 가석방 감시관이 범죄자가 구금되어야 하는지를 판단하기 위해 배경정보 문서로 사용할 수 있다. 판결전보고서는 또한 과정 및 성과 평가뿐만 아니라 양형지침, 보호관찰감시전략 그리고 보호관찰기관에 대한 새로운 도전에 대처하기 위한 특수프로그램(예를 들어, 재발가능성이 높은 마약범죄자를 가려내고 특히 높은 위험을 가진 사람들을 위한 마약치료프로그램)을 개발하기 위한 풍부한 정보를 제공한다.

판결전조사보고서

보호관찰기관의 주된 책임 중의 하나는 조사이다. 다른 책임으로는 감시, 프로그램 지지, 배상관리, 피해자-가해자 중재, 중계, 보호관찰조건의 집행 그리고 지역사회 안전이 있다. 조사는 범죄 및 체포관련 사실, 범죄자의 배경, 기술적 위반에 대한 사실과 정보를 모으고 그리고 즉시, 판결전보고서를 준비하는 작업이다.

판결전조사보고서(presentence investigation report, PSI)는 법원에 의해 권한이 부여된 관리나 기관이 수행하는 조사로부터 작성된 문서이다. 형사법원의 지시 하에, 그것은 유죄 판결된 범죄자의 배경, 전과, 범죄상황, 개인 및 가족환경, 인성, 욕구 그리고 위험성을 평가하는데, 이것은 법원이 처분을 결정하는데 정보를 제공하고 가장 적절한 판결을 하게 하기 위한 것이다.

이 보고서는 범죄자의 교육 및 고용이력, 주거안정성, 재정상황, 혼인 및 양육책임 그리고 군대생활에 대한 정보 외에도, 또한 법원에서 유용한 어떤 주관적인 자료를 제공해야 한다. 이런 자료로는 범죄자의 인성 및 평판, 욕구와 위험성 그리고 양심의 가책과 회개의 정도에 대한 평가가 있다. 대부분의 보고서들은 어떤 판결이 부과되어야 할지에 대한 충분한 추천과 그리고 만약 보호관찰이 결정된다면 부과되어야 할 적절한 준수사항을 담는다. 책임감과 정확성은 생명인데, 왜냐하면 법원은 그 조사관의 추천을 대부분 따르는 경향이 있기 때문이다. 정확성의 요건은 매우 중요한데, 판결전보고서는 (응보를 초래할 수도 있는 세부사항은 제외하고) 일반적으로 변호인단이 그것을 공유하며, 양형심리에서 그것에 도전하거나 반박될 수 있기 때문이다.

판결전보고서에 대해 마지막으로 지적해 두어야 할 것은, 모든 보고서에는 조사관이 개발하고 법원에 제시된 감시계획이 있어야 한다는 것이다. 보고서는 벌금, 배상, 사회봉사명령, 일일보고 그리고 보호관찰과 같은 전통적인 감시방법을 포함할 뿐만 아니라, 점점 더 피해자에게 관심을 두어 피해자법정진술과 때때로, 판결결과에 대한 피해자의 추천을 허용한다. 놀랍게도, 몇몇 피해자는 배상과 보상을 위한 자신에게 이익이 되는 요구 외에도, 건설적인 대응과 해결책을 기꺼이 제안한다.[14]

양형심리

대부분의 형사법원은 유죄의 결정과는 독립적으로 양형심리를 진행한다. 그러한 심리에서, 법원은 판결전보고서, 검사와 변호인단의 진술, 피해자의 진술 그리고 그러한 심리에 밀접하고 적절할 수 있는 다른 증거의 내용과 추천을 고려할 것이다. 양형심리의 결과에 크게 영향을 주는 명백한 요인은 없지만, 판결전보고서가 중심 역할을 한다는 것은 분명하다. 만약 범죄자가 전과가 있거나, 신체적 상해를 입혔거나, 범행 당시에 무기를 사용했거나, 피해자가 누군지 모르거나 또는 낯선 사람 간의 범죄였거나, 이전에 교정시설에 구금된 적이 있었거나, 정신병 징후를 보이거나 또는 범죄경력을 쌓고 있는 것으로 보인다면, 성인범죄자 시설(교도소)에 구금이 추천될 가능성이 보다 높아진다. 판사는 그 당시 그러한 추천의 85%를 그대로 수용하는 경향이 있다.[15]

만약 다음 중 범죄자가 법원에 제시된 증거 대부분에 해당한다면, 양형판사는 보호관찰을 부과할 가능성이 보다 높다.

- 기본적으로 친사회적인 초범자
- 좋은 교육과 직업이력
- 결혼을 해서 부양가족이 있음
- 마약이나 알코올남용과 같은 개인적 문제를 극복하려는 잠재적인 욕구
- 낮은 위험성 평가점수
- 비폭력범죄

범죄자들은 물론 두 가지 극단적 예로 거의 분류되지 않는다. 이 이유 때문에, 보호관찰부서는 **위험성 및 욕구평가**(risk and needs assessment) 도구를 채택했고, 이것은 미래의 범죄자행동에 대한 예측에 도움이 된다. 이 도구는 범죄자를 위험수준(높음, 중간 그리고 낮음)과 욕구수준(높음, 중간 그리고 낮음)으로 분류한다.

주요용어

위험성 및 욕구 평가
재범이나 미래의 범죄가능성을 결정하는데 사용되는 도구

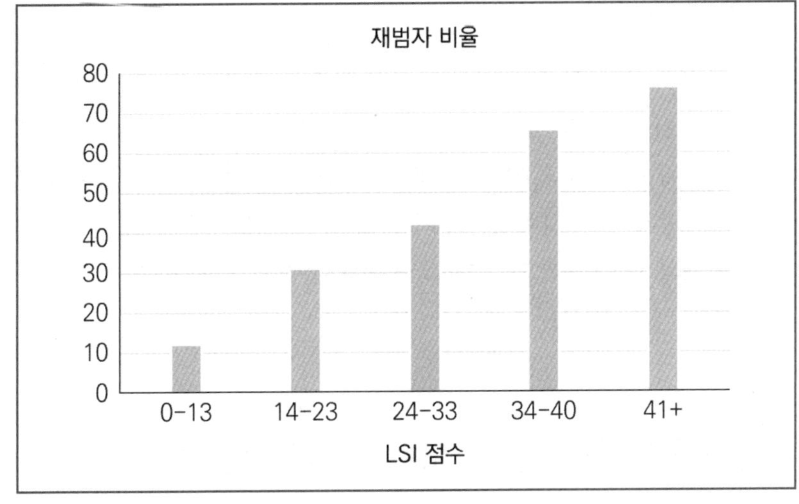

출처: Don Andrews and James Bonta, *"LSI-R": The Level of Service Inventory-Revised* (Toronto: Multi-Health Systems, Inc., 1995)

그림 5.2

LSI 점수(개정)와 재범

위험성 평가

가장 최근의 분류도구는 위험성과 욕구를 성공적으로 결합했고, 이것은 상대적으로 사용이 쉽다. 예를 들어, LSI(Level of Service Inventory, 개정 LSI-R)[16]의 수준은 열 가지 영역에서 범죄자의 위험을 평가한다.

- 전과
- 재정상황
- 동료관계
- 적응력
- 알코올 및 마약문제
- 교육과 고용
- 여가 및 레크리에이션 활동
- 가족/혼인 상태
- 감정적 문제
- 태도와 지향

[그림 5.2]는 개정된 LSI-R 점수에 따른 재범률을 보여준다. 일반적으로 이 점수가 높을수록 더 많은 재범을 하는 경향이 있다. LSI-R과 같은 평가도구는 판사와 보호관찰부서가 보호관찰을 누구에게 부과할지, 준수사항과 감시수준을 증가시킬지 또는 말지 그리고 어떤 범위와 어떤 유형의 서비스가 필요한지에 대해 보다 나은 결정을 하도록 돕는다.

위험요인을 겨냥하기: 보호관찰에 대한 도전

양형법원이 부과할 수 있는 보호관찰의 조건에 대해 다루기 전에, 몇 가지 차원과 문제들을 살펴보는 것이 필요한데, 이들은 범죄자들에게 많은 추가적인 문제들을 발생시키고 범죄를 저지르게 만드는 것으로 보호관찰대상자가 직면한 것들이다. 이 수치들은 양형법원과 감독보호관찰관들이 교정 과정에서 다루어야 하는 심각하고 복잡한 쟁점들을 이해하는 데 도움을 줄 것이다. 최근의 전국적 수치는 이용가능하지 않지만, 오하이오에서의 지역사회교정에 대한 2005년의 한 연구는 지역사회에 있는 범죄자의 84%가 마약전력이 있고, 69%는 알코올남용 전력이 있으며, 70%는 고등학교를 마치지 못했고, 62%는 검거 당시 실업 상태였으며 그리고 대다수는 전과를 갖고 있었다.[17] 이 비율이 전국적으로 유사하다고 믿을 만한 근거는 없다. 마약남용 문제와 고용 및 교육의 부족 외에도, 보호관찰대상자들은 또한 다루어져야 할 많은 문제와 위험요인들을 갖고 있다. 여기에는 자기통제력의 부족, 나쁜 동료들, 반사회적 태도, 감정문제, 가족갈등 그리고 정신병이 포함된다.

다행스럽게도, 만약 범죄자가 보호관찰을 받거나 또는 구금 중에 그들의 위험성과 욕구요인들에 맞추어진 치료와 서비스를 받는다면 그리고 그들이 치료프로그램을 수료한다면, 재범은 유의미하게 감소될 수 있다고 연구들은 설명한다.[18] 치료 후 범죄행동의 감소는 특히 어떤 원칙들이 지켜질 때 확실해진다. 그들은 효과적인 교정개입의 원칙으로서 알려져 있는데, "효과 있는 것(what works)" 연구에서 언급된 것의 토대를 이룬다.[19]

하나의 집단으로서 보호관찰대상자들이 다양한 위험성과 욕구요인들을 가지는 경향이 있고, 치료와 서비스는 대부분 감시 속에서 이루어져야 한다는 것은 분명함에 틀림없다. 그것은 또한 양형법원이 특수한 치료조건을 부과하고 감독관이 그러한 치료의 이행을 지시할 것을 요구한다.

보호관찰감독의 개선

보호관찰과 가석방기관의 많은 업무량과 다양한 책임을 전제할 때, 보호관찰관이 그들의 범죄자를 변화시킬 수 있는가 하는 의문이 남는다. 캐나다뿐만 아니라 호주에서의 훈련프로그램으로부터 나온 예비적 증거는 몇몇 유망한 결과를 보여준다.[20]

첫 번째는 캐나다 사람들이 만들었고, 지역사회감시 하의 전략적 훈련프로그램(Strategic Training Initiative in Community Supervision, STICS)으로 불리는데, 초기 연구들에 따르면, 훈련과정을 수료한 보호관찰관들은 수료하지 않은 보호관찰관들에 비해 더 많은 담당건수 유지율, 더 적은 기술적 위반 그리고 더 적은 새로운 입건율을 나타낸다. 신시네티대학의 학자들에 의해 수정된 한 모델이 현재 미국에서 테스트되고 있는데, 이 접근은 "**지역사회 감시 하의 효과적 프로그램**(Effective Practices in Community Supervision, EPICS)"으로 불린다. 캐나다의 프로그램과 유사하게, 지역사회 감시하의 효과적 프로그램(EPICS)의 목적은 보호관찰관들에게 보다 효과적으로 범죄를 유발하는 위험 요인들을 다루도록 하는 것이다. STIC와 EPICS 모두 보호관찰관의 기술, 훈련 그리고 범죄자의 관리를 업그레이드함으로써 보호관찰관이 수행하는 보호관찰의 효과성을 높이고 교정목적을 달성하려는 취지로 만들어진 훈련도구이다. 지역사회 감시하의 효과적 프로그램(EPICS)은 특히 일련의 기술을 연마하는 접근인데, 이것은 대상자의 저항과 적대감을 줄이고, 보호관찰관의 역할에 대한 대상자의 이해와 대상자들이 일상적으로 만나는 상황에 대한 해석에 초점을 맞춘다.

주요용어

지역사회 감시하의 효과적 프로그램
보호관찰관이 주요 가능한 관리상의 위기를 민감하게 느끼고 치료에 대한 저항을 극복하도록 돕는 이해와 관리전략을 제공하는 데 이용되는 훈련도구

지역사회 감시하의 효과적 프로그램(EPICS)에서, 보호관찰관은 그들의 대상자와 상호작용하기 위한 구조적 접근을 따른다. 구체적으로, 각 단계는 다음의 네 가지 요소들을 포함한다. (1) 승낙(Check-in)은, 범죄자가 어떤 위기상황이나 격렬한 욕구를 갖고 있는지를 판단하는 과정으로서, 친근한 분위기를 형성하고 참가동의문제에 대해 논의한다. (2) 복습(Review)은, 이전 단계에서 논의한 기술에 집중하는 단계로서, 이 기술들을 적용하고 이 기술들을 사용할 때 나타나는 지속적인 문제들을 해결한다. (3) 개입(Intervention)은 지속적인 욕구영역과 범죄자들이 경험하는 문제의 방향을 알아내는 단계로서, 적절한 기술을 가르치고 문제 있는 생각을 겨냥한다. 마지막으로 (4) 숙제와 예행연습(Homework and Rehearsal)은, 범죄자들에게 보호관찰관이 말한 모델을 볼 기회가 주어졌을 때, 역할을 맡고, 숙제를 배당하며 그리고 다음 방문 전에 지켜야 할 지시사항을 준다. 지역사회 감시하의

효과적 프로그램(EPICS)은, 범죄자들을 다루는 단계를 다시 만든 것 외에도, 보호관찰관들에게 어떤 핵심 교정프로그램을 범죄자들과의 상호작용에 적용하는 방법에 대해 가르치는 것에 초점을 맞춘다.[21] 이 프로그램은 다음과 같은 것을 포함한다.

비범죄적 모델제시(anticriminal modeling) 보호관찰관은 친사회적인 행동에 개입하고 그들이 동일하게 행동할 때 이것을 강화함으로써 범죄자들에게 친사회적인 모델을 제시하는 역할을 한다.

효과적 강화(effective reinforcement) 보호관찰관은 효과적인 강화를 사용해서 특정행동을 강화하는데, 여기에는 승인과 지지에 대한 즉각적인 진술과, 이런 행동을 계속할 때 나타나는 단기 그리고 장기의 이익을 고려할 때 이 행동이 바람직하다는 추론이 포함된다.

효과적 반대(effective disapproval) 보호관찰관은 효과적인 반대를 사용하여 특정행동에 대한 반대의사를 표시하는데, 여기에는 즉각적인 반대의 진술 그리고 이런 행동을 계속할 때 단기적·장기적 비용을 고려할 때 이런 행동이 바람직하지 않은 이유를 제시하고, 어떤 대안적이고, 친사회적인 행동을 시범 보여주는 것이 포함된다.

권위의 효과적 사용(effective use of authority) 보호관찰관은 그들의 권위를 효과적으로 사용함으로써 범죄자들을 순종하도록 이끄는데, 여기에는 금지된 행동에 대한 훈계, 그들의 요구에 대해서 솔직하고 명확해지는 것 그리고 범죄자의 선택과 참석결과를 명시하는 것이 포함된다.

문제해결(problem solving) 문제해결은 한 특수한 사회적 기술인데, 이것은 다양한 위험이 높은 상황에 대해 범죄자들이 대처하는 방법을 가르친다.

관계기술(relationships skill) 효과적인 보호관찰관은 몇몇 중요한 관계기술을 갖고 있는데, 여기에는, 몇 가지 예를 들면, 따뜻하고, 열려있으며, 선입견을 갖지 않고, 동정적이며, 유연하며, 매력적이고, 문제해결 지향적이며, 솔직한 태도가 포함된다.

인지적 재구성(cognitive restructuring) 보호관찰관은 범죄자들을 도와 그들의 생각과 그들의 행동 사이의 연결을 이해시킬 필요가 있다. 그들이 생각하는 것(예를 들면, 태도, 생각 그리고 신념)은, 어떤 행동을 가르치는 상황과는 반대되는 상황에 대해 감정적으로 그리고 행동적으로 반응하는 방식에 영향을 준다.

기술습득(skill building) 범죄자가 행동하는 방식을 배우기 위해, 보호관찰관은 범죄자들과 함께 새로운 기술을 가르치고 연습할 필요가 있다. 사람들이 행동하는 방식에 영향을 주는 인지적 기술들이 있는데, 예를 들면, 여기에는 사람들이 얼마나 잘 문제를 풀고, 다른 사람에 대해 동감을 느끼며 그리고 합리적으로 상황을 판단하는지 등이 해당된다.

동기화 증진(motivational enhancement) 효과적인 보호관찰관은 내재적인 동기를 증가(그들에게 변화를 원하도록 함)시킴으로써 변화의 동기를 갖는 데 도움을 준다. 기법들로는 동기화면접, 찬반투표, 목표설정 등등이 포함된다.

지역사회 감시하의 효과적 프로그램(EPICS) 모델은 감시, 위탁 그리고 대면면접을 조합하는데, 이것은 범죄자에게 충분한 "양"의 치료개입을 하고 협력적 관계를 발전시키는 데 가장 많은 시간을 사용한다. 예비적 연구에 따르면, 지역사회 감시하의 효과적 프로그램(EPICS) 모델을 사용하는 보호관찰관은 이를 사용하지 않는 사람에 비해 재범률을 낮추는 데 효과적이다.[22]

보호관찰의 준수사항들

범죄자들은 보호관찰 하에 있는 것을 "종이" 위에 있는 것이라고 부른다. "젖은 종이" 위에 있는 것은 그들이 감시를 받는 동안 음주가 허용되지 않는다는 것을 의미한다. 우리가 배운 바와 같이, 법원은 범죄자에게 어떤 합리적인 준수사항을 부과할 수도 있는데, 이것은 교정목적으로 여겨지는 경우에 한한다. 보호관찰관은 보호관찰대상자들이 이 준수사항들을 지키는지 감시해야 한다. 일반준수사항은 모든 범죄자에게 부과되는데, 여기에는 정기적으로 감독관에게 보고하는 것, 법을 준수하는 것, 소재파악에 협조하는 것, 무기소지나 마약사용을 않는 것, 과도한 음주를 피하는 것, 범죄자들과 어울리지 않는 것, 사전허락 없이 법원 관할구역 밖으로 나가지 않는 것, 직장이나 주거에 변동이 있을 때 보호관찰관에게 통지하는 것, 보호관찰 수수료를 부담하는 것 등등이 포함된다.

특별준수사항은 보호관찰대상자들에게 메타돈 유지프로그램에 참여, 알코올중독치료제의 복용, 단주모임 참석, 소변검사, 심리 또는 정신과 치료, 주간보고센터나 중간처우소 출석, 피해자 배상이나 보상, 가택구금, 전자감시, 주말구금 또는 주거형 구류센터, 직업훈련 또는 다른 법원이 명령한 것들을 준수할 것을 포함한다. 이러한 특별준수사항은 법원의 요구와 기대의 성공적인 완수뿐만 아니라 재통합을 위해 보호관찰대상자들을 돕도록 개별적으로 설계된다. 성공적으로 보호관찰을 종료하는 보호관찰대상자들의 비율은 약 60~85% 사이이다. 특별 준수사항은 보호관찰을 위해 원래의 법원명령의 한 부분으로 자주 부과되지만, 만약 보호관찰 대상자가 보호관찰의 준수사항을 지키지 않거나 보호관찰이 실패할 위험을 나타낸다면 후에도 법원에 의해 부과될 수 있다([표 5.2]를 참조). 보호관찰관은 때때로 보호관찰이 시작된 후의 어떤 특별 준수사항 이상의 것을 법원에 요구하는데, 이것은 특히 대상자가 명령을 무시하거나 어떤 프로그램에 참여할 것을 강하게 거부하는 경우이다. 지속적인 마약남용이나 과도한 음주를 나타내는 소변검사결과나 불규칙한 직업활동은 압박 양형(tourniquet sentencing)을 초래할 수 있는데, 이것은 대상자가 기대대로 행동을 할 때까지 프로그램 참여에 대한 감시의 조건을 증가시키는 것이다.

가장 자주 부과되는 **보호관찰의 특별준수사항**(special conditions of probation)은 중간처벌인데, 이것은 6장에서 상세히 설명한다. 여기에 속하는 것으로는 가택구금, 주간보고센터, 전자감시, 집중감시, 중간

주요용어

보호관찰의 특별준수사항
벌금, 전자감시 그리고 가택구금과 같이 보호관찰대상자에게 법원이 명령한 추가적인 처벌

표 5.2 보호관찰대상자들에게 부과된 특별준수사항

유형	보호관찰대상자의 비율
감독수수료	61
벌금	56
법원비용	55
직업활동	35
의무적 마약검사	33
피해자 배상	30
알코올남용치료	29
사회봉사	26
마약남용치료	23
적어도 하나의 특별준수사항	99

출처: Thomas Bonczar, *Characteristics of Adults on Probation* (Washington, DC: Bureau of Justice Statistics, 1997), p. 7.

처우소, 병영훈련프로그램 그리고 분할형(보호관찰 후 구금 또는 주말구금)이 있다. 여기서 중요한 것은 보호관찰감독이 다양한 대안적 제재들로 강화될 수 있다는 것인데, 이들은 보호관찰의 이익을 극대화하고, 재범을 방지하고, 지역사회를 보호하며 그리고 대상자가 자신의 기본적이고 저변에 딸린 범죄 유발적 욕구에 대처하는 데 도움을 준다. 대안프로그램들은 다음 장에서 보다 상세히 살펴본다.

보호관찰의 취소

일단 보호관찰이 부과되면, 대상자들은 보호관찰관의 감시와 원호를 받는데, 보호관찰관은 재통합을 위해 개별 욕구들을 충족시키기 위해 지역사회 자원과 프로그램들을 점점 더 많이 사용한다. 만약 보호관찰대상자가 충실히 참여하여, 지역사회자원으로부터 도움을 얻고, 자신의 근원적인 문제점을 해결한다면, 보호관찰관은 법원에 이 사건을 종결하여 대상자의 감시를 해제하도록 요청할 수 있다. 어떤 지역에서는 보호관찰에 성공적이었던 범죄자를 위해 "사회복귀 증명서"의 발급을 허용한다. 다른 지역의 범죄자들은 공식적인 승인이 필요 없고 그리고 결코 형사사법기관에 다시 나타나지 않는다([표 5.2] 참조).

범죄자들은 기대하는 대로 행동을 하는 능력에서 다양하다. 몇몇 사람들은 감독관이나 법원과의 협력에 무관심하거나 적대적이거나, 기대하는 행동을 마지못해 하거나 또는 하지 않는다. 몇몇은 감정적으로 너무나 미숙하여 지시를 따르지 못한다. 몇몇 사람들은 따르기가 힘든 비현실적인 준수사항에 마주치는데, 예를 들면, 피해자에 대한 광범위한 배상이나 또는 경제적으로 침체된 시기나 일자리를 구하기 힘든 분야에서 일하게 하는 것을 들 수 있다. 그러나 다른 사람들은 불법이 아닐 수도 있지만, 그 자체로 미래의 불법행동의 전조로 해석될 수 있는 보호관찰의 준수사항(특히 알코올과 마약남용 금지조건)을 위반함으로써 추가적인 범죄행동을 한다. 이런 상황에서, 감독보호관찰관은 **기술적 보호관찰 위반**(technical probation violations)을 다루어야 한다.

그러한 상황에서, 감독관은 단호히 경고하거나 그 대상자를 체포하여야 한다. 보호관찰대상자를 다시 잡아와서 법원이 명령한 준수사항을 더 엄격하게(또는 그것이 적절하다면 더 느슨하게) 해 달라고 요구한다. 판사는 일반적으로 보호관찰대상자에게 경고를 하고 준수사항이나 면담의 빈도를 증가시킬 수 있다. 보호관찰대상자들에게 부과된 준수사항들은 [표 5.2]에서 볼 수 있다. 이러한 경고와 공식적 조치들은 대상자를 순응하도록 만들기에 충분하지만, 만약 대상자가 반복적으로 준수사항을 위반하거나 또는 새로운 범죄혐의로 경찰에 의해 체포된다면, 보호관찰을 취소할지를 결정하는 심리를 열 수 있다(**보호관찰 취소**(probation revocation)로 불리는 과정). 만약 보호관찰대상자가 구치소에 있는 것이 아니라면, 보호관찰대상자의 검거를 위해 영장이 발부될 수 있다.

보호관찰 심리는 중요한 이벤트인데, 왜냐하면 이것이 해당 범죄자에게 "고통스런 자유박탈"을 초래할 수 있기 때문이다. 이 심리

주요용어

기술적 보호관찰 위반
새로운 범죄를 범하지는 않았으나 법원이 부과한 규칙을 깨뜨린 혐의로 인한 보호관찰 판결의 변화

주요용어

보호관찰 취소
보호관찰의 준수사항을 위반하여 보호관찰에서 다른 교정적 통제로 판결이 변화되는 것

주요용어

개그넌 대 스카펠리
보호관찰이 권리가 아닌 특권이지만 일단 주어졌을 때 보호관찰대상자는 보호관찰에 남는 이해관계를 갖는다는 미연방대법원 판례

는 개그넌 대 스카펠리(Gagnon v. Scarpelli)로 알려진 미연방대법원 판례에 의해 다루어졌다. 간략히 말하면, 이 판례에 따르면, 보호관찰은 권리가 아닌 하나의 특권이지만, 일단 한번 주어지면, 보호관찰대상자는 보호관찰에 남는데 이해관계를 가진다("권리부여"). 법원은 보호관찰이 다음과 같은 적법절차 요건을 준수하지 않은 채 취소될 수 없다고 판시했다.

- 보호관찰대상자는 자신에게 불리한 혐의에 대해 문서를 통해 통지받아야 한다.

교정 실제 5.1

보호관찰 위반과 억제: HOPE 프로젝트

2004년에, 하와이의 제1연방순회 법원판사는 형사사법의 이해관계자들을 모아 HOPE로 알려진 보호관찰 프로그램을 설계하고 시작하였다. 이 판사는, 보호관찰 위반을 신속하고, 확실하며 그리고 비례적으로 증가하는 처벌(구치소 구금기간과 같이)로 대응하는 것이 보호관찰 위반행동과, 보호관찰대상자의 재범 그리고 보호관찰의 취소를 줄일 것이라고 믿었다.(보호관찰 심리의 불출석, 마약양성 검사결과 그리고 보호관찰관과의 변담을 하지 않는 것과 같은) 보호관찰 위반 후 빠르게 부과된 비례적인 처벌은 차후의 범죄를 억제하기 위한 것이었다. 범죄유발적인 행동과 확실한 처벌 및 결과를 연결한 것은 범죄자들이 그것을 학습하게 만들었다. 이것의 근거이론은 억제 철학인데, 보호관찰 위반에 대한 확실한 처벌은 차후의 범죄행동을 그만두게 만들 것이다.

이 프로그램에 대한 평가연구는 HOPE 보호관찰대상자와 통제집단을 비교했는데, 주요 결과는 매우 유망했다. HOPE 보호관찰대상자들은,

1. 마약을 72% 덜 사용했다.
2. 보호관찰관과의 면담약속을 지키지 않는 경우가 61% 더 적었다.
3. 재범으로 체포된 사람이 55% 더 적었다.
4. 보호관찰 취소가 53% 더 적었다.

평가는 계속되고 있는데, 처벌의 확실성을 신속하고 점점 증가하는 비례적 처벌과 연결시키는 그 프로그램이 미국의 다른 지역에서 그리고 상이한 사람들에 대해서도 상이한 보호관찰대상자들을 억제시키는지에 대해서 살펴보려고 하고 있다.

출처: 더 많은 정보를 위해서는 다음 문헌을 볼 것: Kevin McEvoy (2012), "HOPE: A Swift and Certain Process for Probationers," *National Institute of Justice Journal* 269 (http://www.nij.gov/nij/journal/269/hope.htm (accessed July 30, 2012).

- 문서통지는 취소심리 이전에 보호관찰대상자에게 주어져야 한다.
- 보호관찰대상자는 자신의 이익을 위해 심리에 출석하여 증거를 제출할 권리가 있다.
- 보호관찰대상자는 그에게 불리한 증거에 대해 이의를 제기할 권리가 있다.
- 보호관찰대상자는 증인에 대해 반대 심문할 권리가 있다.
- 만약 혐의가 충분히 복잡하거나 또는 그 사건이 너무나 복잡해서 보통의 사람이 법적 쟁점을 이해할 수 없다면, 보호관찰대상자는 법률변호사를 선임할 권리가 있다.

주 단위에서는 이들 외에 더 많은 권리를 제공할 수 있지만, 이들을 제공하지 않을 수는 없다.

취소심리는 다음과 같은 몇 가지 결과를 낳을 수 있다.

- 그 대상자의 감시수준이 높아질 수 있다.
- 범죄자에게 경고와 훈계를 한 후 다시 보호관찰을 받도록 돌려보낸다.
- 법원은 추가적인 준수사항을 부과해서, 다시 지역사회 감시로 돌려보낼 수 있다.
- 법원은 보호관찰을 취소하고 구치소나 교도소와 같은 구금형을 재선고할 수 있다.
- 법원은 범죄자의 법적 자격을 검토하고 정신건강검사를 명할 수 있는데, 그 결과는 정신건강 서비스로 보내거나, 지역의 보건 및 복지법 하에서의 절차를 위해 유언검인증 법원에 사건을 이송하거나 또는 주립정신병원에 수용하는 것이다.
- 법원 관할구역에서 찾을 수 없거나 다른 곳으로 도망간 범죄자에게는 구속영장이 발부될 수 있다.

징계심리를 경험한 보호관찰대상자들 중에, 이 심리가 열리게 만든 가장 많은 이유는 소재파악 불가나 보호관찰관과의 면담약속을 어기는 것이다. 그 다음으로 새로운 입건이나 유죄 판결이 많다 (38%). 한 건 이상의 징계심리를 경험한 보호관찰대상자 중에, 42%는

교정 실제 5.2

보호관찰 하에 있는 연방범죄자

보호관찰을 받고 있는 연방범죄자의 수는 2008년 이후 증가했고, 2013년 회계 연도 초에 132,340명으로 나타난다(United States Courts, 2012a). 이 증가의 대부분은 2008년 이후 마약법 위반에서 기인한다. 적어도 하나 이상의 특별준수사항이 부과된 범죄자는 도합 거의 94%에 이른다. 성공율(보호관찰을 성공적으로 종료하는 범죄자들)은 다음과 같이 높다(United States Courts, 2012b).

- 보호관찰을 받은 사람 중 85%가 성공했다.
- 감시가 부여된 출소자의 76%가 성공했다.

출처: United States Courts (2012a), "Federal Court Conviction Supervision Fiscal Years 2008-2012," http://www.uscourts.gov/Statistics/JudicialBusiness/2012/postconvictionsupervision.aspx; United States Courts (2012b), "Most Offenders under Federal Supervision Remain Arrest Free," http://www.uscourts.gov/news/NewsView/10-12-29/Most_Offenders_Under_Federal_Supervision_Remain_Arrest-Free.aspx.

그들의 형을 계속 받는 것이 허용되지만, 단지 추가적인 준수사항만 부과되는 경우도 있다. 거의 30% 가까운 사람들은 구치소나 교도소에 구금되었고, 29%는 새로운 준수사항 없이 그들의 감시가 원래대로 시행되었다.

중범죄자 보호관찰

주요용어

중범죄자 보호관찰
중범죄를 저지른 사람에게 적용되는 보호관찰

1980년대 동안 미국에서 심각하고 폭력적인 범죄의 급속한 증가는 교도소 과밀화에 기여했고, **중범죄자 보호관찰**(felony probation)의 사용을 증가시켰다. 우리가 살펴본 바와 같이, 보호관찰은 전통적으로 경미범죄자와 낮은 수준의 비폭력범죄자를 대상으로 했다. 그러나 교도소 과밀화와 구치소의 팽창은 교정행정관료들에게 과중한 짐을 진 제도를 구원하기 위해 어떤 다른 유형의 중범죄자들에 주목하게 만들었다. 구금비용([표 5.3]을 참조)과 교도소 건축비용이 너무나 많이 들게 되었고 시설은 너무나 과밀화되었기 때문에, 중범죄자 보호관찰은 꽤 일상적인 것이 되었다. 구금이 초래하는 우울한 결과를 고려하고, 철저하고 완전한 판결전조사보고서와 위험성의 적절한 고려가 결합될 때, 중범죄자 보호관찰 프로그램이 가능할 수도 있다고 본다. 지역사회를 보호하는 보호관찰 서비스와 결합된 중범죄자 보호관찰 프로그램들은 다음 장에서 보다 상세히 살펴본다.

표 5.3 **연방교정시설에서 대상자 1인당 교정프로그램의 하루 평균 비용**

프로그램	비용
보호관찰	$10.79
구금	$77.49
미결구금	$70.56
보석	$6.62

출처: "Costs of Incarceration and Supervision," http://www.uscourts.gov/news/ newsView/ 11-06-23/Newly_Available_Costs_of_Incarceration_and_Supervision_in_FY_2010.aspx (accessed August 23, 2014).

깨진창 접근

최근에, 보호관찰과 가석방을 주도하는 몇몇 사람들은 지역사회 감시가 공공안전을 성취하는 방식에서의 급격한 변화를 요구해 왔다.[23] 이 새로운 모델은 "깨진창" 접근으로 불린다. **깨진창 보호관찰**(broken window probation)은, 지역사회 경찰활동으로부터 크게 영향을 받은 것인데, 보호관찰과 가석방에서의 적용은 지역사회와의 새로운 파트너십을 요한다. 이 접근에서, 보호관찰관은 지역사회와 피해자와 협력하고, 범죄자가 책임을 지도록 하며 그리고 보호관찰의 리더십을 개선하고 강화해야 한다. 이 모델의 주요 전략은 다음과 같다.[24]

- 공공안전을 최우선으로 두기
- 지역사회에서의 노동
- 지역사회와 파트너십을 발전시키기

주요용어

깨진창 보호관찰
보호관찰관이 피해자 및 지역사회와 의사소통하고, 가해자가 책임을 지도록 하며, 보호관찰의 리더십을 개선해야 하는 보호관찰의 개념

- 부족한 자원을 합리적으로 할당하기
- 준수사항을 지키는지 감시하고 위반 시 제재하기
- 수행에 기초한 솔선수범의 정신을 강조하기
- 강하고 지속적인 리더십을 북돋우기

깨진창 접근의 목적이 고상하지만, 이 모델에 대한 비판이 없지는 않다. 택스먼과 브린(Taxman and Bryne)[25]은 이 모델이 수사로 가득 차 있고, 비현실적이며 그리고 잘못된 접근에 근거한다고 주장한다. 더욱이, 그들은 공공안전을 달성하는 대부분의 효과적인 방식은 잘 설계되고 잘 시행된 치료라는 것을 가리키는 중요한 연구성과들을 무시한다고 주장한다. [표 5.4]는 택스먼과 브린이 **예방적 감시**(proactive supervision) 모델과 깨진창 모델이라고 부른 것 사이의 차이점을 보여준다.[26] 메릴랜드 공공안전 및 교정서비스부(Maryland Department of Public Safety and Correctional Services)는 최근에 지역사회 감시에 대한 예방적 접근을 시작했다. 이 접근은 전통적 감시로부터 벗어나서 훨씬 많은 치료적 전략을 옹호하는데, 이것은 증거기반의 프로그램과 결합된 보다 많은 현장방문을 포함한다. 함께 있는 요약문은 이 전략을 설명한다. 보호관찰을 보다 효율적으로 만들려는 방법에 대한 논쟁은 계속될 것이고 그리고 깨진창 모델이 그것의 약속을 지킬 수 있을지는 의문이다.

주요용어

예방적 감시
보호관찰 중인 범죄자가 할 것으로 예상되는 사건이나 상황(특히 부정적이거나 어려운 것)을 준비하거나 개입하거나 또는 통제하는데 이용되는 치료전략

보호관찰과 교정에서의 보호관찰의 역할

교도소 인구위기가 전국을 뒤덮고 있기 때문에, 주는 과밀화를 완화하기 위한 많은 전략들을 찾고 있다. 이 기본 전략들은 앞문정책과 뒷문정책으로 나눌 수 있다. 보호관찰(앞문정책)은 가장 광범위하게 사용되는 대안이다([표 5.4] 참조).

앞문정책(Front-end solution)은 보호관찰과 중간처벌과 같은 대안적 판결인데, 여기에는 가택구금, 기소유예, 전자감시, 충격보호관찰, 집중감시보호관찰, 단속구치소구금 그리고 다른 프로그램들이 포함

주요용어

앞문정책
교도소에 재소자를 보내기 전에 수를 통제하는 방법

표 5.4 **깨진창 보호관찰: 두 가지 전략의 비교**

	깨진창 모델	예방적 감시 모델
공공안전 문제에 대한 정의	보호관찰은 각 지역사회에서의 공공안전의 수준에 대해 책임을 져야 하는데, 이것의 지표는 범죄율, 범죄의 두려움, 학교안전 그리고 삶의 질이 있다.	보호관찰은 그들의 직접감시 하에 있는 모든 범죄자들에 대한 감시와 통제에 책임을 져야 한다.
보호관찰관의 임무	보호관찰관은 범죄자 감시 및 통제뿐만 아니라 범죄예방프로그램과 다양한 형태의 옹호 및 지역사회변화에도 개입해야 한다.	보호관찰관은 그들의 노력을 범죄자의 직접감시에 집중해야하지만, 자원개발과 조정의 책임은 보호관찰 내에 "자원전문가" 자리를 새롭게 임명하여 수행되어야 한다.
보호관찰관의 위치	보호관찰관은 보호관찰소보다는 지역사회에서만 범죄자들을 감시해야 한다. 감시는 범죄자에 기초하는 것이 아니라 장소에 기초해야 한다.	보호관찰관은 보호관찰소와 현장방문을 함께 하여야 하지만, 접촉의 목적은 항상 장소가 아니라 범죄자의 감시이다.
보호관찰관의 역할	보호관찰관은 전통적인 중개모델을 이용하는, 다양한 유형의 범죄자들(예를 들어, 마약범죄자, 알코올범죄자, 비폭력범죄자, 성범죄자, 정신이상범죄자)을 감시할 수 있도록 "다방면에 대해 아는 사람"이어야 한다.	보호관찰관은 어떤 전문화된 업무(예를 들어, 마약범죄자, 알코올범죄자, 비폭력범죄자, 성범죄자, 정신이상범죄자)를 다룰 수 있는 기술을 기준으로 고용되고 훈련되어야 한다. 이러한 기술로는 평가절차, 상담기법 그리고 광범위한 (입원 및 외래의) 치료네트워크에 대한 지식이 있다.
보호관찰 자원의 획득과 할당	보호관찰 부서는 기존자원의 합리적 할당을 위한 전략을 개발하고 개선하여야 하는데, 이것은 다음 두 가지 주요기관욕구에 기초하여야 한다. (1) 공공안전에 대한 범죄자 "위험성"에 대한 더 정확한 평가, (2) 현장직원을 가장 공공안전의 욕구가 절실한 영역에 할당.	보호관찰 부서는 보호관찰의 최소수준을 의무화하고 보호관찰관이 공공안전을 증진하는 도구로서 제재를 사용하는 것을 허용하는 입법을 제안함으로써 범죄자 치료와 감시를 위한 자원을 늘리라고 "주장"해야 한다.
보호관찰 준수사항의 집행	보호관찰관은 범죄자의 불복종과 기술적 위반을 적발하기 위해 다양한 감시기법들을 이용한다. 구조화된 위계적 제재는 초범 위반자들에게 사용하고, 재범자들에게는 교도소 및 구치소 구금을 사용할 것이다.	보호관찰 부서는 (지역 사법기관과 연계하여) 준수사항의 수를 줄이고 구조화된 위계적인 비구금적 제재를 사용하여 준수사항들을 집행하는 전략을 발전시킨다.
도주자의 위치	보호관찰 부서는 보호관찰 도주자팀과 검거팀을 따로 만들어 지역사회를 더 안전하게 보호해야 한다.	보호관찰 부서는 도주자 문제의 속성(과 영향)을 더 잘 이해하기 위해 임시위원회를 만든다. 문제지향적 보호관찰 전략을 이용하여, 보호관찰관들은 문제의 결과보다는 원인에 대해 직접적으로 대처해야 한다.
지역사회에서의 파트너십	범죄예방 및 지역사회 개선활동을 모두 포함한 광범위한 보호관찰－지역사회 파트너십이 개발될 것이다.	보호관찰 부서는 그들의 지역사회에서의 치료네트워크의 개선과 그리고 감시기능을 향상시킬 관련활동에 대해 초점을 맞출 것이다.

출처: Faye Taxman and James Bryne, "Fixing Broken Windows Probation," *Perspectives* 25:2 (2001): 23-29.

된다(6장을 참조).

주요용어

뒷문정책
가석방, 충격가석방, 그리고 확장된 선시점수와 같은 조기 석방프로그램으로 교도소 인구과밀화를 완화하는 전략

뒷문정책(Back-end Solution)은 범죄자가 교도소에 들어온 후 교도소 인구를 줄이는 데 사용되는 방법을 말한다. 그들은 "조기 석방" 또는 "연장된 한도(extended limits)" 선택지로 볼 수 있는데, 여기에는 가석방, 충격가석방, (보통 법원명령에 의한) 비상석방, 최소형기를 줄일 수 있는 확대된 선시점수, 외부통근과 외부통학, (연방교도소에서 광범위하게 사용하는) 중간처우소로의 예비석방 그리고 다른 여러 프로그램이 해당한다. 이들은 12장에서 설명한다.

보호관찰은 그 자체로 교정의 주요 구성요로서 만들어졌다. 보호관찰이 선호되는 처분이라는 점을 강조하는 것은 교정개혁의 전선에서 그것을 유지시킬 것으로 보인다. 만약 보호관찰과 교도소의 비용을 비교한다면, [표 5.3]에서 본 바와 같이, 보호관찰의 하루 평균 비용은 10.79달러인데, 이것은 교도소의 하루 평균 비용 77.49달러와 대조된다. 납세자들은 당연히 보호관찰을 선호할 것이다. 인구가 증가하자, 범죄자 수와 보호관찰전략에 대한 변화의 정도도 역시 확실히 증가할 것이다. 보호관찰에 대해 연구하는 학자들은, 이 제도가 전국 수준에서 구금에 비해 60% 정도 효과적이라는 데 동의한다. 비용에서 1/8밖에 안 되는 (그리고 적어도 더 효과적인) 구금에 대한 대안은 큰 호소력이 있으며 교정에 대한 한 견고하고 경제적인 접근에 대한 요구에 분명히 부응한다.

교정 실제 5.3

지역사회에서 사전 예방적으로 범죄자 다루기

사전 예방적 지역사회 감시(Proactive Community Supervision)는 범죄자의 생활을 개선하고 그들을 지역사회에 대한 생산적인 참여자로 회복시킴으로써 지역사회 감시를 개선한다. 이 임무를 위해서, 보호관찰관은 그들이 일하는 지역사회에서 의욕적으로 일한다. 예방적 지역사회 감시모델은 동기강화 면접, 위험성과 욕구평가, 양질의 면담기준 그리고 지역사회에서 성공하기 위한 범죄자의 능력을 개선하는 "효과가 검증된 것(what works)" 원리의 이행과 같은 범죄자 관리 도구들을 강조한다. 이러한 도구들을 사용함으로써, 보호관찰관의 역할은 변화하는데, 보호관찰관은 범죄자와 지역사회를 위한 유용하고 친사회적인 행동의 역할모델이 된다.

지역사회와 함께 하는 감시는 다음과 같은 것을 성취할 수 있다.

- 공공안전을 보호
- 범죄자가 피해자와 지역사회에 대해 책임을 갖도록 함
- 범죄자가 책임감 있고 생산적이 되도록 도움

예방적 지역사회 감시모델 하에서는 다음과 같은 것들이 기대된다.

- 보호관찰관들의 업무량은 충분히 감소되고, 따라서 보호관찰관들은 범죄자와 1대1로 지역업무를 하는데 더 많은 시간을 보낼 수 있다.
- 보호관찰관들과 감독자들은 범죄자를 동기화하고, 중요한 위험요소들을 찾아내며 그리고 실질적인 감시계획을 짜는 방법에 대해 훈련을 받는다.
- 보호관찰관들과 감독자들에게는 노트북컴퓨터와 같은 적당한 기술적 도구들이 지급되는데, 이것은 사무실 밖의 지역사회에서 일하는 동안 그들의 업무수행을 도울 수 있다.

지역사회는 보호관찰관들에게 다음과 같은 것을 기대할 수 있다.

- 가석방자나 보호관찰대상자들이 고향이라고 부르는 곳 근처에서 시간을 보낸다.
- 가석방자와 보호관찰대상자들과 협력하여 그들을 다시 범죄와 폭력으로 이끌 수 있는 마약 및 알코올중독을 중지하도록 돕는다.
- 가석방자와 보호관찰대상자들이 기초교육과 직업훈련을 받도록 도와주어 그들이 건전한 시민이 될 수 있도록 돕는다.
- 범죄자의 가족, 친구 그리고 이웃과 관계를 구축하여, 범죄자에게 문제가 발생하기 전에 보호관찰관에게 알릴 수 있도록 만든다.
- 범죄자가 새로운 어떤 범죄를 저지르기 전에 개입한다.
- 범죄자의 행동을 지역사회에서 제거할 필요가 있을 때, 재빨리 반응한다.

출처: Maryland Department of Public Safety and Correctional Services, http://www.dpscs.state.md.us/rehabservs/(accessed March 8, 2005).

요약

보호관찰의 역사

보호관찰의 선례는 성역의 관습과 사법적 집행유예 모두에서 발견될 수 있다. 미국에서, "청소년 보호 운동"은 청소년이 직면한 문제를 찾아내고, 이 문제들을 해결하기 위한 서비스를 탐색하는 대책을 포함했다. 청소년이 범죄적 삶에 덜 물들고 그러한 보호, 치료 그리고 지도노력에 보다 순종적이라고 보였기 때문에, 보호관찰은 급속히 보다 욕구가 많고 위험성이 낮은 청소년들에 대한 주요 대안적 처분이 되었다. 1923년까지, 모든 주는 보호관찰에 대한 법적 권한을 소년법원에 주었다. 성인 보호관찰은 보다 늦게 도입되었는데, 1956년에 모든 주가 이것을 제도화하였다.

(보호관찰 준수사항을 포함한) 현대 보호관찰의 운영

유죄답변협상이나 재판을 통해 유죄가 확정되면, 범죄자에게 형이 선고된다. 양형판사는 일반적으로 새로 유죄가 확정된 범죄자에 대해 거의 모르고, 따라서 법적 사건뿐만 아니라 범죄자에 관련된 정보들을 정리한 판결전보고서에 의존한다. 그 판사는 또한 피해자나, 만약 피해자가 죽었다면, 최근친자로부터 정보를 얻을 수도 있다. 양형판사는, 대부분의 주에서 확실한 구금기간(또는 대안적 제재)을 요하는 양형표와 그리고 판결전보고서를 작성한 보호관찰관이 판사에게 전달해야 한다고 생각하는 많은 다른 요인의 도움을 받아서, 어떤 형이 부과되어야 할지에 대해 결정한다. 미래행동을 예측하는 것은 대개 판사의 능력이기 때문에, 이 과정은 정확한 과학과는 거리가 멀다. 때때로 판결은 너무나 간단하고, 어떤 경우에는 부과된 판결이 너무나 처벌적이다. 대부분의 보호관찰관은, 짧은 시간 내에, 범죄자를 관찰할 수 있고 그 형이 적절한지를 결정한다. 약간의 사법적 오류는 가능하고 판사도 실수를 할 수 있다는 것을 명심하라.

보호관찰이 취소되는 방식

보호관찰은 양형판사에 의해 취소될 수 있고 범죄자는 다시 구금형이 선고될 수 있다. 법원은 교정 및 개인적 개선 전략을 시행할 권한을 가진다. 보호관찰관에게 대항하거나, 거짓말하거나 또는 판사에 의해 부과된 준수사항("음주금지" 또는 "감시받는 동안 음주금지")을 반복적으로 위반하는 것은 심각한 결과를 가져올 수 있다. 반복적으로 보호관찰관의 기대를 저버리는 것은 다시 법정에 불려오고, 감시를 더 강화시키며, 구치소나 교도소로 가는 승차권일 수 있는 다른 관련된 행동들을 하게 만들 수 있다.

보호관찰대상자의 특성

중범죄 보호관찰대상자들은 성공적으로 감시기간을 끝내고 기대를 따르는 경향이 있다. 주, 사회복지서비스 지원, 고용 그리고 양형결정에서의 선택가능성에 따라서 달라지기는 하지만, 60% 이상의 보호관찰대상자들은 보호관찰 기간 동안 범죄를 하지 않는다. 석방의 준수사항들을 적절히 충족시키지 않은 사람들은 또 다른 범죄를 범하거나 기대대로 행동하지 못할 수도 있다. 기대대로 행동하지는 않았지만 중범죄를 저지르지는 않은 사람들은 재판을 다시 받기 위해 법정에 올 수 있다. 다른 새로운 중범죄를 범한 보호관찰대상자들은 구금되거나 교도소로 돌아올 가능성이 꽤 높다. 핵심 요인은 적절한 규칙을 지키고 다시 잘못을 하지 않는 것이다. 법원은 구금, 추방 또는 재구금(구치소 또는 교도소)을 포함한 어떤 합리적인 보호관찰 준수사항을 부과할 수 있다는 것을 기억하라. 어떤 지역에서 적절한 처벌은 종신형일수도 있다. 다른 지역에서, 보호관찰에서 실패하는 것에 대한 형벌은 충분히 종신형에 68년을 더한 것일 수 있다. 그러한 판결은 명백히 판사가 범죄자가 교도소를 떠나지 못하도록 만들려고 한다는 것을 나타낸다.

위험성 평가과정

보호관찰관은 보호관찰대상자와 효과적으로 일하는 방법과 적절한 행동을 모범으로 보여주는 방법에 대해 훈련을 받는다. 그들은 보호관찰대상자들이 있어야 하는 곳을 결정하고, 긍정적 행동을 강화하며, 문제를 해결하고 그리고 권위를 효과적으로 사용하기 위한 인지직 개조에 숙달된 사람들이다. 보호관찰을 실패로 만들 수 있는 위험요인들을 겨냥하는 것은 중요하며, 다양한 평가도구들이 이러한 요인들을 식별하기 위해 사용된다. 그러한 기술들은 EPICS 모델 하에 요구된다. 이것은 보호관찰관의 질과 효과성을 개선한다. 보호관찰 인구의 많은 특성들은 그들의 매일의 삶을 방해하는 작용을 한다. 따라서 새로운 기술, 행동연습 그리고 좋은 행동에 대한 보상은 필수적이다.

보호관찰이 범죄를 유발하는 위험요인들을 겨냥하는 방식

현대의 교정제도들은 증거기반의 치료로 이동해 왔는데, 이것은 프로그램과 제도들이 치료에 효과적이라는 증거가 있어야 한다는 것이다. 청소년비행과 성인범죄를 감소시키는 프로그램들은 보호관찰에서 재범을 감소시키기 위해 사용되어야 한다. 이 증거기반 운동은 아무런 변화를 가져오지 못하거나 높은 재범률을 가져오는 "느낌만 좋은" 제도들(병영훈련이나 DARE 프로젝트 같은 것)보다는 재범에 기여하는 요인들을 겨냥한다.

경제적 제재의 사용

보호관찰 분야에서 가장 최근에 부과된 제재는 경제적 벌금, 배상 그리고 피해자 보상인데, 이 모든 프로그램들은 가해자가 금전적 책임감을 더 많이 갖게 하려는 것들이다. 만약 범죄자가 사회적 피해를 주고 부정적으로 다른 사람들에게 영향을 주었다면, 그러한 재소자는 피해자 보상, 회복적 판결 그리고 지역사회 전체를 위해 돈을 벌도록 강요될 수 있다. 놀랍게도 많은 범죄자들은 벌금을 내고 전체 피해자를 위해 돈을 버는 데 참여한다.

현대 보호관찰제도가 근거하는 성공적인 접근들

보호관찰 서비스의 가장 좋은 실천은 광범위한 판결전조사를 요하는데, 이것은 특히 보호관찰대상자가 다루어야 하는 요인들과 목적을 찾아내 준다. 보호관찰이 주어졌을 때, 양형판사는 이러한 위험성을 피하기 위한 행동을 부과할 수도 있고, 보호관찰관은 판사의 명령에 따라서 이 사례를 관리하고 직접적으로 잠재적인 보호관찰 성과를 겨냥하는 증거기반 프로그램을 사용할 것이 기대된다. 이것의 예로는 고용의 안정화, 돈을 벌 계획 수립, 보호관찰관의 대상자와의 충분한 접촉, "감시 중에는 음주금지" 규칙의 시행, 이용 가능한 서비스 공급자에게 대상자의 분노조절을 위탁, 가정폭력의 절제 그리고 관련된 다른 프로그램들이 있다. 몇몇 지역에서는 효과적이고 증거기반의 보호관찰 서비스를 수행하기 위해서 적절한 자금배분을 요구하기 시작했다. 보호관찰 서비스를 개선하려는 목적과 목표가 달성될 때, 대상자 실패와 재범률은 감소하고, 대중은 보다 안전하다.

주요용어

보호관찰 ······ 157
집행유예 ······ 158
성역불가침권 ······ 158
성직자특권 ······ 158
오명 ······ 159
집행중지 ······ 159
존 오거스터스 ······ 159
위험성 및 욕구 평가 ······ 169
지역사회 감시하의 효과적 프로그램 ······ 172
보호관찰의 특별준수사항 ··· 175
기술적 보호관찰 위반 ······ 177
보호관찰 취소 ······ 177
개그넌 대 스카펠리 ······ 178
중범죄자 보호관찰 ······ 180
깨진창 보호관찰 ······ 181
예방적 감시 ······ 182
앞문정책 ······ 182
뒷문정책 ······ 184

복습질문

1. 보호관찰의 목적을 설명하고 이것이 일반적으로 운영되는 방식을 기술하시오.
2. 보호관찰관들은 법원이 부과한 준수사항들을 어떻게 집행하는가?
3. 종종 보호관찰에 적용되는 몇몇 제한에는 어떤 것들이 있는가? 어떤 유형의 범죄자들이 보통 보호관찰이 거부되는가?
4. 감시와 치료 사이에 갈등이 존재한다고 생각하는가? 당신은 이 갈등을 어떻게 조정할 수 있는가?
5. 교도소과밀화에 대한 다섯 가지 앞문정책을 나열하고 정의하시오. 왜 앞문정책이 뒷문정책에 비해 보통 보다 정치적으로 받아들이기 쉽다고 생각하는가?
6. 보호관찰의 전국적 추세는 어떤 것인가?
7. 왜 보호관찰은 선택의 형이어야 하는가?
8. 보호관찰의 특별준수사항은 어떤 것인가? 세 가지의 예를 들고 왜 이들을 부과해야 하는지에 대해 설명하시오.
9. "보호관찰의 아버지"로서 명성을 얻은 사람은 누구인가? 왜 그의 업적은 그토록 중요한가?
10. 마약남용치료는 효과가 있는가? 있다면 어떤 상황에서?
11. 보호관찰 취소의 일반적인 절차를 설명하시오.
12. EPICS 모델은 보호관찰관이 대상자에게 새로운 기술을 가르쳐서 그를 변화시키려고 노력한다. 이것이 왜 중요하다고 생각하는가?
13. LSI－R은 왜 보호관찰 감독에서 유용한가?
14. 변호사는 어떤 지식을 갖춘 시민에게 피

고인의 사적인 판결전조사를 수행할 권한을 위임하는데, 이것은 이 조사결과를 양형판사가 구금형을 선고하기 전에 제출하기 위한 것이다. 이 판결전보고서는 보통 범죄자의 욕구에 대처하도록 만들어져야 한다. 이 제도에 대한 당신의 생각은 무엇인가?

적용사례연구

1. 만약 당신이 보호관찰관이고 당신의 보호관찰대상자 중의 한 명이 마약 양성반응을 보였다면, 당신이 이 위반에 대해 할 수 있는 조치는 어떤 것들인가?
2. 변호사는 어떤 지식을 갖춘 시민에게 피고인의 사적인 판결전조사를 수행할 권한을 위임하는데, 이것은 이 조사결과를 양형판사가 구금형을 선고하기 전에 제출하기 위한 것이다. 이 판결전보고서는 보통 범죄자의 욕구에 대처하도록 만들어져야 한다. 이 제도에 대한 당신의 생각은 무엇인가?
3. 폭행을 당해 거의 죽을 뻔한 피해자의 가족에게 가해자를 어떻게 처리해야 할지에 대해 질문한다. 가족들이 가해자가 벌금을 내고 석방되는데 대해 만장일치로 동의한다는 점에 대해 많은 수사관들은 놀란다. 당신은 이 가족구성원 중 두 명의 남성들이 폭행전과를 가진다는 것을 안다. 당신은 판사에게 어떤 조언을 하겠는가?
4. 당신은, (법원이 술을 먹지 않는 것을 보호관찰의 조건으로 보과했지만) 반복적으로 과다한 음주를 하는 한 대상자를 관리하는 보호관찰관이다. 그 대상자는 술 취한 상태에서 운전을 한다. 당신은 무엇을 하겠는가?
5. 또 다른 당신의 보호관찰대상자는 문제음주자이다. 그러나 12살의 아들을 술집에 데리고 갔고, 그 아들은 아버지가 너무 취해서 아버지를 집으로 운전해서 데려올 수 있었다. 판사는 "음주금지"를 보호관찰의 한 준수사항으로 부과하고 보호관찰기간 동안 대상자의 운전면허증을 정지했었다. 당신은 이 대상자에게 어떤 조치를 할 것인가?

미주

1. Norman Johnston, *Forms of Constraints: A History of Prison Architecture* (Urbana: University of Illinois Press, 2007). See also Herman Bianchi, *Justice as Sanctuary* (Bloomington: Indiana University Press, 1994).
2. See Numbers 35:6 and Joshua 20:2-6.
3. David Fogel, "Nordic Approaches to Crime and Justice," *CJ International* 3:1 (1987): 8-21. See also D. Farabee, M. Prendergast, and D. Anglin, "The Effectiveness of Coerced Treatment for Drug-Abusing Offenders," *Federal Probation* 62:1 (1998): 3-10, and James Clare, "Methamphetamine Use and Health Implications in Corrections," *American Jails* 21:3 (2007): 40-44.
4. Alexander Smith and Louis Berlin, *Introduction to Probation and Parole* (St. Paul, MN: West, 1976), pp. 76-78. See also Edward Latessa and Paula Smith, *Corrections in the Community* (Cincinnati, OH: Anderson Publishing, 2007), pp. 48-50.
5. Harry Elmer Barnes and Negley K. Teeters, *New Horizons in Criminology*, 3rd ed. (Englewood Cliffs, NJ: Prentice Hall, 1959), p. 554.
6. Missouri (1897), Rhode Island (1899), New Jersey (1900), and Vermont (1900).
7. Cook County (Chicago), Illinois.
8. Bureau of Labor Statistics, *Occupational Outlook Handbook 2010-2011 Edition* (Washington, DC: Bureau of labor Statistics, 2012). For an examination of probationer work groups, see G. Bayens, M. Manske, and J. Smykla, "The Attitudes of Criminal Justice Workgroups toward Intensive Supervised Probation," *American Journal of Criminal Justice* 22:2 (1998): 189-206, and Bill Conlon et al., "Education: Don't Do Prisons without It," *Corrections Today* 70:1 (2008): 48-52.
9. Dennis Sullivan, L. Tifft, and P. Cordella, eds., "Special Issue: The Phenomenon of Restorative Justice," *Contemporary Justice Review* 1:1 (1998): 1-166. See also Restorative Justice Online, "Introduction to Restorative Justice," http://www.restorativejustice.org/university-classroom/01introduction/tutorial-introduction-to-restorative-justice/tutorial-introduction-to-restorative-justice (accessed August 24, 2014).
10. Latessa and Smith, *Corrections in the Community,* p. 57.
11. Laura Maruschak and Erika Parks, *Probation and Parole in the United States, 2001* (Washington, DC: U.S. Department of Justice, 2012).
12. See F. Taxman and J. Bryne, "Fixing Broken Windows Probation," *Perspectives* 25:2 (2001): 23-29.
13. Harry E. Allen and Julie C. Abril, "Fanning the Flames of Fear Revisited: Three Strikes in California, paper presented at the annual meeting of the American Society of Criminology, Washington, D.C., November 11, 1998. See also Eric Lotke, Jason Coburn, and Vincent Schiraldi, "Three Strikes and You're Out," http://www.justicepolicy.org/images/upload/04-03_REP_CAStillStrikingOut_AC.pdf (accessed August 24, 2014). For a sobering discussion, see Michael Tonry, "Crime and Human Rights—How Political Paranoia, Protestant Fundamentalism, and Constitutional Obsolescence Combined to Devastate Black America," *Criminology* 46:1 (2008): 1-33.

14. See also Mark Umbreit and W. Bradshaw, "Victim Experience of Meeting Adult and Juvenile Offenders," *Federal Probation* 61:4 (1998): 33-39, and David Karp, Gordon Bazemore, and J. D. Chesire, "The Role and Attitudes of Restorative Board Members," *Crime and Delinquency* 50:4 (2004): 487-515.
15. E. Latessa, *An Analysis of Pre-Sentencing Investigation Recommendations and Judicial Outcome in Cuyahoga County Adult Probation Department* (Cincinnati, OH: University of Cincinnati, Department of Criminal Justice, 1993).
16. D. Andrews and J. Bonta, *LSI-R, The Level of Service Inventory—Revised* (Toronto: Multi-Health Systems, Inc., 1995).
17. Lia Gormsen, "Judge Uses His Legal Knowledge to Empower Reentering Offenders," *Correctional Today* 70:3 (2008): 3.
18. Christopher Lowenkamp and Edward J. Latessa, *Evaluation of Ohio's CCA Funded Programs* (Cincinnati, OH: Division of Criminal Justice, University of Cincinnati, 2005).
19. See Edward Latessa, "What Works in Correctional Intervention," *Southern Illinois University Law Review* 23 (1999). See also Paul Gendreau, "The Principles of Effective Interventions with Offenders," in *Choosing Correctional Options That Work: Defining Demand and Evaluating the Supply*, ed. A. T. Harland (Thousand Oaks, CA: Sage, 1996), pp. 117-130.
20. See J. Bonta, T. Rugge, T. L. Scott, G. Bourgon, and A. K. Yessine, "Exploring the 'Black Box' of Supervision," *Journal of Offender Rehabilitation* 47:3 (2008): 248-270; G. Bourgon, J. Bonta, T. Rugge, T. L. Scott, and A. K. Yessine, "Program Design, Implementation, and Evaluation in 'Real World' Community Supervision," *Federal Probation* 74:1 (2010): 1-10; and C. Trotter, "The Impact of Different Supervision Practices in Community Corrections: Cause for Optimism," *Australian and New Zealand Journal of Criminology* 29 (1996): 1-18.
21. In 1980, Andrews and Kiessling first introduced five core correctional practices (effective use of authority, anticriminal modeling and reinforcement, problem solving, use of community resources, and interpersonal relationships) that were later expanded into a training curriculum by Andrews and Carvell in 1998. In 1989, Gendreau and Andrews added to this list of practices with the development of the Correctional Program Assessment Inventory (CPAI). See D. A. Andrews and C. Carvell, *Core Correctional Training-Core Correctional Supervision and Counseling: Theory, Research, Assessment and Practice,* unpublished training manual (Ottawa: Carleton University, 1998); D. A. Andrews and J. J. Kiessling, "Program Structure and Effective Correctional Practices: A Summary of the CaVic Research, in *Effective Correctional Treatment*, ed. R. R. Ross and P. Gendreau, pp. 441-463. (Toronto: Butterworths, 1980); and P. Gendreau and D. A. Andrews, *Correctional Program Assessment Inventory* (St. John: University of New Brunswick, 1989).
22. P. Smith, M. Schweitzer, R. M. Labreque, and E. J. Latessa, "Improving Probation Officer's Skills: An Evaluation of the EPICS Model," *Journal of Crime and Justice 35* (2012): 189-199.
23. T. Arola and R. Lawrence, "Broken Windows Probation," *Perspectives* 24:1 (2000): 27-33.

24. The Reinventing Probation Council that drafted the initial report on broken windows and probation included Ronald Corbett, Dan Beto, John DiIulio, J. Richard Faulkner, Bernard Fitzgerald, Irwin Gregg, Norman Helber, Gerald Hinzman, Robert Malvestuto, Mario Paparozzi, Rocco Pozzi, and Edward Rhine. See Reinventing Probation Council, *Transforming Probation through Leadership: the Broken Windows Model, http://www.manhattaninstitute.org/html/*broken_windows.htm (accessed September 14, 2008).
25. Faye Taxman and James Bryne, "The Truth about 'Broken Windows' Probation: Moving towards a Proactive Community Supervision Model," *Perspectives,* Spring 2001.
26. Taxman and Bryne, "The Truth about 'Broken Windows' Probation."

CHAPTER 6

전환처우와 중간처벌

학습목표

- 전환처우가 범죄자를 교정시설 밖에서 생활하도록 어떻게 이용되었는지를 설명하시오.
- 중간처벌의 목표를 요약하시오.
- 배상프로그램에 대해 설명하시오.
- 약물, 정신건강 등 문제해결형 법원을 설명하시오.
- 전자감시 및 위치확인 시스템이 사용되는 방식과 이와 관련된 문제점에 대해 설명하시오.
- 가택구금의 장점과 단점을 요약하시오.
- 집중감시 보호관찰제도의 목적에 대한 설명하시오.
- 병영캠프(Boot Camp)의 목적과 운영 그리고 이와 관련된 문제점에 대해 설명하시오.
- 지역사회 교정시설의 목적과 운영 그리고 이와 관련된 문제점에 대해 설명하시오.
- 주간보고센터의 발전과 이와 관련된 문제점에 대해 설명하시오.
- 사회봉사명령 프로그램의 목적과 운영에 대해 설명하시오.
- 충격보호관찰의 목적과 운영에 대해 설명하시오.

개요

전환처우: 범죄자를 교정시스템의 밖에서 유지
- 경찰기반 전환처우 프로그램
- 지역기반 전환처우 프로그램
- 법원기반 전환처우 프로그램

보호관찰과 교도소 사이

과밀수용

중간처벌
- 배상명령 프로그램
- 집중감시 보호관찰
- 약물, 정신건강 그리고 여타 문제 해결형 법원
- 사회봉사명령 프로그램
- 가택구금
- 전자감시
- 지역거주 치료 센터(중간처우소)
- 주간보고센터
- 충격구금
- 충격보호관찰
- 병영캠프 프로그램

1990년과 2000년 사이에 매년, 가석방심사위원회에서 가석방한 범죄자들(54%)이 필요적 가석방으로 출소한 범죄자들(35%)보다 재범률이 낮았다.
– 사법통계청,
미국의 재구금 추세

개관

교도소 구금을 대체할 수 있는 제도에 대해, 우리는 양형판사가 가지고 있는 중요한 비구금 형벌인 보호관찰을 중심으로 살펴봐 왔다. 비록 보호관찰이 이제까지 가장 널리 사용되어온 교정적 형벌이기는 하지만 이 제도 역시 지역사회교정제도의 한 단면에 불과하다. 이번 장에서 우리는 보호관찰에 부가되어 다양하고 새로운 교정적 선택사항으로 점점 더 많이 사용되고 있는 중간처벌과 전환처우제도에 대하여 살펴볼 것이다. 주의할 점은 몇몇 지역에서는 이러한 제도들을 보호관찰의 한 부분이 아니라 독자적인 프로그램으로 사용하기도 한다는 것이다.

정책적 입지 6.1

중간처벌

중간처벌은 보호관찰과 구금 사이의 중간에 위치한 교정적 선택사항으로 벌금형에서 가택구금까지 다양한 방식이 있다. 점점 더 늘어나는 구치소나 교도소의 비용 때문에 곤란을 겪음에 따라, 많은 지역들이 보다 덜 제한적이고 비용이 적게 드는 대안적 제도를 도입하였다. 이러한 제도들은 지난 수년 동안 활용되어 왔지만, 최근 연구들은 보다 저렴하고 효과적인 선택사항들의 개발에 중점을 두고 있다. 이러한 것들로는 약물 및 정신건강법원, 주간보고센터, 거주형 치료시설 그리고 보다 전통적인 방식인 전자감시, 사회봉사명령, 배상프로그램 등이 있다. 비록 모든 중간처벌이 재범을 예방하는 데 효과적인 것은 아니라고 밝혀졌지만, 최근 범죄자들이 그들의 행위에 책임을 지고, 불명예스러운 구금이 아닌 다른 방법으로 그들이 사회에 진 빚을 갚고 문제를 일으키지 않도록 하는 조치에 대하여 새로운 관심이 집중되고 있다.

전환처우: 범죄자를 시스템의 밖에서 유지

주요용어

전환처우
경찰, 지역사회 또는 법원을 통하여 형사사법제도의 개입을 최소화함

몇몇 재판 지역들은 특히 정신질환자[1], 약물남용자[2] 또는 알코올 중독자[3]와 같이 위험하지 않거나 문제가 지속되는 범죄자들에 대해 최소한의 형사제재만을 하는 정책을 수립하여 왔다. 형사사법체제로부터의 **전환처우**는 사회적 제어체제가 처음 수립되었을 때부터 여러 가지 형식으로 시행되어 왔다. 대부분의 경우, 비공식 전환처우는 형사사법절차의 어떤 단계에서 사법공무원이 재량권을 행사하였다는 것을 의미한다.

보다 공식적인 전환처우는 몇몇 비형사사법적 처리를 선호하여 사법절차를 중지하는 것을 포함한다. 미국의 경우, 신고가 된 범죄의 25% 이하만 체포되고 있고 체포된 자 중 1/3만이 유죄 판결을 받는다. 이는 실제로 일어나고 있는 교정필터 현상이며 판결전 전환처우가 드물지 않다는 것을 나타낸다.

전환처우는 형사사법절차의 많은 단계에서 일어날 수 있다. 중요한 단계는 경찰 접촉 이전, 경찰의 공식적 조치 이전 그리고 법원의 공식적 조치 이전이다. 이 세 가지 모델(경찰기반 전환처우 프로그램, 지역기반 전환처우 프로그램, 법원기반 전환처우 프로그램)은 어떤 기

관이 전환처우에 책임이 있는지를 결정하기 위하여 제시되었다. 비록 이러한 모델들은 보통 둘 이상의 기관 또는 단체와 관계가 있지만, 프로그램들은 누가 조치를 시작하는지와 어떤 기관이 그 실행에 주요 책임을 지는지에 따라 분류된다.

대부분 시행하고 있는 전환처우 프로그램은 모호한 현행 법률을 메우는 비공식적 해결책이다. 이러한 프로그램의 효과를 측정하는 것은 불가능하지는 않아도 상당히 어렵다. 다시 한 번 말하지만, 이를 위해선 어떤 사건이 예방되었는지(전환처우로 인해 무엇이 발생하지 않았는지)를 측정해야 된다. 이 조치들의 목적과 절차는 명확하게 밝혀져야 하고 여타 형사사법절차에 통합되어야 한다.

경찰기반 전환처우 프로그램

경찰은 범죄자를 체포할 때 재량권을 사용하여 비공식적으로 전환처우를 시행해왔다. 몇몇 프로그램들이 공식적으로 보다 많은 전환처우를 촉진하기 위하여 도입되었다. 과거에 경찰은 공권력 실추에 따른 시민들의 비판이 이어지자 자신들의 재량권 행사를 공식화하기를 꺼려했다. 가장 공식화된 프로그램은 범죄경력으로부터 청소년 범죄자를 보호하기 위한 프로그램 정도이다.

또 다른 경찰 수준의 전환처우적인 전략의 예는 가정위기개입 접근방법이다. 몇몇 대도시에서 사용되었던 이 접근방법은 가정폭력에 대한 법률이 전국에 걸쳐 더 엄해지고 자주 적용됨에 따라 특히 더 중요해 졌다.[4] 최근 법은 때때로 누가 폭력을 촉발하였는지를 명확히 밝힐 때까지 양 측을 모두 체포하기도 한다. 최초로 상황을 보고 받은 경찰이 갈등상황을 인식하고 갈등이 더욱 심화되기 전에 폭력이 악화되는 것을 예방할 수 있다는 연구결과도 있다. 일반적인 방법은 가정불화에 대응한 효과적인 가정위기개입 접근방법을 특별히 훈련받은 경찰관이 적용하는 것이다. 경찰관은 현장에서 갈등을 해소하려고 시도한다. 만약 그렇지 못할 경우, 적대적인 사람은 체포되고 몇몇 지역에서는 구치소 대신 지역사회시설에 보내지기도 한다.

지역기반 전환처우 프로그램

전환처우 프로젝트는 감시와 구금의 많은 수준에서 지역사회교정시스템과 통합될 때에 가장 효과적이다. 현재의 비공식적 옵션은 책임의 측면에서 너무 엄격해지지 않는 방향으로 공식화가 되어야 한다. 만약 지역기반 프로그램이 너무 통제적이면 이 프로그램들은 그냥 벽이 없는 교정시설에 불과할 뿐이다. 전환처우는 범죄자가 유죄 판결과 낙인(Labeling)을 받기 전에 사법절차로부터 가능한 많은 범죄자를 제외시키려는 지역사회교정체제의 시발점이라 할 수 있다.

비록 구금을 전체적으로 또는 부분적으로 대체하는 프로그램이 보다 개선된 제도이기는 하지만, 이 프로그램들이 범죄기록의 불명예를 항상 없애주는 것은 아니다. 그렇지만 전환처우는 구금의 문제점을 피하고 범죄의 낙인을 제거한다는 점에서 지역사회에서의 치료 및 서비스와 같다. 이러한 프로그램들은 보호관찰의 대체방안이 아니라 보호관찰 대상인 범죄자와 혐의가 기각될 수 있는 사건 사이의 틈을 채울 수 있는 중간적인 방법으로 보인다. 전환처우는 그들이 범죄자들이 체포기록의 삭제 외에 무엇을 할 것인지에 대한 공식적인 합의가 있어야만 한다. 전환처우를 받는 개인들이 자신들의 문제를 잘 처리할 수 있도록 도와주기 위하여 대안적인 치료서비스와 거주지 제한을 같이 적용하는 것이 필요하다. 전환처우를 받는 사람들에게는 지역에서 치료를 받고 있는 다른 모든 범주의 범죄자들이 이용 가능한 혜택이 주어져야 한다.

법원기반 전환처우 프로그램

법원은 여러 가지 면에서 전환처우에 연루된다. 하나의 방법은 병원에서 보다 효과적으로 치료를 받을 수 있는 개인에 대하여 일반공공위탁을 이용하는 것이다. 보다 일반적이고 합리적인 법원의 전환처우는 미국 노동부에서 광범위하게 지원하고 있는 **판결전 개입 프로그램**(Pretrial intervention program)에서 찾을 수 있다. 재판기간이 끝난

주요용어

판결전 개입 프로그램
재판을 기다리는 피고인으로 하여금 감독공무원에게 보고하도록 하는 것

후, 이 프로그램은 일반적으로 다음과 같은 것들을 가능케 한다.

1. 프로젝트의 충분한 참여와 증명된 본인의 개선을 근거로 심리 중인 혐의의 기각
2. 프로그램 담당직원이 해당 개인과 더 많은 시간을 계속적으로 가질 수 있도록 연장(일반적으로 추가적인 30일−90일)
3. 편견이 아닌 피고인의 불충분한 성취로 인한 통상적인 법원 절차로의 복귀

전환처우는 공공장소에서의 만취행위자, 약한 수준의 경범죄 범법자와 약물법원의 가장 많은 부분을 차지하는 약물사범 초범에게 특별히 적절하다. 현재 공중장소 만취행위자를 구금시키는 것의 대체방법은 그들을 치료센터로 보내는 것이다. 알코올 중독자들의 자발적인 참여는 치료를 받아들이겠다는 의지로 간주된다.

대부분의 약물범죄에 대한 공공의 반응과 사법적 처벌의 엄격함은 약물남용자에 대한 전환처우를 꺼리게 만든다. 일반시민의 불법 약물남용이 상당히 많음에 따라, 법집행 기관들이 가장 낮은 수준의 약물남용자에 대하여만 전환처우를 시행하고 높은 수준의 사건들에게는 의미 있는 재활 프로그램을 잘 제공하지 않는다. 이러한 예 중 하나는 오하이오주에서 발견할 수 있는 초범 남용자를 위한 "**유죄 판결을 대체하는 치료**"이다. 이 치료를 성공적으로 완료하고 더 이상의 범법행위가 없을 시 범죄자는 범죄기록을 지울 수 있다. 비록 약물법원이 모든 연령층과 심각한 약물중독자 또는 알코올중독자를 대상으로 하지만 약물남용자를 위한 대부분의 전환처우 프로그램은 청소년과 성인초범에게 집중되어 있다. 이 프로그램에 관심 있는 학생은 다음 웹페이지를 참조하기 바란다(http://codes.ohio.ogv/orc/2951.041+).

주요용어

유죄 판결을 대체하는 치료
보호조치를 성공적으로 끝내고 새로운 범죄행위가 더 이상 없다면 검사나 판사가 기소를 중단하도록 하는 것.

여러 가지 전환처우 프로그램은 크고 과밀수용이며 징벌적인 교도소 구금에 합리적인 대체방법을 제공하려는 것이다.[5] 다른 교정서비스의 개발에서도 본 바와 같이 이러한 프로그램은 처음에는 전문가나 지역사회 구성원이 독자적으로 개발한다. 초기 노력의 결과로 지방정부나 기관에서 교정서비스와 처벌을 계획, 개발, 실행할 수 있

주요용어

지역사회 교정법률
교도소로부터 범죄자를 전환처우하도록 설계된 지방 지역사회 교정프로그램을 재정적으로 지원하는 입법

주요용어

중간처벌
보호관찰과 교도소 사이의 중간적 지점에 위치한 교정 프로그램

도록 재정적으로 지원하는 **지역사회 교정법률**(Community Corrections Acts: CCAs)이 제정되었다.[6] 최소한 22개의 주정부가 **중간처벌**, 청소년 변호, 지방 지역단체의 참여, 피해자-가해자 화해, 피해자 회복, 고용 서비스, 지역적 거주시설 등 다양한 제도를 장려하기 위하여 이러한 법률을 제정하였다. 어떤 주정부는 지역 프로그램을 위해 사설 단체와 계약을 체결하였고 어떤 주정부는 각 지방공무원이 시행하도록 하였다. 어떤 방법이든, 목적은 지역사회 교정 프로그램이 지역수준에서도 가능할 수 있도록 하는 것이다. 가장 잘 적용된 지역사회 교정법률은 미네소타, 아이오와, 콜로라도, 오하이오 그리고 인디애나에서 찾을 수 있고 이들은 다른 지역에 모범적인 사례가 되고 있다.

보호관찰과 교도소 사이

중간처벌의 가장 주요한 특징은 구금되지 않은 범죄자를 대상으로 감독을 늘리고 통제를 강화한다는 것이다. 대부분의 경우, 중간처벌은 긴 기간의 구금으로 인한 비용지출 없이 범죄자에게 자신의 행위의 심각성을 깨우쳐주기에 충분할 정도로 고된 처벌이기 때문에, 보다 현명한 처벌방법으로 불린다. 범죄자를 옹호하는 사람들은 엄격한 통제가 필요하지 않고 이 제도가 처벌의 증가를 가져온다는 이유로 이를 반대한다. 다른 사람들은 교도소의 건설이 대부분의 지역에 너무 고비용인 반면, 중간처벌은 구금시설의 건설, 인원관리, 유지의 비용을 절약해준다고 주장한다. 다른 옹호자들은 중간처벌이 지역에 (보다 효과적이고) 보다 쉽게 접근할 수 있어 더 많은 서비스와 치료를 제공할 수 있는 방법이라고 여긴다. 이러한 옹호자들은 중간처벌의 교화적인 성격에 주목하고 이러한 프로그램을 수료한 범죄자들의 재범률이 낮다는 점을 지적한다. 어떤 중간처벌은 교도소 구금보다 비용이 더 적고 더 효과적이나, 어떤 것들은 분명하게 범죄자들을 보다 엄하게 다루려는 의도를 가지고 있다. 비록 이러한 중간처벌이 지역, 카운티, 주정부 그리고 연방정부의 교정시스템에서 시행되고 있지만 지역사회 교정시스템에 완전히 통합되지 않는다. 우리는 먼저 보호관

찰제도와 연계하여 중간처벌의 사용을 검토한다.

이전 장에서 살펴본 바와 같이, 보호관찰은 현대 교정제도의 근간이 되어 왔고 보호관찰대상자에 대한 감시를 통하여 지역사회를 안전하게 하고 범죄자를 치료하는 방법으로 사용되어 왔다. 지난 20여 년 동안, 범죄자를 통제하는 철학적 가정의 변화와 교도소 및 구치소의 과밀수용에 힘입어,[7] 여러 가지 다른 치료방법과 혁신적인 기술들이 개발되어 왔다. 이러한 혁신적인 프로그램들과 통제계획은 일반적으로 중간처벌로 불린다.[8] 중간처벌에 대한 고찰은 과밀수용 문제를 살펴봄으로써 시작하고자 한다.

과밀수용

지역사회 교정제도와 중간처벌의 확장 및 개발의 주요한 원동력은 우리의 구치소와 교도소의 과밀수용이었다. 대부분의 재범자들은 구치소와 교도소 구금을 포함한 가중처벌을 받았다.[9] 미국에서 범죄를 처음으로 시작하여 성인으로서 구금되기까지 약 10여 년의 기간이 소요된다. 다시 말하면, 지속형 범죄자는 첫 구금이 되기 전에 지역사회에 있는 동안 다른 교정처우들(벌금, 보호관찰, **주간보고센터**, 사회봉사명령, **배상명령**, **가택구금** 그리고 **전자감시**까지)을 경험하는 경향이 있다.

사법시스템에서 가해자를 처리하는 방법으로 **위험관리** 전략이 근간이 되었고, 지속형 범죄자들에게 그들의 범죄행위를 멈추도록 하기 위하여(즉, **범죄 중단**(Desistance)을 장려하기 위하여) 보다 많은 대안적 통제방법이 주어졌다. 판사들은, 교정의 가장 제재적인 무기인 구금을 결정하기 전에 범죄자들에게 그러한 기회를 제공하고 도움을 주었다.

1970년대 이전, 사회복귀의 목적을 달성하기 위하여 대부분은 아니더라도 많은 범죄자들이 보호관찰이 부과되었다.[10] 상대적으로 진보적인 시기 동안 범죄자 개인을 치료하자는 주장은 보수주의자, 연구자 그리고 다른 종류의 자유주의자에게 강한 비판을 받았었다. 이러한 주장들은 교도소나 가석방 공무원들이 그들의 재량권을 남용

주요용어

주간보고센터
범죄자가 그들의 행동을 감시하고 일정을 수립하기 위하여 보내지는 시설

주요용어

배상명령
가해자가 피해자에게 배상하도록 하는 명령

주요용어

가택구금
외출이 허락된 경우를 제외하고 자신의 집에 감금되는 것

주요용어

전자감시
가해자가 다니는 곳을 전자적으로 추적하는 것

주요용어

위험관리
위험성이 높은 범죄자에 대하여는 보다 많은 감시와 감독을 수행하고 낮은 위험을 가진 자는 보다 적게 통제적인 옵션을 제공하도록 설계된 전략

주요용어

범죄 중단
가해자에 의한 범죄행위의 멈춤. 또한 범죄행위의 심각성이 감소함을 암시하기도 함.

하고, 재활조치는 효과가 없으며, 길거리의 질서를 바로잡기 위하여 엄격한 법과 규칙이 집행되어야 하고, 범죄자들은 형벌을 받아 마땅하다는 것들이었다. 이러한 것들은 법질서를 지키는 시민을 보호하고 사회적 유대관계를 유지하는 방법으로 여겨졌다. 이 철학은 승리를 성취하지 못한[11] 국가적인 약물과의 전쟁에서 특별히 분명하였다.

치료 모델의 중단과 더불어, 지역 또는 전국 단위에서 활동하는 정치인들은 범죄에 대한 엄격한 조치가 문제를 해결할 수 있다고 주장하면서 범죄문제를 정치적 도구로 이용하였다.[12] 범죄에 엄격한 정치적인 구호들이 재선을 추구하는 정치가들이 정치적 목표들을 명확하게 하도록 도움을 주었다. 그러나 이러한 움직임은 필요적 최소 형기를 도입하는 정기형제도에서 초중구금 교도소의 건설에 이르는 엄격한 정책의 도입으로 이어졌다.[13]

1975년과 1985년 사이의 이러한 현상은 베이비붐 세대가 가장 범죄를 많은 저지르는 시기인 29~39세가 되는 시기와 일치하였다. 이러한 네 가지의 주요한 원동력(범죄를 저지르고 구금될 위험성이 높은 많은 사람들, 범죄자를 어떻게 다루어야 하는지에 대한 보수주의로의 회귀, 약물과의 전쟁[14], 보다 엄격한 처벌의 제정)은 선례를 찾아보기 힘든 재소자의 증가(1975년의 448,264명에서 2012년 2,315,537명으로 증가)[15]를 야기하였다. 1998년도에는 교도소와 구치소의 총 구금인원은 이전의 어떤 시기보다도 많았다. "자유의 국가 미국"은 소련의 후계국 러시아를 넘어 자유민주주의 국가 중 가장 구금률이 높은 국가가 되었다. 교정 수요의 급증에 따라 엄청나게 증가한 재소자를 수용하기 위하여 충분한 교도소와 구치소의 감방 수를 갖추려고 미국은 교도소 신축에 혈안이 되었다. 초기부터 이미 교도소를 더 짓는 방법으로는 상황에 대처하는 것이 부족하다는 것이 명백해지자 교정관련 연구자들은 중간처벌 또는 중간적 형사처벌과 같은 대안적 형벌 프로그램의 개발에 관심을 가졌다. 최근 조사된 미국, 쿠바, 러시아 그리고 기타 국가 간의 구금률의 비교가 [그림 6.1]에 제시되어 있다.[16] 세계의 다른 국가들과 비교한 이 자료의 흥미로운 점은 미국이 다른 모든 국가들을 한참 앞서있다는 것이다.

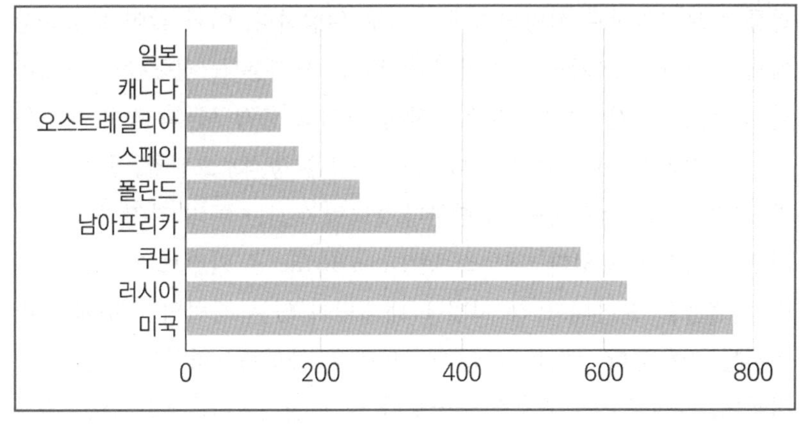

그림 6.1

인구 10만명당 각국의 구금율

출처: International Centre of Prison Studies, University of London, http://www.idcr.org.uk/wp-content/uploads/2010/09/WPPL-9-22.pdf.

정책적 입지 6.2

연방정부의 판결전 서비스

연방정부의 판결전 서비스 공무원이 자신들의 관할에 있는 각 피고인에 대하여 책임을 지고 있지만 모든 범죄자가 실제로 감시를 받는 것은 아니다. 주로 도주의 우려나 지역에 위해가 되지 않는다고 법원이 판단한 피고인들은 굳이 다른 범죄를 저지르지 않는다는 전제하에 석방되어 진다. 다른 피고인들은 보다 엄격한 석방조건 하에 석방되어 진다. 이러한 피고인들은 판결전 담당 공무원에게 미리 정해진 신고 일정을 보고하고 지역 치료 시설이나 중간처우소(halfway house)에 거주하여야 한다. 석방기간 중 판결전 담당 공무원은 피고인이 석방조건에 순응하는지 감시하고 위반 사항은 법원 또는 검찰청에 보고한다. 또한, 판결전 담당 공무원은 석방된 개인의 구직 또는 의료적, 법적, 사회적 서비스를 보조하기도 한다.

출처: John Scalia, *Federal Pretrial Release and Detention, 1996* (Washington, DC: U.S. Department of Justice, 1999), p. 8. See also the American Bar Association (2013), "Pretrial Release", http://www.americanbar.org/publications/criminal_justice_archive/crimjust_standards_pretrialrelease_blk.html.

중간처벌

중간처벌은 보호관찰이나 구금보다 범죄의 심각성을 더 잘 반영한다. 대부분은 아니더라도 많은 범죄자들이 재통합 프로그램으로 가장 잘 처치를 받을 수 있는 반면, 몇몇은 아주 가끔 대면접촉을 하는 전통적 보호관찰로 석방되기에는 너무 위험하다. 이와 같이 보호관찰에서 구금에 이르기까지 배상명령, 벌금, 사회봉사, 집중감시 보호관찰, 가택구금, 전자감시, 거주지 제한 그리고 충격구금과 같은 형사처분들이 연속적으로 개발되었다. 충격구금은 충격보호관찰, 충격 가석방 그리고 병영캠프 등을 포함한다. [그림 6.2]는 여러 가지 형선고의 범위를 나타내고 있다. 제임스 번(James Byrne)은 판결로 가능한 주요한 처벌들을 알아내고 각 처벌에 내재되어 있는 징벌의 수준에 따라 순서를 정하였다. 예를 들어, 배상명령은 사회봉사명령보다 덜 징벌적이며, 가택구금은 구치소 구금보다 덜 징벌적이다.[17] 여러분은 판사가 여러 가지 처벌을 동시에 부과할 수 있으며 보호관찰 대상자가 가장 효과적인 통제를 받을 때까지 처벌의 조건과 수를 증가시키거나 엄하게 할 수 있다는 점을 기억해야 한다.

중간처벌은 다음의 다섯 가지 이유로 의미가 있다.

1. 범죄자를 지역사회교정체제로 보내는 것은 교도소 과밀수용을 줄이거나 속도를 늦출 수 있다고 믿어진다.
2. 중간처벌은 교도소에 보낼 정도로 위험하지는 않지만 보호관찰로 보내기에는 너무 위험한 범죄자들을 위하여 설계되었다.
3. 중간처벌은 구치소나 교도소 구금보다는 일반적으로 비용이 적게 든다.
4. 중간처벌은 구금보다 많은 사회복귀와 재통합의 가능성을 제공한다.
5. 대안적 처벌의 확대와 정확한 조율은 결과적으로 대안적 처벌들을 그 경중에 따라서 타당성 있게 연속적으로 배열할 수 있게 할 것이다.[18]

우리는 배상명령과 더불어 이러한 프로그램의 보다 자세한 검증을 시작한다.

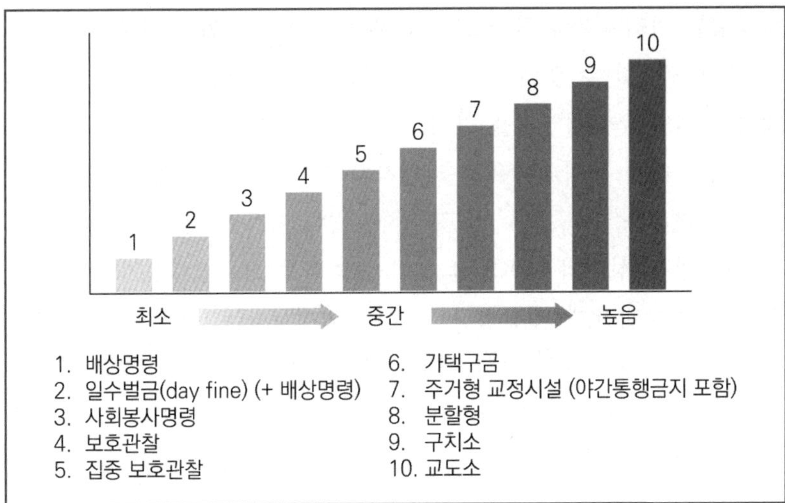

그림 6.2

형사 처분 선택사항의 범위, 징벌의 수준에 따른 순서

출처: James Byrne, "The Future of Intensive Probation Supervision," *Crime and Delinquency* 36:1 (1990): 3-34.

배상명령 프로그램

배상명령은 보호관찰의 일반적 조건으로 피해자에게 그들의 피해나 상해에 대하여 배상을 명하는 것이다. 지난 수년간 피해자학의 중요성이 강조되면서 몇몇 주정부는 실직 등에 대한 재정적 배상과 치료비의 지불 등으로 범죄피해자에게 배상하도록 하고 있다. 그러나 종종 보호관찰 제도를 통하여 가해자가 피해자에게 지불하기도 한다. 보호관찰 담당자가 가해자의 지불능력과 배상금액을 적절히 연결시키는 것은 중요하다. 매월 할부금으로 지불하는 것이 대부분 가장 현실적인 접근방법이다. 어떤 경우에는 부분적 배상명령이 유일하게 가능한 것일 수도 있다.(예를 들어, 방화범이 수십억원의 건물을 태워 없앴을 경우).

주요용어

배상명령
범죄자가 그의 위법행위에 대하여 지역사회에게 보상하거나 피해자에게 보상하도록 하는 법원이 명령한 처벌

배상명령 프로그램을 지지하는 이유는 많다. 배상명령은 재산을 도난당한 피해자의 손실을 보상한다는 것은 분명하다. 배상명령은 보험을 가입한 피해자가 보험회사에서 보상을 받기 위하여 지불하여야 하는 기본비용까지도 배상하도록 할 수 있다. 법원에 증언이나 병원에 입원하여 손실이 난 작업 시간도 범죄자의 배상명령 대상이다. 배

상명령은 범죄자가 유죄 판결을 받은 위법행위로 인한 상해에 대하여도 배상을 명할 수 있다. 다른 논리로는 배상명령은 범죄자가 범죄에 대하여 개인적인 책임감을 가지도록 하고 가해자와 피해자 사이의 화해를 유도하며,[19] 마지막으로 피해자가 사법절차의 피해자에 대한 비인격적 처리를 극복할 수 있도록 하는 방법이라는 것이다. 비록 보호관찰을 받는 성인의 30%와 12%의 중범죄 보호관찰대상자들만이 배상을 명령받지만,[20] 배상명령은 성인 법정보다는 소년사법시스템에 보다 많이 사용된다.[21] 거의 대부분의 주정부가 배상명령 프로그램을 운영하고 있으며, 조지아, 텍사스, 미네소타 그리고 미시간은 이 프로그램 개발의 선두주자이다.(배상명령 프로그램은 또한 영국, 오스트리아, 독일 그리고 호주에서 집중적으로 시행되고 평가되어 왔다.) 미네소타의 경우 가석방자는 주거형 배상센터에서 거주하면서 그들의 월급의 일부를 피해자에게 지불하여야 한다. 다른 주에서는 피해자에서 재정적 배상액을 결정하기 위하여 피해자－가해자 회합을 갖도록 하고 있다.

집중감시 보호관찰

주요용어

집중감시 보호관찰
보호관찰대상자에 대하여 강화된 감시를 요구하는 중간처벌

주요용어

압박 양형
판사가 범죄자에 부과된 처벌이나 조건을 증가시키는 경우를 의미함.

또 다른 선택 가능한 처벌 프로그램은 일반적인 보호관찰로 처벌하기에는 죄가 심각한 범죄자의 감시를 강화하기 위하여 고안된 **집중감시 보호관찰**(ISP)이다. 이 프로그램은 일반 보호관찰의 요구조건에 잘 맞지 않는 개인들에 대하여 감시 수준을 강화하는 보호관찰 서비스이다. ISP는 **압박 양형**(Tourniquet sentencing)에서 흔히 발견되는 프로그램이다.

조지아주가 집중감시 보호관찰 프로그램을 처음으로 주 전체적으로 시행했다(1974년 시행). 그리고 1990년대에 이르러는 모든 주정부가 최소한 하나의 시, 카운티 또는 주 단위에서 이 프로그램을 시행하였다. 여기에 포괄적인 집중감시 프로그램은 존재하지 않는다. 이것은 유죄 판결을 받은 범죄자의 밀착감시를 강조하고 석방에 엄격한 조건을 부과하는 형식이다. 대부분의 ISP 프로그램은 다음과 같은 사항들을 요구한다.[22]

- 감시하는 공무원과 수차례 매주마다 접촉
- 보다 많은 예고 없는 약물 검사
- 보호관찰 또는 가석방 조건의 매우 엄격한 적용
- 관련된 치료 프로그램, 취업 또는 사회봉사명령에 의무적 참여

최근 이슈는 대부분 집중감시의 효과성에 대한 부분이다. 그럼에도 불구하고 성공 여부는 언급된 목표와 각 프로그램의 목표에 따라 다르다.[23] 예를 들어, 치료 중심 프로그램의 목표는 범죄자의 처벌과 통제에 중점을 두고 있는 프로그램목표와 다르다. 그렇지만 몇 가지 이슈를 불러일으키고 있는 최근의 집중감시 프로그램의 두 가지 전반적인 주제를 분리하는 것은 가능하다. 첫째, 집중감시 보호관찰은 구금의 무력화 또는 낙인 효과의 방지, 감옥의 건설과 유지에 드는 엄청난 비용절감 그리고 교도소의 과밀수용의 완화를 위하여 범죄자를 구금에서 전환할 수 있도록 하여 준다. 둘째, ISP는 보호관찰의 수수료, 배상 그리고 사회봉사명령 활동을 통하여 책임감과 책무를 증진하는 것과 동시에 공공안전 또한 증진할 수 있도록 한다.[24] 이러한 목표들은 재범의 감소, 범죄자의 구금으로부터의 전환 그리고 공공 안전을 보증하는 ISP 프로그램의 능력과 관련한 이슈들을 만들어낸다.

ISP의 상황을 정리한 연구에서, 풀턴(Fulton), 라테사(Latessa), 스티치맨(Stichman)과 트레비스(Travis)는 ISP와 관련하여 다음과 같은 발견들을 요약 제시하였다.[25]

- ISP는 교도소 과밀수용을 완화하는 데 실패하였다.
- 대부분의 ISP 연구들은 ISP 범죄자와 비교대상 범죄자의 재범비율 사이에서 유의미한 차이를 발견하지 못하였다.
- 보다 많은 치료 및 취직 프로그램의 참여와 보다 적은 재범률 사이에 관계성이 있어 보인다.
- ISP는 범죄자의 필요사항을 충족시키는 점에서 일반 감시 또는 구금보다 효과적인 것으로 보인다.
- 몇몇 효과적인 개입방법을 적용한 ISP는 재범률을 낮추었다.

- ISP는 중간처벌을 위한 수단을 제공한다.
- ISP가 구금보다는 덜 비용이 들지만 기존의 생각했던 것보다는 보다 높은 비용이 소요된다.

통제와 치료 사이에 대한 논쟁은 수년간 매우 치열했다. 최근, 미국 보호관찰 및 가석방 위원회(American Probation and Parole Association)에 의하여 ISP 감시의 보다 균형 잡힌 접근방법의 개발을 위한 새로운 움직임이 있어 왔다.[26] 이 접근방법은 보다 많은 서비스와 양질의 치료를 동반하는 동시에 엄격한 준수사항과 감시를 제공한다.

약물, 정신건강 그리고 여타 문제해결형 법원

최근 몇 년간, 많은 판사들이 중독과 정신장애로 고생하는 범죄자들을 계속 구치소 또는 교도소에 구금하는 것에 환멸을 느껴왔다. 이 결과로 정신건강으로부터 가정폭력에 이르는 일명 치료법원이 폭발적으로 증가하였다. [그림 6.3]은 미국 전역에 약물 문제해결형 법원의 숫자를 보여준다. **약물법원**은 약물남용 범죄자를 구금하는 대신 집중감시 치료로 전환하였다. 약물법원 프로그램의 주요 목적은 피고인의 약물남용 습관을 바꿈으로써 범죄를 예방하기 위하여 법원의 권위를 이용하는 것이다. 이러한 개념 하에, 형벌의 감소 또는 범죄

주요용어

약물법원
약물 범죄자가 법원에서 강제하는 치료 프로그램에 참여토록 하는 문제해결형 법원

그림 6.3

미국의 약물법원 프로그램 운영 (법원의 개수)

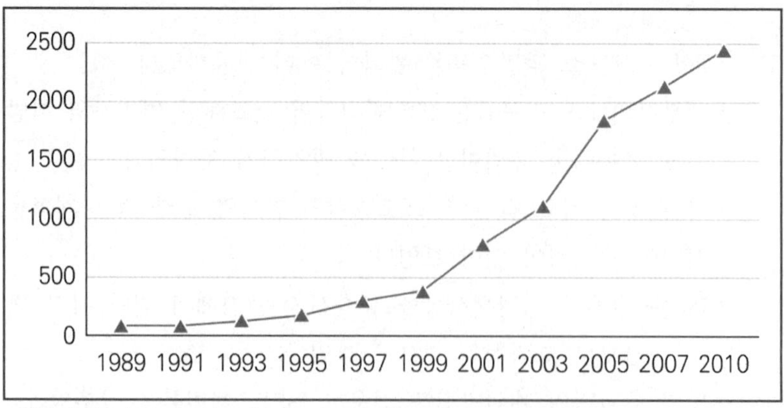

출처: National Drug Court Institute, http://www.ndci.org/research.

혐의의 면제를 대가로 피고인은 상황에 따라 여러 방법과 여러 사법적 단계에서 약물법원 프로그램으로 전환된다. 약물법원을 주관하는 판사는 변론과정을 통하여 피고인의 상태를 관찰하고 검찰, 변호사, 치료전문가 또는 다른 사람들과의 협력에 상응하여 처벌과 보상을 결정한다. 약물법원의 근본적인 요소들은 다음과 같다.[27]

- 한 약물법원의 판사와 직원이 집중과 지도를 제공
- 초기 발견과 프로그램 참가자의 소개를 통하여 신속한 심판 및 체포 후 가능한 조기 치료 시작
- 약물남용 피고인에게 집중 치료 및 치료 후 보호 프로그램
- 치료의 과정과 범죄자의 순응을 모니터하는 규칙적인 (때론 매일) 상황 청문을 통한 종합적이고 밀도 있으며 조화로운 약물 피고인의 감시
- 순응 또는 격한 행동에 따라 적절히 보상 또는 처벌하는 연속선상의 조치를 통하여 피고인의 책임감의 증가 및 확대
- 빈번한 의무적 약물(음주)검사
- 감시적 및 개별적 사례 모니터링

약물법원 프로그램은 후에 기술하는 바와 같이 완료율, 유지율, 성격 및 접근방법에 있어 매우 다양하다. 어떤 프로그램은 프로그램에 참여하는 범죄자의 기소를 연기하고, 다른 것들은 모든 사건이 판결된 후에 프로그램에 참여를 허락하고, 또 다른 것들은 죄를 인정한 후에 심리 중심으로 프로그램 참여를 허락한다. 비록 범죄자에게 제공되는 치료의 정도와 유형에는 많은 차이가 있지만 모든 프로그램은 치료적 요소를 전반적인 접근방법의 하나로 가지고 있다. 성인과 청소년, 비폭력 또는 폭력 범죄자 그리고 초범 또는 재범자 모두 약물법원의 수혜를 받을 수 있다. 전반적으로 대부분의 법원은 범죄자를 약물중독자로 대우한다.

약물법원 프로그램의 증가는 역사적인 현상이라 할 만하다. 1989년 마이애미의 한 프로그램에서 시작하여 2013년 초까지 2,734

개의 프로그램으로 운영 중이며, 그 동안 70,000명이 치료를 받았거나 치료중이다. 이 중 약 800개의 청소년 및 가정 약물법원이 운영중인데, 이것은 계획보다 많은 것이다. 그리고 9000명 이상의 청소년이 치료를 받고 있다.[28] 즉각적인 처벌 위협(구치소 구금, 기소로의 회귀, 보호관찰처분 취소, 교도소 구금)이 치료대상자들이 프로그램에 순응하고 계속 참여하도록 하는 강력한 도구가 되었다. 비록 약물법원에 대한 연구결과는 비교적 우호적이지만, 대부분은 지역적 약물법원 프로그램에 대한 평가에 그친다. 현재까지 가장 큰 약물법원에 대한 연구가 최근 뉴욕에서 시행되었다. 이 연구는 약물법원 참가자가 비참가자보다 평균적으로 29% 재범률이 낮다는 것을 발견하였다.[29] 오하이오의 주 단위의 또 다른 연구에서, 라테사, 쉐퍼(Shaffer) 그리고 로웬캄프(Lowenkamp)는 성인(중범죄자 및 경범죄자)과 청소년 약물법원 프로그램의 효과를 검증하였다.[30] 이 연구의 결과는 이전의 요약에서 설명하였다. 자료는 약물법원들의 효과에서 편차를 나타냈으나 전체적으로 약물법원 프로그램의 비참가자에 비하여 참가자들은 15% 낮은 재범률(재입건 비율)을 나타냈다([그림 6.4] 참조). 연구결과들에 따르면, 성인 약물법원은 일반적으로 효과적인 반면, 청소년 약물법원에 대한 연구들은 그리 우호적이지 않다. 최근 전국의 10개의 청소년 약물법원에 대한 연구에서, 신시내티 대학 연구원들은 청소년 약물법원의 소년들은 비교대상 사례보다 더 좋지 않았었다. 이 연구원들은 일반적으로 대부분의 소년들이 청소년 약물법원의 치료 및 감독 절차에 특히 잘 적응하지 못하였던 것으로 추측하였다.[31] 마지막으로, 쉐퍼가 시행한 전국적 약물법원 프로그램에 대한 메타분석은 모든 종류의 약물법원에서 평균적으로 재범률이 9% 감소했다는 것을 발견하였다.[32]

재범률의 감소와 더불어 성인 약물법원은 비용면에서도 효율적인 것으로 나타났다. 공공정책을 위한 워싱턴주 협회에서 시행한 연구는 약물법원 참가자 1인당 평균 $6,779의 수익을 창출하는 것으로 추정하였다.[33] 뉴욕주에서는 연구자들이 18,000명의 범죄자를 약물법원으로 전환하여 2억5천4백만불의 구금 비용을 절약하였다고 추정하

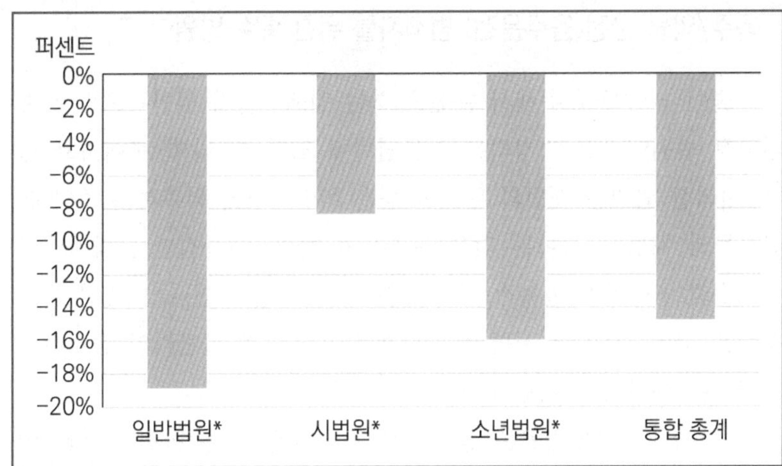

그림 6.4

모든 약물법원 그룹에서 비교집단에 비한 약물법원의 재입건 비율의 감소 정도

출처: Edward Latessa, D. Shaffer, and C. Lowenkamp, *Outcome Evaluation of Ohio's Drug Court Efforts* (Cincinnati, OH: Center for Criminal Justice Research, University of Cincinnati, 2002), p. 7.

였다. 마지막으로 캘리포니아 연구자들은 그 주의 약물법원이 매년 1천8백만불의 비용을 절감하였다고 결론지었다.[34]

구치소나 교도소에 비교하여, 약물법원은 비용 면에서 효과적이고 범죄행위를 감소시키는 것으로 보인다. 이러한 약물법원의 성공은 재진입 프로그램(교도소에서 석방된 자들을 돕기 위하여 설계됨), 음주운전, 정신건강, 총기, 제대군인, 도박 법원과 같은 여타 문제해결형 법원의 도입으로 이어졌다. 정신건강법원이나 다른 문제해결형 법원 프로그램에 대한 비슷한 자료는 아직 없으나, 약물법원은 약물남용에 대한 형사사법체제의 대응을 혁명적으로 변화시킬 정도는 아니었어도 최소한 이에 대한 관심이 증가하고 있다.[35]

---

* 그림 역주: 오하이오의 법원체계는 다른 주와 달리 독특한데, 일반법원(Courts of Common Pleas)이 있고, 교통범죄나 경범죄를 다루는 시법원(Municipal Courts)이 있으며 그리고 소년법원(Juvenile Courts)이 있다. 이들은 모두 약물법원을 포함한다.

음주/약물 운전(음주운전) 범죄자를 위한 특수 법원

술이나 약물에 취해서 운전을 하는 범죄자들이 일반적으로 문제해결형 법원이라고 지칭되는 약물법원에 점점 더 많이 보내지고 있다. 이러한 법원은 재범의 위험이 높은 화학물질에 의존하는 성인 운전사들의 재범을 줄이는 것을 목적으로 한다. 대상집단은 약물이나 알코올의 영향아래 반복적으로 운전하는 패턴을 보인다. 이러한 운전자들은 고속도로에서 사망이나 상해를 일으키며 일반적인 음주운전 처벌로는 예방하기 어렵다.

음주운전 약물법원은 음주운전 초범만을 받는 반면, 일반적인 법원은 심문과 심판을 위하여 음주운전법원에 바로 보내진 재범 이상의 음주운전 범죄자에 집중한다. 기본적인 의도는 이러한 범죄자를 돕고 그들의 재범을 방지하여 공중을 보호하고 사법적 효율성을 향상시키며 상습음주운전자를 피곤하게 만드는 것이다. 조지아주의 음주운전법원은 약물남용 범죄자를 약물테스트, 집중 감시, 치료 서비스 그리고 즉각적인 처벌과 보상을 통하여 처리할 권한이 있는 법원이다. 음주운전법원은 범죄자로 하여금 치료와 개인적 책임감 그리고 특수 사건 관리를 통하여 약물남용 문제 처리를 강제하도록 설계되어 있다. 음주운전법원은 음주운전 범죄자가 금주할 수 있도록, 별도로 훈련된 판사가 검찰, 변호사, 보호관찰관 또는 경찰관들과 함께 특별히 지정된 자를 관리하는 치료법원이다.

음주운전법원에서 자주 이용되는 방법은 조기 및 장기적 치료개입, 수시 약물 검사, 사법적 감시, 집중보호관찰 등으로 이루어지는데, 여기에 사후관리 보호관찰, 학교, 교육 및 취직 조력, 2주마다 법원 출석, 수시 12단계 알코올/약물중독 집회 참여, 확인을 담당하는 공무원의 가정방문이 동시에 행해진다. 준수사항을 만족하지 못하였을 경우 음주운전법원 판사는 사회봉사, 구치소 구금시간 증가 또는 둘 다의 즉각적인 처벌을 내린다. 자주 위반하였을 경우 보호관찰은 취소되고 교도소에 구금된다.

음주운전법원의 효과성은 아직 총체적으로 검증되지 않았지만 조지아에서의 탐색적 연구결과에 따르면, 석방 후 12개월의 초기결과는 음주운전법원의 대상자들은 새로운 음주운전으로 체포를 당할 확률이 3배 정도 낮았으며 24개월 후 약물법원 참여자는 중범죄로 체포될 확률이 20% 낮았다. 미네소타 주 헤너핀(Hennepin) 카운티의 경우, 89%의 프로그램 참여자들이 더 이상 범죄를 저지르지 않았다. 이러한 범죄자를 교도소 밖에서 관리하는 것은 한 사람을 교도소에 보내는 비용의 1/4 밖에 소요되지 않는다. 대부분의 약물법원에서는 참여자가 내는 요금으로 치료 서비스에 대한 비용을 부담한다.[36]

정신질환 범죄자를 위한 특수 법원

정신건강법원은 범죄행위의 감소와 참여자의 삶의 질 향상을 위하여 지역 정신건강 치료에 더하여, 사법적 감독과 여타 지원 서비스를 통합하는 문제해결형 법원의 한 종류이다. 최초의 정신건강법원은 1997년도에 플로리다에 설립되었고 캘리포니아가 뒤를 이어 1999년에 설립되었다. 정신건강법원은 한정된 형사사법 및 정신건강 자원을 효과적으로 사용하고, 개인들을 치료와 지역사회의 여타 사회적 서비스에 연계시키고, 형사사법체제에 있어 정신질환을 앓고 있는 범죄자의 성과를 개선하고, 공공 안전에 대한 염려에 대해 부응하며, 구치소의 과밀수용과 형사사법체제에 있어서 소수인 정신질환자에 대응하기 위하여 설립되었다.

정신건강법원의 일반적 요소

- 정신건강법원에 참석하는 것은 본인의 선택이다. 피고인은 이 프로그램이 부과되기 전에 반드시 동의 의사를 표현하여야 한다.
- 각 법원은 정신질환이 자신들의 범죄의 원인이라는 것을 증명한 사람만을 받아들인다.
- 정신건강법원의 가장 중요한 목적은 정신질환이 있는 피해자를 적절한 지역 서비스로 전환하여 구금을 예방하거나 구금시간을 상당히 줄이는 것이다.
- 공공 안전은 매우 중요하며 정신질환 범죄자가 이 프로그램에

참여하는 것이 적절한지 신중하게 판단되어야 한다.

- 체포하는 즉시 선별과 조회를 통한 신속한 개입이 매우 중요하다.
- 사법시스템 대표자, 정신건강서비스 제공자 그리고 여타 지원체제 등 여러 분야의 사람들이 같이 일하는 접근방법이 필요하다.
- 집중감시사례관리는 대상자의 성취에 대한 모니터링과 책임감에 초점을 두어 감시가 이루어진다.
- 판사는 치료와 감시 절차를 감독하며 정신건강법원 팀 구성원들의 협력을 촉진한다.[37]

최근 연구는 정신건강법원이 참여자의 삶의 질에 긍정적 영향을 미치며 재범을 어느 정도 줄인다는 것을 발견하였다.[38]

퇴역군인을 위한 특수 법원

최근 아프가니스탄과 이라크 전쟁과 더불어 퇴역군인에 대한 관심이 증가되어 왔다. 결과적으로 전미 대부분에 퇴역군인 치료법원이 나타나기 시작하였다. 퇴역군인 치료법원은 군대 제대자에게 광범위한 서비스를 제공하는 문제해결형 법원으로 기소를 통한 (또는 적거나 포함된 판결을 통하여) 구금을 회피할 수 있는 한 방법이다. 이들은 검사, 판사, 변호사, 퇴역군인 행정대표자 그리고 자발적 멘토들이 함께 협력하는 형사법원이다. 멘토들은 보통 다른 퇴역군인으로 형사사법 절차의 대상이 된 퇴역군인에게 조언한다. 퇴역군인들은 폭넓은 정부 서비스를 받을 수 있기 때문에 이러한 법원들은 종종 이들이 잘 알지 못했을 수 있는 프로그램들을 수혜 받을 수 있도록 안내한다.

이러한 법원은 여러 가지 종류가 있다. 몇몇은 모든 시간을 한 종류의 사건과 이들 개별적 사건에 종사하는 판사로 이루어진 (형사 사건을 다루는 데 특화된) 하나의 일괄처리 법원이다. 초범만을 받는 법원도 있고, 경범죄나 법정수배영장이 발부된 사람들만 받는 법원도 있다. 어떤 노숙자 법원들은 퇴역군인들의 주거비를 보조하거나 주거

교정 실제 6.1

필라델피아 퇴역군인법원

퇴역군인법원의 한 예는 문제해결과 퇴역군인들이 그들이 직면한 도전들을 극복하는 것에 중점을 둔 필라델피아 퇴역군인법원이다.

우리는 군 제대자들을 법원의 한 부분에 위치한 퇴역군인 담당부서 대표에게 보낸다. 퇴역군인 담당부서 직원들은 대상이 되는 퇴역군인들의 적절한 필요물품과 서비스 수준을 결정하고 그들이 받을 수 있는 혜택을 안내하기 위하여 일정을 잡는다. 그리고 퇴역군인 프로그램에 적절한지에 대한 평가가 이루어지며, 여기에는 퇴역군인들이 필요한 의료 치료(알코올, 약물, 전신건강 또는 의료적)와 주거, 직업훈련, 직업소개 등이 포함된다. 변호사와의 의논 후에 만약 어떤 퇴역군인이 필라델피아 지방검사의 자발적 프로그램에 참여하는 제안조건을 받겠다고 결정하면 우리는 그 퇴역군인을 멘토와 짝을 짓는다. 그 멘토는 퇴역군인을 도와 더 이상 범죄를 하지 않는 것을 포함하여 범죄혐의를 성공적으로 해결하는 방향으로 일을 한다.(필라델피아 법원의 퇴역군인법원)

출처: "Special Courts for Veterans Expanding across US", http://www.foxnews.com/us/2013/09/02/special-courts-for-veter-ans-expanding-across-us/ (accessed August 26, 2014); California Department of Veterans Affairs, "Homeless Veterans", www.calvet.ca.gov/vetservices/HomelessVeterans.aspx (acces- sed October 25, 2013).

를 제공함으로서 경범죄를 처리하는 기능을 한다. 마지막으로, 어떤 퇴역군인법원은 전투에 참여한 사람만을 받고, 어떤 퇴역군인법원은 제대군인 모두를 받는다. 이러한 퇴역군인법원의 다양성 때문에 지금 이 시점에 프로그램 참여자나 그 가족 또는 일반 대중에게 어떤 이익이 있는지 일반화하기는 어렵다.

대부분의 법원에서는 세 가지 맥락을 찾을 수 있다. 첫째, 이들은 발견된 문제에 대한 서비스를 제공하여 향후 형사사법체제의 관여를 최소화한다. 둘째, 프로그램 참여자는 정신적 안정, 중독으로부터 회복과 사회로 통합이라는 이득을 얻는다. 목표한 공공이익은 공공 안전의 증가와 구치소 및 교도소의 사용 감소 그리고 재범의 감소이다. 셋째, 미국 퇴역군인 보훈처는 자격에 해당하는 퇴역군인에게 일상적으로 사람, 자원, 추천, 보조, 치료 등을 제공한다.

최근의 최초 퇴역군인법원의 설치(2008) 이후, 이 법원의 효과성에 대한 연구가 거의 없다. 국가약물법원종사자협회에 따르면 퇴역군인법원은 효과가 있는 것으로 보인다. 70%의 피고인이 프로그램을 완료하였고 75%가 최소한 2년 동안 다시 체포되지 않았다.[39]

사회봉사명령 프로그램

주요용어

사회봉사명령
범죄자로 하여금 그들이 준 피해의 복구를 돕기 위해 지역사회에 서비스를 제공하도록 하는 것

사회봉사명령 프로그램 또는 작업명령 프로그램은 법원이 병원봉사, 길거리 청소, 공공건물 보수 및 유지, 저소득층서비스지원 같이 자선단체에 무료 노동력 제공이나 공공 서비스의 형식으로 범죄자가 특정 시간 동안 법원이 명령한 무보수 노동을 수행하도록 하는 것을 말한다. 저소득층서비스지원 사례는 치과의사에게 100시간 동안 사회복지 수혜자를 대상으로 무료 치과서비스를 제공하도록 형을 부여하거나 의사에게 토요일마다 구치소 구금인을 대상으로 50시간의 무료 진료를 제공하도록 하는 것이다.

사회봉사명령과 배상명령 프로그램은 둘 다 비판을 받고 있다.[40] 몇몇은 폭력범죄를 저지른 범죄자는 구금보다 낮은 형벌을 허용해서는 안 되고 폭력 범죄 피해자의 육체적, 정신적 비용은 계산하기가 거의 불가능하다고 주장한다. 또한 사회봉사나 배상이 선고된 범죄자들이 순응하지 않을 때 구금형으로 재판결되는지가 명확해 보이지 않는다. 이러한 비판에도 불구하고 비록 배상이 지역사회봉사처럼 상징적인 것이라도, 범죄자가 피해자에게 그 손해에 대하여 보상해야 된다는 전체적인 합의가 있어 보인다. 성인 경범죄 범죄자를 대상으로 구금을 대체하는 형벌인 사회봉사명령에 대한 연구는 대상자 중 66%가 사회봉사를 완료했음을 보고한다.[41]

가택구금

주요용어

가택구금
범죄자로 하여금 최소한 그들의 형기의 일부를 그들의 집에서 보내도록 하는 형벌

미국에서는 **가택구금**은 정치적 통제나 파시즘 탄압을 상상하게 하지만,[42] 사실상 이는 법원이 명령한 가택구금으로 범죄자를 그들의 집에 그들의 형기만큼 구금하는 것을 말한다. 1984년 플로리다에서

시작되어 가택구금은 처벌적이고 안전하며 도망갈 위험이 적은 구금의 대안으로 전국으로 퍼져나갔다.[43] 이 형벌은 일반적으로 보호관찰과 함께 부과되었으나 별도의 처벌로 법원에 의하여 부과되기도 하였다(플로리다의 경우와 같음). 플로리다의 지역통제프로그램(FCCP)은 안전한 대안적 전환처우를 제공하고 교도소 인구의 급증과 관련 높은 비용을 감소시키기 위해 설계되었다.[44]

참가자에게는 피해자배상, 사회봉사명령 수행, 보호관찰 수수료 지불, 약물 및 알코올 테스트 그리고 어떤 경우에는 그들의 거주지에 있음을 증명하기 위한 전자감시 장치의 착용이 요구되어 진다(몇몇 지역에서는 가택구금이 독립된 형벌로 판결 전에 이용되는데, 이것은 보호관찰이나 가석방에 연계되거나 또는 근로귀휴나 학업귀휴와 같은 석방 전 상태와 연계된다). 가택구금은 특별한 목적을 위해 법원이나 감독 공무원에게 허락받은 시간만큼만 그들의 주거를 떠날 수 있도록 허용되어 진다. 허락이 없는 무단이탈은 준수사항 위반으로 구치소 또는 교도소에 구금되는 결과를 가져올 수 있다.[45] 가택구금은 처벌적인 형벌로 대부분의 경우 교정시설의 과밀수용을 완화하려는 목적을 가지고 있다. 대부분의 범죄자에게는 이것이 교도소에 구금되는 것을 피할 수 있는 마지막 기회이다. 범죄자의 감시와 더불어, 가택구금은 하나의 비용감소 프로그램으로서 또는 교도소 과밀수용의 가장 효과적인 해결책으로서 또는 특수범죄자(예를 들어, 출산할 때까지의 임신부)를 위한 유연한 대책으로서 여겨지기도 한다. 이후 설명되는 바와 같이, 원격통신장치의 사용은 범죄자에 대한 교정적 감시를 크게 증가시킨다.

가택구금에 대하여 가장 현저한 비판은 교정에 비구금적인 통제방안을 제시함으로써 벌금, 전환처우, 정신건강 서비스를 받을 수 있는 사소한 범죄자들을 교정적 통제를 받게 한다는 것이다. 일반적으로 이러한 일체의 과정은 보다 적은 형벌 또는 형벌을 받지 않을 사소한 범죄자가 지역사회의 통제 하에 두는 것을 의미하는 "형사사법망의 확대"로 여겨진다.[46]

범죄와 비행에 대한 국가위원회는 플로리다의 지역통제프로그램

(FCCP)의 평가를 시행하고 교도소 과밀수용, 범죄자의 행동, 주정부 교정비용에 대한 영향이 긍정적이었다고 결론을 내렸다. 그물망 확대 및 10%의 지역통제프로그램(FCCP) 대상자의 준수사항 위반에 부과된 처벌을 합쳐서 평가하더라도, 약 54%의 전환비율과 함께 지역통제프로그램은 비용 면에서 효율적이었다. 게다가 지역통제 범죄자들의 재범비율이 교도소에 구금되었다가 감시 없이 석방된 범죄자들보다 낮았다. 구금으로부터 전환된 매 100개의 사건마다 플로리다는 2만 5천불 이상의 비용을 절약하였다.[47] 가택구금은 향후 보다 많은 신뢰를 받을 것으로 예상되며 구치소, 교도소 그리고 공식적 보호관찰을 대신하여 많은 비폭력적 범죄자들의 처벌방법이 될 것이다.[48]

전자감시

가택구금은 형사적 처벌로서 긴 역사를 가지고 있지만, 최근 이 처벌을 실제로 가능하도록 하는 전자감시 기술의 출현과 함께 교정당국으로부터 새로운 관심을 받고 있다. 전자감시의 개념은 새로운 것이 아니며 1964년 스위츠게벨(Schwitzgebel)이 **전자 가석방**이라는 것을 제안한 바 있다. 그것은 최초에 정신병환자들의 위치를 감시하기 위하여 사용되었다.[49] 전자감시를 사용한 가택구금에 대한 첫 번째 연구 중의 하나는 1986년에 시작되었고 2013년에 이르러는 1,500개 이상의 전자감시 프로그램 및 거의 200,000개의 전자감시 기기가 사용되고 있는 것으로 추정된다.[50]

주요용어

전자 가석방
가석방자의 감시를 유지하기 위하여 전자 장치를 사용하는 지역 감시 기술. GPS 감시 또한 포함할 수 있음.

대부분의 전자감시 시스템은 범죄자의 손목 또는 발목에 부착되어 범죄자가 집에 거주하도록 요구된 시간 동안 감시 공무원에게 신호를 전송하는 송신기를 사용한다. 전자감시의 목적과 목표는 다음과 같다.

- 특정 프로그램 기준에 따른 선택된 범죄자에 대한 비용효율적인 지역감시 도구를 제공
- 범죄의 심각성에 적합한 처벌의 관리
- 범죄자의 위험과 욕구에 의한 위험관리 전략과 감시를 제공하

여 공공안전의 향상을 도모

- 전자감시가 실행 가능한 형벌옵션이라는 입법, 사법 그리고 석방당국의 신뢰도의 증가[51]

전국조사에 따르면, 전자감시가 초기에는 보호관찰 처분을 받은 재산범죄자를 대상으로 사용되었으나 지금은 과거보다 넓은 범위의 범죄자를 감시한다. 전자감시는 보호관찰대상자에게 적용될 뿐만 아니라 또한 출소자에 대한 추적, 지역사회교정 대상자들에 대한 통제 그리고 재판 또는 형벌을 받기 전 사람에 대한 감시 등으로 확대되었다. 전자감시에 대한 연구들은 다음과 같은 발견들을 제시하고 있다.

- 전자장치를 사용하는 대부분의 지역은 일부 범죄자에 대하여 약물남용을 검사하지만 많은 주들은 상시에 모든 대상자들을 검사했다. 어떤 지역은 검사에 대한 비용을 청구하며 66% 이상의 지역은 대상자에게 전자감시장비 비용의 최소한 일부라도 청구하였다.
- 평균 감시기간은 약 80일이었다. 감시의 기간이 길수록 성공할 확률이 높았다. 성공적인 전자감시 종료의 확률은 범죄의 종류에 따라 다르지 않았으나, 주요 교통범죄를 저지른 사람들은 준수사항 위반이나 새로운 범죄를 저지를 가능성이 낮았다.
- 성공적 종료는 보호관찰대상자, 가석방자, 지역사회교정의 대상자들 사이에 유의미한 차이가 없었다. 모든 종류가 74~86%의 성공적 완료비율을 보였다.
- 준수사항을 위반하는 경우, 종종 재구금, 거주형 시설에 일시적 구금, 강화된 공무원에 대한 보고 요구, 엄격한 야간통행금지 또는 추가적인 지역사회봉사를 받았다.[52]
- 전자 장치를 사용한 다른 국가의 평가결과는 재통합 프로그램으로서 상충되는 결과를 나타낸다.[53]

전자감시의 최근 추세는 고위험 성범죄자를 대상으로 GPS 사용이 증가한 것이다. 상당수의 주정부가 선택된 범죄자들이 24시간 어디에 있는지 추적할 수 있는 장치를 착용하도록 하는 법률을 입법하

교정 실제 6.2

GPS를 통한 성범죄자 위치 추적

비록 과학소설 영화에서 나온 이야기 같이 들리지만 GPS 위치추적의 현실은 보다 매우 현실적이다. 최근 몇몇 주정부는 성범죄자들이 어디 있는지 감시할 수 있는 위치추적 전자장치를 평생 착용하도록 할 수 있는 법률을 제정하였다.

2012년 기준, 23개 주가 GPS 위치추적을 허용하거나 요구하는 법률을 가지고 있다. 예를 들어, 위스컨신주는 1천 만 불을 증액하여 GPS 위치추적을 현행 639명에서 2014년 783명으로 그리고 2015년 939명으로 늘리는 것을 제안해 놓았다. 미시건은 1,000명 이상의 성범죄자들의 위치추적을 시작하였다. 2009년에 캘리포니아는 2,500명을 추적하는 예산을 배정하였고 2013년까지 모든 290명의 가석방 성범죄자들을 그들의 가석방기간 동안 GPS를 통해 추적하도록 하고 있다.

GPS의 사용 증가는 기술의 급진적 발전에 기인한다. 기계가 소형화되고 저렴해지는 것뿐 아니라 정확도도 증가하여 범죄자의 위치를 10미터 내로 정확히 식별할 수 있도록 해준다.

이러한 발전에도 불구하고 GPS 위치추적에 대한 비판이 없는 것은 아니다. 브리지워터주립대학 교수인 리처드 라이트(Richard Wright)는 이것이 성범죄자를 예방하는 효과적인 방법이 아니라고 이야기한다. 그는 많은 심각한 성범죄자들이 등록을 회피하여 경찰을 따돌리거나 위치추적 시스템과 상관없이 재범을 저지른다고 믿는다. 다른 사람들은 GPS 위치추적은 효과적인 감시체제와 같이 활용되어야 하며 이를 대체하는 것은 아니라고 믿는다. 또한 잘못된 경보장치에 대한 불만이 있어 왔다.

GPS 시스템을 비판하는 사람들은 전화기 기능이 설치된 GPS 감시기계가 법원의 영장 없이 피고인의 대화를 경고 없이 도청 또는 녹음할 수 있다고 비난한다. 이것들은 피고인이 그의 변호사와의 모든 회의를 비밀리에 녹음할 수 있다. 이와 같이, 이 장치는 네 번째 수정헌법조항과 이것을 금지하는 주 헌법의 위반일 수 있다. 이러한 우려에도 불구하고 GPS 위치추적은 이곳에 벌써 정착하고 있는 것 같다. 미국사법연구소(NIJ)에서 후원한 2013년 연구에서 연구자들은 GPS 위치추적과 함께 가석방된 고위험군 성범죄자들이 기존의 감시를 받는 자들보다 재범률이 낮은 것을 발견하였다. GPS 위치추적이 기존의 가석방 감시보다 일일 $8.50 더 고가이지만 재범확률은 12% 포인트 더 낮다.[54]

출처: Adapted from: Wendy Koch, "More Sex Offenders Tracked by Satellite", *USA Today*, June 6, 2006; "Sex Offenders Monitored by GPS Found to Commit Fewer Crimes", NIJ Journal 271 (February 2013), http://nij.gov/nij/journals/271/gpsmonitoring.htm; and Waldo Covas Quevedo (2013), "Caution: Your GPS Bracelet Is Listening", http://www.thecrimereport.org/news/inside-criminal-justice/2013-10-caution-your-gps-anklebracelet-is-listening.

였다([교정 실제 6.2] 참조).

최근 플로리다의 전자감시 또는 GPS가 부과된 범죄자에 대한 평가 연구는 기술적 위반, 재범 또는 도주의 가능성이 유의미하게 감소하였다는 것을 발견하였다.[55] 로스엔젤레스, 일리노이주 레이크 카운티, 오클라호마, 플로리다, 텍사스, 영국[56]등에서의 다른 연구들은 뒤섞인 결과를 보여주었다. 기술이 다음 세대에서 더욱 발전되고 향상될 것은 분명하지만 전자감시의 효과성에 대한 많은 질문들이 대답되지 않은 채 남아있다.

지역거주 치료센터(중간처우소)

이전에 중간처우소로 알려져 있던 지역거주 치료센터는 지역 통제 치료 서비스의 가치 있는 부속물이다. 원래는 노숙자들의 거주지로 설계되었으나, 이젠 여러 문제점을 가지고 집중적 서비스가 필요한 범죄자를 대상으로 민간의 참여, 석방 전 안내 센터, 약물 또는 알코올이 없는 주거 공간, 지역사회교정 망의 중심부분으로 여겨지고 있다. 이들은 상당히 관심이 요구되고 지역사회 교정에 중간적 또는 높은 위험을 내포하고 있는 다른 종류의 범죄자들을 위한 비시설적 거주시설로 활용되고 있기도 하다.

에드워드 라테사(Edward Latessa)가 이끄는 신시내티 대학 연구자들은 현행 지역 거주센터에 대하여 많은 연구를 진행하여 왔다. 이러한 연구의 결과는 지역 거주센터가 어떻게 중간적 형사재제에 적합한지 보여주는 데 충분하다. 보호관찰에 처해진 성인 범죄자에 대한 치료 프로그램의 평가에서 라테사와 트레비스(Latessa and Travis)는 다른 비슷한 상태의 범죄자에 비하여 그들의 연구대상자들이 공식 교육을 덜 받았고 결혼할 가능성이 훨씬 적다는 것을 발견하였다. 그들은 이전에 알코올이나 약물 치료 프로그램에 보다 많이 포함되어 있었고 보다 많은 정신적 문제로 고생하고 있었다. 이와 같이, 연구대상자들은 보다 많이 곤란하고 높은 위험과 높은 재범확률을 가지고 있었다. 센터의 수혜자들은 거의 모든 면에서 많은 서비스와 치

교정 실제 6.3

지역사회 교정의 효과성

"효과적인 것(What works)"은 프로그램이나 개입이 아닌 북미와 유럽에서 많은 학자들이 시행한 지난 30여 년간의 연구 결과에 입각한 지식의 결정체이다. 또한 증거기반 정책으로 불리며 "효과적인 것" 운동은 이론적으로 적절하고 여러 조건을 만족하도록 잘 설계된 프로그램이 범죄자의 재범률을 감소시킬 수 있다는 것을 경험적으로 증명하였다. 수백 개의 연구의 검토와 분석을 통하여 연구자들은 교정 프로그램들을 인도하여야 할 몇 가지의 원칙들을 발견하였다. 첫 번째는 위험 원칙, 즉 범죄를 계속적으로 저지를 위험이 높은 범죄자들을 목표로 해야 한다는 원칙이다. 이 원칙은 우리의 가장 집중적인 교정 치료와 개입프로그램이 고위험 범죄자에게 집중되어야 한다는 것을 말한다. 여기서 위험은 재범의 높은 가능성을 가진 범죄자를 가리킨다. 왜 우리의 프로그램을 필요가 없는 사람들에게 낭비해야 하는가? 이것은 자원의 낭비이고 보다 중요한 것으로, 평가연구들은 우리가 저위험 범죄자를 우리의 구조화된 프로그램에 포함시켰을 때 실패율이 높아지는 것을 (따라서 전체적인 프로그램의 효과성이 줄어든다) 분명하게 증명하여 왔다. 이것이 발생하는 몇 가지 이유가 있다.

첫째, 저위험 범죄자를 고위험 범죄자와 같이 두는 것은 저위험 범죄자의 실패가능성을 높일 뿐이다. 예를 들어, 당신의 십대 아들이나 딸이 약물을 사용하지는 않았으나 법에 저촉되어 문제가 발생하였다고 하자. 당신은 그들을 약물중독자들과 같은 단체 또는 프로그램에 가입시키고 싶겠는가? 물론 그렇지 않을 것이다. 왜냐하면 고위험 청소년들이 당신의 자녀에 영향을 미칠 가능성이 그렇지 않을 경우보다 높기 때문이다.

둘째, 저위험 범죄자를 이러한 프로그램에 두는 것은 그들의 전 사회적 네트워크를 혼란시키는 경향이 있다. 즉, 그들이 학교, 직업, 가족과 같은 저위험이 되는 요인들이 방해를 받는다. 만약 그들이 이러한 요인들을 가지고 있지 않다면 그들이 저위험군으로 시작될 가능성이 낮을 것이다. 이 위험원칙은 오하이오의 중간처우소나 지역사회교정시설(CBCF)에 배치된 범죄자들에 대한 최근 연구에서 가장 잘 나타난다. 이 연구는 중간처우소나 CBCF에 배치된 고위험 범죄자들의 재범률이 감소하였으나 저위험 범죄자의 재범률은 사실상 증가하였다는 것을 발견하였다.

두 번째 원칙은 욕구원칙으로 불리는 것으로, 범죄행위와 높은 연관성을 가진 범죄발생요인을 목표로 해야 한다는 원칙이다. 욕구원칙은 프로그램이 반사회적 태도, 가치, 믿음, 반사회적 동료집단, 약물남용, 자기제어 능력 및 문제해결의 부족, 기타 범죄행위와 높이 연관되어 있는 여러 요인들과 같이 범죄를 발생시키는 욕구를 표적으로 삼아야 한다는 것을 가리킨다. 게다가 프로그램은 그것의 대부분의 개입이 이러한 요인들에 집중하도록 만들어져야 한다. 자아존중감, 육체적 조건, 자신의 문화와 역사의 이해, 창조적 능력 등 범죄와 관계없는 요인은 재범률에 영향이 거의 없을 것이다. 범죄와 관계없는 요인들을 표적으로 하는 프로그램의 예는 범죄자 중심의 병영캠프(Boot Camp)에서 찾을 수 있다. 이러한 프로그램들은 기술, 행사, 육체적 조건, 규율, 자기존중감, 범죄자의 상호일체감 형성 등 범죄와 관계없는 요인에 중점을 두는 경향이 있다. 이들이 범죄와 관계없는 요인에 중점을 두기 때문에 대부분의 연구들은 병영캠프가 미래의 범죄행위에 거의 영향이 없다고 밝히고 있다.

세 번째 원칙은 치료 원칙으로, 교정프로그램이 어떻게 위험 및 욕구 요인들을 목표로 하는 것에 대한 원칙이다. 이 원칙은 가장 효과적인 프로그램은 그 속성상 행위적인 것이라고 말한다. 행위적인 프로그램은 몇 가지 속성을 가지고 있다. 첫째, 그들은 범죄자의 행위에 책임이 있는 위험 요소와 현재의 상황에 중점을 둔다. 둘째, 그들은 말보다는 행동 중심이다. 즉, 범죄자들은 그들의 문제점에 대하여 말하기보다는 무엇인가를 행한다. 셋째, 그들은 범죄자들에게 모델링, 연습, 강화를 통하여 반사회적 행위(예를 들어, 도둑질, 사기, 거짓말)를 친사회적인 기술로 대체하도록 가르친다. 행위적 프로그램의 예는 새로운 기술을 가르치고 행동과 태도가 지속적으로 강화되는 구조화된 사회적 학습 프로그램, 태도, 가치, 동료, 약물남용, 분노 등을 목표로 하는 인지행동프로그램 그리고 가족에게 적절한 행위기술을 가리키는 가족기반 개입프로그램 등이 있다. 이러한 접근방법에 기반을 둔 개입은 매우 구조화되어 있으며 모델링과 행동연습기술의 중요성을 강조하는데, 이것은 자기효능감을 만들고, 인지적 왜곡을 방해하고, 범죄자가 좋은 문제해결 및 자기제어 기술을 개발하도록 도와주는 것이다. 이러한 전략은 재범을 낮추는데 효과적이라고 증명되어 왔다. 프로그램들에서 종종 사용되는 비행위적 개입으로는 약물/알코올 교육, 두려움 대처기술 및 감정적 호소, 대화치료, (책을 읽게 하거나 강좌를 듣고, 환경요법을 적용하고, 자조집단치료에 참여하게 하는) 비지시적인 대상자중심의 접근이 있다. 이러한 접근방법이 재범의 장기간 감소를 가져온다는 경험적 증거는 거의 없다.

마지막으로 여러 가지 다른 고려들이 교정프로그램의 효과성을 증가시킬 수 있다. 이러한 것으로 동기의 결핍이나 프로그램 참여를 방해하는 다른 요인 같은 응답요인을 표적으로 하는 것, 인간관계에 예민한 전문직원의 고용, 범죄자의 위치와 관련자들의 자세한 모니터링 제공, 범죄자가 가지고 있는 다른 욕구에 대한 도움, 프로그램이 설계된 것과 같이 잘 시행되는 것을 확인, 구조화된 사후관리의 제공 등이 있다. 이러한 프로그램 요인들은 교정프로그램의 효과성을 증대하는 데 기여할 것이다.

이 모든 것을 함께 통합하면, 교정적 개입에서 "누가 무엇을 어떻게" 하는 것이 "효과적인 것"인지를 알 수 있을 것이다.

출처: Edward J. Latessa, "From Theory to Practice: What Works in Reducing Recidivism?," in *State of Crime and Justice in Ohio* (Columbus: Ohio Office of Criminal Justice Services, 2004). See also M. Miller, M. Drake, and M. Natziger, "What Works to Reduce Recidivism by Domestic Violence Offenders?" (Olympia: Washington State Institute for Public Policy, 2013).

료를 받았다. 전과가 있다는 점에서 실패의 확률이 높았지만, 이 센터의 대상자들은 재범률 면에서 비교 대상 그룹과 유사하게 잘 해내었다. 취직 서비스와 교육프로그램의 가입은 재범을 낮추었다.[57]

2002년에 주거형 교정프로그램에 대한 가장 큰 연구 중에 하나가 시행되었다. 신시내티 대학 연구원들은 오하이오주의 45개의 거주지 프로그램에서 관리하는 거의 14,000명의 범죄자들을 조사하였다. 전반적인 결과는 거주지 프로그램이 재범률을 약간 감소시킨다고 제시한다. 그러나 범죄자의 위험 수준을 고려하였을 때, 결과는 대부분의 프로그램이 고위험 범죄자들에게 유의미한 영향을 미치는 반면 사실상 저위험 범죄자들의 실패율을 증가시키는 것으로 밝혀졌다.[58] 이러한 발견은 이미 다른 연구들이 저위험 범죄자들에 대한 예상치 못한 결과를 밝힌 바 있어 예상치 못한 것이 아니었다.[59] [그림 6.5]와 [그림 6.6]은 이 연구의 결과를 보여주고 있다. 2010년 신시내티 대학은 이 연구를 64개의 지역 프로그램으로부터의 20,000명의 범죄자를 포함하여 재검증을 시행하였다. 결과는 이전 연구와 비슷하였다. 전반적으로 고위험군의 범죄자들은 재범률이 14% 그리고 중간 위험자들은 6% 감소한 반면, 저위험군의 범죄자들은 3%의 증가를 보였다.[60]

고위험군의 범죄자들에게는 고객이 필요한 서비스를 제공하는 특정 주거형 센터가 분명하게 범죄자의 통제와 결과에 있어서 가치 있는 자원이었다.[61] 이것은 특히 지역사회에서 다루기 힘든 높은 욕구가 준수사항 위반을 하게 만드는 지역사회프로그램 대상자들에게 더욱 가치가 있는 수단이다.

주간보고센터

주간보고센터(호주에서는 출두 센터라고 불림)는 일반적으로 보호관찰에 부가하는 중간처벌이나 가석방자, 가석방 위반자, 교도소 귀휴자, 보석대상자도 받아들일 수 있다. 센터는 광범위한 감시와 감독과 함께 다양한 치료 및 추천 프로그램을 제공하고 있다.

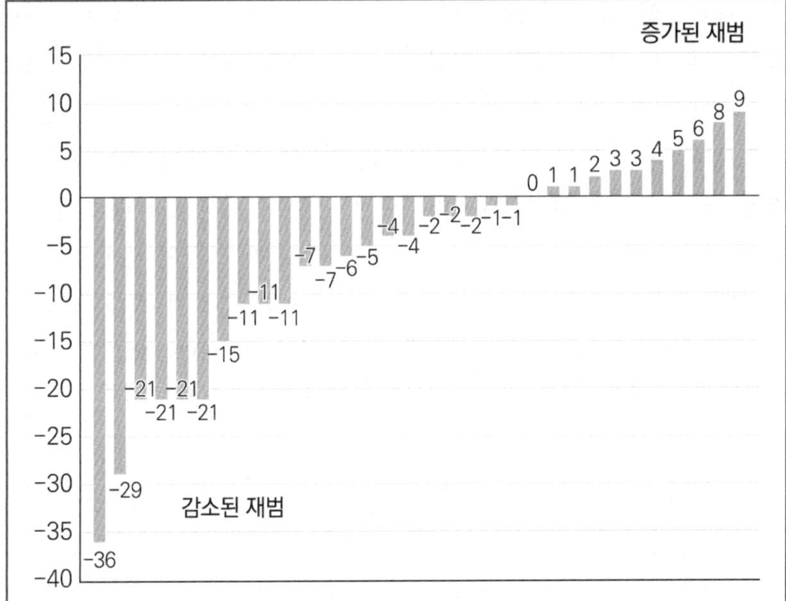

출처: C. Lowenkamp and E. Latessa, *Evaluation of Ohio's Halfway House and Community Based Correctional Facilities* (Cincinnati, OH: University of Cincinnati, 2002).

그림 6.5

저위험 범죄자들의 치료 효과

- 숫자는 비교집단과 실험집단의 예측된 재범률의 차이를 나타내고 있다.
- 음수는 비교집단에 유리한 차이를 나타내고 있다.
- 각 축은 연구의 다른 프로그램들을 나타낸다.

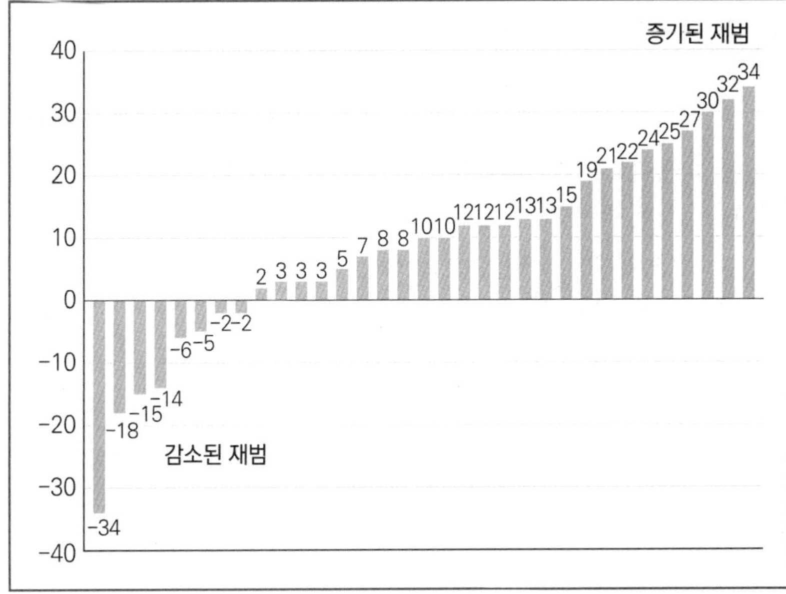

출처: C. Lowenkamp and E. Latessa, *Evaluation of Ohio's Halfway House and Community-Based Correctional Facilities* (Cincinnati, OH: University of Cincinnati, 2002).

그림 6.6

고위험 범죄자들의 치료 효과

- 숫자는 비교집단과 실험집단의 예측된 재범률의 차이를 나타내고 있다.
- 음수는 비교집단에 유리한 차이를 나타내고 있다.
- 각 축은 연구의 다른 프로그램들을 나타낸다.

대부분의 센터는 늦은 오후 또는 저녁에 업무를 수행하며, 보호관찰 공무원, 치료 전문가, 직업카운셀러, 자원봉사자 등의 인력으로 구성되어 있고 가장 중요한 업무는 치료이다. 참가자는 평상시 센터가 업무를 수행하는 날에 매일 출두하여 그들의 다음날 활동들의 일정을 세우고 그 일정에 따라 머무르기도 한다. 대상자가 매일 두 번씩 센터에 전화를 해야 될 뿐 아니라 센터 또한 그들의 위치와 활동을 확인하기 위하여 자주 그들에게 순서에 따라 전화를 한다. 센터들 사이에는 현저한 차이들이 존재하지만 페어런트와 그의 동료들[62]들은 대부분 센터가 갖고 있는 전형적인 특징을 발견하였다.

1. 센터는 보호관찰대상자, 특별한 조건하에 있는 보호관찰대상자, 보호관찰 준수사항 위반자, 약물/알코올 중독자, 그들이 거주하는 지역에 낮은 위험을 가지고 있는 자들을 받아들인다.
2. 대부분 모든 참가자는 주간보고센터가 거주하기에 부적절하기 때문에 밤에는 자신의 거주지로 돌아간다.
3. 주요 목적은 치료와 시설의 과밀수용 완화이다.
4. 대부분 일주일에 5일, 한 주일에 50시간 이상 업무를 수행한다.
5. 센터는 엄격한 감시 관리를 유지하며 집중감시 보호관찰에서 수행하는 것보다도 더 많은 접촉을 요구한다.
6. 센터는 참가자를 몇 개의 통제단계로 나누어 관리하며 일주일에 약 70시간의 감시를 하는 것으로 마지막 기간에는 점점 통제를 약하게 한다.
7. 초기 그리고 가장 집중적인 단계 동안에 센터는 최소한 일주일에 한번 약물검사를 시행한다.
8. 센터는 출석이 의무적인, 다른 곳에 위치한 약물중독치료소에 보내는 것을 비롯하여 센터 내에서도 참가자의 직장, 조언, 교육, 삶의 기술 등에 관한 서비스를 제공한다.
9. 센터는 고객이 사회봉사명령을 수행하도록 요구한다.
10. 센터는 각 참가자에게 프로그램 수수료를 징수한다.

비주거형 대안은 높은 수준의 지역 안전과 범죄자 참여를 보장하도록 설계되었다. 범죄자들은 그들의 행동과 변화에 대하여 책임을 져야 한다. 서비스에 대한 감사는 센터가 필요한 서비스와 안내를 제공하도록 지시한다.[63] 이러한 센터들은 구금에 대한 중간적 옵션으로 중요한 역할을 수행하고 있다.

충격구금

이미 토론된 중간처벌은 범죄자가 기존의 지역 프로그램과 기술에 의하여 통제되고 치료될 수 있으며, 압박 처벌이 행동을 통제하고 새로운 범죄를 예방할 수 있다고 가정한다. 그러나 중간처벌은 지속적인 범죄자나 비약탈적인 범죄자가 아닌 자들을 위하여 두 가지의 주요 대안적 제도를 포함하고 있다. 여기서 우리는 충격보호관찰과 병영캠프에 대하여 토론한다. 먼저 충격보호관찰부터 시작하도록 하자.

충격보호관찰

1965년에 오하이오 입법부는 양형 판사에게 범죄자를 짧은 기간 동안 주교도소에 구금한 후에 지역에 보호관찰을 명할 수 있도록 하는 법안을 통과시켰다. 기본가정은 짧은 기간(90~130일)의 구금이후에 보호관찰을 하게 하는 것이 범죄자가 범죄행동을 포기하고 법을 잘 지키는 행동을 추구하도록 충격을 줄 것이라는 것이다. 이러한 프로그램은 특별억제 모델에 기반하고 보호관찰로는 형벌이 불충분하나, 장기 구금은 필요하지 않은 범죄자 집단을 위하여 설계되었다. 이 방법은 초범에게는 사용하지 않고 약탈적 행동을 아직 포기하지 못한 사람에게 적절할 것이다.

이 선택사항은 다른 14개 주정부에 의해 빠르게 채택되었고[64] 또한 사법부의 의사 결정을 분명하게 만든다. 양형 판사는 원래 받았던 구금형을 재고려할 수 있도록 허락되었으며, 이 과정에서 적절한 조건하에 재소자를 다시 보호관찰에 처하도록 할 수 있다.

충격보호관찰이 재범을 방지하고 비용회피에 효과적인지에 대한

주요용어

충격보호관찰
범죄자에게 짧은 기간 "구금의 경험"을 가진 이후에 보호관찰에 처하도록 설계된 것

교정 실제 6.4

지역사회 교정 프로그램

오하이오의 13,000명 이상의 범죄자가 포함된 비주거형 지역사회 교정프로그램에 대한 연구에서, 로웬캄프와 라테사(Lowencamp and Latessa)는 다음과 같은 네 가지 요소를 포함하는 프로그램이 효과적이었음을 발견하였다.

- 고위험 범죄자가 많은 부분을 차지하는 (최소한 75%) 프로그램이 보다 효과적이었다.
- 고위험 범죄자의 감시 수준은 저위험 범죄자들의 수준보다 평균적으로 장기간의 감시 기간을 동반하였다.
- 고위험 범죄자들은 저위험 범죄자들보다 최소한 50% 많은 시간을 치료에 할애하였다.
- 고위험 범죄자들은 저위험 범죄자들보다 최소한 세 배의 전문가위탁을 받았다.

다음 그림은 이러한 조건을 만족하는 프로그램과 그렇지 못한 프로그램의 효과 차이를 보여준다.

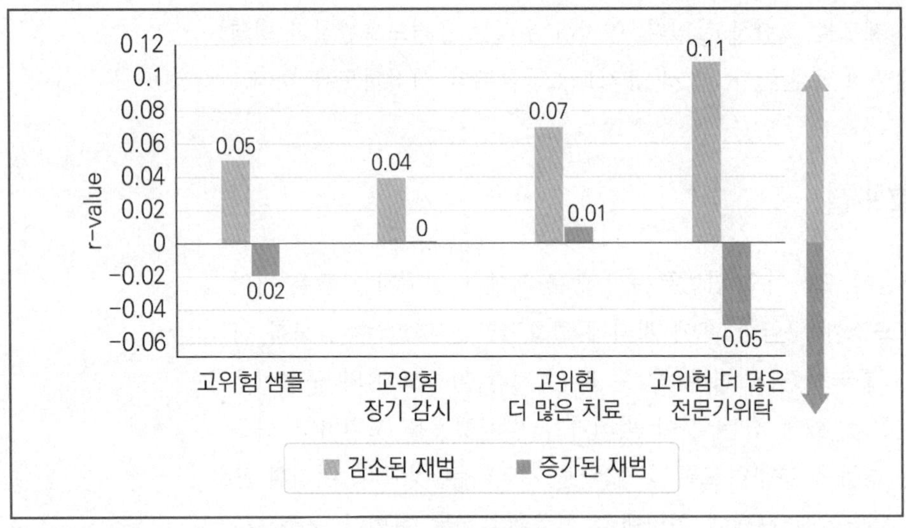

지역사회 교정 프로그램의 프로그램 요소에 따른 재범의 변화

출처: Christopher T. Lowenkamp, Jennifer Pealer, Paula Smith, and Edward Latessa, “Adhering to the Risk and Need Principles: Does It Matter for Supervision-Based Programs?”, *Federal Probation* 70:3 (2006): 3-8.

평가 연구는 오하이오, 텍사스, 켄터키에 집중되었다. 비토(Vito)는 가장 정밀한 평가를 시행하고 다음과 같은 결론을 내렸다.[65]

1. 충격 경험은 초범에만 국한되어서는 안 된다. 전과가 있는 자

도 판사가 판단하기에 적격한 경우에 포함되어야 한다.

2. 억제 효과를 확보하기 위하여 필요한 구금의 기간은 30일 또는 그 이하와 같이 매우 짧을 수 있다.
3. 재구금 비율은 26%를 넘은 적이 없었고 오하이오에서는 10%까지 낮아지기도 하였다. 이러한 비율은 분명히 이 프로그램이 재통합을 위한 잠재력이 있다는 것을 보여준다.
4. 충격보호관찰은 현재 교정제도의 시설의 과밀수용을 줄일 수 있는 충분한 잠재력을 가지고 있다.[66]

충격보호관찰은 억제효과와 압박 형벌을 통하여 보호관찰대상자의 행동을 통제하고자 하는 양형 판사에게 대안으로 여겨질 수 있다. 이것은 범죄자의 통합을 최대화하면서 공공안전을 잘 보호하는 것과 같은 어려운 결정에 직면한 판사에게 구금을 회피할 수 있는 최후의 선택 프로그램 중의 하나이다.

병영캠프 프로그램

병영캠프는 조지아(1983)와 오클라호마(1984)에 최초로 출현하였다. 이 프로그램은 빨리 퍼져나갔으며 15개의 구치소 프로그램과 32개의 보호관찰 및 가석방 캠프를 비롯하여 52개의 병영캠프가 총 39개 주 사법부에 있는 것으로 추정된다. 2001년에 16,150명 이상의 범죄자가 성인 병영캠프에 구금되어 있다.[67]

주요용어

병영캠프
군대의 신병훈련소를 모델로 하여 범죄자에게 엄격한 규율과 육체적 교육을 받도록 하는 것

병영캠프는 최근의 제도라고 하지만, 이것의 기본적인 요소는 블락웨이(Zebulon Reed Brockway)에 의해 설계된 1876년 엘마이라 소년원(Elmira Reformatory)에서 찾을 수 있다. 그 자체의 형식을 보면, 병영캠프는 기본적인 군대식 훈련과 특히 재활이라는 전통적 교정철학을 통합하고 있다. 비록 각 프로그램이 형식이나 목표에 있어 다르기 때문에 일반적인 병영캠프라는 것은 없지만 전형적인 병영캠프는 젊고 비폭력적인 범죄자를 표적으로 한다.[68] 일단 캠프에 들어가면 참가자는 다음과 같은 규율들을 지켜야만 한다.

교정 실제 6.5

프로그램에 참여하는 보호관찰대상자

보호관찰 감시를 받기 시작한 후 어떤 시점에 420만 보호관찰대상자의 60% 이상이 특수 감시나 다른 프로그램에 참여하였다. 가장 일반적인 것은 알코올과 약물 치료/상담이었다: 33%의 중범죄자와 42%의 경범죄자들이 보호관찰을 받고 있는 기간 중 그러한 치료를 받았다.

보호관찰에 처해진 후 약 1/3의 보호관찰대상가 최소한 한번 이상 약물검사를 받았다. 약 1%의 중범죄자가 집중감시보호관찰을 받았고, 여타 10%는 정신의학 또는 심리상담을 받았다.

다른 프로그램의 참여	
일일보고프로그램	5.3% (132,500 보호관찰대상자)
주거형 프로그램	4.9%
전자감시	3.5%
성범죄자 프로그램	2.7%

출처: Thomas Bonczar, *Characteristics of Adults on Probation, 1995* (Washington, DC: U.S. Department of Justice, 1997), p. 9.

- 군대식 훈련과 규율
- 육체적 운동
- 힘든 육체적 노동
- 특별한 교육 및 훈련
- 약물남용 또는 중독에 대한 조언 및 치료

대부분의 병영캠프 프로그램은 그들이 교도소나 보호관찰을 받게 되어 있는 긴 기간에 비하여 적은 몇 개월 구금이라는 유인을 제공하여 재소자가 자발적으로 참여하도록 하고 있다.[69] 일반적으로 주정부 병영캠프를 수료한 자는 가석방, 집중 감시, 가택구금 또는 지역사회교정 중 어느 하나로 석방되게 된다. 병영캠프의 철학은 매우 간단하다. 중한 범죄를 저지르기 전에 방향을 바꾼 범죄자는 그들의 구금생활이 없는 성공적인 삶을 살 기회를 확대할 수 있을 것이다. 전통적인 교도소는 일반적으로 범죄자를 성공적으로 교화하지 않는다고 여겨진다. 병영캠프의 지지자들에 따르면 교도소에 구금될 가능성이 높은 인구 집단은 교육을 받지 못한 젊은 성인 범죄자들이다. 그들은 저소득 계층 출신이며, 적절한 역할 모델(Role Model)을 가져본 적이 없고, 작업 기술이 거의 없으며, 약물, 폭력, 불법밀매가 일상적인 환경에 처해졌던 자들이다. 잘못 인도된 많은 젊은 사람들이 군사 훈련을 받고 나서 생산적인 시민이 되었기 때문에 병영캠프는 범죄와 구금의 생활에서 벗어날 수 있는 기회가 아직 있는 사람들에게 같은 규율과 방향을 제공하려고 노력한다([그림 6.7] 참조).

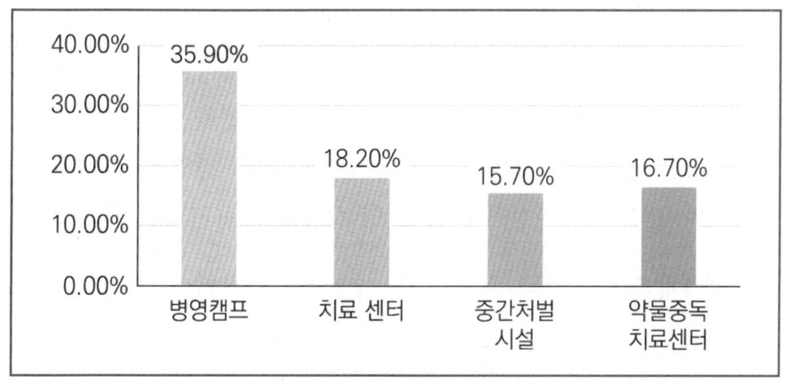

그림 6.7

텍사스주의 지역 교정시설에서 출감한 출소자의 재입건 비율 (%)

출처: Texas Department of Criminal Justice, *Community Corrections Facilities Outcome Study,* January 1999.

비록 병영캠프가 판사, 일반 시민, 정치가에 매우 인기가 높지만, 재범을 줄이는 면에서 병영캠프의 효과성 연구의 결과는 긍정적이지 않다. 텍사스에서 시행된 연구[70]는 병영캠프, 치료 센터, 보호관찰 위반자를 위한 중간처벌 시설, 약물중독치료센터 시설 등 성인 범죄자를 위한 네 가지 다른 유형의 지역 시설의 재입건 비율을 비교하였다. 병영캠프는 다른 프로그램보다 거의 두 배에 가까운 재입건 비율을 보고하였다. 또한 표준화된 평가 도구에 의한 위험 및 욕구 점수도 이들 프로그램들의 범죄자들 사이에 비교하였는데, 오직 다른 점은 병영캠프 재소자들이 다른 곳보다 몇몇 높은 욕구를 보이는 범죄자가 있었다는 것이다. 마지막으로 워싱턴주 연구자들에 의하여 실시된 연구는 평균적으로 병영캠프가 재범률을 약 11% 증가시킨다는 것을 발견하였다.[71] 병영캠프의 평가로부터의 발견은 다음과 같은 결론을 도출한다.

- 높은 수준의 감시(병영캠프)에 처해진 저위험 또는 중간위험 청소년과 성인범죄자는 실제로 전통적인 보호관찰에 처해진 자들보다 더 좋지 않은 결과를 나타낸다.[72]
- 많은 소수민족 청소년이 병영캠프에 구금되었다. 결론은 병영캠프가 이들과 잘 지내는 데 실패했다는 것이다.
- 어떤 연구는 치료공동체와 어떤 사후서비스를 하루 세 시간 이상 받았던 성인 범죄자들은 병영캠프 프로그램 이후 재범률이 감소했다는 것을 보여준다.[73] 일반적으로 평가연구들은 교도소에서 장시간을 보낸 범죄자와 병영캠프를 마친 자들이 비슷한 재범률을 보인다는 것을 발견하였다. 병영캠프가 재범률의 감소에 효과적이지 못한 여러 가지 이유가 있다.[74]

병영캠프는 다음과 같은 것을 시행하는 경향이 있다.

- 비행청소년과 범죄집단을 서로 결합한다.
- 체력단련, 훈련, 행사, 자기존중과 같은 범죄 유발요인과 관계없는 것을 대상으로 한다.
- 저위험, 중간위험 그리고 고위험 범죄자들을 함께 혼합한다.
- 공격적인 행동을 따라하게 한다.

이러한 연구결과에도 불구하고, 병영캠프 개념은 아직도 사법체제의 다양한 부분의 관심을 받고 있다. 범죄자는 일반적으로 교도소에 구금되는 수모를 당하지 않고 보다 빠른 시간에 지역사회에 복귀한다. 판사에게 이 프로그램은 보호관찰보다 더 통제적이나 전통적인 교도소 구금보다는 덜 통제적인 처벌 선택사항이다. 교정시스템에 있어서 이 프로그램은 전통적 교도소 환경밖에서 범죄자가 생활하도록 하고, 교정시스템을 신속하게 지나게 함으로써 비용 및 과밀수용을 감소시킬 수 있도록 해준다.

평가연구의 결과에 영향을 받아, 몇몇 병영캠프는 군대식 훈련을 폐지하고 교육, 물질중독 치료, 사회복귀지도, 직업훈련, 산업훈련을 포함시켰다. 따라서 오직 향후의 연구만이 이러한 노력들이 성공적이었는지 말할 수 있을 것이다.

교정 실제 6.6

주정부의 재범 감소 보고

주정부 및 지방정부의 많은 지역들이 재범을 줄이기 위하여 노력을 강화해왔다. 정책입안자는 절감이 가능한 모든 분야에서 (거의 모든 수준의) 비용을 절감하라는 엄청난 압력에 직면하고 있다. 구치소와 교도소에서 출소한 범죄자의 재범률을 감소시키려는 확대된 노력이 공공안전을 증대하고 비용을 절감할 것이라는 공감대가 형성되어 왔다. 이러한 주장은 광범위하고 설득력 있는 연구들에 의하여 지지되고 있는데, 이들은 구금(구치소와 교도소)에서 석방된 범죄자가 범죄를 다시 저지를 가능성을 낮추는 데 프로그램, 정책, 제도가 효과가 있다고 보고한다.

중요한 2010년 보고서는 대상자들의 재범을 줄이기 위해 매우 필수적인 네 가지 기본 원칙을 확인하고 정의하였다.

1. 범죄를 다시 저지를 가능성이 높은 개인(범죄를 저지를 가능성이 낮은 사람이 아닌)에게 자원을 소비하라.
2. 연구 중심의 증거기반 프로그램을 지원하고 확대하라.
3. 효과적인 지역사회 감시제도와 정책에 투자하라.
4. 장소 기반의 접근방법에 투자하라.

많은 지역들이 주 전역에 걸쳐 구금 이후 성인의 재범률이 감소하였다는 것을 증명하는 자료를 축적하여 왔다. [표 6.1]에서 우리는 보다 성공적인 주와 재범률을 유의미하게 감소시킨 전략들을 부각시켰다. [표 6.1]의 자료는 미시건주(2000-2007년, 28% 감소), 캔사스주(2005-2008년, 15% 감소), 오하이오주(2000-2008년, 21% 감소), 텍사스주(2000-2008년, 22% 감소), 미시시피주(2005-2008년, 9% 감소), 오레곤주(2000-2007년, 8% 감소), 버몬트주(2000-2007년, 22% 감소)에서 재범률의 감소를 확인하여 준다. 간략히 말해, 이러한 주에서는 재범과 교도소로 다시 돌아오는 사람의 수가 감소하였다.

이러한 주정부의 정치적 구조의 차이에서 기대할 수 있는 것처럼 각 주에서 사용된 전략은 각기 다르다. 그러나 결론적으로 말해 그것들은 새로운 접근방법의 개발, 조화로운 계획, 프로그램과 실행에 투자, 강화된 훈련과 감시들이다.

예를 들어, 캔사스주에서는 입법부가 재범을 감소시키는 종합적 전략을 개발하고 범죄의 위험이 높은 가석방자를 대상으로 파일럿 프로그램을 실행하였다. 지역사회감시 담당관리는 가석방 담당관에게 강화된 훈련을 제공하였고 서비스와 치료가 필요한 개인들과 지역사회기반의 제공자 및 자원을 연결시키는 전략을 강화하였다. 주정부 공무원은 카운티 수준의 재진입 프로그램에 예산을 지원하였고 특히 석방된 개인과 주거 및 직업 분야의 자원 개발에 집중하였다. 마지막으로 입법부는 교육, 치료, 직업 프로그램을 성공적으로 졸업할 경우, 60일의 구금기간 크레딧 제공을 입법하였다.

미시시피주는 저위험자의 감시를 위해 선택가

능한 수단을 확대하였고, 그렇게 함으로써 중요한 자원을 고위험 폭력범죄자에게 배치하였다. 오하이오주는 증거기반의 프로그램을 도입하였고 보호관찰 및 가석방 공무원에게 효과적인 평가 및 효과적인 개입과 같은 분야의 훈련 프로그램을 개발하였다. 오하이오주는 중범죄 보호관찰대상자 감시에 자원을 투자하였으며 재범을 줄였던 지역사회 교정시설에 장려예산을 지원하였다. 오레곤주는 재범을 저지를 고위험 또는 중간위험의 사람들을 대상으로 하는 교도소 내 치료프로그램을 개발하였고, 범죄를 야기하는 요소에 기반을 두어 개인별로 재진입 계획을 개발하였다.

이러한 사례들은 모든 전략과 프로그램, 예산지원, 자원배치, 훈련, 지역 협조 그리고 석방자 및 성인 보호관찰대상자의 재범률을 줄이기 위해 설계된 교도소 내 프로그램을 모두 다 포함하지는 않는다. 그러나 이들은 범죄예방 효과를 증가시키는 가장 최근의 교정프로그램의 개발내용을 반영하고 있다.

출처: Council of State Governments Justice Center (2012), "States Report Reductions in Recidivism," http://www.nationalreentryresourcecenter.org/publications/states-report-reductions-inrecidivism(accessed October 2, 2012). Written entirely by authors.

표 6.1 주 전체적인 재범률의 감소 (2005년과 2007년 발표)

	재범률의 감소 (2005년과 2007년 출소)	재범률의 감소 (2000/3년과 2007년 출소)
미시간주	−18%	−28%
캔사스주	−15%	NA
오하이오주	−11%	−21%
텍사스주	−11%	−22%
미시시피주	−9%	NA
오레곤주	−8%	−11%
버몬트주	−6%	−22%

출처: Council of State Governments Justice Center (2012), "States Report Reductions in Recidivism", http://www.nationalreentryresourcecenter.org/publications/states-report-reductions-in-recidivism (accessed October 2, 2012). Table constructed by authors.

요약

전환처우가 어떻게 범죄자를 교정시스템의 밖에 두도록 하는지 설명하시오.

범죄혐의가 있거나 유죄 판결 받은 사람은 교도소나 구치소에 구금될 가능성에 직면한다. 몇몇은 위험하고 직업적으로 범죄를 저지르며 그러한 범죄자로 인한 손실로부터 사회를 보호하기 위하여 구금은 아마도 필요한 통제전략일 것이다. 한편, 다른 사람들은 젊고 초범이며 위험하지 않은 범죄자이다. 이러한 자를 구금하는 것은 교정적 목표나 공공안전에 적합하지 않을 수 있다. 필요 없는 구금은 낭비이고, 이들의 성공적인 변화를 유도하는 사회적 유대를 해하고, 위험하며, 또한 많은 욕구가 있지만 저위험인 범죄자에게 치명적이다. 이러한 문제들로 인하여 다양한 전환처우 및 중간처벌이 이러한 범죄자들을 관리하기 위하여 개발되었다. 이들은 사회통제와 안전을 위한 장치로 보호관찰과 구금 사이에 위치한다.

중간처벌의 목적을 요약하시오.

중간처벌의 목적은 효과적인 사회통제, 공공안전 확대, 교정 프로그램의 비용 절감 그리고 구금의 부정적 효과를 줄이는 것이다.

중간처벌은 보호관찰과 구금의 중간에 위치하며, 성공적인 통합, 재범의 감소, 공공안전의 증대 그리고 비용절감의 목적으로 보호, 구금, 처벌을 제공하도록 설계되었다. 이것은 보다 현명한 형벌과 비슷한 개념이다. 예를 들자면, 중간처벌은 유예된 보호관찰, 집중감시보호관찰, 판결 없는 보호관찰, 약물치료프로그램, 가택구금, 병영캠프, 치료공동체, 주간보고센터, 사회봉사프로그램, 충격보호관찰 그리고 배상명령 등을 포함한다. 잠재적인 중간처벌의 맨 위에는 충격보호관찰, 충격 가석방 그리고 분할형 등이 있다.

범죄자의 욕구와 관리전략을 확인하는 것은, 판결전조사를 담당하고 어떤 개입과 형벌기간이 효과적일지 법원에 제안하는 공무원의 매일의 임무이다. 범죄자의 욕구와 위험 수준을 결정하는 도구는 계속 향상되고 있고 증거기반 프로그램을 부과하여 현명한 판결을 하는 프로그램은 계속 나오고 있다. 중간처벌은 치료와 관리전략으로 점점 더 많이 사용되고 있으나 증거기반 프로그램의 발견은 아직 완료되지 않았다. 교정적 효과성은 증거기반의 치료를 통하여 제안된 가장 우수한 실행과 범죄자의 욕구와 위험이 연결되었을 때 증가될 것이다.

배상명령 프로그램을 설명하시오.

배상명령은 피해자의 손실을 상쇄하고 범죄자로 하여금 범죄에 대한 개인적 책임감을 가지도록 강제한다. 이것은 범죄자와 피해자의 화해를 유도하고 피해자를 위한 사법정의 체제를 개인화한다. 모든 손실이 다 배상되는 것은 아닐 수 있지만 그러나 피해자와 가해자 사이에 서로 보다 나은 이해가 형성된다.

병영캠프의 목적과 운영 그리고 이와 관련된 문제점을 설명하시오.

병영캠프 프로그램은 가치 있다는 느낌, 성취, 육체적 훈련, 명령과 문화에 대한 복종을 주입시켜 범죄의 재발을 감소시키는 것을 추구한다. 이는 그들이 경험하거나 알고 있는 군대식 경험에서 범죄자가 좋아질 것이라고 믿는 판사, 국회의원, 경찰, 피해자 사이에 널리 선호되고 있다. 이들의 문제점은 보다 위험한 경우와 덜 위험한 경우를 같이 결합하여 일반적으로 이후 범죄행위를 감소시키는 것이 아니라 오히려 증가시킨다는 것이다. 폭력성은 따라 배우게 되고 범죄자가 힘겨워하는 범죄를 일으키는 근본 원인은 거의 다루어지지 않는다. 병영캠프 프로그램의 평가연구는 사람들이 믿고 있는 긍정적 효과를 일반적으로 뒷받침하지 않으며 병영캠프가 범죄예방에 효과적이지 않다는 고려할 만한 증거들이 제시되고 있다. 병영캠프는 청소년의 재범 예방에 효과적이지 않으며 성인을 위한 병영캠프의 효과성의 증거는 확실치 않다.

지역사회 교정시설의 목적과 운영 그리고 이와 관련된 문제점을 설명하시오.

지역사회 교정센터는 지역 판사로부터 형판결을 받은 범죄자, 보호관찰을 실패하거나 위험한 보호관찰대상자, 재범을 방지하기 위하여 추가적인 서비스가 필요한 가석방자 등을 대상으로 하는 주정부 예산지원 센터부터 민영시설 등의 범주가 있다. 몇몇 센터는 민영 중간처우소로 알려져 있고 다른 것들은 정부에 의하여 지원받는 지역사회 교정센터이다. 교정제도는 일반적으로 범죄자의 욕구를 충족시켜줄 수 있는 이용가능한 지역사회 서비스에 접근시켜주는 수단이다. “효과 있는 것”에 중점을 둠에 따라, 시설에의 배치를 위험의 수준을 혼합하는 대신 고위험 범죄자에게 서비스를 제공하도록 자세히 규정해야 한다는 일반적인 인식이 있다. 저위험과 고위험 범죄자를 같이 배치할 경우 무심코 저위험자들의 재범을 증가시키기 때문에 저위험 범죄자들은 교정 시설에 배정되어서는 안 된다는 고려할 만한 증거가 있다. 이러한 시설이 고위험 범죄자에게 효과적이라는 점차 증가하는 증거가 있으며, 이는 희소한 교정자원이 가장 실패할 가능성이 높은 사람들에게 배치되어야 한다는 주장을 뒷받침한다.

약물, 정신건강 그리고 여타 문제해결형 법원을 기술하시오.

많은 해당 범죄자들은 약물, 정신건강 그리고 약한 문제해결 능력으로 고생하고 있다. 약물법원, 퇴역군인법원, 가정폭력법원, 총기법원, 또래법원과 같은 여러 가지 특별한 치료를 제공하는 법원이 개발되어 왔다. 이들 모두는 범죄자의 요구에 적합한 특별한 치료를 제공하는 특수 법원이다. 효과성에 대해 점차 늘어나는 증거는 긍정적이다.

전자감시와 GPS가 어떻게 쓰이는지와 이것의 사용과 관련한 문제점을 설명하시오.

대부분의 전자감시 시스템은 범죄자의 손목이나 발목에 착용하며, 범죄자가 집에 머무르도록 요구된 기간 동안 감시공무원에게 신호를 보내는 전자송출 장치를 사용한다. 비록 몇몇 연구는 전자감시가 효과적이라고 주장했지만, 다른 연구들은 혼합된 결과를 제시하였다. GPS는 범죄자의 정확한 위치를 파악한다(그리고 몇몇 시스템은 범죄자가 참여할 수 있는 대화를 송출한다.). 이와 같이, 이 감시활동은 석방된 성범죄자를 관리하는 데 특별히 유용하다.

가택구금의 장점과 단점을 요약하시오.

비록 구금에 비해 비용 면에서 효율적이지만, 가택구금은 그들의 행동의 결과를 피하려고 결정한 재소자에 의해 무력화될 수 있다. 가택구금은 범죄자가 직장을 유지 또는 획득할 수 있게 하고 야간통행금지를 강제하며 미래의 범죄 위반의 기회를 줄이면서도 구치소의 구금보다 비용이 상당히 적게 든다. 단점은 몇몇 범죄자가 추적 장치를 제거할 수 있다는 점(이것은 범죄자가 순응하는지 판단의 근거가 된다), 집에서 다른 범죄를 실행할 수 있다는 점(약물 범죄), 범죄자의 주거지에 기거하는 자들을 감시 공무원이 통제할 수 없다는 점이다. 효과성과 범죄예방 관련 연구결과는 긍정적이다.

집중감시 보호관찰의 목적을 설명하시오.

몇몇 보호관찰대상자는 여러 가지 문제점을 가지고 있고 일상적인 보호관찰관의 감시에 순응하지 않을 가능성이 높다. 공공안전과 행동에 대한 통제를 확대하고 재범을 낮추기 위해 판사는 집중감시 보호관찰을 부과할 수 있다. 이러한 경우 대부분 보호관찰대상사는 법원에 의하여 부과된 통제에 순응하도록 보다 유능한 보호관찰대상자에게 할당되며, 범죄자와 공무원간 매주 수차례 대면 접촉 및 보호관찰대상자가 어디에 있는지 공무원에게 보고하도록 하고 있다. 규칙적인 약물 테스트가 강제되기도 한다. 이는 증가된 감시, 감독, 낮은 재범 및 증가된 공공 안전을 담보할 수 있다. 몇몇 시설은 감시 보호관찰 공무원이 대상자의 순응을 확보하는 것을 돕기 위하여 GPS나 전자장치를 강제하고 있다.

주간보고센터의 발전과 이와 관련된 문제점을 요약하시오.

주간보고센터는 범죄자들이 매주 5일 이상 모여 매일 행동 일정을 확인/수립하는 장소이다. 대상자는 매일 시간 단위로 그들의 행동을 열거하며, 보호관찰, 경찰, 지원자, 치료전문가, 연계 공무원으로부터 지원과 감독을 받는다. 감독공무원은 수시로 통화하여 범죄자가 제안된 일정을 따르고 있는지 확인한다. 몇몇 센터는 이 전략을 통해 시간관리를 가르치고, 범죄자가 긍정적 활동에 집중하도록 하며, 우선순위를 결정하고 재범의 가능성을 줄인다. 그러나 주간보고센터에 대한 모든 연구결과가 재범을 유의미하게 감소시킨다고 보고한 것은 아니다.

사회봉사명령의 목적과 운용을 설명하시오.

사회봉사명령은 범죄자로 하여금 무료 노동 및 노약자의 일상생활을 돕고 (마켓, 은행, 쇼핑 등에 운송 등) 청소, 유지, 수리 등 공공 서비스 그리고 자원봉사 일과 같은 형식으로 정해진 시간만큼 무보수 일을 수행하도록 법원에서 명령한 프로그램이다. 이 프로그램은 벌금을 내지 못하는 경범죄자의 구금을 피하도록 한다.

충격보호관찰의 목적과 운용을 설명하시오.

몇몇 범죄자는 재범의 위험은 높으나 아직 경력범죄자로 고착되지 않는 경우가 있다. 이들은 범죄행위를 멈추게(중단) 하기 위하여 구금 시스템을 경험할 필요는 있으나 긴 시간의 구금은 필요치 않다. 충격보호관찰은 비교적 짧은 구금의 경험 후에 보호관찰이나 집중감시 보호관찰에 처하도록 한다. 구금의 엄격함과 많은 의무사항에 대한 강력하나 짧은 경험은 범죄자로 하여금 범죄에 저항하고 사회적 요구에 순응하도록 동기부여를 제공한다고 믿어진다. 충격보호관찰 제도를 가진 지역은 판사에게 재소자의 구금형을 무효화하고 새로운 조건의 보호관찰을 부과할 수 있도록 하고 있다. 이 프로그램의 효과성에 대한 평가 연구는 일반적으로 우호적이다.

주요용어

전환처우 ······ 196	가택구금 ······ 201	약물법원 ······ 208
판결전 개입 프로그램 ······ 198	전자감시 ······ 201	사회봉사명령 ······ 216
유죄 판결을 대체하는 치료 199	위험관리 ······ 201	가택구금 ······ 216
지역사회 교정법률 ······ 200	범죄 중단 ······ 201	전자 가석방 ······ 218
중간처벌 ······ 200	배상명령 ······ 205	충격보호관찰 ······ 227
주간보고센터 ······ 201	집중감시 보호관찰 ······ 206	병영캠프 ······ 229
배상명령 ······ 201	압박 양형 ······ 206	

복습질문

1. 범죄자가 교정시스템으로부터 전환될 수 있는 여러 가지 방법을 설명하시오.
2. 충격보호관찰과 병영캠프, 충격구금의 차이점을 설명하시오.
3. 주거형 치료센터가 교정행정에서 어떠한 역할을 하는가? 이러한 유형의 프로그램이 지난 수년간 어떻게 변화하였는가?
4. 플로리다주 지역통제 프로그램이 목적을 달성하였는가?
5. 병영캠프 프로그램을 기술하시오. 왜 병영캠프는 재범을 예방하는 데 효과적이지 않습니까?
6. 주간보고센터와 그 목적을 기술하시오.
7. 약물법원과 그 운용을 기술하시오. 왜 이것은 약물 중독자에게 좋은 대체방안인가요?
8. 약물법원과 주간보고센터의 효과성을 설명하시오.
9. 미국에서 나타난 여러 유형의 특수법원들은 무엇인가요?
10. 청소년 약물법원은 성인 약물법원에 비하여 효과적이지 않은 것으로 나타났습니다. 당신은 그 이유가 무엇이라고 생각합니까? 그리고 그들의 효과성을 높이려면 어떤 방법이 있을까요?
11. 어떤 종류의 범죄자들이 주거형 교정시설에 배치되어야 할까요?

적용사례연구

1. 만약 당신이 판사이고 약물법원을 설치하고 싶다면, 당신이 이로 인한 비용을 정당화하기 위한 몇 가지 이유를 열거하시오.
2. 만약 당신이 주정부 교정국의 책임자이고 주지사가 교정 예산의 25%를 줄이는 계획을 수립하라고 했다면 당신은 무엇을 하겠습니까?(사임은 당신의 선택사항이 아닙니다!)
3. 법원의 책임자가 사법부에 피고인으로 온 퇴역군인을 위한 특수법원을 고려하고 있고, 당신은 이러한 범죄혐의를 가진 퇴역군인만을 위한 법원의 장점과 단점에 대하여 보고서를 작성하라고 지시를 받았습니다. 이 지시를 수행하기 위하여 당신이 해야 할 다섯 가지 단계가 무엇입니까?
4. 당신의 교도소는 흡연을 허용하고 있고 세 명의 재소자가 이러한 건강을 해치는 행위를 줄이라고 소송하였습니다. 간접흡연으로 인한 위험으로부터 피하기 위하여 교정공무원 노조는 법정청원서를 제출하였습니다. 당신이 할 수 있는 다섯 가지 일은 무엇입니까?

미주

1. Maryland Governor's Office, *Administration Report to the State/Local Criminal Justice/Mental Health Task Force* (Baltimore: Maryland Governor's Office, 1995); James Byrne and F. Taxman, "Crime Control Policy and Community Corrections Practice," *Evaluation and Program Planning* 17:2 (1994): 221-233; Richard Lamb and L. Weinberger, "Persons with Severe Mental Illnesses in Jails and Prisons," *Psychiatric Services* 49:4 (1998): 483-492; Huffington Post Chicago (2013), "Patrick Kennedy Visits Mentally Ill Inmates of Cook County Jail, Largest Illinois Mental Health Facility," http://www.huffingtonpost.com/2013/09/20/patrick-kennedy-cook-county-jail_n_3964699.html.
2. A. Barthwell, P. Bokos, and J. Bailey, "Interventions/Wilmer: A Continuum of Care for Substance Abusers in the Criminal Justice System," *Journal of Psychoactive Drugs* 27:1 (1995): 39-47. Note that stereotypes of drug users are generally erroneous, particularly the ideas that most drug users are burned out and disconnected from mainstream society. Some 7 in 10 drug users work full-time and are not poor. Laura Meckler, "7 in 10 Drug Users Work Full-Time," America Online, September 8, 1999.
3. Robert Langworthy and E. Latessa, "Treatment of Chronic Drunk Drivers," *Journal of Criminal Justice* 24:3 (1996): 273-281. See also K. Blackman, R. Voas, R. Gulberg, et al., "Enforcement of Zero Tolerance in the State of Washington," *Forensic Science Review* 13:2 (2001): 77-86, and Ted Greggry (2013), "The

DUI Treatment Court in Illinois Mixes Intense Alcohol Monitoring with Treatment," http://articles.chicagotribune.com/2013-08-06/news/ct-met-hardcore-dui-court-20130807_1_dui-treatment-court-drunk-driving-outside-court.

4. Richard Tolman and A. Weisz, "Coordinated Community Incarceration for Domestic Violence: The Effects of Arrests and Prosecutions on Recidivism of Women Abuser Perspectives," *Crime and Delinquency* 41:4 (1995): 401-495; Christopher Calson and F. Nidey, "Mandatory Penalties, Victim Compensation, and the Judicial Processing of Domestic Abuse Assault Cases," *Crime and Delinquency* 41:1 (1995): 132-149; Carole Chancy and G. Saltzstein, "Democratic Control and Bureaucratic Re-sponsiveness: The Police and Domestic Violence," *American Journal of Political Science* 42:3 (1998): 745-768.
5. Harry E. Allen, R. Seiter, E. Carlson, et al., *Halfway House: Program Models* (Washington, DC: U.S. Department of Justice, 1979). See also Bobbie Huskey, "Community Residential Centers," *Corrections Today* 54:8 (1992): 70-73, and Rhonda Reeves, "Future Forecast: Examining Community Corrections' Role in the Justice System," *Corrections Today* 54: 8 (1992): 74-79.
6. Edward Latessa, L. Travis, and A. Holsinger, *Evaluation of Ohio's Community Corrections Acts Programs in Community-Based Correct-ional Facilities* (Cincinnati, OH: Division of Criminal Justice, University of Cincinnati, 1997).
7. Malcolm M. Feeley and Jonathan Simon, "The New Penology: Notes on the Emerging Strategy of Corrections and Its Implications," *Criminology* 30:4 (1992): 449-474. See also Steven Donziger, *The Real War on Crime* (New York: HarperCollins, 1996), pp. 55-62, and Michael Tonry, "Parochialism in U.S. Sentencing Policy," *Crime and Delinquency* 45:1 (1999): 48-65.
8. Voncile Gowdy, *Intermediate Sanctions* (Washington, DC: U.S. Department of Justice, 1993). See also the theme issue of *Corrections Today* 57:1 (1995) and Jeffrey Ulmer, "Intermediate Sanctions," *Sociological Inquiry* 71:2 (2001): 164-193.
9. Daniel Nagin and David Farrington, "The Onset and Persistence of Offending," *Criminology* 30:4 (1992): 501-524; Mark Cohen, "The Monetary Value of Saving a High-Risk Youth," *Journal of Quantitative Criminology* 14:1 (1998): 5-33; Shadd Maruna, *Making Good: How Ex-Convicts Reform and Rebuild Their Lives* (Washington, DC: American Psychological Association, 2001).
10. Francis Cullen, Edward Latessa, Velmer Burton, and Lucien Lombardo, "The Correctional Orientation of Prison Wardens: Is the Rehabilitative Ideal Supported?," *Criminology* 31:1 (1993): 69-92; Jody Sundt and F. Cullen, "The Role of the Contem-porary Prison Chaplain," *Prison Journal* 78:3 (1998): 271-298.
11. John Hagan and Juleigh Coleman, "Returning Captives of the American War on Drugs," *Crime and Delinquency* 47:3 (2001): 352-367.
12. Editors, "Alternatives to Prison: Cheaper Is Better," *The Economist*, November 19, 1994, p. 33; Steven Barkan and S. Cohn, "Racial Pre-judice and Support by Whites for Police Use of Force," *Justice Quarterly* 15:4 (1998): 743-753.

13. Michael Tonry, "Racial Politics, Racial Dis-parities, and the War on Crime," *Crime and Delinquency* 40:4 (1994): 475-494. See also Christiana DeLong and K. Jackson, "Putting Race into Context: Race, Juvenile Justice Pro-cessing, and Urbanization," *Justice Quarterly* 15:3 (1998): 448-504.
14. Bruce Benson, D. Rasmussen, and I. Kim, "Deterrence and Public Policy," *International Review of Law and Economics* 18:1 (1998): 77-100.
15. Ann Carson and Daniela Gotinelli, *Prisoners in 2012: Advance Count* (Washington, DC: Bureau of Justice Statistics), p. 1.
16. "ICPS World Prison Brief" (2013), http://www.prisonstudies.org/highest-to-lowest/prison-population-total.
17. James Bryne, "The Future of Intensive Pro-bation Supervision," *Crime and Delinquency* 36:1 (1990): 3-34. See also Pennsylvania Department of Corrections (2013), "State In-termediate Punishment Program," http://www.cor.state.pa.us/portal/server.pt/community/major_initiatives/21262/state_intermediate_punishment/1354887.
18. Peter Wood and H. Grasmick, "Toward the Development of Punishment Equivalencies," *Justice Quarterly* 16:1 (1999): 19-50. On rest-itution, see the National Center for Victims of Crime (2013), http://www.victimsofcrime.org/training/national-conference/2013-national-conference.
19. William Bradshaw and M. Umbreit, "Crime Victims Meet Juvenile Offenders," *Juvenile and Family Court Journal* 49:3 (1998): 17-25; Audrey Evje and Robert Cushman, *A Summary of the Reconciliation Programs* (Sacramento: Judicial Council of California, 2000).
20. Thomas Bonczar, *Characteristics of Adults on Probation, 1995* (Washington, DC: U.S. Dep-artment of Justice, 1997), p. 7; Matthew DuRose and Patrick Langan, *Felony Sentences in State Courts, 2004* (Washington, DC: Bureau of Justice Statistics, 2007), p. 10.
21. Roy Sudipto, "Juvenile Restitution and Reci-divism in a Midwestern County," *Federal Probation* 59:1 (1995): 55-62. See also Karen Suter, *Delinquency Prevention in Texas* (Austin: Texas Juvenile Probation Commission, 1997).
22. Joan Petersilia and Susan Turner, *Evaluating Intensive Supervised Probation/Parole: Results of a Nationwide Experiment* (Washington, DC: U.S. Department of Justice, 1993). See also Angela Robertson, P. Grimes, and K. Rogers, "A Short-Run Cost Benefit Analysis of Community-Based Interventions for Juvenilc Offenders," *Crime and Delinquency* 47:2 (2001): 265-284.
23. B. Fulton, S. Stone, and P. Gendreau, *Restructuring Intensive Supervision Programs: Applying "What Works"* (Lexington, KY: American Probation and Parole Association, 1994). See also F. Cullen and P. Gendreau, "From Nothing Works to What Works," *The Prison Journal* 81:3 (2000): 313-338.
24. J. Byrne, A. Lurigio, and C. Baird, "The Eff-ectiveness of the New Intensive Supervision Programs," *Research in Corrections* 2:1 (1989): 1-48. See also Chris Trotter, "Reducing Recidivism through Probation Supervision," *Federal Probation* 77:2 (2013), http://www.uscourts.gov/uscourts/FederalCourts/PPS/Fedprob/2013-09/reducing-recidivism.html.
25. B. Fulton, E. Latessa, A. Stichman, and L. F.

Travis, "The State of ISP: Research and Policy Implications," *Federal Probation* 61:4 (1997): 65–75.

26. B. Fulton, P. Gendreau, and M. Paparozzi, "APPA's Prototypical Intensive Supervision Program: ISP as It Was Meant to Be," *Perspectives* 19:2 (1996): 25–41. See also B. Fulton et al., *Restructuring Intensive Super-vision Programs.*
27. C. West Huddleston, "Drug Court and Jail-Based Treatment," *Corrections Today* 60:6 (1998): 98. See also Paul Stageberg, B. Wilson, and R. Moore, *Final Report of the Polk County Adult Drug Court* (Des Moines: Iowa Division of Criminal Justice Policy, 2001).
28. C. West Huddleston, Douglas Marlowe, and Rachel Casebolt, *Painting the Current Picture: A National Report Card on Drug Courts and Other Problem-Solving Court Programs in the United States* (Washington, DC: Bureau of Justice Assistance, U.S. Department of Justice, 2008).
29. M. Rempel, D. Fox-Kralstein, A. Cissner, et al., *The New York State Adult Drug Court Evaluation: Policies, Participants and Impacts* (New York: Center for Court Innovation, 2003).
30. Deborah Shaffer, Shelley Listwan, Edward Latessa, and Christopher Lowenkamp, "Examining the Differential Impact of Drug Court Services by Court Type: Findings from Ohio," *Drug Court Institute* 6:1(2007): 33–66.
31. This study examined 10 juvenile drug courts from across the United State and was funded by OJJDP. See Edward Latessa, Carrie Sullivan, Lesli Blair, Christopher J. Sullivan, and Paula Smith, *Outcome and Process Evaluation of Juvenile Drug Courts* (Cincinnati, OH: Center for Criminal Justice Research, University of Cincinnati, 2013).
32. Shaffer-Koetzle, D. (2011) Looking Inside of Drug Courts: A Meta-Analytic Review. *Justice Quarterly* 28 (2011): 493–521.
33. Washington State Institute for Public Policy, *Drug Courts for Adult Defendants: Outcome Evaluation and Cost Benefit Analysis* (Olympia: Washington State Institute for Public Policy, 2003).
34. NPC Research, Inc., and Administrative Office of the Courts, Judicial Council of California, *California Drug Courts: A Methodology for Determining Costs and Avoided Costs: Phase I: Building the Methodology: Final Report* (Portland, OR: Authors, October 2002). See also Partnership at Drugfree.org (2013), "Federal Government Embraces Drug Courts, but Critics Remain," http://www.drugfree.org/join-together/drugs/federal-government-embraces-drug-courts-but-critics-remain.
35. James Brown, "Drug Courts: Are They Needed and Will They Succeed in Breaking the Cycle of Drug- Related Crime?," *New England Journal on Civil and Criminal Confinement* 23:1 (1997): 63–99.
36. Eastern Judicial Circuit of Georgia, "State Court DUI Court Program," http://www.chathamcourts.org/StateCourt/DUICourtProgram.aspx (accessed October 26, 2012).
37. California Courts, Judicial Branch of California.
38. See Christine Sarteschi, "Assessing the Eff-ectiveness of Mental Health Courts: A Meta Analysis of Clinical and Recidivism Outcomes" (doctoral diss., University of Pittsburgh, 2009), and Brittany Cross "Mental Health Courts

Effectiveness in Reducing Recidivism and Improving Clinical Outcomes" (master's thesis, University of South Florida, 2011).

39. National Association of Drug Court Pro-fessionals, http://www.nadcp.org/.

40. Julie Martin, "Community Services: Are the Goals of This Alternative Sentencing Tool Being Met?," *Court Review* 28:4 (1991): 5-11. But see Wade Myers, P. Burton, Paula Sanders, et al., "Project 'Back-on-Track' at One Year," *Journal of the American Academy of Clinical and Adolescent Psychiatry* 39:9 (2000): 1127-1134.

41. Gail Caputo, D. Young, and R. Porter, *Community Services for Repeat Misdemeanants in New York City* (New York: Vera Institute, 1998).

42. Michael Maxfield and Terry Baumer, "Home Detention with Electronic Monitoring: Comparing Pretrial and Postconviction Programs," *Crime and Delinquency* 36:4 (1990): 521-536; Ann Farrell, "Mothers Offending against Their Role: An Australian Experience," *Women and Criminal Justice* 9:4 (1998): 47-67.

43. Leonard Flynn, "House Arrest," *Corrections Today* 48:5 (1986): 64-68.

44. K. Courtright, B. Berg, and R. Mutchnick, "The Cost Effectiveness of Using House Arrest with Electronic Monitoring for Drunk Drivers," *Federal Probation* 61:3 (1997): 19-22.

45. Government Accounting Office, *Intermediate Sanctions* (Washington, DC: Government Accounting Office, 1990). Evaluations of the home detention program in Great Britain found a 5 percent "recall to prison" rate for prison inmates released to home detention. Kath Dodgson, P. Goodwin, H. Philip, et al., *Electronic Monitoring of Released Prisoners* (London: Home Office, 2001).

46. James Kammer, K. Minor, and J. Wells, "An Outcome Study of the Diversion Plus Program for Juvenile Offenders," *Federal Probation* 61:2 (1997): 51-56; M. Cusson, "Intermediate Punishments, Electronic Monitoring and Ab-olitionism," *Revue Internationale de Criminologie et de Police Technique Scientifique* 51:1 (1998): 34-45.

47. Dennis Wagner and Christopher Baird, *Evaluation of the Florida Community Control Program* (Washington, DC: U.S. Department of Justice, 1993), p. 5. It is possible to have cost savings and similar outcomes. See Elizabeth Deschenes and P. Greenwood, "Alternative Placements for Juvenile Offenders," *Journal of Research in Crime and Delinquency* 35:3 (1998): 267-294.

48. See Alison Church and S. Dunston, *Home Detention: The Evaluation of the Home Detention Pilot Programme, 1995-1997* (Wellington: New Zealand Ministry of Justice, 1997).

49. R. K. Schwitzgebel, R. L. Schwitzgebel, W. N. Pahnke, and W. S. Hurd, "A Program of Research in Behavioral Electronics," *Behavi-oral Scientist* 9:3 (1964): 233-238. See also Michael Vitello, "Three Strikes: Can We Return to Rationality?," *Journal of Criminal Law and Criminology* 87:2 (1997): 395-481.

50. Scott Vollum and Chris Hale, "Electronic Monitoring: Research Review," *Corrections Compendium*, July 2002, p. 1. See also "Electronic Monitoring of Offenders in the Community," http://www.michigan.gov/corrections/0,4551,7-119-1435_1498-5032--,00.html

(accessed August 26, 2014).

51. Bureau of Justice Assistance, *Electronic Monitoring in Intensive Probation and Parole Programs* (Washington, DC: U.S. Department of Justice, 1989).
52. Joan Petersilia, *Expanding Options for Criminal Sentencing* (Santa Monica, CA: Rand, 1987), p. 37; C. Camp and G. Camp, *The Corrections Yearbook 1998* (Middletown, CT: Criminal Justice Institute, 1998), p. 124. See also Editors, "Florida to Mandate GP [Global Positioning] Devices for Sex Offenders," *Correctional News* 11:3 (2005): 1.
53. See Government Accounting Office, *Intermediate Sanctions,* pp. 6-7.
54. See P. Bulman, "Sex Offenders Monitored by GPS Found to Commit Fewer Crimes," *NIJ Journal* 271 (February 2013).
55. William Bales, Karen Mann, Thomas Blom-berg, Gerry Gaes, Kelle Barrick, Karla Dhungana, and Brian McManus, *A Quantitative and Qualitative Assessment of Electronic Monitoring.* (Washington, DC: National Institute of Justice, January 2010).
56. See Church and Dunston, *Home Detention;* Mike Nellis, "The Electronic Monitoring of Offenders in England and Wales," *British Journal of Criminology* 31:2 (1991): 165-185; R. Lilly, "Tagging Revisited," *The Howard Journal* 29:4 (1990): 229-245; National Association for the Care of Offenders and the Prevention of Crime, *The Electronic Monitoring of Offenders* (London: National Association for the Care of Offenders and the Prevention of Crime, 1989); and Michael Brown and Preston Elrod, "Electronic House Arrest: An Examination of Citizen Attitudes," *Crime and Delinquency* 41:3 (1995): 332-346.
57. Edward J. Latessa and Lawrence F. Travis, "Halfway Houses or Probation: A Comparison of Alternative Dispositions," *Journal of Crime and Justice* 14:1 (1991): 53-75; Edward Latessa, L. Travis, and A. Holsinger, *Evaluation of Ohio's Community-Based Correctional Facilities: Final Report* (Cincinnati, OH: Division of Criminal Justice, University of Cincinnati, 1997).
58. Christopher Lowenkamp and Edward J. Latessa, *Evaluation of Ohio's Residential Correctional Programs* (Cincinnati, OH: Center for Criminal Justice Research, University of Cincinnati, 2002). See also Christopher Lowenkamp and Edward Latessa, "Increasing the Effectiveness of Correctional Programming through the Risk Principle: Identifying Offenders for Residential Placement," *Crimi-nology and Public Policy* 4:2 (2005): 501-528.
59. J. Stephen Wormith and Mark E. Oliver, "Offender Treatment Attrition and Its Relationship with Risk, Responsivity, and Recidivism," *Criminal Justice and Behavior* 29:4 (2002): 447-471.
60. Edward Latessa, Lori Brusman-Lovins, and Paula Smith, "Follow-Up Evaluation of Ohio's Community Based Correctional Facility and Halfway House Programs—Outcome Study," Center for Criminal Justice Research, University of Cincinnati, 2010.
61. Edward J. Latessa and Lawrence F. Travis, "Halfway Houses or Probation"; Joseph Callahan and K. Koenning, "The Comprehensive Sanctions Center in the Northern District of Ohio," *Federal Probation* 59:3 (1995): 52-57.
62. Dale Parent, J. Byrne, V. Tsarfaty, et al., *Day*

Reporting Center (Washington, DC: U.S. Department of Justice, 1995). See also Michelle Boots (2013), "New Prisoner Re-entry Center Takes Aim at Criminal Rehabilitation," http://www.adn.com/2013/10/02/3106779/new-prisoner-re-entry-center-takes.html.

63. Stan Orchowsky, L. Jodie, and T. Bogle, *Evaluation of the Richmond Day Reporting Center* (Richmond: Virginia Criminal Justice Research Center, 1995); Jack McDevitt, M. Domino, and K. Baum, *Metropolitan Day Reporting Center: An Evaluation* (Boston: Center for Criminal Justice Policy Research, Northeastern University, 1997).
64. Gennaro Vito and Harry Allen, "Shock Probation in Ohio: A Comparison of Outcomes," *International Journal of Offender Therapy and Comparative Criminology* 25:1 (1981): 7.
65. Gennaro Vito, "Developments in Shock Probation: A Review of Research Findings and Policy Implications," *Federal Probation* 50:1 (1985): 22-27.
66. See also Michael Vaughn, "Listening to the Experts: A National Study of Correctional Administrators' Responses to Prison Overcrowding," *Criminal Justice Review* 18:1 (1993): 12-25.
67. Ibid., pp. 23-25. But also see Bruce Mendelsohn, *The Challenge of Prison Crowding* (Frederick, MD: Aspen, 1996). See also C. Camp and G. Camp, *The Corrections Yearbook Adult Corrections 2002* (Middletown, CT: Criminal Justice Institute, 1998).
68. See also Blair Bourque et al., *Boot Camps for Juvenile Offenders* (Washington, DC: U.S. Department of Justice, 1996).
69. The bulk of the following section is drawn from the U.S. Government Accounting Office, *Prison Boot Camps* (Washington, DC: U.S. Department of Justice, 1993).
70. Texas Department of Criminal Justice, *Community Corrections Facilities Outcome Study* (Austin: Texas Department of Criminal Justice, 1999).
71. Steve Aos, P. Phipps, R. Barnoski, and R. Lieb, *The Comparative Costs and Benefits of Programs to Reduce Crime: A Review of the National Research Findings with Implications for Washington State* (Olympia: Washington State Institute for Public Policy, 1999). See also Justice Center, Council of State Governments (2013), "Lessons from the States: Reducing Recidivism and Curbing Corrections Costs through Justice Reinvestment," https://www.bja.gov/Publications/CSG_State-Lessons-Learned-Recidivism.pdf.
72. David Altschuler and Troy Armstrong, *Intensive Aftercare for High-Risk Juveniles: A Community Care Model: Program Summary* (Washington, DC: Office of Juvenile Justice and Delinquency Prevention, Office of Justice Programs, U.S. Department of Justice, 1994).
73. Doris MacKenzie and Sam Souryal, *Multisite Evaluation of Shock Incarceration* (Washington, DC: National Institute of Justice, Office of Justice Programs, U.S. Department of Justice, 1994).
74. Dale Colledge and J. Gerber, "Rethinking the Assumption about Boot Camps," *Journal of Offender Rehabilitation* 28:1 (1998): 71-87. See also Kay Harris, "Key Differences among Community Corrections Acts in the United States: An Overview," *Prison Journal* 76:2 (1996): 192-238.

추천 읽을거리: 2부

Bonta, James, S. Wallace−Capretta, and J. Rooney. "Can Electronic Monitoring Make a Difference?" *Crime and Delinquency* 46:1 (2000): 61-75.

Gendreau, Paul, Shelia A. French, and Angela Taylor. *What Works (What Doesn't Work)—Revised 2002: The Principles of Effective Correctional Treatment.* Monograph Series. La Crosse, WI: International Community Corrections Association, 2002.

Latessa, Edward, Francis T. Cullen, and Paul Gendreau. "Beyond Correctional Quackery: Professionalism and the Possibility of Effective Treatment." *Federal Probation* 66:1 (2002): 43-44.

Latessa, Edward, and Paula Smith. *Corrections in the Community.* 4th ed. Cincinnati, OH: Anderson Publishing, 2007.

Lowenkamp, Christopher, and Edward Latessa. "Increasing the Effectiveness of Correctional Programming through the Risk Principle: Identifying Offenders for Residential Placement." *Criminology and Public Policy* 4:2 (2005): 501-528.

Lowenkamp, Christopher T., Edward J. Latessa, and Alex Holsinger. "The Risk Principle in Action: What We Have Learned from 13,676 Offenders and 97 Correctional Programs." *Crime and Delinquency* 52:1 (2006): 1-17.

Lutze, Faith, and D. Brody. "Mental Abuse as Cruel and Unusual Punishment: Do Boot Camp Prisons Violate the Eighth Amendment?" *Crime and Delinquency* 45:2 (1999): 242-255.

Marciniak, Liz. "The Use of Day Reporting as an Intermediate Sanction." *The Prison Journal* 79:2 (1999): 205-225.

Taxman, Faye, D. Soule, and A. Gelb. "Graduated Sanctions." *The Prison Journal* 79:2 (1999): 182-204.

Tonry, Michael. "Crime and Human Rights." *Criminology* 46:1 (2008): 1-33.

PART 3

시설 내 교정

개관

구치소, 교도소, 감화 시설, 관련시설 또는 교정병원을 망라한 모든 성인 교정시설은 반드시 수행하여야 하는 기본적인 최소한의 기능을 가지고 있다. 이들은 "구금과 치료"라는 두 가지의 큰 범주로 나눠진다. 이 두 기지 기능은 교정조직의 구성요소이며 시설의 일상과 더불어 주요한 문제점, 도전, 위험 그리고 현재의 해결책에 관해서 이곳에서 설명될 것이다. 우리는 또한 교도소 조직폭력배, 가석방 및 사회복귀 그리고 사형제도에 중점을 두고 구치소, 연방정부 교정시스템, 민영교도소 등의 교정시설들을 탐구할 것이다.

CHAPTER 07
구금 기능

CHAPTER 08
보안위협단체와 교도소 조직폭력배

CHAPTER 09
관리 및 치료기능

CHAPTER 10
구치소와 구금시설

CHAPTER 11
주와 지역 교정시설

CHAPTER 12
연방 교도소 제도

CHAPTER 13
민영시스템

CHAPTER 14
사형제도

CHAPTER 15
가석방과 재진입

CHAPTER 7

구금 기능

학습목표

- 교도소의 조직구조를 약술한다.
- 교도소 직원의 업무와 기능을 기술한다.
- 교도소 직원의 직원모집, 고용, 유지를 약술한다.
- 교도소 직원들이 직면한 일반적 도전과 문제점을 기술한다.
- 교도소 직원의 문화를 요약한다.
- 여성 및 소수민족 교정공무원들이 직면한 특별한 도전과 문제점을 기술한다.
- 어떻게 개별 교도소가 관리되는지 요약한다.
- 재소자의 행동을 통제하는 도구를 기술한다.
- 도주의 예방기법을 기술한다.
- 구획별 팀과 이들이 각자 분리되는 것을 피하는 방법을 설명한다.
- 교정직 직원의 능력을 향상시킬 수 있는 방법을 기술한다.

개요

시설: 관료적 통제
- 행정적 문제: 처벌, 통제 또는 교화?

구금: 24시간의 효과

교도소장과 지도 감독자

일선 현장의 교정공무원과 구치소 교도관
- 교정공무원의 태도
- 감소된 통제
- 노조화와 교정공무원

재소자 조직: 사회적 시스템

삶의 방법으로의 구금
- 규율과 재소자 통행통제
- 금지물품과 철저한 수색

도주의 예방
- 도주를 예방하는 기술: 전기방벽
- 계획 비용과 운용 절약
- 군대식 모델

구획별 팀과 분리를 방지하는 기타 방법

교정직 직원의 향상

어떤 상태에 처하여 있든지 폭력을 통제하려는 우리의 노력은 우리가 폭력행위 대처에 대하여 알고 있는 것과 비슷하게 공유되어야 한다. 범죄행위는 학습된 행위이며 그 원천이 옳지 않았다는 것을 무시한다.

– 요셉 D. 리먼

개관

구금시설, 교도소 또는 구치소의 주요 임무는 공공을 보호하는 것이다. 이 중요한 명령은 가끔 극단적이었고 아직도 극단으로 치닫고 있다. 두려움, 무시, 무관심 또는 부족한 훈련으로부터 구금 담당 직원들은 자신의 역할과 기술을 지켜왔다. 높은 보안 수준의 교도소의 감방 안에서, 감정은 쇠창살 안과 밖의 부적절한 행동에 따른 긴장으로 격렬해질 수 있다. 구금 담당 직원은 교정 일선의 첨병이고 그들이 하는 것에 대하여 최고의 존경과 감사를 받을 자격이 있다. 만일 시설의 모든 직원이 협동하여 일을 할 수 없다면, 그들은 소외될 것이다.

다른 사람에 대한 감금은 최초 부족사회 구성원이 처벌이 완료될 때까지 절도범을 지키라고 지시되었을 때부터 존재하여 왔다. 구금의 긴 역사는 치료가 교정무대에 등장한 짧은 시간을 훌쩍 뛰어 넘는다. 치료가 조직적인 움직임으로 교정관리에 주제로 등장한 것은 1930년대 초에 들어와서이다. 그 이후 구금과 치료 사이의 긴 전쟁은 처음부터 엎치락뒤치락 계속되었다. 표면상으론 비록 교정의 철학으로 어느 것인지에 대한 기본적인 논쟁 같아 보였지만 차이점은 예산, 인력, 세력권에 대한 분쟁에서 찾을 수 있었다. 7장, 8장, 9장은 다양한 교정의 조직 구성요소들이 어떻게 운영되고 어떻게 개선될 수 있는지 검증하고 비교한다. 구금이 이 조직적 시스템의 가장 큰 부분을 구성하기 때문에 우리는 그것으로부터 시작한다.

시설: 관료적 통제

주요용어

관료적 통제
교도소 운영에 공공행정 형식을 지배적으로 사용

기술적, 교육적 발전에도 불구하고, 교정시설의 지배적인 관리환경은 **관료적 통제**이고 이는 성인 중범죄자 장기 구금시설일수록 특별히 그러하다. 대부분의 주요 교정시설에서 재소자들은 일반적으로 어떤 형식의 행동을 금지하는 강제적인 규칙과 그 규칙을 위반했을 때 부과되는 처벌로 통제된다. 관료조직은 서류화된 규칙, 통제, 과정 등으로 둘러 쌓여있으며 위반행위는 형평성과 통제라는 이름하에 신속히 처벌된다.

각자 개인적인 문제를 가지고 있는 수천 명을 구금하고 있는 시설에서는 관료적 형식이 질서를 유지하고 통제하는 유일한 기능적 방법으로 보인다. 관료제는 사람보다 절차가 우선이고 재소자들은 개성이 무시된 상품과 같이 구금, 이송, 작업, 보호 또는 석방된다. 이러한 19세기적 모델은 범죄자의 수용과 통제를 강조한다. 교화는 부수적이며 교화를 강조하는 것은 관료제 형식과 분명히 충돌이 발생하기 때문에 환영받기는 하나 낮은 우선순위의 결과물이다. 엄격하고 형식화된 조직의 구분된 기능들은 행동의 변화에 열악한 환경이 된다.[1]

행정적 문제: 처벌, 통제 또는 교화?

이 책 앞부분에 서술한 바와 같이 교정체제 안팎의 조화의 부족은 교정행정이 그들이 재소자들을 보안, 통제 그리고 교화하려는 노력이 어려움을 겪는 이유를 설명해 준다. 비록 대중이 교정의 교화적 목적을 지지한다고 하지만, 그러한 교화를 입법 우선순위에 두어 지원하고, 예산을 지급하려고 하지는 않는다. 이러한 비일관성은 열심히 하려는 교정행정을 곤란한 지경에 빠지게 한다. 그들은 최소한의 프로그램만을 시행하고 대부분의 관심은 통제와 처벌에 중점을 둔다. 이 문제점에 대한 접근방법과 관계없이 운영의 몇몇 양상은 어려움을 겪고 있다.[2] 만약 개선을 위해 보안교도관 인원의 증가가 필요하다면, 행정관리자는 치료나 다른 종류 프로그램의 감축을 통하여 필요 예산을 확보하여야 하고, 만약 행정관리자가 치료 프로그램을 확대하고자 한다면 보통 구금담당직원을 희생하여야 한다.

구금: 24시간의 효과

시설에서의 재소자의 행동이나 태도는 일반적으로 그들에게 명령하고 지속적으로 접촉하는 직원들을 보고 응답하는 과정에서 배우게 된다. 행정 및 치료담당 직원은 재소자와 매우 한정된 일일 상호작용을 가진다. 그러나 구금 교도관들은 그들과 하루 24시간 내내 함께한다. 만일 모든 직원이 한 팀으로 일하지 않는다면 수개월에 걸쳐 수립된 규율은 하나의 심각한 사건으로 현저하게 나빠진다는 것이 발견되었다. 이와 반대로 수개월에 걸친 개인지도도 교도관의 단 하나의 말이나 행동에 의하여 효과가 없어질 수 있다. **구금**이라는 용어는 교정시설 내에서 범죄자를 대상으로 시행하는 직접적 통제의 수준을 의미한다. 이 수준은 최고보안으로부터 중간 또는 최소보안까지 범위가 다양하다.

주요용어

구금
교정시설 내에서 범죄자에 대해 행사된 즉각적인 통제의 수준을 의미하는 용어

연방교정국은 재소자를 보안 수준에 따라 분류한다. 중간 또는 높은 보안 수준의 재소자의 비교는 [표 7.1]의 비교에 사용된 용어들

의 뜻과 함께 제시되어 있다.

최고 보안, 높은 보안 또는 밀착구금은 재소자가 보안상 위험을 가지고 있다는 것을 의미하며 일반 감방이든 독방이든 교정직원의 호위 없이 한 곳에서 다른 곳으로 이송할 수 없다는 것이다. 이는 또한 재소자가 감시 없이 방문자를 만나거나 다른 재소자와 어울릴 수 없다는 것을 의미한다. 그들은 일반적으로 다른 사람들과의 접촉도 제한된다. 최고보안, 높은 보안 또는 밀착구금으로 지명된 대부분 시설의 교정직원과 재소자의 비율은 보통 직원 한 사람당 재소자 3~4명으로 매우 높다(사형 판결을 받은 재소자는 보통 밀착구금 중에 있다고 여겨지며 특히 평균적으로 12~20년에 이르는 형판결로부터 형집행까지 기간 때문에 비용이 상당히 소요된다. 제14장 참조).

표 7.1 2013년도 중간 또는 높은 보안 재소자의 성격

중간 보안 재소자	높은 보안 재소자
67%가 약물 또는 총기 범죄자임	70%가 약물 또는 총기 범죄자나 강도임
75%가 폭력 전과를 가지고 있음	10%가 살인, 가중 폭력 또는 유괴 판결을 받았음
40%가 교도소 규정을 위반하여 처벌받음	50%가 10년 이상의 형을 받음
50%가 8년 이상의 형을 받음	70%가 교도소 규정을 위반하여 처벌받음

출처: U.S. Department of Justice (2013), "FY 2013 Performance Budget", http://www.justice.gov/jmd/2013summary/pdf/fy13-bud-summary-request-performance.pdf#plan.

중간 또는 최소 보안 수준은 일반적으로 덜 위험한 범죄자와 출소가 가까운 범죄자들을 수용한다. 일반적으로 말해, 중간 그리고 최소 구금의 차이는 둘 다 시설 내에서의 정당한 자유로운 움직임이 허용되는 반면 높은 벽과 이 주변의 무장한 감시탑 존재 여부이다. 둘러싸여진 시설 내의 중간적 보안으로 분류된 재소자들은 소위 **일반 재소자**(특별 구금 통제 하에 있지 않은 모든 교도소 구금인)로 불린다. 직원-재소자 비율은 일반적으로 구금직원 한 명당 8~12명의 재소자

주요용어

일반 재소자
다른 재소자에 비하여 더 엄한 통제를 받지 않는 교도소 구금자

가 보통이다.

벽으로 둘러싸인 교도소 내의 최소보안으로 분류되는 재소자는 거의 감시나 관찰 없이 시설 내의 작업에 종종 동원된다(예를 들어, 운동장 관리, 청소 등). 최소보안 범죄자는 석방 전 평균 3~6개월의 기간 동안 낮은 감시 수준 하에서 자치제 노동캠프(honor camps)나 농장에 종종 배정된다. 이는 좋은 행동에 대한 보상과 나쁜 행동에 대한 특권의 상실과 같이 당근과 채찍을 사용한 보다 높은 보안을 다시 부과할 수 있는 시스템이다. 대부분의 구금 직원은 이를 **단계적 석방**을 향한 통로와 통제 체제로 여기고 있다. 일반적으로 말해, 구금행정관리자는 천사 옆에 앉아 있다는 잘못된 생각으로 특히 재소자의 적절한 보안수준이 결정될 때까지 조금이라도 의심스러운 부분이 있으면 보다 높은 수준의 구금을 할당한다.

주요용어

단계적 석방
재소자의 상태를 구금에서 지역 통제로 연결시키는 프로그램

비록 모든 교도소에서 옛날 교도소 교도관들은 보다 잘 훈련되고 교육받은 **교정공무원**으로 대체되었지만, 특히 교도소가 불안정할 때 많은 시설들은 아직도 같은 강압적 구금 절차를 따르고 있다. 독제적인 조직 스타일과 시설의 불안전 사이의 인과관계가 명백하게 밝혀질 때까지, 엄격한 구금적 통제에 대한 옹호는 계속될 것이다.

주요용어

교정공무원
재소자 대상자들과 직접적으로 같이 일하는 교도소 직계 공무원

교정공무원은 전국에 걸쳐 많은 종류의 교도소에서 근무한다. 교정시설에서의 그들의 역할에 관심이 거의 주어지지 않았지만 그들은 교도소 환경의 주요 부분이다. 고용에 앞서 그들에게 교정공무원으로서 그들의 기능과 의무를 가르치는 훈련 프로그램인 교정연수원에 입소하였을 때, 그들은 재소자가 신뢰할 수 없고 위험하며 사람이하의 존재(더러운 물건, 해충, 세상의 오물 등)라고 배운다. 그들은 조심하고 재소자를 믿지 않으며 규정을 따르라고 교육받는다.

현재 미국 전역에는 100명의 성인당 1명으로 다른 어떤 나라보다도 많은 재소자가 구금되어 있다. 보다 심각하게 약 10명의 흑인 남성 중 1명이 구금되어 있으며 2013년에 태어난 세 명의 흑인 중 약 1명은 그들의 인생 중에 구금될 것이다.[3] 교도소 과밀수용, 범죄에 대한 강력한 처벌 그리고 부족한 서비스와 오락은 이러한 요인들에 기인한다. 결과적으로, 미국의 교도소의 상황은 굉장히 다양하다.

많은 것들이 재소자에 대한 구금의 영향을 악화시키는 교도소 상황을 허용하거나 촉진한다. 그들은 또한 교정공무원들에게 부정적인 영향을 미친다. 이러한 상황은 극한 추위 또는 더위, 지속되는 소음, 큰 소리의 비명, 사생활이 없는 감방공간, 황폐한 물질적 상태에 대한 무관심, 더러운 공간, 재소자 및 교정공무원의 구금으로 인한 높은 개인고통 등이다. 육체적, 정신적 건강 문제는 환경의 영향과 관련이 있다. 이러한 상황의 대부분은 교정 관리자에 의하여 쉽게 개선될 수 있다.

교정공무원에게 부정적인 영향을 증가시키는 두 가지 예는 다음과 같다. 첫째, 내부 온도가 54도에 이르는데 냉방 시설을 거부하는 것이고, 둘째, 오락, TV, 운동, 따뜻한 음식 그리고 의료 치료에 대한 접근을 제한하는 것이다. 재소자들은 자주 음식에 대하여 불만을 토로한다. 그들은 매일 점심식사가 볼로냐 샌드위치일 때보다 더 많은 고통을 받는다. 몇몇 행정관리는 재소자들이 더 좋은 것을 요구할 자격이 없다고 생각하고 더 힘든 교도소가 범죄를 예방할 수 있다고 믿는다.

이러한 힘든 교도소 상황은 교도소 직원에게 고혈압, 스트레스, 청각장애, 비만, 정신건강 문제, 심장질환 등을 가져왔다. 어려운 교도소 상황에서 교정직원들은 음주와 흡연을 더 많이 하고 질병으로 인한 결근이 증가했다. 이러한 상황을 행정적으로 개선하는 것은 또한 해로운 상황을 완화시켜 이익을 제공할 것이다. 이는 병가를 줄이고, 작업장의 효율성을 증대시키며, 스트레스 문제로 야기되는 문제들을 해결할 것이다. 교정 직원은 더 나은 환경을 누릴 자격이 있다.

교도소장과 지도 감독자

교도소장(가끔 지도 감독자(Superintendent)라고 불림)은 교도소의 가장 높은 직위의 공무원이며 임무의 목표를 달성하는 관리책임을 가지고 있다. 교도소장의 가장 중요한 책임은 운영, 관리직원, 보조직원 및 재소자들을 관리하는 것이다. 이를 위하여, 교도소장은 몇 명

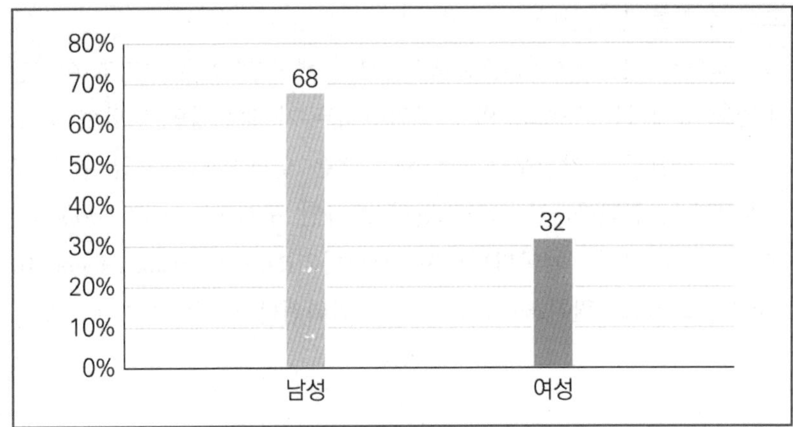

출처: Based on data from American Correctional Association, *2012 Directory* (Alexandria, VA: American Correctional Association, 2012), pp. 56-57.

그림 7.1

2015년 성인 교도관의 성별 분포(백분율)

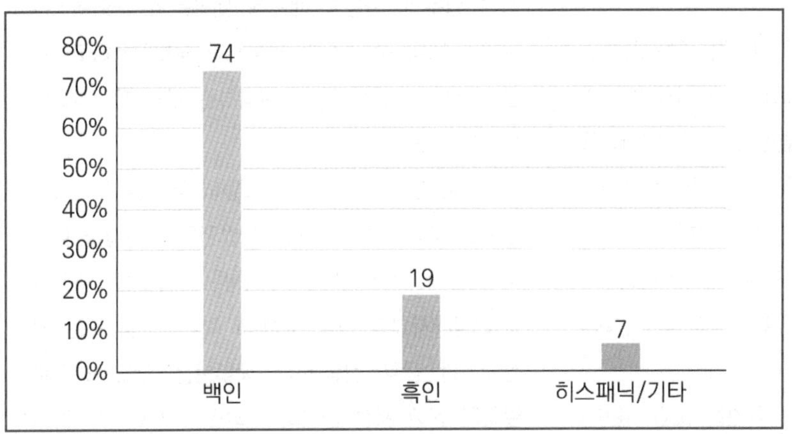

출처: Based on data from American Correctional Association, *2012 Directory* (Alexandria, VA: American Correctional Association, 2012), pp. 56-57.

그림 7.2

2015년 성인 교도관의 인종별 분포(백분율)

의 부소장(과장)의 지원을 받는데, 일반적으로 관리, 구금, 작업, 치료 프로그램당 한명씩 선임한다. 최근 몇 년간 여성 행정관리자들의 숫자가 크게 증가하여 2015년에 44%까지 이르렀다고 추정되지만([그림 7.1] 참조), 대부분의 교도소장은 아직 남자이다. 또한 이 자리에 소수민족 출신도 많다([그림 7.2] 참조). 높은 지위와 권한은 경험과 입증된 능력을 요하기 때문에, 대부분의 교도소장은 교도소 내의 낮은 직위에 종사한 후에 승진을 한 것으로 보인다. 많은 교정 직원에게는 교도소장으로 승진하는 것은 오직 한 교도소에서의 긴 경력 중에 최고의 성취를 상징한다.

교도소장은 정치가, 중앙교정본부의 행정가, 언론 그리고 이익단체들을 상대하는 등 그들의 일상적인 업무가 외향적인 경향이 있다. 교도소 시설의 일상업무를 관리하는 것은 일반적으로 구금 관리 부소장에게 위임된다. 전 교도소장인 벤자민 쿠퍼(Benjamin Cooper)는 교도소장의 일은 돌아다니면서 관리하기(MBWA, management by walking around) 원칙을 따르면 훨씬 쉬워진다고 이야기한 바 있다.

교정 실제 7.1

교도소장

몇몇 주에서 교도소 지도 감독자 또는 교정관리자라고 불리는 교도소장은 교도소 시설의 매일의 일을 관리 및 감독하는 가장 높은 행정직위이다. 교도소장은 시설의 예산과 자원을 관리 및 배정하고 정책 입안과 기술의 업그레이드를 조정하고 직원의 리더십과 시설의 관리를 지휘한다. 교도소장은 또한 재소자의 작업과 오락의 지휘, 관리 및 개발에 책임을 진다.

교도소장은 교정 및 의료 직원을 모집, 훈련, 감독하며, 몇몇 재소자를 매일 만나고 재소자를 위한 훈련과 프로그램을 제공하며 언론과 형사사법기관의 관계인(경찰, 검찰, 변호인, 가석방 위원회 등)들과의 상호작용을 조정하고 보안을 해하는 단체를 관리한다. 교도소장은 또한 시설의 위기를 최소화하고 직원과 재소자의 보호를 확보하기 위하여 업무환경과 직원 사기 진작에 책임을 진다. 교도소장은 자주 시설 내에서 돌아다니며 관리를 하고 재소자의 공격에 취약하다. 보수는 보통 연 12만 5천불을 넘는다. 교도소장 자리는 지속적으로 주의를 유지해야 하는 책임이 있는 전일제 일자리이다. 교도소장 업무의 복잡성 때문에 대부분의 교도소장은 교도소 내의 각 조직별 지휘자와 상호작용하고, 보안, 치료, 의료 서비스를 관리하는 부소장에 의하여 보조를 받는다.

대부분의 교도소장은 그들의 경력을 교정공무원으로 시작하여 체계적으로 발전하고 기법을 향상시켜 왔다. 최소한의 요구사항은 고등학교/대학교 교육(형사사법학 전공 우선)과 회계, 경영 또는 법집행기관 근무 경험이다. 대부분은 교도소장으로 일하기 전에 시설 관리자로 최소 1년 이상의 경험을 가지고 있다. 후보자는 경력조회, 약물검사, 거짓말 탐지기 조사를 통과하여야 한다. 어떤 주에서는 교도소장을 정치적으로 임명하고, 다른 주에서는 교도소 체제 안에서나 일반인을 대상으로 한 공무원임용절차를 통하여 선발된다.

특별히 교도소장 후보자들은 괜찮은 대학의 형사사법학, 범죄학 또는 심리학 학위를 가지고 있을 가능성이 높다. 그들은 보호관찰 공무원이나 수사관과 같은 법집행 기관의 행정 또는 관리업무를 했던 경력을 갖고 있다.[4]

소장은 시설을 매일 돌아보아야 한다.

현대의 교도소장은 1970년대의 많은 교도소 상대 소송이 발생했던 시기 이전보다 적은 권한과 권위를 갖고 있다. 그들은 교화와 개혁을 옹호하고, 법원 명령을 통한 사법적 개입에 직면하며, 재소자의 고충을 처리하고, 교정공무원 노조에 대해 관리자 대표로서 상대하며, 언론을 상대하고, 주지사 외에도 교정국장과 협상을 한다. 대부분은 매일 직장에 출근하여 악성의 행정적 실책이 발생할 경우를 대비하여 미리 싸놓은 옷가방을 남겨둔다.[5] 이러한 실책의 한 예는 자살요주의 대상이었던 최고보안 시설의 두 살인자가 3개월 안에 자살을 한 경우이다.[6]

10년 전까지는 여성 교도소장은 오직 여성을 위한 시설만을 관리하였고 남성 교도소장은 주로 남성시설이나 일부 여성시설을 관리하였다. 전문화와 여성이 교도소장으로 적절치 않다는 영향으로 인해 공공관계에 문제가 발생했기 때문에 교정 정책이 변하였다. 주요한 변화가 교정에서 발생했으며 관리자의 성별분포는 바뀌었다. 성인 교도소장의 성별분포는 [그림 7.3]을 참조하기 바란다.

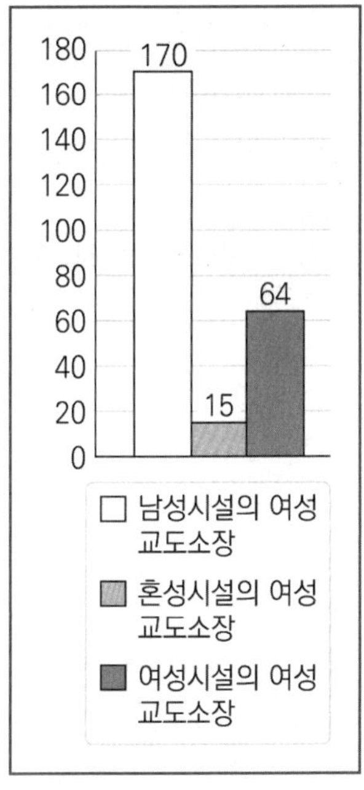

그림 7.3

성인교도소 소장의 성별 분포

출처: American Correctional Association, *2012 Directory* (Alexandria, VA: American Correctional Association, 2012), p. 65.

교도소장에 대한 몇몇 기본적인 사실에 대한 논의 없이 교정행정에 대한 논의를 완결할 수 없다. 교정 분야에서 성인교정시설 소장에 대해 초점을 맞춘 연구는 아직 없다.

2013년 소장의 평균 재직 기간은 약 8년이었으며 소장의 평균 보수는 연 10만 불을 넘었다. 지역에 따라 평균 재직 기간과 보수는 차이가 났다. 북동지방의 높은 보수를 주는 주에서는 교도소장의 연봉이 15만~18만 1천 달러 사이였다. 대부분의 교도소장은 사회복귀 모델과 치료를 강하게 지지하였다. 대부분은 부부접견(conjugal visits)에 대해 허용적인 태도를 나타냈다. 교도소장의 배경과 기원은 차이가 났지만 그들이 특히 사형과 교도소 내의 성폭행에 대한 비슷한 태도와 가치를 가지고 있다는 증거가 있다.

일선 현장의 교정공무원과 구치소 교도관

주요용어

나사
교정공무원을 부르는 재소자들의 은어

비록 구금 관리 직원이 가드, 교도관, 교도소 가드, 교도관, 나사(Screws), 간수, 감금 공무원, 교정공무원, 보안직원 등으로 불리지만 이곳에서 우리는 "교정공무원"이라는 용어를 사용하기로 한다. 호칭과는 관계없이 이는 미국 구치소나 교도소에 구금된 재소자의 통제, 운송관리 및 감시를 담당하고 있는 여성 또는 남성을 가리킨다. 2012년 말 기준으로 265,310명 이상의 제복 교도관이 주정부, 연방정부 그리고 지방의 성인 교도소에 근무하고 있다.[7] 또한 118,000명 이상의 중간간부 교정공무원이 구치소와 지방 구금시설에 근무하고 있다. 교도소의 여성 공무원의 비율은 약 34%였으며 40%는 백인이 아니었다([그림 7.3] 참조).

교도소의 교정공무원 일반적으로 다음과 같은 업무를 수행한다.

- 교도소 내의 규칙을 강요하고 질서를 유지
- 재소자의 행동을 감시하고 통제
- 범죄자의 사회복귀와 상담을 지원
- 미리 정해진 시설의 기준에 적합하도록 시설의 상태를 조사
- 약물이나 도검과 같은 금지된 물품의 수색
- 재소자의 반항에 대한 보고서를 포함한 재소자의 행동에 대한 보고

교정공무원의 태도

지난 세기에 범죄에 강력한 대응을 주장했던 자들은 수고에 대한 인정도 없이 교정공무원들이 적은 것을 가지고 많은 것을 수행하도록 새롭고 보다 많은 요구를 하였다. 게다가 재소자의 교정공무원에 대한 폭행과 교정공무원에 대한 교정관리들의 징계의 증가로 인해 교도소는 적대적이고 스트레스가 많은 업무 환경이었다.

감소된 통제

교정공무원의 사기저하는 법원의 지배와 재소자의 폭력 및 조직폭력배(제도적 위협 단체) 구성원의 증가에 의한 것으로 최근의 현상이다. 특히 몇몇 교정관리들은 재소자의 행동과 관련하여 불간섭 원칙을 채택한 것으로 보인다. 어떤 연구자들은 이 원칙이 교도소에 대한 외부의 책임추궁을 불러일으켰고 강제적인 처벌의지를 제한하였으며 재소자에게 사회적 통제시스템에 항의하도록 합법적인 빌미를 주었다고 주장한다.

최근 법원판결의 영향으로 행정시스템과 재소자 통제시스템이 연동되어 오고 있다. 법원의 판결에 대한 교도소 시스템의 일상적인 대응은 재소자의 절차적, 실질적 권리를 보장하는 행정구조를 낳았다. 그러나 교정행정부서가 소송 등에 순응하는 동안 교정공무원의 권리는 무시되어 온 것으로 보인다. 예를 들어, 교도소 행정부서는 법원에 순응하는 결과로 교정 인력에 대한 관료적 통제와 의무가 증가되었다. 이는 교정공무원의 훈련 프로그램 기간과 범위의 과감한 확대와 같이 몇 가지 방법으로 성취될 수 있다. 또한 구금 관리직원이 기본 또는 서비스 훈련을 받기 위해 왔을 때, 교정연수원 교관은 향후 재소자의 소송에서 주정부를 보호하려는 훈련의 목적을 설명하고 교정직원이 법원의 판결로 책임져야 할 미래에 대하여 고지하여야 한다.

새로운 법적 기준이 나타났고 이는 교정공무원을 관료적 책임감 속에 파묻었다. 예를 들어, 교정공무원이 무력을 행사하였을 경우, 그들은 동영상과 확증할 수 있는 증거와 함께 공식 보고서를 작성하여야 한다. 이러한 새로운 관료적-법적 명령은 무력을 사용할 때 교정공무원이 법규를 따르도록 강제한다. 연구자들은 1971년 애티카(Attica) 폭동을 비롯한 몇몇 교도소 폭동은 과도한 재소자의 자유와 법원의 판결에 대한 교도소 시스템의 대응이 낳은 것이라고 주장한다. 이와 같이 재소자의 권리는 구금의 권위와 구조를 교정직원들로부터 멀어지게 한 다양한 관료적 통제를 만들어 냈다.

교도소 조직폭력배의 발생 등으로 인한 폭력의 증가는 많은 공무원들을 미국 교도소의 진창 속으로 몰아넣었다. 교도소 폭력, 범죄 그리고 약물 밀반입은 높은 보안수준의 교도소에서 대부분의 재소자들이 살아가는 방식이다. 사실, 몇몇 전문가는 높은 보안수준의 교도소에서 조직폭력배와 폭력이 증가하면 교정공무원은 직접 재소자와 대응하기를 꺼려하고 대신에 행정부서로 이동하기를 원한다고 말한다.

교정서비스에 질과 인간미를 공급하는 것이 이 연구의 첫 번째 정책제언이라고 하더라도, 고립된 공무원이 이러한 목표의 성취를 위하여 동기부여가 될 가능성은 매우 희박하다. 두 번째 정책제언은 교도소 시설 외부에서 수행하는 직업 수준으로 직업훈련을 강화할 필요성이다. 이 연구의 기타 다른 정책제언은 통제보다는 긍정적 가치를 장려함으로써 행정이 관리되어야 한다는 것과, 승진이 인사고과, 교육과 경험 등과 연결되어야 한다는 것이다.[8]

노조화와 교정공무원

주요용어

노조화
작업 환경과 보수의 인상을 목표로 하는 교정공무원의 조직

모든 직업과 산업에서 발견되는 **노조화**는 최근 수년간 주정부와 연방정부 직원 사이에 퍼져나갔다. 노조의 움직임은 경찰, 소방 그리고 교정공무원에게까지 확대되었다. 경찰과 소방 공무원은 대부분의 도시 조직에서 단체협약 기구를 설치하였으며, 그 결과로 작업환경의 개선과 임금인상이 나타났다.

주요용어

푸른 독감
교정공무원이 지휘공무원과의 협상에서 자신의 입지를 강하게 하기 위한 책략

많은 지역이 공무원의 파업을 금지하기 때문에, 단체협약에서 협상력을 키우기 위하여, 교정공무원들은 작업환경 개선, 임금인상 그리고 기타 그들의 다른 주제를 위해 제복공무원이 집단으로 병가를 내는 행위인 "**푸른 독감**(Blue Flu)"에 의지하여 왔다. 이 방법은 공무원이 불법행위인 파업을 하지 않고 협상 영향력을 가질 수 있도록 허용한다.

국민을 보호하는 직원들이 그들의 요구사항에 대하여 점차 성공하게 되자, 교정시설에 있는 그들의 또 다른 부분도 관심을 가지기 시작하였다. 1960년대 말 전문직업화를 향한 거대한 움직임과 교도

소 과밀수용의 급격한 증가 그리고 지역사회교정 및 다른 프로그램들은 오랫동안 무시되어 왔던 교정공무원의 요구를 부각시켰다. 조직을 위한 최초의 노력은 제한된 예산과 과밀수용이 야기한 보안직원의 증가로 인한 비용상승 등으로 인하여 행정관리들로부터 받아들여지지 않았다. 대부분의 행정관리들은 사용가능한 예산을 기존의 공무원 보수를 인상하는 것보다는 새로운 사람을 충원하는 데 사용하기를 원하였다. 어떤 경우에는 교정공무원이 파업하기도 하였고 그들의 업무는 내부 행정직원자, 사무실 직원 및 주정부 방위군에 의하여 대체되었다.[9]

재소자 조직: 사회적 시스템

교도소는 거주자의 매 순간, 활동, 움직임 그리고 선택사항들이 교정관리에 의하여 주의 깊게 통제되는 **총체적 시설**[10]이다. 재소자는 현대 성취중심의 사회에서의 일일생활의 중요한 요소인 책임과 자율이 거의 주어지지 않는다. 엄격한 통제는 그들을 교화하기보다는 그들의 개인적인 부족과 타협한다. 재소자는 가족과 친구 그리고 정상적인 사회적 유대관계에서 단절되고 성벽으로 둘러쌓은 교도소 안에 고립된 채, 다른 구금자로부터 어떻게 이러한 환경에서 살아남는지를 빠르게 배운다. 앞에서 설명한 바와 같이, 적절한 태도, 행동 그리고 교도소 생활의 전형 등 교도소에서 어떻게 살아가는지 배우는 과정을 **교도소화**라고 한다. 이 과정은 교도소의 관습, 관례, 관행 그리고 일반적인 문화에 적응하도록 도와준다.[11]

교도소 경험이 있는 재소자들은 그들이 재구금되었을 때 교도소 문화를 교도소에 유입할 수 있다. 이것은 새로 신축한 시설에서조차 자율적으로 발생한다. 이 과정은 재소자로부터 재소자에게로 전승되며, 나중에 교도소 간에도 전파되는 강력한 힘을 남기고, 심지어 가장 진보적인 행정관리조차 사회복귀 목표를 성취하기 어렵게 만든다. 이것은 치료노력을 촉진하기보다 방해하며 재소자가 향후 사회에서 성공적으로 적응하는 데 필요한 기술, 재능, 태도, 행동을 습득하는

주요용어

총체적 시설
재소자와 교도소 운용의 시설적 통제를 기술하는 용어

주요용어

교도소화
교도소의 문화에 적응해나가는 과정

것을 방해한다. 사실상, 정반대의 효과가 나타난다. 즉, 재소자는 성숙한 성인보다는 유아와 같이 변하는 것이다.[12]

교도소화의 과정 중의 하나로 재소자는 규칙과 역할을 배우고 그들로 하여금 "훌륭한 죄수"처럼 행동하도록 하는 보상과 처벌 시스템에 처해진다. 교도소 코드는 몇 가지 특정 행동을 강조한다. 다른 죄수에게 성실하기(다른 죄수를 배반하지 않기), 평정의 유지(냉정 유지, 싸움을 시작하지 말기), 사기나 속임수를 피하기(감방동료와 항상 나누기, 숨겨놓은 물건을 정해진 비율에 판매하기), 남자답게 행동하기(불평하지 않기, 울지 않기), 교도소 내의 거래에서 재빠르고 영리하기(바보가 되지 말기, 교도관에게 비밀을 털어놓거나 신뢰하지 않기).

이러한 기대에 부응하는 재소자는 신뢰를 받고 다른 재소자에게 존경을 받는 소위 올바른 놈, 친숙한 놈 또는 정정당당한 놈이 된다. 그들은 교도소 내의 특권을 나누고 다른 재소자가 공격을 해왔을 때 도움을 받을 수 있다. 이러한 규범적인 구조를 위반하는 자들은 버림을 받게 되고 쥐새끼, 고자질쟁이, 호모, 사기꾼, 밀고자, 매춘부와 같이 여러 가지 기분 좋지 않은 이름과 별명으로 불려진다.

미국 구치소와 교도소에서 발생한 두 가지가 이러한 문제점을 악화시키고 있다. 첫 번째는 교도소 내의 조직폭력배의 발현이다. 이들은 길거리 조직폭력배를 근원으로 하고 있고 인종 또는 민족성을 근거로 하며 힘과 보호를 위하여 조직을 구성한다. 조직폭력배 사이의 갈등은 칼부림, 교도소 외부에서의 살인, 강간, 갈취, 가담하지 않는 재소자의 착취로 이어진다. 모든 교도소 조직폭력배들은 반사회적 범죄 행위에 가담하기 위하여 엄격하게 조직되어 있다. 많은 행정관리는 유혈참사와 폭력을 피하기 위해 재소자를 감방 내에 구류하는 **거실구금**을 명령한다. 이러한 거실구금은 입법의원과 다른 직원들에 의하여 비난받아 왔다.[13] 구치소와 교도소의 과밀수용은 문제를 더욱 심각하게 만들고 더 이상 희망이 없다는 생각으로 많은 행정관리가 사임한다. 제도적 협박조직에 기인하여 교정 관리는 폭력적이고 공격적인 조직폭력배 구성원과 운용을 격리하고 통제하기 위하여 보안 수용장소를 개발하였다. 보다 자세한 내용은 제8장을 참조하기

주요용어

거실구금
재소자가 그들의 감방에서 나오지 못하게 함으로써 그들과 교도소를 통제하는 것

바란다.

여기서 교도소화의 중요한 문제점은 거실구금이 재소자들로 하여금 적법하고 비범죄적인 행동을 하도록 장려하는 교정교화 프로그램을 제공하려는 노력에 부정적인 영향을 미친다는 점이라는 것이다.

삶의 방법으로의 구금

구금 관리 부교도소장 또는 구치소의 구금책임자로도 알려진 구금 및 보안 프로그램의 보조 지휘 감독자는 모든 교정 시설의 가장 중요한 인물 중에 하나이다. 그의 주요 업무는 모든 재소자가 어디에 있는지 항상 감시하는 방법을 개발하는 것이다. 기술은 보다 사람 중심이고 자유스러워졌지만, 아직도 대부분의 시설에서 **인원점검**이 재소자가 어디에 있는지 확인하는 주된 방법이고 인원점검은 종종 매 2시간마다 행하여지기도 한다. 미리 정해진 바에 따라 재소자의 인원을 세는 것은 의미 있는 프로그램을 운영하고 개별 처우를 하는 것을 힘들게 한다. 그러나 어느 정도는 외부작업, 교육 또는 직업훈련을 위한 기회, 귀휴도 보다 간소화된 인원점검 방법에 포함되어 왔다. 오늘날 인원점검은 종종 교도소 통제실에 위치한 중앙 사무실에서 행해지기도 하며 재소자의 일일목록으로 전산 처리되고 어떤 경우는 손목팔찌의 바코드, 마그네틱 띠가 붙은 카드, 컴퓨터 등을 이용하기도 한다.[14] 비록 최근 인원점검이 보다 쉽게 이루어지고 있지만 이는 아직도 구금 관리직원이 책임져야 할 가장 중요한 업무로 남아있다.

주요용어

인원점검
모든 재소자들이 교도소 내에 있는지 확인하는 방법

보안직원들의 또 다른 기능은 보안 절차를 만들고 유지하는 것이다. 최소한 보안절차는 보통 **주벽출입문**(Sally Port)의 입소 및 출소 장소에서 시설에 출입하는 사람과 차량의 검열을 포함한다. 주벽출입문은 이중관문으로 둘러싸여진 지역이다. 사람이나 차량이 첫 번째 관문으로 들어오면 첫 번째 관문은 닫힌다. 두 번째 관문이 열리기 전에 금지된 물품에 대한 수색이 이루어진다. 모든 수색이 끝난 후, 두 번째 관문이 열리고 개인이나 차량은 관문을 통과하여 지나간다. 두 관문이 같이 열리지는 않으며 많은 관문시스템이 두 관문이 동시에 열

주요용어

주벽출입문
자유세상과 교도소 사이에 이동을 제한하는 이중 관문으로 되어 있는 출소 및 입소 장소

리는 것이 불가능하도록 기계적으로 설정되어 있다. 종종 방문자는 시설에 들어오고 나가는 것이 매우 힘들다고 느낄 것이다. 재소자와 방문자가 금지물품이나 도주를 도울 수 있는 물건을 몰래 가지고 들어오려고 시도할 것이라는 두려움이 최고수준의 보안 교도소에 널리 퍼져 있다. 차량을 수색하거나 방문객이 전자 금속 탐지기를 통과하도록 요구하는 것은 주요 시설의 표준적인 실행과 절차가 되었다.

불행하게도 모든 재소자들은 비슷하다는 가정 하에 중간 또는 최소 보안 교도소 또한 유사한 보안 절차를 가지고 있다. 미국이 거대한 벽이 없는 교도소를 짓도록 준비하는 데 백 년이 넘게 걸렸다. 아마도 고급기술과 덜 엄격한 보안 시설도 또한 통제를 보장할 수 있다는 것을 옛 구금 관리자에게 설득하는 것은 더 오래 걸릴 것이다.[15]

규율과 재소자 통행통제

재소자 대상 법과 규칙은 보통 엄격한 통행통제를 목표로 한다. 재소자의 움직임은 모든 면에서 조심스럽게 계획되고 통제된다. 과거에는 모든 재소자가 구금 직원의 감시 하에 같은 시간에 일어나고 일을 하러 가고 식사를 하였다. 계획의 정도는 많은 시설에서 느슨하게 되었고 최근 추세는 담장 안의 재소자 통행에 대한 통제가 보다 이성적으로 되어가고 있다.

재소자들이 위험한 자들이라고 취급받으면 실제로 위험한 자들이 될 것이라는 가정은 타당성이 있다고 여겨진다. 이러한 문제를 해결하는 한 방법은 직원과 재소자가 의미 있는 의사소통을 유지하는 것이다. 만일 구금 관리자가 재소자와 접촉을 하지 않으면 재소자는 재소자들의 자체적 문화에 오직 반응할 것이다. 이러한 제한된 상호작용은 재소자의 잦은 폭력으로 이어진다. 가장 효과적으로 재소자의 통행과 움직임을 통제하는 방법은 자유세상에서 우리의 행동을 지도하는 방법일 것이다.

교도소 규칙 위반에 대한 가장 최근의 보고서는 시설의 규칙을 위반한 주교도소 재소자의 특징을 분석하였다. 비록 이전 연구가 10

주요용어

교도소 규칙
재소자의 행동을 통제하기 위하여 고안된 문서

년 전에 시행되었을 때보다 주교도소 인구가 64% 증가하였지만, 두 연구 모두에서 약 54%의 재소자가 위반행위를 행하였다. 이 연구의 중요한 결과는 다음과 같다.

- 보다 젊거나 광범위한 범죄경력 또는 약물 경력을 가지고 있는 재소자가 교도소 규칙을 위반할 가능성이 가장 높다.[16]
- 대형 교도소 또는 최고 보안 교도소에 구금된 재소자가 다른 시설에 있는 구금자들보다 규칙 위반 비율이 높다.
- 90% 이상의 교도소 규칙을 위반한 재소자가 교도소 행정 절차에서 유죄인 것으로 판단되었다.
- 이러한 90% 이상의 유죄 판결은 인종/민족, 나이, 성별 그리고

교정 실제 7.2

교도소 내의 비살상 무기

교정 시설들에서 보다 수용인원이 많아짐에 따라 행정관리자들은 구치소나 교도소를 보다 현명하고 안전하게 운영하기 위하여 비살상 무기를 찾아왔다. 한 가지 방법은 모든 재소자의 위치를 매 2초마다 확인하는 재소자 추적알람시스템이다. 재소자는 수신기에 수신되는 무선 신호를 방출하여 재소자의 정확한 장소를 통제실 컴퓨터에 표시하는 손목시계 크기의 장치를 착용한다. 다른 시설은 공무원이 쓰러지거나 누워있는 상태가 되었을 때 자동으로 알람 소리를 내는 소형 호출기 크기의 벨트 착용 무선시스템을 제공한다. 이런 경우 즉각 지원 인력이 보내진다.

게다가 다양한 최루액발사기를 벨트에 착용하거나, 소화기로 분무하거나, 물총으로 사용하거나, 아니면 재소자와 150피트 떨어져 분사할 수 있는 호스와 같이 사용할 수 있다. 재소자 식당의 최루액 분사기통은 몸싸움, 폭동 그리고 조직폭력배 소동을 진압하는 데 사용될 수 있다. 이러한 장치 중 몇몇은 음식 수준의 후추와 물로 가득 찬 비살상 무기라고 표시되어 있다.

고무총알, 딱딱한 고무공, 딱딱한 스펀지 물체, 콩알 백을 발사할 수 있는 총기 또한 근접에서 재소자를 통제하는 비살상 무기로 채택되었는데, 이것은 비록 불필요하고, 부당한 고통을 수반한 공권력 남용 및 잔인하고 이례적인 처벌로 법정소송이 진행 중이다. 미국 헌법이 교도소 안에도 적용이 가능한가? 두 개의 미국 최고법원의 결정이 유죄 판결을 받은 죄수에게 교정공무원이 사용할 수 있는 유형력에 대하여 넓게 제시하였다.

출처: *Whitely v. Albers*, #84-1077, 475 U.S. 312 (1986), and *Hudson v. McMillan*, 390-6531, 503 U.S. 1 (1992).

교도소의 크기나 보안 수준에 따라 다르지 않았다.

- 재소자가 현재 얼마나 장기간 복역 중인지와 상관없이 처음 복역하는 자들이 재구금된 자들보다 평균적으로 낮은 위반비율을 보였다(1.6).
- 여성 재소자(47%)보다 많은 남성 재소자(53%)가 규칙위반으로 처벌되었다. 그러나 연간 평균으로는 여성이 남성보다 높은 교도소 위반 비율을 보였다(연간 평균 2.0건 대 연간 평균 1.4건 남성 위반횟수).
- 구금 전 약물을 사용하였던 재소자가 사용하지 않은 자들보다 교도소 규칙을 위반할 가능성이 높았다(57% 대 37%).
- 백인과 흑인은 연평균 재소자 1인당 약 1.5회의 같은 비율로 위반행위를 저질렀다. 백인과 흑인 규칙위반자들은 규칙 위반에 대한 거의 같은 처벌을 받았고 가장 자주 이용되는 처벌은 독방감금 또는 분리 그리고 형기단축 취소이다.

규칙 위반 행동에 대한 보다 최근의 연구는 비록 위반행위의 수준은 여성이 낮지만 위반행위의 양상이나 유형은 주교도소의 남성이나 여성이나 같다는 것을 발견하였다. 보다 젊은 재소자가 그들의 위반행위 경력을 일찍 시작하였다.

두 번째 연구는 중간 보안 교도소의 중위반 및 경위반(심각하고 일상적인) 행위에 중점을 두었고 그 둘의 비율이 1:3 정도 되는 것으로 조사되었다. 경한 위반행위는 음식절도, 소란행위, 거짓말 그리고 교정 공무원에 대한 욕설 등이다. 보다 중한 위반행위는 살인, 상해, 무기소지, 방화위협 등이었다. 유죄로 판결된 각 위반행위의 평균 소요되는 비용은 약 70불 정도였다. 이러한 발견은 피수용인 위반행위 문제점이 인구 증가보다 빠르게 증가하지 않았다는 것과 규제조치가 많은 규칙 위반행위를 미연에 예방하였다는 것을 보여준다. 시설 규칙은 재소자의 행동을 통제하도록 설계되었다.

그러나 대부분의 교정공무원은 헌신적이며 인간적인 사람들이고 그들의 잠재력을 최대화하는 것이 행정관리의 중요한 책무라는 것에 주의를 기울일 필요가 있다. 이러한 공무원의 교육과 관련된 환경은 점차 좋아지고 있다. 교도소 교도관들은 한번 고용되면 작업에 대한 훈련을 받는다. 최근 대부분의 주정부는 공무원들이 직책에 배치되기 전에 최소한의 능력을 확보할 수 있도록 광범위한 사전훈련을 제공하고 있다(모든 주정부가 최소한 사전훈련을 요구하고 있다). 기본 코스는 40~640시간의 범위 내에서 사전 훈련을 받는다. 직무 중 훈련은 일반적으로 매년 56시간이나 많은 주정부들은 80시간을 제공하고 있다.[17] 이 양상이 계속됨에 따라 보수, 인력의 질 그리고 작업조건이 향상될 것이다. 이에 따라 오래되고 비생산적인 훈육방식을 사용하는 경향은 줄어들고 오랜 기간 동안 변화가 절실하다고 인식이 되어 왔던 교정공무원들도 교화적 접근방법에 대한 그들의 잠재적 기여를 인식할 수 있게 될 것이다.[18]

금지물품과 철저한 수색

미국의 구치소와 교도소의 교정행정의 초기시절에 **금지물품**은 공식적으로 도주를 돕거나 시설의 규칙을 위반할 목적으로 사용될 수 있는 모든 물품이라고 정의되었다. 실제로는, 이 용어가 구금 관리직원이 재소자가 소지하기에 적합하지 않은 물건이라고 지정한 모든 것을 의미한다. 이러한 금지 권한은 무제한이다. 이것들은 칼과 같은 특정 물건에서부터 시작하여 칼로 만드는 것이 가능한 모든 것으로 확대되었다. 이러한 정책은 몇몇 상대적으로 무해한 물건도 금지물품 목록에 포함시켰다.

주요용어

금지물품
교도소에서 금지된 모든 물품

시설에 의하여 제공되거나 인가받지 못한 모든 물건은 금지물품이다. 금지물품의 통제는 다음과 같은 여러 가지 이유로 필요하다.

- 교환 또는 도박에 사용될 수 있는 물건반입
- 교도소 청결을 어렵게 만드는 물건의 축적 또는 쓰레기 수집
- 도주도구 또는 무기로 사용될 수 있는 물건, 약물 또는 의약품

금지물품을 통제하는 것은 무엇이 금지물품인지, 시설에 반입을 제한하는 통제, 효과적인 수색 절차들을 명확히 이해할 것을 요구한

다. 앞서 제시한 금지물품의 정의는 간단하고 명확하다. 하지만 각 시설이 허가된 품목에 대한 긴 목록을 만들어 보완하려고 할 때 이 정의는 무의미하게 된다. 만일 교정시설이 재소자에게 짐을 허용한다면, 금지물품 통제의 문제는 허용된 물품의 증가로 어렵게 될 것이다.

허가되거나 금지된 물건의 긴 목록은 상대적으로 간단한 정의처럼 보이는 것을 복잡하게 만든다. 훈련된 교정공무원의 상식과 더불어 광범위하고 명확한 정의는 무엇이 금지물품이고 아닌지에 대하여 갈등을 줄이고 통제를 강화하는 결과를 가져올 것이다. 교도소 행정관리는 종종 엄청나게 긴 금지물품 목록을 재소자에 대한 도발과 강압의 표시라고 여긴다. 그러나 총기와 같은 것은 명확하게 위험한 금지물품이고 교도소 행정관리관은 이러한 물건을 찾기 위하여 지속적으로 짐, 방문객 그리고 교정공무원을 검사해야 한다. 이것은 보통 현대 금속 탐지기와 X레이 시설을 통하여 이루어진다.

일반적으로 수용되는 금지물품 정의 방법은 긍정적인 접근방법을 사용하는 것이다. 예를 들어, 금지물품은 "시설의 규칙에 의하여 특별히 인가되지 않은 모든 물건 또는 물건의 양"이라고 정의할 수 있다. 이는 명확히 무엇이 금지물품이 아닌지 정의하고 무엇이 금지물품인지에 대하여 재소자에게 결정을 남겨둔다. 금지물품은 위험한 물건들보다는 인가된 물건 중 남는 물건을 모아두는 것이 많다(예를 들어, 남는 모포, 남는 책, 저장된 음식). 금지물품을 축적하는 것은 한 재소자의 권력과 시스템을 무력화하는 방법으로서 보여지고 그리고 동료 재소자에게 금지가 무력화될 수 있다는 것을 보여준다. 그러한 권력은 좋아하는 물건을 교환하고 보다 권력 있는 재소자에게 환심을 사는 데 이용된다. 금지물품은 우리가 외부에서 물물교환을 하는 것처럼 물물교환에서 화폐(예를 들어, 담배와 성냥)로 사용되어진다.

금지물품을 잃는 것은 권력을 잃는 것이기 때문에 일반수색과 정밀수색은 보안 시설에서 재소자와의 잠재적 갈등의 원인이 된다. 금지물품의 반입 및 유통을 예방하는 가장 일반적인 수색은 **외부 몸수색**이다. 이러한 수색은 재소자가 시설을 입출소할 때 또는 시설 직원이 재소자가 몸에 금지물품을 감추고 있다고 의심될 때 행해진다.

주요용어

외부 몸수색
재소자의 신체를 손으로 수색함으로써 재소자 금지물품을 찾는 과정 재소자가 약물, 무기 또는 신체 밖 또는 신체 내부에 물건을 가지고 있다고 의심되나 외부 몸수색으로는 찾을 수 없을 때, **알몸수색**이 행하여 질 수 있다. 알몸수색은 다른 구금자가 해당 재소자를 볼 수 없고 조롱할 수 없는 장소에서 통상 행하여진다. 기본 알몸수색은 모든 신체와 구멍의 시각적 관찰만을 요구한다. 만일 보다 광범위한 신체의 구멍부위에 대한 수색이 요구되면, 이는 반드시 시설 행정관리의 장(지도감독자, 보안관 등)의 인지 및 허락과 함께 행하여야만 한다. 신체구멍 수색은 자격이 있는 의료 직원이 행하여야만 한다. 이러한 절차들을 따르지 않으면 시설이 심각한 소송을 당할 수 있다.

재소자의 항문에 플라스틱 캡슐 또는 작은 병을 삽입하는 것은 약물 또는 작은 금지물품을 숨기는 방법 중에 하나이다(**키스터**(Keester) 또는 키스터링). 따라서 상당한 근거가 있을 때에는 항문을 검사해야 한다. 알몸수색은 종종 면회 후에 모든 재소자 또는 임의로 선택된 자들을 대상으로 실시된다. 과거에는 빈번한 알몸수색을 재소자를 모욕하고 학대하기 위하여 사용하였고 이는 교도소의 긴장을 증가시키고 가해직원을 대상으로 많은 법적 소송의 결과를 가져왔다. 외부 몸수색은 시설의 보안을 위해 필요한 부분이나 만일 알몸수색이 매일 일상의 부분이 되면 그 절차는 수색을 당하는 사람이나 하는 사람 모두를 모욕하는 것이 된다.

금지물품을 금지하는 법규가 점점 자세해지며 재소자는 이러한 물품을 전반적인 시설 안의 생활공간 속에 감추는 방법을 찾는다. 교도소에서 금지물품을 감추는 데 사용되는 교묘함에는 끝이 없다. 아이러니컬하게도 오래되어 보다 많은 보안이 있을 것 같은 시설과 공장이 보다 숨기기 좋은 장소가 된다. 이 과정은 거의 게임과 같이 보일 수 있는데, 교정공무원이 정기적으로 오래된 같은 장소를 수색한다. **정밀검사**(Shakedown)의 필요성은 금지물품과 관련된 규칙이 실제적이고 인간적일 때 줄어들 수 있다. 가족사진이나 이쑤시개와 같은 물품을 금지하는 것은 필요 없는 자극을 야기한다. 정밀검사는 또한 재소자를 괴롭힐(미키마우스 괴롭힘) 목적이 아니라 시설에 명확하고 현존하는 위험이 되는 물품을 찾기 위해서만 쓰일 때 더 큰 효과가

주요용어

알몸수색
재소자의 신체를 시각적으로 검사함으로써 재소자 금지물품을 찾는 과정

주요용어

키스터
금지된 물품을 재소자의 항문 또는 질 내부에 숨기는 것

주요용어

정밀검사
금지물품을 찾거나 통제하기 위하여 감방을 수색하는 것

있을 수 있다.

도주의 예방

최고 보안 구치소나 성인 교도소는 그들이 상상 가능한 가장 위험한 피조물을 가두어야만 하는 것처럼 건축되었다. "구치소나 교도소는 가장 강한 재소자를 기준으로 강하게 설계되었다"는 말은 오래된 교정에 관한 이야기이다.[19] 높은 벽, 감시탑 그리고 무장한 교도관은 도주에 대한 대비를 보여주는 외부적 표시이다. 비록 점차 강화되지만 대부분의 구치소 또는 교도소의 재소자의 성격은 그러한 모델을 정당화시키지 않는다. **도주**[20](시설로부터 구금된 사람의 도주)와 폭동은 행정관리에게 심각한 우려사항이다. 그러나 지난 2011년 약 2,050회의 도주로 3,417명이 재구금된 도주자가 있었지만 대부분의 도주자는 매우 신속히 다시 체포되었다.[21] 그들은 대부분 최저 보안 또는 지역사회 프로그램에서 도주한 것으로 평균 일일 구금인원의 아주 적은 비율에 불과하다. 우리가 몇몇 구금된 재소자의 늘어나는 위험한 성품을 고려할 때, 이는 사실상 매우 좋은 기록이다(그러나 그들이 도주 중에 심각한 범죄를 저지른다면 나쁜 소식이 될 것이다).

재소자가 매우 위험하다는 개념은 교정시설의 극도의 과밀수용과 결합되어 도주의 가능성에 대한 많은 교정공무원의 염려를 증가시키고 있다.[22] 이 이슈는 복잡하나 두 가지 문제로 귀결된다. 첫 번째는 모든 재소자 움직임에 밀집행진과 침묵이 요구되었던 때부터 굳건하게 확립되었던 군중 처리에 대한 철학이다. 두 번째 이유는 정치적이다. 오래된 소장은 잦은 도주가 그들의 경력에 매우 큰 손상을 가져올 것을 알기 때문에 그들의 극단적인 도주 방지책은 실제로 도주를 실시할 가능성이 있는 소수가 아니라 모든 재소자에게 행하여진다. 그러나 몇몇 소수의 교도소에서는 교정관리가, 탈세자와 살인자가 도주를 시도할 가능성이 같지 않다는 것을 실감하기 시작하였다.

주요용어

도주
교도소 시설로부터 도주 그리고 시설의 불법적 부재

도주를 예방하는 기술: 전기방벽

계속적으로 직원이 지키는 감시탑을 치명적인 전기방벽으로 대체하는 움직임은 운영비용을 줄여야 하는 주정부의 긴급한 필요성 때문에 전국적 추세가 될 수 있었다. 1993년 11월 캘리포니아 교정국(DOC)은 임페리얼(Imperial)카운티에 있는 칼리파트리아(Calipatria) 주교도소에 전기방벽을 설치하였다. 그 이후 23개가 더 설치되었으며 하나는 현재 건설 중이고 전기방벽이 설치된 새로운 교도소가 계획 중에 있다. **전기방벽**은 캘리포니아 농업지역, 산기슭, 사막 그리고 연안도시 지역, 몇몇 높은 지역에 걸쳐 남성 및 여성 성인시설에 설치되었다.

주요용어

전기방벽
전기적 충격이나 사망을 통하여 재소자의 도주를 방지하는 장벽

전체적인 캘리포니아주 전기방벽 계획에 포함된 대부분의 시설들에서는 전통적인 감시탑은 멀리 떨어진 곳에 위치하여 교정공무원이 도주를 방지하기 위하여 살상무기를 사용할 수 있도록 하고 있다. 새 시설에서는 최고 10개의 무장 감시탑(세 개의 감시에 48.3명의 직원)의 사용을 중지하였다. 치명적인 방벽을 이용하는 것은 방벽이 재소자를 기절시키거나 사망에 이르게 함으로써 도주를 예방할 수 있기 때문에 무장 감시탑의 필요성을 상당 부분 감소시켰다.[23]

계획비용과 운용 절약

전기방벽의 건설비용은 각 교도소의 주변의 길이와 각 위치의 특별한 조건에 따라 달라진다. 건설비용은 보통 약 8,000피트 길이의 전기방벽에 1~2백만 달러 범위 내이다. 전기방벽의 사용으로 인한 운용비용의 절감은 교도소 감시탑과 외곽 근무인원의 감축에서 방벽 운영비용과 주변 순찰차 운용비용을 제하여 계산할 수 있다. 일반적으로 절약되는 비용은 매년 한 교도소당 40~210만 달러 사이이고 평균 운용비용 절감은 매년 각 교도소당 137만 불이다. 따라서 각 방벽의 설치비용은 첫 번째 또는 두 번째 해에 회복되어진다. 예를 들어, 캘리포니아의 캘리포니아 교정국(DOC)은 750명의 인원감축으로

매년 4천만 불 이상을 절감한다고 추정한다.

군대식 모델

구치소 및 교도소 내의 조직적이고 효과적인 구금과 공권력 통제의 필요성이 대부분의 보안 직원들에게 준군사적인 문화를 주입시켰다. 교정역사의 초기에 군사적 조직구조와 절차의 채택은 특수한 업무를 수행하기에 부족한 배경을 가진 인력들을 훈련시키기 쉽게 만들었다. **준군사적 모델**은 구금 담당직원들의 제복, 호칭 그리고 절차에서 찾아볼 수 있다. 훈련은 보안의 임무에 집중되어 있고 재소자와 상호작용에 대하여는 거의 관심을 두지 않는다. 냉담하나 효과적인 교도관 모델이 나타났고 최근까지 구금 담당직원의 고용은 다른 사람들과 소통하는 능력은 고려하지 않았다. 부서 관리와 새로운 형태의 교도소(이후 설명 참조)로의 변화는 고용에 필요한 자질을 변경하였고 잠재적 공무원들은 점차 그들의 인간관련 기술을 기준으로 고용되었다. 교정직 고용은 교화라는 새로운 임무에 가장 적합한 자들을 거의 고용하지 않아 왔다. 연공서열과 교정공무원 노조의 증가하는 영향력은 아직도 종종 행동과학의 높은 교육을 받은 구금 담당직원들의 도입을 저해하고 있다.[24]

주요용어

준군사적 모델
구금 담당직원들을 무장군인의 계급으로 조직

가장 좋은 신입직원을 채용하고 직원의 질과 발전 수준을 유지하기 위하여 많은 지역은 미국 교정협회에서 추천한 조건과 함께 엄

교정 실제 7.3

폭력적 재소자를 위한 유리천장 감방

구치소 및 교도소 내 폭력적 재소자의 감시는 위험하고 고된 일이다. 직접 감시를 사용하는 지역 구치소조차에서도 종종 직원은 폭력적 재소자에게 공격을 받는다. 그들은 감방에 갇혀있을 때에도 일상적으로 대소변과 타액을 직원에게 던진다. 몇몇 구금 시설은 폭력적 범죄자를 위한 특수감방 위에 유리천장을 고려하고 있다. 이는 직원이 유리천장 위로 걸을 수 있도록 하여 그들로 하여금 직접적인 접촉 없이 폭력적 재소자의 일거수일투족을 감시할 수 있도록 해준다.

격한 훈련기준을 제정하였다. 이러한 요구사항은 결과적으로 모든 직원이 단순히 같은 방법이 아닌 새로운 방법에 노출된다는 것을 보장할 것이다. 시설 내의 사람들을 고려하여 직원들은 소수민족, 여성, 젊은 층, 원주민들 중에 적극적으로 선발하여야 하고, 이러한 그룹과 일반 시민에 대하여 고용 안내가 전달되었는지 확인하여야 한다.[25]

필요한 작업, 기술, 능력을 결정하기 위하여 각 교정직 직위마다 (정기적으로 업데이트 되도록) 작업 분석을 하는 것은 유용하다. 각 직위에 적절한 자격을 확실히 하기 위하여 관련된 조건에만 기초한 실제 훈련 시험을 하는 것은 행정 관리담당자가 훈련에 의하여 무엇이 제공되고 무엇이 필요한지 결정하는 데 도움을 준다. 이러한 절차는 개방형 선발제도를 확립하게 할 것인 데, 이것은 시험도구가 특정 임무에 관련 있고, 받아들일 수 있는 수준으로 그 작업의 실제 임무를 개인이 수행할 수 있는 능력을 실제로 테스트한다. 교정의 전문화는 성공적 소송 가능성의 감소 등의 이유로 동 세기에 계속될 것이다.

현재의 지키는 자와 지켜지는 자 사이의 의사소통의 큰 틈을 메우는 데 도움이 되는 몇 가지 단계가 있다. 교정공무원과 구금 담당 직원이 시설의 다른 사람들보다 재소자들과 보다 많은 시간을 보내는 것이다. 그들이 교정의 하부시스템에서 긍정적인 변화를 유도할 수 있는 적임자이기 때문에 다른 사람들과 잘 관계를 맺어야 한다. 그들은 또한 그들을 무시한 치료 담당직원이 시도하는 변화의 모든 노력을 무산시킬 수 있다. 군사적/경찰적 이미지에서 교정적 이미지로의 보다 많은 탈바꿈은 시설환경 내의 효과적 변화를 위하여 매우 중요하다.

구획별 팀과 분리를 방지하는 기타 방법

구금과 보안 사이의 계속되는 갈등과 관련하여 학생들에게 상황이 희망이 없지 않다는 것을 보여주기 위하여 몇 가지 마지막 언급이 필요하다. 많은 교정시설들이 이미 이 개념에 대하여 대처하고 있으며 오직 과밀수용, 교도소 조직폭력배, 폭력만이 천천히 개선되고 있다.

첫째, 중요한 구금과 보안 기능 사이의 관계를 규정하기 위하여 정책들을 공동으로 개발하고 있다. 모든 직원들은 교화 프로그램의 목표와 그들 시설의 구금 필요성과 관련한 회의에 참여한다. 구금과 치료의 명백한 이분법적 접근은 없어져야 하며 각 요소가 상호의존적이라는 사실이 보다 잘 인식되어야 한다. 이러한 활동은 많은 시설에서 한 감방구역의 모든 직원들이 한 팀으로서 구금, 지원, 교화를 하나의 조화된 패키지 서비스로 제공하는 **구획별 팀관리**로 발전되어 왔다.[26]

주요용어

구획별 팀관리
교도소의 목표를 위하여 모든 직원을 일관되고 결합된 한 팀으로 만드는 통제 계획

둘째, 시설의 규칙과 규정의 정책 및 가이드라인이 개발되어야 하며 모든 현존하는 규정과 규칙은 보안으로 인하여 치료의 목적이 무시되지 않도록 개정되어야 한다. 정책 입안과 특별한 규칙에서 명백하고 현존하는 위험의 원칙이 적용되어야 한다. 즉, 시설 공동체의 안전을 위하여 필요한 규정이라면 유지해야 하지만 만약 그렇지 않다면 폐지되어야 한다.

셋째, 재소자에 대하여 무력을 사용하는 경우에는 동영상 촬영이나 여타 안전 절차가 행해져야 한다. 만약 가능하다면 지휘 관리자가 현장에 임석하고 재소자의 의료적 검사가 시행되어야 한다. 게다가, 서면 보고서를 작성하는 시설 또는 외부시설의 수사가 주기적으로 행하여져야 하며 보고서는 교도소 의료진 및 재소자의 정보를 포함하여야 한다. 마지막으로, 교정 책임자는 재소자가 과도한 위력이 사용되었는지 방문하여 확인하고자 하는 가족들의 요구에 응하여야 한다. 만약 그들이 외부 의료진이 재소자를 검사하기를 원한다면 이는 교정부서에 의하여 제정된 규칙에 따라 지체 없이 허락되어야 한다. 무력사용 보고서의 복사본은 교정부서에 보관되어야 하며 재소자의 가족, 변호사 또는 재소자의 동의하에 다른 적절한 사람에 의해 검사를 받을 수 있도록 하여야 한다.

교정직 직원의 향상

가장 중요한 교화의 도구는 한 사람이 다른 사람에게 영향을 미치는 것이다. 따라서 교정 시스템의 주요한 목적은 한 팀으로 육체적, 감정적, 교육적, 동기부여적으로 일할 수 있는 직원을 선발, 훈련, 유지하는 것이다. 교도소와 구치소를 포함한 교정 시스템에서 자질을 갖춘 직원을 고용하고 유지하는 것은 어려운 일이다. 교정공무원과 카운티교도관이 이 분야에서 보수에 대하여 불평하는 몇 가지 이유가 있다. 전국 평균 보수인 4만 2천불은 고졸 및 전과가 없는 것이 최소한의 지원자격이라는 것을 고려하면 나쁘지 않은 조건이다.

국가적 불경기에서 아직 회복치 못한 지금에도 몇몇 구치소와 교도소는 직원을 구걸하고 있다. 평균 14.6%의 퇴직 비율과 더불어 약 28,448개의 직위가 비어있는 것으로 추정된다.[27] 대부분 교대조의 채워지지 않은 근무 자리의 지속적인 문제점으로 인하여 감독자는 공무원에게 다른 교대조에서 근무할 것을 요구한다(더블 근무). 이러한 상황이 더 피곤한 직원과 높은 초과근무수당 예산을 야기하지만 입법가들은 좀처럼 직원을 위한 예산을 늘리려고 하지 않는다. 그들은 교정공무원이 단지 인원장부를 날조할 것을 두려워하거나 보다 많은 직원에게 주어지는 부가적인 혜택비용을 회피하려고 노력할지 모른다. 어찌되었던 진실은 교도소는 최소한의 직원으로 이루어진 일정 수의 직원이 항상 근무할 것을 요구한다는 것이다. 많은 행정 관리담당자들은 이러한 개념을 도입하려고 노력하여 왔으나 예산은 아직도 합리적인 직원 확보 시도를 무효화하고 있다.[28]

아마도 보수보다 중요한 것은 몇몇 시설에서 행정 또는 전문직 직원들이 구금 담당직원들의 의견을 무시하고, 불공정하게 대하며, 신경 쓰지 않을 것이라고 생각하게 만드는 (사실 여부를 불문하고) 구금 담당직원들의 공공연한 거부감일 것이다.[29] 전문적 직원과 재소자뿐만 아니라 행정 담당자와 전문적 직원 사이의 새로운 대화채널도 개통되어야 한다. 행정 관리담당자들은 직원들과 만나 전문적 직원의 문제점에 대하여 토론하여야 하고 구금 담당직원과 치료 담당직원 또한 서로 회의를 하여야 한다. 이러한 회의들은 정기적으로 일정이 잡혀야 하며 시설의 절차에 공식적으로 포함되어야 한다.

요약

교도소의 조직구조를 간략히 설명하시오.

교도소 시설이 개발됨에 따라 그들의 행정담당자들은 관료적 통제방식을 채택하였고 이후 교도소의 발전을 위하여 군대식 모델을 받아들였다. 이 모델은 군대식 계급과 책임감의 범위를 도입하여 확대해 나갔다. 이것은 재소자의 통제를 최대화하고, 교정 직원들의 위험성을 최소화하고, 도주를 방지하며, 폭동과 보안위협단체의 집단난동의 가능성을 최소화하도록 의도되었다. 구금은 지난 50년간 보다 더 중요해졌고 재소자 통제는 세련되어지고 확대되었다.

교도소 직원의 다양한 직위와 기능을 설명하시오.

교도소는 지도 감독자라고 불리는 교도소장에 의하여 관리된다. 교도소장은 교도소의 가장 높은 간부직원이며 모든 직원의 모집, 훈련, 규율을 관리한다. 교도소장은 보안, 치료, 산업 그리고 서비스 분야에 대하여 부교도소장의 보조를 받는다. 군대식 모델은 교정 행정에 널리 퍼져있으며 낮은 계급의 공무원은 시설과 서비스의 구금과 보안 분야에서 종사한다. 간부 직책의 교정공무원은 시설의 일일 기능을 행하며 직원과 재소자를 감시한다.

교도소 직원의 모집, 고용, 유지방법을 설명하시오.

교도소는 여성과 소수민족을 대상으로 가능한 더 많은 직원을 새로 모집하고 있다. 목표는 교정직원이 재소자와 인구통계학적으로 조화될 수 있도록 만드는 것이다. 신원조회가 이루어지고 있으며 대부분의 사법관할에서 가능한 직원의 명단이 개발되었다. 고용 전 자격의 중요한 속성 중 하나는 지원자의 관리기술이다. 훈련 프로그램이 새로운 고용인에게 제공되며 보수 훈련도 강조된다. 특수교육이나 신뢰할 만한 시설에서 전문적 교육을 받은 새로운 직원을 고용하기 위해 경력직 채용이 활용된다. 직원모집 및 유지는 교정시스템의 넘어야 할 장애물이고 퇴직 비율도 전국적으로 높은 수준으로 유지되고 있다.

교정공무원이 대면하고 있는 일반적인 도전과 문제점을 설명하시오.

지난 20년간 재소자 통제는 법원의 조사와 개입의 대상이었다. 몇몇 절차들은(앨라배마주의 "히치하이크 말뚝" 그리고 텍사스주의 의료적 욕구에 대한 "고의적인 무시") 구금된 범죄자를 포함한 모든 시민을 보호하는 미국 헌법의 일부분을 위반했다고 결정되었다. 시설 관리자와 교정직 직원 사이에 공공연한 틈이 발생하였다. 몇몇 시설에서는 직원의 고용에 대한 태도, 고용의 조건 그리고 시설의 법적 보조가 악화되어 갔다. 직원과 행정관리자 사이의 새로운 상호관계와 더불어 재소자 통제의 감소는 교정공무원의 노조화를 야기하였다. 기술사용의 증가는 (예를 들어, 전기방벽, "직원 쓰러짐" 알람, 전자 재소자 위치 확인 장치) 구금 시설내부의 위험한 삶을 개선하는 데 도움을 주었고 운용비용의 절감을 가져왔다.

직원의 교도소문화의 요약하시오.

1950년대 이후 재소자의 사회 시스템은 변화를 경험하였다. 선임 재소자에 의한 재소자 통제는 줄어들었고 시설 보안위협단체가 등장하였다. 후자는 조직폭력배 지도자와 교도소 직원 사이는 물론 구금 및 시설 안전의 중대한 위협이 되었다. 몇몇 교도소의 교정공무원은 부패하였었고 공무원의 금지물품(약물, 알코올, 담배 그리고 때때로 도검류) 밀반입이 증가하였다. 교도소 행정관리 담당자들은 지능적인 직원 고용, 잦은 모든 감방 정밀검사, 교정직원의 입소 시 의무적 보안 검열, 의심스러운 직원의 거짓말탐지기 사용 등으로 이에 대처했다. 교정행정 담당자, 판사, 교정공무원의 암살은 사법 직원의 보안 직무를 소홀히 하는 압력이 증가하는 결과를 가져왔다.

여성과 소수민족 교정공무원이 대면한 특별한 도전과 문제점을 기술하시오.

여성과 소수민족은 너무 약하고 교정공무원으로 일하기에는 적절치 못한 동기를 가지고 있다는 역사적 고정관념이 여성과 소수민족 직원의 모집을 방해하여 왔다. 옛 간부 교정 관리자는 만일 약하고 바보스럽고 게으른 직원이 고용되면 비상시 지원해야 할 직원으로 부적절하다고 염려하였다. 이와 같이 고용과 유지 문제점은 영향을 받아왔다. 최근 새로운 고용인은 합당한 자질을 보여주고 있고 고정관념은 사라지고 있으며 교정직원의 관리는 개선되었다.

교도소 개별 부서가 어떻게 관리되는지에 대하여 요약하시오.

대부분의 보다 전통적인 교도소에서는 계급적인 군대식 모델, 명령지휘 체계, 책임감 그리고 실행이 어떻게 시설이 운영되는지에 대하여 영향을 미쳤다. 명령의 복종과 보안이 강하게 강조되었다. 혁신은 강조되지 않았으며 순응이 강조되었다. 교도소 건축은 많은 재소자의 수용을 강조하였고 교도소의 시설과 재소자의 배치는 인식된 구금의 필요성에 따라 일반적으로 순위가 매겨졌다. 치료는 이러한 시설에서 주요한 주제가 아니었다.
관리이론과 건축디자인의 최근 개발은 구획별 부서관리 시스템, 구금-치료의 통합노력의 강조, 한 팀의 형성에 초점을 맞추고 있다. 이것은 아래에서 보다 자세하게 설명될 것이다.

재소자 행동 통제 방법을 기술하시오.

구금 담당직원과 치료 담당직원들은 서로 신뢰하지 않으며 이 갈등은 재소자 통제를 양분한다고 오랜 기간 알려져 왔다. 보다 효과적으로 운영되는 교도소 프로그램은 구획별 팀관리에 새로운 형식(그리고 변화된 건축 구조를 요구)을 채택하였다. 이러한 공동책임 노력은 분리를 줄이고 재소자의 관리를 향상시켰다. 교도소 직원의 향상은 추가적인 재소자 통제의 필요성에 기여할 것이다. 아래 설명한 구획별 팀관리 전략은 새로운 형식을 개발하는 한 방법이다. 교도소 건축은 특수기능 부분들의 증가를 강조하고 전통적인 수용과 분리 모델을 감소하도록 변경되었다.

도주 방지 방법을 기술하시오.

도주를 방지하는 기본적인 전술은 아직 교도소 시설에서 자주 행해지는 재소자 인원점검이다. 전기 방벽(종종 치명적 전압수준과 함께), 주변 무장 감시탑, 주변 차량운전자에 대하여 교도소가 있으니 히치하이커를 태우지 말라고 알리는 안내표지, 광범위한 동영상 감시는 도주의 방지를 돕는다.

각자 분리를 방지하기 위한 구획별 팀과 기타 방법의 설명하시오.

지난 20여 년 동안 선도적인 교정관리들은 재소자의 통제를 강화하고, 교도관과 재소자의 사회적 거리를 줄이고, 교도소의 환경을 인간화하며, 직원과 재소자의 안전을 확대하도록 하는 교정 건축물을 도입하는 다른 프로그램을 시도하였다. 교도소 특별 기능 구역을 만들고 그 안의 재소자의 활동에 책임지는 교화활동 팀을 배정함으로써 교정공무원과 다른 교화직원들의 역할구분이 모호해졌다. 그 팀에 배치된 모든 교화직원은 할당된 재소자의 관리를 책임지고 치료 담당직원은 이전보다 많은 권한과 책임을 가지게 되었다. 그럼에도 모든 직원은 그들이 상호작용하는 재소자의 행동에 공동으로 책임을 진다. 보다 많은 혁신을 기대한다.

교정 직원의 능력을 향상시키는 방법에 대해 기술하시오.

교정 직원의 고용, 훈련, 유지와 관련한 최근 개발은 교정의 실제를 잘 나타내 준다. 고용 전의 자질은 좋아졌고, 훈련시설도 많아졌으며, 보수교육도 확대되고, 직원에 대한 파악은 교정서비스의 수준을 향상시켰다. 교정 직원에게 경력 사다리의 제공, 교정 공무원에게 특수 훈련의 공급 그리고 유능한 직원의 보상이 보다 좋아지고 보다 훈련된 직원으로 인도할 것이며 결과적으로 보다 안전한 업무환경으로 이어질 것이다.

주요용어

관료적 통제 ······ 250
구금 ······ 251
일반 재소자 ······ 252
단계적 석방 ······ 253
교정공무원 ······ 253
나사 ······ 258
노조화 ······ 260
푸른 독감 ······ 260
총체적 시설 ······ 261
교도소화 ······ 261
거실구금 ······ 262
인원점검 ······ 263
주벽출입문 ······ 263
교도소 규칙 ······ 264
금지물품 ······ 267
외부 몸수색 ······ 268
알몸수색 ······ 269
키스터 ······ 269
정밀검사 ······ 269
도주 ······ 270
전기방벽 ······ 271
준군사적 모델 ······ 272
구획별 팀관리 ······ 274

복습질문

1. 관료제 형식의 교도소 관리의 주된 관심사는 무엇인가?
2. 교도관은 과거에 어디에서 채용되어 졌는가? 이러한 환경이 어떻게 문제를 일으켰는가?
3. 왜 교도소에는 군사적 모델이 많이 보급되어 있는가?
4. 왜 규율과 보안에 대한 고려가 치료 프로그램에 지대한 영향을 미치는가? 이러한 문제점은 어떻게 해결될 수 있는가?
5. 재소자에 대한 구금의 결과는 무엇인가? 직원에 대한 영향은 무엇인가?
6. 지난 20년간 교정공무원의 역할과 직위는 어떤 방법으로 향상되어 왔는가?
7. 구획별 팀관리에 대하여 기술하라. 이는 어떻게 작동하는가?
8. 교도소 도주의 영향에 대하여 토론하라.
9. 어떻게 관리부서와 직원이 교도소 일을 보다 보람 있게 할 수 있는가?
10. 교도소 주변에 전기방벽의 사용이 교도소로부터 도주를 시도하는 것에 대하여 사형선고를 하는 것과 같은 것인가?

적용사례연구

1. 당신은 구금을 담당하는 부교도소장이다. 재소자 중 한 명으로부터 몇몇 직원이 당신의 교도소에 약물을 밀반입하고 있다는 이야기를 들었다. 이것은 중단되어야 한다. 당신은 무엇을 할 것인가?
2. 당신은 시설의 분류위원회에서 종사하는 사람으로서 새로 구금되는 재소자의 행동, 성품, 소속을 자세히 분석하여야 한다. 지역의 경찰공무원과 양형판사가 새로 들어오는 재소자가 조직폭력배의 구성원이라고 알려왔다. 당신은 분류 위원회에서 어떤 행동을 취해야 한다고 제안하겠는가?
3. 당신의 교도소 조직폭력배의 지도자가 여자교도관에게 교도소 밖에서 너를 죽일 때 너는 나에게 살려달라고 빌 것이라고 협박하였다. 교도소 행정담당 직원들은 무엇을 해야 할 것인가?(조직폭력배 지도자를 독방에 감금하고 열쇠를 없애버리라고 주장하지 말 것)

미주

1. Clifford English, "The Impact of the Indeterminate Sentence on an Institutional Social System," *Journal of Offender Counseling, Services and Rehabilitation* 8:1/2 (1983): 69–82; Victor Hassine, *Life without Parole: Living and Dying in Prison Today* (New York: Oxford University Press, 2010).
2. Michael Vaughn and C. Morrissey, "Violence in Confinement," *Journal of Offender Rehabilitation* 25:1/2 (1997): 21–42; Elizabeth Gudrais, "The Prison Problem," *Harvard Magazine,* September–October 2013.
3. David Bierie, "The Impact of Prison Conditions on Staff Well-Being," *International Journal of Offender Therapy and Comparative Criminology* 56:1 (2012): 81–96.
4. American Correctional Association (2013), "Warden, Division of Adult Institutions," http://cjca.net/index.php/cjca-news-2/334-california-department-of-corrections-and-rehabilitation-employment-opportunity (accessed September 2, 2013). See also Warden Career Profile (2013), "Prison Wardens: Combining Dedication and Protection," http://www.myonlinecriminaljusticedegree.com/criminal-justice-career/warden.asp (accessed September 2, 2013).
5. Research on prison wardens and superintendents s minimal. The major professional organization is the North American Association of Wardens and Superintendents, c/o Gloria Hultz, P.O. Box 11037, Albany, NY 12211-0037.
6. Alan Johnson (2013), "Director Views Inmate Suicide as Failure; New Steps Being Taken," *Columbus Dispatch, http://www.dispatch.com/content/stories/*local/2013/09/28/director-views-inmate-suicides-as-failures-new-steps-being-taken.html.
7. Donald Clemmer, *The Prison Community* (New York: Rinehart, 1940); Anthony Scacco, *Rape in Prison* (Springfield, IL: Charles C Thomas, 1975).
8. See Missouri Office of Administration (2013), "Corrections Officer III," http://content.oa.mo.gov/personnel/classification-specifications/5003.
9. Capitolfax.com (2013), "Legit Sickness or Blue Flu?," http://capitolfax.com/2013/01/06/legit-sickness-or-blue-flu/.
10. Carlene Firmin (2013), "We Must Identify Girls at Risk from Gangs," http://www.theguardian.com/society/2013/may/21/identify-girls-risk-gangs.
11. Venancio Tesoro (2013), "Prisonization and Its Effects," http://philippineprisons.com/2013/07/08/prisonization-and-its-effects/.
12. David Shichor and Harry Allen, "Correctional Efforts in the Educated Society: The Case of Study Release," *Lambda Alpha Epsilon* 39 (June 1976): 18–24. See also Judith Clark, "The Impact of Prison Environment on Mothers," *Prison Journal* 75:3 (1995): 306–329.
13. Jamey Dunn (2013). "Prison Assault Is Product of Overcrowding," http://illinoisissuesblog.blogspot.com/2013/05/afscme-prison-assault-is-product-of.html.
14. Peter Nacci, Kevin Jackson, and Karry Cothorn, eds., "The Future of Automation and Technology," *Corrections Today* 57:4 (1995): 66–120 (theme issue); Kevin Jackson, F. Roesel, T. Roy, et al., "Technology and Society," *Corrections Today* 60:4 (1998): 58–

96 (theme issue).

15. Michael Reisig, "Rates of Disorder in Higher-Custody State Prisons," *Crime and Delinquency* 44:2 (1998): 229–244. See also Daniela Anasseril, "Care of the Mentally Ill in Prisons: Challenges and Solutions," *Journal of the Americana Academy of Psychiatry and the Law Online* 35:4 (2013): 406–410.
16. Lorenza Benton (2013), "Pelican Bay Prison Hunger-strikers' Stories," http://truth-out.org/news/item/18023-pelican-bay-prison-hunger-strikers-stories-lorenzo-benton.
17. Fox News (2013), "Texas Prison Guards to Join Inmate Lawsuit over Sweltering Jails," http://www.foxnews.com/us/2013/09/02/texas-prison-guards-union-to-reportedly-join-inmate-litigation-over-hot-state/.
18. Stephen Walters, "Changing the Guard," *Journal of Rehabilitation* 20:1/2 (1993): 46–60; Mark Pogrebin and E. Poole, "Sex, Gender and Work," in *Sociology of Crime, Law and Society*, ed. Jeffrey Ulmer (Stamford, CT: JAI Press, 1998), pp. 105–126; Ohio Department of Rehabilitation and Corrections (2013), "Corrections Training Academy," http://www.drc.ohio.gov/web/cta.htm.
19. See coverage of Eastern State Penitentiary (2013), http://www.easternstate.org/visit/regular-season/history-artist-installations/towercam.
20. Laura Sullivan (2013), "50 Years Later, Mystery of Alcatraz Escape Endures," http://www.npr.org/2012/06/12/154766199/50-years-later-mystery-of-alcatraz-escape-endures.
21. American Correctional Association, *2012 Directory of Adult and Juvenile Correctional Departments, Institutions, Agencies, and Probation and Parole Authorities* (Alexandria, VA: American Correctional Association, 2012), pp. 38–40 and also pp. 44–45.
22. USAJOBS (2013), "Bureau of Prisons/Federal Prison System," http://www.bop.gov/jobs/; James Lyons, *Inmate Escape Incidents 1992–1996* (Albany, NY: Department of Correctional Services, 1997); Centre for Research Evaluation and Social Assessment, *Escape Prisoners: Inside Views of the Reasons for Prison Escapes* (Wellington: New Zealand Ministry of Justice, 1996); Matt Clarke, *Prison Legal News* (2013), "Allegations of Contraband Smuggling: Sex and Corruption at Texas Prison," https://www.prison-legalnews.org/news/2009/jan/15/allegations-of-contraband-smuggling-8232sex-and-corruption-at-texas-prison/.
23. Brian Hoffman, Gary Straughn, Jack Richardson, and Allen Randall, "California Electrified Fences: A New Concept in Prison Security," *Corrections Today* 58:4 (1996): 66–68. See also Florida Department of Corrections (2013), "Inmate Escape Report," http://www.dc.state.fl.us/pub/escape/quarter/.
24. Joshua Page, "Prison Officer Unions and the Perpetuation of the Penal Status Quo," *Criminology and Public Policy* 10:3 (2011): 735–770.
25. New Jersey Civil Service Commission (2013), "State Corrections Officer Recruit Examination Administration Guide," http://www.state.nj.us/csc/seekers/jobs/safety/2013%20State%20Correction%20Officer%20Recruit%20Examination%20administration%20guide.pdf.
26. U.S. Bureau of Prisons (2013), "Admission and Orientation Handbook," http://www.bop.gov/locations/institutions/mon/MON_aohandbook.pdf.

27. American Correctional Association, *2012 Directory*.
28. John Shuiteman, "Playing the Numbers Game: Analysis Can Help Determine Manpower Requirements," *Corrections Today* 49:1 (1987): 40–42. See also Henry Steadman, S. Steadman, and D. Dennis, "A National Survey of Jail Diversion Programs for Mentally Ill Inmates," *Hospital and Community Psychiatry* 45:11 (1994): 1109–1113, and Marcus Nieto, *Health Care for California State Prisoners* (Sacramento: California Research Bureau, California State Library, 1998).
29. Carl ToersBijins (2013), "Stress: The Silent Correction Officers Silent Killer," http://www.corrections.com/articles/31896.

CHAPTER 8

보안위협단체와 교도소 조직폭력배

학습목표

- 교도소 내와 석방 이후 교도소 조직폭력배의 위협을 요약하시오.
- 기초적인 조직폭력배 발전 역사 및 조직폭력배 차이점을 설명하시오.
- 교도소 조직폭력배에 의한 범죄행위의 범위를 설명하시오.
- 교도소 조직폭력배를 대처하기 위한 정보의 역할을 설명하시오.
- 보안위협단체를 위한 금지령과 통제 프로그램을 개관하시오.
- 교정 직원에 대한 보안위협단체의 영향을 설명하시오.

개요

보안위협단체

조직폭력배 발전의 역사와 조직폭력배의 차이점들

교도소 조직폭력배 구성원의 식별

보안위협단체의 범죄 행위

교정 시설의 보안위협단체의 관리

보안위협단체는 국내 테러리즘의 한 형태이다.

"국토안보와 정보: 우리가 인지하는 방법." 캘리포니아주 팜스프링스 세븐 레이크스 컨트리클럽에서 진행된 특강, 2013년 4월 6일

– 브루스 S. 판더

개관

여러분은 제7장에서 보안위협단체(교도소 조직폭력배라고도 불림)의 발생과 문제점에 대하여 언급하였으나 자세하게 논의되지는 않았다는 것을 기억할 것이다. 본래 "교도소 조직 폭력배"로 알려졌고 종종 출판되는 논문에서도 교도소 조직폭력배라는 용어가 종종 사용되지만 최근 교정 분야에서는 보다 넓은 의미를 가진 "보안위협단체"라는 말을 사용하고 있다. 이 장에서 우리는 범죄적 조직폭력배와 그들의 활동, 위협 그리고 관리 문제점들에 대하여 논할 것이다. 우리는 이제 교도소 보안위협단체라고 통합적으로 불리는 교도소 조직폭력배의 생성에 초점을 맞출 것이다. 또한, 우리는 그들의 형성에 대한 간단한 역사적 설명과 더불어 이러한 단체들의 협력과 단체적 행동의 정도에 초점을 맞출 것이다.

보안위협단체

주요용어

보안위협단체
교도소 환경 내에서 하나 이상의 범죄행위를 저지를 목적으로 존재하는 세 사람 이상의 단체 또는 조직

주요용어

길거리 조직폭력배
범죄적 길거리 조직폭력배는 같은 이름과 식별 표시를 가지고 공식적이든 비공식적이든 하나 이상의 범죄행위를 저지르는 것을 주요 활동을 하며 구성원이 개인 또는 단체로 범죄단체 행위에 가담하는 지속되는 조직, 단체 또는 세 명 이상의 모임

주요용어

교도소 조직폭력배
조직폭력배의 초창기에 사용되었던 교정 용어이나 최근 보안위협단체(STG)로 뜻이 동일시됨

주요용어

무법 오토바이 조직폭력배
구성원이 오토바이 모임을 범죄단체를 위한 통로로 사용하는 조직

주요용어

1% 무법 오토바이 조직폭력배
조직의 규칙을 준수하고 폭력에 의하여 억압되며 사회 및 법규와 중대한 갈등을 계속해서 일으키는 행위에 참여하기 위하여 자발적으로 동참한 모든 오토바이 단체

먼저 **보안위협단체**(Security Threat Groups, STG)의 정의에 대하여 토론하여 보자. 많은 학생들이나 법집행 공무원들이 정확한 정의를 잘 이해하지 못하고 있다. 이 장에서의 가장 기본적인 정의는 비록 석방된 구성원은 외부에서 활동할 수도 있지만 보안위협단체(STG)는 형벌 시스템에서 기원하고 미국전역의 교정 시설에서 활동 중인 범죄 단체를 의미한다. 또한 조직폭력배는 형벌시스템의 구금시설 밖에서 그들의 범죄 활동을 계속하는 스스로 계속 존재하는 범죄단체의 실체이다.

넓게 보면 범죄조직폭력배는 그들의 위치를 불문하고 길거리 조직폭력배(Street gangs), 교도소 보안위협단체(STG), 무법 오토바이 조직폭력배(OMG), 1% 무법 오토바이 조직폭력배(OMG), 이웃/지역 길거리 조직폭력배(Neighborhood/local steet gangs) 등 다섯 가지 종류로 구분되어 진다.[1] 대부분의 보안위협단체(STG)는 그들 자체의 소속을 나타내는 표식을 가지고 있다. 모든 수사관이 동의하지는 않지만 이러한 단체에 대하여 사용하는 정의는 다음과 같다.[2]

- **길거리 조직폭력배**(Street gangs)는 미국 전역 거리에서 형성되어진 범죄 단체이다.
- **교도소 조직폭력배**(Prison gangs, 이제 보안위협단체(STG)로 알려짐)는 미국전역의 형벌시스템에서 기원한 교정 시설에서 활동 중인 범죄단체이며, 석방 후에 구성원은 교정시설 밖에서 활동한다. 교도소 조직폭력배는 또한 형벌시스템의 구금시설 밖에서 그들의 범죄 활동을 계속할 수 있는 스스로 계속 존재하는 범죄단체의 실체이다.
- **무법 오토바이 조직폭력배**(OMG)는 그 구성원이 그들의 오토바이 모임을 범죄 단체의 충원수단으로 사용하는 조직이다.
- **1% 무법 오토바이 조직폭력배**(OMG)는 그 조직의 규칙을 준수하고 폭력에 의하여 억압되며 사회 및 법규와 중대한 갈등을 계속해서 일으키는 행위에 참여하기 위하여 자발적으로 동참한

모든 오토바이 단체를 의미한다. 이 정의에 부합하기 위해서는 단체가 계속적으로 존재하며 범죄행위 가담으로 특정되는 공동의 행위 또는 관심을 가진 세 명 이상의 사람으로 구성되어야 한다. 알코올, 담배, 무기 및 폭발물 부서에 따르면 미국에는 약 300여 개의 1% 무법 오토바이 조직폭력배(OMG)가 활동하고 있다.

- **이웃/지역 길거리 조직폭력배**(Neighborhood/local steet gangs)는 전국적 또는 보다 힘이 있는 국가적 조직폭력배를 종종 흉내 내는 특정 이웃이나 지역 내로 한정된다. 많은 이웃 조직폭력배의 주요한 목적은 약물의 배급과 판매이다.

주요용어

이웃/지역 길거리 조직폭력배
전국적 또는 보다 힘이 있는 국가적 조직폭력배를 종종 흉내내는 특정 이웃이나 지역 내로 한정되는 조직폭력배

미국에는 총 33,000개 이상의 조직폭력배에서 약 140만 명의 길거리, 교도소 그리고 무법 오토바이 조직폭력배(OMG) 구성원이 있다고 한다. 종합적으로 조직폭력배는 평균 거의 모든 지역에서 48%의 폭력범죄를 차지하고, 다른 범죄의 90%까지 차지하는 경우도 있다.[3] 미육군 정보센터(NGIC)는 조직폭력배가 점차 전통적인 조직폭력배 범죄가 아닌 범죄(매춘, 폭행, 유괴, 살인, 밀수 그리고 인신매매)와 대출사기, 명의도용 및 위조와 같은 화이트칼라 범죄를 점점 더 저지르고 있다고 보고하였다.

비록 구금 중에도 조직폭력배 구성원은 교정시설 밖의 조직폭력배 활동을 지시하며 통제한다.[4] 조직폭력배 구성원은 조직폭력배 구성원의 구금 중에 조직폭력배 활동을 돕거나 촉진하기 위하여 가족 구성원을 이용한다. 메시지는 작은 종이에 아주 작은 글씨로 적혀져 외부로 유출되고 교정 시설 밖의 조직폭력배 지도자들에게 전달된다. 조직폭력배는 또한 사법기관종사자의 주소 및 다른 조직폭력배의 활동에 대한 정보를 수집하고자 친척이나 다른 사람들에게 경찰, 법원 또는 여타 법 관련 직업에 종사하도록 장려한다. 조직폭력배 활동은 군대의 병사로서 군 조직에서도 발견되어지곤 한다. 그들은 다양한 높은 위력의 화기, 장치, 전투기술 및 통신 장비(핸드폰, 사이버 범죄, 전자 우편 연락, 인터넷을 통한 통신, 신병 모집 그리고 컴퓨터 침입)의 사용을 배운다.

조직폭력배 발전의 역사와 조직폭력배 차이점들

1960년대 이후 대부분의 시설에서 재소자들의 파괴적인 조그만 단체들이 발견되었었다. 몇몇 구성원은 민족, 인종 또는 이념으로 구분되어 단체를 이루었다. 교정관리들은 그들의 존재와 잠재적인 파괴성을 빠르게 인식하였다. 그 당시 교도소 수사관은 규정, 헌장, 헌법 등의 공식적 구조를 만드는 조직폭력배 구성원의 수색에 초점을 맞추었다. 그러나 잘 인지되지 않는 크기가 작은 단체 또한 파괴적일 수 있으므로 교도소 조직폭력배라는 용어는 조직폭력배의 다양성을 반영하기 위하여 보안위협단체로 변경되었다.

1960년대와 70년대, 교도소 조직폭력배들은 자신들의 보호와 수익을 위한 불법 교도소 활동의 독점을 위하여 재소자들과 협력하려고 하였다. 조직폭력배간의 경쟁이 발생하였고 조직폭력배 구성원들은 다른 조직폭력배의 약탈적이고 폭력적인 구성원으로부터 자신들의 구성원을 지키려고 단합하였다. 폭력의 수위는 높아져만 갔다. 1980년대에는 재소자들은 자신들을 **정치적 재소자**라고 자처하였으며 억압받는 자들의 해방자 역할을 자처하였다. 지역사회의 조직폭력배 구성원의 동맹은 퍼져나갔고 그들은 주로 불법 교도소 범죄로부터 이익을 취하고, 조직폭력배 갈등을 피하며 약물 밀수로부터의 수입을 늘리는데 관심을 가졌다. 예를 들어, 교도소가 많은 약물중독자를 구금하고 있고 어떤 조직폭력배가 불법 약물(또는 담배나 알코올)을 교도소 내로 보급한다면 그 조직폭력배는 재정적으로나 영향력 면에서 이득을 취할 것이다. 이러한 영향력과 권력은 자주 약물 사용자로 하여금 보안위협단체(STG)의 명령에 복종하도록 강요하였다.

약물과의 전쟁은 약물을 다른 사람에게 판매하여 자신의 약물남용을 보조하는 하급 중독자와 상급 숙련공들을 같이 제거하였다. 이전 재소자들이 상급의 약물 거래자들과 함께 체포되어서 재구금되었다. 재구금된 조직폭력배 지도자들은 교정시설 밖의 구성원에게 지시를 수행하고 교도소 내외에 범죄행위를 계획하고 통제하기 시작하였다. 교정관리들은 분리와 높은 보안 **안전구금시설**(SHU)의 개발을 통하

주요용어

정치적 재소자
정치적 활동에 참여한 이유로 구금된 자를 의미한다.

주요용어

안전구금시설
재소자의 외부 범죄단체로의 명령을 줄이기 위하여 교도소에서 운영하는 독방 그리고 거실감금과 같은 통제 시설

여 조직폭력배 지도자들을 격리시킴으로써 활동을 줄이기로 결정하였다. 이러한 독방과 감방 내 감금은 외부의 범죄단체로의 지시행위를 줄였으나, 재소자나 단체활동을 완전히 통제하지는 못하였다. 캘리포니아주의 경우, 대부분의 보안위협단체의 지도자들은 보통 하루 거의 24시간 독방에 감금되는 "특수 구금시설"(캘리포니아 Pelican Bay 교도소와 같이)이라 알려진 가장 강력하게 통제되는 교도소 시설에 구금된다. 목적은 높은 보안 위험이나 보안위협단체(STG) 또는 교도소 조직폭력배로 분류된 재소자들을 오랜 기간 동안 격리하는 것이다.

마지막으로 보안위협단체는 만일의 폭력사태에 대비하기 위하여 석방된 조직폭력배 구성원이나 관련자들에게 조직폭력배 활동을 확대할 것을 요구했다. 교정공무원들은 막강한 보안위협단체로부터 자신을 보호하거나 자기방어 또는 **교정공무원 부패**로 인하여 약물이나 기타 불법 물질을 밀반입했다. 보안위협단체의 범죄개입의 한 예로, 약물 판매와 유통의 이익을 극대화하기 위해 어머니, 아내, 여자친구 그리고 기타 사람들을 이용하여 보안위협단체가 수립한 판매목적을 달성하게 하고 수익금의 약 25%를 조직폭력배 구성원에 의하여 관리되는 은행계좌에 입금시키도록 했다. 교정공무원을 포함하여 이러한 규정을 위반한 사람들은 교정 시설 밖에 있는 조직폭력배 관련자들의 보복으로 "**나쁜 뉴스 목록**"에 포함되어진다.

주요용어

교정공무원 부패
수사의 회피 또는 불법행위의 묵인의 대가로 뇌물을 받는 것과 같이 권력을 남용하여 금전 또는 폭력으로부터의 보호와 같은 개인적 이득을 추구하는 교정 공무원의 비행의 형식

주요용어

나쁜 뉴스 목록
문제가 있거나 달갑지 않거나 위험하다고 조직이 결정하여, 해치거나 벌을 가하거나 죽이기로 한 사람들의 목록

교도소 조직폭력배 구성원의 식별

모든 주, 연방정부 또는 지역적 사법관할지역을 통틀어서 일반화하고 의미 있는 결론을 내리기에는 보안위협단체가 너무 많다. 이러한 노력을 어렵게 만드는 것은 다른 지역의 교도소 조직폭력배들이 같은 이름을 사용하나, 조직, 범죄 집단, 구성원 또는 위협수준의 면에서 전혀 다르다는 사실이다. 우리는 이곳에서 주요 보안위협단체(STG)들 몇몇과 그들의 적인 조직폭력배만을 언급한다. 보다 자세한 정보를 원하는 학생은 관심 있는 조직 또는 사법관할지역의 이름(시카고, 텍사스 등)과 함께 "보안위협단체"라는 용어를 사용하여 인터넷

검색 활용을 권장한다.

많은 (전부는 아니지만) 조직폭력배들이 **인종적 또는 민족적 속성**에 기인한다. 그들은 자주 교도소에서 보이며 구성원은 수신호, 문신, 체육시설에서 군중화 또는 특정 색을 사용하는 것을 통해 구별할 수 있다. 그들은 범죄행위에 연루되고, 같은 교도소 조직폭력배 이름을 사용하며, 지속적으로 같이 어울리고, **그래피티**, 조직폭력배 문신, 교도소에 많은 사항을 요구한다. 이 중의 하나는 아리안(Aryan) 형제이다.

조직폭력배 구성원을 식별하는 것은 상대적으로 쉬우나 정확한 정보수집을 요한다. 대부분의 이러한 접근방법은 "교정 감독/보안위협단체(STG)" 자격증을 취득할 수 있는 미국 교정협회 전문자격증 코스에서 취급되어진다. 조직폭력배 구성원을 식별하고자 하는 교정 수사관들은 다음과 같은 것들에 주목한다.

1. 분류 대상자인 재소자가 특정 보안위협단체(STG)의 구성원임을 인정
2. 다른 재소자(그리고 법집행 공무원)가 특정 개인을 보안위협단체(STG)의 구성원이라고 식별하는 경우 이는 신뢰할 만한 정보원을 요구한다.
3. 아직은 신뢰할 수 없는 정보원이 자신이 속한 보안위협단체(STG)의 구성원이라고 해당 개인을 식별하고 다른 정보원도 동일하게 인정하는 경우
4. 재소자가 조직폭력배 활동(처형, 약물 밀매, 인신매매, 갈취 또는 기타 범죄행위)을 반영하는 범죄를 다른 조직폭력배 구성원과 함께 행하는 동안 체포된 경우
5. 조직폭력배 범죄가 집중된 지역에서 자주 활동하거나 거주한 재소자

교정 수사관은 이러한 요소들 중에서 재소자가 해당하는 것이 최소한 두 가지 이상 되는 것을 근거로 조직폭력배 소속을 식별한다.

주요 **히스패닉 보안위협단체**(STG)의 설명은 다음과 같다.

1. 라음(La Eme) 또는 **멕시칸 마피아**로 불리며, 대부분 히스패닉

주요용어

인종 또는 민족성에 기인한 교도소 조직폭력배
같은 인종적 배경, 출생 장소 또는 거주지를 가진 범죄자들만으로 거의 유일하게 구성된 교도소 조직폭력배

주요용어

그래피티
벽, 건물, 울타리 등과 같은 공공의 외관을 손상하는 승인되지 않은 글 또는 그림

주요용어

히스패닉 보안위협단체
교도소 내부나 지역 범죄활동을 위하여 교도소에서 보안위협단체(STG)를 형성한 라틴계열의 재소자 단체

주요용어

멕시칸 마피아
가장 큰 텍사스 보안위협단체(STG)로서, 주로 멕시코에서 온 히스패닉 재소자로 구성된 크고 파괴적인 보안위협단체(STG). 멕시칸 마피아는 구성원이 절대적으로 복종해야 하는 대통령, 부통령, 장군과 같은 군대식 직계조직으로 구성되어 있다.

이나 일부 백인 구성원으로 구성된 조직폭력배. 이들은 아리안 형제(Aryan Brotherhood)와 동맹을 맺고 있다. 그들의 주요 적은 누에스타 패밀리아(Nuestra Familia, 스페인어로 우리 가족)이다.

2. **텍사스 신디게이트**(Texas Syndicate)도 가끔 백인도 받아들이나 대부분 히스패닉으로 구성된 단체이다. 그들이 관계하는 주요 보안위협단체(STG)는 대부분 멕시칸 이민 재소자들로 구성된 국경 형제들(Border Brothers)이다.
3. 이곳에 열거된 마지막 히스패닉 단체는 푸에트리코에서 온 히스패닉과 이 국가의 동부해안가에서 발견되는 은타스(Nntas)이다. 주요 적은 유나이티드 블러드 네이션(United Blood Nation)이다.

주요용어

텍사스 신디게이트
텍사스 신디게이트(스페인어로 Syndicato Tejano)는 (대부분 텍사스 출신) 교도소 조직폭력배로 약 2만 명의 히스패닉 구성원을 포함하고 있다. 텍사스 신디게이트는 멕시칸 이민 재소자(border brothers)와 동맹 또는 연계되어 있고 군대식 모델에 근거한다.

다른 비히스패닉 보안위협단체(STG)는 다음과 같다.

1. 대부분의 흑인 보안위협단체(STG)는 그들의 출신거리 명칭을 사용하고 있다. 이것은 Crips와 Blood 단체를 포함한다. 원래는 정치적 조직폭력배였던 Black Guerilla Family는 교도소에서 주요한 위치에 있다.
2. 남부나 중서부 주에서 발견되는 Folk Nation는 Bloods와 동맹을 맺고 People Nation과 심각한 적대관계를 가지고 있다.
3. 마지막으로 D.C. Blacks는 미국의 수도에 위치하고 있으며 흑인 재소자들에 의하여 설립되었다. 그들의 적은 아리안 형제와 멕시칸 마피아이다.
4. 백인 보안위협단체(STG)로는 최고보안 교도소에서 자주 발견되는 아리안 형제(Aryan Brotherhood)가 있다. 많은 조직구성원들이 구금되어 있거나 기소 중에 있다.
5. 나치 로우 라이더스(Nazi Low Riders)는 새로운 백인 보안위협단체(STG)로 구성원들이 자주 캘리포니아주 최고보안 구금시설에 구금되거나 연방 교도소로 이감되었다.

보안위협단체의 범죄 행위

교정에서 보안위협단체(STG)의 관리에 대하여 논하기 전에 교도소 내부나 외부에서의 조직폭력배 구성원의 범죄 활동에 대하여 아는 것이 도움이 될 것이다. 이러한 범죄들은 조직폭력배 사이의 조합된 연합이나 여러 활동들을 어렴풋이 암시만 해 줄 것이다. 첫째, 보안위협단체(STG)의 범죄활동은 현금과 재산형성을 목표로 한다는 것을 기억하기 바란다. 그들은 마치 지역 매춘 또는 약물 판매상과 같이 부유하고 중독된 불충분한 범죄자들을 먹잇감으로 삼는 별개의 기업 활동같이 보일 것이다. 그들은 공갈, 유괴, 갈취, 폭력을 행사하며 특히 폭력은 그들의 범죄행위에 대한 통제를 강화하기 위하여 행사한다. 폭력은 자주 교정 시설 내에 구금된 주요 조직폭력배 구성원에 의하여 지시되며 주 교정국장, 판사, 경찰, 검사 또는 교정관을 포함한 사법공무원의 암살을 포함한다. 폭력은 또한 금전적 목적과 조직의 힘을 성취하기 위하여 사용되기도 한다. 여담으로 몇몇 수사관은 보안위협단체(STG)를 **국내 테러단체**라고 묘사한다.

주요용어

국내 테러단체
국내에서 활동하거나 지역 법집행 관할지역에서 범죄를 저지르는 테러리스트 단체

구금된 조직폭력배 구성원이 교정직원을 위협하고 협박하여 교정적 명령과 통제를 최소화하는 것은 그리 드문 일이 아니다.[5] 이러한 위협은 보안위협단체(STG) 구성원의 편안함을 최대화하고 조직 구성원을 보호하며 가담하지 않은 재소자의 지배를 견고히 하고 그들의 범죄영향력이 교도소 방벽을 넘어서 미치도록 한다.[6] 교도소 내부나 교정 시설 밖에서의 조직폭력배 활동에 대한 예로 [교정 인물 8.2]를 참조하기 바란다.

교정 시설의 보안위협단체의 관리

교정 시설 내에서 보안위협단체의 관리는 정확한 정보와 **증거기반 분류시스템**의 필요성으로 인하여 복잡한 과정이다. 이러한 것은 쉽게 구하기 힘들기 때문에 반드시 개발되어야 한다. 우리는 여기서 복잡한 접근 방법에서부터 시작하기로 한다.

주요용어

증거기반 분류시스템
재소자가 조직폭력배 구성원인지 분류하기 위하여 그들의 특성이나 특정 범죄자의 행동적 성격을 파악하고자 하는 실무적인 범죄학적 절차

첫째, 교도소 조직폭력배를 관리하는 사람은 어떠한 행위, 소속, 특성이 조직폭력배 구성원임을 나타내는지 알아야 한다. 불법 행위를 식별하고 분류하고자 하는 것은 피의자의 조직폭력배 소속을 찾아내고 교도소 내에서 활동치 못하도록 조직폭력배 소속원을 격리시키는 효과적인 조치를 취하는 것이다. **금지령**은 조직폭력배를 억압하고 다른 재소자들을 이들로부터 분리시킨다. 다른 조치로는 조직폭력배 결집을 느슨하게 하고 다른 사람이나 시설의 질서, 직원, 기타 재소자를 위험에 처하게 하는 행동을 예방하는 것이다. 이러한 모든 행위를 **정보**기능이라고 한다.

조직폭력배 구성원으로 의심되는 자의 초기 식별은 교정 및 사법 정보를 취급하는 고도로 숙련되고 훈련을 받은 **교도소 조직폭력배 수사관**이 구체적인 정보를 검토해야 한다. 이 직원을 통하여, 교도관은 다음과 같은 재소자의 행동을 정보에 입각하여 평가할 수 있다.

1. 다른 주정부의 교정부서, 구치소 또는 교도소 시설 그리고 법집행기관으로부터 받은 대상 조직폭력배의 잠재적인 파괴성에 대한 정보
2. 지역에서의 폭력행동 내용, 직원이나 범죄자의 안전을 위협했던 내력, 폭동, 무기의 제작, 폭행/구타, 약물밀매, 갈취 또는 다른 강제행위의 내력
3. 문신 또는 낙서에 대한 문서, 조직폭력배 관련 서류 또는 관련 정보

일단 초기 분류가 시행되면 개별 조직폭력배 구성원들은 확보된 증거에 의해 등급이 매겨진다. 우리는 여기서 분류계획을 결정하는 예시로 캘리포니아주의 기본 체제를 사용한다. 우리가 캘리포니아주를 선택한 것은 다른 주에 비하여 가장 많은 교도소 조직폭력배와 이들의 가장 긴 역사를 가지고 있기 때문이다.[7] 넓게 보자면 재소자들은 특히 다음과 같은 정보에 의하여 등급이 매겨진다.

a. 표식(2점)
b. 정보원으로부터의 문서(3점)

주요용어

금지령
보안위협단체 구성원의 활동, 증진, 입소 또는 그들의 밀반입품을 직시하거나 멈출 목적으로 행하는 모든 법집행 실행

주요용어

정보
피의자, 재소자 또는 단체에 대하여 정부 기관이 수집한 비밀 정보

주요용어

교도소 조직폭력배 수사관
교도소 조직폭력배 수사관은 기관 또는 개인적 보안위협단체에 대한 정보를 수집하는 것과 잠재적 파괴행위를 방지하기 위하여 이들의 통제 또는 격리를 제안하는 것이 유일한 또는 주요 목적인 훈련된 개인을 말한다.

주요용어

211 크류(Crew)
211 Crew는 1995년 콜로라도주 덴버 구치소의 벤자민 데이브스에서 조직되었다. 211 Crew는 느슨한 반조직적 구조하에 젊은 구성원이 많은 새로운 교도소 조직폭력배에서 흔하게 발견된다. 이 교도소 조직폭력배는 불법 자금 조성과 강도, 절도, 약물 유통과 같은 범죄행위에 중점을 둔다.

교정 인물 8.1

텍사스의 프로파일: 7개의 주요 조직폭력배

텍사스주는 7개의 주요 조직폭력배와 씨름하고 있다. 각 조직은 평생 참여를 강요하고 있다. 일단 이러한 조직 중 하나에 참여하면 죽음만이 유일한 탈퇴방법이다. 각 교도소 조직폭력배는 잘 조직되어 있으며 특정 규칙 또는 헌장 하에서 운영되어진다. 다음 설명은 이러한 조직폭력배와 그들의 역사에 대한 간략한 기술이다.

- **텍사스 신디게이트** 텍사스 신디게이트는 1970년대 중반 캘리포니아 교정시설에서 시작하였다. 이는 몇몇 백인 재소자도 받아들여지지만 대부분 텍사스에서 캘리포니아로 이민을 온 히스패닉 재소자로 구성되어 있다. 폭력적인 행동을 통하여 이 조직폭력배는 두려움의 대상으로 명성을 얻었고 다른 일반 재소자들에게 존중을 받았다.

  캘리포니아 교정시설에서 석방된 후 조직폭력배 구성원들은 텍사스주로 돌아가 계속 불법 행위들을 지속하였다. 이에 따라 많은 구성원이 텍사스주에서 재구금되었다. 그들이 텍사스에 온 이후, 동 조직폭력배는 많은 직원과 재소자에 대한 비치명적인 폭력과 더불어 48건 이상의 재소자와 많은 교정공무원 및 직원의 살인에 연루되었다. 텍사스 신디게이트는 준군사적인 명령체제로 조직되어 있고 엄격한 규칙을 가지고 있다. 이에 대한 위반은 죽음으로 귀결될 수 있다. 조직폭력배 구성원은 캘리포니아, 뉴멕시코, 아리조나, 플로리다, 일리노이 그리고 연방정부 교도소에 구금되어 있다고 알려져 있다.

- **멕시카네미(Mexikanemi)** 멕시카네미 또는 MM은 텍사스주 형사사법 시설에서 가장 크고 가장 빠르게 성장하는 교도소 조직폭력배이다. 멕시카네미는 멕시칸 자유 또는 해방이라는 뜻을 가진 아즈텍 용어이다. 이 단체는 1980년대 초반 텍사스 교도소에서 기원하였다. 초기에는 그들의 문화적 배경에 관심이 있는 재소자의 단체였으나 이후 갈취, 약물 밀매, 재소자 및 직원에 대한 폭력에 가담하는 교도소 조직폭력배로 빠르게 변화하였다.

  이 조직폭력배는 대통령(설립자), 부대통령 그리고 주의 특정 지역을 담당하는 세 명의 장군을 포함한 계층적 구조로 조직되어 있다. 장군들은 특정 시설 내의 활동들을 운영하도록 자기 수하에 부하들을 임명할 수 있다. 이 조직폭력배의 헌장은 "범죄 조직으로서 우리는 조직폭력배의 이익과 발전을 위하여 범죄적 관심의 모든 면에서 활동할 것이다. 우리는 약물을 밀매하고, 살인청부 계약, 매춘, 대규모 강도 그리고 우리가 상상할 수 있는 모든 것을 수행할 것이다"라고 규정하고 있다.

- **텍사스 아리안 형제(Aryan Brotherhood)** 백인 인종차별주의 재소자로 구성된 이 조직폭력배는 1980년대 초반 텍사스 형사사법 시설에서 기원하였으며 전국적으로 발견되는 비슷한 이름을 가진 조직폭력배들과 혼동되어서는 안 된다. 텍사스 아리안 형제는 텍사

스에서 재소자의 살인과 폭행에 연루되었으며 주법원 판사를 암살하려고 공모하였다. 조정위원회 또는 위탁 같은 조직 하에 운영되면서 이 조직폭력배는 그들의 불법 활동을 교도소 밖으로 확장하고 있다.

- **텍사스 마피아** 텍사스 마피아는 주로 백인 재소자로 이루어져 있으나 몇몇 히스패닉도 받아들여졌다. 이 조직폭력배는 특히 불법약물에 밀접하게 연루되어 있다. 많은 구성원들이 필로폰 생산에 연루되어 있으며 오토바이 조직폭력배들과도 연계되어 있다. 이 조직폭력배는 매우 폭력적이며 재소자 살인과 직원 폭행에 연루되어 있다. 이는 텍사스 신디게이트와 밀접한 협력관계를 가지고 있다.
- **누에스트로 카날레스(Nuestro Carnales)** 이 단체는 100명 이하의 구성원을 가지고 있다. 하지만 한 살인 사건을 포함해 몇몇 재소자 폭행에 연루됨에 따라 폭력에 대한 명성을 얻기 시작했다. 한 명의 지도자로부터 계층적 구조로 형성된 이 단체는 지역에서도 기반을 가지고 교도소 내에서도 지위를 유지하려고 노력하고 있다. 이 조직폭력배는 텍사스 신디게이트와 밀접한 관련을 가지고 있는 것으로 보인다.
- **헤르마노스 드 피스톨레로스 라티노스(Hermanos de Pistoleros Latinos)** 텍사스 형사사법 시설 내의 174명으로 구성된 이 단체는 재소자 폭행 및 살인과 같은 불법행위에 연루되어 시설의 보안 문제를 야기하고 있다. 추가적인 104명은 지역으로 석방되었으며 외부의 법집행 기관들에게 영향을 미칠 것이다. 이 단체는 텍사스 신디게이트와 연계된 것으로 보이며 그 단체와 연합 불법 활동을 음모한 것으로 알려져 있다.
- **라자 유니다(Raza Unida)** 이 단체는 텍사스 형사사법 시설 내의 파괴적 단체로 가장 최근에 식별되었다. 오직 64명으로 구성되어 있는 이 단체는 일반 재소자들로부터 다른 교도소 조직폭력배와 같은 지위와 존경을 획득하지는 못하였다. 그러나 이들은 최근 여러 구금시설에서의 재소자에 대한 폭행으로 빠르게 악명이 높아지고 있다. 한 특수한 지역 출신의 재소자를 모집하는 것은 이 단체가 형성되고 교도소 조직폭력배로 성장하는 원동력이 되었다.

출처: Salvador Buentello, "Texas Turnaround: New Strate-gies Combat State's Prison Gangs", *Corrections Today* 54:5 (May 1992): 59.
See also Gary Klivans, "Gang Codes: Gang Identity Theft", American Jails 22:4 (2008): 70-77, and Gary Klivans, "Gang Codes: Not Hiding in Plain Sight", *American Jails* 22:3 (2008): 57-59.
The direct quote for the Mexikanemi is from Sheriff Sigifredo Gonzalez, "Southwest Border Gang Reconition". http://www.senate. state. tx.us/75r/senate/commit/c640/wtpdf/1108-SigifredoGonzalez-2.pdf(accessed September 5, 2014).

c. 결과 보고서(3점)
d. 문안(4점)
e. 사진(4점)
f. 직원 정보(4점)
g. 기타 시설의 정보(4점)
h. 보안위협단체 구성원과 관계(4점)
i. 조직폭력배 구성원의 면회(4점)
j. 본인의 인정(5점)
k. 문신(6점)

10점 이상을 획득한 모든 재소자는 조직폭력배 구성원으로 분류되며 정해지지 않은 기간 동안(보통 6년) 교도소 안전구금시설의 최고 보안 시설의 독방 격리에 처해질 가능성이 높다. 그의 행동과 보안위협단체(STG) 활동의 미참여에 근거하여 그는 조직 활동을 회피함으로 보다 많이 특전을 얻는 **스텝다운 프로그램**에 참여하는 것이 허락된다. 총 다섯 단계 프로그램이 모두 끝난 후에 그는 일반 교도소 재소자들에게 돌려보내진다.

미래의 범죄행위를 예방하고 재소자가 조직폭력배의 참여를 줄이는 **프로그래밍**이 존재한다. 시설에 구금된 재소자는 입소할 때 조직폭력배 전환에 대한 동영상인 "충고와 기대되는 것"이 주어지고 "폭력의 대안", "변화의 고려", "교도소 내의 7가지의 버릇", "당신의 분노의 감금", "이름 없는 조직폭력배", "장애물들의 격파" 등의 다양한 조직폭력배 전환 프로그램에 참여한다. 이러한 프로그램의 개별 또는 연합 효과성은 아직 명확하지 않다.

교도소 조직폭력배의 활동, 폭력 그리고 폭행을 방지하고자 설계된 특정 프로그램과 교도소 정책에도 불구하고 만성적인 조직폭력배 지도자들은 영향을 미치고 재소자나 직원에 대한 공격을 계속적으로 조장한다. 격리 정책은 교도소 조직폭력배에 의하여 강하게 저항을 받는다. 최근 조직폭력배 지도자들은 격리의 수준을 낮추고 조직폭력배의 권한을 새롭게 결합하고자 비조직폭력배 재소자들로 하여금 금식투쟁에 참여하도록 강요하였다.[8] 힘의 투쟁과 이러한 행위들의 결과는 아직 명백하지 않다.

주요용어

발포명령자(Shot Caller)
다른 교도소 조직폭력배의 구성원에 대한 폭행과 같은 사건이나 변화를 명령할 권한이 있는 조직의 지도자

주요용어

백인 우월주의 전사
높은 조직폭력배 구성원의 명령에 따라 움직이는 낮은 계급의 백인 교도소 조직폭력배 구성원. 이 경우에는 교도소 조직폭력배가 백인들이 다른 인종보다 우월하다고 주장한다.

주요용어

스텝다운 프로그램
조직폭력배 구성원이 조직폭력배 행동의 참여를 중단하고 분노 조절과 약물 사회복귀 프로그램에 참여하면 격리시설이나 안전구금시설에서 빠르게 석방하거나 보다 많은 특전을 주는 교도소 정책

주요용어

프로그래밍
범죄자의 재범을 방지한다고 생각되는 고등학교 검정고시를 재소자로 하여금 패스하도록 격려하는 것과 같이 특정 목적을 달성하기 위하여 주어진 지침에 따라 특정 행동 등을 취하도록 하는 것

교정 인물 8.2

이븐 에벨(Evan Ebel)

이븐 에벨은 211 Crew 구성원이었는데, 이것은 벤저민 데이비스에 의하여 덴버구치소에서 1995년 형성된 단체였다. 이븐 에벨은 지금 밀수, 음모, 폭행 교사 등의 범죄로 그의 108년 형기를 복역 중에 있다. 데이비스는 200~1,000명으로 이루어지고 부에나비스타 교정시설에 본부를 둔 211 Crew의 가장 높은 지도자(발포명령자)이다.

에벨은 차량절도와 무장 강도로 8년을 선고받았으며 이후 교정공무원을 폭행하여 4년의 추가 형을 받았다. 에벨은 백인 우월주의 전사로 불릴 수 있다.[9]

에벨이 스터링(Sterling) 교정시설에 구금되었을 때, 그는 폭력으로 다른 보안위협단체의 표적이 되었으나 벤저민 데이비스가 에벨을 그 보안위협단체로부터 보호하였고 따라서 에벨은 211 Crew에 빚을 지게 되었다. 그가 가석방으로 교도소에서 석방되었을 때 211 Crew의 주요 구성원이 되었으며 교도소의 치명적인 복수를 수행하고 총기와 약물을 취급하여 자금을 모았다고 알려져 있다. 이러한 소득은 구금된 211 Crew 구성원들에게 분배되었다.

교도소 기록에 따르면 에벨은 구금 중에 많은 문제를 일으켰다. 그는 강도, 위협 그리고 여자 교도관 협박과 같은 다양한 행동으로 최소한 28회의 징벌을 받았다. 그는 그가 거리에서 그녀를 만나면 꼭 죽일 것이고 그녀는 죽기 전에 그녀의 목숨을 구걸할 것이라고 약속했다.[10] 그는 59일 동안 금치를 받았으며 면회권한을 박탈당하였다. 그는 다른 두 명의 교정공무원과 재소자를 죽이겠다고 협박하였다. 교정 직원을 협박하는 것에 더하여 그는 교도관의 명령을 불복종하고 다른 재소자와 싸움을 하였다. 에벨은 그의 모든 형기를 채웠어야 하는 폭력적이고 위험한 재소자로 구분되었어야 했다. 그러나 종교적 실수가 에벨이 가석방이 될 수 있도록 하였으며 전자감시 가석방으로 출소하였다. 에벨은 그의 감시를 불이행한 것으로 보고되었으나 가석방 담당자는 그의 가석방을 취소하지 못하였다.

그는 그의 핸드폰 기록이 보여주듯이 211 Crew 동료들과 즉각적인 접촉을 하고 있었다. 다른 조직폭력배 조직원들이 그에게 차량을 구입하도록 자금을 지급하였고 위조된 차량 번호판을 구해주었으며 피자 배달부를 살해할 것을 도왔다고 알려져 있다. 게다가 보고된 것과 같이 조직폭력배원들이 탐 클레멘츠(Tom Clements)의 살인 준비를 위해서 그를 대상의 거주지로 안내하였다. 살인 후에 211 Crew는 알려진 바와 같이 그를 안전한 장소로 피신시켰다.

피자배달부 재킷을 입고 에벨은 교도국장인 탐 클레멘츠의 문을 노크하였으며 총으로 그를 사살하였다. 이븐 에벨은 텍사스 북쪽 지역으로 피신하였으며 경찰관들과 총격 중에 사망하였다. 총기 검사가 밝힌 바와 같이 그가 죽을 때 사용한 총기는 탐 클레멘츠를 죽일 때 사용하였던 것과 같은 총기였다. 에벨의 차량에서는 폭탄을 만들 수 있는 물질과 어떻게 폭발물을 만드는 지에 대한 수기 설명서가 발견되었다. 211 Crew 구성원의 수사를 위하여 20개의 수색영장을 발부한 콜로라도주 엘파소 카운티 조나단 워커(Jonathan Walker) 판사도 죽이려는 대상이었다고 통보받았다. 워커판사는 이 경고를 들었을 때 피신하였다.

수사관들은 콜로라도 스프링스의 주요한 조직폭력배 구성원들은 가석방 규칙을 위반하거나 범죄를 저질러서 교도소로 재구금되고 교정시설 내에서 211 Crew의 입지를 강화시키라고 지시를 받는다고 주장한다.

출처: Kirk Mitchell, "Evan Ebel May Have Killed Prisons Chief to Repay 911 Crew Favor", *Denver Post*, March 25, 2013, http://www.denverpost.com/breakingnews/ci_23947814/evan-ebel-may-have-killed-clements-repay-favor (accessed June 27, 2013); CNN U.S., "Texas Authorities: Bomb-Making Materials Found in Colorado Suspect's Car". http://www.cnn.com/2013/03/26/us/texas-suspect-car-search/index.html (accessed August 27, 2013); Jim Spellman and Chelsea Carter, "Records: Evan Ebel Told Prison Guard She Would 'Beg for Her Life,'" http://www.cnn.com/2013/03/ 28/justice/colorado-prison-chief-killed (accessed August 27, 2013).

요약

교도소 내부 또는 구금에서 석방후의 교도소 조직폭력배의 위협에 대하여 요약하시오.

교도소 보안위협단체(교도소 조직폭력배)는 범죄행위에 연루된 세 명 이상으로 구성된 범죄 조직이다. 이들은 시설의 지시, 보안 그리고 안전은 물론 교정공무원, 다른 조직폭력배, 소속하지 않은 재소자, 일반 사회의 잠재적 피해자에게 명백하고 현존하는 위협이 된다. 그들의 세력과 영향은 그 보안위협단체의 지도자들이 교정 시설 밖의 잠재적 시민들을 대상으로 범죄를 계획하는 것을 통하여 교도소의 범위를 넘어서 확장한다.

조직폭력배의 발전의 역사와 차이점에 대하여 설명하시오.

교도소 조직폭력배는 20세기 후반에 변화에 불을 지폈던 주요한 문화적 변화로부터 발생하였다. 흑인 이슬람교도들이 처음에 나타났으나 곧 보안위협단체가 많은 형식으로 다양한 범죄적 동기를 가지고 발생하였던 것이 곧 명백해졌다. 교도소 조직폭력배라는 용어가 이러한 복잡성을 반영한다. 많은 범죄 조직폭력배는 인종, 민족 그리고 지역적 배경을 가지고 조직되었다. 대부분은 다른 사람들과 다른 조직폭력배 구성원을 제외하였고 교정 시설 밖의 일반인들을 위협하였다. 조직폭력배는 조직과 지도력의 형태 및 크기와 폭력의 강도에 있어 분명히 구분된다. 몇몇은 지역 구치소에서 발전하였고 어떤 것들은 현재 구금된 조직폭력배들의 위협에 대한 대응이었다(공격 및 방어 목적). 가장 큰 보안위협단체는 히스패닉 범죄자들로 구성되어 있으며 준군사적 조직을 가졌다. 보안위협단체들의 규모와 복잡성의 정도가 무엇이든 간에, 각각은 재소자, 교정직원, 시설 내부의 질서 그리고 자유세계 시민들의 안전에 어떤 위협이 되는데, 이런 시민들의 유약하고 교양있게 행동하는 것은 그들의 잠재적 취약성을 더 높게 만든다.

교도소 조직폭력배가 저지른 범죄 활동의 범위를 설명하시오.

보안위협단체들은 살인, 암살, 협박, 약물법 위반, 부패, 위협, 갈취, 강도 그리고 중폭행과 같은 다양한 계획범죄를 저지른다. 조직폭력배 지도자는 조직의 지휘자로 교도소 내부와 교정시설 밖에서의 모든 범죄를 지시한다. 또 다른 중요한 결과는 시설 공무원의 부패와 그리고 판사, 주 교정국장, 지역사회통제 공무원과 같은 교정 직원들에게 이들이 행하는 개인적 위협으로 나타난다.

조직폭력배는 교정공무원들이 잘 이해하기 어려운 언어를 사용하거나, 암호화된 편지를 통하거나 또는 시설 외부로 밀반출되는 종이에 쓰인 외국어로 소통한다(아랍어를 포함). 면회객은 교도소 종사자가 이해할 수 없는 기억가능한 직접적인 메시지로 소통한다. 가끔 도청 녹음이 해석되기도 하나, 대부분은 시간이 많이 소비되고 범죄행위를 저지하지는 못한다.

교도소 조직폭력배에 대처를 위한 정보의 역할을 설명하시오.

이러한 교도소 범죄조직의 통제는 많은 정보의 수집과 교도소 및 다른 사법기관 간의 정보 교류를 요구한다. 어떤 교도소는 밀반입품을 금지하고 높은 지위의 지도자를 식별하기 위하여 정보분석관을 고용하기도 한다. 일단 신원이 파악되면 재소자는 그들이 격리되고 엄격히 통제되며 그들의 조직폭력배 활동을 그만 두게 하는 다양한 프로그램이 제공되는 안전구금시설에 재배치된다.

교도소 조직폭력배의 기본적인 통제 프로그램과 금지령을 간략히 설명하시오.

교도소 조직폭력배 단체 멤버가 형성되면 조직폭력배 지도자는 독방에 구금되고 다른 낮은 수준의 동료들과 의사소통이 제한되는 안전구금시설로 자주 보내어진다. 조직폭력배로부터 탈퇴하거나 안전구금시설의 엄격한 통제로부터 나오고 싶어 하는 조직폭력배 구성원은 조직폭력배를 탈퇴하고 엄격한 보안구금으로부터 일반 재소자들이 있는 곳으로 옮길 수 있다. 대규모의 교도소 인구를 가진 많은 주정부는 식별, 격리, 스텝다운 프로그램을 개발하였다. 보안위협단체는 사라지지 않을지 모르나 관리될 수는 있다.

교정 직원에 대한 보안위협단체의 영향을 서술하시오.

보안위협단체는 개별재소자, 교정공무원, 여성 또는 소수민족 공무원, 다른 조직폭력배 구성원들에게 심각한 위협이 된다. 이러한 위협 아래에서 많은 교정공무원들이 자신들의 생명과 그들 가족의 생명을 보호하기 위하여 부패하곤 한다. 금지령을 사용하는 노력은 공무원에 대한 위험과 위협의 수준을 낮출 뿐 아니라 교도소 내의 긴장과 폭행을 감소시킬 것이다.

교정 직원을 위협하고 무력화하고 부패시키는 보안위협단체의 능력은 규칙이 강제되지 않게 하고, 보안위협단체의 지도자에게 유리하고 특별한 특권을 허용하며 그리고 현재의 교도관이나 교도관 지망생에게 높은 수준의 감정적인 고민거리가 되고 있다.

주요용어

보안위협단체 ··· 286
길거리 조직폭력배 ··· 286
교도소 조직폭력배 ··· 286
무법 오토바이 조직폭력배 ··· 286
1% 무법 오토바이
조직폭력배 ··· 286
이웃/지역 길거리
조직폭력배 ··· 287
정치적 재소자 ··· 288
안전구금시설 ··· 288
교정공무원 부패 ··· 289
나쁜 뉴스 목록 ··· 289
인종 또는 민족성에 기인한
교도소 조직폭력배 ··· 290
그래피티 ··· 290
히스패닉 보안위협단체 ··· 290
멕시칸 마피아 ··· 290
텍사스 신디게이트 ··· 291
국내 테러단체 ··· 292
증거기반 분류시스템 ··· 292
금지령 ··· 293
정보 ··· 293
교도소 조직폭력배
수사관 ··· 293
211 크류(Crew) ··· 293
발포명령자(Shot Caller) ··· 296
백인 우월주의 전사 ··· 296
스텝다운 프로그램 ··· 296
프로그래밍 ··· 296

복습질문

1. 보안위협단체(STG)는 무엇이고 어떻게 발생하였는가?
2. 교도소 조직폭력배와 관련한 전국적인 추세는 어떠한가?
3. 어떻게 보안위협단체가 위협이 되는가?
4. 보안위협단체를 관리하는 접근방법들에는 어떤 것들이 있는가? 그들은 효과적인가?
5. 시설 조직폭력배 수사관의 임무와 중요성에 대하여 서술하라.
6. 조직폭력배 구성원은 어떻게 구분되는가?
7. 보안위협단체의 미래는 어떠한가?
8. 만약 보안위협단체가 계속 증가한다면 그들의 영향력을 줄이기 위하여 교정관리는 무엇을 할 수 있는가?
9. 보안위협단체에 대한 통제 목적으로 감방의 배치를 자유롭게 하기 위하여 저위험 재소자는 구금으로부터 석방되어야 하는가?
10. 보안위협단체의 전국적 추세는 어떠한가?

적용사례연구

1. 교도소 정보원이 어떠한 재소자에 대한 공격이 임박했다고 알려왔다. 그 재소자를 보호하기 위하여 당신은 무엇을 할 것인가?
2. 직원이 쓰러지면 알리는 경보가 어떤 직원 중 한 명이 현재 공격을 당하고 있다는

것을 알려왔다. 당신은 무엇을 할 것인가?

3. 두 교도소 조직폭력배 지도자들이 서로 공개 싸움을 하겠다고 공포하였다. 주요 한 충돌은 아직 발생하지 않았다. 이러한 충돌을 막기 위하여 당신을 무엇을 할 것인가?

미주

1. National Gang Intelligence Center, *2011 National Gang Threat Assessment: Emerging Trends* (Washington, DC: U.S. Department of Justice, 2012).
2. Ibid.
3. Ibid., p. 7.
4. Federal Bureau of Investigation (2012), "Gangs," http://www.fbi.gov/about-us/investigate/vc_majorthefts/gangs (accessed September 6, 2014).
5. Michael Montgomery (2015), "Gangs Reach Out of Prison to Commit Crimes," http://www.npr.org/templates/story/story.php?storyid=4525733&sourceCode=RSS (accessed July 22, 2013). See also Gary Klivans (2013), "The Art of Deciphering a Gang Code," http://www.correctionsone.com/gang-and-terrorist-recruitment/articles/5885211-The-art-of-deciphering-a-gang-code/; "How Prison Gangs Communicate," http://prison-offenders.com/gangs_in_prisons.html.
6. Scott Barber, "District Attorney's Murder Could Mark Deadly New Chapter for White Supremacist Group," http://news.nationalpost.com/2013/04/06/district-attorneys-murder-could-mark-deadly-new-chapter-for-white-supremacist-gang/ (accessed August 27, 2013) "Prison Offenders: Extortion in Prison," http://prisonoffenders.com/prison_extortion.html.
7. Barber, "District Attorney's Murder Could Mark Deadly New Chapter for White Supremacist Group."
8. Jim Spellman and Chelsea Carter (2013), "Records: Evan Ebel Told Prison Guard She Would 'Beg for Her Life,' " http://www.cnn.com/2013/03/08/justice/colorado-prison-chief-killed (accessed September 6, 2014).
9. State of California Department of Correction and Rehabilitation, "Security Threat Group Identification and Management," http://www.cdcr.ca.gov/Regulations/Adult_Operations/docs/NCDR/2014NCR/14-02/Supplemental_Documents_Assorted_1.pdf (accessed September 6, 2014).
10. Maggie Caldwell and Josh Harkinson, "50 Days without Food: The California Prison Hunger Strike Explained," http://www.mother-jones.com/politics/2013/08/50-days-california-prisons-hunger-strike-explainer(accessed September 5, 2014).

CHAPTER 9
관리 및 치료기능

학습목표

- 교정 시설 내의 보안 및 구금 기능을 요약하시오.
- 교도작업을 포함한 교도소 내의 다양한 치료 프로그램을 요약하시오.
- 재소자의 건강관리와 관련된 치료 이슈를 요약하시오.
- 교정 관리와 관련하여 널리 퍼져있는 세 가지 주제를 설명하시오.
- 치료를 위한 분류와 보안을 위한 분류 사이를 구분하시오.
- 치료가 필요한 재소자를 어떻게 식별하는지에 대해 설명하시오.
- 교도소 프로그램이 어떻게 재범을 줄일 수 있는지에 대해 설명하시오.

개요

치료 모델

인식과 교정 관리

보안과 치료를 위한 분류

교도소 내의 치료
- 건강과 의료 서비스
- 흡연
- 종교적 지원 및 서비스
- 재소자를 위한 교육 및 훈련 프로그램

직업적 사회복귀 모델

재통합 모델
- 교도소와 재범

최근 출판된 평가 연구는 (약물 중독 재소자 대상 교도소 치료 프로그램에 대한) 프로그램을 성공적으로 마친 범죄자들의 재범률이 현저하게 일관적으로 감소된 것으로 보고되었다.
– 더글라스 S. 립튼 (1995)

개관

제7장에서 우리는 밀반입품, 보안, 직원, 구금, 훈육 등 구금에 관련된 문제점들에 초점을 두었었다. 쉽게 이해할 수 있듯이 이러한 문제점들은 교정관리들과 관리직원의 우선적인 관심사이고 주정부 또는 지역 교정시설이 제공하는 예산과 그들의 업무시간을 이러한 문제에 사용한다. 이 점은 우리로 하여금 교정 분야에서 관리방식들을 개발하고, 보안과 치료라는 교정의 중요한 두 가지 전술적 과정에 이들을 적용하는 것에 관심을 갖게 한다. 구금은 관료제 형태의 관리방식을 오랫동안 유지하여 왔다.

결국 교정과 교정시설은 사회에서 인식된 사회문제를 해결하려는 국민의 의지와 입법적 활동의 산물이다. 초기의 교도소와 구금시설은 범죄자들을 가두어 두려는 사회적 희망에 비추어 전혀 문제가 없었다. 그러나 20세기에 들어서서 범죄자들을 위하여, 범죄자에게, 범죄자들과 함께 우리가 진정으로 원하는 것이 무엇인지를 결정하기 위하여 노력하여 왔다. 제3장에서 언급한 바와 같이, 이러한 모델의 복잡성은 교정관리들에게 계속적으로 문제가 되고 있다. 관리자로서 소장들은 보안/구금을 주로 담당하는 직원과 프로그램/치료를 담당하는 직원들 사이에서 갈등한다. 21세기의 두 번째 10년을 지나가는 동안 우리는 과밀수용, 예산삭감, 고객의 변화 그리고 그 외 여러 가지 문제점을 다루는 동안 두 가지 목표를 달성해야 하는 교정행정관리들이 직면한 문제점들을 이해하여야 한다. 제7장에서 언급한 바와 같이 구금의 기본적인 역할은 사회를 보호하는 것이다. 재소자를 사회로 복귀시키려는 치료 노력은 재소자에게 인간적인 방식으로 봉사할 준비가 되어 있다. 치료는 재범을 낮추고 이에 따라 공공 안전을 증진시킨다.

교도소에 비자발적으로 수감되어 석방을 기대하는 재소자들은 교도소 내에 거주하지만 관리나 행정적인 분야에 전혀 개입하지 않는다. 보다 나은 교도소 체제에서 재소자는 사회로 돌아갈 때를 대비하도록 설계된 인간적인 치료와 대접을 받는다. 그러나 대부분의 재소자들에게는 구금에 대한 필요성과 관리와 직원의 철학적 성향이 치료기회의 제한 또는 거부를 의미할 것이다. 이 장에서는 범죄성향을 줄이는 동시에 법 준수 동기를 강하게 하도록 설계된 치료 프로그램과 정책의 현재 상태를 다룬다.

치료 모델

치료 서비스는 일반적으로 재소자가 종종 취약성을 나타내는 직업훈련, 교육, 약물남용교육, 성범죄자 행동치료, 폭력감소 프로그램, 정신건강 서비스, 상담, 종교행동, 집단 정신치료, 기타 임상활동 등을 포함하며 범죄자 사회복귀에 중요한 역할을 하는 것으로 보인다.[1] 과거에는 특히 규모가 큰 시설에서는 치료를 위한 자원과 직원의 배치가 중요하다고 생각되지 않았으며 국가 전체적으로 시설 직원을 위한 지출의 단 10%만이 **치료서비스**에 배정되었다.

자원이 불균형적으로 배치되는 부분적인 원인은 치료와 구금 업무 사이의 기본적인 성향의 차이에 기인한다. 구금담당 직원은 하루

주요용어

치료서비스
재소자의 욕구를 충족하고 재범을 방지하려고 설계된 모든 교도소 내의 프로그램

24시간, 일주일에 7일, 365일 매일 근무를 하여야 한다. 교도소는 국경일에 쉬지 않는다. 게다가 교정시설 내에서 밤이고 낮이고 몇몇 재소자는 움직이고, 매시간 재소자 사이에 폭력이 발생하며, 시간과 관계없이 일반재소자들 사이에 조용할 시간이 없다.

치료 담당 직원은 이와 반대로 하루 8시간, 일주일에 5일만 근무하고 국경일, 휴가, 주말에 휴무한다. 구금 직원이 아프거나 휴가를 가면 그 자리는 다른 교정공무원에 의하여 대체근무(**땜빵근무(Backfilled)**라고 불린다)되어야 한다. 이는 누군가가 추가근무를 하는 것을 요구하지만 공중을 보호하기 위한 최소한의 필수 근무직원이 유지되어야 하기 때문에 반드시 행해진다. 보안은 아직 교정의 주요한 임무이다.

주요용어

땜빵근무
교정공무원에게 근무 이후에 다시 근무하도록 하여 최소한의 근무 인원수를 충족하는 관리전략

교정 프로파일 9.1

교도소 정신과 의사

교정 시스템에서 종사하는 정신과 의사가 항상 보수를 적게 받거나 사설 병원보다 적은 소득을 올리는 것은 아니다. 예를 들어, 캘리포니아주에서는 수년간 정신건강 분야의 인원 부족이 예방할 수 있는 많은 재소자들의 죽음을 야기하고 있기 때문에, 인원을 확충하라는 연방법원의 명령을 받고 있었다. 이후 정신과 의사의 현재 월급은 13,300불에서 최대 24,200불까지 이르고 있다. 법원의 명령으로 인하여 캘리포니아주는 보수를 82% 인상했다. 주정부 정신병원에 근무하던 정신과 의사들은 교정 및 교화 부서로 이동했고 이는 정신질환 환자와 의사의 비율을 의사 1명당 100명의 환자까지 높였고 정신과 의사의 구인율이 70%까지 치솟았다. 이에 따라 같은 지역 연방법원은 캘리포니아 주정부에게 주정부 정신건강 병원의 정신과 의사의 연봉을 251,000불까지 인상하라고 명령했고 이로써 교정부서로의 정신과 의사의 이동은 더 이상 없었다.

캘리포니아주의 정신과 의사의 월급은 평균 약 시간당 123불이다. 추가적인 보수를 위하여 야간 대기근무 또는 당일 당직의사와 같이 추가적인 근무를 하는 선택사항이 있다. 2011년 주교도소에서 가장 많은 보수를 받은 정신과 의사는 822,300불을 받았다. 캘리포니아 노조 지도자는, 추가 근무가 외부 계약자를 고용하는 것보다 비용이 적게 들고, 캘리포니아주는 거주비용이 많이 들며 정신과 의사가 전국적으로 부족하기 때문에 이러한 소득이 정당하다고 주장한다.

출처: *Coleman v. Schwarzenegger,* U.S.D.C. (E.D. Cal, Case No. CIV S-90-0520 LKK J FM P), 2009, http://harvardlawreview.org/2010/01/eastern-district-of-california-holds-that-prisoner-release-is-necessary-to-remedy-unconstitutional-california-prison-conditions-ae-coleman-v-schwarzenegger-no-civ-s-90-0520-lkk-jfm-p-2009/.

치료 담당직원이 아프거나 휴가를 가면 그 자리는 보통 그 직원이 다시 돌아올 때까지 채워지지 않는다. 24시간 항시 근무는 5.4~5.65명의 정규직 직원을 요구하기 때문에 직원 비율은 항상 구금 직원에게 많은 무게를 둔 것으로 보인다.

전반적으로 교정기관에서는 소수의 인원이 사회 또는 정신서비스 분야에 고용되며 교정시설 내의 정신과 의사의 수는 아주 극소수이다. 진료업무, 위기개입, 심사절차 등이 이러한 분야에 종사하는 사람들의 주요 업무이다. 또한, 몇몇 치료 직원은 규정위반심리법원, 분류 또는 재분류 위원회, 구금완화시설 이송자 선정위원회(honor placement committees) 등을 참석하는 데 많은 시간을 소비하고 진행 중인 재소자의 치료에 사용할 시간이 부족하다. 예를 들어, 전국의 교도소에 있는 남성 집단 정신치료사들은 약 1/3의 시간을 개인 정신치료에 사용하고 1/3 미만의 시간을 집단 치료에 사용한다.[2] 게다가 교정행정직원과 치료 담당직원은 종종 구금, 보안 그리고 평온의 유지를 담당하는 직원들과의 사이에 존재하는 뿌리 깊은 반감과 맞서야 한다.[3]

시설의 주요 임무를 담당하는 많은 직원과 교화치료를 담당하는 직원사이의 내재된 갈등 때문에, 많은 진보적인 구금시스템(연방 교정국, 몇몇 구치소, 캔사스주 등)에서는 "구획별 팀관리"라고 알려진 정책을 도입하였다. 재소자와 해당 보안 및 치료 직원이 구획(pod)이라고 알려진 구금 계획에 따라, 보안과 교화 치료에 대하여 모두 책임을 진다. 구획관리의 기본적인 목적은 보안과 프로그램의 기본 기능을 통합하는 것이다. 보안과 안전을 기반으로 하지 않는다면 어떠한 프로그램도 안전하거나 효과적일 수 없기 때문에 제복을 입은 직원은 이를 최대화하도록 훈련받는다.

재소자는 구금이 될 때 위험성과 욕구의 정도에 따라 평가를 받는다. 효과적인 프로그래밍과 재소자들이 사회에 복귀하는 것을 돕는 교화적 치료를 위하여 재소자의 욕구수준에 대한 자세한 조사가 설계되었다. 이는 모든 팀의 구성원들이 재소자에게 그들 자신이 최종적으로 사회에 돌아가는 것을 준비할 수 있도록 돕는 다양한 프로그램을 제공함으로써 지역사회를 보다 안전하게 만드는 책임을 공동으로 진다는 것을 의미한다. 이러한 서비스들은 각 구금 구획 내의 개개인을 위하여 개별 치료 프로그램으로 맞추어져 시행되며 적용되고 유지된다. 이는 재소자가 사회에 돌아갔을 때 지역사회를 보다 안전하게 만드는, 정확한 프로그램의 제공과 서비스의 적용이 이루어지는 구획별 팀 치료 계획이다.

제복근무직원 외에, 구획 팀은 교정 상담자, 업무 배정 직원, 학업 및 직업교육과 스스로의 사회복귀를 담당하는 교육자를 포함하고, 정신건강서비스를 제공하거나 촉진하며 그리고 인지기술을 높이는데 전문화되어 있다. 프로그램의 부차적인 목표는 노동윤리, 목표설정 그리고 재발방지 능력을 증진시키는 것이다. 일반적으로 구획 팀 관리자는 구금 구획의 일반 업무에 대하여 책임을 진다. 구획 팀의 목적은 서비스와 프로그램을 나누어 공급하고 개인의 욕구에 대한 관심에 집중하며 개별 재소자의 특정 요구를 충족하고, 의료, 정신 건강, 교육 프로그램을 계획하는 것이다.

구획 팀은 재소자에게 작업할당량을 제시하는데, 이것은 재소자에게 작업기술과 작업태도를 주입하기 위한 것이다. 그리고 구획팀은 재소자의 발전 정도를 검토하여 그들의 개인적 발전에 대한 평가를 재소자에게 통보하고, 개인별로 태도 및 적응에 대하여 상담하며, 석방에 대한 상담과 계획에 중점을 맞춘다. 효율적으로 운영되는 팀에서 구획팀에 대한 재소자의 방해는 매우 적은 수준으로 보인다.

최근에 들어서서야 치료를 담당하는 부소장을 구금 담당 직원 중에서 승진시키지 않고, 사회과학분야에서 훈련을 받은 사람 중에서 선발하기 시작했다. 이는 일반적으로 현장 구금 담당자는 훈련과 교육을 통한 것이 아니라 경험과 문제를 일으키지 않음으로써 그 직위를 얻은 것이기 때문에 중요하다. 따라서 고등학교 (아니면 이보다 낮은) 교육을 받은 사람이 훨씬 더 많은 교육을 받은 정신과 의사, 심리학자, 의학박사나 간호사, 사회복지근무자, 교육자들을 지휘하기도 한다. 불행하게도 치료가 점차 중요해짐에 따라 이러한 역할은 많은 문제점을 야기한다.

인식과 교정관리

교정관리에서 세 가지의 널리 알려진 주제가 많이 논의되고 있다. 첫째, 통제와 교화라는 목적이 교정관리로 하여금 범죄자는 반드시 개선되고 통제되어야 하는 도덕적, 심리적, 신체적, 교육적으로 열등한 인간이라는 인식을 강요하고 있다. 이 인식의 결과로 교정관리는 그들이 관리하는 자원을 주로 개별 범죄자에게 집중하고 있다. 범죄자가 조직 활동의 주요한 목표이기 때문에, 교정적 개입의 재통합 모델에서 핵심 사항인 지역사회 자원을 활용하고자 하는 노력은 거의 하지 않고 있다. 이러한 관리방법은 범죄자 전환처우를 치료와 감시의 목적으로 취급하고, 잘 정리되지 않는 여러 가지 전문가들을 모집하고, 앞에서 말한 바와 같이 학교, 고용 서비스, 지역센터와 같은 지역사회 시설과 공동으로 협력하려는 노력을 거의 하지 않게 되는 결과들을 가져왔다.

주요용어

점진적인 접근방법
새로운 프로그램의 설계와 시행에 천천히 진행하는 접근방법

두 번째로 교정 관리의 지속적인 성격은 프로그램 개발과 변화에 대한 **점진적인 접근방법**이다. 이 접근 방법은 새로운 의견(병영캠프와 같은)에 대한 다소 경솔한 적용과 옛 시스템에서 무엇을 없애고 무엇을 더할 것인지에 대하여 어설프고 비과학적으로 결정하게 만든다. 시스템 관리의 현저한 안전제일주의는 친숙한 방법을 바꾸지 않게 만들고, 위험회피에 집착하게 하며, 새로운 방법을 도입할 때 명목을 우선하게 만든다.

교정관리들은 그들이 이 두 가지 현실의 피해자이기 때문에 이러한 상황에 그렇게 책임이 있지 않다. 즉, 이것은 범죄문제의 원인과 대책의 사회적 불확실성과 대안을 고려할 수 있고 결과를 추정할 수 있는 굳건한 정보시스템을 최근까지 공급하지 못한 사회과학 연구환경 탓이다.[4] 그럼에도 불구하고 교정관리들을 개혁가로 만들기 위하여, 현재 변화의 과정을 둘러싸고 있는 어려움과 좌절을 직면할 필요가 있다.

우리가 설명하였던 일반적인 추세와 반대로 움직였던 교정조직 및 프로그램 변화의 많은 사례들에 주목할 필요가 있다.[5] 몇몇 실험

적 프로그램은 이론적 전제에 의하여 뒷받침되며 객관적으로 평가되어 왔다. 재범감소를 위한 프로그램의 효과성 검증을 위해 최근 사용된 **메타 분석**은 몇몇 프로그램(교육, 분노조절, 직업훈련, 인지행동치료 등)이 가석방 이후 재범을 감소시킨다는 실질적인 증거를 제공하였다. 이것은 혁신과 향상된 지식의 배포 그리고 가까운 미래에 더 많은 치료가 제공될 것을 예상케 한다. 사실 자원이 점차 부족해짐에 따라 많은 교정 시스템들은 그들이 제공하는 프로그램의 효과성에 대하여 면밀히 조사하고 있고 증거기반실천에 점차 가까워지고 있다. 오레곤주는 75%의 교정 프로그램 예산을 증명된 증거기반프로그램에 사용되어야 한다는 법률을 제정하였다.

주요용어

메타 분석
자료를 병합하고 병합한 자료를 사용하여 결과의 효과성을 검증하는, 독립적인 연구이지만 비슷한 실험에 적용하는 양적 통계 분석

세 번째 그리고 마지막으로 과거의 교도소 문화로부터 현재의 교정관리에까지 깊이 뿌리박혀 있는 인식은 **고립과 퇴행** 증후군이다. 이러한 상황은 대중으로부터 교도소 및 보호관찰, 가석방 시설 내의 삶의 현실을 감추게 만들어, 선입견과 미신이 만연하게 만든다. 결국 교도소는 범죄를 많은 사람들의 마음과 시야에서 보이지 않게 하도록 설계되었다. 교정관리는 이러한 요구를 따르는 것이 편리하다는 것을 발견하였다. 지역사회 기반의 교정 프로그램이 신중하게 발판을 만들어 가려고 할 때 그것의 관리는 직관적으로 공개적인 조사와 판단에 공개하는 것을 꺼린다. 경찰이 범죄와 처벌에 대한 의견을 공격적으로 공개하려고 하는 반면, 교정의 지도자들은 이전(또는 현재)의 재소자가 그 지역에 활동을 하고 있어도 특히 논쟁의 여지가 있는[6] 공개적인 토론을 피하려고 하는 경향이 있다.

주요용어

고립과 퇴행
체계적이고 이성적인 계획이 없이 프로그램을 도입하는 것

이러한 경향은 심각한 결과를 가져왔다. 교정 분야는 필요한 변화에 대한 지원과 대중의 이해를 얻는 데 거의 성공한 적이 없다. 범죄의 성격과 이의 치료에 대한 단순하고 잘못된 개념이 무성해졌는데, 이것은 부분적으로는 갈등이나 위기상황이 그렇지 않았으면 무관심하였을 대중의 관심을 불러일으켰을 때보다 세련된 해석을 제공하는 효과적인 대변인의 부족 때문이다.[7]

보안과 치료를 위한 분류

주요용어

분류
입소하는 재소자를 시설과 프로그램으로의 배정을 위하여 의미 있는 범주로 나누고 할당하는 과정

주요용어

외부 분류
관리자가 재소자를 시설에 배정하는 과정

주요용어

내부 분류
재소자에게 프로그램과 작업의 유형과 거실을 배정하는 과정

주요용어

재분류
재소자의 통제 및 프로그램이 변하게 하는 과정

분류는 재소자 집단을 보안과 치료의 목적으로 관리할 수 있는 그룹으로 나누는 과정이다. 주요한 목적 중의 하나는 사람들을 위험성, 도주 가능성, 치료욕구, 조직폭력배 가담 등의 성격에 대하여 거의 비슷한 사람끼리 모으는 것이다. 이후 비슷한 그룹은 해당 보안 수준과 치료 프로그램에 할당될 수 있다. 재소자를 다양한 교도소 시설에 할당하도록 나누는 것을 **외부 분류**라고 한다. 이후 재소자는 재소자의 지각된 위험성(공격성, 폭력성, 도주 가능성), 치료욕구, 구금기간에 따라 다양한 구금 또는 거실, 작업, 프로그램에 할당된다. 이러한 과정을 **내부 분류**라고 한다. 두 가지의 분류과정은 보통 접수 및 분류 센터 또는 교도소 입소 시설 같은 접수 시설에서 발생한다. 시간이 지나고 재소자의 기록에 근거하여 재소자 할당은 (대부분 정기적으로) 재검토될 수 있고 **재분류**가 시행될 수 있다. 대부분의 주교도소 재분류는 12개월마다 연례 재소자 심사기간 중과 같은 기간에 정기적인 일정에 따라 시행된다.

분류는 교정에 있어 비교적 최근 관리혁신이고 구치소나 교도소보다는 보호관찰이나 가석방에서 자주 찾아볼 수 있다. 만일 분류과정이 엄격하게 취급되지 않으면 치료와 구금 담당직원들 사이의 갈등을 자주 심화시킬 수 있다. 대부분의 분류 과정에서 (개별시설 또는 중앙 분류시설) 관심은 새로운 재소자가 치료에 어떻게 반응할지 보다는 시설에 대하여 내포하고 있는 위험성에 보다 더 주어진다. 결과적으로 새로운 재소자는 재소자가 스스로 증명하기 전까지는 그들의 실제수준보다 더 높은 보안시설에 구금된다. 보안에 중점을 두는 분류는 재소자를 교화로 이끌 수 있는 프로그램의 참여로부터 해당 재소자를 소외시킨다. 사실 그들의 초기 치료는 대부분의 범죄자들이 구금될 때 육체적으로 건강하지 않기 때문에 꼭 받아야 하는 프로그램인 건강 치료로 한정된다.

분류에는 여러 가지 장점이 있다. 첫째, 분류는 위험하고 공격적인 재소자를 높은 보안 시설로 배정할 것이고, 이에 따라 교도소 내

의 긴장을 완화함으로써 보안을 강화할 것이다. 분류는 대부분의 재소자에 대한 잘못된 분류를 피할 수 있도록 해주는데, 보통 교정 직원들은 필요 이상의 높은 보안 시설로 재소자를 배정하는 성향이 있어, 비효율적으로 교정자원을 낭비하고 재소자의 분노만 사게 되기 때문이다. 마지막으로 (성인 내부 관리 시스템 또는 행위 기반 시스템과 같은) 좋은 분류 시스템은 올바르게 재소자를 배치할 가능성과 효과적인 직원의 배치에 기여할 가능성이 높다.

교도소 내의 치료

교정에서의 치료모델은 재소자에게 처음 제공되는 종교, 의료 그리고 교육의 세 가지 기본 서비스로 나타난다. 우리는 최근 치료의 혁신에 대한 분석과 함께 이들 서비스들의 발전에 대하여 공부할 것이다. 많은 사람들이 재소자를 위한 특별프로그램을 아직도 너무 편의를 봐주는 조치라고 보고 있으며 많은 정치인은 행동 과학자들에 의하여 개발된 새롭고 효과성 있는 교화 프로그램을 거부함으로써 이러한 의견에 대하여 반응하여 왔다. 대신 그들은 범죄, 범죄자, 약물에 대한 끝없는 전쟁을 선택함으로써 정확한 정보를 모르고 무관심한 사람들로부터 쉽게 표를 모으고 있다. 사실 범죄자를 편하게 해주는 것이 아니라 사회를 보호하는 것 또한 교정에 있어 치료와 특별한 프로그램의 기본적인 목적이다. 만일 개인의 범죄성의 원인이 그가 지역사회로 넘겨지거나 석방되어 복귀하기 전에 조금이라도 다루어 질 수 있다면 교정은 이를 행해야 한다.

교정의 치료부분에서 제공되는 기본적인 서비스는 건강과 의료서비스, 종교서비스, 재소자 훈련서비스로 통합될 수 있다. 다음은 이러한 서비스와 프로그램에 대한 설명이다.

건강과 의료 서비스

주요용어

질병신고
재소자에게 진료받을 수 있게 해주는 기회

주요용어

꾀병쟁이
의료적 욕구가 아닌 다른 이유로 질병신고를 하는 재소자

주요용어

의료 서비스
재소자의 신체적, 정신적 질병을 치료하려고 설계된 모든 치료 프로그램

주요용어

A형간염과 B형간염
의료 치료에 저항적인 바이러스 감염

초창기 미국 교도소는 **질병신고**를 위한 시간이 별도로 정해져 있었다. 물론 교도소내에 제공된 치료는 지역사회의 병원에는 못 미친다. 재소자는 가끔 교도소 작업이나 지루한 일상으로부터 간단한 휴식을 구하기 위하여 질병신고를 이용한다. **꾀병쟁이**에게 낭비된 시간은 의료 직원이 다른 정말로 치료가 필요한 사람에게 사용했어야 할 시간이다. 교정필터는 가장 심각하고 교활한 범죄자들을 선택하고, 반대로 사회의 최상류층은 교도소에 잘 오지 않기 때문에 재소자들은 보통 여러 가지 의료 및 치과진료의 욕구를 가지고 있다.

의료 서비스는 종종 재소자들 불평의 원천이고 행정담당자의 심각한 골치거리가 된다. 미국의 많은 지역에서 자격이 있는 의료직원은 일반적으로 부족한 형편이며 이 부족은 교정 시설에서 더욱 심각하다. 한 시설이 필요한 모든 의료보호를 제공하기 위해서는 종종 상시 근무 의료직원과 계약직 상담자 그리고 지역사회의 자원을 통합할 필요가 있다. 이러한 노력에도 재소자와 일반시민은 교정시설에서 종사하려는 의료훈련을 받은 사람들을 종종 무시하는 경향이 있다. 어떤 의사이던지 교도소의 상대적으로 낮은 수입과 생활수준을 받아들이는 의사는 지역사회에서 실패하였다고 생각되어진다. 적절한 의료보호는 전반적인 사회복귀 노력에 있어 중요하다. 부족한 식사, 약물남용, 부적절한 의학적 치료 및 기타 여러 취약한 조건들은 재소자들 사이에 드물지 않다. 그들의 건강이 무리 없이 회복이 되면 종종 그들의 문제점 뒤에 있는 이유들을 해결하기 쉬워진다.[8]

구치소와 교도소의 재소자가 직면하고 있는 주요한 의료 문제들은 **A형간염**, **B형간염**, 면역결핍증, 정신병, 노인질환, 산전 조리, 풍진(홍역), 결핵이다. 약물에 의존하는 재소자,[9] 시설 간의 잦은 재소자의 이송, 과밀수용의 생활조건은 질병의 전염 속도를 증가시키고 특히 약물에 저항하는 결핵같은 전염병을 초래할 수 있다. 결핵은 공기 중으로 쉽게 전염되며, 잠복결핵시에도 전염시킬 수 있다. 재소자로부터 직원으로의 결핵 전염은 이미 보고된 바가 있다. 질병에 전염된

교정 실제 9.1

건강보호 서비스

주정부의 교정부서 내에서 건강 담당 직원은 치과, 의료, 정신 그리고 약 처방 의료 서비스를 여성과 남성 재소자에게 제공한다. 이러한 서비스는 건강 교육, 만성 질환 그리고 예방병력 (그리고 보통 호스피스) 병원 등이 있다. 서비스는 건강보호 관련 최소한의 지역 기준을 충족해야 한다. 서비스의 범위는 중환자관리, 산후 관리, 기본적인 의료관리, 응급조치, 전문 의료조치 그리고 입원 등을 포함한다. 대부분의 주정부는 재소자에게만 의료서비스를 제공하는 의료시설을 가지고 있다.

대부분의 주정부는 교정시설의 다른 의사나 재소자의 의료 또는 정신질환 치료를 관리하는 의료 직원들을 감독하는 책임 의사장(長)을 두고 있다. 의사장은 직원들에게 진찰, 임상, 병실 업무을 포함한 특정 의료 문제점에 대한 적절한 치료 기술을 자문하여 준다. 이 의사는 예외적이고 어려운 의료적 문제를 검사하고 치료하며 병원 정책, 특정 장비의 필요성, 시설, 직원 그리고 예산과 같은 문제에 대한 승인을 요청한다. 의료보호를 책임지는 사람은 주정부의 구금시설에 구금된 재소자들의 치료를 유지 및 감독하고 다른 의사, 가정 간호사, 보조 의료원 등의 감독을 포함하여 관련된 일을 처리한다.

의료 교정보호는 어려운 작업이며 교정행정에 많은 난관이 된다. 간호사는 여러 치료관련 문제점에 긴 시간을 종사하여 많은 즉각적인 의료 치료를 제공한다. 간호사는 당뇨병, 고혈압, 간염을 앓고 있는 재소자를 치료한다. 근무시간 중에 간호사는 심장마비, 자상, 응급 사건 등을 처리하기도 한다. 대부분의 간호사는 여러 개의 전공을 가지고 기술수준의 향상과 자격증을 위하여 재직 중 훈련에 참여한다. 간호사는 등록 간호사, 자격증이 있는 임상간호사, 신경 전문가, 정형 간호사, 정신질환 간호사 등을 포함한다. 교정국은 교육과 경험에 부합하는 경쟁력 있는 보수를 지급한다.

만일 교도소가 일반 시민에게 높은 질의 의료서비스를 제공하는 도시에 근접하다면 건강보호의 지역적 기준을 맞추는 것은 어쩌면 어려운 일일 것이다. 그러한 지역 기준은 교정 부서로 하여금 국가적으로 명망 있고 능력 있는 의사들로 이루어진 훌륭한 의료시설의 최소 기준을 충족하도록 요구할 수 있다.

직원이 가족 및 친구에게 전파함(3차 감염)으로써 심각한 질병을 외부 지역사회로 전파할 수 있다. 재소자와 직원은 결핵검사를 정기적으로[10] 받아야 한다. 왜냐하면 이러한 질병의 감염이 급격하게 증가하였기 때문이다.[11] 재소자의 건강문제를 치료하는 것은 비용이 많이 든다. 법원의 모든 의료 서비스를 향상시키라는 명령으로 인하여 캘리포니아주의 경우 성인 재소자에게 사용되는 2불 중에 1불은 건강 문제에 사용되고 있다([표 9.1] 참조).

표 9.1 교도소에 한 재소자를 구금하는데 드는 캘리포니아주의 연간 비용(2008-2009년)

지출의 유형	금액
보안	$19,663
재소자 건강보호	12,442
운영	7,214
행정	3,493
재소자 지원	2,562
사회복귀 프로그램 (학과 교육: $994) (직업 훈련: $354) (약물남용 프로그램: $313)	1,612
기타	116
총계	$47,102

출처: Legislative Analyst's Office, California State Legislature, *"How Much Does It Cost to Incarcerate an Inmate?,"* http://www.lao.ca.gov/handouts/ crimjust/ 2009/Overview_of_Corrections_Spending_3_11_09.pdf.

1988년의 경우 주교도소 재소자의 약 80%는 심각한 알코올 및 약물남용자였다. 주교도소 재소자 4명 중 3명 이상, 거의 70%의 연방 교도소 및 구치소의 재소자가 체포되기 한 달 동안 정기적으로 약물을 사용했다. 게다가 약물남용 재소자들은 반복하여 재구금될 가능성이 높았다. 1980년과 2006년 사이 약물사범은 최소한 30%의 피구금된 중범죄자의 증가, 2/3의 연방 교도소 재소자의 증가 그리고 40%의 구치소 재소자 증가를 야기하였다.

약물과 알코올 문제와 더불어 재소자는 또한 관리되어야 할 여러 가지 문제점과 위험 요소를 가지고 있다. 이것들은 일자리의 부족, 나쁜 친구들, 반사회적 태도, 감정적 문제, 정신질환 그리고 낮은 교육수준을 포함한다.

약물의 사용은 남성과 여성 모두에게 후에 일어나는 폭력적 행동을 예측하게 해준다고 알려져 왔다. 정신질환을 가진 여성들이 약물남용을 하면(**동반질병**, Comorbidity) 폭력적 행동과 강한 밀접성을 갖게 된다. 거주 시설에서 의무적 약물남용 치료를 받고 있는 보호관찰

주요용어

동반질병
한 재소자를 위하여 둘 또는 그 이상의 의료적 치료가 필요한 상태

교정 실제 9.2

재소자가 다른 재소자를 위한 말기의료 간호를 제공

메인주 교도소의 재소자 중에 거의 5명 중 1명은 최소한 50세이다. 주교도소 행정관들은 재소자들을 격려하여 중병을 앓고 있거나 만성 질환으로 고생하는 재소자를 다른 재소자가 간호할 수 있도록 하였다. 호스피스로 훈련받은 12명의 재소자가 임종간호를 도왔으며, 다른 재소자가 호스피스 지원자로 일할 수 있도록 훈련을 시켰다. 서비스는 목욕시키기, 아픈 사람 옷 입히기, 이동 보조, 음악치료, 그들의 친구와 만나 이야기하고 싶어 하는 재소자의 산책 등이 있다.

호스피스지원자들은 프로그램을 엄격하게 보호하기 위하여 그들이 만든 윤리헌장을 준수하도록 했고, 이를 따르지 않았던 두 명의 재소자를 탈퇴시켰다. 재소자는 그들의 업무에 보수를 받지 않았으며 새로운 인생을 찾기 위한 구금기간 단축도 이루어지지 않았다. 그러나 재소자는 호스피스환자에게 도움을 주고 이들이 가족처럼 여기는 것으로 다시 인간다운 삶을 느끼게 된다고 주장한다. 호스피스 환자들은 홀로 외로이 죽지 않는다.

대상자에 대한 한 연구는, 대상자의 80%가 정신병리학적 문제점을 가지고 있고, 70% 이상이 약물남용 문제점을 가지고 있고, 60%가 약물남용과 정신질환을 동시에 가지고 있음을 발견하였다. 게다가 약물남용과 정신질환을 둘 다 가지고 있는 교도소 재소자는 입소 전 불법행위를 자주 저질렀고 보다 광범위한 사회적 문제를 야기하였으며 치료에 대하여 높은 동기를 가지고 있는 것으로 나타났다.

2007년 연방정부 및 주교도소 재소자의 약 1/3이 신체적 손상과 정신적 문제를 가진 것으로 보고되었다. 주정부 재소자의 10명 중 3명 이상과 연방 재소자 4명이 학습이나 언어장애, 청각 또는 시각장애 또는 정신적 또는 신체적 문제를 가진 것으로 보고되었다. 약 5명의 모든 재소자 중에 한 명이 입소 후에 사고로 인하여 상해를 입었다고 말하였다. 구금된 기간이 길수록 재소자가 상해를 보고할 가능성이 높았다.

약 5명의 재소자 중 한 명이 그들이 일할 수 있는 능력을 제한하는 의학적 소견을 보고하였다. 연방정부 수준에서 보고된 질환들은 고혈압(8%), 경미한 정신질환(5%), 천식 및 당뇨(4%), 심장질환(3%), 에이즈(1%) 등이었다. 이러한 의학적 문제점은 주사바늘을 사용하여 약물을 투입하거나 (세 명의 재소자 중 한 명) 알코올에 의존하

교정 실제 9.3

교도소에서 노인질환을 가진 재소자가 직면한 도전

미국의 많은 교도소 시스템은 50세 이상의 재소자의 욕구에 아직 적합하지 않다. 50세(몇몇 사법관할에서는 55세)는 보통 재소자가 노인 재소자(Gerries)로 알려지는 시점이다. 교도소는 노인 재소자를 고려하여 설계되지 않았고 노인 재소자에게 쉽지 않은 도전이다.

독립성을 유지하기 위하여, 재소자는 스스로 신체활동을 수행할 수 있어야 하고 이 중 몇몇은(목욕, 옷 입기, 화장실 이용)은 교도소 내외를 불문하고 모든 노인에게 해당되는 것이다. 교도소에는 특별히 추가로 요구되는 구금된 환경 내에서 반드시 행해져야 하는 교도소 내 활동이 있다. 이들은 다음과 같은 것들을 포함한다.

1. 모든 재소자가 즉시 바닥에 내려와 직원이 재소자를 인원점검 및 통제할 수 있도록 알람이 울릴 때 침대에서 바닥으로 뛰어야 한다.
2. 2층 침대에 올라가고 내려올 수 있어야 한다.
3. 교도관의 명령을 듣고 이행할 수 있어야 한다.
4. 오랜 시간동안 (음식의 배급을 기다리거나 재소자 인원점검 시) 줄에 서 있어야 한다.
5. 저녁 식사 장소에 걸어가야 한다.

몇몇 교도소에서는 휠체어를 이용하여 재소자가 바닥에 내려오도록 하고, 인원점검을 위하여 서 있으며, 알람이 울리면 휠체어에서 내리도록 하고 있다. 골절 위험을 가지고 있거나 걷기가 불편한 사람들은 바닥으로 내려오라는 지시가 위험할 것이다. 게다가 낙상은 위험하고 휠체어나 침대에 묶이게 되는 지름길이 될 것이다.

노인 재소자가 대면하는 의학적 문제들은 그들이 교정 시설 밖에 있었을 때 의료 보호를 받지 못한 것에 영향을 받는다. 이는 교도소에서 관절염, 고혈압, 신장병, 천식, 불면증, 죽음에 대한 공포와 같은 의학적 문제점을 야기한다. 우리의 교도소 시스템은 노인 인구를 위하여 설계된 적이 없으며 2030년 즈음에는 세 명 중 한 명의 재소자가 노인 재소자일 것으로 추정된다.

무엇이 노인 재소자의 욕구를 위하여 쉽게 할 수 있는 교도소의 변화일까?(긴 기간에 걸친 변화는 제21장에서 검토될 것이다.) 특별한 순서 없이 나열된 다음과 같은 것들일 것이다.

- 재소자가 위 침대나 독실을 요구하지 않는 한 모든 노인 재소자는 아래 침대에 할당되어야 한다.
- 감방에는 화장실 시설에 잡을 수 있는 손잡이가 설치되어야 한다.
- 노인 구금자는 식사 시설 근처에 감금되어야 한다.
- 알람이 울렸을 때 노인에게는 보다 많은 시간이 주어져야 한다.
- 샤워시설 입구 바로 옆에 잡을 수 있는 손잡이가 설치되어야 한다.
- 샤워 시설이나 다른 미끄러운 바닥에는 미끄

럼 방지 고무 매트가 있어야 한다.

재정적 문제가 있고 대부분의 주정부가 공급될 수 없는 서비스에 대한 요구를 직면하고 있는 시기에 우리는 정신이상으로 자신의 이름조차 기억을 못하는 (날짜와 누가 대통령인지 모르는 것보다도 심각한) 노인재소자에게 무엇을 할 수 있을 것인지 의심스럽다. 또는 심장마비를 몇 차례 겪거나 완전히 마비되어 죽음을 앞두고 있는 자는 어떠한가? 교도소는 노인들의 병원이 되어야 하는가?

는 사람들(38%의 재소자) 중에 더 자주 발견되었다. 많은 시간과 자원이 최소한의 건강상 욕구와 의무적인 의료보호[12]를 충족하기 위하여 필요하다. 교육적 프로그램의 참여에 대한 정보는 [그림 9.1]에 제시되어 있다.

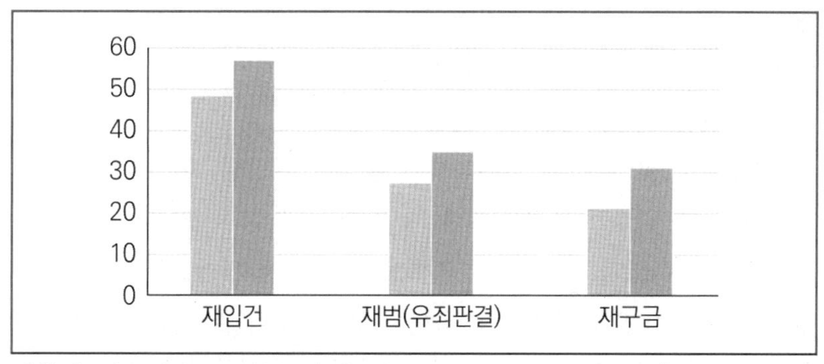

그림 9.1

교육프로그램 참여 재소자(회색)와 비참가자(검정색)의 재범 비율

출처: Stephen Steurer and Linda Smith, *Education Reduces Crime* (Alexandria, VA: Correctional Education Association, 2003), p. 12. Similar results were found by Lois Davis et al., *Evaluating the Effectiveness of Correctional Education* (Washington, DC: Bureau of Justice Statistics, 2013).

대부분의 재소자가 아주 나쁜 치아 상태를 가지고 있기 때문에 범죄자를 위한 또 다른 주요 서비스는 치과진료이다. 치과 진료 시설을 가지고 있는 교정시설일지라도, 재소자의 치아는 오랫동안 관리되지 않았고 광범위한 치료를 필요로 하기 때문에 치과 서비스는 수개월이 소요된다. 치과진료의 효과는 성형수술의 효과와 비슷하다. 향상된 외모는 범죄자의 자신감과 안녕에 대한 감정을 증진시키고, 대상자는 만성적인 고통과 불편함으로부터 해방될 수 있다.

흡연

구금 시설에서의 흡연은 주로 관련 의료치료, 소송, 서비스 비용 때문에 교정에서 주요한 논쟁거리이다. 미국 교도소 재소자들은 다른 재소자보다 두 배나 흡연을 할 가능성이 높다. 캐나다의 추정치는 50%가 더 높다(가능성이 세 배가 더 많다). 비흡연자에게 간접흡연은 흡연자에게 흡연이 해로운 것만큼 해롭다고 이야기된다. 니코틴 중독 비율은 높으나 그럼에도 불구하고 담배는 교도소 문화의 중요한 부분이 되었다.[13]

교도소 시스템은 심각한 단체 소송이나 헌법적 소송의 위험에 직면하고 있다. 재소자는 다른 사람들이 흡연을 할 때 그들이 직면하는 위험에 대하여 고소를 해왔다. 교도소 직원 또한 간접흡연 피해의 대상이 되었고, 보다 나은 작업 환경에 대한 법적 소송과 노조의 압력이 자주 있다. 재소자와 방문자들은 반드시 간접흡연의 위험으로부터 보호되어야 한다.

전국적으로 대부분의 주정부는 흡연을 개방된 지정장소로 제한하거나 금연 시설로 지정하였다. 25개의 주정부와 캐나다는 흡연을 완전히 금지하였다. 캐나다는 근무 중에 교도소 내에서 직원의 흡연을 금지하였다. 연방정부의 교도소는 2004년부터 금연지역이었다. 니코틴 금지는 심각한 정신적, 신체적 증상을 초래하였다. 행정관리들은 금연을 강제하기 위한 다양한 정책을 시행하여 왔으나 급작스럽게 모든 것을 끊도록 하지는 않았다. 재소자와 직원 모두에게 1년 동안 담배를 줄이는 것과 같이 긴 시간을 주어 금연에 대하여 준비토록 하였다.[14] 또한 다음과 같은 것들이 전 국가적으로 시행되었다.

- 시설 내 금연지역의 점차적 증가
- 금연 교실
- 시설에 담배를 밀반입하는 직원에 대한 징계 또는 처벌
- 상담 치료 제공
- 니코틴 패치 또는 껌과 같은 금연 보조제 지급[15]

• 상습위반자를 높은 보안 시설로 이송

담배를 시설로 밀반입하는 것은(방문객이나 직원에 의하여) 매우 이득이 많이 남는다. 하나의 연필 같이 얇게 말려진 담배 한 개비는 12~15달러에 팔릴 수 있고 아마도 몇몇 시설에서는 더 비쌀 것이다. 담배 한 갑을 받은 재소자는 쉽게 한 보루당 3,000달러를 벌 수 있다. 많은 시설의 직원은 비슷한 가격에 담배를 재소자에게 판매한다.

아마도 가장 명확한 정책은 재소자의 흡연이 모든 시설에서 금지되어 있는 캐나다 교도소에서 찾아볼 수 있을 것이다. 직원은 근무 중 흡연할 수 없고, 담배를 교도소에 가져갈 수 없고, 소 내에서 흡연할 수 없고 근무 중 모든 담배 상품은 그들의 차 안의 잠긴 상자에 보관되어야 한다.[16]

종교적 지원 및 서비스

1790년대부터 지금까지 구금된 중범죄자들에게 전통적으로 제공되었던 한 가지 서비스는 종교적 지원과 지도이다. 월넛가(Walnut Street)구치소의 명상을 위한 독방은 범죄자로 하여금 그들의 죄악을 실감하고 회개토록 하는 의도였다. 종종 지역 목사나 신부는 방문하여 회개를 독려했다. 이후 1800년대 초기의 큰 시설들은 교도소 구내에 상시 운영하는 성당을 짓기도 하였다.

현재 **교정사제 제도**는 보다 전통적인 예배를 집도하기를 좋아하는 목사 중에서 가장 인기가 없는 자리이다. 또 다른 한 문제는 대부분의 교도소가 멀리 떨어진 장소에 있다는 것과 교도소 내의 종교는 목사의 전통적 임무에 국한되어야 한다는 널리 퍼져있는 (많은 행정가들도 그렇게 생각하는) 일반적 믿음이다. 이것의 서비스의 범위, 상담의 유형, 지도, 교도소 내의 사제가 제공하는 새로운 프로그램은 공공에 잘 알려져 있지 않다.[17] 의료기반의 사제 제도를 설립하려고 하는 움직임이 있었으나 교정 분야는 다른 유형의 시설보다 그들에게 매력적이지가 않았다. 최고의 사제를 교도소에 오게 하기 위하여 교

주요용어

교정사제 제도
재소자의 종교적 욕구에 사역하는 목회자 모집 프로그램

교정 프로파일 9.2

현대의 교도소 목회자

미국에는 약 1,500명의 교도소 목회자가 있으며 이들의 역할은 교회, 병원, 군 시설에서 종사하는 목회자나 신부와 매우 비슷하다. 이들은 대부분 남성이고, 중년이며, 개신교를 믿는 백인이다. 그들은 또한 높은 교육을 받았다. 대부분 신학교로부터의 신학 석사 학위를 가지고 있다. 몇몇 주에서는 그들이 고용되기 위해서는 최소한 2년간 목회 일에 종사하는 것을 요구한다.

교도소의 목회자는 교육 및 재소자를 위한 영적 성장 프로그램 제공, 지원자 모집 및 훈련, 석방 전 재소자와의 상담, 협력프로그램(세미나 및 가족 프로그램) 등 다양한 범위의 역할을 수행한다. 목회자는 교도소를 순회하며 재소자 또는 직원과 상담하면서 시간을 보낸다. 그들의 임무는 또한 재소자로 가족 및 친구에게 긴급전화를 할 수 있도록 하고 가족 구성원의 죽음을 알리고, 고뇌에 대한 상담을 하고, 필요시 장례식에 참석한다.

목회자는 그들 자신의 것이 아닌 종교적 종파의 욕구나 의식을 잘 알아야 하고 때때로 다른 종파의 종교적 의식을 진행하여야 한다. 종종 목회자는 다른 목사, 신부, 랍비 또는 지원자로 하여금 이러한 의식을 진행하도록 모집한다. 마지막으로 목회자의 임무는 특수한 종교적 음식을 개발하고 감독하는 것을 포함한다.

하나의 단체로서 그들은 많은 시간을 필수품의 구매, 종교 도서관의 설치와 관리, 서비스 및 프로그램에 참여한 재소자의 기록 등 및 많은 서류 업무를 관리하는 데 할애한다. 대부분의 목회자들은 자신의 업무에 매우 만족하고 있다.

정사제의 역할을 증대시킬 틀림없는 필요성이 있다. 의료사제 교육협회에서 인정이 된다면 성직자 대표의 역할은 확대될 것이다. 이러한 배경과 함께 성직자는 프로그램을 개발하고 사제 후보자를 모집 및 훈련하고 심지어는 자신의 자료를 모으는데 신학교 학생들을 사용할 수 있을 것이다.

교도소 내에서 새롭게 증가하는 특수한 단체는 종교적 근원이 특정 민족적 단체, 문화 또는 하위문화에 관련이 있고 전통적인 종교적 의식과는 잘 맞지 않는 사람들이다. 제1장에서 설명하였듯이 구금기간 중에 그들의 종교적 신념을 추구하는 권리는 굳건하게 확립되어 있다. 전통적인 교정 시설은 다른 재소자들이 믿는 모든 종교의 목회자를 제공할 수는 없기 때문에 개신교, 카톨릭교 그리고 종종 유대교 목회자를 미국의 3대 주요 종교단체의 대표자로 제공한다. 목회자는 전(全)기독교적인 예배를 진행하려고 노력하며 모든 재소자에게 서비스하려고 노력한다. 작은 지파의 목소리가 높은 구성원들은 그러한 타협에 저항한다. 종종 교도소 내에서 의식을 진행할 자격이 있는 영적 지도자를 구하는 것은 쉽지 않다.[18] 이슬람교를 믿는 재소자의 수가 상당히 증가하였다. 무슬림들에게 종교적 서비스를 제공할 필요성이 점차 커지자 지역 이슬람교 지도자는 종교 활동에 보다 활동적이 되었다.

만일 목회자의 보수와 이미지가 충분히 개선되면, 행동과학을 훈련받은 목회자가 현재의 교도소의 한 부분이 되어서 월넛가 구치소의 종교 활동인 단지 성경 읽기와 기도보다 많은 발전을 이룰 것이다. 새로운 목회자는 미래의 구획 팀 관리와 같은 사회복귀 프로그램의 치료 부서의 한 부분으로서 중요한 역할을 수행할 것이다.

재소자를 위한 교육 및 훈련 프로그램

대부분의 주 교정시스템에서 구금된 재소자의 교육은 법적 의무사항이다. 상담 서비스를 제공하는 직원보다 치료담당 직원이 훨씬 많은데 이들 대부분은 선생님들이다. 비록 대부분의 시설이 여러 형태의 교육 프로그램을 진행하지만, 이들은 종류와 범위는 다양하다. 초기의 교육은 단지 재소자에게 글을 읽는 방법을 가르치는 것이었다. 미국의 약 1,200만 명이 **기능적 문맹**(초등학교 3학년 수준 이상을 읽거나 쓰거나 또는 계산을 못하는 경우)으로 간주되는 것을 고려한다면, 하층계급 사람들이 보다 많은 문맹의 문제점을 가지고 있다고 생각하는 것은 그리 놀라운 일도 아니다.

오늘날 대부분의 재소자는 시설 프로그램을 통하여 최소한 고등학교 교육(또는 GED(고등학교 동등 자격증))을 받을 수 있고, 보다 발전된 시설들은 2년제 또는 4년제 대학 수준의 교육을 제공하고 있다.[19] 재소자가 사회에 복귀할 때 낮은 학력이 심각한 약점이 된다는 것은 이미 잘 알려져 있다. 부족한 교육 탓으로 직업을 갖지 못한 전과자는 범죄를 다시 저지를 가능성이 있다. 이러한 이유 때문에 교육은 교정

주요용어

기능적 문맹
초등학교 3학년 수준 이상을 읽거나 쓰거나 또는 철자를 모르는 경우

주요용어

GED(고등학교 검정고시 합격증)
재소자의 고등학교 수준과 동등한 수준의 성취를 입증하는 검정고시 합격증

분야에서 주요한 사회복귀의 도구로 여겨져 왔다. 그러나 교육 서비스의 욕구와 제공되는 교육 및 직업훈련 사이의 격차는 크다.[20] 그럼에도 불구하고 분명한 사실은 구금기간 동안 GED를 취득하거나 직업훈련 프로그램을 완료한 재소자는 현저하게 재범을 저지를 확률이 낮다.

효과적인 교육 프로그램에 대한 첫 번째 장벽 중의 하나는 다시 행정적 고려사항들의 문제인데, 이것에는 운영을 위한 필요사항, 보안 필요성, 선생님의 부족, 교육교재의 부족, 예산 결핍, 재소자의 동기 부족 등이 있다.[21] 재소자와 직원은 종종 성인 재소자의 평균적 수준에도 못 미치는 적합하지 않거나 오래된 교과서를 사용해야 한다. 훈육 목적으로 수업에 참여가 금지된 재소자는 많은 부분을 빠져서 나머지 학기를 포기해야 할 수도 있다. 훈육의 방편으로 교육을 못 받게 하는 것은 교육의 치료적 효과를 반감하고 처벌적 요소를 더욱 강하게 한다.

어떤 시설에서 제공하는 수업은 진부하고 교정 시설 밖에서 학생에게 주어지는 새로운 학습 기술이나 혁신에 비교하면 상대적으로 오래된 방식이다. 그럼에도 불구하고 교육자들은 컴퓨터 기술을 가르치려고 노력하며, 빠른 변화가 진행되고 있다. 대부분의 재소자들은 거의 공식교육을 받지 못하였으며 아마도 그들에게 주어졌던 교육을 거부하였을 것이다. 어릴 적에 그들을 지루하게 하거나 십대일 때 조롱의 대상이 되었던 사람이 성인이 되어 열중하게 될 가능성은 낮다. 성인이 된 중범죄자가 원하지도 또한 필요하지도 않은 것은 "철수와 영희"와 같은 읽을거리와 어린이를 위한 교과서들이다. 재소자들은 사실상 그리고 기능상 문맹일 수 있지만 그들은 기본적으로 성인이고 길거리에서 배운 많은 지식을 가지고 있다. 그러한 교과과정이 개설되는 것은 그들에게 당황스럽고 괴롭게 만드는 일일 것이다. 그러나 대부분의 시설에서 교육에 할당된 예산이 매우 적고 우선순위가 낮기 때문에, 대부분 공립학교에서 더 이상 사용하지 않는 교과서 같이 쓸모없는 교과서가 재소자에게 제공된다. 따라서 대부분의 교도소 프로그램이 공식 인정을 받지 못하거나 재소자에게 관심을 받지 못하는 것은 그리 놀라운 일이 아니다. 재소자들은 학습에서 듣고 읽는 것을 더 좋아한다.[22] 학습 장애가 있는 사람들(시설 구금자들 중의 7~25%)은 녹음된 강의, TV 또는 컴퓨터 학습에 가장 잘 반응한다.[23]

놀라운 사실은 몇몇 교육 서비스들은 성공적이고 재소자의 사회복귀에 기여한다[24]는 점이다. 텍사스주는 모든 교도소 시스템을 관장하는 교육부서를 가지고 있다. 오하이오주에서는 사회복귀 및 교정부처에서 주교도소 시스템 내의 교육 프로그램으로만 구성된 완전한 하나의 학군을 설립하였다. 뉴욕주와 워싱턴주에서는 교육 프로그램은 지역 단과대학과 계약을 맺고 성인 기본교육[25]부터 시설의 학위 프로그램까지 훌륭한 프로그램을 제공하고 있다. 전문강사와 완전한 학과일정을 겸비하고 대학 1년차의 교육을 제공하는 **뉴게이트 프로젝트(Newgate project)**는 1970년대의 그러한 프로그램의 모델이었다.

서로 다른 결과를 보여줬던 두 개의 교육관련 프로그램은 작업/훈련귀휴 또는 교육귀휴이다. **귀휴**는 교도소의 권한 있는 자에게 미리 공식승인을 받아 특정 이유를 위하여 미리 정해진 일정 시간 동안 구금으로부터 석방되는 것이다. 1999년 귀휴를 받은 8,964명 중에서 0.005%의 실패 비율[26]인 오직 44명만 귀소하지 않거나 다른 범죄를 저질렀다. 교육귀휴의 경우 재소자는 시설을 떠나 대학, 고등학교, 직업기술 학교에 주간 동안 출석할 수 있으며 학교에 출석하지 않거나 밤에는 시설이나 공인된 장소로 돌아와야 한다. 1990년 이전 미국에서는 교육귀휴가 널리 사용되었었으나 가시적인 실패와 예산 삭감으로 어느 정도 감소되었다. 직장/훈련귀휴 프로그램에서 재소자는 교육과 직장을 유지하고 이를 통해 직업경력을 개발하며 새로운 기술을 배우고 가족을 부양하며 그들의 범죄 피해자에게 보상을 할 수 있도록하여 구금의 제한을 벗어날 수 있도록 허락되었다. 50개 주 중에 42개 주와 연방교정국과 워싱턴 D.C.는 직장/훈련귀휴 프로그램을 시행하고 있다. 1999년 귀휴를 받은 44,000명의 재소자 중에 적은 수가 교도소로 다시 불려 들어왔지만 대부분이 재범을 하지 않았다. 이러한 높은 성공률은 부분적으로 대상 재소자를 뽑는 과정과 부분적으로는 규칙과 규정 위반 시 쉽게 교도소로 다시 소환되는 재소자라

주요용어

뉴게이트 프로젝트
대학교육, 그룹 상담 그리고 가석방 이후의 보호에 중점을 둔 교도소 치료 프로그램

주요용어

귀휴
교육, 직업 또는 응급 목적으로 교도소를 일시적으로 떠나는 프로그램

교정 실제 9.4

재소자의 프로그램 참여

주정부들이 정기형 선고제도를 도입한다고 하였을 때 교정 전문가들이 두려워했던 것 중에 하나는 교도소 치료 프로그램의 수료가 가석방위원회의 고려사항이라는 것이 재소자들이 프로그램 참여의 가장 중요한 동기이기 때문에 정기형 선고제도가 프로그램 참여를 저해할 수 있다는 것이었다. 결국 재소자가 가석방위원회에게 자신들이 가석방 준비가 되어 있다는 것을 프로그램 참여로 보여주었는데 만일 가석방위원회의 재량권이 없어진다면 재소자는 어떤 치료 프로그램도 참여하지 않을 수 있다.

이러한 두려움은 실제로는 일어나지는 않은 것으로 나타났다. 예를 들어, 일리노이주, 미네소타주, 코네티컷주 등에서 프로그램 참여율은 같거나 약간 상승하였다. 그러나 기록된 참여 중에서 어느 정도가 자발적이었는지는 의심스럽다. 교정관리들은 낮은 보안시설로의 이송, 구내작업 및 거실배치, 귀휴, 모범수 형기단축 등에 대하여 프로그램 참여를 근거로 아주 구체적인 기준에 입각한 결정을 하여야 한다. 재소자가 참여하는 동기는 바뀌었을지 모르지만 참여율과 수준은 정기형 선고제도로 영향을 받지 않는 것으로 나타났다. 의미 있는 작업 참여가 특히 남성 범죄자에게 재범률을 현저하게 줄인다는 실질적인 증거가 있다. 연방 교도소 부서는 연구들이 결론적으로 유용한 기술을 가르치는 다양한 프로그램의 참여가 재범을 줄인다는 것을 증명하였다고 결론을 내렸다.

출처: Stephen Anderson, *Evaluation of the Impact of Participation in Ohio Penal Industries on Recidivism* (Columbus: Ohio Department of Rehabilitation and Correction, 1995); Larry Motiuk and B. Belcourt, “CORCAN Participation and Post-Release Recidivism”, Forum 8:1 (1996): 15-17; Federal Bureau of Prisons, “Inmate Matters”, http://www.bop.gov/inmate_programs/index.jsp(accessed November 2, 2008).

는 신분을 가진 귀휴자의 법적 신분 때문이다.

교육, 의료 치료, 종교적 시행은 월넛가 구치소 시절부터 미국 교도소의 기본적인 치료 프로그램이었다. 최근 이러한 제한된 세 가지의 치료에 대한 접근방법이 구금된 범죄자의 사회복귀를 목적으로 한 넓고 다양한 프로그램으로 확대되고 있다.

직업적 사회복귀 모델

교도소 내에서 직업 또는 기술 훈련은 1800년대 초반에 설립된 산업 교도소 때부터 재소자들에게 주어졌다. 그러나 초기 훈련은 재소자의 사회복귀가 아니라 시설의 이익을 위한 것이었다. 이후 엘마이라(Elmira)소년원에서 범죄자들에게 상업을 가르치는 목적의 훈련이 도입되고 이러한 개념은 천천히 수년간 뿌리를 내렸다. 적절한 **직업훈련**의 주요한 장애물은 주 교도소 생산 물품의 해당 주의 경계 외부에서의 거래를 금하는 연방법의 규정이다. 대공황시절 통과된 이러한 법규는 주교도소의 많은 작업 프로그램에게는 죽음을 알리는 조종으로 들린다. 최근 30년에 들어서야 시설들은 직업훈련 프로그램을 재강조하기 시작하였다.

교도소 산업은 통제적 법률이 제정된 이후 작은 범위로 국한되어 왔다. 교도소 산업은 계약노동(contract labor) 수준에서 시작하여 점점 더 통제적인 시스템으로 몇몇 국면을 거쳐 왔다. 계약노동의 경우, 교도소 재소자들의 일부(전부가 아닐 경우)를 사적 목적을 위하여 그들의 노동을 사용하는 민간계약자에게 빌려주었다. 이후 민간계약자가 원료를 제공하고 생산된 제품마다(예를 들어, 축구공) 정해진 가격을 교도소에 지불하는 "단가"계획(piece－price scheme)이 나타났다. 다음 국면은 교도소가 끈, 가방, 손잡이, 귀마개와 같은 상품을 외부 자유시장에 판매하는 생산자가 되는 관사직영제도(public account system)였다. 이러한 노력들은 교도소 부패, 노조저항, 과도한 잔인성, 과중한 예산, 많은 초기 투입 비용 등의 여러 가지 이유로 실패하였다. 최근 교도소 산업시스템은 교도작업으로 생산한 물품이 공개 자유시장에는 판매되지 않고 대신 주정부가 운영하는 시설과 시설에 판매가 되는 "관용제도(state－use system)"이다. 이것은 독특한 차량 번호판, 교육시설에서 사용하는 의자와 책상, 재소자 또는 정신병자의 의복, 비누와 계란 등이다. 이 제도를 비판하는 사람들은 교도소에서 배우는 제한된 기술의 유용성에 대하여 의문을 제기하고 재소자의 노동은 재소자의 착취라고 주장한다.

주요용어

직업 훈련
재소자의 직업 준비성과 기술을 증대하는 모든 훈련 프로그램

교도소 산업과 관련하여 보편적인 문제점은 변덕스럽고 항상 애매한 그들의 중복적인 목적이다. 교정관리는 교도소 산업의 목적은 이익의 창출이라고 믿고, 작업실 관리자는 목적이 재소자를 훈련시키는 것이라고 믿으며, 재소자는 이것을 생산성과 관계없이 약간의 보수를 받게 해주는 것이라고 생각한다.[27] 이러한 상충하는 목표들을 해결하기 위하여 1979년 미국 의회는 교도소산업법을 입법하였고 교도소 산업을 제한하는 연방법률을 개정하였다. 그 이후로 20개 이상의 주(예를 들어, 애리조나, 미네소타, 워싱턴, 캔사스)가 자료처리, 호텔 예약, 제조업 등의 주정부 교도작업에 사적인 형태의 개입을 허용하였다. 이러한 민간기업의 많은 노력은 보험, 초기 공장 투자비용, 통제 문제 등을 해결하여야 한다. 민간기업이 교도소와 공동으로 일을 하는 것이 얼마나 효과적인지는 아직 지켜봐야 되나,[28] 교도소 과밀화가 심각한 상황에서 환영할 만한 일이다.

사우스 캐롤라이나, 캘리포니아, 코네티컷의 회사들과 같이 일하는 흥미로운 프로그램이 주정부와 지역의 교정시설에서 성공적으로 수행되었다. 이러한 공동작업의 몇몇 긍정적인 측면은 다음과 같다.[29]

1. 교도소에서 석방된 후에도 계속 일할 수 있는 비용효율적이고 동기부여된 인력
2. 교도소 기반 공장과 회사의 일반 시설과의 근접성
3. 교정공무원들이 제공하는 저비용 작업장과 시설 구입비용 보조를 포함한 재정적 인센티브
4. 보안 담당직원이 같이 있고 사업장에 무기반입을 금지하기 위한 금속탐지기가 설치된 안전한 작업 환경
5. 재소자 소득의 일부분을 주정부 또는 연방 세금으로 사회에 되돌려 주어 구금의 비용을 상쇄하고 재소자의 가족부양이나 피해자의 보상에 기여함

교정 실제 9.5

읽고 쓰는 능력과 재범에 대한 영향

연방 교도소 시스템은 1982년 6학년 수준의 읽기를 최소한의 기준으로 규정한 의무적인 읽고 쓰기 프로그램을 시행하였다. 이 기준은 1986년에 중학교 2학년 수준으로 변경되었으며 1991년에는 고등학교 검정고시 합격으로 바뀌었다. 성인 기본 교육 프로그램은 1981년부터 1990년까지 기본 읽고 쓰기 훈련 완료 인원이 724% 증가한 비교를 볼 때 매우 성공적이었다.

교육의 재범에 대한 효과를 연구한 12개의 연구 또한 모두 긍정적이다. 한 연구자는 데이비드 페어차일드(David Fairchild)에 의한 세 연구에 대하여 보고하였다. 첫 번째는 일반적인 재소자가 68%였던 반면, 최소한 1년의 대학 교육을 마친 뉴멕시코 재소자의 재범률은 15%에 불과하였다. 페어차일드는 캘리포니아 교도소에서 시행된 연구에서 대학 졸업자는 아무도 재범을 저지르지 않은 반면, 일반 재소자는 55%의 재범률을 나타낸다는 것을 발견하였다. 마지막으로 페어차일드는 대학확대프로그램에 의하여 제공된 학사 학위를 받은 인디아나 소년원의 초기 200명 중에 아무도 다시 소년원으로 돌아온 사람이 없다는 것을 보고하였다.(우리는 이 책의 뒷부분에서 동기나 자신 스스로 선택하는 문제점에 대하여 토론할 것이다.)

일관적으로 긍정적인 결과는 네 명 중 세 명의 재소자 학생이 최소한 3년간 재구금되지 않았던 캐나다의 교육 프로그램에서도 발견된다. 델라웨어의 교육/직업 귀휴와 노스 캐롤라이나와 조지아의 대학교육에서도 현저하게 낮은 재발 또는 재범률이 발견되었다.

성인 기본교육 프로그램은 학습 장애가 있는 재소자에게서조차도 재범률을 감소시키는 가능성을 보여준다. 기술교육(특히 컴퓨터)은 재소자에게 유용한 기술을 제공한다. 연구에서 훈련을 성공적으로 마친 재소자의 재범률은 11%밖에 되지 않는 반면, 마치지 못한 자는 70%까지 높아질 수 있다고 결론 내렸다. 영국의 국가문맹퇴치연합은 재범과 문맹사이에 통계적으로 의미 있는 관계가 있다고 보고하였다.

출처: Robert Hall and Mark Bannatyne, "Technology Education and the Convicted Felon", *Journal of Correctional Education* 51:4 (2000): 320-323; National Literacy Trust, "Literacy Changes Lives: The Role of Literacy in offending Behaviour," http://www.literacytrust.org.uk/assets/0000/0422/Literacy_changes_livesprisons.pdf (accessed November 2, 2008).

재통합 모델

치료를 향한 움직임과 지역사회교정은 교정시설 밖의 상태와 관련 있는 교도소 내의 프로그램을 만들어야 할 필요성을 강조한다. 범죄는 재소자를 개선하는 것만으로는 통제될 수 없다. 개선과 지역사회로의 재통합에 대한 노력은 계속되어야만 한다.

이 목적을 위하여 지난 10년간 교도소를 지역사회에서부터 격리시키는 많은 장애물들이 제거되었다. 치료에 대한 개념이 확대되어 다양한 재소자 치료프로그램과 교정치료 수업에서 토론되는 모델들을 포함하였다. 우리는 교도소 시스템에 치료 전문가의 도입과 증가를 설명하기 위하여 몇몇 범죄자기반 시설모델을 언급하였다.

아마도 가장 효과적인 치료법은 범죄자가 생각하는 방법에 초점을 맞춘 접근방법인 **인지행동프로그램**이다. 생각한다는 것은 문제해결방법, 다른 사람과 피해자에 대한 공감능력, 미래를 계획하고 실행하는 능력, 자신의 행동의 결과를 예측하는 능력과 같이 다양한 기술과 과정을 포함한다. 예를 들어, 교정공무원의 머리를 양말로 둘러싼 방망이로 치는 것은 다른 재소자에게는 어려운 교정공무원을 다루는 것으로 생각되겠지만 당연히 금치처분되는 것과 같은 결과가 따른다. **인지**는 또한 우리가 우리를 둘러싼 세상을 인식하는데 사용하는 믿음, 가치, 태도, 안정성을 의미한다(제7장 참조). 이러한 접근방법에서 나온 것은 범죄자의 인지에 영향을 미치고 바꾸려고 시도하는 기술이다. 이들은 역할 수행, 적절한 강제, 모델링, 비이성적 믿음의 변경을 통하여 이루어진다.

재소자에게 적용된 프로그램의 한 예는 **분노조절**이다. 분노조절은 충동적인 적대 공격성에서 나오는 부정적인 행동을 자기인식, 자기조절 그리고 대안 생각 및 행동을 통하여 방지하는 데 초점을 맞춘다. 도와주는 사람은 자기조절과 관리 기술을 통하여 공격적인 행동을 줄일 것을 의도할 것이다. 재소자에게 어떻게 분노의 수준을 낮출 것인지 가르치는 열쇠는 자기통제를 강화하고, 생각을 바꾸고, 감정을 대화하고, 분노를 인식하며, 대처 방법을 사용하는 것이다(분노를 가두라).

주요용어

인지행동프로그램
인식의 재구조화(그들이 생각하는 것)와 행동적 연습(어떻게 생각하는 지)을 통하여 세상에 대하여 생각하고 바라보는 방법을 바꾸려고 시도하는 구조적인 과정

주요용어

인지
일반적으로 재소자의 변화를 방해하나 다양한 생각, 언어, 개념적 치료를 통하여 변화될 수 있는 정신적 과정

주요용어

분노조절
어떻게 또는 왜 분노가 발생하고 대안적인 비폭력적 표현을 연습함으로써 재소자가 분노와 폭력성을 통제하는 것을 돕도록 설계된 교정시설 내의 치료 프로그램

교도소에서 또 다른 인기 있는 개입 프로그램은 **집단상담치료법**이다. 수년전 연방정부의 지원 예산투입 때문에 많은 주정부가 교도소 내 약물남용프로그램을 만들었는데, 그 중 많은 것들이 집단상담치료였다. 비록 제1차 세계 대전 후 전쟁충격을 받은 병사를 고치기 위하여 개발되었으나 이 개념은 중독과 범죄행위 같은 행동적 문제점을 대처하기 위하여 확장되었다. 주요 초점은 범죄자가, 실제의 또는 잠재적인 범죄행동을 불러일으키는 생각, 믿음, 태도 그리고 행동을 바꿀 수 있도록 도와주는 것이다. 이들은 언제나 지역사회로 석방될 준비가 되어 있다.

교도소 치료는 또한 지역기반 전문가들의 노력을 포함하고 지역의 자원봉사자들은 성공적인 재통합[30]에 필요한 지원과 지도를 범죄자에게 제공하기 시작했다. **재통합**(요즘은 종종 재진입으로 불린다)**모델**의 주요 목적은 범죄자를 성공의 가능성이 거의 없는 두렵고 피해야 할 외부자가 아니라 책임감 있고 생산적인 시민으로 돌아가게 하는 것이다. 이러한 목적을 추진하는 시설은 예산과 인력의 부족을 교도소 직원의 창의성과 지역사회에 사용가능한 자원을 이용하여 극복하는 방법을 배웠다. 대학원생은 사회문제, 정신 건강, 지역 자원의 이용을 포함한 재소자의 통합을 돕는 주제들에 대한 수업을 제공하도록 유도된다.[31]

많은 시설에서 장애물은 양 방향에서 제거되고 있다(문이 양쪽으로 열린다). 재소자와 교도소 직원의 외부 활동은 강의 프로그램의 수강으로부터 교육/직업 귀휴까지 다양하다. 귀휴 프로그램은 지역사회로의 단계적 석방의 방법[32]으로 사용된다. 단계적 석방에 대한 논리적 근거는 새로 석방된 재소자가 직면하는 문제점에 기인한다. 석방은 특히 시설로부터 직접 발생하였을 때 재소자가 겪는 스트레스는 매우 높다. 재소자는 이전에 실패하였다는 것을 알고 있고 다시 실패할 것을 두려워한다. 단계적 석방에서 가능한 것 같이 사회의 무대로 쉽게 돌아갈 수 있는 기회가 없다면 그가 교도소에서 오래 있었던 경우에 재소자는 매우 취약하다고 느낄 것이다. 석방된 재소자는 새로운 사회기술과 빠르게 변하는 사회를 따라 잡을 수 있는 기회가 필요하다.

주요용어

집단상담치료
범죄행위와 약물중독을 치료하기 위한 참여적 집단 기반의 접근방법을 가리키는 용어

주요용어

재통합 모델
재범을 줄이기 위해 사회복귀계획과 같이 이미 존재하는 지역서비스를 이용하여 재발 및 재범을 예방하려는 치료 접근방법

교정 실제 9.6

교도소 석방 프로그램

작업, 직업훈련 그리고 교육은 재소자가 교도소를 떠날 수 있도록 하는 세 가지의 주요한 목표들이다. 대부분의 주에서 재소자가 교도소를 떠날 수 있도록 허용하는 법적 장치는 귀휴프로그램이다. 입법가들은 재소자가 확인할 수 있는 같은 교정 목표를 추구하는 동안 제한의 한계를 지역사회에까지 확대하였다.

귀휴 대상자들은 보통 신중하게 선별되며 시설로부터 감독을 받는다. 비록 귀휴자의 재범의 정도는 아직 잘 알려져 있지 않지만 일반적으로 낮다고 믿는다. 낮은 재범의 이유는 아마도 귀휴자는 대부분의 관할지역에서 아직도 재소자이며 그들이 지역의 기대를 벗어나는 기미가 보이면 쉽게 교도소로 재구금되기 때문일 것이다.

오클라호마는 가택귀휴(재소자의 가택구금)를 교도소 과밀수용을 줄이는 방법으로 사용하였는데 재범률이 현저하게 낮았다. 매사추세츠에서는 귀휴 참여가 재범에 명확하고 일관성 있게 긍정적인 효과를 미쳤다. 많은 주정부가 낮은 위험과 죽음을 앞둔 재소자의 구금의 제한을 확대하기 위하여 귀휴프로그램을 더 많이 활용하는 방법을 고려하고 있으며 전자감시, 수시 약물/알코올 검사, 감독수수료와 함께 가택구금을 계획하고 있다. 이 접근방법은 다음 세대에서 주요한 교도소 석방 방법이 될 수 있을 것이며 캘리포니아는 현재 형기가 거의 끝난 재소자, 중증질환자 그리고 고령의 환자를 석방하고 있다.

교정 실제 9.7

범죄자 재범에 대한 교도소 접견의 영향

교도소 구금 중인 범죄자의 면회는 재범을 줄이고 교도소 인원을 줄이는 면에서 재범에 사회적으로 긍정적인 영향을 미치고 있다. 새로 석방되는 재소자는 교정 시설 밖의 삶에 준비되어 있지 않고 성공적인 재진입에 대한 많은 도전에 직면한다. 이러한 도전은 가정불화, 구직, 경제적 부채, 약물남용 치료(특히 정신질환과 같이), 무주택 등이다. 이러한 요소는 재소자의 석방 후 3년 내의 높은 재입건율(거의 2/3)을 야기한다. 성공적인 재통합과 재진입은 재범을 줄이고 교도소 인구를 관리하는 데 매우 중요하다.

교도소 면회의 영향에 대한 최근의 조사는 면회가 범죄자로 하여금 재범과 교도소 내의 규칙위반을 하지 않게 하는 중요한 사회적 지원이라고 결론 내렸다. 가족 및 친구로부터의 방문 등의 교도소 면회 프로그램은 사회지원 네트워크를 만들고 형성하며 더 강화한다. 예를 들어, 많은 가석방자가 친구나 가정에 경제적 도움과 직업의 기회 그리고 주거에 대한 도움을 받는다. 석방 전 12개월간 교도소 면회의 존재여부와 횟수가 범죄의 저항과 낮은 재범률과 깊은 관련이 있다는 증거가 있다. 불행하게도 대다수의 교도소 면회는 간단하고 제한되어 있으며 지저분하고 열악한 환경에서 행하여진다.

그럼에도 불구하고 자식, 부모, 친척, 목사의 면회는 특히 범죄를 예방하고 보다 효과적인 재통합의 강화와 재범을 감소시킨다는 증거는 유효하다(그러나 헤어진 배우자의 면회는 아마도 재범을 증가시킨다). 구금에서 석방 후에 범죄자의 재범을 예방할 가장 좋은 정책은 가석방 멘토자원봉사자의 활용과 함께 가족과 친구의 면회를 증가시켜 석방 전 재소자의 사회적 지원을 보다 많이 할애하는 것으로 보인다.

출처: Minnesota Department of Corrections (2012), "The Effects of Prison Visitation on offender Recidivism". http://www.doc.state.mn.us/pages/files/large-files/Publications/11-11MNPrisonVisitationStudy.pdf (accessed September 7, 2014).

교도소와 재범

교도소와 교도소 프로그램에 엄청나게 많은 예산이 사용되고 있음에도 재범은 굳건하게 높은 수준을 유지한다. 최근, 주정부를 위하여 Pew 센터*에서 1999~2002년 사이에 출소한 재소자와 2005~2007년 사이에 출소한 자들의 각 주별 재범률을 비교한 새로운 보고서를 제출하였다. 이러한 비율은 높게 유지되고 있었으며 많은 경우 이 기간 동안 사실상 증가하였다.[33]

Pew 발표에서 자료는 1999년에 가석방된 재소자들의 45% 이상이 2002년까지 재구금되었다고 제시하였다. 가석방으로 석방된 사람들의 약 43%가 재구금되었다. 사우스 다코타주, 워싱턴주 그리고 미네소타주가 각각 35%, 31% 그리고 11%씩 상대적으로 높게 재범률이 증가하였다.

미네소타주가 61%의 가장 높은 교도소 재입소 비율을 보였다. 형사사법시스템이 범죄자를 다루고 치료하는 방법의 변화 없이는 재범비율이 조만간 떨어지지 않을 것이라는 것은 명백하다. 분명한 것은 교정공무원은 아직도 사회복귀와 사회복귀 분야에 많은 할 일이 있다는 것이다.

* 역주: 워싱턴 D.C에 있는 연구 싱크탱크

요약

교정 시설 내의 보안과 구금의 기능에 대하여 요약하시오.

이 장에서의 발견과 결론에 대한 우리의 리뷰는 교정 시설 내의 보안 기능이 자주 효과적인 치료와 관리 기능을 저해한다는 것이다. 교도소는 통제와 사회복귀를 제공하여야 한다. 통제와 구금은 주요 기능이지만 구금만이 중요한 것은 아니다.

교도작업을 포함하여 교도소 내의 다양한 치료 프로그램을 요약하시오.

미국 교도소의 초창기 시절부터 종교, 교육, 직업 프로그램은 있었다. 교도작업 프로그램은 비록 국회가 교도소에서 만든 물품의 다른 주로의 반출을 금지하였지만 초기부터 교도소에 이익이 되었다. 과거 수십 년 동안 그 프로그램 목록은 약물남용프로그램, 성폭력 행동치료프로그램, 폭력감소프로그램, 정신건강 서비스, 상담, 종교활동, 집단상담치료 그리고 기타 의료활동 등을 포함하도록 확장되었다. 구금의 제한으로부터 교육, 훈련, 직업 프로그램을 포함하도록 확장되면서 교도소는 많은 중요한 프로그램들을 도입하였다. 인지행동프로그램 및 "분노를 가두라" 등의 의료적 프로그램과 같은 증거기반 프로그램이 도입되었다. 치료프로그램은 확장되고 있으며 재범을 줄이는 이들의 효과성은 점차 증명되고 있다.

재소자 건강관리와 관련한 문제점을 요약하시오.

특히 대부분의 재소자가 적절한 관리를 받지 못하였기 때문에 구금되어 들어오는 범죄자들은 복수의 의료 또는 치과 건강관련 문제점을 가지고 있다. 많은 재소자들이 약물남용에 의존하고 있으며(약물과 알코올), 정신건강장애와 부적격, 심리적 및 정신질환 문제점 그리고 우수한 건강관리에조차 저항하는 바이러스 감염을 가지고 있다. 법적으로 재소자들은 그들의 지역사회 구성원들이 받는 것과 비슷한 치료를 받아야 한다.

종종 재소자의 욕구를 충족하기엔 부족한 숫자의 의료 직원이 근무하고 가끔은 가용 직원이 의료 관리를 제공하기에는 부족한 자격을 가지고 있다. 더 많은 자질을 갖춘 의료 직원과 관리가 필요하다. 적절한 의료 관리를 제공하지 못하는 것은 주요한 법정 소송이나 연방 법원 개입을 야기할 수 있다.

지난 100여 년간 교정 관리에 주도했던 세 가지의 만연한 주제를 설명하시오.

적어도 1870년 이후 교정 관리자, 교도소장 그리고 감독자들은 그들의 업무나 프로그램을 크게 변화시키지 않는 점진적 접근방법을 적용하여 왔다. 변화는 점진적으로 도입되어 왔다. 교도소 관리자는 주요 도시 환경과 그들의 시설 사이의 거리를 두는 것을 환영했으며 공공의 시야와 감독에서 멀어지는 고립주의를 더 선호하였다. 이것은 아주 극소수의 혁신과 실험만을 가져오는 결과를 낳았으며 교도소의 발전을 제한하였다. 다른 주제는 개혁의 제한과 교도소 활동을 감추려는 고립과 퇴행이다.

보안을 위한 분류와 치료를 위한 분류의 차이점을 설명하시오.

재소자가 교도소에 입소한 이후, 시설은 재소자의 욕구와 가지고 있을 수 있는 위험을 결정하는 여러 가지 욕구와 위험 평가를 시행한다. 실제적으로 재소자의 위험이 개인적인 욕구보다 중시되어 새로운 재소자들을 그들이 필요로 하는 치료의 제공이 어려운 높은 보안 시설에 배정된다. 종종 적절하지 않은 재분류 때문에 재소자는 최초에 배정된 시설에 계속 지내게 되며, 치료와 서비스의 부족은 욕구가 높은 재소자의 재범에 기여한다.

재소자의 욕구를 어떻게 알 수 있는지 설명하시오.

대부분의 주정부는 각 재소자가 가지고 있는 위험과 욕구를 평가하기 위한 자세한 검사를 하고 있다. 가장 우수한 평가는 무슨 범죄를 저질렀는가? 범죄인의 생활은 어떤 패턴이었는가? 가명이 사용된 적이 있는가? 재소자가 범죄 행위와 피해자의 고통에 대해 후회하고 있는가? 행동을 개선하고 범죄를 멀리하려는 노력이 있는가? 재소자의 목적과 계획은 무엇이었는가?와 같은 행위 중심적인 접근이다. 이러한 것과 다른 요소들의 검사가 확정된 이후 보다 나은 시스템이 범죄자를 기능을 수행하고 건설적인 구성원으로서 다시 자유 사회로 복귀할 수 있도록 하는 적절한 치료계획을 시작할 수 있다. 이상적으로는 구금 시설의 치료기능이 거주지의 위치, 취직, 음식물 서비스 그리고 반드시 제공되어야 하는 개인적 욕구 등 지역기반 서비스에 연계될 수 있다. 경험이 없는 사람에게는, 나쁘고 사악한 사람에게 자원을 사용하는 것이 시간과 돈의 낭비일 것이다. 그러나 근본적인 임무는 범죄를 줄이고 재범을 억제하며 피해를 방지하는 것이기 때문에 그러한 프로그램은 꼭 필요하다.

어떻게 교도소 프로그램이 재범을 줄일 수 있는지 설명하시오.

최근 증거기반 치료에 집중하는 사회복귀 프로그램이 많이 도입되었다. 사용되는 프로그램이 실제로 재소자의 재범을 줄이는가? 만일 이에 대한 증거에서 개입이 효과적이라고 밝히면 교정 관리자는 같은 프로그램을 다른 재소자에게 적용할 수 있을 것이다. 반면, 개입이 효과적이라는 증거가 없으면 그 프로그램에 예산은 더 이상 지원하지 않고 다른 대안이 도입될 수 있을 것이다. 근본적으로 어떤 프로그램이 그 목적을 달성하지 못하면 그 프로그램을 다시 시도하는 것은 바보 같은 일이 되는 것이다. 효과적인 교도소 프로그램은 범죄예방을 위해 필요한 것을 제공하고 재범의 가능성을 줄임으로서 재소자가 사회에 재통합하는 것을 준비시키고 미래의 범죄를 줄이는 것이다.

주요용어

치료서비스 ··· 304
땜빵근무 ··· 305
점진적인 접근방법 ··· 308
메타 분석 ··· 309
고립과 퇴행 ··· 309
분류 ··· 310
외부 분류 ··· 310
내부 분류 ··· 310
재분류 ··· 310
질병신고 ··· 312
꾀병쟁이 ··· 312
의료 서비스 ··· 312
A형간염과 B형간염 ··· 312
동반질병 ··· 314
교정사제 제도 ··· 319
기능적 문맹 ··· 321
GED ··· 321
뉴게이트 프로젝트 ··· 323

귀휴 ······ 323
직업 훈련 ······ 325
인지행동프로그램 ······ 328
인지 ······ 328
분노조절 ······ 328
집단상담치료 ······ 329
재통합 모델 ······ 329

복습질문

1. 왜 보안직원이 치료를 담당하는 직원보다 많이 있는가?
2. 분류는 보안에 중점을 두어야 하는가? 아니면 치료 기능에 중점을 두어야 하는가? 이유는 무엇인가?
3. 분류, 내부분류, 외부분류, 재분류를 정의하시오.
4. 교정이 일반적으로 대변인의 수가 적은 이유를 설명하시오.
5. 교도소의 종교목회자의 역할을 기술하시오.
6. 무엇이 재소자에게 교도소 치료 프로그램에 참여하도록 동기를 부여합니까?
7. 교도소에서 가장 흔히 발견되는 다섯 가지의 건강 문제는 무엇입니까?
8. 교도소 내에서 종교 서비스는 어떻게 이루어집니까?
9. 재소자가 가석방되었을 때 교육이 재범을 감소시킵니까?
10. 어떤 재소자에게 귀휴가 주어집니까?
11. 교도소 내에서 직원들은 어떠한 일이 가능합니까? 재소자는 어떻습니까?
12. 재소자에게 지역사회로의 재통합을 준비시키기 위하여 무엇을 할 수 있습니까?

적용사례연구

1. 당신은 주정부 교정본부(DOC)의 시설계획 부서의 장으로 승진하였다. 출근 첫날 주지사는 교정국장에게 재소자들이 석방되었을 때 재범을 줄일 수 있는 계획을 세우라고 부탁하였다. 이에 따라 교정국장은 4년 안에 재범을 20% 줄일 수 있는 계획을 세우라고 지시하였다. 당신은 무엇을 제안할 것인가?
2. 당신의 다음 임무는 주 교정국(DOC)에 당신의 교도소의 교육 프로그램이 모든 교육프로그램을 관리하겠다고 제안한 사기업에게 외주 용역을 줄 것인지에 대한 추천이다. 어떤 다섯 가지의 쟁점을 당신의 보고서에서 고려할 것인가?
3. 당신의 주정부 가석방 위원회는 재소자가 중학교 2학년 수준의 읽기와 쓰기를 하지

못할 경우 가석방이나 그들의 심사대상에서 제외할 것이라고 결정하였다. 이것은 분명히 가석방 위원회가 재소자에게 교육적 목적을 위하여 노력을 시작하라는 신호이다. 어떤 프로그램이 제공되어야 하며, 어떻게 당신은 교육적 성취를 문서화할 것인가?

4. 당신의 교도소 종교지도자는 마법숭배(Wiccan) 성직자로부터 재소자에게 종교 서비스를 제공하겠다고 자원하는 편지를 받았다. 종교목회자는 분노하였으며 이러한 자원에 응하지 않았다. 교도소장으로서 당신은 무엇을 할 것인가?(힌트: 온라인에 접속하여 Wiccan 종교를 옹호하는 자료와 비난하는 자료를 읽어보라) (당신이 무엇을 취급하고 있는지 파악하라) 당신은 무엇을 할 것인가?

미주

1. See Don Gibbons, "Review Essay—Changing Lawbreakers: What Have We Learned since the 1950s?," *Crime and Delinquency* 45:2 (1999): 272–293, and Elizabeth Gudrais, "The Prison Problem," *Harvard Magazine,* November–December 2013, http://harvardmagazine.com/2013/03/the-prison-problem.
2. Robert Morgan, C. Winterowd, and S. Ferrell, "A National Survey of Group Psychotherapy Services in Correctional Facilities," *Profe-ssional Psychology Research and Practice* 30:6 (1999): 600–606.
3. See Rob Wilson, "Who Will Care for the 'Mad' and the 'Bad'?," *Corrections Magazine* 6:1 (1980): 5–17. See also Joan Petersilia, "Justice for All? Offenders with Mental Retardation and the California Corrections System," *Prison Journal* 77:4 (1998): 358–380, and Julio Arboleda and David Weisstub, *Forensic Research with the Mentally Disordered Offender* 55:1 (2013): 103–122, http://link.springer.com/book/10.1007%2F978-94-007-0086-4.
4. But see the excellent evaluation of Joan Petersilia, *The Influence of Criminal Justice Research* (Santa Monica, CA: Rand Cor-poration, 1987), and Jeffrey Fagan and M. Forst, "Risk Fixers and Zeal: Implementing Experimental Treatment for Violent Juvenile Offenders," *Prison Journal* 76:1 (1996): 22–59.
5. Francis Cullen and B. Applegate, eds., *Offender Rehabilitation: Effective Treatment Intervention* (Aldershot: Ashgate, 1997); U.S. Office of Justice Programs Drug Courts Program Office, *Looking at a Decade of Drug Courts* (Washington, DC: U.S. Department of Justice, 1997); Substance Abuse and Mental Health Youth Substances Administration (2013), "Drug Treatment Courts Offer Hope for Youth," http://www.samhsa.gov/samhsanews-letter/Volume_21_Number_1/drug_treatment.aspx.
6. Francis Cullen and Karen E. Gilbert, *Reaffirming Rehabilitation. Thirty-Year Anniversary Edition* (Waltham, MA: Anderson/Elsevier, 2013).

7. See Steve Donziger, *The Real War on Crime* (New York: HarperCollins, 1996), pp. 194-219: John Irwin and J. Austin, *It's about Time: America's Imprisonment Binge,* 3rd ed. (Belmont, CA: Wadsworth, 2011); and Charles Terry, "Managing Prisoners as Problem Pop-ulations: The Evolving Nature of Imprison-ment: A Convict's Perspective," *Critical Crimino-logy* 12:1 (2003): 43-66.
8. The relationship between ingestion of drugs and crime appears quite strong. See in particular Christopher Mumola, *Substance Abuse and Treatment: State and Federal Prisoners, 1997* (Washington, DC: U.S. Department of Justice, 1999), and Henry J. Kaiser Family Foundation (2013), "HIV Testing in the United States," http://kff.org/hivaids/fact-sheet/hiv-testing-in-the-United-States/.
9. Drug abuse is widespread among prison inmates, but treatment programs are in short supply. See Donald Dowd, S. Dalzell, and M. Spencer, eds., "The Sentencing Controversy: Punishment and Policy in the War against Drugs," *Villanova Law Review* 40:2 (1995): 301-427; and Federal Bureau of Prisons, "The Federal Bureau of Prisons Annual Report on Substance Abuse and Treatment," http://www.bop.gov/inmates/custody_and_care/docs/annual_report_fy_2012.pdf.
10. Theodore Hammett, *Public Health and Corrections Collaboration: Prevention and Treatment of HIV/AIDS, STDs, and TB* (Washington, DC: Office of Justice Programs, 1998).
11. U.S. Department of Health and Human Ser-vices, *Control of Tuberculosis in Correctional Facilities: A Guide for Health Care Workers* (Washington, DC: U.S. Department of Health and Human Services, 1992); Centers for Disease Control (2013), "Tuberculosis in Correctional Facilities Is a Public Health Concern," http://www.cdc.gov/features/dst-bcorrections/.
12. Bureau of Justice Statistics, *Medical Problems of Inmates, 1997* (Washington, DC: Bureau of Justice Statistics, 2001), pp. 1, 12; Sophie Davidson and P. Taylor, "Psychological Distress and Severity of Personality Disorder Symptomatology in Prisoners Convicted of Violent and Sexual Offenses," *Psychology, Crime and the Law* 7:3 (2001): 263-272; Kristen Rasmussen, R. Almvik, and S. Levander, "Attention Deficit Hyperactivity Disorder, Reading Disability, and Personality Disorders in a Prison Population," *Journal of the American Academy of Psychology and the Law* 29:2 (2001): 186-193; Jack Baillergeon, Sandra Black, Charles Leach, et al., "The Infectious Disease Profile of Texas Prison Inmates," *Preventive Medicine* 38:5 (2004): 607-612.
13. Mannix Porterfield, "Smoking Has Its Pro-blems in W. VA. Prisons," *The Register-Herald,* June 16, 2008, http://www.register-herald.com/archivesearch/local_story_168222359.html (accessed November 1, 2008).
14. William Petroski, "Despite Exemption, Prisons to Ban Smoking," http://m.desmoin- esregister.com/news.jsp?key=252368&rc=In&p=2 (accessed November 1, 2008). See also Crime Beast (2013), "With Cigarettes Banned in Most Prisons, Gangs Shift from Drugs to Smokes," http://www.thedailybeast.com/articles/2013/06/02/with-cigarettes-banned-in-most-p

risons—gangs—shift—from—drugs—to—smokes.html# (accessed Sep— tember 7, 2014).

15. Editors, "Michigan Prisons Prepare for Total Smoking Ban," *Correctional News* 14:3 (2008): 18.
16. *CBC News*, "'Tempers Will Flare' as Prison Smoking Ban Takes Effect, Inmate Says," http://www.cbc.ca/news/canada/tempers—will—flare—as—prison—smoking—ban—takes—effect—inmate—says—1.721325 (accessed September 7, 2014).
17. But see Jody Spertzel, "Rev. Henry Bouma: Chaplain's Ministry Links Facility with Community," *Corrections Today* 55:3 (1993): 91, and Jody Sundt and F. Cullen, "The Contemporary Prison Chaplain," *The Prison Journal* 78:3 (1998): 271-298.
18. Robert Marsh and V. Cox, "The Practice of Native—American Spirituality in Prison: A Survey," *Justice Professional* 8:2 (1994): 79-95.
19. Dennis Stephens and C. Ward, "College Edu—cation and Recidivism: Educating Criminals Is Meritorious," *Journal of Correctional Education* 48:3 (1997): 106-111. See also Grace Merritt, *Connecticut Times,* "CT's Multi—Pronged Approach to Reducing Recidivism Is Working," http://www.ctmirror.org/story/2013/09/18/cts—multi—pronged—approach—reducing—recidivism—working.
20. Richard Lawrence, "Classroom v. Prison Cells: Funding Priorities for Education and Corrections," *Journal of Crime and Justice* 18:2 (1995): 113-126; Elliott Currie, *Crime and Punishment in America (Revised)* (New York: Picador/Macmillan, 2013).
21. James Anderson, J. Burns, and L. Dyson, "Could an Increase in AIDS Cases among Incarcerated Populations Mean More Legal Liabilities for Correctional Administrators?," *Journal of Criminal Justice* 21:1 (1998): 41-52.
22. T. L. Felton, "The Learning Modes of the Incarcerated Population," *Journal of Correctional Education* 4:3 (1994): 118-121; Theodore Hammett, P. Harmon, and L. Maruschak, *1996-1997 Update: HIV/AIDS, STDs, and TB in Correctional Facilities* (Washington, DC: U.S. Department of Justice, 1999), pp. 25-45.
23. Eva Fisher—Bloom, "The Import of Learning Disabilities in Correctional Treatment," *Forum* 7:3 (1995): 20-26; Barbara Belot and J. Marquart, "The Political Community Model and Prisoner Litigation," *Prison Journal* 78:3 (1998): 299-329.
24. Arnie Nielsen, F. Scarpitti, and J. Inciardi, "Integrating the Therapeutic Community and Work Release for Drug—Abusing Offenders," *Journal of Substance Abuse and Treatment* 13:4 (1996): 349-358. On reentry after prison drug treatment, see also Illinois Criminal Information Authority (2012), http://www.icjia.state.il.us/public/pdf/researchreports/reentry_sheridan_report_012012.pdf.
25. See Rick Linden and L. Perry, "The Effec—tiveness of Prison Educational Programs," *Journal of Offender Counseling, Services and Rehabilitation* 6:1 (1982): 43-57, and Lois Davis et al., *Evaluating the Effectiveness of Correctional Education* (Santa Monica, CA: Rand Corporation, 2013).
26. C. Camp and G. Camp, *The Corrections Year—book 2000: Adult Corrections* (Middletown,

CT: Criminal Justice Institute, 2000), pp. 126–129.

27. Neil Singer, *The Value of Inmate Manpower* (Washington, DC: American Bar Association Commission on Correctional Facilities and Manpower, 1973). See also David Scharf, "Are Day Reporting and Reentry Programs the Future of Corrections in Our Country?," *American Jails* 12:3 (2008): 25–27. But see D. Burton–Rose, D. Pens, P. Wright, et al., *The Celling of America: An Inside Look at the U.S. Prison Industry* (Monroe, ME: Common Courage Press, 1998).
28. Betty Fortuin, "Maine's Female Offenders Are Reentering—and Succeeding," *Corrections Today* 69:2 (2007): 34–37; Bonnie Johnson, "First Book and Hope House: Bridging the Gap for Families from Behind Bars," *Corrections Today* 22:3 (2008): 88–90.
29. Larry Mays and T. Gray, eds., *Privatization and the Provision of Correctional Services* (Cincinnati, OH: Anderson Publishing, 1996). See also Cody Mason, (2013), "International Growth Trends in Prison Privatization," http://sentencingproject.org/doc/publications/inc_International%20Growth%20Trends%20in%20Prison%20Privatization.pdf.
30. George Sexton, *Work in American Prisons: Joint Ventures with the Private Sector* (Washington, DC: U.S. Department of Justice, 1995), p. 2.
31. Edward Latessa, L. Travis, and H. Allen, "Volunteers and Paraprofessionals in Parole: Current Practices," *Journal of Offender Counseling, Services and Rehabilitation* 8:1/2 (1983): 91–106; American Probation and Parole Association, *Restoring Hope through Community Partnerships* (Lexington, KY: American Probation and Parole Association, 1996).
32. David Onek, *Pairing College Students with Delinquents: The Minnesota Intensive Case Monitoring Program* (San Francisco: National Council on Crime and Delinquency, 1994); Pamela Hewitt, E. Moore, and B. Gaulier, "Winning the Battles and the War," *Juvenile and Family Court Journal* 49:1 (1998): 39–49.
33. Pew Center for the States, "State of Recidivism: The Revolving Door of America's Prisons," April 2011. See also Bureau of Justice Statistics (2013), "U.S. Prison Population Declines for Third Consecutive Year during 2012," http://www.bjs.gov/content/pub/press/p12acpr.cfm.

CHAPTER 10

구치소와 구금시설

학습목표

- 구치소의 역사를 개략적으로 살펴보자.
- 오늘날 구치소의 목적, 기능 그리고 작용을 기술하시오.
- 다양한 판결전 석방의 종류를 기술하시오.
- 구치소 재소자의 특성을 기술하시오.
- 구치소의 구조와 감독 관련 선택사항들을 요약하시오.
- 구치소의 쟁점을 요약하시오.
- 판결전 서비스와 여타 구치소의 대안을 요약하시오.

개요

구치소: 잔인한 역사

오늘날의 구치소

구치소의 재소자와 특성들

신세대 구치소

구치소의 배경
- 과밀수용의 문제점
- 직원 관련 문제점
- 구치소의 근무기준
- 구치소의 건강관리

구치소의 대안
- 벌금형
- 주말구금
- 사회봉사명령

판결전 단계에서의 구치소의 대안
- 판결전 석방

2011년 중반부터 2012년 중반까지 카운티나 시에 있는 구치소의 구금된 인원은 1.2% 증가하였다. 이러한 증가의 대부분은 캘리포니아주에서 발생하였다.

– 사법통계국, 2013

개관

지금까지 우리는 시설의 구금, 관리 그리고 치료적 기능들에 대하여 살펴보았으므로 이제 구치소를 시작으로 구금의 주요한 형태들을 탐구하기로 한다. 거의 모든 범죄자들은 그들의 구금의 여정을 **구치소**나 구금시설에서 시작을 한다. 어떤 사람에게 이 시설은 마지막 단계이나 다른 사람들에게는 시작에 불과하다.

본 장에서는 교정시스템에서 가장 많이 사용하는 처벌 중에 하나인 지역구치소를 살펴본다. 미국은 사회보호라는 교정의 주요 목적을 달성하기 위하여 많은 종류의 절차와 시설들을 개발하여 왔다. 이 장에서는 정의라는 이름하에 때때로 길고 굽이치는 여정의 바로 첫 번째 단계인 지역 구치소와 구금시설에 대하여 자세하게 살펴본다. 이 여정은 결과적으로 대부분의 범죄자들이 그들이 저지른 크고 작은 범죄에 대한 빚을 청산하고 사회로 복귀하는 것으로 귀결될 것이다. 정의의 저울은 범죄와 적절한 처벌의 균형을 맞추고자 하며, 이 과정은 경찰에 의한 체포와 지역 시설의 구금으로 시작한다.

주요용어

구치소
대체로 1년 또는 그 이하로 범죄자를 구금하기 위하여 설계된 지역 보안 시설

앞으로 보게 되겠지만, 범죄자가 교정필터 과정을 거치는 모든 시설 중에 구치소보다 더 다양한 (또는 더 야비한) 사람들이 있는 곳은 없다. 구치소는 일반적으로 1년 이하의 판결을 받은 사람이나 공판이나 재판 전에 미결구금된 사람을 구금하기 위하여 지역 법집행기관에 의하여 운영되는 구금 시설이다(텍사스주와 같이 이에 대한 몇몇 예외가 있다). 구치소는 대부분의 기소된 성인 남녀나 많은 청소년들이 경험하는 형사사법시스템 내의 가장 첫 번째 관문이다. 몇몇 큰 규모를 가진 구치소가 있지만 대부분은 규모가 작다. 예를 들어, 로스앤젤레스 카운티가 자유세계에서 가장 큰 구치소를 운영하고 있는데 이는 1년에 약 170,000명의 범죄자를 구금한다. 크기와는 별개로 구치소는 대부분 이에 대한 예산 지원이 일정치 않고 예측하기 어려운 시, 카운티 또는 지역 시설이다. 그리고 곧 논의될 것처럼 구치소는 미국의 주요 정신건강시설로 공헌하고 있다.

구치소: 잔인한 역사

범죄자 또는 범죄혐의자를 지역 구금시설에 구금하는 것은 범죄의 정의(定義)만큼이나 오래된 관행이다. 지역 구치소, 유치장, 노역소, 영창, 감옥선,[1] 구금 시설의 절차와 관행은 1900년대 중반까지 수세기 동안 거의 변하지 않았다. 최근에 들어서야 구치소 재소자들을 위한 치료나 프로그램을 제공하기 위한 진지한 시도가 이루어졌으며, 심지어 이러한 노력조차 철저히 감시되었거나, 아니면 관리들은 이들을 포기하려는 경향이 있다.[2] 원래 모든 종류의 잘못된 사람들을 구금하거나 제한하기 위한 장소로 고안된 시설로서 구치소는 길고도 천박한 역사를 가지고 있다. 제1장에서 토론한 바와 같이 존 하워드(John Howard)는 가장 심각한 구치소를 관리하면서 18세기 영국의 끔찍한 구치소의 상황을 정확히 알고 있었다. 영국과 다른 유럽지역의 교도소와 구치소 상황을 개선하고 관행을 혁신하고자 하는 그의 노력은 미국에서 구치소를 개선하려는 개혁가들의 노력과 일치한다. 1970년대 초까지만 하더라도 미국의 구치소는 거의 변화되지 않았는데, 그들 몇몇은 한 세기나 오래된 것이었다.

초창기의 미국 구치소는 유럽과 비슷하였다. 대부분은 20~30명의 재소자가 콩나물처럼 갇혀 있는 작은 방들로 구성되어 있다. 영국의 헨리(Henry) 2세가 1166년 클라렌든 순회재판소(Assize of Clarendon)에 첫 번째 공공구치소의 건설을 명하였을 때, 구치소의 원래 목적은 법원이 세워지기 전까지 피고인이나 피의자를 구금하는 것이었다. 구치소는 난방시설이나 환기시설이 거의 없었고 음식은 교도관에 의하여 판매되거나 가족이나 친구들이 가져다주었다. 초창기 구치소 내의 상태는 이루 말할 수도 없었고, 과밀수용이나 전염병에 취약한 위생상태였으며, 이것은 오늘날 몇몇 구치소에서도 지속되고 있다. 예는 많이 있으나 기껏해야 어떤 구치소는 경범죄자, 부랑자, 경범죄자 그리고 만취자를 위한 수용시설이었다. 심각한 경우 구치소는 법집행지원청(Law Enforcement Assistance Administration)의 전임(前任) 국장이 기술한 바와 같이, 구치소는 과밀화되고 직원이나 예산이 부족한 곪아터진 상처였다. 구치소는 아마도 교정시설 중에 그 어느 것보다 변화시키기 어려웠고, 개선되기보다는 오히려 더 악화되어 왔다. 의심할 나위 없이 부분적으로 이런 문제들은 구치소가 지역 세금으로 지원되고 있기 때문이다. 전통적으로 구치소는 지역 정치가들의 예산지원에서 낮은 순위에 머물렀다. 이와 같이 구치소는 교정의 하수도로 불려왔다.[3]

중범죄자, 경범죄자 등 재판을 기다리고 있는 자들이 구치소에서 대부분의 재소자를 구성하고 있다. 그 외에도 **구치소 재소자** 중에는 다른 시설이 제공되지 않은 정신질환자, 심리를 기다리고 있는 가석방자와 보호관찰 대상자, 연방집행관의 이송을 기다리고 있는 연방재소자, 구금 장소가 아직 없으나 석방할 수 없는 수형자 등을 포함한다. 몇몇 주에서는 상대적으로 짧은 형기를 받은 중범죄자를 구치소에 구금하여 형기를 마치도록 한다. 예를 들어, 텍사스주에서는 2년 이하의 형기를 받은 범죄자를 구치소에 구금할 수 있다).

> **주요용어**
>
> **구치소 재소자**
> 공판을 기다리고 있는 자, 주 또는 연방정부 교도소로의 이송을 기다리고 있는 자, 1년 이하의 징역에 처할 범죄를 저지른 자와 같이 지역 시설에 구금되어 있는 범죄자

구치소는 존 하워드(John Howard)가 1773년 영국 베드퍼드셔(Bedfordshire)에 있는 혐오스러운 구치소를 맡게 된 이후 공공 또는

정부의 지원에서 제일 마지막 순위였다. 정치가나 언론이 특별히 끔찍한 상황을 공개하여 공공의 관심이 때때로 구치소를 향하기도 하였으나 구치소는 원래의 참혹한 상황으로 빠른 속도로 복귀하였다. 지난 수년간 새로운 관리 개념에 입각한 몇몇 시설이 경범죄 재소자나 중범죄 재소자를 위한 보다 나은 조건과 프로그램을 제공하기 위하여 세워졌으나 이러한 시설의 숫자는 아직 매우 적으며 많은 사법관할지역은 아직도 지난 세기로부터 물려받은 오래된 시설을 운영하고 있다. 종종 짧은 형기를 가진 재소자에게 직업 또는 교육 프로그램을 제공하기 위하여 지역사회 프로그램이나 시설이 사용되기는 하나 많은 구치소의 열악하고 단조로운 상황을 완화하기에는 이러한 프로그램의 수가 너무 적다.

형사사법 제도를 악화시키는 많은 문제점들 중에서 재판을 받기 전의 범죄자를 어떻게 대하여야 할지에 관한 것만큼 더 혼란스럽고 비이성적인 문제는 없다. 미국에서 유죄가 판결되기까지는 무죄를 추정한다는 개념이 지역 구치소에 많은 문제점을 야기한다. 판결전 구금과 판결전 자유를 보장하기 위한 절차는 지난 수십 년간 형사사법제도에 관련된 사람들 사이에 아주 뜨거운 논쟁주제였다.[4] **무죄추정의 원칙**은 피고인이 체포되어 구치소에 구금되는 순간 유지하기 어려워진다. 경찰은 상당한 근거(probable cause: 높은 유죄 가능성)에 입각하여 체포를 하거나 그러한 행동을 하는 자를 검거할 때 이 추정의 원칙을 받아들이기 어렵다고 본다. 형량에 대한 판결전 결정의 영향을 연구한 몇몇 프로젝트들은 이 기간이 이후 교정적인 노력에 매우 중요하다는 증거를 제시한 바 있다.[5] 유죄가 아니라는 것이 반드시 무죄를 의미하는 것만은 아니라는 것을 일반인들이 깨닫는 것은 더욱 어렵다. 유죄가 아니라는 것은 간단히 말해 피고인이 기소되고 소추된 범죄에 대하여 합리적 의혹을 넘어서 유죄를 성립시키기 불가능하다는 의미이다.

주요용어

무죄추정의 원칙
미국 헌법에 따르면 범죄 혐의를 받는 자는 형사법원에서 판결을 받을 때까지 무죄로 추정한다.

판결전 석방의 문제는 신속하고 공개된 재판을 명령한 미국 수정헌법 제6조를 고려해 보면 명확해진다. 이 조항은 구금시설에서 하루하루 지나갈수록 재소자가 보다 더 유죄인 것처럼 보이기 때문에 무죄로 추정되는 사람이 구금되는 문제점을 제시한다. 2002년 연구결과에 따르면 중범죄자가 체포로부터 형판결까지 평균적으로 구금되어 있는 기간이 약 6개월인 것으로 조사되었다. 2004년의 경우 유죄를 받은 자의 72%가 징역형을 선고 받았다.[6]

오늘날의 구치소

미국의 도시 거주자들은 지역 유치장이나 교정시설의 필요성에 대하여 몇 가지 방법으로 대응하여 왔다. 가장 일반적인 구금 시설은 유치장이지만 그 규모나 특성 면에서는 많은 차이가 있다. 작은 마을의 방이 하나인 유치장과 뉴욕과 로스앤젤레스의 각각 19,636명과 22,477명을 수용하는 거대한 시설과는 큰 차이가 있는 것이다. 각 시의 유치장에 대응하는 것이 카운티에 있는 구치소이지만 구치소, 유치장, 구금시설, 노역소 그리고 여러 다른 시설들을 일반적으로 모두 구치소라고 부른다(우리는 다른 명칭으로 불리는 것이 적절할 때를 제외하고 이러한 모든 시설을 시 또는 카운티 소재 구치소라고 지칭한다). 정책이나 프로그램도 시 단위와 카운티단위 사이에 많은 차이가 있다. 그러나 소형, 중형, 대형 시설들에 대하여 몇몇 일반적인 기술이나 제안이 가능하다. 미국의 카운티교소도의 86% 이상이 250명보다 적은 인원을 수용하고 있으나 159개의 가장 큰 구치소 시설이 모든 구치소 수용인원의 약 절반을 수용하고 있다.

구치소의 재소자와 특성들

미국 구치소에는 유·무죄는 따질 것도 없이 중범죄자와 경범죄자, 초범 및 재범, 성인 남녀, 청소년, 피고인과 유죄 판결을 받은 자들이 모두 구금되어 있다. 구치소는 피고인은 물론 공판, 판결, 선고, 집행유예, 가석방을 기다리는 자 그리고 보석 위반자와 도주자, 적절한 정신질환시설로의 이송을 기다리는 자,[7] 알코올 중독자 및 약물남

주요용어

정신질환 문제
종종 구치소 재소자를 괴롭히는 여러 가지의 진단된 정신질환

정책적 입지 10.1

구치소의 정신질환

구치소는 적어도 매년 210만 명의 정신질환을 가진 재소자를 처리하며, 주정부 또는 연방 교도소는 수십만 명 이상을 수용하고 있다. 대부분의 경우 그렇게 많은 문제 재소자를 처리할 수 있도록 설비를 갖추고 있지 않으나 구치소 구금보다 더 나은 기능적인 대안은 거의 없다. 대부분의 정신질환이 있는 범죄자는 그러한 시설에 수용되기를 좋아하지 않는다.

한때는 정신질환자들이 거대한 주정부 정신병동에 수용되었으나 연방 법원이 만일 정신질환자가 치료를 목적으로 주정부의 통제 안에 구금될 경우 반드시 치료를 하여야 한다고 판결하였다. 이것은 순수한 정신질환 재소자들의 수만으로도 주정부가 충분한 치료를 제공할 수 없다는 것을 의미하였다. 이러한 주정부의 의무사항은 주정부가 운영하는 정신질환병동의 종말을 야기하였으며 이제는 정신질환 병동보다 구치소에 보다 많은 정신질환을 가진 일반시민이 있다. 이러한 주 시설에서 정신질환자 수의 감소는 1970년대에 시작되었으며 그 이후로 가속화되었다. 교도소 내의 병동은 1977년 즈음에 시작되었다.

미국의 사실상의 가장 큰 정신질환자 시설은 로스앤젤레스의 카운티 구치소 시스템이나 이마저도 모든 정신질환 범죄자를 수용하기에는 부족하다. 따라서 구치소 구금이후 정신질환 문제점이 있는 것처럼 행동하여 다시 석방되는 "회전문" 절차가 생겨났다. 석방되면 이러한 재소자는 멀리 떨어지지 않은 공개된 약물시장까지 걸어가 그들이 최초 구금되었던 이유가 되는 행동과 패턴으로 신속하게 되돌아간다. 비록 이 사람들은 종합적이고 조화를 이루는 치료가 필요하지만 지역정신건강 서비스 혜택을 받는 것은 매우 어려운 일이다. 비록 시설이 잘 갖춰진 일부 구치소는 진단, 분류, 치료 또는 안정화 같은 서비스를 제공하지만 구치소가 그러한 사람들을 받아들인다고 결정한 것이 아니라는 것을 기억해야 한다. 석방된 후 정신질환 구치소 재소자들은 약물치료를 거의 받지 않으며 기이한 행동을 한다.

여기에는 어렴풋한 희망이 있다. 많은 지역 경찰관서들이 직원들을 훈련하고 서비스를 제공하고 있기 때문이다. 몇몇 지역은 정신질환 범죄자에게 종합적이고 조화로운 서비스를 제공하기 위하여 정신건강법원을 설치하였다. 그럼에도 불구하고 재정은 부족하고 병원, 주간보고센터, 지역사회센터들은 정신질환자의 수용과 효과적인 서비스를 향상시키기 위한 충분한 예산을 확보하기 위하여 지속적으로 분투하고 있다.

출처: National Public Radio,(2013), "What Is the Role of Jails in Treating the Mentally Ill?", http://www.npr.org/2013/09/15/222822452/what-is-the-role-of-jails-in-treating-thementally-ill(accessed November 17, 2013); Stephanie McCrummen(2013), Prince George's Mental Health Court Aims to Treat, Rather Than Jail, Defendants", http://articles.washington-post.com/2013-08-17/national/41419806_1_Mental-Health-Court-Mental-Illness-Drug-Addiction(accessed August 17, 2013).

용자[8]들을 수용하고 있다. 또한 구치소에 있는 자들은 군대 또는 보호감호를 위하여 대기하는 자, 중요한 증인, 법원에서 소란을 피운 자, 주정부 및 연방 또는 지방 시설에 호송을 기다리는 자, 일시적으로 구금된 자들을 포함한다. 구치소에 구금된 10명 중 6명은 판결전에 구금된 자이고 10%는 유죄 판결을 받았으나 아직 형선고를 받지 않은 자이며 나머지는 실제로 형기를 수행하고 있는 자들이다(마지막 유형은 약물/음주운전[9]과 가정폭력사범[10]에 대하여 지역 사법기관이 처벌을 강화함에 따라 증가하고 있다). 각각의 유형은 구치소관리나 관리자들에게 다루기 어려운 문제이다. 구치소가 그 운영이나 기록보관에 있어 매우 분산되어 있고 상호 차이가 나기 때문에 구치소와 구치소 재소자들에 대한 정확한 자료를 구하는 것은 항상 어려운 일이다. 그러나 미국 법무부에서 제공하는 구치소 재소자에 대한 가장 최근의 연구는 합리적이고 신뢰할 수 있는 최근의 정보를 보여준다.[11]

표 10.1 **평균 일일 구금인원 및 구치소 구금 비율(2002-2015)**

연도	총 인원	편차	직전년도 차이%	구치소 구금 비율/100,000
2002	652,082	26,116	4.2%	231
2004	706,242	25,482	3.7%	243
2006	755,320	21,878	3.9%	256
2008	776,573	3,435	0.4%	258
2010	748,553	−19,582	−2.5%	242
2012	735,983	418	0.1%	237
2015*	722,293	−13,855	−0.3%	232

출처: Todd D. Minton, "Jail Inmates at Midyear 2012—Statistical Tables" (Washington, DC: Bureau of Justice Statistics 2012), p. 5.

* 2015년 수치는 2008−2012년 자료에서 추정한 것임.

표 10.2 구치소 공간 사용실태

관할권	2010년 구금인원	구금정원 대비%
Harris County, Tx	10,264	109.3%
San Diego Country, CA	4,863	103.6%
Jacksonville City, FL	3,837	122.3%
Riverside County, CA	3,342	106.7%
Clark County, NV	3,311	111.0%
Bernalillo County, NM	2,688	120.2%
Suffolk County	2,934	111.0%
Polk County, FL	2,214	122.5%
Salt Lake County, UT	2,238	106.7%

출처: Todd D. Minton, "Jail Inmates at Midyear 2010—Statistical Tables Revised 6-28-2011"(Washington, DC: U.S Department of Justice), p. 10.

30여 년 만에 처음으로 광역 관할권의 일일 평균 구치소 구금인원이 2010년 이후 감소하여 직전 년도보다 2.3%가 하락하였다([표 10.1] 참조). 이러한 짧은 하락세가 새로운 경향의 시작인지 말하기에는 너무 이른 감이 있으나 재정 상황을 고려하여 많은 지역들이 예년의 증가추세로 되돌아가려고 하는 것 같다. 1999년부터 2008년 사이에 구치소 구금인원은 전국적으로 30% 증가하였다. [표 10.2]는 미국의 몇몇 가장 대규모 구치소 시스템의 구금인원의 변화를 보여준다. 2010년에 약 1,280만 명이 구치소에 구금되었으나 2012년에는 이 숫자가 1,260만 명으로 감소한 것으로 추정된다. 구치소 재소자들에 대한 가장 큰 분석표는 전통적으로 구치소가 판결전 피고인을 일시적으로 구금하는 장소이자 또 한편으로는 보통 대부분의 경범죄자들로서 1년 이하의 형기를 복역하는 자들을 구금하는 장소라는 두 가지의 기능을 반영한다. 상황을 보다 복잡하게 만드는 것은 많은 판결전 재소자들이 구치소에 재판을 받기 전에 수개월 동안 구금될 수 있다는 것이다. 구치소 재소자의 60% 이상의 인원이 유·무죄 판결을 받지 않은 자들이다. 재소자의 수를 줄이고 구치소 비용을 제어하기 위하여 비폭력 범죄를 저지른 초범들은 판결전 가택구금 또는 GPS 위

치파악시스템을 통하여 석방된다.[12]

2012년 기준 구치소 재소자의 61%가 판결전에 기소가 되었으나 유·무죄 판결을 받지 않은 자들이었다. 법원이 선임한 변호인, 국선변호인, 법률구조협회 변호사가 법적 자문을 받는 이들의 대부분을 대리한다. 시설에서 보석금을 정하지만 판결전 재소자의 대부분은 구치소에 남아 있다.

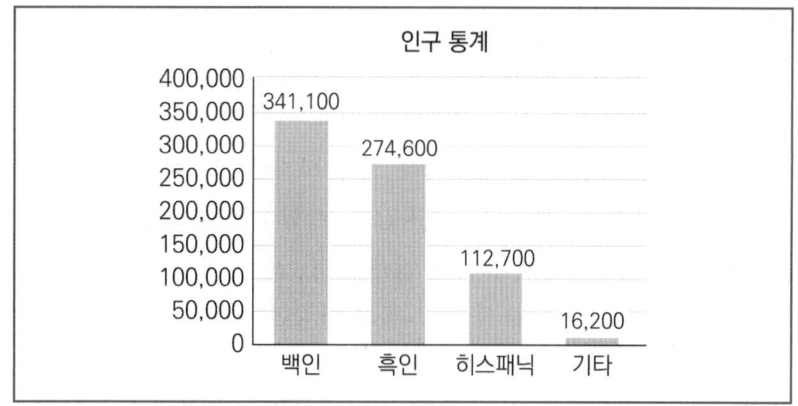

그림 10.1

2012년 미국 구치소 인원의 인구 통계

출처: Todd D. Minton, "Jail Inmates at Midyear 20l2- Statistical Tables(Washington, DC: U.S. Depart- ment of Justice, Bureau of Justice Statistics, May 2013), p. 5.

2012년 중반 미국 구치소에 구금된 자들 중에 백인이 흑인보다 9% 많았으나 흑인은 아직도 인구 대비 불균형하게 많다. 2012년 중반의 미국 흑인 거주자의 인구에 비교하면 흑인은 백인보다 지역 구치소에 구금될 가능성이 5배가 높다. 히스패닉의 구치소 구금인원은 빠르게 증가하고 있으며 이는 미국 인구에서 그들의 수가 증가하는 비율에 상응한다([표 10.1] 참조).[13]

2012년 성인 구치소 인구의 대부분은 87%를 차지하는 남성이며 여성의 인구는 약 98,600명으로 2008년의 100,000명보다 다소 줄었다. 대부분의 구치소 재소자는 20대의 젊은 남성이다. 전체적인 구치소의 숫자는 1999년과 2010년 사이에 감소하였으나 이는 시설합병을 통해 큰 규모의 구치소를 만들고 작은 규모의 구치소를 폐쇄하였기 때문이다. 2012년 기준 규모나 종류를 망라하여 총 2,799개의 구치소

가 있다.[14]

시 또는 카운티 구치소의 전형적인 재소자인 판결전이나 짧은 형기(일반적으로 1년 이하)의 기결수 이외에 몇몇 주정부(예를 들어, 텍사스주)는 주정부 구치소를 운영하고 있다. 텍사스주는 비폭력 3급 중범죄자나 A급 경범죄자를 수용하는 16개의 성인구금시설(구치소)을 운영하고 있다. 이러한 범죄자 집단에 대한 처벌은 주정부 구치소 시설에서 최장 2년간 구금 또는 10,000불 미만의 벌금으로 주정부 구치소에서 석방 후 지역사회감시를 동반할 수 있다. 2008년 텍사스 주정부 구치소 시설은 70,000명 이상의 범죄자를 구금하고 있다.[15]

위험하지 않은 사람을 다루고 결백한 사람을 보호하는 가장 효과적인 방법은 그들을 구치소 밖에 있게 하거나 가능한 빨리 석방하는 것이다. 판결전 전환처우, 전자감시, 주말구금, 사회봉사명령, 보증금보석 및 개인서약보석의 더 많은 활용, 보다 적극적인 벌금형의 사용(일일 벌금과 시간 지불 포함) 그리고 다양한 형식의 작업과 학업기반 석방 등 모든 것이 대부분의 구치소의 파괴적이고 값비싼 강제적 무위(無爲)에 대한 가능한 대체방안이다.[16] 많은 사법관할지역에서 구치소의 과밀수용은 공무원들로 하여금 범죄자를 다루는 창조적인 방안을 찾게 하였다. [표 10.3]은 구치소가 구치소 시설 밖에서 범죄자를 감시하기 위하여 사용하는 프로그램들을 나타낸다.

신세대 구치소

주요용어

신세대 구치소
1970년대에 개발된 신세대 구치소는 교도관과 재소자의 상호작용을 최대화하도록 설계되어 있는 시설이다.

구치소의 구조는 **신세대 구치소**라고 불리는 새로운 형식의 구치소 시설이 등장한 1970년대까지 근본적으로 변하지 않았다. 이 구치소는 건축, 실내 디자인, 디자인 철학에 있어서 기존의 구치소와는 크게 다른 출발점을 가지고 있다. 신세대 구치소는 교도관과 재소자의 상호작용을 최대화하도록 설계되어 있는 시설이다. 전통적인 구치소에서 재소자들은 교도관에 의하여 오직 가끔 한 번씩 감시되었다(간헐적 감시). 신세대 구치소에서 재소자들은 계속적이고 직접적인 감독 하에 있다.

표 10.3 **2012년 구치소 밖에서 감독을 받는 구치소 재소자의 수**

총 구치소 재소자	744,524
주말 프로그램	10,351
전자감시	13,779
가택구금	2,129
주간보고센터	3,890
사회봉사명령	14,761
기타 판결전 감시	7,738
기타 작업 프로그램	7,137
치료 프로그램	2,164
기타	2,149

출처: Todd D. Minton, "Jail inmates at Midyear 2012—Statistical Tables" (Washington, DC: U.S.), (Bureau of Justice Statistics, May 2013), p. 9.

새로운 제 3세대 구치소 내에 감방들은 계속 일직선으로 배치되어 있으나 재소자들은 그들의 깨어 있는 시간을 공동으로 사용하는 (그들의 감방이 아닌) 주간공동거실 구획에서 보낼 수 있다. 제 4세대 구치소는 각각의 구획과 중앙통제 및 감시실 그리고 서비스들로부터 왔다갔다 할 수 있는 복도가 있는 주간 거실구획을 포함하고 있다. 새로운 **구획(Pod)/직접감시**는 블록, 공동구획, 복도 등에서 교정 공무원과 재소자가 서로 직접 접촉하는 감방구획(Pod) 안에 공동장소를 신설한다. 교도관은 재소자를 직접 감시하고 매일 그들과 상호작용하며 프로그램이나 구치소 문제들과 관련하여 그들을 돕는다. 제 4세대 구치소는 상업용 수준의 가구, 카펫, 구획의 소음을 효과적으로 줄여주는 부드러운 표면 그리고 유리질의 화장실과 세면대를 포함하고 있다. 이러한 세대 구치소가 신설되었을 때 구치소 재소자가 이러한 구치소의 질서를 무너뜨리고 구치소 교도관을 공격하고 구획에 많은 문제를 야기할 것을 일반적으로 예측하였다. 그러나 이러한 예측은 전혀 사실이 아닌 것으로 확인되었다.[17]

주요용어

구획/직접 감시
구획/직접 감시 시설 내에서 피재소자는 교도관이나 다른 피재소자와 주간 구획 또는 공동 지역을 통하여 상호 교류한다. 구치소 교도관은 피재소자와 매일 직접적으로 상호작용하고 감독한다.

지역 구치소는 교정 공무원이 재소자들과 함께 전 근무시간을 보내야 하는 이러한 새로운 접근방법을 받아들이는 데 시간이 많이 걸렸다. 1981년이 되어서야 캘리포니아 콘트라(Contra) 카운티에서 직접통제 방식의 구치소가 개설되었다. 아직도 구치소에서 일하는 많은 사람들은 이러한 새로운 접근방법이 효과적이라고 믿지 않는다. 몇몇 연방 재소자는 지역 재소자만큼 난폭하지 않다고 잘못된 가정을 한다. 그들은 이러한 지역 재소자들이 구치소를 부수고 50여 명이 구금되어 있는 감방 구획을 홀로 통제하는 교도관을 공격할 것이라고 믿는다. 물론 몇몇은 보다 인간적인 환경을 제공하고 감방을 살만한 장소로 만드는 상업용 수준의 가구를 제공한다는 생각에 대하여 분개한다. 이러한 경솔한 사람들은 재소자를 감독하는 교도관들이 그들의 작업시간을 구치소 환경에서 보낸다는 사실을 쉽게 잊어버린다. 좋은 환경과 소음 수준의 감소는 거주 스트레스에 잘 대응하도록 돕는다. 지방 정부의 초기 거부감에도 불구하고 직접 감시 모델을 채택한 새로운 구치소의 수는 상당히 증가하였다. 1994년 미국 구치소 연합회에서 『구치소 관리에 일하는 사람은 누구인가(1994)』라는 책자의 제2 개정판을 출판할 때만 해도 이 책은 직접감시로 전환한 114개의 구치소를 열거하였다(pp. 401－405). 그 다음 해에 국가교정국의 구치소 담당 부서는 『구획 직접감시(1995)』라는 책자를 출판하였고 이는 직접감시 구치소가 상당히 증가하였음을 제시하였다. 직접감시 전략은 불법물품 소지, 시설파괴, 도주, 무례한 행동, 자살 그리고 폭력문제들에 있어서 위반 및 이것의 공식처리를 감소시키는 것으로 보인다.

구치소의 배경

과밀수용의 문제점

정기형제도, 범죄에 강경대응정책 그리고 시설에 구금된 인원을 감소시키려는 주정부 교정에 대한 압력 증가는 미국 구치소의 구조를 신속하게 변화시켰으며 매우 위험한 범죄자가 지역의 만취자나 경범죄자와 같이 구금되는 결과를 가져왔다. 이미 과밀수용과 제어의 어려움을 가지고 있는 많은 구치소들은 재소자들을 구금하고 먹을 것을 주는 것 외에는 거의 아무것도 할 수 없는 쓰레기 하치장이 되어버렸다.

비록 몇몇 개선이 있었으나 시설 내의 이러한 많은 물리적인 개선이 과밀수용과 폭력적인 재소자로 인하여 지연되었다.[18] 미국의 대규모 구치소 중 상당수는 수용인원을 제한하고 특정 구금조건(음식서비스, 의료 서비스, 화재 위험, 재소자 분류, 분리 정책 등)을 개선하라는 법원의 명령을 받은 상태이다.

사법체제의 입구로서 구치소가 받아들이는 대상은 누구인가? 그리고 누가 아마도 잠시 머무른 이후 석방될 것인가? 이들은 위험한 약탈자들인가? 아니면 이들은 그저 지역사회에 약간의 위협이 되고 통제되어야만 하는 경계에 있는 사람들인가? 이에 대한 대답은 아마도 둘 다일 것이다. 먼저 미국 전체 구치소의 재소자들의 구성을 살펴본다. 총 재소자의 12%인 8명 중 1명꼴로 다른 교정기관을 위해 구금된 사람들이며, 이는 지난 수년간 일정하게 유지되어 왔다. 이들은 주정부 또는 연방 교도소 시스템과 기타 지역 교정시설을 위하여 임시 구금되고 있다. 거의 대부분의 **"임시구금" 구치소 재소자**들은 중범죄자들을 위한 성인교도소의 과밀수용으로 인하여 지연되고 있다. 이중 적은 부분은 연방정부 재소자로서 연방 교정시설로의 이송을 위하여 구금되고 있다. 연방 교정국은 최근 직접 운영하는 구치소 시설을 설립하였으므로 임시 구금된 인구는 매우 감소할 것이다. 임시구금은 모든 구치소의 절반가량을 차지한다. 대부분의 구치소는 다른 시설의 피재소자를 임시 구금하는 것에 대하여 비용을 청구하고 있다. 이러한 임시 구금은 구치소의 예산에는 도움이 되나 많은 지역 구치소 관할에서 구치소 과밀수용 문제를 야기하는 원인이 되고 있다.

상당수의 구치소 재소자는 그들의 인생에 있어 때때로 음주나 약물을 사용하였으며 10명 중 4명 이상이 그들의 범죄행위 직전에 음주를 하였고 이 중 거의 절반이 범죄 행위 시에 주취 상태였거나 만취해 있었다. 이러한 약물남용 패턴은 구치소 재소자 중에 기결수 중에 보다 현저하다. 절반 이상이 그들의 범행 시 약물이나 술의 영향 하에 있었다. 구치소 재소자의 4분의 1 정도가 약물치료프로그램에 참여하였으며 6분의 1이 알코올중독 치료프로그램에 참여하였다.

주요용어

"임시구금" 구치소 재소자
연방 또는 주교도소, 정신 병동에 이송을 기다리고 있는 구치소 재소자

상기한 바와 같이 미국에서 가장 규모가 큰 25개의 구치소는 그들의 수용능력의 36%를 초과하여 미국 전체 구치소 재소자의 48%를 구금하고 있다. 대부분의 구치소 행정가들은 재소자 분류와 구금과 관련한 구치소 내의 융통성이 수용능력의 90% 이상이 되면 상실된다고 이야기하고 있다. 2012년 지역 구치소는 수용능력의 84%였다.[19] 시설 과밀수용의 주요 원인은 허용할 수 있는 기준에 미치지 못하는 다른 시설을 폐쇄하라는 압력이다.[20] 2008년과 2012년 사이에 성인 재소자를 구금할 수 있는 구치소의 숫자는 2,999개에서 2,829개로 감소하였다. 구치소 시설의 수는 아마도 계속 감소할 것이다. 구치소의 평가된 수용능력(인원수)은 722,293명으로 감소하였는데 이는 비록 구치소의 수는 감소하였어도 수용규모는 증가하였다는 것을 의미한다. 이러한 추세는 대부분 작고 오래된 시설을 대체하는 새로운 구치소의 대부분은 보다 많은 인원을 수용할 수 있도록 지어진다는 것에 기인한다. 비록 오래되고 낡은 구치소는 아마도 폐쇄되어야겠지만 구치소의 인원 증가와 이로 인한 문제점은 제도 내의 관리 및 통제 문제점을 낳고 있다. 과밀수용과 무위(無爲)는 구치소 과밀수용에 대하여 건물만 지으면 된다는 접근방법으로 프로그램을 확대하지 않고 있는 구치소들의 전형적인 모습이 되어 왔다.

과밀수용의 해결책을 찾으려는 몇몇 노력은 버려진 모텔을 구치소의 부속시설로 개조, 공장에서 만들어진 구금설비(상호 조립할 수 있는 규격화된 설비)의 구입, 텐트로 이루어진 구금시설의 건설, 다른 관할지역의 구금장소 임대, 작업석방된 재소자에 대한 가택구금, 판결 전 석방에 해당하지 않은 피고인의 전자감시, 기존 시설에 2층 침대 설치, 치료가 필요한 알코올 또는 약물 중독자에 대하여 지역사회프로그램과의 연계[21] 등을 포함한다.

교정 실제 10.1

카운티 유치장내의 강간

이 이야기는 2003년 2월 14일(밸런타인데이)에 시작한다. 신원이 확인되지 않은 18세 소년이 주정부 경찰로부터 도주하려고 하다가 붙잡혀서 체포되었다. 그 소년은 좁은 2차선 도로에서 규정 속도보다 시속 35마일을 초과한 것으로 측정되었다. 그는 교통법규 위반으로 경찰에 사건을 접수시키기 위하여 지역 구류센터로 보내졌다.

유치장에서 사건이 처리되는 동안 몇몇 교도관은 그 소년의 외모에 대하여 놀리기 시작하였다. 그의 키는 약 175cm이였고 몸무게는 57kg 정도였다. 그들은 그가 유치장 맨 구석에 위치한 300여 명의 매우 위험한 재소자들을 구금하는 감방 101호의 재소자들에게 "좋은 여자친구"가 될 것이라고 말하였다. 유치장 규정에 따르면 그 10대 소년은 사건 접수실 바로 옆에 있는 대기 감방에 구금하도록 되어 있었다. 그러나 그 교도관 당번 감독자는 그 소년을 무섭게 하여 교육을 받게 해야 된다고 결정하여 그는 다른 두 교도관에게 감방 101호에 구금된 14명의 피재소자들에게 "신선한 고기"를 기대하라고 말하라고 지시하였다.

그 10대 소년이 300명을 위한 유치장 내의 감방으로 보내질 때 재소자들은 소리를 질렀다. "그 아이 너무 귀엽다!", "그 아이를 나에게 데리고 와!" 교도관이 소리를 지르는 그 10대 소년을 감방 안으로 밀어 넣을 때 다른 재소자가 소리쳤다. "행복한 밸런타인데이가 되라고!"

민사소송에서 그 소년은 다른 재소자 군중의 머리 위로 운반되어 샤워실로 옮겨졌다고 이야기하였다. 그 소년은 옷이 벗겨졌으며 유치장 슬리퍼로 구타를 당하고 여러 성적행위와 강간을 당하였다. 이러한 야만적인 공격은 수명의 재소자가 그 소년을 강간하는데 가담하면서 밤새도록 이루어졌다. 연방 인권보호 검사는 "그것은 고등학교 2학년에게 가장 악몽 같은 일이었다"라고 진술하였다.

피해소년이 그의 아버지에게 그가 강간당했다는 사실을 이야기한 후, 법원 기록에 따르면 그 유치장 감독자는 이 사실을 감추려고 조작하기 시작하였다. 그는 조사관에게 보호실 바닥 하수도가 막혀서 소년을 중범죄자들과 같이 구금되었다고 거짓말을 하였다. 그는 또한 그의 감독 하에 있는 교도관이 그 피해자가 잘 있는지 확인하였던 것처럼 근무일지를 조작하였다. 그러나 소년은 그 다음날 아침 근무자들이 올 때까지 그 감방에서 내보내지지 않았다. 그 감독자는 사실을 말하려고 하는 여자교도관을 협박하였다.

이 사건에서 두 명의 교도관은 유죄를 인정하였으며 다른 두 명의 교도관은 재판까지 갔으나 다른 피재소자들로 하여금 그 소년을 성폭력하게 하여 그의 인권을 침해하려고 공모한 사실에 대하여 유죄를 판결 받았다. 그들은 또한 배심원들이 가중성학대 행위가 있었다는 것을 발견함에 따라 사법방해에 대하여 유죄를 판결 받았다.

그 10대 소년은 이러한 시련에서 구출되었으며 2005년 카운티와 140만 불에 합의를 보았다. 소년이 저지른 교통위반 행위는 결국 기각되었다. 총 세 명의 재소자가 성폭력으로 유죄 판결을 받았다.

그 소년을 대리하여 구치소를 고소하였던 변호사에 따르면 이제 23살이 된 소년은 매우 비사회적인 삶을 살고 있다. 그에 따르면 이러한 것은 그 소년에게 매일 발생하는 일이고 그 소년은 혼자 있으며 절대 공공장소에 나가지 않는다고 한다.

출처: Edward Latessa

직원 관련 문제점

미국 구치소에서 구금을 위하여 사용하는 구조는 이러한 시설과 관계된 여러 가지 문제점을 내포하고 있다. 물론 적합한 직원의 부족은 매우 중요한 요소이다. 켄터키주의 경우 구치소 직원을 시민이 선거로 선출하지만 대부분의 구치소는 특정 지역에 관할권을 가지는 법집행기관에 의하여 운영되고 있다. 많은 보안관 직원들은 그들이 자신의 일이라고 생각하지 않는 교도관으로 2년의 의무복무로 그들의 근무를 시작한다. 대부분의 정규직 교도관은 범죄자를 구치소에 가두는 것을 주요 목적으로 하는 카운티 경찰관이기 때문에 가장 중요한 관심사항은 교정서비스가 아니라 구금의 편리성이다. 이것의 배경이 되는 철학은 보안에 대한 광적인 걱정이며 구치소의 운영과 관련한 책임은 재소자 자신들에게 맡겨진다. 이것이 많은 대형 도시지역 구치소의 가장 비난받아야 할 상황이다. 구치소 직원이 정식 사법직원이 아니고 저임금의 구금담당 직원일 때, 이러한 상황은 더 악화될 수 있다. 교도관이나 구치소 직원의 신입 및 재직 중 훈련의 필요성은 구치소 감독관에 의하여 명확하게 인식되어져 왔다. 가장 시급한 사항은 전문적인 직원을 고용하는 것이 아니라 정치적으로 임용되고 자격이 미달할 뿐만 아니라 무관심한 구치소 인력의 습관적인 근무 패턴을 깨뜨릴 수 있는 심도 깊은 훈련이다.

직원이나 시설을 개선하는 것과 관련하여 한가지의 문제점은 구치소의 개별적 **요금제도(fee system)**의 긴 역사에 기인하는데, 이것은 초기 영국의 관행에서 그 기원을 찾을 수 있다. 그 당시에는 보안관은 위엄과 권위를 갖춘 중요한 정치적 지위를 가졌으나(보안관은 지역

주요용어

요금제도
주정부 또는 연방 교도소 시스템이 관할하는 재소자를 지역 구치소에 구금할 때 부담하는 비용

정부에 있어서 왕의 간부급 직원이었다), 보안관은 구치소와 관련 하는 일이 거의 없었다. 구치소와 재소자를 관리하는 힘든 일은 보통 파수꾼이나 직업 교도관들에게 면허로 팔렸다. 재소자를 관리하는 비용은 그들의 가족, 친구 또는 재산으로부터 충당되었다. 이러한 제도 하에서 재소자가 많고 그들이 구금되는 기간이 길어질수록 직업 교도관들의 수입이 증가하였다. 그들의 수익을 증가시키기 위하여 직업 교도관들은 그들의 비용을 최소한으로 줄였고 구치소를 최대한 저렴하게 운영하였다.

요금제도는 다른 여러 제도로 대체되기까지 수년간 미국에서 사용되었다. 재소자 그 자신들은 더 이상 그들의 구금에 대한 요금을 지불할 필요가 없다(그러나 몇몇 관할지역에서는 구치소에 구금된 피재소자가 구금 또는 최소한 수감 비용을 지불하도록 하거나 의료비용, 의약품, 전화사용에 대한 요금을 내도록 하고 있다). 많은 주정부에서는 계약이 체결된 구치소에 대하여 주정부 또는 연방시설 재소자의 일인당 구금 비용을 지불하고 있다. 몇몇 주정부는(예를 들어, 캘리포니아) 짧은 형기를 가진 주정부 기결수를 구금하기 위하여 그들의 카운티에 요금을 지불한다. 따라서 보안관은 종종 이 제도를 이용하여 보안관 직원들에게 최대한 많은 사람을 체포하여 구금하도록 돈을 지급한다. 다른 카운티에서는 지역 카운티 정부가 구치소에 구금된 범죄자의 비용을 지불한다. 시골의 카운티에서는 판사가 카운티의 범죄자 구금 비용을 줄이기 위하여 범죄자를 교도소로 보내기도 한다.[22]

구치소의 근무기준

구치소의 근무기준은 수년간 염려의 대상이 되어 왔다. 많은 사람들이 예산의 차이는 말할 것도 없고 그 규모와 기능의 차이점 때문에 근무기준을 도입하는 것이 어렵다고 주장하여 왔다. 그러나 의무적으로 강제하는 4개 주를 포함하여 최소한 21개의 주정부가 어떤 형태의 구치소 근무기준을 가지고 있다고 보고하였다. 1951년 메인(Maine)주가 최초로 몇몇 근무기준을 수립하였다고 보고되었으며

1953년 미시간주가 그 뒤를 잇고 1963년 캘리포니아주는 전체적인 기준을 수립하였다.[23] 아울러 미국 구치소 연합회 및 미국 교정협회와 같은 전문적인 시설들이 근무 기준과 신입 절차를 개발하였고 국립교정연구원에서 전국에 걸쳐 많은 구치소에 기술적 조력을 제공하여 왔다. 여러 가지 어려움에도 불구하고 미국의 구치소를 업그레이드하고 개선하기 위한 노력이 점차 증가하여 왔다. 구치소를 보다 인간적으로 바꾸는 것은 가치 있는 목표이다. 그러나 많은 공공 직원들에게 구치소 근무 기준을 도입하도록 설득하는 근거는 비싼 소송과 배상을 피할 수 있다는 점이다. 구치소를 개선하는 것은 형사사법제도의 다른 어떤 것만큼이나 매우 중요하게 필요한 것이다.

구치소의 건강관리

건강관리 실태를 논하지 않고는 구치소의 실태에 대한 토론은 의미가 없을 것이다. 지난 20여 년간 구치소 재소자의 건강관리는 인권관련 의무사항, 법원의 명령, 주정부 규정을 통한 의무사항 등을 포함한 끝없는 소송의 대상이 되었다.[24] 적절한 재소자의 건강 및 정신질환 관리는 이제 더 이상 선택사항이 아니고 의무사항이라는 것은 분명하다.[25] 국가적으로 구치소 관리자들은 이러한 의무사항을 충족하기 위하여 다음과 같은 사항들을 포함한 건강관리서비스를 시행하고 있다.

1. 기존의 지역사회 의료 서비스 제공시설을 확인하여 실제 비용을 결정하고 건강유지조직모델을 도입함
2. 재소자를 병원이나 의료관리시설에 호송하는 것에 대한 보안문제를 해결
3. 의료담당직원의 일정 혁신
4. 특수 구금시설의 제공(노인병, 폐렴 환자, 에이즈 재소자, 임신 재소자 등)
5. 인증 획득(종종 소송이나 고의적인 방치 주장에 대한 방어용)
6. 미래의 문제점에 대한 계획[26]

이것을 달성하기 위해서 구치소 관리자는, 입증된 기술을 창조적으로 도입하는 방안을 찾고 서비스의 비용을 절약하면서도 지속적으로 품질이 좋은 건강관리가 가능한 혁신적인 방법을 제공해야 할 것이다.[27]

구치소 재소자의 약 44%가 정신건강 문제를 가지고 있다고 예측되는데, 이러한 문제는 정신건강 전문가의 치료나 임상진단을 통하여 지난 12개월간 증상이 발현된 경우라고 정의되는 것이다. 최근 연구의 발견은 다음과 같다.[28]

- 여성재소자가 남자보다 정신 건강 문제를 가지고 있는 비율이 높다(75% 대 63%).
- 정신건강 문제점을 가지고 있는 지역 구치소 재소자의 약 76%가 약물 의존성이나 남용 기준을 충족한다.
- 정신건강 문제점을 가지고 있는 구치소 재소자(24%)가 그렇지 않은 재소자(8%)보다 기존에 육체적 또는 성적으로 학대를 받았던 경우가 세 배 이상 높다.
- 정신건강 문제점을 가지고 있는 재소자 6명 중 한 명이 구금이후 치료를 받은 경험이 있다.

이러한 발견은 지역 공무원이 구치소 재소자를 관리하기 위하여 마주치는 문제를 설명하는 데 도움을 준다. 한편으로 주정부가 다수의 지역사회 정신병원을 폐쇄함에 따라 구치소가 정신질환이 있는 사람을 폐기처분하는 쓰레기 하치장이 된 것으로 보인다. 분명한 점은 이러한 재소자의 많은 수가 구치소 환경에서 제공하기 어려운 치료를 필요로 한다는 것이다.

구치소의 대안

이후에 무죄판결을 받은 판결전 중범죄자에 대한 사전구속과 같이 무죄로 추정되는 사람을 연장하여 감금하는 것은 심각한 문제이다. 사실은 무죄인데 미결구금으로 구치소에 오랫동안 구금된 피고인은 곧 형사사법 체제 특히 교정제도에 대하여 심한 분노와 악의를 가지게 될 것이다. 판결을 받고 결국 교정 시설에 구금되는 범죄자도 또한 다른 사람들은 석방이 되는데 몇몇 피고인만 자의적으로 미결구금하는 사법제도의 불평등에 대한 부정적인 감정을 가지게 될 것이다.

벌금형

경범죄에 대한 정의 및 법집행에 있어서의 혼란은 경범죄자를 처리하는 통일된 기법이나 제도의 부재를 낳는다. 접근방법에 있어 각 주정부별 차이가 많이 나고 주정부내의 관할지역 사이에도 불일치하는 경우가 있지만 몇몇 패턴은 매우 일정하다. 상기한 바와 같이 대부분의 경범죄 사건은 구금이나 집행유예로 처리되나 다른 처벌방법도 있는데 그 중 가장 많이 사용하는 것이 벌금부과이다.

주요용어

가격표 사법정의

범죄에 대한 판결의 결과로 부과되는 벌금형을 가리키는 범죄자들의 용어

냉소적인 재소자들은 벌금을 **"가격표 사법정의"**라고 지칭한다. 경범죄자의 경우에는 벌금은 대부분 구금의 대안으로 주어지는데, 이는 벌금을 내지 못하면 현실적으로 유죄보다는 가난한 이유로 구금되는 것을 의미한다. 하급법원이 처리해야 하는 경범죄 사건의 많은 건수는 판사로 하여금 가장 신속한 종류의 사법정의를 제공하도록 강요한다. 몇몇 하급법원은 오전시간에만 100건이 넘는 경범죄 사건을 처리하여야 한다. 이러한 상황에서 범죄자, 범죄의 성격, 범죄자가 벌금을 납부할 수 있는지를 자세히 심의하는 것은 매우 어렵다. 특정 범죄에 대한 벌금의 양은 실제 규격화되어 있으며 이를 납부하는 것은 불법주차 벌칙금이나 정해진 보석금을 납부하는 것과 동일하다. 벌금을 납부할 수 없는 개인에게는 종종 구금이 유일한 대안으로 여겨진다. 그러나 어떤 경우 벌금을 할부로 낼 수도 있다. 이러한 절차는 범죄자가 그들의 직업을 유지하거나 벌금을 내기 위하여 직업을 찾을 수 있는 기회를 부여한다. 주말구금 또는 사회봉사명령과 더불어 벌금 할부납부제도는 경범죄자에 대한 사법정의를 매우 개선하였다.

미국사법연구소는 뉴욕주 스태튼(Staten)섬에서 사용된 일수벌금제도의 효과성을 증명하고 평가하는 프로젝트를 진행하였으며 동 프

로젝트에서 발견된 사항은 다음과 같다.

1. 일수벌금 개념은 제한된 관할권을 가진 미국의 전형적인 법원에 적용되어 질 수 있다.
2. 일수벌금은 정해진 벌금(비슷한 범죄로 유죄 판결을 받은 모든 피고인에게 같거나 비슷한 액수의 벌금을 부과)을 대체할 수 있다.
3. 일수벌금 제도 하에서는 보다 부유한 범죄자에게 더욱 많은 액수의 벌금을 부과할 수 있다.
4. 전반적인 벌금수령액은 증가하였다.
5. 평균적으로 높은 일수벌금 액수에도 불구하고 징수 비율은 높았다.
6. 형사사법 전문가들이 심각하게 회의적으로 생각하였던 이러한 벌금의 법원의 강제 및 징수능력의 문제점은 발견되지 않았다.[29]

일수벌금제도와 같은 대안은 구치소 과밀수용 문제를 해결하려는 프로그램과 노력을 확대하고 덜 심각한 범죄에 대한 처벌의 점차적인 발전을 위하여 법원에서 보다 광범위하게 사용될 것 같다.

주말구금

짧은 기간의 구금으로 인한 부정적 영향을 줄이고 범죄자가 현재 종사하는 직업을 유지하도록 하기 위하여 몇몇 지역은 일이 없는 주말에 복역할 수 있도록 하고 있다. 많은 사람들은 이를 "할부 형기 집행"이라고 말한다. 이러한 주말구금은 일반적으로 기결 경범죄자가 업무 이후 금요일 저녁에 구치소에 입소하고 일요일에 출소할 것을 요구한다(종종 교회에 참석할 수 있을 정도로 일찍 내보내진다). 수개월간 형기를 복역하는 **주말수형자**(Weekender)에게는 일반적으로 각 주말마다 3일이 인정된다. 이러한 범죄자에 대하여는 (최고보안 구치소가 아닌) 최소보안 구치소가 적절하다.

주요용어

주말수형자
주중에는 (일반적으로 직업에 종사하기 위하여) 집에서 사는 것이 허용되고 주말에 형기를 보내기 위하여 구치소로 돌아와야 하는 구치소 재소자

사회봉사명령

양형판사는 종종 경범죄자에게 벌금의 부분적 충당으로 지역사회에서 일정 기간 봉사할 것을 명령한다. 이 처분은 일반적으로 집행유예(혹은 부분적인 유예)나 보호관찰의 조건이다. 이것은 형벌 그 자체로나, 벌금형을 대신한 봉사, 집행유예의 조건, 보호관찰의 조건 등 많은 방법으로 사용될 수 있다.[30]

범죄자는 특정 기간 동안 일주일에 일정한 시간을 지역사회시설에 봉사하겠다고 지원한다. 종종 법적 최저임금을 기준으로 계산된 총 봉사명령 시간은 부과되었던 벌금금액이나 유예되었던 벌금금액에 의하여 결정된다.

경범죄에 대한 또 다른 대안은 기소유예(판결 없는 보호관찰)나 집행유예이다. 이 둘은 종종 특정 조건하에서 일정 기간 범죄자에게 공식적인 처분을 보류하고 이후 형판결을 무효화한다는 점에서 같은 공통점을 가지고 있다. 판결 없는 보호관찰("기소유예"로도 알려져 있는) 하에서는 범죄자가 보통 일정 기간 동안 그들에게 주어진 특정 조건을 만족한다면 기소를 면제받을 수 있다. 집행유예된 형기는 범죄자가 그들의 올바른 행위를 확보하기 위한 감시가 분명하게 더 이상 필요 없게 되었을 때 사용된다. 이 대안은 주로 초범에게 사용되는데, 이들은 체포나 유죄 판결에 충분히 죄를 뉘우쳐 더 이상의 형벌이 아무런 실제적인 효과가 없는 사람들이다.

이러한 대안이 얼마나 사용되는지에 대한 연구가 거의 전무하기 때문에 잘 알려진 바가 없다. 2012년 중반에 적어도 6%의 구치소 재소자가 구금의 대안으로 출소하였다.[31] 성인 범죄자와 같이 잘못을 저지른 자가 교정필터가 더욱 좁아지기 전에 이로부터 빠져나온다는 것은 확실하다. 만약 그렇지 않다면 간단히 말해 미국의 구치소는 그들을 다 구금할 수 없을 것이다.

판결전 단계에서의 구치소의 대안

구금은 미국 형사사법제도에 의하여 퍼지기 시작한 가장 잔인한 형벌 중에 하나이다. 그럼에도 불구하고 지역 구치소에 구금된 모든 사람의 절반 정도가 재판을 기다리고 있다. 즉, 우리는 아직 범죄에 대하여 기결이 되지 않은 많은 사람들에 대하여 가장 잔인한 형벌을 사용하고 있는 것이다. 만일 구금이 필요하고 피의자를 구치소에 구금하는 것 이외에 다른 합리적인 대안이 없다면 이러한 상황은 이해할만 할 것이다. 그러나 구치소에 대한 대안의 사용경험은 구금된 많은(전부는 아니더라도) 사람들이 그들의 범죄에 대한 처분을 잠시 보류하고 안전하고 효율적으로 석방될 수 있다는 것을 말하고 있다. 그 중에 많은 자들이 구치소에 구금되지 않고도 명령에 따라 법정에 출두한다.

현재 시행되는 프로그램의 경험으로부터 몇몇 임시적인 결론이 도출될 수 있다.

1. 판결전 대안이 구치소 구금보다 일반적으로 훨씬 적은 비용이 든다.
2. 재판 전에 석방된 사람은 구금된 사람보다 법원에서 호의적 처분의 가능성이 높다.
3. 판결전 석방 대안은 재범을 방지하는 데 있어서 구치소에 구금하는 것과 비슷한 효과를 내며 형사사법 기관의 업무량을 감소시켜 준다.
4. 대안 프로그램은 구치소 인구를 감소시켜주며 새로운 구치소 신설이나 확대의 필요성을 줄인다.

판결전 석방

체포된 대부분의 미국 사람들은 보석금을 내고 석방될 수 있는 기회가 있다. 대규모의 지역에서 판결전 전환처우프로그램 (제6장 참조)은 범죄자들에게 지역사회에 대한 위험성 및 불출석 위험성 두 가

주요용어

서약하의 보석
체포된 자가 그들의 법원심리에 참석할 것을 약속하고 구치소로부터 석방되는 것

주요용어

판결전 대안
공판을 기다리고 있는 구치소 피재소자를 석방할 수 있도록 설계된 프로그램 또는 처벌; 대안은 전자감시, 감독, 치료 프로그램, 가택구금 그리고 이외의 구치소 구금 인원을 감소시키기 위한 창조적인 선택 사항들을 포함한다.

주요용어

구치소 미결구금
범죄로 기소가 되었으나 보석금을 내지 못하는 자를 구금하는 것

지에 의하여 해당 가능성이 결정되는 "**서약하의 보석**"에 의하여 석방될 기회를 부여한다. 지난 수년간 여러 연구들은 판사들이 누구를 석방하고 어떤 사람을 구금해야 되는지에 대한 결정을 도왔다. 이러한 연구들의 결과로서 판결전 평가 도구가 개발되었다. [표 10.2]는 신시내티 대학의 연구자들이 개발한 이러한 예제를 보여주고 있다.[32]

구금에 대한 **판결전 대안**은 통제나 처벌이 증가하는 연속선에서 운영된다. 대안의 사용을 극대화하기 원하는 지역사회는 감시와 서비스의 수준을 달리할 수 있도록 하는 여러 단계의 선택사항을 제공할 것이다. 이러한 절차는 값비싼 자원의 소모를 줄이면서 보다 많은 사람들이 석방될 수 있도록 해준다. 위험성이 적은 경우에는 개입이 적고 비용이 적게 드는 선택사항이 사용된다. 높은 비용과 개인의 삶에 개입이 더 많은 가택구금이나 전자감시와 같은 선택사항은 이것보다도 비싼 구치소 구금의 유일한 대안일 경우에 부여된다.

비록 구치소가 범죄자로 추정되는 자를 사회로부터 격리시키지만 이와 동시에 그들을 그들의 직장, 가족, 친구 그리고 사업(범죄가 그들의 사업일 수도 있겠지만)으로부터도 분리된다. 이미 매우 약해진 지역사회에 대한 유대는 구치소의 구금으로 더욱 더 약화된다. 게다가 다른 문제가 있는 사회구성원(부랑아, 약물중독자, 사기꾼, 알코올중독자 등)이 구치소의 짧은 구금기간 동안 관리되지 않고, 보호되지 않는 그들의 집을 파괴하고 침입할 것이다. 미국 전체적으로 평균적인 구치소 구금기간(미결수 및 기결수 모두)은 약 90일이다. 마지막으로 구치소는 그 곳에서 재소자에게 발생하는 일 때문에 중요하다. 구금의 충격, 그들의 환경에 대한 통제 불능, 폭력적인 재소자로부터의 위험성, 의미 있는 활동 부재, 무의미한 시간 등이 새로운 재소자의 마음을 무겁게 짓누를 것이다. 이미 행동에 영향을 미치는 정신적 문제들이 더욱 심각해지며 자해[33] 또는 자살[34]이 종종 발생한다. **구치소 미결구금**의 목적은 처벌이라는 주장을 반박하기가 어려울 때가 많다.

구치소에 구금된 모든 재소자의 절반 정도가 양친가정에서 자라지 못하였다. 약 10명 중 4명이 한부모 가정에서 살아왔다. 1/3 이상의 재소자가 다른 가족구성원(보통 형 또는 자매)이 구금되어 있다.

그림 10.2

오하이오주 위험 평가표: 판결전 평가 도구

오하이오주 위험 평가표: 판결전 평가 도구

이름:______________________ 평가 일시:______________________
사건 번호:______________________ 평가자:______________________

판결전 사항

1. 최초 체포시 나이
   0 = 33세 이상
   1 = 33세 미만

2. 지난 24개월간 미출석으로 인한 영장 발수 수
   0 = 없음
   1 = 1회 발부
   2 = 3회 이상 발부

3. 3회 이상 이전 구치소 구금 여부
   0 = 없음
   1 = 있음

4. 체포 당시 취직 여부
   0 = 정규직 취직
   1 = 비정규직 취직
   2 = 무직

5. 거주의 안전성
   0 = 지난 6개월 동안 현 거주지에서 거주
   1 = 같은 거주지에서 거주하지 않음

6. 지난 6개월 동안 불법 약물 사용
   0 = 없음
   1. 있음

7. 심각한 약물 사용 문제
   0 = 없음
   1 = 있음

총 점수:

점수	등급	실패 %	미출석 %	새로운 입건 %
0–2	낮음	5%	5%	0%
3–5	중간	18%	12%	7%
6+	높음	29%	15%	17%

출처: Christopher T. Lowenkamp, Richard Lemke, and Edward Latessa, "The Development and Validation of a Pretrial Screening Tool", Federal Probation 72:3 (2008).

1/4 이상의 재소자가 알코올에 중독된 부모 또는 보호자 아래서 성장하였다. 6명의 남성 피재소자 중 1명이 현재 구금되기 전에 성인에 의한 성적 또는 신체적(또는 둘 다) 학대를 당하였고, 8명 중 1명은 감정적 또는 정신적 문제로 정신과 의사나 다른 의사에게 처방받은 약

교정 실제 10.2

교정적 제재의 목적

새로운 구치소의 필요성과 범죄자를 사회로 복귀시키는 이 두 가지의 중요한 문제점이 여론의 많은 관심을 받아왔다. 이러한 문제점은 분명하게 "무엇이 교정적 제재의 목적인가?"라는 질문을 우리에게 던져준다. 대부분의 사람이 공중의 보호라는 것이 주요한 교정의 목적이라는 것에 동의하겠지만 이러한 목적을 달성하는데 이것이 가장 적합한 방법인가라는 점에 대해서는 의견이 일치하지 않는다. 한편으로는 구금의 확대나 범죄자가 지역사회에서 관리되는 경우에는 단순히 통제와 감시를 강화해야 한다고 주장하는 사람이 있다. 이러한 범죄통제 강화의 전략을 주장하는 사람들은 상호 관련된 응보, 억제 그리고 구금이라는 목적들에 근거하여 주장을 한다. 다른 한편으로는 우리가 범죄와 그 행위에 내재된 원인을 해결해야 하고 특히 지역사회로 돌아가는 범죄자의 욕구를 해결하는 프로그램과 서비스를 제공해야 한다고 주장하는 사람이 있다. 그렇다면 우리는 공중보호라는 목적을 달성하고 처벌과 교정교화라는 두 가지 목표를 충족시킬 수 있는가? 본 저자는 우리가 만일 우리 형사사법 시스템이 되어버린 회전문을 감소시키기 원한다면 두 가지 면을 고려해야 한다고 믿는다.

처벌은 교정 시스템의 내재된 부분이며 어떠한 사람이 법을 어겼다는 이유만으로 종종 정당화 되어진다. 사회는 범죄자들이 처벌되는 것을 요구하고 우리의 선출된 공무원들이 범죄자들을 책임지도록 한다. 문제점은 범죄자가 처벌만으로도 향후 범죄를 억제할 수 없다는 믿음이다. 이러한 억제에 대한 가정은 범죄자가 처벌을 인지하고, 이의 불쾌감을 알고 있으며, 범죄 행위의 비용과 이익을 비교하고, 따라서 법을 어길 것인지 아닌지에 대하여 합리적인 의사결정을 한다는 것이다. 문제점은 대부분 길거리에서 이루어지는 범죄의 행위자들은 충동적이며, 근시안적이고, 비조직적이며, 학교, 직장 그리고 인간관계에 있어서 실패하였으며, 왜곡된 생각을 가지고 있고, 그들과 비슷한 자들과 어울리며, 약물과 알코올을 사용하고, 합리적인 자들이 아니라는 것이다. 간단히 말해 억제이론은 붕괴되었다. 통상 감금을 통하여 범죄자가 다른 범죄를 저지르는 것을 제한하는 구금은 효과가 어느 정도 있을 수 있으나 많은 연구는 단순히 범죄자를 감금하고 열쇠를 던져 버리는 것은 범죄를 제어하기 위한 매우 값비싼 방법이라는 것을 발견한 바 있다. 이러한 전략은 또한 대분의 범죄자들이 사회로 돌아간다는 점에서 한계가 있다. 치료가 없이 돌아간 자는 아무런 변화없이 돌아가는 것이고 최악의 경우 더 많은 문제점을 안고 치료가 더욱 더 필요한 상태로 돌아간다. 만약 구금을 지지한다면 범죄자가 구금되어 있는 동안 무엇이 행해져야 하는지에 대하여 반드시 생각해보아야 한다. 이러한 질문은 우리를 사회복귀로 안내를 한다. 이러한 접근방법을 통하여 범죄자들은 새로운 범죄를 할 수 없는 것이 아니라 하지 않겠다고 결정하게 된다. 그렇다면 무엇이 범죄자의 행동을 변화시키는데 효과가 있는가?

교정적 개입을 연구한 대부분의 연구자들은 어

떠한 인간적인 개입이나 서비스 없이는 처벌만으로 재범에 상당한 효과를 거두기가 어렵다고 결론을 내려왔다. 만약 당신이 이를 믿지 않는다면 우리의 구치소에 계속해서 구금되는 범죄자들의 숫자를 보면 알 것이다. 아인슈타인은 한때 같은 일을 계속하면서 다른 결과를 기대하는 것은 미친 짓이라고 이야기한 바 있다. 불행하게도 모든 교정치료프로그램이 동등하게 효과적인 것은 아니다. 그러나 많은 연구가 어떠한 조건을 충족하도록 잘 설계된 프로그램은 범죄자의 재범 비율을 상당히 낮춘다는 것을 증명하여 왔다. 효과적인 프로그램은 많은 특성을 가지고 있으며 지면이 제한되어 있어 본 저자가 자세히 적을 수는 없으나 두 가지 점은 특별히 주의를 기울일 만하다. 첫째 범죄 행위와 매우 관련된 범죄를 야기하는 원인을 대상으로 삼는 것은 매우 중요하다. 가장 효과적인 프로그램은 현재 상태와 범죄자의 행위를 야기하는 위험 요소에 중점적으로 대처한다. 반사회적 태도, 가치, 믿음 그리고 교우관계, 약물중독, 문제해결 능력의 부족, 자기통제의 부족 등은 범죄자를 변화시키기 위한 보다 중요한 대상이다. 두 번째로 효과적인 프로그램은 언어 중심이 아닌 행위 중심이다. 달리 말하면, 범죄자들은 그들의 어려운 점에 대하여 단순히 말을 하는 것이 아니고 일정한 행동을 한다. 이러한 종류의 프로그램은 범죄자에게 반사회적 기술(절도, 사기, 거짓말 등)이 아닌 사회에 순응하는 새로운 기술을 가르친다. 이러한 접근방법에 기반을 둔 개입은 매우 구조적이고 모델링과 자존감, 왜곡된 인식의 변화, 새로운 친사회적 기술의 개발을 도와주는 행위연습 기법의 중요성을 강조한다. 그렇다면 우리는 범죄자가 그들의 행위에 책임을 지도록 해야 할 것인가? 물론이다. 그러나 처벌과 치료는 양립할 수 없는 것이 아니고 다른 하나가 없이 하나만을 시행하는 것은 장기간에 걸친 공공안전을 달성하기 힘들 것이다.

출처: Edward Latessa.

물을 복용하고 있었다.

여성 구치소 재소자의 특성은 제18장에서 자세히 다루어질 것이고 상기한 추세는 남성 구치소 재소자보다 여성의 경우 더욱 심각하다. 구치소 재소자의 약물복용에 대한 자기보고식 조사결과는, 미국의 모든 구치소 시설에서 소변 검사를 통하여 부분적으로 확인되는데, 때때로 이것은 스스로 약물을 남용하거나 이것을 감추려다가 밝혀지기도 한다. 여러 가지 다른 범죄로 체포된 사람들의 검사 결과는 자신이 보고한 것보다 심각한 약물남용을 나타내며 특히 강도범과 절도범의 경우 더욱 심각하다.

그들의 범죄활동과 관련하여 4명 중 1명이 폭력범죄로 인하여 체포되었으며 4명 중 3명은 재산범죄로 체포되었다. 범죄자의 많은 인원은 약물사범으로 기소되었다. 절반보다 조금 적은 인원이 현재 범죄 이전에 구금형을 받았거나 보호관찰을 받은 적이 있다. 우리가 이미 토론한 바와 같이 정신질환을 앓고 있는 재소자의 비율은 높다.

이러한 사회인구학적 자료 및 **범죄경력 자료**는, 이들이 오랜 기간 이지만 범죄 행위에 심각하게 개입한 것은 아닌 대부분의 남성 가해자로 구성된 소외된 그룹임을 의미한다. 이들은 지역 공동체에서 사회복지서비스기관에 의하여 적절하게 관리되지 못한 매우 낙후된 도시 지역민 그룹이다. 대규모 구치소의 재소자 사망건수는 이러한 그들의 요구사항을 잘 설명한다. 2000년대 이후 구치소에서 사망한 919명 중에서 1/3 이상이 자살하였다. 약 42%가 자연적인 원인으로 사망하였다(AIDS 제외). 구치소 재소자 11명 중 1명은 에이즈(AIDS)와 관련된 원인으로 사망하였다는 사실은 지역의 교정시설들이 중증환자에 대한 동정가석방을 기꺼이 충분히 받아들여야 한다는 것을 의미한다.

주요용어

범죄 경력 자료
범죄자의 이전 체포 또는 유죄 판결과 관련한 정보

요약

구치소의 역사를 개략적으로 설명하시오.

우리는 초창기 구치소의 잔인한 역사에 대하여 언급하며 본 장을 시작하였다. 구치소 개선과 혁신의 선구자들은 18세기 혁신적이고 인간적인 교정을 제안하기 시작하였으며 결과적으로 현재의 미국 구치소 시스템이 된 모델을 개발하기 시작하였다. 비록 현재 구치소의 구금은 경범죄자, 위험성이 적은 자 그리고 초범을 교정하는 주요한 수단으로 남아있지만 분류 시스템은 결과적으로 구치소 관리자들로 하여금 다양한 프로그램과 미결 또는 기결 후 대안적 선택을 도입할 수 있도록 해주었다.

오늘날의 구치소의 목적, 기능 그리고 운용을 기술하시오.

구치소는 거의 모든 범죄자들이 형사사법시스템 과정 중에 거쳐 가게 되는 교정시설 중에 하나이다. 이러한 자들은 피고인, 기결수, 다른 사법기관을 위하여 구금된 자, 청소년 및 성인, 중요증인, 남성과 여성, 정신질환시설로의 수송을 기다리고 있는 정신질환자, 군 감금시설로의 호송을 기다리고 있는 군인, 술을 깨는 것을 기다리고 있는 음주 운전자, 주말구금자, 불법 입국자들을 포함한다. 이것은 미국인들의 다양한 융합이다.

판결전 석방의 다양한 종류를 기술하시오.

대규모 관할지역에서 판결전 전환처우 프로그램은 피의자에게 자신의 서약을 통하여 석방될 수 있는 기회를 부여한다. 자격은 판결전 심사 도구를 통하여 결정되어지고 통상 지역사회에 대한 위험성과 불출석 위험성에 근거한다.

구치소 재소자의 특성을 기술하시오.

구치소 재소자들은 종종 폭도라고 잘못 불리는 교육을 받지 못한 소수집단으로 많은 개인적인 문제점을 가지고 있는 가난하고 소외된 도시민이다. 문제가정, 한부모 가정, 가난한 배경 등이 구치소 재소자의 전형적인 모습이다. 다른 이들은 정신질환, 충동적인 행동, 알코올 또는 약물 중독, 그들의 행동에 대한 예측능력 부족 등의 문제를 가지고 있다. 그들은 순간적인 자극에 따라 행동하는 경향이 있다. 그들은 구제할 수 없는 것은 아니나, 대부분 구제하기 매우 어렵다.

구치소의 구조와 감시방법을 요약하시오.

모든 구치소가 비슷한 것은 아니다. 대부분은 범죄자를 감금하고 통제하며 교정하도록 관리되고 직원을 배치한 시설이다. 대부분은 모범적인 시설이나 몇몇은 교정이나 공공안전 목적을 달성하기에는 적절치 않은 관리 및 시설과 함께 적절치 않은 직원으로 열악하게 조직되어 있다. 다행스럽게도 후자의 경우는 그리 많지 않다.

미국의 가장 큰 규모의 구치소들은 구치소 재소자의 거의 절반을 수용하고 있으며 대부분 직원이 부족하고 과밀수용 상태이다. 몇몇 구치소 직원은 적절하게 훈련되어 있지 않으며 대인관계 기술이 부족하여 직원과 재소자 사이에 장벽을 만든다. 몇몇 대형 구치소는 조직, 안전, 의료서비스, 출소프로그램 등에 있어 받아들일 만한 전문적인 기준에 미치지 못하고 있다. 가장 어려운 분야는 정신질환을 포함한 광범위한 의료서비스이다. 모든 구치소는 아니더라도 몇몇은 도시 내 사회봉사명령과의 조화된 관계를 구성하고 있다. 그럼에도 불구하고 많은 구치소 근무자들은 지역사회 안전과 재범의 방지라는 목적 사이에서 맴돌고 있다.

구치소 내의 문제점을 요약하시오.

재소자의 특성, 고용 환경, 불안정성, 부족한 교육, 가정교육, 경제적 압박 등의 복합적인 문제로 최근의 구치소 발전은 새로운 구치소 건축 및 조직뿐만 아니라 구치소 구금에 대안, 처벌, 사회봉사명령, 직원훈련 그리고 구금의 대안을 강조하기 시작하였다. 구금의 대안의 경우 벌금, 사회봉사명령, 가택구금, 주말구금, 판결전 서비스 및 석방 등을 포함한다. 다행스럽게도 전문성 제고, 구치소 구금에 대한 효과적인 대안의 도입, 구치소의 비용 상승 및 중범죄자 및 경범죄자 구금에 대한 적절한 자원 부족에 대처하려는 움직임이 구치소 조직과 운영 개선에 의미 있고 긍정적인 영향을 미치는 구치소 관리 기준 개발을 이끌고 있다. 구치소는 현재의 문제점을 보다 잘 극복하기 위하여 관심이 있고 동기부여가 되어 있으며 잘 훈련되고 교육을 받은 리더십을 요구한다.

판결전 서비스와 기타 구치소 구금에 대한 대안을 요약하시오.

구금에 대한 판결전 대안은 다양한 수준의 감독과 서비스를 포함한다. 이러한 절차는 값비싼 자원의 낭비를 줄이고 보다 많은 사람의 석방을 가능하게 한다. 개입이 가장 적고 가장 적은 비용을 사용하는 방법은 낮은 위험성을 가진 경우에 사용되고, 가택 구금, 전자감시와 같은 개인의 삶에 보다 많은 간섭을 수반하는 비용이 높은 방법은 더 많은 비용이 드는 구치소 구금의 유일한 대안인 경우에 사용된다.

주요용어

- 구치소 ········ 341
- 구치소 재소자 ········ 343
- 무죄추정의 원칙 ········ 344
- 정신질환 문제 ········ 345
- 신세대 구치소 ········ 350
- 구획/직접 감시 ········ 351
- "임시구금" 구치소 재소자 · 353
- 요금제도 ········ 356
- 가격표 사법정의 ········ 360
- 주말수형자 ········ 361
- 서약하의 보석 ········ 364
- 판결전 대안 ········ 364
- 구치소 미결구금 ········ 364
- 범죄 경력 자료 ········ 368

복습질문

1. 왜 요금 지불시스템은 구치소의 발전에 장애가 되었는가?
2. 당신은 구치소에 구금된 범죄자들이 그들의 유지비용을 지불해야 된다고 생각하는가? 그들의 의료비용은 어떠한가?
3. 구치소의 가장 취약한 분야는 무엇인가? 더 많은 직원이 해결책이 될 수 있는가? 왜 그렇게 또는 그렇지 않다고 생각하는가?
4. 미결구금의 주요한 대안은 무엇인가?
5. 새로운 세대의 구치소의 운영을 기술하라.
6. 구치소는 어떤 의료서비스를 제공하여야 하는가?
7. 구치소의 과밀수용 문제를 감소시킬 계획을 초안하라.
8. 왜 구치소가 교정 시스템에서 중요한가?
9. 구치소 재소자들을 폭도라고 기술하는 것은 무엇을 의미하는가?
10. 구치소에서 재소자들이 야기하는 다섯 가지의 주요한 문제점을 제시하라.
11. 왜 많은 교도소에 구금되어야 할 재소자들이 구치소에 수용되고 있는가?
12. 구치소 재소자들의 다양성을 기술하라.
13. 재소자들이 구치소 환경에 야기하는 특수한 문제점들은 무엇인가?
14. 구치소 시설의 세 가지 추세를 제시하라.

적용사례연구

1. 당신은 선거로 선출된 감독관이 당신의 구치소의 예산을 12개월 내에 10% 감축하라고 지시를 한 지역의 구치소를 책임지고 있는 보안관이다. 이러한 요구를 충족시키기 위하여 당신은 무엇을 하겠는가?
2. 야간근무 교도관 책임자가 규정에 반하여 16세 소년을 10명의 기결 재소자와 같은 감방에 구금하였다. 야간에 그 소년은 수차례 강간을 당하였다. 당신은 그 소년의 아버지가 당신에게 그의 아들이 강간을 당하였다고 신고하고 나서야 이 사실을 알게 되었다. 당신은 어떻게 할 것인가?
3. 시설 감찰 담당관이 당신의 구치소 직원 중 두 명이 당신의 구치소에 반입하면 안 되는 물건(이 경우 약물)을 밀반입한 것으로 기소되었다고 알려왔다. 당신의 운영규정에 의해 이 행위를 불법행위라고 가정을 한다면 당신을 어떻게 할 것인가?

미주

1. Norval Morris and David Rothman, eds., *The Oxford Dictionary of the Prison: The Practice of Punishment in Western Society* (Oxford: Oxford University Press, 1995).
2. For an excellent overview of involving the community in jail administration, see William Wood, "A Practical Guide to Community Relations," *American Jails* 6:5 (1992): 14-17, and Taylor Dueker, "Visitation Boom in Omaha," *American Jails* 18:5 (2004): 65-67. See also National Institute of Corrections, "Training Action Center," http://nicic.gov/training/ (accessed November 19, 2013).
3. Hans Mattick and Alexander Aidman, "The Cloacal Region of Corrections," *The Annals* 381:1 (January 1969): 109-118. See also Karol Lucken, "The Dynamics of Penal Reform," *Crime, Law and Social Change* 26:4 (1997): 367-384. Yet jails are deluged with mentally ill people. See Sandy Fitzgerald, (2013), "Nation's Prisons Becoming Modern-Day Asylums for Mentally Ill," http://www.newsmax.com/US/prison-mental-health- inmantes/2013/09/26/id/527895.
4. Thomas Bak, *Defendants Who Avoid Detention: A Good Risk?* (Washington, DC: Administrative Office of the U.S. Courts, 1994).
5. Marian Williams, "The Effect of Pretrial Detention on Imprisonment Decisions," *Criminal Justice Review* 28:2 (2003): 299-316; Richard Aborn and Ashley Cannon, (2013), "Prisons: In Jail but Not Sentenced," http://www.americasquarterly. org/aborn-prisons.
6. Matthew Durose and Patrick Langan, *State Court Sentencing of Convicted Felons, 2002* (Washington, DC: Bureau of Justice Statistics, 2004), p. 1, and *State Court Sentencing of*

Convicted Felons, 2004 (Washington, DC: Bureau of Justice Statistics, 2007), p. 1, Bureau of Justice Statistics, *Felony Defendants in Large Urban Counties, 2004, http://www.ojp.usdoj.gov/bjs/pub/html/*fdluc/2004/tables/fdluc04st25.htm (accessed October 4, 2008).

7. Paul McEnroe and Glenn Howatt, "Left in Limbo, Hundreds of Minnesotans with Mental illness Languish in Jail," http://www.startribune.com/lifestyle/health/222828641.html (accessed November 17, 2013).
8. Todd Minton, *Jail Inmates at Midyear 2009* (Washington, DC: U.S. Department of Justice, Bureau of Justice Statistics, 2010).
9. David DeYoung, "An Evaluation of the Effectiveness of Alcohol Treatment Driver License Actions and Jail Terms in Reducing Drunk Driving in California," *Addiction* 92:8 (1997): 989-997; Robert Langworthy and Edward Latessa, "Treatment of Chronic Drunk Drivers: The Turning Point Project Five Years Later," *Journal of Criminal Justice* 24:3 (1996): 273-281; The Partnership of Drugfree.org (2013), "Choosing Substance Abuse Treatment over Prison Could Save Billions, Study, "http://www.drugfree. org/join-together/drugs/choosing-substance-abuse-treatment-over-prison-could-save-billions-study (accessed November 19, 2013).
10. Amy Thistlewaite, J. Wooldredge, and D. Gibbs, "Severity of Dispositions and Domestic Violence Recidivism," *Crime and Delinquency* 44:3 (1998): 388-398; Edward Gondolf, *The Impact of Mandatory Court Review on Batterer Program Compliance* (Harrisburg: Pennsylvania Commission on Crime and Delinquency, 1997); Eric Smith, Matthew Durose and Patrick Langan, *State Court Processing of Domestic Violence Cases* (Washington, DC: Bureau of Justice Statistics, 2008).
11. Minton, *Jail Inmates at Midyear 2009.*
12. Kimball Perry. "GPS Units to Save Taxpayer Money, Space in Jail," *Cincinnati Inquirer,* July 18, 2013, http://news.cincinnati.com/ article/20130718/NEWS0107/307180016/?nclick_check=1.
13. Although blacks are disproportionately involved in the criminal justice system, a long-standing criminological taboo exists against discussing the relationship between crime and race. There is no "black criminology" to tease out the data or theoretically interpret the observed overinvolvement. The three basic arguments are that there are more black offenders per 100,000 population, that certain black offenders tend to commit very large numbers of crime, or that criminal justice system personnel decision makers are biased against blacks in decision making. See the excellent critique by Kathleen Russell, "Development of a Black Criminology and the Role of the Black Criminologist," *Justice Quarterly* 9:4 (1992): 667-683; Shawn Gabiddon, Helen Greene, and Kideste Wilder, "Still Excluded?," *Journal of Research in Crime and Delinquency* 41:4 (2004): 384-406; and Editors, "Racial Inequality and Drug Arrests," *New York Times,* May 10, 2008, p. 18. For an examination of the juvenile justice system issues, see Christina DeJong and K. Jackson, "Putting Race into Context: Race, Juvenile Justice Processing, and Urbanization," *Justice Quarterly* 15:3 (1998): 487-504. The number of jail inmates by

race/ethnicity can be found in Todd Minton, *Jail Inmates at Midyear 2012* (Washington, DC: U.S. Department of Justice, Bureau of Justice Statistics, 2013), p. 5.

14. Minton, *Jail Inmates at Midyear 2012.*
15. Doris J. James and Lauren E. Glaze, *Mental Health Problems of Prison and Jail Inmates* (Washington, DC: Bureau of Justice Statistics, 2006).
16. John Clark and H. Alan, *The Pretrial Release Decision Making Process* (Washington, DC: Pretrial Services Resource Center, 1996); Brian Paine and Randy Gainey, "The Electronic Monitoring of Offenders Released from Jail or Prison," *The Prison Journal* 84:4 (2004): 413-435.
17. See Ken Kerle, *American Jails* (New York: Butterworth-Heinemann, 1998), pp. 190-191. See also Jeffrey Senese, Joe Wilson, Arthur Evans, et al., "Evaluating Jail Reform: Inmate Infraction and Disciplinary Response in a Traditional and a Podular/Direct Supervision Jail," *American Jails* 6:4 (1992): 14-24, and James Skidmore, "Tarrant County Sheriff 's Metropolitan Confinement Bureau," *American Jails* 13:5 (1998): 80-81.
18. Virginia Hutchinson, K. Teller, and T. Reid, "Inmate Behavior Management," *American Jails* 19:2 (2005): 9-14. In 2012, Oklahoma transferred all inmates in one prison under age 40 to higher-security prison facilities, retaining the older inmates and allowing older inmates to transfer in from other institutions. Violence dropped significantly in the older inmate population, although the per-inmate medical costs increased significantly.
19. Todd Minton, *Jail Inmates at Midyear 2010* (Washington, DC: U.S. Department of Justice, Bureau of Justice Statistics, 2011); Wayne Welsh, *Counties in Court: Jail Overcrowding and Court-Ordered Reform* (Philadelphia: Temple University Press, 1995). See also Ernest Cowles, R. Schmitz, and B. Bass, *An Implementation Evaluation of the Pretrial and Drug Intervention Programs in Illinois' Macon and Peoria Counties* (Chicago: Illinois Criminal Justice Information Agency, 1998).
20. Ken Kerle, "Jail Crowding and Increasing Jail Populations," *American Jails* 23:5 (2008): 5, 95.
21. National Center of Addiction and Substance Abuse at Columbia University, *Behind Bars: Substance Abuse and American Prison Population* (New York: National Center of Addiction and Substance Abuse at Columbia University, 1998). See also Michael Havens, "ACLU Sues Nevada DOC over Inmate Care," *Correctional News* 14:3 (2008): 28.
22. Mike Howerton, "Jail Standards in 2001: Results of a 21-State Survey," *American Jails* 15:5 (2001): 9-11.
23. A review of the first two decades of new-generation jails can be found in Raymond Harris and David Russell, "Podular Direct Supervision: The First Twenty Years," *American Jails* 9:3 (1995): 11-12. See "Florida Model Jail Standards," http://www.flsheriffs.org/our_program/florida-model-jail-standards/ (accessed September 8, 2014). In 2013, Los Angeles Sheriff Lee Baca was found personally liable in a case involving physical abuse of a jail inmate and ordered to pay $100,000 personally for a deputy use-of-force attack on an inmate. See Abby Sewell

and Robert Faturechi, "L.A. Sheriff Baca Held Liable for $100,000 in Inmate Abuse Case," *Los Angeles Times*, October 18, 2013, http://articles.latimes.com/2013/oct/17/local/la-me-ln-baca-inmate-abuse-damages-20131017 (accessed September 8, 2014).

24. Frederick Bennett, "After the Litigation: Part I," *American Jails* 6:3 (1992): 81–84, and "After the Litigation: Part II," *American Jails* 6:4 (1992): 30–36; Matthew Lopes, "The Role of the Masters in Correctional Litigation," *American Jails* 6:4 (1993): 27–29; David Heinzman and Juan Peres Jr. (2013), "Woman Sues LaSalle County over Strip Search," http:// articles.chicagotribune.com/2013-10-01/news/ct-met-jail-strip-search-lawsuit-20131001_1_lasalle-county-jail-video-deputies (accessed November 19, 2013).

25. Patrick Kinkade, M. Leone, and S. Semond, "The Consequences of Jail Crowding," *Crime and Delinquency* 41:1 (1995): 150–161. See also the special issue "Mental Health Issues in Corrections," *Corrections Today* 67:1 (2005): 22–53, and Editors, "Cal Prison Health Czar Heads to Court," *Correctional News* 14:6 (2008): 8.

26. James Tesoriero and Malcom McCullough, "Correctional Health Care Now and into the Twenty-First Century," in *Vision for Change* (New York: Prentice Hall, 1996), pp. 215–236.

27. Patricia Satterfield, "Creating Strategies for Controlling Health Care Costs," *Corrections Today* 54:2 (1992): 190–194. See also Frank Cousins, "The Business Side of Health Care in the Corrections Industry," *American Jails* 18:3 (2004): 56–60.

28. For information about Texas jails, see http://www.tcjs.state.tx.us/index.php?linkID5320.

29. Linda Winterfield and Sally Hillsman, *The Staten Island Day-Fine Project* (Washington, DC: U.S. Department of Justice, 1993). See also the policy statement of the National Council on Crime and Delinquency, *Criminal Justice Policy Statement* (San Francisco: National Council on Crime and Delinquency, 1992); Judith Greene, *The Maricopa County FARE Probation Experiment* (New York: Vera Institute of Justice, 1996); and the fine system for the State of Wyoming, http://www.dmv.org/wy-wyoming/point-system.php (accessed September 8, 2014).

30. Paul Hudson, *The State Jail System Today* (Austin: Texas Criminal Justice Policy Council, 1998). See also Robert Wood, (2013), "Tax Excuses to Avoid Penalties, or Even Jail," http://www.forbes.com/sites/robertwood/2013/11/17/tax-excuses-to-avoid-penalties-or-even-jail/.

31. Todd Minton, *Jail Inmates at Midyear 2012—Statistical Tables*. (Washington, DC: Bureau of Justice Statistics, 2013), p. 9.

32. For more information, see Christopher T. Lowenkamp, Richard Lemke, and Edward Latessa, "The Development and Validation of a Pretrial Screening Tool," *Federal Probation* 72:3 (2008).

33. Janet Haines et al., "The Psycho-Physiology of Self-Mutilation," *Journal of Abnormal Psychology* 104:3 (1995): 471–489, and Human Rights Watch, "Suicide and Self-Mutilation," http://www.hrw.org/reports/2003/usa1003/22.htm (accessed October 4, 2008).

34. Lindsay Haines and Eric Blauw, eds., "Prison

Suicide," *Crises* 18:4 (1997): 146-189; Alexander Smith (2013), "Suicide Kills More Inmates Than Homicide, Overdoses, Accidents Combined," http://usnews.nbcnews.com/_news/2013/09/04/20321084-suicides-kill-more-inmates-than-homicide-overdoses-accidents-combined.

CHAPTER 11

주와 지역 교정시설

학습목표

- 주정부 교도소의 조직과 주요기능에 대하여 설명하시오.
- 주정부 교도소 시스템의 발전에 대하여 약술하시오.
- 주정부 교도소의 분류와 배정절차에 대하여 설명하시오.
- 성인 재소자 인구의 특성, 경향 그리고 쟁점에 관하여 요약하시오.
- 정치와 정부정책이 교정에 주는 영향에 대하여 설명하시오.
- 예산이 교정정책에 주는 영향에 대하여 설명하시오.

개요

주정부 교정시설: 제도의 주요 쟁점
- 주 제도 조직
- 주정부 제도의 발전
- 주정부 교도소에서의 분류와 배정 절차

주정부 교도소의 수형자

지역 시영 성인교도소

교도소는 "잔혹하고 비정상적인"가?

"연방재판소는 캘리포니아(California)의 교도소 인구를 수용인원의 137.5%까지 줄이도록 명령했다."

- 해리 E. 앨렌

개관

지난 장에서, 기본 원리, 피보호자, 구치소 관리자의 기능 및 업무, 가석방 서비스 그리고 미국의 교도소에 관해 알아보았다. 매년 납세자들에게 약 730억 달러를 내게 하는 시설들에 분배된 성별과 인종에 대하여도 알아보았다([그림 11.1] 이 제도들에 소요되는 비용 참조). 이번 장에서는 전체 수용인원의 93%를 차지하는 성인 남성 범죄자들을 매개로 주정부 교도소의 기본목적과 특성에 관하여 다룰 것이다.[1] 여성수형자는 주와 지역 교도소의 일상적 활동에서 중요한 문제이기 때문에 18장에서 별도로 논의된다. 이 장에서는 남성수형자 및 시설을 통하여 대부분의 제도가 어떻게 작용하는지에 대하여 살펴본다.

그림 11.1

교정제도 운영을 위해 1년간 소모되는 비용 - 매년 730억달러 이상

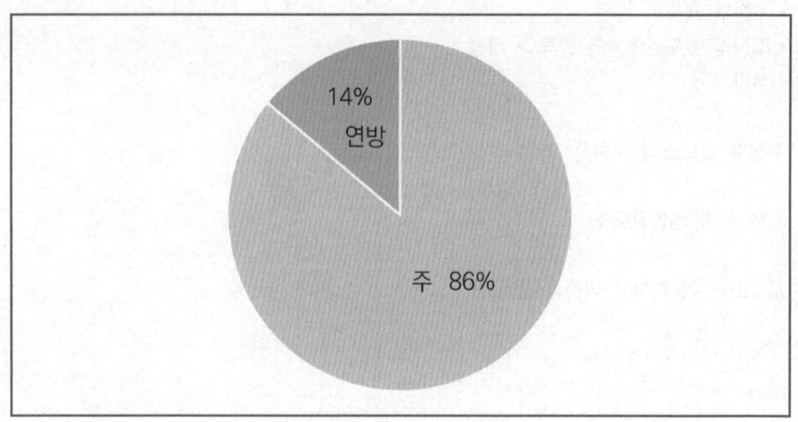

출처: American Correctional Association, *2012 Directory* (Alexandria, VA: American Correctional Association, 2012), p. 28; Bureau of Justice Statistics, *Local Government Corrections Expenditures FY 2005* (Washington, DC: Bureau of Justice Statistics, 2011), p. 2.

주정부 교정시설: 제도의 주요 쟁점

이번 장은 2016년도 기준 미국의 1600개가 넘는 주 및 지방 교도소에서 수형하고 있는 1,466,933명 이상의 성인 남성 및 여성을 수용하는 주정부 교정시스템[2]에 관하여 살펴본다. 소년시설, 구치소, 유치장, 노역장 그리고 경범죄자 및 기타 범죄자들은 포함되지 않는다. 주정부 시스템에 포함되어 있는 주요 교정시설들은 최대경비 교도소(supermax), 중경비/폐쇄형 교도소(maximum/close), 중간경비(medium) 교도소 그리고 최소경비(minimum) 교도소들인데([표 11.1] 참조), 이들은 주로 19세기 오번(Auburn) 감화원의 개념을 적용하였다.

그러한 시설들은 대부분의 국가 교정프로그램의 핵심을 이루고 있는데, 처벌과 교정이라는 동시적이고 상반되는 기능을 가지고 있다. 대부분 교정시설들은 부족한 예산과 인력에도 불구하고 출소자들의 재범을 예방하리라 기대된다. 보안과 구금은 교도소의 최우선 주안점이며, 수형자는 주류의 삶에서 물리적으로나 철학적으로나 고립되어 있다. 연방교도국의 전임국장이었던 제임스 베넷(James V. Bennett)은 50년 전에 이와 같은 아이러니한 실태에 대해 다음과 같이 서술했다.

현대 교정이 다소 불확실한 방향으로 나아가고 있는 이유는 교정 행정을 타협의 연속으로 보기 때문이다. 교도소는 주로 형벌을 위한 곳으로 기대되지만, 다른 한편으로는 범죄자의 교화개선을 위한 곳이기도 하다. 즉, 교도소는 엄격하게 처벌함과 동시에 자립심을 교육할 것으로 기대된다. 교도소는 매우 비인간적인 기계처럼 작동하도록 만들어졌지만, 수형자가 정상적인 공동체 생활을 영위하도록 만들 것이 기대된다. 교도소는 독재적이고 틀에 박힌 일과에 따라 작동하지만, 또한 개별적인 독창성을 키울 것으로 기대된다. 너무 제한적인 법은 그들의 최우선 목표 중 하나가 바로 사람이 정직한 삶을 살 수 있도록 가르치는 것임에도 불구하고 수형자를 나태해지도록 만든다. 교도소는 수형자 자치에 대한 요구를 거절하면서도, 그들이 민주사회에서 이성적인 시민이 되기를 원한다. 누군가에게 교도소는 그저 별다른 이유 없이 수형자들을 모아놓은 "사교모임(컨트리클럽)"에 불과하다. 다른 누군가에게는 교정시설은 괴로움, 증오, 모든 것을 압도하는 패배감으로만 가득 차 있는 것처럼 보이는 곳이다. 결국에 이런 전체적으로 모순된 체계가 지속되는 것은 사회의 교정시설에 대한 우리의 생각과 관점이 복잡하고, 불명확하고, 모호하기 때문이다.[3]

표 11.1 보안 수준에 따른 남성 수용인원, 2011

보안수준	남성 수용 인원
최대경비(Supermax)	1,254
중(重)경비(Maximum)	101,377
폐쇄/상급 경비(Close/high)	223,934
중간경비(Medium)	440,750
최소경비(Minimum/low)	263,924
미분류(Unclassified)	48,753
행정적 격리/보호적 구금	40,831

출처: American Correctional Association, *2012 Directory of Adult and Juvenile Correctional Departments, Institutions, Agencies, and Probation and Parole Authorities* (Alexandria, VA: American Correctional Association, 2012), pp. 40-41.

주요용어

사형과 태형의 대안
구금, 보호관찰, 전환(diversion) 등과 같은 사형 미만의 형벌

교정시설은 축복인 동시에 저주이다. 18세기의 잔인한 형벌에서 벗어나 긍정적이고 인도적인 움직임에 비춰 생각해보면, 교정시설은 **사형과 태형의 대안**이지만, 수형자를 개선하여 자유로운 세상에서의 비범죄적인 삶을 살아가도록 한다는 관점에서 보면, 대부분의 교도소는 교정의 목적 달성에 실패하였다. 그럼에도 불구하고, 대중의 안전에 대한 요구와 범죄자들을 사회로부터 격리시키기 위한 교도소의 필요성은 불행하게도 이러한 제도가 범죄행위에 대한 주요한 대응방안이 되도록 만들었다. 주 성인 교정시설에 구금된 1,466,933명의 남성과 여성 수형자들은 여타 보안 수준과 함께 중(重)경비, 상급-중간보안, 최소경비 시설로 배정되었다.[4] 좋은 소식은 대부분의 주에 영향을 끼치고 있는 예산 삭감으로 인해 증가된 교도소의 수용인원이 줄어들 것으로 보인다는 것이다. 그럼에도 불구하고, 2016년까지는 교도소 수용인원이 (주, 연방 그리고 지방 시설) 거의 1,466,000명에 이를 것으로 예상된다([표 11.2]와 [그림 11.2] 참조).

표 11.2 **미국 수형자 수(2013-2016년은 추정치) - 연방 및 주정부 관할 수형자 수**

연도	총원
2002	1,440,144
2004	1,497,100
2006	1,568,674
2010	1,613,803
2012	1,576,013
2013	1,537,493
2014	1,513,973
2016	1,466,933

출처: Bureau of Justice Statistics, Prisoners in 2012-Advance Counts (Washington, DC: Bureau of Justice Statistics, 2013).

주 제도 조직

미국의 공립 및 사립, 성인 및 소년, 지역 사회 및 도시 등 다양한 유형의 교정시설 중 16%만이 주정부 시설이다. 대부분의 주에서 교정 "제도"가 실제로 체계화되지 않았다는 것은 놀라운 일이 아니다. 구조적 경직성과 "벽돌과 회반죽(bricks-and-mortar)"으로 대표되는 교정시실에 대한 거대한 투자는 가끔 교정에의 의미 있는 개혁과 현대화를 제한한다. 사회 재통합과 교정교화를 위해 조직구조는 교정프로그램 이상의 것이 필요하다. 최소 6개의 주에서는, 주정부 차원의 모든 교정 활동에 대한 통제권을 행사하는 것으로 이루어졌다. 예를 들어, 하와이는 통합된 구치소 및 교도소 시스템을 보유한다. 캐나다는 2년 이하를 선고받은 모든 범죄자들을 지방 (주정부 단위의) 교도소에 구금하는 반면, 그 이상을 선고받은 범죄자들은 연방 교도소에 구금한다.

주정부 단위 교정행정은 일반적으로 분리된 몇 개의 교정관련국 (내각장관 또는 정부로부터 임명된 국장) 혹은 상위국 내의 과로 구성된다. 대부분의 교정행정관리는 분리된 국이 더욱 효율적이라고 생각하며, 내각급 국장을 두는 것은 교정운영에 더욱 큰 유연성과 위세를 더한다. 조직의 중간단계가 없는 별개의 국의 국장은 정책결정수준을 더욱 효율적으로 바꿀 수 있다. 자율부서는 규모의 경제에 따른 구매와 같은 국 내의 다른 부서와의 최소한의 경쟁을 통한 운영을 통해 인원과 예산자원을 조정할 수 있다. 중앙집권적 감독은 주에서 지역정부 단위의 교정문제에 대해 효과적으로 관리할 수 있다는 이점이 있다.

교정운영은 주정부 전반의 프로그램 수행에 필요한 다양한 서비스를 제공하는 광범위한 프로그램 및 시설들을 포함해야 한다. 대부분의 주정부 교정시스템은 주요 시설과 가석방에만 관여하고, 대다수의 교정행정은 카운티 단위에 맡긴다.

그림 11.2

인구수 증가: 1990-2014

참고: *2014년도의 자료는 삽입됨.

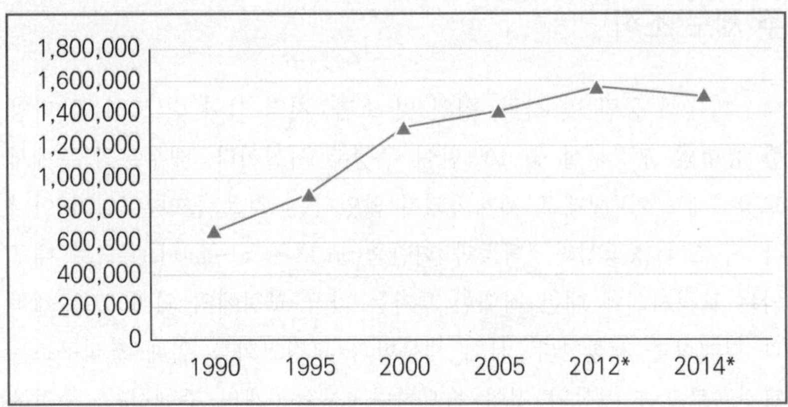

출처: Ann Carson and Daniela Golinelli, *Prisoners in 2012: Trends in Admissions and Releases, 1991-2012.* (Washington, DC: Bureau of Justice Statistics, December 2013), pp. 1-2.

주정부 제도의 발전

교정제도의 유형은 역사적 우연으로부터 각 주의 필요에 의해 발전해왔다. 예상대로, 일리노이주(Illinois)와 뉴욕주(New York) 사이의 지역에 있는 대규모 산업교도소는 미국 북동부가 주요 산업지역임을 증명한다.[5] 이러한 시설의 대부분은 교정운동(prison movement) 초기에 세워졌으며, 수형자들의 값싼 노동력을 이용하도록 고안되었다. 1930년대에 이후 정부의 교도소산업에 대한 규제는 산업교도소에 가장 큰 타격을 주었다.

현재, 대규모 시설에서 허용하는 교도작업은 모든 수형자들을 완전고용하지는 못한다. 많은 수형자들에게 소수의 일자리를 나누어 주려는 노력의 일환으로, 관리자들은 생산을 늦추어 작업이 최대한 길게 이어지도록 시도하고 있다. 이러한 절차는 수형자들에게 외부에서의 취업성공을 위한 좋은 모델이 아니다. 예전의 이러한 산업교도소의 일반적인 활동은 나태함과 지루함으로 묘사되었다. 몇몇 예외적인 프로그램을 제외하곤 시설 안팎의 직원들의 매우 헌신적인 노력에도 불구하고, 미국 내의 레이퍼드(Raifords, Florida), 애티카(Atticas, New York) 그리고 산 쿠엔틴(San Quentins, California)과 같은 곳에 몰린 많은 사람들을 돕기 위한 의미 있는 일자리나 다른 프로그램이 부족하였다.

농업교도소는 남부의 주에서 시작되었다. 교도소농장은 이러한 주들에서 매우 수익성 높은 사업이었고, 따라서 변화가 느렸다. 공공사업 및 주 농장에서 일하는 수형자들은 남북전쟁 이전에 남부뿐만 아니라 많은 주에서 이루어졌던 노예노동을 대체했다.[6] 교정 당국은 농장과 광산노동으로부터 얻은 훈련이 범죄자가 농경지역인 남부경제로 사회복귀하는 것을 돕는다고 합리화했지만,[7] 본래 목적은 그저 농작물 생산을 위한 값싼 노동력을 사용하기 위한 것이었다. 값싼 재소자 노동력은 종종 농장주들에게 대여되어 농장주와 세금을 걷는 주 양쪽 모두에게 큰 이익을 주었다. 그러나 농업지역에 고도로 기계화된 농업방식이 도래하면서 농업교도소의 수익성이 떨어졌다.

미국 내 다른 지역은 특정 시설을 교도소농장으로 지정했다. 이러한 시설들에서 생산된 식량은 동일 주 내에 있는 다른 시설들의 수형자들에게 공급하는 데에 사용되었다. 현재 많은 각 주에서 이런 관행을 없앴는데, 현대의 대부분 교도소 내 인원 중 대다수를 차지하는 도시출신 수형자들에겐 농사 경험이 그다지 가치 있지 않다는 것을 알게 되었기 때문이다. 농업교도소의 또 다른 문제는 농업노동조합들의 부정적 반응인데, 20세기 초반의 노조원들이 교도작업에 대해 시위할 때 주장한 바와 같이 주와의 경쟁은 불공평하다고 항의했다.[8]

많은 주들은 수형자들 개개인에게 적합한 **노역장**(work camp)이나 다른 형태의 활동을 마련하였다. 최근 노역장은 야외의 고된 노동을 개선하고, 범죄자의 석방 준비를 위한 체계적인 처우를 공급하도록 조정되었다. 하나의 예로써, 서부의 주에서 수형자들을 산불진화에 이용하는 것이었다. 범죄자들에게는 작은 노역장의 비교적 건강한 분위기에서 시간을 보내는 것이 거대한 교도소 내의 나태함과 지루함을 해소시켜주는 것으로 여겨진다.

주요용어

농업교도소
주 생산품이 농산품이거나 산업적 산물이 식품과 재배된 생산물인 교도소

주요용어

노역장
작업을 위해 교도소 시설 외부에 조직된 최소-보안 시설

주정부 교도소에서의 분류와 배정절차

대부분 주정부의 법규는 수형자를 분리 또는 분류하는 것으로 규정하고 있으며,[9] 좋은 행동과 좋지 않은 행동에 따라 승급이나 강등되어 처우등급이 부여된다. 즉, 수형자는 행동, 도주/도주 시도, 자해나 폭행, 직업훈련, 기타 프로그램 참여 등을 기준으로 재분류(최대경비에서 최소경비 혹은 그 반대)될 수 있다.

대부분의 시스템에서 **초기분류**는 수형자가 배정될 시설을 결정한다. 수용시설은 개인이 최대경비단계를 유지할 것인지 혹은 중간경비급 -또는 최소경비 교도소로 옮겨질 것인지 결정한다(미국의 각 주는 최소 한 개의 최대경비 시설을 보유한다). 대부분의 주에서는 다음으로 낮은 수준의 보안단계에서 잘 지낼 수 있을지에 대한 판단에 기초하여 재분류를 결정한다.

주요용어

초기분류

범죄자에게 구금, 작업배정, 처우 수준을 부여하는 초기 과정

또한 작업에 대한 적응능력, 학과교육 및 직업훈련에 대한 적응능력 또는 고령 범죄자의 욕구에 적응하는 개인의 능력에 대한 평가도 중요하다. 분류위원회는 주로 이러한 결정을 내리는 데에 참여한다.

분류절차는 시설단위에서도 계속 진행된다. 비록 각 수용시설들은 서로 다른 프로그램들을 중시하지만, 교육, 상담 그리고 기타 재활프로그램을 구성요소로 정한다. 이론적으로 개인은 자신의 욕구에 따라 배정되도록 되어 있지만, 현실은 **시설의 욕구**에 맞게 배정된다. 예를 들어, 수형자가 용접기술을 진정으로 배우고 싶어 할 수 있다. 만약 용접기술 수업인원이 모두 충족되었고 가구판매수업에 공석이 있다면, 그 수형자는 가구판매수업에 배정될 것이고, 추가적인 용접기술 훈련은 받기 어려울 것이다. 또한 수형자는 종종 급식 또는 잡역 같은 관리 업무에 배정되기 때문에 수형자의 직업 계획이나 열망에 부합하지 않을 것이다. 효과적인 분류의 필수 요소는 수형자에게 권장된 프로그램 진행상황에 대한 주기적인 재검토이다. 모든 시설은 통상적으로 재분류(reclassification)라고 하는 이러한 재평가를 허용한다. 그 목적은 수형자의 진행상황과 필요에 따라 프로그램을 조정하기 위함이다. 그러나 현실적으로 결정은 자주 배정 가능한 공석과 시

주요용어

분류 절차

범죄유형, 도주 가능성, 물질남용패턴, 이전 범죄경력 등에 기초하여 구금과 처우프로그램 유형을 배정하는 과정

주요용어

시설의 욕구

시설의 목적을 위해 수형자를 배정하는 기본적이고 필수적인 기능

설의 욕구에 기반하여 이루어진다.

2005년 미연방 대법원은 신규 혹은 최근에 이송된 수형자를 분류단계에서 인종에 따라 분리하지 않을 것을 결정하였다. 교도소 책임자들은 이러한 분리가 제도적 이익에 도움이 되며 합법적인 교정 기능을 갖추고 있어, 보안 위험 집단("교도소 조직폭력배")과 다른 수형자나 집단에 원한이 있는 직원 및 수형자 사이의 갈등을 줄인다고 주장한다.[10]

시설직원들은 진심으로 수형자들에게 권장 프로그램을 제공하고 싶을지도 모른다. 그러나 시설의 원활한 운영을 위해 이러한 결정은 불가피하다. 모든 수형자가 이에 해당하는 것은 아니지만 대부분의 수형자는 감독을 수용하고, 규칙적인 작업 습관 개발, 동료와의 관계 학습 및 기타 기술의 경험을 필요로 한다는 점을 고려하여 직원은 관리 업무를 합리화 할 수 있다. 또한 모두 사실인지 모르지만, 직업훈련직원은 추천하고 배정한 프로그램이 거부당할 때 수형자와 마찬가지로 좌절감을 느낀다. 방금 설명한 분류와 배정과정은 더 효율적인 프로그램들이 제공하는 복합요소일 뿐이다.

주정부 교도소의 수형자

1983년 미 법무부는 미국의 교정시설에 있는 수형자를 대상으로 전수조사를 실시하여 주 정부의 관할 하에 있는 범죄자수를 대략 381.955명으로 추산하였다.[11] 이 조사가 실시된 이래로, 주정부 교도소의 인원이 450%가 넘는 160만명까지 급증했다. 수형자의 하루 평균 비용이 가장 많은 상위 10개 주를 [표 11.3]에서 볼 수 있다.

남성이 수형자 전체에서 압도적으로 많은 비중을 차지하고 있고(93%), 미국의 남녀 시민 인구수와 비교해 볼 때 남성의 수용률이 10만 명당 10배 가까이 더 높다(남성 1,406명당 여성 136명). 주 단위에서 백인 및 흑인 남성 수용인원은 계속 증가해왔고, 현재는 각각 35%와 41%에 이른다.[12] 나머지 소수민족 남성들은 (히스패닉계 및 기타) 주정부 교도소 수용인원의 24%를 차지한다. 히스패닉계는 주정부 교도소

표 11.3 2011년도 기준 수형자 하루 평균 비용 상위 10개 주

주	수형자당 하루 평균 비용
로드아일랜드	$ 165.26
뉴욕	$ 154.27
캘리포니아	$ 129.00
하와이	$ 127.00
매사추세스	$ 124.66
메인	$ 112.00
뉴저지	$ 107.43
델라웨어	$ 106.85
뉴멕시코	$ 95.67
노스다코타	$ 95.32

출처: American Correctional Association, *2012 Directory of Adult and Juvenile Correctional Departments, Institutions, Agencies, and Probation and Parole Authorities* (Alexandria, VA: American Correctional Association, 2012), p. 25.

그림 11.3

인구집단별 100,000명당 구금 비율

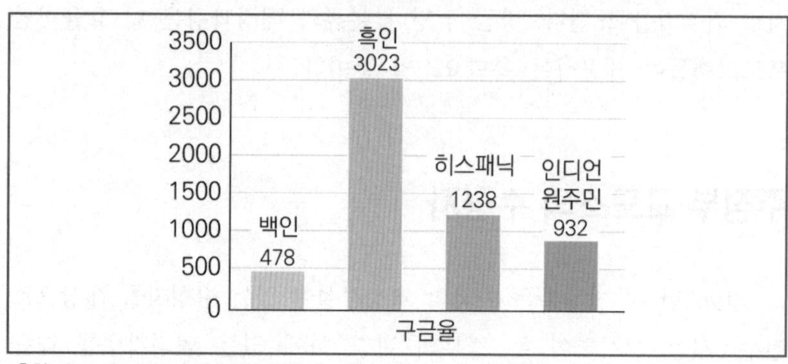

출처: Ann Carson and Daniela Gollnelll, *Prisoners in 2012*(Washington, DC: Bureau of Justice Statistics, 2012), p. 8.

에서 가장 빠른 성장률을 보이는 집단이다.[13] 수형자의 평균 연령은 32세이고, 전체 수용인원의 약 10%는 50대이며, 이는 미국 평균연령과 마찬가지로 수형인구의 고령화를 반영한다. 연령, 인종의 비율에 따른 성인 남성의 수용률은 [그림 11.3]에서 확인할 수 있다. 소수 민족, 특히 아프리카계 미국인 남성은 모든 연령대의 백인남성보다 훨씬 높은 비율로 구금되었다([표 11.4] 참조).[14]

표 11.4 **주 및 연방 관할권 내 수형자의 인종별, 히스패닉계별, 연령별 추정 구금비율, 2011년 12월 31일 기준(100,000명당)**

연령대	백인	흑인	히스패닉
18－19	166	1,544	574
20－24	712	4,702	1,898
25－29	1,074	6,883	2,666
30－34	1,115	7,517	2,762
35－39	1,049	6,603	2,460
40－44	949	5,450	2,084
45－49	834	4,604	1,830
50－54	565	3,257	1402
55－59	345	1,999	990
60－64	230	1,125	685
65 이상	95	409	286

출처: Ann Carson and William Sobel, *Prisoners in 2011* (Washington, DC: Bureau of Justice Statistics, 2012), p. 8.

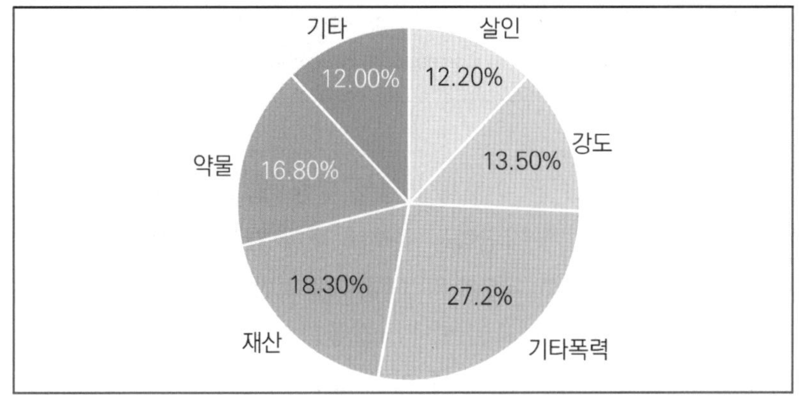

그림 11.4

주 시설에 수용된 재소자의 범죄유형별 추정분포

출처: E. Ann Carson and Daniela Galinelli, *Prisoners in 2012—Advance Counts* (Washington, DC: Bureau of Justice Statistics, July 2013), p. 10.

주정부 교도소 수형자가 입소 당시 저지른 범죄들은 [그림 11.4]와 같다. 요약하면, 주정부 교도소 수형자의 2/3는 모살, 치사, 강간, 성폭력, 강도, 폭행 등의 강력 범죄로 인해 유죄를 선고받았다. 1/6 가량은 주로 마약범죄, 주로 마약밀매로 구금되었다. 1/4 미만은 재산범죄와 기타 범죄로 구금되었다([그림 11.4] 참조).

교정 실제 11.1

성인 재소자 인구의 특성

3장에서 다루었듯이, 주정부 교도소의 인구는 1980년부터 2010년까지 급격하게 늘어났는데, 이는 마약과의 전쟁, 범죄와의 전쟁 그리고 연방법 위반 범죄자는 기존 형량의 85%를 복역하도록 의무화하는 연방 입법에 따라 구금기간이 늘어났기 때문이다. 그 밖의 요인으로는 수형자의 욕구를 해소하고 재범 가능성을 낮추기 위해 마련된 적절한 교도소 프로그램의 부족과 가석방 취소율의 증가 등이다. 2010년 이후 일부 주정부는 2007년부터 2012년까지 지속된 대공황으로 인해 교도소 수용인원을 줄여왔다. 주정부는 방대한 수용인원에게 들어갈 세금 자원이 턱없이 부족했고, 일부 주 의회는 교도소 입소를 줄이고 기존 수형자를 교도소에서 서둘러 내보내도록 했다. 캘리포니아주(California)에서 교도소 인구의 감소는 대부분 적절한 의료 및 정신건강을 위해 수형자들이 제기한 소송 때문이었다. 연방법원 판결은 캘리포니아의 교도소 수용인원을 137.5%까지 감소시킬 것을 명령했고, 이로 인해 주 전체 수형자가 39,000명 가까이 줄어들었다. 이러한 주정부 교도소 수용인원의 감소는 계속 진행 중이다.

출처: Joan Petersilia. (2014), "Voices from the Field: How California Stakeholders View Public Safety Realignment", http://www.law.stanford.edu/sites/default/files/publication/443439/doc/www.law.stanford.edu/sites/default/files/publication/443439/doc/slspublic/Petersilia%20VOICES%20no%20es%20Final%20022814.pdf; The Sentencing Project (2014), "Trends in Corrections", http://sentencingproject.org/doc/publications/inc_Trends_in_Corrections_Fact_sheet.pdf.

[교정 실제 11.1]은 수형자 특징에 대한 개요를 보여주고, [교정 실제 11.2]는 수형자가 직면하는 문제에 대해 자세히 설명한다. 하나의 집단으로써, 주정부 교도소의 수형자는 일반 국민보다 교육 수준이 훨씬 낮다. 최소 70%의 수형자가 고등학교 졸업장이나 동등한 학위를 받지 못했으며, 이는 18세 이상 일반 국민에서 36%의 결과를 보이는 것과는 대조적이었다.

범죄행위관점에서 보면, 2012년도에 약 60%의 수형자가 폭력범으로 분류되었다. 9%의 수형자들은 종신형을 선고받았지만, 평균적으로 선고된 형량은 8년 이상이었다.[15] 1/3은 해당 범죄뿐만 아니라 최소 하나 이상의 형을 추가로 선고받았고, 1/4은 이전에 이미 소년범죄로 복역한 적이 있었다.

2016년에는 1,460,000명에 달하는 성인 남성 수형자들이 주정부

교정 실제 11.2

주정부 교도소 수형자의 특징과 쟁점

수형자는 자유 미국시민과는 많은 점에서 다르다. 대충 살펴보면 많은 범죄자들의 공통특성을 찾을 수 있다. 범죄자는 저소득층 출신, 범죄경력을 가진 부모와 형제, 폭력을 보고 자라며, 부모와의 낮은 애착관계, 유전적 정신질환, 낮은 학업성취, 편부모가정과 같은 향후 범죄를 하게 만들 위험요소들을 가지고 있다. 어린 시절의 환경은 자신과 자신의 삶에 큰 영향을 끼친다.

어린 시절에 대해 살펴보면, 60%에 달하는 주의 수형자들은 친척 혹은 위탁시설, 소년보호시설, 보육원에서 생활하는 어린 자녀를 두고 있다는 점에 주목해야 한다. 어쩌면 4명 중 1명의 성인재소자는 성인이 되기 이전에 정부시설, 친척 혹은 위탁시설에서 자랐을 수도 있다. 많은 가정이 수입이 부족하고 자녀를 적절히 보살피지 못한다.

수형자에게 어린 시절의 폭행과 학대는 흔한 경험이다. 4명 중 1명의 수형자들은 어린 시절에 정신적, 신체적 또는 성적 학대를 겪었다. 이는 아버지와 어머니 양쪽으로부터의 신체적 학대를 포함한다. 남성수형자의 2/3 이상이 어린 시절에 가정폭력을 보고 자랐다. 여성수형자는 남성수형자에 비해 과거에 더 많이 성학대를 당한 것으로 나타난다. 수형자의 1/3 정도는 알코올 또는 약물에 중독된 부모가 있었다. 범죄의 유전(범죄경력의 세대 간 전승)은 드물지 않다. 남성 수형자의 절반 이상이 구금전력이 있거나 구금 중인 (이복)형제와 (양)아버지가 있는 것으로 알려졌다. 일반적으로, 남성 수형자는 구금될 때 정신건강문제와 만성질환만큼 심각한 의학적, 치의학적 문제를 가지고 있다. 특히, 수형자는 일반인에 비해 많은 질환을 가지고 있으며, 제2형 당뇨병, 우울증, 알코올 및 약물중독, 기분 장애, 고혈압의 비율이 높다. 교도소들은 수형자의 건강을 안정화할 필요가 있으며, 이에 많은 비용을 소모한다. 예를 들어, 캘리포니아주(California) 알라메다 카운티(Alameda County)의 산타리타(Santa Rita) 구치소의 약국에서는 매달 35만정 이상의 처방약을 조제한다. 일반적으로, 수형자가 고령일수록 다양한 질환치료가 필요할 것이다. 수형자의 "의학적 나이"(즉, 건강상태)는 그들의 동년배보다 많은 것으로 나타난다.

많은 남성수형자들은 현 범죄를 저지를 때 실업자이거나 비정규직이고, 낮은 교육수준을 가지며 고용개선의 가능성이 거의 없었다. 구금사실은 미래의 구직 가능성에 무거운 부담을 지운다. 길거리로 가석방되는 많은 수형자들은 적합한 생활방식을 찾는 데 어려움을 겪는다. 이러한 장애들은 성공적인 사회복귀의 기회를 줄인다. 수형자의 욕구는 교도소 혹은 가석방 시스템에서 자주 다뤄지지 않는다. 증대된 교화개선과 사회복귀는 향후 발생할 재범, 공공안전과 수용인원의 감축에 영향을 미칠 것이다.

출처: Editors of the *Crime Report* with Criminal Justice Journalists, "How Medicaid for Ex-Offenders Affects California County". http://www.rand.org/pubs/periodicals/rand-revie

w/http://www.rand.org/pubs/periodicals/rand-review/issues/2011/winter/prisoner.html (accessed September 11, 2014); Georgia Department of Community Affairs, "Re-Entry Partnership Housing, 2014, https://pap.georgia.gov/transitional-housing-offender-reentry.

시설에 수용될 것이고, 이것은 시설 수용정원의 100%를 넘는 것이다. 22개의 주(또는 연방 교도소 시스템)는 수용한계 이상으로 운영될 것이다. 텍사스주(Texas)의 수형자가 가장 많을 것으로 예상되지만(156,300명), 루이지애나주(Louisiana)는 다른 주(약 881명 수형자)보다 10만 명당 수형자가 더 많을 것으로 예상된다. 지난 30년 동안 새로운 수형자 유입을 유지하기 위해서 주정부는 벽돌과 회반죽으로 대표되는 교정시설 건설에 집중해야 했다. 이 기간 동안 만들어진 교도소 침대수는 놀라울 정도다. 교도소 침상을 마련하는 데 큰 비용이 드는데, 2000년에는 한 침상당 평균 74,000달러가 들었다(건설자본에 지출된 이자 제외).[16]

교도소 거실은 건설의 모든 과정이 "힘든 작업"이기에 많이 비용이 든다. 예를 들어, 화장실은 세라믹이 아닌 금속이고, 벽과 천장은 석축 벽이 아닌 시멘트이다. 더하여, 자물쇠, 화재진압시스템, 감시카메라, 이외의 많은 요소들은 많은 비용이 든다. 교도소는 1년 내내 하루 24시간 운영되고, 수형자들이 시설을 파괴하고 손상하려는 시도를 무력화시킬 수 있도록 건설될 필요가 있다. 만약 주정부가 교도소 건설을 위해 자금을 빌리고(채권 발행) 30년이 넘게 4%의 이자를 갚는다면, 중경비 시설의 침상비용은 200,000달러에 이를 것이다.

일반적으로, 보안 정도가 낮을수록 침대 하나당 드는 비용도 낮아지는데, 최소 경비시설의 침상은 평균 비용 29,311달러가 드는 것에 비해 중경비시설 침대는 80,000달러 이상이다. 2003년 한해만 해도 교도소 침상 건설비용이 67억 달러를 초과했다. 성인 수형자 한 명당 구금에 소모되는 하루 평균 비용은 79.64달러이거나, 전국의 성인 남성 수형자를 구금, 식사, 통제, 관리하는 데 드는 비용은 하루에만 8,800만 달러 이상이다. 적어도 오하이오주(Ohio) 한 곳에서는 수형자에게 라디오 같은 전자제품 사용에 대해 매달 1달러의 전기료를 청구할 것이라고 발표했다. 미국의 교도소는 공사, 재건축, 재설계, 수리작업에도 불구하고 보통 과밀수용 상태이다. 미연방 대법원은 2000년대 초반의 10년간의 수용 현실과 8차 수정헌법의 관계를 재검토하고 이에 따라 교정의 변화를 이끌어내야 할 것이다. 분명히 교정시설 운영에 곤란을 겪고 있는 교정관리들의 문제는 그저 시작일 뿐이다. 다행스럽게도 이러한 문제의 일부는 미 대법원에서 처리하고 있다. [교정 실제 11.3]은 캘리포니아주가 법원의 명령에 따라 교도소 인구를 줄이려는 시도에 대해 자세히 다루고 있다.

지역 시영 성인교도소

교도소의 수용인원을 추정함에 있어, 대부분의 주정부 교도소시스템보다 더 큰 지역 시설인 "4대 교도소"를 고려하지 않으면 안 된다.

1. 쿡 카운티 교정국
2. 뉴욕시 교정국
3. 워싱턴 D.C. 교정국
4. 필라델피아 교도소시스템

4대 대규모 교정시스템은 110개의 성인 교도소와 다수의 다른 시설 및 프로그램으로 구성되며 2016년도까지 30,000명이 넘는 성인 범죄자들을 수용할 수 있다. 누구도 시에서 자체 교정시스템이 필요하다고 생각하지 않지만, 이 네 도시들은 자체시스템을 운영하기로 결정했다. 주요 기능은 주정부 교도소와 비슷하지만, 수형자가 집 근처에 구금될 수 있다는 점에서 주시설과 차별된다. 미국의 다른 광역도시들도 자신들만의 교정체계를 확립했을 수 있지만, 대부분은 이에 관심을 보이지 않았다. 많은 지역 구치소 시스템은 이미 과밀수용상태가 되어서 대부분은 이런 계획들을 세울 시간적 여유가 없다. 이러한 4대 교정시스템의 추세를 따라 하는 것은 조심할 필요가 있다.

교정 실제 11.3

캘리포니아 교도소의 인구감소 및 재조정

[교정 실제 11.1]에서 언급한 바와 같이, 캘리포니아주의 연방재판관과 법원은 캘리포니아주 교정국(California Department of Corrections and Rehabilitation: CDCR)에 교도소 수용인원을 줄이고 수형자에 대한 의료지원을 강화할 것을 요구했다. 2009년 교정국(CDCR)은 2년 이내에 교도소 수용정원의 137.5%까지 감축하거나 약 39,000명의 수형자를 줄이도록 명령받았다. 캘리포니아주는 2011년 하급법원의 판결을 다루는 연방대법원에 항소했다.

입법부는 주정부 교도소에 구금된 비폭력범죄자, 비성범죄자, 경범죄자를 카운티 관할의 감시로 전환하도록 하는 "재조정" 프로그램을 빠르게 제정했다. 이 입법은 가석방자가 중하지 않은 가석방 준수사항 위반으로 교도소에 재구금되는 것을 어렵게 했고, 중범죄자가 아닌 사람에게 부과된 가석방감시에 대한 제재수단으로 구금을 부과하지 못하도록 하였다. 만약 그 가석방자들이 또 다른 중범죄를 저지른다면, 그들은 반드시 새로운 재판을 받아야한다. 대부분의 교도소 수형자는 가석방 후에 자신들의 거주지로 돌아가는 것으로 결정되었고, 그에 따라 해당 카운티는 재범을 줄이기 위한 전략을 개발하는데 강한 권한을 얻었다. 카운티에서는 재범을 예방하기 위해 약물과 알코올중독치료, 직업훈련, 정신건강치료 그리고 구금을 포함하는 증거기반의 대안적 접근방법을 제공한다. 2012년도에 캘리포니아주 교정국(CDCR)은 카운티에 자금을 조달하기 위해 예산을 전용하여 각 카운티에 보내라고 명령받았다.

캘리포니아주의 범죄율은 20년간 지속적으로 떨어졌고, 현재는 1972년도의 수준에 머무르고 있다. 범죄로 인한 구금은 교도소 인구 증가에 기여했지만, 주된 요인은 가석방자의 준수사항 위반에 의한 비정상적으로 높은 재입소율 때문이었다. 다른 요인은 3진 아웃제의 도입인데, 법정이 한 범죄자로부터 세 번의 유죄 판결을 받으면 25년까지 가석방 없는 구금형을 부과할 수 있도록 판결을 강화하는 제재이다.

캘리포니아주는 법원의 명령을 이행하기 시작했다. 언급한바와 같이, 주 정부 교도소의 인구는 법원의 명령에 따라 약 39,000명까지 줄어들었다. 이러한 감소의 가장 큰 이유는 기술적인 준수사항 위반을 더 이상 교도소의 구금으로 처벌을 하지 못하기 때문이다. 또 다른 요인은 새로운 낮은 수준의 중범죄자의 구금을 카운티 수준으로 내린 것인데, 이것은 구치소 구금, 가택구금, 전자감시, 압박양형(tourniquet sentencing)*, 벌금 그리고 다른 단계적 제재를 범죄자가 순응하게 만들기 위해 결합되는 것이다. 카운티는 지역사회기반의 대안에 투자하고 있으며, 보호관찰관 채용을 늘리고, 범죄의 중담을 촉진하고 출소자의 재진입 기회를 증가시키는 입증된 프로그램을 시행하고 있다. 이러한 프로그램들은 가족재결합, 일자리지원, 주거보조 및 안정화, 약물치료 등을 포함한다.

캘리포니아주가 교도소 수용규모 감축수준을

* 역주: 보호관찰에 잘 따르도록 하기 위해서 보호관찰의 준수사항을 증가시키는 양형

충족시킬 수 있는지 여부는 의문의 여지가 있지만, 현재까지의 자료에서 경범죄나 비폭력범죄를 저지른 범죄자들을 주정부 교도소에 수용하지 않고 카운티 프로그램 및 감시로 전환하는 것으로 볼 때 주는 목표 달성에 근접해 있음을 보여준다. 이러한 재배치의 목적은 (1) 비용절감 (2) 모든 카운티에서 구금의 대안을 개발하고 유지하도록 장려하는 것이며, (3) 헌법적 수준으로 교도소 인원을 줄이라는 법원명령에 부응하고(Brown V. Plata, 2011, No. 19-1233), (4) 중범죄를 저지른 범죄자를 위해 부족한 교도소 시설을 비축해두는 것이다.

범죄자 관리에 드는 카운티의 비용을 주정부에 부담시키는 데 있어서의 카운티 간의 불균형에 관한 최근 연구에 따르면, 새로운 교도소 입소자수는 주로 재산과 약물범죄 같은 비폭력범죄 영역에서 34% 감소했다. 17개의 카운티는 주 평균에 비해 더 많은 범죄자에게 징역형을 선고했고, 그 결과로 이들 카운티는 2012년 납세자에게 1억 7,000만 달러 이상의 짐을 지웠다. 훨씬 자립적인 (즉, 재배치 규정에 따라) 카운티의 납세자들은 재배치를 기피하고 범죄자를 여전히 교도소에서 처벌하는 카운티에 세금을 내도록 강요받고 있다. 2012년도 기준 매년 주정부 교도소의 1인당 평균 구금비용은 거의 52,000달러였다. 아마 캘리포니아주는 각 범죄에 대해 선고가능한 형의 유형이나 형기에 대한 양형지침을 만들 주 양형위원회가 필요할 것이다.

출처: Magnus Lofstrom, Joan Petersilia, and Steven Raphael (2012), "Evaluating the Effects of California's Corrections Realignment on Public Safety". http://www.ppic.org/content/ pubs/report/R_812MLR.pdf (accessed October 24, 2012).
See also Mike Males and Lizzie Buchen, *Beyond Realignment: Counties' Large Disparities in Imprisonment Underlie Ongoing Prison Crisis* (San Francisco: Center on Juvenile and Criminal Justice Research, March 2013).

교도소는 "잔혹하고 비정상적인"가?

교도소가 주(state) 또는 지역(local)인지 남성용 또는 여성용인지와 상관없이 제도화에 따른 문제는 현재에도 여전히 남아있다. 인력부족, 예산 부족, 시민들의 관심 및 참여 부족은 환경이 악화되거나 최악의 단계까지 떨어지는 데에 대한 변명거리가 된다. 1970년대 초 주 법원과 연방 법원은 잔인하고 비정상적인 처벌에 관한 8차 수정헌법에 따른 명령을 이행하기 위해 교정시설의 직원 운영 및 정책에 대해 검토하도록 요청받았다. 1983년 2월 법원은 앨라배마 플로리다, 루이지애나, 미시시피, 오클라호마, 로드아일랜드, 테네시, 텍사스 및 모든 미시간의 남성 형사기관의 교도소시스템이 위헌이라고 공표했다. 아울러 다른 21개 주의 최소 1개 이상의 시설은 과밀수용/혹은 여건 제한으로 인해 법원명령이나 동의명령(특정 기간 내에 개선을 완료할 때까지 계속 운영하라는 허가)에 따라 운영된다. 그러나 다른 7개 주는 과밀수용/또는 석방조건에 관한 소송에 얽혀 있다. 마지막으로 8개의 주에 대해 법원은 주정부 교정시스템 또는 시설을 운영하는 수신인 또는 관리자를 임용했고, 과밀수용 시 긴급 석방을 명령하거나, 특정 교도소의 폐쇄를 지시했다.[17] 법원은 이러한 조치를 명령을 받은 주정부가 그들의 구금 혹은 보호 하에 있는 수형자의 헌법상의 권리를 보장하지 않는 것이 명확할 때에 최후의 조치로써 시행했다. 교도소 과밀수용에 대한 대응으로 교정시설 건설이 본격적으로 시작되었다. 1987년과 2012년 사이에 800개가 넘는 새로운 교도소가 지어졌고 교정시스템에 포함되었다.[18]

당연히, 주정부에서는 주차원의 행정부 권한을 대법원이 침해한 것이라며 크게 분개하는 반응을 보였다. 캘리포니아주의 정치인은 법원의 개입과 수용인원에 맞는 충분한 의료서비스가 시행될 때까지 수형자를 석방하라는 명령에 현재 강하게 반발하고 있다. 법원은 어떻게 이런 사안에 개입할 권리를 얻었을까? 1871년의 민권법은 수형자의 요구사항을 연방법원에 청원하는 중요한 방법을 규정하고 있다. 이 조항은 시민들이 주에서 시행하는 헌법상의 권리를 거부하고 연방법원에 소송할 수도 있다는 것을 보여준다. 사실 남북전쟁 기간에 새로 해방된 노예들을 보호하기 위해 만들어진 이 법안은, 1964년의 기념비적인 사건이 있기 전까지는 거의 잊혀졌다(Cooper v. Pate). 이 사건에서, 법원은 마침내 1871년 민권법에 근거하여 연방법원에서 수형자의 구제를 지지하는 판결을 내렸다.

수년간, 이 절차는 임시적으로 신중하게 이루어졌으며, 각 단계는 수형자의 권리를 위한 새로운 장을 열었다. 이러한 결정에 의해 조건부 소송에 대한 법적 근거가 마련되었고, 모두 얼 워런(Earl Warren) 법정 시대에 이루어졌다. 경우에 따라 대법원은 수형자의 권리를 확대했지만, 다른 법원은 이를 꺼려했다. 그러나 법원은 수형자가 그들의 요구를 연방법원에 제기할 권리가 있음을 분명히 했다. 균형 있는 법률은 수형자의 헌법상 권리와 보안과 질서에 대한 교도소 직원의 우려 사이에 존재한다.

변호사 및 법률구제프로그램에 의한 행동의 증가와 집단소송의 확대로 교도소 환경은 더 많은 도전으로 이어졌다.[19] 그러나 주는 쉽게 포기하지 않으며, 이러한 결정에 항소했다. 물론 각각의 경우는 다르지만, 앨라배마 명령에 관해 작성된 다섯 번째 항소심 판결문에 의해 즉각적인 시행이 지연되었다.

3명의 재판관으로 구성된 항소 위원회는 위헌 판결을 확정했으나, 신축 수용시설에는 1인당 사각형 60제곱피트의 공간을 요구하는 새로운 청문회를 명령하고, 인권위를 폐지하고, 법정 지정 감시관의 역할을 제한하여 명령의 범위를 축소했다. 또한 항소법원은 주에서 교도소의 금지물품반입에 대한 통상적인 확인 절차로, 여성방문객이 거울 위에 서서 속옷을 내리게 하는 것을 금지하는 명령을 부결시켰다. 그 명령의 가장 중요한 부분인 무작업에 대한 결정도 다시 되돌려 버렸다. 항소법원은 교화프로그램이 필요하지 않다고 판결했다. 그러나 항소법원은 교도소 직원에게 "어떠한 실질적인 부담도 가해서는 안 되기" 때문에 수형자들은 할 일이 배정되어야 한다는 것에는 동의했다. 이 결정은 "만약 주가 잔인하고 비정상적인 형벌을 부과하는 것을 피하기 위해 수형자에게 충분한 음식, 의복, 거주, 위생, 의료 그리고 개인 안전을 합리적으로 제공한다면 수정헌법 8조에 따른 의무를 다한 것이다"라고 명시했다.[20] 교도소 환경에 대한 8차 수정헌법 조항과 관련한 소송은 계속되고 있다(예: Madird v. Gomez의 사례).[21]

현실적으로, 교도소 시스템은 범죄를 저지를 사람들에 대한 통제권한이 없다는 점은 매우 중요하다. 또한 형량, 가석방 자격, 복역할 최소 형량의 비율 또는 입법배당에 관한 많은 통제력 행사를 하지 않는다. 현재의 교도소 상황은 필요적 형기 탓인데, 이것은 범죄에 대한 보수적인 대응, 범죄 및 범죄자에 대한 대중의 두려움, 늘어난 형량 그리고 교도소로 돌아가야 하는 높은 수준의 가석방 실패율의 결과로 나타난 것이다. 그러나 잔혹하고 비정상적인 형벌 환경은 여전히 지속중이다.

1970년대 중반 이전 수형자사회는 "노련한 사람/경험자(old hand)"에 의해 내부적으로 통제되었는데, 이들의 행동은 다른 수형자들의 본보기가 되고 이것은 다시 그들의 가식적인 존경을 받게 만들었다. "노련한 경험자"는 그들의 지위와 교도소 일상에 대해 도전하는 자를 살인이나 폭동을 통해 제거하는 방법을 취한다. 마약과의 전쟁이 시작되었을 때, 길거리 폭력배의 조직원들과 "약물중독자(crazies)"가 수용되었고, 이들은 이전의 사회구조에 도전했다. 노련한 경험자는 시설의 통제력을 잃었고, 교도소 조직폭력배들은 약물중독자와 다른 폭력배들의 폭력적이고 공격적인 행동을 막아주며, 시설에서 사회구조의 일부로 부상했다.[22] 폭력행위 및 교도관의 상해에 직면한 교정관리들은 폭력배(**보안 위협 집단**)만큼이나 위험하고 폭력적인 자들을 격리하기 위해 **최대경비 교도소(슈퍼맥스)**([교정 실제 11.4] 참조)를 만들기 시작했다. 슈퍼맥스는 오늘날까지 폭발적으로 많은 소송들에 직면하고 있다.[23] 이와 같이 교정관리는 새롭게 대두되는 많은 과제에 직면하게 된다.

교정에 대한 다른 하나의 해결책은 교정공무원을 추가하는 것이었다. 2015년에는 450,000명 이상이 주 교정시설에 고용될 것이고, 이는 1985년도의 160%나 증가한 수치이다.[24] 교정의 일자리는 계속해서 증가할 것이고, 내일의 교도소에서 일할 능력과 의지가 있는 사람을 고용할 것이다. 특히 주정부 수준에서 교정을 위한 활동적인 시민의 지원이 필요한데, 이들은 교도소 환경에 대해 적극적으로 모니터링을 할 수 있다.

주요용어

보안 위협 집단
교도소 폭력배; 조직적인 구조와 내부적 리더십을 가지고 있는 범죄 집단으로, 폭력과 다른 범죄행위를 지속하기 위해 범죄모의를 계속한다.

주요용어

최대경비 교도소(슈퍼맥스)
위험하고, 폭력적이고, 파괴적이고, 교정시설 내의 다른 심각한 행동을 통제하는 기능을 하는 독립자치교도소 또는 교도소 시설 내의 지정 구역

교정 실제 11.4

최대경비 교도소(슈퍼맥스)

현재의 조직폭력배를 포함한 폭력적이고, 심히 파괴적이고, 공격적이고, 도주 성향이 있는 수형자는 교도소의 보안과 구금에 막대한 문제를 야기한다. 이들은 시설 및 보호적 구금이 필요한 수형자의 안전에 대한 위협이 된다. 슈퍼맥스는 구금 도중 폭력적이고 매우 파괴적인 행동을 보이는 수형자들을 관리하고 안전하게 통제할 필요에 대한 대응책이다. 슈퍼맥스는 자치시설로써 (혹은 시설 내 별개의 구획) 구금 중 폭력적이고 심히 파괴적인 행동을 보

이는 것으로 공식적으로 지정된 수형자를 관리하고 안전하게 통제한다.

최초의 슈퍼맥스는 알카트라즈(Alcatraz)로, 1954년 미시시피에서 가장 처음 지어진 슈퍼맥스 수용소이다. 현재 전국에는 최소 57개의 슈퍼맥스 보안 시설이 있고, 약 20,000개 가량의 침상을 제공하며, 한 해에 약 2%는 1년 이상 복역한다. 슈퍼맥스 시설 내에서는 가장 관리하기 어려운 범죄자들을 위한 특수수용실(special housing unit: SHU)을 찾아볼 수 있는데, 때로는 "나쁜 것 중의 나쁜 것(worst of the worst)"이라고 불린다. 특수수용실은 물리적 방법으로 강화된 가장 엄격한 규율과 격리를 시행한다. 여기서, 수형자들은 보통 하루 중 23시간을 방 안에 갇혀있고 식사도 안에서 해결한다. 수형자와 직원 간에 상호작용은 거의 없으며, 수형자들 간의 교류는 없다.

특수수용실(SHU) 수형자가 방을 나설 때는 일반적으로 수갑을 채우고 족쇄를 걸며, 두세 명의 교도관들이 호송한다. 휴식시간은 혼자 보내고, 보통 30분 정도이며, 일주일에 3번 정도, 아무 장비가 없는 방에서 진행된다.

특수수용실의 운영에 대해 많은 논쟁이 있다. 첫 번째는 특수수용실에 격리되는 수형자를 어떻게 선택하는가에 대한 문제로, 하나의 충분한 선택 기준은 조직폭력배의 멤버이다. 폭력배 멤버는 어떻게 특수수용실에서 석방되는가? 폭력단을 탈퇴하고 교도관에게 정보를 제공함으로써? "피의 복수(blood-in, blood-out)"라는 교도소 갱단의 밀고 행위에는 무엇을 의미하고 있으며, 이것이 목숨의 위협을 초래할 것인가?

둘째는 특수수용실의 노동 집약적인 구조에서 비롯된 처벌 비용인데, 예를 들어, 방을 나설 때 복수의 호송인력이 필요하다. 셋째로 지각박탈*, 분류, 법률도서관과 변호사에 대한 접근, 정신건강 서비스의 질, 과도한 무력사용에 따른 소송이 증가한다는 점이다(Madrid v. Gomez, 889 F. Supp. 1146, 1995). 캘리포니아 주 펠리컨 베이(Pelican Bay)는 마드리드와 고메즈(Madrid v. Gomez)의 소송에서 정신질환 범죄자를 정신건강서비스가 극도로 제한되고 격리된 특수수용실에 구금하는 것은 잔혹하고 비정상적인 처벌이고, 8차 수정헌법을 위반하는 것이라 결정했다. 캘리포니아주에서 특수수용실의 수형자 1인을 수용하는데 드는 연간 평균 비용은 약 74,600달러이다. 다른 한편으로는 슈퍼맥스를 이용하는 것은 교도소 범죄, 폭력, 교도관 및 다른 수형자에 대한 살해를 극적으로 줄일 수 있다. 만약 당신은 수형자가 최대 수용량의 83%를 차지하고, 몇몇 폭력배 집단 및 심히 폭력적이고 공격적인 수형자를 관리하는 시설을 운영한다면 어떻게 하겠는가?

출처: LIS, Inc., *Supermax Housing: A Survey of Current Practice* (Longmont, CO: National Institute of Corrections, 1997), pp. 1-6.

* 역주: 안대 등으로 감각기관을 무력화하는 것.

요약

주정부 교도소의 조직과 주요기능에 대하여 설명하시오.

주 단위의 교정은 일반적으로 별도의 교정국 혹은 상위 부서 내의 과로 구성된다. 대부분의 교정 책임자는 별도의 국이 더욱 효율적이라 생각하고, 내각급 국장을 교정 운영에 두는 것은 융통성과 위신을 더하는 것이라 생각한다. 자치부서는 규모의 경제에 따른 대규모 구매와 같은 부서 내 다른 과와 최소한의 경쟁을 통해 인력 및 재정자원의 할당 조절이 가능하다. 중앙집권적 통제는 교정문제에 대한 효율적인 관리의 이점을 제공한다.

교정 절차는 주 전체에 걸친 프로그램 작업을 수행하는데 필요한 광범위한 서비스를 제공하는 다단계의 계획과 시설 시스템을 반드시 포함해야 한다. 대부분의 주 교정 시스템은 주요 시설과 가석방서비스에만 관여하고, 대다수의 교정 문제는 주에서부터 지역정부 수준으로 넘어간다.

주 시스템에 포함되어 있는 주요 교정시설들은 최대경비 교도소, 중(重)경비/상급경비 교도소, 중간경비 교도소 그리고 최소경비 교도소이다. 이 시설들은 동시적이고 가끔 상반되는 처벌과 교화의 책임이 있다. 대부분 교정시설들은 부족한 예산과 인력에도 불구하고 출소자들의 재범을 예방하리라 기대된다. 보안과 구금은 교도소의 최우선 주안점이며, 수형자는 주류의 삶에서 물리적 그리고 철학적으로 고립되어 있다.

주와 지역 교도소시스템은 남성과 여성 범죄자를 수용하고 공공의 안전과 재범방지, 수형자의 재통합에 필요한 보호, 구금, 처우를 제공한다. 많은 주 교정시스템은 대부분의 수형자들의 욕구에 맞는 제도적 처우 프로그램과 서비스를 제공하지만, 다른 주에서는 필요한 최소한의 서비스조차 제공하지 못한다. 수형자들은 때때로 수많은 요구를 하며, 주정부 교도소는 이런 사항들을 다루어야 한다. 일부 주에서는 의미 있는 서비스를 제공하고자 하는 교정관리자에게 예산과 자원의 지원이 부족하다.

주정부 교도소 시스템의 발전에 대하여 약술하시오.

각각의 주정부 교정시스템은 주의 특별한 욕구에 대응하는 것만큼이나 많은 역사적인 우연의 결과로 발전해 왔다. 미 북부의 대규모 산업교도소는 교정개혁 초기에 세워졌으며, 수형자의 값싼 노동력을 이용하도록 설계되었는데, 이들은 1930년에 이후 정부의 교도작업의 규제로 인해 큰 타격을 입었다. 현재 시설 안팎의 직원들의 매우 헌신적인 노력에도 불구하고, 작업 생산에 초점을 맞춘 의미 있는 작업이나 기타 프로그램이 부족하기 때문에 시설 내의 수형자는 무익함과 지루함을 느끼게 된다.

농업교도소는 남부 주에서 시작되었다. 공공사업 및 주 농장에서 일하는 수형자들은 남북전쟁 이전에 남부뿐만 아니라 많은 주에서 이루어졌던 노예노동을 대체했는데, 이는 농산물을 생산하기 위해 값싼 노동력을 이용하기 위함이었다. 값싼 교도소 노동력은 가끔 농장주들에게 위탁되어 농장주와 세금을 걷는 주정부 모두에게 큰 이익을 주었다. 그러나 농업지역에 고도로 기계화된 농업 방식이 도래하면서 농업교도소의 수익성이 떨어졌다. 많은 주에서는 수형자 개개인의 욕구에 부합하는 노역장과 기타 재소자 활동을 만들었는데, 이런 것으로는 목공캠프, 로드(road)교도소* 또는 캠프 그리고 야외에서의 고된 작업과 석방 후를 준비하기 위한 치료 계획이 결합된 프로그램이 있다(서부 주에서 산불을 끄는 데 재소자를 이용하는 것과 같은 프로그램). 범죄자들에게 비교적 건강한 분위기의 작은 노역장에서 시간을 보내는 것이 대규모 교도소의 무작업과 지루한 무기력함에 시달리는 것보다 훨씬 유용한 것으로 보인다.

성인 수형자 인구의 특성, 경향 그리고 쟁점에 관하여 요약하시오.

수형자는 범죄유발요인에 의해 제기되는 많은 욕구를 가지고 있다. 수형자는 육체적, 정신적 질환이 있고, 의학적, 치의학적 치료가 필요하며, 일반 시민이었을 때 의료서비스 비용을 감당하기 위한 보험을 보유하지 못했다. 교도소에 입소하면, 그들은 개별처우가 필요하며, 이러한 개별처우가 제공되지 않으면 출소 후 재범을 하거나 공공의 안전을 위협할 수 있다.

남성 및 여성수형자들 모두 다양한 의료, 정신건강 그리고 신체질환과 마주하며, 일반 대중에 비해 더 아프고, 스트레스 받고, 정서적으로 어려움을 겪는다. 요약하면, 그들은 광범위한 의료 및 정신건강 서비스, 안정화, 가석방 실패 시 재구금에 의한 재안정을 요구한다. 이것은 값비싼 순환이다.

정치와 정부 정책이 교정에 주는 영향에 대하여 설명하시오.

정치와 정부정책은 교도소 시스템의 구성과 복잡성에 영향을 끼친다. 거리 및 조직범죄와 결합된 마약과의 전쟁은 공공의 불안과 공공안전의 대응책으로써 범죄자를 교도소에 격리하는 결정에 기여했다. 지난 30년 동안 교도소 인구는 3배로 늘었고, 양형 절차의 변화는 석방 절차를 더디게 했다.

더 많은 범죄자들이 적발되어, 형을 선고받고, 더 긴 시간 동안 복역했다. 충격보호관찰, 충격가석방, 가석방, 선시제도와 같은 석방 프로그램들은 줄어들고 그로 인해 범죄자들은 더욱 오랫동안 교도소에 남았다. 교정시설의 자금지원은 위험한 범죄자들을 통제하고 관리하기에는 부족했는데, 경미한 약물사범의 구금이 자원고갈을 심화시켰기 때문이다. 지난 10년간 주정부는 저위험군이지만 많은 관리를 필요로 하는 범죄자를 구금할 때 부가시설을 추가적으로 건설하는 것은 적절하지 않고, 장기간의 구금에 지나치게 의존하지 않아도 재범을 감소할 수 있음을 깨달았다. 입법부는 경범죄자들에 대한 재평가를 시작한 이후, 주로 중간처벌에 대한 의존 증가, 형량감소 그리고 각 카운티의 재범률 감소에 대한 책임 강조를 통해 과도한 구금을 계속해서 줄였다. 그 결과로 교도소 수는 감소했고, 이러한 감소는 향후 10년 내에 더욱 가속화될 것이다.

예산이 교정 정책에 주는 영향에 대하여 설명하시오.

주 및 연방관할 내 새롭고 다른 시설의 증가에도 불구하고, 교도소 과밀수용은 교도소시스템 전반에 퍼지기 시작했다. 1930년 연방법에 따라 산업교도소가 줄어들었고, 결과적으로 교도소 과밀수용의 충격은 더욱 커졌다. 이러한 상황은 교정치료 프로그램의 편성을 방해하고, 교도소 과밀수용(및 교도

* 역주: 러시아에서 기원한 교도소로서, 시베리아나 사할린 등의 동떨어진 곳의 교도소에 수용하기 전에 일시적으로 수형자를 수용하는 교도소를 말함.

소 폭동)을 크게 증가시켰다. 이 문제는 구금된 중범죄자의 수가 현저하게 증가함에 따라 더욱 악화되었다. "악마"들에 대한 미묘하지만 강경한 태도는 형량의 강화, 정기형 그리고 판사가 판결한 형량의 85%를 수형자가 복역하도록 요구하는 제대로 된 양형(truth－in－sentencing)에 기여했다. 양형을 보다 빈틈없게 만들고, 지역사회교정을 강화하며 그리고 증거기반 프로그램을 사용하여 구금형이 선고되는 범죄자 수를 감소시킨 것은 단지 최근 20년만에 이루어진 것이었다.

범죄자의 구금절차는 많은 비용이 든다. 대부분 주의 교정시스템은 만성적으로 예산부족에 시달려 왔다. 더 큰 문제는 대부분의 교도소에는 충원되어야 하는 업무 및 직위가 있어야 하는데, 이것은 중요한 구금을 담당하는 업무이다. 보안수준이 높은 교도소에서 무슨 일이 일어나든 혹은 어떤 새로운 아이디어가 만들어지든 예산부족의 현실에서 벗어날 순 없다. 때때로 예산은 관리직원 충원 또는 효과적인 프로그램을 위해서라기보다는, 구금 기능에 집중적으로 분배되어야 했다. 구금기능과 근시안적인 재진입을 강조하는 교도소시스템을 운영하는 것은 위험과 폭력배 그리고 구금시설의 노력을 더욱 힘들게 만든 재소자들로부터 시민들을 보호하지 못하며 매우 높은 재범률을 야기할 것이다.

4대 도시는 그들만의 교도소 시스템을 가지고 있지만, 대부분의 수형자는 주정부 교도소에 수용된다. 교도소 수형자는 다양한 교화개선 및 사회복귀 프로그램에 참여하지만, 최대경비 교도소(슈퍼맥스)에서는 이것이 제한되어 있다. 슈퍼맥스는 조직폭력배 및 연합폭력단의 대규모 유입과 보안위협집단이 가져온 위험성으로 인해 적절한 통제수단을 만들려는 욕구에 대한 대응책으로 개발되었다.

교도소의 과밀수용으로 인해 세 가지 주된 변화가 일어났다. 첫째, 회전문 정책은 더 이상 일반 대중을 지켜주지 못한다고 인식되었다. 둘째, 보안 위협집단("교도소 조직폭력단")이 증가하여 그 규모와 힘에서 자리를 잡았고, 이것은 시설의 정보보안시스템에 추가적인 어려움을 낳는다. 셋째, 법원은 교도소의 과밀수용이 헌법에 보장된 수형자의 권리를 침해한다는 것을 발견해 왔고, 수형자 치료프로그램 및 수형자 치료서비스를 증가시키도록 강요해 왔다. 이 세 가지 변화들은 미래 교정시스템과 밀접한 관계가 있기 때문에, 지역사회교정 프로그램을 극대화하고 재진입 서비스를 강화하는 것에 대한 중요성이 대두되었다. 다른 중요한 변화가 도래할 것이고 제한된 예산은 교정정책에 중요한 영향을 끼치고 있다.

주요용어

사형과 태형의 대안 ············ 380
농업교도소 ············ 383
노역장 ············ 383
초기분류 ············ 384
분류 절차 ············ 384
시설의 욕구 ············ 384
보안 위협 집단 ············ 396
최대경비 교도소 ············ 396

복습질문

1. 현재 주 수형인구의 특성을 기술하시오.
2. 주 수형자들은 교도소에서 얼마나 많은 시간을 보내는가?
3. 교도소 환경이 "잔혹하고 비정상적인" 처벌인지 여부를 어떻게 결정하겠는가?
4. 왜 구금에 대한 대안이 교정행정관리에게 중요한 사항이 되어가는가?
5. 과밀수용이 주 교정시스템의 재배치에 어떤 영향을 끼치는가?
6. 얼마나 많은 수형자들이 분류되었는가?
7. 교정에서 수형자-직원 비율이 올랐는가, 혹은 내렸는가? 그리고 그 이유는 무엇인가?
8. 주 교정시설에서 향후 10년간 있을 세 가지 경향은 무엇인가?
9. 슈퍼맥스 보안교도소는 왜 생겨났는가?
10. 어떻게 교도소 조직폭력단의 공격을 줄일 수 있을 것인가?

적용사례연구

1. 당신은 주 교정국의 책임자이고, 시 입법부는 부서의 예산을 5% 삭감했다. 이러한 예산 부족에 대처하기 위해 당신은 어떤 다섯 가지 일을 할 것인가?
2. 수형자들이 정신질환 수형자의 독방 사용에 관한 당신의 정책에 대해 소송을 제기해 승리했다. 연방 사법재판소는 당신에게 그러한 격리를 중단시킬 계획서의 초안을 작성할 6개월의 말미를 주었다. 주 교정행정관리로서 당신은 어떻게 할 것인가?
3. 당신 부서의 교도소행정관리에게 내려진 지시는 수형자의 초기분류에 적용할 새로운 분류체계를 만들라는 것이다. 관리는 수형자의 석방을 촉진시키는 것에 대한 예비평가 연구를 수립했고 가석방이 재범률을 감소시키는 것을 발견했다. 주 교정부서의 책임자로서, 시설 전체에 이 새로운 체계를 도입하기 위해 어떤 다섯 가지 일을 할 것인가?

미주

1. American Correctional Association, *2010 Directory* (Alexandria, VA: American Correctional Association, 2010).
2. Ibid.
3. Quoted in Harry Elmer Barnes and Negley J. Teeters, *New Horizons in Criminology*, 3rd ed. (Englewood Cliffs, NJ: Prentice Hall, 1959), pp. 461–462.
4. Heather West, *Prison Inmates at Midyear 2009* (Washington, DC: Bureau of Justice Statistics, 2009).
5. Steven Garvey, "Freeing Prisoners' Labor," *Stanford Law Review* 50:2 (1998): 339–398. Camp and Camp report that 64 percent of adults in prison were employed in a prison industry, on a prison farm, or in other prison work in 2000. Camille Camp and George Camp, *The Corrections Yearbook 2000: Adult Corrections* (Middletown, CT: Criminal Justice Institute, 2000), pp. 96–97.
6. Harry E. Allen and Julie C. Abril, "The New Chain Gang: Corrections in the Next Century," *American Journal of Criminal Justice* 22:1 (1997): 1–12. See also David Oshinsky, *Worse Than Slavery: Parchman Farms and the Ordeal of Jim Crow Justice* (New York: Free Press, 1996), and Rebukah Chu, Craig Rivera, and Colin Loftin, "Herding and Homicide," *Social Forces* 78:3 (2000): 971–978.
7. Karen Shapiro, *The New South Rebellion: Tennessee Coalfields, 1971–1986* (Chapel Hill: University of North Carolina Press, 1998); Mary Curtin, *Black Prisoners and Their World* (Charlottesville: University Press of Virginia, 2000).
8. James Vardalis and Fred Becker, "Legislative Opinions concerning the Private Operations of State Prisons," *Criminal Justice Policy Review* 11:2 (2000): 136–148.
9. Editors, "California Prisons End Housing Se-gregation," *Correctional News* 14:5 (2008):18.
10. Bureau of Justice Statistics, *Prisoners in 2003* (Washington, DC: Bureau of Justice Statistics, 1985).
11. Bureau of Justice Statistics, *Prisoners in 1983* (Washington, DC: Bureau of Justice Statistics, 1984).
12. West, *Prison Inmates at Midyear 2009*. See also Katti Gray (2013), "Growing Old (and Sick) in Prison," http://www/thecrimereport.org/news/inside-criminal-justice/2013-11-growing-old-and-sick-in-prison (accessed November 13, 2013).
13. West, *Prison Inmates at Midyear 2009*, p. 9. See also Karen Garrison, "Home for the Holidays," *Crack the Disparities Newsletter* 1:2 (2008).
14. Disproportionate minority confinement is a heated controversy in corrections, particularly in secure juvenile facilities. See Patricia Devine, K. Coolbaugh, and S. Jenkins, *Disproportionate Minority Confinement: Lessons Learned from Five States* (Washington, DC: Office of Justice Programs, 1998). See also Leadership Conference on Civil Rights, *Justice on Trial: Racial Disparities in the American Criminal Justice System* (Washington, DC: Leadership Council on Civil Rights, 2000), and Cheryl Corley (2013), "Wisconsin Prisons Incarcerate Most Black Men in the U.S.," http://www.nprorg/blogs/codeswitch/2013/10/03/228733846/wisconsin-prisons-incarcerate-most-black-

men-in-us (accessed October 3, 2013).

15. Bureau of Justice Statistics, *Trends in State Parole, 1990-2000* (Washington, DC: Bureau of Justice Statistics, 2001), p. 6; Bureau of Justice Statistics, "Criminal Sentencing Findings," http://www.ojp.usdoj.gov/bjs/sent.htm (accessed September 24, 2008).
16. Extrapolated from Camp and Camp, *The 2000 Corrections Yearbook*, p. 73. See the annual costs for individual prison facilities published in American Correctional Association, *2012 Directory* (Alexandria, VA: American Correctional Association, 2012). See also Bureau of Justice Statistics (2013), "The Justice Reinvestment Initiative," http://www.urban.org/UploadedPDF/412879-the-justice-reinvestment-initiative.pdf (accessed August 9, 2013), and Christian Hendrickson and Ruth Delaney, Vera Institute of Justice, *The Price of Prisons: What Incarceration Costs Taxpayers* (Washington, DC: Vera Institute of Justice, 2013).
17. Bureau of Justice Statistics, *Report to the Nation on Crime and Justice* (Washington, DC: U.S. Department of Justice, 1983), p. 80.
18. American Correctional Association, *2010 Directory*.
19. S. Gettinger, "Cruel and Unusual Prisons," *Corrections Magazine* 3 (December 1977): 3-16.
20. Ibid., p. 10.
21. 889 F. Supp. 1146 (1995). See also Nadine Curran, "Blue Hair in the Bighouse," *New England Journal on Criminal and Civil Confinement* 26:2 (2000): 225-264, and John Rudolph (2012), "Georgia Prison 'Out of Control,' Rights Group Says, as FBI Brutality Probe Deepens," http:www.huffingtonpost.com/2012/08/21/Georgia-prisons-guard-brutality-killings_n_1820145.html?view=print&comm_ref=false.
22. Victor Hassine, *Life without Parole: Living in Prison Today* (Los Angeles: Roxbury, 2002).
23. To learn more about supermax prisons, see also David Ward, "A Corrections Dilemma: How to Evaluate Super-Max Regimes," *Corrections Today* 57:5 (1997): 108; Rodney Henningsen, W. Johnson, and T. Wells, "Supermax Prisons: Panacea or Desperation?," *Corrections Management Quarterly* 3:2 (1999): 53-59; Jeffrey Ross, "Supermax Prisons," *Society* 44:3 (2007): 60-64; and Paige St. John (2013), "Brown Seeks 3-Year Delay on Easing Prison Crowding," http://articles.latimes.com/2013/sep/16/local/la-me-ff-prisons-20130917.
24. American Correctional Association, *2010 Directory*.

CHAPTER 12

연방 교도소 제도

학습목표

- 연방 교도소 제도의 발전을 기술하라.
- 연방 교도소 시설의 발전을 설명하라.
- 연방 교도소 제도가 사용하는 계약시설에 대해 기술하라.
- 연방 교도소 보안 시스템을 확인하고 비교하라.
- 유니코어(UNICOR)의 운영에 대해 설명하라.
- 연방 재소자와 직원의 교육 및 훈련을 비교하라.
- 여성 연방 재소자들의 특징을 요약하라.
- 연방 교도소 제도의 조직을 요약하라.

개요

주 시설의 이용

초기 연방 교소도 시설

교정국의 탄생
• 연방교정국의 초기 성장
• 최근 발달사

조직과 행정

수형인구 폭증

지역사회기반 프로그램 및 계약 시설

재소자 분류체계 모델

유니코어(UNICOR): 연방교도소산업

교육 및 훈련: 재소자와 직원

연방 여성범죄자

연방제도 내의 지역사회교정

연방시설들의 인구 변화
• 군인 범죄자

"이로써 미국에 반하는 모든 범죄혐의로 기소된 사람을 구금, 관리, 보호, 교육, 훈련시킬 책임이 있는 법무부 교정국이 설립되었다"
– 허버트 후버 대통령이 승인한 공법 218호

개관

이 선언을 통해, 연방 정부는 대규모 교정 사업에 들어섰다. 연방법을 위반한 범죄자들을 구금하는 역사는 오래되었고 흥미롭다. 그 뒤의 연방 정부의 힘(과 자금)으로, 연방 교정국은 교정관리 및 운영의 혁신가이자 리더가 되었다. 교정국은 주와 지역의 교정시설과는 완전히 분리된 제도였으며 주로 연방법을 위반한 성인 및 소년들을 관리하기 위해 설계되고 만들어졌다. 1997년의 연방법에 기반하여, 교정국은 워싱턴DC의 중범죄자도 구금한다. 18장에서 논의되는 소년제도와 같이 연방제도는 서서히 독립시설으로 발전했기 때문에 이 제도가 어떻게 시작되었고, 현대에 어떻게 운영이 되고 있으며, 어디로 갈 것인지를 이해하는 데 필요하고 유용한 배경과 역사를 살펴본다.[1]

주 시설의 이용

1700년대 후반 및 1800년대를 아울러, 연방 수형자들은 주 및 지역 시설들로 옮겨져 복역했다. 의회의 활동 중 하나는 주가 연방법 위반자를 구금하기 위해 규정한 법안(미국 사법재판소 설립을 위한 결의안)을 통과시키는 것이었다. 대부분의 주는 이러한 법안들을 승인했고, 1년 이상의 형을 선고받은 연방 범죄자들은 주 시설에서 복역했다. 1년 미만의 형을 선고받거나 재판을 위해 구속된 범죄자들은 지역 구치소에 구금되었으며, 오늘날에도 제한된 규모로 진행되고 있다.

주요용어

법무부
연방 교정국이 위치한 연방 정부 내 부서

1870년, 의회는 **법무부**를 설립했다. 법무부에 총괄 관리인(general agent)이 임명되었고 주 및 지역 시설 내의 모든 연방 수형자들을 담당했다. 이후, 이 총괄 관리인은 모든 연방 수형자의 관리 및 구금을 담당하는 법무차관급의 교도소장이 되었다.

주정부 교도소는 남북전쟁 이후 심각하게 과밀수용상태가 되었다. 주와 연방의 수용인원이 증가함에 따라, 많은 주들은 자체 관리가 안 되는 상황에서 연방 수형자를 받아들이기를 꺼려했다. 결과적으로, 일부 주는 그 주의 연방 수형자들만을 수용했다. 알맞고 적절한 시설을 이용할 수 없는 주에서는 적절한 시설에 연방재소자를 이송하는 데 오랜 시간과 많은 비용이 소요되었다. 1885년 당시 주정부 교도소의 연방 수형자는 1,027명이었고 카운티 구치소에는 대략 10,000명이 구금되었다. 1895년까지 그 수는 계속 늘어 주정부 교도소의 연방 수형자는 2,516명이었고 카운티 구치소에는 대략 15,000명이 구금되어 있었다.

1891년 3월 3일, 예산이 승인되지 않았음에도 불구하고 세 곳의 교도소 설립을 허가하는 법안(미국 교도소 설립 및 수형자 구금 및 기타 목적을 위한 법률)을 통과시켰다. 연방 교도소 시설의 설립은 연방시설 재소자의 수 급증, 연방교도소 구금을 기피하는 주정부의 증가, 계약노동으로부터 연방 재소자의 배제를 이유로 필수적인 것으로 여겨졌다.

초기 연방 교도소 시설

1895년까지 주정부 교도소에 구금되지 않은 모든 군수형자들은 캔자스(Kansas) 동부의 포트리븐워스(Fort Leavenworth)에 구금되었다. 그러나 국무부(War Department)는 군수형자를 다른 여러 군사시설에 수용하기로 결정하였고, 이에 따라 법무부는 포트리븐워스 군사교도소의 미사용시설을 인수하였다. 초기에는, 주정부 시설에서 이송되거나 새로 들어온 연방 수형자들이 연방 시설에 구금되었다. 그런데 법무부는 이전 육군의 수용장소로는 부족하다는 것을 깨달았다. 그에 따라, 1896년 7월 10일 의회는 이전에 허가했던 참회소 중 하나의 건설을 위한 자금을 승인했다. 이 참회소는 1,200명의 재소자를 수용할 수 있었고 기존의 교도소에서 3마일 떨어진 포트리븐워스 군용지에 지어졌다. 참회소는 수형자의 노역으로 지어졌기 때문에 완공까지 많은 시간이 소요되었다. 리븐워스(Leavenworth) 참회소는 1906년에 개관했지만 1928년까진 완공되지 않았다.

두 번째 참회소는 워싱턴 주 맥넬 섬(McNell Island, Washington)에 1872년부터 1875년 사이에 지어졌다.[2] 연방정부는 1909년에 이를 **미국 참회소**(U.S. penitentiary)로 지정하였다. 조지아(Georgia)주의 애틀란타(Atlanta)에 지어진 세 번째 참회소는 1899년 공사에 착공하여 1902년에 개관했다. 다층의 방 구획과 요새 같은 외관을 특징으로 하는 오번(Auburn)식 건축양식이 세 참회소 모두에 적용되었다.

1900년부터 1935년 사이 연방 시설을 포함한 미국 교도소들은 주로 구금중심적, 징벌적이며 산업적이었다. 이 시기의 연방 교도소의 과밀수용은 구금 관리 이외의 자원을 거의 남기지 않았다. 그럼에도 불구하고 1900년대 초의 주목할 만한 발전은 다음 법안의 통과를 포함하여 연방 시설의 운영에 영향을 끼쳤다.

- 1910년 백인 노예법(주 경계를 넘어선 매춘거래)
- 1914년 해리슨 마약법(규제물질에 대한 기록 필수 및 세금 납부)
- 1918년 풀스테이트법(알코올의 판매와 소비 금지)
- 1919년 염색법(도난 차량의 주 경계를 넘어선 운송)

주요용어

미국 참회소
범죄자들이 사회와 각자로부터 격리되어 자신들이 지은 범죄에 대해 반성하고, 회개하고, 교화개선할 수 있도록 구금하는 교정시설

많은 사람들을 이러한 법률위반으로 연방형사사법시스템에서 처벌받게 되었다. 이 법령에 따라 구금된 수많은 범죄자들은 물리적 수용능력 이상으로 연방 수용인원을 증가시켰다. 연방 교도소 인구의 증가 때문에, 1925년 의회는 오하이오주(Ohio)의 치러코시(Chillicothe)에 건설된 "17세부터 30세 사이의 남성"을 위한 소년원을 승인했다.[3]

1920년대 들어 주 시설에 수용된 여성 수형자의 증가는 여성을 위한 특별한 연방시설의 건설을 정당화하였다. 1927년 웨스트버지니아주(West Virginia)의 **앨더슨(Alderson)**에 500개의 침상을 갖춘 새로운 여성시설이 개관됐다. 1929년 뉴욕시(New York)에서 과밀수용이 심각한 수준에 이르자, 주 및 지역 당국은 모든 연방 수형자들을 톰스(Tombs) 및 레이몬드가(Raymond Street) 구치소에서 이동시킬 것을 명령했다. 이러한 사태에 대응하기 위해 연방구치소는 신축 3층 차고 건물에 세워졌고, 연방구금본부라고 불렸다(West Street 구치소로 알려짐).

주요용어

앨더슨
여성 범죄자를 위한 첫 연방교도소

교정국(Bureau of Prisons)의 탄생

1929년 의회는 연방 형사 및 감화시설(reformatory institutions)에 대한 특별 하원위원회를 창설했다. 오랜 심의를 거친 끝에 다음과 같은 권고안을 제시했다.

- 국 단위 중앙집권식 연방 교도소 관리체계 설립
- 연방판사에 의해 임명되고 공무원 규정에서 예외가 인정되는 연방보호관찰관 예산지출 증가
- 전임제로 운영되는 가석방위원회의 설립
- 수형자를 위한 워싱턴 DC의 시설 마련
- 일반교도소에 구금된 모든 군 수형자를 포트리븐워스 군시설로 이송
- 오하이오주의 치러코시에 있는 산업소년원 내 수형자의 최소 연령 제한 폐지
- 이전에 승인된 두 개의 마약 치료 요양소의 신속한 설립

- 연방 범죄자를 위한 로드캠프(road camp)를 승인하는 수용 결의안 11285항 통과
- 연방 범죄자를 위한 추가적인 고용기회 제공
- 적절한 수의 비연방 구치소 조사관 고용 및 해당 시설에 대한 지급액을 시설의 환경 및 프로그램과 연계하여 지급
- 두 곳의 추가적인 참회소, 정신질환 범죄자의 관리를 위한 병원, 국가 내 더 혼잡한 부분의 연방 구치소 및 노역장 시설 설립

1930년 5월 14일 허버트 후버(Herbert Hoover) 대통령에 의해 법안 초안이 작성 · 통과되고, 집행되면서 입법부 산하 **연방교정국**이 창설되었다. 경력이 많은 교도소장이었던 **샌포드 베이츠**(Sanford Bates)는 후버(Hoover) 대통령에 의해 교정국의 초대국장으로 임명되었다(2장 참조). 베이츠를 선택한 것은 연방정부의 형벌 관리에 대한 기조가 정치적 후원에서 전문적인 자격으로 바뀌었음을 의미했다.

주요용어

연방교정국
법무부 산하 연방 교정제도

인물

샌포드 베이츠
연방교정국의 초대국장

연방교정국의 초기 성장

연방교도소의 증가하는 수요는 어린 남성들을 위한 소년원, 여성 소년원, 구치소를 포함한 세 개의 참회소와 여덟 개의 캠프들로는 충족되기 어려웠다. 1년 이하의 형을 선고받은 연방 수형자는 합법적으로 교도소에 구금될 수 없었고 대다수는 개방시설(open camps)에 적합하지 않았다. 법무부는 새로운 건물을 신축하거나 기존의 건물들을 리모델링하여 지역 교도소로 사용하기로 결정했다.

1930년대 초 낡은 뉴올리언스(New Orleans) 조폐국이 구치소로 활용되었다. 텍사스주(Texas)의 라 투나(La Tuna)에 새로운 지역 교도소가 설립됐고, 주로 이민법 위반자들이 수용되었다. 유사한 시설들이 밀라노(Milan), 미시간(Michigan, Detroit 근처)에 설립되었다. 또 다른 참회소가 펜실베니아(Pennsylvania)의 루이스버그(Lewisburg)에 추가되었고, 남자 소년원이 오클라호마(Oklahoma)의 엘 리노(El Reno)에 있는 미시시피(Mississippi)강 옆에 지어졌다. 정신질환이 있는 수형자들(및 만성질환자들)을 위한 병원이 미주리(Missouri)의 스프링필드

(Springfield)에 설립되었다. 1930년대 범죄의 파동과 범죄 통제에 있어서 연방 정부의 늘어나는 역할과 함께 1934년 캘리포니아(California)의 알카트라즈(Alcatraz)섬 내부의 오래된 군사 교도소를 법무부의 관할 하에 두었다.

최근 발달사

범죄자에 대한 대중의 태도와 적절한 사회적 대응은 1980년대의 많은 요소들에 영향을 받았다. 그 중 가장 중요한 것은 범죄율과 교도소 관리의 문제 증가였다. 애티카(Attica)와 다른 시설들에서의 재소자의 폭동은 일반 대중에게 교도소의 목적을 재검토 할 기회를 주었다.[4]

1970년대 초반 법원은 교도소 문제에 더 자주 개입하기 시작했다. 그때 책임자이던 노먼 칼슨(Norman A. Carson)은 법원 시스템이 향하는 방향성을 인식하였다. 그는 교정국에서 재소자 관리를 위해 (1) 징벌과정의 적법절차 확립, (2) 행정적 구제 절차(재소자가 법원에 문제제기 전 우려를 표명하고 교도소 책임자로부터 구제를 받도록 허용), (3) 사회적 약자의 고용 증가를 위한 개선된 평등한 고용기회프로그램 등을 포함한 중대한 변화를 목격하였다.

칼슨 국장(1970년~1987년 재임)은 연방 교정국이 주 및 지역의 교정제도와 협력하고 도와야 한다고 믿었다. 1972년 주 및 지역의 교정 및 구금시설에 도움과 훈련을 제공하기 위한 총체로써 국립교정연구소가 교정국 산하에 설립되었다. 1974년 교정국은 다섯 권역으로 구분하여 각각의 권역은 지역관리자에 의해 관리되었다. 또한 그 해에 칼슨은 해당 시설 부국장(assistant director) 및 지역관리자의 간부진을 구성하였다. 1970년대 중반 교정국 소속 시설들은 가장 전문적인 교정관련 전문기관인 전미교정협회의 인증을 받기 시작했다.

직원 교육의 중요성에 대한 Carlson의 주장은 몇 개의 소규모 직원교육시설의 설립으로 이어졌고, 이후 1982년에는 조지아주 그린코(Glynco)의 연방경찰교육센터(Federal Law Enforcement Training Center)로 교육을 통합했다. 교정국의 연방경찰교육센터 내 직원 훈련 아카데미의 주된 업무는 모든 신입직원을 위한 기초 교정 기술 과정에 대한 3주 동안의 교육이다.

1970년대와 1980년대의 중요한 발전은 재소자 프로그램의 계획과 관리에 대한 책임을 팀관리(unit management) 개념 하에 처우팀에 부여한 것이었다. 처우팀의 직원 구성은 시설마다 다양했지만 주로 사회복지사와 교정 상담가를 포함하였다. 이러한 팀관리는 재소자들에게 그들의 일상생활에 관한 대부분의 결정권한을 가지고 있는 교정직원과 직접 접촉하도록 하였다. 직원들 대부분의 사무실은 재소자의 생활단위 근처에 위치한다. 이로 인해 직원에 대한 재소자의 접근이 향상되고 직원은 재소자에게 접근이 용이하게 됨으로써 직원들이 재소자의 주된 관심과 잠재적인 문제를 파악하게 해주었다. 팀관리 직원은 재소자의 프로그램 참여에 직접적인 책임을 진다. 팀관리 직원은 재소자의 치료과정에 참여한 다른 직원들(작업감독관, 교사, 심리학자)의 의견을 듣고, 재소자와 정기적인 미팅을 통해 작업 및 프로그램 배정과 다른 욕구나 관심분야를 개발, 파악, 논의한다. 이러한 정기적인 미팅은 재소자들이 특별한 문제를 상담하기 위해 언제든지 팀관리 직원이나 다른 직원과 면담할 수 있도록 한다. 교정국은 직원이 재소자 관리에 가장 중요한 부분이라고 여긴다. 직원과 재소자 사이의 건설적인 상호작용과 잦은 소통은 책임, 보안 그리고 긍정적인 재소자의 행동을 확보하는 데 도움이 된다. 교정국은 직원이 재소자와 소통하고 가까워지고 관심을 수용하도록 독려한다.

1970년대 중반 교정국의 교화개선 프로그램 및 프로그램의 고도화는 학자, 연구자 및 교정실무자들에 의해 기존의 전통적인 교화개선 프로그램의 효과성을 지지해 주는 연구가 거의 없다는 지적을 받았다.[5] 교정국은 범죄를 “질병”으로 보고 범죄자들을 “치료 가능”하다고 본 의료모델(medical model)을 기반으로 하였다. 1976년 교정국은 공식적으로 의료모델의 비중을 경감시키고 사회복귀, 응보, 무력화, 억제가 교정의 적절한 목표임을 인식하여 보다 균형 잡힌 접근을 도입했다. 균형 잡힌 모델에서 교정국은 계속해서 다양한 작업 및 문맹퇴치 프로그램과 교육, 직업훈련, 상담 및 자기개발 프로그램을 제공하였다.

1970년대 교정국은 1930년대 이래 새로운 시설을 그 어느 때보다도 많이 보유하고 있었다. 1970년대 초기 5년간의 수형인구가 꾸준히 증가하면서 과밀수용을 줄이기 위해 추가적으로 현대화된 시설들을 확보하도록 명령했고, 인도적이고 안전한 생활환경을 조성하며, 워싱턴의 맥닐섬(McNeil Island), 조지아의 아틀란타 그리고 캔자스의 리븐워스에 있는 초기에 설립된 오래된 세 참회소를 가능한 폐쇄하도록 했다.[6] 이후 교정국은 과밀수용 문제를 해결하는 일환으로 민간 교정단체와 계약했다.

역사상 1970년대에 교정국은 다른 시기만큼 많은 변화들을 경험했지만, 근본적인 활동은 변하지 못하고 유지되었다. 이러한 명백한 모순은 의회와 공공 교정전문가 및 기타 직원들이 상반된 생각을 가진다는 것이었는데, 다시 말하면, 교도소가 공공의 안전을 지키고 보호하기를 바라면서도, 한편으로 개인을 교화하고 변화시키길 바란다는 것이다.

조직과 행정

주요용어

지역사무소
교정국의 두 번째 관리 단계

연방교정국은 워싱턴DC 및 6개의 **지역사무소**를 관장하는 행정을 제공한다. 중앙국은 국장실과 국가정책설립, 프로그램 개발관리, 해당 분야의 훈련 및 기술지원, 다양한 분야 부서 간 협업을 관장하는 8개의 부서로 구성된다.

교정국은 연방 교도소의 일상 업무를 감독하는 책임을 6개 권역으로 구분하였다. 부국장은 국장에게 보고하는 법률자문위원과 감독부서를 지휘한다. 각 6개 권역은 지역 국장에 의해 지휘되고, 애틀란타, 달라스, 필라델피아(Philadelphia), 캔자스, 더블린(Dublin, 샌프란시스코 근처) 그리고 아나폴리스(Annapolis Junction, 메릴랜드주 안)에 위치한다.

지역사무소와 중앙국은 연방교도소와 지역사회교정시설의 행정을 감독하고 지원한다. 시설 관리자들은 교도소를 관리하고 지역 국장에게 보고할 의무가 있다. 지역사회 교정사무소는 중간처우소(halfway houses)나 가택구금과 같은 지역사회 교정프로그램을 감독한다.

수형인구 폭증

교정국의 수형인구수는 2014년 2월 기준 216,073명 이상을 기록했다(재소자 중 약 80% 가량은 교정국이 운영하는 115개의 교정시설 및 구치소에 구금되어 있다)([그림 12.1] 참조). 이는 최대 수용인원의 137%에 해당하며[7] 나머지는 주 및 지역 정부, 민간에서 운영되는 지역 교정센터, 구치소, 교도소, 소년 시설과의 계약을 통해 구금되었다. 교도소 수형인구의 증가는 강력범죄, 법원이 가석방 범죄자의 재범에 대한 장기 징역형 선고 및 형사사법기관의 조직범죄, 마약밀매, 불법체류에 대한 강력한 대응에 기인한다([표 12.1] 참조). 2014년 기준 약물법 위반으로 복역하고 있는 범죄자들의 비율은 50% 이상을 차지한다([그림 12.2] 참조). 교정국은 2000년부터 최소 22개의 새로운 교정시설을 설립하였고 4개의 새로운 중간급 경비시설이 건설 중이고, 2곳은 설계단계인 것으로 보고되었다. 교정국 재소자의 절반 이상이 최소-중간급 경비시설에 구금되어 있다([그림 12.3] 참조).

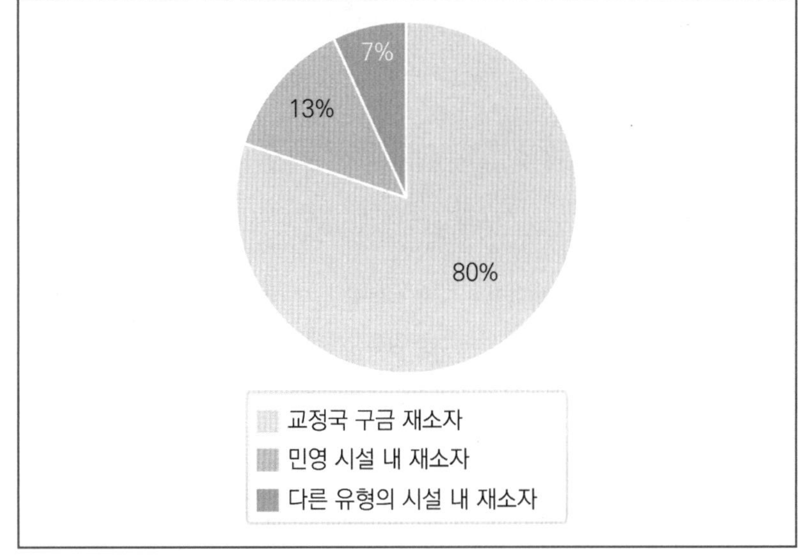

그림 12.1

수형인구 보고서

출처: Federal Bureau of Prisons (2014), "Inmate Populations", www.bop.gov/about/statistics/population_ statistics.jsp (accessed September 12, 2014).

표 12.1 **성인 남성 재소자의 구금 원인**

구금 원인	주교정시설	연방교정국
새로운 범죄	282,353	50,940
가석방 위반자	131,468	4,508
도주 복귀자	1,473	0
이송	1,406	1,011
기타	19,120	1
총합	438,258	56,460

출처: American Correctional Association, *2012 Directory of Adult and Juvenile Correctional Departments, Institutions, Agencies, and Probation and Parole Authorities* (Alexandria, VA: American Correctional Association, 2012), pp. 42-43.

그림 12.2

교정국의 재소자에 의한 범죄유형, 2013.

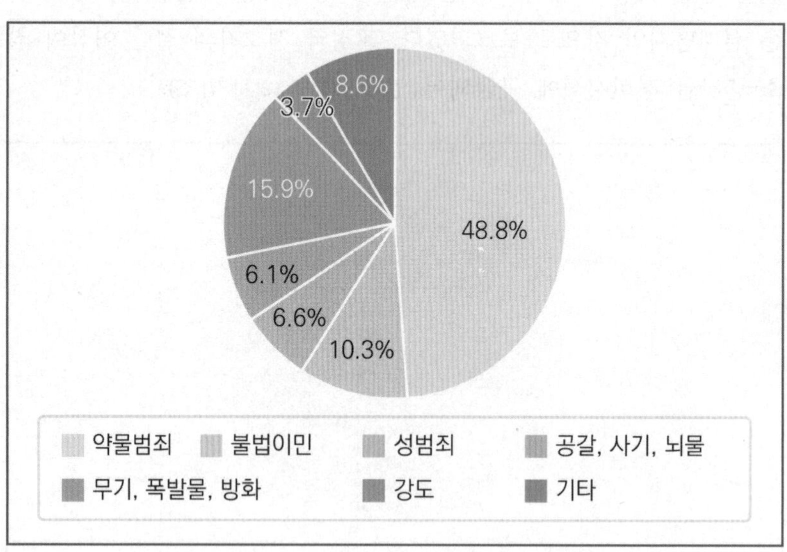

출처: Federal Bureau of Prisons (2014), Offenses. http://www.bop.gov/about/statistics/statistics_inmate_offenses.jsp (accessed September 12, 2014).

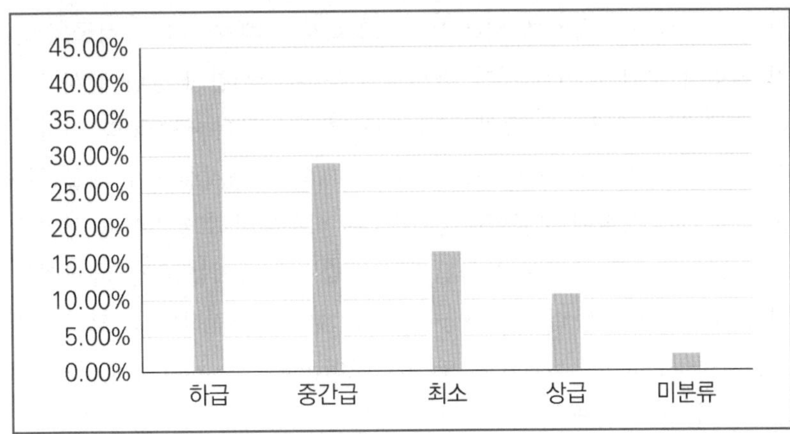

그림 12.3

교도소 보안 등급에 따른 연방교도소의 분포*

출처: Federal Bureau of Prisons (2014), "Prison Security Levels". http://www.bop.gov/about/statistics/ statistics_inmate_sec_levels.jsp (accessed September 12, 2014).

지역사회기반 프로그램 및 계약시설

교도소라는 공간은 사회의 이익을 보호해야 하는 상황에서 사용하기에는 부족하고 값비싼 자원이다. 연방시스템은 교도소의 지속적인 과밀수용 때문에 비폭력 범죄자의 구금에 대해서는 대안적 프로그램 활용이 필수적이다. 거의 15%에 달하는 수형자들은 교정국과 계약한 시설에 구금되었다. 약 75%의 석방 자격이 있는 범죄자는 지역사회처우센터를 통해 정기적으로 사회로 출소한다. 이 센터는 주로 가정, 직업 및 사회로 복귀하기 직전의 범죄자들의 사회복귀를 돕기 위해 활용되며 대부분의 시간은 직업을 찾고, 살 곳을 마련하고, 가족들과 재결합하기 위한 시간으로 사용된다. 6개월 미만의 형을 선고받은 일부 성인 재소자는 중간처우소나 지역 구치소에 구금된다.

소년사법 및 비행 예방법에 따라 판결된 모든 사람은 주 또는 지역시설과 소년의 집(boys' ranches), 집단가정(group home), 대리가정(foster home) 같은 시설들과의 계약을 맺는다. 6개월 미만의 형을 선고받은 대부분의 성인 재소자들은 지역 구치소에 구금된다.

연방 수형인구의 급격한 증가로, 교정국은 기관이 건설하고 운

* 역주: 그림 제목을 삽입함.

영하는 시설을 보충하기 위해 민간교정회사와 계약했다. 교정국의 안전한 침상 공간을 위한 민간 자본의 이용은 1980년대 중반에 시작되어 최근까지 현저하게 증가했다. 2009년 교정국은 43,000명 이상의 수형자들을 민간교정기업 또는 주 및 지역 교정시설들이 제공하는 교정 및 구금시설에 구금했다. 교정국은 비용대비 효율적이고 시설운영과 프로그램을 보완하며 극단적인 과밀수용 방지를 위한 유연성을 제공할 때에는 연방범죄자 구금을 위해 계약을 추진하였다. 교정국은 최소보안(minimum－security) 및 하급보안(low－security) 수준의 재소자를 구금하기 위해 민간부문과의 계약을 성공적으로 진행하였다.

재소자 분류체계 모델

교정국의 최신 공식 재소자 분류시스템은 사실상 1979년 4월부터 시행되었다. 재소자의 보안 등급 결정을 위해 범죄의 심각성, 도주 및 폭력 전과, 구금 기간, 이전 구금의 유형과 같은 변수들이 활용되었다. 연방제도는 보안등급구성을 아래와 같이 최소, 하급, 중급, 상급, 행정의 5개 등급으로 구성했다.

1. **최소 경비급** 시설은 연방 교도소 캠프라고도 불리며 기숙사형 수용시설로 상대적으로 낮은 재소자 대비 직원 비율을 유지하며 외곽 담장이 낮거나 없다. 작업 및 프로그램 중심으로 많은 시설들이 대규모 시설이나 군사기지에 인접해 있어 재소자가 시설이나 군사기지의 노동수요를 충족시키는 데 도움을 준다.
2. **하급 경비급** 연방교정시설은 이중 담장경계와 대부분 기숙사형 수용시설을 가지고 있으며 힘든 작업 및 프로그램 구성요소를 갖추고 있다. 재소자 대 직원 비율은 최소 경비급 시설보다 높다.
3. **중간 경비급** 연방교정시설은 강화된 담장과(종종 이중 펜스 및 전자감시체계 보유) 대부분 방 형태의 수용실을 구비하고 있으

주요용어

최소 경비급
다른 수형자 및 프로그램을 자유롭게 교류할 수 있는 최소 보안 단계의 구금

주요용어

하급 경비급
수형자는 제한적인 이동과 구금에 상응하는 프로그램 참여가 허용됨

주요용어

중간 경비급
구금기간 동안 범죄자의 이동과 특권을 제한하는 교정 분류

며 다양한 작업 및 치료 프로그램을 실시하고 하급 경비급보다 높은 재소자 대 직원비율을 유지하며 매우 강한 내부통제를 제공한다.

4. **상급 경비급** 시설은 미국 참회소라고도 불리며 높은 보안의 담과(벽 또는 이중펜스) 다중 또는 1인실 구금실, 직원의 밀착감독 그리고 수형자 이동에 대한 밀착통제를 실시한다.
5. **관리 경비급** 시설은 특수한 목적을 갖는 시설으로, 미결구금, 심각한 질병 또는 만성 질병이 있는 수형자의 치료 또는 극도로 위험하고, 폭력적이거나 도주경향이 높은 재소자를 구금하는 목적을 가진다. 관리 경비급 시설은 모든 단계의 수형자들을 수용할 수 있다.[8]

교정국은 구금 기간이 정해졌을 때 연방법원의 판결을 수행할 책임이 있다. 형을 선고받은 건강상태가 양호한 모든 범죄자들은 매일 정기적인 작업 할당량을 반드시 끝내야 한다. 그 외에도 모든 범죄자들은 교육, 직업훈련, 작업, 종교 및 상담 프로그램에 참여할 기회를 부여 받는다. 최소부터 상급경비급의 주요 시설에서 2014년 기준 36,000명 이상이 고용되어 작업을 실시하였다. 그들 중 72%는 남성이고 28%는 여성이었다. 성장 전망에 부응하여, 교정국은 연방 교도소의 인구의 지속적인 증가에 대비하기 위해 2014년 2월 기준 온라인상 120개 이상의 시설을 운영하는 것으로 조사되었다. 교정국의 관리하에 있는 재소자들에게 선고된 형을 살펴보면 [표 12.2]와 같다.

범죄자를 가능한 덜 제한적이고 가정에서 가까운 시설에 배치하는 분류제도는 효과적이었다. 교도소 캠프같이 개방된 시설로 재소자들을 가능한 많이 이송시킨 것은 높은 보안등급 시설의 과밀수용 문제를 감소시켜 시설을 더욱 인도적으로 만들었다. [그림 12.4]에서 2014년 연방 교정국 재소자의 국적을 볼 수 있다.

주요용어

상급 경비급
교정시설 내에서 재소자의 이동과 처우 프로그램 참여 제한이 주요 내용으로 설계된 분류로 "슈퍼맥스", 보안구금시설 또는 "밀착감독"이라고 불리기도 함

주요용어

관리 경비급
모든 구금 단계의 수형자를 포함한 특수 목적 시설

표 12.2 **선고된 형**

형기	재소자 수	재소자(%)
1년 미만	4,494	2.3
1-3년	23,157	11.7
3-5년	27,787	14.0
5-10년	57,134	28.7
10-15년	40,754	20.5
15-20년	18,986	9.6
20년 이상	20,249	10.2
종신형	6,115	3.1
사형	57	0.0

출처: Federal Bureau of Prisons (2014), "Sentences Imposed", 2014, at http:// www.bop.gov/about/statistics/statistics_inmate_sentences.js. (accessed September 12, 2014).

그림 12.4

국적별 재소자

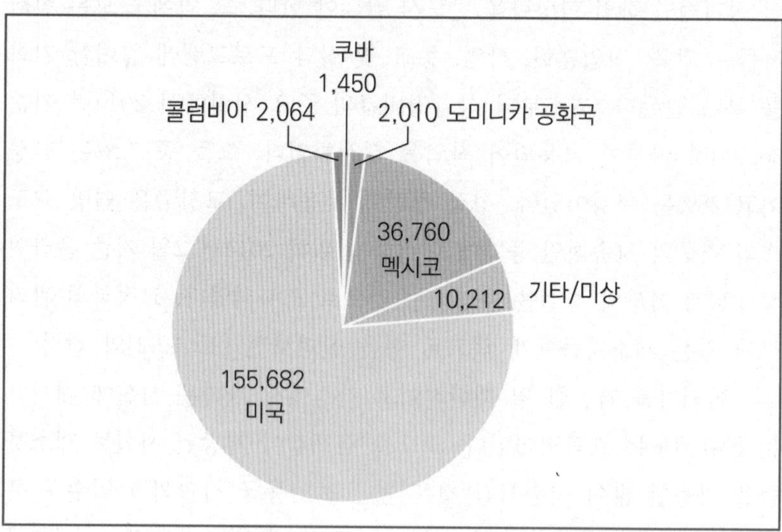

출처: Federal Bureau of Prisons (2014), "Inmate Citizen- ship", www.bop.gov/about/statistics/statistics_inmate_citizenship.js. (accessed September 12, 2014).

교정 실제 12.1

유니코어: 연방 교도소 산업

FPI(연방 교도소 산업)는 최초의 교정 프로그램이다. 연방 교도소 산업의 목적은 이윤이 아니라 석방을 준비하는 범죄자가 교도소에서 법을 준수하고 건강한 사회구성원으로 살아가는 데 필수적인 기술을 성공적으로 습득하도록 돕는 것이다. 상품 생산과 서비스는 이러한 노력들의 부산물에 불과하다.

교도소 산업과 직업훈련 프로그램에 참여하는 것은 석방 후 향후 12년 동안 고용과 재범에 긍정적인 영향을 미친다는 것이 정밀한 연구를 통해 증명되었다. 교도소 산업에 종사했거나 직업 실습프로그램을 수료한 재소자는 프로그램에 참여하지 않은 재소자에 비해 재범률이 24% 낮았고 유급 일자리를 구할 가능성은 14% 더 높았다. 이러한 프로그램은 재범 위험이 높은 경범죄자들에게도 매우 긍정적인 효과를 보였다.

출처: UNICOR, http://www.unicor.gov/about/about_fpi_programs/ (accessed January 13, 2014). UNICOR is a federally owned subsidiary of the Federal Bureau of Prisons, and these two paragraphs were taken from the online source referenced above.

유니코어(UNICOR): 연방교도소산업

유니코어(UNICOR)는 연방교도소산업의 공식명칭으로 다른 연방 시설들에 상품과 서비스를 판매하는 정부가 완전히 소유하는 법인이다. 유니코어의 목적은 다양한 작업 프로그램에 수형자를 유급 고용하여 교정국을 지원하는 것이다. [교정 실제 12.1]은 연방교도소 산업의 개요를 제공한다.

연방교도소 제도 내의 수형자들 중 약 16%는 유니코어가 고용한다. 대부분의 연방시설에 위치한 산업시설은 건설적으로 수형자를 고용하고 그들이 석방 후 고용기회를 준비하는 데 도움을 준다. 직업훈련은 유니코어(또는 제도적인 교육프로그램을 통해)에서 제공하며 실무교육, 직업교육 및 실습 프로그램도 포함된다. 연방시설들은 다양한 분야에 관한 수백 개의 공식 교육 프로그램을 제공한다. 최소 90% 이상의 연방시설에서 직업훈련, 실습 프로그램, 직업교육 프로그램을 실시하고 있다. 1983년부터 시작된 공장 근대화 및 산업 확장을 적극적으로 계획하고 있는데, 이것은 예상되는 인구증가를 위한 의미 있는 활동을 제공하기 위한 것이다. 앞으로도 계속해서 이러한 노력이

주요용어

유니코어
다양한 작업 프로그램을 통해 재소자를 유급 고용함으로써 연방교정국의 재정을 지원하는 완전소유 연방 자회사

지속됨에 따라 현대적인 생산능력은 미래에까지 확보될 것이다.

교육 및 훈련: 재소자와 직원

교정국은 수형자들에게 출소 후 취업을 위한 학업 및 직업훈련 프로그램을 제공한다. 등록은 자발적이지만 프로그램 유형은 성인기초교육(성인기초교육(ABE))부터 대학 코스까지 매우 다양하다. 직업훈련 프로그램들은 공인직업훈련, 실습 프로그램 그리고 기초(preindustrial) 훈련을 포함한다.

1983년 재소자들을 대상으로 필수 문맹퇴치프로그램을 실시하였다. 기본적으로 모든 연방 재소자에게 최소한 6학년 수준의 문해능력(읽고 쓸 수 있는 능력)을 요구하였다. 이를 충족하지 못할 경우 성인 기초교육프로그램에 최소 90일 이상 등록해야 한다. 1986년에는 국가적으로 인정하는 최소 문해력 수준인 8학년 수준으로 상향 조정되었다. 이후 1991년 교정국은 범죄통제법(Crime Control Act of 1990: 공법 101-647)에 의해 정상적인 학습능력을 갖춘 재소자를 위한 필수 문맹퇴치프로그램을 마련하라는 지시를 받았다. 교정국은 자발적으로 그 기준을 12학년 수준까지로 올리고 최소 240시간 혹은 고졸학력인증서(GED)를 취득할 때까지의 교육 참여를 요구하였다. 연방교도소 산업에서의 승진 및 시설 작업배치의 모든 활동은 재소자의 문해의 성취에 의해 결정되었다. 폭력범죄 통제 및 법집행법(Violent Crime Control and Law Enforcement Act of 1994)과 교도소 소송 개혁법(Prison Litigation Reform Act of 1995)은 선시제도(good-time credits)와 GED 프로그램 참여를 연동시켰다.

성인기초교육(ABE) 프로그램은 큰 성공을 거두었다. 고졸학력인증서 프로그램을 이수할 시 수여되는 수료증은 재소자 1,000명당 10명꼴로 수여되었다(연간 최소 6,000명). 영어교육은 제2 외국어로 영어가 필요한 사람이라면 누구에게든 제공되었다. 다른 직업훈련 프로그램으로는 컴퓨터과학, 경영, 디젤엔진, 건축 및 건설무역, 건축제도 및 도면, 요리기술 등이 있다.

직원 교육훈련은 모든 교정국 직원들에게 높은 수준의 성과 및 업무수행을 확보할 지식, 기술, 능력을 제공한다. 직원 훈련 네트워크는 조지아주의 글린코(Glynco)에 있는 경찰교육원의 직원훈련학교와 콜로라도주의 덴버(Denver)에 있는 특수훈련센터로 구성된다. 워싱턴의 인사부서(Human Resource Management Division)의 책임자가 이 프로그램을 감독한다. 모든 신입직원들은 교정국에서의 처음 60일 동안 3주간 정규교육과정과 근무현장에서 시설 적응 프로그램을 수행해야 한다. 다음 [그림 12.5]와 [그림 12.6]은 교정국 직원들의 성별 및 인종 구성을 나타낸다.

그림 12.5

연방 교도소 직원의 성별 분포

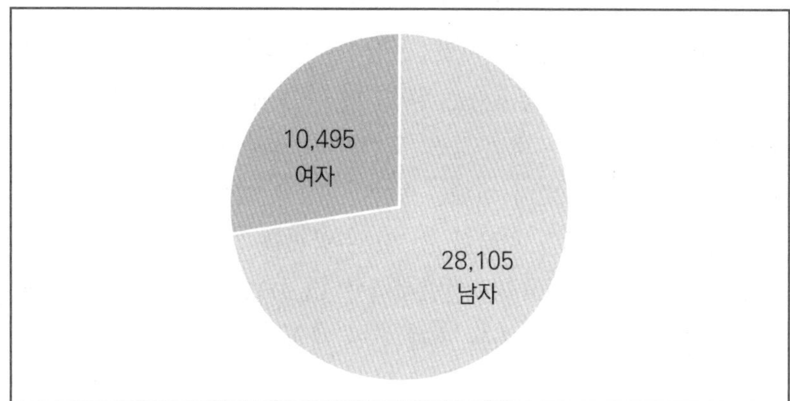

출처: Federal Bureau of Prisons (2014), "Staff by Gender", www.bop.gov/about/statistics/statistics_staff_gender.js. (accessed September 12 2014).

그림 12.6

연방 교정국 직원의 인종별 분포

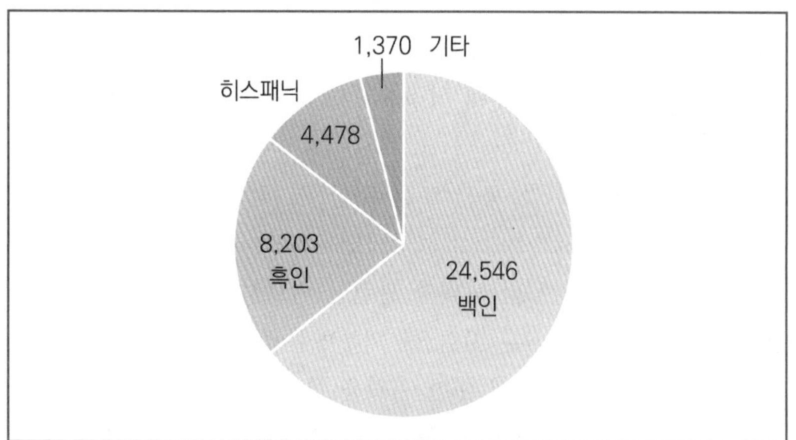

출처: Federal Bureau of Prisons (2014), "Staff by Race/ Ethnicity". http://www.bop.gov/about/statistics/statistics_staff_ethnicity_race.jsp (accessed January 8, 2014).

연방 여성범죄자

교정국은 여성범죄자를 위한 프로그램과 서비스를 향상시키는 데에 집중해왔다. 교정국은 다수의 여성전용 시설들과 최소 21곳 이상의 남녀공용시설을 운영하였다. 이 교정시설은 독립 보안시설과 보안시설에 인접한 다수의 교도소캠프를 포함한다.

교정국 수형인구 중 여성범죄자의 수는 계속 늘어가고 있다. 여성범죄자의 사회적, 심리적, 교육적, 가정적, 의료적 요구가 다르다는 것을 인식하고 교정국은 여성을 위한 특별 프로그램을 계속 설계하고 시행하고 있다. 이러한 프로그램은 여성에게 스트레스를 줄이는 방법, 의학적 문제를 예방, 식별, 발견, 관리하는 방법, 그리고 어떻게 그들의 대인관계를 향상시키는 방법, 더 나은 부모가 되는 방법과 상실된 관계를 관리하는 방법 등을 포함한다. 일부 시설은 만성적인 성적, 감정적, 신체적 학대 피해를 받은 여성을 대상으로 피해를 회복하고 긍정적인 관계를 회복할 수 있는 방법을 교육하는 집중치료프로그램을 운영한다. 2014년 연방시설에 13,800명 이상의 여성범죄자가 수용되어 있고, 이 수치는 전체 연방 재소자 인구의 약 7%에 해당된다.[9]

여성범죄자는 남성에 비해 덜 폭력적이고 도주할 가능성이 낮으며 하급 또는 최소경비시설에 수용되는 경우가 더 많다. 여성범죄자는 남성범죄자와 동등한 교육 및 오락 프로그램을 제공받고 직업훈련 후 실습 프로그램을 통해 여성범죄자가 석방 후 직업기회를 찾도록 돕는다.

교정국은 구금기간 동안 또는 구금 시 임신 중인 여성을 위한 주거형 지역사회프로그램(community residential program)을 제공한다. 이는 임신, 피임, 출산 및 낙태와 관련한 의료적 및 사회적 서비스를 포함하며 출산 및 낙태는 시설 밖 외부병원에서 이루어진다. 현행법에서는 연방정부의 낙태에 대한 지원을 금지하고 있기 때문에(수형자의 생명을 위협하여 의학적으로 낙태가 필요한 경우는 제외) 교정국이 외부 의료시설로의 후송을 제공하기는 하지만 치료비용은 수형자, 수형자의 가족 또는 외부의 사회적 서비스 시설에서 지불해야 한다. 출산 전 임신한 재소자는 자신의 아이를 사회복지시설, 가족 또는 조부모 중 누구에게 위탁할지를 결정해야 하며 출산 후 석 달이 지나면 아이는 교도소 밖으로 옮겨진다.

임신한 재소자와 다른 여성 재소자는 출산, 양육, 대처기술을 포함한 다양한 주제를 다루는 출산 전/후 프로그램에 참여한다. 다른 프로그램들은 약물의존, 신체 및 성학대 상담, 치료, 예산관리, 교육 및 직업 프로그램과 같은 내용을 교육한다.[10]

연방제도 내의 지역사회교정

지역사회교정이란 교정국의 교정프로그램의 중요한 한 축을 차지한다. 교정국은 석방예정인 재소자를 지원하기 위해 지역사회교정센터(community correction center, '중간처우소'라고도 함)와 계약하였다. 지역사회교정센터는 구조화된 관리환경과 취업알선, 상담 및 기타 서비스를 제공한다. 지역사회교정센터는 석방예정인 재소자가 점진적으로 사회와의 유대를 재건할 수 있도록 하며 재적응 기간 동안 교정직원이 범죄자의 행동을 감독하도록 허용한다. 지역사회교정센터의 프로그램의 중요한 구성요소는 교정국 시설에 구금되어 있는 동안 약물남용 치료프로그램을 끝마친 재소자를 위한 지역사회로 나가기 전의 과도기적 약물남용치료이다.[11]

일부 연방재소자는 복역기간의 후반부의 짧은 기간 동안 가택구금을 받는다. 그들은 엄격한 일과와 통금을 요구받으며 집에서 형의 일부를 복역한다. 일부 지역사회교정센터는 전자감시를 통해 가택구금의 대상자의 책임감을 강화한다.

지역사회기반프로그램에 참여하는 약 45%의 연방 범죄자는 종합제재센터(comprehensive sanctions centers)에 수용된다. 종합제재센터는 지역사회교정센터와 유사하지만, 범죄자가 사회에 점진적으로 접근할 수 있도록 보다 체계적인 시스템을 갖추고 있다. 또한 종합제재센터는 수형자에게 더 많은 프로그램들에 참여하도록 요구하고 석방 계획과정에 보호관찰소를 공식적으로 참여시킨다.

지역사회교정프로그램을 통해 교정국은 소년범죄자와 연방재소자의 안전한 구금을 위해 주정부와 지역정부와 협약을 맺고 민간운영시설과 계약을 체결했다.

교정국의 지역사회교정프로그램은 중앙국의 직원 및 사회교정 지역책임자, 교정국 내 여섯 권역 지역사무소의 지역관리팀 그리고 미국 전역의 30개 이상의 지역사회교정관리 현장사무소 직원들을 통해 관리된다.

연방시설들의 인구 변화

조지아주의 전 주지사인 레스터 매덕스(Lester Maddox)는 주 교정제도를 어떻게 향상시켜야 하느냐는 질문에 대해 "우리가 필요한 것은 더 나은 수준의 죄수들이다"라고 답변하면서 명성을 얻었다. 연방교정국은 몇 년간 "알짜 범죄자(cream of criminals)"만을 다룬 것으로 보였다. 그게 사실이든 아니든 시대는 바뀌었고 오늘날 연방제도는 진짜 문제가 있는 재소자들을 다뤄야만 한다. 현재 교정국은 과밀수용과 폭력전과가 있거나 갱단과 연루된 이력이 있는 재소자관리 같은 난제가 산재해 있다. 1984년 의회는 연방 가석방을 폐지, 선시제도의 제한, 다수의 정기형 신설, 사법부 산하 독립 양형위원회(U.S. Sentencing Commission) 설립 등의 내용을 포함한 법안을 통과시켰고, 1985년부터 신설된 양형위원회에서 연방 형사사법제도의 양형선고를 급격하게 변화시키는 새로운 가이드라인을 제정했다. 가이드라인의 적용의 결과보다 약물남용방지법(Anti-Drug Abuse of 1986)과 경력범관리를 위한 포괄적 범죄통제법(Comprehensive Crime Control Act of 1984)의 시행의 결과로 인해 연방교도소 인구는 2009년까지 현저히 증가하였다. 그 영향에 대한 요약은 다음과 같다.[12]

1. "직접(Straight)" 보호관찰형(probationary sentences; 즉, 구금의 형태를 요하지 않는 선고)이 현저히 감소했다.

2. 약물범죄나 대인범죄 같은 특히 심각한 범죄의 경우 보호관찰이 더 이상 불가능해졌다.
3. 구금 조건부 보호관찰(probation with a condition of confinement)이 직접 보호관찰을 대체할지라도 재산범죄 같은 경우에는 보호관찰을 포함한 선고비율에 급격한 변화는 없었다.
4. 폭력범죄의 형기는 대체로 증가했다. 대부분의 재산범죄는 평균 형기가 크게 변하지 않았지만, 강도 및 탈세의 경우에는 예외적으로 형기가 증가하였다.

이러한 변화들은 연방시설에 구금된 재소자 수와 유형의 큰 증가로 인해 이미 과밀수용 문제를 겪고 있던 교정국 교정책임자들에게 중요한 영향을 미쳤다.

군인범죄자

교정국에 의해 수용되고 통제되는 연방범죄자와 더불어 미군에 의해 수용되고 관리되는 다른 거대한 범죄자 집단이 있다. 이들은 총괄적으로 군인범죄자라 불리며 이들은 미 육군, 공군, 해군, 해병대 및 해안경비대의 5개의 군부대 출신이다.

군사법권하의 전체 범죄자수와 각 군별 범죄자수는 [표 12.3]에서 확인할 수 있다. 남성 군인범죄자들은 캔자스의 포트 리븐워스에 있는 미군병영에 수용되었다([교정 실제 12.2] 참조). 여성 군인범죄자는 캘리포니아의 샌디에고(San Diego)에 있는 해군통합여단(Naval Consolidated Brig)에 수용된다.

대다수의 시민들은 전형적인 군인범죄자들은 탈영, 상관모욕, 간첩행위, 꾀병, 간통, 명령불복종, 알코올남용, 무단외출 같이 군에서만 벌어질 만한 범죄를 저지르고 구금되었다고 생각한다. 그러나 이러한 범죄는 수용된 전체 군 범죄자가 행한 범죄 7건 중 1건에 불과하다. 전체 군인범죄자들이 저지른 범죄의 약 60%는 살인, 강간, 성폭행 같은 대인 폭력범죄이고 약 8건 중 1건 정도는 약물남용으로 구금되었고, 절도는 유죄 판결을 받은 가장 흔한 재산범죄였다.

게다가 민간 범죄자와 군인범죄자 사이에는 나이, 교육, 고용, 직업, 훈련 및 위험 같은 주요한 차이점들이 나타난다. 대부분의 군인범죄자들은 고등교육을 받았고 젊으며 신체 건강상태가 양호했으며 체포될 당시 직업을 가지고 있었다. 그들은 또한 기술과 직업윤리(대부분의 민간 범죄자들과는 다르게)를 가지고 있었으며 직업윤리를 배울 필요가 없었다.

표 12.3 각 군별 군인범죄자

군	2011
전체	1,527
공군	285
육군	702
해병대	299
해군	235
해안경비대	6

출처: Erika Parks and Lauren E. Glaze, *Bureau of Justice Statistics Bulletin NC. 239972* (Washington, DC: Bureau of Justice Statistics, November 2012), p. 9.

군인범죄자들은 일반시설의 위협집단("교도소 갱단")보다도 잠재적으로 더욱 위험할 수 있다. 그들은 매우 좋은 신체훈련을 받고 대부분은 자기 스스로를 지키거나 맨손 혹은 무기를 들고 남을 죽이도록 훈련받았다. 대부분이 특공대 전술과 폭발물 사용, 화기 사용, 탈출전략 및 적(교도소 직원)에게 물리적으로 반격하는 방법을 체득하였다. 이처럼 구금과 관련한 문제들이 많이 있고, 이것은 시설의 정보보안, 특수관리거실 그리고 특수전략을 이용해서 대처된다. 관리자는 수형자가 석방 후에 생산적이고 준법적인 사회인이 되거나 군으로 되돌아가기 위해 즉시 이용될 교화개선과 복귀능력을 중시하는 안전한 시설을 만들어왔다.[13]

주요용어

포트 리븐워스
최대 보안 교도소 시설이 있는 군사구역

교정 실제 12.2

포트 리븐워스(Fort Leavenworth) 내 미군 병영

포트 리븐워스는 미 육군기지이며 가장 오랫동안 임무수행을 한 수도의 서쪽에 위치해있는 군부대이다. 포트 리븐워스는 군교도소(최대 보안)와 중서부 지역통합 교정시설(하급 경비급)로 구성된 군사교정 복합단지를 포함한다. 이곳의 군교도소는 군 복무에 상관없이 최소 10년 이상의 형을 복역하는 남성 군인범죄자를 위한 유일한 최대경비급 교도소이다. 이곳(별칭 “The Castle”)의 최대수용인원은 515명이지만 현재 440명의 재소자와 6명의 사형수, 10명의 무기수를 수용하고 있다. 첼시 브래들리 매닝(Chelsea (Bradly) Manning)이 대중에게 기밀을 폭로한 죄로 35년간 복역했던 곳이기도 하다. 이러한 폭로는 여성으로 대우를 받고자 첼시라는 이름을 선택했던 성전환자 첼시 매닝뿐만 아니라 시설 운영상에 큰 어려움을 야기하였다. 포트 리븐워스에서는 첼시를 남성으로 대우한다. 레즈비언, 게이, 양성애자 및 성전환자는 다른 수형자에 비해 성적학대를 당할 확률이 13배나 높다.

구금 단계는 타인의 공격을 피하기 위해 필요한 감시의 정도에 따라 시설형 수탁자(installational trustee), 최소등급, 내부 최소등급, 중급 및 최대보안 단계가 있다. 여기에는 수형자를 하루 중 23시간까지 감금할 수 있는 “특별수용시설”이 있다. 재소자가 방을 나설 때는 그들에게 족쇄가 채워지고 교정전문가로 알려진 최소 2명의 교정직원들에 의해 통제를 받는다. 교정 목적은 수형자가 더 낮은 단계의 보안등급을 받는 것이다.

재소자들은 교도소(‘big house’)에서 평균 19년을 보낸다. 일과 교육 프로그래밍과 직업훈련을 포함한 13개의 교화개선 프로그램이 존재한다. 실습프로그램에는 목공, 그래픽 디자인, 용접, 치과보조, 스크린 인쇄가 포함된다. 또한 이발사 자격증 프로그램도 있다. 각 직업 프로그램의 급여는 시간당 약 14~80센트로 적으며, 재소자들은 매달 매점에서 구매할 수 있는 물품의 구매량이 제한된다.

아주 드물게 재소자가 재범이 아닌 경우가 있다. 재소자의 절반 이상은 성범죄로 구금되었다. 가장 최근의 사형집행은 1961년에 있었다. 수형자는 구금기간 동안 안전과 사회복귀 준비에 초점을 맞춰 교육받는다. 민간 구금시설과 비교했을 때, 군교도소는 분명 수형자가 복역하기에 가장 안전한 범주에 속한다.

출처: Army News Service, “Doing Time at Leavenworth,” http://usmilitary.about.com/od/justicelawlegislation/a/leavenworth.htm (accessed January 14, 2014); Amanda Hess, “Chelsea Manning Is Now the Most Famous Transgender Inmate in America. Will She Be Treated Humanely?,” http://www. slate.com/blogs/xx_factor/2013/08/22/chelsea_manning_is_now_the_most_famous_transgender_inmate_in_america_all.html.

요약

연방 교도소 제도의 발전을 기술하시오.

연방정부의 교정제도는 지난 세기에 거쳐 급속도로 발전해왔다. 교정국은 1930년 의회의 법안에 의해 창설되었다. 해당 법안 이전에 연방 법령을 위반한 사람들은 관할지역의 동의하에 지역 구치소나 주정부 교도소에 구금되었다. 이러한 방법은 주경계를 넘은 매춘여성 이동법, 약물세법, 차량 절도 및 관련 범죄들과 같은 이전의 주정부가 관장하는 범죄에 관해 연방법령이 제정됨으로써 더 이상 주나 지역에 수용할 수 없게 되었다. 전술한 방법은 주정부 단위의 범죄율 변동에 의해 더욱 악화시켰고 각 지역에서는 공간부족으로 인해 더 이상의 연방 범죄자들을 수용할 수 없게 되었다. 압박이 최고조에 달했을 무렵, 샌포드베이츠가 초기 연방교정제도의 국장으로 처음 임명되었다.

연방교정시스템은 급속히 성장했으며 새로운 교도소가 건설되고 기존 시설은 교정시설로 용도가 변경되었다. 보호관찰과 가석방제도는 감독의 실패를 초래했고 "두 번째 실형 선고"라는 구금생활로 돌아갔다. 샌포드 베이츠는 연방시설을 창설하였고 교정국의 가이드라인 및 리더십을 제공하고 타기관을 지원하였으며 연방교정국은 교정을 주도하는 기관이 되었다. 교정국의 행정조직은 중앙집권적으로 조직되었고 업무에 따른 부서로 구성되었으며 적절한 분류체계를 개발했다.

마약과의 전쟁은 수형자 수를 급격하게 늘렸고 현재까지도 이어지는 범죄 성장곡선의 증가에 기여하였다. 교정국은 교도소와 시설을 증축하기 위해 "벽돌과 회반죽(bricks–and–mortar)" 노력을 시작했다. 그러나 선고 절차와 양형기간의 변화, 연방재소자에게 최초 형량의 85%를 복역하도록 요구하는 제대로 된 양형(truth–in–sentencing)정책, 교도소 인구증가에 대한 연방가석방위원회의 권한 축소 등은 급격한 교도소 인구 증가에 기여했다.

최근 몇 년간 교정국은 소수의 위험한 범죄자를 사회에 배치되도록 구금의 범위의 확대뿐만 아니라 관리를 위해 민영교정시설에 의존해왔다. 양형기간과 필요적 최소형량에 대한 축소 움직임은 재소자 인구 성장을 늦추긴 했지만 멈추지는 못했다. 과밀수용을 줄이기 위한 효율적 전략을 재검토해 볼 필요가 있을 것이며 이는 교정국이 환영할 만한 발전 방향일 것이다.

연방 교도소 시설의 발전을 설명하라.

연방 형사법 위반자들은 원래 범죄가 발생한 해당 주의 교도소에 구금되었고 연방정부는 각 주에 범죄자들을 수용하는 데 필요한 경비를 지원하였다. 이후 연방범죄가 크게 늘어나자 주정부 교도소 시설의 이용도 급격히 늘어나는 결과를 초래했다. 주는 교도소의 과밀수용을 경험하고 연방 범죄자의 수용을 줄였으며 연방 교도소 시설의 건설을 추진했다. 군 교도소를 이용할 수 있었지만 민간 법규위반자들의 유입은 추가적인 교도소 건설을 요구했다. 교정시설의 증가와 경비단계 수준에 따라서 다양한 유형의 교정시설이 신설되었다.

연방 교도소 제도가 사용하는 계약 시설에 대해 묘사하고 설명하라.

연방재소자 중 6명에 1명 정도는 계약시설에 수용되었다. 연방제도는 석방이 얼마 남지 않은 범죄자들에게 약 6개월 동안 사전 가석방 사회통제 프로그램을 수강하도록 하였다. 다른 재소자는 다양한 보안 등급과 재소자 관리를 제공하는 민영교정시설에 수용되었다.

연방교도소 보안 등급을 설명하고 비교하라.

재소자가 분류되면 최소, 하급, 중급, 상급, 관리급의 분류등급에 따라 적합한 시설에 배정된다. 보안단계가 높을수록 시설에 있는 재소자가 더 위험하다고 간주된다.

유니코어의 운영에 대해 설명하라.

유니코어(UNICOR)는 연방 교도소 제도를 위한 산업 시스템으로 재소자들은 다른 연방 교도소나 연방 단체에서 사용하게 될 다양한 상품들을 생산한다. 유니코어는 수형자를 훈련시키고 실습경험을 제공하며 연방 교도소제도를 위한 수익을 창출한다.

연방 재소자와 직원의 교육 및 훈련을 비교하라.

재소자는 기본 영어 능력을 갖춰야 하며 고졸학력 인증서 학위를 취득하고 일반 시설 또는 유니코어의 교도소 제도 내에서 일하도록 강요된다. 의무적인 문맹퇴치교육 및 문해능력 향상 교육에 참여하여야 한다. 직원교육에서는 모든 교정국 직원들에게 높은 수준의 성과와 업무수행을 확보하기 위해 필요한 지식과 기술 그리고 능력을 제공한다.

여성 연방 재소자의 특징을 요약하라.

여성 범죄자들은 사회적, 심리적, 교육적, 가정, 건강관리 등의 요구가 일반 재소자와 다르다. 여성재소자는 연방교도소 시설에 수용되고, 교정국은 계속해서 여성 범죄자들을 위한 특별 프로그램들을 설계하고 시행한다. 이러한 프로그램은 여성에게 스트레스를 줄이는 방법; 의학적 문제를 예방, 식별, 발견, 관리하는 방법; 그리고 어떻게 그들의 대인관계를 향상시키는 방법; 더 나은 부모가 되는 방법과 상실된 관계를 관리하는 방법 등을 포함한다. 여성 재소자는 남성에 비해 덜 폭력적이고 도주를 시도할 가능성이 낮으며 일반적으로 하급 또는 최소 경비시설에 수용된다.

연방 교도소 제도의 구성을 요약하라.

연방 교정국은 워싱턴 DC의 중앙국과 6곳의 지역사무소를 관리한다. 중앙국은 국가정책을 설립하고 프로그램을 개발 및 검토하고 해당 분야에 훈련과 기술지원을 제공하며 다양한 분야의 시설운영을 통합한다.

부국장은 각 지역을 관리하고 법률자문위원과 감독부서는 국장에게 직접 보고한다. 지역사무소와 중앙국은 연방 교도소와 지역사회교정 시설들을 행정 감독하고 지원한다.

연방 교정국 이외에도 미군은 군 범죄자를 구금할 교도소 시스템을 별도로 두고 있다. 군 범죄자들은 심각한 범죄를 저지르고 긴 형을 선고받는다. 그들은 교화개선과 사회복귀를 중시하는 시스템에 의해 철저히 통제된다. 최근 발표된 군 교도소의 성공에 대한 종단적 평가연구는 현 시스템의 타당성에 대한 시민의식을 향상시킬 수 있다.

주요용어

법무부 ··· 406	지역사무소 ··· 412	관리 경비급 ··· 417
미국 참회소 ··· 407	최소 경비급 ··· 416	유니코어 ··· 419
앨더슨 ··· 408	하급 경비급 ··· 416	포트 리븐워스 ··· 426
연방교정국 ··· 409	중간 경비급 ··· 416	
샌포드 베이츠 ··· 409	상급 경비급 ··· 417	

복습질문

1. 연방 교도소 제도 내의 다양한 시설들의 종류에 대해 설명하라.
2. 1970년대 연방 교정국 철학의 변화를 이끈 것은 무엇인가?
3. 시설의 경비등급 분류체계를 기술하라.
4. 왜 교정국은 프로그램을 제작할 때 주 시스템을 넘어서는 이점을 갖게 되었는가?
5. 왜 최근 몇 년간 교정국의 재소자 인구가 늘었는가?
6. 연방교정국 시설들 내 수형자의 특징을 기술하시오.

적용사례연구

1. 당신이 연방 교정국 내의 임신한 수형자라고 상상해봐라. 당신의 행복한 아이가 마음을 따듯하게 하고 당신은 가족이 생긴다는 사실에 안정을 느낀다. 90일이 지나고 나면, 아이는 당신의 곁을 떠난다. 당신은 이별의 고통을 줄이기 위해 무엇을 할 수 있겠는가?
2. 당신은 교도소 시설 관리자이고, 처음으로 당신의 관리와 통제하에 있는 재소자의 판결과 구속에 법적인 실책이 있었다는 것을 알았다고 가정하자. 당신은 이 재소자가 무고하다고 믿어 의심치 않는다. 당신은 무엇을 할 수 있고, 무엇을 하겠는가?
3. 한 밀고자가 당신의 정보팀 교정직원 중 한 명이 교도소 폭력단의 살해 표적이 됐다고 알려왔다. 그녀는 유능하고 인기 있는 교정직원으로 시설 내의 한 갱단 멤버가 칼("shiv")을 만든 것을 붙잡아 90일간 금치처분에 처하도록 했다. 다른 갱단 멤버들이 이 직원의 목숨을 위협하고 있다. 당신은 무엇을 하겠는가? 그리고 만약 그

녀가 교도소 폭력단의 암살자에 의해 살해당한다면 당신은 무엇을 할 것인가?

미주

1. This chapter has drawn heavily from Bureau of Prisons annual reports and various other bureau publications. The authors appreciate the cooperation and assistance and especially the provision of historical and other photo-graphs. For critical views, see Jim Coyne, *The Repugnant Warehouse: An Exposé of the Federal Prison System* (Clifton Park, NY: Elysium Publishing, 1995); D. Burton-Rose, D. Pens, P. Wright, et al., *The Celling of America: An Inside Look at the U.S. Prison Industry* (Monroe, ME: Common Courage Press, 1998); Michael Santos, *Life behind Bars in America* (New York: St. Martin's Press, 2006); and American Correctional Association, *2012 Directory* (Alexandria, VA: American Correctional Association, 2012), p. 171. See also James Ridgeway and Jean Casella, "Under Fire, the Federal Bureau of Prisons Audits Its Use of Solitary Confinement—and Buys a New Supermax Prison," http://solitarywatch.com/2013/10/18/fire-federal-bureau-prisons-audits-use-solitary-confinement-buys-new-super max-prison/ (accessed January 14, 2014); Government Accounting Office, "Improve-ments Needed in Bureau's Monitoring and Evaluation of Impact of Segregated Housing," GAO-13-429, May 1, 2013; and CIR.CA News, "Compassionate Release Program for Federal Prisoners Criticized," http://cir.ca/ news/compassionate-prison-release-report (accessed January 14, 2013).
2. The facility is now part of the prison system of Washington State.
3. This facility is currently an Ohio correctional institution. See American Correctional Association, *2012 Directory*, p. 587.
4. Between November 21 and 23, 1987, 89 federal prison staff were seized as hostages at the Atlanta Penitentiary and at the Alien Detention Center at Oakdale, Louisiana. The uprisings have been described as the most disruptive episodes in the history of the Bureau of Prisons. Hostages were eventually released after the attorney general agreed to review each case of the Marielitos, Cubans who arrived in the nation during the Mariel boatlift. See "After Atlanta and Oakdale," *Corrections Today* 50 (1988): 26, 64-65; Bert Useem, C. Camp, and G. Camp, *Resolution of Prison Riots* (South Salem, NY: Criminal Justice Institute, 1993); and Mike Rolland, *Descent into Madness* (Cincinnati, OH: Anderson Publishing, 1997). Coverage of smaller but more lethal riots in federal prisons has been increasing, particularly since 2008. See *The Colorado Independent*, "Bureau of Prisons," http://www.coloradoi-ndependent.com/tag/bureau-of-prisons (accessed November 11, 2008).
5. See Harry Allen and Nick Gatz, "Abandoning the Medical Model in Corrections: Some Implications and Alternatives," *Prison Journal*

54 (Autumn 1974): 4–14, and Simon Dinitz, "Nothing Fails Like a Little Success," in Edward Sagarin, ed., *Criminology: New Concerns* (Beverly Hills, CA: Sage, 1979), pp. 105–118. But see also C. T. Lowenkamp and E. L. Latessa, "Developing Successful Reentry Programs," *Corrections Today* 76:2 (2005), 72–77, and Pamela Lattimore, "The Challenges of Reentry," *Corrections Today* 69:2 (2007): 88–91.

6. Only McNeil Island has been closed and has since been sold to Washington State to help solve some of that state's prison overcrowding. The institutions at Atlanta and Leavenworth still serve the overcrowded system.
7. William Sabol, Heather Couture, and Paige Harrison, *Prisoners in 2006* (Washington, DC: Bureau of Justice Statistics, 2007), p. 20; the Federal Bureau of Prisons, *State of the Bureau 2007* (Washington, DC: Federal Bureau of Prisons, 2008).
8. Federal Bureau of Prisons, "Quick Facts," http://www.bop.gov/about/facts.jsp (accessed April 26, 2005).
9. Federal Bureau of Prisons, *State of the Bureau 2009* (Washington, DC: Federal Bureau of Prisons, 2009), p. 57.
10. Federal Bureau of Prisons, "Female Offenders," http://www.bop.gov/inmates/custody_and_care/female_offenders.jsp (accessed January 14, 2014).
11. Federal Bureau of the Prisons, "Release Pre-paration," http://www.bop.gov/inmate_programs/release_emp.jsp.
12. National Institute of Justice, "The Impact of Federal Sentencing Guidelines," in *NIJ Reports: Research in* Action (Washington, DC: National Institute of Justice, 1987), p. 52. But see also The Sentencing Project, "Congress Needs to Change Federal Nonviolent Drug Sentencing Policy," http://www.sentencingproject.org/detail/news.cfm?news_id=1741&id=167 (accessed January 14, 2014).
13. Ibid.

CHAPTER 13

민영시스템

학습목표

- 민간부문이 교정에 참여한 역사에 대해 서술하라.
- 공공교도소의 요구사항을 충족시키는 데에 있어서 민간업자들이 주장하는 그들의 장점을 설명하라.
- 교도소 재소자들이 어떻게 "주정부의 노예"로 여겨지는지 서술하라.
- 민간부문 기업들이 어떻게 소년 범죄자에게 혜택을 주는지 다섯 가지 예시를 나열하라.
- 민영교도소를 둘러싼 다섯 가지 논쟁을 설명하라.
- 게이트키퍼(Gatekeepers)와 레인메이커(Rainmakers)를 비교·대조하라.
- 다른 교도소 시스템과 교도소의 민영화에 대해 요약하라.

개요

지역사회교정 내의 민간부문

역사적 고려사항
• 초기 역사
• 최근 발달사

민간 처우 프로그램

하급 보안 구금 프로그램

감시 및 통제기술

교정 민영화: 쟁점 및 증거

주요 쟁점
• 주장
• 공공의 이익
• 불법이민 문제
• 비용절감 문제
• 폭력 문제
• 직원 고용 및 이직
• 사회복귀
• 비용절감 및 상품
• 부패 문제

"민간부문 교정시설들은 더 적은 비용으로 공공부문 시설들이 할 수 있는 것과 같은 일을 할 수 있다고 한다. 종국에는 국민이 민간과 공공 교도소의 비용을 모두를 부담한다. 둘 다 납세자들에게 비용을 부과한다."
- 해리 E. 앨런

개관

2014년 작성된 **민간부문 교정시설**에 대한 본 장의 머리말의 인용내용은 교정시스템 전반에 걸쳐 최근 수년간 계속되어온 과밀수용 문제가 끊임없는 문제가 될 것을 예고하고 있다. 주, 도시, 연방 교정관리들은 그들 시설의 재소자 수의 총합이 현재의 1/3에 가까워졌을 때 이 문제를 해결하기 위해 전력을 다했다. 이 장에서는 형사사법기관 감독하에서 재소자 인구증가를 해결하기 위한 노력의 일환으로 교정서비스 및 시설 민영화에 대해 다룬다.

살펴본 바와 같이 시설의 민영화는 그리 새로운 아이디어가 아니다. 민영화의 중대한 도전은 민간 영리기업의 보안시설에 유죄 판결을 받은 범죄자를 장기구금하는 것일 것이다. 테네시주(Tennessee)는 전체 성인교도소 시스템의 민영화를 처음으로 고려했다. 민간에서 운영하는 최초이자 최대 규모 성인교정시설들의 제공업체 중 하나는 궁지에 몰린 테네시주 시스템의 완전한 관리와 운영을 넘겨 줄 것을 제안하였다. 여러 가지 이유로 해당 제안은 받아들여지지 않았고 대

주요용어

민간부문 교정시설
모든 민영 교도소, 영리목적 교도소, 구금시설, 구치소, 소년보호시설은 소년이나 성인이 공공부문 정부기업과 계약한 비정부기관에 의해 육체적 활동의 제한, 구금 또는 억류되는 시설이다.

신 테네시주는 현재의 시스템을 향상시키기 위해 수백만 달러를 투자하기로 결정했다. 이번 장에서는 민영화의 장단점 및 지난 20년간의 엄청난 성장에 관하여 논의하도록 한다. 더 자세한 사항은 [그림 13.1]에서 제시한다. 지난 20년 동안 민영화에 대한 논의가 이 책의 한 단락에서 하나의 장으로까지 확대되는 것을 보아왔다. 이 장은 거의 모든 주제와 관련이 있기 때문에 시설 내 교정의 6번째 장으로 다루는 것이 적합하다. 민영교도소는 네 번째로 큰 국가 교정시스템임을 명심하라.

그림 13.1

민간 부문 수용능력(침대 수)의 성장

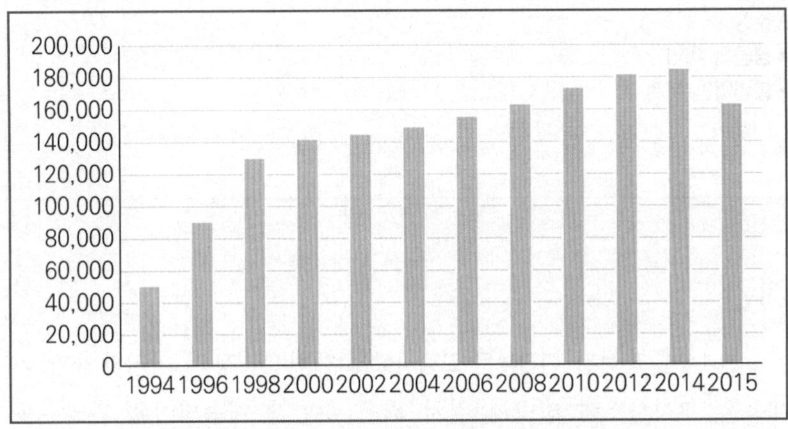

출처: Cody Mason (2012), "The Prison Project, Dollars and Detainees: The Growth of For-Profit Detention", http://sentencingproject.org/doc/publications/inc_prisonprivatization.pdf

지역사회교정 내의 민간 부문

교정시설의 관리와 운영에 민간 부문을 포함시키는 것은 많은 학생들한테 놀랍게 받아들여질 수 있는데 민간부문과 계약을 맺음으로써 정부 서비스를 제공한다는 개념은 초기 백여 년간 미국에서 교정서비스를 제공하는 주요한 방법이었다. 교통, 소방, 경찰, 국방 분야까지 종종 계약에 의해 공공서비스가 제공되었다. 교정서비스가 정부의 관료기관에 의해 제공되기 시작한 것은 미국의 두 번째 세기(America's second century)부터였다. 그러나 최근 몇 년 동안 정부가 제공하는 서비스 비용이 너무 높아지면서 교정 서비스를 다시 민간 부문에서 제공하도록 하는 "미래로의 귀환"의 기조로 전환되고 있다.

교정분야에는 많은 민영화의 선례들이 존재한다. 건강관리, 음식 서비스, 교육, 정신건강, 교통, 훈련이 민간 계약자들에 의해 많은 교정시스템에 제공되었다. 존 아우구스투스(John Augustus)의 시대부터 대부분의 소년 및 성인을 위한 중간처우소와 다른 교정서비스가 민간 영리 단체, 민간 비영리 단체 또는 자선조직에 의해 제공되어 왔다. 무엇보다도 구치소와 교도소의 과밀수용에 의한 지역사회 교정의 수요가 계속 늘어남에 따라 많은 민간 및 비영리 민간부문 기업가들이 지역사회 교정의 "호황(boom)" 사업에 참여했다. 구금된 성인 중 17%에 달하는 인원이 민간이 소유하거나 운영하는 시설에 수용되었다.[1] 이러한 많은 기업가들은 현재 주 경계를 넘어 사업을 확장하고 있으며 교도소, 구치소, 지역사회서비스들을 가맹사업처럼 운영하고 있다. 단지 19개 주만이 성인 수형자를 수용하기 위해 민간부문 교도소들과 계약하지 않고 있다. 민영시설들은 다음과 같은 교정프로그램을 제공함으로써 교정의 문제점을 완화시키는 데 도움을 줄 것이다. 이러한 프로그램으로는 (1) 지역사회 내 구금에 대한 대안, (2) 수형자가 석방 후 더 나은 삶을 살 수 있도록 준비하는 데 도움을 주는 교도소 내의 의미 있는 프로그램, (3) 구금으로부터 사회복귀를 위한 힘든 전환기를 도와줄 연결고리 등이 있다.

민간부문 서비스기업이 갖는 주요 이점은 욕구가 바뀔 때마다 빠르게 대응·확장하고 계약하는 능력이다. 정부가 지역사회기반 프로그램의 운영 또는 주요 교정시설의 건설에 투자할 때 종종 투자비용이 효율적이지 않다고 하더라도 해당 프로그램이나 시설을 계속해서 운영하고 증원해야 할 의무가 있다.[2] 지역사회교정 기업가들은 시설을 신설하는 대신 기존 시설을 변경사용 가능하고 계약에 따라 직원을 파견하며 지역사회 자원을 전문 서비스로 활용할 수 있다. 또한 시설이 더 이상 필요 없을 경우 폐쇄하고 다른 용도로 사용할 수 있다. 민간부문 지역사회 교정프로그램과 연방법원 및 교도소의 시설들은 [표 13.1]에 제시된 바와 같이 391개의 계약된 지역사회교정센터와 1,141개의 청소년 시설이 있다. 대부분의 주는 지역사회 교정을 위해 일정 수준의 민간계약을 체결하고 있으며 이에 따라 민간부문의 교정사업은 계속해서 급격히 발전해왔다.

표 13.1 **민영 성인 교도소 및 소년시설의 수**

분류	성인시설 수	청소년시설
남자	80	106
여자	10	27
공동(Co-gender)	11	84
미분류	21	35
총합	122	252

출처: American Correctional Association, *2012 Directory of Adult and Juvenile Correctional Departments, Institutions, Agencies, and Probation and Parole Authorities* (Alexandria, VA: American Correctional Association, 2012), pp. 26-27.

주요용어

자가보험
외부 보험에 의해 커버되지 않는 정부부서

계약자들의 주요한 쟁점 중 하나는 잠재적인 공공안전 문제에 대한 책임에 관한 것이다. 대부분의 정부 시설들은 **자가보험**에 가입되어 있다. 이 보험은 연방, 주, 카운티, 지방 자치단체를 포함한 정부의 전체의 자원을 보호한다. 그러나 민간부문 운영자들은 같은 문제를 해결하기 위해 몇 가지 유형의 책임보험을 들어야 한다. 미국 내에서 소송이 급증함에 따라 정부기관은 새로운 시장을 찾는 기회주의적 변호사들의 새로운 먹잇감(표적)이 되고 있다.[3] 이러한 소송 열풍은 보험 비율이 급증하는 결과를 낳았고 민간부문의 운영에 대해서도 영향을 미쳤다. 소규모 운영자들은 곤경에 처하고 대규모 운영자들 역시 어느 정도 타격을 입게 되었다.

요약하자면, 민간부문은 교정시설과 기관에 음식, 의료지원, 훈련을 제공함으로써 교정 시스템에 광범위하게 관여하고, 정부시설이 다루지 않거나 앞으로 다루지 않을 빈틈을 채워주고(중간처우소, 소년거주프로그램 확보) 높은 보안의 교도소와 구치소와 같은 교정시설을 관리한다. 오직 후자만이 열띤 논쟁의 중심인데 책임 문제에 비추어

보는 것뿐만 아니라 프로그램의 부적합성 그리고 무능하고 적절히 훈련받지 못한 직원들이 잠재적인 폭력을 사용하는 상황까지 쟁점이 된다. 다른 쟁점들은 이번 장의 후반부에서 논의하기로 한다.

역사적 고려사항

초기 역사

역사적인 관점에서 보면 1870년부터 1930년까지 교정에서 민간 참여는 그다지 주목할 만하지도 않고 두드러지지도 않았다. 이 시대 이전에 일부 주는 매년 수형자에게 노동의 대가로 식량, 숙박, 의복을 고정 임금으로 제공하기로 계약한 민간업자에게 전체 재소자를 위탁·관리하였다. 계약업자들은 일반적으로 수형자를 마치 **주인의 노예**(slaves of the master)처럼 곡식을 수확하는 데에 활용했다. 주정부는 이익을 창출함과 동시에 추가적으로 적합한 시설을 짓고, 교정직원을 고용하고, 수형자를 먹이고 입히고, 기타 책임을 져야 할 보호 및 구금 규정을 마련할 비용을 절약할 수 있었다. 요컨대, 교도소는 수형인구를 위탁하고자 하는 이러한 주에게 매력적인 "이익 창출소(profit centers)"가 되었다. 계약업자가 단순 범죄자 관리에 부담한 비용은 사회에서 노동자를 고용하거나 먹이고, 입히고, 재우고, 관리가 필요한 많은 노예를 데리고 오는 비용보다 현저히 낮았다.

주요용어

주인의 노예
교정 관리자 및 직원에게 복종하도록 강요받는 수형자

산업화가 한창 진행되는 중이었던 1870년부터 1930년 동안 수형자 위탁은 계속되었다. 재소자는 도로, 철도, 교각(trestles)을 건설하거나 수레, 신발, 부츠, 기타 등 시장에서 쉽게 팔리는 소모품을 만드는 작업에 투입되었다. 이윤을 보호하기 위해 계약자는 종종 재소자를 탄광으로 보냈는데, 그들은 그곳에서 위생·청결시설 없이 살아야 했고 생산 할당량을 채우기 위해 거친 폭력도 불사하는 중무장 경비병("감시자")들의 감시하에 해가 질 때까지 일해야만 했다. 도주를 시도하는 재소자는 살해되거나 심하게 맞고, 다리에 쇠사슬을 차고, 쇠사슬에 금속구를 부착한 족쇄가 채워졌고, 독특한 복장을 착용해야 했으며 기대수명이 줄어들었다. 식사는 최악의 수준으로 생활용품공급은 부족하였으며 건강관리는 전혀 이루어지지 않았다. 법원의 구제를 구하는 것은 불가능했고 이에 대해 호소하거나 항의할 수단은 없었다.[4]

이러한 "사슬을 찬 폭력배(chain-gang)" 조건 하에서 수형자들이 겪는 고통은 잘 알려진 사실이다. 잘 알려지지 않은 사실은 계약제도하에서 위탁된 수형자의 높은 사망률인데 그 수는 종종 한 해에 50%를 초과하였다. 그러나 이러한 죽음으로 인한 노동자의 희생은 그리 큰 결과를 불러오진 못했다. 즉, 교도소 책임자는 비판받거나 비난받지 않았고 언론은 이러한 사건을 거의 다루지 않았다. 노동자가 부족한 경우 교도소 책임자는 새로 도착한 수형자들을 계약하여 재빠르게 작업장비를 채우고 노동집단에 배치할 것이다. 물론 모든 주가 이렇게 수형자들을 잔인하게 다루는 건 아니었고 아마도 이것은 남북전쟁 이후 법을 위반하고 구금된 노예로 가득 채워진 남쪽 몇몇 주들에 해당되는 내용이다.[5] 이것은 초창기 미국 교정 역사의 가장 추악한 부분이며 민간부문 참여를 통한 재소자를 임대하는 것에 대한 남아있는 반감과 정서는 현재 교정의 민영화에 관한 논쟁을 부추긴다.

최근 발달사

주요용어

민영화
민간부문 조달업자에 의한 교정 서비스 제공

언급한 바와 같이 **민영화**는 교정 분야에서 새로운 개념이 아니다. 주, 연방, 지역 교정시설에 제공되는 많은 서비스들은 거의 초창기부터 민간 부문에서 맡아왔고 이후 계속해서 유지되었다. 형사사법제도는 종종 비틀거리는 꼴사나운 거인처럼 보인다. 이것은 긴 형기를 부과할 수 있고 심지어 몇몇 범죄자들은 사형까지 시킬 수 있다. 또한 범죄자들에게 벌금과 선고유예를 부과할 수 있다. 비록 이러한 분위기는 변화하고 있었으나 정부의 변화노력은 매우 느렸고 실질적으로 의미 있는 변화는 없었다. 20세기에는 보호관찰과 가석방이 구금의 대안으로써 가장 빈번하게 사용되었다. 범죄자들을 감시하고 통제하는 이 두 가지 유형의 형벌은 지역사회의 표준이 되었다. 그러나 우리가 보았듯이 이 두 가지 방안들은 비효율적이라는 이유로 비판을 받았다.

8장에서 논의된 바와 같이 중간처벌(intermediate sanctions)의 발전은 민간부문 교정 참여에 (1) 치료 프로그램, (2) 감시조건부 석방(supervised release)과 하급경비수준 구금, (3) 구금되지 않은 범죄자에 대한 **감시 기술**이라는 세 가지 주요한 옵션을 제공하였다. 이 세 가지 옵션은 보안 교정시설을 운영하는 것과 대조적으로 민간 계약자들에게 가장 큰 잠재적 성장 기회를 향상시켰다.

주요용어

감시 기술
범죄자들의 소재를 확인하기 위해 설계된 전자 및 기타 프로그램

민간 처우 프로그램

감시조건부 처우프로그램은 주로 보호관찰의 조건으로 부과되고 약물 및 알코올 중독치료와 직업훈련프로그램을 포함한다. 40년 전에는 사실상 존재하지 않았던 프로그램들이 지금은 형사사법제도의 공통된 주요 구성요소가 되었다. 대부분 처우프로그램은 사설이고 다수가 영리를 위해 운영되며 고객과 수입 모두를 정부와의 계약을 통해 얻는다. 일부는 장기 주거시설로 설계되었고 다른 일부는 외래환자 진료소로 설계되었다. 프로그램의 기본 원리는 매우 다양하다.

- 일부는 엄격하고 군대와 같은 규율을 바탕으로 설립된다.
- 다른 일부는 종교적인 신념에 근거하여 설립된다.
- 일부는 집단치료를 전문으로 한다.
- 다른 일부는 엄격한 개인주의와 자립을 강조한다.
- 그리고 일부는 증거기반 접근방식을 도입한다.

증가하는 문제들과 약물의 광범위한 사용에 대응하기 위한 비판적인 요구는 약물 중독자 치료 수요를 만들었고 이러한 유형의 프로그램들에 대한 관심을 다시 불러일으켰고, 따라서 처우프로그램의 수가 많이 증가할 것으로 예상된다.

민간부문 프로그램들은 많은 수의 범죄자들을 관리한다. 민간에

서 운영되는 구치소와 교도소에 구금된 모든 범죄자를 위한 주정부 또는 지역정부 간의 계약을 통해 운영되는 수많은 민영 비구금 프로그램도 존재한다. 민간 프로그램의 수와 중요성에도 불구하고 이러한 프로그램들은 교정의 민영화에 대한 논의에서 주로 제외되었다. 아마도 해당 프로그램들이 형벌 프로그램 대신 그저 서비스 제공자로 취급되거나 때때로 참여가 자발적이기 때문에 주정부 통제 하의 기업으로써의 역할이 명확하게 정립되지 않았기 때문이다.

주요용어

성장 산업
시간이 지남에 따라 작업량이 체계적으로 증가하는 벤처사업

대부분의 민영교도소시설 운영자들은 영리법인이며 일반적으로 투자를 위해 증권 거래소에 등록되어 있다. 따라서 그들을 **성장산업**으로 분류할 수 있는데, 주요 민간 기업들 중 대표적인 것으로는 미국교정회사(CCA), GEO그룹(전 Wackenhut 교정), 이와 관련된 경영관리 및 훈련 법인을 포함한다. 비록 미국교정회사(CCA)가 가장 큰 규모였지만 최근 GEO가 코넬(Cornell)과 BI를 인수하면서 순위가 변동될 수도 있다.

하급 보안 구금 프로그램

최근 몇 년 동안 교정에서 다른 중요한 발전은 보안수준이 낮은 구금 시설의 성장이다.[6] 많은 수의 혁신적인 하급 보안시설은 교정시설의 민영화 지지자에 의해 설계되고 이행되었으며 민간업자들에 의해 운영되었다. 오늘날 이러한 형태의 구금프로그램은 가장 빠르게 성장하는 교정 분야 중 하나이며 민간 교정계약자들의 영리사업에서 가장 중요한 부분을 차지하고 있다.

특히 소년사법제도는 하급 보안 구금시설을 위해 민간업자들을 적극적으로 활용하였다. 이는 청소년을 관리하는 정부의 유연성을 증가시켰고 그들을 구금시킬 수 있는 수용역량을 확대하였다. 캘리포니아, 플로리다, 매사추세츠, 미시간, 펜실베니아, 로드아일랜드, 워싱턴주에서 청소년복지를 담당하기 위해 민간업자를 주로 활용한다. 많은 주에서는 가정 외 배치(out-of-home placement)는 해당 주의 소년교정정책의 주요한 요소를 구성하며 일부 주의 경우에는 민간배치

(private placement)가 공공시설에 배치하는 수보다 많은 것으로 보고되었다. 여기서 한 가지 강조할 점은 민간구금 배치가 단순히 더 효율적인 주정부 프로그램은 아니라는 것이다. 비록 이러한 프로그램이 일부 청소년을 전환시키고 공공시설에 수용될 청소년들을 대상으로 서비스를 제공하지만, 해당 프로그램은 구금된 적이 없는 그룹을 대상으로도 활용된다. 요약하자면, 이러한 프로그램은 주정부에서 주로 사용하는 구금 프로그램(레퍼토리)에 형벌의 중간단계를 새로 추가한다.

민간업자는 성인 범죄자를 대상으로 한 하급 보안시설의 발달에 유사한 역할을 수행하였고, 민간부문과 공공부문 시설이 각각 맡아야 하는 프로그램에 대한 차별화 필요성이 증가하였다. 민간부문에서는 주거형 처우시설, 지역사회 외부통근센터, 석방전 센터, 단기보호시설, 배상센터(restitution centers), 재구금시설(return－to－custody facilities), 약물남용으로 인한 가석방 취소자 시설 등과 같은 낮은 보안수준의 시설 및 프로그램을 주로 제공한다. 그럼에도 불구하고 민간업체는 구치소와 교정시설을 위한 전통적인 서비스에 또한 관여한다. 지역사회 교정에서의 민간영역의 참여는 증가하고 있으며 계속적으로 증가할 것이다. 특히, 교도소 수용인구가 최대 수용정원을 초과하고 보다 저렴하고 융통성 있는 대안프로그램에 대한 요구 또한 증가하고 있다. 확대된 프로그램에 대한 “형사사법망의 확대” 효과가 일반적으로 처벌을 받지 않아도 될 지역사회 내의 문제자에게로 확대될 것인지는 두고 볼 문제이다.

감시 및 통제기술

새로운 기술은 범죄에 대한 우려가 높아짐에 따라 등장한 또 다른 분야이다. 몇 년 전만 해도 주정부 연구소는 비싸고 시간이 많이 드는 방법으로 화학 실험을 수행하였다. 지금은 국내의 민간 약물검사회사에서 다양한 불법물질을 감지해내기 위해 빠르고 값싸고 신뢰성 높은 실험을 제공한다. 그러나 값싸고 신뢰성 있는 약물 테스트를 확대함으로써 불법 물질을 발견할 가능성 역시 증가되었고, 이에 따라 보호관찰 및 가석방 범죄자의 수가 증가했고, 보호관찰과 가석방 담당관을 사회복지사에서 법집행관으로 전환시키는 데 도움을 주었다. 재구금자의 폭발적인 증가는 특별한 하급 보안 구금시설과 새로운 형태의 구금에 대한 수요를 창출하였다(예: 텍사스와 캘리포니아). 요컨대, 새로운 기술은 교정시스템에 대한 부담을 가중시켰고 더욱 전통적인 역할에 영향을 주었다.

또한 민간 업자들은 사람의 움직임을 감시할 다양한 첨단기술 장비들을 도입했다. 이 장비들은 감시에 사용될 수 있고 6장에서 언급한 것처럼 구금 없이 억류할 수 있게 한다. 특화된 보안업체로부터 발전되어 현재는 어디에나 적용이 가능한 **전자감시**는 처벌을 위한 효율적이고 값싼 매개체로서의 큰 가능성을 가지고 있다. 예를 들어, 외부통근 시설(work－release facilities)에 수용하지 않을 경우나 음주운전자 처벌을 위해 자택과 직장에 구금하는 경우에 보조적으로 사용될 수 있을 것이다.

주요용어

전자감시
교정 직원이 범죄자의 위치를 알 수 있게 하는 모든 시스템 및 원격측정 프로그램

교정 민영화: 쟁점 및 증거

이는 현재 널리 알려져 있는데 첫째, 민영화 협약은 민간 회사가 아닌 정부를 공적인 우선순위를 정하는 존재로 지정하고, 둘째, 공공 수단보다는 민간에 의존하여 공공 목표를 달성하려는 노력이 수반된다. 중요한 사실은, 오늘날이 30년 전과 무엇이 많이 다른지에 대한 기본적인 이해 없이 민영화 추세에 대한 의미를 진정으로 공감할 수 없다는 것이다. 1980년만 해도 국내를 비롯한 해외 어느 곳에도 민영 교도소나 구치소는 전혀 존재하지 않았다.

성인 보안시설의 민영화라는 개념이 정확히 언제 생겨났는지는 여전히 논쟁의 대상이다. 아마도 1983년 테네시주 내슈빌(Nashville)에 **미국교정회사**(Corrections Corporation of America, CCA)가 설립되었을 때 무렵일 것이다. 1984년 보안 카운티 시설의 첫 번째 지역계약(local contract)은 CCA와 체결되었다. 1985년 켄터키주는 주단위의

주요용어

미국교정회사
정부시설에 교정 서비스를 제공하고자 하는 민간 기업으로써, "민간 부문 교도소 시설의 조상"이라고도 알려져 있다.

첫 계약을 **미국교정법인**(U.S. Corrections Corporation, USCC)과 체결하였다. 첫 번째 연방정부 수준의 계약은 이민국(Immigration and Naturalization Service)에서 미국교정회사(CCA)로 이관되어 체결되었다. 이후 새로운 영역에 진출하기 위한 민간 기업의 급성장이 있었고, 침상과 회사의 수는 빠르게 증가하였다. 텍사스 교정시설은 500개의 침상을 가진 회사 네 곳과 디자인, 건축 및 관리를 포함한 계약을 체결하였다. 그 중 둘은 미국교정회사(CCA)와 체결하였고 나머지 둘은 **GEO그룹**의 전신인 WCC와 맺었다. 이는 민간 교정산업을 교정시설 민영화를 위한 더 큰 영역으로 확대시켰다. 최초의 해외 진출은 미국교정회사(CCA)와 호주 교정법인(Corrections Corporation of Australia)의 합작투자를 통해 이루어졌고 이후 영국까지 전파되었다. 교정산업은 새로운 아이디어에서 공공서비스에 대한 실용적인 대안으로 확장되어 가는 것처럼 보였다. 교정시설에 의한 민영화에 대한 저항은 실험에서부터 노골적인 거부까지 다양했고, 특히 민영화의 노력이 직업 안정성을 해치는 것으로 보일 때 더욱 그러했다.[7]

그 결과는 민간 서비스 분야의 새로운 활동 분야가 빠르게 늘어났다. 1992년과 2010년 사이의 몇 년 동안 미국에서의 민간 성인 교정시설의 계약 건수는 15,300건에서 약 185,000건까지 1,000% 이상 증가했다.

민간에서 관리되는 성인 시설은 이제 소규모 및 대규모 시설 모두에서 다양한 수형인구를 수용한다. 수형자를 민간관리 시설에 수용하기로 결정하는 지역이 전국적으로 상당한 비율로 증가했다. 비평가들은 최대 보안 시설만큼은 민영화할 수 없다고 예측했지만, 1992년 캔사스 리븐워스에서 미국교정회사(CCA)가 민간 중(重)경비 보안시설을 설립했다. 수많은 다른 민간관리 시설들은 중경비 보안으로 분류된 많은 수형자들을 구금했다. 재소자 간의 폭행, 재소자와 직원 사이의 폭행, 작은 소동, 폭동, 도주 등을 포함한 통제문제에 대한 증거는 명확하지 않으며 본 장의 뒷부분에서 논의하기로 한다.[8]

성인 교정시설을 관리하는 최소 세 개의 업체(CCA, GEO그룹, 기타)는 청소년범죄자를 위한 프로그램 또한 계약하였다. 이러한 프로

주요용어

미국 교정법인
민간 부문 교정 제공자

주요용어

GEO 그룹
이전엔 Wackenhut 그룹이라 알려졌던 민간 교정회사

그램은 주로 고학년 소년을 대상으로 하며 치료보다는 어린이 종합서비스와 소년서비스가 운영하는 전형적인 주거 프로그램에 중점을 두었다. 성인 교정회사에서 운영하는 청소년 범죄자 프로그램은 소년서비스 제공자들이 운영하는 주거 프로그램(일당 $85~$180)에 비해 평균적으로 더 낮은 일일비용(일당 $65~$80)이 든다. 현재까지 성인 시장에 집중하는 민간 교정회사들은 전문적으로 소년 프로그램에 전념하는 회사들과 광범위하게 경쟁하지 않았다. 민간회사에 의해 관리 중인 수형자의 수는 [표 13.2]를 참조하라.

표 13.2 민영기업에 90% 이상의 수형인원 확보를 보증한 주

주	GEO	MTC	CCA
캘리포니아	3	0	0
애리조나	2	2	2
뉴멕시코	2	0	1
오클라호마	1	0	3
루이지애나	1	0	1
미시시피	0	0	1
플로리다	2	1	4
조지아	1	0	3
테네시	0	0	1
버지니아	1	0	0
인디아나	1	0	0
오하이오	0	0	1

출처: Kathy Hall and Jan Diehrm, "Where Prisoners Are Guaranteed". http://www.huffingtonpost.com/2013/09/19/private-prisons_n_3955686.html (accessed September 13, 2014).

2012년 말 민영교도소는 137,000명이 넘는 연방 및 주의 재소자를 구금했다. 이 수치는 94,300명의 주정부 재소자, 33,800명의 연방 재소자, 14,814명의 이민관세청(ICE) 재소자, 17,154명의 마샬서비스(Marshal's Service)* 재소자를 포함한다.[9]

* 역주: 증인보호, 도주자 검거 등을 담당하는 연방 조직

32개 주와 워싱턴 DC, 연방 제도를 포함한 교정시스템에서는 민영 교도소를 활용하고 있다. 주정부 단위에서 살펴보면, 텍사스(민간시설에 15,893명의 재소자 구금)와 조지아 및 플로리다 각각 10,000명 정도로 2012년 기준으로 가장 많은 수의 재소자를 수용하는 것으로 조사되었다.[10] 뉴멕시코, 몬태나, 알래스카, 와이오밍, 오클라호마를 포함한 5개 주는 수형인구의 최소 25%를 민간시설에 수용하고 있다. 민간시설 활용은 주로 남부와 서부의 주에 집중되어 있다.

최근의 경기 침체로 인해 많은 주가 그들이 관리하는 수형인원을 줄이기 위한 다양한 노력을 함에 따라 민영 교도소 사업에도 부정적 영향을 미쳤다. 많은 민영 교도소들이 문을 닫았고 미국교정회사(CCA)는 거의 12,000개에 달하는 침상들을 폐쇄하였다고 조사되었다. 이러한 문제에도 불구하고 민영교도소 사업은 미국의 교정에서 영구적인 존재로 여겨진다. 예를 들어, 최근 오하이오주는 예산을 줄인다는 명목하에 주정부 교도소의 4/5를 민영업체에 매각할 계획을 수립 중이라고 발표하였다.[11]

주요 쟁점

지난 30년 동안 소년, 강력범 및 기타 범죄자 관리를 위한 민영 교도소 활용은 꾸준히 증가하였다. 오직 지난 10년간 이러한 발전을 저해하는 요소가 나타났다. 민간부문의 참여 영역에 대한 비판과 논쟁이 다수 존재한다. 비평가들은 민간부문 영역에 대한 많은 문제점 및 발전을 다루었다. 모든 민간부문 평가자나 조사자들이 운영시설 및 프로그램을 비판한 것은 아니었고, 이들의 비판이 모든 민간업자들에게 적용되지 않는다는 것은 의심의 여지가 없다. 아직까지도 이러한 의견과 비판이 증가하는 것으로 보인다.

해당 쟁점들을 이해하기 위해서는, 소년과 성인 교도소뿐만 아니라 이민법 위반자 보호를 위한 민간 보호소와 교도소 업자의 주된 주장들("영업 포인트")에서부터 시작하는 것이 필요하다.

주장

일반적으로, 대부분의 민영 서비스 제공자들은 아래와 같은 주장을 한다.

1. 민간업자들은 주정부 교도소에서 제공하는 것과 같은 서비스를 제공할 수 있다고 주장한다.
2. 주정부가 하는 작업을 더 싼 가격에 할 수 있다고 주장한다.
3. 업자들은 주정부가 제공하는 교도소, 유치장 및 소년시설보다 더 효율적인 교도소 서비스를 제공할 것이라 주장한다.
4. 민간업자들은 그들이 최대보안 교도소를 포함한 모든 경비단계의 범죄자들을 수용할 수 있다고 보고한다.
5. 지역 및 주의 시민들을 위해 고용창출과 자원을 더욱 향상시킬 것이라 보고한다.
6. 민영교도소 업자들은 시설 건설을 위한 재원 투자를 민간부문의 참여를 통해 해결함으로써 물리적 시설을 더 싸고 빠르게 제공할 수 있다고 주장한다.

주요용어

레인메이커
지역 관할권에 있는 민영 교도소의 발전과 지속적인 이용을 위한 민간부문 제안에 대해 승인을 할 수 있는 충분한 영향력을 가진 정부 사법권 내의 강력한 정치인과 정당. "rain"이란 민영 교도소 업자들을 위한 금전적 이익을 말하며, 민간업자가 자기들에게 유리한 후보자의 당선을 위해 사용하는 개인적인 정치적 기부에도 적용할 수도 있다.

공공의 이익

주정부 시설들에서 공공의 이익은 잠재적 도주범의 구금, 서비스 공공, 강화된 공공의 안전, 교도소의 보안 및 안전 유지, 교화개선 그리고 재범률 감소에 있다. 주 차원에서 세 가지 주요 수혜자는 정부, 납세자 그리고 범죄자이다. 민간업체 옵션의 수혜자는 주주, 투자자, 헤지 펀드, 로비스트, 상급 관리자(salaries), 부패공무원 그리고 **레인메이커(Rainmakers)**들까지 포함하는데, 레인메이커는 일반적으로 민간부문 기업계약의 승인을 보장하는 데 영향을 갖는 협력 정치인들을 의미한다.

불법이민 문제

일부 민영 교도소 기업들은 여러 주와 연방 시설에 이민법 위반으로 체포된 사람들을 억류하는 서비스, 구금 및 지원을 제공한다. 미국에 불법적으로 체류하는 것은 형법 위반이 아닌 민법 위반이다. 피의자의 입국만으로 형사처벌을 할 수 없기 때문에 미란다원칙을 제공할 필요가 없고 법적 대리권도 없다. 통상적으로, 신원과 지문 그리고 범죄이력을 확인하는데 대부분은 마지막에 살았던 모국으로 추방되어진다. 그러나 만약 변호사를 선임할 수 있다면 변호사가 없는 약 3%의 사람들에 비해 약 2/3 정도가 성공적인 결과를 얻게 될 것이다. 그러한 불법 이민자들은 이민관세청(ICE)의 구금시설에 수용될 것이며 무장한 직원들에 의해 감시된다. 이 시설들은 대략 30,000명에 달하는 이민자들을 수용하고 있다. 구치소와 교도소를 모델로 지어진 이민관세청의 구금시설은 민간업자들에 의해 주로 운영된다. 만약 이것이 처벌이라면, 그 구금의 기초가 되는 유죄 판결은 어디 있는가?[12] 미국시민자유연맹은 이런 과정을 "구속을 통한 은행업(Banking on Bondage)"이라 칭한다.

비용절감 문제

민간업자들이 공공 부문에 비해 더 낮은 비용으로 같은 서비스를 제공할 수 있다는 주장에 대한 연구 및 평가는 아직 입증되지 않았다. 몇몇 연구들은 민간업자에게 유리한 결과를 보여 주지만, 비용에 관한 대부분의 연구들은 별 차이가 없다고 하거나 오히려 그 반대의 결과를 제시하기도 하였다.[13] 현재까지 이러한 비용절감이 민영교도소 업자들과 계약한 모든 지역에서 구체적으로 확인되지 않았다고 결론 내릴 수 있다.

민간업자들의 비용을 고려해볼 때, 이들의 이익은 경비절감 및 직원 감축, 기본 물품 제한, 식료품의 양과 질 감소, 의료서비스 거부, 비노조원 고용, 최저임금 고용, 계약사기, 독점을 통해 생겨난 비용절감에 기인한 것이라는 점에 주목해야 한다. 수용인원보장(guaranteed occupancy)이란 민간업자와 계약을 맺은 정부 시설이 해당 시설에 의해 일정 수준의 점유율이 유지되도록 보장하는 것을 의미하며 때때로 95~97%에 이르기도 한다.[14] 만약 전체 재소자 수가 정원 아래로 떨어진다면 주는 계약 시 미리 정해진 비용을 빈 침대마다 지불해야 하며 이를 "낮은 범죄율(low-crime)" 세금으로 비유한다. 만약 범죄율이 떨어지거나 형법이 개정되어 구금기간이 짧아진다면 정부시설은 민간부문 관리 하의 재소자 수를 감소시킨 것으로 인해 피해가 발생한다. 또한 비용은 직원에게 최소한의 이익을 제공, 모든 중요한 서비스 지점을 관리할 직원의 감소, 생필품 양의 감소 그리고 이 장에서 이후에 서술할 다른 요인들을 통해 감소될 수 있다.

비록 수용인원보장에 대한 스트레스가 있지만, 민간업자들이 그들의 시설로 보내지는 모든 재소자를 수용함으로써 비율을 유지한다고 주장하는 것은 근거 없는 주장이다. 실제로, 민영시설의 재소자는 대부분 최소에서 중간 경비급 범죄자들이다. 민간시설이 폭력성과 위험성을 이유로 최대 경비시설 재소자를 공공부문으로 돌려보내는 것은 잘 알려져 있지 않다.[15] 게다가, 민간업자는 일반적으로 중환자가 아니며 비싼 치료를 요하지 않는 재소자만을 수용한다.

폭력 문제

일반적으로 민간업자에 의해 관리되는 교도소와 소년시설들은 높은 수준의 폭력문제를 가지고 있으며, 이것은 잠재적으로 부정적인 평가가 나올 수 있기 때문에, 그 중 많은 사건이 조사되지 않고 기록되지 않으며 계약을 체결한 관할 공공기관에 보고되지 않는다.

직원 고용 및 이직

대부분의 민영시설의 직원은 낮은 임금수준과 제한된 복지혜택을 제공받는다. 또한, 직원 노조를 만들려는 노력은 저항에 부딪혀

왔다. 일단 고용되면 신입사원에게는 오직 최소한의 훈련과 제한된 현장경험만 제공된다. 이는 "한 명 해고, 한 명 고용"이라는 것으로, 노예계약으로 구성된 한 사슬로 묶인 갱단들이 고용되었던 남북전쟁 직후 수십 년 동안 보였던 모습이다. 만약 한 명이 사망하면, 그에 대한 대응은 "하나 죽었네? 새로 뽑아."였다.

일부 시설에서 직원의 이직률은 한 해에 96%까지 높았고 공공부문의 최고 비율을 훨씬 초과하였다. 높은 이직률은 많은 신입사원이 직책을 맡기 전에 최소한의 수습교육만 받는다는 것을 의미한다. 이러한 고용은 과거사건에 대한 최소한의 산업기억(industrial memory)과 성공적인 인수인계와 감독에 대해 개선이 필요함을 암시한다.[16] 신규 채용된 직원들은 중요한 관리 기술을 잘 알지 못하고 신입사원 고용률이 높다는 것은 매일(24시간/7일) 중요한 임무를 수행할 수 있는 직원의 수가 충분치 않다는 것을 의미한다. 최소한의 중요한 직책을 채우는 것은 직원들이 두 번째(또는 세 번째) 연장근무를 요청받는다는 것을 암시한다. 피곤한 보안요원은 필요할 때 중재하지 못할 것이고, 곧 벌어질 싸움을 암시하는 증거들을 무시할 것이며, 수형자 폭동이 있는 시설로 돌아가길 거부할 것이다. 이는 또한 재소자 간의 더 심한 싸움, 기물파손, 인명손실을 의미한다.[17] 보안은 이러한 사건들을 억제하기 위해 충분히 강화되어야 할 것이다.

사회복귀

비용절감은 여러 단계에서 발생할 수 있지만 직원감축과 프로그램 축소는 비용을 절감하고 이윤을 늘릴 수 있는 두 가지 방법이다. 프로그램의 축소는 부분적으로 교화개선 프로그램의 효율성이 낮음을 의미한다. 만약 교화개선이 재범의 감소로 이어진다면 이를 지키기 위해 시간, 비용, 노력을 투자하는 것이 공공의 이익이다. 시설이 교화개선의 부분에 효과적인지를 확인하기 위한 한 가지 지표는 이전의 수형자들에 의한 범죄행위를 측정해보는 것이다. 이와 관련된 증거는 부정적이다. 공공과 민영교도소를 비교한 연구결과에 따르면,

사회복귀를 위한 교화개선 프로그램, 특히 학과교육, 직업훈련, 실습, 취업알선 프로그램 등이 공공안전을 보다 확실히 보장할 수 있는 방법임을 알 수 있다. 비평가들은 일반적으로 교화개선이 공공 교정시설들에서 가장 성공적이었다는 데 동의한다. 하지만 민간 및 공공 부문의 결과를 평가할 때 **체리피킹**(Cherry picking) 증거가 있음을 염두에 두어야 한다. 민간시설의 재소자는 공공시설에 집중된 더 폭력적이고 파괴적인 최대경비급 또는 그 이상의 보안 범죄자가 아닌 최소-중간 등급의 수형자일 가능성이 높다. 간략히 말하자면, 만약 당신이 하급 경비등급 범죄자들과 일한다면 당신은 높은 석방 성공률을 보여야 한다. 반면에 높은 경비등급의 수형자는 가장 높은 수준의 재범률을 보여야 한다. 현재까지의 연구결과(증거)를 살펴보면 그 결과는 예상과는 정 반대 결과를 보여준다. 법무부 직원, 일반 대중 그리고 지식인들은 왜 이렇게 되는지 의문을 가져야 한다. 게다가 2001년 미 법무부의 연구는 민영 교도소의 폭력발생률이 공공 교도소에 비해 65%나 높다는 것을 보고하였다. 한 연구에 따르면 플로리다 민영 교도소의 소년들이 1년 안에 재범률이 40%로 뉴욕의 공공 교도소의 25%와 비교해 큰 차이를 보였다고 한다.

주요용어

체리피킹
교정영역에서 가능한 최상의 유리한 결과를 보장하려는 의도로 프로그램 및 시설에 참여시킬 최고 또는 가장 바람직한 수형자를 선정하는 과정이다.

비용 절감 및 상품

일반적으로 상품이란 금이나 음식, 자동차, 집 같은 쓸모 있고 가치 있는 물건을 말한다. 일부는 분명 다른 것보다 더 가치가 있다. 구금시설 내에서 소모성 상품들은 교도소의 제한된 경제 내에서 매우 비싸게 가치가 매겨지고 높은 값을 부를 수 있다. 여기엔 담배, 술, 불법 약물, 칼 등이 포함된다. 이러한 상품들은 절대 교도소 내에서 발견되어선 안 되고, 그러한 밀반입품들을 막기 위해 (최소한 공공부문에선) 상당한 노력이 이루어져야 한다(캐나다는 주차장을 포함한 교도소 내 어느 구역에서도 담배를 허락하지 않는다).

교도소 내의 다른 합법적인 소모성 상품들은 배급품이나 온수기("stingers") 및 개인 소지품을 포함한다. 민간부문은 개인물품을 동일하게 이용하게 하겠지만, 대안적인 공급처가 거의 없다. 여성범죄자 수용을 위한 시설을 중점적으로 살펴보면 다음과 같다. 수용된 청소년과 성인 수형자에게는 음식, 치약, 방향제, 생리용품(탐폰), 비누, 화장지, 속옷 등과 같은 특정 물품들을 적절하게 공급해야 한다. 또한, 그러한 상품의 질과 양은 적절할 것으로 기대된다. 비용은 물품을 제한함으로써 낮출 수 있는데, 예를 들어, 화장지를 하루에 다섯 장 이하로 배급하는 방법이 있다.

음식은 소년 및 성인 수형자에게 **핫 아이템**(Hot-button item)이다. 음식은 양이 충분해야 할 뿐만 아니라 그 질도 수용할 만해야 한다. 음식은 수형자의 필요 열량을 충족할 만큼 충분해야 하고 폭동이나 소란으로 이어지지 않도록 충분히 만족스러워야 한다. 교도소 시설 내 주요 소동은 식당이나 여가장소 및 운동장같이 재소자들이 잠깐이라도 모일 수 있는 곳에서 벌어진다는 것은 놀라운 일이 아니다. 음식이 구더기가 들끓고, 차갑고, 제대로 조리되지도 않고(예를 들어, 피가 남아있는 채로 차갑게 나온 닭요리), 조리된 음식에 파리가 들어가거나, 쥐나 바퀴벌레, 생쥐가 돌아다니는 곳에서 차려진 음식은 인간의 소비에 기본적인 필수사항을 충족시키지 않는다. 구금시설 내에선, 음식의 양과 질로 인해 소동, 폭동, 폭행이 쉽게 발생할 수 있다. 한 예로 1971년의 오하이오 교도소는 주방에서 발생한 화재로 해당 시설의 재소자에게 음식을 제공할 수 없게 되었다. 오하이오주의 교정부서 책임자는 즉시 주요 식품 서비스 회사를 통해 1,900명의 재소자에게 먹일 충분한 양의 샌드위치와 음료, 감자를 주문해 큰 소동의 발생을 막았다. 폭동 대신, 재소자들은 획일적이던 식사에서 벗어난 것과 "피크닉" 같은 분위기에 만족스러워했다.

비평가들은 만족스럽지 못한 음식 서비스와 질에 관한 수많은 사례들을 언급했다. 이러한 행동은 주요 소동을 일으킬 뿐만 아니라 수형자와 직원 사이의 적대감을 증가시킨다.[18]

주요용어

핫 아이템
누군가가 생각하고 있는 주제가 토의될 때 해당 이슈에 대해 개인을 불쾌하게 하거나 매우 열정적이게 만든다. 이러한 주제는 사람, 종교, 정책, 재산, 범죄자 또는 열정을 포함한다. 교정제도에서 음식은 종종 수형자들에게 핫 아이템이다.

부패 문제

이윤폭을 늘리기 위한 방법 중 하나는 상품, 서비스 또는 기회를 사용하는 고객의 수를 늘리는 것이다. "영업 포인트"는 앞서 언급했다시피 쉽게 확인 가능하다. 레인메이커는 재소자 수의 증가에 효과적인 요소가 될 수 있고, **게이트키퍼**는 고객이 원하는 서비스에 참여하도록 의뢰하거나 주문하도록 유도할 수 있다.

주요용어

게이트키퍼
구금시설 접근 또는 교도소 구금 및 가석방을 결정하는 형사 또는 소년 사법 전문가(예를 들어, 검사, 가석방위원회 위원, 정치인 또는 판사)

대부분의 게이트키퍼는, 어떤 서비스나 시설에 범죄자를 구금하거나 위탁하는 것이 양형이익 그리고 대상자나 범죄자를 위해 최선의 해결책이라 확신해 왔다. 특히 그러한 판사들은 피보호자에게 이익이 될 수 있는 공공안전 해결책을 찾는다. 다른 게이트키퍼 판사들은 판결로부터 얻을 수 있는 개인적 이익에 근거하여 판결할 수 있다. 공공의 이익에서 개인의 이익으로의 대체는 **부패**의 한 형태이다.[19]

주요용어

부패
부정직하거나 불법적인 행동으로, 특히 권력이 있는 사람(공무원, 판사, 경찰관 등)에 의한다.

교정 분야에는 일부 부패한 게이트키퍼가 존재한다. 그 중 한 사람은 재정적 이유로 면죄부를 판 주지사였고 다른 한 사람은 개인적인 이익을 위해 몰수된 불법 약물을 훔치고 증거를 없앤 경찰서 증거실 책임자였다. 다른 게이트키퍼는 양형판사인데 그는 재정적 이유로 소년들을 민간 비행소년시설에 넣고 그 운영자로부터 각 소년에 대한 리베이트를 받아 챙겼다. 그러한 행위의 이익은 공익과는 거리가 멀었다. 현금 리베이트는 더 많은 범죄자들을 구금하기 위한 인센티브로 악용되었다. 2010년과 2011년에 두 명의 전직 소년법원판사가 "현금거래(kids-for-cash)" 스캔들로 체포되어 유죄 판결을 받았다. 그들은 해당 업자들로부터 수백만 달러를 받은 대가로 공공 소년시설을 폐쇄하고 새로운 민간부문 시설로 소년들을 옮기는 대가로 **뇌물(정치 헌금)**을 받았다. 그 둘은 현재 교도소에서 장기 복역을 하고 있는 것으로 알려졌다. 한 비평가는 이런 접근법이 수형자를 상품으로 취급하는 것이라 비판하고, 재소자를 "이익의 포로"라 표현했다.

주요용어

뇌물(정치 헌금)
일반적으로 수익이 발생할 수 있게 해준 대가로 특정 권력이나 영향을 행사할 수 있는 위치의 사람에게 이미 받은 돈 총합의 일부를 돌려주는 것으로, 보통은 부적절하고, 부도덕적이거나 불법적으로 여겨진다.

비평가들의 주장에도 불구하고 민간의 운영에 대한 법정문서, 유죄 판결, 전직 직원들의 증언 및 현재 운영상황 등의 자료를 수집하기는 여전히 어렵다고 경고한다. 이러한 비판들을 취합하거나 입증하기 위해서, 연방 또는 주의 조사단은 과거의 업무나 장래의 운영에 대한 조사를 실시해야 한다. 불공정한 비판이 있을 수 있다.

요약

민간 부문이 교정에 참여한 역사에 대해 서술하시오.

1980년대 이전의 대부분의 교정서비스 및 시설은 민간업자들이 참여했고, 훈련 및 교육에서부터 의료와 음식, 가석방 및 보호관찰까지 어우르는 서비스를 포함했다. 1977년 민간업자들은 민영화된 기관시설을 제공하기 위해 법인을 만들기 시작했다. 현재는 민간법인들이 자활능력이 결여된 범죄자들의 약 17%를 수용하고 있지만 이러한 제도를 둘러싼 논쟁은 계속되고 있다.

민간업자가 공공 주정부 교도소의 필요를 충족시키기 위해 주장하는 이점을 설명하시오.

민간 제공자들은 모든 보안등급의 범죄자들을 수용할 수 있고 주정부보다 더 빠르고 저렴하게 교도소 시설을 건설하며 지역 노동자를 고용함으로써 지역경제를 강화할 수 있다고 보고되었다. 또한 그들은 주정부 교도소만큼이나 (혹은 그 이상) 효율적이라고 주장한다.

교도소 수형자가 어떻게 "주정부 노예"로 취급받게 되었는지 서술하시오.

19세기말 주는 수형자들을 민간부문에 위탁했고, 그 노동력의 대가로 보수를 받았다. 위탁된 수형자들은 주인의 노예처럼 기본적으로 농사를 짓거나 곡물을 수확했다("농장의 농부"). 주정부는 수익을 얻었고, 추가적이고 적절한 건물을 짓거나, 교정직원을 고용하거나, 수형자들을 입히고 먹이거나, 필요한 경우 보호, 구금, 보급품에 드는 비용을 절약할 수 있었다. 간단히 말해, 교도소는 수형인구를 민간부문에 위탁하려는 주에게 매력적인 "이익 창출소"가 되었다.

민간 부문 기업이 소년 범죄자들로부터 이익을 얻는 다섯 가지 예시를 나열하시오.

역사적으로, 정부 기관이 민간부문을 통해서 소년들을 위한 음식, 의료, 교육, 정신건강, 운송 및 훈련 서비스를 제공하는 것은 일반적이었다. 정부 수립 후 1930년까지의 기간 동안, 영리, 비영리 및 자선 단체들이 소년범죄자들을 위한 모든 유형의 시설과 서비스를 제공하기 위해 주 정부와 계약했다. 민간업자들은 이런 계약을 지속하면서 소년 범죄자들로부터 이익을 얻었다.

민간업자들을 둘러싼 다섯 가지 주장을 확인하시오.

민간 업자들은 직원의 학대, 업무 태만, 부당한 처벌, 미숙련되고 질이 떨어지는 직원들 때문에 고소당해왔고 일부 시설에서는 높은 이직률 때문에 통제력 상실을 초래하는 경우도 발생하였다. 다른 논란은 교화개선, 학업 교육, 직업훈련의 부족과 그들의 수형자들의 높은 재범률 등이 있다.

게이트키퍼와 레인메이커를 비교·대조하시오.

레인메이커는 민영 교도소 발전과 지역 관할권에서의 지속적인 이용을 위해 민간부문 제안을 승인 허가할 만큼 충분한 영향력을 가진 정부 관할권의 강력한 정치인과 정당이다. "레인"이란 민간 교도소 제공자의 금전적 이익을 말하며 민간업자에게 우호적인 후보자를 선출하기 위한 개인적인 정치적 기부에도 적용할 수도 있다.

게이트키퍼들은 사법공무원으로서 사건 결정에 영향을 미치며 범죄자들의 구금 조건을 조정할 수 있다. 게이트키퍼는 민간 구금시설에 많은 수형자를 위탁함으로써 부정을 저지를 수 있는데 주로 뇌물이나 개인적인 부를 위해서였다.

다른 교도소 제도 및 교도소의 민영화에 대해 요약하시오.

미국 내에서 민영교도소는 세금지원을 받는 기관들로써 예정된 사회적, 형사적 목적을 위한 범죄자들의 관리, 구금, 안전을 제공하기 위해 설계되었다. 교정관리는 공공이익 및 정부의 행정부와 입법부 모두에 빠르게 대응하여야 한다. 교정관리의 행동은 해고와 재판을 포함하는 주정부 및 법원에서 규정한 정책과 방침에 따라 통제된다. 민영교도소는 심사와 조사에 좀처럼 개방적이지 않고 시설의 효율성에 대해 거의 의심 받지 않는다. 민간시설은 일반 대중이나 주정부에 직접적으로 대응하지 않고 주로 이익 창출자에게 반응한다.

주요용어

민간부문 교정시설 …… 435
자가보험 …… 438
주인의 노예 …… 439
민영화 …… 440
감시 기술 …… 441
성장 산업 …… 442
전자감시 …… 444
미국교정회사 …… 444
미국 교정법인 …… 445
GEO 그룹 …… 445
레인메이커 …… 448
체리피킹 …… 452
핫 아이템 …… 453
게이트키퍼 …… 454
부패 …… 454
뇌물 …… 454

복습질문

1. 민간부문이 교도소와 구치소에 연관된 주된 이유가 무엇인가?
2. 민간부문이 성인 교도소에 공급하는 침상의 수는 얼마나 되는가?
3. 성인교도소 및 구치소의 민영화에 대한 주된 주장은 무엇인가?
4. 교정서비스의 민영화에 찬성하는 주된 주장은 무엇인가?
5. 교정시설 민영화의 논쟁에서 명백한 기득권은 무엇인가?

적용사례연구

1. 당신은 주 교정국의 관리자이고 주요 상급자의 보좌관이 당신을 사무실로 불렀다. 상급자는 민간업자가 건설하고 운영할 두 개의 새로운 교도소 관리를 위해 세 명의 주 상원의원이 입찰을 요구하는 법안을 도입할 것이라고 알려주었다. 상급자는 당신이 어떤 유형의 범죄자를 배치할지 결정할 것을 요청했다. 당신은 어떻게 대답할 것인가?
2. 당신은 카운티의 관리자이고, 믿을 만한 뉴스기자로부터 두 명의 소년법원 판사가 소년범죄자를 모두 민간 소년시설로 보내고 있다고 들었다. 또한 자산 평가가 진행 중인데, 두 판사 모두 공개된 총 연간 소득보다 많은 금액을 최근 새롭게 투자한 것으로 나타났다. 당신은 어떻게 할 것인가?
3. 당신은 적용사례연구 2에 정보를 제공하는 뉴스리포터이다. 한 민간 구류센터에서 일하는 교정직원이 당신에게 한 남자 소년수형자가 사라졌지만 어떠한 공지나 소년을 찾기 위한 수색작업이 진행되지 않았다고 말했다. 당신은 어떻게 하겠는가?

미주

1. William Sabol, Heather Couture, and Paige Harrison, *Prisoners in 2008* (Washington, DC: Bureau of Justice Statistics, 2007), p. 1.
2. Joseph Jacoby, "The Endurance of Failing Corr–ectional Institutions," *The Prison Journal* 82:2 (2002): 168–188.
3. Douglas McDonald, E. Fournier, E. Russell, et al., *Private Prisons in the United States* (Cambridge, MA: Abt Associates, 1998).
4. Harry E. Allen and J. Abril, "The New Chain Gang: Corrections in the Next Century," *American Journal of Criminal Justice* 22:1 (1997): 1–12; Matthew Mancini, *One Dies, Get Another: Convict Leasing in the American South* (Columbia: University of South Carolina Press, 1999). See also Major W. Cox, "Chain Gang's Newest Wedge," http://www.majorcox.com/columns/chains.htm (accessed November 16, 2008).
5. James Anderson, L. Dyson, and W. Brooks, "Alabama Prison Chain Gangs," *Western Journal of Black Studies* 24:1 (2000): 9–1; Timothy Dodge, "State Convict Road Gangs in Alabama," *The Alabama Review* 53:4 (2000): 243–270. See also Scott Henry, "How Do You Say 'Chain Gang' in Arabic?," http://blogs.creativeloafing.com/freshloaf/2008/02/14/how-do-you-say-chain-gang-in-Arabic?/ (accessed November 16, 2008).
6. For example, California has 13 contract correctional facilities providing minimum security and treatment. In 2007, 9 of these 10 units housed more than 7,900 offenders. American Correctional Association, *2007*

Directory of Adult and Juvenile Correctional Departments, Institutions, Agencies, and Probation and Parole Authorities (Lanham, MD: American Correctional Association, 2007), pp. 128-129.

7. Richard P. Seiter, "Private Corrections: A Review of the Issues," http://cca.com/Media/Default/documents/CCA-Resource-Center/Private_Corr_Review.pdf (accessed September 13, 2014).
8. A series of evaluation studies can be found at http://www.correctionscorp.com/researchfi-ndings.html. None of the authors has any financial interest in any private-sector correctional group.
9. Cody Mason, (2012), "Dollars and Detainees: The Growth of For-ProfitDetetion," http://sentencingproject.org/doc/publications/inc_Dollars_and_Detainees.pdf (accessed January 26, 2014).
10. American Correctional Association, *2012 Directory* (Alexandria, VA: American Correctional Ass-ociation, 2012), pp. 752-754.
11. After the bids were received, only two prisons were slated to be transferred to private operators.
12. Graham Kates (2013), "Fast Track to Deportation," http://www.thecrimereport.org/news/inside-criminal-justice/2013-09-fast-track-to-deportation (accessed September 13, 2013). See also Detention Night Watch, "The Influence of the Private Prison Industry in Immigration Detention," at http://www.detentionwatchwork.org/privateprisons (accessed May 18, 2013).
13. Cody Mason, *Too Good to Be True: Private Prisons in* America (Washington, DC: The Sentencing Project, 2012); American Civil Liberties Union, "Private Prisons," http://www.aclu.org/prisoners/rights/private-prisons (accessed November 12, 2012).
14. See Craig Harris, "Arizona Faces Growing Cost of Private Prisons," http://www.azcentral.com/news/arizona/articles/20131204arizona-private-prisons-growing-cost.html?nclick_check=1 (accessed December 31, 2014). The author argues that the guarantee of a high occupancy rate is a major contribution to a healthy bottom line at the expense of taxpayers, a "profit machine" for private businesses; the article includes quotes from correctional managers who argue that correctional facilities should be used to reduce recidivism among those eventually released. Is this "banking on bondage"? See also Brian Haas, "Tennessee Taxpayers Fund Empty CCA Prison Beds," http://www.tennessean.com/article/20131011/NEWS0201/310110126/ (accessed November 11, 2013).
15. See Chris Kirkham, "Private Prison for Juveniles in Mississippi Plagued by Violence, despite Federal Settlement," http://www.huffingtonpost.com/2012/06/14/private-prison-mississippi_n_1598293.html (accessed June 14, 2012).
16. Seth Wessler, "Did a Private Prison Corporation's Abuse of Inmates Spark a Deadly Riot in Mississippi?," http://www.alternet.org/story/155544/did_a_private_prison_corporation's_abuse_of_inmates_spark_a_deadly_riot_in_mississippi (accessed January 29, 2014).
17. Scott Cohn, "Private Prison Industry Grows despite Critics," http://www.nbcnews.com/id/44936562/ns/business-cnbc_tv/t/private-prison-industry-grows-despite-critics/

(accessed January 27, 2014). See also Chris Kirkham, "Private Prison Empire Rises despite Startling Record of Juvenile Abuse," http://projects.huffingtonpost.com/prisonersof profit (accessed October 25, 2013).

18. Mason, *Too Good to Be True*, p. 10.
19. Jerry Linott, "Circle of Trust Broken," http://psdispatch.com/news/local-news/114 3207/Much-has-changed-since-scandal-broke (accessed January 28, 2014). Two judges who pled guilty to corruption charges and who had received $2.8 in kickbacks from two private-sector prison providers in a case known commonly as "Kids for Cash" were sentenced to prison terms of 17 and 28 years, respectively, for the constitutional violations of the juveniles' rights. The Pennsylvania Supreme Court took a "remarkable" step in expunging the criminal records of over 2,400 juveniles handled by the two judges, as well as compensating the victims of the juvenile offenders. Most of the detained juveniles were quickly released.

CHAPTER 14

사형제도

학습목표

- 사형제도의 역사와 그에 대한 법조항에 대해 기술하시오.
- 사형집행 방법에 대해 설명하시오.
- 사형제도에 대한 미국 대법원의 주요 판결의 영향에 대해 설명하시오.
- 사형제도에 대한 수정헌법 8조의 영향을 요약하시오.
- 검찰의 재량권이 사형제도에 어떤 영향을 미치는지 설명하시오.
- 사형의 억제효과에 대해 적절한 결론을 도출하시오.
- 사형의 유형을 설명하시오.
- 사형을 집행하는 방법과 사형집행과 관련된 문제를 설명하시오.
- 미국에서 여자 사형수가 적은 이유를 설명하시오.
- 사형제도의 존치론자 및 폐지론자의 입장을 비교하시오.
- 미국에서 사형이 집행되지 않을 수 있는 사람에 대해 설명하시오.
- 현재 시설 내 구금 중인 사형수들의 특징을 요약하시오.
- 사형과 가석방 없는 종신형의 비용을 비교하시오.

개요

사형제도의 기원

더 나은 죽는 방법?

임의적이고 간헐적 처벌

수정헌법 제8조와 사형제도

검사의 재량권

사형제도의 범죄 억제효과
• 여론과 사형제도
• 계속되는 논쟁

형평성의 문제

여성과 사형제도

청소년과 사형제도

정당성

테러리즘과 사형제도

사형제도의 비용

사형집행에 대한 계속된 노력

"법률의 테두리 안에서 사소한 사건에 사형을 부과할 때, (재판관이) 자의적으로 부과하였다는 결론을 피할 수 없을 것이다."
– Furman v. Georgia, 408 U.S. 238(1976)

개관

교정분야에서 사형제도보다 시민, 판사, 교회(종교인), 행정관리들 사이에 계속적인 논쟁이 되는 주제는 없을 것이다. 논쟁은 도덕의 측면에서 정의의 경계까지, 보복과 복수의 핵심에 이르기까지 활발히 이루어지고 있다. 타인을 죽인 사람을 국가의 이름으로 죽이는 것이 과연 타당한 것인가? 우리는 대중들이 좀 더 받아들이기 쉽도록 사형집행 방법을 변경하기도 하였다. 데드맨워킹(*Dead Man Walking*)[1]이라는 유명한 영화에서는 이러한 극단적 처벌에 대한 양측의 논쟁을 영화에서 다루려고 노력하였다.

이 장에서는 사형제도의 역사, 방법, 응용, 운영과 더불어 이러한 처벌을 야기하는 범죄의 원인 및 속성을 탐구해 보기로 한다. 어떤 사람이 사형제도의 찬성 또는 반대하는 견해는 가해자가 누구인지, 피해자가 누구인지에 따라 종종 좌우된다. 학생들은 반드시 사형제도에 대한 편견 없는 오픈 마인드를 가져야 하며 사형제도는 우리 사회가 존재하는 동안 같이 존재해왔음을 인식해야 한다. 사형제도를 폐지할 때인지? 또는 존치하되 좀 더 효율적이고 덜 잔인하고, 엄정하게 해야 할 때인가? 이 장을 통해 관련 기초지식을 고찰할 것이며 미국 형사사법시스템의 독특한 특징과 교정현장의 문제점 등을 논의하기로 한다.

사형제도의 기원

주요용어

사형
국가에 의한 사형 선고

주요용어

사형집행
국가에 의한 범죄자 살해

앞의 장에서, 사형제도와 관련된 몇몇 이슈에 대해 논의했었다. 사형제도와 관련된 논의가 나오는 빈도는 이 제도가 형사사법의 다른 측면과 어떻게 관련이 되는지를 보여준다. **사형**(Capital punishment)이라는 용어는 일반적으로 국가의 이름으로 특정 범죄를 저지른 사람을 **사형집행**(execution)하는 것을 의미한다. 이러한 처벌을 부여할 수 있는 범죄의 종류는 시대에 따라 다양하게 변해왔으나 반역, 살인, 강간 등의 범죄가 가장 일반적이다. 몇몇 주에서는 사형에 해당하는 범죄로 기차 파괴(train wrecking), 반역, 위증, 마약밀매, 항공기 하이재킹(aircraft piracy), 청부살인을 포함하고 있으나[2] 1975년 사형제도가 부활한 이래 미국 내에서 살인죄를 제외한 다른 죄명으로 사형집행당한 사람은 한 명도 없다. 미군, 주정부 및 대부분의 주정부는 사형제도를 존치하고 있으나 알래스카, 워싱턴 D.C., 코래티컷, 하와이, 일리노이, 아이오아, 메인, 메릴랜드, 매사추세츠, 미시간, 미네소타, 뉴저지, 뉴멕시코, 뉴욕, 노스다코타, 로드아일랜드, 버몬트, 웨스트버지니아, 위스콘신은 사형제도가 폐지된 주이다.[3] [표 14-1]은 사형제도가 폐지된 주와 폐지연도를 나타내고 있다.

사형집행 방식은 다양하게 변해왔으며 교수형, 화형, 기름에 넣어 끓이는 방법, 찔러 죽이는 방법, 목을 졸라 죽이는 방법, 참수, 전기감전, 가스, 독극물주사가 그것이다. 미국에서는 현대식 기법으로 총살형, 교수형, 가스실, 전기감전, 독극물 주사를 들 수 있다. 사형집행이 인간적이어야 하는지에 대한 논란이 계속되고 있지만, 독극물 주사는 가장 애용되고 인간적인 기술로 보인다.[4]

표 14.1 사형제도를 폐지한 주(폐지연도)

알래스카(1957)	미시간(1846)	웨스트버지니아(1965)
코네티컷(2012)	미네소타(1911)	위스콘신(1853)
하와이(1957)	뉴저지(2007)	D.C.(1981)
일리노이(2011)	뉴멕시코(2009)	
아이오아(1965)	뉴욕(2007)	
메인(1887)	노스다코타(1973)	
메릴랜드(2013)	로드아일랜드(1984)	
매사추세츠(1984)	버몬트(1964)	

출처: Death Penalty Information Center (2014), "States with and without the Death Penalty". http://www.deathpenaltyinfo.org/states-and-without-death-penalty (accessed September 2014).

초기 역사에서 사형집행은 거의 항상 다른 사람들에게 경고와 억제력으로 작용하기를 바라면서 공공의 구경거리로 행해졌다. 범죄에 대한 복수를 하려는 인간의 욕망이 개인에서 국가로 옮겨져 많은 계몽사회에서 결국은 혐오스러운 결과를 낳게 되었다고 할 수 있다. 피비린내 나는 형태의 자본주의 복수를 제거한 지 오랜 후에도 논란은 여전히 사형제도에 대한 가능한 억제효과에 초점을 맞추고 있다. 사형제도에 대한 찬반 논쟁은 억제효과, 과도한 잔인성(수정헌법 8조 논의), 형평성(수정헌법 6조와 14조 고려사항), 사형제도에 대한 태도 문제를 다룬다.[5]

더 나은 죽는 방법?

아마도 미국이 다양한 사형집행 방법에 가장 혁신적인 기여를 한 것은 전기의자의 발명이었을 것이다. 비록 이 발명품이 당시의 현행 방식(예를 들어, 교수형과 총살형)보다 더 인도주의적 방법으로 극찬되었지만, 많은 사람들은 그것을 개발한 뉴욕 전기회사의 홍보 계획에 불과하다고 생각했다. 첫 번째 감전사(전기를 통한 사형집행)는 1890년 8월 6일 뉴욕의 오번 교도소에서 행해졌다. 이 고도로 선전된 새로운 장치 안에서 처음으로 죽은 사람은 뉴욕 버팔로 출신의 유죄 판결을 받은 살인자 윌리엄 켐러(William Kemmler)였다.

토마스 에디슨을 포함한 전기의자의 반대자들은 그것이 지나치게 고통스러울 것이라고 주장했다(이를 활용했던 교정공무원들에게 격렬히 거부당함).[6] 반대론자들은 가장 인간적인 사형집행 방법으로 살상가스를 주장했다. 미국에서 처음으로 감옥 가스실에서 죽은 사람은 기 존(Gee Jon)이라는 이름의 중국인 이민 노동자였다. 전기의자의 믿을 수 없을 정도로 끔찍한 일련의 사형집행 후에 호응을 얻은 조잡한 시스템은 시안화물 가스를 사용했다. 1924년 2월 8일 네바다에서 기(Gee)는 단 6분 만에 죽었다.

사형수들의 사형집행을 좀 더 쉽고 깨끗하게 실행하기 위한 노력으로 1970년대와 1980년대에 독극물 주사법이 큰 호응을 얻었다. 많은 주들이 사형제도가 덜 잔인하고 평범하지 않다고 여겨지면, 그들이 더 쉽게 사형을 부활시킬 수 있을 것이라고 생각했던 것 같다. 살인 재판의 공동피고였던 찰스 브룩스는 1982년 12월 6일 텍사스에서 사형된 최초의 죄수였다.

35개 주(일부 주에서는 둘 이상의 방법을 승인함)와 연방정부는 독극물 주사 방법을 가장 인간적인 사형집행으로 1차 또는 2차 선택으로 활용하는 법안을 통과시켰다는 점은 매우 흥미롭다.[7] 1976년 이후 사형집행의 85% 이상이 독극물 주사를 사용했다. 주목할 만한 것은 생명을 구하는 것이 직업인 의사협회 회원들이 국가로부터 사형집행을 요청받음으로써 히포크라테스 선서와 갈등을 일으킬지도 모른다는 우려를 표명하고 있다는 것이다. 우리는 여전히 사형집행 과정을 좀 더 인간적으로 만드는 방법을 찾고 있다.

사형집행의 육체적 고통은 아마도 사형수들이 사형장에서 평균 11년 정도의 오랜 기간을 기다려야 하는 것에 비하면 가장 작은 걱정거리일 것이다.[8] 사형선고에서부터 사형집행까지의 가장 긴 경우는 25년 정도 소요되는 것으로 보인다. 사형수가 견뎌야 하는 정신적 고통은 (오랜 기다림이 이것을 더 심화시킨다) 산업사회가 사형제를 폐지하기 시작하면서 사형을 둘러싼 최근 널리 확산되고 있는 논란의 주된 초점이 되어 왔다.[9] 미국에서 사형제도의 활용은 총 1,513명의 죄수가 사형집행된 1930년대에 최고조에 달했는데, 이는 한 달에 평균 14명 정도였다. 1960년대 격동의 시기에 증가된 상소 건수와 사형제도에 대한 반대기류는 최고조에 달했고, 1972년 미국 대법원은 사형제도에 대한 유예기간을 두는 한편, 각 주는 엄격한 헌법지침에 부합할 수 있는 입법을 고려했다.[10] 그 유예기간은 1976년 **그레그 대 조지아**(Gregg v. Georgia)의 결정에 의해 무력화 되었고, 1977년 사형집행은 유죄 판결을 받은 살인자 게리 길모어의 "자, 시작합시다!"라는 외침과 함께 다시 시작되어 유타주 총살대 앞에서 자발적으로 사형집행되었다. 전술한 바와 같이 오늘날 18개 주에서는 사형제도를 폐지하였다. 2000년 일리노이 주지사 조지 라이언은 주의 사형제도에 대해 유예조치를 내렸다. "우리는 현재 형사사법체제하에서 사형보다 더 많은 사람들을 석방했다. 13명의 사람들이 무죄를 선고받았고 12명의 사람들이 사형당했다. 의심의 여지없이 시스템의 흠결이 있으며 우리는 이러한 문제점을 연구할 필요가 있다."[11] 2003년 라이언 주지사는 사형수 156명의 형을 종신형으로 감형했다. 2011년 3월 9일, 퀸 주지사는 일리노이 주에서 사형제도를 폐지하는 법안에 서명했다.

주요용어

그레그 대 조지아 판례
사형집행 유예를 끝낸 1977년 재판

임의적이고 간헐적 처벌

사형제도 문제의 심각성을 더 잘 이해하기 위해서 이 주제에 대한 다소 불완전한 기록을 검토해야 한다. 1976~2011년 5월 사이의 총 사형집행 건수는 1,355건으로 1999년 최고 건수는 98건이었다. 앞서 언급했듯이, 사형제도는 대부분 살인이나 강간범죄에 부과되어 왔다. 따라서 그러한 범죄와 사형집행 수 사이에 상당히 높은 상관관계가 있을 것으로 합리적으로 예상할 수 있다. 비교적 신뢰할 수 있는 통계를 입수할 수 있는 가장 이른 기간인 1930년대에는 평균 사형집행 건수가 연간 약 165건이었다. 1930년대 동안 매년 보고되는 살인과 강간 건수는 각각 평균 3,500건과 3,800건으로 보고되었고 **사형범죄**(capital crime) 44건당 1건의 사형집행 비율을 보이는 것으로 조

주요용어

사형범죄
사형을 선고받을 수 있는 범죄, 보통 살인이나 강간

사되었다.[12]

또한 다른 주와 지역의 사형집행 건수도 중요하다. 대부분의 사형집행이 남부에서 일어났다. 1976~2013년 중반 사이의 1,355건의 사형집행 중 80% 이상이 남부에서 집행되었으며, 텍사스(507건), 버지니아(110건), 오클라호마(106건), 플로리다(81건), 미주리(69건)는 전체 사형집행의 거의 3분의 2를 차지한다. [표 14.2]는 1976년 이후 사형이 집행된 상위 10개 주를 보여준다. 중서부의 주들은 사형집행의 약 12%를 차지했고, 서부는 약 6%, 북동부는 3% 미만이었다. 1976~2013년 중반 사이에 사형집행된 사람들 중 35%는 흑인이고, 7%는 히스패닉계였고, 2%는 인디언(원주민)과 아시아계였다.[13]

표 14.2 사형집행 상위 10개 주(1976-2013)

주	사형집행 수
텍사스	507
버지니아	110
오클라호마	106
플로리다	81
미주리	68
앨라배마	56
조지아	53
오하이오	52
노스캐롤라이나	43
사우스캐롤라이나	43

출처: Death Penalty Information Center (2013), "Number of Executions by State". http://www.deathpenaltyinfo.org/number-executions-state-and- region-1976.

연간 사형집행 건수는 1988년 11건으로 떨어졌다([그림 14.1] 참조). 그 이후로 그 수는 변동되어 1999년에는 98명이 되었고 2008년에는 37명으로 감소했다. 그 기간 동안 보고된 수천 건의 살인 사건을 고려할 때, 우리는 윌리엄 브레넌 판사의 발언을 고려해야 한다.

> 2억 명이 넘는 인구를 가진 나라가 1년에 50번도 안 되는 예외적으로 심각한 처벌을 가할 때, 그 처벌이 규칙적이고 공정하게 적용되고 있지 않다는 강한 추론을 할 수 있다. 그것을 불식시키기 위해서는 실제로 임의적 형벌이 아니라는 것을 분명하게 보여줄 필요가 있다.[14]

살인 건수가 반드시 사형선고가 가능한 수를 반영하는 것은 아니라는 데 동의하더라도 그 차이는 여전히 충격적이다. 포터 스튜어트 판사가 **퍼먼 대 조지아(Furman v. Georgia) 판결**에서 설명했듯이, 사형은 "유쾌히" 또는 "경건하게" 발생되는 경우는 드물다. 1972년 판사 브레넌은 퍼먼재판에서의 논쟁에서 사형제도에 대한 **임의적**인 속성을 다음과 같이 요약했다.

> 사형이 법적으로 가능한 적은 수의 경우에만 가해진다면, 결론은 사형이 임의적으로 가해지는 것을 사실상 피할 수 없게 된다. 사실상 그것은 추첨(복권)제도 그 이상도 이하도 아니다. 그러나 주 당국은 이 희소성이 단순성이 아니라 정보에 근거한 선택성의 증거라고 주장한다. 그들은 사형이 "심각한" 범죄에 한해서만 적용된다고 말한다.
>
> … 사형부과율이 이렇게 낮을 때는 가장 나쁜 범죄자나 가장 나쁜 범죄를 저지른 범죄자에게만 이 형벌이 부과된다는 것은 도저히 믿을 수 없는 일이다. 징역형이 부과되는 많은 사람들과 사형이 집행된 소수의 사람들을 구분할 수 있는 합리적인 근거를 제시한 사람은 아직 아무도 없다.[15]

또한 1930년 이후 미국에서 집행된 사형의 99%는 살인 및 강간 범죄였으며, 이 중 87% 이상이 살인죄라는 점 역시 기억해야 한다. 살인죄로 사형을 선고하는 기존의 관행이 미국사회 전체에 사형제도에 대한 혐오감을 야기한 것으로 보인다. 이는 특정 유형의 살인에 대해 필요적인 사형선고를 요구하는 법을 통과시키려는 주 의회의 노력이 있었지만, 배심원들은 그러한 경우에 유죄를 선고하는 것을 꺼린다는 것이 입증되었다.

주요용어

퍼먼 대 조지아 판결
조지아주의 사형제도가 소수민족에 대해 자의적이고 차별적으로 적용되고 있다는 대법원의 결정이 내려졌다. 이 사건의 결과로, 미국 전역에서 사형제도가 일시적으로 중지되었다.

주요용어

임의적
기준이 없는 행동, 보통 차별적인 방식으로 행동한다.

주요용어

살해의도
미리 생각한 악의, 범행 전에 살해할 의도를 가진 것, 계획적이고 사전에 준비된 범죄

주요용어

미리 생각한 범행의도
범행의 집행 전에 살해할 의도를 가지고, 계획되고 사전 준비되었다.

주요용어

사형
국가에 의한 범죄자의 사형집행

보통 사형법에서 입증의 필수적인 요소인 **살해 의도**, 즉 **미리 생각한 범행의도(malice aforethought)**[16]는 배심원들이 더 약한 형벌에 대해 항변할 수 있는 근거를 제공했다. 마침내 의원들은 배심원들이 사형제도를 피하기 위해 이 개념을 활용하고 있음을 인식하고, 다양한 중범죄의 정도(예를 들어, 1-2급 살인, 1-2급 강간 등)를 차별화하려는 법령을 통과시켜 필요적 사형선고를 1급 범죄로 제한하려 했다. 이에 대한 대응으로 배심원들은 단순히 유죄평결을 거부했는데, 이것은 **사형**이 부적절하거나 임의적이라고 판단되었기 때문이다. 많은 지역에서 사형범죄와 그렇지 않은 범죄를 구별하려는 입법적 노력은 중단되었고, 배심원들에게는 기존 관행을 계속하기 위한 법적 재량권이 주어졌다. 오늘날 사형선고는 사형제도가 시행되고 있는 주에서는 배심원에게 재량권이 부여되었고, 배심원은 사형을 선고할지 아니면 다른 형을 부과할지 결정해야 한다.

사형제도가 존재하는 주에서 검사는 광범위한 재량권을 활용하여 **사형** 구형을 결정해야 한다. 만약 그 결정이 사형에 적격인 범죄(a death-eligible charge)가 아니라면 배심원단은 보통 사형선고를 부과하는 것을 반대한다. 일관된(그러나 이견은 있는) 증거는 피해자의 인종은 검사의 결정에 영향을 미치는 것으로 조사되었다. 피해자 중심의 차별은 텍사스,[17] 채타후치(Chattahoochee, 조지아),[18] 켄터키[19]에서

그림 14.1

사형집행건수(1982-2013)
참고: 2013년 10월 기준, 32명이 추가로 사형집행됨

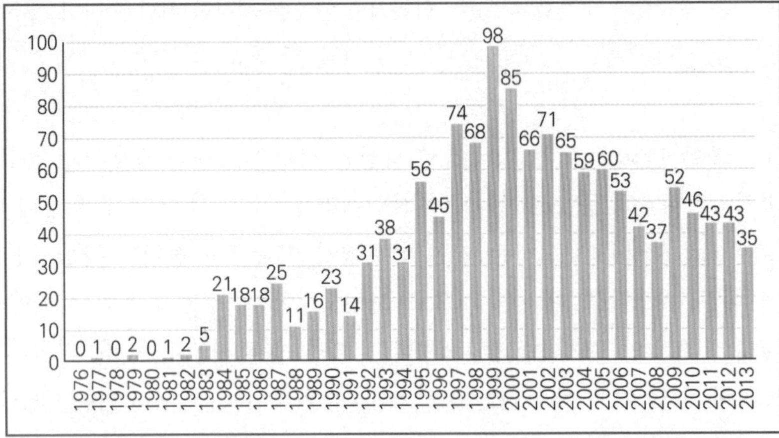

출처: Death Penalty Information Center (2014), http://www. deathpenaltyinfo.org.

중요한 결정요인으로 밝혀졌지만 캘리포니아[20]에서는 입증되지 않았다. 검사의 재량권에 대한 평가연구는 진행 중이다.[21] 검사의 역할에 대해서는 추후에 좀 더 구체적으로 논의한다.

수정헌법 제8조와 사형제도

미국 법률은 영국법에서 많은 것을 수용하였다. 수정헌법 8조에 명시된 **잔인하고 비정상적인 처벌**에 대한 금지는 1689년의 영국 권리장전을 바탕으로 구체화 되었다. 판사 터르굳 마샬(Thurgood Marshall)이 퍼먼 대 조지아 판결에서 지적한 바와 같이,

주요용어

잔인하고 비정상적인 처벌
수정헌법 8조에 의해 금지되었다.

> 아마도 "잔인하고 비정상적인" 처벌 문제를 분석하는 가장 중요한 원칙은 법원의 앞선 의견에서 거듭 되풀이되는 원칙일 것이다: 즉, 잔인하고 비정상적인 언어는 "성숙한 사회의 진보를 나타내는 품위 있는 기준에서 그 의미를 이끌어 내야 한다." 그러므로 우리 역사에서 한 번에 허용되었던 벌칙이 오늘날 반드시 허용되는 것은 아니다. 따라서 법원이나 개인 판사들이 과거에 사형이 합헌이라는 견해를 표명한 사실이 현재 우리에게 구속력을 갖는 것은 아니다.[22]

비정상적인 처벌에 대한 논의는 특정 수정안과 특정 기간의 관습 및 관행과의 관계를 명확히 하는 데 도움이 된다. 사형은 분명히 19세기 초에 비정상적인 형벌은 아니었으며, 21세기 들어서 20년 동안 국민적 합의는 없는 것으로 보인다.[23] 미국 연방대법원은 퍼먼 판결에서 조지아의 사형제도는 양형인(판사 또는 배심원)에게 사형제를 부과할 수 있는 완전한 가이드라인이 없는 재량권을 주었다는 사실을 밝혀내고, 조지아 사형제도는 소수민족에 대해 자의적이고 차별적으로 부과됐다고 판결했다. 이후 그레그 대 조지아(Gregg v. Georgia) 판결에서 첫 번째 재판에서는 유죄 판결을, 두 번째 재판에서는 형량을 결정하는 분리재판(bifurcated trials)을 명령하였다.

잔인함은 1878년 윌커슨 대 유타(Wilkerson v. Utah)[24] 사건에서

대법원에 의해 확인되었다. 사전 준비되고 계획한 살인범들을 공개 사형집행장에서 총살함으로써 처벌하는 것이 유타주의 관행이었다. 이 사건은 개발도상국의 사형 개념과 세계각지의 다른 지역에서 실행되고 있는 관행을 조사하게 하였다. 법원은 전통적인 관행의 원칙을 고수하지 않고 오히려 잔인한 처벌 문제에 대해 현대사상을 검토했다. 유타주에 대한 소송은 시대적 맥락에서 잔인하지 않지만, 잔인성에 대한 향후 법원 심사의 문호를 열어 놓았다.

> 잔인하고 비정상적인 처벌이 가해져서는 안 된다는 헌법 조항의 범위를 정확하게 정의하는 것은 어렵다. 하지만 고문은... 그리고 불필요한 잔인함의 같은 선상에 있는 다른 모든 행위는 수정 헌법에 의해 금지된다.[25]

뉴욕에서 전기의자의 도입과 함께 비로소 잔인하고 비정상적인 처벌 문제가 다시 제기되었다. 1890년 인 르 켐슬러(In re Kemmler) 사건은 그 새로운 형태의 사형집행을 잔인하고 비정상적 형벌로 규정하려 했지만, 법원은 감전사가 비정상적이라는 이유만으로 위헌은 아니라고 만장일치로 결정하였다. 또한 이 사례의 경우 수정헌법 제14조의 적법절차 규정이 거의 적용 가능하였으며, 추후에 실질적 청문회에서 적용이 가능할 것이라는 징후가 있었다. 1892년 오닐 대 버몬트 판례에서, 법원은 세 명의 강한 반대의견에도 불구하고 수정헌법 제8조가 주(州)에 적용되지 않는다고 재차 확인하였다. 결정에 반대하는 재판관 중 한 명은 다음과 같은 의견을 제출하였다.

> 그 명칭[잔인하고 비정상적]은, 대개 극심한 고통과 고통을 수반하는 결쇠, 쇠창살, 사지 스트레칭 등과 같은 고문을 가하는 처벌에 적용된다. 이러한 처벌의 특성뿐만 아니라 범죄에 상응하지 않는 과도한 형기나 중벌 등의 모든 처벌도 금지되어야 한다. 과도한 처벌은 모두 금지되어야 한다.[26]

이 논리는 당시 소수의견이었지만 법원이 형벌이 과하다고 판단했기 때문에 처음으로 이를 무효화시킨 1910년 역사적인 윔즈 대 연방(Weems v. United States) 판례에 절대적인 영향을 주었다.[27] 분명히, 과도한 처벌은 본질적으로 잔인했던 것처럼 법원에 대해 거부감을 갖게 만들었다. 1947년이 되어서야 법원은 수정헌법 제8조의 적용에 대한 중요한 판결을 내렸다. 루이지애나 엑스 렐 프랜시스 대 레스웨버(Louisiana ex rel. Francis v. Resweber)[28] 판결의 경우, 법원은 전통적인 영미 법률 관행에 의해 금지된 불필요한 고통을 부과하는 것을 금하는 결정을 사실상 만장일치로 동의하였다. 이와 관련한 특이한 사건은 전기의자에서 사형을 선고받은 살인자(프랜시스) 사건이었다. 첫 사형집행에서 전기의자의 오작동으로 인해 프랜시스 몸을 전류가 통과하였음에도 불구하고 그는 죽지 않았다.[29] 이에 프랜시스는 두 번째 사형집행 시도는 잔인하고 비정상적 처벌이 될 것이라고 주장하면서 대법원에 상고하였다. 비록 이 사건이 중요한 수정헌법 제8조 문제를 제기하였으나 법원은 그 수정안을 적용하는 것을 중단하였고 프랜시스는 5대 4로 항소심에 패소하였다. 그리하여 그는 마침내 사형집행되었지만 그의 사건은 1960년대에 일어나 몇몇 사건들에 대한 새로운 지평을 제시하였다.

다음으로 주목할 중요한 사건은 1972년 사형제도에 관해 지대한 영향을 미친 획기적인 사건인 퍼먼 대 조지아 사건이다. 법원은 당시 실행되고 있는 사형제도에 대해 금지하는 법안을 5대 4 찬성으로 결정하였다. 실제로 재판관들은 이 문제에 대해 의견이 너무 크게 엇갈려 각자 별도의 의견을 냈다.

사형이 모든 상황에서 잔인하고 비정상적인 처벌이라는 판결을 내린 재판관은 단 두 명(브레난과 마샬)뿐이었다. 수정헌법 14조의 적법절차 조항이 발동되어, 각 주에서는 대법원장 워렌 버거의 의견에서 다음과 같이 기술한 바와 같이, 법원의 요건을 충족하는 입법을 통과시키는 문제에 직면하게 되었다.

> 입법부는 수정헌법 8조의 개념적 엄격함을 준수하지 않고, 특정 범죄에 대한 사형을 없애거나, 형벌의 일반적인 폐지에 대한 제한된 예외를 만들 수 있다. 입법부는 일반적으로 그리고 특정 유형의 범죄행동에 영향을 미치는 것처럼 사형의 억제 효과를 평가할 수 있고 평가해야 한다. 만약 입법부가 사형제도의 실효성을 의심하게 된다면, 그들은 그것을 완전히 폐지하거나 선택적으로 폐지할 수 있다. 새로운 증거를 통해 의회가 현명하지 못한 행동을 했음을 입증한다면, 그들은 그 결정을 뒤집을 수 있고 근거가 입증되는 정도로 사형을 부과할 수 있다. 8차 수정헌법을 적용하는 판사들은 그러한 융통성이나 뛰어난 정확성을 갖추지 못한다.[30]

소수의견은 법원이 사법권의 권한을 침해하는 것처럼 보였지만, 반대 발언의 방침은 퍼먼의 조사 결과가 이의를 제기했을 때 재판관들이 새로운 항소를 기꺼이 들을 용의가 있음을 분명히 했다. 법원의 새로운 지침에 따라 사형 제도를 부활시키려고 하는 미국에서의 높은 수준의 입법 활동은 가까운 미래에 도전이 있을 것이라는 것을 암시했다. 비록 퍼먼은 사형수 600명 이상의 남성들에게[31] 삶에 대한 새로운 희망을 주었지만,[32] 새로운 사형선고는 계속해서 내려지며, 이 문제의 최종 해결을 기다리고 있다.

최근 대법원의 두 판결로 사형의 활용이 더욱 제한되었다. *애킨스 대 버지니아(Atkins v. Virginia)*에서 법원은 정신지체 피고인을 사형하는 것은 위헌이라고 판결하였다. 이 판결은 2005년에 청소년들에 대한 사형을 폐지하는 것을 골자로 한 *로퍼 대 사이먼스(Roper v. Simmons)* 판결로 이어졌다. 1976년 이후로 22명의 피고인들이 청소년범죄로 사형집행되었다.

검사의 재량권

아직까지 해결되지 못한 것은 사형제도에 대한 결정에서 논란이 되고 있는 재량권의 역할이다. 검사는 정식으로 기소하여야 하며 사형을 구형할 수도 있고 그렇지 않을 수도 있다. 사형제도에 대한 결정에 영향을 미치는 한 가지 요인은 피해자의 인종이다. 예를 들어, 사우스캐롤라이나에서는 피해자가 백인이고 가해자가 흑인일 경우 사형선고를 받을 확률이 흑인 피해자일 경우보다 8배 높다는 연구 결과가 발표되었다.[33] 케일과 비토(Keil & Vito)는 켄터키에서 다른 살인범들에 비해 백인을 죽인 흑인들은 (검찰에 의해) 사형범죄로 기소되어 (배심에 의해) 사형을 선고받을 가능성이 평균 이상으로 높다는 것을 발견했다. 그들은 또한 백인이 흑인을 살해하고도 검사가 단 한 번도 사형을 구형하지 못한 13건의 사례를 연구 중에 발견했다. 검찰은 사법 시스템에서 **문지기 기능**(Gatekeeper function)을 가지고 있다. 만약 그들이 사형을 구형하지 않기로 결정한다면, 배심원들은 그것을 강요할 수 없다. 케일과 비토는 다음과 같이 제안한다.

> 심지어 동일한 법적 성격과 심각성을 가진 살인사건이라도 흑인이 백인을 살해한 사례를 다른 인종 조합의 사례보다 더욱 심각하게 다루는 것은 검찰의 정치적, 직업적 이득일 수 있다. 배심원들은 검사가 범죄자들에게 사형을 구형하는 것과 같은 방식으로 행동하는 것이 사회적으로 편하다고 생각할 수 있다.[34]

라데레트(Radelet)는 1608년 이후 사형집행 연구에서도 사회인구학적 특성(인종, 사회 계급, 경제적 지위)을 이용해 비슷한 결론을 내린 바 있다.[35]

가해자 인종의 피해자 인종에 대한 영향은 퍼먼 이전 시대의 직장에서의 인종차별을 의미한다. 그 후 대다수 사형수가 흑인에서 다양한 인종으로 확대되었으며 사형수 중 3분의 1 정도만 흑인이다. 그러나 피생자의 인종은 계속해서 부정적 영향을 미치고 있다. 사형집행된 케이스 중 80% 이상은 백인 피해자인 반면에 전국적으로 살인자의 절반은 백인인 것으로 보고되었다. 인종차별은 경찰, 검사, 판사, 배심원의 결정을 방해하는가? 그 논쟁이 계속되고 있다.

주요용어

문지기 기능
형사사법시설 근무자 권한을 행사하여 형사사건을 다음 단계로 보내는 절차

사형제도의 범죄 억제효과

주요용어

억제
형사제재가 실제 범죄자에게 고통을 가함으로써 잠재적 범죄자를 저지할 것이라는 믿음(희망)

사형제도가 타인에 대한 억제책 역할을 할 수 있다는 주장이 상당하지만, 이는 학자의 이념적 입장에 따라 다르며 사형제도의 범죄 억제(Deterrent)효과가 있다면 범죄가 일어나지 않을 것임을 깨달아야 한다. 사형제도에 찬성하는 사람(옹호론자)들은 등대가 위험한 바위가 깔린 해안선 옆에 앉아 배들에게 위험을 경고하고 있다고 지적한다. 몇 척의 불운한 배들이 등대가 경고하는 위험을 무릅쓰고 달려간다는 사실 때문에 등대를 허물거나 사형을 폐지할 이유가 없다는 것이다. 등대가 경고하여 사고를 회피한 배들에 대해서는, 비록 억제력이 효과가 명확하지만, 억제력의 명확한 증거는 없다. 그들의 위험에 대한 등대의 경고를 무시하고 사고를 당한 배들만이 억제 효과의 "실패"로 나타날 것이다.

남부가 가장 높은 살인율을 보이고 있었고 또한 사형 집행의 80% 이상을 차지하고 있는 반면, 전체 사형 집행의 3% 미만인 북동부는 가장 낮은 살인율을 가지고 있다는 점도 흥미롭다. [표 14.3]은 전국 각 지역의 인구 10만 명당 살인율을 보여준다.

표 14.3 **인구 10만 명당 살인율(2002-2012)**

	2002	2004	2006	2008	2010	2012	1976년 이후 사형집행건수
남부	6.8	6.6	6.8	6.6	5.6	5.5	1,106
서부	5.7	5.7	5.6	5.0	4.2	4.2	84
중서부	5.7	4.7	5.0	4.8	4.4	4.7	158
북동부	4.1	4.2	4.5	4.2	4.2	3.8	4
전국	5.6	5.5	5.7	5.4	4.8	4.7	

출처: Death Penalty Information Center (2012), "Murder Rates by State and Nationally". http://www.deathpenaltyinfo.org/murder-rates-nationally-and-state.

여론과 사형제도

미국 국민의 사형제도에 대한 여론은 여론조사에 반영된 것처럼 크게 변화하였다. 비록 지난 10년 동안 사형제도에 대한 지지가 줄었지만, 대부분의 여론조사는 추상적인(즉, 대안이 고려되지 않는 경우) 사형제도에 대한 지지를 계속 보여주며, 살인과 관련된 사건에 대해 약 60%의 찬성률을 보이고 있으며, 대중에게 실제적인 대안이 주어질 때 몇몇 의견들은 다소 감소하는 것으로 보고되었다.

그림 14.2

가석방 없는 무기징역 지지율

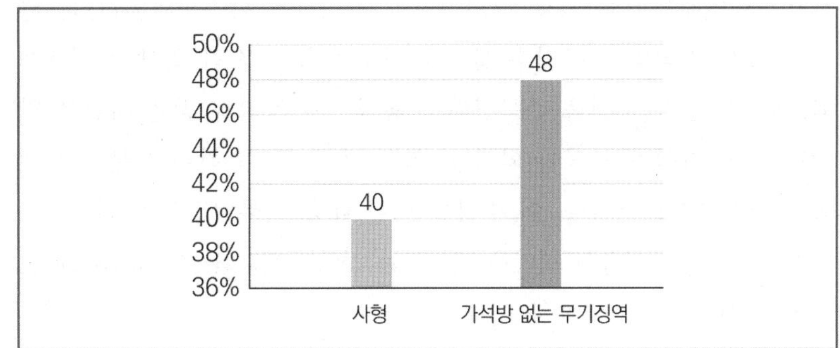

출처: M. Lagos, "Field Poll: Less Voter Support for Death Penalty", *San Francisco Chronicle*, September 29, 2011, http://www.sfgate.com/crime/article/Field-Poll-Less-voter-support-for-death-penalty-2299084.php (accessed September 13, 2014).

[그림 14.2]에서 보고된 것처럼, 가석방 없는 무기징역의 옵션을 추가할 때에는 사형에 대한 지지는 40%로 감소한다. 그러나 이러한 결과는 여론이 총기규제에도 미치는 영향만큼 사형제도에 미치는 영향도 크지 않은 것으로 보인다. 사형 지지자들은 사회를 동등하게 보호할 수 있는 실행 가능한 대안이 없다고 주장한다. 그들은 또한 범죄의 심각성을 고려할 때 최대 형량이 필요하다고 주장할 것이다.[36] 2010년 설문조사 결과에 따르면 많은 시민들이 진정한 종신형(true life sentence)을 지지할 것이라는 것을 보여준다. 가석방 없는 무기징역을 선고받은 범죄자의 수는 1992년 이후 현저하게 증가하고 있다([표 14.4] 참조).

표 14.4 **가석방 없는 무기징역의 증가**

연도	가석방 없는 무기징역
1992	12,453
2003	33,633
2008	40,174
2012	49,180

출처: Ashley Nellis, *The Prison Project, Life Goes On: The Historic Rise in Life Sentences in America* (Washington DC: TSP, 2013), p. 13.

사형제도의 대안으로 무기징역을 반대하는 다수의 사람들은 많은 주에서 가석방이 무기수(lifer)가 비교적 짧은 시간 안에 시설에서 퇴소할 수 있다는 점을 주목한다.[37] 통상 무기징역을 받은 사람은 약 13년 후에 가석방 자격이 되지만, 현재 무기징역형 하에서 복역한 전국 평균은 약 25년이다. 이 주장에 대한 대응은 무기징역을 선고받은 재소자로부터 가석방의 희망을 제거하는 것이다(**확정 종신형**(life certain)으로 알려짐).

주요용어

확정 종신형
판사의 양형으로 가석방 조건을 배제하고 사망 시까지 범죄자를 구금하는 명령

무고한 사람이 유죄 판결을 받을 가능성도 집행 후 회복이 불가능한 사형에 대한 지지를 감소시킨다.[38] 1974년 이후 135명의 사형수들이 무죄를 선고받았다.

계속되는 논쟁

많은 사형수들이 무죄를 주장하고 있으며, 최근에 개발된 과학기술(DNA 검사 등)은 사형수 12명 이상의 사실상 무죄를 입증했는데, 그들 중 일부는 사형 집행일 내에 있었고, 그 후 석방되었다.

2002년 뉴욕 남부 지역의 제드 라코프(Jed Rakoff) 판사는 무죄가 확정되기 전에 무고한 사람들을 사형집행하는 문제를 지적했다. 그는 무죄확정 전 사행집행은 사형수에게서 무죄를 증명할 기회를 박탈할 것이고 따라서 수정헌법 5조에 따른 권리침해가 될 것이라고 결론지었다. 그 후 라코프 판사는 연방 사형법이 위헌이라고 선언했

다.[39] 미국 항소법원은 이 결정을 파기했으며 대법원은 사건이송을 거부하였다(124 S. Ct. 807, 2003).

형평성의 문제

형평성(Equitability) 문제의 핵심은 처벌이 사법권 전체에 공평하게 적용되는가 하는 것이다. 판사도 비슷한 범죄를 저지른 범죄자에게 비슷한 형량을 부과하고 있는가? 또 다른 관련 의문점은 처벌이 범죄에 적합한지에 관한 것이다.

주요용어

형평성
전체 관할구역에 걸쳐서 처벌이 고르게 부여되는지 여부

이 문제를 11명의 판사가 근무하는 단일법원의 경우로 살펴보면, 모두 음주운전으로 기소된 범죄자들에게 형을 선고한다. 한 판사는 모든 범죄자에게 100달러의 벌금을 부과할 수 있다. 다른 판사는 30일 이상의 징역과 30시간의 사회봉사를 부과할 수 있다. 나머지 9명의 판사는 범죄자들에게 보호관찰을 부과할 수 있으며, 그 중 한 가지 조건은 알코올중독자 모임에 의무적으로 출석하는 것일 수 있다. 벌금형, 징역형, 사회봉사명령, 알코올중독 치료프로그램에 의무적으로 출석하는 보호관찰 중 어느 것이 범죄에 가장 적합한가?

사형제도에 관해서라면 아마도 질문은 다음과 같이 표현될 수 있을 것이다. "백인 피해자를 죽이는 흑인 살인자가 흑인 피해자를 죽이는 백인 살인자들보다 사형선고를 받을 가능성이 더 높은가?" 앞서 언급한 바와 같이, 대답은 가장 확실하게 긍정일 것이다. 사형 **존치론자들**(Retentionist)은 그러한 선택성은 중요하지 않다고 주장할 수 있다.

주요용어

존치론자
사형제도를 유지하기 위해 노력하는 자

행동과학은 사형제도에 대한 공평한 적용에 반대하는 주장에 가장 적절한 근거를 제공하지 못할 수도 있지만, 가용한 증거에 따르면 사형제도가 공평하게 적용되지 않았고 사형 부과에 있어 심지어 임의적이며 정상적이지 못한 것을 의미한다. 이러한 결과는 좀 더 모호한 형태로, 앞에서 인용한 케일과 비토의 연구와 회계감사원(General Accounting Office)의 보고서[40]에서도 언급되고 있다. 사형집행과정은 [교정 실제 14.1]에 설명되어 있다.

교정 실제 14.1

오늘날 오하이오주의 사형집행 절차

사형수가 사형되기 약 24시간 전에, 그는 사형수들이 구금되어 있는 오하이오 주 교도소(Ohio State Penitentiary)에서 사형수의 형을 집행하는 남부 오하이오 교정시설(Southern Ohio Correctional Facility)로 이송될 것이다.

이후 사형수는 사형 집행 전날 오후 4시경 제공받는 '특별한 식사'를 주문할 수 있게 된다. 그는 또한 주 사형 집행팀의 의료진이 사형수의 몸에 독극물을 주입할 수 있는 투입기를 삽입하기 위한 적절한 혈관을 찾는 데 어려움을 겪을지 여부를 결정하기 위한 검사를 받는다.

사형수는 사형 집행장소와 같은 작은 건물에 있는 주(州)의 사형장에 수용되어 있으며, 텔레비전과 라디오를 이용할 수 있다. 그는 또한 사형집행 전날 저녁에 친구, 가족, 정신적 조언자 그리고 그의 변호사들과 접견 시간을 갖는다.

사형수가 오전 6시까지 깨어 있지 않으면 교도관들은 그를 깨울 것이고, 그는 사형 집행복을 입기 전에 샤워를 할 수 있는 기회와 함께 수용시설의 아침식사를 제공받을 것이다. 그는 또한 가족 및 다른 사람들과의 마지막 방문도 허용될 것이다.

사형수가 사형 집행실로 들어가기 직전에 교도소장은 사형집행영장을 낭독할 것이고 의료진은 약물투입기를 삽입할 것이다. 투입기들은 일반적으로 팔에 위치한다.

사형수는 준비를 마친 뒤 17계단을 걸어 복도를 내려가 죽음의 방의 주사 테이블에 묶여 있게 된다. 사형집행팀 구성원은 사형수에게 독극물을 운반할 튜브를 검사할 것이고, 저압 식염수 방울이 사형수에게 흐르기 시작할 것이다. 라인 개방 상태를 유지하기 위해 프로세스 전반에 걸쳐 약물 주입은 지속적으로 될 것이다.

소장은 그 후 사형수에게 시간제한이 없는 최종 진술을 할 기회를 제공할 것이다. 사형수의 마지막 말이 끝나면 소장은 약물을 통제하는 사형 집행반 대원들에게 신호를 보낼 것이고, 첫 번째 약인 진정제인 티오펜탈나트륨은 튜브를 통해 사형수에게 주입될 것이다. 진정제를 투여한 후에 소장은 사형수의 이름을 부르고 어깨를 흔들고 팔을 꼬집어서 의식을 잃었는지 확인할 것이다. 또한 실행팀 구성원은 장비가 제대로 작동하는지 검사한다. 만약 선에 문제가 있거나 사형수가 의식을 잃지 않은 경우, 진정제를 두 번째 투여한다. 사형수가 의식불명이라고 판단되면 두 번째 약을 투여할 것이다. 약물을 투여한 후에는 커튼이 닫히고 사형수는 일반적으로 사이오토 카운티(Scioto County) 검시관에 의해 생명 징후가 있는지 검사받게 된다. 그리고 나서 막이 다시 열릴 것이고, 소장은 사형수의 사망 시간을 발표할 것이다.

출처: Brad Dicken, "The Last 24 Hours of a Condemned Inmate," *Chronicle Online*, June 3, 2009, http://chronicle.northcoastnow.com/2009/06/03/the-last-24-hours-of-acondemned-inmate/.

[교정 실제 14.1]은 오하이오에서 현재 행해지고 있는 사형 집행 과정의 단계를 설명하고 있으며, 다음으로 사형의 또 다른 측면인 여성과 사형을 주제로 논의하기로 한다.

여성과 사형제도

일반적으로 여성은 사형선고율과 사형수 인구 둘 다 남성들에 비해 매우 적은 것으로 나타난다. 여성 범죄자의 실제 사형집형은 매우 드문 경우인데, 1632년 첫 번째 사건부터 시작하여 현재까지 문서화된 사례는 571건에 불과하다. 571건의 여성 사형집행은 1608년 이후 미국에서 확인된 20,425건의 사형집행의 3% 미만을 차지한다. 지난 100년 동안 미국에서 40명의 여성이 사형 집행됐고, 1976년 이후 13명의 여성 범죄자들이 사형 당했다. 가장 최근에 사형집행된 것은 2013년 12월 3일 텍사스에서 있었다.

여성 범죄자에 대한 사형선고와 실제 집행은 남성 범죄자와 비교하여 매우 드물다. 사실, 여성들은 더 많은 사형 절차가 진행될수록 이 제도에서 제외될 가능성이 더 높다. 다음은 이러한 선별효과(screening－out effect)를 나타내는 연구결과이다.

- 살인사건으로 체포된 10명 중 여성이 약 1명(10%)을 차지한다.
- 재판 단계에서 사형선고를 부과받은 여성은 50건 중 1건에 불과하다.
- 현재 사형수 여성은 67명 중 1명(1.5%)에 불과하다.
- 퍼먼 이후 실제로 사형집행된 여성은 100명 중 1명(1%)에 불과하다.[41]

여성에 의한 살인은 중범죄 모살이나 사형선고를 받을 가능성이 더 높은 다른 특정한 상황들과 관련될 가능성이 적다. 여자들은 보통 친구나 친척을 살해하기 때문에 사형선고를 받을 가능성이 낮다. 2008년 초 사형수 3,108명 중 살인죄로 체포된 10명 중 1명 정도가 여성임에도 불구하고 61명(또는 사형수 51명 중 1명)만이 여성이었다.[42]

교정 실제 14.2

사형 집행된 여성

1976년 이후 13명의 여성이 사형집행되었다. 그들의 이야기는 다음과 같다.

- **벨마 바필드(Velma Barfield)** 1984년 11월 2일 노스캐롤라이나주
  그녀는 홀아비인 스튜어트 테일러(Stuart Taylor)와 사귀고 있었다. 그녀는 약물을 구입하기 위해 테일러의 가계수표를 위조했다. 발각된 것을 두려워한 그녀는 비소 기반의 쥐약(arsenic-based rat poison)을 그의 맥주와 차에 섞어 주었다. 이후로 테일러는 매우 아팠고 그의 상태가 악화되자 그녀는 그를 병원으로 데려갔으나 며칠 후 그가 죽었다. 부검결과 테일러의 사인이 비소 중독으로 밝혀졌고 벨마는 살인 혐의로 체포되어 기소되었다. 재판에서 그녀의 변호인은 정신이상을 호소했지만, 이것은 받아들여지지 않았고, 그녀는 유죄 판결을 받았다. 배심원들은 사형 선고를 권고했다. 배심원의 선고 시 벨마는 냉담하게 피고인석에 모습을 드러내더니 지방검사가 구형사유를 낭독하자 박수갈채를 보냈다.
- **칼라 페이 터커(Karla Faye Tucker)** 1998년 2월 3일 텍사스 주
  칼라 페이 터커가 13살이었을 때, 그녀는 알만 형제(Allman Brothers)밴드와 함께 여행을 시작했다. 20대 초반의 그녀는 오토바이를 타는 사람들과 어울리기 시작했고, 1983년 6월 13일 오토바이를 훔치려고 남자 두 명과 함께 또 다른 오토바이 타는 사람의 집으로 들어갔다. 강도사건 중에 두 사람이 살해당했고, 그 중 한 사람과 터커는 곡괭이로 살인을 저질러 유죄 판결을 받았다. 이 사건은 그녀가 교도소에 있는 동안 기독교인으로 거듭났기 때문에 미국과 국제뉴스로 회자되었으며, 당시 텍사스 주지사였던 조지 부시(George W. Bush)도 그녀의 사면 요청에 대하여 결정하여야 했는데, 그는 결국 이를 거절했다.
- **크리스티나 릭스(Christina Riggs)** 2000년 5월 2일 아칸소 주
  간호사였던 릭스(Riggs)는 셔우드 집에서 취학 전 자녀 2명을 침대에서 질식시켜 살해한 혐의로 유죄 판결을 받았다. 그녀는 유서를 썼는데, "언젠가는 당신이 나의 삶과 내 아이들의 생명을 빼앗아간 나를 용서해주기를 바란다. 그러나 나는 더 이상 이렇게 살 수 없고, 당신들에게 짐이 되거나 아버지와 떨어져 살면서 어머니가 자살한 것을 아이들에게 알리고 싶지 않았다." 유서를 남긴 후 릭스는 보통 치사량인 28개의 엘라빌 정제를 복용하고 5명의 사람을 죽일 수 있는 양의 원액 염화칼륨을 그녀 자신에게 주사하였다. 다음날 경찰관은 그녀의 아파트로 들어가 릭스를 발견하고 급히 병원으로 후송했다. 사형수 복역 기간 동안 릭스는 사형 선고를 원한다며 변호사의 변론을 허락하지 않았다. 배심원들은 유죄를 인정했고, 그녀는

독극물 주사로 사형 선고를 받았다. 릭스는 "고마워"라고 말하며 그녀의 변호사의 손을 쥐어주었다.

- **완다 진 앨런(Wanda Jean Allen)** 2001년 1월 11일 오클라호마주
  완다는 1988년 오클라호마시티에서 연인 글로리아 레더스(Gloria Leathers)를 살해한 혐의로 1989년 사형을 선고받았다. 교도소에서 만난 두 여자는 거친 관계를 맺고 있었다. 레더스의 죽음은 동네 가게에서 시작해서 그들의 집에서 계속되어 경찰서 밖에서 절정에 이른 부부 사이의 긴 논쟁 뒤에 발생했다. 앨런은 집에서 마주 싸우는 동안 레더스가 그녀의 얼굴을 손갈퀴로 긁었고 경찰서 밖에서 레더스가 다시 갈퀴로 그녀의 얼굴을 공격했다고 주장하면서 그녀의 행위는 정당방위였다고 주장했다. 앨런은 레더스를 총으로 쏘았다. 교도소에서 사진을 찍었을 때 갈퀴로 인한 알렌의 얼굴에 난 상처는 여전히 눈에 띄었다. 1995년 후반기에 완다 장 앨런에 대한 종합적인 평가를 수행하던 심리학자는 "인식과 감각 운동 장애와 뇌 기능 장애에 대한 명확하고 설득력 있는 증거"를 발견했는데, 아마도 청소년기의 머리 부상과 관련이 있을 것으로 추정하였다.
- **아일린 우월노스(Aileen Wuornos)** 2002년 10월 9일 플로리다 주
  아일린 우월노스는 매춘부였으며 1992년 플로리다 주로부터 사형 선고를 받은 연쇄 살인범이었다. 그녀는 결국 다섯 건의 추가 사형을 선고받았다. 우월노스는 자신이 매춘부로 일하는 동안 그녀를 강간하거나 시도한 남자 7명을 살해했다고 시인했다. 샤를리즈 테론과 크리스티나 리치가 주연을 맡은 2003년 영화 괴물은 셀비 월(우월노스의 연인이자 4년 친구인 티리아 무어를 바탕으로 한)을 만난 순간부터 살인죄로 첫 유죄 판결을 받을 때까지 우월노스의 이야기를 들려준다.
- **프랜시스 뉴턴(Frances Newton)** 2005년 9월 14일 텍사스 주
  프랜시스 뉴턴은 1987년 4월 7일 23세의 남편 아드리안, 7세의 아들 알튼, 21개월의 딸 라라를 살해한 혐의로 사형집행되었다. 검찰은 이번 살해의 동기가 10만 달러의 생명보험을 수령하기 위한 것이라고 밝혔다. 뉴턴은 마약상이 세 사람을 죽였다고 진술하였다. 휴스턴 경찰은 그녀의 남편인 아드리안 뉴턴이 마약상이었고 그의 공급자에게 빚을 지고 있었다고 주장했다. 뉴턴은 1987년 첫 심문부터 2005년 사형집행까지 자신의 무죄를 주장했다.
- **테레사 루이스(Teresa Lewis)** 2010년 9월 23일 버지니아 주
  그녀는 생명보험금을 수령하기 위해 2002년 10월 30일 남편과 의붓아들을 살해한 혐의로 사형집행되었다. 그 살인은 고용된 두 명의 무장 괴한들에 의해 시행되었는데, 두 사람 모두 무기징역을 선고 받았다. 비록 나중에 분석하면 그녀의 낮은 IQ와 의존성 장애로 그녀가 총잡이들에 의해 조종되었다는 것

으로 판단될 수 있었지만 루이스는 재판 당시 살인 주모자로 간주되었다.

- 킴벌리 맥카시(Kimberly McCathy) 2013년 6월 26일 텍사스 주

킴벌리 맥카시는 그녀의 이웃이었던 71세의 은퇴한 대학교수를 살해한 혐의로 1997년에 사형집행되었다. 맥카시의 변호사들은 배심원 선정이 인종적 편견에 의해 얼룩졌고 맥카시의 원래 변호사가 적절한 대변을 하지 않았다는 이유로 그녀의 사형 집행을 계속 연기하려고 소송을 제기했다. 매카시는 사형제도 부활 이후 텍사스에서 사형집행된 5백번째 사람이었다.

출처: Death Penalty Information Center, "Women and the Death Penalty," http://www.deathpenalty-info.org/women-anddeath-penalty (accessed September 13, 2014).

[교정 실제 14.2]는 1976년 이후 미국에서 사형집행된 13명의 여성 중 8명의 이야기를 다룬다.

청소년과 사형제도

미국은 여전히 범죄, 특히 살인에 대한 대응으로서 사형을 지지한다. 특히 살인에 대한 사형제도에 대해서는 유동적이지만 상당한 대중의 지지가 남아 있다. 2010년 퓨 리서치 센터(Pew Research Center)의 여론조사에서, 응답자의 62%가 일반적으로 사형을 지지했다. 청소년 사형에 대한 지지는 눈에 띄게 낮다. 2003년 한 조사에서 응답자의 79%가 청소년 사형에 반대하였다.[43]

대법원은 1988년 15세 이하 범죄자에 대한 사형제도는 '잔인하고 비정상적 처벌'로 수정헌법 8조 위반이라는 판결을 내렸다.[44] 1년 후, 법원은 16세의 범죄자들에게 부과된다면 사형은 잔인하고 비정상적이 아니라고 판결하였다.[45] 2005년 법원은 수정헌법 8조와 14조를 준용하여 범행 시 18세 이하의 범죄자들에 대한 사형집행을 금지하였다.[46]

대법원은 또한 [정책적 입지 14.1]에 기술된 바와 같이 지적장애인을 집행하는 것에 대한 합헌판결을 내렸고, [교정 실제 14.3]은 사형수들의 다른 특징들뿐만 아니라 지적장애자가 많다는 것을 보여주고 있다.

정책적 입지 14.1

사형제도와 정신적인 문제가 있는 사람

2002년 6월 20일 대법원은 지적장애인의 사형집행을 금지하는 획기적인 판결을 내렸다. 애킨스 대 버지니아(Atkins v. Virginia)에서 법원은 '정신지체'로 사형수들을 사형집행하는 것은 잔인하고 비정상적인 형벌에 대한 수정헌법 8조 위반이라고 주장했다. 이 판결은 정신장애인 사형문제에 대해 형성된 국민적 합의를 반영하였다.

1989년 미국 대법원은 펜리 대 리노 판결(Penry v. Lynaugh; 492 U.S. 302)에서 지적장애인을 사형집행하는 것에 대한 합헌(5대 4) 결정을 하였다. 법원은 '정신지체'는 판결 과정에서 배심원들이 고려해야 할 감경요소가 되어야 한다고 말했다. 산드라 데이 오코너 판사는 다수 의견으로 "정신지체"를 가진 사람들을 집행하는 것에 반대하는 "국민적 합의"가 아직 이루어지지 못하였다고 말했다.

당시, 메릴랜드와 조지아 두 주만이 그러한 사형집행을 금지했다. 펜리와 앳킨스의 결정 가운데 16개 주가 추가로 '정신지체자'의 집행을 금지하는 법을 제정했다. 연방사형법률도 이러한 사형집행을 금지하고 있다. 앳킨스 대 버지니아 판결 이전에, 애리조나, 아칸소, 콜로라도, 코네티컷, 플로리다, 조지아, 인디애나, 캔자스, 켄터키, 메릴랜드, 미주리, 네브라스카, 뉴멕시코, 뉴욕, 노스캐롤라이나, 테네시, 워싱턴 주를 포함한 18개 주와 연방정부는 "정신지체자"에 대한 사형을 허용하지 않았다.

출처: Death Penalty Information Center, "Intellectual Disability and the Death Penalty," http://www.deathpenaltyinfo.org/intellectual-disability-and-death-penalty (accessed November 29, 2013).

교정 실제 14.3

사형수의 특성

놀랍게도 사형수들에 대한 연구는 거의 없고 결과적으로 거의 알려져 있지 않다. 공식적인 시설기록, 임상연구, 조사연구, 인구통계 정보 및 일화적 논평들을 사용하여 그러한 데이터를 추정하는 데는 문제가 있다. 따라서 이에 대한 주요 정보는 사형정보센터(Death Penalty Information Center)를 통해서만 확인이 가능할 것으로 보인다.

2014년 5월 21일 기준 사형수만 3,100명에 육박했다. 사형수는 불균형적으로 남부 남성들로, 그들 중 많은 수가 살인죄로 선고 받았다. 인종적 특성은 백인남성이 더 많다는 것을 보여주지만, 이 장의 앞부분에서 언급했듯이, 피해자들의 인종은 여전히 논란이 되고 있다. 흑인 피해자들을 살해한 죄로 처벌받는 사형수들이 상대적으로 적다. 백인을 죽인 흑인들은 사형선고를 받을 가능성이 훨씬 더 높다. 그래서 사형수 피해자의 인종은 사법부의 판결에 있어 중요한 것으로 보인다.

일반적으로 사형수들은 학업수준이 낮으며 지적 능력을 측정하는 시험에서 낮은 점수를 받는다. 그들은 신경계통 장애의 비율이 높고 약물남용(음주, 약물)의 비율이 높으며 뇌 외상 그리고 불우한 유년기 가정환경을 가지고 있는 경우가 많다. 심리적 장애는 빈번하고 심각하며, 그러한 장애는 사회적 고립뿐만 아니라 구금환경과 경험으로 인해 더욱 악화된다.

그러나 다른 증거에 따르면 사형수들이 구금된 시설에서 특별히 폭력적이지 않다고 한다. 이는 사형수들이 구금되어 있는 높은 보안수준 때문일 수도 있지만, 대부분의 사형수가 약물에 취한 상태나 중독 상태에서 범죄를 저지르기 때문에 이러한 구금환경에서는 약물의 부재 때문에 폭력성이 높지 않을 수도 있다.

[정책적 입지 14.1]에서 언급한 바와 같이, 미국 대법원은 지적장애인 범죄자(일반적으로 지능검사에서 70점 이하의 점수를 받는 것으로 정의되지만, 일부 주에서 70점 이상으로 더 높음)는 사형집행을 금지한다고 결정했다(Atkins v. Virginia). 그러나 텍사스와 같은 일부 주는 재소자들의 지적장애에 관한 기록을 공개하기를 꺼려한다.

출처: Mark Cunningham and Mark Vigen, "Death Row Inmate Characteristics, Adjustment, and Confinement: A Critical Review of the Literature," *Behavioral Sciences and the Law* 20 (2002): 191-210; Fifth Circuit, In re Campbell, No. 14-20293, May 12, 2014.

정당성

교정 제도에서 사형제도에 대한 정당성을 살인의 영역만큼 분명하게 볼 수 있는 곳은 없다. 사형제도에 대한 세 가지 주요 정당성은 존치주의자의 입장으로서 집단적으로 언급되며 복수, 정의모델(just deserts) 그리고 사회보호를 포함하고 있다. **복수(Revenge)**를 정당화하려는 사람들은 피해자, 생존자, 국가가 "종결(closure)" 할 권리가 있다고 주장한다. 이 관점에 따르면, 사형집행 후에야 심리적, 감정적, 사회적 상처가 치유되기 시작한다고 보았다. 가해자를 사형 집행함으로써 사건이 종결된다. 이 주장은 때때로 "목숨 대 목숨"이라고 불린다.

주요용어

복수
손상을 가함으로써 응보를 행하는 것

다른 찬성론자들은 어떤 사람들은 교화할 수 없으며 그들의 행동은 사회적 기준과 인간성에 대한 너무나 끔찍한 모욕이어서 적절한 처벌은 사형뿐이라고 주장한다. 이것은 때때로 **정의모델 주장**(Just

주요용어

정의모델 주장
범죄자는 그들이 저지른 범죄의 죄질에 따라 중한 처벌을 받아야 한다는 주장

deserts argument)으로 불린다.

마지막으로 **사회보호 주장**(Societal protection argument)이다. 일단 사형집행되면, 죽은 사람들은 폭력적이고 자주 살인적인 인생행로를 계속할 수 없으며 그들은 더 이상 범죄를 저지를 수 없다. 이런 의미에서 사형집행을 통해 가해자가 영구적으로 무력화 되면 사회보호기능이 강화된다. 많은 사회 구성원들은 이 세 가지 주장 모두가 정신지체자, 정신질환자 그리고 (이전의) 소년범들에게조차 사형을 유지하고 부과할 수 있는 충분한 근거가 된다고 믿는다.(2002년 6월 대법원은 정신지체자의 사형집행을 위헌으로 판결했다.)[47]

주요용어

사회보호 주장
사형이 집행되면 범죄자는 다른 범죄를 저지를 수 없게 되고 따라서 사회를 보호할 수 있다는 주장

사형제도에 찬성하는 다른 사람들은 사형이 억제 효과를 가지고 있고 사형 집행 확률을 증가시키는 것은 범죄율을 감소시키는 경향이 있다고 주장한다.[48] 일부 존치주의자들은 기독교 경전이 사형을 의무화한다고 주장하고[49] 다른 사람들은 사형 이외에 다른 형벌은 불법행위의 본질과 피해자를 모두 부정하는 것이기 때문에 우리사회는 극악무도한 범죄에 대해 사형을 부과할 의무가 있다고 주장한다.

마지막으로, 일부 존치주의자들은 사형수들을 사형집행하지 않으면 결국 석방될 것이기 때문에 다른 피해자들을 계속 살해할 것이라고 주장한다. 사형이 종신형으로 감형되고 그 후에 가석방된 특정 범죄자가 다시 살인을 저지르는 것에 대한 사례연구가 그들의 위험성을 증명하는 사례로 활용된다. 이런 입장을 사형에 찬성하는 '미친 개' 주장이라고 부르기도 한다.[50] 이에 대한 논의는 계속되고 있다.

테러리즘과 사형제도

연방정부와 미국 군사법규에는 지정된 범죄에 대해 사형을 허용하는 규정이 존재한다. 피고는 관할권에 따라 연방법원이나 군사재판소에서 재판을 받게 된다. 연방법원에서 재판을 받을 경우, 미국 헌법에 따라 부여된 권리, 면책 및 보호의 범례가 적용될 것이며, 여기에는 절차규칙과 증거도 포함된다. 미국 군형법(The U.S. Code of Military Justice)은 민간인이 이용할 수 있는 많은 권리를 제한한다. 이 글을

쓸 당시, 둘 중 어디에서 테러리스트를 관할하는 것이 더 적합한지 불분명하다.

2005년 중반까지, 많은 탈레반과 알카에다 죄수들이 쿠바 관타나모에 "X-ray"로 알려진 군수용시설(military detention camp)로 강제 수용되었다. 이러한 수용자들은 미국에 위협이 되거나 정보가치를 지닌 것으로 여겨진다. 정확히 얼마나 많은 수용자들이 구금되었고 누가 구금되었는지는 알려지지 않았다.

수용자들은 군사법원에서, 미국 법정에서, 귀국할 경우 고국에서 기소 또는 국제법정에서 재판을 받을 수 있다. 그 선택지들 중 처음 두 가지는 사형을 초래할 수 있다.

정부가 제네바 협약에 따라 보장된 전쟁조항과 권리를 피하기 위해 범죄 행위를 재정의하려고 시도함에 따라 이 특수 범죄집단에 대한 국가의 정책은 국가 및 국제법에 도전하고 있다. 만약 피고인들이 적법한 절차로 처벌받았거나 아니면 적법하지 않은 절차로 처벌받았을 경우, 비밀 재판을 할 수 있을 것인가? 어떻게 피청구인이 증인을 불러 검사의 증거를 반박할 증거를 제시할 수 있을까? 어떻게 무죄항변의 증거가 제공될 수 있는가? 항소가 허용될 것인가? 법률체계 하에서 정부와 시민의 첨예한 갈등을 조장할 뿐만 아니라 미국 헌법이 보장하는 권리, 자유, 자유를 확고히 지킬 필요성도 검증하는 것 등이 이러한 도전의 대표적 예이다.

사형제도의 비용

비록 어떤 사람들은 사형을 집행하는 것이 종신형으로 범죄자를 구금하는 것보다 비용절감 효과가 있다고 주장할지 모르지만, 선행연구는 이를 증명하지 못하고 있다. 예를 들어, 한 연구는 캘리포니아의 사형 비용이 1978년 이후 총 40억 달러 이상이라고 조사되었다.[51] 이 수치는 국가가 사형 대신에 가석방 없는 종신형을 이용했다면 들었을 비용보다 훨씬 많다. 각 주에서 조사된 몇 가지 통계를 정리하면 다음과 같다.[52]

- 워싱턴주(州): 재판단계에서는 사형을 집행하는 비용은 대략 47만 달러 정도로 추정되며 이와 더불어 사형이 없는 가중살인죄와 같은 사건을 심리하는 데 드는 추가비용이 발생되는 것으로 조사되었다. 직접적인 항소의 경우, 항소하는 데 드는 비용은 사형이 아닌 살인 사건보다 사형 사건에서 평균 10만 달러가 더 많다.
- 테네시주: 사형제도의 비용은 검찰이 종신형을 구형하는 재판의 평균 비용보다 평균 48% 이상 더 소요된다.
- 캔자스주: 사형선고사건의 조사비용은 사형이 아닌 경우보다 약 3배 많았으며 항소비용은 21배 더 많이 지출되었다.
- 인디아나주: 사형제도는 종신형 없는 구금의 총비용보다 38%나 높다.
- 노스캐롤라이나주: 사형제도는 무기징역을 받은 비사형 살인 사건보다 사형 사건 1건당 사형집행에 216만 달러가 더 든다.
- 플로리다주: 주 정부는 매년 1급 살인자들에게 가석방 없는 종신형을 선고함으로써 5천 1백만달러를 절약할 수 있었다.
- 캘리포니아주: 사형제도는 단순히 죄수들을 평생 가둬두는 비용을 넘어 연간 1억 1천 4백만 달러의 비용이 추가로 든다. 이 수치는 소비된 수백만 달러의 소송비용을 포함하지 않는다.
- 오하이오주: 사형수들을 변호하고 기소하는 것은 납세자들에게 최소한 50만 달러, 때로는 수용자 한 명당 100만 달러 이상의 비용이 추가로 든다.

분명하게 사형제도는 높은 재정적인 비용을 요구한다. 일부 사람들은 그것이 가치가 있는 비용이라고 주장할 수도 있지만, 다른 사람들은 이것이 사형제도를 폐지하는 또 하나의 이유라고 믿는다.

사형집행에 대한 계속된 노력

전국의 사형수가 3,108명([그림 14.3] 참조)에 이르고 사형집행 건수가 여전히 높은 상황에서 앞으로 몇 년 동안 전례 없는 사형집행이 일어난다면 국민의 반응은 어떨까? 정부관리, 정치인, 국회의원 그리고 대중은 구금된 사형집행을 기다리는 많은 사형수를 어떻게 처리해야 할지 고심하고 있다.

그림 14.3

각 주별 사형수 규모

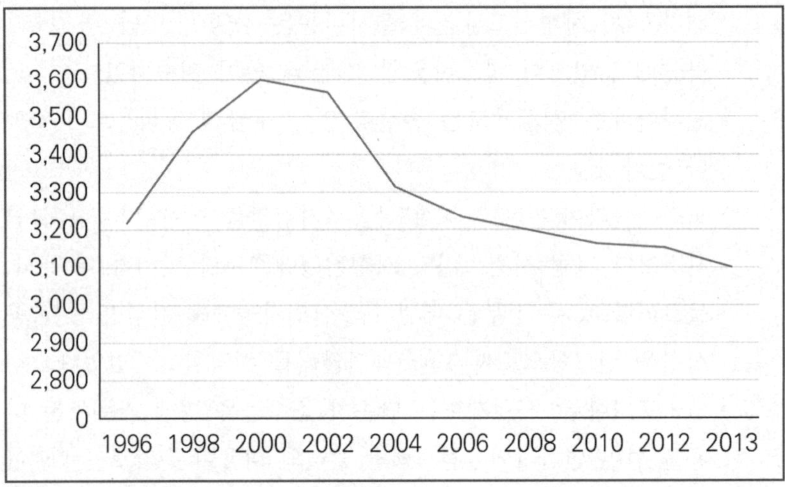

출처: Death Penalty Information Center, "Death Row Inmates by State", http://www.deathpenaltyinfo.org/death-row-inmates-state-and-size-death-row-year

요약

국가의 사형제도와 그에 대한 법조항의 역사를 설명하시오.

초기 펜실베니아주 퀘이커스를 제외하고, 최초 13개 주는 초기에는 사형제도를 가지고 있었고, 이러한 법에 대한 정당성으로 빈번하게 성경의 내용을 포함하였다. 미국 헌법과 권리장전은 부적절한 사법절차에 대한 방어권을 열거하고 있다. 최근 미국 연방대법원의 판결은 사형집행 대상자와 사형집행 수단에 제한을 두고 있다.

사형집행 방식을 기술하시오.

역사적으로 많은 나라들이 사형수들을 가혹하게 사형집행했고, 사형수를 불태우고 잡아늘리고 사지절단(quartering)에서부터 총살, 교수형, 십자가형, 찔러죽이기, 참수형에 이르기까지 다양한 방법을 사용했다. 미국에서는 총살형과 교수형이 초기 사형집행 방법이었지만, 전기의자, 가스, 독극물주입에 의한 사형집행방법이 최근 몇 년 동안 널리 시행되고 있다. 현재 테네시주는 범죄자들을 사형집행하는 유일한 절차로서 전기의자만을 허용하고 있다.

미국 대법원의 판결이 사형제도에 미치는 영향에 대해 설명하시오.

대법원은 피청구인에게 보장된 권리장전 및 헌법적 보호 및 절차 외에도 사형제도와 관련하여 잔인하고 비정상적인 처벌, 불법적인 사형집행 절차의 금지 그리고 누가 사형집행의 대상이 될 수 있는지에 대해 일반적으로 다루어 왔다. 이러한 대법원 판결의 효과는 헌법적 의무자 및 초기 판례법에 대한 준수와 개발도상국에서의 처벌의 새로운 기준을 요구함으로써 범법자들의 사형집행 가능성을 줄이는 것이다. 현재 약물주사에 사용되는 약물의 종류와 효과, 사형집행 과정에서 잔인하고 고문적인 집행방법, 지적장애인의 사형집행 금지, 범죄자의 연령에 따른 사형집행 금지에 대한 논쟁이 있다.

수정헌법 8조가 사형제도에 미치는 영향을 요약하시오.

미국 헌법 제8조는 “과도한 보석은 주어지지 않으며, 과도한 벌금도 부과되지 않으며, 잔인하고 비정상적 처벌도 허용되지 않는다”고 지적하고 있다. 사형제도에 비추어 본 개정안이 즉시 적용되는 것은 사형이 지나치게 잔인한지 여부와 사형이 비정상적인지 여부다. 이 영역의 대표적인 사례는 약물 투입량이 적어서 즉시 사망하지 않는 경우 그리고 사형집행 당사자가 지속적이고 고통스럽게 사망하는 경우, 잘못된 사형집행을 반복할 수 있는지 여부, 피고인의 지적 능력이 개인이 자신의 행위의 의미와 국가의 사형집행 및 관련 질문을 이해하지 못하는지 여부 등이 있다. 법원결정은 주정부의 사형제 적용과 그에 대한 집행 절차를 제한하였다.

검사의 재량이 사형에 어떤 영향을 미치는지 설명하시오.

일반적으로 정부는 사형제도에 찬성하는 검사를 통해 피고에게 사형을 적용할 수 있는 범죄를 부과하도록 요구한다. 만약 검사가 문지기로서 피고인에게 사형을 선고할 수 있는 범죄를 기소하지 않는다면, 피고인은 사형될 수 없다. 이런 이유로 몇몇 관할권에서는 사형이 빈번이 선고되고 그들의 범죄자들이 사형수 인구의 대부분을 차지한다. 달리 말하면, 일부 지역에서는 피고인에게 빈번하게 사형을 구형하고 그로 인해 가장 많은 사형수들을 배출한다는 것이다. 모든 사형수 뒤에는 범인을 사형시키고자 기소하는 검사가 있었고, 그러한 의도를 달성하기 위해 검사의 재량권을 행사한다.

사형제도의 억제 효과에 대해 적절한 결론을 도출하시오.

억제력(효과)은 사형제 활용에 대한 주요 근거이다. 일반억제론에 의하면, 사형의 의도는 한 범죄자의 사형집행을 통하여 특정 범죄를 저지를 수 있는 사람들을 죽이는 사법권의 의지와 힘을 보여주기 위한 것이다. 특수억제론에 따르면, 범인이 사형 당했다는 것을 의미하며, 더 이상의 끔찍한 범죄를 저지를 수 없다는 것이다. 지금까지의 연구결과는 억제효과를 뒷받침할 충분한 증거를 제시하지 못했다. 오히려 몇몇 연구자들은 사형집행이 잔인한 효과가 있고 사형이 가능한 범죄를 다른 사람에게 권장할 것이라고 주장하였다.

사형방법을 서술하시오.

독극물주사는 원투 펀치로 효과적으로 생애를 마감하고, 호흡을 멈춘 다음 심장이 뛰는 것을 멈추게 하는 혼합 약물을 필요로 한다. 그러나 대부분의 독극물 조합은 가해자를 죽이기 위해 필요한 약물의 수입을 요구한다. 미국의 주요 제약회사들은 가장 효과적이고 매우 중요한 화학물질을 제조하지 않는다; 이들 대부분은 사형제도를 반대하는 유럽 국가들에서 생산된다. 이 책을 출판할 시기에 보면 독극물 주사의 지속적인 사용에 대한 전망은 의심스러워 보인다. 현재, 독극물주사 방법에 있어서 어떤 약을 사용할지에 대한 합의가 이루어지지 않고 있다. 다른 사형방법으로는 교수형, 전기의자, 총살 그리고 가스실이 있다.

사형집행 방법 및 집행과 관련된 문제를 기술하시오.

교정행정부서에 의해 사형장이 접수되면 범인은 격리되어 사형수 감시에 들어간다(사형장이 발부된 사형수는 자살할 수 없다). 교도소 사형집행팀은 실수를 방지하기 위해 집행 리허설을 하고, 사형수는 집행구역(대개 사형장)으로 들어간다. 교도소장 또는 감독관은 절차를 진행하기 위해 집행팀에 신호를 보낼 수 있는 법적 권한이 있다. 적절한 증인은 사형집행을 참관할 수 있으며, 의료담당자는 구금자의 사망을 선포한다. 그리고 나서 커튼은 닫히고, 증인들은 퇴실한다. 시신은 사전에 허가된 규정에 따라 수습 및 운반된다.

문제는 사형집행에 관여한 모든 당사자들의 감정적인 문제를 야기하는 사형집행의 마지막 장면, 증인들에 대한 개인적인 영향, 구금자와 폐지론자들의 교도소 밖 시위, 그 사건에 대한 언론의 반응 그리고 사형집행 이후 나중에 무죄로 밝혀질 수 있다는 것이었다.

여성 사형수가 많지 않은 이유를 설명하시오.

여성 범죄자에 대한 사형선고와 사형집행은 남성 범죄자에 비해 드물다. 여성은 전체 살인죄의 10%만을 차지하고, 재판 후 부과된 사형선고의 2%에 불과하며, 실제로 집행된 사람의 1%에 불과하다. 일반적으로, 여성이 사법 제도로 더 많이 처리될수록, 그들은 관대한 처벌을 받을 가능성이 더 높다.

사형제도에 대한 폐지론자와 존치론자의 입장을 비교하시오.

존치론자들은 공공의 안전이 범죄자의 사형집행을 통해 가장 잘 제공된다고 믿고 있으며, 다른 범죄자들이 살인을 저지르는 것을 억제할 수 있는 본보기를 보여준다고 믿었다. 그들은 국가가 모든 범죄에 대한 처벌을 지지해야 하며 살인자들은 고의적이고 의도적으로 계획적인 살인을 저지르는 자유 행동적이고 이성적인 사람이라고 믿는다. 그들은 신성한 경전이 사형을 정당화하고 요구한다고 주장한다: 사악한 사람들은 사회에서 제거되어야 하며, 사형은 공공의 안전을 증진시키기 위한 최종적인 수단과 행동으로 보았다. 따라서 존치론자들은 사형을 유지하기를 원한다.

폐지론자들은 대부분의 사형수들은 범죄 발생기간 동안 자유 의지를 행사하지 않았으며, 대부분은 최소한 어느 정도 무력한 상태에 있었다고 주장한다(약물 또는 알코올 중독, 정신질환자, 잘못된 것과 옳은 것을 구분할 수 있는 능력의 결여 또는 피해자의 공격으로부터 스스로를 방어하기 위한 수단). 그들은 사형이 과도하고, 잔인하며, 매우 선택적으로 부과되며 그리고 가끔 부과될 만하다고 생각한다. 그리고 주정부는 살인자들조차 죽이지 말아야 한다고 믿는다. 폐지론자들은 사형제도의 폐지를 원한다.

사형집행의 대상이 되지 않는 사람을 설명하시오.

미 대법원은 범죄를 저지를 때 정신질환자, 정신장애자, 18세 미만 청소년, 약물이나 알코올(또는 둘다) 남용으로 인해 크게 심신이 손상된 자는 사형을 받을 자격이 없다고 판단했다. 범죄자를 부적격자로 만드는 또 다른 완화 요인은 비효율적인 법률상담, 부적절한 법률상담, 정신 이상이다. 이 중 어떤 것이든 헌법상의 문제가 제기될 수 있고 그러한 범죄자들이 사형선고에서 제외될 수 있는 가능성이 있다.

현재의 사형수들의 특징을 요약하시오.

사형수들의 대부분은 남부 주 출신의 백인들로, 그들 대부분은 살인죄로 유죄 판결을 받았다. 인종적 요인에 있어서 백인을 살해한 흑인이 과도하게 수용되어 있으며 사형수 중 흑인 한 명을 죽인 것으로 유죄 판결을 받은 백인 남성들은 거의 없다. 사형수들은 어린 시절 혼란스럽고 충격적인 삶을 살았고 정신적, 육체적 질병을 앓았으며, 이는 사형수의 격리로 인해 더 악화되는 결과를 야기하였다. 많은 사형수는 지능수준이 낮았다. 일반적으로, 그들은 구금 중에는 다른 구금자들보다 덜 폭력적이다; 비교적 적은 수의 여성 사형수들 또한 상대적으로 훨씬 비폭력적이다.

사형과 가석방 없는 종신형을 비교하고 대조하시오.

사형가능범죄를 저지른 것으로 기소된 사람들의 재판과정은 매우 높은 비용이 요구된다. 대응 공격(collateral attack), 예탁비용, 방어전략, 기타 법적 비용은 사형가능사건에서 보다 높다. 유죄 판결을 받을 때조차도, 범인은 유죄 판결과 선고에 항소할 수 있고, 때로는 다양한 사안에 대해 같은 항소법원에 한 번 이상 항소할 가능성이 있다. 결국 대부분의 유죄 판결은 구금과 높은 보안비용을 초래하게 될 것이다; 수용자와 교정직원의 비율이 낮고, 하루 24시간 사형수 관리 보안절차가 필요하다. 교도소 밖에서는 지속적인 항소가 이어질 수 있어 국가와 변호인들의 법적 비용부담이 커질 수 있다. 무기징역(또는 가석방 없는 종신형)의 형량을 확보하는 것이 사형집행 시 엄청난 비용을 부담하는 것보다 훨씬 덜 비싸다.

주요용어

사형 ······ 462
사형집행 ······ 462
그레그 대 조지아 판례 ······ 465
사형범죄 ······ 466
퍼먼 대 조지아 판결 ······ 467
임의적 ······ 467
살해의도 ······ 468
미리 생각한 범행의도 ······ 468
사형 ······ 468
잔인하고 비정상적인 처벌 · 469
문지기 기능 ······ 473
억제 ······ 474
확정 종신형 ······ 476
형평성 ······ 477
존치론자 ······ 477
복수 ······ 484
정의모델 주장 ······ 484
사회보호 주장 ······ 485

복습질문

1. 퍼먼 대 조지아에서 나온 지침과 관련 결정을 설명하라.
2. 사형제도 존치를 위한 변론을 준비한 후 이에 대한 반론에 대해 대응하라.
3. 피해자의 인종은 사형선고를 받는 데 어떤 영향을 미치는가?
4. 미국에서 전기의자, 가스실, 독극물 주사로 가장 먼저 사망한 사람은 누구인가? 각각의 집행방법에 대한 당신의 의견은?
5. 사형을 폐지해야 한다는 주장의 근거를 제시하시오.

적용사례연구

1. 미국의 뛰어난 세 명의 종교 성직자들이 사형제도의 사용에 대해 논의하자고 제안했다. 하나는 "성서법"의 주장을 옹호하는 근본주의 성직자이다. 나머지 두 명은 "살인하지 말라"는 원칙과 "위대한 계명"을 위반하기 때문에 결코 사형을 사용해서는 안 된다는 주장을 고수하고 있는데, "위대한 계명"은 살아야 할 하나의 규칙이 당신의 모든 마음과 모든 힘 그리고 당신의 영혼과 당신의 이웃을 당신 자신으로 사랑하는 것이라고 기술하고 있다. 3개의 주요 텔레비전 방송국은 토론회를 생방송으로 진행하기로 합의하고 30분간의 질의응답 시간을 방송하기로 합의했다. 하나의 문제를 고른다면 무슨 문제가 좋을까?
2. 당신은 검사(기소검사)로서, 당신은 당신의 지역사회의 종교 지도자들에게 사형을 변호해 달라는 요청을 받는다. 어떤 주장을 하겠는가?

3. 당신은 지적장애 살인자의 사형에 대해 항소하고 있지만, 그의 지능지수는 미국 대법원이 정한 기준에 충족되지 못한다. 어떤 주장을 하겠는가?

미주

1. Tim Robbins, director, *Dead Man Walking* (Hollywood, CA: Grammercy/Polygram Film Productions, 1995). This film was nominated for a number of Academy Awards. Susan Sarandon played the nun who tried to help save a condemned man's soul by counseling him to admit to the crimes, and she won the best actress Oscar for 1995.
2. Death Penalty Information Center, "Crime Punishable by the Death Penalty," http://www.deathpenaltyinfo.org/capitaloffenses.html. See also Bureau of Justice Statistics, "Capital Punishment Statistics," http://www.ojp.usdoj.gov/bjs/cp.htm (accessed October 29, 2008).
3. States that have recently abolished the death penalty include New Mexico (2009), Mary-land (2013), and Connecticut (2012). However, the repeal was not retroactive, and each has inmates remaining on death row. Death Penalty Information Center, "States without the Death Penalty," http://www.deathpenaltyinfo.org/states-and-without-death-penalty.
4. See Chris Little, "Bible Supports the Death Penalty," http://i2i.org/Publications/Op-Eds/Other/op971029. htm (accessed February 12, 2003). See also "Death Penalty Debate," http://www.lexingtonprosecutor.com/death_penalty_debate.htm; "Seventeen Arguments for the Death Penalty," http://yes- deathpenalty.com/argument_1.htm; and http://www.pro-deathpenalty.com (accessed October 28, 2008).
5. The most readable discussion of these issues can be found in P. Lewis, Harry Allen, Henry Mannle, and Harold Vetter, "A Post-*Furman* Profile of Florida's Condemned —A Question of Discrimination in Terms of the Race of the Victim and a Comment on *Spinkellink* v. *Wainwright*," *Stetson Law Review* 9:4 (Fall 1979): 1-45. The general public strongly supports the death penalty. A 2013 Gallup poll reports that 60 percent of adults nationwide support the death penalty, which is the lowest rate in more than 40 years. Death Penalty Information Center, "Death Penalty," http://www.deathpenaltyinfo.org/documents/gallup-10-29-13.pdf. See also John Arthur, "Racial Attitudes about Capital Punishment," *International Journal of Comparative and Applied Criminal Justice* 22:1 (1998): 131-144, and J. D. Unner and F. T. Cullen, "The Racial Divide in Support of the Death Penalty," *Social Forces* 85 (2007): 281-301.
6. Personnel required to participate in an execution are an often-ignored component of capital punishment. See Robert Johnson, *Death Work: A Study on the Modern Execution Process* (Belmont, CA: Wadsworth, 1998).
7. In February 2008, the Nebraska Supreme Court ruled that electrocution, the state's sole execution method, was unconstitutional. Up

until then, Nebraska was the only state that required electrocution.

8. Harry Barnes and Negley Teeters, *New Horizons in Criminology* (New York: Prentice Hall, 1948), p. 309. In 1988, the average wait from conviction to execution was six years and eight months, but by 2006 it had increased to almost 12 years. John Bonczar and Tracy Snell, "Capital Punishment 2003," http://www.ojp.usdoj.gov/bjs/pub/pdf/cp03.pdf, p. 12; Bureau of Justice Statistics, *Capital Punishment 2006* (Washington, DC: Bureau of Justice Statistics, 2007).
9. For a good reference on this controversy, see Ernest van den Haag and J. Conrad, *The Death Penalty: A Debate* (New York: Plenum, 1983). See also Roger Hood, "Capital Punishment—A Global Perspective," *Punishment and Society* 3:3 (2001): 331-354.
10. *Furman* v. *Georgia,* 408 U.S. 238 (1972).
11. See http://archives.cnn.com/2000/US/01/31/illinois.executions.02/.
12. J. Edgar Hoover, *Crime in the United States* (Washington, DC: U.S. Government Printing Office, 1931-1939). A rough average of such crimes known to the police is presented.
13. Death Penalty Information Center, "Race of Defendants Executed since 1976," http://www.deathpenaltyinfo.org/dpicrace.html.
14. Justice William J. Brennan, *Furman* v. *Georgia,* 408 U.S. 238 (1976).
15. Brennan, *Furman* v. *Georgia.* See also Susan Cho, "Capital Confusion: The Effect of Jury Instructions on the Decision to Impose Death," *Criminology* 36:3 (1998): 711-733.
16. Malice aforethought means malice in fact or implied malice in the intent of one who has had time to premeditate an act that is unlawful or harmful. This issue is wrapped around the plea of not guilty by reason of insanity. See William Schabas, "International Norms on Execution of the Insane and the Mentally Retarded," *Criminal Law Forum* 4:1 (1993): 95-117, and James Aker, R. Bohm, and S. Lanier, eds., *America's Experiments with Capital Punishment* (Durham: North Carolina University Press, 1998).
17. Paigh Ralph, J. Sorensen, and J. Marquart, "A Comparison of Death-Sentenced and Incarcerated Murderers in Pre-*Furman* Texas," *Justice Quarterly* 9:2 (1992): 185-209.
18. Death Penalty Information Center, *Chattahoochee Judicial District: Buckle on the Death Belt: The Death Penalty in Microcosm* (Washington, DC: Death Penalty Information Center, 1992); see also Death Penalty Information Center, *Killing Justice: Government Misconduct and the Death Penalty* (Washington, DC: Death Penalty Information Center, 1992).
19. Gennaro Vito and T. Keil, "Capital Sentencing in Kentucky: An Analysis of Factors Influencing Decision Making in the Post-*Gregg* Period," *Journal of Criminal Law and Criminology* 79:2 (1988): 483-508. See also Thomas Keil and G. Vito, "The Effects of the *Furman* and *Gregg* Decisions on Black-White Execution Ratios in the South," *Journal of Criminal Justice* 20:3 (1992): 217-226, and Richard Deiter, *The Death Penalty in Black and White* (Washington, DC: Death Penalty Information Center, 1998).
20. Stephen Klein and J. Ralph, "Relationship of Offender and Victim Race to the Death Penalty in California," *Jurimetrics Journal* 32:3 (1991): 33-48. But see Steven Shatz and

N. Rivkind, "The California Death Penalty Scheme," *New York University Law Review* 72:6 (1997): 1283-1343.

21. Franklin Zimring, A. Sarat, R. Emerson, et al., "Symposium: Research on the Death Penalty," *Law and Society Review* 27:1 (1993): 9-175; Mark Small, "A Review of Death Penalty Caselaw: Future Directions for Program Evaluation," *Criminal Justice Policy Review* 5:2 (1991): 114-120; Thomas Keil and G. Vito, "Race and the Death Penalty in Kentucky Murder Trials: 1976-1991," *American Journal of Criminal Justice* 20:1 (1995): 17-35; John Whitehead, "'Good Ol' Boys' and the Chair," *Crime and Delinquency* 44:2 (1998): 245-256. On the possible impact of racial stereotyping and death eligibility, see Sara Steen, Rodney Enger, and Randy Gainey, "Images of Danger and Culpability: Racial Stereotyping, Case Processing and Criminal Sentencing," *Criminology* 45:2 (2005): 405-468.
22. Justice Thurgood Marshall, *Furman* v. *Georgia*. Actually, the U.S. Supreme Court shifted from the earlier standard (concerned only with historical techniques for imposing punishment) to the "emerging standards" doctrine in 1910 (*Weems* v. *United States,* 217 U.S. 349). See also Julia Fleming, "The Death Penalty: Another Threat to the Culture of Life," *Journal of Religion and Society* 4:3 (2008): 126-134.
23. *Atkins* v. *Virginia,* 536 U.S. 304 (2002).
24. *Wilkerson* v. *Utah,* 99 U.S. 130 (1878). The Utah Supreme Court upheld a lower-court decision sentencing a prisoner convicted of murder in the first degree to be shot publicly. See also Kay Gillespie, *The Unforgiven: Utah's Executed Men* (Salt Lake City, UT: Signature Books, 1991). See also *Baze et al.* v. *Rees, 553 U.S. Baze* v. *Rees,* 07-5439, U.S. (2008).
25. Justice Nathan Clifford, *Wilkerson* v. *Utah,* 99 U.S. 130 (1878). See also William Schabas, *The Death Penalty as Cruel and Unusual Torture* (Boston: Northeastern University Press, 1996).
26. Justice Stephen Field, *O'Neil* v. *Vermont,* 1944 U.S. 323 (1892). See also Faith Lutze and D. Brody, "Mental Abuse as Cruel and Unusual Punishment," *Crime and Delinquency* 45:2 (1999): 242-255.
27. *Weems* v. *United States,* 217 U.S. 349 (1910). This decision represented a broad interpretation of the Eighth Amendment, asserting that "cruel and unusual punishment" could apply to prison sentences of a length disproportionate to the offense.
28. *Louisiana ex rel. Francis* v. *Resweber,* 329 U.S. 459 (1947). The Louisiana Supreme Court denied a writ of habeas corpus against a second attempt to execute a prisoner convicted of murder, the first attempt at electrocution having failed because of mechanical difficulty.
29. See Death Penalty Information Center, "Post-*Furman* Botched Executions," http://www.deathpenaltyinfo.org/botched.html, and http://www.deathpenaltyinfo.org/some-examples-post-furman-botched-executions.
30. Burger, *Furman* v. *Georgia.*
31. Gennaro Vito and D. Wilson, "Back from the Dead: Tracking the Progress of Kentucky's *Furman*-Commuted Death Row Populations," *Justice Quarterly* 5:1 (1988): 101-111. Also see Gennaro F. Vito, Deborah Wilson, and Edward J. Latessa, "Comparison of the Dead:

Attributes and Outcomes of *Furman* Convicted Death Row Inmates in Kentucky and Ohio," in *The Death Penalty in America: Current Research, ed. R. Bohm* (Cincinnati, OH: Anderson Publishing, 1990).

32. They included such notable figures as Sirhan Sirhan, the convicted killer of Senator Robert Kennedy, and Charles Manson, leader of the group of mass killers in California known as the "Family."
33. Raymond Paternoster and A. Kazyaka, "The Administration of the Death Penalty in South Carolina: Experience over the First Few Years," *South Carolina Law Review* 39:2 (1988): 245–411; Aker et al., *America's Experiments with Capital Punishment.*
34. Thomas Keil and G. Vito, "Race and the Death Penalty in Kentucky Murder Trials: An Analysis of Post–*Gregg* Outcomes," *Justice Quarterly* 7:1 (1990): 189–207. See also Amy Phillips, "Thou Shalt Not Kill Any Nice People," *American Criminal Law Review* 35:1 (1997): 93–118.
35. Michael Radelet, "Executions of Whites for Crimes against Blacks: Exceptions to the Rule?," *Sociological Quarterly* 30:4 (1989): 529–544. See also Keil and Vito, "The Effects of the *Furman* and *Gregg* Decisions." But see John DiIulio, "My Black Crime Problem, and Ours," *The City Journal* 6:2 (1996): 14–28.
36. In a telephone survey of respondents in Ohio, Skrovon et al. found disapproval of the death penalty being used on juveniles. Sandra Skovron, J. Scott, and F. Cullen, "The Death Penalty for Juveniles: An Assessment of Public Support," *Crime and Delinquency* 35:4 (1989): 546–561. William Carlsen reports that Californians solidly support the death penalty for adults (63 percent favor versus 33 percent opposed) but that life in prison without the possibility of parole as an alternative to capital punishment is favored by 67 percent of the respondents. William Carlsen, "Support for the Death Penalty—Sometimes," *San Francisco Chronicle,* March 28. 1990, p. A9. The war against drugs has been spread to the death penalty. See Charles Williams, "The Death Penalty for Drug–Related Killings," *Criminal Law Bulletin* 27:5 (1991): 387–415.
37. Richard Deiter (1993), "Sentencing for Life: Americans Embrace Alternatives to the Death Penalty," http://www.deathpenaltyinfo.org/article.php?scid–45&did–481. For the average time to be served, see Paula Dixon, *Truth in Sentencing in State Courts* (Washington, DC: U.S. Department of Justice, 1999), p. 7.
38. H. Bedeau and M. Radelet, "Miscarriages of Justice in Potentially Capital Cases," *Stanford Law Review* 40:1 (1987): 21–179. See also Elizabeth Rapaport, "The Death Penalty and Gender Discrimination," *Law and Society Review* 25:2 (1991): 367–383; Michael Radelet, H. Bedeau, and C. Putnam, *In Spite of Innocence: The Ordeal of 400 Americans Wrongly Convicted of Crimes Punishable by Death* (Boston: Northeastern University Press, 1992); and Michael Wein stock and G. Schwartz, "Executing the Innocent: Preventing the Ultimate Injustice," *Criminal Law Bulletin* 34:4 (1998): 328–347.
39. *United States of America* v. *Alan Quinones* (2002 U.S. Dist. Lexis 7320).
40. *Death Penalty Sentencing: Research Indicates*

Pattern of Racial Disparities (Washington, DC: General Accounting Office, 1990).

41. Death Penalty Information Center, "Women and the Death Penalty," http://www.death-penaltyinfo.org/.
42. Darrell Steffensmeier, J. Schwartz, H. Zhong, and J. Ackerman, "An Assessment of Recent Trends in Girls' Violence Using Diverse Longitudinal Sources: Is the Gender Gap Closing?," *Criminology* 43:2 (2005): 255-405. See also Jennifer Schwartz and Brian Rookey, "The Narrowing Gap in Arrests," *Criminology* 46:3 (2008): 637-672.
43. A poll conducted by ABC News revealed strong opposition to the death penalty for juveniles in general: only 21percent were in favor of the death penalty for juveniles versus the 62 percent who preferred the sentence of life without parole. The poll was conducted December 10-14, 2003 (ABC News, December 19, 2003).
44. *Thompson* v. *Oklahoma,* 487 U.S. 815 (1988).
45. *Stanford* v. *Kentucky,* 492 U.S. 361 (1989).
46. *Roper* v. *Simons,* 03-633 (2005). See also *Atkins* v. *Virginia,* 536 U.S. 304 (2002).
47. Hashem Dezhbakhsh, Paul Rubin, and Joanna Mehlhop Shepherd, "Does Capital Punishment Have a Deterrent Effect?," http://www.ipta.net/pubs/emory.edu.
48. Dudley Sharp, "Death Penalty and Sentencing Information," http://www.prodeathpenalty.com/DP.html.
49. Ibid.
50. Clark County Prosecutor, "Robert Lee Massie," http://www.clarkprosecutor.org/html/death/US/massie703. htm. See also "Press Release: New Jerseyans for Alternatives to the Death Penalty, Nov. 21, 2005"; for full report, see http://www.njadp.org.
51. Judge Arthur L. Alarcón and Paula M. Mitchell, *Costs of Capital Punishment in California: Will Voters Choose Reform this November?*, 46 Loy. L.A. L. Rev. S1 (2012). The full text is available at http://digitalcommons.lmu.edu/llr/vol46/iss0/1. See also Death Penalty Information Center, "Financial Facts about the Death Penalty," http://www.deathpenaltyinfo.org/costs-death-penalty.
52. See Death Penalty Information Center, "Financial Facts about the Death Penalty," and Jon Craig, "Death Row Inmates Can Cost $1M Each," *Cincinnati Enquirer*, July 12, 2010.

추천 읽을거리: 3부

American Correctional Association. [Special theme issue] Reentry. *Corrections Today* 67:2 (2005).

_____. [Special theme issue] Reentry. *Corrections Today* 69:2 (2007).

_____. [Special theme issue] Offender Programs. *Corrections Today* 75:4 (2013).

Amnesty International. *Nigeria: Waiting for the Hangman.* New York: Amnesty International, 2008.

Bailey, William. "Deterrence, Brutalization and the Death Penalty: Another Examination of Oklahoma's Return to Capital Punishment." *Criminology* 36:4 (1998): 711-733.

Bureau of Justice Statistics. *Capital Punishment 2011.* Washington, DC: U.S. Department of Justice, 2012. http://www.bjs.gov/content/pub/pdf/cp11st.pdf.

_____. "Prisoners Executed in the United States: 1930–1999." http://www.ojp.usdoj.gov/bjs.

_____. *Prisoners Executed.* Washington, DC: U.S. Department of Justice, 2013. http://www.bjs.gov/index.cfm?ty= pbdetail&iid=2079.

Burke, Peggy. *Abolishing Parole: Why the Emperor Has No Clothes.* Lexington, KY: American Probation and Parole Association, 1995.

Council of State Governments. *Report of the Re–Entry Policy Committee.* Lexington, KY: Council of State Governments, 2004.

Cullen, Francis T., E. Latessa, and V. Burton Jr. "The Correctional Orientation of Prison Wardens: Is the Rehabilitative Ideal Supported?" *Crimi–nology* 31:1 (1993): 69–92.

Currie, Elliott. *Crime and Punishment in America: Why the Solutions to America's Most Stubborn Social Crisis Have Not Worked—And What Will.* New York: Metropolitan Books, 1998.

Death Penalty Information Center. http://www.deathpenaltyinfo.org.

Ditton, Paula. *Mental Health and Treatment of Inmates and Probationers.* Washington, DC: Bureau of Justice Statistics, 1999.

Editors, Correctional News. "CCA Completes Initial Phases of 3,600–Bed Arizona Facility." *Corrections News* 14:6 (2008): 19.

_____. Editors, Correctional News. "Marshals Service to House Inmates in GEO Group Facility in Georgia." *Corrections News* 14:2 (2008): 13.

English, Kim, S. Pullen, and L. Jones. *Managing Adult Sex Offenders in the Community: A Containment Approach.* Washington, DC: U.S. Department of Justice, 1997.

Feeley, Malcolm. "The Privatization of Prisons in Historical Perspective." *Criminal Justice Research Bulletin* 6:2 (1991): 6–8.

Finn, Peter. *Chicago's Safer Foundation: A Road Back for Ex–Offenders.* Washington, DC: U.S. Department of Justice, 1998.

_____. Finn, Peter. *Successful Job Placement for Ex–Offenders.* Washington, DC: U.S. Department of Justice, 1998.

Glaze, Lauren, and L. Maruschak. *Parents in Prison and Their Minor Children.* Washington, DC: Bureau of Justice Statistics, 2008.

Hanrahan, Kate, J. Gibbs, and S. Zimmerman. "Parole and Revocation." *The Prison Journal* 85:3 (2005): 251–269.

Harris, George A., ed. *And Tough Customers: Counseling Unwilling Clients.* Laurel, MD: American Correctional Association, 1991.

Hassine, Victor. *Life without Parole.* New York: Oxford University Press, 2008.

Hughes, Timothy, and D. Wilson. *Reentry Trends in the United States.* Washington, DC: Bureau of Justice Statistics, 2005. http://www.ojp.usdoj.gov/bjs/reentry/reentry.htm.

Johnson, Robert. *Death Work: A Study of the Modern Execution Process.* Belmont, CA: Wadsworth, 1998.

Johnson, Robert, and H. Toch. *Crime and Punishment: Inside Views.* Los Angeles: Roxbury, 2000.

Kilpatrick, D., D. Beatty, and S. Howley. *The Rights of Crime Victims.* Washington, DC: U.S. Department of Justice, 1998.

Langan, Patrick, and David Levin. *Recidivism of*

Prisoners Released in 1994. Washington, DC: Bureau of Justice Statistics, 2002.

Lanza－Kaduce, Lonn, K. Parker, and C. Thomas. "A Comparative Recidivism Analysis of Releasees from Private and Public Prisons." *Crime and Delinquency* 45:1 (1999): 28–47.

Latessa, Edward. J., S. Listwan, and D. Koetzle. *What Works (and Doesn't) in Reducing Recidivism.* Cincinnati, OH: Anderson Publishing, 2013.

Latessa, Edward. J., and P. Smith. *Corrections in the Community.* Cincinnati, OH: Anderson Publishing, 2011.

Lilly, J. Robert, and M. Deflem. "Profit and Penalty: An Analysis of the Corrections Commercial Complex." *Crime and Delinquency* 42:1 (1996): 3–20.

Love, Margaret. *Relief from Collateral Consequen－ces of a Criminal Conviction.* Washington, DC: The Sentencing Project, 2008.

Lutze, Faith, and D. Brody, "Mental Abuse as Cruel and Unusual Punishment." *Crime and Delinquency* 45:2 (1999): 242–255.

Maruschak, Laura. *HIV in Prisons and Jails, 2006–2020.* Washington, DC: Bureau of Justice Statistics, 2013. http://www.bjs.gov/index.cfm?ty=pbdetail&iid=4452.

Maruschak, Laura, and A. Beck. *Medical Problems of Inmates, 2006.* Washington, DC: Bureau of Justice Statistics, 2008.

Maruschak, L., and E. Parks. *Probation and Parole in the United States 2012.* Washington, DC: Bureau of Justice Statistics, 2012.

Mumola, Christopher. *Substance Abuse and Treatment, State and Federal Prisoners, 1997.* Washington, DC: Bureau of Justice Statistics, 1999.

Mumola, Christopher, and J. Karberg. *Drug Use and Dependence, State and Federal Prisoners, 2005.* Washington, DC: Bureau of Justice Statistics, 2006.

Petrosino, Anthony, and C. Petrosino. "The Public Safety Potential of Megan's Law in Massachusetts." *Crime and Delinquency* 45:1 (1999): 122–139.

Scalia, John. *Prisoner Petitions Filed in U.S. District Courts, 2000.* Washington, DC: Bureau of Justice Statistics, 2004. http://www.ojp.usdoj.gov/bjs/pub/pdf/ppfusd00. pdf.

Seiter, Richard P. "Private Corrections: A Review of the Issues." http://www.correctionscorp.com/static/assets/Private_Corr_Review_of_Issues.pdf.

Sexton, George E. *Work in American Prisons: Joint Ventures with the Private Sector.* Washington, DC: U.S. Department of Justice, 1995.

Sorensen, Jon, and D. Wallace, "Prosecutorial Discretion in Seeking Death." *Justice Quarterly* 16:3 (1999): 559–578.

Sundt, Jody, and F. Cullen. "The Role of the Contemporary Prison Chaplain." The *Prison Journal* 78:3 (1998): 271–298.

Thomas, Charles W. *Correctional Privatization: The Issuesm and Evidence.* Toronto: The Fraser Institute, 1996.

_____. Thomas, Charles W. "Prisoner Rights and Correctional Privatization: A Legal and Ethical Analysis." *Business and Professional Ethics Journal* 10:1 (1991): 3–45.

Tonry, Michael. "Crime and Human Rights: How Political Paranoia, Protestant Fundamentalism, and Constitutional Obsolescence Combined to Devastate Black America." *Criminology* 46:1 (2008): 1–34.

Turner, Susan, and J. Petersilia. "Work Release in

Washington: Effects on Recidivism and Court-room Costs." *Prison Journal* 76:2 (1996): 138-164.

Vaughn, Michael, and S. Carter Collins. "Medical Malpractice in Correctional Facilities: State Tort Remedies for Inappropriate and Inadequate Health Care Administered to Prisoners." *The Prison Journal* 84:4 (2004): 505-534.

Wilkinson, Reginald, and E. Rhine. "Confronting Recidivism." *Corrections Today* 67:5 (2005): 54-57.

CHAPTER 15

가석방과 재진입

학습목표

- 가석방 역사를 개략적으로 설명하시오.
- 가석방과 사면을 비교하고 대조한다.
- 미국의 가석방 현황에 대해 설명하시오.
- 가석방의 오명 문제를 포함하여 지역사회에 재진입하는 죄수들과 관련된 문제를 요약하시오.
- 가석방의 허가과정을 설명하고 가석방위원회의 역할을 요약하시오.
- 가석방 조건을 설명하시오.
- 가석방 담당관의 역할을 요약하시오.
- 가석방 취소를 포함하여, 가석방 감시가 어떻게 종료되는지 설명하라.
- 재소자의 재진입 과정을 설명하시오.
- 재진입법원을 설명하시오.
- 가석방의 효과성을 설명하시오.

개요

가석방의 발전

미국 가석방의 기원
- 초기 해외사례

미국에서 가석방의 도입

사면과 가석방: 교도소에서 출소할 수 있는 두 가지 방법

가석방이란 무엇인가?

가석방 행정

가석방위원회

가석방을 통한 석방

가석방 가이드라인

가석방 준수사항

가석방 담당관의 역할

가석방 취소

가석방은 교정의 주요 부분이다

사면

재진입: 새로운 도전
- 외부통근 프로그램
- 귀휴제도
- 중간처우소
- 재진입법원

가석방은 효과적인가?

"재소자가 가석방위원회의 기준을 충족하지 못하면 그들의 형기는 계속되며 가석방 심사의 실패로 털썩 주저앉는다(flopped)."
— 에드워드 J. 라테사

개관

지금까지 설명한 교정절차는 교정시스템을 통해 필터링된 범죄자에 대해 설명한 것이다. 우리는 그들이 형기를 마치고 최소한의 신분과 최종 석방일이 될 때까지 분류 사다리를 내려갈 때 그들이 어떻게 도전과 기회를 맞닥뜨리는지를 보아왔다. 이 장은 이제 우리의 관심을 가석방으로 전환한다. 가석방은 전통적으로 교도소를 떠나 사회에 다시 진출하는 가장 흔한 방법이었다. 가석방(또는 조기 석방)은 재소자들이 명시한 형벌로부터 쉽게 조기석방을 얻을 수 있는 방법으로 빈번하게 공격받아온 교정정책 중 하나이다. 교도소 인구가 계속 증가함에 따라 지난 20년 동안 국내 기조는 형량을 더 가혹하게 하고 재소자들이 가능한 한 형량의 대부분을 교도소에서 복역하도록 하는 것이었다.[1] 그러나 최근 우리 사회에 복귀하는 범죄자들에게 좀 더 초점을 맞추는 쪽으로 미묘하지만 중요한 변화가 있었다. 비록 범죄자들이 교도소에 수용되어 있는 한 "집에 온 것" 같겠지만, 그들의 지역사회 재진입에 새로운 관심이 쏠리고 있다. 학생들은 많은 문제

들이 오늘날의 환경에서 가석방과 재진입의 과정에 있다는 사실을 이해할 필요가 있고, 따라서 범죄자들이 교도소에서 사회로 복귀하는 다른 정책뿐만 아니라 오랜 시간 동안 시험된 가석방 정책의 활용도 재검토 할 필요가 있다. 먼저 여기에서는 가석방의 짧은 역사를 살펴본다.

가석방의 발전

가석방은 종종 강한 반대의견을 불러일으키는 교정적인 선택이다. 일부 사람들은 이 법이 완전히 폐지되어야 한다고 주장하는 반면, 다른 사람들은 가석방이 사회에 재진입할 수 있고 법을 준수하고 생산적인 삶을 살 수 있다는 것을 증명할 기회를 제공한다고 믿는다. 어떤 사람의 지위에 상관없이, 가석방은 종종 미국의 교정현장에서 중요한 부분을 차지하고 있다. 2011년을 기준으로 83만 9,000여 명의 재소자들이 가석방 중이었기 때문에 가석방의 기원과 허가 방식을 이해하는 것은 매우 중요하다.

미국 가석방의 기원

교도소 그 자체처럼 교도소에서의 가석방도 미국의 주요 혁신정책 중 하나다.[2] 가석방제도는 18세기 후반에 새로 형성된 미국에서 확립된 철학적 혁명과 그에 따른 형벌개혁의 전통에서 생겨났다. 초기 미국에서 출현한 많은 새로운 아이디어와 마찬가지로, 가석방은 영국과 유럽 교정시스템에 뿌리를 두고 있었다.

영국에서는 식민지 교도소로의 이송명령이 엄한 처벌로 생각되었다. 18세기에는 수세기 동안 상위계층(aristocracy)이나 귀족의 공통적인 형벌인 추방령이 처음으로 일반 범죄자에게 부과되었다. 판사는 일반 범죄자에게 교수대나 칼(pillory)보다는 식민지로 추방하도록 명령하였다. 범죄자는 일정한 기간(10년 등) 동안 영국으로 돌아가지 않

는 조건으로,[3] 때로는 기간을 정하여 새로운 땅에서 자유롭게 돌아다닐 수 있도록 허가되었다.[4]

범죄학자들은 일반적으로 유배에 의한 처벌을 가석방의 전신으로 인정한다.[5] 그들은 유배가 결국 범죄자들이 그들의 자유를 얻는 시스템이었기 때문에 수천 명의 죄수들이 사형이나 형벌을 받지 않는 방식으로 처벌하는 조직적이고 획일적인 과정이었다고 주장한다.

초기 해외사례

스페인의 한 교도소의 소장은 1835년에 처음으로 조건부 석방제도를 시작했다. 좋은 행동과 개선의지를 보여주는 것에 의해 징역의 3분의 1까지 감형될 수 있었다. 1837년 바이에른에서도 이와 유사한 제도가 제정되었고, 1840년대 프랑스의 많은 교도소 개혁가들은 유사한 조건부 석방 제도의 채택을 지지하였다. 사실, 가석방이라는 용어는 프랑스의 가석방인 빠올드나(parole d'honneur) 또는 "명예선서(word of honor)"에서 유래한 것으로, 가석방 제도를 위한 프랑스의 노력을 특징으로 한다. 죄수들은 감옥에서 좋은 행동과 생산성을 보여준 경우[6]에 그리고 그들이 법을 지키겠다고 한 그들의 명예로운 선서에 따라 석방되었던 것이다.

이러한 노력이 **알렉산더 마코노키**(Alexander Maconochie, [교정 인물 15.1] 참조)의 노력보다 앞선다는 사실에도 불구하고, 보통 가석방의 아버지로서 인정을 받는 사람은 바로 마코노키이다. 1840년 마코노키 선장은 호주 해안에서 약 1,000마일 떨어진 노폭섬의 뉴사우스웨일즈에서 영국 형벌식민지를 담당하게 되었다. 이곳으로 보내진 범죄자들은 이중처벌(twice condemned)을 받았다. 이들은 영국에서 호주로, 호주에서 노폭섬으로 보내졌다. 노폭섬에서의 상황은 매우 나빠 사형을 면제받은 사람들은 눈물을 흘렸고 오히려 죽은 사람들은 하나님께 감사했다고 한다.[7]

주요용어

알렉산더 마코노키
훗날 아일랜드의 가석방 시스템에 기여한 재소자 석방권을 고안한 노폭섬의 교도소장

교정 인물 15.1

알랙산더 마코노키(Alexander Maconochie)

1840년 3월, 마코노키는 노폭섬에 있는 교도소장으로서 임무를 맡았다. 그가 도착했을 때 그 섬에는 잔인한 처벌과 악화된 환경이 만연했다. 마코노키가 조건부 석방을 허가하는 정교한 방법을 고안하고 형벌 정책을 적용하기 시작한 것은 이런 상황 하에서였다.[8] 그의 계획하에서 죄수들은 점수를 받았고, 각각 책임을 더 지고, 마침내 석방될 때까지 구금 단계를 거쳤다. 비록 마코노키가 곧 그 직위에서 물러났지만, 그가 실현했던 생각들은 아일랜드와 미국으로 퍼져 나갔고, 이 때문에 그는 종종 "가석방의 아버지"로 불린다. 그의 영향력은 월터 크로프트 경(Sir Walter Crofton)에 의해 고안된 아일랜드 제도(Irish system)에 영향을 미쳤는데, 이 시스템은 재소자들이 보안이 더 낮은 환경에서 일하도록 허용했고, 석방권(a ticket-of-leave)을 얻었으며, 교도소 밖에서 일하고 살 수 있게 해주었다. 마코노키의 생각은 [교정 실제 15.1]에 기술된 현재의 "선시제도"에서도 확인할 수 있다.

미국에서 가석방의 도입

1870년 1월 1일 오하이오주 신시내티에서 미국교도소협회의 첫 회의가 열렸다. 개혁은 당대의 전투적인 외침이었고, 회의는 거의 복음주의적인 열기를 띠었다.[9] **월터 크로프톤 경**(Sir Walter Crofton)과 미국 소장인 산본(F. B. Sanborn) 모두 아일랜드 제도를 옹호했다.[10]

회의의 성공을 힘입어 교정개혁가들의 초점은 범죄에 대한 해결책으로서의 구금에서 범죄자들을 사회로 복귀할 수 있도록 하는 집중적인 변화로 옮겨갔다. 교도소는 중심적 역할로 남아 있었지만, 이제는 거의 목적이 아니라 필요악으로 여겨졌다. 곳곳에서 교도소 개혁론자들은 선시제도 채택과 확대, 석방된 죄수들에 대한 지원, 석방권제도의 채택, 가석방 등을 주장하기 시작했다. 1869년 1월 1일, 뉴욕 주 의회는 엘마이라(Elmira) 소년원과, "최대 5년까지 개선이 될 때까지"라는 부정기형을 신설하는 법령을 통과시켰다.

이 법이 통과되면서 미국에서의 가석방은 현실이 되었다. 그것은 곧 다른 지역으로 확산되었고, 1944년까지 전국의 모든 주는 가석방 권한을 갖게 되었다.[11]

주요용어

월터 크로프트 경
1846년 아일랜드 형벌 제도 이사인 그는 마코노키가 개발한 "석방권(ticket-of-leave)" 제도를 개선했다. 그의 시스템에는 경찰의 감시조항도 있었는데, 이들은 최초의 가석방 담당관이라고 할 수 있다.

주요용어

아일랜드제도(Irish system)
아일랜드에서 개발된 최초의 가석방 시스템 중 하나로 재소자들이 노동을 통해 보안이 더 낮은 환경으로 갈 수 있었다.

교정 실제 15.1

선시제도법(Good-Time Laws)

좋은 시간(선시)이라는 용어는 감옥 안에서 노는 것을 의미하지 않는다. 그 대신, 그것은 시설에서 용인된 행동과 행동의 결과로 범죄자의 형량을 감형해 주는 것을 말한다. 1817년 뉴욕주는 선시제도 법안을 통과시킨 최초의 주였다. 비록 주마다 법률이 상이하였으나 이 법은 간단하고 명확하였다. 뉴욕의 법령은 교정행정관이, 보안부서장의 증명서와 그러한 죄수가 잘 행동했고 전체적으로 연간 15달러 이상의 이익을 창출했다는 기타 만족스러운 증거에 따라 5년 이상 징역형을 선고받은 죄수의 형기를 4분의 1까지 줄일 수 있게 했다. 주정부와 콜롬비아 특별자치구를 포함한 모든 주들은 1916년까지 일종의 선시제도와 유사한 법안을 통과시켰다. 캘리포니아는 1990년에 1대 2의 비율로 선시 시간을 주기 시작했다; 이틀 동안 잘 지낼 경우 형량의 하루를 줄여주었다.

사면과 가석방: 교도소에서 출소할 수 있는 두 가지 방법

미국의 교도소에 구금된 대부분의 범죄자들은 결국 옛 동네의 거리로 돌아간다.(자연적 또는 다른 이유로) 재소자들이 교도소에서 죽지 않는 한, 거의 모든 사람들이 언젠가 다시 사회에 돌아갈 것이다. 19세기의 잔인하게 긴 징역은 보통 교도소를 떠난 몇 안 되는 범죄자들이 냉혹한 현실에 직면하거나 지위가 강등되거나 또는 둘 다라는 것을 의미했다. 오늘날 많은 범죄자들은 가석방으로, 때때로 그들의 최대 형기가 만료되기 훨씬 전에 교도소에서 석방된다. 최근까지 **가석방된 재소자**(Release on parole)들의 수와 비율은 꾸준한 감소세를 보였다. 1966년 재량 가석방된 죄수는 전체의 61%에 달했지만, 그 수치는 1990년 39%로 감소했고, 이는 **제대로된 양형운동**(Truth-in-sentencing movement)[12] 이후, 12%가 더 감소하여 2009년에는 28%로 추정되었으나, 지난 몇 년간 소폭 증가하여 2010년에는 31%에 머물렀다. 비록 재량적 가석방은 일반적으로 감소하였지만, 형기가 만료된 많은 범죄자들은 이제 가석방 감시기간을 거쳐야 한다(때로는 필요적 또는 석방 후 통제라고도 한다). 이에 따라 가석방 감시 대상자는

주요용어

선시제도
구금 중 좋은 행동을 한 대가로 재소자의 형량을 며칠씩 감형하는 것

주요용어

가석방을 통한 석방(Release on parole)
좋은 행동과 지역사회감시를 조건으로 재소자를 형기를 일찍 끝내는 석방

주요용어

제대로된 양형운동
1990년대 들어 시작된 운동으로 재소자들의 가석방을 고려하기 전에 형기의 상당 부분을 복역해야 한다.

그림 15.1

석방 유형별 주정부 교도소 석방건수, 1980-2015

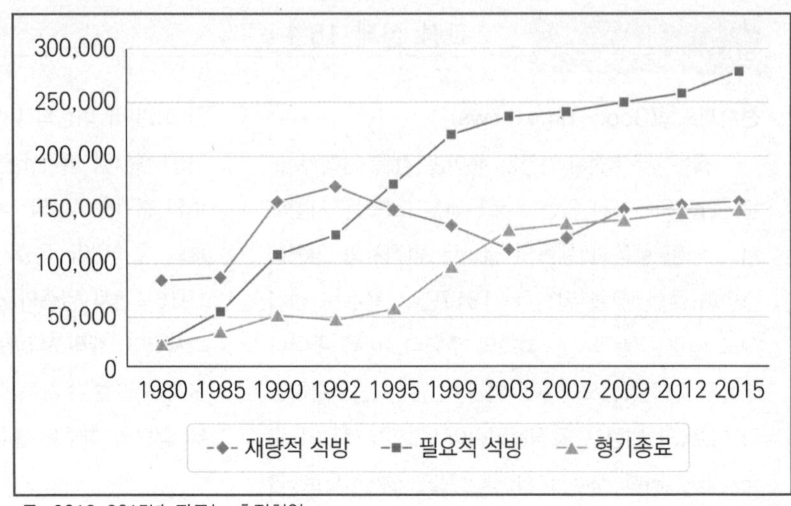

주: 2012~2015년 자료는 추정치임.

출처: T. Hughes, T. Wilson, and A. Beck, *Trends in State Parole, 1990-2000* (Washington, DC: Bureau of Justice Statistics, 2001); L. M. Maruschak and E. Parks, *Probation and Parole in the United States, 2011* (Washington, DC: Bureau of Justice Statistics, 2012).

1990년 53만 1,000여 명에서 2012년 초 88만 3,900여 명으로 늘어나 교정감시 대상자의 16%가 넘었다.[13]

가석방의 중요성은 우리가 유일한 대안이 행정적 관용, 감형, 만기석방, 죽음, 도주 또는 어떤 형태의 충격 보호관찰이라는 점을 고려할 때 명백해진다. 재소자들이 교도소를 떠나는 방법에 대한 정보는 [그림 15.1]에 제시되어 있다. 이러한 자료에서 볼 수 있듯이, 감시를 조건으로 하는 전통적 가석방인, 조건부 **재량적 석방**(Discretionary release)이 증가하기 시작했다. 조건부 **필요적 석방**(Mandatory release)이란 범죄자가 형기가 만료되기 전에 석방된 경우(일반적으로 형기의 일정 부분을 복역한 후 석방됨), 지역사회에서 감시를 받는 경우를 말한다. 이러한 출소방법은 가장 일반적인 유형이지만 지난 3년간 감소해 왔으며, 2010년의 51%에서 지금은 46%에 머물고 있다. 조건 없는 석방이란 형기가 만료되어("**형기종료**(Max out)") 범죄자가 조건이나 감독 없이 석방되는 경우를 말한다. [표 15.1]은 2011년 상위 10개 주 및 연방 교도소 구금 후 출소하여 감시하에 있는 성인재소자 수를 보여

주요용어

재량적 석방

법원이나 의회가 정한 형기구간에 따라, 최고 형량이 만료되기 전에 교도소에서 내보내는 재소자의 가석방

주요용어

필요적 석방

법령에 따라서 형기를 복역하고 있는 재소자를 석방하는 것

주요용어

형기종

징역형의 완료를 의미함

표 15.1 **2011년 교도소 석방 건수**

관할지역	형기종료	석방후 감시
캘리포니아	2,439	117,250
텍사스	30,558	40,848
플로리다	22,822	12,425
뉴욕	2,799	20,670
루이지에나	1,380	15,532
인디아나	2,073	14,502
테네시	4,629	10,218
펜실베니아	2,901	10,409
미시간	1,097	10,796
메릴랜드	3,634	7,567
연방정보교도소	54,163	649

출처: American Correctional Association, *2012 Directory of Adult and Juvenile Correctional Departments, Agencies, and Probation and Parole Authorities* (Alexandria, VA: American Correctional Association, 2012), pp. 44-45.

준다. 표와 같이, 연방교도소에서는 조건부 감시하에 석방되는 수용자는 거의 없는 것을 알 수 있다.

사형과 종신형이 빈번했던 그 시절, 감옥에서의 죽음이 빈번히 발생하였다. 재소자는 자연적인 원인, 사고, 자살 또는 시설 내 살인의 결과로 죽을 수도 있다. 또 다른 탈출구는, 때로는 범인의 입장에서 볼 때 별로 나아지지 않는 것으로, 석방되기 전에("복역완료") 최대 형량 전체를 복역하도록 강요당하는 것이다. 훨씬 낫지만 드물게 주지사의 **사면**(Pardon)이나 유사한 조치의 한 형태로 **행정적 관용**(Executive clemency)이 있다. 완전사면은 보통 범죄에 대한 비난의으로부터 완전히 면죄부를 받는다는 것을 의미하고 죄수의 오명을 덜어준다. 사면의 한 가지 하위유형은 **특사**(Amnesty)로, 범죄자 집단이나 계층에 부여될 수도 있다. 예를 들어, 미국은 주요 전쟁에서 군복무를 포기하거나 회피한 군인들에게 사면을 내리는 오랜 전통을 가지고 있다. 반체제 인사들을 투옥하는 것이 관례인 국가들, 정부는

주요용어

사면
주지사나 사면당국에 의해 죄를 면제해 주는 것

주요용어

행정적 관용
주지사나 사면당국에 의해 형기를 줄이거나 수형자를 석방시키는 것

주요용어

특사
병역 기피자 같은 범죄자들에 대한 사면의 한 유형

또한 대중의 지지를 얻기 위해 대규모 사면을 사용할 수도 있다. 또한 행정적 관용은 보통 사형수의 경우(전기의자에 묶여 있는 동안 마지막 순간 형집행정지를 받는 1930년대와 1940년대의 B급 영화에서 잘 사용된 줄거리)로 **형집행정지**(Reprieve)를 부과하는 데 사용될 수 있다. 일반적으로, 형집행정지의 내용은 공개되지 않고 단지 처벌을 완화하거나 부과를 지연시키는 결과를 낳는다. 처벌은 또한 **감형**(Commutation)에 의해 완화될 수 있다. 보통 감형은 이미 구치소와 교도소에서 보낸 시간에 근거하여 이루어지며, 그 결과 청원자가 거의 즉시 석방된다. 제4장에서 논의된 또 다른 형태의 석방방법은 일종의 항소심 조치에서 비롯된다. 이 절차는 가석방과 함께 재소자들이 교도소에서 석방될 수 있는 주요 방법이다.

주요용어

형집행정지
형량의 완화, 때로는 사형의 경우 적어도 일시적으로 범인의 사형집행을 중지하는 것

주요용어

감형
행정장관(행정명령)에 의한 형량의 완화

가석방이란 무엇인가?

주요용어

가석방
재소자가 국가의 지속적인 감시하에 그리고 문제행동을 할 경우 재입소를 시키는 조건 하에서 형량의 일부를 복역한 후 교도소에서 석방되는 것

가석방(Parole)의 고전적 정의는 "형기의 일부를 복역한 후 국가의 지속적인 감시하에 문제행동의 경우 재입소를 하는 조건으로 행형시설 또는 교정시설에서 범죄자를 석방하는 것"을 의미한다.[14] 미국 보호관찰 및 가석방 협회(American Probation and Parole Association)의 정의는 [정책적 입지 15.1]에서 찾을 수 있다. 가석방에는 두 가지 주요 요소가 있는데, 하나는 구체적인 지침에 따라 범죄자를 교도소에서 석방하는 것과 다른 하나는 지역사회에서 범죄자를 감시하는 것이다.

오늘날, 16개 주와 연방정부가 가석방위원회("재량적 석방")를 없애고, 다른 4개 주에서는 특정 폭력범죄자들을 석방하는 가석방위원회 권한을 폐지했음에도 불구하고, 두 개의 주를 제외한 모든 주는 석방된 범죄자들에 대한 가석방 감시체계를 가지고 있다. 1999년 1월 1일, 위스콘신 주는 가석방위원회 석방을 폐지한 가장 최근의 주이다.[15]

[표 15.2]는 지역사회의 감독과 가석방 하에 있는 미국 성인의 비율을 보여준다. 지역사회 감독 비율은 45분의 1에서 56분의 1로 올라간 반면, 가석방 비율은 사실상 변함이 없다. [그림 15.2]는 가석방 중인 성인의 가장 심각한 범죄를 보여준다.

정책적 입지 15.1

미국 보호관찰 및 가석방 협회(American Probation and Parole Association: APPA)의 가석방에 대한 공식입장

가석방의 목적은, 가석방자가 저지르는 범죄의 발생과 충격을 감소시킴으로써 공공안전을 증가시키는 것이다. 가석방이란 관용이나 사면이 아니라, 범죄자들이 합당한 구금기간 후에 그리고 그들이 사회에서 잘 적응하고 그러한 일에 내재된 책임에 부응할 수 있는 능력과 욕구가 있다고 평가될 때, 생산적이고 법을 준수하는 시민으로서 사회에 복귀할 수 있는 기회를 제공하기 위한 판결의 논리적 연장이다. 조건부로 석방된 범죄자들에게 제공되는 가석방 조건과 감시는 가석방 당국이 사회를 지속적으로 보호하면서 범죄자가 지역사회에 성공적으로 재진입하는 것을 도울 수 있는 수단이다. 가석방의 핵심업무는 가석방 당국에 조사 및 보고를 하고, 범죄자들이 석방 후 적절한 계획을 개발할 수 있도록 돕고, 가석방된 재소자들을 감시하는 것이다. 가석방 당국 및 지원하는 교정직원들은 그들의 책임을 이행하는 것 외에도, 고용 및 생활능력상담, 중간처우소, 상담서비스, 전문 지역사회 직업훈련프로그램 및 가족 서비스 등 다양한 지원 및 사전·사후관리 프로그램과 서비스를 제공할 수 있다.

가석방에는 다음과 같은 믿음이 전제되어 있다:

- 구금된 대부분의 범죄자들은 그들의 형기가 끝나기 전에 지역사회로의 복귀를 촉진할 수 있는 전환기간의 혜택을 받을 수 있다.
- 사회의 보호는 조건부 석방의 제1차 목표이다.

출처: American Probation and Parole Association, https://www.appa-net.org/eweb/Dynamicpage.aspx?site=APPA_2&webcode=IB_PositionStatement&wps_key=e21e9312-056e-43be-8d55-dda3549dd7dc(accessed September 14, 2014).

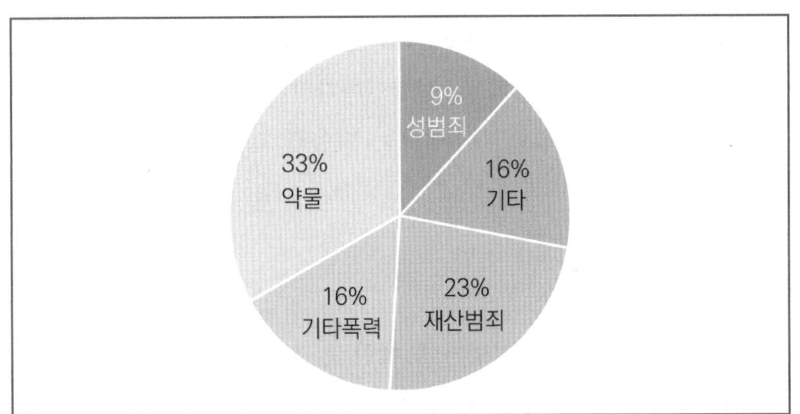

출처: Laura Maruschak and E. Parks, *Probation and Parole in the United States, 2011* (Washington, DC: Bureau of Justice Statistics, 2012), p. 17.

그림 15.2

가석방 중인 성인 범죄자의 범죄 유형

표 15.2 지역사회의 감시와 가석방하에 있는 미국 성인, 2002-2015

	미국 성인 100,000당		미국성인 거주자	
	지역사회감독	가석방	지역사회감독	가석방
2002	2,198	349	1 in 45	1 in 287
2004	2,226	351	1 in 45	1 in 285
2006	2,228	353	1 in 45	1 in 283
2008	2,203	358	1 in 45	1 in 279
2010	2,067	355	1 in 48	1 in 281
2012*	1,995	352	1 in 51	1 in 283
2014*	1,669	349	1 in 54	1 in 285
2015*	1,591	348	1 in 56	1 in 286

*: 추정치

출처: Laura M. Maruschak and Erica Parks, *Probation and Parole in the United States, 2011* (Washington, DC: Bureau of Justice Statistics, 2012), p 4.

가석방 행정

만약 재소자들이 가석방되길 원한다면, 그들은 반드시 가석방 대상자로 추천되어야 하고, 가석방 선정절차에서 그들의 기록이 검토되어야 한다. 이러한 이유로, 가석방이 어떻게 집행되는지 재소자뿐만 아니라 사회의 나머지 사람들에게도 중요한 관심사가 되고 있다.

가석방은 복잡한 절차로, 관할권마다 다른 많은 기능과 과정을 가지고 있다. 전통적으로 가석방에는 다음과 같은 다섯 가지 기본적인 기능이 포함된다.

1. 가석방 심사대상 선발
2. 감시조건 설정
3. 지역사회에서 가석방자에 대한 원조, 감시, 지원, 통제
4. 가석방 준수사항 위반시 가석방자의 시설복귀
5. 감시가 더 이상 필요치 않거나 형기가 끝나면 가석방 해제

정부 부처는 사법적 기능인 보호관찰과 달리 가석방을 집행한다. 이와 같이 형태와 운영은 주마다 다르다.

가석방위원회

재소자 석방 결정을 내리는 사람들은 누구인가? 가석방대상자 선정절차가 처음 시행되었을 때, 많은 주들은 주지사가 임명한 가석방 위원 한 명을 두었다. 그러한 정치적 임명은 곧 부패와 논쟁으로 이어졌고 제2차 세계 대전 이후 일반적으로 폐지되었다. 오늘날 대부분의 주에서는 과거에 한 사람이 가졌던 그 기능을 수행하는 **가석방위원회**(Parole board)를 운영하고 있다. 오늘날 전국의 가석방위원회는 규모, 운영 절차, 독립성, 선정방법에 따라 크게 상이하다. 예를 들어, 뉴욕주는 19명의 위원으로 구성된 반면, 3개 주는 단지 3명의 위원으로 구성되어 있다.[16] 어떤 주에서는 가석방위원회의 위원은 교정 시스템 직원과 밀접하게 연결되어 있거나 실제로 소속되어 있다. 다른 주에서는 가석방위원회 위원은 주지사에 의해 임명되며, 교정 시설과 행정기관으로부터 독립되어 있다. 가석방 제도를 폐지한 주에서도 가석방위원회를 오래 전부터 운영하여 이전 형법에 따라 선고된 사건을 심사할 수 있다는 점을 명심해야 한다.

독립 위원회가 가석방 대상자를 선정하는 것은 교정 관료주의보다 더 객관적일 수 있지만, 그것은 완벽하지는 않다. 독립적인 시스템들이 훈련이나 교정 경험이 거의 없는 사람들을 가석방 위원으로 임명하는 경향이 있다는 비판이 가끔 제기되는데, 이는 결국 교도소 당국과 위원들 사이에 불필요한 갈등을 야기한다.

주요용어

가석방위원회(Parole board)
교도소에 구금된 범죄자들을 석방하거나 가석방할 수 있는 권한을 가진 어떤 교정직원이나 위원회

가석방을 통한 석방

가석방 대상자는 어떻게 선정되는가? 이 질문은 재소자뿐만 아니라 대중에게도 중요한 질문이다. 가석방자 선정지침은 주마다 크게

다르다. 미국 대법원은 지속적으로 가석방을 특권으로 유지했으며 결과적으로 가석방 승인심리(parole-granting hearings)에서 적법절차의 권리가 완벽하게 지켜질 필요가 없다고 판결하였다.[17] 그 결과 주 정부는 가석방 승인심리에서 그들이 적절하다고 믿는 재소자에게 특권을 부여할 기회를 얻었다.

대부분의 주에서는 재소자가 가석방 자격 전에 복역해야 하는 시간에 관한 규정을 제정했다. 16개 주에서 최소 형량이 완성되면 자격을 얻는다. 10개 주에서는 최대 형량의 3분의 1을 완료하면 자격을 얻는다. 다른 주에서는 자격 기준을 계산하기 위해 이전 중범죄 수와 이전 형량을 활용한다. 동일한 자격기준을 사용하는 주에서도 동일한 범죄에 대해 계산된 최소 및 최대 형기의 기간에는 큰 차이가 존재한다. 현실은 말 그대로 가석방 관할구역의 수만큼 자격기준의 차이가 크다.[18] 일부 주에서는 시간적 요인에 더해 1급 살인, 유괴, 중강간(aggravated rapes) 등 다양한 중범죄로 유죄 판결을 받은 자에 대해 가석방을 제한하고 있다.[19] 현재 많은 주들이 가석방심리가 진행 중인 피해자들에게 심의사항을 공지하고 있는데, 특히 재소자가 폭력적인 범죄로 유죄 판결을 받은 경우에는 더욱 그렇다. 피해자들은 서면의견서와 가석방위원회 심리에 참석할 수 있다. 화상회의는 가해자들의 위협을 받지 않고 피해자들이 참여할 수 있게 해준다. 가석방위원회는 이러한 의사소통에 영향을 많이 받는다는 증거가 있다.[20]

주요용어

주저앉음
재소자들의 은어로 가석방 거부를 의미함

재소자들이 위원회가 가석방 기준을 충족하지 못하면 가석방 심사에 "주저앉아(flopped)" 본래 형기를 계속 살게 된다. 그러나 만약 승인된다면, 가석방위원회에서 정해진 감시기간 동안 가석방당국(parole authority)으로 넘길 준비를 한다.

가석방에 대한 우리의 논의는 성인 제도와 밀접한 관련이 있지만, 몇몇 주에서는 청소년들을 위한 가석방위원회도 운영하고 있다는 것에 주목해야 한다. 예를 들어, 오하이오주에서는 오하이오 청소년부서에서 관리 중인 청소년들이 석방 담당국에 보내져 석방 날짜와 조건을 결정한다. 담당국은 성인 가석방위원회와 매우 유사하게 운영된다.

일부 주에서는 청소년들을 위한 특별 가석방 서비스 외에도, [교

교정 실제 15.2

충격구금 및 가석방(Shock Incarceration and Parole)

충격구금시설(혹은 젊은 성인 여성을 위한 병영캠프 교도소)은 시, 카운티, 주 관할 지역에서 개발되었다. 여기에는 젊은 여성범죄자들을 위한 뉴욕주 프로그램이 포함되며 대표적인 사례가 여기서 논의된다. 리타(Rita)는 종종 병영캠프에 들어가는 대표적 범죄자 유형의 한 예이다. 그녀의 사례는 병영캠프가 가석방과 어떻게 연계되는지를 보여주기 위해 선택되었다.

충격구금 중인 여자 리타는 윗몸 일으키기를 50번 하고 벌떡 일어선다. 오전 6시에 그녀의 소대는 오늘 아침 체력훈련의 마지막 부분인 5마일 달리기를 시작한다. 뉴욕주 제5호 충격구금 교정시설에서 5개월을 보낸 후 아침 운동은 매우 쉽다. 리타는 심지어 그녀의 신체조건에 자부심을 느끼며 그것을 즐긴다.

리타가 퇴소해 뉴욕으로 돌아오면 6개월간의 집중감시를 받고 나서야 정식 가석방으로 전환되게 된다. 리타의 소대 중 5분의 2 이상이 여기까지 오지 못했고, 일부는 자발적으로 포기했으며, 나머지는 부정행위와 소기의 과정을 이수하지 못해 퇴소하였다. 그녀는 충격구금을 완료함으로써 최소 석방가능일 11개월 동안 가석방이 된다. 충격구금을 완료하기 위한 요건은 남성과 여성수용자들에게 동일하다. 여자수용자들은 레이크뷰(Lakeview)의 별채에 거주한다. 거주처를 제외하고는 남녀는 같은 교육, 체력훈련, 제식훈련, 약물교육, 상담프로그램에 참여하게 된다. 남성과 여성은 각각 세부 업무와 재소자들의 생활실에서 열리는 "네트워크" 단체 회의에 참석한다.

정 실제 15.2]에 설명된 바와 같이 가석방과 연계되는 남성과 여성 재소자들을 위한 특별 프로그램을 제공한다.

가석방 가이드라인

가석방 제도에 부정적인 사람들은 가석방 결정에 대해 논평하면서, 가석방 결정을 자의적이고 작위적이며 편견을 가진 무법적 결정으로 규정하고, 석방되지 않은 재소자들에게 의미 있는 향후 방향을 제시하지 않았다고 주장하였다. 이러한 비판에 대한 한 가지 대응책은 가석방 가이드라인 개발이었다. 오늘날, 30개의 주가 가석방 가이드라인을 만들었다.[21]

가장 일반적인 가이드라인 시스템은 재소자가 저지른 범죄의 심각성 그리고 현재의 범죄에 이르게 한 이전의 범죄행동과 재소자 특성을 고려하여, 재소자가 출소 전에 복역해야 할 형기를 (좁은 범위 내에서) 명시하는 매트릭스로 구성된다. 재소자의 선시 및 작업시간은 부과된 형기를 줄일 수 있다. 본 접근방식은 범인에게 형량이 얼마나 길어질지 그리고 형량을 줄이기 위해 무엇을 해야 할지를 즉시 알 수 있게 해준다. 또한 이러한 접근방식은 다른 관할구역에서 자주 발견되는 현장 의사결정 과정의 불안과 적의를 감소시킨다. 일반적으로 가이드라인은 재량권을 배제한다기보다는 통제하려 노력하며, 가석방위원회는 가이드라인의 권고에서 벗어날 수 있지만, 대개 서면으로 그 근거를 제시해야 한다.

가석방 준수사항

가석방은 본질적으로 국가와 범죄자 사이의 계약이다. 범죄자가 계약 조건을 잘 준수할 수 있다면 자유는 유지된다. 가석방 준수사항을 위반하거나 가석방자가 새로운 범죄로 기소될 경우, 가석방위원회는 가석방을 취소하고 범죄자를 교도소로 돌려보낼 수 있다. 범죄자는 반드시 계약을 준수하고 가석방위원회가 정한 기간 동안 가석방 감시하에 있어야 한다. 비록 모든 주가 자체적인 정책과 절차를 가지고 있지만, 가석방은 보통 2년 이상 7년 미만이다. 일부 주에서는 범인이 조건부 계약을 성실히 준수하는 한 아주 짧은 시간 후에 가석방 해제를 허용할 수도 있다. 이러한 계약의 정확한 내용은 주와 개인에 따라 다르지만, [교정 실제 15.3]은 단순하고 상식적인 **가석방 동의서**(Parole agreement)의 예시이다.

주요용어

가석방 동의서
가석방 당국이 가석방자에게 부과하는 준수사항과 여기에 대한 대상자의 동의

가석방 담당관의 역할

가석방 담당관은 가석방자들의 재진입과 가석방자 감시라는 두

교정 실제 15.3

가석방 동의서(Statement of Parole Agreement)

가석방위원회 위원들은 귀하가 가석방 기회를 얻었으며, 현재의 유죄 상태에서 귀하를 최종 석방하다는 데 동의했습니다. 따라서 가석방위원회는 귀하에 대해 가석방 출소를 허가(명령)합니다. 가석방 상태는 두 가지 의미가 있습니다. 하나는 가석방위원회가 귀하에게 명시된 가석방 준수사항을 지키기 위해 최선을 다할 것이라는 귀하의 말을 믿는 것입니다. 주 법에 의거하여 성인 가석방 담당국은 가석방 준수사항을 이행할 임무가 있으며, 필요한 경우 체포하여 시설로 복귀시킬 수 있음을 의미합니다.

1. 시설에서 석방 된 후 귀하의 가석방 담당관(또는 지정된 다른 사람)에게 지시된 바와 같이 자주 보고하여야 한다.
2. [ ]주를 떠나기 전에 성인 가석방담당국의 서면 허가를 받아야 한다.
3. 모든 지방 자치단체, 주 및 연방법을 준수하고 책임 있는 법률을 준수하는 시민으로서 항상 행동해야 한다.
4. 치명적인 무기나 총기를 구입, 보유, 소지, 사용 또는 통제할 수 없다.
5. 귀하의 가석방 담당관이나 다른 성인 가석방 담당공무원이 지시한 모든 사항을 따라야 한다.
6. 성인 가석방 당국이 부과 한 특별준수사항을 이행하고 준수해야 한다.
7. 준수사항이나 지시에 문제가 있는 것으로 생각되면, 귀하는 귀하의 가석방 담당관의 감독관에게 면담을 요청할 수 있습니다. 면담요청의 이유는 가능한 한 서면으로 해야 한다.
8. 특별 준수사항: (결정된대로) 본인은 상기의 가석방 준수사항을 읽었거나 누군가 나에게 읽어 주었습니다. 본인은 가석방 준수사항을 완전히 이해하며, 가석방 준수사항을 따를 것에 동의합니다.

증인

가석방 대상자

날짜

출처: State of Ohio, Department of Rehabilitation and Correction, Adult Parole Authority, *Statement of Parole Agreement APA. 271* (Columbus: State of Ohio).

가지 주요 역할을 맡고 있다. 전자의 경우 가석방 담당관들이 재진입 과정에서 가석방자를 상담, 훈계, 격려하고 취업에 도움을 준다. 그들은 지역사회 자원을 개발하고 발굴하며, 친밀한 옹호자 역할을 하며, 지역사회 고용주와 서비스 제공자들이 재진입 과정을 돕도록 독려한다. 그들은 종종 가석방자와 지역사회의 감시하에 있지 않은 다른 사람들 사이의 불화를 중재한다. 그리고 그들의 봉사 지원의 역할에서 그들은 가석방자의 관심사에 대한 건전한 위원회가 되어 가석방의 어려운 점에 대해 설명하고 범죄를 유발한다고 여겨지는 문제에 대한 개선을 지시한다.

가석방 담당관들은 또한 가석방 명령의 집행자들이며,"범죄유혹(backsliding)"에 빠질 위험이나 새로운 범죄 가능성이 있다고 생각될 때 대상자의 행동에 개입한다. 가석방 담당관은 불법 행위, 새로운 범죄 또는 가석방 준수사항 위반의 명확한 증거가 있는 경우 가석방 담당관은 가석방 준수사항을 위반하는 행위의 원인을 조사하고, 대상자를 체포하며, 범죄나 가석방 요건 위반의 가능성을 조사하며, 부가적인 조치를 취할 수 있으며, 문제의 즉각적 해결을 위한 권고사항을 가석방위원회에 보고한다. 가석방 담당관들은 일반적으로 가석방위원회에서 심리 중인 가석방자를 체포하여 구금할 권한이 있는데, 예를 들면, 가석방 감시수준을 높이고, 가석방 준수사항을 강화하며, 추가 준수사항("압박양형(tourniquet tightening)"이라 칭함)을 부과하는 것을 들 수 있다.

일부 가석방 담당관들은 특정 유형의 범죄자(예: 마약남용자 또는 성범죄자)를 전문으로 다루며, 다른 이들은 일반 범죄자와 다양한 범죄자를 관리한다. 일부는 "최소 감시(minimum surveillance)" 대상자가 많은 반면, 다른 일부는 높은 욕구를 가졌거나 위험성이 높은 대상자를 전문으로 다룬다. 이러한 전문화는 가석방 성공률을 높이고 공공안전을 극대화할 것으로 여겨진다.

주요용어

기술적 위반
범죄자를 다시 구금시킬 수 있는 새로운 범죄가 아닌 가석방 준수사항 위반

가석방 취소

가석방 준수사항을 위반한 사람들은 **기술적 위반**(Technical violation)으로 다시 시설에 구금될 수 있다. 초기 가석방 취소심사위원회에서 사용된 임의적 절차로 인해 1971년 미국 대법원은 **모리세이 대 브루어**(Morrissey v. Brewer(408 U.S. 271))의 가석방 심사위원회에서 가석

주요용어

모리세이 대 브루어 판례
가석방 취소 심리에서 피고인의 권리를 명기하는 미국 연방대법원의 판결

방의 기본 권리를 정의하였다. 가석방 취소 대상자에게는 예비심리가 열리기 전 최소 24시간 전에 그들이 직면 한 혐의를 서면으로 통보되어야 한다("범죄혐의"). 취소 대상자는 그들에 대한 증거를 듣고 교차 검토하고 증언을 거부할 권리가 있다. 더 나아가, 그들은 자신의 증거를 제시할 수 있으며 중립적인 제3자 입회하에 진행된 심의위원회 기록을 열람할 수 있는 권리가 있다. 일부 주에서는 이 단계에서 변호사를 요구한다. 두 번째 위원회에서 또한 가석방위원회의 대표나 구성원 앞에서 동일한 권리가 계속된다.

가석방 취소는 시정 조치에 직면한 주요 문제이며, 일부 요인은 [정책적 입지 15.2]에서 논의된다.

정책적 입지 15.2

끊임없는 구금 기계 (Perpetual Incarceration Machine)

1980년대부터, 구치소와 교도소의 인구가 전례 없이 증가했는데, 이는 더 엄격한 양형법과 마약과의 전쟁에서 기인했다. 구금된 시민의 수는 지난 30년 동안 3배로 증가했고, 현재 교정비용은 증가하고 있다. 주별 재소자 1인당 연간 소요비용은 13,000~47,450달러까지 다양하다.

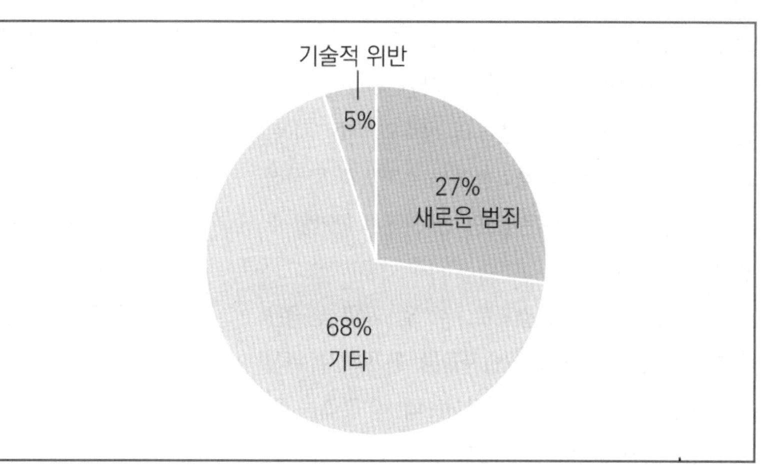

그림 15.3

가석방 실패 유형

출처: Laura M. Maruschak and E. Parks, *Probation and Parole in the United States, 2011* (Washington, DC: Bureau of Justice Statistics, 2012).

구금과 관련된 비용의 엄청난 증가는 매년 가석방되었었던 재소자들의 수가 엄청나게 증가했다는 것을 의미한다. 1980년부터 2010년 말까지 가석방 인구는 22만 명 이상에서 84만 700명으로 증가했다. 이중 많은 사람들이 가석방 감시규정을 위반하고 가석방에 실패하였다. 이러한 가석방 준수사항을 위반하거나 가석방 감독하에 있는 동안 새로운 범죄를 저지른 자들은 교도소로 되돌아왔다. 어느 해나 가석방 대상 범죄자의 40% 가량이 다시 구금되고, 가석방자의 약 4분의 1(25%)이 기술적 위반으로 구금된다. 전국적으로, 가석방 위반은 전체 재소자의 수의 약 35%를 차지하였다. 일부 주에서는, 교정시설로 다시 돌아오는 경우가 모든 가석방의 75%를 초과한다. 이 주들은 비토, 히긴스 그리고 트윅스베리가 "끊임없는 구금 기계"라고 부르는 곳이다.

많은 교정 비용과 주 예산 부족으로 인해 일부 주는 기술적 위반자들을 처리하는 대안적인 방법을 주장한다. 이것은 가석방자들을 기술적 준수사항 위반으로 구금시킬 수 없으며 단지 새로운 범죄를 저지를 때만 구금되어야 한다는 주장이다. 기술적 위반은 통행금지 위반부터 음주와 약물 사용, 가석방 담당관과 면담 불이행에 이르기까지 다양하다. 가석방 실패의 유형은 [그림 15.3]에서 확인할 수 있다.

이러한 분위기의 결과로, 주 및 지역 당국은 위험하지 않은 가석방 위반자들을 통제하기 위해 중간처벌을 사용할 것을 주장하는데, 이것에는 가택구금, 주간보고센터, "중간복귀(halfway-back)" 센터, 집중감시가석방 그리고 교도소 구금 대신 구치소 구금과 같은 것들이 있다. 비구금적 방법에 의해 통제되는 기술적 가석방 위반자의 경우, 치료적 서비스와 요소들이 공공안전을 유지하기 위한 감시와 결합되어야 한다. 치료 서비스 대안으로는 프로그래밍, 기술개발프로그램, 분노조절프로그램, 약물남용 치료프로그램, 재발방지프로그램, 정신건강서비스 및 관련 치료 대안 등이 있다.

뉴저지에서 기술적 가석방 위반자에 대한 중간복귀 대안은 프로그래밍과 기술 개발을 주거형 시설통제와 결합한 형태이다. 이들은 보통 "위반자 센터(violator center)"로 알려져 있고 교도소로 돌아가는 대신에 주거형 프로그램을 활용한다. 일정한 교정처우 및 치료를 받은 참가자들은 가석방 감시로 복귀하게 된다. 중간복귀센터에 배치된 위반자들은 이후 생존율(교도소석방과 재범사이의 기간)이 주간보고센터(day reporting center)에 배치된 개인의 생존율보다 평균적으로 더 길었다. 형기종료자들은 최악의 생존율을 보였다. 게다가, 중간복귀센터 위반자는 형기종료자보다 68% 적게 재범을 하는 것으로 조사되었다. 마지막으로, 중간복귀센터 참가자 100명당 주정부는 130만 달러 이상의 예산 감소 효과가 나타난 것으로 나타났다.

비토, 히긴스 그리고 트윅스베리는 가석방 위반자들은 오직 새로운 중범죄 유죄 시에만 재입소되어야 하고, 교도소가 아닌 지역의 구치소에 구금되어야 하며, 가석방된 모든 기간은 그들의 원래 형량에서 공제되어야 한다고 주장한다.

출처: Gennaro Vito, George Higgins, and Richard Tewksbury, "Characteristics of Parole Violators in Kentucky", Federal Probation 76:1 (2002), http://www.uscourts.gov/viewer.aspx?doc=/uscourts/FederalCourts/PPS/Fedprob/2012-06/ index.html (accessed November 28, 2012); Office of Justice Programs, "Crime Solutions". http://www.crimesolutions.gov/ProgramDetails.aspx?ID=111(accessed November 28, 2012). All public domain. Policy Position written by textbook authors.

가석방은 교정의 주요 부분이다

정기형과 석방 시 감시제외에 대한 압력이 증가하고 있음에도 불구하고, 가석방은 여전히 지역사회 교정에서 차지하는 비중이 증가하고 있으며 교정 시스템의 중요한 요소다. 비록 많은 재소자들이 현재 무조건적으로 지역사회로 돌려보내졌지만, 여전히 많은 재소자들이 지역사회 감시 조건으로 석방되고 있다. 일부 주에서는 가석방 담당관(parole officer)의 직함이 관리자의 성향을 반영하기 위해 지역사회 통제담당관(community control officer)으로 바뀌었지만, 재소자들은 본질적으로 이전과 동일한 통제하에 있다.

가석방과 보호관찰은 모두 비슷한 역사를 가지고 있으며, 비록 두 제도가 교정절차의 반대쪽 끝에서 이루어지고 있지만, 가석방과 보호관찰 대상자는 거의 같은 방식으로 감시된다. 34개 주가 보호관찰과 가석방 관리를 단일 시설으로 통합하였다. 전통적으로 구금 전 선택사항이었던 보호관찰조차도 이제 짧은 기간 동안 구치소나 교도소 생활을 한 후에 부과된다. 주된 차이점은 어느 한 가지 옵션에 따라 범죄자를 배치하는 방법이다. 보호관찰은 법원의 직접적 명령인 반면에, 가석방은 행정부처의 업부인데, 재량적 석방은 가석방위원회가 담당하고 필요적 가석방은 주지사 지휘하에 교정시설이 담당한다. 이들 가석방 기관들은 다양한 서비스를 제공한다.

사면

전국적으로, 가석방위원회는 종종 사면에 직접적으로 관여하고, 주지사에게 사면조치를 권고하기도 한다. 사면은 상대적으로 드물지만 사회적 오명을 줄이고 권리를 회복할 수 있는 방법이다.[22] 사면에 대한 가석방위원회의 역할을 다루지 않고는 가석방위원회를 완벽하게 설명하지는 못할 것이다. 어떤 주는 가석방이 허가되면 시민권을 회복하고, 다른 주들은 범죄자가 가석방에서 해제되었을 때 시민권을 회복한다. 여전히 다른 주에서는, 주지사가 사면을 통해 모든 권리를 회복시켜야 한다. 일부 가석방위원회(예: 앨라배마 주)는 사면권을 행사한다. [교정 실제 15.4]는 사면에 대한 보다 많은 정보를 제공한다.

캘리포니아의 **사면 절차**(Procedures for pardon)는 그 과정을 잘 보여준다. 캘리포니아에서 사면하려면 무엇이 필요한가? 일반적으로 범죄자는 가석방 후 10년 동안 재범을 하지 않아야 한다. 범죄자는 반드시 상급법원(다른 관할권에서는 상고심이라고도 함)에 사면 청원서를 제출해야 한다. 정식재판이 열리며, 재판장이 관할 지역의 지방검사 및 경찰서장의 의견을 구한다. 체포와 유죄 판결에 대한 컴퓨터 검색이 이루어진다. 지역 보호관찰소는 사전 사면보고서를 작성한다. 적합한 증거가 우세(preponderance of evidence)하고 체포나 유죄 판결 기록이 발견되지 않을 경우, 청원서는 상급법원의 승인을 받아 주지사로 송부된다. 그런 다음 주지사는 사면 권고가 포함된 조사를 준비하기 위해 가석방위원회(교도소 운영위원회)에 해당 사건을 통보할 수 있다. 만약 보고서가 호의적이라면, 주지사는 청원자를 사면할 수 있고, 따라서 일반 시민의 모든 권리와 소추면제권을 회복시킬 수 있다. 대다수의 전과자들이 사면을 선호하는 것은 확실하지만, 그들은 오히려 많은 범죄와 유죄 판결로 최대한 사면과 거리가 먼 상황을 선호할 수

주요용어

사면절차
사면을 위한 법적 조치들, 예를 들어, 추후 범죄가 없거나 국가가 정한 다른 조건들을 충족시키는 것을 의미함

교정 실제 15.4

사면

사면은 범죄와 유죄 판결의 법적 결과로부터 부분적으로 또는 완전히 해방시키는 행정적 관용행위이다. 피고에게 사면은 더 이상의 형사재판 절차를 중지시킨다. 사면은 완전하거나 조건부일 수 있다. 전자는 일반적으로 범죄자의 처벌과 유죄에 모두 적용되며 법의 측면에서 죄가 사라지게 된다. 그것은 또한 범죄자의 책임을 면제하고 시민권을 회복한다. 조건부 사면은 완전사면에 미치지 못하며 조건부 사면에서는 유죄가 인정되며, 일부 자유를 제한할 수 있고, 유죄 판결은 유지하지만 시민권을 회복할 수 있다.

아마도 가장 유명한 사면은 제럴드 포드 대통령에 의해 리차드 닉슨 전 대통령에게 주어진 것이다. 많은 사람들은 이 결정이 1976년 포드 선거의 대가를 치렀다고 믿는다. 더 최근에는 빌 클린턴 대통령이 그의 임기 말 사면으로 인해 많은 비난을 받았다.

도 있다. 그들은 또한 그렇게 복잡하고 비용이 많이 드는 절차를 견뎌낼 수 있는 인내심을 가지고 있지 않을 수도 있다. 마지막으로, 통계에 따르면 대부분의 전과자들은 심지어 형사사법기관 관계자들의 추가 조치 없이도 10년 내에 구금된다. 소수의 전과자들만이 사면을 받는 것은 당연한 것으로 보인다.

재진입: 새로운 도전

미국에서 구금된 많은 범죄자들이 매년 사회에 다시 복귀해야 하는 것은 불가피한 결과이다. 사실, 재진입은 정책 입안자들이 범죄자들이 사회에 다시 들어오는 과정을 묘사하기 위해 사용하는 새로운 유행어가 되었다. 어떤 이들은 이 과정에 가석방이 필수적이라고 주장해왔지만,[23] 다른 이들은[24] 많은 범죄자들이 공공안전에 위험을 끼치기 때문에 가석방 감독을 폐지하거나 약 6개월로 단축해야 한다고 믿고 있다. 지역사회로 복귀할 범죄자의 상당 부분에 대한 긴급한 지원의 필요성을 고려할 때[25] 지역사회에서의 서비스와 치료가 재진입 과정의 중요한 부분이 되어야 한다는 것은 의심의 여지가 없다. 실제로, 대부분 주는 시설내 프로그램, 가석방 프로그램 그리고 지역사회 교정 프로그램과 치료 제공자들 사이의 노력과 서비스를 조정하기 위해 재진입 프로그램을 고안하였다. 최근 연방정부는 주 정부들에게 재진입 과정을 지원하고 범죄자들이 재범방지에 필요한 서비스와 치료를 받을 수 있도록 자금을 지원하기로 약속하였다. 2008년 4월 9일 법률로 제정된 두 번째 기회법(the Second Chance Act)은 구치소와 교도소에서 지역사회로 돌아오는 사람들의 적응을 돕기 위해 제정되었다. 이 최초의 법률은 정부기관과 비영리 단체에 대한 연방보조금을 승인하여 재범 감소에 도움이 될 수 있는 고용 지원, 약물남용치료, 주택, 가족프로그램, 멘토링, 피해자지원 및 기타 서비스를 제공할 수 있도록 한다. 다음으로 논의되는 프로그램은 전통적으로 시설로부터 지역사회로의 범죄자 재진입에 사용되어 온 프로그램이며, [교정 실제 15.5]에서는 재진입의 현실적 어려움을 설명하고 있다.

교정 실제 15.5

재진입 문제

가석방자들은 재진입 과정에서 다양한 이슈와 도전에 직면하였다. 비록 그들의 가석방이 승인되었을지 모르지만, 석방되기 전에 특정한 장애물이 남아있다. 재소자들은 석방되기 전에 주거지가 있어야 하며, 일부 주에서는 출소하기 전에 취업을 요구한다. 많은 가석방자들은 더 이상 집에 돌아올 때 그들을 기꺼이 돕겠다는 가족이나 친구들이 존재하지 않는다. 일부는 너무 오랫동안 구금되어 왔기 때문에 가석방자가 수년간 체감하지 못했던 생활, 인플레이션과 기술의 변화 등을 포함한 문화적 충격이 발생될 것이다. 의료 보험에 가입되어 있는 사람은 거의 없을 것이다. 일부 가석방자들은 교정시설에 사는 것보다 교도소 밖 사회를 더 두려워하며, 일부 지역사회 구성원들은 가석방자를 두려워할 수도 있는데, 특히 아동 성추행 등 성범죄로 유죄 판결을 받은 범죄자들을 두려워할 수도 있다.

지역사회로 복귀하는 가석방자들은 석방될 때(또는 일부 주에서 언급된 바와 같이) 일자리를 구해야 한다. 직장을 찾는 것은 매우 더딘 과정이다. 주거지 선정, 낙인 극복 그리고 그들 자신의 이웃에서 이용 가능한 마약과 알코올의 즉각적인 유혹과 같은 고용 지속 문제에 직면해 있다. 많은 사람들이 구금되었을 때 떠났던 거리 폭력집단(갱)으로 돌아가 불법 활동과 범죄에 빠르게 휘말리게 되는데, 이를 "과거로의 회귀(back to the past)"라고 칭한다.

가석방자들은 종종 그들이 배우자로서 그리고 육아에 얼마나 효과적일지에 대해 불확실하다. 그들은 아마도 은행계좌나 신용을 가지고 있지 않을 것이다. 취업 후 첫 월급을 받을 때, 그들은 그것을 어떻게 써야 할지 모를 것이며 재정적인 의무를 다하지 못할 수도 있다. 교통수단은 대부분의 사람들에게 불가항력적인 문제가 될 것이다. 마지막으로, 그들은 교도소가 재소자 시간의 전체 일정을 중심으로 돌아가기 때문에 더 나은 시간 관리 기술을 배워야 할 것이다. 이제 가석방자들은 목표를 세우고, 자유세계의 일정을 만들고, 새로운 선택들을 유지하는데 그들의 시간을 가장 많이 쓰는 방법을 배워야 할 것이다.

외부통근 프로그램

주요용어

외부통근제도
재소자들이 최소한의 제한으로 지역사회에서 일할 수 있도록 허용되지만, 근무하지 않는 시간 동안 구금 상태로 돌아와야 하는 프로그램

재소자들의 전체 형기가 만료되기 전에 석방하기 위한 가장 초기의 프로그램 중 하나는 첫 번째 **외부통근(Work-release)제도** 입법의 결과였다. 지역사회 작업프로그램에 범죄자를 이용하는 것은 재소자들이 대규모 공공사업 건설을 도왔던 고대 로마에서 비롯되었다. 그러나 노동자들은 석방될 희망이 없었으며 그들의 일은 새로운 명칭의 노예노동의 또 다른 형태였다. 이것은 교정적 노력의 역사상 행형

학자들의 많은 새로운 도전이 내포한 숙명이었다. 재소자들이 자유사회에서 스스로 일할 수 있도록 허용하는 외부통근제도의 철학은 1913년 위스콘신주 법령으로 거슬러 올라간다. 노스캐롤라이나주는 1957년 제한된 조건에서 위스콘신주 법령의 원칙을 중범죄자들에게 적용했다. 미시간주와 메릴랜드주도 곧 유사한 법령을 뒤따라 제정하였다. 1965년 의회는 연방 재소자들을 위한 외부통근, 귀휴제도, 지역사회치료센터를 신설하는 연방재소자 교정교화법(the Federal Prisoner Rehabilitation Act)을 통과시켰다. 이 법률은 많은 주의 모범사례가 되었다.

시설내 외부통근제도는 가석방 대신이 아니라, 외부통근에 참여한 개인을 감시해야 하는 교정관리와 가석방 담당관에게 가치 있는 도구가 될 수 있다. 외부통근 프로그램은 구금의 대안은 아니다. 오히려, 이것은 지역사회에서 그들의 행동에 대한 기회로서, 그들이 하루 대부분의 시간을 시설에서 벗어나서 지낼 수 있게 해준다. 범죄자들은 여전히 시설로 돌아가야 하기 때문에, 외부통근 제도는 구금의 부정적인 압력으로부터 제한적으로 구제해 주는 부분적인 대안으로 여겨질 수 있다. 재진입은 극한의 도전이 될 수 있다.

외부통근제도는 재소자들이 매일 일정 기간 동안 시설 밖에서 생활하는 것 외에 다른 장점이 있다. 작업에서 얻은 수입은 다음과 같은 여러 가지 방법으로 사용할 수 있다. 만약 재소자들이 가족이 있다면, 그 수익은 그들이 기초생활수급자격을 벗어나게 하거나 그들이 받을 수 있는 지원을 증대시키기 위해 사용될 수 있고, 판사가 명령에 따라 재소자들이 피해자들에게 그들의 피해를 보상할 수 있고,[26] 그들이 석방된 이후에 안식처를 확보할 수 있을 것이다. 대부분의 경우에 재소자들은 그들의 주거비와 생활비에 지출할 수 있다. 이러한 활동은 재소자들에게 귀중한 예산과 돈 관리 기술을 가르친다. 주된 이점 중 하나는 그들의 공동체가 그들 자신이나 다른 사람들을 위해 문제를 일으키지 않고 직업을 유지할 수 있는 능력을 알 수 있게 된다는 것이다. 또한 자유로운 사회의 안정된 동료들과의 연계는 그들에게 교도소의 벽 안에서 찾을 수 없었던 지지와 교훈을 줄 수도 있다.[27] 미국의 전통에서, 하루 일을 잘 할 수 있는 능력은 범죄자들의 자긍심을 높이고 다른 사람들로부터 존경을 받는다. 스칸디나비아 교도소는 일종의 업무시설을 갖추고 있어 재소자들이 비슷한 기술을 가진 외부 노동자가 벌어들인 봉급과 동등한 보수를 받으며 실제 직업에서 일할 수 있게 된다.

귀휴제도

주요용어

귀휴제도
재소자가 지역사회에서 교육, 직업훈련 또는 취업을 할 수 있도록 허용하는 교도소 석방 프로그램

주요용어

재통합
교도소에서 지역사회로의 재소자의 계된 이전

부분적인 구금의 또 다른 형태는 **귀휴제도**(Furlough)이다. 외부통근과 귀휴제도는 시설의 감시를 받지 않고 교도소 내 부재 상황을 포함하여 구금의 한계를 확장시켰다. 여러 해 동안 귀휴와 자택방문이 허용되어 왔다. 가족구성원의 죽음이나 가정에서의 다른 위기상황("긴급귀휴(emergency furlough)")이 귀휴의 가장 흔한 이유였다. 주(州)에서 귀휴제도를 합법적 교정 처우수단으로 만드는 법안을 통과시켰고, 귀휴는 휴일이나 석방 직전에 집을 방문하는 것("공로귀휴(meritorious furlough)")을 포함한 여러 가지 목적을 위해 사용되어 왔기 때문에, 자유 사회로의 복귀는 점진적인 절차이며 **재통합**(Reintegration)의 과정을 포함한다. 가정 귀휴제도의 한 가지 이점은 시설 내에서의 성적 긴장감 감소다. 이러한 프로그램들이 발전하는 데 있어 주요 장애물은 선정적인 몇 가지 귀휴의 실패사례[28] 등이고 이것은 매우 널리 알려져 있다. 이러한 실패는 일반적으로 교도소에서 나오는 폭력적이고 위험한 재소자들의 숫자와 더해져 여러 유형의 귀휴 프로그램을 홍보하는 것을 어렵게 만들었다.[29]

중간처우소

주요용어

중간처우소
지역사회에서 범죄자들을 위한 주거용 집 또는 시설. 가석방되기 전에 재소자들을 위해 종종 사용된다.

범죄자들이 사회적응을 촉진하기 위한 노력으로 새로운 정책을 오래된 옵션에 적용한 것이 **중간처우소**(Halfway house)[30]이다. 재통합 과정의 중요한 부분으로서의 중간처우소에 대한 관심은 지난 수십 년 동안 커졌다. 일찍이 중간처우소는 교도소에서 풀려난 노숙자의

거주지 역할을 했지만, 그 이후 다양한 용도로 사용되었다. 임시보호소를 제공하는 작은 집들은 1800년대 초부터 교도소 지원단체에 의해 관리되어왔다. 최근 몇 년 동안, 주거형 치료센터의 지역사회 기반 네트워크의 유망한 핵심으로서, 무약물 및 무알코올 생활공간 또는 출소전 지도센터로서 중간처우소에 더 많은 관심이 주어졌다.[31]

중간처우소 프로그램의 유형은 다양하며, 그 중 활용빈도가 가장 높은 유형은 재소자가 조건부 석방(가석방, 충격가석방 또는 충격보호관찰 등)을 받고 적어도 석방 후 초기에 중간처우소에 거주해야 하는 경우이다. 중간처우소 거주 기간 동안 지원이 필요한 가석방자에 대해서는 서비스와 감시가 제공된다. 거주기간은 의뢰 전에 지정할 수 있지만, 일반적으로 감독관, 대상자 및 관리 직원이 공동으로 결정해야 하는 사항이다. 이 결정은 거주자가 집을 떠날 준비상태, 고용, 벌금 및 배상, 저축 및 대체 주거계획과 같은 요인을 기초자료로 활용하는 경우가 많다([교정 실제 15.6] 참조). 범죄자는 보통 중간처우소에서 출소한 후에도 계속 감시를 받는다.

또 다른 중간처우소의 주요대상은 석방 계획의 초기 단계로서 석방 대상자들이다. 그러나 첫 번째와 달리 중간처우소 수용은 공식적 가석방 승인 전에 이루어지며, 이후 석방자 또는 가석방자의 신분으로 관리·감독을 받는다. 재소자들은 보통 교도소에서 중간처우소로 이동하기 전에 확실하게 석방일이 정해져 있다. 대상자들은 나머지 형기를 복역하는 재소자로 남아 있으며, 중간처우소에 거주하고 있다는 점에 유의해야 한다. 이러한 거주자들에게 중간처우소는 교도소에서 지역사회로 전환하는 데 필요하고 중요한 도움과 지도를 제공한다.[32] 교정시설에 의한 관할권 지속, 정식 가석방 위반 없이 재소자를 구금시킬 수 있는 능력, 중간처우소에 대한 보다 긍정적인 태도 개발, 외로움과 고립감 감소,[33] 가석방 비용보다 저렴한 구금[34]에 합리적으로 상응하는 사후관리 서비스 등이 추가 이익일 것이다.[35] 미국 교정국은 중간처우소의 사용을 위해 이 모델을 시작한 선두주자였고, 이 모델을 계속해서 석방전 프로그램으로 사용하고 있다.

거주자가 중간처우소에 들어갈 수 있는 세 번째 방법은 프로그

교정 실제 15.6

돌아오는 재소자를 위한 주거시설

제7장에서 언급한 바와 같이, 구금에서 풀려난 범죄자들은 재범과 구금을 야기하는 많은 어려움에 직면한다. 여기에는 일자리 부족, 알코올 및 약물남용 이력, 주택 부재, 지원서비스 부족, 노숙자 등이 포함된다. 많은 사람들은 발달장애, 건강 문제, 신체장애를 가지고 있다. 이러한 문제는 재통합 실패의 원인이 되며, 두 개 이상의 문제점이 동시에 발생할 경우 퇴소에서 재입소까지의 시간이 줄어든다("생존기간" 단축).

교도소 과밀화, 형사재판 비용, 예산 등의 제한으로 인해 정책입안가들은 비용유지와 교도소 인구감소에 점점 더 많은 관심을 보이고 있다. 입법부, 교정행정부처, 판사, 법 집행기관은 변화가 필요하고, 일부 범죄자는 장기간 구금되어야 하며, 국가의 구치소와 교도소에 저위험 또는 중저위험 범죄자가 너무 많이 수용되어 있다. "우리는 '진정한 위험(truly dangerous)'을 위해 부족한 수용 공간을 남겨둠으로써 공공안전을 높이고 교도소의 인구를 줄일 수 있다"는 것이 사실로 보인다.

범죄자 주거시설의 부족은 범죄자들이 교도소에서 출소해서 직면하는 하나의 큰 문제이다. 몇몇 주들은 구금시설에서 출소하는 여러 문제를 가지고 있는 범죄자들을 위한 주거를 확보하기 위한 노력을 시작하거나 확대하였다. 이러한 노력은 가석방, 외부통근, 정신건강, 치료 프로그램 수준에서 발견될 수 있다.

첫째, 일부 가석방위원회는 재소자들이 가석방 자격이 있다고 결정할 수 있지만 재진입 수용자가 주거계획을 가지고 있어야 한다는 전제 조건을 부과할 수 있다. 이러한 주택 선택권을 제공하려는 노력은 가석방위원회가 그들의 가석방을 허가했지만 범죄자들이 필요한 거주 조건을 충족시킬 수 없다는 것을 암시한다. 범죄자는 개인의 재진입 과정을 확고히 하고 범죄를 저지르지 않으려는 노력을 강화하기 위해 단기적인 재정 지원이 필요하다. 예를 들어, 조지아주 교정국은 민간부문 주택 제공업체에 적격 범죄자에 대한 보상(거주지와 식비 월600달러)을 보장하는 재진입 주거파트너십(ReEntry Partnership Housing, RPH) 프로그램을 실시하였다. RPH에 의해 석방된 모든 가석방자들은 서비스와 석방조건을 준수하도록 관리하는 것이 주요 임무인 가석방 담당관이 배정되어 있다.

둘째로, 일부 범죄자들은 석방 후 외부통근 프로그램에 배치된다. 실질적으로 재소자 신분임으로, 외부통근 프로그램은 취업, 시설담당자 보고, 임금 수령, 훈련과 취업을 보장하여야 한다. 외부통근제도는 일반적으로 단기간의 감시로 이어지며, 이어서 가석방이 된다. 외부통근 시설은 외부통근이 정해지고 고용이 유지되는 동안 머무를 거주지를 제공한다. 일부 주에서는 재소자가 실질적으로 외부통근 배정을 받지 못할지라도 그들을 프로그램에 배치하기도 한다. 일부는 돈을 벌어(주거단위로 보내지는 급료) 배상금, 가족지원금, 벌금, 일일 비용을 지불하고 나머지 금액은 대상자들이 석방 요건을 충족할 때 지급된다. 웨스트버지니아에는 그런 시설이 몇 개 있다.

구치소와 교도소는 어떤 이유이든 보호관찰이나 가석방 준수사항을 위반한 범죄자를 구금하고 있다. 전형적으로 실패의 원인은 준수사항에 대한 기술적 위반이다. 웨스트버지니아의 경우, 가석방 위반자의 절반과 보호관찰 위반자 10명 중 대략 6명이 기술적 위반으로 재구금되어 있다. 그러나 만약 시설의 주요임무가 공공안전을 증가시키면서 교도소 인구를 감소시키는 것이라면 고위험 범죄자에게 사용되어야 하는 중요한 자원이 기술적 감시 실패로 인해 저위험군에 쓰인다면 시설의 임무에 부정적 영향을 줄 것이다. 많은 주에서 특정 문제수용자를 위한 특정 시설(예: 약물 남용자)을 보유하고 있으며, 이러한 시설들은 재범을 줄이고 수용자들을 재진입에 다시 투입할 수 있는 증거기반 치료법을 제공한다. 캘리포니아에는 8개의 그런 시설이 있다.

마지막으로, 일부 주에서는 장애가 있는 범죄자, 노숙자 그리고 정신건강 문제가 있는 사람들을 위한 재진입 프로그램을 개발하거나 개발하려고 노력한다. 그러한 프로그램은 범죄자의 요구를 뒷받침하는 주택과 연계시키기 위해 고안되었다. 오하이오주는 통합사례 관리, 신체 및 정신건강 서비스, 약물남용 치료프로그램, 취업 및 직업훈련프로그램과 같은 지원 서비스와 함께 영구적으로 저렴한 주택을 결합한 지원 주택을 개발했다. 이 프로그램—오하이오의 돌아갈 집(Returning-Home-Ohio 또는 RHO)—은 오하이오 보호관찰 및 교정국에 복귀할 위험이 있는 범죄자들에게 초점을 맞추고 있다. RHO는 석방 날짜에 가깝지만 장애가 있거나, 체포 당시 노숙자이거나, 석방 후 노숙할 위험이 높은 자를 대상으로 하고 있다. 오하이오 주는 이 장애인들의 보호와 치료를 위한 자원을 제공한다. 파일럿 프로그램의 결과는 매우 고무적이다. 통제그룹과 비교하여 다음의 결과가 도출되었다.

a. RHO의 참가자들은 약 40% 정도 재체포될 가능성이 낮았다.
b. 60% 이상 덜 구금되는 경향이 있다.
c. 출소 후 재체포("생존 기간")까지의 생존기간이 더 길었다.
d. 정부에서 지급한 서비스는 일반적으로 치료그룹이 이용할 수 있었다.

치료 서비스를 제공하는 것은 RHO 프로그램의 비용을 증가시켰고 몇 가지 주요 재범 조치에 따라 분명한 재범률 감소를 가져왔다.

출처: Georgia Department of Community Affairs (2012), "Re-Entry Partnership Housing", http://www.dca/state.ga.us/housing/specialneeds/programs/rph.asp (accessed August 30, 2012); Jared Hunt (2012), "Parole Violations Add to Jail Woes". http://www.dailymail.com/News/statenews/201208060176 (accessed Septembe. 17, 2012); Urban Institute, Supportive Housing for Returning Prisoners (Washington, DC: Urban Institute, 2012).
Written by textbook authors.

램에 배치되는 시간에 따라 다르다. 보호관찰과 가석방 감독하에 있는 대부분의 범죄자들은 처음에 중간처우소에 거주하지 않는다. 단, 대상자가 범죄행위로 시설로 복귀하거나 프로그램 서비스나 중간처우소의 거주기간 동안 해결될 수 있는 예상치 못한 문제에 부딪힐 경우, 감독기관은 지역사회교정 프로그램에서 범죄자를 단기 거주자로 재지정할 수 있다. 예를 들어, 중간처우소에 대한 한 연구에서, 중간처우소에 배치된 가석방 위반자들은 교정시설로 복귀한 사람들보다 12% 낮은 재범률을 보이는 것으로 조사되었다.[36]

연방 차원에서, 미국 교정국은 1961년 주요 대도시 지역에 석방전 지도센터(prerelease guidance centers)를 설립하였다. 범죄자는 가석방 대상자가 되기 몇 달 전에 교정시설에서 해당 센터로 보내진다. 범죄자는 지역사회에서 감시 없이 일하고 학교에 다닐 수 있도록 하고, 중간처우소 자체에서 실시하는 다양한 프로그램에 참여한다. 이 접근방식은 많은 주(州)에 의해 채택되었으며 적절하게 인력이 배치되고 감시를 받을 때 실행 가능한 프로그램으로 보인다. 중간처우소에 대한 가능한 사용방법이 조사되고 결과가 확인되면,[37] 그러한 시설은 재소자가 가석방되기 전에 단기 주거지뿐만 아니라 많은 다른 범주의 범죄자들을 위한[39] 지역사회주거시설로도 가능할 것이다.[38] 그

정책적 입지 15.3

캘리포니아주의 재배치

2011년 4월, 제리 브라운 캘리포니아 주지사는 AB 109에 서명했다. 이것은 캘리포니아 재배치라고도 알려져 있으며, 이에 따라 일부 형사사건의 책임은 주 교도소와 가석방위원회로부터 카운티의 관리들과 상급법원으로 이동한다. 2011년 10월 1일부터 카운티들은 폭력범죄나 성범죄자가 아닌 가석방자의 감시를 맡게 되었다. 범죄자가 '위험성이 높다'고 판단될 경우 이 규칙에는 일정한 예외가 있다. 또 폭력범죄나 중범죄 또는 성범죄자가 아닌 새로운 범죄자는 주 교도소에 구금되는 대신 보호관찰이나 지역 구치소에 구금된다. 고위험, 성범죄, 강력범죄자는 주의 감독하에 있는 반면, 위험성이 낮은 가석방 위반자는 지역 수준에 머물게 된다.

출처: California Realignment Organization, http://www.calrealignment.org/realignment-overview.html.

시점에서, **지역사회주거센터**(Community residential center)는 지역사회에서 잘 운영되는 시설구금을 대체할 수 있는 첫 번째 실질적인 대안일 것이다. 캘리포니아에서 가석방자의 급증은 해당 주의 "재배치 노력(realignment effort)"에서 비롯되었다([정책적 입지 15.3] 참조).

주요용어

지역사회주거센터
서비스를 제공하고 범죄자의 지역사회 재통합을 극대화하기 위해 존재하는 교정 시설

재진입법원

약물법원의 인기에 편승하여, 지역법원은 범죄자의 지역사회로의 **재진입**(Reentry) 과정에 더욱 관여하면서 하나의 새로운 운동으로 뿌리내리게 되었다. **재진입법원**(Reentry courts)은 사법감시를 통해 재범을 줄이고 공공안전을 증진시키도록 고안된 전문법원이다. 재진입법원의 일반적인 업무는 (1) 범죄자의 재진입 진행 및 문제 검토, (2) 다양한 치료 및 재진입 프로그램 참여, (3) 약물·알코올 검사 및 기타 순응 정도를 모니터링, (4) 치료 요구 사항을 준수하지 않는 범죄자에게 단계별 제재를 적용, (5) 지속적인 약물검사 및 기타 긍정적인 행동에 대해 합당한 인센티브를 제공한다.[40]

주요용어

재진입
재소자들의 지역사회 복귀와 사회적응과정("자유세계")을 의미한다.

주요용어

재진입법원
교도소에서 석방된 범죄자들에 대한 사법적 감시를 통해 재범행위를 줄이고 공공안전을 향상시키기 위해 고안된 전문법원

재진입법원은, 판사가 선고를 할 때 법원의 책임이 종료되는 범죄자에 대한 전통적인 역할과는 크게 다르다. 전통적 판사는 일반적으로 양형조건, 석방을 위한 범죄자의 준비 또는 범죄자의 지역사회로의 전환을 수행하는 광범위한 활동에서 아무런 역할을 하지 않는다. 시설이나 시스템이 독립적으로 운영되는 전통적인 "독점" 접근법의 실패와, 교도소에서 출소한 범죄자가 지역사회로 다시 돌아가고 있다는 자각이 범죄자 재통합에 대한 혁신적인 접근방식의 개발로 이어졌다. 할램(Harlem) 가석방 재진입법원을 대상으로 한 최근 실시된 법원혁신센터(Center for Court Innovation)의 연구결과는 재진입법원의 효과성을 명확하게 규명하지 못하였다. 재진입법원 가석방 대상자는 재범률은 낮은 반면에, 가석방자가 기술적 위반으로 재구금될 가능성은 높은 것으로 조사되었다. 연구자들은 이 결과는 프로그램 관리가 매우 엄격하여 기술적 위반의 적발의 가능성이 높은 것이라고 설명하였다.[41] 비록 이러한 전략의 효율성에 대한 연구는 이제 시

교정 실제 15.7

재진입법원

재진입법원은 성공적인 범죄자 재통합이라는 공동목표를 달성하기 위해서 법원과 교정 사이의 파트너십을 증진시킨 새로운 형태의 법체계를 대표한다. 재진입법원의 개념은 범죄자를 석방하기 위해 교도소의 업무를 조정해야 하고 범죄자를 지역사회로 다시 전환시키기 위해 지역사회 교정시설과 다양한 지역사회 자원을 적극적으로 참여시켜야 하기 때문에 교정법원과 지역 판사들 간의 상당한 협력이 필요하다.

약물법원 개념과 마찬가지로 재진입법원에도 적극적인 사법권이 적용돼 단계적 제재와 긍정적 강화프로그램을 제공하고 범죄자 지원을 위한 재원을 확보한다. 이러한 노력의 핵심은 세 가지의 전략을 개발하는 것인데, 이들은 범죄자 감시를 개선하고, 공공안전 문제에 대해 지역사회가 다루도록 하며, 범죄자가 사회에 재진입할 때 지원서비스를 제공하는 것이다. 캘리포니아, 콜로라도, 델라웨어, 플로리다, 아이오와, 켄터키, 뉴욕, 오하이오, 웨스트버지니아의 시범사업은 유치 초기임에도 불구하고, 이러한 재진입법원 계획에는 몇 가지 공통되는 핵심 요소들이 존재한다. 법무부 프로그램에 따르면 이러한 핵심 요소는 다음과 같다.

- 평가 및 계획은 범죄자, 교정국 및 사법부가 필요한 사항을 파악하고 지역사회에 성공적인 재진입을 지원하기 위한 연계 구축을 시작하는 계획수립을 전제로 한다.
- 적극적인 감독, 즉 재진입법원이 자주 범죄자와 만나는 것; 회의에는 다른 관련 지지자나 감독기관 가족 및 지역사회 대표자도 포함된다. 그 기본 전제는 판사가 준수사항을 위반한 대상자뿐만 아니라 진행 중인 범죄자들을 만나는 것이다.
- 지원서비스 관리, 법원이 지역사회 자원을 활용해야 한다. 재진입법원은 약물남용치료, 직업훈련프로그램, 종교단체, 주거서비스 등 광범위한 지원자원을 보유해야 한다.
- 지역사회에 대한 책임감 확보, 시민자문위원회, 범죄피해자 단체 및 지역사회단체의 개발과 참여를 통해 지역사회에 대한 책임감을 키워야 한다. 책임감을 키우는 방법으로는 지속적인 보상 주문 및 피해자 패널 참여를 포함할 수 있다.
- 단계적이고 절제된 제재, 가석방 준수사항 위반에 대해 법원의 미리 정해진 범위의 제재. 약물법원과 마찬가지로 재진입법원은 신속하고 예측가능하며 보편적으로 적용될 수 있는 일련의 상대적으로 낮은 수준의 제재를 개발한다.
- 성공에 대한 보상, 설정된 목표를 달성한 후 가석방으로부터 조기졸업을 협상하거나 약물법원에서 사용되는 것과 유사한 졸업식을 실시하는 등 긍정적인 사법적 강화를 실시한다.

재진입법원의 주요 목표는 재진입 과정 전반에

걸쳐 범죄자 책임감을 증진시키고 범죄자에 대한 지원을 원활히 하는 시스템 구축인데, 이들은 끊임없는 관리와 밀착서비스 모델을 통해 가능해진다. 재진입법원은 판사와 의뢰인 간의 대면일정을 이용하여 개별처우와 통제를 확립하고 단계적 제재와 보상을 추가한다. 이것은 가석방 실패에 대한 가장 값비싼 처벌인 구금에 의존하지 않을 수 있는 방법이다.

재진입법원은 가석방 담당관들에게 정신질환이나 약물남용 전력이 있는 가석방 대상자를 의뢰할 권한을 부여할 수 있다. 법규는 즉시 법원 팀에게 가석방 감독에 대한 권한을 부여하고, 적절한 가석방 준수사항, 치료 및 재활 서비스를 명령하고, 적절한 제재를 결정하고, 가석방을 해제하고, 위반 혐의에 대한 적절한 대응을 결정한다. 평가를 통해 프로그램 효과성이 모니터링 된다. 초기의 예비적 평가에 따르면, 재진입 대상자는 재범의 측면에서 재진입법원 대상자가 아닌 유사한 대상자들에 비해 더 성공적이라는 것을 보여준다.

출처: Judicial Council of California (2011), "Parole Reentry Court Program". http://www.courts.ca.gov/documents/prcp.pdf(accessed Novembe. 26, 2012); Office of Justice Programs (2012), "Reentry Courts". http://www.ojjdp.gov/mpg/progTypesReentryCourt.aspx (accessed November 26, 2012).
See also Reginald Wilkinson and Gregory Bucholtz, "Prison Reform through Offender Reentry: A Partnership between Courts and Corrections", unpublished paper submitted to Pace Law School on the "Symposium on Prison Reform Law", October 2003.

작이지만 프로그램이 궁극적인 성과를 도출할 것이라는 희망은 매우 높다(재진입법원에 관한 더 많은 정보는 [교정 실제 15.7] 참조).

가석방은 효과적인가?

가석방과 다른 석방 프로그램에 대한 가장 중요한 질문은 그들이 효과적인가 하는 것이다. 성과평가 지표로는 비용이 얼마나 드는지, 얼마나 인도적인지, 취업을 잘 하는지, 가족이 다시 결합되는지 등이 포함될 수 있다. 그러나 가장 중요한 성과지표는 공공안전이다. 공공안전은 교정시스템에서는 재범률을 통해 평가되는데, 이것은 일부 내재적 문제점이 있지만 교정프로그램의 성공을 평가하는 궁극적 지표이다. 재범률을 정의하는 방법(즉, 체포, 기소, 구금), 연구기간(측정기간) 및 연구자료(공식, 자기보고식)와 같은 재범률을 측정하는 데 사용되는 지표는 모두 보고된 재범률에 영향을 줄 수 있는 요인이다. 실제로 낮은 재범률을 보장하는 가장 좋은 방법은 그것을 매우 좁게 정의하고(예를 들어, 주 교정시설에 구금) 매우 짧은 추적 기간을 활용하는 것일 수 있다. 이러한 비판에도 불구하고, 재범률은 교정처벌의 가장 중요한 평가대상이다. [정책적 입지 15.4]는 증거기반 교정 재진입프로그램을 살펴본다.

가석방이 널리 사용되고 있음에도 불구하고, 이것이 재범을 감소시키는지에 대해서는 거의 알려져 있지 않다. 우리는 가석방자 중 약 절반 정도가 성공적으로 가석방을 완료한다는 것을 알고 있다. 2005년 가석방연구 결과, 도시연구소(Urban Institute)는 가석방 감시가 석방된 죄수들의 구금율에 거의 영향을 미치지 않는다고 결론지었다.[42] 그러나 다른 사람들은 이 연구에 캘리포니아를 포함한 15개

정책적 입지 15.4

효율적인 교정적 재진입

사회에 재진입하는 사람들을 위한 서비스 개발은 전국적으로 매우 다양하다. 일부 관할지역이나 주(州)는 가석방된 사람들을 위한 서비스를 개발하는 데 상당한 시간과 돈을 지출한 반면, 다른 주는 서비스 제공에 좀 더 단절된 접근방식에 의존하고 있다. 우리는 여전히 가석방의 전반적인 효과에 대해 비교적 알려진 것이 없고 심지어 "더 새로운(newer)" 재진입 프로그램의 효과에 대해서도 더욱 알지 못한다.

택스만(Taxman)과 그녀의 동료들에 따르면, 이상적인 모델에서, 재진입 프로그램은 재소자를 지역사회로 전환시키기 위해 고안된 세 단계 이상의 과정을 포함해야 한다. 첫 번째 단계는 재소자의 요구와 일치하는 서비스를 제공하는 것이다. 두 번째 단계는 재소자가 시설에서 출소하면서 시작된다. 재소자들의 위험과 욕구는 지역사회에 진입함에 따라 크게 변할 수 있다. 이상적으로 개인은 치료 서비스를 계속하며 필요에 따라 사례 계획을 수정하는 것이 좋다. 최종 단계는 대상자가 자신의 욕구를 해결하기 위해 지속적인 지원과 서비스를 받을 수 있는 사후관리 또는 재발방지 단계다. 이 모델은 효과적인 재진입 프로그램을 구현하는 데 필요한 전체적인 구조를 제공할 수 있지만, 이들 프로그램이 제공하는 구체적인 과정과 서비스가 그 성공의 열쇠가 된다.

출처: Excerpted from Shelly Listwan, Francis Cullen, and Edward J. Latessa, "How to Prevent Prisoner Re-Entry Programs from Failing: Insights from Evidence-Based Corrections", *Federal Probation* 70:3 (2006): 19-25.

주만이 포함되어 있어, 연구 결과가 왜곡될 가능성이 있다고 지적했다.[43] [정책적 입지 15.5]는 가석방자가 현저하게 많은 범죄를 저지른다는 일반적인 믿음을 살펴본다. 가석방 효과에 대한 논쟁은 앞으로 확실히 계속될 것이며, 이 중요한 질문에 더 많은 연구만이 이 문제에 대한 해답을 제공할 수 있다.

펜실베니아주에서 가석방 준수사항 위반자들에 대한 최근 연구[44]에서 위반과 관련된 많은 위험요인을 밝혀냈다. 가석방 준수사항을 위반한 가석방자의 특징은 다음과 같다.

- 범죄 경력이 있는 사람들과 어울릴 가능성이 더 높음
- 배우자와 함께 살 가능성이 낮음

정책적 입지 15.5

체포자 5명 중 1명은 보호관찰대상자 또는 가석방자

보호관찰과 가석방 중인 사람들이 체포를 기준으로 측정된 범죄행위에 상당 부분을 차지한다는 것은 오랫동안 유지되어 온 가정이었다. 이 가정을 검증하기 위해, 주정부 사법센터는 캘리포니아 경찰국장 4명과 협력하여 보호관찰자와 가석방자가 범죄에 기여하는 정도를 알아보기 위해 많은 노력을 기울였다. 이 연구는 250만 명의 체포, 보호관찰, 가석방 기록들을 수집하고 분석하였고 아래는 그것의 주요 연구결과이다.

1. 대부분의 성인 중범죄와 경범죄 체포는 보호관찰이나 가석방 상태에 있지 않은 사람들의 것이었다.
2. 보호관찰이나 가석방자는 강력범죄로 체포된 6명 중 1명, 마약 위반으로 체포된 3명 중 1명에 불과했다.
3. 연구기간 3년 6개월 동안 전체 체포 건수는 18% 감소했고, 보호관찰 대상 범죄자의 체포 건수는 26% 감소했으며, 가석방 감시 관련 체포 건수는 61% 감소했다.

비록 경찰당국이 모든 보호관찰자와 가석방자가 같지 않다는 것을 인정하지만, 그들은 지역사회에 다른 수준의 위험을 내포하고 있다. 사법기관이 주의를 기울이고 추가적인 감시를 해야 하는 범죄자를 선별하고, 경찰과 교정기관 간의 긴밀한 협력을 통해 지역사회 안전이 지켜질 것이다.

출처: Justice Center, Council of State Governments (2012), "The Impact of Probation and Parole Populations on Arrests in Four California Cities", http://www.pacenterofexcellence.pitt.edu/documents/CAL_CHIEFS_REPORT_FINAL.pdf(accessed February 12, 2013). Policy Position written by textbook authors.

- 안정적인 지지관계일 가능성이 낮음
- 평생 멘토 역할을 해줄 사람이 존재할 가능성이 낮음
- 직업 안정성이 낮음
- 고용 만족도가 낮음
- 저임금의 일자리를 취하고 더 높은 지위를 향해 노력할 가능성이 낮음
- 고용에 대한 부정적인 태도와 비현실적인 직업 기대치를 가질 가능성이 더 높음
- 은행계좌가 있을 가능성이 낮음
- "근근이 생활할 정도"로 보고할 가능성이 더 높음
  (그러나 성공그룹은 중위값의 2배 이상의 부채가 보고됨).
- 가석방 중 알코올 또는 약물남용을 보고할 가능성이 더 높음
  (의존성 문제에 대한 사전 평가에서는 차이가 없음)
- 재범의 주원인이 되는 부실한 스트레스 관리기술
- 교도소 밖의 삶이 어떨지에 대한 비현실적인 기대감
- 문제해결 또는 대처능력이 부족함
- 행동의 장기적인 결과를 예상하지 못함
- 자원을 활용하여 스스로 돕지 못함
- 즉각적인 상황에 충동적으로 대처함
- 자신을 통제하기 어렵다고 생각함
- 반사회적 태도를 유지할 가능성이 더 높음
- 법위반이 어떤 상황에서 탁월한 옵션으로 간주됨
- 지속적인 공감능력의 일반적 결여
- 책임의 전가 또는 거부

게다가 성공과 실패 그룹은 석방 후 거주할 곳을 찾는 데 차이가 없었고, 일자리를 얻을 가능성은 두 그룹에서 비슷했다.

이러한 연구결과는 범죄유발요인이 재범률의 가장 중요한 요인이라는 것을 보여준 다른 연구와 일치한다. 이러한 요인들을 개선함으로써 교정전문가들은 범죄자들의 성과를 개선할 수 있을 것이다.

요약

가석방의 역사를 약술하시오.

가석방은 알렉산더 마코노키와 월터 크로프톤 경의 선견지명과 결단력에서 기원을 찾을 수 있는데, 이들은 각각 19세기 동안 그들이 맡고 있는 재소자들의 조기석방과 감시를 위한 프로그램을 개발했다. 교정적 실험과 선구자들의 노력으로 마침내 현재 미국에서 시행중인 가석방 정책을 만들어 냈다.

가석방과 사면을 비교하시오.

가석방은 형기가 만료되기 전에 구금된 상태에서 풀려나는 것으로, 지역사회로의 복귀를 감시하기 위해 대상자의 재진입에 영향을 미치도록 설계되었다. 가석방 담당관은 대부분 범죄자의 구직활동, 조언과 상담, 감시를 하는데, 이것은 대상자에 대한 가석방 철회와 재구금을 통해 가능하다.

사면은 조건부 사면과 완전사면이라는 두 가지 형태로 나타난다. 완전사면은 보통 범죄에 대한 완전한 비난의 면죄부를 의미하고 죄수의 오명을 덜어준다. 사면의 한 형태는 특사인데, 이것은 범죄자에게 부여될 수도 있다. 조건부 사면은 범죄자에게 부과된 모든 제재를 완화시키지는 않으며, 사법권에 따라서는 법무 관리와의 지속적인 상호작용이 필요할 수도 있다.

미국의 가석방 현황을 설명하시오.

과정으로서의 가석방제도는 범죄자는 자발적으로 범죄행위를 중단하거나 중단할 능력이 있으며, 대부분의 사람은 개선될 수 있으며, 정부는 공공을 보호할 책임이 있으며, 대상자가 처우를 통해 모범시민으로 돌아오는 때를 판단하는 어떤 방법이 존재한다고 가정한다. 가석방위원회는 그러한 결정을 내리고 전문 가석방요원이나 가석방 담당관들이 가석방자를 통제하고 지도함으로써 자유사회로의 복귀에 영향을 미칠 수 있다. 보통 범죄를 억제할 수 있는 능력을 보여주면 감시는 중단된다.

가석방자가 접하는 낙인을 포함한 지역사회로 복귀하는 재소자와 관련한 문제를 요약하시오.

과정으로서의 가석방은 계속 나아지는 것이 아니다. 문제행동에서 모범행동으로 법을 준수하는 시민으로 변화시키는 마법과 같은 정책이나 처우는 존재하지 않는다. 보호관찰을 하나의 과정으로 인식하고 가석방자들 또한 완벽하지 않은 것을 인정해야 한다. 몇몇은 알코올 또는 약물남용, 나쁜 범죄자와의 교제, 자포자기나 절망으로 인해 가석방 준수사항을 위반할 것이다. 가석방자에 대한 대중의 두려움 때문에 그들은 오명(낙인)과 차단된 기회를 맞게 될 것이다.

이들 대부분은 가석방위원회와 가석방 담당관이 결정한 가석방 준수사항 위반이다. 범죄유발요인들이 나타나고 가석방자가 범죄의 유혹에 넘어가는 것처럼 보일 때, 가석방 담당관들은 증거를 고려하여 범인을 체포하거나 가석방심의위원회에 인도할 수 있다. 대부분의 증거는 새로운 범죄를 저지르는 것이라기보다는 준수사항을 위반하는 것으로 나타난다. 위원회는 가석방 담당관이 제공한 증거에 무게를 두고 있으며, 가석방자에 대해 원래 형기의 잔여분을 집행하거나 시설로 복귀시키겠다고 위협할 수 있으며, 추가 준수사항으로 짧은 구금형을 부과하기도 하며, 보다 강도 높은 감시부과 등의 조치를 취할 수 있다. 가석방자가 기대에 부합하지 않은 경우에는 가석방이 철회되고 재구금될 수도 있다.

가석방이 어떻게 부여되는지 그리고 가석방위원회의 역할을 설명하시오.

가석방위원회는 일상적으로 재소자들의 가석방 가능성 평가하고, 프로그램 참여 및 성공 여부를 평가하며, 석방될 경우에 재소자의 위험성을 평가하고 각 범죄자의 가석방 가능성에 대한 지역사회 반응 조사 및 재소자와 가능한 가석방 계획에 대한 사전 조사 등을 실시한다. 이는 위원회의 다양한 임무 중에 일부이다. 구금의 목적이 달성되고 변화가 명백하다고 위원회가 인정한다면, 위원회는 재소자를 가석방 재진입을 위해 지역사회로 석방할 수 있다. 위원회는 보통 재진입 계획을 세울 때 석방을 허가하면서 출소 후 재소자가 지켜야 할 준수사항을 결정한다. 만약 범죄자가 그러한 준수사항들을 위반하거나 새로운 범죄로 체포된다면, 가석방위원회는 조건부 석방을 철회하고 대상자를 재구금 할 수 있다.

가석방 준수사항을 설명하시오.

가석방은 국가와 범죄자 사이의 계약이다. 대상자가 계약 조건을 준수하는 한 대상자는 자유롭게 생활한다. 이러한 준수사항의 위반이 발생하거나 가석방자가 새로운 범죄로 기소될 경우, 가석방위원회는 가석방을 취소하고 대상자를 교도소로 돌려보낼 수 있다. 범죄자는 반드시 계약을 준수하고 가석방위원회가 지정한 기간 동안 가석방 감시하에 있어야 한다.

가석방 담당관들의 역할을 요약하시오.

시설 가석방 담당관들은 석방 전 조사를 실시하여 가석방위원회에 가석방 준수사항을 권고할 수 있고 이것은 조사자 역할이다. 가석방자가 재진입을 시작하면, 담당자는 감시와 원호의 기능을 모두 제공한다. 가석방 준수사항의 위반이나 새로운 위반의 경우, 가석방 담당관은 개인의견, 사건개요 및 권고사항을 가석방위원회에 제출한다.

가석방 감독이 종료되는 방법을 설명(가석방의 취소 포함)하시오.

가석방은 보통 2년 이상 7년 미만이다. 일부 주에서는 범죄자가 조건부 계약을 부지런히 이행했다면 아주 짧은 시간 후에 가석방 해제를 허용할 수도 있다. 석방 조건을 위반한 대상자는 기술적 위반으로 재구금될 수도 있다. 일부 주에서는 가석방 담당관이 감시할 의료가석방과 동정가석방(compassionate release) 프로그램을 실시하고 있다.

재소자 재진입 절차를 설명하시오.

가석방된 사람들의 주요 장벽은 주거, 고용, 인간관계이다. 일부 주에서는 단기 주택보조금이나 중간처우소 배치를 통해 주거문제의 어려움을 해결한다. 출소 전에 일자리를 얻는 것은 가석방위원회가 부과할 수 있는 통상적인 요건이다. 마지막으로, 가석방 담당관은 범죄를 멀리할 준비가 되어 있지 않은 범죄자와 가석방자의 교제를 막아야 한다. 마지막으로, 우리는 모든 재소자들이 가석방이나 지역사회를 포함하는 구금의 한계를 극복하려는 프로그램을 통해 석방되는 것은 아니라는 것에 주목해야 한다. 일부 재소자들은 감시하에 강제적으로 석방될 것이고 다른 사람들은 그들의 형기를 꽉 채워서 복역하게 될 것이다. 그리고 몇몇은 최고의 관리담당자의 노력과 가석방위원회의 감시에 상관없이 반복해서 가석방 위반을 할 것이다. 가석방 효과에 대한 긍정적인 면은 석방된 재소자의 거의 절반이 만족스럽게 지역사회의 감시·감독을 마치거나 범죄활동을 중단한다는 것이다.

재진입법원을 설명하시오.

특수법원의 연구와 경험을 바탕으로 만들어진 재진입법원은 조기 출소하는 범죄자들을 위한 특수법원으로, 사회로의 '재진입'을 목적으로 한다. 법원의 설립목적은 세금을 내는 시민으로의 복귀를 용이하게 하는데 있다. 지난 10년 동안 재진입법원은 민간과 정부기관에 의해 면밀히 조사되었고, 이것은 구금 등 전통적인 접근법보다 더 나은 결과를 도출하는 것으로 밝혀졌다.

가석방의 효과성을 설명하시오.

가석방된 범죄자들은 가석방 담당관들의 감시를 받고 준법 시민으로서 사회에 다시 진출할 의무가 있다. 가석방 담당관은 가석방자들을 감시하고 평가할 수 있는 권한을 갖고 있으며, 실패한 가석방자들을 교도소로 돌려보낼 것을 가석방위원회에 권고한다. 가석방위원회는 법을 준수하는 행동을 요구할 수 있고 감시수준을 높일 수 있다. 가석방이 재진입법원과 결합되면 가석방자는 대체로 가석방 준수사항을 이행하며, 10명 중 6명 이상이 재진입 과정을 성공적으로 마무리한다.

주요용어

알렉산더 마코노키 ············· 505
월터 크로프튼 경 ··············· 506
아일랜드제도 ······················ 506
선시제도 ···························· 507
가석방을 통한 석방 ··········· 507
제대로된 양형운동 ············· 507
재량적 석방 ······················ 508
필요적 석방 ······················ 508
형기종 ································ 508
사면 ···································· 509
행정적 관용 ······················ 509
특사 ···································· 509
형집행정지 ························ 510
감형 ···································· 510
가석방 ································ 510
가석방위원회 ···················· 513
주저앉음 ···························· 514
가석방 동의서 ·················· 516
기술적 위반 ······················ 518
모리세이 대 브루어 판례 ·· 518
사면절차 ···························· 522
외부통근제도 ···················· 524
귀휴제도 ···························· 526
재통합 ································ 526
중간처우소 ························ 526
지역사회주거센터 ·············· 531
재진입 ································ 531
재진입법원 ························ 531

복습질문

1. 가석방위원회의 주요 모델은 무엇인가?
2. 가석방과 보호관찰의 주요 차이점은 무엇인가?
3. 가석방위원회는 시설으로부터 독립되어야 하는가? 왜 그런가요? 혹은 왜 그렇지 않은가?
4. 만약 당신이 당신의 주에서 재진입 서비스를 담당한다면, 당신은 모델 재진입 절

차를 어떻게 설계할 것인가?

5. 가석방 가이드라인이란 무엇이며, 재량권을 어떻게 구성하는가?
6. 가석방 감시를 폐지해야 하는가?
7. 감시를 통한 필요적 석방을 원하는가, 아니면 감시를 통한 재량적 석방을 원하는가?
8. 주지사로서 가석방위원회 위원을 선정하고 있다면 어떤 자격을 살펴보겠는가?
9. 단계적 석방이 지역사회와 범죄자 모두에게 이로운 이유는 무엇인가?
10. 재진입법원은 무엇인가?
11. 교정 프로그램의 효과를 어떻게 측정할 수 있는가?

적용사례연구

1. 존 도(John Doe)는 가석방될 것이고, 당신은 가석방위원회의 위원이다. 존은 22살 때 저지른 1급 살인죄로 12년 동안 구금되었다. 존은 모범수였고 전기기사 1급 자격증과 직업훈련을 마쳤지만, 피해자의 가족은 가석방을 격렬히 반대하고 있다. 가석방을 위해 투표하시겠습니까? 왜 그런가? 혹은 왜 그렇지 않은가?

2. 당신은 교정국장이며 연방법원은 방금 재소자 1만 명을 줄이라고 명령했다. 석방할 재소자를 어떻게 선발할 것인지, 지역사회를 안전하게 지키기 위해 어떤 조치를 취할 것인지 설명하시오.

3. 당신은 주의 가석방위원회 위원이다. 당신이 혼자 식사를 하고 있을 때 대형 교도소 조직폭력단에 속한 것으로 알려진 한 남자가 당신에게 다가와 현재 중구금시설 분리구역에 구금되어 있는 폭력배의 우두머리를 석방하기 위해 호의적인 배려를 요청한다. “편지를 보내면 조사하겠다”는 당신의 기준이 갑자기 무시된다. 폭력배 두목이 당신의 부인과 세 아이의 이름을 알려주고 사랑하느냐고 묻는다. 그것은 분명히 “죽느냐 사느냐”의 위협이다. 어떻게 할 생각인가?

미주

1. Restrictions on early release from prison and other reforms to reduce the discrepancy between sentence imposed and actual sentence served in prison have come to be known as "truth in sentencing." See Thomas Bonczar and L. Glaze, *Probation and Parole in the United States, 1998* (Washington, DC: U.S. Department of Justice, 1999), p. 6.
2. Various forms of conditional release from incarceration were developed in other countries before any American state adopted a parole system; however, the core elements of a parole system administrative board making release decisions and granting conditional, supervised release with the authority to revoke it were first created by legislation in New York State (1869).
3. A. Pisciotta, "Saving the Children: The Promise and Practice of Parens Patria, 1838-1898," *Crime and Delinquency,* 28:3 (1982): 410-425.
4. K. O. Hawkins, "Parole Selection: The American Experience" (unpublished doctoral diss., Cambridge University, 1971).
5. Ibid.
6. R. M. Carter, R. A. McGee, and K. E. Nelson, *Corrections in America* (Philadelphia: J. B. Lippincott, 1975).
7. See Ellen Chayet, "Correctional Good Time as a Means of Early Release," *Criminal Justice Abstracts* 26:3 (1994): 521-538.
8. J. V. Barry, "Captain Alexander Maconochie," *Victorian Historical Magazine* 27:1 (June 1957): 1-18. For a history of the American Correctional Association, see A. Travisono and M. Hawkes, *Building a Voice: The American Correctional Association, 125 Years of History* (Landham, MD: American Correctional Association, 1995), http://www.corrections.com/aca/history/ html.
9. D. Fogel, *We Are the Living Proof ...* (Cincinnati, OH: Anderson Publishing, 1975).
10. John Langbein, "The Historical Origins of the Sanction of Imprisonment for Serious Crime," *Journal of Legal Studies* 5 (1976): 35-60.
11. Hawkins, "Parole Selection: The American Experience."
12. Probation and Parole Statistics, in *Summary Findings* (Washington, DC: Bureau of Justice Statistics, U.S. Department of Justice, 2002).
13. *Probation and Parole in the United States, 2011* (Washington, DC: U.S. Department of Justice, 2012).
14. Wayne Morse, *The Attorney General's Survey of Release Procedures* (Washington, DC: U.S. Government Printing Office, 1939), p. 23.
15. Paula Ditton and Doris Wilson, *Truth in Sentencing in State Prisons* (Washington, DC: Bureau of Justice Statistics, 2004), p. 3.
16. Camille Camp and G. Camp, *The Corrections Yearbook, Adult Corrections 2002* (South Salem, NY: Criminal Justice Institute, 2002).
17. *Greenholtz* v. *Inmates of the Nebraska Penal and Correctional Complex,* 99 S. Ct. 2100 (1979).
18. No presidential pardon was awarded from 1994 to 1998, but 12 conditional pardons were awarded in 1999.
19. U.S. Office of the Pardon Attorney, *Civil Disabilities of Convicted Felons: A State-by-State Survey* (Washington, DC: U.S. Office of the Pardon Attorney, 1996).
20. Brent Smith, E. Watkins, and K. Morgan, "The Effect of Victim Participation on Parole

Decisions," *Criminal Justice Policy Review* 8:1 (1997): 57-74.

21. J. Runda, E. Rhine, and R. Wetter, *The Practice of Parole Boards* (Lexington, KY: Council of State Governments, 1994).
22. U.S. Office of the Pardon Attorney, *Civil Disabilities of Convicted Felons.*
23. J. Travis and J. Petersilia, "Reentry Reconsidered: A New Look at an Old Problem," *Crime and Delinquency* 47 (2001): 291-313. See also Shelley Listwan, F. Cullen, and E. Latessa, "How to Prevent Prisoner Re-Entry Programs from Failing: Insights from Evidence-Based Corrections," *Federal Probation* 70:3 (2006): 19-25.
24. J. Austin, "Prisoner Reentry: Current Trends, Practices, and Issues," *Crime and Delinquency* 47 (2001): 314-334.
25. A. J. Lurigio, "Effective Services for Parolees with Mental Illnesses," *Crime and Delinquency* 47 (2001): 446-461.
26. Cece Hill, "Inmate Fee-for-Service Programs," *Corrections Compendium* 23:8 (1998): 7-16. See also Editors, "Rising Medical Costs Encourage States to Release Sick, Dying Inmates," *Correctional News* 14:6 (2008): 16; Christian Mason, Tod Burke, and Stephen Owen, "On the Road Again: The Dangers of Transporting Ailing Inmates," *Corrections Today* 75:5 (2013): 76-81; and Mark Foxall et al., "Meeting the Needs of the Mentally Ill: A Jail's Perspective," *Corrections Today* 75:5 (2013): 64-67.
27. The longer a work-release participant remains employed in the same work-release job after earning parole status, the greater the potential for parole success. Kyu Man Lee, *The Wichita Work Release Center: An Evaluative Study* (Ann Arbor, MI: University Microfilms International, 1983). See also Richard Jones, ed., "Conditions of Confinement," *Journal of Contemporary Criminal Justice* 13:1 (1997): 3-72.
28. David Anderson, *Crime and the Politics of Hysteria: How the Willie Horton Story Changed American Justice* (New York: Random House, 1995); Tali Mendelberg, "Executing Horizons: Racial Crime in the 1988 Presidential Campaign," *Public Opinion Quarterly* 61:1 (1997): 134-157.
29. The failure rate (both new crimes and failure to return) in furlough programs is remarkably low: about 1 percent. Camille Camp and G. Camp, *The Corrections Yearbook, Adult Corrections 2000* (South Salem, NY: Criminal Justice Institute), p. 148.
30. James Bonta and L. Motiuk, "The Diversion of Incarcerated Offenders to Correctional Halfway Houses," *Journal of Research in Crime and Delinquency* 24:3 (1987): 302-323; Edward Latessa and L. Travis, "Residential Community Correctional Programs," in *Smart Sentencing? An Examination of the Emergence of Intermediate Sanctions, ed.* James Byrne and A. Lurigio (Beverly Hills, CA: Sage, 1991); Sarah Twill, L. Nackerud, E. Risler, et al., "Changes in Measured Loneliness, Control and Social Support among Parolees in a Halfway House," *Journal of Offender Rehabilitation* 27:3/4 (1998): 77-92.
31. Additional information may be obtained from the International Community Corrections Association, http://www.iccaweb.org/.
32. Carolyn Tucker, K. Herman, B. Brady, et al., "Operation Positive Expression: A Behavioral Change Program for Adolescent Halfway House Residents," *Residential Treatment for*

Children and Youth 13:2 (1995): 67-80.

33. Brian Grant, L. Motiuk, L. Brunet, et al., *Day Parole Program Review* (Ottawa: Correctional Service of Canada, 1996).
34. Twill et al., "Changes in Measured Loneliness."
35. Camp and Camp report that the cost per resident for private halfway house providers is 14 percent less than that provided by state departments of corrections. Camille Camp and G. Camp, *The Corrections Yearbook 1998* (Middletown, CT: Criminal Justice Institute), p. 123.
36. C. T. Lowenkamp and E. J. Latessa, *Evaluation of Ohio's Halfway Houses and Community-Based Correctional Facilities* (Cincinnati, OH: University of Cincinnati, 2002).
37. Marc Levinson, "In South Carolina, Community Corrections Means the Alston Wilkes Society," *Corrections Magazine* 9:1 (1983): 41-46. See also Bobbie Huskey and A. Lurigio, "An Examination of Privately-Operated Intermediate Punishments in the United States," *Corrections Compendium* 17:12 (1992): 1, 3-8, and Joseph Callahan and K. Koenning, "The Comprehensive Sanctions Center in the Northern District of Ohio," *Federal Probation* 59:3 (1995): 52-57.
38. Daniel Glaser, "Supervising Offenders Outside Prisons," in *Crime and Public Policy*, ed. James Wilson (San Francisco: Institute for Conte-mporary Studies, 1983), p. 212.
39. James Beck, "An Evaluation of Federal Community Treatment Centers," *Federal Probation* 43:5 (1979): 36-41; Paul Gendreau, M. Shilton, and P. Clark, "Intermediate Sanctions: Making the Right Move," *Corrections Today* 57:1 (1995): 28-65.
40. For more information on reentry courts, see http://reentrypolicy.org/announcements/reentry_courts_emerging_trend.
41. Z. Hamilton (2010), "Do Reentry Courts Reduce Recidivism? Results from the Harlem Parole Reentry Court," http://www.courtin-novation.org/sites/default/files/Reentry_Evaluation.pdf (accessed December 3, 2013).
42. A. L. Solomon, V. Kachnowski, and B. Avinash, *Does Parole Work?* (Washington, DC: Urban Institute, 2005).
43. For a summary of the criticism, see American Probation and Parole Association, http://www.appa-net.org/eweb/Dynamicpage.aspx?site=APPA_2&webcode=IE_NewsRelease&wps_key=50163cb7-737c-483f-8405-6cb0ca50e079.
44. Kristofer Bret Bucklen and Gary Zajac, "But Some of Them Don't Come Back (to Prison!): Resource Deprivation and Thinking Errors as Determinants of Parole Success and Failure," *Prison Journal* 89:3 (2009): 239-264. See also Gary Zajac, "But Some of Them Don't Come Back (to Prison): Determinants of Parole Success," http://www.portal.state.pa.us/portal/server.pt/document/1060758/determinants_of_parolee_success_pdf (accessed December 3, 2013).

PART 4

교정의 대상자

CHAPTER 16
재소자와 전과자의 권리

CHAPTER 17
남성 재소자

CHAPTER 18
여성 재소자

CHAPTER 19
소년범

CHAPTER 20
청소년 교정시설

CHAPTER 21
특수한 범주의 범죄자들

개관

4부(16-21장)에서는 교정시스템, 교정기능, 교정시설이 운영되는 법적 환경에 대해 다룬다. 마지막 네 개의 장에서는 교정시설에 수용된 사람들에 대해 다루기로 한다. 특히, 남성 및 여성재소자, 소년재소자, 그 외 특별 재소자들에 대해 논의한다. 후자는 주류 범죄집단에 비해 더 많은 문제를 지닌 재소자 그룹이며 정신장애범죄자, 발달장애범죄자, 성범죄자, HIV감염재소자, 노인재소자가 이에 속한다. 종합하자면, 이러한 재소자의 유형은 교정행정관리의 수용 및 처우를 결정하는 개별 범죄자의 범주이다.

CHAPTER 16

재소자와 전과자의 권리

학습목표

- 교도소 수용자라는 낙인, 시민권 상실 및 회복과 관련된 문제를 요약한다.
- 유죄 판결을 받은 범죄자의 지위를 설명하시오.
- 재소자의 기본권을 설명하시오.
- 일할 권리와 일할 필요성을 비교하시오.
- 제한된 거래가 고용에 방해가 되는 이유를 설명하시오.
- 전과기록 보유의 문제점을 기술하시오.

개요

유죄 판결된 범죄자의 지위

재소자 기본권리
- 접견 및 지역사회유대
- 우편물 이용
- 금지물품 및 우편물
- 교도소에서의 종교적 권리
- 법원 및 변호사 접견권
- 의료 치료 및 진료 권한
- 1983년 민권법 소송

권리침해의 구제

전과자의 전설

유죄 판결의 결과
- 오명
- 시민권 상실
- 중범죄 유죄 판결의 법적 결과

일할 권리 대 일할 필요성

제한된 일자리: 고용장벽

전과의 문제
- 범죄자 신상등록
- 전과자 등록
- 대응으로서의 말소

범죄자의 권리 회복

"교정시설의 여러 문제로 많은 소송이 제기되어 연방법원과 주법원은 법원 대리인(법원보좌관)을 고용할 수 있고 주요 임무는 법원이 지시하는 것이 무엇이든 법원을 지원한다."

– 해리 E. 앨런

개관

길거리의 보통 사람들에게 재소자가 구금되어 있을 때 또는 형기가 끝난 후에 사회에서 그들이 어떤 "권리"가 있는지 질문해 보라. 대부분의 사람들은 몇 초 동안 멍하니 바라본 후에 이렇게 대답하곤 했다. "권리라고? 그들은 하나도 없어." 이 장에서는 재소자와 전과자에게 적용되는 권리에 대한 잘못된 인식을 다소 상세하게 보여준다. 시설에 대한 믿을 수 없는 소송의 양, 극악한 짐승으로 보여지는 삶 동안의 긴 싸움 그리고 사회에 적응하려고 애쓰고 평생 동안 무거운 기록을 지니고 있는 전과자의 문제 등은 이들이 모두 어떻게 생겨났는지 궁금하게 만든다.

재소자와 범죄자의 권리는 중요하며, 법원이나 권리 옹호자들은 그 권리가 지켜지는지에 대해 주의 깊게 감시한다. 이들이 마침내 형기를 마치고(전과와 극복하기 어려운 낙인을 갖고) 과거의 이웃으로 돌아왔을 때 이들은 여전히 권리를 가진다. 말 그대로 미국 거리에 있는 수백만의 시민들은 범죄로 유죄 판결을 받았고 그들의 삶의 어느 시점에서 교정감시의 대상이 된 적이 있다(거의 700만 명의 재소자와 전과자들이 보호관찰에서 구금, 가석방까지 능동적인 교정감시를 받고 있다). 이 장에서는 이런 범죄자의 이전의 중간영역과 교도소에 구금되어 있거나 사회에 다시 통합되려고 노력하는 동안 접하게 되는 여러 문제들을 다룬다. 이 일은 생산적이고 유용한 시민이 되기 위해 많은 어려움이 있지만, 우리가 흔히 알고 있는 것보다 더 많은 사람들이 그 과정을 견디고 성공한다. 본 장에서는 재소자와 전과자에 부여되는 제한과 이들에게 추가적인 권리를 제공하기 위한 노력의 현황을 살펴본다. 이러한 노력에 대한 몇 가지 신화와 전설에서부터 시작하기로 한다.

유죄 판결된 범죄자의 지위

주요용어

유죄 확정된 범죄자
유죄 판결과 판결에 대한 모든 항소에 패소한 범죄자

피고인들이 항소를 포함한 형사재판의 전 과정을 거쳤고, 형량이 확정되었을 때, 그들은 공식적으로 **유죄 확정된 범죄자**(Convicted offender)의 지위를 획득한다. 그들의 항소가 법정에서 지루하게 진행되었기 때문에 그들은 이미 오랜 시간을 구치소나 교도소에서 보냈을지도 모른다. 그러나 최종의 유죄 판결이 내려지면, 범죄자들의 교정시스템과의 관계는 중대한 변화를 겪게 된다. 이 절에서는 구금 중 또는 구금 후 범죄자의 새로운 지위와 권리들을 살펴본다. 오랫동안, 재소자들과 전과자들의 권리에 대한 잘못된 인식이 유지되어 왔다. 이 장에서 우리는 그러한 신화의 일부를 없애고 최근의 발전 상황을 명확히 하고자 한다.

주요용어

법원보좌관
법원의 명령에 대한 교정기관의 준수 여부를 감시하는 대리인

거의 7백만 명의 사람들[1]이 매일 미국에서 어떤 교정당국의 통제하에 있기 때문에, 유죄 판결을 받은 범죄자들의 지위는 중대한 문제이다. 교정관리들은 범죄자들의 권리를 보호하도록 그들의 직원을 유도하는 내부정책과 절차를 수립하는 과정이 매우 더뎠다. 제4장에서 언급된 “무개입(hands-off)” 방침에 따라 법원은 교정행정에서 개발된 절차와 결정을 비판하기를 꺼려했다. 그 정책은 1960년대 중반에 폐기되었고, 재소자들의 권리에 관한 소송이 그 끝을 알기 어려울

교정 실제 16.1

교정에서의 법원보좌관들(Court Masters in corrections)

연방법원과 주 법원을 대상으로 한 교정시설의 문제에 대한 소송이 증가함에 법원의 지시에 따라 어떤 식으로든 법원을 지원하는 임무를 수행하는 기능적 보조자인 법원보좌관이 임명되었다. 전형적으로, 법원보좌관은 법원명령이나 동의에 대해 시설이나 시설시스템이 이것을 일상적으로 준수하는지를 감독한다. 법원선고(decree of the court)에는 피고(교정부서)가 패소하고 집행할 명령을 법원이 내렸다는 뜻이 담겨 있다. 동의선고(consent decree)는 고소인(재소자) 또는 피고인들이 둘 다 받아들일 수 있는 일련의 조치에 동의하는 경우에 발생한다.

일반적으로 법원보좌관은 소송을 감시하고, 법원에 보고하며, 재소자들의 불만사항을 조사하고, 재소자들과 그들의 파일을 열람하고, 청문회를 개최하며, 사건 배당된 판사에게 재판의 합의 진행상황을 설명하는 보고서를 작성한다. 그들은 또한 법원에 (특히 특수한 교정분야의 전문지식을 통해) 조언하고 수용자들의 요구와 교정행정의 현실 사이에서 타협을 지원한다.

법원보좌관이 임명되면 교정관리들은 보좌관이 시설의 일상적인 일에 개입하는 것을 거부하는 경향이 있다. 어떤 보좌관은 그들만의 개혁 과제를 가지고 있거나 타협을 할 때 교정시설을 납득시키지 못한다. 마지막으로 피고(교정시설)는 반드시 보좌관과 직원에게 임금을 지불해야 하며, 대개는 높은 보수를 제공하여 장시간의 업무시간에 시달리는 보좌관의 의욕을 꺾는 일은 거의 없다. 현재 보좌관은 교정행정을 잘 모르는 법원에 전문 교정지식을 제공하는 것으로 평가되고 있다. 향후 교정관리들은 법원과의 긍정적인 업무관계를 발전시킬 필요가 있고 그리고 모든 당사자들과 협상하여 보좌관의 권한, 역할, 범위를 명확히 규정해야 하며, 그렇게 함으로써 중재요원의 임명에 따른 부정적인 여파를 최소화할 수 있게 될 것이다.

2007년에 9개 주 또는 지역의 전체 시스템은 동의명령(consent orders)을 받았고, 다른 224개 시설은 동의선고(consent decree)를 받았다.

출처: Based on data from American Correctional Association, *2007 Directory* (Alexandria, VA: American Correctional ssociation, 2007), p. 15.

정도로 제기되기 시작하였다. 몇몇 주에서는 교정국이 법원의 재심을 받았고 어떤 주에서는 법원의 결정을 준수하도록 감독을 하는 법원 임명의 대리인 또는 법원보좌관([교정 실제 16.1] 참조)이 고용되었다. 재소자의 기본적 권리부터 알아보기로 한다.

재소자 기본권리

접견 및 지역사회유대

주요용어

민사적 사망
신체적으로는 살아있지만 권리는 없는 상태

제1장에서 언급한 바와 같이 형벌은 범죄자의 재산을 국가 명의로 몰수하고 그의 아내가 재혼할 자격이 있는 과부로 인정하는 등의 민사적 사망(Civil death)을 의미한다. 사회에 있어서 범죄자는 사실상 사망하였다는 것이다. 민사적 사망의 예시는 아마도 접견을 할 특권과 관련된 교정정책에서 가장 많이 볼 수 있을 것이다. 접견을 하는 것이 실제로 특권인지 아니면 실질적 권리인지에 대한 논쟁이 계속되고 있다. 면회인을 허용하는 관행은 새로운 것이 아니다. 이미 1790년에도 월넛가(Warnet Street) 교도소에서 가끔 면회인들이 출입할 수 있도록 허가하였다. 만약 죄수가 부지런하고 훌륭하다면, 가까운 가족 구성원으로부터 접견이 허용되었으나 3개월에 한 번, 15분, 두 개의 분리된 공간에서 간수(keeper)의 감시를 받았다.[2] 이러한 절차는 터무니없이 엄격해 보일 수도 있지만, 일부 보안등급이 높은 중구금 시설의 경우 현재의 관행과 크게 다르지 않다. 교도소 대부분은 보안에 중점을 두기 때문에 접견은 제한적이고, 매우 엄격한 조건에 따르며, 밀접한 신체적 또는 감정적 접촉을 하지 못하게 감독한다. 접견에 대한 비인간적인 규칙과 절차는 현대적 교정교화와 교정행정의 목표와 어울리지 않는다. 보안이 매우 중요한 중구금시설이지만, 친구나 가족의 접견과 같은 개인적인 일에서 기본권이 침해될 수도 있다.

제한된 접견시간 및 접견자 명단,[3] 과밀화된 접견실, 위압적인 경비원의 존재는 재소자가 가족 및 외부 사회와의 유대관계 유지에 어려움을 겪는 원인이 된다.[4] 대부분의 시설들은 (대부분 구금자 가족이 사는) 큰 도시 중심지에서 멀리 떨어져 있어 접견인들에게 긴 시간 동안의 여행과 비용이 필요하다. 이러한 조건에서는 가족 간의 유대뿐만 아니라 우정도 금방 훼손되며 고립(소외)으로 인해 재소자와 시설 모두에게 심각한 문제가 야기된다. 전형적으로 재소자는 일주일에 한 번 외부접견이 허용되며(어떤 시설에서는 한 달에 한 번 정도로 드물게), 보통 접견대상은 직계가족의 일원이다. 이것은 현대 미국에서의 사회생활을 대표하지 않는다.

결혼한 재소자의 경우 오랜 이별에 의해 가족 간의 유대가 약화될 수밖에 없다. 이혼이 빈번한 상황에서 가족, 공동체, 시설에 대한 사회적 악영향은 헤아릴 수 없으며 구금 자체가 일부 국가에서는 이혼의 근거가 된다.[5] 시설 관계자들은 종종 재소자의 가족관계 악화로 인한 심각한 문제에 직면하기도 한다. 예를 들어, 아내가 편지를 쓰지 않거나 재소자가 애인에게 새로운 상대가 생겼다는 것을 소문을 통해 들었을 때 폭력이 발생할 수 있고 실제로 종종 발생한다. 폭력은 교도소 직원,[6] 다른 재소자,[7] 또는 도주 시도 등의 다양한 공격행위로 표출될 수 있다.

외부와의 정상적인 관계를 상실한 재소자조차도 재소자는 다른 재소자들에게 의지하고 재소자는 교도소 하위문화를 찾아 위안을 구한다. 수용자들이 친구와 친척과 관계가 단절되어 있고 거의 전적으로 범죄자들끼리 의존해야 한다는 것은 아이러니한 일이다. 그러나 마침내 가석방되었을 때, 일부 가석방 규정은 가석방자가 전과자들과 교제하는 것을 금지하고 있다. 이러한 역설적인 상황은 미국교정의 기본적인 전제와는 배치되는 것처럼 보인다. 교도소화된 재소자사회와 싸우고 (석방 후) 자유로운 생활을 준비하는데는 접견, 가족 또는 부부접견([교정 실제 16.2] 참조),[8] 귀휴제도, 전화, 우편 등의 방법을 통해 외부와의 유대를 강화하는 것 이상의 더 좋은 방법은 없다.

우편물 이용

우편시스템은 외부와의 필수적인 접촉을 유지하기 위한 또 다른 방법으로 접견과 밀접하게 연관되어 있다. 접견의 경우처럼, 우편물의 제한과 검열에 대한 명시적인 이유는 보안이나 교정시설의 질서와 관련이 있다. 우편시스템의 사용이 권리임에도 불구하고, 교정관리는 "명백한 현존하는 위험"이나 주정부의 필요성이 인정되는 경우,

교정 실제 16.2

가족 및 부부접견(Family/Conjugal Visits)

부부접견이란 재소자가 보통 법률상의 배우자와 몇 시간 또는 며칠을 개인적으로 보낼 수 있는 예정된 장기 접견이다. 일부 국가에서는 흔하지만, 미국에서는 부부접견을 허용하는 주는 캘리포니아, 코네티컷, 뉴멕시코, 뉴욕, 워싱턴 5개 주뿐이다. 가족 간의 유대를 늘리는 방법으로 보이는 부부접견은 또한 매우 효과적인 교정관리 수단이 될 수 있는데, 이는 부부접견이, 수용자들이 교도소의 다양한 일상적 규칙과 규정을 따르도록 강하게 동기부여를 한다는 것을 의미하기 때문이다. 결과적으로 재소자들은 부부접견의 자격이 상실될 수 있는 규칙 위반을 의식적으로 피하게 된다는 것이다. 비록 어떤 이들은 교도소 경험을 너무 유하게 하고 미혼 구금자들에게 불공평하다고 생각하지만, 미시시피 전 교정국장 앨런 아울트 박사를 포함한 많은 이들은 부부접견제도가 재소자들을 관리하기 위한 가장 강력한 도구들 중 하나라고 믿었다. 미시시피 교정국은 원래부터 부부나 "가족"의 접견을 허용했다. 접견은 대개 그러한 목적을 위해 제공된 별도 시설에서 이루어진다. 대개는 캐러밴이지만 때로는 트레일러나 작은 오두막집에서 이루어진다.

그 권리를 행사함에 있어서 재소자들에게 합리적인 제한을 가할 수 있다는 판례가 있다. 교정시설 내 대부분의 상황과 마찬가지로, 과거에는 시설의 원활한 운영을 촉진하기 위해 우편물 규칙이 체계적으로 강화되었다. 들어오고 나가는 모든 우편물을 읽는 것에 대한 관리자의 부담이 너무 커지면서 편지의 수나 편지를 보낼 수 있는 대상자가 줄어들었다. 결국, 소수의 최대 허용된 편지의 수와 매우 제한적인 편지 작성대상자의 명단이 표준이 되었다. 수용자들이 법원에 이의를 제기하지 않는 한, 이러한 관행은 큰 문제가 되지 않았다. 재소자들을 돕기 위해 임명된 변호사들이 우편과 다른 소위 특권에 관한 제한의 부당성을 재소자들이 알 수 있도록 돕자, 그들은 제제에 대하여 의문을 제시하기 시작했고, 그 결과 특권은 권리가 되었다.

재소자는 얼마나 많은 우편물을 받아야 하는가? 관리자들은 대개 그것을 쉽게 검열할 수 있는 양으로 제한해 왔다. 인원이 부족한 기간(예: 전쟁 중) 동안 우편물의 양은 한 달에 한 통씩으로 제한되는 경우가 많았다. 발신 우편도 마찬가지로 제한되었다. 서신에서 불법행위에 대한 계획을 언급하거나[9] 금지물품을 포함하지 않는 한 변호사와의 서신은 개봉하고 읽을 수는 있지만 검열되지는 않았다. 최근 법원은 재소자와 그들의 변호사 사이의 의사소통에 대한 대부분의 검열이 위헌이라고 판시하였다.[10] 이러한 판결은 뉴스 미디어와의 통신에 관한 결정에도 나타난다.[11]

사형수들은 종종 변호사 이외의 사람들로부터 받은 서신 사본만 받는다. 재소자의 요청에 따라 문구류에 뿌려진 화학 물질로 인해 중독될 위험이 분명히 있다. 우표 또한 액체성분의 독이나 마약으로 봉투에 부착될 수 있다. 끝으로, 치명적인 독은 잉크에 섞여 있을 수도 있다. 아이러니하게도, 많은 사형수들이 자살을 하지만, 사형집행 전에 자살하는 것은 허락될 수 없다.[12]

금지물품 및 우편물

과거에는 금지물품을 "탈출을 위해 사용되거나 다른 죄수들을 이용하기 위해 사용될 수 있는 모든 물질"이라고 묘사했다. 성냥, 돈, 포르노 사진, 총, 칼, 윤활제, 마약, 도구와 같은 물품들은 일반적으로 금지물품으로 여겨진다. 그 어떤 물건이라도 교정시설의 질서정연한 운영에 대한 위협으로 비쳤다면 금지물품 리스트에 올릴 수 있을 것이다.

최근의 금지물품에 대한 정의는 서면 규칙에서 행정부에 의해 특별히 승인되지 않은 재소자나 그의 감방에서 발견되는 모든 품목을 의미한다. 이것은 절차를 간소화하고 금지물품이 무엇이냐에 대한 논란을 없애는 데 도움이 된다.(예를 들어, 재소자가 두 개의 담요를 허가받고 세 개가 방 검사에서 발견된다면, 세 번째 담요는 정의상 금지물품에 해당되며 압수 대상이 된다.)

재소자가 친구 또는 다른 시설에 구금 중인 법률에 밝은 재소자(jailhouse lawyer) 등과 의사소통하기를 원할 경우, 법원은 그 문제를 교정행정 담당자의 재량에 맡기는 무간섭정책(hands-off policy)을 고수해왔다. 일반적인 방침은 재소자들 사이의 어떤 서신 전달도 금지하는 것이었다. 그러나 이 정책은 지속적으로 비난받아 왔으며, 일부 주들에 의해 폐지되었다.[13] 대부분의 판례에서, 우편물과 문헌의 허용

주요용어

명백하고 현존하는 위험
재소자의 권리를 제한하는 것을 정당화하기 위해 교정에서 사용되는 기준

여부에 대한 판단은 **명백하고 현존하는 위험**(Clear and present danger)이 기준이 되었다.

> 우리는 특정 문헌이 교정시설의 보안이나 재소자의 재활에 그와 같이 명백하고 현존하는 위험을 내포할 수도 있다는 사실이 인정된다면 해당 문헌은 반드시 검열되어야 한다. 극단적인 예를 들자면, 만약 재소자에게 어떻게 식당에서 사용되는 식기구를 이용하여 창살 너머를 살펴볼 수 있는지, 어떻게 폭탄을 만들 것인지 또는 어떻게 교도소 폭동을 일으킬 수 있는지를 상세히 보여주는 자료를 우편으로 보냈다면, 그것은 적절한 방법을 통해 검열될 것이다. 구금된 마약 중독자들을 위한 잡지에 어떻게 그들이 감방 안에서 다른 목적으로 사용되는 에어로졸이나 접착제를 냄새 맡음으로써 헤로인으로부터 경험했던 것과 비슷한 행복감 "황홀함(high)"을 느낄 수 있는 방법을 자세히 설명하였다면 효과적인 교정프로그램을 유지하기 위해서 검열될 것이다. 더욱이 범죄성향을 가진 많은 남자들이 서로 가깝게 생활하고 있는 교도소의 금방이라도 뭔가 터질 듯한 분위기 속에서 폭력은 외부 세계보다 훨씬 쉽게 인쇄된 단어에 의해 자극될 수 있다는 것은 의심할 여지가 없다. 따라서 교정시설로 보내진 선동적인 문헌에 대한 일부 검열이나 사전 압수는 그러한 문헌이 교도소 내의 혼란이나 폭력을 유발하는 데 이용되는 것을 막기 위해 필요하다. 재소자들의 문제가 일어날 가능성이 높은 일부 교도소에서는 길거리 신문 가판대에서 팔리면 전혀 문제가 되지 않는 폭발물, 교도소 폭동 등과 같은 주제에 관한 기사가 교도시설 재소자에게 배포되는 것은 너무 위험할 수도 있다. 법원은 또한 "출판사"가 유일한 발신인일 경우에는 시설로 들어오는 신문과 잡지에 대한 반입제한을 허가하였다.[14]

1973년 8월 3일 오하이오 주정부는 오하이오 교도소에서 우편물 검열방법 개혁에 앞장섰다.[15] 오하이오 교도소시스템 하에서, 들어오는 우편과 나가는 우편물은 모두 금지물품을 검사하고 읽지 않은 채 배달된다. 각 재소자는 무제한의 우편을 쓰고 받을 수 있다. 이러한 표준절차의 채택은 어떠한 문제도 거의 야기하지 않았다. 그러나 대

부분의 주들은 여전히 금지물품을 검사하기 위해 들어오는 소포를 전자적으로 검열하며, 편지를 개봉하여 검열하고 있다. 현재 27개 주가 재소자를 위한 이메일 양식을 제공하기 시작했다. 이 프로그램은 재소자에게 직접 이메일 접속을 제공하지 않지만, 재소자와 연락을 취하고자 하는 외부인은 우편 서비스보다 훨씬 적은 비용으로 제3자 웹사이트를 통해 신청하도록 허용하고 있다.

교도소에서의 종교적 권리

교도소의 기저에는 종교적 교훈이 깔려있다. 따라서 교도소에서 종교의 자유를 제공하는 데 있어 갈등이 있다는 것은 아이러니한 것처럼 보이지만 실제로 그러했다. 참회와 기도를 통해 범죄자를 교정교화하려는 초기의 노력은 작은 친족(동질)공동체에서 행해졌다. 미국으로의 이민이 확대되면서, 미국은 세계에서 가장 이질적인 국가가 되었다. 미국은 종교의 자유가 정부에 의해 침해될 수 없다는 믿음에 근거하여 세워졌기 때문에, 1차 수정헌법은 "의회는 종교창시에 관한 법을 만들 수 없으며, 종교의 자유로운 행사를 금지할 수 없다"고 선언하였다. 기성종교의 구성과 종교활동을 할 개인의 권리 사이의 갈등은 국가의 교정시설에 문제를 야기했다.

이 문제의 분명한 예는 20년 이상 동안 판례법을 지배해 온 **흑인 무슬림**(Black Muslims)들에 대한 판결이었다. 오랜 일련의 재판 후,[16] 법원은 마침내 흑인 이슬람교 신앙이 창시된 종교이며, 따라서 흑인 무슬림들은 그 종교가 규정한 관행을 따를 권리가 있다고 판결했다.[17] 흑인 무슬림 문제의 판결은 종교창시의 기준이 정당하게 인정되는 모든 종교에 적용될 수 있다는 것을 의미했다.[18] 즉, 모든 재소자들에게 동등한 보호를 허용해야 하는 교도소관리에게 부담을 준다. 정부가 재소자 한 명 한 명에게 특정 종교의 성직자에 대한 접근권을 보장함으로써 "자유로운 예배기회"를 제공해야 하는지에 대한 문제는 여전히 해결되지 않고 있다.

주요용어

흑인 무슬림
무슬림 신학개념을 바탕으로 한 미국 종교단체

법원 및 변호사 접견권

수용자들의 헌법상 권리는 1940년까지 엑스 빠르떼 헐(Ex parte Hull)이라고 칭하는 사건 전까지는 연방법원에 대한 접근은 허용되지 않았다. 해당 판결에서, 미국 대법원은 "주정부와 주공무원은 연방 법원에 구속적부심(habeas corpus)을 신청하는 데 있어 청원자의 권리를 약화시키거나 손상시키지 않도록 하여야 한다."라고 판시하였다. 그러한 명백한 판결에도 불구하고, 법원은 1964년 쿠퍼 대 파이트(Cooper v. Pate) 사건까지 이와 관련하여 무개입정책을 고수하였다.[19]

존슨 대 에이버리(Johnson v. Avery)[20] 판례에서 재소자들이 교도소 변호사(jailhouse lawyer)를 이용할 수 있는 권리가 확립되면서 재소자들은 적절한 법적 연구자료를 확보할 필요가 있었다(1971년 영거 대 길모어(Younger v. Gilmore)[21]의 판례는 수용자 변호인(writ writers)에게 그러한 법률 지원을 보장하였다).[22] 그러나 제공된 자료의 범위는 교정시설 내의 완전한 법률도서관 수준에서 최소 필요한 자료만을 확보한 곳에 이르기까지 상당히 다양하다.[23] 한편, 몇몇 주에서는 법학전문대학원 교수진의 감독 아래 법학전문대학원 내에서 법률지원실을 운영할 수 있도록 허용하고 있다. 법원은 교정행정부서가 재소자들에게 적절한 법률 자문을 제공하도록 계속 요구해야 할 것으로 보인다. 그렇지 않으면 교정시설은 교도소 변호사들의 지속적인 이용과 그로 인한 문제들을 감수해야 할 것이다.

변호사의 조력(상담)을 받을 수 있는 권리는 명확하게 확립되었다.[24] 문제는 기디언(Gideon) 케이스가 발생하기 전, 대부분의 재소자들이 변호를 하거나 나중에 항소를 준비할 여력이 없었다.[25] 초기 교도소 규정은 법에 대해 학습하고 다른 수용자들이 교정관리와 시설에 대해 소송을 제기할 수 있도록 돕기 위해 그들의 지식을 활용하는 **교도소 변호사**(Jailhouse lawyer)의 이용을 제한하였다. 교도소 변호사가 다른 재소자를 돕지 못하도록 제한하는 것은 수용자가 연방법원에 거의 소송을 제기할 수 없다는 것을 의미했다. 법원이 기디언 판례를 통해 변호사를 선임할 수 있는 권리를 확립한 후, 존슨 대 에이버리

주요용어

교도소 변호사
다른 수용자들에게 법률 서비스를 제공하는 재소자

판례는 규정을 준수하지 않거나 실행하지 않는 교정시설에 적용되었다. 비록 모든 지역에서 모든 재소자에게 법률조언을 제공할 수 있었던 것은 아니지만, 법원 판결에 포함된 구제방법(remedies)은 그 공백을 채우는 데 도움이 되었고, 동시에 민사 및 항소법원에 밀려든 수많은 양의 소송이 발생되었다. 지난 20년 동안 연방교도소에 의해 미국 지방법원에 접수된 청원은 64% 증가했고, 주교도소에 접수된 청원은 238% 증가하였으며 주정부에 대한 민사 소송은 무려 389%나 증가했다. 이러한 급격한 증가의 결과로, 의회는 재소자들이 연방법원에 청원을 제출할 수 있는 능력을 제한하려는 두 가지 입법 정책, 즉 교정시설 소송 개정법(the Prison Litigation Reform Act) 및 반테러 및 효과적인 사형제도(Antiterrorism and Effective Death Penalty Act)를 제정했다. 이러한 계획들은 재소자의 시민권 청원(civil right petition)을 급격히 감소시켰다.[26]

의료 치료 및 진료 권한

교도소의 적절한 의료서비스 문제가 마침내 미국 대법원의 결정을 촉발시켰다. 헌법상 보장된 권리를 침해당했을 때만 법원은 의료제공에 관여하게 된다. 의료 프로그램과 교도소 의료진의 배경은 매우 다양하기 때문에 의료 지원의 질은 시설마다 다르다.[27] 아이러니하게도, 모든 재소자에게 적절한 치료를 요구하는 국가는 이 글을 쓰는 이 시점에도 아직도 여전히 모든 시민들에게 적절한 의료 서비스를 제공하기 위해 고군분투하고 있다. 미국 연방대법원은 주 교도소에 구금된 재소자들 스스로 주 법원에서 구제조치를 취해야 한다는 입장을 견지하였다. 1976년 **에스텔 대 갬블(Estelle v. Gamble)**[28] 판례의 경우, 그 입장이 더욱 명확해졌다. 비록 과거의 소송이 수용자의 적절한 진단과 질병에 대한 치료권리를 심각하게 침해했다는 것을 증명하였지만, 법원은 이러한 문제해결에 미온적으로 대처하였다. 그러나 에스텔 판례에서 법원은 "따라서 우리는 재소자들의 심각한 의학적 요구에 대한 **고의적 무관심(Deliberate indifference)**이 수정헌법 8조에

주요용어

에스텔 대 갬블
교도소 의료 및 치료에 대한 미국대법원의 첫 번째 판결

주요용어

고의적 무관심
의료 서비스의 절대적인 박탈

서 금지된 불필요하고 잔인한 고통을 금지하는 조항에 대한 위반으로 판결한다. 이러한 무관심은 재소자의 요구에 부응하는 교도소 의사들에 의해 초래되었거나 또는 의료에 대한 접근을 의도적으로 거부하거나 지연시키거나, 처방된 치료를 고의적으로 방해한 교도관들에 의해 야기되었다."[29] 이 판결은 의료제공에 있어서 큰 진전이었지만, 여전히 다른 분야의 결정에 의해 제공된 개별 구제책에 미치지 못한다. 예를 들어, 미국 제1차 항소법원은 재소자가 "적절한 치료"를 받아야 하지만 반드시 "최상의 치료(the most sophisticated care)"를 받을 필요는 없다고 판결하였다.[30] 에이즈 문제와 관련된 교도소의 의료는 "국가적 불명예"라고 묘사되어 왔다.[31]

에스텔은 적절하고 인간적인 의료 서비스를 제공하지 못한 제도적 실패에 대한 불평사항에 대해 동정하는 입장을 밝혔다. 그러나 **고의적 무관심**에 대한 검증은 수정헌법 제8조를 준수하기 위한 요건으로 에스텔 판례를 바탕으로 정책을 실행하려는 대부분의 사람들에게 주요한 장애물로 보인다([정책적 입지 16.1] 참조). 과실·태만이나 과실치사죄는 주 민사사건에서만 재소자를 구제해 준다. 의료서비스의 총체적 박탈은 헌법상 금지되는 것이 현재의 표준인 것으로 보인다. 대표적 예 중 하나는 정신질환 수용자를 '초중구금' 교정시설에 장기간 독방수용하는 것일 것이다.

적절한 의료 서비스를 제공하지 못한 주 정부의 실패 사례 중 하나가 캘리포니아주 사례이다. 2002년에 연방판사는 대략 164,000명의 재소자에게 의료서비스를 제공한 캘리포니아 교정국의 정책은 위헌이라고 판결했다. 연방판사는 대대적인 의료제도 개선을 지시했지만, 주정부는 이를 따르지 않았다. 의학적 불법행위로 인해 (그리고 많은 다른 사람들에게 부상을 입힘) 발생한 예방 가능한 사망자는 1년에 많게는 64명이나 되었고 이는 2005년 법원이 해당 교정당국에 캘리포니아 교도소 의료시스템을 관리하도록 명령한 판결로 이어졌다.[32] 2011년 5월, 미국 대법원은 캘리포니아에 재소자뿐만 아니라 헌법기준에 위배되는 것으로 판명된 의료시스템을 정비하기 위해 2년 안에 수용자를 3만 명 이상 줄일 것을 명령하였다. 이 판결은 과밀화된

정책적 입지 16.1

고의적 무관심 기준, 파머 대 브레넌(Farmer v. Brennan)

청구(claim)가 제시되려면, 재소자는 심각한 피해의 실질적 위험을 내포하는 조건 하에서 구금되었다는 것을 증명하여야 한다. 이것이 객관적 시험인 로도스기준(Rhodes test)이다: "권리의 박탈이 충분히 심각했는가?"원고가 충분히 심각한 박탈을 증명할 수 있다면, 다음에 파머기준(Farmer test), 즉 "담당자가 충분히 고의적으로 행동했는가?"라는 "고의적 무관심" 시험을 충족하여야 한다(Farmer v. Brennan, 511 U.S. 825, 114 S. Ct. 1970[1994]).

1994년 파머 판결 이전에, 법원은 교도소 간부가 재소자의 권리를 침해했는지 여부를 판단하기 위해 객관적인 기준을 모색하였다. 1994년의 파머 판결은 완전히 다른 개인적 책임에 대한 기준을 세웠다.

피해를 예방하지 못한 사항에 근거하여 청구하는 경우, [원고]는 [수용자]가 심각한 위해의 상당한 위험을 초래하는 조건하에 구금되었다는 것을 증명하여야 한다[객관적 기준(objective test)] 정신상태의 요건은 불필요하고 원치 않는 고통을 금하는 수정헌법 8조와 관련된 몇몇 대법원 판결에 따른다. 잔인하고 비정상적인 처벌조항을 적용하기 위하여 교도관은 충분히 과실을 인정할만한 정신상태였어야 한다[주관성 기준(subjective test)]. 주관적인 구성요소는 범죄적 무분별함에 상당하는 것으로, 태만이나 악의 이상의 것이다. 그것은 유사한 것 정도가 아닌 입증되어야 할 범죄행위이다.

형법 상 "주관적 무분별함(subjective reckless-ness)"이라 함은 본 판결에서 해석된 바와 같이 잔인하고 비정상적인 처벌조항과 일치하는 잘 알려진 실행 가능한 표준으로, 수정헌법 제8조에 따른 "고의적 무관심"에 대한 검증기준으로 채택되었다.(Farmer, 511 U.S. at 838, 114 S. Ct. at 1980)

출처: Personal communications with Deput. Attorney General Martin Basiszla, Office of the Attorney General, State of Hawaii, Honolulu, 1999; Mary Sylla, "HIV Treatment in U.S. Jails and Prisons". http://www.sfaf.org/files/site1/asset/beta_2008_win_jails_prisons.pdf (accessed November 18, 2008).

다른 교정 시스템에 영향을 미친 것이 분명하다.

부적절한 의료 서비스와 시설 내 치료 환경을 개선하기 위하여 주 법원과 민사법원을 활용하는 것이 상대적으로 비효율적이기 때문에 재소자들은 최근 미국법 1983조(Section 1983)를 활용하여 교정당국을 고소하기 시작했다. 석방된 노예들의 시민권을 보호하기 위해 1871년에 통과된 법률로 청원자는 가용한 모든 주 법원의 구제수단을 거치지 않더라도 연방법원에 소송을 제기할 수 있도록 허용한 법

주요용어

1983조
수용자의 법적 권리 박탈에 관한 보상을 받기 위한 법령

조항이다. 연방법원과 순회법원은 현재 많은 중요한 사건들을 결정하고 있으며, 그 중 일부는 결국 미국 대법원에 회부될 것이다.

1983년 민권법 소송

일반적으로 민권법으로 알려진 미국법 제42편 1983(Title 42, Section 1983, of the U.S. Code)에 다음과 같이 기술되어 있다.

> 어떤 법령, 조례, 규정, 관습, 관행(usage)이나 국가, 영토 하에서 미국시민이나 사법관할 내의 다른 사람들에게 헌법과 법률에 의해 보장된 권리, 특권 또는 면책권의 박탈을 초래한 모든 사람은 법적 조치, 형평성소송 또는 기타 적절한 구제 절차를 통해 손해를 입은 당사자에게 책임을 져야 한다.

의료과실과 부당한 경험을 바로잡기 위해 1983조를 활용한 대표적 예로는 터커 대 후토(Tucker v. Hutto)[33] 판례를 들 수 있는데, 터커는 버지니아 주립 교도소 병원에 입원해 있을 때 향정신성 약물의 부적절 사용으로 인해 팔과 다리가 영구적으로 마비되었다. 이 소송은 교도소 프로젝트(the National Prison Project)[34]에 의해 시작되었고 518,000달러에 합의가 되었다. 1983조 소송은 구금 중인 재소자 권리를 재정립하고 개선하는 달갑지 않은 방법이긴 하지만 효과적일 수 있다. 연방법원은 적절한 의료서비스의 욕구에 대한 노골적인 무시와 관련한 문제를 시정하기 위해 헌법상의 권리문제를 간과해야 하는 경우가 많았다. 그러한 무시로 인해 과거에도 종종 교도소 폭동이 일어났으며, 2010년대에도 치료받을 권리(right-to-treatment)와 관련한 사건에서의 지속적으로 하나의 요인으로 다루어질 것이다. 치료받을 권리에 대해서는 21장에서 자세히 다루기로 한다.

소송의 대안(예: 고충처리 위원회 및 절차)은 [교정 실제 16.3]에서 논의된다.

교정 실제 16.3

소송의 대안(Alternatives to Litigation)

교도소 과밀수용, 개인 재산에 대한 보상, 특별한 식습관 필요성, 선시점수 회복 등과 같은 교정문제들에 대한 민사소송은 교정시설 관리자에게 많은 비용과 시간을 들이고 있으며 매년 증가하고 있다. 게다가, 소송은 재소자의 욕구를 해결하기 위한 빠른 방법은 아니다. 끝으로, 교정행정가는 직원의 조치 거부, 직원의 사기 저하, 직원 스트레스, 재량권 의무 준수를 전반적으로 회피하는 등 소송이 시설에 미치는 영향에 대해 점점 더 우려하고 있다. 소송에 대한 대안을 찾기 위해 고충처리위원회, 수용자 고충처리 절차, 옴부즈맨, 중재제도를 포함한 네 가지 기본적인 접근방법이 제안되었다.

고충처리 위원회는 보통 시설 직원이나 가끔 관련된 시민이 담당하며 재소자 고충 및 불만을 접수 및 조사한 후 관련 교정행정 담당자에게 해결책을 제안한다.

수용자 고충처리 절차는 수용자들이 고충처리 위원회의 일원으로 선출되는 것을 제외하고, 일반 고충처리위원회와 유사하다. 이 절차는 수용자 고충처리위원회 위원들이 직원과 다른 재소자에 대한 영향력을 강화시킬 수 있기 때문에 많은 교정관리자들이 수용할 수 없다고 생각한다.

세 번째 대안은 옴부즈맨인데, 옴부즈맨은 교정인력과 관행, 정책, 관습 등에 대한 불만을 조사하고 해결책과 대책을 권고할 수 있는 권한을 부여받고 있다. 옴부즈맨은 조사할 수 있는 권한을 가지고 있으며 파일, 재소자, 기록, 직원들에 접근할 수 있다. 옴부즈맨(및 사무실 직원)은 공명정대하고, 특별한 전문성을 가지고 있으며, 교정관리로부터 독립되어 있다. 기관장뿐만 아니라 교정국장, 옴부즈맨 사무실의 자금담당자에게도 보고가 접수된다. 국내 최소 17개 교정 시스템이 수용자를 보호하기 위해 옴부즈맨제도를 운영하고 있다.

중재제도는 교정현장에서 비교적 새로운 대안이며, 이견을 듣고 양 당사자에게 구속력이 있는 조건을 제시하고 동의를 유도하는 역할을 하는 교정현장에 경험이 많은 제 3자를 활용한다. 메릴랜드, 로드아일랜드, 아칸소, 사우스캐롤라이나 주에서는 중재제도를 시범운영하고 있다.

재소자는 상기 설명된 대안과 함께 소송을 제기할 수 있다. 이러한 대안은 교정문제에 대한 소송을 피하기 위한 유용한 방법으로 여겨진다. 연방 재소자는 민권소송을 제기하기 전에 먼저 행정적 구제절차를 거쳐야 한다.

출처: Tracey Kyckelhahn and Thomas Cohen, *Civil Rights Complaints in U.S. District Courts, 1990-2006* (Washington, DC: Bureau of Justice Statistics), pp. 1, 8. Instructions for filing a complaint by inmate can be found http://www.ncwd.uscourts.gov/sites/default/files/forms/PRISONER_CIVIL_RIGHTS_COMPLAINT_May2013.pdf (accessed December 11, 2013).

권리침해의 구제

헌법은 심지어 구금 중에도 자신의 권리의 상당 부분을 인정한다는 점에서부터, 유죄 판결을 받은 범죄자들에게서 대부분의 권리를 박탈하는 거의 표준화된 관행을 해결하기 위한 첫 번째 조치가 취해졌다. 이러한 권리인정에 대한 촉구는 종종 교도소 변호사들의 도움을 받아 범죄자들 자신에게서 나왔고, 적극적이고 동정적인 사법적 개입으로 이어졌다.[35] 재소자들이 그들의 구금의 합법성을 검증하기 위해 도입된 인신보호영장은 재소자의 권리를 위한 싸움에 주요 무기였다.[36] 2002년 미국 대법원은 앨라배마의 히치하이크 말뚝을 잔인하고 비정상적인 형벌로 판결했다(Hope v. Pelzer, 536 U.S. 730 [2002]). 특히 지역사회 유대의 유지/강화와 사형제 폐지에 관한 싸움은 오늘날에도 계속되고 있다.

재소자의 민원처리 및 고소에 대응하는 연방법원의 역할은 중요하다. 지난 20년간 주 법원과 연방법원에 접수된 구치소 및 교도소 수용조건, 수용자 권리침해, 적법절차 위반, 학대, 재소자 처우미비 등의 민원은 매년 증가하고 있다. 명백히, 재소자의 권리는 미국의 구치소와 교도소의 운영과 수용조건에 대해 행정관리, 의회의원, 법학자가 계획을 세울 때 원동력이 되었다. 다음으로 우리는 전과자의 어려움과 다수의 권리가 빼앗기거나 회복되는 결과를 초래할 수 있는 전과와 관련한 문제를 다루기로 한다.[37]

전과자의 전설

주요용어

전과자
교도소에 복역했던 범죄자로, 현재 범죄자로서의 삶을 포기한 자

영화나 텔레비전에 나오는 고도로 정형화된 **전과자**(Ex-con)의 모습은 대개 기지와 힘으로 살아남을 만한 근육질에, 터프하고, 세상물정에 밝고, 흉터를 가진 깡패의 모습과 함께 그 옆에는 미모에 순종적이고 적극적인 여성이 존재하는 것으로 묘사된다. 또한 그들은 종종 절대 믿을 수 없는 사람이나 두려워해야 할 사람으로 묘사된다.

단단한 턱과 교활한 눈을 가진 그는 입을 다 벌리지 않고 말을 하며 범죄생활을 선호한다. 물론 실생활의 전과자는 영화나 추리소설에서 나오는 전설의 전과자와는 전혀 다르다. 대부분의 도시에 거주하는 최근 석방된 전과자는 나이가 어렸고 사회경험이 거의 없다. 그들은 남성이나 여성이며, 가난하고, 교정시설에 있는 동안 겨우 저축한 소액의 돈을 가지고 있으며, 교육수준이 낮고(일반적으로 고졸 이하), 불법약물남용 경력자에 사회복귀를 두려워하고 그리고 대부분은 급변하는 사회에서 고립되어 몇 년을 보냈다. 교정시설에서 석방된 후, 이들은 교정당국, 지역경찰, 고용주, 범죄자 데이터은행에서 전과자를 검색하는 호기심 많은 이웃, 친구 그리고 가족들이 지켜보는 가운데 새로운 삶을 시작하고 자유세계에서 살아가야 한다. 그들은 종종 처음 문제를 야기했던 동일한 사회적, 환경적 조건으로 되돌아간다. 놀라운 것은 많은 전과자들이 재범을 저지르기보다는 더 이상 범죄행위를 하지 않는다는 것이다. 만약 우리가 이미 전과자들에게 부과된 법적, 행정적 제한 위에 상기 언급된 어려움을 추가한다면, 행복하게 살아가는 전과자(happy－go－luck ex－con)는 소설과 시청자를 위해 꾸며진 전설이라는 것이 명백해 진다.

유죄 판결의 결과

유죄 판결은 법령에 의해 부과된 처벌을 수반한다. 또한 유죄 판결을 받은 범죄자는 유죄 판결 자체에서 비롯되는 몇 가지 다른 제약과 자격상실이 부과된다. 일반적으로 많은 주 및 연방 법은 법을 준수하는 시민들이 보장 받는 권리와 특권의 일부를 제한한다. 이러한 권리와 특권에는 투표권, 민간 및 공공 신탁사무소 개소, 보모, 배심원, 총기소지, 결혼유지, 사생활 보장 등이 포함된다. 이들과 다른 권리들은 유죄 판결에 의해 상실될 수 있으며 유죄 판결의 **부수적 결과**(Collateral consequences)라고 칭한다. 단지 얼마나 많은 시민이 부수적인 결과에 직면하고 있는지는 알 수 없지만, 보수적인 추산은 우리 사회에 적어도 5,000만 명의 사람들이 우리사회에서 어떤 범죄로 체

주요용어

부수적 결과
유죄 판결에 근거하여 범죄자에게 부수적으로 부과된 불리한 조건(disabilities)

포되었고, 그 중 적어도 1,400만 명의 사람들이 중범죄로 유죄 판결을 받았다는 것이다.

주요용어

사회적 오명
불명예나 수치심의 표시

심지어 범죄자들은 형기를 다 복역한 후에도,[38] 이차적 핸디캡은 **사회적 오명**(Social stigma), 시민권의 상실, 행정적·입법적 제한 등의 형태로 지속적으로 그들을 괴롭히고 있다. 이러한 핸디캡은 다른 부분과 상호 작용하며, 전반적으로 전과자들이 자유 공동체로 성공적으로 재통합되는 것을 저해하는 효과를 나타낸다. 구직활동을 위해 전과자가 직면하는 가장 큰 딜레마는 오명으로 다음에서 논의하기로 한다.

오명

주요용어

오명
범죄 또는 범죄행태와 행동에 따라 사람에게 부여된 불명예나 수치심의 표시

전과기록의 낙인은 맷돌 같이 전과자들에게 죽을 때까지 목에 걸리는 것이다. 우리는 대부분 과거의 '눈에는 눈'이라는 사고방식을 넘어섰다고 자부하지만, 우리는 범죄자들이 자신의 빚을 사회에 지불한 것으로 생각하지 않는다. 애론 누스바움(Aaron Nussbaum)은 석방된 죄수의 **오명**(Stigma) 문제를 다음과 같이 지적했다.

> 범죄에 대한 완전한 처벌은 법정이나 교도소로 끝나지 않는다는 것은 엄연한 사실이다. 전과는 평생의 핸디캡이며, 전과를 가지는 것이 우리 사회에서 "요주의 인물(전과자; marked man)"이라는 것은 누구도 부인할 수 없다. 아무리 진정한 교정교화라 해도 그리고 합법적인 행동으로 되돌아가기 위한 내적 결심이 얼마나 진실하고 완결되어도, 범죄가 소멸된 지 한참 후에도 형사법 하에 고정된 형벌에 의해 죄수로 간주된다.
>
> 이러한 전통적인 편견과 불신은 그가 어떤 범죄를 저질렀는지 또는 부과된 처벌의 본질에 상관없이 삶의 모든 부분에서 영향을 미친다. 그것은 초범에게 상습적인 재범자나 전문범죄자에게 가한 것과 같은 무자비하고 치명적인 영향을 미친다. 또한 이러한 편견은 단기 또는 장기 복역자와 선고유예자, 보호관찰 해제자, 심지어 벌금형으로 전과를 받

은 사람을 동일하게 간주한다.[39]

자유사회의 경쟁적 분위기 속에서 살아남기 위해서는 **자기효능감**(Self-efficacy)이 필요하다. 따라서 범죄자의 낮은 수준의 자기효능감은 시설 내 생활과 지역사회 간의 괴리를 극복하기 어렵게 만드는 중요한 요인이다.[40] 이러한 자기효능감과 지위에 대한 추구는 많은 전과자들이 처음 범죄행위를 한 동료집단으로 돌아오게 하였다. 미국 교도소의 요새와 같은 높은 담장으로 인해 발생된 개인적 해체(disintegration)는 많은 전과자들을 사회적·경제적 불구로 만든다. 우리는 개인 역량 강화와 지역사회의 합리적인 재적응을 위해 고안된 교정의 새로운 정책이 이러한 부정적 효과를 상쇄하는 데 도움을 주고 지역사회교정 프로그램의 활용이 증가하는 것을 바랄 뿐이다.

주요용어

자기효능감
범죄자들이 그들의 삶의 방향을 결정할 수 있는 능력

시민권 상실

비록 대부분의 사람들이 석방된 범죄자들이 교도소에서 상실된 모든 시민권을 자동적으로 되찾는 것은 아니라는 것을 알고 있지만, 어떤 권리가 영구히 상실되고 어떤 권리가 일시 정지되고 어떤 절차를 통해 권리가 회복할 수 있는지에 대해서는 여러 가지 의견이 분분하다. 변호사이자 행형학의 저자인 솔 루빈(Sol Rubin)은 투표권의 상실과 특정 직업을 갖지 못하는 것에 대해 논의하였다.

> 유죄 판결을 받은 피고인이 구금형을 받지 않고 집행유예를 선고받았을 때, 그는 시민권을 잃지 말아야 한다. 이는 1955년에 출판된 표준 보호관찰 및 가석방의 권고사항이다. 이러한 견해가 존중되지 않은 것은 보호관찰과 가석방 목적에 반한다. 캘리포니아의 한 사례를 보면 신규 가석방 대상자에게 다음과 같은 지시를 인용한다: "당신의 시민권은 정지되었다. 그러므로 관련 당국의 시민권 회복 없이는 어떠한 계약도 체결하거나, 결혼하거나, 사업에 종사하거나, 계약을 이행할 수 없다." 가석방으로 석방될 때 회복된 권리의 모습은 대략 그가 만기출소

를 할 때의 모습보다 더 슬프다. 거주지를 임대하고, 음식, 옷, 교통수단 및 직업용 도구를 구입할 수 있으며, 근로를 제공하고 임금을 받을 수 있고, 실업 보험 등에 따른 권리의 혜택을 받을 수 있다고 안내된다.

형기를 모두 복역했을 경우, 재소자는 명시적으로 또는 법에 의해 상실된 권리를 제외한 일반 시민의 모든 권리를 보장(또는 보장되어야 함)해야 한다는 코핀 대 라이차드(Coffin v. Reichard)의 원칙이 적용되어야 한다.[41]

박탈당한 중범죄자들의 권리를 회복하는 문제는 부분적으로 양형프로젝트(the Sentencing Project)에 의해 주도되고 있으며, 열띤 논쟁의 대상이 되고 있다.[42]

중범죄 유죄 판결의 법적 결과

연방법과 많은 주의 법에 따르면 중범죄(felony)에 대한 유죄 판결은 형량이 집행된 후에도 오래 지속될 수 있는 결과를 가져온다. 예를 들어, 유죄 판결을 받은 중범죄자는 투표권과 공직활동과 같은 시민권의 필수적인 권리가 상실될 수 있으며, 직업적 또는 전문적 면허를 취득할 수 있는 자격이 제한된다. 연방 총기규제법과 사실상 모든 주의 법률에 따라 중범죄자는 총기를 소유할 수 있는 특권을 상실한다. 중범죄 유죄 판결에 따른 다른 부수적인 결과로는 법원이 부과하는 구금형, 보호관찰 또는 벌금 등이 있다. 이러한 하나 이상의 이러한 권리의 회복은 자주 이루어지는데, 시간이 경과하거나, 아니면 어떤 사건의 발생으로 이루어지는데, 이런 것에는 형기만료나 사회복귀의 증거를 바탕으로 한 어떤 우호적인 행위 또는 사법적 조치가 있다.

비록 이것이 많은 사람들에게 놀라움으로 다가올 수 있지만, 연방법보다 주의 법이 유죄 판결에 더 많은 심각한 권리제한(규제; disabilities)을 부과하며 심지어 주 범죄보다는 연방범죄인 경우에도 그렇다. 투표권 상실, 공무원직 자격상실, 배심원 자격상실은 그러한 제한의 주요 예시이다. 주법이 연방중범죄자(a federal felon)에게 제한을 부과하듯이, 연방 중범죄자도 현재 이용 가능한 유일한 연방 복권 절차인 대통령 사면 대신 이러한 규제를 제거하기 위한 주정부 절차를 이용할 수 있을 것이다.

미 법무부의 사면검사사무소(the Office of Pardon Attorney)는 투표권, 공직 임명권, 배심원 참여, 총기소지 등과 같은 중범죄관련 유죄 판결을 다루는 50개 주와 콜롬비아 특별자치구의 연방법 및 주요 법률에 대해 조사한다. 권리와 특권에 관한 법률은 주에 따라 크게 상이하기 때문에 권리상실과 복원 절차에 대한 국가 표준안을 만드는 일은 여러 다른 모양을 조합해 놓은 불규칙한 누더기(crazy quilt)와 같을 것이다. 이는 특정 관할지역의 법이 어떻게 해석되고 적용되어야 하는지에 대해 기관들 사이에 의견이 분분했음을 보여주는 단편적 예이다. 더 중요한 것은, 다양한 사법권의 불확실한 법률 상태는 유죄 판결을 받은 중범죄자가 자신의 법적 권리와 책임을 결정할 수 있는 능력에 대한 의문을 제기하는데, 이는 특히 연방법에 따른 일부 중범죄자의 총기소지 능력과 관련하여 법률을 적용받은 개인에게는 심각한 결과를 초래할 수 있다는 점이다.

모든 주가 시민권의 상실과 회복을 위한 주정부 제도에서 연방 범죄자에 대해 지속적 관심을 기울인 것은 아니다. 일부 주법에서는 연방법 위반을 명시적으로 다루고 있지만, 권리상실과 회복절차의 가용성에 대해서는 명시적으로 다루고 있지 않다. 주법에 따라 중범죄자에게 부과되는 규제는 일반적으로 유죄 판결이 주정부인지 연방정부인지에 관계없이 동일한 효력이 적용된다고 가정한다. 특정한 제한을 연방범죄자에게 적용하지 않은 주정부는 몇 개뿐이다. 이와 유사하게, 회복에 관한 주법은 연방 범죄자의 권리가 어떻게 회복될 수 있는지를 항상 다루고 있는 것은 아니며 특히, 주범죄자에 대한 주법에 의한 제한이 주정부 사면에 의해서만 제거될 수 있는 경우는 더욱 그렇다. 적어도 16개 주정부의 경우에는 주법에 따라 사면을 통해서만 주 범죄자에 대한 권리가 회복되고 연방범죄자는 주 사면을 받을 자격이 없거나 주범죄자에 대한 복권절차가 연방범죄자에게 적용되지 않기 때문에 연방 범죄자는 그들의 시민권 회복을 위해 주 절차를 이용할 수 없다.

주요용어

직업제한
범죄의 유죄 판결로 인해 특정 직업에 종사하는 것에 대한 금지

유죄 판결에 근거한 면허나 허가의 상실이 필요적인지 재량적인지에 대해서는 주정부에 따라 상당한 차이가 있다. **직업제한**(Occupational disability) 법령에 따르면, 면허 또는 허가의 취소 및 거부는 특정 범죄 및 특정 직업에 대해 의무적으로 적용된다. 예를 들어, 마약범죄나 아동성범죄로 유죄 판결을 받은 자에게는 교사자격증의 취소와 거부가 의무적일 수 있다. 거의 모든 주에서 성범죄자의 등록을 요구하는 법령을 제정했다.

주요용어

총기제한
전과자의 총기 소유, 소지 또는 사용 권리의 상실

유죄 판결을 받은 중범죄자에 대한 연방 **총기제한**(Firearm disability)은 주 범죄자들에게 특히 복잡한 문제를 야기하는데, 이는 연방규제의 적용가능성은 주법에 따라 주 중범죄자의 "시민권 회복"의 범위와 "총기의 배송, 운반, 소지 또는 수령할 수 없음"을 명시적으로 규정하는 정도에 따라 결정되기 때문이다. 연방 총기법은 시민권 회복이 특정한 의미를 지닌 단일개념이라고 가정하는 듯 보이지만, 그 전제는 관행에 의해 잘못되었음을 보여준다. 연방법원은 유죄 판결로 시민권을 상실했지만 주법 적용에 따라 자동으로 복원된 주 중범죄자에게 연방 총기규제가 적용되는지 여부와 어느 정도까지 적용되는지에 대해 고심해왔다. 주 중범죄자들은 그들의 정치적 권리와 특정 총기특권의 회복에도 불구하고 여전히 주법에 의해 다른 총기특권을 행사하는 것이 금지되어 있다.

일할 권리 대 일할 필요성

전과자들은 전과가 있다는 이유로 고용이 거부당하는 사회실정에도 불구하고, 자유로운 생활을 위해서는 반드시 취업을 해야 한다는 잔인한 역설에 종종 직면하게 된다.[43] 많은 선행연구는 고용기회가 지역사회에 성공적으로 재통합하는 데 있어 가장 중요한 요소 중 하나라는 것을 보여주었다. 과거에는 전과자들이 새로운 영역으로 넘어가 새로운 정체성을 확립할 수 있었기 때문에 전과기록과 낙인에서 자유로울 수 있었다. 초기 미국 개척시대에는 새로운 정착민에 대

해 질문을 거의 하지 않았고 과거의 기록보다는 현재의 행동으로 개인을 판단했다. 그러나 오늘날, 컴퓨터는 우리 삶의 모든 측면을 기록하고 있으며 개인 사생활은 매우 이례적인 특권보다 더 지켜지기 어렵게 되었다.

많은 사람들에게 정보의 확산은 이익일 것이다. 전과자들에게 이러한 정보의 확장은 종종 불가사의하고 잠재적 재앙을 의미한다. 심지어 유죄 판결을 받지 않고 단순히 체포에 연루되었다는 소문만으로도 직업을 구하지 못하거나 현재 직장에서 해고당하는 등 최악의 결과를 낳을 수도 있다.

전과자에게 가해지는 엄청난 부담을 경감시키기 위해 두 단계 조치가 필요한 것으로 보인다. 지역사회 차원에서는 가난하고 교육받지 못한 자에 대한 고용장벽을 극복해야 한다. 즉, 일자리에 대한 보다 현실적인 학력자격이 고려되어야 한다.(학위나 졸업장이 필요 없는 직업임에도 불구하고 대부분의 전과자를 제외시키기 위해 이들을 요구하는 경우가 많다.) 지역사회 일자리 창출, 직업훈련 제공, 재소자와 전과자를 채용하겠다는 의지 등을 제공할 수 있는 구조적 체계(structural framework)를 확립하여야 한다. 이러한 조건은 개인을 위한 프로그램이 아니라 사회의 기본적인 변화에 의해서만 실현될 수 있다.

개인 차원에서 범죄자는 어떠한 개인의 불리한 조건도 극복해야 한다. 최근의 많은 프로그램들은 미국 공식 범죄통계의 대부분을 차지하는 재소자, 전과자, 청년, 실업자, 미숙련자(주로 사회적 약자)의 고용율 향상을 목표로 하고 있다. 재소자와 전과자의 고용을 돕기 위한 지역사회기반 프로그램에서는, 교육 대상자가 취업할 수 있는 능력을 가지고 있지만, 요구되는 행동기술 중 특정한 기술에 익숙하지 않고 경험이 부족하다고 가정해야 한다. 즉, 치료보다는 행동훈련이 필요하다는 것이다. 또한 재소자들이 교정시설의 통제 하에 있는 동안 지역사회에서 그들 자신을 제어하는 법을 배운다면, 그들은 그러한 통제가 없어졌을 때 동일하게 행동할 것이라고 가정해야 한다. 재소자와 전과자들을 위한 고용지원을 계획할 때, 프로그램 기획자들은 다음과 같은 질문에 직면하게 된다.

• 지원서비스를 시설 내에서 제공해야 하는가, 아니면 외부계약을 체결해야 하는가?
• 얼마나 좋은 직장을 구해야 하는지("마지막 선택(dead end)", 직업 이동성 확보, 경력 사다리 등)?
• 누구를 훈련시켜야 하며, 어떤 종류의 훈련을 제공해야 하는가?
• 시설에서 어떤 종류의, 얼마나 많은 교육훈련을 실시해야 하는가? 언제 실시해야 하는지?

이러한 질문에 답하기 위해 종합서비스 프로그램에는 다음이 포

교정 실제 16.4

취업능력 자격증(Certificates of Qualifications for Employment)

2002년 7월 오하이오 주 보호관찰부의 게리 모어(Gery Mohr) 소장은 3개의 취업능력자격증(CQE)에 서명하였다. CQE는 곧 석방될 재소자나 석방 후 관리 중인 자가 오하이오주에 구금되어 있는 동안 예외적으로 생활을 잘 하였다는 것을 증명하는 방법이다. 지원 자격을 갖추려면 다음을 완료해야 한다.

a. 공인된 직업 프로그램
b. 공인된 행동수정 프로그램
c. 사회봉사 시간

본 인증서의 법적 효과는 크게 두 가지다.

1. 인증서는 형사적 유죄 판결의 민사적 영향을 극복하는 데 도움이 된다.
2. 인증서는 고용책임 태만으로부터 고용주를 보호한다.

고용주들이 전과가 있는 사람들을 고용하지 않는 가장 흔한 이유 중 하나는 그들이 나중에 고용 태만으로 고소당할 것을 우려하기 때문이다. CQE는 이러한 소송으로부터 법적 보호를 제공한다. 오하이오주는 전과자가 종종 직면하는 부수적 결과를 줄이기 위해 인증서와 다른 조치들을 취해왔다.

출처: Ohio Justice and Policy Center, http://www.ohiojpc.org; Ohio Department of Rehabilitation and Correction, "Addressing Collateral Consequences in Ohio," http://www.drc.ohio.gov/web/collcons1.pdf; Frank James, Lawrence Travis, Angela Reitler, Natalie Goulette, and Whitney Flesher, *Collateral Consequences of Conviction in Ohio* (Cincinnati, OH: Center for Criminal Justice Research, School of Criminal Justice, U niversity of Cincinnati, 2011).

함되어야 한다.

- 고객의 기술 및 능력 평가
- 구직 및 취업준비 기술훈련 및 수용 가능한 업무 태도 습득
- 필요한 경우, 직업훈련 및 기초교육
- 일자리 개발 및 취업알선
- 알선 후 직원 및 고용주에 대한 후속 조치
- 필요에 따라, 기타 지원서비스(의료 또는 법률 지원)

최근 일부 주는 잠재적 고용주들에게 전과자를 고용할 때 마음 편하게 고용할 수 있도록 자격을 충족하는 범죄자를 위한 "**취업능력 자격증**(Certificate of Qualification for Employment)"발급을 시작했다.[44] [교정 실제 16.4]는 오하이오에서 사용되는 취업능력자격증을 설명한다. 오직 시간만이 이 아이디어가 받아들여질지 그리고 그것이 전과자들의 고용률을 높여줄지를 말해줄 것이다.

주요용어

취업능력 자격증
오하이오주 교정 및 보호관찰국에서 발급하는 증명서로, 전과자가 직업훈련과 공인된 교도소 프로그램을 이수하여 현재 취업 자격을 갖추고 있다는 것을 증명한다. 본 증명서는 고용주가 고용태만(hiring negligence)으로 고소를 당하는 것을 막아준다.

제한된 일자리: 고용장벽

비록 취업에 대한 장벽은 전과자들에게 여전히 존재하지만, 오늘날의 기준은 개인과 그의 범죄에 적용될 가능성이 더 높다. 확인된 계층(또는 소수)으로서의 전과자들은 법원에 더 많은 것으로 요구하고 있다. 1990년대는 그 분야의 개선을 위해 계속 노력했는데, 특히 단순히 전과자라는 것을 근거로 하여 전과자들에 대한 **취업제한**(Employment restrictions)을 철폐하였다.[45] 전과자에게 가장 심각한 영향을 미치는 것은 일반적인 실업률 상황이다. 모두에게 일자리가 부족할 때, 전과자는 어떤 종류의 일자리도 찾는 것이 더 어렵다는 것을 알게 된다. 이것은 전과기록에서 비롯되는 사회의 모든 측면에서 발생하는 전반적인 문제를 부각시키는 경향이 있다. 서서히 감소하는 범죄율과 구금율 수준은 현재 상황을 긍정적으로 만들고 있다.

주요용어

취업제한
전과로 인해 취업기회 거부됨

미국 법원행정처 소속 보호관찰국과 전국경제인연합회(National Alliance for Business)는 전과자 직업훈련서비스와 고용에 대한 연계시

스템을 검증하기 위해 고안된 제휴벤처사업(a partnership venture)을 운영하고 있다. 이 모델은 모델의 목표를 달성하기 위해 협력하에 있는 기존자원을 활용하도록 설계되었다. 협력시스템은 모델을 실행하려는 지역에 기술지원을 하고 있으며, 이는 유망한 정책임이 입증되고 있다.[46]

전과의 문제

우리가 보아온 것처럼, 전과를 가진 사람은 지역사회에 재통합하려고 할 때 큰 불이익을 받는다. 고용에 대한 권리와 도구의 박탈은 전과기록과 관련이 있으므로, 정보화 시대에 전과가 있다는 것이 무엇을 의미하는지 아는 것은 필수적이다. 형사사법제도에 단순하게 연루된 기록일지라도 한번 기록되면 털어버리기가 극히 어려운 것 같다. 이 기록은 경찰의 각별한 관심과 신용회사와 거래하는 어려움의 근거가 된다. 일단 컴퓨터에 기록이 저장되면, 허가된 기관과 불가피하게 일부 허가되지 않은 기관에서 요청할 때 검색할 수 있다.

우리사회에서 전과와 관련된 문제는 체포가 유죄 판결로 이어지지 못했을 때 특히 중요하다. 대부분의 외국에서는, 유죄 판결이 없는 체포는 이후의 생활에서 그 사람을 대상으로 불리하게 사용될 수 없다. 미국 전역에서 취업지원서는 유죄 판결을 받았는지 여부와 관계없이 체포 경험에 관한 질문을 포함할 수 있다. 심지어 피의자의 무죄를 입증하는 사면의 경우에도 사건기록 자체를 삭제하지는 않는다. 당연하게도, 영구적인 기록에 대한 현재의 비판은 수정헌법 8조 잔인하고 비정상적인 처벌조항을 기초로 하고 있다.[47] 또 다른 법적 접근법은 재소자와 전과자가 개인의 특성에 근거하여 처우를 받는 대신 계급으로서 차별받고 있다는 주장 등은 최근 소송에 잘 반영되었다. 경찰 및 기타 공식적 개입에 대한 권리장전의 보호는 모든 범죄자, 비범죄자 그리고 우리를 위한 것이라는 것을 인정하기 어려운 것은 진실이다. 그러나 5천만 명에 달하는 사람들이 체포된 기록을 가지고 있다고 생각할 때, 법을 위반한 사람의 시민권을 부여하는 것은 실제로 가장 실용적인 방식으로 모든 사람의 이익이라는 것은 분명하다. 우리는 흑인, 라틴계, 여성, 정신질환자, 청년, 심지어 비행 청소년을 위한 시민권 투쟁의 시대에 살고 있고 동성애자와 불합리하게 법적비난의 대상이 되는 성소수자의 시민권의 시대로 접어들었다.

사실 법 위반자에 대한 지나친 처벌을 인식하는 것은 매우 시의적절하다. 이것은 매우 큰 차별의 분야 중 하나이며 다른 차별이 시정되어야 하는 만큼 개선되어야 할 것이다. 전과가 있는 모든 사람들이 처음부터 악랄하거나 타락하는 것은 아니며, 만약 그들의 범죄가 악랄하고 개선의 여지가 없다면 우리는 차별과 거부를 통해 그들을 더욱 악랄하게 만들려고 노력한다.[48] 대중이 전과자를 다루는 방식은 백미러를 보면서 차를 운전하는 것과 같고 종국에는 심각한 충돌을 일으킬 것이다.

범죄자 신상등록

범죄자 등록(Registration of criminals)은 사회가 개인을 구금하기 시작한 이래로 계속 실행된 관행이었다. 고대에는, 등록이 형벌 복무 중인 죄수들을 식별하는 데 사용되었다. 죄수는 최소한의 탈출가능성을 줄이기 위해 낙인이나 표시를 통해 식별하였다. 형사법상 노예는 영원히 자유로워질 희망이 없었기 때문에, 그러한 표시는 그들의 영구적인 지위를 나타내는 징표였다. 훗날 유럽국가에서는 **"엘로우카드"**(Yellow card)를 형기를 무사히 마친 운 좋은 전직 재소자를 선별하기 위해 사용하였다.[49] 중범죄자 등록은 미국에서도 특히 지역사회 차원에서 광범위하게 실시되고 있다. 지역 신상등록제도의 문제점은 등록대상이 되지 않은 자를 정부당국의 특별한 관리를 위해 선별하는 경향이 있다는 것이다. 이와 관련한 대부분의 요구사항은 오늘날에는 쓸모없게 되었다. 범죄자와 체포된 사람에 대한 정보가 컴퓨터 데이터뱅크에 저장되기 때문에 공무원은 거의 모든 사람의 상태를 쉽게 조회할 수 있다.

주요용어

범죄자 등록
모든 범죄자는 지역 경찰서에 등록되어야 한다는 정부의 요구사항

주요용어

엘로우카드
노란색의 유럽신분증으로 소지자는 유죄 판결을 받았음을 나타냄.

전과자 등록

주요용어

성범죄자 파일
성범죄자 및 전과에 대한 정보가 담긴 공식 문서

지역 등록의 가장 흔한 형태는 성관련 범죄에 관한 것이다. **성범죄자 파일**(Sex offender file)은 비슷한 범죄가 발생할 경우 동종 전과자를 확인하는 데 사용된다. 성범죄자 파일은 의심할 여지없이 법집행기관의 유용한 자산이지만, 진지하게 개선하려 노력하는 전과자에게는 문제가 될 수 있다. 성범죄자 파일의 검색은 경찰을 포함한 법집행관들에게 합법적이지만, 그들이 행사하는 재량권은 전과자에게 큰 영향을 줄 수 있다.

주요용어

지역사회보호법
범죄자는 관련기관에 등록하고 대중의 감시를 받으며 생활하도록 요구하는 법률

이와 관련한 문제는 최근 워싱턴 주에서 강조되었는데, 1990년에 제정·시행된 **지역사회보호법**(Community Protection Act)에 따라 상당한 위험성이 인정되는 약탈적 성범죄자(predatory sex criminal)의 출소를 앞두고 지역사회에 이를 통지하는 것이 허용되었다. 지역사회보호법에 따라 경찰은 성범죄자로 유죄 판결을 받은 조셉 갈라르도(Joseph Gallardo)가 석방된 것을 지역사회에 통지하였고 이로 인해 시민들의 분노가 촉발되었으며 심지어 성난 시민들에 의해 그의 거주지가 불에 타고 워싱턴주와 타주에서 순차적으로 추방되었다. 이러한 범죄자들에 의해 저질러진 범죄의 경중에 상관없이 지역사회에 통지하는 정책은 해당 범죄자가 지역사회로의 재통합과정을 어렵게 만드는 것(그리고 종종 분노를 일으킴)은 분명해 보인다. 중범죄자를 등록하는 행위는 주로 현재 미국 사회의 이동성 때문에 다시 관심을 갖는 것으로 보이며 현재 모든 관할에서 시행되고 있다. 전과자등록은 주홍 글씨로 낙인을 찍는 관행보다 훨씬 나을 수도 있지만,[50] 그 인터넷 상에서 영원한 낙인으로 남을 가능성도 있다. 이제는 휴대전화 등 모바일 기기를 활용하여 성범죄자를 추적할 수 있는 "그것을 위한 앱(app for that)"까지 등장했다.

1994년, 메건 칸카(Megan Kanka)는 두 번이나 성범죄로 감옥살이를 한 가석방 성범죄자에 의해 뉴저지에서 살해되었다. 그가 아이를 살해하기 전에 그의 범죄전과는 지역사회에 알려지지 않았다. 그녀의 어머니는 연방법률과 연계하여 약탈적 성범죄자의 등록을 요구

하는 성범죄자 및 지역사회고지법 제정 운동을 주도하였고 이는 국민운동으로 발전하였다. 현재 50개 주 모두 관련 법률(살인된 소녀의 이름을 딴 **메건법**(Megan's Law))을 통과했으며, 적어도 47개 주에는 지역사회통보 구성요소가 포함되어 있다.[51] 2006년 **애담 월시법**(Adam Walsh Act)이 통과되면서 전국 성범죄자명부(a national sex offender registry)가 신설되었고 성범죄자를 최소 15년에서 평생등록까지 3등급으로 구분하여 관리하였다. 오하이오와 웨스트버지니아주는 청소년에게 애담 웰시법을 적용한 첫 번째 주였다.

주요용어

메건법
성범죄자로 하여금 지방 경찰청에 주거지와 전과의 특성을 고지하도록 요구하는 법률

주요용어

애덤 월시법
성범죄자 명부(national sex offender registry)를 만들고 성범죄자를 세 등급으로 분류하고 등급에 따라 규제를 강화하는 법률

대응으로서의 말소

분명히 전과자가 자유사회에 복귀할 때 유죄 판결의 효과는 종종 줄어들기 보다는 오히려 더 강해진다. 일부 주에서는 그 사실을 인정하고, 형사 유죄 판결의 기록을 삭제하고 전과자의 권리를 완전히 회복시켜 전과기록의 낙인에서 벗어나게 하는 **전과기록말소**(Expungement) 관련 법안을 제정하려고 노력하였다. 이 아이디어는 1956년 전국가석방콘퍼런스(National conference on Parole)에서 처음 제안되었다.

주요용어

전과기록말소
법령상 요구되는 기간이 만료된 후 범죄 유죄 판결 기록이 파기되거나 봉인되는 과정; 또한 파일, 컴퓨터 또는 기타보관소의 범죄기록 등을 포함한 정보를 물리적으로 파괴하는 행위를 의미한다.

> 전과기록의 삭제는 재량에 따라 허가되어야 한다. 법원은 개인이 유죄 판결을 받지 않은 것으로 간주되는 명령을 통해 유죄 판결 및 처분 기록을 삭제할 수 있는 권한을 가져야 한다. 이러한 처분은 집행유예, 보호관찰 또는 징역이 만료된 후 석방 시 적용될 수 있다. 그러한 처분이 취해질 때 범인의 시민·정치적 권리는 회복된다.[52]

모든 주가 기록 삭제 시 권리가 회복되는 것은 아니며, 몇몇 주(루이지애나 주 등)에서는 완전한 권리회복을 위해서는 사면절차가 남아 있다는 점을 유의하여야 한다. 거의 30년 전, 미국변호사협회의 형사재판 표준에 관한 프로젝트는 기록으로 인한 낙인에서 벗어나야 할 필요성을 다음과 같이 주장했다. 이러한 주장은 여전히 유효하지만, 그 주장을 채택하는 것은 고통스러울 정도로 느렸다.

모든 관할권은 보호관찰 기간의 성공적인 완료에 따라 범죄기록의 부수적 영향을 방지하거나 완화시킬 수 있는 방법을 강구해야 한다.

자문위원회는 그러한 태도가 시스템에 융통성이 구축되어야 한다는 원칙과 범죄자가 만족스럽게 교화되면 유죄 판결의 주홍글씨 효과를 완화시킬 수 있는 효과적인 방법을 강구해야 한다는 원칙에 따라 취하는 다양한 형식에 대해서는 그다지 신경을 쓰지 않는다.

분명히 전과자(특히 사실상 교정되었음을 입증한 자)에게 중범죄자의 낙인을 제거하기 위한 수단을 주어야 한다는 원칙에 대한 지지가 많아지고 있다. 전과기록의 부담과 부정적 결과에 대한 해결책으로 전과기록말소 만이 있는 것은 아니지만, 그 방법에 대한 합리적인 접근이 절실히 필요하다.[53]

범죄자의 권리 회복

몇몇 주는 가석방이 허가되면 시민권을 회복하고, 다른 주는 가석방 완료시 시민권이 회복된다. 또 다른 경우에는 주지사가 보통 **사면**(Pardon)을 통해 모든 권리를 회복하는 것이 필수적이다.[54] 캘리포니아주의 사면절차는 다음 [정책적 입지 16.2]에서 설명한다. 캘리포니아에서 사면하려면 무엇이 필요한가?

주요용어

사면
범죄자의 몇몇 권리를 회복하는 행정상 사면

정책적 입지 16.2

캘리포니아 사면절차(California Pardon Procedures)

캘리포니아의 사법절차는 사면을 위해 필요한 몇 가지 단계를 보여준다. 일반적으로 범죄자는 가석방 후 10년 동안 어떠한 범죄도 저지르지 말아야 한다. 범죄자는 상급법원에 사면을 위한 청원을 제출하여야 한다(다른 관할권에서는 상소법원(a court of common pleas)이라고도 한다). 정식재판이 열리며, 재판장이 관할 지역의 지방검사 및 경찰서장의 의견을 경청한다. 체포와 유죄 판결을 위해 컴퓨터 검색이 이루어지고 지역 보호관찰서는 사면 전 청문 보고서(a pre-pardon hearing report)를 작성한다.

유리한 증거가 우세(preponderance of evidence)하고 체포나 유죄 판결 기록이 발견되지 않을 경우, 탄원서는 상급법원의 승인을 받아 주지사로 송부된다. 그 후 주지사는 사면 권고가 포함된 조사를 준비하기 위해 가석방위원회(교도소 운영위원회)에 해당하는 명령을 내리는 경우가 많다. 만약 보고서가 호의적이라면, 주지사는 청원자를 사면할 수 있고, 이에 따라 청원자는 일반 시민의 모든 권리와 면책권을 회복할 수 있다. 비록 사면을 선호하기는 하지만 대부분의 전과자들은 범죄와 유죄 판결을 가능한 멀리 뒤로 미루는 것을 더 선호할지도 모른다. 그들은 또한 그렇게 복잡하고 비용이 많이 드는 절차를 견뎌낼 수 있는 인내심을 가지고 있지 않을 수도 있다. 끝으로, 통계에 따르면 형사사법시스템 관계자들의 추가적 제재가 없더라도 대부분의 전과자는 10년 내에 재범을 하는 것으로 조사되었다. 따라서 소수의 전과자들이 사면을 청원하거나 받는 것은 매우 당연하다!

사면은 전면 또는 조건부일 수 있다: 전자는 일반적으로 가해자의 처벌과 죄의식에 모두 적용되며 법의 관점에서 죄의 존재를 삭제하고 범죄자의 규제를 철회하고 시민권을 회복한다. 조건부 사면은 보통 완전사면에서 이용할 수 있는 구제책에 미치지 못하고 유죄의 표현이며 유죄 판결을 말소하지는 않지만 시민권을 회복시킬 수도 있다.

사면과 그 효과성에 대한 미국 연방대법원 결정은 직접적으로 모순되기 때문에 보통 주법에 의해 실행된다. 비록 지금은 전국적으로 사면이 자주 실행되는 것은 아니지만, 교도소 과밀수용이 심각해짐에 따라 사면이 더 빈번하게 활용될 수 있다고 기대하는 것은 타당하다. 2003년 조지 라이언(George Ryan) 일리노이 주지사는 고문에 의해 살인 자백을 한 재소자 4명을 사면하였고, 2008년 조지 부시(George W. Bush) 대통령은 퇴임하면서 15명을 사면하였으며 버락 오바마(Barak Obama) 대통령은 재선 첫해에 17명을 사면하였다. 대통령 사면(presidential pardons and clemency)에 대한 자세한 내용은 [교정 실제 16.5]를 참조한다.

교정 실제 16.5

행정적 관용과 대통령(Clemency and the President)

미국 헌법(제2조 제2항)은 대통령에게 연방 범죄에 대해 행정적 관용을 허가할 권한을 부여한다. 탄원서는 추천 권한을 가지고 있는 사면 변호사에 의해 접수되고 검토된다. 관용은 면책, 벌금이나 형벌변경, 감형 또는 완전사면일 수 있다. 일반적으로 형기를 완료한 후에야 고려되는 사면은 모든 기본적인 시민권을 복원하고 유죄 판결로 인해 상실된 전문 자격증과 면허의 회복에 도움이 될 수 있다. 감형은 형량을 상당히 감소시키는 것을 의미하며 행정적 관용과 관련된 통계자료는 아래 표에 연도별로 제시되었다.

출처: Office of the Pardon Attorney, “Presidential Actions,” http://www.usdoj.gov/pardon/actions_administration.htm(accessed December 1, 2013).

행정적 관용(Executive Clemency) 허가와 불허

연도	사면	감형	불허
1980	155	11	500
1985	32	3	279
1990	0	0	289
1994	0	0	785
1998	21	0	378
2000	59	3	601
2002	0	0	1,985
2004	12	2	960
2006	39	0	1,402
2008	44	2	2,695
2011*	0	0	1,288
2013	17	UNK	UNK

* 6개월간 통계임

요약

재소자로서의 낙인과 시민권 상실 및 회복과 관련된 문제를 요약하시오.

재소자와 전과자는 유죄 판결로 인해 심각한 문제에 직면해 있다. 구금형을 선고받은 사람에게는 많은 시민권이 축소된다. 교정관리는 가능한 한 질서 정연한 시설과 비폭력적 수용자를 필요로 한다. 폭력억제, 도주가능성, 시설의 통제경쟁, 교정 담당자의 안전 등을 위해 적절한 통제장치가 필요하며 금지물품은 반드시 반입 중단되고 탈출계획은 좌절시켜야 된다. 총기류, 술, 무기, 심지어 마약도 반드시 금지 또는 탐지되어 폐기되어야 한다. 이러한 일련의 활동은 분명한 교정 목적을 가진 합리적인 예방 정책이다.

시민권에 대한 합리적인 감소는 명시될 수 있고 시설이나 프로그램이 달성하고자 하는 목표가 될 수 있지만, 수용자는 시설을 떠나거나 의료, 치과, 정신건강 문제에 대한 대안을 구하는 것이 거의 허용되지 않는다. 재소자들은 시설 밖에서 민간 서비스로부터 격리되어 있다. 그러므로 그들은 이러한 성격의 서비스를 제공받기 위해 교정시스템에 의존할 수밖에 없다. 모든 교정시스템이 정신건강 및 기타 의료 분야 등을 포함한 모든 필요한 서비스를 적절히 제공하는 것은 아니다. 주정부 및 지역 교정시설에 대한 지속적인 소송이 진행되고 있으며, 그 결과

법원(특히 연방 법원)은 의료서비스의 개선을 명령하였다. 일부 주의 교정시스템(캘리포니아 등)은 현재 의료서비스를 개선하거나 이용 가능한 서비스가 적절한 수준에 도달할 때까지 시설 수용인원을 감축하라는 법원의 명령을 받았다. 다른 주와 연방 교도소시스템의 경우에는 법원 명령이 하나의 교정시스템에 소속된 한 교정시설에만 적용될 수 있다. 이러한 경우, 재소자와 그들의 법률 대리인은 필요한 서비스를 거부하는 것에 대해 소송을 제기했고 부수적인 결과는 추가적인 처벌로 볼 수 있다.

가석방과 석방된 재소자 또한 법적인 문제에 직면해 있다. 그중 일부는 그들의 관할구역에서 시민들에게 부여된 권리와 특권이 거부되었고 유사한 처지에 있는 범죄자들에게도 거부되었다. 체포나 유죄 판결 기록으로 인해 가석방자(및 일부 보호관찰자)의 취업기회가 일부 제한되었다. 다른 유죄 판결을 받은 범죄자는 학교 캠퍼스에서 500피트 이내에 접근하지 못할 수도 있다. 모든 주는 유죄 판결을 받은 성범죄자가 부과된 모든 교정관련 요구조건을 성공적으로 완료했을지라도 성범죄자가 석방될 때 지역주민에게 고지하도록 요구하는 법을 갖추고 있다.

그러한 도전은 일부 범죄자가 "보이지 않게(invisible)" 되려고 노력하고, 교정교화증명서를 구하거나, 행정부로 하여금 (어떤 종류의) 사면이 가능하다는 것을 설득시키거나, 가용한 취업능력증명서를 활용하여 석방 시 그들이 고용될 수 있도록 하는 데 크게 기여했다. 이러한 노력은 고용과 주택에 대한 접근성을 높이고 타 서비스에 대한 자격을 충족시킬 수 있지만, 원하는 목표가 달성되는 속도는 고통스러울 정도로 더딘 것이 사실이다. 이러한 조심성(reticence)과 지연은 비용뿐 아니라 교화대상자가 법을 준수하는 삶을 단념시키고, 재범을 줄이기 위한 건설적인 노력을 무효화하며, 가석방자를 교도소로 복귀시키게 한다. 이 부분은 개선이 절대적으로 필요한 분야임은 잘 알려진 사실이다.

유죄 판결을 받은 범죄자의 지위를 설명하시오.

모든 항소에서 패소했을 때, 범죄자는 이제 "유죄 판결"되어 교정시스템의 규칙과 규정을 적용 받게 된다. 시설의 규제는 교정관료의 재량권에 간섭하지 않기 위해 법원의 심사를 좀처럼 받지 않았다. 1960년대 법원은 교도소와 지역사회 재진입의 방법의 검토와 개선방안을 주문하기 시작했고, 교정관행의 대응을 감시하기 위해 법원보좌관을 도입하였다.

재소자의 기본권리에 대해 설명하시오.

1960년대 법원은 유죄 판결을 받고 구금된 재소자에게 미국 헌법을 적용하였고, 우편, 접견, 금지물품, 종교, 법원과 변호사에 대한 접근 그리고 의료치료와 관리 등의 영역에서 기본권의 정의를 재정립하였다. 고의적 무관심은 소송에서 주요한 이슈가 되었다. 재소자들을 위한 교정제도는 미국 법률 제1983조를 통해 만들어졌으며 옴부즈맨 제도, 교도소 분쟁에 대한 의무적 검토 그리고 민사소송 등이 요구되었다.

일할 권리와 일할 필요성을 비교 및 대조하시오.

사회 재진입 과정에서, 가석방자는 생계를 스스로 유지해야 하지만 일반대중은 가석방자와 전과자를 고용하기를 꺼려한다는 것을 인식하게 된다. 가석방자는 일을 해야 하지만 대개 잠재적 고용주들이 고용을 검토할 때 가석방자는 고용에 대한 어떠한 권리도 갖지 못한다.

제한된 일자리가 고용에 장애가 되는 이유 설명하시오.

재소자는 다양한 장사 및 일자리에 관련한 훈련과 자격증을 취득할 수 있지만, 많은 면허담당기관은 유죄 판결을 받은 범죄자의 면허취득을 허용하지 않는다. 다른 직업과 조직들은 "고용을 하지 않는" 정책을 실시하고 있어서 지역사회로 복귀하는 재소자의 구직에 심각한 장애요소가 된다.

전과기록 보유의 문제를 설명하시오.

전산화된 정보화 시대에 가석방자나 시설 생활 후 사회로 복귀하는 시민이 이전 일자리와 주택, 여행, 금전적 권리를 되찾기란 쉽지 않다. 이러한 유죄 판결의 부수적 결과는 평생 동안 범죄자들을 따라다니며 재범 가능성을 높인다.

주요용어

유죄 확정된 범죄자 ………… 548
법원보좌관 ………… 548
민사적 사망 ………… 550
명백하고 현존하는 위험 …… 554
흑인 무슬림 ………… 555
교도소 변호사 ………… 556
에스텔 대 갬블 ………… 557
고의적 무관심 ………… 557
1983조 ………… 559
전과자 ………… 562
부수적 결과 ………… 563
사회적 오명 ………… 564
오명 ………… 564
자기효능감 ………… 565
직업제한 ………… 568
총기제한 ………… 568
취업능력 자격증 ………… 571
취업제한 ………… 571
범죄자 등록 ………… 573
엘로우카드 ………… 573
성범죄자 파일 ………… 574
지역사회보호법 ………… 574
메건법 ………… 575
애덤 월시법 ………… 575
전과기록말소 ………… 575
사면 ………… 576

복습질문

1. 유죄 판결의 부수적인 결과에 대해 논하라.
2. 기록말소가 어떻게 전과자 재통합 과정을 개선할 수 있을까?
3. 범죄자 등록이 전과자에게 왜 그렇게 심각한 영향을 미치는가? 대안은 무엇인가?
4. 약탈적 성범죄자 등록의 잠재적 결과는? 이 정책에 대해 어떻게 생각하는가?
5. 범죄자가 지역사회와 관계를 유지하는 것이 왜 중요한가?
6. 법원보좌관의 장·단점은 무엇인가?
7. 메건법을 설명하라.
8. 애덤 월시법을 설명하라.
9. 구속의 적법성을 검증하는 영장의 명칭은?
10. 법원은 어떻게 범죄자의 권리를 발전시켰는가?
11. 재소자가 권리 확보를 위해 활용할 수 있는 소송에 대한 네 가지 대안은 무엇인가?
12. 더욱 보수적인 법원이 재소자 권리의 정의에 어떠한 영향을 미쳤는가?

적용사례연구

1. 고용주라면 전과자를 고용할 것인가? 그 전과자가 취업능력자격증을 소지하였을 경우에 결정이 다를 것인가?

2. 당신 친구 한 명이 최근에 마약 소지죄로 유죄 판결을 받았다. 그 친구는 당신이 일하는 회사에 지원하기를 원하며, 지원서는 지원자가 범죄로 유죄 판결을 받은 적이 있는지를 묻고 있다. 친구에게 어떤 조언을 해주고 싶은가?

3. 최근에 새 아파트로 이사해서 같은 건물에 등록된 성범죄자가 있다는 것을 알게 되었다. 당신의 안전과 가족의 안전을 보장하기 위해 어떤 예방 조치를 취할 것인가?

미주

1. Lauren E. Glaze and Erika Parks, *Correctional Populations in the United States 2011* (Washington, DC: Bureau of Justice Statistics, 2012).
2. Harry Barnes and N. Teeters, *New Horizons in Criminology,* 3rd ed. (Englewood Cliffs, NJ: Prentice Hall, 1959), p. 505.
3. Visiting lists may be restricted, and persons who have violated visiting regulations may be removed from the lists. See *Patterson* v. *Walters,* 363 F. Supp. 486 (W.D. Pa. 1973). In addition, any person who previously attempted to help an inmate escape may be required to visit via noncontact means. See *In re Bell,* 168 Cal. Rptr. 100 (App. 1980).
4. See the evaluation of the New York Family Reunion Program in Bonnie Carlson and Neil Cervera, *Inmates and Their Wives: Incarceration and Family Life* (Westport, CT: Greenwood, 1992). See also Sara Unnutia, "Words Travel," *Corrections Today* 66:2 (2004): 80–83; Taylor Dueker, "Video Visitation: A Boon at Omaha," *American Jails* 18:5 (2004): 65–67; and Lauren Glaze and Laura Maruschak, *Parents in Prison and Their Children* (Washington, DC: Bureau of Justice Statistics, 2008).
5. Velmer Burton, Francis Cullen, and Lawrence Travis, "The Collateral Consequences of a Felony Conviction: A National Study of State Statutes," *Federal Probation* 51 (1987): 52–60.
6. James Stephan, *Prison Rule Violators* (Washington, DC: U.S. Department of Justice, 1989); Andrea Toepell and L. Greaves, "Experience of Abuse among Women Visiting Incarcerated Partners," *Violence against Women* 7:1 (2001): 80–109.
7. R. W. Dumond, "The Sexual Assault of Many Inmates in Incarcerated Settings," *International Journal of the Sociology of Law* 20:2 (1992): 135–158; Victor Hassine, *Life without Parole* (New York: Oxford University Press, 2008), pp. 71–76; Allen Beck and Paige Harrison,

Sexual Victimization in State and Federal Prisons Reported by Inmates, 2007 (Washington, DC: Bureau of Justice Statistics, 2008).

8. George Kiser, "Female Inmates and Their Families," *Federal Probation* 55:3 (1991): 56–63; Minnesota Department of Corrections (2012), "The Effects of Prison Visitation on Offender Recidivism," http://www.doc.state.mn.ur/publications/documents-11-11MN PriosnVisitationStudy.pdf (accessed June 21, 2013); Leo Degard (2013), "A New role for Technology: The Impact of Video Visitation on Corrections Staff, Inmates, and Their Families," http://www.vera.org.blog/new-role-technology-impact-video-visitation-co (accessed December 10, 2013).
9. Gary Klivans, "Gang Codes: Gang Identity Theft," *American Jails* 22:4 (2008): 70–77.
10. *Palmigiano* v. *Travisono,* 317 F. Supp. 776 (D.R.I. 1970).
11. William Gilbertson, "Irked by Focus on Inmates, California Bans Interviews," *New York Times*, December 29, 1995, p. A4.
12. Alan Johnson, "Director Views Inmate Suicides as Failures; New Steps to Be Taken," *Columbus Dispatch*, September 28, 2013, http://www.dispatch.com/content/stories/local/2013/09/28/director-views-inmate-suicides-as-failures-new-steps-being-taken.html (accessed December 10, 2013).
13. Some courts have upheld the restriction of communications between inmates at different institutions for security reasons. *Schlobohm* v. *U.S. Attorney General,* 479 F. Supp. 401 (M.D. Pa. 1979).
14. *Guajardo* v. *Estelle,* 580 F. 2d 748 (5th Cir. 1978). See also Joseph Bouchard and A. Winnicki, "'You Found What in a Book?' Contraband Control in a Prison Library," *Library and Archival Security* 17:1 (2002): 9–16.
15. Executive Order Number 814 for incoming mail, 814A for outgoing mail. Office of the Governor, State of Ohio, August 3, 1972.
16. *Sewell* v. *Pegelow,* 304 F. 2d 670 (4th Cir. 1962); *Banks* v. *Havener,* 234 F. Supp. 27 (E.D. Va. 1964); *Knuckles* v. *Prasse,* 435 F. 2d 1255 (3rd Cir. 1970). These three cases dealt with the right of Black Muslim inmates to freedom of religion. In *Knuckles* v. *Prasse*, the court of appeals held that prison officials were not required to make available to prisoners Black Muslim publications that urged defiance of prison authorities and thus threatened prison security unless properly interpreted by a trained Muslim minister. In the *Sewell* decision, a clear instance of discrimination against a Black Muslim prisoner was brought before the court of appeals, which dismissed the case on the grounds that it properly came under the jurisdiction of the district court. In *Banks* v. *Havener*, responding to a petition under the Civil Rights Act by Black Muslim prisoners, the district court held that the antipathy of inmates and staff occasioned by the belief of Black Muslims in black supremacy was alone not sufficient to justify suppression of the practice of the belief of Black Muslim religion. See also *Hasan Jamal Abdul Majid* v. *Henderson*, 533 F. Supp. 1257 (N.D. N.Y., March 11, 1982).
17. Although correctional personnel originally feared them, the Black Muslims are paradoxically now viewed as a source of stability among inmates. See Keith Butler, "The Muslims Are No Longer an Unknown Quality,"

Corrections Magazine 4 (June 1978): 55–65. But see Elaine Ganley, "Manual Outlines Muslim Radicalization in Prisons," http://www.sfgate.com/cgi–bin/article.cgi?f=/n/a/10/01/international/132258D37.DTL (accessed October 1, 2008).

18. Access to a minister is a constitutional right. See *Cruz* v. *Beto*, 405 U.S. 319 (1972).
19. *Cooper* v. *Pate.* See also Rudolph Alexander, "Slamming the Federal Courthouse Door on Inmates," *Journal of Criminal Justice* 21:2 (1993): 103–116.
20. *Johnson* v. *Avery*, 393 U.S. 483, 484 (1969). Through a writ of certiorari, a court of appeals decision was reversed in favor of an inmate who had been disciplined for violating a prison regulation that prohibited inmates from assisting other prisoners in preparing writs. The court of appeals had reversed a district court decision that voided the regulation because it had the effect of barring illiterate prisoners from access to general habeas corpus.
21. *Younger* v. *Gilmore*, 92 S. Ct. 250 (1971).
22. Alexander Parker and Dana Schwertfeger, "A College Library and Research Center in a Correctional Facility," *Journal of Offender Rehabilitation* 17:1/2 (1991): 167–179.
23. Gene Teirelbaum, *Inspecting a Prison Law Library* (New Albany, IN: W. Homer Press, 1989); American Association of Law Libraries, *Correctional Facility Law Libraries: An A to Z Resource Guide* (Laurel, MD: American Correctional Association, 1991). See also Craig Hemmens, Barbara Belbot, and Katherine Bennett, *Significant Cases in Corrections* (Los Angeles: Roxbury, 2004).
24. The U.S. Supreme Court has determined that death row inmates wishing to challenge their convictions and sentences have no constitutional right to a court–appointed counsel. For arguments in favor of such as right, see Michael Mello, "Is There a Federal Constitutional Right to Counsel in Capital Post–Conviction Proceedings?," *Journal of Criminal Law and Criminology* 79 (1990): 1065–1104. The other side is addressed by Donald Zeithaml, "Sixth and Fourteenth Amendments—Constitutional Right to State Capital Collateral Appeal: The Due Process of Executing a Convict without Attorney Representation," *Journal of Criminal Law and Criminology* 80 (Winter 1990): 1123–1144. The case is *Murray* v. *Giarranto*, 109 S. Ct. 2675 (1989). See also "High Court Overturns Another Death Penalty Case," *USA Today, http://www.usatoday*.com/news/Washington/2005–06–20–scotus–wrap_x.htm (accessed November 23, 2009).
25. Jennifer Gararda Brown, "Posner, Prisoners and Pragmatism," *Tulane Law Review* 66:5 (1992): 1117–1178.
26. Tracey Kyckelhahn and Thomas Cohen, *Civil Rights Complaints in U.S. District Courts, 1999–2006* (Washington, DC: Bureau of Justice Statistics, 2008), p. 8.
27. Editors, "California Prison Health Czar Heads to Court," *Correctional News* 14:6 (2008): 8; Editors, "Rising Medical Care Costs Encourage States to Release Sick, Dying Inmates," *Correctional News* 14:6 (2008): 16; Joseph Jackson (2013), "Mentally Ill Ex–Inmates Lack Treatment," http://urbanmilwaukee.com/2013/11/12/mentally–ill–ex–inmates–lack–trea

tment/ (accessed December 11, 2013).

28. *Estelle* v. *Gamble*, 97 S. Ct. 285 (1976). The standard for judging the adequacy of medical treatment is the level of care offered to free people in the same locality. The prison must furnish comparable services, and inmates may collect damages for inadequate medical treatment. See *Newman* v. *Alabama*, 559 F. 2d. 283 (1977). Medical treatment in jails is generally less adequate than that in prisons. See also American College of Physicians, National Commission on Correctional Care, "The Crisis in Correctional Health Care: The Impact of the National Drug Control Strategy on Correctional Health Services," *Annals of Internal Medicine* 117:1 (1992): 71-77. See also Kipnis Kenneth et al., "Correctional Health Care—In Critical Condition," *Corrections Today* 54:7 (1992): 92-120, and B. Jayne Anno, *Prison Health Care: Guidelines for the Management of an Adequate Delivery System* (Washington, DC: U.S. National Institute of Corrections, 1991).
29. Ibid. In 1995, the U.S. district court in San Francisco ruled that the California Pelican Bay Prison inflicted unconstitutional cruel and unusual punishment on prisoners. See Bill Wallace, "Pelican Bay Prison Ruled Too Harsh," *San Francisco Chronicle*, January 12, 1995, p. A7.
30. *United States* v. *DeColegro,* 821 F. 2d, 1st Cir. (1987).
31. Frederick Millen, "AIDS in Prison—A National Disgrace," *San Francisco Sentinel*, March 8, 1990, p. 7. See also Howard Messing, "AIDS in Jail," *Northern Illinois University Law Review* 11:2/3 (1991): 297-317. Especially useful is John R. Austin and Rebecca S. Trammell, "AIDS and the Criminal Justice System," *Northern Illinois University Law Review* 11:2/3 (1991): 481-527. See also Susan Jacobs, "AIDS in Correctional Facilities: Current Status of Legal Issues Critical to Policy Development," *Journal of Criminal Justice* 23:2 (1995): 209-221, and the special theme issue "Pandemic Disease: Are Jails Prepared?," *American Jails* 12:3 (2008).
32. James Sterngold, "Judge Orders Takeover of State's Prison Health Care System," *San Francisco Chronicle,* June 30, 2005, p. 1. See also James Sterngold, "U.S. Seizes State Prison Health Care; Judge Cites Preventable Deaths, 'Depravity of System,'" http://sfgate.com/cgi-bin/article.cgi?f=/c/a/2005/07/01/MNGOCDHPP71.DTL&hw=prison+medicine&sn=001&sc=1000 (accessed July 1, 2005).
33. In *Tucker* v. *Hutto*, entered as a civil case under 78-0161-R, Eastern District of Virginia, the trial judge approved the out-of-court settlement on January 5, 1979, just five days before the trial was to open. See also R. Allinson, "Inmate Receives $518,000 Damage Award," *Criminal Justice Newsletter* 10 (January 15, 1979): 7.
34. The National Prison Project, American Civil Liberties Union Foundation, 1346 Connecticut Avenue NW, Washington, DC 20036.
35. Office of Legal Policy, *Report to the Attorney General: Federal Habeas Corpus Review of State Judgments* (Washington, DC: U.S. Department of Justice, 1988).
36. Sue Davis and Donald Songer, "The Changing Role of the United States Court of Appeals: The Flow of Litigation Revisited," *Justice System*

Journal 13 (1989): 323-340.

37. Dennis Massey, *Doing Time in American Prisons: A Study of Modern Novels* (Westport, CT: Greenwood Press, 1989). See also Hassine, *Life without Parole.*
38. Gabriel Chin, "Felon Disenfranchisement and Democracy in the Late Jim Crow Era," *Ohio State University Journal of Criminal Law* 5:2 (2007): 329-340. See also Stephen Janis, "Ex-Felons Register for the Right to Vote," http://www.examiner.com/a-810882~Ex_felons_register_for_the_right_to_vote.html (accessed November 23, 2008), and Applied Research Center, "Compact for Racial Justice," http://www.sentencingproject.org/News-Details.aspx?NewsID=717.
39. As cited in Barnes and Teeters, *New Horizons in Criminology*, p. 544.
40. Michael Braswell, "Correctional Treatment and the Human Spirit: A Focus on Relationship," *Federal Probation* 53:2 (1989): 49-60. See also Michael T. French and Gary A. Zarkin, "Effects of Drug Abuse on Legal and Illegal Earnings," *Contemporary Policy Issues* 10:2 (1992): 98-110 (compares the impact of length of time in drug reatment and posttreatment legal and illegal earnings).
41. Sol Rubin, "The Man with a Record: A Civil Rights Problem," *Federal Probation,* September 1971, p. 4. See also A. J. Klick, "Should Ex-Cons Have Their Rights Restored?," http://www.tucsoncitizen.com/daily/local/56389.php (accessed November 22, 2008).
42. The Sentencing Project (2013), "Presumed Guilty," http://www.sentencingproject.org/detail/news.cfm?news_id=1681&id=133 (accessed December 11, 2013).
43. Kathleen Dean Moore, *Pardons: Justice, Mercy, and the Public Interest* (New York: Oxford University Press, 1989). See also "Obama Pardons 17 Felons, First in His Second Term," *New York Times,* March 2, 2013, http://www.nytimes.com/2013/03/02/us/politics/obama-pardons-17-felons-first-in-his-second-term.html?_r=0 (accessed December 11, 2013).
44. As of 2012, Illinois, New York, Iowa, and Ohio were the four states to allow ex-inmates to receive a certificate of employability.
45. There is a potential liability in disclosing a parolee's background to a prospective employer if it results in the client not getting the job. See Rolando del Carmen and Eve Trook-White, *Liability Issues in Community Service Sanctions* (Washington, DC: U.S. Department of Justice, 1986), pp. 19-21. See also Davis E. Barlow, Melissa Hickman Barlow, and Theodore G. Chiricos, "Long Economic Cycles and the Criminal Justice System," *Crime, Law, and Social Change* 19:2 (1993): 143-169 (examines the relationship between long cycles of capitalist activity and formation of public policy on criminal justice).
46. For a discouraging note on the impact of fiscal constraints on ex-offender programs, see Danesh Yousef, "Baton Rouge Ex-Offenders' Clearinghouse: A Casualty of Misguided Savings," *International Journal of Offender Therapy and Comparative Criminology* 33 (1989): 207-214. See also Ted Chiricos, Kelle Barrick, William Bales, and Stephani Bontrager, "The Labeling of Convicted Felons and Its Consequences for Recidivism," *Criminology* 45:3 (2007): 547-581.
47. "Excessive bail shall not be required, nor

excessive fines imposed, nor cruel and unusual punishment inflicted."

48. Rubin, *The Man with a Record*, pp. 6–7.
49. The scarlet letter was a scarlet "A" that the Puritans required known female adulterers to wear around the neck as a punitive mark. The practice is fully described in Nathaniel Hawthorne's novel *The Scarlet Letter.*
50. Other visible indicators include branding the forehead, slitting the ears, and removing the nose.
51. It should be noted that some states have not enacted all of the requirements of Walsh Act, balking at the requirement that some juvenile sex offenders be required to register for life.
52. Georgetown University Law School, *The Closed Door: The Effect of a Criminal Record on Employment with State and Local Public Agencies* (Springfield, VA: National Technical Information Service, 1972), p. v.
53. American Bar Association, *Laws, Licenses and the Offender's Right to Work* (Washington, DC: American Bar Association, 1973), p. 7.
54. For a discussion of executive clemency, see Center for Policy Research and Analysis, *Guide to Executive Clemency among American States* (Washington, DC: National Governors' Association, 1988).

CHAPTER 17

남성 재소자

학습목표

- 성인 교도소 인구 추세에 대하여 요약한다.
- 성인 교도소 재소자들이 직면하는 이슈들에 대하여 설명한다.
- 교도소 수용인원 증가에 대하여 설명한다.
- 구치소와 교도소 재소자들을 비교/대조한다.
- 교도소 수용자들의 기능적 문맹을 줄이기 위해 어떤 것을 할 수 있는지 설명한다.
- 교도소화(Prisonization)의 결과를 설명한다.
- 남자 수용시설에서의 강간과 성폭력에 대하여 설명한다.
- 미국 교도소 인구 고령화의 다섯 가지 결과를 나열한다.

개요

교도소 인구 추세

교도소 수용자 인구
- 범죄경력
- 위험성
- 마약과 음주
- 교육과 작업
- 교도소 수용 인구 급증의 원인들

교도소화의 역할
- 남자 교정시설 내 강간과 성폭력

미국 남자 교도소 재소자의 고령화

"급격히 변화하는 성인 남자교도소의 인구추세를 기록하는 것은 움직이는 버스를 그리는 것과 같다."

- 해리 E. 앨런

개관

다음 장에서, 우리는 미국의 구치소와 교도소 시스템의 "고객들"인 다양한 여성 범죄자들에 대해 살펴보려고 한다. 제1부(Part 1)에서 보았듯이, 초창기의 구금 관행은 수용자들의 행동을 "교정"하기 위한 것이 아니었다. 결과적으로 젊은 수용자와 나이든 수용자, 병든 수용자와 건강한 수용자, 여성 수용자와 남성 수용자 그리고 위험한 수용자와 무력한 수용자들을 구별 없이 단일, 포괄시설에 배치하고 수용하였다. 참회와 교정의 개념이 발달됨에 따라, 남성과 여성수용자들은 별도의 기관에 분리 수용되었다. 나중에, 상습범들인 중범죄자들로부터 분리시켜서 젊은 수용자들을 위한 별도의 교도소가 만들어졌고, 청소년을 위한 별도의 시설이 세워졌다(20장 참조).

이번 장에서, 우리는 구치소 생활을 어느 정도 경험하고 난 후 유죄 확정판결을 받고 성인교도소에 수감된 남성 수용자들의 상황과 그들이 경험하는 절차들에 대하여 살펴본다. 만약 교정과 교도소를 사업으로 간주한다면, 남성수용자들은 수요, 문제 그리고 요구사항에 있어서 다른 어떤 형태의 고객들하고도 차이를 보이는 집단이다. 이러한 사업측면에서 보았을 때, 교정은 모든 분야에 있어서 성장산업이라고 볼 수 있다. 이번 장에서는 교도소 수용자들이 저지르는 범죄들, 수용자들이 교도관과 직원들에게 발생시키는 문제들, 수용자들의 문화, 교도소의 위험성과 사망에 대한 실체 그리고 고령화된 수용자들로 인한 문제점들에 대하여 살펴볼 것이다. 수용자들은 만연한 지루함, 바깥세상과의 접촉 부족, 단조로운 일상생활 그리고 맛없고 반복적으로 나오는 음식을 경험해야 한다. 대부분의 교도소들은 시끄럽고, 칙칙하고, (가끔씩) 교도관 또는 갱조직의 "미치광이"나 적으로부터 성폭력이나 부당한 처벌을 당할 수 있는 위험이 많은 곳이다. 많은 수용자들이 교도소에 들어와서 이러한 환경들을 마주하게 된다.

이번 장은 여러 가지 질문들을 다룬다. 남성 교도소 수용자들은 누구인가? 그들의 욕구는 무엇이며 욕구를 충족시키기 위한 프로그램으로 어떤 것이 있을까? 그들의 배경에 대하여 우리는 무엇을 알아야 하는가? 미국 교도소 남성 수용자들에게 어떠한 일들이 일어나는가?

교도소 인구 추세

빠르게 오르내리는 성인 남자교도소 인구 추세를 기록하는 것은 움직이는 버스를 그리는 것과 같다. 미국 교도소에 수감되어 있는 남성 재소자들의 숫자는 전체 교도소 인구와 더불어 최근까지 놀라울 정도로 상승했다. 교도소 인구는 1993년에 883,500명이던 것이 2013년에는 1,250,000명까지 충격적인 수치로 치솟았다. 다행히도, 이 교도소와 구치소 인구는 한풀 꺾여서 지금은 감소추세를 보이고 있다([그림 17.1] 참조). 이 숫자는 주 교도소에 수감되어야 할 수형자를 교도소 과밀화 때문에 카운티 구치소에 수감한 83,600명의 수용자는 포함하지 않은 것이다.

남자 수용자들 중 약 88%는 주 교도소에 수감되어 있고, 12% 이상이 연방 교도소에 수감되어 있다. 또 다른 29,500명의 수용자들은 다른 형태의 성인 장기 구금 시설에 수용되어 있다(예를 들면, 쿡 카운티 교정부, 뉴욕시 교정부 그리고 필라델피아 교정시스템). 미국 남성 인구 10만 명당 약 927명이 성인 교도소에 수감되어 있다고 볼 수 있다. 다시 말해서, 2012년 어느 날 현재 거의 미국 성인 남성 1%가 교도소에 수감되어 있는 것이다.

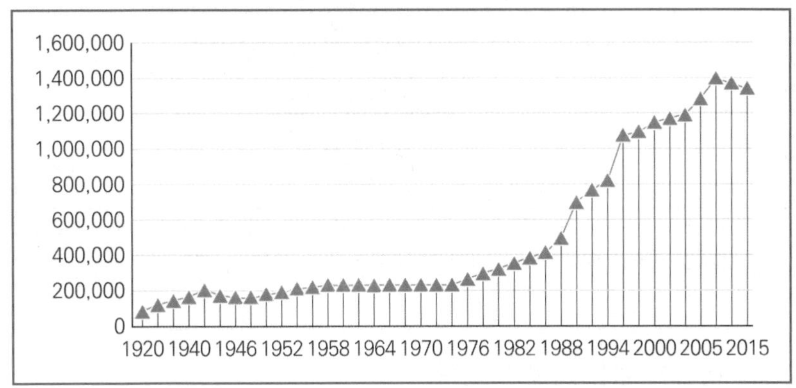

출처: E. Ann Carson and Daniela Colinelli, *Prisoners in 2012—Advanced Counts* (Washington, DC: Bureau of Justice Statistics, 2013)

그림 17.1

구금된 남성 범죄자들, 1920-2015.

주석: 2015년 자료는 추정치이다.

교도소 인구

범죄 경력

남자 수형자들은 다양한 종류의 범죄를 저질렀고, 많은 경우에 재범자들이다. 주 교도소 구금형을 선고받은 남성들의 절반이상이 (53.5%) 살인, 과실치사, 강간, 강도, 중상해, 성폭력과 같은 폭력범죄를 저질렀다. 주 교정 시설 재소자 남성의 17%는 마약(소지, 판매목적 소지, 운송) 사범들이다. 남성 수형자의 약 3분의 1 정도가 위조, 사기, 횡령, 절도, 자동차절도, 공중질서위반과 같은 여타의 다른 범죄들을 저질렀다([그림 17.2] 참조).

구금형을 선고받고 실제 성인 교도소에 수감된 사람들은 교정필터의 바닥에 있는 사람들임을 기억해야한다. 교도소에 있는 남성들은 주로 그들의 낮은 사회계층과 기회의 부족으로 인하여 교육수준이

그림 17.2

주 교도소 구금형을 받는 남성 범죄자들의 범죄유형

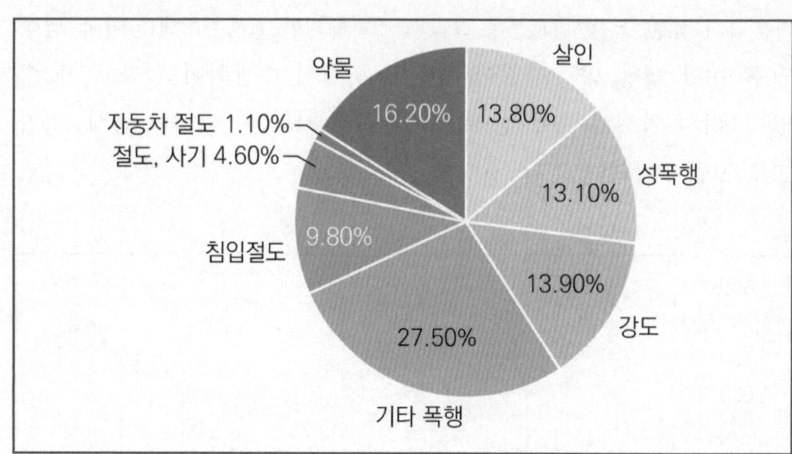

출처: E. Ann Carson and Daniela Golinelli, *Prisoners in 2012—Advance Counts* (Washington, DC: Bureau of Justice statistics, 2013), p. 10.

낮고, 직업이 없는 경우가 많다.

주요용어

인종과 민족 집단
인종과 민족 특성에 따른 수용자 구분

약 3분의 2가 소수 **인종과** 소수 **민족 집단**(Racial and ethnic groupings) 출신이고, 가난하면서, 도시의 복잡한 생활에 적응하는데 실패한 사람들이다. 흑인 남성의 경우 백인 남성에 비하여 6배 높은 비율로 수감되어 있고, 이는 2012년 기준, 6명 중의 1명의 흑인 남성이 교도소 수감 경험이 있다는 것과 같다.

이러한 큰 차이에 대한 설명들로 경찰 법집행의 편향성, 선택적 무력화, 흑인지역에 집중된 포화순찰, 사회부조와 고용기회의 부족, 무관용 정책들, 싸구려 마약 판매에 집중된 경찰단속들이 있다. 2012년 기준 20~29세 사이의 흑인 남성 약 17%가 교도소에 있다.[1] 흥미로운 점은 99,000명의 수용자들은 주로 멕시코 출신의 외국인들이다.[2] 구치소 수용자들의 특징에 대하여는 [교정 실제 17.1]을 참조하기 바란다.

교정 실제 17.1

구치소 수용자의 특징들

2012년에 645,900명이 넘는 남자 구치소 수용자들이 있었고, 그중 다수는 흑인(42.5%) 또는 히스패닉(17%)이었고, 거의 61%가 미결수였다. 2012년 구치소 수용자의 거의 절반이 최근 체포당시 교정기관이나 법원의 감독을 받고 있었으며, 3분의 1은 보호관찰, 8분의 1은 가석방 그리고 7%는 보석으로 석방된 상태였다. 10명 중 7명 이상의 남자 수용자들이 이전에 보호관찰이나 구금형을 받은 사실이 있고, 거의 세 명 중의 1명은 상습 폭력범죄자들이었다.

거의 10명 중 7명의 유죄확정 된 남자 수용자들이 주기적으로 음주를 하고 있으며, 3명 중의 1명이 범행당시에 술을 마신 상태였다고 보고하였다. 마약 복용과 음주를 동시에 고려할 경우, 절반 이상의 유죄가 확정된 남자 수용자들이 범행당시에 마약이나 음주(또는 두 가지 모두)의 영향아래 있었다고 한다. 2015년에 남자 수용자들이 음주와 마약을 하고난 후 경험한 것을 보고하였는데, 약 절반 정도가 마약과 음주 후에 자기 또는 다른 사람의 생명을 위협했었고, 다른 사람들과의 관계에 부정적 영향을 주었고, 자기의 개인적 삶과 직장에서의 경력을 엉망으로 만들었다고 보고하였다. 거의 3분의 2가 음주 또는 마약사용 후 운전을 했었고, 그 중 5분의 1은 실제 교통사고를 냈다고 하였다. 그리고 거의 절반 정도가 음주 또는 마약 사용 후에 물리적인 싸움을 했다고 하였다.

5명 중 1명 이상이 마약/음주로 인하여 직장을 잃었다고 한다. 또 다른 연구에서, 표본으로 선정된 구치소 수용자의 10%가 구치소 수감 중 검사에서 마약 양성반응을 보였다고 한다. 3분의 1 이상의 남자 수용자들이 보고, 학습하고, 듣고, 말하는데 있어서 물리적, 정신적 또는 정서적 어려움이 있다고 보고하였다. 그들의 생애 동안, 10명 중 4명은 질병, 부상 또는 의사의 치료를 요하는 정도로 건강이 악화되었다고 한다. 3분의 1은 구치소에서 건강상 문제를 경험했다(감기나 독감 등). 20명 중 1명 정도는 구치소 수감 후 발생한 폭력으로 부상을 입었었다. 4명 중 1명은 마약이나 음주 이외의 이유로 발생한 정신적 정서적 문제로 적어도 한 번의 치료를 받았었다. 게다가, 6명 중 1명은 정신질환자로 분류되었고, 정신질환자의 3분의 1은 알코올중독자였으며, 4명 중 1명 이상은 구치소에 있는 동안 정신건강 서비스를 받았었다.

구치소에 수감된 남성들의 특징을 장기적으로 관찰한 결과 범죄 행동과 경향성을 줄일 수 있도록 고안된 다양한 종류의 치료와 개입 프로그램이 필요한 문제집단임을 알 수 있다. 그들은 특별히 마약과 음주 치료 프로그램들, 고용 서비스, 재가 치료 프로그램, 해독치료, 안타부스 치료(알코올중독 치료) 등이 필요하다. 약물 남용 치료가 진행되는 것에 대한 냉소적인 시각도 있지만, 이러한 치료들이 재범을 억제하는데 효과가 있다는 증거들이 있다.

미결수인 많은 피고인들이 나중에 열악한 사정으로 치료를 제대로 제공하지 못하는 교도소에 수감될 것이다.

출처: Darrell Gilliard, *Prison and Jail Inmates 1998* (Washington, DC: U.S. Department of Justice, 1999); Caroline Wolf Harlow, *Profile of Jail Inmates 1996* (Washington, DC: U.S. Department of Justice, 1998); Paula Ditton, *Mental Health and Treatment of Inmates and Probationers* (Washington, DC: U.S. Department of Justice, 1999); Doris Wilson, *Drug Use, Testing and Treatment in Jails* (Washington, DC: U.S. Department of Justice, 2000); Doris James, *Profile of Jail Inmates, 2002* (Washington, DC: Bureau of Justice Statistics, 2004); Jennifer Karberg and Doris James, *Substance Dependence, Abuse, and Treatment of Jail Inmates, 2002* (Washington, DC: Bureau of Justice Statistics, 2005); Todd Minton, Jail Inmates at Midyear 2012 (Washington, DC: U.S. Department of Justice, 2013).

위험성

주요용어

시설 위협 집단
교도소 갱

성인 남자교도소(그리고 대부분의 다른 구금시설 또한)는 자주 위험한 수준까지 과밀수용을 하고 있고,[3] 따라서 현재의 시스템은 증가하고 있는 수요를 제대로 충족시킬 수 없음이 명백하다. 어떤 남성 범죄자들은 극도로 위험하여 다른 수용자들로부터 격리시켜야만 한다. 1970년대에, 교도소 남성 수용인구의 약 15~25%가 이러한 위험군으로 분류되었다. 그러한 상황은 지금 바뀌었다. 과밀수용과 지역사회 폭력에 대한 시민들의 불안이 교정 당국으로 하여금 덜 위험하다고 판단되는 수용자를 지역사회로 내보내도록 강요하였다. 이러한 현상이 최고보안시설 교도소에 수감되는 폭력적 범죄자들의 비율을 증가시켰다. 그리고 초중구금 교도소의 설립을 가져왔다. 어떤 주에서는 대인 폭력범죄를 저질러 최고보안시설 교도소에 수감 중인 수용자가 약 62% 정도이고 그 수치는 증가하고 있다고 한다. 반면에 재산범죄자들은 구금대신에 다른 형태의 형벌을 부과한다. 교도소 갱(시설 위협집단(Institutional threat groups))의 존재는 불안을 증폭시키고, 소송을 야기하고, 다른 수용자들의 신상에 위협을 야기한다.[4] 교도소 수용자의 사망에 대한 자세한 것은 [그림 17.3]에서 확인할 수 있다. 비록 대부분이 자연스러운 원인에 의하여 사망하지만, 살인과 자살 또한 너무 자주 발생한다. 구치소 자살에 대한 훌륭한 파워포인트 자료를 원한다면 "U.S. Marshal Service with suicide prevention in jails with basics"를 주요용어로 인터넷 검색을 하면 찾을 수 있다.

마약과 음주

앞서 서술했듯이, 남성 범죄자들은 마약과 음주를 과도하게 사용하는 경향이 있다. 한 연구에 의하면, 약 3분의 1에 해당하는 교도소 남성들이 현재 복역 중인 범죄를 저지를 때 음주상태였다고 하고 약 3분의 1 이상이 마약을 한 상태였다고 한다. 이러한 패턴은 메스암페타민, 엑스터시와 같은 폭력적 행동을 유발하는 더욱 강력한 **"디자이너" 마약**("Designer" drugs)들이 추가되는 양상을 보이고 있다. 최근에, 헤로인이 다시 등장해서 지역사회를 황폐하게 하고 있다. 예를 들면, 큐야호가 카운티(클리블랜드, 오하이오 주) 검시관은 2013년에 170명이 헤로인 과다복용으로 사망했다고 보고했다. 이 수치는 살인이나 자동차 사고로 인한 사망 숫자보다 많은 것이다.[5]

성인 남자교도소나 교정시설에서 실시한 수용자 대상 검사에서 꾸준히 약물사용이 적발되고 있다. 전체 수용자 대상 검사에서 적어도 1%가 코카인 또는 헤로인 양성반응을 보였다. 또 다른 2%는 메스암페타민에 그리고 거의 6%는 마리화나에 양성 반응을 보였다. 이러

주요용어

디자이너 마약
지하세계 화학자들에 의해 만들어진 규제된 물질

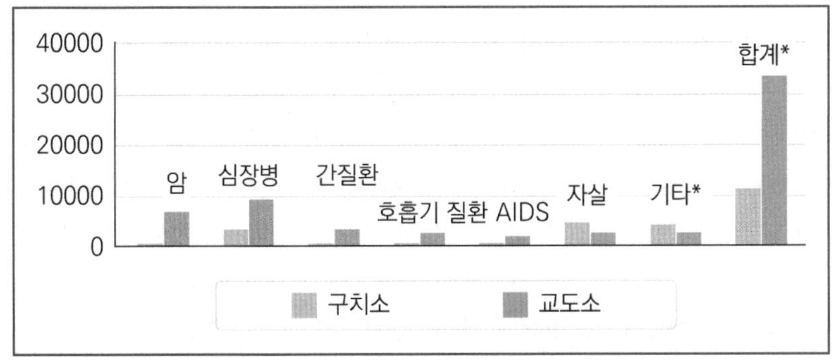

주: *는 마약과 음주 중독, 사고, 살인, 여타/미상 그리고 자료 결측을 포함한다. 2007년에 많은 수의 사망정보에 결측이 있었다.

출처: Margret E. Noonan and Scott Ginder, *Mortality in Local Jails and State Prisons, 2000-2011* (Wash- ington, DC: Bureau of Justice Statistics 2013).

그림 17.3

2000-2011 원인별 지역 구치소와 주 교도소 사망자 수

한 통계는 마약과 음주 남용이 심각한 문제이며 지역사회 내에서 뿐만 아니라 교정시설 내부에서도 범죄자들의 행동에 부정적으로 영향을 주는 것을 알 수 있다. 캘리포니아에서 약 35%의 신입 남성 수용자들은 마약 관련 법률위반으로 유죄 판결을 받았다. 교도소 내·외부에서 실시되고 있는 마약과 음주 치료 프로그램은 더 이상 사치가 아니라 필수가 되었다.[6]

또 다른 문제점에 대하여 [교정 실제 17.2](구금시설에서의 자살)에서 살펴본다.

교정 실제 17.2

구금시설에서의 자살

캘리포니아 구치소에서의 자살 숫자는 2012년에 38명, 비율로는 구치소 재소자 10만 명당 52명 수준으로 갑자기 증가하였다. 대부분은 양말, 신발끈 또는 구치소 이불로 목을 매고 죽었다. 캘리포니아 주 교도소의 자살 비율은 수용자 10만 명당 19명으로 훨씬 낮다. 2012년에 전국수준의 구치소 자살률은 수용자 10만 명당 36명으로서 주 교도소 자살률의 거의 두 배에 달하였다.

이러한 구치소 자살률은 부당한 죽음과 그 책임에 대한 소송으로 구치소 개혁과 자살 우려 수감자에 대한 예방프로그램을 도입하기 이전인 1983년 이래 최고를 나타냈다. 이러한 수치는 아마도 정신질환이 있는 구치소 수용자들의 숫자를 반영한 것으로 볼 수 있다. 치료를 받고 있는 정신질환이 있는 구치소 수용자들의 숫자는 지난 5년 동안 두 배 이상 증가하였다.

처음으로 수감된 많은 수용자들은 구금환경에서 불안해 할 것이다. 대중들은 점점 더 공격적인 구걸("비무장 강도")과 공공 주취행위와 같은 삶의 질을 저하시키는 범죄에 대하여 인내심을 잃고 있다. 동시에 지역사회 정신건강 서비스나 치료 시설들은 구치소 수감이나 처벌 이외의 대안은 없이 급속도로 줄어들고 있다.

전국적으로 400~600건의 구치소 자살이 해마다 발생하고 있고, 10건 중 9건은 목을 매어 자살한다. 자살은 대부분의 구치소에서 사망의 가장 주된 원인이다. 이 비율(수용자 10만 명당)은 일반사회에 비하여 4배 정도 높다. 해마다 310건의 교도소 자살이 발생하는데, 비율로는 일반사회에서 발생하는 것과 비슷한 수준이다. 폭력 범죄자들의 자살률은 지역 구치소(10만 명당 192건)와 주 교도소(10만 명당 19건) 모두에서 비폭력 범죄자들에 비하여 두 배 가까이 높다. 남자 구치소 수용자들은 또한 여자 수용자들에 비하여 1.6배 더 자살할 위험이 높다. 다행히도, 구금시설에서의 자살률은 부분적으로 책임소재에 대한 소송과 교정직원들에 대한 훈련에 힘입어 점차 감소하는 추세를 보이고 있다.

출처: Margaret Noonan, *Mortality in Local Jails and State Prisons, 2000--2011* (Washington, DC:

U.S. Department of Justice, 2013); "In California's County Jails, Suicides Are Up Sharply", http://www.bakersfield.com/24hour/healthscience/v-print/story/436652p-3494415c.html (accessed July 16, 2002); Lindsay Hayes, "Scope of a National Public Health Problem", *Preventing Suicide* 2:4 (2002): 3; National Center on Institutions and Alternatives, "Liability for Custodial Suicide: A Look Back", http://www.ncianet.org/suicide-prevention/study.asp (accessed October 18, 2008); U.S. Marshals Service, http://www.usmarshals.gov/prisoner/jail_suicide.pdf (accessed September14, 2014).

교육과 작업

교육은 미국 사회에서 중요한 요소이다. 많은 사람들이 경제적 안정과 성공을 위해서 교육은 필수요소라고 생각한다. 미국과 같은 고도기술 사회에서 교육은 직장을 구하고 적정한 수입을 확보하는 데 있어 중요한 요소이다. 이러한 교육의 필요성에도 불구하고, 최근의 전국 조사에 의하면 5명 중 1명의 미국 사람들은 **기능적 문맹자**(Functionally Illiterate)라고 한다.[7] 주 교도소에 수용 중인 남성들은 일반 시민 인구에 비하여 교육수준이 낮다. 18세 이상 성인인구의 36%가 고등학교 졸업장이 없는 반면에, 수용자들의 경우 63%가 고등학교 졸업장이 없다. 만약 청소년들이 발달된 문제해결능력을 적절히 갖추지 못한 상태에서 공립교육 시스템을 거쳐 온다면, 이러한 상황은 더욱 나빠질 것이다. 이러한 상황에서 범죄가 종종 생존의 대안으로 선택되는 점은 그리 놀라운 일도 아니다. 많은 수용자들이 지금은 교도소에서 고등학교 교육을 받을 수 있다는 정도로는 부족하다. 국가 전체가 우리의 공교육 시스템이 제공하는 교육이 이들을 교도소에 들어가지 않도록 충분한 기술을 제공하도록 강조해야 한다.

주요용어

기능적 문맹자
서면 작업지시를 읽고 따를 수 없는 낮은 교육수준을 지닌 교도소 수용자

마지막으로, 남자 수용자 4명 중 1명은 조기 석방 프로그램에 의하여 귀휴가 가능한데, 대상자의 절반 이하만 귀휴의 기회가 제공되었다. 대부분의 수용자들(69%)은 어떤 형태의 **시설 작업 과제**(Institutional work assignment)가 있으나, 평균 시급이 시간당 1달러에도 미치지 못

주요용어

시설 작업 과제
교도소 시설 운영 수요, 공동 작업 또는 교도소 산업 프로그램에 기반을 둔 교도소 산업 임무

한다. 구금된 사람이 바깥에서 불법으로 하루에 500달러 정도를 벌 수 있는데(그리고 다시 이렇게 벌 수 있다는 것을 알 고 있다), 교도소에서 그렇게 낮은 임금을 받으면서 열심히 노력해서 일하라고 하는 것은 거의 동기부여가 되지 않는다.

교도소 수용 인구 급증의 원인들

18장에서 다루었듯이 교도소에서 여성 수용자들이 증가하는 것은 마약과의 전쟁과 폭력 때문에 크게 영향을 받았다. 이는 또한 남성 수용자에게도 해당한다. 이 요인에 대한 것은 3장에서 강력한 법 집행과 남성 교도소 수감인원의 급작스런 증가 현상을 움직이는 진자의 추에 비유하여 설명하였다. 폭력 범죄는 1990~2012년 사이 교도소 인구 증가분의 약 54%를 차지한다. 마약 범죄는 그 뒤를 이어 두 번째로 많은 부분을 차지한다.[8] 5명 중 1명 이상의 주 교도소 남자 수용자들과 10명 중 5명에 정도의 연방 교도소 남자 수용자들이 마약법 위반 또는 마약 관련 범죄로 복역 중이다. 교도소 석방 비율의 감소(100명의 주 교도소 수용자당 37명에서 31명으로 감소)와 가석방 위반으로 재수감 된 숫자의 증가가 교도소 인구 증가의 나머지 원인에 해당한다. [표 17.1]은 2012년 교도소 수감 인원에 대한 자료이다.

표 17.1 **성인 남자 수용자 인구 – 2012년**

	주 교도소	연방 교도소
신규 법원 처분	282,353	50,940
가석방 위반	131,468	4,508
탈출자의 재수감	1,473	161
이감	1,406	1,011
기타	19,120	1
합계	438,258	56,460

출처: American Correctional Association, *2012 Directory of Adult and Juvenile Correctional Departments, Institutions, Agencies, and Probation and Parole Authorities* (Alexandria, VA: American Correctional Association, 2012), pp. 42-3.

거의 30%의 주교도소 수감자들이 가석방 위반자들이다.

최근까지 교도소 인구는 교정 행정가와 수감자 옹호 그룹 모두에게 당황스러울 정도로 급격하게 증가하였다. 이러한 인구 증가에는 복합적인 원인들이 작용하였다. 몇몇 교정 관계자들은 교정 단계에 비하여 경찰과 법원단계에서 사건처리가 더욱 신속하고 효율적으로 이루어진 것에 주목한다. 경찰의 법집행 효율이 증가하였을 뿐만 아니라 검사의 유죄답변협상(Plea bargaining) 사용의 확대 또한 교도소 인구증가를 가져왔을 것이다. 법원 행정 절차 또한 컴퓨터와 다른 기술의 도움으로 강화되어 교도소 인구 증가에 영향을 주었을 것이다.

다른 이들은 완고해진 대중 여론을 교도소 인구증가의 요인으로 지목한다. 판사들은 구금 이외의 대안적 처벌보다 범죄자들에게 구금형을 선고하라는 지역 주민들로부터의 상당한 압력을 종종 받고 있다. 또 다른 이들은 18~29세 사이의 남성이 해당하는 **범죄위험 인구**(Population at risk)[9]의 증가를 지목하고 있다. 범죄가 마치 젊은이의 직업처럼 간주되듯이 그리고 높은 범죄율을 보이는 연령대의 젊은이들의 숫자가 1965~1985년 사이에 두 배로 증가한 사실을 고려할 때, 연령이 미국 교도소 인구급증에 크게 영향을 주었을 것으로 생각할 수 있다. **위기 연령대**(Age at risk) 문제는 과거 15년 동안 어린 아들을 가진 가족들이 농촌지역에서 도시지역으로 인구 이동을 함으로 인하여 더욱 악화 되었다. 농촌 환경은 젊은 남자들에게 더 많은 통제와 더불어 건전한 에너지 발산 수단을 제공해왔다. 역사적으로 그러한 인구 이동은 그들의 자손 세대가 범죄에 더 많이 관여함을 보여주었다. 그러한 점에서 최근의 인구이동은 범죄위험 인구의 증가와 우연히 겹쳐서 교도소 인구는 앞으로 몇 년 동안 지속적으로 증가할 것을 예측할 수 있다.

비록 정확한 영향력의 크기는 알 수 없지만, 세 가지 다른 요인들이 남자 교도소 수용인구의 증가에 영향을 주었다고 볼 수 있다. 첫째, 많은 주들에서 형량을 강화하는 입법이 있었는데, 교도소 형기의 장기화, 삼진아웃제 입법(몇몇 주에서는 가석방 심사대상이 되기 위해서는 20년 이상을 보낼 것을 의무화하기도 했다) 그리고 비록 첫 번째 범

주요용어

범죄위험 인구
범죄를 저지를 위험성이 높은 범죄자들, 통상적으로 높은 수준의 범죄 잠재성을 보인다.

주요용어

위기 연령대
연령 범주로 분리했을 때, 범죄를 저지를 가능성이 높은 범죄자들

죄에 대한 처분이 구금이 아니었을지라도 나중에 중범죄로 유죄를 받을 경우 의무적으로 교도소 구금형을 선고하도록 하는 "우선 구금(prior imprisonment)"법 등이 있다.

두 번째, 연방 의회가 "제대로 된 양형" 프로그램 입법을 통하여 주 정부가 재소자에게 부과된 형기의 85%를 의무적으로 수감하도록 하는 법을 제정하고 새로운 교도소를 건립할 경우 건축자금을 지원하였다. 남자 범죄자들은 더 오랫동안 수감되었고, 따라서 회전율이 느려졌다.

[정책적 입지 17.1]에서 연방 교도소 인구 증가에 대하여 더 살펴보았다.

마지막으로, 검사들이 지역사회의 폭력범죄에 집중하면서 주로 구금형을 구형하였고, 또한 유죄답변협상 시에 양형 판사에게 제시한

정책적 입지 17.1

연방 교도소 인구 증가

연방 교도소 인구의 급격한 증가의 주요한 원인은 더 많은 사람들이 교도소 수감형을 선고 받고 또한 더 긴 시간 동안 복역해야 하는 것 때문이다. 예를 들어, 2011년에 90% 이상의 유죄 판결을 받은 연방 범죄자들이 교도소에 수감되었고, 보호관찰을 받은 경우는 10%에 불과하였다. 반면에 1986년에는 단지 50%만 교도소 수감형을 선고받고 나머지는 보호관찰이나 벌금형을 받았다.

2011년 연방 교도소 수감형의 평균 형량은 52개월이었다. 이는 비슷한 범죄에 대한 주 교도소 형량 평균보다 높다. 그러나 이러한 차이는 연방의 경우 모든 범죄자들이 최소한 선고 형량의 85%를 복역해야 하지만, 주 수준의 경우 대부분 더 낮은% 만 복역하고 비폭력 범죄자의 경우 선고형량의 50%도 복역하지 않는 경우도 있기 때문에 더 확대되었다.

비록 이민범죄로 연방교도소에 수감된 숫자가 증가하였지만, 2011년 교도소 인구증가의 가장 큰 요인은 마약사건 관련 형기 때문이다. 마약 운송의 평균 형량은 74개월이고, 폭력적이지 않은 마약 사범에게도 의무 최소형기를 길게 하였다.

출처: Lauren E. Glaze and Erinn J. Herberman, *Correctional Populations in the United States, 2012* (Washington, DC: Bureau of Justice Statistics, 2013); Julie Samuels, Nancy La Vignea, and Samuel Taxy (2013), "Stemming the Tide: Strategies to Reduce the Growth and Cut the Cost of the Federal Prison System", http://www.urban.org/UploadedPDF/412932-stemming-the-tide.pdf (accessed March 2, 2014).

최소 구금 형량을 높였다. 그러한 전략의 부수적인 결과로 몇몇 주에서는 뒤 이어 저지른 두 번째 중범죄 유죄 판결은 이전에 전과가 없는 경우보다 형량이 두 배나 늘어나는 결과를 초래하였다.

미국은 범죄 문제를 해결하기 위하여 "교도소에 가두고 열쇠 던지기" 철학을 이용하기로 작정한 것 같다.[10] 비록 일시적으로 무력화가 범죄를 예방하는 효과적인 방법이긴 하나, 범죄자들에게 더 많은 기회를 제공하고 그들이 미국 주류 사회에 들어갈 수 있도록 돕는 것이 범죄율과 수감으로 인해 발생하는 국가적 비용을 낮추는 보다 영구적인 방법일 것이다.[11]

교도소화의 역할

인간성을 향상시키기 위한(적어도 개선하려고 권장했던) 많은 시도는 원하는 효과를 가지는 만큼이나 때로는 계획되지 않고 또한 원하지 않았던 효과를 야기시켰다. 남자 수용자들에게 참회와 개선할 수 있는 환경을 제공하기 위한 노력들이 몇 가지 의도치 않은 부작용을 초래했는데, 싱싱 교도소에서 극심한 독거 수용을 실시한 결과 정신적 육체적 퇴화를 초래한 것에서부터 현대에 있어서는 교도소화라고 불리는 부작용까지 초래하였다. 용어의 주창자인 도날드 클래머(Donald Clemmer)는 이것을 "어느 정도 교도소의 관습, 관행, 풍습 그리고 일반적인 문화를 습득하는" 과정이라고 설명하였다.[12] 클래머는 교도소 공동체로의 동화는 수용자로 하여금 범죄행위를 강화하거나 조장하는 특정한 영향을 받도록 하는데, 이 과정에서 수용자는 교도소의 범죄적 이데올로기를 학습하고 "**교도소화**(Prisonization)"된다고 하였다. 교도소화는 재소자로 강요되는 열등한 역할을 받아들이는 것을 포함하는 과정이다. 새롭게 잠자고, 입고, 먹고, 일하는 습관을 받아들이고, 새로운 언어를 구사하고, 음식, 작업 과제, 공격으로부터 안전 그리고 특권과 같은 구금 환경에서 제한된 즐거움을 위해서는 서로 의지하는 법을 배워야 한다. 교도소화 학자들은 이 과정이 수용자들을 더욱 더 범죄자 코드, 목표, 행동과 동화되도록 할 뿐만 아니라,

주요용어

교도소화
새롭게 수감된 수용자들(그리고 몇몇의 교정 직원들)이 구금된 사회의 문화에 노출되고 수용자 문화에서 살아가는 법을 배우는 과정

재사회화 프로그램을 약화시키고 출소 후 사회에 적응하는 능력을 저하시킨다고 한다.[13]

많은 수용자들은 젊었을 때 경험과 부모나 친구로부터 부정적인 말이나 성향을 들음으로써 일련의 사회적 믿음, 태도 그리고 운명의 개념을 개발하기에 이른다. 그들은 예를 들어, 그들의 절도 피해자가 보험이 있어서 그렇게 피해가 없을 것이라고 믿으면서 피해자를 비인격화하거나 평가절하하고, 그들이 공격한 사람들의 경우 피해자가 먼저 공격하려고 했다고 믿거나, 그들에게 빚을 지고 있는 데 받아내는 방법은 폭력을 사용하는 법 밖에 없다고 믿는다. 또한 성장할 때 한번도 "휴식"을 가져본 적이 없기 때문에, 인생이 그들에게 빚지고 있다고 생각한다. 그들은 또한 자신들의 행동에 대하여 책임을 빨리 부정하면서, 자기를 속이려고 했던 멍청한 사람이라거나 자기를 존중하지 않은 사람이라며 책임을 전가하는 것을 학습한다. 이러한 범죄자들은 낮은 자기통제력을 가지고 있고, 자기중심적이며, 세상에 대한 왜곡된 인식을 가지고 있다. 대부분이 공격성을 억제하는 방법을 거의 모르고, 적당한 자기주장이 부족하다. 그들은 피해자에 대한 공감수준이 낮고 충동억제를 잘못하며 자신들을 위험한 상황에 빠뜨리는 행동을 저지른다. 이것들이 범죄 행위가 이치에 맞는 행위라고 확신을 주는 인식적 믿음이다. 어떤 면에서는, 아무리 많은 교도소의 신병훈련소식 프로그램도 이러한 사회적으로 파괴적인 행동을 없애거나, 부정적인 접근을 해소하거나, 인식 결함을 개선하거나, 좋지 않은 양육방식을 없앨 수는 없을 것이다. 치료적 접근(인지능력 향상)이 재범을 낮춘다고 반복적으로 보고되었다. 주목할 점은 교도소화는 모든 교도소에서 일어나고 있으며 반사회적인 행동의 합리화를 강화하는 메커니즘이라는 것이다.

교도소화 현상은 모든 교도소에서 나타난다. 이전에 수감되었던 수용자가 다시 교도소에 가지고 들어왔을 수도 있으나, 새로 지은 교도소에 초범들만 수용하는 경우에도 구금의 고통이 교도소화 과정을 야기한다.

비록 정도에 있어 차이가 나지만, 모든 교정시설에서 교도소화

교정 실제 17.3

수용자 비속어

남자 교도소는 자유세계로부터 완전히 분리된 하나의 사회이다. 이러한 조건에서 교도소 비속어가 생겨난다. 비속어는 부분적으로 수용자들이 하나의 공동체 표현으로서 그리고 교정직원들에게 혼란을 주려는 노력의 일환으로 생겨났다. 모든 교도소에서 사용되는지는 확실치 않지만 몇 가지 수용자 비속어들을 소개한다.

- 하루종일(All day): 종신형
- 뒷문 가석방(Backdoor parole): 교도소 내 사망
- 외양간(The barn): 큰, 열린 수용거실
- 상자(Box): 라디오
- 브레이크 오일(Brake fluid): 정신병 약
- 갈색 셔츠(Brown shirt): 교도관
- 죽은 사람 걷기(Dead man walking): 사형장으로 걸어가는 사형수
- 구멍에 불(Fire in the hole): 교정 직원이 온다
- 늙은 말(Hack): 교도관
- 오리(Duck): 새로운 교도관
- 물고기(Fish): 신입 수용자
- 고향 소년(Home boy): 같은 도시에서 온 사람
- 한번(One time): 교도관이 온다 마약 숨겨라
- 그 사람(The man): 교도소장
- 토끼 챙겨라(Pack the rabbit): 물건을 항문에 숨겨라
- 자루(Shank): 수제 칼
- 밀고자(Snitch): 밀고자
- 벌침(Stinger): 수제 전기 물 끓이개
- 맞춤(Tailor-mades): 담배
- 치다(Thump): 싸우다
- 엉덩이에 숨겨(Keester it): 물건을 항문에 숨겨라
- 발효주스(Pruno): 수제 술
- 레인지 퀸(Range queen): 여자역할을 하는 수용자

가 일어나기 때문에 수용자가 교도소 코드에 맞출 경우 얻을 수 있는 이익을 이해할 필요가 있다. 미래의 교정 행정가는 재소자 하위문화에 사회화 되도록 조장하는 구금의 고통을 반드시 이해할 필요가 있다. 이러한 고통은 지위 박탈, 성적 박탈, 결혼 박탈, 위험한 범죄자들과 가깝게 지내도록 강요하는 것 등이 포함된다. 또 다른 교도소 문화로서 수용자 갱이 있는데, [교정 실제 17.3]에 설명하였다.

만약 교정 행정가와 직원들이 구금과 처벌보다 개별 또는 집단 처우를 강조한다면, 비공식적 수용자 리더와 교정 당국 간에 어떤 형태의 협력이 가능하다면, 중간 또는 최소 경비 수준을 유지할 수 있

다면, 교정 직원의 잘못된 무력사용에 일관되게 징계를 적용한다면, 교도소 문화와 교도소화 과정을 크게 줄일 수 있을 것이다. 몇몇 연구자들은 수용기간을 짧게 하는 것이 수용자들로 하여금 자유세계의 활동에 참여할 것을 준비하기 시작해야 한다는 "기대적 사회화"에 참여하도록 유도하기 때문에 교도소 문화의 힘을 약화시킬 수 있다고 제안하였다. 따라서 짧고, 고정된 기간의 구금이 교도소화의 부정적 효과를 줄이는 데 도움을 줄 것이다.

남자 교정시설 내 강간과 성폭력

주요용어

2003 교도소 강간 척결법
교도소 성폭력을 줄이기 위한 미국 연방법

2003년에 부시 대통령은 교도소 성폭력을 다룬 첫 번째 정부 입법으로 **2003 교도소 강간 척결법**(Prison Rape Elimination Act of 2003)에 서명하였다([정책적 입지 17.2] 참조). 법률은 문제에 대하여 전국적인 통계를 수집할 것을 요구하고, 수용자 강간에 어떻게 대응할지에 대한 주정부 가이드라인을 개발하고, 매년 청문회를 주관할 심사위원들을 구성하고, 강간문제에 적극 대처하는 주에 자금을 제공하는 내용을 담고 있다. 추정치에 의하면 5명 중 1명의 남자 교도소 수용자가 다른 수용자에 의하여 성적 학대를 당했다고 한다. 여성 수용자의 경

정책적 입지 17.2

폭력 척결

2003 교도소 강간 척결법은 교도소 수용자의 공격을 다룬 첫 번째 연방법이다. 이 법률은 교도소 폭력 문제에 대하여 전국적으로 통계를 수집할 것을 요구하고, 수용자 강간에 어떻게 대응할지에 대한 주정부 가이드라인을 개발하고, 매년 공청회를 주관할 심사 위원들을 구성하고, 강간문제에 적극 대처하는 주에 자금을 제공하는 내용을 담고 있다. 이 입법은 미국 교도소 내 강간에 대한 인권 감시(Human Rights Watch)의 보고서에 대한 응답이라고 볼 수 있다. 2012년에 성폭력 빈도가 가장 높았던 11개 시설 중에서 세 곳은 텍사스 주에 그리고 두 곳은 플로리다 주에 위치해 있다.

출처: Allen J. Beck, Marcus Berkofsky, and Christopher Krebs, *Sexual Victimization in State and Federal Prisons Reported by Inmates, 2011-12* (Washington, DC: Bureau of Justice Statistics, 2013).

우, 주로 남자 교도관에 의하여 피해를 입을 가능성이 높은데, 어떤 시설에서는 4명 중 1명 정도로 피해율이 높았다.

교도소 수용 남성의 공격성에 대한 세부적인 연구에서 앤서니 스카코(Anthony Scacco)는 성폭행은 이상 성격이나 상황적 좌절의 표출이라기보다 착취의 수단이라고 보았다.[14] 교도소나 구치소 내부에서 발생하는 성폭행 모두를 단순히 **동성애자 성폭행**(Homosexual attacks)이라고 규정지을 수는 없다.[15] 그보다 정상적인 성정체성을 가진 남자 수용자가 정치적인 이유로－즉, 다른 사람에 대한 지배와 힘을 보여주기 위해 공격을 하는 경우가 많다. 피해, 수모, 인종차별, 피해자에 대한 모멸이 남자들 사이에서 성폭력이 발생하는 주된 이유라는 점은 우울한 현실이다. 빅터 하신(Victor Hassine)(수용자이면서 교도소에서 자살을 시도했던)이 아래와 같이 말했다.

주요용어

동성애자 성폭행
동성애자인 재소자에 의해서 피해자인 수용자에게 가해진 성폭력

> 갱들은 교도소에서 공포를 조장하고 힘을 유지하기 위하여 자주 강간을 무기로 사용한다. 거리의 갱들은 힘을 얻기 위해 총이나 살인을 이용하지만, 교도소 갱은 수용자들을 지배하기 위해 그리고 보복을 위해 강간의 위협을 이용한다. 어떤 교도소 갱은 새로운 갱단원이 들어올 때 입단의식으로 강간을 저지르도록 한다. 다른 수용자를 강간하는 것은 갱 단원으로서 용기, 힘 그리고 교활함을 보여주는 방법이라고 여겨진다.[16]

남성 범죄자들만을 위한 시설에서는, 해군 전함이나 수도원과 같은 남성들만 공동 생활하는 곳에서도 관찰되듯이, 동의하에 이루어지는 동성 성행위가 자주 발생한다. 특별히 장기간의 형기를 채워야 하는 경우, 교도소에서 수용자들이 성행위를 완전히 포기할 것을 기대하는 것은 비현실적이다. 피터 버품(Peter Buffum)은 아래와 같이 언급했다.

> 현재 교도소에서 발생하고 있는 동성 성행위의 양상은 교도소에서는 합법적인 애정관계가 형성될 수 없는 곳이기 때문에 장기간 복역하

게 되어 자유 세상에 있는 사람과 관계가 단절된 수용자들 사이에서 동성 성관계가 형성되는 경향이 있는 것으로 볼 수 있다. 게다가, 만약 교도소에서 수용자들이 스스로 자기 삶을 통제하려는 합법적인 시도를 허용하지 않고 또 교도소 사회에서 남성으로서 의미가 있다는 자기 확신과 스스로 남성성을 표출할 기회를 주지 않는다면, 동성 성관계는 이러한 욕구를 충족하기 위해 조장될 것이다.[17]

특별히 젊거나 수동적인 역할을 했던 동성 성관계자들 사이에서 동성 성행위는 장래에 이성애 행동으로 나아가는 것을 어렵게 하거나 착취적인 환경을 만들도록 할 수 있다. 그러한 관계가 수용자들 사이에 질투를 불러일으킬 때 심각한 폭력과 행정 문제를 야기할 수 있다. 제 3의 수용자가 두 수용자 사이의 관계에 개입될 경우 또는 애정관계에 변화가 있을 경우, 극심한 폭력이 발생할 수도 있다. 한때 시행되었던 여성 역할 파트너를 다른 시설로 이감하는 방법은 더 이상 적합한 방법도 아니고 또한 합헌적인 방법도 아니다. 여성 역할 파트너의 분리는 적극적 수용자가 또 다른 수용자에게 동성행위를 강요하는 결과를 초래하거나 수용자 권리와 관련된 법적인 문제를 야기하거나 그리고 분리로 인하여 교도소가 소송을 당할 수도 있다.

교정 행정가들은 장기 수용자들을 위해서 정기적으로 가정 방문제를 실시할 것을 고려할 필요가 있고 또한 문제 해결을 위한 프로그램이나 활동을 고안하고 실시해야 한다. 그러나 2005년 초반에 단지 여섯 개 주에서만 **가족(부부)접견**(Family(conjugal) visits)을 허용했다고 한다. 이 제도는 수용자들이 자기들의 인생을 어느 정도 통제할 수 있도록 허용해 주고 또한 애정관계와 안정적인 대인 관계를 유지하도록 해 준다. 가족과 친척들로부터의 연락과 접견을 권장하는 것은 구금의 고통을 줄이고 가족의 재결합에 도움을 준다. 부부접견은 캘리포니아, 코네티컷, 뉴멕시코 그리고 워싱턴 주에 있는 프로그램이다. 미시시피 주는 100년 전에 처음으로 부부접견을 실시한 주였으나, 2014년에 폐지하였다.

주요용어

가족(부부)접견
보통 남편과 아내가 감시가 없는 상태에서 접촉하는 것을 허락하여 가족의 유대를 강화하기 위한 교도소 프로그램.

미국 남자 교도소 수용자의 고령화

범죄에 대한 강경한 기조와 더불어 엄격한 장기형 부과로 인하여 전국 교도소에 수감된 고령자의 비율은 빠르게 증가하고 있다. 12명 중 1명(121,800)의 수용자가 50세 또는 그 이상일 것으로 추정하고 있다. 2012년에 전국의 모든 교도소를 대상으로 조사한 결과, 26,000명 이상의 수용자들이 65세 이상이었다.

노인 수용자의 증가 비율은 특별히 캘리포니아, 텍사스 그리고 플로리다 주에서 가파르다. 예를 들어, 캘리포니아에서는 1997~2006년 사이에 55세 이상의 수용자 인구가 두 배로 증가하였다. 약 20%의 캘리포니아 수용자들은 종신형으로 복역 중이고 10% 이상이 가석방 가능성이 없는 종신형으로 복역 중이다. 루이지애나 주 교정 시스템은 현재 5,000명 이상의 50세 이상 수용자를 구금하고 있다. 이것은 지난 12년 동안 세 배 증가한 수치이다. 플로리다 주의 경우, 고령 수용자들의 증가 비율이 젊은 수용자들의 비율을 벌써 추월했다. 캘리포니아 주에는 삼진아웃 중범죄로 유죄를 받아 25년에서 종신형으로 복역 중인 재소자가 29,000명이 넘는다.[18] 전국적으로 종신형으로 복역 중인 수형자의 수는 159,000명이 넘고, 가석방 없는 종신형으로 복역 중인 수형자는 49,000명이 넘는다.[19] 이러한 수형자들이 나이가 듦에 따라 구금 비용은 급격히 증가할 것이다. 뉴욕 주에서 수용자 1인당 연간 비용이 59,000 달러가 넘는다고 한다(21장 참조).

노인 수용자(Elderly inmates)들은 다른 수용자들보다 살인과 과실치사 그리고 성폭력 범죄를 더 많이 저질렀던 것으로 조사되었다. 그러나 다른 수용자들보다 강도나 주거침입절도는 적게 저질렀던 것으로 나타났다. 그들의 형기가 유난히 길기 때문에 일반 시민 사이의 노인 인구비율과 비교해서도 훨씬 많은 노인 수용자들이 교도소에 집중되었을 수 있다. 이것은 노인 수용자뿐만 아니라 교정 행정가들에게도 많은 문제를 야기한다.

주요용어

노인 수용자
보통 55세 이상의 교도소 수용자들

첫째, 그들은 건강관리에 문제가 있을 수밖에 없고, 예방적 건강관리 프로그램도 필요로 한다. 만약 제공되지 않을 경우 교정 행정가들에게 엄청난 법적 소송비용을 초래할 수도 있다. 최소한, 이러한 수용자들은 우울증을 겪을 수 있고, 다른 영양 성분(적은 단백질, 낮은 칼로리, 더 부드러운 음식과 섬유질)을 필요로 할 수 있다.

게다가, 교도소에서 나이가 드는 것은 젊은 수용자로부터의 폭력[20]과 착취를 피해야 하고, 교도소 생활에서 새로운 개인적 필요에 적응해야 하고, 그럼에도 적절한 프로그램(오락, 교육, 주거)은 없다는 것을 의미한다. 죽음에 대한 두려움, 절망 그리고 출소 후 부적응과 마찬가지로, 피해에 대한 취약성, 노쇠함 그리고 친척과 가족으로부터의 고립은 그들에게 피해를 야기할 수 있다.

건강관리 비용은 고혈압, 당뇨, 뇌졸중, 암 그리고 폐기종에 대한 치료로 인하여 급격히 증가하였다. 안경, 틀니, 신장 투석 그리고 심장병 수술 또한 필요하다. 2001년에 수형자들을 위한 의료비용이 42억 달러를 넘었고, 물가상승률을 감안한 최근 연구에서는 44개 주의 교정 시설에서 수용자들에게 의료비용으로 65억 달러를 지출했다고 추정했다. 2015년까지 교도소에서 노인 수용자를 위한 의료비용이 14배 증가할 것으로 추정되었다.[21] 많은 교도소들이 **노인 시설**(Geriatric center)이 될 것이다.[22] 따라서 수형자 중에서 독특한 필요를 요하는 집단을 감당하기 위해서는 특수한 직원들이 필요하고, 직원들에 대한 훈련이 반드시 필요하다고 할 수 있다. 아마도 우주도 탐험할 수 있는 국가라면 새로운 세기의 두 번째 십년 동안 증가하는 노인 수용자들을 돌보기 위해 필요한 공감을 찾을 수 있을 것이다. 사면은 노인 수용자 문제를 다루는 데 있어 정부가 자주 고민해야 하는 문제가 될 것이다. 연방정부의 새로운 보험 보장법('오바마케어'라고 불림)은 노인 수용자를 지역사회로 일찍 내보내는 것을 장려할 수도 있을 것이다.

주요용어

노인 시설
노인 수용자들을 위한 교정 시설

요약

교도소 인구 추세 요약

미국 성인 남자 교도소 인구는 1986년보다 다섯 배 높은 수치를 기록하면서 지난 40년 동안 가파르게 증가해 왔다. 이러한 증가는 강화된 형기, 수용자들이 85%의 선고 형량을 채워야한다는 규정의 도입, 시골 출신 이민자 아들 세대들의 교도소 인구유입, 마약과의 전쟁, 대중의 두려움과 그 결과로 인한 "강경한(get−tough)" 정치적 입장 그리고 불법 마약과 그 수입과 관련된 다른 요인들에서 찾을 수 있다.

성인 교도소 수용자들이 경험하는 문제들에 대한 설명

남자 수용자들은 기본적으로 교육, 직업 기술, 약물 남용 전력, 신체와 정신 건강 그리고 직업적 장래 등에 대한 전망이 좋지 않은 사회적 약자 계층 출신들이다. 교정의 관점에서 봤을 때, 그들은 고위험·고수요 고객이라고 볼 수 있다. 비록 몇몇 주에서는 내실 있는 프로그램이 있지만, 이러한 제한점들에 대응하면서 재범률을 줄일 수 있는 프로그램들은 드물다. 만약 수용자들이 성공적으로 교육과 직업 훈련을 마치고 증거기반 프로그램을 사용한다면, 그들이 교도소 밖의 삶을 받아들일 기본적인 준비가 되었다고 할 것이다. 그들이 교도소를 출소하거나 가석방 될 때, 또한 집과 직업을 찾는 도전에 직면해야만 한다.

교도소 인구증가에 대한 설명

비록 지난 3년간 약간의 감소가 있긴 했으나, 남자 교도소 수용자 인구는 지난 30년 동안 증가해왔다. 대부분의 수감된 남성들은 교도소에 있고 구치소 수감 인원의 두 배 이상이다. 구치소 인구는 또한 공간이 생길 때까지 교도소로 이감을 기다리는 많은 숫자의 "지연자들"도 포함하고 있다. 교도소 인구증가는 마약 거래, 불법 이민 그리고 폭력범죄에 대한 경찰의 집중단속에 의해 가속화 되었다. 범죄율이 1972년 이전 수준으로 낮아졌지만(청소년 비행은 지난 10년 동안 거의 절반 가까이 줄었다), 수감된 범죄자의 수는 계속 증가하고 있다.

구치소와 교도소 수용자들의 비교와 대조

대부분의 구치소와 교도소 수용자들은 소수집단 출신이며, 교육수준이 낮고, 부모로부터 부실한 양육을 받았다. 대부분 직업 기술이 부족하고 간헐적인 고용 전력을 가지고 있다. 또한 불법 마약에 중독되어서 교정 시설에 들락거리는 회전문현상에 크게 일조하였다. 어떤 수용자들은 인간다운 생활을 위해서 교육과 훈련이 필요한 도시 환경으로 이주해온 자들이었다. 이러한 원인들은 수용자들의 범죄를 변명하려고 제시한 것은 아니고, 다만 어떤 집단의 사람들에게는 아메리칸 드림을 향한 기회에 있어 차별이 있다는 점을 지적하고자 한다.

수용자들의 불법 행동에 영향을 주는 몇몇 정신적 특징들이 또한 실패의 원인으로 작용한다. 예를 들어, 기술적으로 진보한 문화에서 삶의 특성에 대한 부정확한 인식, 미흡한 분노 조절능력, 자기중심적인 시각, 만족감을 기다릴 줄 아는 능력의 부족 등이 있다. 한편으로 그러한 수용자들 중 다수가 자신에 대한 건설적인 역할과 시각을 가지고 사회화를 해본 경험이 없다. 어떤 지역에서는 교도관과 교정 직원들에게 교도소 운영과 안전에 위협을 주는 시설 위협집단 또는 교도소 갱의 전조 현상인 거리 갱들이 형성되고 있다.

지난 몇십 년 동안 지역사회 기반 교정 자원들이 증가했고 교정 행정가들은 그러한 자원들을 활용하여 최소위험 또는 저위험 개인과 집단들의 구금을 피하려고 했다. 효과적이고 자료를 바탕으로 한 처우 방안들을 찾는 것이 시작되어서 장기형 범죄자들의 수를 줄일 수 있는 효과적인 방안을 제공할 수 있을 것이다.

교정 정책에 있어서는 구치소와 교도소 예산의 감소, 증거에 기반한 효과적 처우의 등장, 대중적 지지 그리고 비록 몇몇 범죄자들은 정말 위험하지만, 대부분은 구금 이외의 대안적 방법으로 처우가 가능하다는 것에 대한 공감대 형성 때문에 큰 변화가 나타나고 있다. 기존 자원의 긴축으로 인해 의료비용이 향후 20년간 네 배 이상 소요될 것으로 예상되는 노인 수용자들과 관련된 정책에 변화를 가져올 것이다. 교도소 내 삶의 질, 의료와 정신 건강 서비스의 제공, 교도소 과밀 수용과 관련된 법원의 판결들은 몇몇 주의 교정 시스템과 주 정부 관료들로 하여금 구금된 수용자의 수를 급격하게 줄일 것을 강요하고 있다. 희망적인 전략들이 나오고 있는데, 구금된 전체 수용자의 수가 서서히 줄어들기 시작했다고 한다. 중요한 점은 수형자의 위험성을 판단하고, 덜 위험하고 교화가 된 수용자들에게는 구금이외의 대안을 사용하고, 증거기반 처우 프로그램을 실시하는 것이다.

교도소 수용자들의 기능적 문맹을 줄이기 위해 어떤 것을 할 수 있나?

기능적 문맹은 종종 부적절한 교육프로그램으로 인하여 어떤 사람이 영어의 기본적인 것을 읽고, 쓰고, 이해하지 못하는 것이다. 교도소는 가석방의 선행 고려 요건으로 교육적 성취를 의무화하는 프로그램을 이용하거나 문맹을 줄일 수 있는 관련된 것들을 이용하여 수용자들이 기능적 문해를 달성할 수 있도록 강요할 수 있다.

교도소화의 결과에 대한 설명

교도소 수용자들은 사회화의 과정으로서 교도소와 시설 내 위험집단의 문화를 받아들인다. 교도소화는 자기들의 범죄에 대한 합리화와 중화, 비록 재소자들 사이에 조금 차이가 나지만 피해자와 교정직원의 역할에 대한 비속어 사용, 출소 후 더 많은 범죄를 저지르게 되는 것 그리고 수감 중에 특정 수용자가 담당하는 역할을 포함한다. 종합적으로 고려할 때, 교도소화는 재사회화를 어렵게 하고 교도소의 위험수준을 증가시키고, 출소 후 재범률을 높일 수 있다.

남자 교정 시설에서의 강간과 성폭력에 대한 설명

교도소 수용자 사이의 강간과 성폭력은 동성 성행위라기보다 오히려 동성애자가 아닌 남성이 남성성을 나타내기 위해, 자기의 힘을 과시하기 위해, 잠재적 피해자들에게 공포를 주기 위해, 다른 수용자들에게 보복하기 위해 이루어진다고 볼 수 있다. 교도소 내 동성애적인 강간은 한 재소자가 다른 재소자에게 힘을 과시하는 것으로 볼 수 있다.

미국 교도소 인구 고령화의 다섯 가지 결과

고령화 현상은 늘어난 형기와 법원에 의해 부과된 형의 상당 부분을 복역하도록 의무화한 규정의 결과이다. 더 적은 숫자의 수용자들이 가석방으로 석방되고 있다. 결과적으로, 교도소 인구의 고령화는 지속될 것이다. 이러한 현상은 직원들에 대한 재교육을 요하고, 교도소의 디자인을 바꾸고, 시설이 노인 수용자들을 위해 전념해야 하고, 수용자들은 교도관의 명령에 정확하게 반응하지 못할 수 있고, 수용자들은 더 많은 육체적 정신적 문제에 직면하고, 의료비용이 급격하게 증가할 것이다. 이러한 비용의 일부는 덜 위험하거나 노인 수용자들을 대상으로 의료 가석방과 동정 가석방을 실시하여 줄일 수 있을 것이다.

주요용어

인종과 민족 집단 ··············· 592
시설 위협 집단 ················· 594
디자이너 마약 ··················· 595
기능적 문맹자 ··················· 597
시설 작업 과제 ················· 597
범죄위험 인구 ··················· 599
위기 연령대 ······················ 599
교도소화 ·························· 601
2003 교도소 강간 척결법 ·· 604
동성애자 성폭행 ················ 605
가족접견 ·························· 606
노인 수용자 ······················ 607
노인 시설 ························· 608

복습질문

1. 남자 교도소 내 강간의 양상에 대하여 설명하라.
2. 어떤 요인들이 교도소화를 조장하는가?
3. 교도소 내 성폭력을 줄이기 위해 무엇을 할 수 있는가?
4. 남자 수용자들은 어떻게 형이 선고되어야 하나?
5. 왜 그렇게 많은 수형자들이 소수집단 소속인가?
6. 노인 수용자들이 야기하고 당면하는 문제들은 무엇인가?
7. 교정당국은 노인 범죄자 문제에 어떻게 대응할 수 있나?
8. 거리와 교도소 갱들이 교도소 운영에 어떤 영향을 줄 수 있나?
9. 토론: 나이가 70이 넘으면 수용자들을 출소시켜 지역사회 통제 하에 두어야 한다.

적용사례연구

1. 당신은 주의 교정 국장인데 주지사가 교도소 인구를 줄이기 위한 세 가지 방안을 제시하라고 요구하였다. 어떻게 대답할 것인가?

2. 당신은 교도소장으로 임명되었다. 당신이 부임할 교도소는 성폭행 비율이 가장 높은 교도소 중에 하나이다. 어떠한 변화를 시도할 것인가?

3. 당신은 교도소장이다. 당신의 교도소에서 최근 여러 건의 자살 시도가 있었다. 어떠한 조치를 취할 것인가?

미주

1. E. Ann Carson and William J. Sabol, *Prisoners in 2011* (Washington, DC: Bureau of Justice Statistics, 2012).
2. Nick Miroff, "Controversial Quota Drives Immigration Detention Boom," *Washington Post,* October 13, 2013, http://www.washingtonpost.com/world/controversial-quota-drives-immigration-detention-boom/2013/10/13/09bb689e-214c-11e3-ad1a-1a919f2ed890_story.html (accessed March 2, 2014).
3. Prison administrators argue that reserve capacity is needed to operate a prison effectively. Prison dormitories and cells need to be repaired and maintained periodically. Additional space may be needed for emergencies. Special housing (such as protective custody and punitive segregation) and administrative units (such as prison recreation, intake, and program space) are required. The federal prison system is running over137 percent of capacity, and 21 states are over at least their lowest capacity, some (such as Alabama) by as much as 193 percent of capacity. E. Ann Carson and Daniela Golinelli, *Prisoners in 2012* (Washington, DC: Bureau of Justice Statistics, 2013).
4. Dan Eckhart, "Civil Actions Related to Prison Gangs," *Corrections Management Quarterly* 5:1 (2001): 9–64. See also Frank Marcell, "Security Threat Group Effect on Corrections during the Past Decade," *Corrections Today* 68:2 (2006): 56–59.
5. "The Heroin Epidemic: Cuyahoga County Logs Record-Breaking Death Toll in 2013," *Cleveland Plaindealer,* December 29, 2013.
6. Caroline Wolf Beck, *Drug Enforcement and Treatment in Prison, 1990* (Washington, DC: U.S. Department of Justice, 1992). See also Harry Wexler, "The Success of Therapeutic Communities for Substance Abuse in American Prisons," *The Prison Journal* 75:1 (1995): 57–66; Dorothy Lockwood, J. McCorkle, and J. Inciardi, "Developing Comprehensive Prison-Based Therapeutic Community Treatment for Women," *Drugs and Society* 13:1/2 (1998): 193–212; and Michael Prendergast et al., "Reducing Substance Abuse in Prisons," *The Prison Journal* 84:2 (2004): 265–280.
7. Charles Bailey, "Prison Populations Surging, and Not Just Because of the Nation's Economic Slowdown," *Corrections Digest* 7:2 (1976): 9. See also Miriam Williford, *A Contradiction in Terms?* (Phoenix, AZ: Oryx Press, 1994), and Elliott Currie, *Crime and Punishment in America: Why the Solutions to America's Most Stubborn Social Crisis Have Not Worked—And What Will* (New York: Metropolitan Books,

1998).

8. Carson and Golinelli, *Prisoners in 2012.*
9. Rob Wilson, "U.S. Prison Population Sets Another Record," *Corrections Magazine* 4:2 (1980): 5; Currie, *Crime and Punishment in America.* But see Grant Stitt, Donia Giascopassi, and Mark Nichols, "The Effect of Casino Gambling on Crime in New Casino Jurisdictions," *Journal of Crime and Justice* 23:1 (2000): 1-23.
10. A term developed in the 1930s. See also Joan Petersilia, "California's Prison Policy: Causes, Costs, and Consequences," *The Prison Journal* 72:1/2 (1992): 8-36, and Theodore Sasson, *Crime Talk: How Citizens Construct a Social Problem* (Hawthorne, NY: Aldine, 1995).
11. See Currie, *Crime and Punishment; in America* and John Donahue and P. Siegelman, "Allocating Resources among Prisons and Social Programs in the Battle against Crime," *Journal of Legal Studies* 27:1 (1998): 1-43.
12. Donald Clemmer, *The Prison Community* (New York: Rinehart, 1940), p. 8. See also Barbara Peat and T. Winfree, "Reducing the Intra-Institutional Effects of 'Prisonization': A Study of a Therapeutic Community for Drug-Using Inmates," *Criminal Justice Behavior* 19:2 (1992): 206-225; Hans Toch, "Inmate Involvement in Prison Governance," *Federal Probation* 59:2 (1995): 34-39; and Darren Lawson, C. Segrin, and T. Ward, "The Relationship between Prisonization and Social Skills among Prison Inmates," *The Prison Journal* 76:3 (1996): 293-301.
13. Kenneth Adams, "Adjusting to Prison Life," in *Crime and Justice: A Review of Research,* ed. Michael Tonry (Chicago: University of Chicago Press, 1993), pp. 275-359; Paula Faulkner and W. Faulkner, "Effects of Organ-izational Change on Inmate Status and the Inmate Code of Conduct," *Journal of Crime and Justice* 20:1 (1997): 55-72.
14. Anthony Scacco, *Rape in Prison* (Springfield, IL: Charles C Thomas, 1975); Michael Scarce, *Male on Male Rape* (New York: Plenum, 1997); Thomas Fagan, D. Wennerstrom, and J. Miller, "Sexual Assault of Male Inmates," *Journal of Correctional Health Care* 3:1 (1996): 49-65; Christine Saum, H. Surratt, and J. Inciardi, "Sex in Prison: Exploring the Myth and Realities," *The Prison Journal* 75:4 (1995): 413-430. But see Richard Tewksbury, "Measures of Sexual Behavior in an Ohio Prison," *Sociology and Social Research* 74:1 (1989): 34-39; Richard Tewksbury and Elizabeth Mustaine," Lifestyle Factors Associated with the Sexual Assault of Men," *Journal of Men's Studies* 9:2 (2001): 23-42; and Christopher Hensley and Richard Tewksbury, "Wardens' Perceptions of Inmate Fear of Sexual Assault," *The Prison Journal* 85:2 (2005): 198-203.
15. Helen Eigenberg, "Homosexuality in Male Prisons: Demonstrating the Need for a Social Constructionist Approach," *Criminal Justice Review* 17:2 (1992): 219-234. See also Genesis 19: 1-9, in which non-gay men planned to sexually assault angels. The "Sodomites" are heterosexual men with a hatred of outsiders and who intend to violate cultural mores by attacking the angels. The "sin" is breaking the hospitality rules.
16. Victor Hassine, *Life without Parole* (New York: Oxford University Press, 2008), p. 138.

17. Peter Buffum, *Homosexuality in Prisons* (Washington, DC: U.S. Government Printing Office, 1972), p. 28. See also James Stephan, *Prison Rule Violators* (Washington, DC: Bureau of Justice Statistics, 1989); David Hallpren, "Sexual Assault of New South Wales Prisoners," *Current Issues in Criminal Justice* 6:3 (1995): 327–334; and Saum et al., "Sex in Prison."
18. Harry E. Allen and Bruce S. Ponder, "Three Strikes Legislation and Racial Disparity in California: 1994–2001," paper presented at the annual meeting of the Academy of Criminal Justice Sciences, Anaheim, CA, March 8, 2002; California Department of Corrections, "Second and Third Strike Felons in the Adult Institution Population," http://www.cdcr.ca.gov/Reports_Research/Offender_Information_Services_Branch/Quarterly/Strike1Archive.html (accessed October 17, 2008).
19. The Sentencing Project, "Trends in Corrections," http://sentencingproject.org/doc/publications/inc_Trends_in_Corrections_Fact_sheet.pdf.
20. Richard Dagger, "The Graying of America's Prisons," *Corrections Today* 50:3 (1988): 26–34; Ronald Day, "Golden Years behind Bars," *Federal Probation* 58:2 (1994): 47–54.
21. American Correctional Association, *2010 Directory* (Lanham, MD: American Correctional Association, 2010). See also Sarah Bradley, "Graying of Inmate Population Spurs Corrections Challenges," *On the Line* 13:2 (March 1990): 5. The average costs for imprisoning elderly inmates is high because they suffer from an average of three chronic illnesses during their incarceration. In New York, these costs range from $50,000 to $75,000 a year. Rozann Greco, "The Future of Aging in New York State," http://aging.state.ny.us/explore/project2015/briefs04.htm (accessed February 16, 2005).
22. Gennaro Vito and D. Wilson, "Forgotten People: Elderly Inmates," *Federal Probation* 49:2 (1985): 18–24; Deborah Wilson and G. Vito, "Long-Term Inmates: Special Need and Management Considerations," *Federal Probation* 52:3 (1988): 21–26. At least 22 states already have special geriatric prison wings or housing units for their older inmates. See also Todd Edwards, *The Aging Inmate Population* (Atlanta, GA: Council of State Governments, 1998), and Project for Older Prisoners, California Department of Corrections, "A Look at Other States' Programs for Older Inmates," http://www.sfgate.com/cgi-bin/article.cgi?file=/news/archive/2003/02/25/state2034EST0156.DTL (accessed December 16, 2004).

CHAPTER 18

여성 재소자

학습목표

- 성인 여자교도소 인구 추세와 특징에 대하여 요약한다.
- 여자 재소자들의 특성과 문제점들, 도전과제, 직면하는 장벽들에 대하여 설명한다.
- 여자교도소의 역사를 간략히 소개한다.
- 여자교도소의 문화를 설명한다.
- 남녀 공동 교도소의 개념에 대하여 설명한다.
- 여성 범죄자들을 위해 지역사회 교정을 활용하는 것에 대한 적절한 결론을 도출한다.

개요

여성 범죄자와 교정시설 구금비율
• 여성에게 차별적인 사법 제도?
• 마약 남용 여성범죄자들의 특징

구치소에 있는 여성들

교도소에 있는 여성들

여성 시설들

교도소 수용 여성들의 특별한 문제점들
• 동성 성행위와 유사가족

남녀공용 교정시설

지역사회 교정과 여성 범죄자들

"마약 중독 여성들은 정신 질환, 자살, 음주와 마약 의존성이 높은 가족 출신인 경향이 있다."
- 해리 E. 앨런

개관

비록 남자 범죄자들(제17장)이 성인 교도소 수용자들의 절대 다수(93%)를 차지하지만, 여성수용자 인구 또한 남자 보다 높은 연간 증가 비율을 보이면서 증가하고 있다. 이번 장에서 우리는 여성이 부딪혀야 할 상황과 과정 그리고 현상들에 대하여 조사한다. 우리는 주, 연방 여타의 성인 여성교도소와 교정 시설에 구금된 여성들이 저지른 범죄와 그들이 어떠한 여성들인지 살펴본다. 당신은 많은 여성 범죄자들이 전통적인 "여성 범죄"를 더 이상 저지르지 않고, 범죄행위와 폭력수준에서 주류로 등장하고 있어, 이들에 대한 새로운 접근이 필요하다는 것을 알 수 있을 것이다.

남자와 여자교도소의 상대적 구금 수준을 비교하기 위해서 먼저 남녀의 범죄율을 살펴보고 그러한 범죄들에 대한 유죄와 양형 패턴이 어떻게 다른지 살펴본다. 전통적으로 여성들을 교도소에 장기 구금하는 대신에 지역사회 정신건강시설이나 대안시설로 전환하는 "철제 천장"에 최근에 금이 가기 시작한 것 같다. 여성 수형자들에게 새로운 경향이 나타나고 있다. 특별한 대우가 필요하도록 만드는 여성 수용자 특유의 문제점들에 대하여 논의할 것이다. 미국 교도소 내의 여성 범죄자들에게 어떤 일이 일어나는가?

여성 범죄자와 교정시설 구금비율

[그림 18.1]에서 보았듯이, 성인 시설에 구금된 여성 수용자들의 숫자는 가파르게 증가했다가 최근에 안정되기 시작했다. 비록 여성 재소자 수가 미국 전체 교도소 인구의 8% 미만이지만, 이것은 우려할 만한 추세라고 할 수 있다. 1995년 이래 남자 교도소 수용자의 수가 48% 증가하는 동안 여자 수용자의 수는 장기간 높은 증가율을 지속하면서 64% 가까이 증가하였다. 이 수치는 13%가 넘는 구치소 수용 인구를 포함한 것이다.[1] 수용자들이 누구이고 왜 숫자와 비율이 증가하는지에 대하여 보다 잘 이해하기 위해서는 여성들이 저지른 범죄의 종류를 지역별 그리고 전국 수준에서 살펴보아야 한다.

1970년부터 1990년대는 거의 모든 영역에서 성평등과 인권 운동이 주창되던 시기이다.[2] 그럼에도 불구하고 최근에 들어서야 교도소 여성수용자의 인권을 위한 움직임이 있었다. 한편으로 여성은 부분적으로 전통적인 여성의 성역할에 대한 고려로 인해 형사사법체계의 거의 모든 부분에서 차별적(때로는 우호적인) 대우를 여전히 받고 있다(마약 단속에서는 예외).[3] 지금부터 여성이 저지른 보다 보편적인 종류의 범죄 지표들을 살펴보고 빠르게 변화하고 있는 환경에서 시설 구금 처분을 받은 경우를 비교해 보고자 한다.

비록 연방수사국의 단일범죄보고서(Uniform Crime Reports)에 포함된 범죄 통계가 다소 한계가 있고 특별히 여성과 관련된 범죄에 대해서 "부드럽게" 대한다는 측면이 있지만, 있는 것 중 가장 최선의 선택이고 적어도 추세에 대한 지표로는 수용할 만 한 것이라고 할 수 있다.[4] 여덟 가지 주요(지표) 범죄에 대한 2012년 **성별 체포 수**(Arrest by gender) 비교는 [표 18.1]에서 볼 수 있다. 여성은 폭력범죄의 경우 남성보다 훨씬 적게 저질렀다. 여덟 가지 지표 범죄는 마약 위반은

주요용어

성별 체포 수
남성과 여성 범죄자들의 체포자료 비교

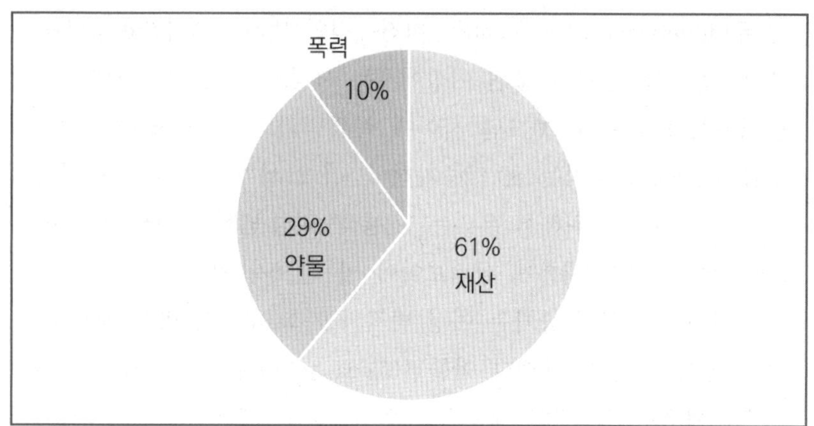

그림 18.1

체포된 여성이 저지른 주요 범죄들

출처: Federal Bureau of Investigation, *Crime in the United States 2012* (Washington, DC: U.S. Department of Justice, 2013), chart 32.

표 18.1 **지표(파트 1)범죄의 종류별 여성 체포자 수, 2012**

죄명	전체(남성)	여성 범죄	여성%지
전체: 지표범죄 총계	972,218	486,107	33.3
살인과 중과실치사	6,303	830	11.6
강제 강간	11,782	109	0.009
강도	59,033	9,032	13.2
중폭행	201,049	59,103	22.7
침입절도	161,450	32,432	16.7
절도	488,888	374,332	43.3
자동차절도	37,237	8,833	19
방화	6,476	1,436	18
폭력범죄	278,167	69,074	19.8
재산범죄	694,051	417,033	37.5

출처: Federal Bureau of Investigation, *Crime in the United States 2012* (Washington, DC: U.S. Department of Justice, 2013).

포함하지 않고 있다. [그림 18.1]이 나타내듯이 여성은 폭력 범죄에 비하여 마약 범죄에서 세 배나 많이 체포되었다.[5]

이러한 점은 전체 형사사법체계에서 여성범죄자들의 역할이 커져가고 있다는 것을 분명히 보여준다. 이전에 언급했듯이, 여성에 대

주요용어

우대
여성 범죄자들이 형사사법체계의 모든 단계에서 보다 관대한 처우를 받는 다는 주장

주요용어

"전통적" 여성 범죄
특별히 여성이 저지르는 범죄들(예를 들어, 매춘과 영아살해)

주요용어

피해자 없는 범죄
피해자가 없는 것처럼 보이는 범죄(예를 들어, 매춘 또는 약물 남용)

한 **우대**(Preferential treatment)는 비전통적인 범죄(폭력범죄와 공범과 함께 저지른 범죄)들로 체포된 여성에게는 사라지는 것 같아 보인다. 예를 들어, 1991년과 2011년 사이에 폭력범죄로 주 교도소에 새롭게 수감된 여성의 숫자는 83% 증가하였다.[6] 21세기의 새로운 여성범죄자들을 살펴보기 위해서 우리는 **"전통적" 여성 범죄**("Traditional" female crimes)에 대하여 새롭게 살펴보아야 할 필요가 있다.

여성 범죄성의 증가는 여성 범죄의 기회 구조가 바뀐 것으로 볼 수도 있을 것이다. 프레다 아들러(Freda Adler)가 말한 "가장 오래되고 또 새로운 직업"[7]인 매춘으로 인한 체포가 2003~2012년 사이에 거의 40% 가까이 감소하였다.[8] 이러한 현상은 여성을 위한 직업이 더 좋아져서, AIDS에 대한 인식이 확산되어서 또는 바뀐 도덕적 분위기 때문일 수도 있을 것이다.[9]

그러나 매춘 체포 양상은 단지 빙산의 일각일 뿐이다. 왜냐하면 매춘은 소위 말하는 **피해자 없는 범죄**(Victimless crimes)[10] 중의 하나이기 때문에 그리고 고객들이 거의 신고를 하지 않기 때문에, 매춘 체포 수는 보통 노골적으로 호객행위를 한 경우, 질병이 확산된 경우 또는 지역적 단속 캠페인으로 인해 드러난 경우가 대부분이다.[11] 매춘과 관련된 많은 속설이 있으나 대부분은 근거가 없는 이야기 이다. 매춘으로 돈을 버는 사람들(대부분의 경우 매춘부 당사자들은 아님)은 통계를 작성한다던지 출판을 하지 않는다. 이것은 성욕과 돈을 벌고자 하는 가장 궁극적인 욕망으로 인해 유지되는 사업이다.

여성에게 차별적인 사법 제도?

형사사법체계에서 성평등과 여성의 역할에 대한 연구가 부족했었는데, 최근에는 이 부분에 대한 연구가 활발하게 이루어지고 있다.[12] 대부분의 초창기 연구들은 1940년대와 1950년대의 낡은 미신과 오류에 근거한 연구들이었다.

여성범죄자가 처음으로 형사사법체계와 접촉하는 단계는 체포의 순간이다. 체포가 남성 범죄자에게도 충격적인 일이겠지만, 여성에게

는 특별한 문제를 가져온다. 미국에서 80%의 여성 범죄자들이 집에 아이들이 있고 엄마가 없을 경우 아이들을 돌보아줄 다른 사람이 없다.[13] 대략 구치소나 교도소에 있는 80,000명의 여성 수용자들에게 약 200,000명의 18세 이하 아이들이 있다[14]([표 18.2] 참조). 경찰관들은 이러한 아이들에 대해 걱정하고 여성 범죄자들을 자기의 어머니나 여자 형제와 동일시하는 경향이 있다. 이로 인해 똑 같은 상황에서 남자보다 여성을 체포할 때 더 많은 재량권을 행사하게 할 수 있다. 여성 범죄자들에게 재판 전에 더 많은 서비스를 제공할 필요가 있다는 인식이 많은 지역사회에서 가정에 어려움이 있는 여성들을 도와주는 프로그램을 만들도록 유도하였다.

표 18.2 교도소에 수용된 엄마 숫자, 2011(상위 10개 주)

주	엄마
텍사스	7,533
캘리포니아	4,970
플로리다	4,410
오하이오	2,410
조지아	2,310
애리조나	2,020
일리노이	1,730
버지니아	1,730
펜실베니아	1,690
미주리	1,590
합계	30,433

출처: The Sentencing Project, *Parents in State Prisons* (Washington, DC: The Sentencing Project, 2012)

여성 범죄자들의 아이들은 종종 친척이나 위탁부모에게 맡겨지거나 청소년 주거시설에서 지내게 된다는 점을 기억해야 한다. 살던 동네를 떠나서 비행을 저지른 아이들이 들어간다고 알려진 시설에서 생활하는 청소년들은 자기들이 처벌이 아니라 주 정부에 의해서 보호받고 있다고 생각하기가 쉽지 않을 것이다(제18장 참조). 교도소에서 출산 후 아이와 분리된 임신했던 여성 수용자들은 아이가 자기와 유대를 형성하지 못하면서 자라는 것에 대하여 힘들어 한다.

전통적인 범죄를 저지른 여성을 체포하기를 주저하는 것은 체포 상황에서 남성과 여성을 구분해온 오래된 관습의 결과라고 볼 수 있다.[15] 경찰관들은 남자 범죄자를 궁지에 몰아붙이고 물리력을 사용하여 대응하는 것에 주저하지 않지만, 여성을 대할 때는 동일하게 대하기를 자주 망설인다. 대부분의 경찰서는 여성을 체포, 수색, 구금하는 것과 관련하여 엄격한 규칙과 규정들이 있다. 대부분의 경우, 여성을 수색하거나 구금할 때 여성 경찰관 또는 여자 교도관이 담당하도록 한다.

여성 범죄자는 재판 전에 구금되어 있는 경우가 드물다. 가족에 대한 걱정과 여성을 수용할 만한 시설의 부족, 여성 경찰관의 부족 등이 재판 전 구금을 어렵게 한다.[16] 최근까지 여성 범죄자들은 주로 비교적 경미한 범죄를 저질러서 보석금을 지불하거나 자진출두 서약을 하고 풀려났다. 그러나 1980년대부터 여성들이 중대한 범죄를 더 많이 저지르기 시작한 것과, 공동 피고인에 대한 동일한 처벌을 강조함으로 인해 더 높은 형량을 선고 받고 있다. 그러나 과거에 주로 남성들이 저지르던 범죄들을 저질러 체포되는 여성들이 늘어감에 따라 **판사의 온정적 태도**(Paternalistic attitude of judge)가 빠르게 줄어들 것을 예상할 수 있다.[17] 메다 체즈니－린드(Meda Chesney－Lind)가 언급했듯이, 동등한 처벌을 강조하면서 남성 교도소 모형이 여성 수용자들에게 적용되고 있다.[18]

주요용어

판사의 온정적 태도
당국이 필요한 것을 공급하는 것을 책임지거나 통제 하에 있는 사람들(특별히 여성 범죄자들)의 행동을 지도하는 시스템에서 발견되는 감상적 태도

많은 경우에 있어서, 여성에게 적용했던 차별적 처우가 더 나은 대우를 의미하는 것은 아니다. 게다가 요즘에는 차별적 처우에 대한 대안으로서 여성의 신체적 차이를 아예 무시하면서 까지 남성 교도소 모형을 그대로 적용하기도 한다.[19]

여러 가지 이유로 여성 범죄자들은 전통적으로 경찰과 검사들로부터 재량에 의한 완화된 대우를 받아왔다. 지금도 재판에서 여성들은 비슷한 범죄를 저지른 남성들에 비하여 보호관찰, 벌금 또는 집행

유예를 받을 가능성이 더 높다. 물론, 여성 범죄자들은 전과기록이 적고 또 폭력범죄를 덜 저지른다는 것은 감안해야 한다.

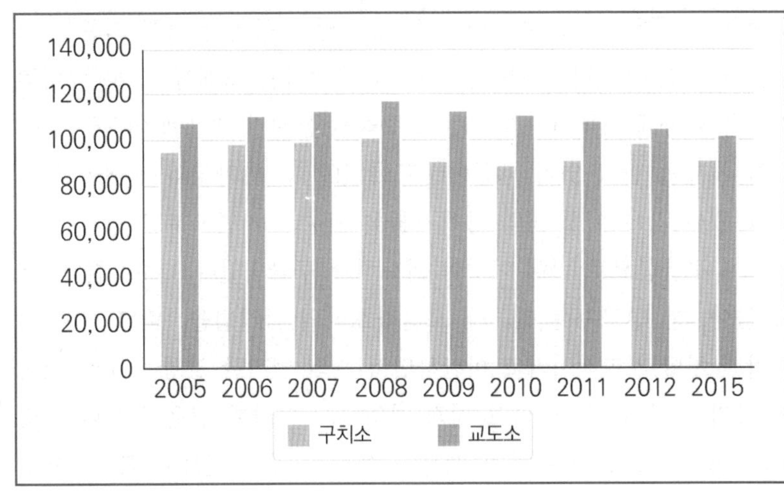

그림 18.2

주와 연방 교도소 그리고 지역 구치소에 수감된 여성, 2005-2015.

주: 2015년 자료는 추정치.

출처: Todd Minton, *Jail Inmates at Midyear 2012* (Wash- ington, DC:Bureau of Justice Statistics, 2013), p. 5; E. Ann Carson and Daniela Golinelli, *Prisoners in 2012—Advance Counts* (Washington, DC: Bureau of Justice Statistics, 2013), p. 2.

1999년과 2015년 사이 주 교도소 여자 수용자들의 증가에 관한 통계와 범죄의 종류는 [그림 18.2]에서 찾을 수 있다.[20] 아마도 폭력범죄와 재산범죄가 가장 큰 변화를 보여주는 것 같다. 폭력범죄의 경우 여전히 남성들에 비하여 월등히 낮은 수치를 보여준다. 마약과의 전쟁은 여성과의 전쟁처럼 변질되어 여성 수용자의 폭발적 증가에 큰 영향을 미쳤다. 그러나 여성들은 마약거래에서 "큰손"인 경우는 드물고, 적어도 3분의 1 정도가 단순 마약 소지로 구금되었다. 따라서 교도소 수용 여성들을 마약과의 전쟁 포로로 볼 수도 있다. 연방교도소의 경우 마약 사범들이 여성 수용자의 50%를 넘는다.

왜 여성 교도소 인구가 이렇게 급증했을까? 아무도 확신하지는 못하지만, 몇몇 근거로 제시되는 것으로 이전에 비하여 여성들에게 범죄의 기회가 늘어났다는 점, 더 중대한 범죄를 저지르고 있다는 점 그리고 더 중한 형을 선고 받는다는 점을 들 수 있다. 많은 주의 마약

주요용어

여성 해방운동
남성에게 부여된 권리와 특권과 여성에게 부여된 것의 차이를 줄이려는 일련의 사회 운동과 억압적인 소수자 위치로부터 여성을 자유롭게 하기 위한 운동

관련 법규들이 판사의 재량권을 제한하면서 의무적으로 구금형을 선고하도록 되어 있다. 다른 설명으로 **여성 해방운동**(Women's liberation movement)의 영향으로 판결 전 조사가 과거에 비하여 여성에게 덜 우호적으로 이루어지고, 가석방 위원회도 남녀 동일한 양형 기준을 적용하여 이전보다 더 오랫동안 수용하는 결과를 초래했고, 모든 범죄자들을 엄하게 다루어야 한다는 보수적인 분위기 때문에 여성들이 응보적 처벌을 받고 있기 때문이라고 설명한다. 마약과의 전쟁이 과거보다 훨씬 많은 여성 마약 중독자들을 단순 소지만으로도 장기간 교도소에 구금함으로 인해 여성이 과도하게 구금되었다고 주장한다. 예를 들어, 한 연구자는 최근에 오클라호마의 마약법을 "비열"하고 지나치게 처벌 지향적이라고 비판하면서 주의 엄격한 양형 기준이 여성의 장기 복역의 원인이라고 지적 하였다.[21] 다양한 설은 있으나 증명하기 위한 자료는 부족하기 때문에 여러 가지 원인들이 복합적으로 작용하여 인구가 증가했을 것으로 생각할 수 있다.

마약 남용 여성 범죄자들의 특징

마약 남용 여성 범죄자들이 겪는 특별한 문제점들을 이해하기 위하여 구치소와 교도소 수용 여성, 지역사회 내 처우를 받고 있는 여성, 그리고 마약 치료 프로그램을 받고 있는 여성 등 다양한 곳에서 정보를 구했다.

- **건강 문제** 마약을 남용한 많은 여성들은 육체적, 정신적으로 병들어 있다. 특별히 대부분의 마약 사용자들과 코카인 사용자들은 심각한 체중손실, 탈수, 소화불량, 피부질환, 치과질환, 부인과/성병 질환, 결핵, B형 간염, 고혈압, 발작, 호흡정지 그리고 심장마비의 위험이 높다.
- **교육/직업 배경** 대부분의 여성들이 직업이 없거나 낮은 임금을 주는 곳에서 일을 한다. 대부분이 고등학교를 마치지 못했고, 적절한 직업기술을 가지고 있지 않고, 사회에서 생산적으로 활동하는데 필요한 지식과 기술이 부족하다.

- **심리사회적 문제** 마약 중독 여성들은 정신병질, 자살, 알코올/마약 중독, 폭력이 빈번한 가정 출신인 경우가 많고, 근친상간, 강간 또는 육체적/성적 학대 피해자인 경우가 많다.
- **양육 책임** 대부분의 마약 남용 여성들은 가임기 여성이거나, 이미 아이들이 있고, 미혼모인 경우가 많다. 그들 중 다수가 아이들의 아버지로부터 도움을 거의 받지 못하고, 가족이나 사회로부터 지원도 없고 돈도 없다. 많은 경우 그들의 아이들 또한 마약 중독자가 되어서 마약 중독과 역기능적인 양육이 세대를 넘어서 지속되고 있다.
- **마약 사용과 치료** 대부분의 마약 남용 여성 범죄자들은 어린 나이에 마약과 음주 남용을 시작했다. 많은 경우 구속 직전까지 마약을 (특히 코카인) 거의 매일 사용했다. 교도소 여성에 대한 한 설문조사에서 46%의 응답자가 범행 당시 마약이나 술에 취해 있었다고 했다. 대략 25%의 여성 범죄자들은 기간이나 강도 면에서 제한적이긴 했으나, 마약/알코올 치료 프로그램을 경험했다고 한다.
- **형사사법과 아동보호서비스의 관여** 치료를 희망했던 마약 남용 여성의 상당한 비율이 형사사법체계나 아동보호서비스 기관으로부터 어떤 처분을 받았다. 한 연구는 아동학대와 방임 사건의 대략 60~80%가 마약/음주 남용 가족에서 발생한다고 하였다.

비록 이러한 특징들이 마약남용 여성 범죄자들의 특징을 파악하기 위해 발견되었지만, 프로그램에 있어서 다른 점들을 시사한다. 개개 여성들이 이러한 특징들에 있어서 표출 정도나 심각성이 차이가 날 수 있다. 그러한 차이로 인하여 특정 고객의 부족한 점이 무엇인지 평가하고 그러한 부족한 점을 충족시킬 수 있는 서비스제공이 이루어 져야 한다. 만약 프로그램의 평가과정이 부족하면, 고객의 문화적 특성, 인지 수준을 고려한 적절한 강도와 기간의 서비스를 받을 수 없게 된다.[22]

교도소와 구치소에 있는 여성들의 곤궁한 처지는 또 하나의 어려운 점이다. 시설측면에서 남성 중심의 형사사법체계가 여성 범죄자

표 18.3 여성 수용자들의 공통된 문제점들

문제점	%
육체적/성적 학대	70
의학적 문제	53
우울/정신건강 문제	74
약물남용 문제	70
고등학교 졸업	<50
체포 전 노숙자 생활	16

출처: Lauren Glaze and Laura Maruschak, *Parents in Prison and Their Minor Children* (Washington, DC: Bureau of Justice Statistics, 2008), http:// www.bjs.gov/content/pub/pdf/pptmc.pdf (accessed September 14, 2014). See also Jennifer sullivan and Miyoko Wolf, "Women behind Bars: State Takes a New Approach", Seattle Times, November 3, 2013.

들의 특별한 요구사항을 완전히 무시했다고 볼 수 있다.[23] 여성 범죄자들에 대한 처우가 교정의 한 부분이 되기 위해서 더 많은 노력이 필요하다.[24]

구치소에 있는 여성들

구치소에 수감된 여성의 숫자는 그리 크지 않았지만, 마약과의 전쟁이 구치소나 보호소에 수용된 여성의 숫자를 크게 증가시켰다. 미국 구치소에 수용 중인 여성의 수는 지난 30년 동안 크게 증가하였고 1996년 이래 300% 넘게 증가한 수치이다.[25] 여성 구치소 수용자들의 최근 특징은 마약관련 범죄가 증가했다는 점을 제외하고는 이전의 구치소 설문결과와 비슷하다. 80% 이상의 구치소 여성들이 살면서 마약을 사용해 봤다고 했고, 절반 이상의 유죄 판결 받은 여성들은 현재 범죄로 구치소에 수감되기 전에 마약을 했다고 한다. 그리고 40%는 마약을 매일 사용한다고 했다. 약 24%의 구치소 여성들은 구속 전 코카인이나 크랙을 사용했다고 한다. 6명 중 1명이 마약을 사기 위해 현재 범죄를 저지르다가 구치소에 수감되었다고 한다.

3명 중 1명 이상이 범행 당시에 술에 취해 있었다고 한다.

- 구치소 수용 여성의 프로필은 인구학적, 범죄적 특징에 대하여 또 다른 중요한 특성을 보여 준다.[26]
- 약 12%의 여성 수용자들이 폭력 범죄로 구치소에 들어왔다.
- 여성 구치소 수용자들이 남성에 비하여 마약사범일 가능성이 더 높다(29% 대 24%).
- 49% 이상의 여성 들이 초범들이다. 남성은 37%가 초범이다.
- 여성 구치소 수용자들은 남성에 비하여 체포되기 한 달 전에 실직자였을 가능성이 더 높다(40% 대 60%).
- 약 16%의 여성 수용자들은 폭행으로 인한 상해를 경험했다.
- 55% 이상의 수용자들이 과거에 성적 학대를 당했다고 보고했고, 1996년의 47.5%에서 올라간 수치이다. 그들 중 약 20% 이상은 18세 이전에 학대를 당했다고 한다. 여성(68%)들은 남성(11%)보다 애인으로부터 학대를 당한 경우가 더 많다고 한다. 그리고 26%는 부모나 보호자에 의해서, 34%는 친구로부터 학대를 당했다고 한다.
- 낮은 수입은 모든 수용자들의 공통된 특징이다.

구치소 여성에 대한 한 연구는 여성들에게서 높은 비율의 트라우마(98%), 현재의 정신 건강 문제(36%) 그리고 마약과 음주 문제(거의 4분의 3)들을 발견하였다. 대부분 여성들이 양육 기법을 모르고 있었다.[27]

구치소 여성 수용자들에 대한 간단한 개요를 살펴보면, 그들이 주류 미국출신이 아니고, 가난하고 불안정적인 배경을 가지고 있으며, 장기간에 걸쳐 학대를 당했고, 고용이나, 금전적, 심리적, 정서적, 사회적 장벽 때문에 지역사회에 융화되어 살기가 어려웠다고 한다.[28] 대부분의 구치소 여성들은 위험한 사람들이 아니고 단지 생존을 위해 도움이 필요한 사람들이다. 구치소나 교도소에 수용하는 것으로 처벌의 목적을 달성할 수는 있겠지만, 이러한 문제점을 안고 있는 여성들을 대안적으로 지역사회에서 치료와 서비스를 받을 수 있도록 하는 것이 사회적 목적을 달성하는 데에는 더 나을 것이다. 이점은 교정 시스템에 수용 중인 학대를 당한 여성들에게는 특히 그러할 것이다.[29]

교도소에 있는 여성들

여성 수용자들에 대한 특별한 대우에도 불구하고 미국에 구금되어 있는 여성들의 숫자는 1980년대에 가파르게 증가하기 시작했다. 오늘날 캘리포니아주, 텍사스주, 플로리다주 그리고 연방 교정 시설에 10명 중 4명을 수용하고 있고, 오클라호마주는 여성 10만 명당 121명의 비율로 가장 높은 구금비율을 보여주고 있다.[30]

지난 30년 동안 여성 교도소 수용자의 증가비율은 경이적이라고 할 수 있다. 1980년과 2012년 사이 여성 수용자 인구는 15,118명에서 111,387명으로 587% 증가하였다. 2000년 이후 증가율은 남성의 두 배에 달한다. 비록 구금비율은 남성보다 여전히 아주 낮지만(미국 전체에서 여성은 10만 명당 68명, 남성은 10만 명당 955명), 간격이 점점 좁혀지고 있다.[31] 모든 집단의 여성들이 동일한 비율로 구금되는 것

그림 18.3

인종별 여성 구금 2000-2010

출처: Data from Paul Guerino, Paige M. Harrison, and William J. Sabol, *Prisoners in 2010* (Washington, DC: Bureau of Justice Statistics, 2011), p. 16, and The Sentencing Project, *Incarcerated Women, 2013* (Washington, DC: The Sentencing Project, 2013), p. 2.

은 아니다. 흑인 여성은 백인 여성에 비하여 2.5배, 히스패닉 여성은 백인 여성에 비하여 1.4배 많이 구금되었다. 2000년과 2010년 사이에 흑인 여성 구금 비율은 35% 감소하였고, 히스패닉 여성은 28% 증가하였고, 백인 여성은 38% 증가하였다. [그림 18.3]은 이 시기의 구금 비율을 보여준다.

교도소에 수용된 전형적인 여성은 흑인, 비히스패닉계, 35~39세, 미혼, 고졸, 체포 당시 무직이었다. 그리고 비폭력적인 범죄로 형을 받았고 재범인 경우였다(이 전에 청소년 또는 성인으로서 구금 형을 받았거나 보호관찰 형을 받았다.). 3분의 1 정도의 여성 수용자가 범행 당시에 마약을 복용한 상태였다고 한다. 대략, 절반정도의 여성 수용자들이 범행 당시에 마약이나 술을 복용한 상태였다고 한다. 약 84%의 주 교도소에 수용된 여성들은 구금 전 어느 시기에 마약을 해본 경험이 있다고 하였다. 이는 남성의 80%가 그러한 것과 비슷한 비율이다. 약 40%의 여성 수용자들은 살면서 마약 치료 프로그램에 참여해 본 경험이 있다고 한다.[32] 교도소 여성들은 남성보다 교도관으로부터 성폭행을 당할 가능성이 높다. 교도소 여성과 관련된 교도관의 성적 비위 행위들의 75%가 남성 교도관에 의한 여성 수용자의 피해인 경우였다.[33]

배우자, 가족, 부모 또는 중요한 누군가(남자친구 또는 여자친구)로부터 학대는 피해자들에게 심각한 결과를 초래한다.[34] 아동기나 성인기의 여성 학대피해는 여성 범죄의 전조가 되곤 한다. 많은 **학대피해 여성**(Abused females)들이 정서적 상처와 낮은 자존감을 지니게 된다. 61% 이상의 여성 교도소 수용자들은 엄마이며 3명 중 2명은 18세 미만의 어린이가 있다.[35] 80% 이상의 여성 수용자들의 18세 미만의 자녀들이 친척(보통 외할머니)과 살고 있다. [표 18.4]는 여성 수용자들의 문제점들을 보여준다.

주요용어

학대피해 여성
육체적 또는 정신적(또는 둘 다) 피해를 초래하는 폭력적 행동의 피해 여성

남자 수용자들의 경우, 18세 미만 자녀의 90%는 아이들의 엄마와 살고 있다. 이것은 중요한 차이이다.

여성 수용자들은 다양한 시설에 수용되어 있다. 이러한 시설의 절반 정도가 교도소, 소년원, 참회소, 교정 시설 또는 교도소 캠프 등

표 18.4 주 교도소 수용자들의 문제점들

문제	남성	여성
체포 전 노숙	8%	16%
육체적/성적 학대경험	8%	64%
의료문제	40%	53%
정신 건강 문제	55%	74%
약물 남용 문제	67%	70%

출처: Lauren Glaze and Laura Maruschak, *Parents in Prison and Their Minor Children* (Washington, DC: Bureau of Justice Statistics, 2008), http:// www.bjs.gov/content/pub/pdf/pptmc.pdf(accessed September 14, 2014).

그림 18.4

보안등급에 따른 여성 교도소 수용자 인구

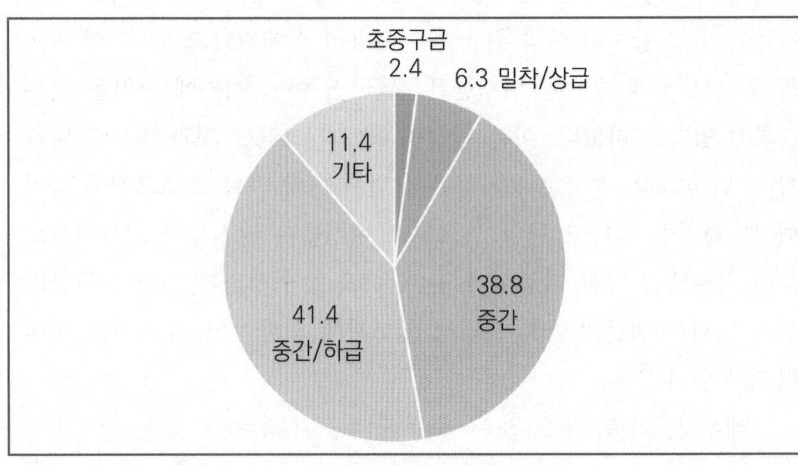

출처: American Correctional Association, *Adult Inmate Population by Gender and Security Level* (Alexandria, VA: American Correctional Association, 2012), pp. 40-41.

다양한 이름으로 불리는 형벌 시설들이다. 대부분이 최하등급에서 하급 보안시설에 수용되어 있다([그림 18.4] 참조).

구금된 여성 수용자들의 이러한 특성들을 고려하면 이들이 교도소에 구금이 필요할 정도로 위험한 범죄자라고 생각하기가 쉽지 않다. 대신에, 많은 수용자들을 교도소 보다 더 효율적으로,[36] 적은 비용으로, 보다 인간적으로 처우할 수 있는 대안이 있을 것이다. 불행하게도 이러한 상황은 전국에 걸쳐 일어나고 있는 현실을 보여주고 있다. 퓨트러스트는 최근에 다양한 형태의 처벌 방법을 사용하는 것은 지역사회를 보호하면서, 법위반자들을 처벌하고, 세금을 절약해서 학교나 교통시설과 같은 곳에 사용할 수 있도록 해줄 수 있다고 주장했다.[37]

교정 실제 18.1

오하이오 주에서 여성 교도소 수용자들에게 제공되는 프로그램들

각각의 교정 당국은 여성 수용자들에게 제공하는 다양한 프로그램들을 가지고 있다. 오하이오 주는 아래와 같은 다양한 프로그램들을 제공한다.

- 치료 공동체
- 현명한 돈관리
- 변화를 위한 사고
- 피해 인지
- 중학교 학과교육
- 고등학교 학과교육
- 성인 기초 교육
- 대학 강의
- 다양한 직업 프로그램과 수련생 기회:
    - 사무 기법
    - 건물 관리
    - 원예
    - 웹 디자인
    - 동물 조련사
    - 보일러 공
    - 미용사
    - 전기공
    - 안경사
    - 히터와 에어컨기사
    - 청소

몇몇의 특이한 프로그램으로 아래와 같은 것이 있다.

- 엄마와 아이 날: 오하이오 여성 교정 당국은 가족의 재결합을 위해서 가족 유대를 강화하고자 노력했다. 이를 위해 특별한 가족 중심 이벤트를 해마다 두 번씩 실시한다. 엄마와 나 캠프는 여름에 실시되고, 엄마와 아이 날은 12월에 실시한다. 이러한 이벤트들은 가족을 시설에 초대하여 하룻밤을 보내면서 사랑하는 사람과 함께 다양한 이벤트, 엔터테인먼트, 음식을 즐긴다.
- 아기 돌봄 성공하기(Achieving Baby Care Success, ABCS): 2001년 6월에 오하이오 여성 교정 당국은 한 시설에 아동돌봄 시설을 개설했다. ABCS프로그램은 임신한 구금된 여성들이 출산 후 아이를 돌볼 수 있도록 해준다. 각 참여자들은 개별적으로 처우를 받으며 다양한 문제들에 도움을 받는다. 양육 실습은 프로그램에 참여하는 모든 엄마들에게 제공되고 있다. 참여 가능한 엄마들은 선발 과정을 거쳐야 하고 비폭력 범죄로 짧은 기간 복역하는 경우에 참가가 가능하다. 엄마와 아이가 동시에 시설을 나가는 것을 목표로 한다.

여성 시설들

미국 교정 협회(American Correctional Association, ACA)는 남성과 여성 관리들에 의해 운영되는 다양한 성인 또는 청소년 시설들에 대하여 보고하였다. 성인을 위한 시설, 비행청소년을 위한 시설 또는 둘 모두를 위한 시설들이 있다.[38]

2012년에 남자 교도소장들은 780개의 성인 남성시설, 32개의 성인 남성 남녀공용시설 그리고 59개의 성인 남녀공용 시설들을 감독하였다. 그들은 또한 45개의 여성시설, 121개의 청소년 남녀공용 시설 그리고 919개의 남자청소년 시설을 감독하였다. 여자교도소장들은 189개의 성인 남성, 26개의 남녀공용 그리고 67개의 성인 여성 시설과 237개의 남자 청소년 시설, 65개의 청소년 남녀공용 시설 그리고 38개의 여자 청소년 시설을 감독하였다.

여자교도소 행정은 최근에 많은 변화를 겪었다. 1966년에 여성 교정 행정가들은 전국에서 단지 10개의 교정시설의 장을 역임했다. 2010년 ACA 안내책자에 따르면 7,778명의 성인과 청소년 시설의 교정시설 장중에 2,551명이 여성이라고 한다.[39] 여성 교정행정가들은 남자, 여자, 남녀공동 시설 또는 지역사회시설 그리고 최소 보안 시설을 주로 운영한다.

저명한 조직인 ACA의 일곱 번째 여성 회장인 괜돌린 천(Gwendolyn Chunn)은 2004년부터 2006년까지 회장직을 역임했다. 여성만을 위한 첫 번째 주 교도소는 인디아나 여성 교도소였다. 첫 번째 여성 교도소장은 1925년에 웨스트버지니아 주 앨더손에 있는 연방 교정 시설의 소장을 역임한 메리 벨 해리스(Mary Belle Harris)였다.[40]

여성 시설은 매우 다양한 상태를 나타내고 있어서 개별적으로 설명하는 것은 무익하다고 하겠다. 모든 시설들이 공포 이야기 수준은 아니지만, 남성 시설에서 볼 수 있는 최고와 최악의 양상들을 여성 시설에서도 그대로 발견할 수 있다. 가장 큰 차이점은 성별의 차이에 따른 차이가 있고, 남성들에게 다양한 훈련과 교육 프로그램들이 제공된다는 점이다. [교정 실제 18.1]에 오하이오 주에서 여성 수용자들에게 제공하는 교정 프로그램들을 소개하였다.

남자와 여자 교소도 사이의 주목할 만한 차이점은 많은 주에서 여성 교도소는 하나의 큰 여성 교도소만 운영하지만, 남성 교도소는 많은 수를 운영한다는 점이다. 따라서 주의 여성 교도소는 하나의 시설에 상급, 폐쇄급, 중급, 하급 보안등급을 모두 운영하고 있다. 하나 또는 두 가지 보안 등급만 수용하는 남자 교도소와 다르게, 다양한 분류 등급을 수용하는 여성 시설은 운영상 몇 가지 이슈들이 있다.

교도소 수용 여성들의 특별한 문제점들

교도소에서 여성 수용자들이 직면하는 많은 문제점들 중에는 임신, 가족 관계의 단절, 고령화가 있다. 우리는 임신한 상태에서 교도소에 들어오는 여성들 문제부터 다룬다. 이전 연구에서 교도소에 들어오는 여성 4명 중 1명이 임신을 했거나 12개월 미만의 영아가 있다고 하였다.[41] 주 교도소에 있는 여성 25명 중 1명이 입소할 당시에 임신 상태였고, 해마다 1,400명의 아기들이 교도소에서 태어났다.[42] 시설마다 차이가 있겠지만, 이러한 여성 수용자를 위한 의료지원, 물자지원 그리고 프로그램들은 충분하지 않다. 부족한 프로그램에 대한 주요 설명으로 여성 수용자 인구가 상대적으로 적은 것과 적은 수의 집단에 제공하는 특별 프로그램의 비용 때문이라고 한다. 적은 규모 때문이라는 주장은, 10년 전에는 유효한 설명일 수 있었겠지만, 현재는 그렇지 않다. 비록 전체 교도소 인구에서 여성의 비율이 여전히 낮지만, 그 숫자는 새로운 정책이 필요할 정도로 크게 증가하였다.

임신한 수용자(Pregnant inmates)는 특별한 음식, 쉬운 작업 과제, 지원 프로그램 그리고 스트레스를 덜 받는 환경이 필요하다. 유산, 조기 출산 그리고 정상 출산을 위한 프로그램과 지원 또한 필요한 부분이다. 최근까지[43] 주요한 선택사항으로 고려됐던 것은 낙태, 아이들을 친척에게 맡기는 것, 입양 보내는 것 그리고 위탁가정에 보내는 것 등이 있었다. 그러한 강제적 분리 정책은 엄마로 하여금 극도의 정서적 고통과 문제점들을 야기할 뿐만 아니라 신생아를 엄마로부터

주요용어

임신한 수용자
구금 당시에 태아를 임신한 수용 여성

분리시키는 것은 영아에게 심각한 정서 및 발달상 문제를 야기한다.[44] 많은 교도소들이 지금은 가족 서비스와 더불어 아동발달과 양육, 부모역할, 스트레스 관리에 관한 수업들을 제공하고 있다. 몇몇 여성 교도소에서는 어린 영아들이 엄마와 같이 지내는 것을 허용하는 프로그램도 시작했다. 예를 들어, 워싱턴 주는 긱 하버에 있는 여성 교도소에서 아기돌봄 프로그램을 시작했는데 이곳에는 초기 헤드스타트 프로그램도 운영하고 있다. 엄마인 수용자는 자기 아기를 24시간 책임져야 한다.[45] 캘리포니아 주의 지역 교도소 엄마 프로그램은 주 교정국에서 운영하는데 [교정 실제 18.2]에서 소개하였다.[46] 다른 주에서는 1년까지 아기가 엄마와 지내는 것을 허용하는데, 그 후 즉시 위탁가정으로 보내거나 아기를 보는 것을 허용하지 않는다.

여성 수용자에 대한 연구에 따르면 여성 수용자들은 남성에 비하여 더 가족 지향적이고 많게는 62%의 수용된 여성들이 미성년자를 자녀로 둔 엄마들이었다.[47] 아이들이 여성 수용자의 삶에 얼마나 중요한지는 책상에 놓여있거나 수용자 이름표 뒤에 붙어있는 아이들

교정 실제 18.2

캘리포니아 지역 교도소 엄마 프로그램

캘리포니아 주 전역에 있는 작은 지역사회 기반 교정시설들에 있는 엄마인 수용자들은 어린 아이들과 같이 생활하고 있다. 지역 교도소 엄마 프로그램은 수용기간 동안 보다 나은 양육 관계를 형성하고 밝은 미래를 만들 수 있도록 디자인 되었다.

프로그램이 진행되는 동안 엄마는 아이들과 유대를 다시 형성하고 지역사회로 돌아갈 때 생산적인 일을 할 수 있도록 준비시켜 준다. 집과 같은 시설은 안정적인 돌봄 환경을 제공한다. 동시에 엄마들은 중요한 기술들을 익히게 된다. 고용 훈련을 통해 입사에 필요한 정보와 중요한 팁과 어떻게 직장을 유지할 수 있는지에 대하여 배운다. 특별 양육 교실에서는 아이들과 어떻게 대화하고 관계를 형성하는지 그리고 어떻게 훈육하는지 배운다. 엄마와 아이들 모두 상담을 받을 수도 있다. 다수의 엄마들이 약물 중독이 있기 때문에 이들이 중독에서 벗어나게 하고, 마약의 위험성을 알게 하고, 마약이 자기와 아이 또한 망칠 수 있다는 점을 가르치는 마약 치료 교실을 수강할 수 있도록 한다.

출처: California Department of Rehabilitation and Corrections, "California Community Prisoner Mother Program", http://www.cdcr.ca.gov/Adult_operations/FOPS/Community_Prisoner_Mother_Program.html.

사진, 교도소 신문에 자주 나오는 아이들 관련 기사, 아이들의 건강에 대한 일반 걱정들을 보면 알 수 있다. 많은 여성 수용자들은 인생의 바닥을 치며(창피하고, 구속되고, 외롭고, 우울하고, 죄책감에 시달리고, 아이들에 대한 걱정, 공포, 무너진 자존감) 가족과 친구의 도움이 절실한 때에 교도소에 보내진 것을 두고 자기의 가족과 친구들이 자기를 버렸다고 생각한다. 가족들은 이 시기에 특별히 중요한데, 수용자들의 아이들을 돌보고, 아이들과 교도소 방문을 해주고, 돈과 특별한 음식을 보내주고, 편지와 전화통화를 하고, 재산을 지켜주고, 교정 직원으로부터 부당한 대우를 당했을 때 도와줄 수 있기 때문이다. 엄마로서 역할이 약해졌고 구금과 엄마의 부재가 아이들의 행동에 문제(과도한 울음, 또래 관계나 학교 수업의 퇴보, 현실 도피 등)를 일으킨다고 생각하는 여성 수용자들에게 교도소 방문은 특히 중요하게 여겨진다.

비록 친척이 방문하지 않는 것이 대부분의 수용된 엄마들에게 큰 고통을 주지만, 방문하지 못하는 이유는 친척들이 무관심하거나 신경을 쓰지 않아서라기보다 시설에 가는 물리적 장벽 때문이라고 볼 수 있다. 많은 교정 시설들이 수용자들이 거주했던 도시로부터 멀리 떨어진 곳에 위치해 있다. 그리고 여행과 관련된 비용들이 꽤 많이 나온다. 많은 친척들이 차가 없어서 여행을 위해서 주변 이웃에게 도움을 받아야 한다. 또 다른 어려운 점들로 방문할 때 몸수색을 거쳐야 하는 점, 하룻밤 호텔에서 지낼 비용을 감당하기에 너무 가난하다는 점, 자주 그리고 오랜 시간 방문하기를 어렵게 하는 직장 작업 스케줄 등이 있다. 몇몇 시설들은 한 달에 한번 방문횟수 제한, 큰 공간에 모든 방문가족이 동시에 접견하게 하고, 장난감이나 놀이공간이 없고, 딱딱하고 적대적인 환경을 제공해서 "방문 친화적"이지 않다. 잘 운영되는 시설(네브래스카와 뉴욕 주)에서는 아이들 돌봄방, 놀이방과 놀이시설들이 있고, 배우자 접견과 가족 접견을 허용하고, 별도의 방에서 엄마가 아이들을 위해 계획해서 요리하고 먹일 수 있도록 해준다. 주말 통행권, 가정 방문, 가정 귀휴, 중간 처우소 배치 그리고 잦은 접견 기회제공은 양육 문제점들을 완화하고 아이들이 무고한 피해자가 될 가능성을 줄여 준다. 교정 기관들이 **가족유대(Family**

주요용어

가족 유대
범죄자와 그들의 가족 사이의 끈끈한 관계를 묘사하는 용어

cohesion)를 강화하고 출소할 엄마와의 유대를 강화하는 정책을 수립할 필요성이 분명히 있다.

세 번째 큰 문제는 교도소 고령화이다. [표 18.5]에서 볼 수 있듯이 미국의 고령화 현상이 교도소 인구에도 나타남을 알 수 있다. 교도소 내에서 사회적, 심리적, 정서적, 육체적 변화를 겪는 고령의 여성 수용자들에게는 특히 문제가 있다.[48] 미국 여성들은 남성보다(약 7~8년 정도) 더 오래 살고 고령의 미국 인구의 60%를 차지한다. 교도소에서 그들은 잊힌 존재이고 연구도 거의 되지 않았고 인지조차 되지 않았었다. 구금은 의존성과 수동성을 가져오고 이것이 수명을 단축시키는 요소로 작용하기도 한다. 시각적, 신체적 그리고 운동 능력의 장애는 노인 여성수용자들에게 특별한 문제를 가져온다. 교도관들을 특별히 훈련시킬 필요가 있고, 프로그램도 개별적으로 진행해야하고, 폐경과 유방암, 자궁절제술, 백내장, 엉덩이, 척추 등 부상을 적절

표 18.5 **주 교도소에 있는 55세 이상의 여성 수용자, 1988-2011**

연도	여성 수용자
1988	511
1990	709
1992	875
1994	1,141
1998	2,043
2000	1,900
2004	3,792
2007	3,604
2009	4,203
2011	5,616
변동 비율	1,099%

출처: American Correctional Association, *2012 Directory of Adult and Juvenile Correctional Departments, Institutions, Agencies, and Probation and Parole Authorities* (Alexandria, VA: American Correctional Association, 2012), pp. 38-39.

히 다룰 노인학 상담사와 의료 프로그램 또한 필요할 것이다. 2015년까지 8,436명의 여성 수용자들이 55세 이상이 될 것이다. 노인 여성 수용자의 숫자가 증가함에 따라 바닥과 건물을 색깔별로 코딩하여 식별할 수 있도록 하고, 벽에 핸드레일을 설치하고, 휠체어 통로를 만들고, 문을 크게 확장하고, 휴게 공간을 제공하고, 공간을 개조하여 간호실과 요양실을 갖추도록 하는 등의 물리적 시설 보완도 이뤄져야 한다.

특별한 음식, 약물치료, 간호, 물리치료 등도 실시하고 확대 되어야 할 것이다. 교정의 위기가 다가오고 있는데, 노인(65세 이상), 고령자(75세 이상) 또는 초고령자(85세 이상)들을 돌보는 데 소극적이다. 대안적 형벌, 동정가석방(compassionate release), 지역사회 교정센터를 이용하는 것이 자기와 지역사회에 위협을 주지 않는 이들에게 더 현실적인 대안이 될 것이다. 교정 당국은 비싼 프로그램 비용과 앞으로 다가올 법적 문제와 소송을 피할 수도 있을 것이다. 의료적 처우가 필요한 사항에 대한 고의적 무관심은 헌법상의 권리(수정헌법 제8조)를 침해한 것이라고 지속적으로 판결되어 왔다. 한 대형 교도소 시설의 의료 보호조치에 대한 최근 연구에서 수용자가 받는 보호조치를 "고문"에 비유하기도 하였다.[49]

동성 성행위와 유사가족(Pseudo family)

이성애 관계의 장기 박탈과 **동성애 경험**(Single-sex experience)은 남성 교도소에서와 마찬가지로 여성 교도소에서도 유사한 문제를 일으킨다. 남녀공용 교도소를 제안하는 것이, 여기에 익숙하지 않은 사람들에게는 극단적이라고 생각이 들겠지만, 적어도 일상생활에서 이성 재소자들과 비성적 사회적 접촉을 허용하는 것은 고려해 볼 수 있다. 교정 당국의 과도한 우려로 인해 바깥 사회에서는 친구 사이의 자연스러운 행동으로 여겨졌을 것이 동성 행위로 간주될 수 있어 충돌이 발생한다. 만약 두 남성이 서로 손잡고 길거리를 걸어가면 게이로 의심받을 것이다. 교도소 밖에서는 여자끼리 손을 잡는 동일한 행

주요용어

동성애 경험
동성의 다른 사람과 관계된 수용자들의 성적 행위 또는 동성 관계 행위

동이 여성들(특히 소녀들) 사이에서는 전혀 이상해 보이는 행동이 아니지만, 교도소 안에서는 소녀나 성인 여성 모두에게 동성애 행위로 의심을 받는다. 어떤 여성 수용자들은 입소 전부터 동성애자 혹은 양성애자였고 수용 후에도 바뀌지 않는다. 다른 수용자들은 입소 전에는 이성애자였으나 수용 후 동성애를 보이기도 한다. 후자의 경우 대부분 출소 후 이성애자로 돌아가지만, 몇몇은 출소 후에도 레즈비언 행동을 지속한다고 한다. 한 수용자가 그 상황을 설명하였다.

> 자연스럽게 지내는 것이 쉽지 않다. 우리들 대부분이 여기서 노력하는 것은 무슨 일이 닥치더라도 우리가 처리할 수 있을 정도로 마음을 추스르고, 우리의 감정을 통제하고, 우리의 생각을 곧게 하는 것이다. 알다시피, 자연스럽게 지내려고 노력할수록 더 쉽지 않다. 교도관들이 당신이 정상을 유지하도록 허용하지 않는다- 여성으로서 정상적인 행동을 하면 그들이 안 된다고 한다. 만약 당신이 그렇게 하면 그것은 개인적 접촉이고 동성애적 행동이다. 그래서 우리는 정신적 혼란을 겪는다.
>
> 여성들이 남성들 또는 남성들과의 교제 없이 여성들끼리만 함께 지내게 되면 상황이 매우 힘들게 된다 – 여자들은 정서적으로 예민한 사람들이다. 그들은 어느 정도의 애정 또는 가까운 우정관계를 느껴야만 한다. 알다시피, 어떤 여자가 남자와 같이 있으면 남자의 손을 잡거나 다가가서 만지려고 할 것이다. 이것은 별 생각 없이 자연스럽게 여자가 하는 행동들이다. 그리고 만약 어떤 여자가 친한 친구나 애인이 있으면 똑같이 할 것이고 이것은 자연스러운 것이다. 교도소에 내 친구가 있는데, 우리 둘 중 어느 누구도 동성행위를 하지 않았다. 우리는 절대 하지 않을 것이다. 그리고 누군가가 우리에게 강제로 시키더라도 우리는 하지 않을 것이다. 그러나 여성으로서 이곳에 오랫동안 머물다 보니 우리는 서로 팔을 두른다. 하지만, 우리는 아무 문제가 없다고 생각한다. 왜냐하면 아무 문제가 없으니까–이것은 단순한 우정이니까. 우리는 아무런 사고 기록도 없고, 그녀는 자치위원이고 나는 가장 양호한 보안등급이다. 나는 지금까지 나쁜 기록은 전혀 없었는데, 하나님, 맙소사, 교도관이 우리에게 와서 "자, 자, 당신들 그런 짓 허락되지 않는 것

> 알잖아"라고 말한다. 그리고 우리는 교도관을 보고 "어떤 짓?", "개인적 접촉?" 그리고 우리는 이 여자 교도관이 다른 여자 교도관에게 우리처럼 팔을 두르는 것을 보았다. 이게 우리를 정신적으로 괴롭게 하는 부분이다.[50]

자연스러운 행동을 악한 행동으로 재정의 하는 것과 금지하는 것이 장기간 복역하는 여성 수용자들에게 교도소화가 얼마나 심각한 손상을 가져오는지 보여준다. 수용자는 여성이든 남성이든 간에 단순한 우정표시도 금지된다는 것을 배운다. 그들은 인간관계의 따뜻함을 억누르도록 배운다. 교도소 안에서 받아들여지는 행동들은 교도소 밖에서 그들을 무감각한(반응 없는, 무심한) 사람으로 만들어 버린다. 남자들에게 이러한 냉철함은 "거칠다" 또는 "남성적이다"라고 보일 수 있지만, 여성들의 경우에는 전혀 매력적이지 않아 보인다.

최근까지 여성 수용자들의 동성 행위에 대한 연구는 별로 없었다. 문학에서 발견할 수 있지만, 과학적 연구는 드물다. 심지어, 여성 범죄자들에 대한 통계를 축적한 기념비적인 연구인 셸던과 엘리너 글룩(Sheldon and Eleanor Glueck's) 부부의 500명의 범죄 여성[51]도 동성 행위에 대한 고려는 없었지만, 성과 성역할에 대한 연구는 증가하고 있다.[52]

시설 운영상의 이유 때문에 동성 행위를 막는 것이 어렵다. 모든 수용자들을 감시할 인력은 항상 부족하고, 따라서 동성애자들은 교도관의 노력에도 불구하고 같이 붙어 다닌다. 많은 교도소에서 교도관들은 여성 수용자들의 동성 행위에 대하여는 "다른 곳 쳐다보기"식의 태도를 취한다(남자 교도소에서도 마찬가지이다.[53] 제17장 참조). 동성애와 동성사회성(Homosociality)은 남자 교도소보다 여자교도소에서 더 자주 일어나는데, 많은 수용자들이 남자들에게 부당한 대우[54]를 당해 와서 그들은 바깥에 있을 때부터 벌써 다른 여성들에게 정서적 욕구를 충족해 왔기 때문이다. 게다가 여성 교도소는 일반적으로 보안 수준이 낮고 구획화가 덜 되어 있어서 여성들이 만나는 것이 쉽다. 또한 구금의 충격이 여성들에게는 특별히 달라서 동성 행위적 반응을 유발했을 수 있다. 여성들은 교도소 안에서 유사가족을 만들 강한 욕구를 느꼈을 수 있다. 여성들은 체포, 구치소 구금, 재판, 교도소 구금을 보다 개인적인 시각으로 바라본다. 이러한 개인화된 반응은 반사회적 행동을 조장하고 추후의 불법 행동을 야기하기도 한다. 한 연구는 동성애적 행위를 유발하는 세 가지 **심리적 박탈**(Psychological deprivation)을 찾아냈다.[55]

주요용어

심리적 박탈
정서적 또는 물질적 보호의 실패로 정서적 친밀함, 지지 또는 사랑을 형성할 수 없는 상태

1. 애정 결핍과 이해의 욕구
2. 이전의 공생적 대인 관계로부터의 단절
3. 어떤 사람과 지속적으로 친밀한 관계를 유지하고자 하는 욕구

구금된 중범죄자가 어느 정도 이와 같은 박탈을 경험하지 않는다는 것이 이상할 것이다.

남녀공용 교정시설

주요용어

남녀공용 교도소
하나의 교정 기관아래 남성과 여성 수용자들이 함께 거주하는 공용 교도소

남녀공용 교도소는 교정에서 새롭게 시도된 것이다. 두 개의 교도소가 1971년 연방 교정국에서 설립되었다. 그 후로 다수의 **남녀공용 교도소**(Co-gender institution)가 연방과 각 주에 문을 열었다. 2012년 기준, 각 주에 적어도 418개의 남녀공용 교도소가 있었다. 정확한 숫자는 모르지만, 민간 교도소에도 남녀공용 교도소가 있고 25개 주에서는 소년 시설에 대한 보고는 2012년에는 하지 않았다.[56] 존 스미클라(John Smykla)와 제이 윌리엄스(J. Williams)는 성인 남녀공용 교도소를 중범죄자 수용을 위한 성인 교도소라고 정의하였다. 각각은 하나의 교정 기관에 의해 운영되고 남자와 여자 수용자들이 서로 교류할 수 있는 정규적인 프로그램과 공간이 매일 제공된다.[57] 남녀공용 교도소의 일반적인 개념들은 아래와 같다.[58]

1. 다른 성과의 관계를 재개하고 지속하도록 허용하여 구금으로 인한 비인간적이고 파괴적인 양상들을 줄인다.
2. 파괴적인 동성관계 시스템을 약화시키고, 약탈적인 동성행위

를 줄이고, 공격적인 행동을 순화하고 수용자들의 흥미와 활동을 전환시키는 것을 통하여 교정 시설을 통제하는 데 있어 발생하는 문제점을 줄인다.

3. 동성 교도소에 있었으면 발생했을 문제점들로부터 수용자들을 보호한다.
4. 좀 더 정상적이고 교정시설 같지 않은 분위기를 만들기 위한 하나의 수단이 된다.
5. 출소 전 개인들이 사회에 적응하기 위해 노력해야 하는 것들의 강도를 줄여서 출소 후에 적응하는데 충격을 완화시켜 준다.
6. 가용한 공간, 교도관, 프로그램을 더 효율적으로 이용하여 규모의 경제를 실천한다.
7. 지금 당장 또는 앞으로 예견되는 과밀수용 문제를 완화한다.
8. 수용자로부터 경노동 또는 중노동을 제공받아 민간인 노동 수요를 줄인다.
9. 남성과 여성에게 동등하게 다양하고 유연한 프로그램을 제공한다.
10. 성관련 문제가 있는 수용자들과 함께 가능한 치료를 확대하고 긍정적인 이성 관계와 대처 능력을 개발한다.
11. 남녀 모두에게 동등하게 프로그램과 서비스에 접근하도록 하여 예상되는 법적 소송의 가능성을 줄인다.
12. 하나의 주 교도소에서만 근무했던 여성교도관들에게 공용교도소에서 근무할 수 있는 기회를 주어 직장 선택의 기회를 확대한다.

이러한 목적들이 달성되었는지에 대하여는 대부분의 효과성 검증 연구가 수준이 낮아서 아직 답변할 수는 없다고 하겠다.[59]

지역사회 교정과 여성 범죄자들

여성 범죄자들이 직면하는 문제들과 여성 교도소 수용자들이 구금 때문에 겪는 문제점들을 살펴보면 대부분의 여성 범죄자들은 우리 사회에 심각한 위험을 초래하지는 않는다는 것을 알 수 있고, 약물 남용이 그들 범죄의 기본 원인이 되고 있어서 근본 문제가 음주와 마약 남용인 그들을 구금함으로서 수용자 자신과 그들의 가족에게 더 큰 위해를 가한다고 할 수 있다.

숫자가 제한적이고 인위적인 환경에서 제공되는 여성 교도소의 처우 프로그램들이 장기적으로 효과적인지에 대하여는 잘 알려져 있지 않다.[60] 정작 필요한 것은 범죄 행동과 구금에 이르도록 하는 근본 문제를 해결할 수 있는 합리적인 위험 감소 프로그램이다. 물론 그런 프로그램들은 일반적으로 지역사회에서 찾을 수 있는데, 중간처우소, 집단가정, 주거형 치료시설, 정신건강과 약물남용 치유 프로그램 그리고 보호관찰, 중간 처벌, 가석방, 재사회화 관련 장에서 소개한 여러 가지 중간 처벌이 있다. 그런 프로그램들은 비폭력적인 범죄자들에게 오래 전부터 추천되어 왔고 전미 변호사 협회의 양형 프로젝트와 범죄와 비행에 관한 국가 자문위원회도 강력히 지지했다.[61]

지금 946,000명(성인 보호관찰자의 24%) 이상의 여성들이 보호관찰을 받고 있고 98,000명(전체 가석방자 중 14%)은 가석방 중이다.[62] 불행하게도 성별로 특화된 프로그램은 부족하고, 여성을 위해 특별히 디자인된 프로그램들은 단지 대도시 지역에서만 찾을 수 있다. 여성 범죄자들은 공공의 안전에 큰 위협을 야기하지 않고 또한 대부분 폭력적이지 않아서, 그들을 지역사회 내에서 교정 당국과 협력하여 다양한 형태의 감독을 하는 방식이 여성 수용자들에게는 더 좋은 선택일 수 있다. 수용된 여성들에게 아이들과 지속적으로 만날 수 있도록 해주는 가족 기반 프로그램을 개발하고 확대하는 것 또한 너무도 중요하다.[63]

요약

성인 여자교도소 인구의 특징과 경향에 대하여 요약하시오.

여성 수용자들은 교도소 인구의 단지 7% 밖에 되지 않지만, 숫자는 계속 증가하고 있다(국가적으로 범죄율이 갑작스럽게 감소했음에도 불구하고). 비록 아무도 왜 이런 현상이 발생했는지 확신하지 못하지만, 양형을 하는 판사들의 온정적 태도가 사라졌다는 의견에서부터 전통적으로 남자들이 저지르던 범죄를 여자들이 저지르기 시작했다는 주장도 있다. 그러나 폭력범죄를 저지르거나, 도주를 원하거나, 구금시설에서 폭력성을 나타내는 여성범죄자들은 거의 없다. 따라서 대부분의 여성 범죄자들은 최소 또는 낮은 보안등급 시설에 수감되어 있다. 대부분의 지역에서 여성을 수용할 수 있는 여성 교도소는 수용자 수가 적어서 하나 정도 밖에 없고, 직업훈련, 교육, 훈련 기회나 제공 가능한 프로그램의 수가 제한되어 있다.

여성 수용자들의 특성과 문제점, 도전과제, 여성들이 만나는 장벽들에 대해 설명하시오.

남자 수용자들과 대조적으로 여성 수용자들의 숫자는 적어서 이전에 살던 대도시로부터 멀리 떨어진 곳에 여자교도소가 위치해 있다. 이것은 가족과 친구의 방문횟수와 기간, 자녀들과의 교류, 상실감, 가족으로부터 소외감 증가 등에 영향을 미친다. 자기 정체성을 자기와 관계된 중요한 다른 사람들과의 교류에서 찾곤 하는 여성 범죄자들은 그러한 공간적 거리는 자기 효능감이나 자존감을 떨어뜨리게 한다. 그러한 상실감으로 인해 여성 수용자들은 위안과 가족관계를 갈망하고 그로 인해 대안가족 또는 유사가족이 만들어진다. 교도소와 구치소에 있는 대부분의 여성들은 소외되고 불안정적인 배경을 가지고 있으며, 장기간 학대를 겪었고, 지역사회로 재통합하기 위해 노력할 때 감당하기 힘든 고용, 금전, 심리적, 정서적, 사회적 장벽에 부딪히게 된다. 전형적인 여성 수용자는 흑인, 비히스패닉계, 35–39세; 미혼; 고등학교 정도의 교육수준을 가지고 있고, 체포당시 직업이 없었다. 대부분이 또한 남편이 없어서 아이들 아빠로부터 아무런 재정적 지원을 받지 못하는 미혼모였다.

여성 교도소의 역사를 설명하시오.

여성 교도소의 역사는 남성 교도소에 비하여 매우 일천하다. 19세기 이전에는 여성 범죄자를 위한 교도소가 거의 없었다. 첫 번째로 여성 범죄자만을 위한 교정시설이(1873년에 세워진 인디아나 여성 교도소) 처음으로 건축되었고, 첫 번째 여성 교도소장은 1925년에 웨스트버지니아 주 앨더슨에 있는 연방 교정 시설의 소장을 역임한 메리 벨 해리스였다.

여성 교도소의 문화에 대한 설명하시오.

여성 교도소의 문화는 다양하다. 단일 성 교도소 커뮤니티와 관련된 다양한 문제점들은 남녀공용 시설을 이용해서 어느 정도 해소될 수 있으며, 그 숫자는 특히 민영교도소를 중심으로 증가하고 있다. 그럼에도 여성 수용자들은 구금과 방임(몇몇의 관할의 경우)이라는 이중의 부정적 충격으로 고통 받고 있다. 다가올 10년 동안 여성 범죄자의 증가는 더 많은 교도소 건축으로 이어지고, 지역사회와 민간 공급자와 계약이 증가하고, 처우 프로그램과 지역사회 재통합 프로그램의 증가도 있을 것이다.

남녀공용 교도소에 대해 설명하시오.

남녀공용 교도소는 남성과 여성 범죄자들이 하나의 시설에 같이 수용되며 상호교류와 공동 처우 프로그램이 허용된다. 이 시설들은 더 유연하고, 외부 사회와 유사하고, 교도소 내의 생활을 정상화 하도록 구조화 되어 있다.

여성 범죄자들을 위해서 지역사회 교정을 사용하는 것에 대해 결론을 도출하시오.

여성 범죄자들은 다른 사람들에게 심대한 위험을 야기하지 않는다. 이들은 보통 도움이 필요하고 위험 수준이 낮은 범죄자들이다. 지역사회 교정은 행동의 위험성을 낮추고(특별히 마약과 알코올남용) 범죄 행동을 유발할 수 있는 환경에서 대안적으로 행동하는 것을 배울 수 있는 기회를 제공한다. 지역사회 교정은 적어도 교도소 만큼은 효율적이고, 지역사회 내의 치료와 서비스 제공자를 사용하고, 교도소 수용보다 훨씬 저렴하다고 생각 된다.

주요용어

성별 체포 수 ······ 618
우대 ······ 620
"전통적" 여성 범죄 ······ 620
피해자 없는 범죄 ······ 620
판사의 온정적 태도 ······ 622
여성 해방운동 ······ 624
학대피해 여성 ······ 629
임신한 수용자 ······ 633
가족 유대 ······ 635
동성애 경험 ······ 637
심리적 박탈 ······ 640
남녀공용 교도소 ······ 640

복습질문

1. 여성들이 저지른 주된 범죄는 어떤 것들인가? 이유는?
2. 교정 시스템에서 여성들이 왜 다르게 다루어졌는가?
3. 아이를 키우는 엄마들에게 교도소 수용은 어떤 영향을 주는가?
4. 다양한 사회통제력을 가진 여성 범죄자들을 다룰 모델을 개발하고 범죄 행동을 예방할 수 있는 기회를 여성 범죄자들에게 제공하라.
5. 전형적인 여성 수용자에 대하여 설명하라.
6. 특별한 문제를 가지고 있는 세 여성 범죄자 집단을 말하고 그들에게 특별히 필요한 것이 무엇인지 말하라.
7. 마약과의 전쟁이 교정과 특히 여성 범죄자들에게 어떠한 영향을 주었나?
8. 임신한 여성 수용자들과 유아들에게 무엇을 해주어야 하나?

9. 입소 전에 학대 피해를 당했던 여자 범죄들이 교도소에 수감되었을 때 어떤 문제들이 있나?

적용사례연구

1. 당신이 여성 교도소의 소장이라면 수용자들을 위해 제공하고 싶은 프로그램은 무엇인가?
2. 여성 범죄자가 사기죄로 형을 선고 받기 위해 판사 앞에 있다. 당신은 그 여성의 변호인으로서 보호관찰을 주장하고 싶은데, 이번이 세 번째 범죄이고, 과거에 보호관찰이 취소된 경력이 있다. 어떠한 대안을 제시할 것인가? 만약 그녀가 임신했다면 다른 대안을 쓸 것인가?
3. 교도소를 출소할 때 여성이 부딪히는 세 가지 어려움은 무엇인가? 이러한 필요를 충족할 수 있는 재사회화 프로그램을 고안해 보라.

미주

1. Todd D. Minton, *Jail Inmates at Midyear 2012* (Washington, DC: Bureau of Justice Statistics, 2013).
2. Michael Tonry, "Why Are U.S. Incarceration Rates So High?," *Overcrowded Times* 10:3 (1999): 1, 8-16. See particularly p. 8.
3. Most apprehended drug couriers ("mules") are female. If arrested in New York City's John F. Kennedy Airport, they could be sentenced under New York statutes for a minimum penalty of three years' to life imprisonment, but the sentence may be reduced to lifetime probation if the mule provides "material assistance" leading to the arrest of a drug dealer or higher-placed drug entrepreneur. Few mules can offer "material assistance" of any prosecutorial value because they are so marginally involved (if at all) with the ongoing criminal enterprise. In 1999, U.S. district courts granted almost 8,000 "substantial assistance reductions" to 44 percent of defendants in federal courts, most of which were granted to drug offenders. Few were granted to females. John Scalia, *Federal Drug Offenders, 1999 with Trends from 1984-1999* (Washington, DC: Bureau of Justice Statistics, 2001), p. 10.
4. Federal Bureau of Investigation, *Crime in the United States 2012* (Washington, DC: U.S. Department of Justice, 2013).
5. Ibid.
6. E. Ann Carson and Daniela Golinelli, *Prisoners in 2012: Trends in Admissions and Releases, 1991-2012* (Washington, DC: Bureau of Justice Statistics, 2013).

7. Freda Adler, *Sisters in Crime* (New York: McGraw-Hill, 1975). See also Bernard Schissel and K. Fedec, "The Selling of Innocence," *Canadian Journal of Criminology* 41:1 (1994): 33-56.
8. Federal Bureau of Investigation, *Crime in the United States 2009* (Washington, DC: U.S. Department of Justice, 2010). See also Jacqueline Boles and K. Elifson, "Sexual Identity and HIV: The Male Prostitute," *Journal of Sex Research* 31:1 (1994): 39-46; Thomas Calhoun and G. Weaver, "Rational Decision-Making among Male Street Prostitutes," *Deviant Behavior* 17:2 (1996): 209-227; and Leon Pettiway, *Honey, Honey Miss Thang: Being Black, Gay and on the Streets* (Philadelphia: Temple University Press, 1996).
9. Studies of lifetime prevalence of intimate partner abuse suggest that at least 4 in 10 females will be physically and sexually abused during their lifetimes. There is some evidence that rates of physical and sexual abuse may be highest for females ages 18 to 39, with monthly income of less than $1,000, children under age 18 being at home, and those ending a relationship within the past 12 months. Stephen Dearwater, J. Coben, J. Campbell, et al., "Prevalence of Intimate Partner Abuse in Women Treated at Community Hospital Emergency Departments," *Journal of the American Medical Association* 280:5 (1998): 433-438. See also Bureau of Justice Statistics, *Family Violence Statistics Including Statistics on Strangers and Acquaintances*, http://www.fbi.gov/about-us/cjis/ucr/crime-in-the-u.s/2012/crime-in-the-u.s.-2012/persons-arrested/persons-arrested (accessed September 14, 2014).
10. Robert Meier and G. Geis, *Victimless Crime? Prostitution, Drugs, Homosexuality and Abortion* (Los Angeles: Roxbury Publishing, 1997); Barrie Flowers, *The Prostitution of Women and Girls* (Jefferson, NC: McFarland, 1998); Karen Stout and B. McPhail, *Confronting Sexism and Violence against Women: A Challenge for Social Work* (New York: Longman, 1998); Melissa Farley, "Unequal," http://crime.about.com (accessed February 28, 2008).
11. See Ira Sommers, D. Baskin, and J. Fagan, "The Structural Relationship between Drug Use, Drug Dealing and Other Income Support Activities among Women Drug Users," *Journal of Drug Issues* 26:4 (1996): 975-1006; John Potterat, R. Rothenberg, S. Muth, et al., "Pathways to Prostitution," *Journal of Sex Research* 35:4 (1998): 333-340; and Tove P. Tiby, "The Production and Reproduction of Prostitutions," *Journal of Scandinavian Studies in Crime and Crime Prevention* 3:2 (2003): 154-172.
12. Joanne Belknap, *The Invisible Woman: Gender, Crime and Justice* (Belmont, CA: Wadsworth, 2007).
13. Cynthia Seymour, ed., "Children with Parents in Prison," *Child Welfare* 77:5 (1998): 469-639; James Boudouris, *Parents in Prison* (Lanham, MD: American Correctional Association, 1996); Ken Gosnell, "Fathers Successfully Returning Home," *Corrections Today* 69:2 (2007): 46-50.
14. Amnesty International, "Mothers behind Bars," http://www.amnesty-usa.org/rightsforall/women/report-101.html (accessed February 28, 2008).
15. As early as 1984, Candace Kruttschnitt and

D. Green were debunking the chivalry assumptions in their "The Sex－Sanctioning Issue: Is It History?," *American Sociological Review* 49:4 (1984): 541-551. See also Ellen Steury and F. Nancy, "Gender Bias and Pretrial Release: More Pieces of the Puzzle," *Journal of Criminal Justice* 18:5 (1990): 417-432; Randall Shelden, "Confronting the Ghost of Mary Ann Crouse: Gender Bias in the Juvenile Justice System," *Juvenile and Family Court Journal* 49:1 (1998): 11-26; and Marie Grabe, K. Trager, Melissa Lear, and Jennifer Raush, "Gender in Crime News," *Mass Communication and Society* 9:2 (2007): 137-163.

16. Mark Pogrebin and E. Poole, "Sex, Gender and Work: The Case of Women Jail Officers," in *Sociology of Crime, Law and Deviance, ed.* Jeffrey Ulmer (Stamford, CT: JAI Press, 1998), pp. 105-126; Timothy Griffin and John Wooldredge, "Sex－Based Disparities in Felony Dispositions before and after Sentencing Reform in Ohio," *Criminology* 44:4 (2006): 893-923.
17. B. Farnsworth and R. Teske, "Gender Differ－ences in Felony Court Processing," *Women and Criminal Justice* 6:2 (1995): 23-44.
18. Meda Chesney－Lind, "Women in Prison: From Partial Justice to Vengeful Equity," *Corrections Today* 60:7 (1998): 66-73.
19. Susan Crawford and R. Williams, "Critical Issues in Managing Female Offenders," *Corrections Today* 60:7 (1998): 130-134; Editors, "L.A. County Makes Room for Female Prisoners," *Correctional News* 13:3 (2007): 17.
20. Bureau of Justice Statistics, *Correctional Pop－ulations in the United States, 2009* (Washington, DC: Bureau of Justice Statistics, 2010); William Sabol Heather Couture, *Prisoners in 2006* (Washington, DC: Bureau of Justice Statistics, 2007), p. 24.
21. Andrew Knittle, "Oklahoma's 'Mean' Laws Are to Blame for High Female Incarceration Rate, Sociologist Says," http://newsok.com/oklahomas－mean－laws－to－blame－for－high－female－incarceration－rate－sociologist－says/article/3891614 (accessed January 1, 2013).
22. Jean Wellisch, Michael Prendergast, and Douglas Anglin, *Drug－Abusing Women Offenders: Results of a National Survey* (Washington, DC: Bureau of Justice Statistics, 1995). See also Jennifer Karberg and Doris James, *Substance Dependence, Abuse and Treatment of Jail Inmates, 2002* (Washington, DC: Bureau of Justice Statistics, 2005), and National Association of Drug Court Professionals, "Drug Courts Are Effective," http://www.nadcp.org/Drug%20courts%20 are20effective (accessed August 25, 2013).
23. Louise Bill, "The Victimization and Revictimi－zation of Female Offenders," *Corrections Today* 60:7 (1998): 106-112.
24. Donna Kerr, "Substance Abuse among Female Offenders," *Corrections Today* 60:7 (1998): 114-120. See also Michelle Staples－Horne, "Addressing Specific Health Care Needs of Female Adolescents," *Corrections Today* 69:5 (2007): 426.
25. Bureau of Justice Statistics, *Correctional Pop－ulations in the United States, 2009.* See also Bureau of Justice Statistics, "Jail Inmates at Midyear 2013," http://www.bjs.gov/content/pub/pdf/jim13st.pdf (accessed September 14,

2014).

26. Doris J. James, *Profile of Jail Inmates, 2002* (Washington, DC: Bureau of Justice Statistics, 2004).

27. Bonnie Green, J. Miranda, A. Daroowalla, and J. Siddique, "Trauma, Mental Health Functioning, and Program Needs of Women in Jail," *Crime and Delinquency* 51:1 (2005): 131-151. See also Correctional Association of New York, "Women in the Criminal Justice System," http://www.correctionalassociation.org/issue/women (accessed January 18, 2014), and "Nearly 150 Incarcerated Women Forced into Sterilization Procedures in California Prisons," http://www.correctionalassociation.org/news/more-than-100-incarcerated-women-endured-forced-sterilized-in-california-prisons (accessed January 14, 2014).

28. Virginia McCoy, J. Inciardi, and L. Metch, "Women, Crack and Crime," *Contemporary Drug Issues* 22:3 (1995): 435-451; Meda Chesney-Lind, *The Female Offender: Girls, Women and Crime* (Thousand Oaks, CA: Sage, 1997). See also the theme issue "Female Offenders," *Corrections Today* 60:7 (1998).

29. Boot camps, with their requirements of absolute obedience to authority, may be harmful to female offenders who have been in abusive relationships. See Doris MacKenzie, L. Ellis, S. Simpson, et al., *Female Offenders in Boot Camp* (College Park: University of Maryland, 1994).

30. Bureau of Justice Statistics, *Correctional Populations in the United States, 2009.*

31. Ibid.

32. L.I.S., Inc., *Profiles of Correctional Substance Abuse Treatment Programs* (Langmont, CO: National Institute of Corrections, 1994); Christopher Mumola, *Substance Abuse and Treatment, State and Federal Prisoners, 1997* (Washington, DC: U.S. Department of Justice, 1999), p. 13.

33. A. Beck, *PREA Data Collection Activities, 2012* (Washington, DC: Bureau of Justice Statistics, 2013).

34. Caroline Wolf Harlow, *Prior Abuse Reported by Inmates and Probationers* (Washington, DC: U.S. Department of Justice, 1999). For data on abuse across the nation, see Patricia Tjaden and N. Thoennes, *Prevalence, Incidence and Consequences of Violence against Women* (Washington, DC: U.S. Department of Justice, 1998). See also American Civil Liberties Union, "Words from Prison: Sexual Abuse in Prison," https://www.aclu.org/womens-rights/words-prison-sexual-abuse-prison (accessed September 14, 2014).

35. Lauren Glaze and L. Maruschal, *Parents in Prison and Their Minor Children* (Washington, DC: Bureau of Justice Statistics, 2008).

36. Natalie Pearl, "Use of Community-Based Social Services to Reduce Recidivism in Female Parolees," *Women and Criminal Justice* 10:1 (1998): 27-52.

37. Pew Charitable Trusts, *One in 100: Behind Bars in America 2008* (Washington, DC: Pew Charitable Trusts, 2008), p. 4.

38. American Correctional Association, *Directory 2012* (Alexandria, VA: American Correctional Association, 2012), pp. 64-65. Twenty-five states did not report the number of their facilities and programs for juveniles.

39. Ibid, pp. 40-41. Five states did not report on

wardens and superintendents in adult institutions.

40. Excellent chronicles of female correctional managers can be found in *Women and Criminal Justice*. See in particular Mary Hawkes, "Edna Mahan: Sustaining the Reformatory Tradition," *Women and Criminal Justice* 9:3 (1998): 1–21, and Joann Morton, "Martha E. Wheeler: Redefining Women in Corrections," *Women and Criminal Justice* 5:2 (1994): 3–20. See also Joann Morton, ed., "Women in Corrections," *Corrections Today* 54:6 (1992): 76–180, and the theme issues on "Best in the Business," *Corrections Today* (yearly).

41. George Church, "The View from behind Bars," *Time*, September 22, 1990, pp. 20–22.

42. See Laura M. Maruschak (2006), "Medical Problems of Jail Inmates," http://www.bjs.gov/, and Correctional Association of New York, *Women in Prison Fact Sheet*, downloaded November 5, 2014 from http://www.correcti-onalassociation.org/wp-content/uploads/2012/05/Wome_in_Prison_Fact_Sheet_2009_FINAL.pdf. For data on babies born to jail inmates, see Oliver Lee, "What Happens to Babies Born in Jail?," http://www.takepart.com/article/2012/05/28/what-happens-babies-born-jail (accessed September 14, 2014). See also Kisa Miela Santiago, "Babies Born behind Bars: Motherly Love or Abuse?," http://www.hlntv.com/article/2013/05/10/prison-nursery (accessed September 14, 2014).

43. John Wooldredge and K. Masters, "Confronting Problems Faced by Pregnant Inmates in State Prisons," *Crime and Delinquency* 39:3 (1993): 195–203; Jessica Pearson and N. Thoennes, "What Happens to Pregnant Substance Abusers and Their Babies?." *Juvenile and Family Court Journal* 47:2 (1996): 15–28.

44. Joann Morton and D. Williams, "Mother/Child Bonding," *Corrections Today* 60:7 (1998): 98–105; Paula Dressel, J. Porterfield, and S. Barnhill, "Mothers behind Bars," *Corrections Today* 60:7 (1998): 90–94; Win Sisson, "Don't Forget about the Children," *Corrections Today* 68:7 (2006): 54–57.

45. Washington Correctional Center for Women, "Washington Department of Corrections," http://www.doc.wa.gov/facilities/Washingtoncc-women.asp. See also Jeanne Woodford, "Women and Parole," http://www.ihc.ca.gov/ihcdir/womenparole/woodruffApr04.pdf.

46. California Department of Corrections, "Community Prisoner Mother Program (CPMP)," http://info.sen.ca.gov/pub/07-08/bill/asm/ab_0051-0100/ab_76_cfa_20070226_094043_asmcomm.html. See also California Department of Corrections and Rehabilitation, "California Department of Corrections and Rehabilitation Opens New Family Foundations Program Facility in Fresno," http://www.cdcr.ca.gov/news/2008_Press_Release/January_25/index.html (accessed March 8, 2008).

47. Lauren E. Glaze and Laura M. Maruschak, *Parents in Prison and Their Minor Children* (Washington, DC: Bureau of Justice Statistics, 2010); Morton and Williams, "Mother/Child Bonding"; Dressel et al., "Mothers behind Bars."

48. See also Phyllis Ross and J. Lawrence, "Health Care for Women Offenders," *Corrections Today* 60:7 (1998): 122–129, and Susan Crawford and R. Williams, "Critical Issues in Managing Female Offenders," *Corrections Today* 60:7 (1998): 130–134.

49. *Estelle* v. *Gamble*, 97 S. Ct. 285 (1976). See also Michael Vaughn and L. Carroll, "Separate but Unequal: Prison versus Free-World Medical Care," *Justice Quarterly* 15:1 (1998): 3-40; Kristine Shields and C. de Moya, "Correctional Health Care Nurses' Attitudes toward Inmates," *Journal of Correctional Health Care* 4:1 (1997): 37-59; Michael S. Vaughn and Linda G. Smith, "Practicing Penal Harm Medicine in the United States: Prisoners' Voices from Jail," *Justice Quarterly* 16 (1999): 175-232; Michael Vaughn and Sue Collins, "Medical Malpractice in Correctional Facilities," *The Prison Journal* 84:4 (2004): 505-534; Paul von Zielbauer, "Private Health Care in Jails Can Be a Death Sentence," *New York Times*, February 27, 2005, p. A7; and Editors, "California Receiver Issues Status Report on Prison Medical Systems," *Correctional News* 13:7 (2007): 14.

50. David Ward and Gene Kassenbaum, "Sexual Tension in a Woman's Prison," in *The Criminal in Confinement*, ed. M. Wolfgang and L. Savitz (New York: Basic Books, 1971), pp. 149-150; Candace Kruttschnitt, "Race Relations and the Female Inmate," *Crime and Delinquency* 29:4 (1983): 577-592.

51. Sheldon Glueck and Eleanor Glueck, *500 Delinquent Women* (New York: Knopf, 1934).

52. John Smykla, *Co-Corrections: A Case Study of a Co-Ed Federal Prison* (Washington, DC: University Press of America, 1979). See also Christopher Uggen and C. Kruttsnitt, "Crime in the Breaking: Gender Differences in Desistance," *Law and Society Review* 33:2 (1998): 339-366, and Charlotte Bright, Scott Decker, and Andrea Burch, "Gender and Justice in the Progressive Era," *Justice Quarterly* 24:7 (2007): 657-678.

53. Victor Hassine, *Life without Parole: Living in Prison Today* (Los Angeles: Roxbury, 2002); Robert Johnson and H. Toch, *Crime and Punishment: Inside Views* (New York: Oxford University Press, 2008); Christopher Hensley and Richard Tewksbury, "Warden's Perceptions of Prison Sex," *The Prison Journal* 85:2 (2005): 127-144; Editors, "California to Trial Condoms in Prisons," *Correctional News* 14:1 (2008): 32.

54. Tjaden and Thoennes, *Prevalence, Incidence, and Consequences of Violence against Women*; Bonita Versey, K. de Cou, and L. Prescott, "Effective Management of Female Jail Detainees with Histories of Physical and Sexual Abuse," *American Jails* 16:2 (1998): 50-54; Shannon Catalano, "Intimate Partner Violence in the United States," http://www.ojp.usdoj.gov/bjs/intimate/ipv.htm (accessed March 8, 2008).

55. Leslie Acoca and J. Austin, *The Crisis: The Women Offender Sentencing Study and Alternative Sentencing* (Washington, DC: National Council on Crime and Delinquency, 1996).

56. American Correctional Association, *2012 Directory*, pp. 60-61.

57. John Smykla and J. Williams, "Co-Corrections in the United States of America, 1970-1990: Two Decades of Disadvantages for Women Prisoners," *Women and Criminal Justice* 8:1 (1996): 61-76.

58. Pamela Schram, "Stereotypes about Vocational Programming for Female Inmates," *The Prison Journal* 78:3 (1998): 255-270.

59. Smykla and Williams, "Co-Corrections in the United States of America, 1970-1990."

60. Paul Gendreau, Shelia A. French, and Angela Taylor, *What Works (What Doesn't Work): The*

Principles of Effective Correctional Treatment, International Community Corrections Associ-ation Monograph Series (La Crosse, WI: International Community Corrections Association, 2002).

61. The Sentencing Project, *Women in the Criminal Justice System* (Washington, DC: The Sentencing Project, 2007); Christopher Hartney, *The Nation's Most Punitive States for Women* (Oakland, CA: National Council on Crime and Delinquency, 2007).

62. Bureau of Justice Statistics, *Prisoners in 2006* (Washington, DC: Bureau of Justice Statistics, 2007).

63. Family Strengthening Policy Center, "Supporting Families with Incarcerated Parents," http://www.nassembly.org/fspc/practice/documents/brief8.pdf (accessed May 28, 2008).

CHAPTER 19

소년범

학습목표

- 소년사법시스템의 발달에 대하여 요약한다.
- 소년범들의 특징과 범주를 열거한다.
- 소년 범죄의 추세에 대하여 요약한다.
- 범죄자들이 나이가 듦에 따라 범죄를 하지 않게 되는 것을 설명한다.
- 어떻게 소년범이 성인법정으로 이송되는지와 소년의 성인법정 재판과 관련된 이슈에 대하여 설명한다.
- 소년범들을 위한 지역사회기반 처우 프로그램들에 대하여 설명한다.
- 소년의 권리와 권리에 영향을 준 판례들을 요약한다.
- 소년 갱에 대하여 설명한다.
- 초약탈자(Super-predator)의 개념에 대하여 설명한다.

개요

청소년은 어디에 속하나?

범죄 행위는 나이가 들면서 감소한다

소년범들의 구분

소년의 권리: 역사적인 대법원 판례들

오늘날의 소년은 누구인가?

청소년 범죄 문제

청소년 폭력범죄와 여타 범죄의 감소

폭력의 피해자인 청소년

심각한 소년범들의 재범률 낮추기

청소년 갱

새로운 종: 초약탈자 미신 깨기

회복적 사법

범죄와 연령의 관계에 대한 데이터는 범죄가 젊은 사람들의 게임이라는 것을 보여준다.
– 에드워드 라테사

개관

이전 두 장과 이번 장은 체포와 구속 후에, 양형과 교도소 구금에 있어서 별도의 집단으로 구분해서 대응해야하는 다양한 "고객"들에 대하여 설명하였다. 초기 미국 형사사법 역사에서 성별, 나이 또는 개인의 질병에 따른 구분은 거의 고려되지 않았고, "범죄자들"은 모두 하나로 분류되었다. 교도소 수용자들은 단지 유죄가 확정된 자로 분류되기만 하면 그만이었고, 그러한 구분마저도 사회가 실제 범인이든 아니든 서둘러 처벌하고자 하는 경향 때문에 종종 무시되고 있다. 지난 10여 년 동안 다양한 종류의 범죄자들을 위해서 다양한 처우 방법이 개발되었다. 구치소는 남자와 여자 시설이 분리되었고, 유죄가 확정된 자들은 그들에게 필요한 처우를 제공하면서 형기를 채우도록 하기 위해 구분된 곳에 별도로 수용하였다. 그러나 연령에 의해서 구분된 범죄자들, 청소년들은 어떻게 할 것인가? 성인 시스템에서 그들은 어떻게 될까?

소년 범죄자들을 다루는 과정은 완전히 구분되는 사법 시스템으로 발전해 왔기 때문에 이번 장은 형사사법 시스템의 일반적인 패턴에서 약간 벗어난 것을 다룬다. 따라서 소년사법의 역사에 대하여 좀 더 자세히 살펴보고 어떻게 소년사법 절차가 성인 사법절차와는 거의 독립적으로 운영되면서 주로 문제아들을 돕는 방향으로 발전해 왔는지 보여준다. 소년사법 시스템은 지금은 완전히 분리된 "산업"으로 성장했다. 소년들의 갱단 활동, 아이를 살해한 아이들 그리고 "초약탈자[1]"로 간주하여 청소년들을 성인 법정에서 재판하려는 모든 처벌위주의 신자유주의적 시도를 고려하면 역사를 살펴보는 것은 시의적절하다고 할 수 있다. 이번 장에서는 범죄를 저지르고, 체포되어 기소되고 그리고 소년 교정시설에 수용된 청소년들에 대하여 기본적인 이해를 해보도록 한다.

이번 장은 청소년 범죄자들에 대하여 완전하게 모든 것을 알아보는 것은 아니고 단지 소년 교정에 대하여 소개하고, 별도의 독특한 교정 시스템으로 자리 잡은 기원과 현재의 상태에 대하여 알아본다.

청소년은 어디에 속하나?

주요용어

보통법
성문법과 구분되며 판사의 결정과 관습에 근거한 법

어떻게 이렇게 짧은 시간에 말썽꾸러기 문제아인 청소년에서 초약탈자로 변했는가? 미국의 형사사법제도와 마찬가지로 소년사법제도도 건국의 아버지들에 의해 영국의 **보통법**(Common law) 전통을 따르는 것에서 유래하였다. 형사책임에 대하여 영국 보통법은 나이와 형사책임과 관련된 세 가지 가정을 만들었다.

1. 7세 미만의 어린이들은 범죄 의도를 형성할 수 없는 것으로 간주한다.
2. 7세부터 14세 미만까지는 아이들이 분명하게 옳고 그름을 구분할 줄 안다는 것을 정부가 증명하기 전까지는 책임이 없는 것으로 간주한다.
3. 14세 이상의 경우 소년들은 자기의 행동에 책임을 져야 하고 따라서 처벌을 받는다. 여기서, 소년이 형사책임이 없다는 것

은 자기들이 증명해야하는 부담을 지게 된다.

왕은 그 나라의 아버지(**국친사상**, Parens patriae)로서 모든 소년들을 보호해야 할 책임이 있다고 여겨진다. 국친사상은 정부가 아이의 부모 역할을 떠맡는다는 법철학이다. 부모는 정부이다. 영국에서 그러한 책임은 **형평법 법원**(Chancery court)[2]에서 실현되었는데, 도움을 요하는 아이는 국친사상 아래에서 정부의 **피보호자**(Ward)가 된다. 형평법 법원은 형사법원보다 더 유연하게 판결하도록 설계되었다. 주요 관심사는 아이의 복지이며, 아이를 위한 법원의 결정에 방해가 될 수 있는 법적 절차들은 회피하거나 무시될 수 있었다. 그래서 보통법 아래에 두 개의 개념이 있다. 특정 연령 아래의 아이들은 그들의 행동에 대하여 책임을 지지 않고, 특정 부류의 아이들은 정부에 의해 보호될 필요가 있다. 이 두 개념이 합쳐져서 소년비행이라는 개념이 생기면서 책임가능 연령이 16세 또는 18세로 상향되었다.

주요용어

국친사상
스스로 자기를 보호할 수 없는 사람들(특히 청소년들이나 정신이상자들)을 국가가 보호해야 할 의무가 있다는 것을 뜻하는 라틴 용어

주요용어

형평법 법원
대영제국의 다섯 가지 고등법원 중 하나로서 대법관에 의해 관장되며 미성년자의 법적 권리를 보호한다.

주요용어

피보호자
정부에 의해 보호의 대상이 되는 미성년자; 법원판결이나 법적지위에 의해 보호되는 사람들을 의미하기도 한다.

범죄 행위는 나이가 들면서 감소한다

범죄와 나이의 관계에 대한 자료에 따르면 범죄는 젊은 사람들의 게임이라는 것을 보여준다. 17세에 정점을 찍고 그 이후에 감소하는 것을 보여준다. 젊은 사람들은 범죄 경험의 부족과 서투름으로 인하여 아마도 더 쉽게 체포 된다고 볼 수도 있다. 젊은 사람들은 쇼핑몰 절도, 소매치기, 마약 판매와 같이 쉽게 체포될 수 있는 범죄를 저지른다. 또한, 청소년들은 집단으로 범죄를 저지르는 경향이 있어, 경찰이 사건 하나(예를 들어, 차량 절도)를 해결하면 여러 명을 체포하기도 한다. 나이가 들면서 범죄가 줄어드는 것은 재범자들에게 긴 형량을 선고함으로써 나타나는 무력화의 결과일 수도 있다. 그러한 범죄자들은 교도소 안에서 늙어가게 된다. 상습 범죄자들은 또한 적발되어 체포될 가능성이 낮다. 그러므로 재범을 저지른 나이든 교도소 수용자들의 경우 다시 체포되어 교도소로 재입소하기까지("생존기간") 긴 시간이 걸리고 교도소 구금 사이에 긴 시간의 자유를 누리고 있

다. 2003~2012년 사이에 체포된 청소년들이 저지른 가장 심각한 범죄들을 [표 19.1]에서 볼 수 있다.

표 19.1 체포된 청소년들이 저지른 가장 심각한 범죄, 2003-2012

가장 심각한 범죄	총 체포건수	2003-2012 비율 변동
전체	**1,403,497**	−37.0
폭력범죄지표	**38,444**	−36.0
살인	443	−37.0
강간	1,682	−36.0
강도	13,200	−19.5
중폭행	23,119	−42.7
재산범죄지표	**200,824**	**-36.0**
침입절도	36,424	−36.5
절도	152,983	−31.7
자동차 절도	8,403	−69.0
방화	3,014	−46.1

출처: Federal Bureau of Investigation, "Crime in the United States, 2012", table 32, http://www.fbi.gov/about-us/cjis/ucr/crime-in-the-u.s/2012/crime-in-the-u.s.-2012/tables/32tabledatadecoverviewpdf (accessed January 18, 2014).

소년범죄율은 지난 10년 동안 37% 넘게 감소하였다. 이것은 위기 인구(12~18세 청소년)가 감소한 결과로 볼 수도 있고, 소년사법시스템에 진정한 개선이 있었다는 것을 의미할 수도 있다. 그러나 청소년들은 범죄 문제의 상당 부분을 차지한다. 청소년의 나이가 관할권이 있는 소년법원이 있는 곳의 법정 제한 연령 미만에 해당하면 청소년들은 소년법원 절차를 따르도록 되어 있다. 성인이었다면 범죄로 규정될 행위를 청소년이 한 경우 소년 법원이 이들에 대해 판결을 한다. [그림 19.1]은 소년범 체포 비율을 보여준다.

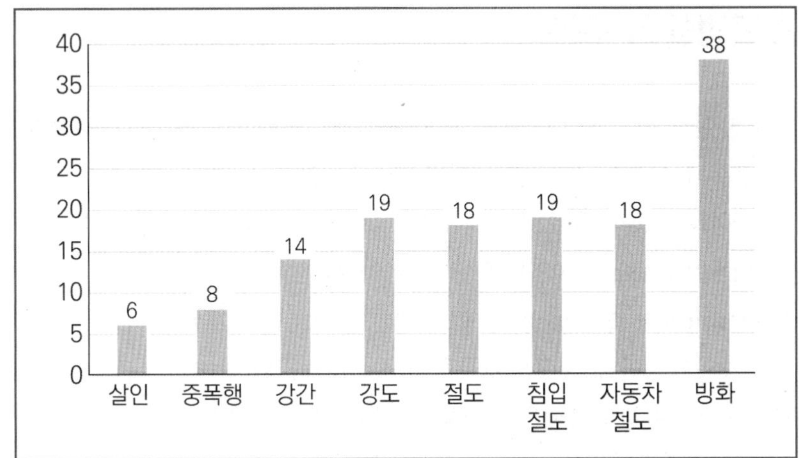

그림 19.1

청소년 체포 비율

출처: Federal Bureau of In- vestigation, *Uniform Crime Report, 2012*, http://www.fbi.gov/about-us/cjis/ucr/crime-in-the-u.s/2012/crime-in-the-u.s.-2012/tables/34tabledatadecoverviewpdf (accessed September 15, 2014).

상당히 큰 비중의 구금된 중범죄자들이 청소년시기에 비행청소년을 위한 훈련기관 또는 학교에 처음으로 구금된 경험이 있었다고 한다. 따라서 소년법원과 소년사법시스템의 기능과 발전에 대하여 간단히 살펴본다. 먼저 이들의 배경이 된 철학부터 살펴본다.

아이들의 복지에 대한 우려가 있지만, 대부분의 사회에서 청소년들의 문제행동에 대하여 인내의 한계를 가지고 있다. 아이들이 그 한계를 넘어섰을 때는, 구금되고 비행소년으로 기록될 수 있다. 소년범죄자들과 성인 범죄자들을 분리 없이 함께 다루었던 것은 수 세기 동안 지속된 관행이었다. 그러나 미국의 초기 역사에서는 이러한 관행을 부정적으로 여겼다. 1899년에 문제아동, 피부양아동 그리고 비행청소년들은 법원에서 다른 대우를 받기 시작했다. 첫 번째 소년법원이 그 해에 시카고에 설립되었고, 비행소년은 피부양아동과 방임아동과 함께 정부로부터 보호를 받는 대상이 되었다. 심각한 비행소년들은 소년법원이 다루는 마지막 대상이 되었다. 비행 청소년이 국친사상 아래에 놓였을 때, 그 소년은 공식 형사사법시스템에서부터 완전히 분리가 된다.

소년범들의 구분

본질적으로 세 종류의 아이들이 소년법원 시스템과 접촉한다. 두 종류의 아이들은 아무런 위반을 하지 않은 (가족이나 보호자 없는) **피부양아동**(Dependent)이거나 (아이들에게 해를 끼치는 가족과 함께 있는) **방임아동**(Neglected)들이다. 위반 행위와 관련된 종류의 아이들은 **비행소년**(Delinquent juveniles)이라고 한다.

방임아동이나 피부양아동들의 보호는 물론 중요하지만, 소년법원은 주로 비행소년들을 담당하기 위해 설립되었다. 사법적 목적을 위해서 비행소년들은 세 종류로 분류된다.

1. 성인이 저질렀다면 범죄가 될 위반행위를 저지른 아이들. 이 집단은 비행소년 시설에 있는 인구의 75%가 여기에 속한다.
2. 소년들에게만 적용되는 규정(통행금지, 학교출석의무 등과 비슷한 규칙과 명령 등)을 위반한 아이들을 **지위비행 소년**(Status offenders)이라고 한다.(지위비행 소년은 청소년이기 때문에 위반이 되는–가출, 통행금지위반, 부모반항 행동으로 소년사법 당국에 의해 다루어지는 청소년이다.)
3. **(제멋대로 행동하는) 선도불가 소년**(Incorrigible(unruly) juveniles)은 부모나 법원에 의하여 통제 불능이라고 선언된 아이들이다.

두 번째와 세 번째 집단은 감독이 필요한 사람 또는 감독이 필요한 미성년자로 불린다. 연방 정부의 개입으로 지위비행 소년들은 주로 첫 번째 범주의 비행소년들이 있는 시설에서 분리되어 처우를 받는다.[3] 세 집단 모두에게 있어서 불균형적 소수집단 제재는 우려할 만한 사항이고 이에 대하여 [정책적 입지 19.1]에서 논의하였다.

주요용어

피부양아동
부모나 보호자가 없는 아동 또는 부모로부터 마땅히 제공받아야 할 보호, 치료 또는 양육 받지 못하는 아동

주요용어

방임아동
부모나 보호자가 마땅히 해야 할 보호를 받지 못하는 아동에 대한 일반적인 용어

주요용어

비행소년
성인이었다면 범죄행위로 규정될 행위를 저지른 청소년

주요용어

지위비행 소년
성인에 의해 저질러 질 경우 법위반이 되지 않지만(예를 들어, 가출, 반항) 아동의 나이 때문에 법위반이 되는 행동을 저지른 청소년

주요용어

(제멋대로 행동하는) 선도불가 소년
부모에 의해 행동 통제가 되지 않는 청소년

소년의 권리: 역사적인 대법원 판례들

여러 미국 대법원 판례들이 다수의 소년 권리를 확립시켰다. *Kent v. United States* (383 U.S. 541 [1966])와 *In re Gault* (387 U.S. 1 [1967])의 역사적인 판례에서, 대법원은 마침내 소년법원 절차에 있어서 소년에게 헌법상 보장된 권리들에 대하여 심의하였다. Kent v. United States 판결에서 대법원은 소년법원에서 다루어지는 소년들의 헌법적 권리들이 박탈당하였고 동시에 이전의 소년법원의 철학과 법률 하에서 약속했던 교화의 기회도 부여되지 않았다고 판시하였다. 이 판결은 "소년들이 양쪽 세계에서 최악의 대우를 받고 있다는 우려를 할 만한 근거가 있다고 본다"[4]고 지적하였다. 1967년 5월 15일에 대법원은 소년 비행과 관련된 절차에 있어서 첫 번째 판결을 내렸다. 그 판결에서 대법원은 비행청소년으로 의심받는 아이는 적어도 다음과 같은 권리를 가진다고 결정하였다.

- 재판을 준비할 수 있도록 기소내용을 즉시 고지 받을 권리
- 변호인의 조력을 받을 권리
- 고소/고발한 사람에 대하여 대면하여 대질심문할 권리
- 적어도 법정에서 범죄를 자백하지 않을 특권(자기부죄강요금지의 특권)

Gault 결정은 소년법원은 적법절차 보호의 테두리 밖에 있다는 법률상 추정에 종지부를 찍었다. In re Winship(397 U.S. 358 [1970])에서 대법원은 법원이 소년 비행의 유죄 판결을 정당화하기 위해서는 소년이 비행을 저질렀다는 합리적 의심을 뛰어 넘는 정도의 입증이 요구된다고 하였다. McKeiver v. Pennsylvania(403 U.S. 528 [1971]) 판결에서 "근본적인 공평성"을 위한 적법절차의 기준이 적용되도록 하고, 소년의 경우 배심 재판을 거절하였다. 대법원은 소년절차의 경우 수정헌법 제6조에서 의미하는 '형사소추'에 해당하지 않는다고 강력히 주장하였다.[5] McKeiver 판결 이후에 소년절차를 분리하는 것은 유지하면서 점점 더 많은 권리들이 소년절차에 확대 적용되

도록 하였다.[6]

소년 인권분야에서 변화를 주도한 것은 대법원만은 아니다. 연방입법 또한 중요한 역할을 했다. 소년법원에 관한 통합법률 1968이 제정되기 전까지 경찰과 다른 기관들은 수정헌법 제4조의 권리를 보장하지 않은 상태에서도 아이들을 구금할 수 있었다. 1974년에 미국 의회는 **소년사법과 비행예방 법**(Juvenile Justice and Delinquency Prevention Act)을 제정하였다. 이 법률은 현행 소년사법시스템의 효과성에 대하여 포괄적으로 평가할 것을 요구하였다. 법제정 의도는 피해를 당했거나 문제를 일으켰지만 범죄를 저지르지 않은 청소년들을 선별하여 구금대신에 다른 대안으로 전환하기 위한 것이다. 동시에 이 법은 청소년 범죄자를 보다 효율적으로 다루기 위하여 소년사법시스템 내부의 자원을 활용할 것을 요구한다.

주요용어

소년사법과 비행 법
피해를 당했거나 문제를 일으켰지만 범죄를 저지르지 않은 청소년들을 구별하기 위하여 소년사법시스템을 포괄적으로 평가할 것을 요구한 법률

지금까지 법원 절차에서 소년들에게 보장된 절차적 권리는 아래와 같다.

1. 자기에게 부과된 죄에 대하여 적절한 고지를 받은 권리
2. 변호인의 조력을 받을 권리와 가난한 아이들에게 변호인 조력이 제공되어져야 할 권리
3. 증인을 대면할 권리와 반대 심문할 권리
4. 자기에게 불리한 증언을 거부할 권리
5. 소년법원에서 성인법원으로 이송되기 전에 적법절차를 보장받을 권리[7]
6. 합리적 의심을 넘어 유죄가 입증될 때까지 무죄를 추정 받을 권리

최근에 대법원은 소년범들에 대한 가혹한 처벌과 관련된 문제를 다루었다. 2005년에 대법원은 *Roper v. Simmons*(543 U.S. 551) 판결에서 18세 미만일 때 저지른 범죄에 대하여 사형을 부과하는 것은 헌법에 위배된다고 결정하였다. 이 결정은 이 전의 법률에서 16세 이상의 사람에게 사형이 가능하도록 한 것을 뒤집는 판결이었다. 비록 논란이 없는 것은 아니었지만, 5대 4 결정은 2010년의 *Graham v. Florida*(560

주요용어

Roper v. Simmons
18세 미만일 때 저지른 범죄에 대하여 사형을 선고하는 것을 헌법에 위배된다고 판결한 대법원 결정

정책적 입지 19.1

불균형적 소수집단 접촉

불균형적 소수집단 접촉(Disproportionate minority contact, DMC)란 소년사법시스템과 접촉하는 소수집단 청소년의 수가 불균형적으로 많다는 것을 뜻한다. 연방정부는 주정부가 구금시설, 교정시설, 구치소 또는 유치장에 수감된 소수집단 청소년의 비율이 지역 소수집단 청소년의 일반적인 인구 비율을 초과할 경우 이 편차를 줄일 수 있는 계획을 세우고 실천할 것을 요청하였다. 이러한 요청의 목적은 인종과 민족에 상관없이 소년사법시스템이 모든 청소년에게 동등하고 공정한 처우를 보장하기 위한 것이다.

소수집단 청소년들은 백인 청소년에 비하여 소년사법시스템과 훨씬 더 자주 접촉한다. 이러한 차이는 부분적으로 관련된 비행의 횟수, 종류, 심각성에 있어서 차이가 나기 때문일 수도 있지만, 이러한 차별적 참여만으로는 불균형적 소수집단 접촉(DMC)를 충분히 설명하지 못한다. 유색인종 청소년들은 백인 청소년들 보다 오랫동안 소년사법시스템에 머문다. 흑인 청소년은 일반적인 청소년 인구의 약 17%를 차지하는데, 청소년 체포의 28% 그리고 주 교도소에 수감된 청소년의 50%가 흑인 청소년들이다. 그들은 소년 비행의 모든 영역에서 과도한 숫자를 차지하고 있다.

차별적 참여는 이러한 설명의 작은 일부분만 설명하고, 오히려 다른 요인들이 단독으로 그리고 복합적으로 작용하여 소년사법시스템에서 DMC를 강화 했다고 볼 수 있다. 그러한 요인들을 아래와 같다:

- 높은 수준의 DMC가 있는 도시 저소득 지역사회의 학교들에서 적용하는 무관용 정책, 예를 들어, 마약 소지, 음주, 학교 배회를 범죄화 하는 것
- 저소득 지구와 관계된 것으로 볼 수 있는 다양한 대안적 처우
- 제도화된 인종차별주의
- 효과적인 법률 조력 서비스에 차등적 접근
- 처우에 있어서 소득 장벽
- 위험 평가도구가 경제적으로 자립적인 백인 청소년들을 기준으로 표준화 되어 있다
- 언어 구사 능력의 차이

소년사법시스템과의 접촉은 심각한 부수적 피해를 가져온다. 이러한 접촉으로 인하여 교육, 주거, 고용 그리고 직장 선택의 범위가 축소된다. 추가적인 접촉으로 인하여 지역사회의 안정이 줄어들고 백인과 비백인 간의 분화의 골이 심화된다.

DMC를 줄이는 것은 쉽지 않은 도전이고 어려운 과정이다. 초기과정으로 문제를 정의하고 확인하고 난 다음, 지역 서비스 제공자들을 개발하고, 투명성을 제고하고, 감소단계로 진행해야한다. 공동체의 지지가 중요하고 소수집단과 관계에 의하여 영향을 받는 이익단체들도 포함해야 한다. 장기적인 관여 또한 중요하고 변화의 방향이 성공과 실패 모두를 통해서 도출되어야 한다. 학교에서 발생한

사건을 경찰에 넘기는 정책도 검증해 보아야하고, 구금에 대한 대안도 개발되어야 한다. 마지막으로, 카운티 교육당국이 교육구(school district)와 협업하여 학교기반 갈등해결 계획을 개발하고 운영할 수도 있다. DMC는 과도하게 많은 소수집단 청소년의 수를 줄이기 위하여 공동체의 우선순위 관심사가 되어야 한다.

출처: Office of Juvenile Justice and Delinquency Prevention(2012), "Disproportionate Minority Contact", http://www.ojjdp.gov/pubs/239457.pdf (accessed December 10, 2012); and The Sentencing Project, "Disproportionate Minority Contact", http://www.sentencingproject.org/doc/publications/jj_DMCfactsheet.pdf (accessed November 30, 2012).

U.S. 48) 판결이 나올 수 있는 기반이 되었다. 이 판결에서 살인범죄가 아닌 경우에 소년에게 가석방이 불가능한 종신형을 선고할 수 없다고 결정하였다. 2012년에는 *Graham v. Florida* 판결을 뛰어 넘어 *Miller v. Alabama*(567 U.S.) 판결에서 대법원은 가석방이 불가능한 종신형을 의무적으로 부과하는 법률을 소년에게 적용하는 것은 헌법에 위배된다고 결정하였다. 이 세 가지 중요한 판결은 과거에 청소년들에게 처벌위주로 형을 부과하던 것을 바꾸는데 도움을 주었다. 이러한 판결에도 불구하고 몇몇 주는 소년들에게 엄청나게 긴 장기형을 선고하여 실질적으로 필요적 종신형을 부과하는 것과 같은 효과가 나타나고 있다. [교정 실제 19.1]에서 설명하였듯이, 대법원은 또한 소년들에게 부과되어왔던 극단적인 처벌들에 대하여도 합헌여부를 결정하였다.

> **주요용어**
>
> ***Graham v. Florida***
> 살인범죄가 아닌 경우에 소년에게 가석방이 불가능한 종신형을 선고할 수 없다고 판결한 2010년 대법원 결정

> **주요용어**
>
> ***Miller v. Alabama***
> 2012년에 대법원은 가석방이 불가능한 종신형을 의무적으로 부과하는 법률을 소년에게 적용하는 것은 헌법에 위배된다고 결정하였다.

미국 대법원의 결정은 소년들을 다루는데 있어 네 가지 중요한 경향을 유도하였는데, 전환처우, 비범죄화, 지위비행소년의 탈시설화, 탈구금화이다.

> **주요용어**
>
> **전환처우**
> 소년 사건을 더 이상 사법시스템에서 다루는 것을 중단하는 것.

전환처우(Diversion)는 사법시스템에 공식적으로 입건되어 법적 절차가 진행되는 어느 시점에서건 범행에 대하여 공식적인 소년(또는 형사)절차를 중단하고 그 사람을 민간이나 사법기관이 아닌 기관에 의한 치료나 보호 프로그램으로 이송하는 것을 말한다. 때로는 이송이 이루어지지 않기도 한다. 전환처우 프로그램은 소년을 소년사법시스템 밖으로 보내는 기능을 하고, 청소년을 위해 민간 교정 기관이나 시설을 이용할 것을 장려하고 소년 법원과 공식적으로 접촉하는 것

교정 실제 19.1

소년에게 부과된 극단적 처벌들

미국 대법원은 소년들에게 부과되었던 극단적 처벌 관행을 바꾼 세 가지 중요한 의견들을 지난 10여 년 동안 결정하였다. 첫 번째, 2005년에 대법원은 미성년자에게 사형을 부과하는 것을 금지하였다. 두 번째, 살인의 경우를 제외하고 가석방이 불가능한 종신형을 선고하는 것을 금지시켰다. 마지막으로 2012년에 소년에게 필요적 가석방이 불가능한 종신형을 선고하는 것을 위헌으로 결정하였다. 2012년 결정은 모든 양형 판사들이 소년 상태임을 경감요소로 고려하여 더 낮은 처벌을 할 수 있도록 하였다.

2012년에 캘리포니아 주지사는 소년일 때 저지른 범죄에 대하여 가석방이 불가능한 종신형을 선고하는 법을 개정하는 법안에 서명을 하였다. 현재 캘리포니아 주법은 가석방이 고려되기 전에 최소 25년을 복역할 것을 요구하고 있다. "가석방 없는 종신형"을 이미 선고받은 소년들은 25년에서 종신형 사이로 감형해 줄 것을 법원에 요청할 수 있고, 장기 복역 대신에 다양한 대안들이 허용되었다. 만약 최소 15년 수감생활을 한 수용자들이 후회와 교정의 신호를 보여준다면 감형을 요청할 수도 있다. 두 번째 사항은 청소년이 범죄를 저지를 때 성인 공범이 있었을 때 경우인데, 약 300명의 소년 수용자들이 캘리포니아 교정국 감독 하에 "가석방이 불가능한 종신형"으로 복역하고 있다.

출처: Editors, "Calif. Gov. Jerry Brown Signs SB 9", *Correctional News* 18:7 (2012): 9.

을 지양한다. 이러한 프로그램으로 교정 교육 프로그램, 위탁가정, 집단가정, 지역 상담센터 등이 있다. 이러한 프로그램의 효과성은 아직 검증되지 않았으나 세밀하게 평가되고 있다.

비범죄화(Decriminalization)는 말 자체가 의미하는 것처럼, 어떤 행위를 더 이상 범죄로 만들지 않는 것이다. 소년사법과 형사사법시스템에서 비범죄화의 근본 목적은 기존에 불법행위로 규정되었지만 더 이상 사회에 위험을 야기하지 않는 행위를 법률과 사회통제로부터 제외하는 것이다. 그러한 행위들은 통상 불법이라기보다 "일탈"로 여겨져서 "법의 대상이 아닌"[8]것으로 생각되곤 했다. 비범죄화 운동은 일탈행동을 소년법과 소년절차에서 제외하고 사회기관들이 서비스를 제공하는 것으로 남겨두자는 것이다. 소년법원의 관할 아래 있는 소년들의 한 부류로 지위비행 소년들이 있다. 이들은 위반자의 지위가 단지 소년이기 때문에 위반이 성립된 경우이다. 이러한 위반에는 통제 불능,

주요용어

비범죄화
이전에 범죄행위로 분류되거나 규정된 것을 제외하거나 감소하는 것

가출, 방종, 무단결석, 적법한 부모의 권위 무시, 반복된 음주 등이 있다. 국가적으로 이러한 지위비행 청소년들을 보안시설에 구금하는 것을 지양하기(탈시설화, Deinstitutionalization)[9]라고도 함) 시작했다.

주요용어

탈시설화
환자를 정신병원으로서 지역사회로 돌려보내는 것.

탈구금화(Decarceration)는 가능한 많은 청소년들을 구금시설에서 개방적 환경으로 이동시켜 처우하는 것을 말한다. 몇몇 구금된 소년들의 폭력적 성향을 고려할 때 이러한 대안이 실현되려면 더 기다려야 할 것 같다.

주요용어

탈구금화
주로 시설을 폐쇄하면서 범죄자들을 시설로부터 석방하는 과정

이러한 제안들은 지위비행 소년들을 소년 구류센터나 구치소보다 보호시설로 전환하고, 성인범죄자들과 접촉할 가능성이 있는 어느 시설에도 지위비행 소년들을 수용하지 않도록 하기 위하여 소년사법과 비행예방을 위한 법률(Juvenile Justice and Delinquency Prevention Act)에서 제안한 것을 반영한 것들이다. 탈시설화 움직임의 선구자는 제롬 밀러(Jarome Miller, 1928－)인데, 매사추세츠 주지사를 설득하여 한 개의 소년교정 시설만 남겨두고 나머지는 모두 문을 닫도록 하였다.

오늘날의 소년은 누구인가?

21세기 첫 10년 동안 소년 관할권이 적용되는 상위 연령이 주요한 쟁점이었다. 이것은 법을 위반한 개인에게 소년법원의 관할권이 적용되는 가장 높은 연령이다. 주법은 어느 청소년이 소년법원 관할권 아래 있는지 정의하고 있다. 이러한 정의들은 주로 나이를 기준으로 한다. 대부분의 주에서 범행, 체포, 법원송치 당시에 18세 미만인 청소년이 범죄를 저지른 경우에 소년법원이 관할권을 갖는다. 많은 주에서 지위비행, 학대, 방임 또는 피부양 문제 등에 있어서는 더 높은 상한 연령까지(대부분 20세까지) 소년법원이 관할권을 가진다. 모든 주와 수도인 D.C지역에서 하한 연령에 대한 규정 없이 청소년을 성인 법정으로 이송하는 규정을 적어도 한 개는 가지고 있다. 많은 주들이 나이 범주에 대한 예외를 허용하는 규정이 있다. 청소년의 나이, 받고 있는 범죄혐의, 이전 전과기록과 관련된 예외규정들은 청소년에 대한 관할권이 성인 형사법정에 있다고 규정한다. 이를 **법적배제**

주요용어

법적배제
범죄의 형태를 바탕으로 특정 부류의 청소년 범죄자들을 성인으로 규정하는 원칙. 규정된 범죄를 저지른 모든 청소년들은 성인 법정으로 이송되어야만 한다.

(Statutory exclusion)라고 한다. 이러한 상황에서 검사는 사건을 어느 법원에서 다룰지에 대하여 결정하는 권한을 가지고 있다. 이것을 동시관할권, 검사 재량, **소년지위 박탈**(Juvenile waiver), 성인 형사법원 인증 또는 **직권제소**(Direct filing)[10]라고도 한다. 2009년에 소년지위 박탈로 형사법정에서 다룬 소년범죄의 수는 가장 높았던 1994년에 비하여 45% 줄었다.

[그림 19.2]는 1985~2009년 사이의 사건 수를 보여준다. 놀랍지 않게도, 대인범죄를 저지른 소년 사건의 절반정도가 성인법정으로 이

주요용어

소년지위 박탈
더 엄하고 장기적인 처벌을 위하여 혐의를 받고 있는 청소년을 성인법정으로 이송하는 것.

주요용어

직권제소
소년법정 대신에 성인 형사법정에서 사건을 다루기로 한 검사의 결정

그림 19.2

소년지위 면제로 형사법정에서 다룬 소년범죄의 수, 2009

출처: Benjamin Adams and Sean Addle, *Delinquency Cases Waived to Criminal Court 2009* (Washington, DC: Office of Justice Programs, 2012).

그림 19.3

결정형태에 따른 소년비행 사건들, 1993-2015

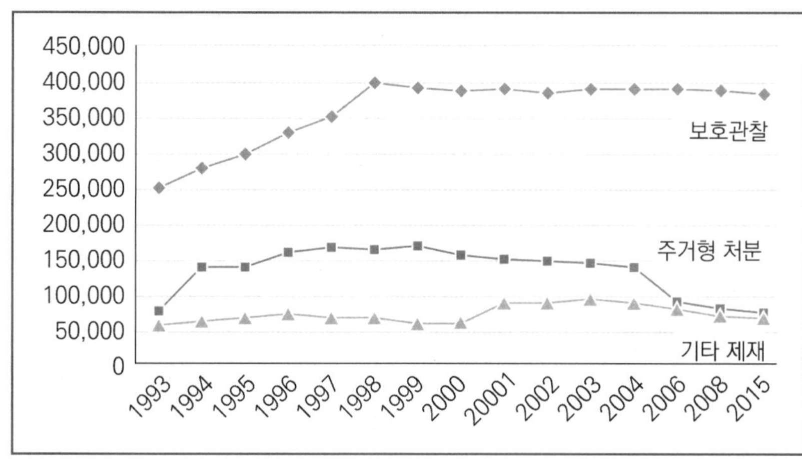

주의: 2015년 자료는 추정치이다.

출처: Office of Juvenile Justice and Delinquency Prevention, *Statistical Briefing Book 2012* (Washington, DC: Office of Juvenile Justice and Delinquency Prevention).

정책적 입지 19.2

청소년의 성인법정 이송

1980-1995년 사이에 국가적으로 폭력범죄가 증가하였고, 청소년들이 반복적으로 폭력범죄뿐만 아니라 여타 심각한 범죄를 저지른 사건들이 언론에 수없이 보도되었다. 대중과 정책입안자들은 소년법원이 공공안전을 위해 충분한 역할을 하는지에 의문을 갖기 시작했고, 청소년들을 성인 법정으로 이송하는 것이 사회 안전에 도움이 될 것인지에 대하여 고려하기 시작했다. 나중에 근거 없는 것으로 밝혀졌지만, 이송될 소년을 "초약탈자"라는 수사를 사용하여 냉혹하면서도 반항적인 존재로 묘사하였다. 그러한 환경에서, 몇몇 주들은 이런 소년들을 소년법원에서 어떻게 다룰지 논의하였고, 인증, 자동지위포기 또는 직권제소를 통하여 성인법정으로 이송하는 것을 허가하기 시작했다. 자동이송이 요구되는 범죄의 종류들이 규정되었고, 그러한 이송을 위한 연령 제한은 낮아졌다. 사실상 초점은 행위자에서 행위로 그리고 교화에서 응보로 옮겨갔다.

18세 미만의 교도소 수용자 비율이 교도소 인구의 1.2 ~ 2.3%를 차지한다. 대법원 대법관 엘레나 캐간(Elena Kagan)은 2012년 18세 미만의 범죄자에 대하여 의무적으로 가석방이 불가능한 종신형을 선고하도록 하는 것을 금지하는 결정을 하면서 약 2,000명의 10대들이 가석방이 불가능한 종신형을 선고받고 복역 중이라고 추정하였다.

청소년들을 성인법정으로 이송하는 것에 몇 가지 의문이 제기 된다. 첫째는 공정성에 대한 문제인데, 성인 법정으로의 이송이 부당하게 가혹한 환경과 처벌을 부과하지는 않는가? 두 번째 주요 문제는 이송이 소년법원에서 다루는 것보다 범죄를 실제로 줄이는가?

이송의 부수적인 결과는 청소년이 소년으로서 보다 성인으로서 더 오랫동안 복역해야한다는 점이다. 또 다른 해로운 결과는 다른 수용자들이나 교도관들이 소년 범죄자들에게 육체적, 성적, 정신적 피해를 줄 수 있는 점이다. 성인 시설에 있는 청소년들은 성폭행을 당할 가능성이 다섯 배나 더 높다고 한다. 성인시설에 있는 청소년은 같은 시설에 있는 성인에 비하여 공격당할 가능성이 훨씬 높다.

이송이 심각한 범죄자들을 가두어서(무력화하여) 범죄를 줄이고, 가혹한 처벌을 부과하여 미래 범죄를 억제하고(특별 억제), 다른 청소년들이 가혹한 처벌이 부과되는 것이 두려워 범죄를 저지르지 못하도록 하는가(일반 억제)? 세 가지 효과들 중에 어떤 것이 달성되었는지에 대하여는 일치된 연구결과는 별로 없다. 그리고 이런 효과를 지지하거나 반대하는 연구의 양이 별로 없고 아직 확정적이지 않다. 이송된 청소년들이 소년사법시스템에 머문 청소년에 비하여 더 상습범이 될 가능성이 크고, 더 높은 비율로 재범을 저지르고, 더 중대한 범죄로 체포된다는 증거는 있다.

출처: Edward Mulvey and Carol Schubert (2012), "Transfer of Juveniles to Adult Court", http://www.ojjdp.gov/pubs/232932.pdf (accessed December 11, 2012); David Tanenhaus, "The Court's Liberal Turn on Juvenile Justice",

New York Times, June 27, 2012, http://www.nytimes.com/2012/06/27/opinion/the-roberts-courtsliberal-turn-on-juvenile-justice.html?pagewanted=print&_r=0 (accessed December 10, 2013).

송되었다.[11] 현재 1,500명 넘는 17세 미만의 청소년들이 성인 교도소에 수용되어 있다.[12] [그림 19.3]은 1993년부터 2015년 사이 소년사건에 대한 결정형태를 보여준다. [정책적 입지 19.2]는 소년 사건의 성인 법정 이송에 대하여 설명한다.

40개 대도시의 형사법정에 있는 소년 피고인들에 대한 가장 최근의 설문조사는 다음과 같은 결과를 보여준다.

1. 7,100명의 청소년 피고인들이 성인 형사법정에서 중범죄로 기소되었다.
2. 청소년들(64%)은 성인(24%)보다 폭력 중범죄로 기소되는 경향이 강하다.
3. 이러한 청소년 피고인들은 일반적으로 심각한 범죄자로 다루어지며, 52%는 재판 전 석방을 받지 못했고, 63%는 중범죄로 유죄가 확정되었고, 43%는 평균 90개월의 교도소형을 선고받았다.[13]

청소년 범죄 문제

미국에서는 남자청소년은 6명 중 1명 꼴로 그리고 여자청소년은 12명의 소녀마다 1명이 18세 생일 이전에 소년법원에 송치된다고 한다. 이전에 청소년 범죄의 증가는 국가 범죄 문제 중에서 가장 심각한 부분이라고 간주되었다. 그러나 최근에 청소년 범죄율이 눈에 띄게 감소하였다. 2003년에 18세 미만에 대한 체포가 140만 건이 있었는데, 2012년에 그 수치가 881,000건으로 37% 감소하였다. 청소년이 저지른 심각한 범죄의 비율은 살인 6%에서 방화 38%까지 다양하다.

경찰은 2012년에 443명의 청소년을 살인으로 체포하였고, 13,200명을 강도로, 23,119명을 중상해로 그리고 1,681명을 강간으로 체포하였다고 미연방수사국 통합범죄보고서의 폭력범죄지표에 나타났다. 이러한 양상은 이전 10년에 비하여 상당히 감소한 수치이다. 소년 살인의 숫자는 가장 많았던 1993년의 50%를 밑도는 수준이었고, 1980년대 중반 이후 최저 수준을 유지하고 있다.[14] 지나친 단순화일지 모르지만, 국가적으로 범죄가 줄어들고 있다고 주장할 수 있다.

청소년 폭력범죄와 여타 범죄의 감소

청소년과 관련된 폭력범죄의 가해와 피해 숫자가 전국에 걸쳐서 지난 10년 동안 감소하고 있다. 1980년대 중반에 크랙코카인이 나타나면서 폭력이 청소년 갱문화의 일부가 되었고, 이러한 범죄들이 갱단원이 아닌 청소년에게도 퍼졌는데, 최근의 폭력범죄 감소는 좋은 소식이다. 2003년과 2012년 사이에 청소년 폭력범죄는 37% 이상 감소하였다. 불행하게도 이러한 감소에도 불구하고, 1980년대와 1990년대 초기의 증가와 몇몇의 시선을 끄는 사건들이 결합되어 사회 전체와 소년법원에서 청소년이 저지른 폭력범죄에 "강경한" 정책을 세우도록 하였다. 감소에도 불구하고 청소년들은 2012년 전체 체포의 11%를 차지하였고, 모든 폭력범죄의 11%, 재산범죄의 18%를 차지하였다.[15]

폭력의 피해자인 청소년

폭력범죄의 가능성에 대한 통상적인 인식과는 반대로 10대들은 성인들과 비슷한 비율로 피해를 당한다. 피해에 대하여 몇 가지 밝혀진 것을 아래에 요약한다.

- 2012년에 48%의 폭력범죄 피해자들은 청소년이었고, 거의 10%는 가장 심각한 폭력범죄였다.

- 1980년과 2015년 사이에, 48,000명이 넘는 청소년들이 미국에서 살해당하였다.
- 12~17세의 청소년의 폭력범죄 피해는 1985년부터 1993년까지 증가하다가 급격하게 떨어졌다.
- 10대 동안에 소년과 소녀들은 살인의 피해자가 될 가능성이 동일하게 있다.
- 1980년과 2009년 사이에 대부분의 6세 이하 살인 피해자들은 가족에 의해 살해되었고, 나이가 많은 청소년들은 지인이나 낯선 사람에 의해 살해된 경우가 많았다.
- 경찰에 신고 된 성폭행의 3분의 1정도는 피해자가 12세 미만이었다.[16]

폭력범죄로 기소된 청소년은 청소년이 저지른 범죄의 11%를 차지한다. 이러한 상대적으로 적은 숫자에도 불구하고, 그 범죄들은 주행중인 차에서의 총기난사, 우발적 살인, 가족내 살인, 다른 아이에 대한 무자비한 학대 등이어서 미국 대중으로부터 강경한 입장을 형성토록 하였다. 법원은 이러한 대중의 인식을 알고 있었고, 폭력범죄를 저지른 청소년들을 성인으로 재판하는 것을 포함하여 더 강력한 처벌로 응답하고 있다

심각한 소년범들의 재범률 낮추기

폭력범죄는 계속 문제로 남을 것이다. 그러나 심각한 범죄를 저지른 청소년일지라도 반드시 직업적 성인 범죄자가 되지는 않는다는 증거가 있다.[17] 직업적 범죄와 예방에 대한 수십 년 간의 연구[18]는 심각하고, 폭력적이고, 만성적인 청소년 범죄를 조장하는 위험요인들에 대하여 아래와 같이 제시하였다.

- 약한 가족 애착
- 일관된 훈육의 결여
- 육체적 학대와 방임

- 저조한 학교 성적
- 비행친구 집단
- 약물 남용
- 이웃의 높은 범죄율

주요용어

미국 소년사법과 비행예방 사무국
미국 법무부의 한 기관으로서 소년 범죄자들에 대한 지식을 향상하고, 예방 연구에 대한 평가를 하고, 주요한 소년 범죄의 해결을 위해 노력하는 연구자와 행정가들에게 자금을 지원하는 역할을 한다.

미국 소년사법과 비행예방 사무국(U.S. Office of Juvenile Justice and Delinquency Prevention)은 청소년 비행과 위험 행동을 감소하고 예방하기 위한 여섯 가지 전략을 제시하였다.[19]

1. 아이들의 첫 번째 선생으로서 지도, 훈육 그리고 강한 가치관을 제공하는데 있어서 가족의 역할을 강화한다.
2. 학교, 교회 그리고 여타 지역기반 조직들을 포함한 핵심적 사회기관들을 지원해서 위험 요인들을 완화시키고 아이들이 잠재력을 개발하도록 돕는다.
3. 부정적 위험요인들의 영향을 감소시키고 보호요인들을 강화하는 예방 전략을 추진한다.
4. 비행이 처음 발생했을 때 즉시 중재한다.
5. 책임을 묻고 동시에 비행소년의 필요에 적절히 대응할 수 있는 다양한 서비스를 제공할 수 있도록 폭넓고 점진적인 처벌을 마련한다.
6. 소수의 심각하고, 폭력적이며, 만성적인 청소년들을 찾아서 관리한다.

새로운 프로그램들이 계속해서 개발되고 있다. 1990년대에는 군대형태의 병영훈련캠프가 많이 생겼는데, 훈육과 더불어 자존감을 심어주기 위해 고안되었다. 효과성에 대한 연구에 따르면 신병훈련소식 캠프가 재범을 낮추는데 효과가 없다고 한다. 사실, 청소년 병영훈련캠프가 실질적으로 더 높은 실패율을 가져왔다고도 한다. 이러한 결과가 나타난 이유로 몇몇 사람은 대부분의 병영훈련캠프에서 공격적인 행동을 가르치고 모델로 삼고 있어서 사회학습이 일어났기 때문이라고 믿는다.

다행히도 잘 디자인된 청소년 처우 프로그램들은 비행을 줄이는 데 효과적이라는 것이 연구를 통해 증명되었다. 효과적인 청소년 처우 프로그램은 주로 행동 개입 방식을 사용하는데, 비행 청소년들은 그들의 비행행동을 친사회적 모델링과 강화기법을 통하여 바꾸는 방법을 학습한다. 효과적이지 않은 것으로 밝혀진 프로그램들은 병영훈련 캠프, 자존감 배양, 전자 감시를 통한 가택 구금, 약물 교육 프로

교정 실제 19.2

청소년 범죄자들에게 무엇이 효과적인가?

청소년 범죄자들을 처우하고 다루는 거의 수백 가지의 개입 프로그램에 대한 두 번의 전국차원 효과성 검증에서 흥미롭고 놀라운 결과를 찾았다. 가장 효과적인 접근방법은 행동지향적인 것이고 아래와 같은 개입 형태들이 포함된다:

- 새로운 기법(이성과 어떻게 교제하는가, 문제해결 기법 등)을 가르치고 행동과 태도를 강화하는 구조화된 사회학습 프로그램들
- 태도, 가치, 친구, 약물 남용, 분노 등을 목표로 한 인지행동 프로그램
- 가족에게 적절한 행동 기법을 가르치는 가족 기반 프로그램들

아마도 가장 중요한 결과는 청소년들에게 효과가 없는 프로그램들을 다룬 것일 것이다:

- 공포와 여타 정서적인 것에 의존한 약물 예방 수업(예를 들어, DARE)
- 약물 예방 교육 프로그램
- 말하기 치유
- 비지시적 개입법
- 자조 프로그램
- 범죄 집단의 유대 강화
- 범죄 비유발 요인에 초점을 맞추는 프로그램
- 자존감 향상
- 극단적인 무개입(아무것도 안하기)
- 저위험 위반자들에 집중하는 프로그램
- 전통적 군대 훈련을 이용한 병영훈련캠프
- 학교 기반 여가시간 강화 프로그램
- 청소년 범죄자들이 성인 교도소를 방문하는 "겁줘서 바로잡기"프로그램
- 전자 감시를 통한 가택 구금
- 가치, 비구조화된 상담을 이용한 교화 프로그램
- 전원 환경에서 도전적 경험을 이용하는 청소년 주거형 프로그램

출처: National Institute of Corrections, "Promoting Public Safety Using Effective Interventions with Offenders", http://www.nicic.org, accessed 2001; Lawrence Sherman et al., *Preventing Crime: What Works, What Doesn't, What's Promising* (Washington, DC: National Institute of Justice, 1998).

교정 실제 19.3

멘토링

멘토링은 경험 많은 성인(멘토)과 모르는 관계인 젊은 멘티 사이에 관계로서, 멘토로부터 지속적인 지원, 지도, 조언을 통하여 멘티의 성품, 특징 그리고 삶의 기법을 향상시키는 것을 목표로 한다. 멘토링은 저비용의 비행예방 전략으로서 지역사회와 뜻있는 개인들의 리더십과 자원에 의존하는 개입 전략이다.

멘토링은 예측가능하고 일관된 관계가 유지되는 것을 전제로 하면서, 능력 있는 성인이 청소년이 어려움을 헤쳐나가는데 도와주고 위험한 행동을 하지 않도록 방향을 설정해주는데 도움을 준다. 멘토링 관계에서 멘토는 젊은 사람이 자존감을 형성하고 긍정적인 행동을 배우고, 학교에 꾸준히 다니고, 마약과 갱과 같은 위험을 피하도록 지도와 지원을 제공한다.

멘토는 선생님, 친구 또는 지역사회 리더들이 될 수 있고, 멘티는 다양한 사회경제적, 민족적, 문화적 배경을 가진 젊은 사람들이 될 수 있다. 멘토링 서비스는 학교, 지역사회 센터, 종교기관, 학교-일 프로그램 그리고 다른 청소년 시설에서 제공된다.

2005년에 1천 7백 6십만 명의 젊은이들이 멘토링 서비스를 받을 수 있었지만, 단지 2백 5십만 명만 공식적으로 일대일 멘토링 관계의 혜택을 보았다. 대부분의 멘토링 관계는 평균 9개월 동안 지속되었고, 3명 중 1명 이상의 멘토가 적어도 12개월을 그들의 멘티와 함께 했다. 단지 16%의 멘토가 소년사법시스템에 있는 멘티를 두고 있었다. 미국 빅브라더 빅시스터(Big Brothers Big Sisters of America)프로그램을 경험한 멘티들은 멘토가 없는 그들의 친구들에 비하여 마약을 할 가능성이 46% 적다고 한다.

출처: Office of Justice Programs, U.S. Department of Justice (2011), “Mentoring”, http://www.ojp.usdoj.gov/newsroomfactsheets/ojpfs_mentoring.html (accessed November 28, 2012).

그램 등이 있다. [교정 실제 19.2]는 청소년을 위한 처우 프로그램들에 대하여 추가로 설명하였고, [교정 실제 19.3]에서 멘토링 접근법의 가능성에 대하여 설명하였다.

청소년의 위반 행위만이 유일한 고민거리는 아니다. 젊은 사람들은 과도하게 폭력 범죄의 피해자가 되기도 한다. 폭력은 성장기의 아이들의 삶의 질에 심대한 영향을 끼친다.

청소년 갱

미국 소년사법과 비행예방 사무국은 갱을 청소년 또는 젊은 성인들의 집단으로서 관할지역 경찰관이 "갱"으로 지목한 경우라고 한다. 여기서는 오토바이 갱, 증오/이념 집단, 교도소 갱(제8장 참조) 그리고 성인 갱들은 제외한다.[20]

2011년에 **청소년 갱**(Youth gang)은 3,300개가 넘는 경찰서 관할 지역에서 활동 중이라고 한다. 대략 782,500명의 갱 단원들과 29,000개의 갱들이 2011년에 미국 전역에서 활동 중이라고 한다. 이러한 수치가 경고를 나타내는 가운데, 갱 관련 살인사건 수는 2010년에 2,020건에서 2011년에 1,824건으로 감소했다고 한다.[21]

어떠한 조치가 취해지기 전에 청소년 갱의 존재와 갱 문제에 대한 확인이 우선 선행되어야 한다. 갱 문제를 조장하는 명시적인 요인과 잠재적인 요인들을 확인하는 것이 일단 중요하다. 좋은 예로 아래와 같은 것이 있다.

1. 갱 리더와 반복적 갱 위반자들을 찾아서 체포하고 구속시키기
2. 갱이 되고 싶어 하는 청소년과 그들의 부모를 상담과 지도를 위하여 청소년 서비스에 소개하기
3. 위험군에 속하는 청소년에게 예방 서비스를 제공하기
4. 위기개입 또는 갱 싸움에 대한 중재
5. 지역사회 "핫 스팟(갱 활동이 잦은 곳)"에 대한 순찰
6. 형사사법 또는 지역기반 기관들이 갱 위반자들에 대한 밀착 감시
7. 청소년 갱 단원들을 대상으로 특히 중학생 갱들을 대상으로 치료적 교육 제공
8. 나이 많은 청소년 갱 단원들의 경우 직업 소개, 훈련, 배치 그리고 멘토링을 제공
9. 학교 주변에 안전 구역 설정
10. 골수 청소년 갱 단원들의 경우 수직적 기소(vertical prosecution), 밀착 감시, 강화된 처벌 부과(수직적 또는 엄격한 기소는 동일한

주요용어

청소년 갱
조직을 유지하기 위하여 폭력범죄와 여타 범죄를 저지르는 집단으로 청소년과 젊은 성인들로 구성된 단체.

검사가 기소부터 양형 단계까지 사건의 모든 단계를 맡는다.)[22]

비록 이러한 접근방식이 유망하지만, 갱 단원이 되는 잠재적 요인들을 찾고 그것에 대한 적절한 해결책이 제기되어야 실효성이 있을 것이다.

주요용어

크랙 코카인
가루 코카인으로부터 만들어진 불법 마약으로 주로 연기로 흡입된다.

갱은 수십 년 동안 도시 환경의 일부가 되었다. 갱은 주요 목적인 돈을 벌기 위하여 코카인 특별히 **크랙 코카인**(Crack cocaine)의 등장을 이용하였다. 갱에 대한 한 경찰서의 설문 조사에서 관내 갱 단원 절반 이상이 다른 지역에서 옮겨왔다고 한다. 그러나 10개 중 6개의 경찰서에서는 그러한 이동이 거의 없었다고 한다. 높은 수준의 갱 이동이 있었던 경찰서에서는 45%가 사회적 이유가(가족과 함께 이사하거나 합법적인 고용의 기회를 찾아 이사) 지역이동에 큰 영향을 미쳤다고 한다. 마약 시장의 기회(23%), 경찰의 단속 회피(21%), 다른 불법행위를 찾아서(18%) 등 또한 이동의 이유라고 보고하였다.[23] 갱은 다양하게 구성되어 있는데, 주로 민족과 인종을 기반으로 구성된다. 백인, 아시아인, 히스패닉, 흑인, 환태평양 갱들이 예이다. 지역 갱 폭력에 영향을 주는 요인들로는 마약, 갱 사이 또는 갱 내부의 충돌, 구금에서 돌아온 갱 단원, 갱 단원 이동(미국 내부와 외부) 등이 있다.[24]

새로운 종: 초약탈자 미신 깨기

주요용어

초약탈자
위험한 행동을 자주 보일 것으로 믿어지는 매우 공격적인 청소년 범죄자.

과거에는 소년사법 시스템에 있는 청소년들을 다루기 힘든 범죄자로 간주하지 않고 단지 잠시 정도를 벗어난 말썽쟁이 어린 아이들로 보았었다. 1990년대 중반에 여러 범죄학자들이 미국이 새로운 종류의 청소년 범죄자들로 인하여 범죄 위기에 직면해 있다고 예측하기 시작했다. **초약탈자**(Super-predator)와 같은 유행어가 새로운 종류의 청소년 범죄자들을 묘사하기 위해 언론과 정치인들에 의해 자주 사용되기 시작했다. 이들은 범죄를 삶의 방식으로 삼는 무자비한 젊은 남녀이고, 행동의 결과에 대해서는 신경쓰지 않고, 범죄와 폭력에 가담하기 좋아하고, 처벌의 위협에도 아랑곳하지 않는 부류들로 그려졌다. 초약탈자에 대하여 "강경한" 입장을 주장하는 사람들은 당면한 재앙에 대처하기 위해 강화된 처벌과 엄격한 법적용을 주장했다.[25]

정부 기관들은 초약탈자를 다루기 위한 법률들을 통과시켰으나, 실제로 그들은 나타나지 않았다. 오늘날 증거에 의하면 청소년들은 성인으로 다루는 것이 그들이 지속적으로 재범을 할 가능성을 높인다고 하였다.[26] 이러한 비관적인 예측은 그냥 지나가지 않았고, 과도한 청소년 폭력에 대한 미신이 대중으로 하여금 청소년 범죄율이 증가하고 있고 청소년 범죄가 전체 범죄에서 차지하는 비율이 높다고 믿도록 하였다.

회복적 사법

회복적 사법 온라인(Restorative Justice Online)은 **회복적 사법**(Restorative justice)을 아래와 같이 정의한다.

> 형사사법에 의하여 야기된 폐해를 치유하는 것을 강조하는 사법 이론이다. 이것은 모든 관련자들을 포함하여 협력적인 과정을 통하여 최상의 결과를 얻을 수 있다.

회복적 목적을 반영한 프로그램과 관행들은 범죄에 대하여 아래와 같이 대응한다.

1. 피해를 확인하고 회복하기 위한 방법을 찾는다.
2. 모든 관계자들이 관여한다.
3. 범죄에 대응하는 데 있어서 지역사회와 그들의 정부 사이의 전통적인 관계를 변화시킨다.[27]

회복적 사법은 덜 심각한 비행청소년을 다루고 가능하면 그들이 소년사법시스템과 관계되는 것을 최소화하기 위한 하나의 방법이라고 보기도 한다. 청소년 교정 단계에서 실제 적용 중인 회복적 사법의 한 예로 **또래법원**(Teen court), 청소년 법정(Youth court)이라고 알려

주요용어

회복적 사법
범죄 행동으로 인하여 야기된 피해자, 지역사회 그리고 범죄자 본인에 대한 피해를 회복하기 위해 고안된 처벌 시스템

주요용어

또래법원
청소년 문제에 대하여 청소년이 결정하도록 구성된 법정으로 결정에 대하여 집행할 권한을 가지고 있다.

진 것이 있다. 대부분의 경우에, 또래법원은 좀도둑질, 무질서 행동, 기물 파손, 술 소지 등과 같은 경미 위반이나 첫 번째 위반 사건을 다루기 위한 전환 프로그램의 일종이다.

자원한 청소년들이 검사, 변호사, 법원경위, 법원서기 그리고 배심원 역할을 하고, 성인 판사가 재판을 주재한다. 또래법원은 비행 청소년들이 그들의 책임을 받아들이고 위반 행동에 대하여 책임을 질 것을 요구한다. 또래법원의 피고인들은 그들의 범죄에 대하여 이미 인정을 한 경우이다.

10대 배심원들은 사건에 대하여 경청하고 어떠한 형이 부과될지 결정한다. 양형 옵션으로 지역사회 봉사, 피해자에 대한 금전적 손해배상, 구두 또는 서면 사과문 제출, 교육 프로그램 참가, 상담, 반성문 쓰기, 다른 사건에서 또래법원에서 봉사하기 등이 있다. 배심원들은 물론 여러 가지 조건을 필요로 한다. 모든 부과된 형을 성공적으로 마친 경우 해당 청소년의 전과기록과 법원기록이 삭제된다. 회복적 사법 원칙들이 그리하여 실천된다. 위반자는 반드시 피해자와 지역사회에 보상을 해야 하고 피해자와 지역사회 구성원 모두에게 과정에 참여할 수 있는 기회를 제공하고 결정에 그들의 의견을 반영해야한다.

사우스다코타 주의 수폴스(Sioux Falls) 지역의 또래법원은 스카우팅 아메리카를 통하여 운영되었는데, 재범률이 3~8%였다. 엔 아룬델 (메릴랜드 주) 또래법원은 10%의 재범률을, 오하이오 주 콜럼버스 또래법원은 4%의 재범률을 나타냈다. 만약 결정된 사항이 제때 완료되지 않으면 사건은 공식적인 절차를 통해 처벌하기 위해 소년사법기관으로 이송된다.[28] [교정 실제 19.4]에서 또래법원에 대하여 상세히 설명하였다.

비록 한 해에 폭력범죄로 체포된 청소년의 수는 여전히 적지만(청소년의 0.5%), 청소년이 위험하다는 인식은 남게 된다. 이것이 범죄를 저지른 청소년을 성인 법정으로 보내 처벌하도록 하는 압력의 한 원인이다. 사람들은 청소년 범죄를 해결할 수 있는 묘책을 찾아 왔는데, 현재의 초점은 처우보다 가두는 것에 더 중점을 두고 있다.

교정 실제 19.4

또래법원

또래법원은 청소년들의 범죄 행동 발달을 막기 위해 고안된 문제해결 중심 법정이다. 또래법원은 십대를 위해 십대에 의해 운영되는 법정이다. 또한 동료법정 그리고 청소년법정으로도 알려져 있는데, 대부분 자존감, 자기개선 그리고 권위에 대한 건강한 태도를 심어주고자 한다. 위반자들은 자기의 실수에 대하여 책임을 받아들이고 행동의 결과를 받아들여야한다. 궁극적 목표는 후속 위반을 억제하고 특히 초범들의 재범을 억제하는 것이다.

또래법원 절차가 가능한 청소년들은 보통 13~17세이면서 경미한 범죄나 폭력을 저질렀으며 다른 방식으로 전환이 가능한 청소년들이다. 전형적인 위반들을 아래와 같다:

- 소액 절도
- 술 또는 마약 소지
- 범죄적 장난
- 사이버불링
- 불법 주거침입
- 운전 위반
- 통행금지 위반
- 불법 침입
- 그라피티 낙서
- 기물파손
- 싸움
- 실화
- 괴롭힘

지역 법원과의 협의에 따라서 위반자들은 경찰에 의해서 법정으로 보내지기도 지역 학교 또는 지역 기관들(YMCA 또는 YWCA)에 의해 보내지기도 한다. 청소년들은 유죄를 인정해야하고 또는 이의를 제기하지 않을 것을 약속해야 한다. 또래법원으로 보내는 것이 가능한지에 대하여는 보통 또래법원 코디네이터가 재판 전에 사건을 심사하면서 청소년과 그의 부모(보호자)와 상의해서 결정한다. 만약 받아들여지면, 청소년은 동료 배심원에 의해 부과된 형벌을 준수할 것에 동의하고 사인해야 한다.

또래법원의 모든 기능은 판사만 제외하고 십대들에 의해 집행된다. 법정은 전통적인 성인 법정과 유사하게 운영되고 판사와 배심원 앞에서 심리를 하고, 배심원이 적당한 처분을 결정한다. 또 다른 법정모델은 청소년 판사를 패널로 구성하여 집단적으로 사건을 평가하고 증언을 듣고, 심사하고, 형을 결정하는 방식이 있다. 부과된 형으로는 보상, 피해자에 구두 또는 서면 사과, 지역사회 봉사, 교육 수료, 반성문 쓰기, 피해자진술패널 참가, 분노조절 수업 참가, 마약/음주 검사와 여타 제안사항 준수하기 등이 있다. 또래법원 코디네이터는 각각의 사건을 모니터링 한다. 만약 부과된 형을 준수하지 않으면, 사건은 정식 소년법원 절차를 위해 소년법원으로 이송된다. 다른 회복적 사법적 처벌로는 보상, 지역사회 봉사 그리고 청소년 위반자의 실수를 개선하기 위한 창의적인 방법들이 포함된다.

일단 형이 끝나면, 피고인은 상급법원에 자기의 사건 기록이 말소되도록 공식적으로 요청할 수 있다. 또래법원은 지역사회 보호, 경쟁력 개발 그리고 책임감 배양을 위하여 회복적 사법과 청소년의 지역사회 재통합을 추구하고 있다. 이것은 청소년 폭력의 근본 원인을 파악함으로서 가능하다. 또래 법원은 또한 재범률 감소를 목표로 하고 있다. 재범률이 6~10%를 나타내고 있는데, 이것은 전통적 방식으로 다룬 경우의 절반에 해당하는 수치이다.

출처: City of Calabasas, California, "Calabasas City Teen Court," http://www.ci.calabasas.ca.us/teen-court.html (accessed November 26, 2012).

많은 소년사법 전문가들은 문제가 손을 쓸 수 없을 정도로 되기 전에 가족과 지역사회가 함께 해야 할 필요성을 강조한다. 대부분의 전문가들은 "강경한" 접근법을 돈 낭비이면서 공공안전에도 비효과적인 것으로 여기며 지지하지 않는다.[29] 청소년 범죄자들과 함께 일한 사람들은 학교 시스템의 실패와 거리의 유혹들의 결과가 청소년 비행이라고 본다. 초기 개입과 지역사회와 가족의 협업이 항상 쉬운 것은 아니지만, 장기적으로 가장 좋은 결과를 가져올 것이다.

요약

소년사법시스템의 발전에 대한 개요

소년법원은 1800년대 후반에 일리노이 주의 시카고에서 소년법원의 개발을 지원했던 시민들에 의하여 생겨났다. 1926년까지 모든 주들이 구금에 대한 전환조치로 소년 보호관찰을 도입했다. 주들은 성인법원에서 부과하는 가혹함으로부터 청소년들을 보호하고자 했고 부모가 제공해야 할 보호, 양육, 처우를 제공하였다. 1980년대에는 소년 법원에서 제공되었던 헌법적 보장을 축소하는 움직임이 나타났고 결국에는 청소년에 대한 교화보다 처벌을 목적으로 성인 법원으로 이송하려는 움직임이 나타났다. 미국 대법원에 올라온 사건들은 마침내 소년법원 절차를 강화하는 결과를 가져왔다. 예를 들어, 미국에서는 18세 미만의 사람에 대한 사형을 집행할 수 없다.

현재 소년법원은 서비스와 교화프로그램을 제공하고 지위비행 청소년, 감독이 필요한 청소년, 비행청소년, 청소년 초약탈자(super-predators)들을 다루고 있다. 소년법원은 청소년들은 성인 범죄자들과 다르게 다루어야 할 필요성을 인정하고, 구금은 마지막 수단으로 사용해야 하고, 증거법칙과 유죄결정은 청소년들에게 우호적이어야 하고, 교화에 이르도록 하는 처우가 궁극적 목표가 되어야 한다고 보고 있다.

청소년 범죄자들의 분류와 특징

대부분의 청소년 범죄자들은 소수집단 출신이며 노동자 계급출신이다. 또한 제한된 자본과 부적절한 양육, 저조한 학교 성적을 나타낸다. 학교를 빨리 그만두며, 거의 제대로 된 직장을 잡지 못한다. 그들은 1990년대 청소년 범죄자들을 묘사하는데 자주 쓰인 것과 같은 초약탈자들은 아니다. 그들은 사회서비스가 적절치 않고, 지도와 훈육이 약해서 문제아가 된 청소년들이다. 마약을 해 보는 것은 청소년이 의미 있는 미래를 개척하는 것을 방해하고 만약 적절한 서비스와 프로그램이 제공되지 않으면 결국에는 교도소에 가게 된다.

청소년 범죄의 경향에 대한 요약

청소년 범죄자들은 체포의 상당수를 차지(특히 방화에서)하지만, 감소하는 추세를 보이고 있다. 그러나 많은 사회적 사법적 정책들은 감정적이고 비이성적인 것을 바탕으로 하고 있다. 강한 처벌과 처벌을 통한 억제를 주장하는 사람들에 의해 청소년 범죄자들에 대한 고정관념이 만들어 졌는데, 그들은 근거 없이 청소년을 초약탈자로 그려놓았다.

한 가지 환영할 만한 것은 청소년에 의한 범죄가 급격하게 감소했다는 점이다. 혁신적인 프로그램과 정책들이 개발되었는데, 또래법원, 회복적 사법, 멘토링 그리고 가족의 역량을 강화하여 자녀들의 잘못된 행동을 줄이도록 도와주는 프로그램들이 그 예이다.

나이가 들수록 범죄행위가 줄어드는 것에 대한 설명

자료에 의하면 17세에 범죄는 정점을 찍는다. 젊은 사람들은 범죄 경험의 부족과 서투름으로 인하여 아마도 더 쉽게 체포 된다고 볼 수도 있다. 젊은 사람들은 쇼핑몰 절도, 소매치기, 마약 판매와 같이 쉽게 체포될 수 있는 범죄를 저지른다. 또한, 청소년들은 집단으로 범죄를 저지르는 경향이 있어, 경찰이 사건 하나(예를 들어, 차량 절도)를 해결하면 여러 명을 체포하기도 한다. 나이가 들면서 범죄가 줄어드는 것은 재범자들에게 긴 형량을 선고하여 무력화가 일어난 것의 결과일 수도 있다. 그러한 범죄자들은 교도소 안에서 늙어가게 된다. 습관성 범죄자들은 또한 적발되어 체포될 가능성이 낮다.

성인 형사법정으로 이송되는 청소년 범죄자들의 문제에 대한 설명

몇몇 주들은 이런 소년들을 소년법원에서 어떻게 다룰지 논의하였고, 인증, 자동지위박탈 또는 직권제소를 통하여 성인법정으로 이송하는 것을 허가하기 시작했다. 청소년들을 성인법정으로 이송하는 것에 몇 가지 의문이 제기되었고 당국은 대답을 내놓지 않고 있다. 성인 법정으로의 이송이 부당하게 가혹한 환경과 처벌을 부과하지는 않는가? 이송이 소년법원에서 다루는 것보다 범죄를 실제로 줄이는가? 이송이 심각한 범죄자들을 가두어서(무력화하여) 범죄를 줄이고, 가혹한 처벌을 부과하여 미래 범죄를 억제하고(특별 억제), 다른 청소년들이 가혹한 처벌이 부과되는 것이 두려워 범죄를 저지르지 못하도록 하는가(일반 억제)? 이러한 질문에 대한 대답은 불분명하고 더 많은 연구가 진행되어야 한다.

청소년 범죄자들을 위한 지역사회 기반 처우 프로그램에 대한 설명

소년법원은 지역사회 기반 처우가 대부분의 청소년들에게 효과가 있다는 것을 받아들인다. 그러한 처우로는 경고, 통행금지, 지역사회노동 명령, 배상, 회복적 사법 프로그램, 대리가정, 보호관찰 그리고 사후보호 등이 있다. 대부분 주의 소년법원은 압박양형을 실시하고 있는데, 시설 내에서 엄격한 조건을 유지하는 것은 법원이 지시한 처우에 잘 협조하도록 하기 위함이다.

청소년들에게 영향을 준 판례와 소년의 권리에 대한 요약

Kent v. United States 판결에서 대법원은 소년법원에서 절차를 진행 중인 소년의 헌법적 권리들이 박탈당하였고 동시에 이전의 소년법원 철학과 법률하에서 약속했던 교화의 기회도 부여되지 않았다고 판시하였다.

Gault 결정은 소년법원은 적법절차 보호의 테두리 밖에 있다는 법률상 추정에 종지부를 찍었다. In re Winship에서 대법원은 법원이 소년 비행의 유죄 판결을 정당화하기 위해서는 소년이 비행을 저질렀다는 합리적 의심을 뛰어 넘는 정도의 입증이 요구된다고 하였다.

McKeiver v. Pennsylvania(403 U.S. 528 [1971]) 판결에서 "근본적인 공평성"을 위한 적법절차의 기준이 적용되도록 하고, 소년의 경우 배심원 재판을 거절하였다. 그러나 McKeiver 판결 이후에 점점 더 많은 권리들이 소년절차에 확대 적용되도록 하였다

청소년 갱에 대한 설명

또 다른 해로운 영향은 비슷한 상황에 있는 청소년들이 집단을 이루어 거리의 갱을 형성하는 것인데 많은 경우에 성인 갱으로 발전하고 있고, 대부분 돈을 벌고 지역에서 영향력을 확대하기 위해 활동하고 있다. 이것은 주로 소수집단 지역사회에서 주로 보인다. 청소년 갱은 주로 유해화학물질이나 마약을 판매하고, 총으로 무장하고 있으며, 돈을 벌면서 존중받기를 원한다. 몇몇 청소년은 단원이 되고 나중에는 성인 갱 단원이 될 것이다. 갱 현상과 갱 폭

력은 갱을 해체하고 통제하는 방식의 처벌을 하도록 유도했다.

초약탈자 개념에 대한 설명

1990년대에 학자들과 실무자들은 새로운 형태의 청소년 범죄자를 발견했는데, 그것은 초약탈자이다. 폭력적이고, 약탈적이고, 갱과 관련이 있는 초약탈자들은 소년법원을 통한 것보다 더 많은 통제가 필요하다고 규정되었다. 특별한 법과 정책들이 제안되고 만들어 졌는데, 초약탈자는 나타나지 않았다. 이러한 용어가 제한적이지만 사회적으로 의미가 있는 것인지 아니면 허풍인지 논란이 있다.

주요용어

보통법 ······ 654
국친사상 ······ 655
형평법 법원 ······ 655
피보호자 ······ 655
피부양아동 ······ 658
방임아동 ······ 658
비행소년 ······ 658
지위비행 소년 ······ 658
선도불가 소년 ······ 658
소년사법과 비행 법 ······ 660
Roper v. Simmons ······ 660
Graham v. Florida ······ 662
Miller v. Alabama ······ 662
전환처우 ······ 662
비범죄화 ······ 663
탈시설화 ······ 664
탈구금화 ······ 664
법적배제 ······ 664
소년지위 박탈 ······ 665
직권제소 ······ 665
미국 소년사법과 비행예방 사무국 ······ 670
청소년 갱 ······ 673
크랙 코카인 ······ 674
초약탈자 ······ 674
회복적 사법 ······ 675
또래법원 ······ 675

복습질문

1. 국친사상에 대하여 설명하라. 오늘날 어떻게 적용되고 있나?
2. 소년법원에 오게 되는 세 종류의 아이들을 설명하고 차이점을 말해보라.
3. In re Gault 판례의 주요한 결정은 무엇이었나?
4. 소년사법시스템의 주요한 트렌드는 무엇인가?
5. 전환조치가 소년범 교정깔때기에 미치는 영향을 설명하라.
6. 회복적 사법을 정의하고 이것을 또래법원에 어떻게 적용하고 있는지 설명하라.
7. 청소년 갱을 다루기 위한 다섯 가지 유망한 접근법은 무엇인가?
8. 토론: 초약탈자인 청소년들은 성인법정에서 재판을 받아야 하는가?
9. 소년범들을 위한 가장 효과적인 처우모형은 무엇인가? 가장 비효과적인 것은?
10. 또래법원의 장점은?
11. 회복적 사법이 어떻게 재범률을 감소시킬 수 있나?

적용사례연구

1. 토론: 살인을 저지른 청소년들에게 가석방 없는 종신형을 선고해야하나?
2. 당신이 소년법원 판사라면 그리고 지역 학교 교장선생님이 당신에게 무단결석 문제를 해결하기 위해 도움을 청한다면, 어떠한 프로그램들을 추천할 것인가?
3. 당신 지역의 소년법원 판사가 비행청소년들을 위하여 병영훈련캠프를 시작하기 원한다. 그리고 당신은 그 프로그램에 대하여 논의하기 위하여 만날 것을 부탁받았다. 판사에게 어떤 이야기를 해 줄 것인가?
4. 지역 경찰서장에게서 지역사회 청소년 갱 문제를 다룰 전략을 디자인하는 데 도움을 줄 것을 요청받았다. 어떻게 도움을 줄 것인가?

미주

1. Only about 6 percent of juvenile gang members in adult and juvenile institutions meet the basic criteria of "super-predator." See George Knox, J. Harris, T. McCurrie, et al., *The Facts about Gang Life in America Today* (Chicago: National Gang Crime Research Center, 1997). See also Liz Ryan and Seth Turner, "New Report Highlights the Impact of Incarcerating Youth in Adult Facilities and Strategies for Reform," *American Jails* 21:2 (2007): 59–65.
2. Chancery courts date back to England's feudal era. They traditionally had broad power over the welfare of children but exercised that authority almost exclusively on behalf of minors whose property rights were in jeopardy. In America, this authority was extended to minors in danger of both personal and property attacks.
3. Irving Spergel, R. Chance, K. Ehrensaft, et al. *Gang Suppression and Intervention: Community Models* (Washington, DC: Office of Juvenile Justice and Delinquency Prevention, 1994), pp. 3–4.
4. *In re Gault*, 387 U.S. 1, 27 (1967).
5. *McKeiver v. Pennsylvania,* 403 U.S. 541 (1971).
6. See Christopher Manfredi, *The Supreme Court and Juvenile Justice* (Lawrence: University Press of Kansas, 1998).
7. Robert Meier and Gilbert Geis, *Victimless Crimes?* (Los Angeles: Roxbury Publishing, 1997). See also Erik Eckholm, "Juveniles Facing Lifelong Terms despite Rulings," *New York Times*, http://www.nytimes.com/2014/01/20/us/juveniles-facing-lifelong-terms-despite-rulings.html?_r=0 (accessed September 15, 2014).
8. Philip Secret and J. Johnston, "The Effect of Race in Juvenile Justice Decision-Making in Nebraska," *Justice Quarterly* 14:3 (1997): 445–478.
9. *In re Gault*. See also Adhikain Para and

Karaspang Pambata, "Research on the Situation of Children in Conflict with the Law in Selected Metra Manilia Cities," http://resourcecentre.savethechildren.se/sites/default/files/documents/3147.pdf (accessed September 15, 2014).

10. Liz Ryan and Jason Ziedenberg, "The Con-sequences Aren't Minor—The Impact of Trying Youth as Adults and Strategies of Reform," http://www.justicepolicy.org/images/.../07-03_C4YJConsequences_JJ.pdf (accessed September 15, 2014).

11. Benjamin Adams and Sean Addle, "Delinquency Cases Waived to Criminal Court, 2009," http://www.ojjdp.gov/pubs/239080.pdf (accessed September 15, 2014).

12. American Correctional Association, *2012 Dir-ectory of Adult and Juvenile Correctional De-partments, Institutions, Agencies, and Probation and Parole Authorities* (Alexandria, VA: American Correctional Association, 2012). It should also be noted that although most states consider anyone under the age of 18 a juvenile, some states, such as New York and North Carolina, use under 17 years of age.

13. Bureau of Justice Statistics, "Criminal Case Processing Statutes," http://www.ojp.usdoj.gov/bjs/cases.htm#juvenil (accessed February 8, 2008).

14. Federal Bureau of Investigation, "Uniform Crime Report 2012," http://www.fbi.gov/about-us/cjis/ucr/crime-in-the-u.s/2012/crime-in-the-u.s.-2012 (accessed September 15, 2014).

15. Howard Snyder and Melissa Sickmund, "Juvenile Offenders and Victims: 2006 National Report," http://ojjdp.ncjrs.org/ojstatbb.nr2006/downloads/NR2006.pdf (accessed February 8, 2008).

16. Carl McCurley and Howard N. Snyder, "Victims of Violent Juvenile Crime," *Juvenile Justice Bulletin*, July 2004; Paul Harms and Howard Snyder, "Trends in the Murder of Juveniles: 1980-2000," *Juvenile Justice Bulletin,* September 2004; *Juvenile Offenders and Victims: 1995 National Report* (Washington, DC: Office of Juvenile Justice Delinquency and Prevention, 1995). The 2006 data are from Office of Juvenile Justice and Delinquency Prevention, "Statistical Briefing Book 2006," http://www.ojjdp.ncjrs.org/ojstatbb/index.html (accessed February 8, 2008).

17. Edward Mulvey, "Highlights from Pathways to Desistance: A Longitudinal Study of Serious Adolescent Offenders," https://ncjrs.gov/pdffiles1/ojjdp/230971.pdf (accessed September 14, 2014).

18. See the excellent review by David Farrington, "Predictors, Causes and Correlates of Male Youth Violence," in *Youth Violence: Crime and Justice, a Review of Research,* vol. 24, ed. M. Tonry and M. H. Moore (Chicago: University of Chicago Press, 1998), pp. 421-475; National Institute of Corrections, "Promoting Public Safety Using Effective Interventions with Offenders," http://www.nicic.org (accessed September 2001); Lawrence Sherman et al., *Preventing Crime: What Works, What Doesn't, What's Promising* (Washington, DC: National Institute of Justice, 1998); and Margit Weisner, D. M. Capaladi, and H. K. Kim, "Arrest Trajectories across a 12-Year Span," *Criminology* 45:4 (2007): 835-864. Evidence-based correctional practices are explored in great detail in the December 2007 issue of *Corrections Today*

69:6.
19. Lawrence Sherman, "Preventing Crime: What Works, What Doesn't, What's Promising. Office of Juvenile Justice and Delinquency Prevention, Highlights of the 2004 National Youth Gang Surveys," https://www.ncjrs.gov/works/wholedoc.htm (accessed September 15, 2014).
20. Jeffrey Butts and D. Conners, *The Juvenile Court's Response to Violent Offenders: 1985–1989* (Washington, DC: U.S. Department of Justice, 1993), pp. 14–15.
21. Arlen Egley and James C. Howell, *Major Highlights of the 2012 National Youth Gang Survey,* OJJDP Fact Sheet (Washington, DC: Office of Juvenile Justice and Delinquency Prevention, 2013).
22. Barbara Allen-Hagen and M. Sickmund, *Juveniles and Violence: Juvenile Offending and Victimization* (Washington, DC: U.S. Department of Justice, 1993), p. 4.
23. Arlen Egley, James Howell, and Aline Major, eds., *National Youth Gang Survey Summary: 1991–2001* (Washington, DC: Office of Juvenile Justice and Delinquency Prevention, 2006).
24. *In re Gault.*
25. Arlen Egley and James C. Howell, *Highlights of the 2011 National Youth Gang Survey,* Juvenile Justice Fact Sheet (Washington, DC: Office of Juvenile Justice and Delinquency Prevention, 2013).
26. Peter Hamill, "Only Man Seems Capable," *New York Post,* April 25, 1989.
27. Restorative Justice Online, "Introduction," http://www.restorativejustice.org (accessed September 15, 2014).
28. Manuel Martinez, "Teen Court," http://www.fccourts.org/DRJ/teenct.html (accessed February 16, 2008). See also Brandi Miller, "Low Recidivism Rate for Teen Court Participants," http://www.siouxempireunitedway.org/NewsReleases/2007/TeenCourt.pdf (accessed February 17, 2008).
29. Stephen Gluck, "Wayward Youth, Super Predator: An Evolutionary Tale of Juvenile Delinquency from the 1950s to the Present," *Corrections Today* 59:3 (1997): 62–66. See also "The Myth of the Super Predator," http://rethinkingreentry.blogspot.com/2014/04/the-myth-of-super-predator.html, and http://rethinkingreentry.blogspot.com/2014/04/the-myth-of-super-predator.html (accessed September 2014). Linked to these URLs are a video and a larger article.

CHAPTER 20

청소년 교정시설

학습목표

- 청소년 범죄자들을 수용하는 시설들의 종류에 대하여 설명한다.
- 청소년 집단가정(Group Home)의 특징과 역할에 대하여 설명하고 왜 표준화된 정의가 없는지 설명한다.
- 집단가정의 효과성에 대하여 설명하고 이러한 시설들에 수용된 청소년들이 실패할 가능성을 증가시키는 몇 가지 이유에 대하여 탐색해 본다.
- 청소년 구류센터와 그 목적, 어떻게 사용되는지, 청소년 구금을 줄이기 위해 시도된 것들에 대하여 설명한다.
- 주거형 처우센터의 활용과 그곳에서 제공하고 있는 프로그램의 종류에 대하여 탐색한다.
- 훈련학교와 그곳에서 제공하고 있는 프로그램의 종류에 대하여 탐색한다.
- 구금된 청소년들의 성폭행 피해와 그 범위에 대하여 알아본다.
- 몇몇 주에서 훈련시설에 수용된 청소년의 숫자를 줄이기 위해 시도한 방법들에 대하여 설명한다.

개요

수용된 청소년과 청소년 교정시설의 종류

청소년 집단가정(Group Homes)
- 표준화된 정의의 부재
- 집단가정의 특징
- 집단가정의 효과성

청소년 구류센터
- 청소년 구금 줄이기

주거형 처우센터

청소년 훈련학교
- 시설처우와 사회복귀
- 구금된 청소년의 성적 피해

청소년 구금의 감소

"청소년은 다양한 이유로 집단가정에 배치될 수 있는데, 예를 들면, 보모의 학대나 방임, 행동적 문제 그리고 비행이 그것이다."

\- 에드워드 J. 라테사

개관

이전 장에서는 청소년 범죄자들의 종류와 그들이 저지른 범죄에 대하여 알아보았다. 이번 장에서는 이들을 수용할 교정시설의 종류에 대하여 알아본다. 청소년을 위한 교정시설들은 가정에서 지내는 것과 유사한 집단가정(Group Homes)에서부터 성인 교도소와 유사한 보안시설까지 다양하다. 비록 심각한 청소년 범죄자들은 합법적으로 성인시설에 수용할 수 있지만, 이번 장에서는 청소년 범죄자들을 수용하기 위해 특별히 설계된 시설들에 대하여 알아본다. 이번 장에서는 주정부가 시설수용 인구를 줄이기 위해 시도한 창의적인 방법들과 시설들에서 제공하는 프로그램들과 처우에 대하여 알아본다.

수용된 청소년과 청소년 교정시설의 종류

소년사법과 비행예방 사무국은 다양한 종류의 청소년 교정시설들의 현황을 파악하였다. 그것들에는 집단가정(group homes), 구류센터*, 보호소, 훈련학교 그리고 주거형 센터 등이 있다. 구류센터는 주로 지역에서 운영하고, 훈련학교는 주정부 시설이고, 집단가정은 주로 민간에서 운영하는 시설이다. [표 20.1]은 미국에서 운영하고 있는 다양한 종류의 청소년 교정 시설의 숫자를 보여준다. 구류센터, 집단가정 그리고 주거형 처우센터가 청소년 시설의 거의 95%를 차지한다. [표 20.2]는 청소년 시설의 수와 더불어 청소년의 수도 보여준다. 가장 최근의 조사에 따르면 66,000명의 청소년이 청소년시설에 수용되어 있고, 가장 작은 시설(1–10명 수용)이 전체 시설 숫자의 32%를 차지하지만, 단지 5%의 청소년만 수용하고 있다. 반대로 가장 큰 시설(201명 이상 수용)은 16%의 청소년을 수용하지만, 단지 수용시

표 20.1 **청소년 교정시설의 종류와 숫자**

종류	시설의 숫자
구류센터(Detention Center)	705
보호소(Shelter)	137
입소진단센터(Reception center)	72
집단가정(Group home)	528
농장/자연 캠프(Ranch/wilderness camp)	68
훈련학교(Training school)	188
주거형 처우센터(Residential treatment center)	763
전체	2,111

출처: S. Hockenberry, M. Sickmund, and A. Sladky, *Juvenile Residential Facility Census, 2010: Selected Findings* (Washington, DC: U.S. Department of Justice, Office of Juvenile Justice and Delinquency Prevention, 2013), http://www.reginfo.gov/public/do/DownloadDocument?documentID=423760&version=0 (accessed February 14, 2014).

* 역주: 재판이나 장기간의 프로그램에 배치되기 전에 단기간 청소년들을 수용하는 시설

설 숫자의 2%만 이에 해당한다. 좋은 소식은 청소년 수용인구가 2008~2010년 사이에 18% 줄었고 2006~2011년 사이에는 34%가 줄었다. 그리고 이러한 경향은 계속되고 있다. [그림 20.1]은 1998~2010년 사이에 교정시설에 수용된 청소년의 숫자를 보여준다.

표 20.2 시설의 규모와 청소년 수용자의 수

시설 규모	시설의 수	청소년 수
1−10	676	3,500
11−20	481	6,220
21−50	563	16,340
51−100	243	15,705
101−200	108	13,928
201+	40	10,629
전체	1,868	66,322

출처: S. Hockenberry, M. Sickmund, and A. Sladky, *Juvenile Residential Facility Census, 2010: Selected Findings* (Washington, DC: U.S. Department of Justice, Office of Juvenile Justice and Delinquency Prevention, 2013), http://www.reginfo.gov/public/do/DownloadDocument? documentID=423760&version=0 (accessed February 14, 2014).

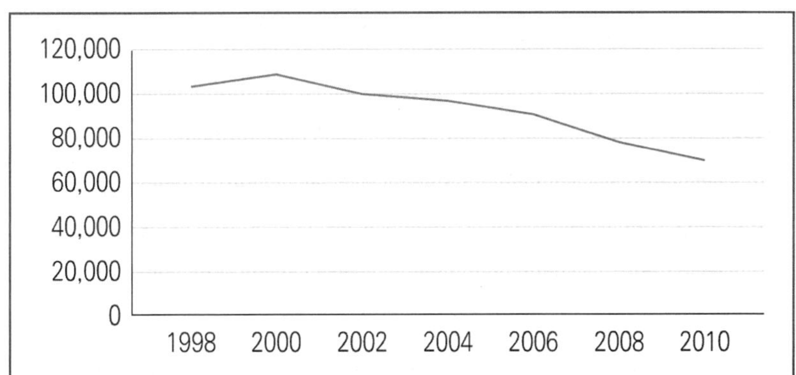

그림 20.1

청소년 교정시설에 수용된 청소년 수, 1998-2010.

출처: Adapted from M. Sick- mund, *Juveniles in Resid- ential Placement, 1997-2008, OJJDP Fact Sheet* (Washington, DC: Office of Juvenile Justice and Delinquency Prevention, 2010) and S. Hockenberry, M. Sickmund, and A. Sladky, *Juvenile Residential Facility Census, 2010: Selected Findings* (Wash- ington, DC: U.S. Department of Justice, Office of Juvenile Justice and Delinquency Prevention, 2013), http:// www.reginfo.gov/public/do/DownloadDocument?documentID=423760& version=0 (accessed February 14, 2014).

청소년 집단가정(GROUP HOMES)

주요용어

집단가정
청소년을 위한 거주시설로서 일반 가정처럼 운영되며 서로 관련이 없는 청소년들이 다양한 기간 동안 거주한다.

소년사법제도에서 중간처우소를 주로 **집단가정**(group homes)이라고 부른다. 집단가정은 청소년을 위한 거주시설로서 일반 가정처럼 운영되며 서로 관련이 없는 청소년들이 다양한 기간 동안 거주한다. 청소년 집단가정은 성인 중간처우소보다 규모가 훨씬 작고, 보통 5~16명의 청소년들이 거주한다. 어떤 집단가정은 성인 중간처우소와 유사한 프로그램 감독과 직원들에 의해 운영이 되나, 다른 곳은 "대리부모" 또는 교대 직원들이 있다. 치료를 위한 또는 처우를 위한 집단가정은 또한 특별히 훈련된 직원들이 청소년의 정서적 또는 행동적 어려움을 돕기 위해 배치된다. 집단가정은 청소년 구류센터보다 덜 엄격하고, 일반적으로 감금장치보다 운영직원들에 의해서 보안이 이루어진다. 청소년들이 어떻게 지역사회와 교류하는지에 대하여 규제가 느슨하고, 청소년들은 학교도 다닐 수 있다.

표준화된 정의의 부재

주요용어

청소년 거주 시설 총조사
2년마다 소년사법과 비행예방 사무국에서 실시하는 조사로서 청소년 거주시설의 숫자를 파악한다.

집단가정은 전형적으로 집단거주보호소에 속한다. 비록 집단가정과 다른 형태의 거주보호소(예를 들어, 주거형 처우센터)와 차이가 있지만, 연구 문헌들은 청소년과 위기 청소년을 수용하기 위한 다른 종류의 시설들 사이의 차이점을 분명하게 제시하지 못하고 있다.[1] 2년마다 소년사법과 비행예방 사무국에서 실시하는 **청소년 거주 시설 총조사**(Juvenile Residential Facilities Census)[2]에서 100개가 넘는 시설에서 자기 시설이 주거형 처우센터이기도 하고 집단가정이기도 하다고 응답하였다(집단가정/주거형 처우센터 결합형이 가장 흔한 시설 형태였다).[3] 표준화된 정의의 부재와 다양한 프로그램 특징으로 인하여 효과성에 대한 연구로부터 일반화된 결과를 도출하는 것이 어렵다. 청소년들은 다양한 이유로 집단가정에 보내질 수 있는데, 부모의 학대 또는 방임, 문제 행동 그리고 비행 등의 이유가 있다.

집단가정의 특징

청소년 거주 시설 총조사는 660개가 넘는 시설들이 자기 시설이 집단가정이라고 밝혔다고 한다. 집단가정은 전체 보고한 시설들의 27%를 차지하고, 청소년 위반자의 10%를 수용하고 있다.[4] 집단가정과 주거형 처우센터는 설문조사에 포함된 모든 다른 형태의 시설들보다 숫자가 많았다(설문조사가 자기 시설이 어떤 형태에 속하는지 자기보고식으로 응답하도록 진행되었고, 설문조사가 주거형 처우센터, 구류센터, 훈련학교, 집단가정, 농장/자연 캠프, 병영훈련캠프, 입소진단센터, 가출과 노숙자 보호소 등과 같은 다양한 시설들을 구별할 수 있는 정의를 제공하지 않았기 때문에 이 발견은 정확하지 않을 수 있다.).

집단가정이라고 밝힌 시설에 수용된 거주자의 숫자는 다양하다. 대부분이(64%) 10명 또는 그보다 적게 수용하고 있고, 31%는 11~50명을 수용하고 있다고 보고했다. 약 3분의 1의 집단가정들이 표준 수용한계 안에서 운영하고 있고, 1% 미만이 표준 수용한계를 넘겨서 수용하고 있다고 한다. 집단가정의 보안 특징들 또한 다양하다. 13%가 하나 또는 그 이상의 구금을 위한 장치들을(문 잠금장치) 사용한다. 집단가정 5곳 중에 1곳에서 청소년을 수용하기 위해 출입문이나 시설의 문을 잠근다고 보고하였다.[5]

집단가정의 효과성

돌보고 있는 인구의 다양성과 표준화의 부재로 인해 집단가정의 효과성을 평가하는 것은 쉽지 않다. 몇몇 연구에서 치료를 위한 집단가정에서 생활한 청소년들은 집에 돌아와서 행동에 긍정적 변화를 보였다고 보고했으나, 그 효과가 오랫동안 지속된다는 증거는 거의 없다.[6] 전반적으로 집단가정의 효과성을 지지하는 연구는 거의 없고, 기존의 연구들은 또한 여러 가지 한계점이 있었다. 치료를 위한 집단가정의 장기적 효과가 긍정적이지 못한 한 가지 이유는 아마도 수용되는 청소년들의 심리적 특성 때문으로 볼 수 있다. 집단가정은 종종 보안시설에 구금되기 전 마지막으로 들르는 곳으로 비춰지는데, 집단가정에 들어온 청소년들은 종종 심각한 정신적 문제 또는 행위적 문제를 가지고 있어서 시설에서 문제없이 지내는 것을 어렵게 하고 있다.[7] 장기적으로 긍정적인 효과를 증가시키기 위하여 집단가정은 하나의 돌봄의 과정으로 인식되어지는 것이 중요하다.[8]

게다가 많은 연구자들은 소규모 집단으로 생활하는 환경이 비행청소년들이 뭉쳐서 또 다른 비행을 저지르도록 조장하는 역할을 할 수 있다고 지적한다.[9] 집단가정에서 비행친구들과의 교류는 반사회적 태도와 문제행동을 조장하고, 성인으로 성장하는데 많은 부정적인 영향을 가져올 수도 있다. 집단가정의 효과성을 알아보기 위한 보다 엄격한 연구가 추가로 필요하고 집단가정에서 생활하는 청소년들의 문제행동과 비행위험을 줄이기 위한 다양한 노력이 필요하다.

청소년 구류센터

주요용어

청소년 구류센터
청소년이 법을 위반하여 법원의 심리나 결정을 기다리거나 위반사실이 판결로 확정되어 교화를 위해 청소년이 구금되어 있는 시설. "juvies"라고 불리기도 한다.

청소년 구류센터(또는 캘리포니아의 경우 청소년 기숙사(juvies)로도 불리는)는 보통 짧은 기간 동안 청소년을 구금하기 위한 시설인데, 약간의 예외가 있다.[10] 많은 청소년들에게 구류센터는 체포되고 난 후 처음으로 오는 곳이다. 어떤 청소년은 단지 몇 시간 동안 부모님이 데리러 올 때 까지 머물기도 하고, 보다 길게 머무는 경우도 있다. 몇몇 청소년들은 구류센터에 구금되는 것이 처벌로 부과된 경우도 있는데, 대부분의 경우 소년법원에서 심리를 진행하기 전에 머무는 곳으로 사용된다. 이러한 시설들은 보통 보안이 되어 있고 프로그램, 학교교육 그리고 여타 교정 활동을 포함하고 있다. 대부분의 시설들은 개별 카운티에서 운영하고 있고, 몇몇 시설들은 몇 개의 카운티들이 공동으로 운영하는 지역공동시설의 형태를 띠기도 한다.

청소년 구금 줄이기

연구에 따르면 잠깐 동안 구류센터에 머무는 것조차도 청소년에게 해로운 영향을 줄 수 있다고 한다. 비록 매우 위험한 청소년들은 구금해야 하겠지만, 대부분의 수용된 청소년들은 폭력적이지 않은 아이들이다.[11] 청소년 구금을 줄이기 위해서 1992년 Annie E. Casey 재단은 **청소년 구금 대안프로그램**(Juvenile Detention Alternatives Initiative, JDAI)을 만들어서 소년사법의 잘못된 경향을 바꾸려고 시도하였고, 소년사법과 교정의 감독을 받고 있는 인구를 과감하고 안전하게 줄일 수 있다는 것을 보여주었다.[12] JDAI는 구금을 줄이는 데 도움이 되는 몇 가지 핵심 전략들을 개발하였다.

주요용어

청소년 구금 대안프로그램
Annie E. Cassey 재단이 구금 사용을 줄이는 지역을 돕기 위해 만든 프로그램.

대형 소년사법 기관, 다른 정부기관 그리고 지역사회조직 간의 **협동**이 필수적이다.

시스템의 문제와 성향을 진단하기 위해 그리고 다양한 개혁의 영향을 평가하기 위해 **정확한 자료를 사용**하는 것이 필요하다.

- **객관적인 입소기준과 도구**들이 개발되어서 청소년들을 보안 구금시설에 보낼 때 모든 과정에서 주관적인 의사결정을 대체하도록 해야 한다.
- **구금 대신에 새로운 또는 비구금적 대안들이 시행**되어 체포된 청소년들을 위한 다양한 선택이 가능하도록 해야 한다. 이러한 프로그램들은 다른 대안이 없어 구금할 수밖에 없었던 청소년들을 대상으로 하는 데 있어 조심해야 한다. 가능하면, 새로운 대안들은 구류센터가 있는 지역에 기반을 두고 배치되어야 한다.
- 빠른 사건처리를 위해 **사건처리에 대한 개혁**이 이루어져야 한다. 이를 통해 구금 기간을 줄이고 비구금 프로그램을 확대하고, 문제 청소년에 대한 개입을 적기에 적절하게 하도록 해야 한다.
- **특별 구금 사례들**(보호관찰 위반, 구속영장집행 또는 대기명령으로 구금된 사례)의 경우에도 다시 조사하여 구금시설에 수용하는 것을 최소화하는 새로운 방안을 도입해야 한다.
- **인종차별을 줄이는** 것은 편견을 제거하기 위한 특별한 전략들이 필요하고 유색 청소년들을 위한 공평한 처우가 보장되어야 한다.
- **구금 환경 개선**을 위해 전문가가 엄격한 기준을 적용하여 정기적으로 시설을 조사하는 것이 필요하다.

JDAI의 노력을 통하여 많은 지역에서 청소년 구류센터에 수용된 청소년의 숫자를 획기적으로 줄였다. 그리하여 구금의 피해를 줄이고 예산을 절감할 수 있었다.

주거형 처우센터

주요용어

주거형 처우센터
상당한 정신적, 심리적, 행동적 문제나 약물 남용 문제를 가지고 있는 청소년들을 수용하기 위한 센터로서 지역의 외래 치료시설에서의 처치가 효과가 없거나 증상이 너무 심하거나 행동통제가 안되어 위탁가정, 외래치료프로그램 또는 다른 비구금 시설에서 처우가 불가능한 청소년을 위한 시설.

주요용어

지역사회 교정시설
다양한 프로그램과 서비스를 청소년에게 제공하는 오하이오 주의 주거형 처우센터.

비록 몇몇 집단가정들이 **주거형 처우센터**(Residential treatment center)라고 불리기도 하였지만, 많은 주거형 처우센터는 규모가 더 크고 어떤 경우에는 보안시설(구금)인 경우도 있다. 예를 들어, 오하이오 주에는 12개의 **지역사회 교정시설**(community correctional facilities, CCFs)들이 설치되어 있다. 이 시설들은 청소년들이 중범죄 위반으로 처벌을 받을 때 소년법원과 가정법원 판사들이 대안적 처분으로 사용하기 위해 만들어진 시설이다. 이 시설들은 16~50개의 침상이 있고 완전구금 또는 직원통제 시설을 모두 포함하고 있으며, 보통 6개월 정도 머무르게 된다. 이설은 다양한 종류의 프로그램을 제공하는데, 학교, 집단, 가족, 개별 상담, 성범죄자 치료, 약물중독 치료, 정신건강처우, 분노조절, 공격성조절, 사고장애 치료 프로그램 등을 제공하고 있다. 오하이오 주의 지역사회 교정시설(CCFs)에 대한 연구에 따르면 수준 높은 프로그램을 가지고 있는 시설들은 재범을 줄이는데 더 효과가 있다고 하였다. 그리고 고위험 청소년들을 수용하고 있는 CCFs의 경우 인지–행동치료를 사용하여 다양한 위험요인들에 개입하도록 하였고, 훈련을 통해 자격이 있는 직원들이 운영을 하여 이러한 방식으로 운영하지 않는 시설에 비하여 재범률 감소에 효과가 크다고 하였다.[13] [교정 실제 20.1]은 오하이오 주의 청소년 개발센터에 대하여 설명하고 있다.

주요용어

청소년 캠프와 농장
다양한 프로그램과 서비스를 청소년에게 제공하는 캘리포니아 주의 주거형 처우센터.

청소년을 위한 거주처우 프로그램의 한 형태로 캘리포니아 주의 경우 28개 카운티에서 67개의 **청소년 캠프와 농장**(Juvenile camps and ranches)을 운영하고 있다. 2013년에 로스앤젤레스는 가장 많은 19개의 프로그램을 운영했는데, 약 4,500명의 청소년들이 시설을 거쳐 갔다. 이러한 카운티 캠프와 농장은 주로 법원에 의해 구금 결정을 받은 청소년을 대상으로 운영된다.

교정 실제 20.1

청소년 개발 센터

청소년 개발센터(Youth Development Center, YDC)는 16개의 침상을 가지고 있는 청소년을 위한 주거형 처우센터로서 오하이오 주 신시내티에 있는 청소년 등대(Lighthouse for Youth)에 의하여 운영되고 있다. YDC는 정서장애와 행동장애를 보이는 10대 소년들 또는 다른 시설에서 성공적이지 못했던 소년들을 대상으로 지역사회를 기반으로 한 치료적 프로그램을 제공하는 센터이다. 나이 대에 적합한 생활 기법을 가르치고 자신들의 정서와 행동이 안정감을 찾을 수 있도록 하는데 초점을 두고 있다. YDC는 가능하면 가족이 함께하는 것에 역점을 두고 있어서 가족과의 재결합과 긍정적인 가족 관계 유지가 될 수 있도록 노력한다.

프로그램 철학 YDC는 포괄적이며 협동적 치료 접근 방식을 이용하여 청소년이 그들의 잠재력을 찾고 성취해 나갈 수 있도록 도와서 건강하고, 책임감 있고 자립할 수 있도록 도와준다. YDC는 청소년들과 그들의 가족과 함께 하면서 가족관계의 힘을 바탕으로 변화하도록 한다. 가장 중요한 목표는 남자 청소년들이 집으로 돌아가기까지 안전하고, 치료할 수 있는 환경을 제공하는 것이다.

청소년들 현황 아래는 현재 YDC에 있는 청소년과 가족들에 대한 현황들이다.

- 12~18세의 남자 청소년들 거주하고 있다.
- 대부분의 청소년들이 성적 또는 육체적 학대나 방임 피해 경험이 있다.
- 많은 청소년들이 이전의 다른 시설에서 실패한 경험이 여러 차례 있다.
- 많은 청소년들이 범죄나 가출 또는 무단결석과 같은 비행 행동 전력이 있다.
- 전형적으로 청소년들은 육체적 또는 성적 학대의 피해자들이며 우울증, 자살충동, 자해행동, 성적 충동, 경계성 성격장애, PTSD, 불안장애, 행동장애, 반항행동, 발달장애와 같은 정서적 또는 정신건강상 문제들로 고통받고 있다.
- 가족의 지원이 부족하고 청소년들의 욕구를 채워줄 능력이 없는 경우가 대부분이다. 가족은 편부모 가정인 경우가 많아서 적절한 감독이 어려운 경우가 많다. 가족의 정신건강상 문제로 우울증, 성격장애, 약물중독, 만성 스트레스 등이 발견된다.
- 청소년들은 사회화 기술이 부족하여 대화 능력이 떨어지고, 사회적 의미를 잘 못 파악하고(눈치가 없고), 친구관계나 대인관계 기술이 부족하고, 실망과 실패를 대하는 데 어려움이 있고, 자존감이 부족한 면을 보인다.
- 청소년들의 자기 관리 문제로는 자아개념 부족, 충동억제의 어려움, 분노조절 결핍, 문제해결과 결정능력의 부족, 효과적인 적응 능력의 부재 등이 있다.
- 청소년들의 학교생활 문제로는 학업 및 행동문제, 학업중단, 학습장애, 발달장애 그리고 무단결석 등이 있다.

일과표

	월요일 ~ 금요일
6:00−8:00 a.m.	기상, 샤워, 방청소, 아침식사
7:00−9:00 a.m.	학교 등교 또는 교육 프로그램 수강
2:00−4:00 p.m.	학교로부터 센터로 돌아옴. 빨래, 자유시간, 간식
3:00−7:00 p.m.	개별 또는 가족 상담 세션
4:30−6:00 p.m.	월요일: 집단 치료 목요일: 집단 치료 수요일: 전체모임 금요일: 레크리에이션

출처: Thanks to the Lighthouse for Youth for providing the information. This feature was created by the authors.

청소년 훈련학교

주요용어

청소년 훈련학교
비행 청소년의 구금, 통제, 재교육을 위한 교정 보안시설로서 보통 중범죄를 저질러 구금형을 받은 청소년을 수용한다.

성인들의 교도소에 해당하는 시설이 종종 청소년 교정 시설로 불리기도 하는 **청소년 훈련학교**(Training school for youth)이다. 이러한 시설들은 보통 심각한 범죄를 저지른 청소년들을 위한 시설이지만, 여전히 몇몇 주에서는 경미한 범죄를 저지른 청소년들도 수용되기도 한다.

역사적 대법원 판결인 In re Gault에서 미국 대법원은 청소년의 교도소화 문제의 현실에 대하여 강조하였다.

> 궁극적으로 우리는 현실에 직시해야 합니다. 한 소년이 불법행위로 기소되었습니다. 그 소년은 몇 년 동안 자유를 제한당할 수 있는 시설에 수용됩니다. 그것은 헌법에 부합하지도 않고 그 시설이 산업학교라고 불리는 것도 의미가 무색합니다. 문제가 되는 사실은 청소년 시설을 위해 "접견의 집" 또는 "산업학교"와 같은 듣기 좋은 이름을 사용하지만, 실질적으로는 아이들이 구금되어 있는 시설입니다. 그의 세상은 "하얀 벽들과 엄격한 일과와 기관 스케줄"로 채워진 세상입니다. 엄마나 아빠, 자매나 형제, 친구나 동료학생 대신에, 교도관, 주정부 공무원들이 그의 세상의 사람들입니다. 비행청소년들은 말썽부리기부터 강간

이나 살인까지 어떤 행동으로도 구금될 수 있습니다.[14]

청소년 구금을 위해 특별히 지어진 시설들은 종종 성인 교도소와 많이 닮았는데, 수용 대상이 청소년인 점을 감안하면 몇 가지 차이점이 있다. 성인 시설의 경우 구금을 강조하고 있지만, 청소년 시설은 보안을 강조하지만, 교화와 서비스를 주요 목표로 한다.

청소년들은 성인 시설과 전형적으로 비슷하게 붙박이장과 침울한 인테리어가 있는 기숙사 형태(또는 독거 수용실 형태)의 거주시설에서 생활한다. 청소년을 시설에 구금하는 비용은 청소년 한 명당 하루 평균 250달러가 소요된다. 비용이 많이 지출되는 시설의 경우 1인당 600달러가 넘게 지출되기도 한다.[15] 청소년 교정 인구가 많은 10개주의 리스트가 [표 20.3]에 제시되어 있다. [교정 실제 20.2]는 한 청소년이 오하이오주 교정 시설에서 보낸 경험을 보여준다.

표 20.3 청소년 교정인구 상위 10개 주

주	청소년 수
조지아	3,708
메릴랜드	1,756
테네시	1,364
캘리포니아	1,158
매사추세츠	1,133
텍사스	1,009
콜로라도	970
유타	943
사우스캐롤라이나	866
오레건	738

출처: American Correctional Association, *2012 Directory of Adult and Juvenile Correctional Departments, Institutions, Agencies, and Probation and Parole Authorities* (Alexandria, VA: American Correctional Association, 2012), pp. 50–51.

교정 실제 20.2

한 청소년의 시각

청소년 J는 오하이오 청소년 서비스 국의 교정 시설에서 머물다 가석방으로 출소한 것에 대한 생각을 나누었다.

나는 인디언리버 청소년 교정 시설에서 20개월을 보냈습니다. 그리고 클리블랜드 지역에서 가석방으로 3개월간 감독을 받았습니다. 나를 변화하게 만들었던 점은 내가 잘하고 있는 점을 알려 준 교정직원 이었습니다. 교정직원이 나를 죄수로 취급하지 않고 존중해주었을 때 바뀌게 되었습니다. 어떤 직원들은 나를 마치 가족처럼 대했습니다. 그래서 나는 편안한 생각마저 들었습니다. 그리고 보내는 날들을 더 좋게 만들었습니다. 이러한 생각들은 내가 좋은 일을 계속하도록 만들었습니다. 내가 시설에 있는 동안 멘토링 프로그램을 통해 리더십을 배울 수 있었습니다. 청소년 위원회는 내가 좋은 리더가 될 수 있고 좋은 일을 할 수 있다는 자신감을 주었습니다. 학교 경험은 어려웠지만 그러나 또한 좋았습니다. 나를 염려해주는 선생님이 있다는 것이 나를 변하게 만들었습니다. 선생님들은 여러 가지 어려운 일들로 힘들어 하지만, 당신이 배우길 원하면, 선생님들은 당신에게 집중합니다. 나의 전환 코디네이터는 내가 학자금대출 신청서(FAFSA [Free Application for Federal Student Aid])작성과 이력서 작성하는 것을 도와주었습니다. 나는 지금 대학에 다닙니다. 내가 배운 것 중 한 가지는 책임감입니다. 내가 무엇을 해야 하는 지 말해주는 사람이 필요하지 않습니다. 나는 나 자신에 대하여 책임을 질 수 있습니다. 엄마는 이 모든 과정에서 나를 도와주었습니다. 그녀는 매일 나에게 편지를 썼습니다. 갱단에 가입하라는 압력이 있었을 때, 엄마는 내가 용기 있게 옳은 일을 하도록 격려해 주었습니다. 교정 직원 분들에게 내가 전하고 싶은 하나의 메시지는 이것입니다: 책을 겉표지만 보고 판단하지 마세요. 어떤 아이들은 문제아처럼 보입니다. 만약 시간을 좀 더 보내면서 그 아이를 간과하지 않는다면 그 아이들은 많은 좋은 일을 할 수 있을 것입니다.

출처: The authors would like to thank the Ohio Department of Youth Services for sharing this material and granting permission to use it.

시설처우와 사회복귀

40년 전에 형사사법 표준과 목표에 대한 대통령위원회(Commission on Criminal Justice Standards and Goals)는 청소년 교정 시설의 교육과 직업 훈련 프로그램의 개선을 위하여 포괄적인 가이드라인과 표준을 제시하였다.[16] 이러한 표준과 가이드라인에도 불구하고 실제로는 많은 청소년들이 시설에 수용되어 그냥 시간만 보내고 있다.[17] 건설적이고 성숙하는 경험을 하는 대신에 청소년 시설에 수용되는 경험은 청소년에게 해로운 결과를 가져올 가능성이 높다. 모든 청소년 교정시설들은 청소년이 학교에 다닐 것을 의무화 하고 주마다 그리고 기관마다 차이가 나지만, 다양한 처우와 서비스를 받도록 하고 있다. 수용된 청소년에 대한 처우와 서비스의 개선을 위해 노력하는 주정부의 예로 캘리포니아를 들 수 있다.

법원 판결을 통하여 수년 동안 개혁이 진행된 후 캘리포니아 소년사법부(Division of Juvenile Justice, DJJ)는 구금된 청소년의 숫자를 획기적으로 줄이고, 시설의 문을 닫고, 청소년에게 제공된 프로그램과 서비스의 질을 향상시켰다. 소년사법부(DJJ)는 안전을 유지하면서 학습하기에 좋은 환경을 만들어 청소년들에게 학업과 직업 교육을 제공하고 폭력성과 범죄적 행동을 고치는 프로그램, 성범죄 행위, 약물 남용과 정신건강 문제 그리고 의료적 치료를 위한 프로그램을 제공하였다. Farrell 판결에서 내려진 합의에 따라 알라매다 상급법원(Alameda Superior Court)이 감독하는 일련의 계획에 따라 처우가 진행되고 있다.

캘리포니아 주의 소년사법부(DJJ)에서는 청소년이 생활관에 배치될 때 나이, 성별, 시설 내 폭력가능성 그리고 특별한 처우의 필요성을 고려한다. 각 생활관에 배치되는 인원의 크기는 제한되어 있고, 직원의 수는 각 청소년이 효과적인 교화 프로그램을 받을 수 있도록 적정하게 유지한다. 소년사법부(DJJ) 프로그램의 기본 틀은 통합 행동 처우 모형이다. 이 모형은 범죄에 저항하는 태도를 가르치고 청소년이 환경을 보다 잘 관리하는 기술을 가르쳐서 시설 내 폭력과 장래의 범죄적 행동을 줄이기 위해 고안되었다. 소년사법부(DJJ) 직원들은 다양한 영역의 전문가들이 하나의 팀을 이루어 각 청소년의 개별적 필요를 파악하고 맞춤형 처우 프로그램을 개발한다. 청소년과 협업을 통하여, 팀은 각 청소년 개인의 강점을 잘 이용하여 각자 삶의 다른 영역에서 처우의 효과가 극대화되어 재범의 위험을 줄이도록 계획을 짜서 실행한다.[18]

인지－행동 프로그래밍에 초점을 맞춘, 또 다른 유망한 프로그램에 대하여 [교정 실제 20.3]에서 설명하였다.

교정 실제 20.3

구금된 청소년에 대한 처우

새로운 진로 프로그램(New Directions Program)은 가석방이 취소되거나 오하이오 주 청소년 서비스국으로 재수감된 고위험군 청소년 24명을 상대로 진행할 수 있는 인지행동 프로그램이다. 이 프로그램은 안전하고, 강도가 높고, 충실도가 높고, 증거기반처우를 바탕으로 한 프로그램이며 재범률 감소를 목표로 만들어졌다. 각 청소년은 긍정적 사회화 기법을 배우기 위해 구조화된 집단에 속하여 200시간이 넘는 프로그램을 수행한다. 그리고 프로그램을 거쳐 가면서 정해진 행동 목표를 달성하도록 설계 되었다. 치료 목표는 아래와 같다:

- 위기 상황에서 범죄 외적인 대안 행동을 하도록 가르치고 연습한다.
- 문제해결, 자기관리, 분노조절, 적응능력을 배양한다.
- 반사회적 환경을 줄이고, 위험한 생각과 감정을 인식하는 것을 강화하고, 대안으로서 위험하지 않은 생각과 감정을 찾을 수 있도록 한다.
- 청소년들에게 부정적 영향들(사람, 장소, 물건)을 인지하고 피하는 방법을 가르쳐서 반사회적인 친구들과 어울리는 것을 줄이도록 하며, 문제에 연루되지 않으면서 관계를 유지하는 새로운 기법(피동적이지 않고 단호하게)을 연습한다.
- 가족 간에 갈등을 줄이고, 서로 돌보아주는 관계를 만들며, 대화와 문제해결 기법을 향상시킨다.
- 학업수행 능력을 강화하여 보상과 만족을 향상시킨다.
- 친사회적 여가 활동에 참여하고 만족을 추구한다.
- 약물남용 행동을 위한 개인적, 상호적 행동을 피하고 대안적 행동을 강화한다.

초기 자료에 따르면 이 프로그램은 재범률과 시설 내 부정행위를 감소시켰다. 아래 표들에서 볼 수 있듯이, 재범률과 시설 내 부정행위들은 46% 감소하였다. 중간수준 위험군들이 프로그램을 성공적으로 마친 경우가 더 많았다. 지역사회기반 교정시설에서의 성공적인 프로그램 완수율은 79%로 56%를 보인 중간처우소 집단보다 높았다.

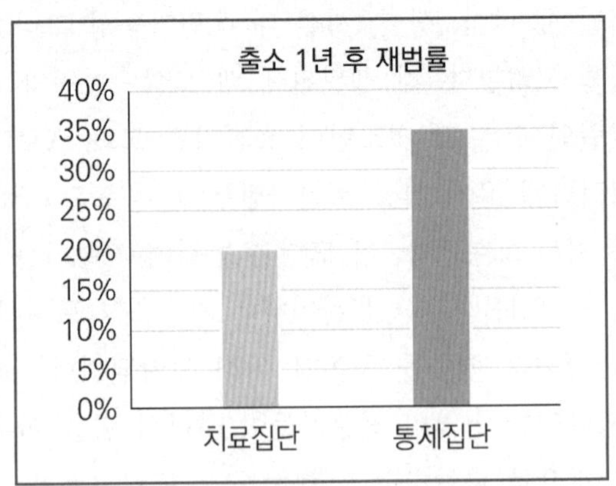

출처: Edward Latessa, *Evaluation of New Directions Program*(Cincinnati, OH: School of Criminal Justice, University of Cincinnati, 2013).

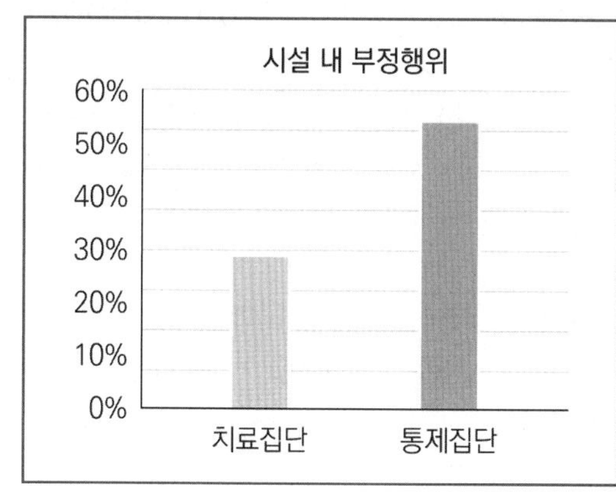

출처: Edward Latessa, *Evaluation of New Directions Program* (Cincinnati, OH: School of Criminal Justice, University of Cincinnati, 2013).

다른 주들(매사추세츠 주와 미주리 주)은 대형 시설들을 줄이거나 폐쇄하려는 시도를 해왔다. [교정 실제 20.4]는 **미주리 모형**(Missouri Model)에 대하여 설명한다. 많은 주들이 또한 구금된 청소년들에게 제공하는 처우와 서비스를 향상시키고자 노력해왔으나 여전히 개선할 부분이 많다.

주요용어

미주리 모형
가정과 같은 환경에서 처우를 제공하며 소규모 거주 시설을 사용하는 미주리 주에서 개발된 청소년 처우방법.

교정 실제 20.4

미주리 모형

1970년대 초기에 매사추세츠 주 소년사법 국장인 제롬 밀러(Jerome Miller)는 주의 청소년 훈련학교와 청소년 교정시설들을 폐쇄하는 대담한 조치를 취했다. 1980년대 초기에는 미주리 주도 문제가 많았던 청소년 훈련학교와 대규모 소년교정시설을 폐쇄하고 새로운 시스템을 구축하기로 하였다. 미주리 모형이라고 알려진 이 모형은 청소년의 집에서 가까운 곳에 위치한 소규모의 지역기반 거주 시설을 강조하고 처벌보다 처우를 강조하는 철학을 기반으로 운영된다. 미주리 모형은 아래와 같은 핵심 원칙들을 기반으로 한다.

1. 집에서 가깝고 소규모이면서 비교도소적인 시설
2. 집단처우모형 내에서 개별적 돌봄
3. 형벌적 위협보다 관계와 감독을 통한 안전 유지
4. 성공을 위한 기법 훈련
5. 동료를 가족과 같이 대하기
6. 사후관리에 초점을 두기

출처: Adapted from Richard A. Mendel, *The Missouri Model: Reinventing the Practice of Rehabilitating Youthful Offenders* (Baltimore, MD: The Annie E. Casey Foundation, 2010).

구금된 청소년들의 성적 피해(Sexual Victimization)

주요용어

성적 피해
위력, 공포, 술과 마약을 이용한 정신적 또는 육체적 무능화를 통하여 저지른 모든 형태의 동의가 이루어지지 않은 성적 행동을 포함하는 포괄적 용어.

2012년 미국 사법통계사무국의 구금된 소년에 대한 전국조사의 일부로서 연구자들은 소년 교정시설에서의 **성적 피해**(Sexual victimization) 정도에 대하여 조사하였다. 주요 결과는 아래와 같다.[19]

- 주정부 청소년 시설과 주정부와 계약을 맺은 시설(1,720 여개의 청소년 시설들을 대표함)에 수용되어 처우를 받고 있는 청소년의 약 9.5%가 다른 청소년 또는 직원에 의하여 지난 12개월 동안(또는 입소한지 12개월 미만인 경우 입소한 이래) 한번 이상의 성적 피해를 경험했다고 보고하였다.
- 약 2.5%의 청소년(전국적으로 450명)들이 다른 청소년과 관련해서, 약 7.7%(1,390)는 직원에 의하여 피해를 당하였다.
- 약 3.5%의 청소년들은 시설 직원들의 위력 또는 다른 형태의 협박에 의하여 성행위 또는 다른 성적접촉을 했으나, 약 4.7%의 청소년들은 어떤 형태의 위력, 협박 또는 명시적인 강요 없이 직원들과 성적접촉을 했다.
- 주정부 청소년 시설에서의 성적 피해율은 2008－2009 조사당시(첫 번째) 12.6%에서 2012년 9.9%로 감소하였다. 이러한 감소는 위력에 의한 직원들의 성적 비위행위(2008~2009의 4.5%에서 2012년 3.6%로 감소)와 위력에 의하지 않은 직원들의 성적 비위행위(6.7%에서 5.1%로 감소)의 감소와 관련되어 있다.
- 남자 청소년의 경우, 8.2%가 직원들과 성적 행위를 했다고 보고하였고, 여자 청소년은 2.8%가 직원들과 성적 행위를 했다고 보고하였다.
- 5.4%의 여자 청소년들은 시설 내 다른 청소년과 강요된 성적 행위를 하였고, 남자 청소년들은 2.2%가 다른 청소년들과 강요된 성적 행위를 하였다고 보고하였다.
- 백인 청소년들(4.0%)은 흑인 청소년들(1.4%)이나 히스패닉 청소년들(2.1%) 보다 다른 청소년들에 의하여 더 자주 성적 피해를 당했다고 보고하였다.

교정 실제 20.5

구금된 청소년들의 외상후 스트레스장애, 트라우마 그리고 중복적 정신장애(Comorbid Psychiatric Disorders)

대략 연간 211만 명의 청소년들이 체포된다. 청소년은 어른을 제외한 어린이들과 10대들을 의미한다. 이는 모든 폭력범죄 체포의 6분의 1을 차지하고 재산범죄 체포의 4분의 1을 차지한다. 8만 명이 넘는 청소년들이 구금되어 있다는 사실이 놀랍지 않은 이유이다. 정신장애를 가진 청소년들의 비율은 주요한 공중 보건 문제이다. 요약하자면, 청소년 구금시설에 있는 남자 청소년의 3분의 2와 여자 청소년의 4분의 3이 하나 또는 그 이상의 정신장애를 가지고 있다.

외상후 스트레스장애(PTSD)는 자유로운 사회에서 보다 소년사법시스템에 있는 청소년들 사이에서 더 흔히 나타나는 현상이다. 이러한 불안장애는 심한 부상이나, 살해 위협 또는 누군가 죽는 것을 목격하는 것과 같이 외상적 사건에 의하여 초래될 수 있다. 나타나는 증상들로 감정의 마비, 증가된 각성상태, 과거회상, 외상을 생각나게 하는 사람과 장소에 대한 회피 등이 있다. 청소년이 소년사법시스템에 더 깊이 들어갈수록 PTSD비율이 높아진다. 구금된 남자 청소년의 3분의 1이 PTSD 증상을 보인다.

PTSD는 종종 다른 정신장애와 함께 발생하는데 이를 중복적 정신장애라고 한다. 중복적 정신장애를 가진 청소년들은 다른 청소년들에 비하여 훨씬 더 자주 건강과 행동 문제를 나타내고 가족, 친구 그리고 사법시스템과 손상된 관계를 나타낸다. 몇몇 자주 보이는 중복적 정신장애로 물질남용장애, 우울증 그리고 행동장애 등이 있다. 중복적 정신장애를 가진 경우 처우하기가 더 어렵고 권위에 도전하는 행동을 자주 한다.

2013년 6월에 구금된 청소년에 대한 중요한 연구가 발표되었다. 그 연구는 구금된 청소년들 거의 대부분이(93%) 적어도 하나의 외상을 경험하였고, 거의 10명 중 6명이 적어도 6회 정도 외상적 사건에 노출되었다. 가장 흔한 외상은 폭력을 목격하는 것이었다. PTSD 증상을 보인 구금된 청소년의 90%는 적어도 하나의 중복적 정신장애를 가지고 있다. 통상적인 면접 심사를 통하여 PTSD와 중복적 정신장애를 가진 청소년을 찾아내는 것이 쉬운 일은 아니다. 중복적 정신장애에 대한 처우가 오히려 증상을 더 악화하는 경우도 있다. 단지 몇몇의 구금 시설에서만 중복적 정신장애를 진단하고 치료를 할 수 있다.

수갑채우기나 수색과 같은 통상적인 법집행 관행이 정신장애 증상을 악화시킬 수 있다. 이러한 조치는 불안, 공격성, 우울을 증가시키고 감정을 무디게 하는 결과를 초래할 수 있다. 기관에서는 PTSD 진단, 외상을 경험한 청소년을 찾아내고, 적절한 개별적 치료를 할 수 있도록 조치를 취해야한다. 청소년들은 아마도 외상을 가장 많이 경험한 집단일 것이다. 처벌을 통하여 그들을 처우하는 방법은 개별적으로 필요한 처우를 하는 것과 균형을 맞추어야 할 것이다.

출처: Office of Juvenile Justice and Delinquency Prevention(2013), "PTSD, Trauma, and Comorbid Disorders in Detained Youth", http://www.ojjdp.gov/pubs/239603.pdf (accessed June 4, 2013).

- 흑인 청소년들(9.6%)은 백인 청소년들(6.4%)이나 히스패닉 청소년(6.4%)들 보다 시설 직원에 의한 성적 피해율이 더 높았다.
- 자기를 게이, 레즈비언, 양성애자, 등으로 인식한 청소년들(10.3%)은 이성애자인 청소년들(1.5%)에 비여 월등히 높은 비율로 다른 청소년에 의한 성적 피해를 당하였다.

주요용어

외상후 스트레스장애
끔찍한 사건에 의해 유발되는 정신 건강 상태로 구금된 청소년에게 흔한 장애

이 설문조사는 청소년 성적 피해율이 높은 13곳의 시설도 파악하였다. 두 시설은(조지아 주 한 곳과 오하이오 주에 있는 한 곳) 30% 또는 그보다 더 높은 피해율을 보였다.

[교정 실제 20.5]는 외상(Trauma)이나 **외상 후 스트레스장애**(Post-

교정 실제 20.6

주거형 처우센터(Residential Treatment Centers)

주거형 처우센터는 청소년 위반자들을 위한 처우, 교정, 지도와 교육 프로그램을 제공하는 곳이다. 대부분이 민간 영역에 속해 있고, 몇몇은 교육과 훈련을 목적으로 지역사회 내에서 이동을 허용한다. 일반적으로, 처우의 목적은 직업훈련을 제공하고, 불법행동을 피하고 마약이나 음주를 다시 하지 않도록 도와주고, 고등학교 졸업자격을 취득하도록 도와주고, 가족과 좋은 관계를 형성하도록 도와주고, 출소 후 적절한 직업을 찾을 수 있도록 도와주는 것이다.

그러한 처우센터들은 주정부, 소년법원, 민간 영역과의 계약을 통하여 사적 또는 공적으로 자금을 지원받는다. 이들은 다양한 이름으로 불리는데 중간처우소, 지역사회 교정 센터, 청소년 개발 센터 등이 그 예이다. 주정부 지원 프로그램들은 전적으로 주정부로부터 지원을 받고, 소년법원이나 주정부 훈련기관으로부터 보내진 청소년 또는 보호관찰 취소처분 위기에 있는 청소년 그리고 주 소년 교정 시설에 구금된 청소년을 처우 대상으로 한다. 비록 민간 영역에서 지방정부와 계약을 맺지 않은 중간처우소들도 있지만, 계약 시설들은 대부분 주정부와 계약을 맺고 운영된다. 처우, 교화 교육, 갈등해결, 가족 화해, 피해자 배상 그리고 재범예방 등에서 이들의 공통점을 찾을 수 있다.

traumatic Stress Disorder, PTSD)와 같이 구금된 청소년들이 직면하는 다른 이슈들에 대하여 설명하였고, [교정 실제 20.6]은 주거형 처우 센터에 대하여 요약하였다.

청소년 구금의 감소

앞서 언급했듯이, 지난 수년 동안 소년시설에 구금된 청소년의 수는 급속도로 감소하였다. 이러한 감소에 많은 이유가 제시되었다. 청소년들의 낮아진 범죄율, 법원의 개입, 대안적 처우에 대한 대중의 지지, 주와 카운티 정부의 예산 삭감 그리고 청소년들을 지역사회에 머물도록 디자인된 전략들 등이 있다. 시설에 구금된 청소년의 숫자를 성공적으로 줄인 하나의 예로서 오하이오의 **청소년구금에 대한 합리적이고 공평한 지역사회대안**(Reasoned and Equitable Community and Local Alternatives to the Incarceration of Minors, RECLAIM)이 있다. RECLAIM의 목표 중의 하나는 관할 지역에 자금을 지원하여 지역사회 프로그램을 개발하여 주정부 시설에 구금되는 청소년의 숫자를 줄이는 것이다. 1995년 RECLAIM이 주 전체로 확대된 이래 3억 5천만 달러 이상이 지원되었고, 주정부 시설 수용 감소에 막대한 영향을 주었다. [그림 20.2]는 이러한 혁신적인 정책이 입소 인원변화에 준 영향이 어떠한지 보여주는데, 1994년 프로그램이 시작된 이래 50% 넘게 감소하였다. 2010년 오하이오주는 표적 RECLAIM을 실시하였는데, 이는 주의 여섯 개 큰 카운티를 표적으로 삼아 실시한 프로그램이고 2012년에는 일곱 개의 카운티가 이에 추가되었다. 최근에는 일리노이 주가 오하이오 주의 프로그램을 모형으로 하여 REDEPLOY 일리노이를 시작하였다. 시간이 지나면 일리노이 주의 청소년 범죄자 인구에 어떠한 영향을 주었는지 알 수 있을 것이다.

주요용어

청소년구금에 대한 합리적이고 공평한 지역사회대안
주정부의 청소년 시설에 구금되는 청소년의 숫자를 줄이기 위하여 지역정부에 자금을 지원하여 전환(다이버전)프로그램에 쓰일 수 있도록 한 오하이오 주의 프로그램

그림 20.2

오하이오 주 청소년 서비스 수용인원, 1994-2012.

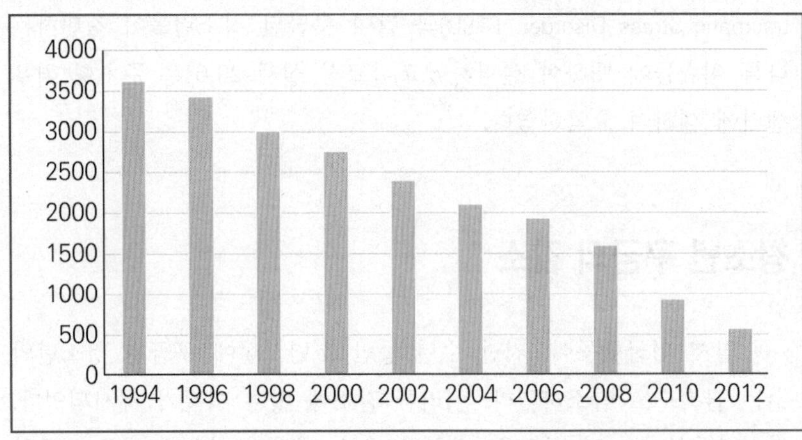

출처: L. Brusman-Lovins, *Evaluation of New Directions Program*(Cincinnati, OH: Center for Criminal Justice Research, University of Cincinnati, 2010).

신시내티 대학이 진행한 독립적인 평가연구에서 오하이오 주의 RECLAIM과 지역사회 교정시설(Community Correctional Facility, CCF) 프로그램은 주정부의 청소년 서비스국(Ohio Department of Youth Services, ODYS) 시설에서 처우를 하는 것보다 비용대비 효과가 우수했다고 한다. 효과성을 측정하기 위하여 청소년들은 낮은-, 보통- 그리고 높은 위험수준으로 구분되었다. 높은 위험수준 위반자들은 CCF 프로그램에서 좋은 성과를 나타냈는데, 청소년 1인당 연간비용이 30,000달러가 지출되었다. 이는 오하이오 청소년 서비스국(ODYS) 시설에서 연간 1인당 51,000달러를 지출한 것보다 훨씬 작은 액수이다. RECLAIM에서 사용한 청소년 1인당 연간 비용은 1,960달러로 다른 두 가지 프로그램보다 훨씬 작았다. 이는 RECLAIM이 보호관찰, 집중감시 보호관찰, 피해배상, 카운티 봉사활동 등을 활용했기 때문이다.[20] 오하이오 주의 비행 청소년 2,000명을 대상으로 한 2013년 연구에서 RECLAIM 프로그램을 받은 청소년과 CCF 또는 청소년 교정시설에 수용된 청소년들을 비교하였다. 이 연구는 행동에 제약이 엄격한 시설에서의 처우가 보다 더 부정적인 효과를, 특별히 저위험군 청소년들에게, 가져온다고 하였다. [그림 20.3]은 청소년의 위험수준과 처우형태(type of placement)에 따른 재범률을 보여 준다.

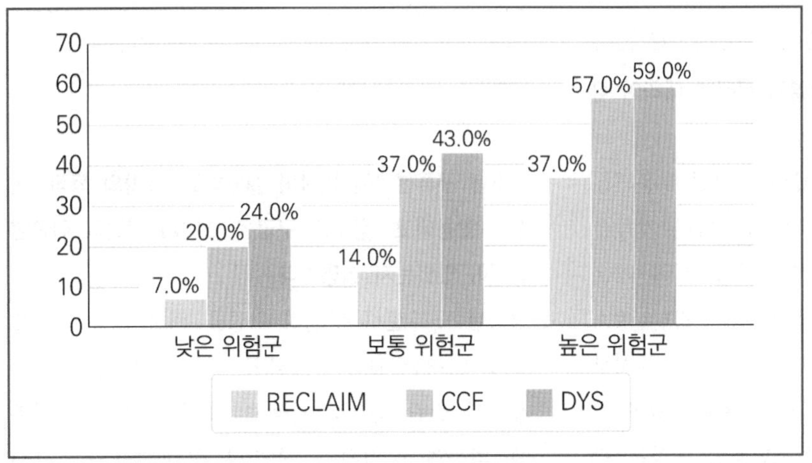

그림 20.3

위험수준과 처우형태에 따른 실패지표

출처: E. J. Latessa, B. Lovins, and J. Lux, *Evaluation of Ohio's RECLAIM Programs* (Cincinnati, OH: University of Cincinnati School of Criminal Justice, 2013).

구금시설은 가장 비싸면서 가장 성공률이 낮은 비행 청소년 처우시설이다. 그러나 지역사회에 청소년 감독과 처우를 위한 더 많은 서비스들이 생기기 전까지 판사들은 비행청소년들을 구금하는 방법 이외에는 다른 선택의 여지가 없다. 청소년 교도소가 항상 나쁜 것은 아니지만, 구금 철학은 성인 교도소에서 발생하는 것과 같이 동일한 문제를 야기한다.

요약

청소년 범죄자들을 수용하는 시설의 형태에 대하여 설명한다.

청소년 범죄자들은 다양한 종류의 시설에 수용되는데, 몇몇은 성인 교도소와 유사하고, 다른 것들은 보다 가정집 같은 환경을 가지고 있다. 비록 많은 시설들이 지역에서 운영되고 있으나, 심각한 청소년 범죄자들은 주로 훈련 학교라고 불리는 주정부가 운영하는 시설에 수용된다. 국가 수준 자료에 의하면 다양한 시설에 구금된 청소년들의 숫자는 감소하고 있다고 한다.

청소년 집단가정의 역할과 특징에 대하여 설명하고 왜 표준화된 정의가 없는지 설명한다.

집단가정은 성인 중간처우소와 유사하나 보통 더 규모가 작고 보다 가정집 같은 환경을 가지고 있다. 청소년들은 보통 지역 학교에 다닐 수 있도록 허용되고 다른 프로그램들이 제공된다. 하나의 문제점으로 청소년을 위한 거주 시설들에 대한 확립된 정의가 없다는 것이고, 이 때문에 이들에 대한 연구와 평가가 어렵다. 대부분의 집단가정들은 작고, 10명 또는 그 보다 적은 수의 청소년들이 생활하고 있다.

집단가정의 효과성에 대하여 설명하고 이러한 시설들이 실제로 청소년들의 실패를 증가시키기도 하는 몇 가지 이유에 대하여 탐색해 본다.

비록 집단가정에서 생활한 많은 청소년들이 긍정적인 행동을 보였지만, 연구에 따르면 그 효과가 오래 지속되지 않는다고 한다. 이에 대한 하나의 설명으로 이 시설에 배치된 청소년들의 범위가 비행 청소년과 학대나 방임을 당한 청소년들이 섞여 있어서 그럴 수 있다고 한다.

청소년 구류센터에 대하여 설명하고, 그들의 목적, 어떻게 활용되고, 청소년 구금을 줄이기 위하여 어떠한 과정이 있었는지 설명한다.

청소년 구류센터는 단기 구금을 위하여 자주 사용된다. 이러한 센터는 경찰에 체포된 청소년들을 수용하기 위한 곳으로 사용된다. 대부분은 지역정부에 의하여 운영된다. 청소년 구금 대안프로그램(Juvenile Detention Alternatives Initiative, JDAI)을 통한 Annie E. Casey재단의 노력은 구금사용을 줄이는 것을 목표로 하였다. 그 전략으로 협동, 자료사용, 입소 기준과 심사, 비구금적 대안처우의 개발 그리고 더 나은 사건 처리를 포함하고 있다. 이러한 노력들은 이를 도입한 관할지역에서 성공적인 결과를 나타냈다.

주거형 처우센터의 사용과 그들이 제공하는 다른 형태의 프로그램들에 대하여 탐색한다.

주거형 처우센터들은 보통 집단가정보다 더 크고 종종 구금시설인 경우도 있다. 오하이오 주는 지역사회 교정시설(community correctional facilities)이라고 불리는 여러 시설들을 개발하였다. 캘리포니아 주는 캠프 또는 농장이라고 불리는 시설들을 가지고 있다. 이러한 시설의 많은 청소년들은 법원 판결에 의하여 배치되었고, 다양한 형태의 프로그램과 서비스를 받는다.

훈련학교와 그러한 시설에서 제공되는 프로그램의 형태에 대하여 설명한다.

훈련학교들은 보통 보다 심각한 청소년 범죄자들을 위한 시설이며, 머무는 기간이 다른 형태의 청소년 시설보다 더 길다. 이러한 시설들은 보통 성인 교도소와 유사하며, 비용은 청소년 1인당 하루 평균 250달러 이상이 소요된다. 비록 몇몇 훈련학교들은 처벌 지향적이긴 하나 대부분은 프로그램과 서비스를 제공하려고 노력한다. 캘리포니아 주는 법원의 개입을 통하여 청소년 시설을 보다 더 교정 지향적인 방향으로 개혁한 주이다.

구금된 청소년의 성적 피해와 문제의 범위에 대하여 알아본다.

성적 피해는 항상 우려되는 문제이다. 국가 수준 조사 자료는 직원과 청소년사이 그리고 청소년과 청소년 사이의 부적절한 성적 행위에 대하여 보고하였다.

주정부가 훈련시설에 구금된 청소년의 수를 줄이기 위하여 시도한 몇 가지 방법들에 대하여 설명한다.

다양한 시도를 통하여 주정부는 구금시설에 수용된 청소년의 수를 줄이기 위하여 노력하였다. 자료에 의하면 이러한 시도들은 성공적이어서, 그 숫자는 지속적으로 감소하였다. 몇몇 주는, 특히 오하이오 주, 주정부 시설에 구금된 청소년의 숫자가 급격하게 감소하였는데, 주로 지역정부에 대한 자금지원 프로그램을 통하여 이루어졌다.

주요용어

집단가정 ································ 690
청소년 거주 시설 총조사 ·· 690
청소년 구류센터 ················· 692
청소년 구금 대안프로그램 ·· 693
주거형 처우센터 ················· 694
지역사회 교정시설 ············· 694
청소년 캠프와 농장 ··········· 694
청소년 훈련학교 ················· 696
미주리 모형 ························ 701
성적 피해 ··························· 702
외상후 스트레스장애 ········· 704
청소년구금에 대한 합리적
이고 공평한 지역사회대안 ·· 705

복습질문

1. 주거형 시설에 수용된 청소년의 숫자가 지난 몇 년간 왜 감소했는지에 대한 몇 가지 이유는 무엇인가?
2. 청소년 집단가정과 훈련학교를 비교 대조하시오.
3. 구금시설들은 종종 단기구금 형집행 또는 법원 심리를 기다리는 청소년들을 위해 사용된다. 만약 당신 지역의 구금시설에 수용된 청소년의 숫자를 줄이라는 요청이 있다면, 당신이 사용할 수 있는 전략에는

어떠한 것들이 있나?

4. 오하이오 주는 어떻게 주정부 시설에 수용되는 청소년의 비율을 감소시켰나?
5. 판사들은 종종 청소년들이 학대를 당하거나 방임되었기 때문에 집단가정과 같은 주거형 프로그램에 보낸다. 그러나 이것은 종종 청소년들을 고위험 비행청소년들과 함께 거주하게 한다. 저위험과 고위험 청소년들을 함께 수용하는 것의 해로운 효과를 안다는 것을 감안했을 때, 판사에게 어떠한 대안적 전략을 추천할 것인가?
6. 만약 당신의 주정부가 미주리 모형 도입을 검토하고 있다면, 극복해야 할 정치적 도전은 어떠한 것이 있을까?

적용사례연구

1. 당신은 청소년 시설의 감독이고, 당신 프로그램에 대한 평가에 따르면 청소년 시설에서 많은 수의 성적 피해가 있었다고 한다. 이러한 성폭력 피해를 줄이기 위해 무엇을 할 것인가?
2. 당신이 감독하고 있는 주정부 청소년 서비스국에 대한 소송 결과, 연방법원이 시설 내 헌법상 권리 위반사항에 대한 개선을 위한 사법감시가 부과되었다. 사법감시는 당신으로 하여금 보통위험 수준의 청소년 시설에 대한 서비스를 강화하는 관리 계획을 개발하도록 하였다. 어떠한 다섯 가지 절차를 밟을 것인가?
3. 소년사법에 대한 주협의회에서 당신을 초대하여 청소년 시설 과밀수용 극복방안에 대한 새로운 접근법이라는 주제로 프레젠테이션을 하도록 요구하였다. 다섯 가지 주요 사항을 제안한다면 어떠한 것을 제안할 것인가?

미주

1. P. A. Curtis, G. Alexander, and L. A. Lunghofer, "A Literature Review Comparing the Outcomes of Residential Group Care and Therapeutic Foster Care." *Child & Adolescent Social Work Journal* 18:5 (2001): 377-392.
2. Office of Juvenile Justice Delinquency Prevention, *2008 Juvenile Residential Facilities Census* (Washington, DC: Office of Juvenile Justice Delinquency Prevention, 2009).
3. S. Hockenberry, M. Sickmund, and A. Sladky, *Juvenile Residential Facility Census, 2010: Selected Findings*, OJJDP National Report Series Bulletin (Washington, DC: National Center for Juvenile Justice, 2011).

4. Ibid.
5. Ibid.
6. See K. A. Kirigin, C. J. Braukmann, J. D. Atwater, and M. M. Wolf, "Evaluation of Teaching-Family (Achievement Place) Group Homes for Juvenile Offenders," *Journal of Applied Behavior Analysis* 15:1 (1982): 1-16, and J. P. Ryan, J. M. Marshall, D. Herz, and P. M. Hernandez, "Juvenile Delinquency in Group Welfare: Investigating Group Home Effects," *Children and Youth Services Review* 30 (2008): 1088-1099. For a more recent study, see P. Chamberlain and J. B. Reid, "Using a Specialized Foster Care Community Treatment Model for Children and Adolescents Leaving the State Mental Hospital," *Journal of Community Psychology* 19 (1991): 226-276.
7. D. Satcher, *Mental Health: A Report of the Surgeon General* (Washington, DC: U.S. Department of Health and Human Services, 1999).
8. J. C. Howell and M. Lipsey, "Promising Sanctions Programs in a Graduated System," *Juvenile Sanctions Center Training and Technical Assistance Bulletin* 1:4 (2004): 1-7 (Washington, DC: National Council of Juvenile and Family Court Judges).
9. T. J. Dishion, K. M. Spracklen, D. W. Andrews, and G. R. Patterson, "Deviancy in Training in Male Adolescent Friendships," *Behavior Therapy* 27 (1996): 327-390.
10. There are some exceptions, especially in California, where juvenile halls can include youth who are serving sentences and are housed for an extended period of time.
11. See Barry Holman and Jason Ziedenberg (2006), "The Dangers of Detention: The Impact of Incarcerating Youth in Detention and Other Secure Facilities," http://www.justicepolicy.org/images/upload/06-11_rep_dangersofdetention_jj.pdf (accessed February 19, 2014).
12. For information about the JDAI initiative, see http://www.aecf.org/MajorInitiatives/JuvenileDetentionAlternativesInitiative.aspx.
13. Christopher Lowenkamp, Matthew D. Makarios, Edward J. Latessa, Richard Lemke, and Paula Smith, "Community Corrections Facilities for Juvenile Offenders in Ohio: An Examination of Treatment Integrity and Recidivism," *Criminal Justice and Behavior,* 37:6 (2010): 695-708.
14. Michael Tonry, ed., *The Handbook of Crime and Punishment* (New York: Oxford University Press, 1998). See also Don Gibbons, "Review Essay: Changing Lawbreakers: What Have We Learned since the 1950s?," *Crime and Delinquency* 45:2 (1999): 272-293; Sharon Levrant, F. Cullen, B. Fulton, and J. Wozniak, "Reconsidering Restorative Justice: Adolescence and Early Childhood," *Crime and Delinquency* 45:3 (1999): 3-27.
15. American Correctional Association, *2007 Directory* (Alexandria, VA: American Correctional Association, 2007), p. 24. See also American Correctional Association, *2012 Directory* (Alexandria, VA: American Correctional Association, 2012), pp. 50-51.
16. *Law Enforcement Assistance Administration, Corrections—Report of the National Advisory Commission on Criminal Justice Standards and Goals* (Washington, DC: Law Enforcement Assistance Administration, 1973).
17. But see M. Hagan, M. Cho, J. Jensen, et al., "An Assessment of the Effectiveness of an Intensive Treatment Program for Severely

Mentally Disturbed Juvenile Offenders," *Inter–national Journal of Offender Therapy and Comparative Criminology* 41:4 (1997): 340–350.

18. For a review of the progress made, see Barry Krisberg (2011), "Criminal Justice: The Long and Winding Road: Juvenile Corrections Reform in California," http://www.law.berkeley.edu/files/Long_and_Winding_Road_Publication–final.pdf (accessed February 15, 2014).
19. Alan J. Beck, David Cantor, John Hartge, and Tim Smith, *Sexual Victimization in Juvenile Facilities Reported by Youth, 2012* (Washington, DC: Bureau of Justice Statistics, 2013).
20. Data provided by the Ohio Department of Youth Services.

CHAPTER 21

특수한 범주의 범죄자들

학습목표

- 정신장애 범죄자들에 대한 이슈들을 설명한다.
- 발달장애 범죄자들에 대한 이슈들을 설명한다.
- 성범죄자들에 대한 이슈들을 설명한다.
- 에이즈와 감염병들이 교도소에 어떠한 영향을 주었는지 설명한다.
- 성전환 수용자들을 교정당국이 어떻게 처우하는지 설명한다.
- 수용자 고령화에 대한 이슈들을 설명한다.

개요

정신장애 범죄자
- 정신질환 수용자
- 범죄책임을 피하는 두 가지 방법
- 형사적 정신이상자
- 예측의 문제

발달장애 범죄자
- 역사적 시각

성범죄자
- 일반적인 성범죄
- 성범죄자와 보호관찰
- 교도소내 성범죄자
- 성범죄자들에 대한 비자발적인 정신병원 입원

교도소내 에이즈(AIDS)
- 에이즈와 교정직원
- 에이즈와 수용자

성전환 수용자
- 고령의 노인 수용자: 미국 교도소의 노화

수용자들은 정신건강 상태가 좋지 않은 경우가 많고, 많은 남녀 수용자들은 그들의 생애동안 적어도 하나의 정신장애를 겪는다.
-부루스 폰더

개관

이번 장은 일반적인 다른 범죄자들보다 더 많은 문제를 가지고 있는 범죄자들을 다룬다. 우리는 미국의 구치소와 교정시설에서 너무 자주 볼 수 있는 소위 사회로부터 거절된 사람들을 살펴본다.[1] 이러한 개인들의 다수가 정신에 문제가 있고, 또 다른 사람들은 그들의 특수한 문제, 극단적 행동 또는 개인적 배경들로 인해 낙인이 씌워진다.

검토해볼 수 있는 많은 범주들 가운데 우리는 정신장애 범죄자, 발달장애 범죄자, 성범죄자, 에이즈감염 범죄자, 성전환 수용자 그리고 고령의 노인수용자를 선택해서 논의해본다. 비록 이러한 범주들이 모든 특수한 범주의 범죄자들을 포함하는 것은 아니지만, 이들이 교정당국과 범죄자 개인들이 직면하고 있는 문제들을 잘 대표하는 범주들이라고 생각한다. 이러한 특수한 수용자들을 살펴보는 적절한 기본 틀을 설정하기 위하여 먼저 정신장애 범죄자 범주의 발달과 역사에 대하여 잠깐 살펴본다.

1970년대 이래로, 지역 카운티에 있는 정신건강 시설과 센터들의 90%가 문을 닫았고 주정부의 지원을 받았던 기관들은 정신장애자들을 교도소(카운티 교도소 또는 주 교도소)로 이전시켰는데, 이를 소위 말하는 **전환구금**(Transincarceration)이라고 한다. 이렇게 정신장애자로 낙인찍힌 범죄자들이 교정관료시스템에 속하게 되면서 교도소 과밀화는 통제되지 않고 계속 가속화되었고, 이들에게 필요한 특수한 처우는 대체로 무시되었다. 그들에게 필요한 것은 무엇이고 어떻게 충족되어 질 수 있는지에 대하여 이번 장에서 알아본다. 우리는 또한 이러한 특수한 범주의 범죄자들의 증가에 대하여 조사하고 어떻게 우리의 시스템이 이러한 문제에 대처할 것인가에 대하여 알아본다. 제4부의 마지막 장을 마치면, 학생들은 형사사법과 소년사법 시스템에서 만날 수 있는 거의 모든 형태의 범죄자들을 알게 될 것이다.

주요용어

전환구금
정신보건기관에서 교도소로 전환된 범죄자들의 이동

정신장애 범죄자

어떠한 질병이 시민들로부터 너무나 혐오스럽다고 느껴져서 그 질병을 가진 사람들을 가장 야만적인 방법으로 사회로부터 격리시키고, 비록 치료방법이 있음에도 불구하고, 평생 동안 낙인찍히도록 만드는가? 이러한 불행한 사람들은 바로 정신장애를 가진 사람들로서 한때 멸시당하고, 추방당하고 그리고 심지어 악마로 간주되어 화형까지 당했었다. 그러나 시대가 진보하면서 그들로부터 우리가 감염당하는 것을 막기 위해 외진 곳에 시설을 지었다. 그들은 마녀로 처형당했고, 엑소시즘(귀신물리기 의식) 대상이었고, 체인이 채워졌고, 심지어 다른 범죄자들에게 끔찍한 공포를 주기위해 교도소에 수감되기도 했다.[2]

중세 이전에는 정신장애가 있는 사람들(정신장애자, Mentally disturbed)은 일반적으로 용인되었고 보통 지역에서 가족, 종족제도 또는 원시사회에 의하여 돌보아 졌다. 그러나 만연한 빈곤, 질병 그리고 종교적 광신주의의 도래가 정상범주로부터 벗어나는 설명할 수 없는 것에 대하여 무관용적 태도를 취하도록 한 것이 아닌가 생각된다. 정신장애를 가진 사람들은 악마나 마귀가 씌었다고 여겨졌고 따라서 그

주요용어

정신장애자
정신질환을 가진 사람

로 인해 처벌받았다. 제1장에서 말했듯이 그들은 "때려서 악마 쫓기" 의식의 대상자였다. 그 시기에 정신이상자로 여겨진 사람들은 사회로부터 추방당했고, 나중에는 다른 형태의 고립인 **정신질환자 수용소**(Asylum)에 구금당하였다.

주요용어

정신질환자 수용소
정신질환이 있는 사람들을 보호하고 수용하기 위한 기관

첫 번째 정신질환자 수용소는 1408년 유럽에 설립되었다.[3] 그때부터 최근까지 정신질환자 수용소는 치료하기 힘든 정신장애자들을 위한 "쓰레기 매립장"이었다. 미국에서는 1800년대 중반에 개별 주에서 수없이 많은 시설들을 만들어 정신장애자들을 사회로부터 격리시켰다. 정신병으로서 치료를 해야 한다는 주장은 시설수용 주장을 극복할 수 없었고, 치료가 아닌 장기적인 수용이(대부분 평생 동안) 기준이 되었다.

정신질환자 수용소는 과도한 처벌과 사회로부터 관심과 돌봄의 부족으로 미국에서 또 다른 "보이지 않는 왕국"이 되었다. "보지 않으면 마음도 멀어진다(Out of sight, out of mind)"는 문구는 이들 불행한 사람들의 상황을 잘 나타낸다. 진정제의 발견으로 이러한 "뱀구덩이(정신질환자 수용소를 비유적으로 표현한 것)"는 정신질환을 치료할 수 있는 "마법과 같은 명약"이 발견될 때까지 환자들을 통제할 수 있도록 멍한 상태로 만드는 장소가 되었다. 장기간의 시설수용은 종종 가족의 요구에 의하여 이루어 졌고, 마침내 법원의 주목을 받기 시작했다.

1960년대에 정신 이상자와 범죄자를 포함한 모든 시민의 권리가 모든 수준에서 다시 검토되었다. 정신질환자 수용소에서 행해진 학대가 밝혀졌고 그에 대한 대응조치는 극단적이었다. 1970년대 초까지 주정부들이 하나 둘씩 지역사회 정신보건법(Community Mental Health Act)에서 정한 정책을 수용했다. 본인과 사회에 "분명하고 현재의 위험"이 없는 모든 정신질환자 수용소에 수감된 사람을 출소시키거나 **탈시설화**(Deinstitutionalization)하는 것이 이 법의 목표였다.

주요용어

탈시설화
정신병원 시설에서 나온 정신질환자들이 사회로 돌아오는 것

비록 법의 의도는 좋았지만, 이 법으로 인하여 미국의 중심도시에는 수만 명의 정신질환을 앓는 사람들로 넘쳐나게 되었고, 구빈원(poor house)의 필요성이 대두되었다. 대부분의 정부 당국의 대응은

주요용어

전환시설화
정신질환자들을 형사사법시스템에 속한 시설(특히 카운티 교도소나 주 교도소)로 이전하는 과정

문제를 형사사법시스템에 전가하면서 미국의 카운티 구치소와 주 구치소를 정신장애자들로 채웠다. 이를 **전환시설화**(Transinstitutionalism)라고 한다.[4] 전직 킹 카운티 간부인 랜디 래밸(Randy Revelle)은, 1980년대 초 시애틀에서, 킹 카운티 구치소는 "주에서 세 번째로 큰 정신병원이고, 첫 번째는 서부 주립 병원, 두 번째는 카운티 구치소와 병원 사이에 있는 I-5 고속도로이다"라고 말하곤 했다.[5]

정신질환 수용자

1960년대부터 1980년대까지 비구금화 움직임은 정신질환이 있는 사람들을 새로운 약물치료를 이용하여 지역사회에서 처우하도록 요구하였다. 우울증, 정신분열증(조현병), 불안장애 등을 가진 사람들은 하나 또는 그 이상의 뇌 기능이상으로 고통을 받았는데, 프로작(Prozac)이나 졸로프트(Zoloft)와 같은 약으로 성공적으로 치료할 수 있게 되었다. 정신질환 환자의 자유화는 법원의 결정에 의하여 강화되면서 법원은 정신질환을 가진 사람들에게 특정한 법적 권리를 부여하였다. 그러나 대부분의 지역사회기반 프로그램들은 정신질환 환자들을 효과적으로 치료할 수 있는 프로그램을 개발하지 못했다. 정신질환을 가진 사람들이 지역사회로 돌아왔을 때 적절한 지원과 치료 서비스가 없었고, 이들은 이상행동으로 인하여 구금되었고, 특별히 카운티 구치소와 주 교도소에 수감되었다.

비록 정확한 숫자는 알려지지 않았지만, 아마도 수용되는 범죄자의 약 20% 정도가 조현병, 조울증 그리고 우울증과 같은 심각한 정신질환이 있다고 추정된다. 이러한 세 가지 정신질환을 가진 사람의 대략 10~15%가 자살로 죽는다고 한다. 그러나 지금은 치료의 기회가 주어진다면 아주 효과적으로 치료가 가능하다고 한다.[6]

수용자들은 정신 건강상 문제가 있는 경우가 많고, 높은 비율의 남여 수용자들이 그들의 생애 동안 적어도 하나의 정신장애를 갖는다고 한다. 교도소에 있는 동안 장애의 수준이 높아질수록 수용자들이 정신건강 서비스를 받을 가능성이 높아진다. 실제로, 남자에 비하

여 여자 수용자들이 정신건강 서비스를 더 많이 받는다고 한다. 백인들이 다른 인종에 비하여 교도소 정신건강 서비스를 더 많이 받는다고 한다. 이러한 서비스가 필요한 수용자들의 절반 정도는 혜택을 받지 못한다고 추정된다.

비록 미국 대법원이 교도소 수용자들이 처우를 받을 헌법상의 권리는 명시하지 않았지만, 수용자들이 의료처우를 받을 헌법상의 권리는 심각한 정서적 질환(emotional illness)을 포함한다고 판결했다. 교정 시스템은 중간에 낀 신세가 되었다. 교도소는 단순히 수용자들이 범죄자라는 이유만으로 서비스를 제공할 의무가 없기 때문에 예산의 상당부분을 다른 곳(예를 들어, 보안 직원의 충원)에 사용하였다. 반면에 잠재적 소송의 위협 또는 법원에 의해 임명된 교정감독관이 파견되는 것과 같은 위협이 교정당국으로 하여금 심각한 질환이 있는 수용자에게 정신건강 서비스를 제공하도록 해야 할 필요성을 느끼게 하였다.[7]

정신질환을 가진 사람들이 카운티 교도소와 주 교도소에서 큰 비중을 차지함에 따라 정신보건 분야의 전문가들은 교도소 행정에 필수적인 요소가 되었다. 비록 수용자 대비 정신보건 전문가들의 비율은 아주 낮은 상태를 유지하고 있으나, 조금씩 개선은 되고 있다. 많은 교도소들이 정신 건강 이슈를 최우선 과제로 다루어야 하기 때문에 폭력성이나 이상행동을 보이지 않는 대부분의 수용자들은 서비스를 거의 받지 못한다. "소리나는 바퀴에 기름칠한다" 이것이 교정에서의 현실이다.[8]

범죄와 정신장애의 관계(적어도 집단적으로 보았을 때)는 진정한 인과관계가 없는 것 같다.[9] [교정 실제 21.1]은 정신질환과 범죄적 사고의 관계를 탐색한 최근 연구결과를 소개한다. 사회가 다양한 정신질환과 교정기관의 안전과 보안에 미치는 그것의 영향을 구분하는 것을 배우는 것은 아주 중요한 일이다. 정말 주목해서 보아야 할 부분은 정신질환이 정신질환자 본인과 다른 사람들에게 끼칠 잠재적 피해를 밝혀내는 것이다. 미국 교도소 시스템이 벌써 과밀화 되어 있는데도 불구하고 그러한 방안이 마련되기까지는 아마도 오래 걸릴 것이다.

교정 실제 21.1

범죄적 사고와 정신질환

모르간(Morgan), 피셔(Fisher) 그리고 울프(Wolf)(2010)의 최근 연구에서 414명의 정신질환을 가지고 있는 성인 범죄자들을 조사하여 아래와 같은 결과를 발견하였다:

- 범죄적 사고정도 측정을 위한 심리도구(Psychological Inventory of Criminal Thinking Scale)를 이용하여 측정한 결과 연구집단의 66%가 범죄적 삶의 양식을 지지하는 믿음체계를 가지고 있었다.
- 다른 범죄자 표본과 비교하였을 때, 정신질환을 가진 남자 범죄자들이 정신질환이 없는 범죄자들에 비하여 비슷하거나 더 높은 점수를 나타냈다.
- 범죄적 정서 척도-개정판을 사용한 연구에서 정신질환이 있는 85%의 남자와 72%의 여자 범죄자들이 반사회적 태도, 가치, 믿음을 보여서 비정신질환자인 다른 수용자들에 비하여 높았다.
- 모르간과 동료들은 범죄적 사고 형태는 정신질환과 상관없이 범죄를 저지를 사람과 그렇지 않은 사람을 구분하였다고 결론지었다. 그들은 정신질환으로 구금된 사람들은 정신질환자이면서 또한 범죄자였기 때문에 두 가지 문제에 동시에 대응해야한다고 말했다.

출처: Center for Behavioral Health Services Criminal Justice Research Policy Brief, April 2010, Rutgers University.

형사책임을 피하는 두 가지 방법

범죄행동에 대한 책임을 회피하는 방법으로 피고인들이 사용하는 두 가지 정당화 방법이 있다. 첫 번째는 **정신이상으로 인한 무죄**(not guilty by reason of insanity, NGRI)이고, 두 번째는 **소송무능력**(incompetent to stand trial)을 주장하는 것이다. 첫 번째 경우에, 범죄자는 범죄 행위를 부인하지는 않지만 그들은 행위의 본질을 이해하는 능력과 그 행위가 잘못됐다는 인식이 없었다고 주장한다. 두 번째 경우는 피고인은 자기들에게 부여된 혐의의 내용을 이해할 수 있어야 하고 자기 변론을 위해 변호인에게 협조할 수 있어야 한다는 보통법에 근거를 두고 있다. 능력의 존재 여부를 결정하는 절차는 사법 당국마다 다양하게 차이가 나지만, 대부분의 경우 정신과적 증언을 바탕으로 사법부가 결정한다. 만약 피고인이 소송무능력자로 결정되면 그는 소송능력

주요용어

정신이상으로 인한 무죄
범죄를 저지른 것을 부인하는 것이 아니라 범죄의 본질과 그것이 잘못된 행동이라는 것을 이해하는 능력이 없었다는 주장을 통한 범죄자의 방어

주요용어

형사소송무능력
피고인은 자기 혐의를 이해하고 자기 소송에서 방어하기 위해 변호인을 도울 수 있어야 한다는 것을 주장하는 법적 방어

이 생길 때까지 보통 정신병원에 수감된다.

형사적 정신이상자

법률적 정신이상과 법적 무능력이 형사 유죄 판결에 대한 방어 전략으로 대두되면서 형사적 정신이상자들을 위한 특수한 정신질환자 수용소(대부분의 경우 정당한 법적절차의 보호가 없는 또 다른 형태의 교도소이다)가 개발되었다. 이탈리아에서 온 교환학생이 **형사적 정신이상자**(Criminally insane)들을 위한 병원을 방문했을 때 저자에게 말했다. "어떻게 한 사람이 형사적으로 정신이상자가 될 수 있나요? 만약 당신이 형사적 책임(criminally responsible)이 있다면 당신은 정신이상자가 될 수 없고, 만약 당신이 정신이상자라면 형사적 책임이 없습니다." 이 질문에 직접적으로 대답하기는 쉽지 않다. 기관들은 아래와 같은 범죄자 범주들을 사용한다.[10]

주요용어

형사적 정신이상자
소송능력이 없다고 진단받거나 또는 정신이상으로 인한 무죄를 선고받은 것과 같이 정신질환이 있는 수용자들 또는 구금 중 정신질환을 얻은 수용자들 또는 특별한 보안 조치가 필요한 잠재적으로 위험한 정신질환자들

1. 소송이나 재판에 들어갈 능력이 없다고 결정된 사람
2. 정신이상으로 인하여 무죄를 선고 받은 피고인
3. 특별한 법(예를 들어, "성적으로 위험한 사람", "심신장애가 있는 비행소년" 또는 "성적 정신질환자")에 의하여 선고된 사람
4. 유죄 판결을 받고 교도소에서 형집행 중에 정신장애가 발생하여 정신 보건 시설로 이송된 범죄자들
5. 심사와 처우 과정 중에 특별한 보안조치가 필요한 잠재적으로 위험한 정신 질환자들

최근에 정신이상으로 인한 무죄(NGRI)를 주장했던 사람들은 열띤 토론의 대상이 되었다.[11] 닉슨 대통령은 정신이상으로 인한 무죄 변호를 없애려고 시도하였다. 범죄학자들은 정신이상 변론에 대한 미디어의 과도한 보도, 피고인에 의한 꾀병 의혹, 변호인이나 검사 쪽을 위해서 전문가 증언을 하는 정신질환 전문가들의 상충된 그리고 의혹이 있을 만한 증언 등의 문제점을 지적한다.

정신이상 변호는 모든 중범죄 사건 중에서 1% 미만을 차지한다.

그리고 그들 중 단지 4명 중 1명만 정신이상으로 인한 무죄 결정을 받았다. 한 연구에 의하면 정서적, 행위적으로 극심한 장애가 있는 피고인의 경우만 성공적이었고 그리고 성공한 피고인들은 대부분 심각한 범죄를 저질렀다. 법정에서 정신이상으로 인한 무죄 주장을 취하하는 결정을 내린 것은 검사, 변호인 그리고 판사에 의하여 주로 이루어졌고, 배심원에 의한 결정은 별로 없었다. 정신이상으로 인한 무죄로 무죄가 된 사람은 일반적으로 석방 후 다시 범죄를 저지를 가능성이 낮다고 한다.[12]

검사들은 정신이상으로 인한 무죄 주장을 통하여 무죄를 선고받은 피고인들이 그들의 위험성이 감소할 때까지 충분히 오랜 기간 동안 시설에 구금되기를 원하고 공공의 안전을 보장하고 어느 정도의 응보가 이루어지기를 바란다. 아마도 가장 합리적인 해결책은 유·무죄를 먼저 결정하고 그리고 난 다음 감소된 능력(정신이상, 이 경우)에 대한 문제를 형선고나 결정 단계에서 결정하는 것이다. 미국 정신의학 협회는 존 힝클리(John Hinckley)가 레이건 대통령을 공격한 사건 이후에 이러한 입장을 취하고 있다.

이에 대한 응답으로 1986까지 12개 주에서 정신이상 변론을 완전히 폐지하였고 대신에 **유죄정신질환자**(guilty but mentally ill, GBMI)법을 만들었다.[13] 이 법에서 범죄자의 정신 질환은 인정했으나, 그것이 범죄자에게 형사책임 회피하도록 하는 충분한 이유로는 허용하지 않았다. 유죄가 확정되면 범죄자는 교도소에 수감된다. 몇몇 주는 교도소에서 정신건강 처우를 제공하거나 다른 주들은 범죄자를 정신건강 시설이 있는 곳으로 이송한다. 조지아 주는 정신이상 변론을 주장했다가 유죄정신질환자(GBMI) 결정을 받은 경우 그냥 정상적 재판에서 유죄 판결을 받은 경우보다 더 가혹한 처벌을 받게 된다. 즉 정신장애자에게 더 가혹한 처벌이 이루어진다.[14]

주요용어

유죄정신질환자
피고인에 의하여 유죄 인정이 있었지만 행동의 본질과 그것이 잘못되었다는 인식 능력의 부족을 주장하는 것

미국 정신의학협회의 입장은 폭력적인 사람을 정신이상으로 인한 무죄를 이유로 무죄를 선고하는 것을 다루기 위해서는 상당한 법 개정이 필요하다고 다음과 같이 주장한다.[15]

1. 정신이상을 이유로 무죄를 선고받은 폭력적인 범죄를 저지른

사람들을 위해서 특별한 입법이 이루어져야 한다.

2. 구금과 석방 결정은 가석방 위원회처럼 정신과 전문의와 형사사법시스템을 대표하는 다른 전문가들로 구성된 위원회에서 이루어져야 한다.
3. 석방은 처우에 대한 감독 계획이 있다는 전제하에 조건부로 이루어져야 하고 그것을 실행할 필요한 자원들이 있어야 한다.
4. 정신이상으로 무죄석방 결정을 받은 사람에 대한 관할권을 가진 위원회는 그들을 재구금할 권한도 있도록 해야 한다.
5. 병원환경에서 정신과적 처우가 최상의 효과를 보였으나 위원회가 다른 이유로 구금을 지속해야 한다고 믿는 경우, 정신이상으로 무죄판결 받은 사람은 교도소로 이송되어야 한다.

사법망에 큰 구멍이 있는 것 같은 느낌으로 인해 대중은 분노해 있지만, 법원은 정신적 능력이 부족한 범죄자들을 평등하게 다루려고 노력하고 있다.

예측의 문제

정신장애를 가진 범죄자들에게 종종 부과되는 장기간의 부정기형은 미래에 그들이 문제를 일으키지 않을까 하는 두려움이 반영된 것으로서 불행한 일이라고 할 것이다. 범죄성향을 예측하는 것이 가능하다고 믿는 것이 정신장애자를 처우하는 프로그램들의 실효성에 의문을 가져왔다. 누가 어느 정도 정확성을 담보하면서 **잠재적 위험성을 예측**(Predict potential dangerousness)할 수 있을까? 정신의학자인 버나드 루빈(Bernard Rubin)은 "정신의학자가 환자의 미래 행동의 위험성을 예측할 수 있을 것이라는 믿음은 거의 일반적으로 받아들여지고 있으나, 경험적 증거가 없다"라고 하였다. 그는 덧붙여 "정상범주를 벗어난 것을 정신질환으로 낙인을 찍는 것이나 위험성을 예측하는 것은 단지 어떤 사람을 치료하기 위한 하나의 절차이다. 일단 치료에 들어가면 위험성이라는 개념은 잊혀진다"[16]라고 하였다.

따라서 우리는 정신의학자가 행동을 예측하도록 하면서 또한 범

주요용어

잠재적 위험성 예측
처우하는 직원이 범죄자가 미래에 위험한 범죄를 저지를 것인지 평가하는 과정

죄자로 낙인을 찍도록 하여서, 실제로 위험하지 않은 사람임에도 불구하고(잘못된 긍정예측), 낙인으로 인하여 무기한 또는 평생 동안 정신병동 시설에 구금시키는 역설을 본다. 더불어, 개인은 시설 내에서 특수한 영역에서 처우와 구금을 당하는 것으로 인하여 낙인되기도 한다. 정신의학 시설과 관련된 소문들이 많음을 감안했을 때, "형사적 정신이상자"라는 무시무시한 낙인이 평생 따라다니게 될 것이다.

발달장애 범죄자

주요용어

발달장애자
지적 장애를 이르는 용어, 정신지체를 의미하기도 함.

교정 시스템 내부에는 비록 법률적으로 정신이상자가 아니고 그리고 소송능력도 있지만, **발달장애**(Developmentally challenged) 가 있는 범죄자들이 있다(IQ점수 69 또는 그 미만인 사람은 보통 발달장애가 있는 것으로 인지되고 있다.) 그들의 지적 수준과 사회적 적응도는 평균보다 훨씬 낮으나, 그들은 행동에 대한 법적 책임이 있는 것으로 다루어진다. 4~9%의 교도소 인구가 발달장애가 있는 것으로 알려져 있다.

발달장애자와 더불어 교도소에는 알려지지 않은 그러나 상당히 많은 수의 낮은 지적능력으로 저하된 기능을 보유한 수용자들과 IQ가 70에 도달하지만 기술적으로 정신지체자 기준을 충족시키지 못한 수용자들이 있다. 그들은 낮은 지적능력을 가지고 있으나, 정신지체로 진단받는 것이 보장되지는 못한다. 정신질환과는 다르게, 발달장애자와 저기능 수용자들은 약물처방을 받지 않고, 보다 만족하고 생산적인 삶을 사는데 도움을 줄 수 있는 기술과 적응 방식을 배운다.

수용된 발달장애 범죄자들을 위한 가이드라인에서 산타무어와 웨스트(Santamour and West)가 직면한 문제점들을 언급하였다.[17]

1. 교도소에서 발달장애 범죄자들은 일상생활에 적응하는데 느리고, 규정을 배우는 데 더 어려움을 겪고, 더 많은 규정위반을 하기 때문에 거주, 가석방 그리고 다른 관계된 사항에 영향을 준다.
2. 정신지체[발달장애] 수용자들은 자기들의 결함을 숨기기 위

하여 교정프로그램에 매우 드물게 참여한다.
3. 그들은 종종 농담이나 성희롱으로 고통을 받는다.
4. 그러한 수용자들은 종종 가석방이 거부되고 동일 범죄의 다른 범죄자들에 비해 2~3년 더 오래 복역한다.

교정과 정신보건 행정가들 모두는 발달장애 범죄자들을 자기 시스템에서 처우하는 것이 적합하지 않다고 생각한다(발달장애가 있는 범죄자들은 교도소에서 폭력사건에 연루되는 비율이 더 높다).[18] 양쪽 시스템에서 선의의 행정가들이 서로 만나서 프로그램과 자금에 대한 책임을 분담할 필요가 있다. 양쪽 시스템에서 가용한 자원이 거의 없고 다른 중요한 관심사로 인하여 매우 제한적인 프로그램만 만들어진다.

발달장애 범죄자들에게 필요한 것들은 매우 독특한데, 프로그램 모형은 거의 없다. 기존의 모형들은 주로 발달장애보다 학습장애가 있는 사람들을 대상으로 개발된 특수교육 프로그램에 한정되어 있다. 카운티 수준에서 이러한 범죄자들에 관심을 보인 유망한 모형은 물질남용, 심리적 욕구 그리고 직업과 교육적 향상에 초점을 맞춘 것들이다.[19]

역사적 시각

발달장애가 있는 범죄자들에 대한 연구에서 역사적, 철학적 경향을 분석해 보면 19세기 후반 이전에는 발달장애를 가진 사람과 범죄자를 구분하려는 시도가 거의 없었다는 점은 주목할 만하다.

지금은 발달장애를 비행과 직접적으로 연결시키는 것을 덜 망설인다. 1960년대부터 지금까지 대부분의 재조명된 관심은 범죄학자가 아니라 법학자들로부터 주목을 받았다. 그러한 현상은 형사사법 시스템에서 발달장애인에 대한 관심은 행정 분야나 법적 문제에 대한 것이 많고 발달장애와 범죄성과의 인과관계에 대한 관심은 부족한 것으로부터 기인한다.

중요 판례인 Ruiz v. Estellez 결정은 발달장애 수용자에 대한 사법적 고려에 대한 기초를 놓았다.[20] 이 집단소송은 교도소 과밀수용,

주요용어

Ruiz v. Estellez
텍사스 교정국의 상태를 평가하고 난 다음 교도소는 발달장애가 있는 수용자에게 치료를 제공해야만 한다는 미국 대법원의 결정

의료처우, 교도관직무를 수탁 받은 수용자 그리고 다른 여타 텍사스 교정시설의 상황들과 관련되어 있다. 연방법원은 텍사스 교정 시스템은 헌법을 위반했다고 판결하였다. 대법원은 10~15%의 텍사스 교정국 수용자들은 발달장애가 있고 이들이 텍사스 교정 시스템에 퍼져 있다고 하였다. 판사는 산타모어와 웨스터의 발달장애 수용자들의 특수한 문제점을 상기시키면서 아래와 같은 점을 지적하였다.

1. 그들은 비정상적으로 쉽게 부상을 당하고 대부분의 부상이 그들이 하는 일과 관련된 것이다.
2. 그들은 징계위원회에 출석했을 때 불리한 결정을 받는다.

이것은 기본적 공평성 문제와 더불어 특별한 도움이 필요하다는 점을 부각시켰다.[21] 발달장애 수용자들에 대한 이슈가 법원의 결정에 의하여 점차 전면으로 부각되고 있는 것 같다.

최근의 소송은 발달장애 수용자들의 권리에 대하여 결정하였다. 1981년 Green v. Johnson(512 F. Supp.965) 판결은 22세 미만의 발달장애 수용자는 특수교육을 받을 권리가 있다고 결정하였다. Atkins v. Virginia(536 U.S. 304, 2002) 판결에서 미국 대법원은 발달장애 수용자에게 사형집행을 금지하였다. 2007년 Panetti v. Quarterman (551 U.S. 2007; 127 S.Ct. 2842, 2007) 판결에서 미국 대법원은 무능력자인 교도소 수용자에게 사형집행을 할 수 없다고 결정하였다. 미국 장애인법(Americans with Disabilities Act)은 모든 교정기관이 발달장애인 수용자를 검사하고 그들을 위해 특별히 고안된 교정 프로그램을 제공할 절차를 만드는 것을 의무화하고 있다(제9장 참조).

발달장애가 있는 수용자들은 많은 경우 사회로부터 받아들여진 적이 없는 사람들이다. 그들이 "구금된 사회"의 일부분이 되는 것은 종종 그들이 처음으로 받아들여지는 경험이어서 심대한 영향을 준다. 매사추세츠 주의 브릿지워터 주립 병원과 교도소에서 한 직원은 발달장애를 가진 수용자와 교도소 문화 사이의 관계에 대하여 말했는데, 오직 발달장애가 있는 수용자들만이 사교방문을 위해 교도소에 돌아온다고 하였다. 발달장애가 있는 범죄자들은 형사책임과 관련하여 특별한 고려를 해야 하는가?

리차드 알랜(Richard C. Allen)은 아래와 같이 언급했다.

역사적으로 사회는 발달장애 범죄자들을 위해서 세 가지 다른 대안을 추구하였다. 우리는 그의 한계와 특별한 필요를 무시해왔다. 또는 우리는 전통적인 형사절차를 그들에게 적용하려고 했다. 우리는 그들을 일종의 버림받거나 희망이 없는 사람들의 비밀결사로서 정신병자, 반사회인 그리고 성도착자로 집단화하였다.[22]

이 상황을 개선하는 방법은 소년법원과 유사하게 발달장애 범죄자들의 범행과 그들의 상황을 모두 처리할 수 있는 특수 법원을 설립하는 것이다.

성범죄자

일반적인 성범죄

주(州) 입법이 종종 너무 모호하게 처벌하는 행위를 규정하고 있어서 성범죄에 대한 분석도 복잡하게 되었다. 그래서 "음란하고 외설적인 행동", "도리에 반하는 행동", "성교", "미성년자의 도덕성을 위태롭게 하는" 등의 행동에 처벌이 가해진다. 이러한 모호하고 과도하게 폭넓은 규정 중에 하나에 해당하면 어떠한 성적 행동도 기소당할 수 있다. 게다가 동일한 용어가 다른 주에서 다른 의미로 해석된다. 그래서 **남색(sodomy)**은 다수의 주에서 보통 남성 동성애행위를 의미하지만, 또한 이성과의 구강 또는 항문 성교에 적용되기도 하거나 동물과의 성적 접촉을 의미하기도 한다.

법적 동의 연령(18세)에 이르지 않은 여성과 동의하에 성교를 한 의제강간(statutory rape)은 강간(rape)이 아니어서 상당히 오해하기 쉬운 용어이다(18개 주에서 범죄). 강간과 같은 심각한 범죄로 기소된 남성에게 유죄답변협상(plea bargaining) 과정에서 보다 경미한 범죄로 유죄를 받아들이는 것이 허락되어져서, 강간범이 무단침입이나 폭행과 같은 성범죄가 아닌 범죄로 교정시설에 수용되기도 하는 문제가

주요용어

남색
동성 또는 이성과의 구강 또는 항문 성교 또는 동물과의 성교; 미국 대법원은 최근에 사적으로 동의하에 이루어지는 성인 간의 남색을 처벌하는 법률이 위헌이라고 결정하였다.

주요용어

성범죄
성교나 성교행위와 관련된 행위(그러한 범죄의 미수도 포함한다)를 통제하는 법률의 위반

성범죄(Sex offense)에 대한 논의를 더욱 복잡하게 한다. 우리는 자주 사용되는 모호한 법률용어나 유죄답변협상에서 얻어낸 경미한 범죄가 아닌 실제 성범죄를 논의의 대상으로 삼고자 한다. 신고된 강간 추세를 [그림 21.1]에서 찾을 수 있다.

그림 21.1

신고된 여성 강간 추이 1991-2012.

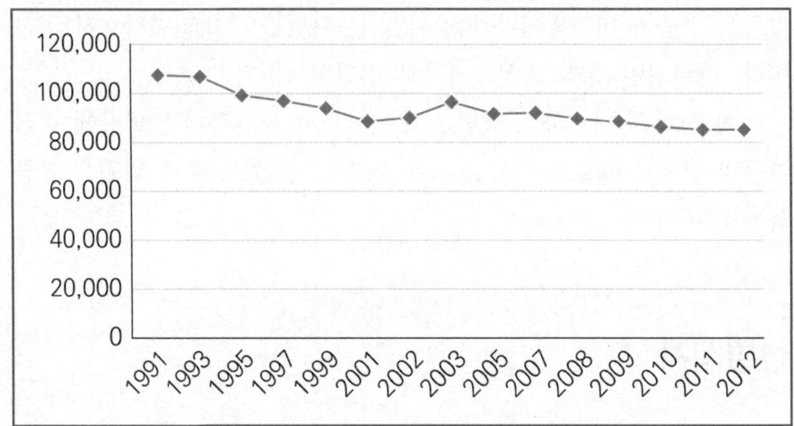

출처: Federal Bureau of Invest- igation, *Uniform Crime Report 2012*, http://www.fbi.gov/about-us/cjis/ucr/crime-in-theu.s/2012/crime-in-the-u.s.-2012/violent-crime/rape (accessed Sep- tember 18, 2014).

지난 몇 년 전까지 성범죄라는 용어는 보통 가장 비이성적이고 잔인한 형태의 욕정살인(lust-murder)을 연상시켰다. 최근에 강간과 강간 목적 폭행과 같은 범죄에 대한 여성들의 적극적인 움직임은 많은 사람들로 하여금 강간이 심각한 성범죄로 인식되게 만들었다. 많은 전문가들은 이성에 대한 강간은, 특히 매우 폭력적인 형태의 경우, 성범죄가 아니라 여성을 힘과 지배력으로 통제하려는 범죄라고 하였다.[23]

공공 외설행위와 매춘 호객행위에 대한 법률은 여전히 많은 지역에서 집행되고 있지만, 대부분 벌금, 보호관찰 또는 지역 교정시설에 단기구금하는 정도의 처벌만 이루어지고 있다. 대부분의 치료 프로그램 참여자는 아래 다섯 가지 종류의 성범죄를 저지른 경우이다.

1. 강간, 강간미수, 강간목적 폭행 등[24]
2. 아동 성학대[25]

3. 근친상간[26]
4. 노출증과 관음증
5. 성적 충동과 관련된 범죄(주거침입, 방화 등)

아동학대는 아동의 육체적 또는 정서적 건강과 발달에 위험을 야기하거나 지장을 주는 모든 작위 또는 부작위 행위를 말한다. 주요한 학대 유형은 육체적(방임 등), 정서적(박탈과 유기) 그리고 성적 학대이다. **아동학대자**(child abusers)들은 모든 민족, 인종, 종교 집단에서 발견된다. 아동학대 가해자는 전형적으로 피해아동과 부모, 양부모, 법적보호자, 친척 또는 이웃 등과 같이 혈연, 친족 또는 결혼으로 연결되어 있고 반복적으로 학대를 가한다.

주요용어

아동학대자
정신적으로 또는 육체적으로 아동을 학대한 사람

아동 성학대자(child molester)는 사춘기 이전이나 법적 미성년자인 사람에게 상해를 입히거나 이상한 성적 관계나 접촉이 있는 사람을 말한다. 피해자는 강간, 성적 노리개, 부적절한 노출, 남색 또는 살인의 대상이 될 수 있다. 아동학대 가해자와 성학대자는 교도소 사회에서도 경멸당하고 다른 수용자에 의하여 치명적인 공격의 대상이 되기도 한다.

주요용어

아동 성학대자
성인으로서 미성년자와 성적행동을 하거나 성적 만족을 위하여 미성년자를 대상으로 성적 착취를 한 사람

비록 몇몇은 동성애적 접촉을 한 경우도 있지만, 현재 치료 프로그램에 참여 중인 대부분의 성범죄자들은 이성애자들이 압도적으로 많고 대부분이 이성에 대한 성범죄로 수감되었다. 대부분의 동성 성행위자들은 아동이나 청소년과 비폭력적인 성적 접촉을 한 행위로 인하여 수감되었다. 어떤 사람들은 동성 근친상간 범죄자들이다. 소수의 사람들은 동성에 대한 강간 또는 강간 관련 범죄를 저질렀다.

오늘날 미국에서 기소된 대부분의 성범죄들은 남성에 의하여 저질러졌다(매춘 관련 범죄와 공연 음란과 같은 범죄를 제외하고). 단지 주목할 만한 예외로 아동 성학대의 경우 여성이 남성(남편 또는 친구)과 함께 기소되는 데 아동 포르노그래피의 공범인 경우가 있다. 대강의 추정치에 의하면 여성 한 명이 성범죄로 기소될 때, 200명 또는 300명의 남성이 성범죄로 기소된다고 한다. 물론 여성이 저지른 성범죄의 비율이 기소 비율보다 더 높을 수는 있다.

치료 프로그램에 있는 대부분의 성범죄자들은 18~35세 사이의

연령대이다. 50대 이상은 극소수이다(대부분이 아동 성학대자들이다.). 치료 프로그램에 등록된 성범죄자들은 나머지 성범죄자들과 어떻게 차이가 나는가? 적어도 다섯 가지 "분류과정"을 통하여 두 가지 집단으로 구분한다. 어떤 성범죄는 경찰에 신고되지만, 그렇지 않은 경우도 있다. 대부분의 강간과 여타 정도가 약한 성범죄들은 경찰에 신고되지 않는다. 신고되지 않으면 그 누구도 치료 프로그램에 참여할 수 없다. 범죄가 신고되고 난 후, 가해자는 체포되어 기소될 수도 있고 그렇지 않은 경우도 있다. 성범죄를 저지르고 체포되지 않는 범죄자들은 체포되어 처벌을 받은 범죄자들과 분명히 차이가 날 것이다.

기소된 성범죄자들 중에서 소수는 무죄판결을 받고, 다수(대부분 경미 성범죄자들)는 집행유예를 선고받거나 또는 치료 프로그램을 수강하지 않는 보호관찰 처분을 받는다. 이러한 세 가지 분류를 제외하고 나머지 범죄자들 중에서 몇몇은 일반적인 교정 시설로 보내진다. 그리고 나머지 다른 성범죄자들은 치료 프로그램에 보내진다. 누가 치료 프로그램에 보내지는가는 주 법률, 판사의 재량 그리고 치료 프로그램의 제공 여부에 따라 영향을 받는다.[27]

마지막으로, 대부분의 치료 프로그램들은 치료에 적합하지 않다고 판단되는 성범죄자들의 등록을 거부하거나 다른 기관으로 이송시킬 수 있다. 이러한 다섯 가지 분류 절차의 효과는 가장 심각한 범죄자들부터 아주 경미한 범죄자들을 모두 심사한다는 장점이 있다.

성범죄자와 보호관찰

보호관찰관들은 일반적으로 성범죄자를 다루기 위한 훈련과 준비가 부족한데, 그 이유는 준비하는 것이 복잡하고, 비싸고 또 시간이 오래 걸리기 때문이다. 대부분의 보호관찰관들은 필수적인 대인관계 기법과 전문적 기법에 대한 특별한 훈련이 부족하다. 종종 담당사건의 수가 너무 많아 효과적인 감독을 못하고, 다른 사회 서비스 기관과 공급자들을 보호관찰로 연결하는 것이 용이하지 않다. 종종 여성 보호관찰관들은 그들 자신의 안전을 걱정하기도 하고 대부분의

교정 실제 21.2

고위험 성범죄자에 대한 GPS 감시

성범죄자들은 상당한 논란의 대상이면서 또한 폭력의 대상이 된다. 일반 시민들의 성범죄자들과 그들의 재범에 대한 반응은 육체적 폭력행사, 그들의 집과 자동차에 대한 방화 그리고 다른 형태의 경계 활동 등으로 나타난다. 이러한 현상은 가석방된 성범죄자, GPS 감시장치가 부착된 성범죄자들이 일반적으로 겪는 것들이다. 만약 성범죄자가 잔인한 성범죄(납치, 강간, 아동살해 등)를 저지르면 대중의 반응은 더 격렬해 진다. 이러한 범죄들은 공포와 폭력을 조장하고 취약한 사람들을 보호할 정책을 만들도록 요구한다. 성범죄 피해자에게 가해진 되돌릴 수 없는 피해는 그 누구도 부정할 수 없을 것이다.

입법부는 여러 정책 중에서 성범죄자에게 교도소 구금형을 강제하도록 법을 제정하고, 성범죄 형량을 늘리고, 성범죄자 치료 프로그램을 수료할 것을 강제하고, 출입 금지구역을 설정하고(성범죄 가석방자는 학교로부터 500피트(약 150미터)근처에 가지 못함), 성범죄자 등록 제도를 실시하도록 했다. 지난 20년 동안 몇몇 주에서는 전자감시 제도를 도입하여 시행하고 있다. 캘리포니아 주는 그 중에 하나이다.

2006년 6월에 캘리포니아 주 주민투표에서 모든 성범죄자들에게 GPS 감시장치를 평생 동안 부착하도록 강제하고 주 가석방 기관이 성범죄자가 캘리포니아 주에 머무는 동안 GPS 부착과 감독을 담당하도록 하는 법을 통과시켰다. 2011년까지 가석방된 성범죄자들은 캘리포니아 주의 모든 가석방자의 약 10%를 차지했다.

최근까지 고위험 성범죄자들에 대한 GPS감시가 가석방 규정 준수와 재범률(재체포, 재범유죄확정 그리고 교도소 재구금) 감소에 효과가 있는지는 분명하지 않다. 기본적인 정책 질문은 대중의 안전을 보장하는데 GPS감시가 비용대비 얼마나 효과적인가이다.

캘리포니아 고위험 성범죄자들에 대한 연구에서 가석방 감독을 받고 있는 성범죄자들 중 GPS감시 집단이 비부착 집단에 비하여 훨씬 나은 결과를 보였다고 한다(약 38% 낮은 가석방 취소율). GPS감시 집단이 규정 준수와 재범률에 있어서도 훨씬 좋은 결과를 보였다고 한다.

비용분석 결과 구금은 수용자 1인당 하루에 129달러가 소요되지만, 전통적인 가석방 감독은 하루에 27달러가 필요하고 GPS감시는 하루에 36달러가 지출된다. 결론은 GPS감시가 전통적인 가석방보다 비싸지만 훨씬 더 효과적이라는 것이다. 지속적인 구금은 GPS감시보다 350%나 더 비싸다!

결과에 대한 효과성 자료가 더 많이 필요하고 보다 나은 방법으로 성범죄자들을 구분해서 그들 사이의 차별적 위험요인을 발견하고, 성범죄자 치료 프로그램에 가석방자 참여를 효과적으로 관리하고, 불복자들에 대한 단계별 징계부과 그리고 고위험 성범죄자들에 대한 통행금지 구역 설정 등을 고려해야 한다.

출처: Stephen Gies et al.(2012), "Monitoring High-Risk Sex Offenders with GPS Technology", https://www.ncjrs.gov/pdffiles1/nij/grants/238481.pdf (accessed October 20, 2012).

성범죄자들은 "욕구 수준이 높은" 사람들이다.

성범죄자들을 통제하기 위하여 보호관찰관들은 전자감시, GPS (Global Positioning System)감시([교정 실제 21.2] 참조) 그리고 집중감시 제도 등을 통하여 점차 강화된 보호관찰 서비스를 사용하고 있다. 보호관찰과 가석방 당국은 민간에서 운영하는 지역사회 교정 센터와 계약을 맺고 지역사회 내 치료 결정을 받은 성범죄자들에게 치료 프로그램을 제공하고 있다(제13장 참조). 이러한 전략들이 전국에 걸쳐서 점차 확대되어 시행됨에 따라 점차 낮은 비율의 성범죄자들이 교도소에 보내지고 있다.

물론, 미래에 이러한 프로그램을 거쳐 간 성범죄자들이 잔인한 욕정살인을 저지를 수도 있다. 그러나 지역 고등학교 동창이나 교회 성가대 대원 또한 같은 범죄를 저지를 수 있다. 성범죄 치료 프로그램은 성범죄자가 프로그램을 마치고 퇴소한 후에 보다 심각한 성범죄 또는 과거에 저질렀던 범죄보다 경한 성범죄 등 모든 형태의 성범죄를 다시 범할 가능성을 최소화하도록 특별히 고안된 것이다.

교도소내 성범죄자

대중,[28] 그리고 국회의원,[29] 판사,[30] 교도관[31] 그리고 영향력 있는 지위에 있는 사람들이 드러내는 성범죄자들을 향한 다양한 태도는 주로 전통적인 믿음에 영향을 많이 받아왔고 이것은 계속 변하고 있다. 주 교도소에 수감 중인 성범죄자의 숫자는 계속 증가하고 있다.

성범죄자들에게 보다 포괄적인 치료 프로그램을 제공하는 교정기관에서 치료 프로그램 구성요소들은 보통 복합적이다. 이런 프로그램들은 인지행동 치료, 성교육, 인간의 성, 스트레스와 분노조절, 사회적 기술, 약물남용 프로그램, 고위험 상황을 인지하고 피하는 훈련,

재발 방지 그리고 대처 기법 훈련을 포함한다.

장기 프로그램은 일반적으로 집중적이거나 고도로 구조화된 프로그램을 적어도 2년 동안 제공하고, 사후관리(1년)를 제공한다. 수료자들은 필요하면 돌아와서 재교육("조정")을 받을 수도 있다.

성범죄자 치료의 효과성에 대한 연구는 인지행동 접근법의 효과성을 강하게 보여주어서 긍정적이다. 인지행동 접근법을 사용하여 왜곡된 사고에 문제의식을 부여하고, 성범죄자들에게 어떻게 위험한 상황을 피하고 관리할 수 있는지 가르친다. 그리고 호르몬 치료가 어떤 종류의 성범죄자들에게 효과가 있다는 증거도 있다.[32] 거세약물(Depo Provera) 치료는 수술로 제거할 필요 없이 거세와 동일한 효과를 제공한다. 비록 그 사용이 흔한 것은 아니지만, 사용될 수 있다. 예를 들어, 개별적 그리고 집단적 치료에서 부수적으로 거세약물을 사용하는 텍사스 주에서 거세약물 투약 집단의 재범률은 투여하지 않은 비교집단의 3분의 1 정도 밖에 되지 않았다고 한다. 그리고 약물투약을 중단하고 난 후에도 비교집단에 비하여 40% 낮은 수치를 보였다고 한다. 텍사스 평가는 충동적 성범죄자들에게 거세약물 투여가 효과가 있음을 보여 주었다.[33]

아동 성학대자들, 특히 종교광신도 집단의 신체 절단과 종교 의식적 아동 학대를 행한 사람들[34]에 대한 태도는 많은 주에서 그러한 범죄에 대한 형량을 최고로 높이도록 하였다. 이러한 강경한 태도는 지속적으로 거의 매일 헤드라인에 나오는 성범죄자의 재범 뉴스에 의하여 더욱 강화되었다. 성범죄자 치료가 성공적이었다는 기록은 별로 없는 실정이다. 그래서 새로운 접근법이 개발되고 시도되고 검증되지 않는 한 이 오래된 문제의 미래는 침울하다고 할 수 있다.

성범죄자들에 대한 비자발적인 정신병원 입원

1990년대의 개정된 양형법과 여러 가지 유명했던 사건들 때문에 적어도 17개 주에서 "성적 약탈자(sexual predator)" 법률로 불리는 다양한 형태의 입법이 이루어졌다. 이 법률들은 심각한 성범죄의 경우 교도소 형기를 마치고 난 다음 성범죄자들을 정신 보건 치료 시설에 무기한 **비자발적 입원**(involuntary commitment)을 시키는 것을 가능하도록 하였다. 이러한 입법의 동력은 이전에 심각한 성범죄자를 교도소에 구금시키고 교도소 당국이 그들이 더 이상 위험하지 않다고 판단할 때까지 구금하도록 하는 부정기형 법(indeterminate sentencing laws)의 폐지와 더불어 출소한 성범죄자들이 또 다른 잔인한 성범죄(몇 건은 아동에게)를 저지른 것이 크게 보도된 것이 계기가 되었다. 미국 대법원은 1997년 Kansas v. Hendricks(521 U.S. 346[1997]) 판결에서 성적 약탈자 법률을 좁게 해석하면서 허용하였다. 그러나 법원들은 이 이슈에 대하여 의견이 여전히 갈리고 있고, 몇몇 정신보건 치료시설들은 이러한 방식에 강한 반대 입장을 취하고 있다.[35]

> **주요용어**
>
> **비자발적 입원**
> 약탈적 성범죄자들이 교도소 형기를 마치고 난 후 정신보건 시설에 구금당할 수 있도록 허용하는 법률

교도소내 에이즈(AIDS)

미국에서 에이즈의 전국적 유행은 당연히 교도소에도 영향을 주었는데, 특별히 주사로 마약을 투여한 경력이 있는 범죄자들, 주사기를 다른 사람과 함께 사용한 범죄자들 그리고 부주의한 성행위를 한 범죄자들이 에이즈에 감염되었다. 감염자 수에 대한 추정은 주와 시설에 따라 다양한데, 2010년까지 20,093명(그중 1,756명은 여성 수용자)의 수용자들이 HIV 또는 에이즈로 진단되었고, 72명이 에이즈로 사망하였다. 거의 25%의 HIV 양성으로 판명된 수용자들이 에이즈를 가지고 있었고, 캘리포니아, 뉴욕, 텍사스 그리고 플로리다 주에 있는 수용자들이 이들 감염인구의 51%를 차지했다. 수용자－수용자(수용자내) 전염도 하나의 요인이지만, 그 비율은 낮은 것으로 나타났다.[36] 낮은 전염률에 도움을 준 것은 콘돔을 제공하고 에이즈 교육을 강화한 덕분인 것으로 볼 수 있다. 캘리포니아 주의 세 곳의 카운티 구치소와 적어도 두 곳의 주(버몬트, 오리건) 교도소에서 수용자들에게 콘돔을 제공하고 있다.

에이즈(AIDS)는 **HIV 감염**(HIV infection)의 마지막 단계를 지칭하는 의학 용어이다. 이것은 후천적 면역 결핍 증상을 의미하는데, 인간의

> **주요용어**
>
> **에이즈**
> HIV 감염의 마지막 단계를 묘사하는 의학 용어

> **주요용어**
>
> **HIV 감염**
> 몸의 일상적인 질병에 대한 극복 능력을 떨어뜨리는 후천적 감염

몸이 정상인일 경우 일상적인 질병에 스스로 극복할 수 있었던 것이 점진적으로 그 면역 기능이 없어지는 것을 말한다. 첫 번째, 마약과의 전쟁은 교도소 내에서 HIV 양성 보유자들의 집중을 가져왔다. 국가 에이즈 위원회(National Commission on AIDS)는 "마약 사용에 대하여 주와 연방 정부가 막대한 구금정책을 실시함에 따라 우리는 사실상 HIV 감염자를 더 많이 교도소에 구금하는 정책을 만들게 되었다"라고 하였다. 이러한 경향은 [그림 21.1]에서 확인할 수 있다.[37] 지난 10년 동안 에이즈 감염 비율은 지속적으로 감소하고 있지만, 여러 가지 이유로 이것은 여전히 교정 행정가들에게 문제로 남아있다.

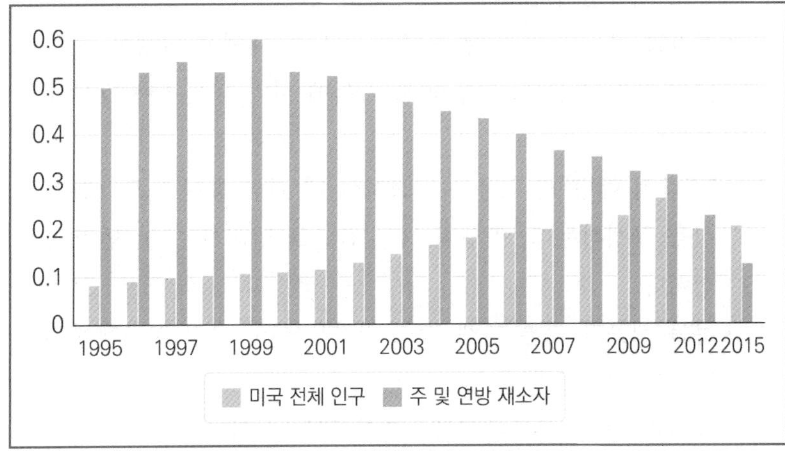

그림 21.2

에이즈 확진 인구 비율, 1995-2012

주: 2015년 자료는 추정치임.

출처: Laura Maruschack, *HIV in Prisons, 2001-2010* (Washington, DC: Bureau of Justice Statistics, 2012); Centers for Disease Control, Division of HIV/AIDS Prevention (2013), "HIV in the United States: At a Glance", http://www.cdc.gov/hiv/pdf/statistics_basics_factsheet.pdf (accessed November 29, 2013).

HIV 감염과 이로 인한 에이즈 발병은 교도관과 수용자들에게 특별한 문제를 야기한다. 직원들에게 에이즈의 교도소 유입에 대하여 경고는 했지만, 초기에 비이성적인 공포를 줄이기 위한 교육이나 훈련이 거의 없었다. HIV 감염을 진단, 관리, 치료하는 영역에 대한 정책이 개발되고 수정되어야 했다.[38] 직원 교육과 훈련, 수용자 상담, 사전-사후 상담, 자발적 검사, 의료가석방, 석방과 사후관리(가석방과 지역사회 감독의 경우) 영역에서 추가적인 정책 개발과 실행 또한 필요했다. 치과의사, 간호사, 의사, 보안 직원 그리고 치료사 등을 위해 감염 통제 정책 또한 필요했다. 몇몇의 HIV 전염과 위험 요인들과 주의와 예방 조치들은 아래와 같다.

- HIV 전염에 위험한 행동들이 – 성교, 마약 사용, 주사기 공유, 문신시술 – 교정 시설 내부에서 발생한다.
- 수용자들 사이의 HIV 전염이 발생한다.
- 비록 프로그램 내용이 어떤지에 대한 논란은 있지만, 포괄적이고 집중적인 교육과 예방 프로그램이 이러한 요인들에 가장 좋은 대응법이다.
- 강간과 강요된 성적 행동 또한 교도소 내에서 발생할 수 있으나 수용자의 분류, 거주형태, 감독에 따라 다른 대응방식이 필요하다.
- "표준적 예방"의 적용은 교정시설 내 감염 통제 프로그램의 핵심을 구성하는데, 직업적 HIV 감염을 방어하는 첫 번째 방어선이다.
- 콘돔 제공과 다른 피해 감소 전략은 미국 교정 시스템에 널리 도입되지는 않았다.
- 유럽과 다른 지역에 있는 교정시설에서의 위험 감소 경험은 미국 교정 행정가들의 주목을 끌 수 있을 것이다.[39]

에이즈와 교정직원

레베카 크레이그(Rebecca Craig)는 교정시설에서 자주 발견되는 다섯 가지 전염성 질병을 제시하였다. A형 간염, B형 간염, HIV, 홍역 그리고 결핵. 그녀는 HIV 감염에 대응하기 위해 필요한 절차들을 제시하였다.[40]

- 바늘이나 다른 뾰족한 것에 찔리는 것을 피하기 위해 주머니나 잘 보이지 않는 곳을 손으로 찾는 것을 피한다. 대신에 손

전등, 거울 그리고 다른 시각적 보조 도구를 사용한다.

- 고무장갑, 마스크, 보호안경, 치과의사나 검안의를 위한 보호 가운 그리고 긴급한 심폐소생술에 필요한 일방향 벨브 마스크와 같은 보호 장비들이 제공되고 사용되어져야 한다.
- 감염 위험 물질을 접촉하고 난 후 손을 꼭 씻어야 하고, 개수대와 살균제가 제공되어야 한다.
- 피나 체액이 묻은 쓰레기를 처리할 수 있는 전염성 쓰레기에 대한 정책이 실시되어야 한다.
- 발생한 감염 사건을 기록할 수 있도록 노출보고 절차를 개발해야한다. 그래서 피나 공기에 의한 전염인자(B형 간염, HIV, 결핵, 홍역, A형 간염)의 확산 체인을 차단해야 한다. 그러한 절차는 접촉 후 상담, 감염원인에 대한 검사, 노출된 직원들에 대한 혈액 검사 그리고 적절한 치료(예를 들어, B형 간염 항체주사) 등을 포함해야 한다.
- 건강한 직장 환경을 유지하고, 소송을 피하고, 직원들이 보편적인 의료 절차를 시행하도록 유도하기 위하여 포괄적인 감염 통제 계획이 실시되고, 개선되고, 감독되고, 개정되어져야 한다.

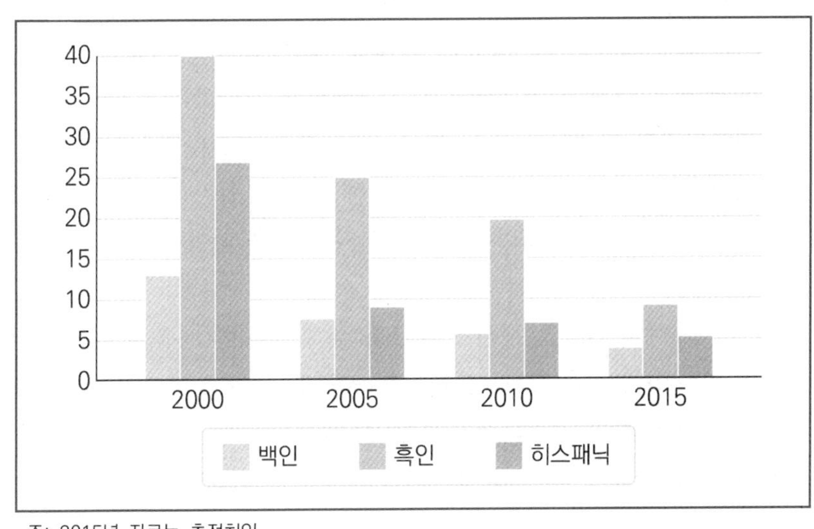

그림 21.3

에이즈 관련 사망률 2000-2015 (수용자 10만 명당 사망자 수)

주: 2015년 자료는 추정치임.

출처: Laura Maruschak, *HIV in Prisons, 2001-2010* (Washington, DC: Bureau of Justice Statistics, 2012), p. 1.

이러한 정책들을 도입하는 것은 교도소내 직원들의 불안과 긴장을 누그러뜨리기 위한 것으로 오랫동안 추진해야 할 것이다.

에이즈와 수용자

아마도 HIV 감염을 관리하는 가장 대표적인 접근법은 수용자들에게 필요한 행동을 알려주는 교육 프로그램일 것이다. 지역사회에서 적용하고 있는 표준적인 치료법을 교도소에서도 제공해야 한다는데 의견이 일치한다.[41] 최소한으로 특별한 병동이 만들어져서 에이즈 환자가 공기로 전염되는 다른 병원균에 감염되지 않도록 해야 한다.[42] 이 병동[43]은 약물치료 규정이 있어서 AZT와 같은 **항바이러스 약물**(antiviral drugs)과 단백질 분해 억제제(보통 다른 항바이러스 약물과 함께 "칵테일"로 복용된다.) 복용 방법과 결핵, 폐렴과 같은 기회 감염병에 대한 약물 치료법에 대하여 명시해야 한다. 교도소 내 에이즈 사망률은 떨어지고 있는데([그림 21.3] 참조), 아마도 부분적으로 이러한 정책과 규정을 실행한 덕분일 것으로 생각한다.

주요용어

항바이러스 약물
HIV 감염의 수준과 독성을 줄이기 위해 사용되는 특별한 항바이러스제.

교정 행정가들은 더 이상 공공에 위협이 되지 않는 에이즈 환자를 일찍 지역사회로 가석방하는 의료가석방 제도를 적극적으로 생각해보아야 한다. 석방이 예정된 날보다 훨씬 앞서서 석방전 상담[44](prerelease counseling)을 하는 것은 수용자가 지역사회에 있는 서비스 제공기관과 자원들을 찾는 데 도움을 줄 수 있다. 이상적인 것은 각 기관이 수용자가 지역사회에 적응하는 것을 돕기 위해 지역사회에 있는 HIV－양성 판정받은 자원봉사자 집단을 찾아서 연결해 주는 것이다.

교도소에서 HIV와 에이즈 치료를 위해 사용한 비용이 얼마인지는 알려져 있지 않다. 그러나 캘리포니아 주는 대략 그 비용을 수용자 한 명당 연간 86,000달러 정도로 추정하고 있다. 감염된 범죄자가 지역사회에 있을 경우 기존의 사회보장제도와 관련된 의료보험에서 이러한 비용의 대부분을 지불한다.(많은 교정기관들이 수용자들이 가석방으로 출소할 때 "오바마케어" 의료 보험을 받을 수 있도록 주선해 준다.)

교정 실제 21.3

오하이오 교정 교화국(Ohio Department of Rehabilitation and Correction, ODRC)이 어떻게 성전환 수용자를 다루고 있나?

성전환 수용자들에 대한 여러 가지 질문이 오하이오 교정 당국자들에게 제시되었다. 아래에 몇 가지를 소개한다:

1. **오하이오 주는 호르몬 처우와 성전환 수술비용을 지불해주나?**

   성전환된 수용자를 포함하여 모든 수용자들은 필요사항을 조사하기 위하여 포괄적인 접견 심사를 받는다. 처우 계획(이것이 호르몬 치료이건 수술이건)은 의료와 정신건강 전문가 팀이 개별 사안에 따라 결정해서 처리한다. 호르몬 처우와 모든 형태의 수술은, 이것이 성전환 이건 아니건 상관없이, 주정부 의료 감독관의 승인이 필요하다. 오하이오 주는 수감 이전부터 호르몬 치료를 받아왔던 수용자가 치료를 중단할 경우 부정적인 결과를 가져올 경우 호르몬 치료를 계속 하고 비용도 지불해 준다. 지금까지 교도소 내에서 단순히 성전환자로 진단되었다고 호르몬 치료를 처음 시작한 경우는 없다. 지금까지 ODRC는 구금중 성전환 수술을 허가한 적이 한 번도 없다. 일반적으로, ODRC는 이러한 수술과 치료에 대하여 허가하거나 비용을 지불하지 않는다. 그러나 성전환된 수용자들에 대한 문헌과 증거기반 정책 가이드라인이 바뀜에 따라 우리의 정책과 처우 방법에 대한 평가를 지속적으로 하고 있다. 우리는 이러한 사안별 개별처우 정책을 다시 살펴보고 적절한 처우 방안을 개발한다. ODRC는 우리의 환자를 위해 우리가 허용하는 모든 처우비용을 지불한다.

2. **모든 성전환 수용자들이 특별히 보호되는 시설에 거주하나 아니면 일반 수용자 인구들과 함께 지내나?**

   전환 수용자들이라고 자동적으로 보호시설에 거주하지는 않는다. 성전환된 수용자들은 ODRC에서 일반 거주시설이나 보호시설 모두에 거주할 수 있다. ODRC는 교도소 강간 추방 법(Prison Rape Elimination Act, PREA)이 요구하는 사항을 항상 준수하고 성전환된 수용자들을 위한 최근의 PREA의 개정된 기준을 준수하기 위하여 분석, 추적, 보고, 평가 그리고 사례관리 시스템을 개발하였다. 우리의 시스템은 성전환된 수용자나 다른 위험군에 속하는 교도소 인구들이 필요로 하는 보호 거주시설에 대한 수요를 파악하고 우리의 평가시스템에 근거하여 보호거주 시설을 적절하게 사용한다.

3. **만약 남성에서 여성으로 성전환이 완료되었다면, ODRC는 그 수용자를 여자교도소에 수용하나?**

   비록 ODRC가 지금까지 수용자의 성전환 수술을 허가하지 않았지만, 우리는 수감 전에 성전환 수술을 마친 수용자를 받았었다. 이러한 수용자들은 개별 사례별로 심사하여 적절한 거주

시설을 결정하였다. 의료, 정신건강, 법률, 사동 관리 직원의 의견과 심사를 거쳐서 결정한다. 일반적으로 이러한 상황에 있는 수용자들은 심사 당시의 생식기와 일치하는 성으로 거주시설을 결정한다(남성 생식기 보유자는 남자 교도소, 여성 생식기 보유자는 여자교도소로). 그러나 다시 한 번 강조하지만, 이러한 결정은 수용자가 안전하게, 적응을 잘하고 최선의 생활을 할 수 있는 지를 고려하여 개별 사안별로 결정된다.

출처: Special thanks to Deputy Director Sara Andrews and Director of Nursing Jennifer A. Clayton, Ohio Department of Rehabilitation and Correction.

교도소 내에서 의료 서비스를 제공함으로 인하여 교정기관은 효율적인 의료처우 시스템을 개발할 수 있고, 부정적인 낙인을 줄이고, 직원-수용자 사이의 긴장과 과대망상을 줄이고, 잠재적인 소송으로 인한 막대한 비용을 절감할 수 있다.[45] 이러한 문제점들을 극복하기 위해서는 혁신과 리더십이 요구된다.

성전환 수용자

주요용어

성전환 수용자
태어날 때 부여받은 것과 다른 성정체성을 가진 수용자

교도소와 카운티 교도소에 얼마나 많은 **성전환 수용자**(Transgender inmate)들이 있는지 모르지만, 이 인구 집단은 교정 당국에 특별히 어려운 문제를 야기한다. 의료처우 절차, 수용 장소 그리고 안전은 교정관리들이 직면한 중요한 이슈들이다. 예를 들어, 대부분 "성전환 수술전" 남성은 해부학적으로 남성이지만, 여성처럼 생활하고 여성화 호르몬 처우를 받고 있지만, 남성 시설에 거주하고 있어서 학대와 공격의 위험이 높다.

캘리포니아 교정 시스템에서 남성이 여성으로 성전환한 수용자는 성전환 과정이 완료되고 적절한 시설로 이송되기 전까지 남성 수용자들과 생활한다. 얼마나 많은 주에서 이러한 정책이 시행되는지는 알려지지 않았다([교정 실제 21.3]은 오하이오 주의 성전환 수용자 정책에 대한 요약을 소개한다.)

제1순회법원 상고심 2103 결정은 성전환 수용자들도 성확정수술(gender–confirming surgeries)을 포함하여 전환 관련 처우를 받을 수 있는 헌법상의 권리가 있다고 확인하였다. 제1순회법원은 살인을 저질러 무기징역으로 복역 중인 성전환 여성인 미셸 코실랙(Michelle Kosilek) 사건에서 2012 결정을 유지하였다. 제1순회법원의 결정은 잔인하고 비정상적인 처벌을 금지하는 수정헌법 제8조에 근거를 두고 있다. 이 결정은 상고법원에서 처음으로 성확정수술도 의료적으로 치료가 필요한 수술로 인정한 첫 번째 판결로서, 이 수술에 대한 거부 결정은 수정헌법 제8조를 위반한 것이 된다.

고령의 노인 수용자: 미국 교도소의 노화

주요용어

고령의 노인 수용자
나이가 많은 노인으로서 육체적 정신적 장애가 있어 더 많은 의료처우와 보호가 필요한 수용자

제17장에서 다루었듯이, 미국 전역에 있는 교도소의 노인 수용자 비율은 급격하게 상승하고 있다. 이것은 현재 "범죄에 대한 강경책"으로 인하여 엄한 장기형이 부과된 탓도 있지만, 또한 미국 인구의 전반적인 고령화 때문이기도 하다. 2012년까지 55세 이상 125,000명의 남성과 6,906명의 여성 수용자들이 주와 연방 교도소에 수감되어 있다.[46] 지속될 것으로 예상되는 이러한 경향은 교정 행정과 예산에 심각한 영향을 주게 될 것이다. 2015년까지 적어도 6명 중 1명 또는 160,000명의 수용자들이 50세 또는 그 이상이 될 것으로 예상된다. 플로리다 주의 고령(55세 이상) 수용자 수가 지금은 전체 교도소 수용자의 16%를 넘어섰고, 뉴욕은 비록 2007~2012년 사이 전체 교도소 수용인구는 11.6% 감소했지만, 고령인구는 거의 28% 증가하였다. [정책적 입지 21.1]은 미국 교도소의 고령화 문제에 대하여 탐색하였다.

주요용어

노인 수용자
관할 당국의 노인 수용자 나이 기준을 넘어선 수용자, 보통 55세 이상임.

노인 수용자(Elderly inmate)들은 다른 수용자들보다 살인, 치사 그리고 성범죄를 저지른 경우가 많다. 그들은 젊은 수용자들보다 강도나 주거침입절도 범죄로 수감되는 경우는 드물다. 그들의 장기 형기 때문에 노인 수용자들은 일반 인구에 비하여 교도소에 훨씬 높은 비율로 집중되어 있다. 이것은 그들뿐만 아니라 교도소 당국에 많은 문제를 야기한다. 첫 번째, 그들은 의료 처우에 대한 우려와 예방적 의

정책적 입지 21.1

노인들의 대거 구금

구금 비율 측면에서 보았을 때, 미국은 세계 1위이다. 장기형, 필요적 최소 형량제도, "범죄에 대한 강경대응" 그리고 마약과의 전쟁 등으로 인하여 구금은 가장 흔히 사용되는 정책 옵션이었다. 형량이 장기화됨에 따라, 교도소 인구도 고령화 되었다. 현재, 6명 중 1명의 수용자들은 55세 이상이다. 만약 지금과 같은 추세가 지속된다면 미국 시민 자유연맹(American Civil Liberties Union, ACLU)의 추정에 의하면 그 비율은 2030년까지 3명 중 1명 수준으로 상승할 것이다. 극단적인 양형 정책과 증가하고 있는 무기형 선고가 우리의 교정 시설들을 교도소 요양보호소(prison nursing homes)로 바꾸어 버렸다.

"늙은(old)" 그리고 "초로의(elderly)" 수용자들의 집중화는 나이든 사람들이 범죄를 많이 저지른 현상의 직접적인 결과는 아니다. 대신에, 이것은 장기간 동안 교도소에 수감하는 것, 무기형, 가석방의 취소, 가석방 없는 무기형의 증가로 인한 결과로 보아야 한다. 이 나라의 지난 25년 동안 역사를 돌아보면 일반 인구가 36% 증가하는 동안 교도소 인구는 400% 증가하였다. 만약 지금과 같은 추세가 지속된다면 우리는 2030년까지 400,000명의 고령 수용자를 보게 될 것이다.

교도소 유지비용도 천문학적으로 상승하였다. ACLU는 수용자 1인당 평균 비용이 연간 34,000달러 소요된다고 추정하였다. 50세 이상의 수용자를 위해서는 68,000달러 이상이 필요하다. 이러한 차이는 충분한 의료 처우의 부족과 건강한 생활 패턴의 부족, 노인 수용자의 건강악화, 구금환경의 스트레스로 인한 빠른 노화, 심각한 신체 이상이 있는 수용자들의 과도한 의료비용 등으로 인하여 발생한다. 많은 주에서 지금은 공공의 안전 측면에서 보았을 때 불필요한, 하지만, 재정적으로 유지하기 어려운 노인들에 대한 막대한 구금비용 사용에 대하여 직시할 것이 요구되고 있다,

노인 수용자에 대하여 가족, 지정된 주거 또는 지역사회 거주 교정 센터에서만 생활하도록 제한하면서 석방과 가석방을 허용하는 제도는 노인 수용자를 대량으로 구금하는 것보다 훨씬 적은 비용이 소요될 것이다.

캘리포니아와 루이지애나 주와 같이 몇몇 주에서는 이러한 대량 구금 모형을 지속하는 것이 부적절하고 비효과적이라는 것을 인식하고 범죄와 범죄자들에 대응하기 위하여 효과적이고 비용을 절감할 수 있는 개혁 입법을 시도하였다. 다른 주들은 형량의 길이, 최소 의무 형량, 삼진아웃제, 동정가석방 프로그램 그리고 기술적 위반으로 인한 가석방 취소의 제한 등을 이용한 변화를 모색하고 있다. 전반적인 목표는 노인 수용자들의 숫자를 줄이면서 고위험 위반자의 통제에 초점을 맞추는 것이다.

연구결과에 의하면 50세 정도까지 대부분의 사람들은 그들의 범죄적 삶을 마감하고, 65세 이상인 사람의 체포율은 극히 낮다고 분명히 보여준다. 고령의 노인 수용자를 계속 구금한다고 하더라도 공공의 안전이 더 좋아지지는 않는다. 고령의 노인

수용자들을 석방하는 것이 노인범죄 증가를 가져오지는 않을 것이다.

노인 수용자를 줄이는 방안에 대한 것은 아래와 같다:

1. 위험성이 낮은 노인 수용자에 대한 조건부 석방을 허락한다.
2. 의료 가석방을 확대하고 자주 사용한다.
3. 가석방 위원회의 책임성과 투명성을 강화한다.
4. 고령 연방 수용자 출소(Federal Prisoner Aging Release) 과정을 인준하고 확대한다.
5. "제대로 된 양형(truth-in-sentencing)" 법을 폐지한다.
6. "삼진아웃"은 폭력적인 범죄에만 적용한다.
7. 상습범죄자 양형법과 삼진아웃 양형법을 폐지한다.
8. 최소 의무 양형법을 폐지한다.

출처: American Civil Liberties Union (2012), "At America's Expense: The Mass Incarceration of the Elderly", http://www.aclu.org/criminal-law-reform/Americas-expense-mass-incarcerationelderly (accessed October 23, 2012).

료 처우 프로그램에 대한 필요가 있다. 만약 제대로 처우가 이루어지지 않으면, 교정 당국에게는 막대한 소송비용이 발생하는 원인이 될 수 있다. 적어도 수용자들은 우울증과 다른 영양 성분의 필요(저단백, 저칼로리, 고섬유질과 부드러운 음식)로 인하여 고통을 받을 것이다. 나이가 들면서 맛에 대한 민감도가 떨어져 노인들은 맛이 강한 음식을 요구하고, 위산분비가 감소하고, 가스가 많이 생성되고, 변비가 생길 것이다. 따라서 특별한 음식이 필요하게 된다.

게다가, 교도소에서 늙는 것은 젊은 수용자로부터 착취와 폭력을 피해야만 하고, 교도소 삶의 새로운 개인적 필요에 적응해야 하고, 적합한 프로그램(레크리에이션, 교육 또는 거주)이 없는 것을 감내해야 함을 의미한다. 피해에 대한 취약성, 유약함, 외부의 친지와 친구로부터의 고립은 대가를 수반하는데 죽음의 공포, 절망감 그리고 출소 후 부적응 등이 그것이다.(노인 수용자들이 직면하는 문제점에 대한 보다 자세한 것은 [교정 실제 21.4]를 참조하라.) 몇몇 교정국들은 모든 "노인 수용자"들을 하나 또는 두개의 특수한 시설에 집중시키고 젊은 수용자들은 다른 곳으로 이송하여 이들을 위한 공간을 만들었다. 몇몇 주는 보호되어야 할 인구의 나이를 35세 이상으로 설정하였다. 보

교정 실제 21.4

교도소에서 고령의 노인 수용자들이 직면한 문제들

전국에 있는 대부분의 교도소 시스템은 아직까지 50세 이상의 수용자들의 수요에 잘 부응하지 못한다. 50세(어떤 주는 55세)는 일반적으로 노인 수용자로 정의되는 나이이다. 교도소는 노인 수용자를 위해서 설계된 곳이 아니다. 따라서 많은 문제점들이 발생하고 있다.

독립성을 유지하기 위해서 수용자들은 목욕, 옷입기, 화장실 사용하기 등과 같은 육체적 행동을 스스로 할 수 있어야 한다. 또한 교도소에서 반드시 해야 하는 몇 가지 행위들이 더 있다:

- 알람이 울렸을 때 침대에서 뛰어 내려 마루에 대기하기
- 즉시 침대에서 나와 바닥에 서서 교도관이 수용자를 통제하고 숫자를 헤아릴 수 있게 하기
- 2층 침대에 올라가고 내려올 수 있기
- 교도관의 명령을 듣고 반응하기
- 오랜 시간동안 줄서서 기다리기
- 식당이나 다른 시설에 걸어서 가기

어떤 교도소는 휠체어를 탄 수용자들이 바닥에 내려와서 숫자를 헤아릴 때 서있을 것을 요구하거나 알람이 울리면 휠체어에서 내릴 것을 요구하기도 한다. 약한 뼈나 혹은 걷는 것이 힘든 사람들은 침대에서 내려와서 부츠를 신고 바닥에 서있는 것이 매우 위험할 수 있다. 게다가, 낙상의 위험이 있어 휠체어 신세를 질 수 있다.

노인 수용자들이 직면하는 의료적 문제들은 바깥에서 제공받았던 의료처우 서비스가 교도소 안에는 없다는 점이다. 관절염, 고혈압, 신부전, 천식, 불면증 등이 교도소 내의 의료 문제를 더 복잡하게 한다. 우리의 교도소 시스템은 노인 인구를 위해 설계된 것이 아니다. 2030년까지 3명 중 1명의 수용자들이 노인 수용자가 될 것이다. 노인 수용자를 위한 단기 대책으로(장기적인 변화는 [정책적 입지 21.1]에서 살펴보았다.) 어떠한 기본적인 변화가 있어야 하는가? 아래와 같은 제안을 생각해 볼 수 있다:

a. 모든 노인 수용자들은 수용자가 특별히 원하지 않는 한 1층 침대에 배당되어야 한다.
b. 수용 거실의 화장실에는 장애자용으로 붙잡는 가로봉이 있어야 한다.
c. 노인 수용자는 식당과 가까운 곳에 배치되어야 한다.
d. 알람이 울렸을 때 노인 수용자들에게는 바닥에 내려서는 시간을 더 길게 주어야 한다.
e. 샤워기는 손잡이를 붙인 것으로 바꾸고 출입구 바로 옆에 설치한다.
f. 미끄러지지 않는 고무 매트가 샤워장과 여타 젖은 바닥에 깔려 있어야 한다.

모든 주에서 제공할 수 없는 서비스에 대한 수요에 직면하는데, 치매가 있는 노인 수용자는 증세가 심해서 자기의 이름도 기억하지 못하고 날짜가 언제인지 대통령이 누구인지도 모르는데 어떠한 조치가 취해질 수 있을까? 또는 뇌졸중이 한두 번 와

서 부분적으로 또는 전체적으로 신체의 마비가 온 죽기 직전의 수용자는? 교도소가 고령 노인 병원이 되어야 하는가? 이러한 문제들에 대한 답을 하기는 어렵다 그러나 미국 교도소가 늙어감에 따라 더 많은 주의를 기울여야 할 것이다.

출처: Steve Tokar (2006), "Geriatric Inmates Face Challenges Unique to Prison", http://www.ucsf.edu/news/2006/03/5398/geriatric-inmates-face-challenges-unique-prison (accessed October 23, 2012).

호되는 수용자들에 대한 공격 비율은 줄어들었다고 한다.

의료처우 비용은 고혈압, 당뇨, 뇌졸중, 암, 알츠하이머 그리고 폐기종과 같은 질병으로 인하여 막대하게 증가할 것이다. 안경, 틀니, 신장투석, 심장수술 또한 필요할 것이다. 10년 이내에 노인 수용자를 위한 연간 의료처우 비용(캘리포니아 주는 1997년에 69,000달러)이 14배 증가할 것이라고 추정되었다.[47] 많은 작은 규모의 교도소는 고령 노인 센터가 될 것이고 노인 수용자를 위한 특수한 센터가 세워지고, 이러한 특수한 부류의 범죄자들을 처우하기 위한 특별한 직원과 특별한 훈련이 필요할 것이다. 더 이상 사회에 위협이 되지 않는 노인 수용자에 대한 지출을 줄이기 위해서 사면을 포함한 행정적 관용(executive clemency)이 자주 시행될 것이다.[48] 석방된 수용자들은 낮은 비용 또는 무료 의료케어 대상이 될 것이다.

미국 인구 총조사국(U.S Census Bureau)의 연도별 주정부 재정조사(annual State Government Finance Census) 자료는 주정부들이 2010년에 교정 분야에 485억 달러($48.5 billion)를 지출했다고 한다. 이것은 2009년에 비하여 6% 줄어든 수치이다. 비록 4분의 1에 해당하는 주정부가 연평균 수용자 1인당 지출하는 교정비용이 40,175달러 이상을 기록하기도 했지만, 2010년 주정부의 전체 평균 지출 액수는 28,323달러였다. 2015년까지 미국 교정국 전체의 비용은 730억 달러를 넘을 것으로 예상한다.

연방 교정국은 69억 달러를 지출했다. 주 교도소 수용자를 수용하는 연평균 비용은 31,000달러였다. 주정부는 33억 달러를 수용자 의료처우 비용으로 사용하였고, 수용자 1인당 5,200달러였다. 캘리포니아 주는 개별 수용자당 가장 많은(11,986달러) 의료서비스 비용을 지출했고 일리노이 주는 가장 적은(2,217달러) 비용을 지출하였다. 의료처우에 지출되는 비용의 평균 비율은 교도소 운영비용의 15% 정도를 차지한다.[49]

가석방 가능성이 없는 무기형으로 복역 중인 고령의 노인 수용자(geriatric inmate)는 위험성이 없어졌더라도 오랫동안 미국의 교도소에서 살아야 한다. 법원들은 소송이 들어오면 그들의 인권이 침해당하지 않았는지 세밀하게 심사할 것이고, 구금비용이 천문학적으로 치솟을 것은 자명하다. 고령의 노인 수용자들은 "특수한 사람들"이고 지나치게 긴 형을 선고할 때에는 이러한 점들을 고려해야 할 것이다.

요약

정신병질이 있는 수용자들에 대한 문제점들을 요약한다.

1970년대 이후, 지역과 주정부 교정기관의 정신 보건 시설에서 수용자들을 처우하는 데 큰 변화가 일어났다. 구금된 수용자들에 대한 미국 대법원의 중대한 결정들은 교도소내 처우가 헌법상의 권리가 아니라는 것을 확인하였다. 그러나 이어진 판례에서 만약 정신건강 문제, 위험성 그리고 잠재적 범죄행동의 가능성이 있는 수용자를 구금하고 있다면 적절한 처우 서비스를 제공해야 한다고 하였다. 처우를 제공하지 않으면 막대한 재정적, 정치적 비용을 치러야 할 수도 있다.

"미친, 나쁜, 아픈" 사람들을 교도소에 수용하는 정책의 밑바탕에는 잘못된 가정이 존재한다. 의료 분야의 발전으로 인하여 대부분의 정신의학계 리더들은 약물요법을 통한 지역사회 처우가 정신이상을 가지고 있는 범죄자들에게 훨씬 더 적합한 해결책을 제공할 수 있을 것이라고 믿게 되었다. 그들은 아마도 범죄자일 것이다. 그러나 그들은 또한 환자이다. 그러한 지역사회 서비스는 주로 경제적 이유 때문에 그리고 그들이 여전히 범죄자이고 범죄자에게 좋은 서비스를 제공하는 것을 싫어하는 대중의 성향 때문에 아직까지 구체화되지 않았다.

발달장애가 있는 범죄자들에 대한 문제를 요약한다.

정신장애와 발달장애 문제가 있는 수용자를 위하여 시설을 마련하는 것은 이러한 집단의 사람들을 한 곳으로 집중시키는 결과를 가져왔다. 교정의 미래는 양형에 대한 대대적인 개선과 구금 의존도의 탈피, 지역사회기반 서비스의 강화, 증거기반 정책 운영에 달려 있다. 젊고, 열정적이고, 잘 알고 있는, 헌신적인 형사사법 전문가들이 문제 해결을 위해 필요하다.

성범죄자에 대한 문제를 요약한다.

성범죄자들은 대중과 교도소 안에서 모두 미움을 받는다. 그리고 예를 들어, 공격이나 사적 보복과 같은 많은 위험으로 고통 받는다. 때로는 적당한 관리 기법을 모르고 있는 경우가 많아서, 지역사회교정 감독자로부터 도움을 받지 못하기도 한다.

에이즈와 다른 감염병이 교도소에 어떠한 영향을 미쳤는지 설명한다.

A형 간염, B형 간염, HIV, 홍역 그리고 결핵과 같은 감염 질병들은 모든 교정시설에서, 특히 교도소와 같이 보안수준이 높은 시설에서 발생한다. 치료가 되지 않으면, HIV는 에이즈로 악화될 수 있고, 양쪽 단계에서 치료한다고 하더라도 사망을 막을 수는 없다. 감염 질병은 치료와 관리하기가 매우 비싸고, 쉽게 전파되고, 교정직원들이 두려워하는 문제이다. 장기간의 수용과 교도소 내 고령화 문제가 복합되어 이러한 질병은 값비싼 관리와 처우 노력을 필요로 하고 교도소 운영비용의 상당 부분을 소모시키고 있다. 온정가석방(compassionate release), 의료 가석방은 교도소 재정이 새는 것을 막을 수 있다.

교도소 당국이 성전환 수용자를 어떻게 다루는지 설명한다.

성전환 수용자들은 일반적인 수용자와 함께 거주한다. 그러나 시설 배치는 개별 사안에 따라 결정된다.

노인 범죄자들에 대한 문제를 요약한다.

장기의 양형, 필요적 최소 양형 그리고 "범죄에 대한 강경책", 마약과의 전쟁 정책은 교도소 구금을 주로 사용하였다. 형기가 길어짐에 따라, 교도소 인구도 늘어갔다. 이러한 정책으로 인하여 수용자들의 석방도 훨씬 늦어지게 되었고 비싼 의료처우 비용과 특별한 처우가 요구되는 고령의 노인 수용자들을 많이 양산하게 되었다. 고령의 노인 수용자들이 직면하는 문제들은 이러한 고령 인구가 증가함에 따라 늘어날 것이다.

주요용어

전환구금 ········· 716
정신장애자 ········· 716
정신질환자 수용소 ········· 717
탈시설화 ········· 717
전환시설화 ········· 718
정신이상으로 인한 무죄 ········· 720
형사소송무능력 ········· 720
형사적 정신이상자 ········· 721
유죄정신질환자 ········· 722
잠재적 위험성 예측 ········· 723
발달장애자 ········· 724
Ruiz v. Estellez ········· 725
남색 ········· 727
성범죄 ········· 728
아동학대자 ········· 729
아동 성학대자 ········· 729
비자발적 입원 ········· 734
에이즈 ········· 734
HIV 감염 ········· 734
항바이러스 약물 ········· 738
성전환 수용자 ········· 740
고령의 노인 수용자 ········· 741
노인 수용자 ········· 741

복습질문

1. 미국에서 정신질환자 수용소의 증가를 가져온 계기는?
2. 어떻게 형사책임을 피할 수 있나?
3. 가장 흔한 성범죄는 무엇인가?
4. 미국정신의학협회는 정신이상으로 풀려난 범죄자를 어떻게 하기를 원하는가?

5. 발달장애 범죄자들이 교정 행정가들에게 제기하는 문제는?
6. 발달장애 범죄자들을 다루기 위해서 어떠한 제안이 있었는가?
7. 성범죄자들은 치료될 수 있는가?
8. 교도관의 에이즈에 대한 공포를 줄이기 위해 무엇을 할 수 있나?
9. 교도소에서 에이즈를 줄이기 위해 무엇을 할 수 있나?
10. 고령의 노인 수용자를 위해 어떤 것들이 행해져야 하나?
11. 왜 교도소 수용자들의 의료치료 비용이 일반인보다 더 많이 소요되나?
12. 토론: 나이가 70이 넘는 수용자는 지역사회 감독으로 전환하여 석방해야 한다.
13. 왜 교도소에는 그렇게 많은 정신장애 범죄자들이 있는가?
14. 발달장애가 있는 수용자들에게 교도소는 어떠한 문제점들을 야기하는가?
15. 유죄 정신질환자(GBMI)(유죄이지만 정신질환자)법은 정신장애 범죄자를 치료하면서 동시에 사회를 보호하는 딜레마를 해결했다고 볼 수 있나?

적용사례연구

1. 매우 잘 알려진 사례를 바탕으로 당신의 주가 성범죄자의 출소 후 비자발적 입원 정책을 도입하는 것을 고려하고 있다. 당신은 국회 상임위원회 앞에서 그 법안에 대하여 증언해 달라고 요청을 받았다. 당신의 입장을 말하고 증언을 요약해서 제출해 보자.
2. 당신은 카운티 보호관찰소의 소장이고 GPS 감시 장치를 모든 성범죄들에게 사용하기로 결정했다. 보호관찰관들에게 설명할 수 있도록 새로운 정책의 목표(어떻게 운영되고 효과성을 결정하는 지표는 무엇인지 등에 대한)를 요약하는 한 페이지의 메모를 만들어 보자.
3. 교정국장으로부터 증가하고 있는 고령의 노인 수용자를 위한 새로운 정책을 개발하도록 부탁을 받았다. 시작하기 전에 당신은 좀 더 정보가 필요하다. 어떠한 정보를 왜 수집할 것인가?
4. 당신은 교도소 소장이고 남자 수용자 한 명이 당신에게 와서 자기는 성전환자이고 성전환을 위해서 계속 처지를 받기를 원한다고 말한다. 그의 안전을 위해서 어떤 특별한 조치를 취할 것인가?

미주

1. Kenneth Adams, "Who Are the Clients? Characteristics of Inmates Referred for Mental Health Treatment," *The Prison Journal* 72:1/2 (1992): 120–141. See also Richard Bembo, H. Cervenka, B. Hunter, et al., "Engaging High–Risk Families in Community–Based Intervention Services," *Aggression and Violent Behavior* 4:1 (1999): 41–58.
2. G. Ives, *A History of Penal Methods* (London: S. Paul, 1914). Exploitation of incarcerated developmentally challenged offenders by more aggressive and stronger inmates remains a problem in all facilities: mental institutions, juvenile centers, nursing homes, jails, and prisons. In 1980, Congress passed the Civil Rights of Institutionalized Persons Act, authorizing the attorney general to intervene in correctional settings if violations of inmates' civil rights are suspected. For an example of juvenile victimization, see C. Bartollas, S. Miller, and S. Dinitz, *Juvenile Victimization: The Institutional Paradox* (New York: Holsted Press, 1976), pp. 53–76. See also Freda Briggs, *From Victim to Offender: How Child Sexual Abuse Victims Become Offenders* (St. Leonards, Australia: Allen and Unwin, 1995). For a study of missed opportunity, see Luke Birmingham, D. Mason, and D. Grubin, " A Follow–Up Study of Mentally Disordered Men Remanded to Prison," *Criminal Behavior and Mental Health* 8:3 (1998): 202–213.
3. J. Wilpers, "Animal, Vegetable or Human Being?," *Government Executive,* May 1973, p. 3. See also Terry Kupers, "Trauma and Its Sequelae in Male Prisoners: Effects of Confinement, Overcrowding and Diminished Services," *American Journal of Orthopsychiatry* 66:2 (1996): 189–196.
4. Bruce Arrigo, "Transcarceration: A Constructive Ethnology of Mentally–Ill 'Offenders,'" *The Prison Journal* 81:2 (2002): 162–186.
5. Randy Revelle, former King County executive, while accepting the National Association of Counties award for the "6 East" project for mentally ill inmates at the King County Jail, 1982.
6. Chris Sigurdson, "The Mad, the Bad and the Abandoned: The Mentally Ill in Prisons and Jails," *Corrections Today* 62:7 (2001): 162–186. See also Brian Dawe, "Managing the 'Other' Inmates," http://www.corrections.com/news/articles/16946 (accessed January 17, 2008), and Corrections News, "Prisoners in Finland Suffer High Rates of Mental Illness," *Corrections News* 13:6 (2007): 34.
7. Corrections News, "California Receiver Issues Status Report on Prison Medical System," *Corrections News* 13:7 (2007): 14; Doris James and Lauren Blaze, *Mental Health Problems of Prison and Jail Inmates* (Washington, DC: Bureau of Justice Statistics, 2006), p. 1.
8. In 1999, Los Angles County had to appropriate more than $8 million as a supplemental allocation to improve mental health care in its jails. Chris Sigurdson, "The Mad, the Bad and the Abandoned," http://search.aol.com/aol/search?enabled_terms=&s_it=wscreen50–bb&q=Los+Angeles+with+The+Mad%2C+the+Bad+and+the+Abandoned.
9. Although the issue of mental illness as a risk factor for criminal conduct is still debated, most empirical research indicates that mental

illness is not strongly correlated with criminal conduct. See J. Bonta, M. Law, and R. K. Hanson, "The Prediction of Criminal and Violent Recidivism among Mentally Disordered Offenders: A Meta-Analysis," *Psychological Bulletin* 123 (1998): 123-142. See also S. Wessely and P. J. Taylor, "Madness and Crime: Criminology versus Psychiatry," *Criminal Justice and Mental Health* 1:3 (1991): 193-228. See also Mary Ann Finn, "Prison Misconduct among Developmentally Challenged Inmates," *Criminal Justice and Mental Health* 2:3 (1992): 287-299; Lynette Feder, "A Comparison of the Community Adjustment of Mentally Ill Offenders with Those from the General Prison Population," *Law and Human Behavior* 15:5 (1991): 477-493; and Bruce Link, Howard Andrews, and Francis Cullen, "The Violent and Illegal Behavior of Mental Patients Reconsidered," *American Sociological Review* 57:2 (1992): 275-292. But see Barry Wright, I. McKenzie, J. Stace, et al., eds., "Adult Criminality in Previously Hospitalized Child Psychiatric Patients," *Criminal Behavior and Mental Health* 8:1 (1998): 19-38.

10. National Institute of Mental Health, *Directory of Institutions for the Mentally Disordered Offenders* (Washington, DC: U.S. Government Printing Office, 1972); Anthony Walsh, *Correctional Assessment, Casework and Counseling* (Lanham, MD: American Correctional Association, 1997).
11. Valerie Hans, "An Analysis of Public Attitudes toward the Insanity Defense," *Criminology* 24:3 (1986): 393-413. Among her more interesting findings were that the public wants insane lawbreakers punished, believes that insanity defense procedures fail to protect the general public, and wildly overestimates the use and effectiveness of the insanity defense. See also Bruce Arrigo, *The Contours of Psychiatric Justice* (New York: Garland, 1996), and Caton Roberts and S. Golding, "The Social Construction of Criminal Responsibility and Insanity," *Law and Human Behavior* 15:4 (1991): 349-376.
12. Marnie Rice, Grant Harris, and Carol Lang, "Recidivism among Male Insanity Acquittees," *Journal of Psychiatry and the Law* 18:3/4 (1990): 379-403; Richard Pasework, B. Parnell, and J. Rock, "Insanity Defense: Shifting the Burden of Proof," *Journal of Police Science and Criminal Psychology* 10:1 (1994): 1-4.
13. John Klofas and Ralph Weisheit, "Guilty but Mentally Ill: Reform of the Insanity Defense in Illinois," *Justice Quarterly* 4:1 (1987): 40-50. The effects of the GBMI statutes are discussed in Kurt Bumby, "Reviewing the Guilty but Mentally Ill Alternatives," *Journal of Psychiatry and the Law* 21:2 (1993): 191-220.
14. Lisa Callahan, Margaret McGreevy, Carmen Cirincione, et al., "Measuring the Effects of the Guilty but Mentally Ill (GBMI) Verdict: Georgia's 1982 GBMI Reform," *Law and Human Behavior* 16:4 (1992): 447-462; Carmen Cirincione, H. Steadman, and M. McGreevy, "Rates of Insanity Acquittals and the Factors Associated with Successful Insanity Pleas," *Bulletin of the American Academy of Psychiatry and the Law* 23:2 (1995): 339-409.
15. American Psychiatric Association, *Standards for Psychiatric Facilities* (Washington, DC: American Psychiatric Association, 1981), pp. 17-18. But see Washington State Department of Corrections, *Mentally Ill Offenders: Community Release Outcome Study* (Olympia: Washington

State Department of Corrections, 1997).

16. Bernard Rubin, "Prediction of Dangerousness in Mentally Ill Criminals," *Archives of General Psychiatry* 27:1 (September 1972): 397-407; Robert Prentky, A. Lee, R. Knight, et al., eds., "Recidivism Rates among Child Molesters and Rapists," *Law and Human Behavior* 21:6 (1998): 635-659; Michael Ross, "Reflections from Death Row," in *Crime and Punishment: Inside Views*, ed. Robert Johnson and H. Toch (Los Angeles: Roxbury, 2000).
17. Miles Santamour and Bernadette West, *Source-book on the Mentally Disordered Prisoner* (Washington, DC: U.S. Department of Justice, 1985), p. 70. See also Joan Petersilia, "Justice for All? Offenders with Mental Retardation and the California Corrections System," *The Prison Journal* 77:4 (1997): 358-380, in which Petersilia estimates the mentally retarded offender in California as 2 percent of all probationers and 4 percent of all incarcerated persons.
18. Finn, "Prison Misconduct among Develo-pmentally Challenged Inmates," p. 296. See also Allen Beck, Paige Harrison, and Devon Adams, *Sexual Violence Reported by Correctional Authorities* (Washington, DC: Bureau of Justice Statistics, 2006).
19. Severson identifies 10 basic services necessary for inmate mental health. Margaret Severson, "Refining the Boundaries of Mental Health Services: A Holistic Approach to Inmate Mental Health," *Federal Probation* 56:3 (1992): 57-63; Rudolph Alexander, "Incarcerated Juvenile Offenders' Right to Rehabilitation," *Criminal Justice Policy Review* 7:2 (1995): 202-213.
20. *Ruiz* v. *Estelle,* 503 F. Supp. 1265 (S. D. Tex. 1980), *aff 'd in part,* 679 F. 2d 1115 (5th Cir. 1982), *cert. denied,* 103 S. Ct. 1438 (1983) at 1344. See Rolando Del Carmen, B. Witt, W. Hume, et al., *Texas Jails: Law Practice* (Huntsville, TX: Sam Houston Press, 1990); John Sharp, *Behind the Walls: The Price and Performance of the Texas Department of Criminal Justice* (Austin: Texas Comptroller of Public Accounts, 1994).
21. Joan Petersilia, *Doing Justice: Criminal Off-enders with Development Disabilities* (Berkeley: University of California Press 2000).
22. Richard C. Allen, "Reaction to S. Fox: The Criminal Reform Movement," in *The Devel-opmentally Challenged Citizen and the Law*, ed. M. Kindred (Washington, DC: U.S. Go-vernment Printing Office, 1976), p. 645. See also Mark Nichols, L. Bench, E. Morlok, and K. Liston, "Analysis of Mentally Retarded and Lower-Functioning Offender Correctional Programs," *Corrections Today* 65:2 (2003): 119-121.
23. Mary Dickson, *Rape, the Most Intimate of Crimes*, http://www.pbs.org/kued/nosafeplace/articles/rapefeat.html (accessed October 5, 2014).
24. See Patricia Cluss et al., "The Rape Victim: Psychological Correlates of Participation in the Legal Process," *Criminal Justice and Behavior* 10:3 (1983): 342-357, and Patricia Mahoney and L. Williams, "Sexual Assault in Marriage: Wife Rape," in *Partner Violence*, ed. Jana Jasinski and L. Williams (Thousand Oaks, CA: Sage, 1998), pp. 113-162.
25. David Finkelor, "Removing the Child—Pro-secuting the Offender in Cases of Sexual Abuse: Evidence from the National Reporting

System for Child Abuse and Neglect," *Child Abuse and Neglect* 7:2 (1983): 195-205. But see Philip Jenkins, *Moral Panic: Changing Concepts of the Child Molester in Modern America* (New Haven, CT: Yale University Press, 1998).

26. Jean Goodwin et al., *Sexual Abuse: Incest Victims and Their Families* (Boston: John Wright, 1982). See also Katherine Beckett, "Culture and the Politics of Signification: The Case of Child Abuse," *Social Problems* 43:1 (1996): 57-76, and Joann Brown and G. Brown, "Characteristics and Treatment of Incest Off-enders," *Journal of Aggression Maltreatment and Trauma* 1:1 (1997): 335-354.
27. Ross Cheit, R. Freeman-Longo, M. Greenberg, et al., "Symposium on the Treatment of Sex Offenders," *New England Journal of Criminal and Civil Confinement* 23:2 (1997): 267-462. See also Abe Macher, "Pedophiles and the Sexual Transmission of HIV to Children," *American Jails* 11:2 (2007): 33-36.
28. Richard McCorkle, "Research Note: Punish or Rehabilitate: Public Attitudes toward Six Common Crimes," *Crime and Delinquency* 39:2 (1993): 250-252; Joel Rudin, "Megan's Law: Can It Stop Sexual Predators?," *Criminal Justice* 11:3 (1996): 2-10, 60-63.
29. Timothy Flanagan, P. Brennan, and D. Cohen, "Conservatism and Capital Punishment in the State Capitol: Lawmakers and the Death Penalty," *The Prison Journal* 72:1/2 (1992): 37-56.
30. Anthony Walsh, "Placebo Justice: Victim Recommendations and Offender Sentences in Sexual Assault Cases," *Journal of Criminal Law and Criminology* 77:4 (1986): 1126-1141; Federal Bureau of Investigation, *Crime in the United States 1994* (Washington, DC: U.S. Department of Justice, 1995), p. 225.
31. John Weeks, G. Pelletier, and D. Beaulette, "Correctional Officers: How Do They Perceive Sex Offenders?," *International Journal of Off-ender Therapy and Comparative Criminology* 35:1 (1995): 55-61; American Correctional Association, *Point/Counterpoint* (Lanham, MD: American Correctional Association, 1997).
32. For a review of the effects of different types of treatment for sex offenders, see Gordon C. Nagayama Hall, "Sexual Offender Recidivism Revisited: A Meta-Analysis of Recent Treatment Studies," *Journal of Consulting and Clinical Psychology* 63:5 (1985): 802-809.
33. E. Brecher, *Treatment Programs for Sex Offenders,* prepared for the National Institute of Law Enforcement and Criminal Justice (Washington, DC: U.S. Government Printing Office, 1978), pp. 1-12. The material for this section has been extracted from this document and reflects the current literature on the subject. See also Walter Meyer, C. Cole, and D. Lipton, "Links between Biology and Crime," *Journal of Offender Rehabilitation* 25:3/4 (1997): 1-34.
34. Steven Glass, "An Overview of Satanism and Ritualized Child Abuse," *Journal of Police and Criminal Psychology* 7:2 (1991): 43-50; Ben Crouch and K. Damphouse, "Newspapers and the Antisatanism Movement: A Content Analysis," *Sociological Spectrum* 12:1 (1992): 1-20; William Bernet and C. Chang, "The Differential Diagnosis of Ritual Abuse Allegations," *Journal of Forensic Sciences* 42:1 (1997): 32-38.

35. See, for example, http://www.mentalhealth-america.net/.
36. Laura Maruschak, *HIV in Prisons 2001-2010* (Washington, DC: Bureau of Justice Statistics, 2012).
37. National Commission on Acquired Immune Deficiency Syndrome, *Report: HIV Disease in Correctional Facilities* (Washington, DC: U.S. Department of Justice, 1992), p. 5. See also James Marquart, V. Brewer, J. Mullins, et al., "The Implication of Crime Control Policy on HIV/AIDS-Related Risk among Women Prisoners," *Crime and Delinquency* 45:1 (1999): 82-98.
38. Caroline Wolf Harlow, *Drug Enforcement and Treatment in Prisons, 1990* (Washington, DC: U.S. Department of Justice, 1992), p. 1. See also Meyer et al., "Links between Biology and Crime."
39. There are no confirmed cases of a correctional officer whose workplace exposure resulted in HIV infection. Jeanne Flavin, "Police and HIV/AIDS: The Risk, the Reality, the Response," *American Journal of Criminal Justice* 23:1 (1998): 33-58.
40. Rebecca Craig, "Six Steps to Stop the Spread of Communicable Diseases," *Corrections Today* 54:7 (1992): 104-109. See also Mary Coplin, "Managing the Challenge of HIV," *Corrections Today* 54:8 (1992): 104-107.
41. Robert Reeves, "Approaching 2000: Finding Solutions to the Most Pressing Issues Facing the Corrections Community," *Corrections Today* 54:3 (1998): 74, 76-79.
42. Abe Macher, "Esophageal Candidiasis in Patients with Primary HIV Infection," *American Jails* 11:1 (2007): 43-46; Abe Macher, "Issues in Correctional HIV Care," *American Jails* 11:3 (2007): 45-48.
43. Joseph Paris, "Why an AIDS Unit?," in *The State of Corrections: Proceedings of the 1991 Annual Conferences* (Laurel, MD: American Correctional Association, 1992), pp. 3-56.
44. Donald McVinney, "Counseling Incarcerated Individuals with HIV Disease and Chemical Dependency," *Journal of Chemical Dependency Treatment* 4:2 (1991): 105-118.
45. Patricia Satterfield, "A Strategy for Controlling Health Care Costs," *Corrections Today* 54:2 (1992): 190-194. But see Margaret Norris and M. May, "Screening for Malingering in a Correctional Setting," *Law and Human Behavior* 22:3 (1998): 315-323.
46. American Correctional Association, *2012 Directory* (Lanham, MD: American Correctional Association, 2010). Seven states did not report the ages of their inmates, so these are minimum numbers.
47. Sarah Bradley, "Graying of Inmate Population Spurs Corrections Challenges," *On the Line* 13 (March 1990): 5; Ronald Aday, "Golden Years behind Bars," *Federal Probation* 58:2 (1994): 47-54.
48. Mari Herreras, "Threw Away the Key?," *Tucson Weekly,* January 17, 2008 http://www.tucsonweekly.com/gbase/Currents/content?oid=oid%3A105444 (accessed January 18, 2008).
49. See American Correctional Association, *2012 Directory,* and Kristen Hughes, *Justice Expenditures and Employment in 2003* (Washington, DC: Bureau of Justice Statistics, 2006).

추천 읽을거리: 4부

American Jail Association. *American Jails.* Quarterly publication of the American Jail Association.

Carson, Ann E., and Daniela Golinelli. *Prisoners in 2012.* Washington, DC: Bureau of Justice Statistics, 2013.

Center on Juvenile and Criminal Justice. "California Youth Crime Declines: The Untold Story. http://www.cjcj.org (accessed January 18, 2008).

______. "Crime Rates and Youth Incarceration in Texas and California Compared: Public Safety or Public Waste?" http://www.cjcj.org (accessed January 18, 2007).

Donziger, Steven. *The Real War on Crime.* New York: HarperCollins, 1996.

Harlow, Caroline Wolf. *Prior Abuse Reported by Inmates and Probationers.* Washington, DC: U.S. Department of Justice, 1999.

Harrel, Erica. *Black Victims of Violent Crime.* Washington, DC: Bureau of Justice Statistics, 2007.

Hassine, Victor. *Life without Parole: Living in Prison Today.* New York: Oxford University Press, 2012.

Hayes, Lindsay, and Eric Blaauw, eds. "Prison Suicide." Special issue of *Crisis* 18:4 (1997): 146-189.

Heidi, Kathleen. *Young Killers: The Challenge of Juvenile Homicide.* Thousand Oaks, CA: Sage, 1999.

James, Doris, and Lauren Glaze. *Mental Health Problems of Prison and Jail Inmates.* Washington, DC: Bureau of Justice Statistics, 2006.

Maruschak, Laura. *HIV in Prisons and Jails, 2002.* Washington, DC: Bureau of Justice Statistics, 2004.

______. *Medical Problems of Jail Inmates.* Washington, DC: Bureau of Justice Statistics, 2006.

______. *HIV in Prisons, 2001-2010.* Washington, DC: Bureau of Justice Statistics, 2012.

Mauer, Mark. *Mandatory Minimum Sentencing Laws—The Issues.* Washington, DC: The Sentencing Project, 2007.

______. "Racial Impact Statements as a Means of Reducing Unwarranted Sentencing Disparities." *Ohio State Journal of Criminal Law* 5:19 (2007): 19-46.

McCoy, Clyde, and James Inciardi. *Sex, Drugs, and the Continuing Spread of AIDS.* Los Angeles: Roxbury, 1995.

Nichols, Mark, L. Bench, E. Morlok, and K. Liston. "Analysis of Mentally Retarded and Lower-Functioning Offender Correctional Programs." *Corrections Today* 65:2 (2003): 119-121.

Noonan, Margaret, and Scott Ginder, *Mortality in Local Jails and State Prisons, 2000-2011.* Washington, DC: U.S. Department of Justice, Bureau of Justice Statistics, 2013.

Pew Center on the States. *Prison Count 2010. http://www.pewtrusts.org/en/search#q=Pris* on%20Count%202010.

Ross, Jeffrey Ian. "Supermax Prisons." *Society* 44:3 (2006): 60-64.

Sheppard, David, and Patricia Kelly. *Juvenile Gun Courts.* Washington, DC: Office of Justice Programs, 2002.

Snyder, Howard, and Melissa Sickman. *Juvenile Offenders and Victims 2006.* Washington,

DC: Office of Justice Programs, 2006.

The Sentencing Project. *Women in the Criminal Justice System: An Overview.* Washington, DC: The Sentencing Project, 2007.

Uzoaba, Julius. *Managing Older Offenders: Where Do We Stand?* Ottawa: Correctional Service of Canada, 1998.

Wahlin, Lottie. "New Restorative Approach to Sex Crimes." http://www.restorativejustice.org/editions/2006/july2006/restore (accessed January 17, 2008).

______. Wahlin, Lottie. "Victim Offender Mediation n Sweden." http://www.restorativejustice.org/editions/2006/august2006/vomsweden (acc-essed anuary 17, 2008).

색인

A~Z

A형간염과 B형간염 / 312
GED / 321
GEO 그룹 / 445
Graham v. Florida / 662
HIV 감염 / 734
Miller v. Alabama / 662
Roper v. Simmons / 660
Ruiz v. Estellez / 725

ㄱ

가격표 사법정의 / 360
가석방 / 510
가석방 동의서 / 516
가석방 실패 유형 / 519
가석방위원회 / 513
가석방을 통한 석방 / 507
가족 유대 / 635
가족접견 / 606
가택구금 / 201, 216
감방블록 / 47
감시 기술 / 441
감옥선 / 28
감옥열 / 18
감형 / 510
감화원운동 / 91
"강경대응"법 / 97
개그넌 대 스카펠리 / 178
거실구금 / 262
게이트키퍼 / 454
경범죄 / 114
계몽의 시대 / 19
고령의 노인 수용자 / 741
고립과 퇴행 / 309
고위험 범죄자들의 치료 효과 / 225
고의적 무관심 / 557
고전학파 / 19
관료적 통제 / 250
관리 경비급 / 417
교도소 규칙 / 264
교도소 변호사 / 556
교도소 인구의 증가 / 70
교도소 조직폭력배 / 286
교도소 조직폭력배 수사관 / 293
교도소화 / 261
교도소화 / 601
교육교의 / 92
교정공무원 / 253
교정공무원 부패 / 289
교정사제 제도 / 319
교정이념 / 80
구금 / 251
구금된 남성 범죄자들, 1920-2015. / 591
구치소 / 25, 341
구치소 미결구금 / 364
구치소 재소자 / 343
구획/직접 감시 / 351
구획별 팀관리 / 274
국내 테러단체 / 292
국친사상 / 655
귀휴 / 323
귀휴제도 / 526

규율주의자 / 50
그래피티 / 290
그레그 대 조지아 판례 / 465
금지령 / 293
금지물품 / 267
기능적 문맹 / 321
기능적 문맹자 / 597
기술적 보호관찰 위반 / 177
기술적 위반 / 518
길거리 조직폭력배 / 286
깨진창 보호관찰 / 181
꾀병쟁이 / 312

ㄴ

나쁜 뉴스 목록 / 289
나사 / 258
남녀공용 교도소 / 640
남색 / 727
내부 분류 / 310
내부감방 / 45
노역장 / 25, 383
노인 수용자 / 607, 741
노인 시설 / 608
노조화 / 260
농업교도소 / 383
뇌물 / 454
뉴게이트 프로젝트 / 323

ㄷ

다이버전 / 96
단계적 석방 / 253
대응공격 / 136
도주 / 270
독방구금 / 51
동반질병 / 314
동부참회소 / 44
동성애 경험 / 637
동성애자 성폭행 / 605
뒷문정책 / 184
디자이너 마약 / 595
땜빵근무 / 305
또래법원 / 675

ㄹ

레인메이커 / 448
렉스 살리카 / 6

ㅁ

마메르티노 감옥 / 16
마약에 대한 전쟁 / 70
메건법 / 575
메종 드 포스 / 29
메타 분석 / 309
멕시칸 마피아 / 290
명백하고 현존하는 위험 / 554
모리세이 대 브루어 판례 / 518
무능화의 이론 / 86
무력화 / 86
무법 오토바이 조직폭력배 / 286

무죄추정의 원칙 / 344
문지기 기능 / 473
미국 교정법인 / 445
미국 소년사법과 비행예방 사무국 / 670
미국 참회소 / 407
미국교정회사 / 444
미리 생각한 범행의도 / 468
미주리 모형 / 701
민간부문 교정시설 / 435
민사적 사망 / 8, 550
민영화 / 440
밀집보행 / 50

ㅂ

발달장애자 / 724
발포명령자(Shot Caller) / 296
방임아동 / 658
배상명령 / 201, 205
백인 우월주의 전사 / 296
범죄 경력 자료 / 368
범죄 중단 / 201
범죄위험 인구 / 599
범죄자 등록 / 573
범죄자라는 오명 / 85
범죄학 / 14
법무부 / 406
법원보좌관 / 548
법적배제 / 664
베르겔드 / 6
병영캠프 / 229
보안 위협 집단 / 396
보안위협단체 / 286
보통법 / 654
보호관찰 / 157
보호관찰 취소 / 177
보호관찰의 특별준수사항 / 175
복수 / 5, 484
부당한 절차 / 135
부수적 결과 / 563
부정기형 / 53, 92, 118
부패 / 454
분노조절 / 328
분류 / 310
분류 절차 / 384
브라이드웰 / 17
비범죄화 / 663
비자발적 입원 / 734
비행소년 / 658

ㅅ

사면 / 509, 576
사면절차 / 522
사형 / 462, 468
사형과 태형의 대안 / 380
사형범죄 / 466
사형집행 / 462
사회보호 주장 / 485
사회복귀 모델 / 90
사회복귀 이념 / 80
사회봉사명령 / 216
사회적 오명 / 564
산 미켈레 빈민수용소 / 30
산업교도소 / 60
살해의도 / 468
상급 경비급 / 417
상소 / 125

상소법원 / 139
샌포드 베이츠 / 409
서약하의 보석 / 364
석방증 / 56
선도불가 소년 / 658
선시정책 / 128
선시제도 / 507
선택적 무력화 / 86
성범죄 / 728
성범죄자 파일 / 574
성별 체포 수 / 618
성역 / 16
성역불가침권 / 158
성장 산업 / 442
성적 피해 / 702
성전환 수용자 / 740
성직자특권 / 158
소년사법과 비행 법 / 660
소년원 / 56
소년지위 박탈 / 665
수정명령 / 128
스탠포드 베이트스 / 61
스텝다운 프로그램 / 296
시민권 / 143
시설 위협 집단 / 594
시설 작업 과제 / 597
시설의 욕구 / 384
신세대 구치소 / 350
신체형 / 11
심리적 박탈 / 640
씨족간 복수 / 5

ㅇ

아동 성학대자 / 729
아동학대자 / 729
아슈어스트-섬너스법 / 61
아일랜드제도 / 55, 506
아홉 가닥 채찍 / 12
악마범죄자 / 64
안전구금시설 / 288
알렉산더 마코노키 / 505
알몸수색 / 269
압박 양형 / 206
앞문정책 / 182
애덤 월시법 / 575
앨더슨 / 408
앨커트래즈 / 63
약물법원 / 208
양형불균형 / 118
양형에 의한 범죄율의 억제 / 134
양형지침 / 127
억제 / 474
억제효과 / 85
에밀 뒤르켐 / 94
에스텔 대 갬블 / 557
에이즈 / 734
엘로우카드 / 573
여성 해방운동 / 624
연방교정국 / 409
영원법 / 13
예방이념 / 81
예방적 감시 / 182
오명 / 159, 564
오번제도 / 46
오하이오주 위험 평가표: 판결전 평가 도구 / 365
옴부즈만 / 69

외부 몸수색 / 268
외부 분류 / 310
외부감방 / 44
외부통근제도 / 524
외상후 스트레스장애 / 704
요금제도 / 356
우대 / 620
월넛가 구치소 / 33
월터 크로프튼 경 / 506
위기 연령대 / 599
위대한 법 / 31
위험관리 / 201
위험성 및 욕구 평가 / 169
윌리암 펜 / 30
유니코어 / 419
유죄 판결을 대체하는 치료 / 199
유죄 확정된 범죄자 / 548
유죄답변협상 / 115
유죄정신질환자 / 722
응보 / 81
의료 서비스 / 312
의료모델 / 92
이념 / 80
211 크류(Crew) / 293
이웃/지역 길거리 조직폭력배 / 287
이중의 위험 / 137
2003 교도소 강간 척결법 / 604
2015년 성인 교도관의 성별 분포(백분율) / 255
2015년 성인 교도관의 인종별 분포(백분율) / 255
인간법 / 13
인신보호영장 / 144
인원점검 / 263
인종 또는 민족성에 기인한 교도소 조직폭력배 / 290
인종과 민족 집단 / 592
인지 / 328
인지행동프로그램 / 328
일반 재소자 / 252
일반억제 / 85
1% 무법 오토바이 조직폭력배 / 286
임대제도 / 59
"임시구금" 구치소 재소자 / 353
임신한 수용자 / 633
임의적 / 467

ㅈ

자가보험 / 438
자기효능감 / 565
자연법 / 13
잔인하고 비정상적인 처벌 / 469
잠재적 위험성 예측 / 723
재갈 / 12
재량적 석방 / 508
재범 / 86
재분류 / 310
재진입 / 531
재진입법원 / 531
재통합 / 526
재통합 모델 / 93, 329
저위험 범죄자들의 치료 효과 / 225
적법절차 / 135
전과기록말소 / 575
전과자 / 562
전기방벽 / 271
전자 가석방 / 218
전자감시 / 201, 444
"전통적" 여성 범죄 / 620
전환구금 / 716
전환시설화 / 718

전환처우 / 196, 662
점진적인 접근방법 / 308
정기형 / 102, 127
정밀검사 / 269
정보 / 293
정신병자 감금 / 64
정신이상으로 인한 무죄 / 720
정신장애자 / 716
정신질환 문제 / 345
정신질환자 수용소 / 717
정의모델 / 120
정의모델 주장 / 484
정치적 재소자 / 288
제대로된 양형운동 / 507
제레미 벤담 / 21
제브론 브록웨이 / 56
조건부 자유 / 56
존 오거스터스 / 159
존 하워드 / 22
존치론자 / 477
종교재판 / 10
죄수이송 / 27
주간보고센터 / 201
주거형 처우센터 / 694
주말수형자 / 361
주벽출입문 / 263
주인의 노예 / 439
주저앉음 / 514
준군사적 모델 / 272
줄무늬 죄수복 / 51
중간 경비급 / 416
중간처벌 / 200
중간처우소 / 526
중범죄 / 114
중범죄자 보호관찰 / 180
증거기반 분류시스템 / 292
지역사무소 / 412
지역사회 감시하의 효과적 프로그램 / 172
지역사회 교정 프로그램의 프로그램 요소에 따른 재범의 변화 / 228
지역사회 교정법률 / 200
지역사회 교정시설 / 694
지역사회교정 / 95
지역사회보호법 / 574
지역사회주거센터 / 531
지위비행 소년 / 658
직권제소 / 665
직무집행영장 / 143
직업 훈련 / 325
직업제한 / 568
질병신고 / 312
집단가정 / 690
집단상담치료 / 329
집중감시 보호관찰 / 206
집행유예 / 158
집행중지 / 159

ㅊ

참회소 / 33
참회소 제도 / 49
처벌이념 / 80
1983조 / 559
청소년 갱 / 673
청소년 거주 시설 총조사 / 690
청소년 구금 대안프로그램 / 693
청소년 구류센터 / 692
청소년 캠프와 농장 / 694
청소년 훈련학교 / 696
청소년구금에 대한 합리적이고 공평한 지역사회대안 / 705

체리피킹 / 452
체자레 베까리아 / 19
쳇바퀴 / 51
초기분류 / 384
초약탈자 / 674
총기제한 / 568
총체적 시설 / 261
최대경비 교도소 / 396
최소 경비급 / 416
최종심 법원(대법원) / 139
추방 / 26
추방자 / 6
추정양형 / 128
충격보호관찰 / 227
취업능력 자격증 / 571
취업제한 / 571
치료서비스 / 304
침묵 / 50

ㅋ

쾌락주의적 계산 / 22
크랙 코카인 / 674
키스터 / 269

ㅌ

탈구금화 / 664
탈리오의 법칙 / 7
탈시설화 / 664, 717
텍사스 신디게이트 / 291
특별억제 / 85
특사 / 509

ㅍ

파기 / 139
판결전 개입 프로그램 / 198
판결전 대안 / 364
판결전보고서 / 123
판사의 온정적 태도 / 622
퍼먼 대 조지아 판결 / 467
펜실베니아제도 / 35, 44
포트 리븐웍스 / 426
푸른 독감 / 260
프로그래밍 / 296
프리덴스겔드 / 6
피보호자 / 655
피부양아동 / 658
피해자 없는 범죄 / 620
필요적 석방 / 508

ㅎ

하급 경비급 / 416
하나님과의 바른 관계 / 8
학대피해 여성 / 629
핫 아이템 / 453
항바이러스 약물 / 738
행정적 관용 / 509
행정적 양형 / 125
형기종 / 508
형사소송무능력 / 720
형사적 정신이상자 / 721
형집행정지 / 510
형평법 법원 / 655
형평성 / 477
호이스-쿠퍼법 / 61
혼거제 / 49

확정 종신형 / 476
확증 / 140
환송 / 140
회복적 사법 / 98, 675
흑인 무슬림 / 555
히스패닉 보안위협단체 / 290

공저자 약력

해리 앨런(Harry E. Allen)

해리 앨런(Harry E. Allen)은 산호세주립대학 명예교수이다. 그는 1978년 산호세주립대학에 부임하기 전에 오하이오주립대학에서 범죄와 비행연구 프로그램의 소장으로 일했다. 그는 플로리다주립대학의 범죄/교정학과에서 강의한 후에 오하이오주에서 교정분야에 대한 주지사 테스크포스의 소장으로 봉사했다.

에드워드 라테사(Edward J. Latessa)

에드워드 라테사(Edward J. Latessa)는 1979년 오하이오주립대학에서 박사학위를 받고, 신시네티대학의 형사사법학부 교수이자 학부장이다. 라테사박사는 형사사법, 교정학, 그리고 청소년사법 분야에 140여 편의 연구업적을 냈다. 그는 『지역사회교정론』과 『미국에서의 교정학』을 포함한 8개 책의 공저자이다. 라테사교수는 주간보고센터, 소년사법프로그램, 약물법원, 교도소 프로그램, 집중감시프로그램, 중간처우소, 그리고 약물프로그램에 대한 연구들을 포함하여, 150개 이상의 연구비 지원을 받은 프로젝트들을 지휘했다. 그와 그의 동료들은 미국 도처의 600개 이상의 교정프로그램을 평가했고, 그는 45개주 이상에서 도움을 주고 연수를 실시했다. 라테사박사는 미국범죄학회를 비롯한 다양한 단체로부터 수많은 학술상을 수상했으며, 1989년에서 1990년 동안 형사사법학회 회장을 역임하였다.

브루스 판더(Bruce S. Ponder)

브루스 판더(Bruce S. Ponder)는 인도의 마하라자 다르반가와 유럽에서 성장했다. 그는 1970년대에 레이싱카 선수였고, '세브링의 12시간' 대회를 비롯한 주요대회에서 우승했다. 그는 정치학, 컴퓨터정보시스템, 그리고 컴퓨터과학을 공부했다. 그는 현재 루이빌대학의 형사사법행정학과에서 시행하는 다양한 프로그램에서 온라인프로그램을 개발 및 시행하는데, 특히 그는 테러리즘, 정보 및 국토보안, 그리고 교정분야를 맡고 있다.

공역자 약력

박철현

고려대학교 사회학과 학사, 석사, 박사(범죄학)
한국형사정책연구원 부연구위원
신시내티대학 방문교수
현 동의대학교 경찰행정학과 교수
현 동의대학교 인문사회과학대학 학장
5급, 7급, 9급 공무원시험 교정학 출제위원 역임.

박성민

경찰대학 학사
샘휴스톤주립대학교 범죄학 석사
신시내티대학교 통계학 석사
신시내티대학교 범죄학 박사
경찰청 경감
테네시대학교 조교수
현 네바다대학교(UNLV) 조교수

곽대훈

경기대학교 교정학과 학사
네브라스카대학교(Omaha) 범죄학/형사사법 석사
미시건주립대학교 형사사법(범죄학) 박사
일리노이주립대학교 범죄과학과 조교수
텍사스 A&M 국제대학교 행동과학과 방문조교수
현 충남대학교 국가안보융합학부 부교수
5급, 7급, 9급 공무원시험 교정학 출제위원 역임.

장현석

동국대학교 경찰행정학과 학사
셈휴스턴주립대학교 형사사법학 및 범죄학 석사
셈휴스턴주립대학교 형사사법학 박사
미주리 웨스턴 주립대학교 형사사법학과 조교수
케네소 주립대학교 형사사법학과 조교수
현 경기대학교 경찰행정학과 부교수
5급, 7급, 9급 공무원시험 교정학 출제위원 역임.

교정학 개론

초판발행 2020년 9월 10일

지은이 Harry E. Allen · Edward J. Latessa · Bruce S. Ponder
옮긴이 박철현 · 박성민 · 곽대훈 · 장현석
펴낸이 안종만 · 안상준

편 집 배근하
기획/마케팅 박세기
표지디자인 조아라
제 작 우인도 · 고철민

펴낸곳 (주) 박영사
서울특별시 종로구 새문안로3길 36, 1601
등록 1959. 3. 11. 제300-1959-1호(倫)
전 화 02)733-6771
f a x 02)736-4818
e-mail pys@pybook.co.kr
homepage www.pybook.co.kr
ISBN 979-11-303-1052-7 93350

정 가 40,000원